KB111284

형사소송법강의

제5판 머리말

　　2020년 검찰과 경찰의 수사권조정으로 인해 2021년부터 형사절차, 특히 수사절차에 있어서 많은 변화를 이루게 되었다. 그동안 독점적으로 수사권을 행사해 오던 검찰에게 일부 범죄에 한하여 수사권을 부여하고 공소기관으로서의 역할을 강조한 반면, 일반 형사사건의 수사에 대하여 경찰의 책임을 강화한 부분은 상당히 큰 의미가 있다. 뿐만 아니라 경찰에게 수사에서 주도적 지위를 보장함으로써 경찰권력의 집중화에 대한 우려가 반영되었다. 즉, 경찰의 수사에 있어서 독립성을 보장하기 위해 경찰청 산하에 국가수사본부를 설치하여 경찰청장의 지휘를 배제함과 동시에, 지방자치경찰제를 도입함으로써 경찰권을 분권화하였다. 또한 경찰에 수사종결권을 부여하면서도 검찰로 하여금 경찰의 수사에 대한 사후 관리·감독권을 보장한 것도 이러한 우려를 고려한 것이라고 할 수 있다. 한편, 고위공직자범죄수사처를 설치하여 고위공직자범죄의 수사와 기소에 관한 권한을 독점적으로 부여한 것도 새로운 시도이다. 이처럼 최근 급격하게 변화된 수사환경으로 인해 「형사소송법」을 비롯한 형사절차에 관한 법령이 대폭 바뀜에 따라 그 내용을 반영하여 본서를 개정하게 되었다.

　　한편, 정부에서는 「형사소송법」의 개별 조문의 어구 중에서 한자어로서 이해에 어려움이 있거나 과거식 표현은 알기 쉬운 우리말로 변경하고 문장의 내용을 정확히 전달할 수 있도록 어순구조를 재배열하는 등 법률 문장을 개정하여 2021년 12월 9일부터 시행하기로 하였다. 그러나 이 개정 내용은 단순한 자구나 어구수정에 그친 것이고 형사절차의 실질적 내용을 변경한 것은 아니기 때문에 이번 개정판에서는 미리 그 내용을 반영하였다. 그러나 검찰작성의 피의자신문조서의 증거능력의 인정 요건의 변경에 관한 부분(제312조 제1항)은 2022년 1월 1일부터 시행되는 점을 고려하여 부득이 이번 개정에는 반영하지 않고, 그 사실만을 기재하는 것으로 하였다. 그럼에도 불구하고 위 조문에서 적시한 일부 용어들의 의미는 검사 또는 사법경찰관 작성의 피의자 아닌 자의 신문조서의 증거능력을 인정하는 경우(제313조 제3항) 등에 있어서 그대로 차용할 수 있으므로 이해에 큰 혼란은 없을 것으로 생각된다. 또한 그 동안 본서의 내용이 미흡하다고 지적되어 온 일부에 대해 보충하였고, 2018년 이후 나온 형사절차에 관한 판례들을 추가하거나 종전의 판례들과 교체하였으며, 내용의 표현이 어색하거나 오기가 있었던 부분들을 수정하고, 일부 내용의 편집을 변경하여 독자들이 형사소송법을 공부하거나 각종 시험의 수험서로서 본서를 활용하는데 도움이 되도록 하였다. 앞으로도 정기적인 개정을 통해 본서가 법학을 전공하거나 형사절차에 대한 지식을 갖고자 사람들을 위한 기본서로서 충실할 수 있도록 보완할 것을 약속드린다.

끝으로 본서의 개정작업을 도와 준 최형보 법학박사와 선영화 법학박사에게 고마움을 표하며, 코로나19 바이러스로 인해 사회가 단절되고, 모두가 경제적으로 어려움을 겪고 있는 사정임에도 불구하고 개정판(제5판)의 출판을 허락해 주신 오래출판사 황인욱 사장님과 편집부 직원 여러분들께 깊이 감사드린다.

2021년 2월

저 자 일동

초판 머리말

　형사소송법은 형사절차에 관한 법률이지만 국가형벌권의 발동에 관한 절차이기 때문에 정치적 변혁기에는 항상 그에 상응하는 변화를 수반하였다. 특히, 2007년과 2011년 형소법의 개정은 우리 사회가 선진화되고, 민주화됨에 따른 사법의 민주화 등, 시대적 요구사항을 대폭 반영한 것으로서 형사절차에 있어서 피의자·피고인의 인권보장을 강화한 것이었다. 또한 개정 형소법은 영미법계의 제도를 많이 수용함으로써 그동안 우리나라의 모태가 되었던 대륙법계 형사절차의 전통으로부터 상당히 변화된 모습을 갖게 되었다. 이것은 형사절차에 있어서 국가 사법기관의 우위성을 극복하고, 시민의 권리를 보장하는 절차로의 변화를 모색한 것이기도 하다.

　이러한 형소법의 변화와 더불어 사법개혁의 일환으로 법조인 양성기관으로서 법학전문대학원 체제가 도입되면서 법학교육이 이론중심에서 실무를 강조하는 방향으로 되어 가고 있다. 이에 따라 형사소송법학에 대한 교육자료도 이론적인 부분보다는 판례해설이나 사례해결을 중시하는 경향을 나타내고 있다. 다른 한편에서는 기존의 교과서들이 사법시험이나 공무원시험 등의 수험서로서의 틀을 벗어나지 못하고 있어서 수사절차나 공판절차에 있어서의 새로운 환경이나 변화를 제대로 수용하지 못하는 부분도 적지 않다. 또 일부 교과서들은 전문연구서로서의 내용과 형식을 갖추고 있어서 형사소송법학을 배우는 학습자나 일반인들의 형사절차에 대한 이해를 어렵게 하기도 한다. 이에 형사절차의 최근에 변화된 모습을 적극적으로 수용하고 사례연구라고 하는 최근의 경향을 반영하면서도 형사절차 전반에 대한 기초적인 이론적 체계를 구성할 수 있는 교과서의 필요성을 느끼게 되었다. 이 책은 이러한 현실적 필요성을 반영하여 형사소송법에 대한 기초이론서로서 서술된 것이므로 다음의 점에 중점을 두었다.

첫째, 이 책은 전문연구서가 아니며, 강의교재로서 학습자로 하여금 형소법과 형사절차에 대한 쉽고 올바른 이해를 도모하고자 하는 목적으로 저술된 것이다. 따라서 그 체계는 형사절차의 동적·발전적 성격을 고려하여 그 진행순서에 따라 기술하였으며, 기존에 발간된 형소법 교과서들을 기초로 하여 이를 정리하고, 각 부분에 대한 필자들의 입장을 밝히는 것으로 하였다. 다만, 지면관계상 각 주제에 대한 학자들의 주장과 내용을 인용하는 경우에도 각주를 생략하고 책 서두에서 참고문헌만을 밝힌 것으로 대신하였다. 이에 대한 기존 형소법 교과서 등의 저자들과 학습자들의 너그러운 양해를 부탁드린다.

둘째, 형소법이 대륙법계와 영미법계를 절충하고 있음을 고려하여 국내에서 연구한 교수와 독일과 미국에서 각각 연구한 교수진으로 구성하는 등, 필자들의 전문성과 다양성을 추구하였다. 또 형사실무를 경험한 교수들을 통해 이론적인 면과 실무적인 면의 조화를 꾀하고, 나아가 주요 실무자료를 첨부함으로써 학습자의 이해에 도움이 되게 함과 동시에 형사실무에 있어서 참고자료로 활용할 수 있도록 하였다.

셋째, 법학교육에 있어서 사례연구가 중요시되고 있는 점을 고려하여 각 주제별로 내용을 서술하기 전에 ≪학습문제≫의 제시를 통해 사전에 주요 논점에 대한 의문을 갖게 함으로써 학습효과를 배가시키고자 하였다.

넷째, 이 책을 서술함에 있어서는 학설대립상황은 가급적 생략하고 주요 내용을 중심으로 하여 쉽게 정리하였고, 〈그림〉과 〈도표〉 등을 이용하여 전체적인 이해를 돕고자 하였으며, 주요 판례와 참고내용은 별도로 작성·기술하여 정확한 지식을 쌓을 수 있도록 하였다. 따라서 이 책은 형사절차를 공부하고자 하는 사람들뿐만 아니라 사법시험과 행정고시 및 검찰·경찰공무원을 비롯한 각종 공무원시험 등의 수험서로서도 유용하게 이용될 수 있을 것이다.

다섯째, 형소법은 물론 형사절차 관련 법률들의 최근 개정내용과 주요 판례를 반영하고, 형사보상절차와 명예회복 제도 외에도 특별절차로서 소년범의 형사절차와 군사법절차 및 피해자보호제도에 대한 내용을 포함시키는 등, 형사절차상 중요한 영역을 모두 고찰하였다. 뿐만 아니라 DNA 자료 등, 법과학 증거에 관한 부분은 물론 형사절차와 관련된 독일과 미국의 최신의 입법과 이론 및 판례의 경향을 서술에 포함시킴으로써 외국의 입법동향과 형사실무에 대하여도 알 수 있게 하였다.

형사절차를 크게 이분하면 적법절차를 강조하면서 당사자주의 소송구조를 갖고 있는 영미법계와 실체적 진실주의를 강조하면서 직권주의 소송구조를 갖고 있는 대륙법계로 나눌 수 있다. 이 중에서 어느 절차가 우리나라 형사소송절차에 보다 합리적인 것인가에 대하여는 의견이 나뉠 수 있다. 필자의 경우에는 오늘날 개인의 인권보장과 국가의 역할이 시민의 보호에 있다는 점이 강조되는 현실을 감안하면 전자의 입장이 더 바람직한 것으로 생각된다. 따라서 이 책은 형사절차에 있어서 인권보장을 강조하고, 적법절차의 보장과 당사자주의 소송구조를 원칙적으로 하는 관점에서 서술된 것임을 밝혀둔다. 다만, 다수 필자의 참여로 인하여 서술의 방식에 차이가 있거나 구체적 내용에 있어서는 입장을 달리하는 부분도 있다. 하지만 이를 통일적으로 정리하는 것은 최소한으로 하고, 학습자로 하여금 형사절차에 대한 다양한 관점을 접하게 하는 것도 의미있다고 생각하여 그대로 두기로 하였다.

이 책은 필자들이 그 동안 대학에서 강의해 오고 있는 내용을 정리한 형소법 개론서에 지나지 않지만 이 책을 서술하는 과정에서 학문적으로 많은 부족함이 있음을 느끼게 하는 계기가 되기도 하였다. 앞으로 형사소송법학자들과 법조실무가들을 비롯한 학습자들의 많은 격려와 비판을 기대함과 동시에, 더욱 완성된 책으로 발전하도록 노력할 것을 약속드린다. 다시한번 이 책을 서술하는 데 있어서 토대가 된 형사소송법학자들과 법조실무가들의 선행연구에 대하여 깊이 감사드린다. 이 책의 출판에 있어서 교정의 수고를 해 준 동국대학교 대학원에서 박사과정을 수료한 김봉수 군에게도 감사의 뜻을 전하며, 학문적 발전을 기대하는 바이다.

　끝으로 어려운 여건 속에서도 이 책을 출간하게 해 주신 오래출판사의 황인욱 사장님과 편집부 직원 여러분들에게 고마움을 전하는 바이다.

2013년 8월

저　자　일동

개정판 머리말

「형사소송법강의」를 출간한 지 불과 6월이 지나지 않은 시점에서 개정판을 발간하게 되었다. 이미 출판한 책이 독자들의 관심 속에 모두 소진된 탓도 있지만 「형사소송법강의」 초판에서 형사소송법의 강의서로서 내용이 누락된 부분과 서술이 미비한 부분이 발견되었으며, 그 형식이나 서술방식에 있어서 일부 차이점이 있어서 독자들의 이해에 어려움이 있었음을 지적받았다. 또 충분한 교정이 이루어지지 않은 탓에 오·탈자 및 편집의 오류가 발견되었다. 이것은 다수의 저자들의 참여로 인한 어려움과 교과서 발간의 경험 부족으로 인한 것이기에 비판을 무릅쓰고 개정판을 출간하는 것으로 결정하였다.

따라서 이번 개정에서는 다음의 점에 대하여 유의하였다.

첫째, 형사소송법 교재로서 강의나 공부하는 데 있어서 미흡한 부분에 대하여 보충하였다.

둘째, 최근까지의 법령의 제·개정 내용을 반영하고, 최신 판례를 보충하였다.

셋째, 본문 중의 오·탈자를 교정하고, 내용서술방식에 있어서 가급적 편집방식을 통일하는 한편, 저자들의 의견에 대한 기술을 강화함으로써 형사소송법 개론서로서의 형태를 유지하면서도 독자들이 공부하기에 편하도록 하였다.

넷째, 책의 표지를 바꿈으로써 새로운 책으로 거듭날 수 있도록 하였다.

그럼에도 불구하고 여러가지 제약으로 인해 저자들로서는 여전히 부족함을 느끼는 바이지만 계속해서 보완해 나갈 것을 약속드린다. 앞으로도 독자들과 형사소송법학자들 및 형사사법실무가들의 관심과 따뜻한 질책을 부탁드린다.

끝으로 어려운 여건 속에서도 기꺼이 이 책의 개정판을 출간해 주신 오래출판사 황인욱 사장님과 편집부 직원 여러분에게 고마움을 전하는 바이다.

2014. 2

저 자 일동

제3판 머 리 말

「형사소송법강의」의 개정판을 출간한 지 2년이 지났다. 그동안 공소시효 등 형사소송법을 비롯한 형사절차 관련법령들의 일부 개정이 있었으며, 특히 헌법재판소가 2015년 2월 26일 형법상 간통죄(제241조)에 대하여 위헌결정을 함으로써 이와 관련된 형사절차 부분의 대폭적인 수정이 불가피하게 되었다. 또한 지난 2년 동안 형사절차와 관련된 판례가 많이 집적됨으로써 보완이 불가피하게 되었다. 나아가 개정판에서도 미흡한 부분이 발견됨에 따라 이에 대한 수정·보완이 요구되었다. 이에 제3판에서는 기존의 본서 체제와 출판취지를 그대로 유지하면서 상당한 부분에 있어서 수정·보완작업을 하였다.

이번 제3판에서는 다음의 점을 중점적으로 수정·보완하였다.

첫째, 지난 2년간 형사소송법, 법원조직법 등 형사절차 관련법령들의 개정내용을 충실하게 반영하였다.

둘째, 최근 국가시험에서 대법원 판례의 중요성이 더욱 강조되고 있는 것을 감안하여 대법원 판례를 보완하고, 특히, 지난 2년간의 중요한 대법원 판례를 최대한 반영하였다.

셋째, 개정판에서 발견된 오·탈자와 오류 부분을 수정·보완하고, 이해를 쉽게 하기 위하여 표현을 다듬었을 뿐만 아니라 일부 내용이 누락된 부분을 보충하여 형사소송법 개론서로서뿐만 아니라 각종 시험에 대비한 수험서로서 본서를 활용하는 데 도움이 되도록 하였다.

넷째, 본서에서 조문표기시에 법명을 부기하지 않은 것은 「형사소송법」 규정을, '규칙 제OO조'로 표시한 것은 「형사소송규칙」 규정을 말한다. 또 정식명칭을 사용하거나 목차에서 표시하는 것을 제외하고는 형사소송법은 '형소법'으로, 형사소송규칙은 '형소규칙'으로 표기하였다.

제3판의 출간에도 불구하고, 여전히 본서의 내용에 대하여 아쉬움과 부족함을 느끼지만 이해하기 쉬운 형사소송법 교과서를 만들고자 하는 저자들의 목표는 나름대로 실천한 것은 아닌가 하고 감히 자평해 본다. 앞으로 본서가 보다 충실해질 수 있도록 본서의 독자들과 형사소송법학자 및 형사사법실무가 분들의 따뜻한 관심과 질책을 겸허한 마음으로 기대해 본다.

끝으로 바쁜 와중에도 충실하게 본서의 교정작업을 해 준 동국대학교 대학원 박사과정에 재학 중인 선영화군과 석사과정 수료생인 최우혁군에게 고마움을 표한다. 그리고 어려운 출판여건 속에서도 본서 제3판의 출판을 허락해 주신 오래출판사 황인욱 사장님과 편집부 직원 여러분에게 감사드린다.

2016. 2

저　자　일동

제4판 머 리 말

「형사소송법강의」제3판을 출판한 이후 2년이 지났다. 지난 2년 동안 우리 사회는 많은 변화를 가져왔으며, 이러한 변화가 형사사법에도 영향을 미쳐 「형사소송법」을 비롯하여 형사사법에 관한 법령들이 개정되었다. 또한 지난 2년간 형사절차에 관하여 수많은 대법원 판결이 축적되었다. 따라서 제4판에서는 본서의 기본체제와 출판취지를 그대로 유지하면서, 다음과 같이 수정·보완하였다.

첫째, 지난 2년간 「형사소송법」, 「법원조직법」, 「군사법원법」 등 형사절차 관련법령들의 개정내용을 충실하게 반영하였다.

둘째, 형사실무 및 국가시험에 대비하여 대법원 판례의 중요성이 강조되고 있는 점을 고려하여 2017년 12월까지 선고·결정된 주요 대법원 판결과 헌법재판소 결정을 대폭 보완하였다.

셋째, 기존에 누락되었거나 설명이 미흡한 부분을 보완하고, 재정신청 등 일부 내용의 위치를 변경하였다. 또 오·탈자와 오류 부분을 수정하고, 문장체제의 통일을 기하여 이해하기 쉽게 하였다.

제4판의 출판으로 인해 본서가 형사소송법 개론서로서, 각종 시험에 대비한 수험서로서 보다 충실해진 것으로 생각된다. 앞으로도 계속해서 보완할 것으로 약속드리며, 독자들과 형사소송법학자 및 형사사법실무가들의 관심과 질책을 기대한다.

끝으로 제4판의 교정작업을 도와 준 동국대학교 대학원 박사과정수료생인 선영화군에게 고마움을 표한다. 그리고 제4판의 출판을 허락해 주신 오래출판사 황인욱 사장님과 편집부 직원 여러분에게 감사드린다.

2018. 2

저 자 일동

참고문헌

강구진, 형사소송법원론, 학연사, 1990
강동욱, 형사절차와 헌법소송, 동국대학교 출판부, 2011
김정한, 실무 형사소송법(개정판), 준커뮤니케이션즈, 2020
김현수, 형사소송법강의, 제주대학교 출판부, 2015
노명선·이완규, 형사소송법(제5판), SKKUP, 2017
박찬걸, 형사소송법, 박영사, 2020
배종대·이상돈·정승환·이주원, 형사소송법(제2판), 홍문사, 2016
배종대·홍영기, 형사소송법(제2판), 홍문사, 2020
백형구, 형사소송법, 법원사, 2012
백형구·박일환·김희옥 편, 주석 형사소송법 (I)-(IV)(제4판), 한국사법행정학회 2009
박일환·김희옥 편, 주석 형사소송법 (I)-(IV), 한국사법행정학회, 2017
손동권·신이철, 새로운 형사소송법(제4판), 세창출판사, 2019
송광섭, 형사소송법(개정2판), 형설출판사, 2019
신동운, 간추린 신형사소송법(제12판), 법문사, 2020
신동운, 신형사소송법(제5판), 법문사, 2014
신양균·조기영, 판례교재 형사소송법(제2판), 화산미디어, 2014
신양균·조기영, 형사소송법, 박영사, 2020
신현주, 형사소송법(신정 제2판), 박영사, 2002
심희기·양동철, 형사소송법(쟁점강의), 삼영사, 2012
이승호·이인영·심희기·김정환, 형사소송법강의(제2판), 박영사, 2020
이은모, 형사소송법(제7판), 박영사, 2019
이재상·조균석, 형사소송법(제12판), 박영사, 2019
임동규, 형사소송법(제15판), 법문사, 2021
정영석, 형사소송법, 법문사, 1997
정영석·이형국, 형사소송법, 법문사, 1884
정웅석·백승민, 형사소송법(전정증보 제6판), 대명출판사, 2014
차용석, 형사소송과 증거법, 한국사법행정학회, 1988
차용석, 형사소송법연구, 박영사, 1983
차용석·최용성, 형사소송법(제4판), 21세기사, 2013
최영승, 형사소송법(제4판), 피앤씨미디어, 2016
형사판례연구회편, 형사판례연구 1-27, 박영사, 1993-2019

차   례

제1편 서   론

제1장 형사소송법의 기초이론

제2장 형사소송의 이념과 구조

제2편 소송주체와 소송행위

제1장 소송주체

제2장 소송행위와 소송절차

제3편 수사와 공소제기

제1장 수사의 의의와 수사기관

제2장 수사의 개시 및 수사의 조건

제2절 수사의 조건

제3장 임의수사와 강제수사

제1절 수사의 기본원칙

제2절 임의수사와 강제수사

제4장   강제처분

제1절 대인적 강제처분

제2절 대물적 강제처분

제3절 수사상 판사에 의한 증거보전

제5장 수사의 종결과 공소제기

제4절 재정신청

제4편 공판절차

제1장 공판절차

제2장 증　　거

제3장 재 판

제1절 재판의 기본개념

제2절 종국재판

제3절 재판의 확정과 효력

제5편 상소, 비상구제절차, 재판의집행과형사보상

제1장 상 소

제1절 상소통칙

제2장　　비상구제절차

제1절 재　　심

제3장   재판의 집행과 형사보상 및 명예회복

제1절 재판의 집행

제6편 특별절차와 피해자보호제도

제1장　특별절차

제1절 약식절차

제2장 피해자보호제도

제1절 배상명령제도와 형사절차상 화해제도

제2절 범죄피해자구조제도와 형사조정제도

형사소송법강의

제1편 서 론

제1장　형사소송법의 기초이론

1. 형사소송법의 개념 ┬ 형식적 의미의 형사소송법
                    └ 실질적 의미의 형사소송법

2. 형사소송법의 성격 ┬ 형 사 법
                    ├ 절 차 법
                    └ 사 법 법

3. 형사소송법의 적용범위 ┬ 대상사건
                      ├ 시간적 범위
                      ├ 장소적 범위
                      └ 인적 범위

4. 형사소송법의 해석방법과 해석한계 ┬ 해석방법
                                └ 해석한계

〈주요 학습사항〉

1. 형사소송법의 개념과 성격
2. 형사소송법의 적용범위
3. 형사소송법의 해석방법과 해석한계

제1절 형사소송법의 의의

Ⅰ. 개 념

≪학습문제≫ 갑은 밤길을 가는 여자의 지갑을 강탈하였다. 갑은 어떤 법에서 정한 절차에 의하여 처벌되는가?

형사소송법(이하 '형소법'이라 한다)은 형법을 적용·실현하기 위한 절차, 즉 형사절차에 관해 규정한 법률을 말한다. 형사절차란 범죄수사와 범인의 검거로부터 공소제기, 공판절차, 그리고 형의 선고와 집행에 이르는 일련의 과정을 말한다. 따라서 형사절차는 수사절차, 공판절차, 형집행절차로 구성된다. 이에 대해 형사소송은 일반적으로 법원에 의하여 진행되는 공소제기 이후의 공판절차로서 피고인의 형사책임의 유무와 그 정도를 판단하는 일련의 쟁송활동, 즉 공판절차를 의미하므로 형소법을 형사절차법이라고 표현하는 것이 적절하다는 주장도 있다.

헌법 제12조 제1항에 따르면 형사소송의 기본적 구조 및 피고인의 중요한 이익에 관한 사항은 국회가 제정한 법률에서 규정하도록 되어 있다. 이를 '형사절차법정주의'라고 한다.

1. 형식적 의미의 형사소송법

형식적 의미의 형소법이란 1954년 9월 23일 제정(법률 제341호)된 후, 수차례의 개정을 거쳐 현재 시행 중인 「형사소송법」을 말한다.

2. 실질적 의미의 형사소송법

실질적 의미의 형소법이란 형사절차를 규제하는 법체계 전체를 말한다. 실질적 의미의 형소법에는 다음의 것들이 포함된다.

(1) 헌 법

헌법은 형사절차에 관하여 많은 규정을 두고 있다. 즉, 제12조의 형사절차법정주의 내지 죄형법정주의(제1항), 고문금지·불이익한 진술거부권(제2항), 영장주의(제3항), 변호인의 조력을 받을 권리(제4항·제5항), 체포·구속적부심사청구권(제6항), 자백배제법칙과 자백의 보강법칙(제7항), 제13조 제1항의 일사부재리의 원칙, 제27조의 법관에 의한 재판을 받을 권리(제1항·제2항), 신속한 공개재판을 받을 권리(제3항), 피고인의 무죄추정(제4항), 형사피해자의 진술권(제5항), 제28조의 형사보상청구권, 제44조의 국회의원의 불체포특권, 제84조의 대통령의 형사상 특권, 제101조부터 제108조의 법원의 조직과 권한, 제109조의 공개재판의 원칙, 제110조의 군사법원에 관한 규정 등이다.

형소법의 적용에 있어서는 이러한 헌법상 원리와 규정들이 실질적인 지도원리로서 작용한다. 따라서 형사절차는 국가에 의한 부당한 과형권(科刑權)의 행사로부터 일반 국민과 더불어 피의자·피고인의 헌법상 보장된 자유와 권리를 보장하는 절차가 되어야 한다. 또한 형소법의 해석에 있어서도 헌법합치적 해석이 요구된다. 이러한 의미에서 형사소송을 '헌법적 형사소송'이라고 하며, 형소법을 '응용된 헌법' 또는 '헌법의 구체화법'이라고 한다.

(2) 법 률

형사절차를 규정한 법률에는 형소법 외에도 여러 법률이 있다.

먼저, 조직에 관한 법률로서 「법원조직법」, 「검찰청법」, 「변호사법」, 「각급 법원의 설치와 관할구역에 관한 법률」, 「경찰법」, 「경찰관 직무집행법」, 「사법경찰관리의 직무를 수행할 자와 그 직무범위에 관한 법률」 등이 있다.

특별절차에 관한 법률로서는 「소년법」, 「교통사고처리 특례법」, 「즉결심판에 관한 절차법」, 「군사법원법」, 「조세범 처벌절차법」, 「치료감호 등에 관한 법률」, 「보호관찰 등에 관한 법률」 등이 있으며, 소송비용에 관한 법률로서 「형사소송비용 등에 관한 법률」 등이 있다.

이 외에도 형사절차에 관한 법률로서 「형사보상 및 명예회복에 관한 법률」, 「형의 집행 및 수용자의 처우에 관한 법률」, 「사면법」, 「소송촉진 등에 관한 특례법」, 「범죄피해자 보호법」, 「형의 실효 등에 관한 법률」, 「국가보안법」, 「관세법」 등이 있다.

(3) 대법원규칙

헌법 제108조에 의하면 "대법원은 법률에 저촉되지 아니하는 범위 내에서 소송에 관한 절차, 법원의 내부규율과 사무처리에 관한 규칙을 제정할 수 있다." 따라서 위 규정에 근거하여 제정된 대법원규칙은 형소법의 법원이 된다. 다만, 대법원규칙의 내용은 피고인이나 피의자를 비롯한 소송관계인의 권리를 제한하는 것이거나 법률과 모순되어서는 아니 된다(법률우위설).

이에 해당하는 것으로는 「형사소송규칙」 외에 「법정 좌석에 관한 규칙」, 「법정 방청 및 촬영 등에 관한 규칙」, 「법정 등의 질서유지를 위한 재판에 관한 규칙」, 「소송촉진 등에 관한 특례규칙」, 「형사소송비용 등에 관한 규칙」, 「소년심판규칙」 등이 있다.[1]

Ⅱ. 성 격

> 《학습문제》 경찰관 갑은 범죄수사를 하면서 증거를 찾기 위하여 필요하다고 판단되는 강제조사를 하고자 하였으나 관련 법규정이 없었다. 그럼에도 불구하고 갑은 이 조사를 강행할 수 있는가?

---

[1] 사법부 내부의 복무지침이나 업무처리의 통일을 기하기 위하여 마련된 대법원예규나 수사절차나 집행절차에 관한 직무상의 준칙을 정한 법무부령(예, 검찰사건사무규칙 등)은 직접적으로 소송관계인의 권리와 의무에 영향을 미치는 형사절차를 규율하는 효과가 없다는 점에서 형소법의 법원이 되지 않는다는 것이 다수설의 태도이다.

1. 형 사 법

형소법은 국가에 의한 형벌과 관련된 절차를 규율한다는 점에서 형사법이다. 민사법은 개인과 개인 간의 관계를 대상으로 하여 평균적 정의를 내용으로 하고, 당사자주의와 형식적 진실주의가 지배한다. 반면에 형사법은 국가와 개인 간의 분쟁을 다루고 인권이나 국가사회의 존립의 기초인 질서 등에 관하여 전체와 개인의 소위 종적인 관계에서 각각 처리하여야만 하며(배분적 정의), 실체적 진실을 지표로 하기 때문에 국가가 적극적으로 나서서 정의의 실현을 담보하여야 한다. 따라서 형소법은 실체적 진실주의를 그 목적으로 하고 있다.

한편, 형소법은 정치적 성격이 강하므로 국가적으로 정치적 변혁이 있는 경우에는 반드시 형소법의 개정이 이루어지고 있다. 이 점에서 형소법의 규정내용은 한 국가의 그 당시 법문화수준을 가늠하는 척도가 되기도 한다. 헌법에 형사절차에 관한 규정이 많은 것도 이러한 형소법의 성격을 단적으로 나타내는 징표라고 할 수 있다.

2. 절 차 법

형소법은 형법의 적용법으로 그 절차와 방법에 대하여 규율하고 있다는 점에서 형식법이고 절차법이다. 따라서 형소법은 형법과 같이 범죄혐의를 받은 개개인을 위해 국가권력을 제한하는 법규이며, 개인의 권리를 위한 마그나 카르타(Magna Charta)는 점에서 양자는 동일한 기능을 가지고 있다. 또한 형사소송의 기초가 되는 범죄혐의가 형법에 규정되어 있으며, 형사절차의 진행에 의하여 형법의 실현가능성이 좌우된다는 점에서 형소법과 형법은 서로 영향을 주면서 유기적으로 떨어질 수 없는 상호보완적인 관계에 있다. 이 점에서 '칼자루와 칼날의 관계' 또는 '망원경과 두 개의 렌즈의 관계'로 비유되기도 한다.

하지만, 형소법은 형법과 관계없이 진실을 밝혀 나가는 독자적인 원리와 규칙을 가지고 있다는 점에서 형사절차의 형법에 대한 독자성이 인정되고 있다. 즉, 형법이 일반적으로 정적·고정적·윤리적임에 반해 형소법은 형법에 비해 합목적성이 강조되고 동적·발전적·기술적이다.

3. 사 법 법

형소법은 형사사법절차에 관한 사법법이다. 따라서 합목적성이 강조되는 행정법과는 달리 원칙적으로 법적 안정성이 강조된다. 다만, 형사절차는 그 자체 동적·발전적 성격을 가지므로 절차의 발전단계에 따라 그 성격을 달리하기도 한다. 즉, 수사절차나 형집행절차는 행정기관인 검사에 의해 수행된다는 점에서 상대적으로 합목적성이 강조된다. 또한 사건의 특성에 따라 그 성격을 달리하기도 한다. 즉, 형사특별법위반사건의 경우에는 합목적성의 요청이 강하기 때문에 일반형사사건에 비해 기소유예율이 적으며, 입법취지에 맞추려는 해석이 강조되는 한편, 신속한 절차가 요구된다.

또한 형사절차는 사법행정과도 밀접한 관련성을 가진다. 다만, 행정법은 개인을 국가에 동화시키기 위하여 적극적이고 능동적으로 절차를 규제한다. 그러나 형사절차에 있어서는 형벌권을 행사하는 국가와 그것을 수인하는 범죄자가 기본적으로 대립관계에 서고, 이때 국가가 부당하게 개인의 기본적 인권을 침해할 우려가 있다. 따라서 형소법에서는 국가에 의한 개인의 인권침해방지라고 하는 소극적인 면으로부터 절차를 통제한다는 점에서 차이가 있다.

제2절 적용범위

≪학습문제≫ 갑은 범죄를 범하여 재판을 받고 있던 중 형소법이 개정되었다. 이때 갑에 대한 형사절차는 어떠한 법에 따라야 하는가?

Ⅰ. 대상사건

형사절차에는 공판절차 외에 수사절차도 포함되므로 형소법은 법원에서 현재 심판되고 있는 형사사건은 물론, 형사사건으로서 심판될 수 있는 사건에 적용된다.

Ⅱ. 시간적 범위

형소법은 본법 시행 후에 행해지는 절차에 적용된다. 즉, 형법은 범죄에 적용되지만 형소법은 사건에 대한 절차에 적용되므로 범죄행위 시는 아니고 재판 시의 법률이 적용된다.

그러나 형사절차는 일정한 기간에 걸쳐 진행되므로 당해 사건에 대한 형사절차의 진행 중에 형소법이 개폐된 경우 신·구 어느 법률을 적용하여야 할 것인가가 문제된다. 형소법 제정시(법률 제341호)에는 부칙 제1조에서 "본법 시행 전에 공소를 제기한 사건에 대하여는 원칙적으로 구법을 적용한다"고 규정하고, 부칙 제2조에서는 "본법 시행 후에 공소를 제기한 사건에는 본법을 적용하되, 본법시행 전에 구법에 의하여 행한 소송행위의 효력에는 영향을 미치지 아니한다"고 규정하여 혼합주의를 취하였다. 그러나 그 이후의 개정에서는 원칙적으로 "이 법은 이 법 시행 당시 수사 중이거나 법원에 계속 중인 사건에도 적용한다. 다만, 이 법 시행 전에 종전의 규정에 따라 행한 행위의 효력에는 영향을 미치지 아니한다"(법률 제8496호, 2007.6.1. 부칙 제1조)고 규정함으로써 신법우선주의를 취하고 있다.

그러나 공소시효에 관한 규정의 개정과 관련하여 2007년 개정(법률 제8496호)에서는 부칙 제3조에서 "이 법 시행 전에 범한 죄에 대하여는 종전의 규정을 적용한다"고 규정하여 소급효금지원칙을 유지하였었다. 그러나 2015년 개정(법률 제8496호)에서는 부칙 제2조에서 "이 법 시행 전에 범한 범죄로 아직 공소시효가 완성되지 아니한 범죄에 대하여도 적용한다"고 규정함으로써 신법우선의 원칙에 따르고 있다.[2]

Ⅲ. 장소적 범위

형소법은 우리나라의 영역 내에서 행해지는 형사절차에 대하여 적용된다(속지주의). 다만, 대한민국영역 외라고 하더라도 우리나라 형사재판권이 미치는 지역에는 우리나라 형소법이 적용된다. 이때 피의자·피고인의 국적이나 주거 또는 범죄지 여부는 묻지 않는다. 우리나라 영역 내라고 하더라도 외국공관 등, 국제법상 또는 조약상 특권이 인정되는 구역에는 우리나라 형소법이 적용되지 않는다.

그러나 형사절차에 있어서 공판절차는 국법상 법원에서의 절차를 전제로 하기 때문에 외국에서 절차를 진행할 수 없지만 수사절차는 그 성질상 외국에서도 진행할 수 있다. 다만, 다른 나라에서의 수사활동은 당해 국가의 주권침해가 되므로 그 나라의 승인을 받은 후에 행하여야 한다.

Ⅳ. 인적 범위

형소법은 우리나라에 있는 모든 사람에게 적용된다. 다만, 다음의 예외가 인정된다.

1. 국내법상 예외

대통령은 내란 또는 외환의 죄를 범한 경우를 제외하고는 재직 중 형사상의 소추를 받지 아니한다(헌법 제84조).

---

2) 친고죄는 고소 여부에 따라 형벌권의 존부가 결정되므로 친고죄가 법 개정으로 친고 죄가 아니게 되더라도 친고죄로서 취급하여야 하지만, 친고죄가 아닌 것이 새로이 친고죄로 된 경우에는 피고인에 유리한 것이므로 소급효를 인정하여 친고죄로 논하여야 한다.

국회의원은 국회에서 직무상 행한 발언과 표결에 관하여 국회 외에서 책임을 지지 아니한다(헌법 제45조). 따라서 국회의원의 면책특권에 해당하는 사항에 대하여 공소가 제기된 때에는 '공소제기의 절차가 법률의 규정에 위반하여 무효인 때'(제327조 제2호)에 해당하므로 공소기각의 재판을 하여야 한다. 또한 국회의원은 현행범인인 경우를 제외하고는 회기 중 국회의 동의없이 체포 또는 구금되지 아니하며, 국회의원이 회기 전에 체포 또는 구금된 때에는 현행범인이 아닌 한 국회의 요구가 있으면 회기 중 석방된다(헌법 제44조).

2. 국제법상 예외

외국의 원수 또는 사절과 그 가족이나 수행원 및 외국군대[3] 등, 국제법상 또는 조약상 특권을 가지고 있는 자에 대해서는 우리나라 법원의 형사재판권이 미치지 않으므로 형소법이 적용되지 않는다. 따라서 이들에 대한 수사에 있어서도 원칙적으로 강제처분이 허용되지 않으며, 설령 기소되더라도 공소기각의 재판을 하여야 한다(제327조 제1호).

제3절　형사소송법의 해석

Ⅰ. 형사소송법의 해석방법

형소법의 해석은 통상적인 법해석원리에 따라 그 문언에 기초한 문리해석 외에 입법자의 의사, 법의 기본원칙, 당해 법규의 목적 등에 따라

---

3) 한미주둔군지위협정(SOFA: Status of Forces Agreement)에 따르면 주한미군, 미국인 군속, 그 가족 및 초청계약자의 경우 주한미군의 내부적 범죄와 공무집행 중의 범죄에 대해서는 주한미군이 1차적 재판권을 가지며, 기타 범죄에 한하여 대한민국 당국이 재판권을 행사할 1차적 권리를 가진다(제22조 제1항).

서 합리적으로 행하여져야 한다. 특히, 형소법은 형사절차에 관한 법으로 서 피의자·피고인에 대한 인권침해를 수반하게 되므로 헌법상 기본권의 보장, 적법절차의 원칙, 공정하고 신속한 재판의 요청 등, 헌법상의 제원 칙이 그 해석에 있어서 중요하게 고려되어야 한다.

또한 형소법은 이미 발생한 사실관계를 전제로 이를 규명해 나가는 형사절차에 관한 법률이다. 따라서 형사절차의 공정성과 합리성을 담보 하기 위해서는 형소법상 소송구조를 먼저 책정한 다음, 이것에 근거하여 체계적 관점에서 형소법 해석이 행하여져야 한다.

Ⅱ. 형사소송법의 해석한계

형소법의 법전화(法典化)는 개인의 자유를 보장하기 위해 국가권력의 행사를 한정짓는다고 하는 점에 중요한 의의를 가지므로 형소법의 법원 (法源)은 국회에서 정한 법률이어야만 한다. 따라서 법원(法院)이나 수사기 관은 형소법의 기본구조 및 피의자·피고인 등의 중요한 이해에 관한 사 항에 대하여 법률에서 규정하고 있는 범위를 벗어나 자의적으로 해석하 거나 판단하는 것은 허용되지 않는다.

또한 형소법은 형법과 밀접한 관계를 가지고 있으므로 형소법의 해 석에 있어서도 법원이나 수사기관에 의한 유추해석이 허용되지 않는다.

제2장 형사소송의 이념과 구조

1. 형사소송의 이념과 목적 ┬ 적법절차의 원칙
                      ├ 실체적 진실주의
                      └ 신속한 재판의 원칙

2. 소송구조 ┬ 규문주의
             └ 탄핵주의 ┬ 직권주의
                              └ 당사자주의

3. 현행 형사소송법의 구조 ┬ 당사자주의 요소
                             └ 직권주의 요소

〈주요 학습사항〉

1. 적법절차의 원칙의 의의와 배경
2. 실체적 진실주의의 내용과 한계
3. 신속한 재판의 원칙의 필요성과 그 침해에 대한 구제
4. 형사소송구조의 발달과정과 유형
5. 현행 형사소송법의 구조

제1절 형사소송의 이념과 목적

Ⅰ. 형사절차의 관찰방법

≪학습문제≫ 경찰관 갑은 강도혐의로 을을 체포한 후 신속한 수사를 위해 밤새워 신문하여 범죄사실을 자백받았다. 갑의 행위는 적법한가?

　　형소법은 실체면에서는 실체적 진실의 발견과 적정하고 신속한 형벌법령의 적용실현, 절차면에서는 개인의 인권존중과 적법절차의 보장을 목적으로 한다. 이들 목적은 서로 모순되므로 이를 해결하기 위해서는 형사절차의 구조를 체계화할 필요가 있다.

　　형소법이 소위 자기독자성을 확립하고 독립한 존재근거를 가진다고 하는 것은 형벌권실현에 있어서 형사소송도 범죄와 나란히 '또 하나의 요건'임을 의미한다. 이러한 형사소송은 정하여진 소송절차를 통하여 사람을 처벌한다는 것 외에 그 같은 법정절차에 의하지 않으면 사람을 처벌할 수 없다는 것을 내포한다. 양자는 '절차를 지킨다'는 측면에서는 논리적으로 같을지 모르지만, 정책원리의 측면에서는 서로 다른 소송상의 2개의 원칙으로 나타난다. 전자의 경우 형사절차는 형벌권이 제대로 실현될 수 있도록 사건의 진상을 해명하기 위한 절차과정이어야만 한다. 따라서 실체적 진실발견이 가장 중요과제가 되고, 형소법은 그 목적달성을 위해 적합한 절차이어야 한다는 원칙에 귀결된다. 이것은 결국 실체적 진실주의의 요청과 적극적인 처벌확보의 이념으로 나타난다. 반면에 후자의 경우에는 형사절차의 순서·기준을 법으로 정하여 그 준수를 요구하고, 그것이 지켜지지 않는 한 처벌목적이 달성되지 않더라도 어쩔 수 없다는 것으로 된다. 즉, 절차 자체의 정의 내지 적정이라고 하는 것을 근거로 하여 진실탐구 활동을 억제하려는 것으로서 소극적인 처벌저지의 이념으로 나타난다. 이것을 절차법정주의 원칙이라고 한다.

본래 형사절차는 인권침해적 성격을 갖고 있고, 직·간접으로 개인의 이익을 침해할 수밖에 없다. 따라서 자칫하면 인권보장이라고 하는 이념은 경시되고, 수사의 편의나 심리의 능률화라고 하는 이름 아래 무시되기 쉽다. 따라서 형소법은 국민의 권리보장을 위해 국가권력을 제한한다는 점에 그 존재근거를 가지는 것으로 이해하여야 한다. 이와 같이 '형사절차에 있어서 인권보장의 철저화'라는 관점에서 본다면 형사절차에 있어서는 적법절차원칙을 우선시키고, 실체적 진실주의는 적법절차와 신속한 재판의 원칙에 의해 제한되는 것으로 해석하여야 한다..

<형사절차의 2가지 관찰방법>

의 의	형법의 실현(형법시행법)	형법의 제약(형법한정법)
사 상	실체법 우위	절차법 우위
기 능	범인처벌의 확보	무고한 자의 불처벌의 보장
절차모델	판결에로의 운반장치	판결에로의 장애물경주
지도이념	실체적 진실주의	적법절차주의

Ⅱ. 적법절차의 원칙

≪학습문제≫ 경찰관 갑은 지나가던 을이 자신을 보고 당황하자 이를 수상히 여겨 을을 불러 세우고 그의 동의 없이 몸을 수색하여 마약을 발견하였다. 이때 을을 마약소지죄로 처벌할 수 있는가?

1. 적법절차원칙의 의의

(1) 개 념

적법절차의 원칙은 헌법정신을 구현한 공정한 법정절차에 의하여 형벌권이 실현되어야 한다는 원칙을 말한다. 헌법 제12조 제1항에서는 "누구든지… 법률과 적법한 절차에 의하지 아니하고는 처벌… 을 받지 아니한다"고 규정하여 적법절차의 원칙을 명문화하고(일반조항),[4] 이를 구체적으로 실현하기 위한 규정으로서 묵비권(제12조 제2항), 영장주의(제12조 제3항), 변호인의 도움을 받을 권리(제12조 제4항), 구속적부심사제도(제12조 제6항), 신속한 공개재판을 받을 권리(제27조 제3항), 무죄추정권(제27조 제4항), 형사보상청구권(제28조) 등을 두고 있다. 또한 형소법 제308조의2에서는 "적법한 절차에 따르지 아니하고 수집한 증거는 증거로 할 수 없다"고 규정하여 위법수집증거배제법칙을 명문화하고 있다.

　이와 같이 형사절차에 있어서 적법절차원칙은 문명국가에서 요구되는 최소한의 기준으로서 헌법상 인권선언의 중요한 부분(제12조 이하)을 구성하는 것으로 이해되고 있으며, 그 중에서 총칙적 규정인 헌법 제12조를 원용하는 형태로서 '듀프로세스(의 보장)' 또는 '헌법적 형사소송(론)'으로도 불리기도 한다.

(2) 연 혁

　적법절차의 원칙은 영국의 대헌장(마그나 카르타) 제39조에서 유래된 것으로 미국의 헌법 수정 제5조(1791)와 제14조(1868)에 의해 발전되어 왔다. '적정'의 의미는 역사적으로 형성되어 온 것으로서 일반적으로 '근본적인 공정성'으로 정의된다. '근본적인 공정성'이란 문명사회에서 인정되고 있는 고상한 예의와 공정에 관한 규범을 의미한다. 오늘날 대륙법계 국가에서도 적법절차의 원칙은 자유주의·법치국가의 원리의 구현(법치국가적 형사소송의 최고원리는 인간의 존엄과 가치를 인정하고 기본적 인권을 보장하는 데 있으므로)으로서 형사절차의 내용적인 확정을 요구하고, 소송주체로서의 피의자·피고인의 실질적인 권리보장을 의미하는 것으로 이해되고 있다.[5]

---

　4) 헌법 제12조 제1항은 일반조항적 성격을 가진 것으로 해석되므로 이를 실현하는 구체적인 헌법조항이나 법률이 없더라도 그 자체로서 형사절차에서 재판규범으로서 작용하며, 형사절차를 규제하는 원리가 되고, 형사절차에 관한 입법의 지침으로 된다.

　5) 따라서 적법절차의 원칙은 공정한 재판의 원칙, 비례성의 원칙 및 피고인보호의 원칙을 그 내용으로 한다고 한다.

2. 이론적 배경

형사소송의 기능에 대하여는 관여자의 생활·명예의 보호, 피해자의 위무, 방범에의 조치 등 부수적·간접적 효용도 강조되지만 소송의 존재의의를 고려할 때 가장 중요한 것은 처벌기능과 불처벌기능이다. 이 두 개의 측면 중 어디에 중점을 두는가는 당시의 사회의 치안상황이나 시대사조에 따라 변한다. 그러나 위법수집증거배제법칙에 있어서와 같이 양자가 모순되는 경우에는 적법절차의 보장을 우선시키는 것이 근대적 형사법사상의 요구이다.

적법절차의 요청에서 유래하는 소추·처벌의 규제는 형사절차에 있어서 새로운 것은 아니지만(예, 의심스러운 때는 피고인의 이익으로의 원칙, 일사부재리의 원칙 등), 형사절차에서 절차적 보장이 강조되는 것은 헌법상 인권보장의 이념, 리얼리즘법학의 접근방법을 배경으로 한 절차우위의 사상, 당사자주의 소송제도의 추구 등에 따른 것이기도 하다.

3. 적법절차원칙과 실체적 진실주의의 관계

적법절차의 강조에 따라 위법수집증거배제법칙에 의하여 적법절차에 따르지 않고 수집한 증거를 부정하게 되면 진실발견과 모순되는 결과를 초래할 수도 있으므로 사회통념이나 상식과 맞지 않는 경우가 발생할 수 있다. 따라서 적법절차의 보장을 관철하기 위해서는 '진실의 극복'이라는 과제를 해결할 것이 요구되기도 한다.

하지만 적법절차의 보장을 강조하는 것이 실체적 진실주의를 부정하는 것만은 아니다. 왜냐하면 소송인 이상 실체적 진실의 추구는 당연한 요청이므로 진실발견과의 조화야말로 법의 생명이기 때문이다. 오히려 형사절차가 적법절차에 의해 진행될 경우에 최소한 무고한 자를 처벌하는 것을 막을 수 있다는 점에서 소극적 실체적 진실주의와는 조화되기도 한다. 따라서 형사절차에 있어서 적법절차를 강조하는 것은 실체적 진실주의와 충돌하는 경우임에도 불구하고 쉽게 조화점을 찾을 수 없을 때에는 형법상 죄형법정주의의 보장기능(법이 없으면 처벌되지 않는다고 하는 소극면의 강조)을 강조하는 것과 같이 적법절차의 원칙을 우선시켜야 한다는 것을 의미하는 것으로 이해하여야 한다.

Ⅲ. 실체적 진실주의

> ≪학습문제≫ 경찰관 갑은 군무원인 을의 뇌물사건을 수사하기 위하여 을이 근무하던 군대 내 사무실을 수색하고자 하였으나 을의 상관인 책임자 병이 이를 거부하였다. 그럼에도 불구하고 갑은 병의 동의가 없는 상태에서 위 사무실을 수색하였다. 갑의 수색은 적법한가?

1. 실체적 진실주의의 의의

실체적 진실주의란 소송의 실체에 관하여 객관적 진실을 발견해서 사안의 진상을 명백히 하자는 주의를 말한다. 형소법은 종국적으로 '사안의 진상을 명백히 해서 형벌법령을 적정하고도 신속히 적용·실현하는 것'을 목적으로 한다. 형소법은 올바른 사실의 인정, 올바른 법률의 해석·적용, 올바른 형의 양정, 그리고 그 집행을 내용으로 하며, 그 중에서도 올바른 사실의 인정이 가장 중요한 목적이 된다. 따라서 실체적 진실의 발견은 형사소송의 목적이며 중요한 지도이념이 된다. 즉, 실체적 진실주의는 형사소송의 모든 단계, 즉 공판절차뿐만 아니라 수사절차에서도 적용되는 이념이며, 검사의 객관의무나 변호인의 진실의무도 실체적 진실주의의 요청에 따른 것이다.

그러나 형사소송은 국가형벌권의 범위와 한계를 확정하여 형벌권을 실현하는 절차로서 당사자의 주장이나 입증에 관계없이 실체진실을 규명할 것이 요청된다. 따라서 실체적 진실주의는 단지 대립당사자의 공격과 방어에 의하여 나타난 증거에 구속되어서 상대적으로 비교우위에 있는 당사자에게 유리한 판단을 하는 형식적 진실주의(민사소송절차)와는 구분된다.

2. 실체적 진실주의의 내용

실체적 진실주의는 죄를 범한 자는 반드시 처벌되어야만 한다는 적극적 실체적 진실주의와 동시에 죄 없는 자의 처벌은 절대로 피하여야만 한다는 소극적 실체적 진실주의를 포함한다. 전자는 필벌주의에 입각한 것으로서 국가절대주의·국가우위사상에 근거하여 절차에 대한 실체의 우위를 인정하고, 범인의 발견과 처벌에 중점을 두므로 인권보장이나 공정한 절차의 보장은 후퇴하게 된다. 이것은 직권주의를 의미하는 것으로 사용되기도 한다. 그러나 오늘날에는 후자의 요청이 더욱 강하다. 따라서 '열 사람의 범인은 놓치는 한이 있더라도 한 사람의 죄 없는 사람을 벌하여서는 아니 된다'(Better ten guilty escape than one innocent suffers)고 하거나 '의심스러운 때는 피고인의 이익으로'(in dubio pro reo)라는 무죄추정원칙이 강조된다. 따라서 법관은 제출된 증거에 의해서 유죄의 확신이 없으면 무죄판결을 하여야 한다. 형소법에서는 무죄추정의 원칙(제275조의2), 위법수집증거배제법칙(제308조의2), 자백배제법칙(제309조), 자백의 보강법칙(제310조), 전문법칙(제310조의2) 등을 통해 이를 구현하고 있다.

한편, 소극적 실체적 진실주의는 적법절차의 요청이나 당사자주의 소송구조와도 조화된다. 당사자주의 소송구조 하에서 이해관계 있는 당사자의 공격과 방어에 의해 보다 많은 증거가 법원에 제출되어지고, 이를 근거로 법관이 제3자의 입장에서 공평하게 판결을 한다면 실체적 진실발견에도 유용할 것이므로 양자는 반드시 모순되는 것은 아니다.

3. 실체적 진실주의의 한계

(1) 적법절차와 신속한 재판의 요청에 의한 제한

실체적 진실 발견은 적법절차의 요청이나 시간적 제약으로서의 신속한 재판의 요청에 의해 제한을 받는다. 전자의 예로는 증언금지, 증인자격제한, 각종 증거능력의 제한(위법수집증거배제법칙, 자백법칙, 전문법칙 등) 등이 있다(후자의 예는 '신속한 재판의 원칙' 참조).

(2) 내적 한계

소송이 추구하는 진실은 어디까지나 과거의 일정한 때와 장소에 있어서의 사실이며, 당시에 존재하고 수집된 증거를 통해서 인간이 알 수 있는 사실에 불과하다. 따라서 절대적이고 객관적인 진실을 발견한 다는 것은 사실상 불가능하므로 실체적 진실발견이란 소송법규가 정한 궤도에 맞는 방법에 의한 진실추구를 의미하는 것에 지나지 않는다. 따라서 형사소송에 있어서의 진실이란 검사의 주장·입증에 대해 피고인 측이 비판을 가하더라도 이것에 굴복하지 않고, 동시에 합리적인 의심이 들지 않는 (고도의 개연성이 있는) 사실이라고 법원이 결정한 것을 의미한다. 그러므로 형사절차에 있어서 사실의 진위가 불명확한 경우에는 피고인에게 유리하게 판단하여야 한다. '의심스러운 때에는 피고인의 이익으로'라는 법리는 바로 이것을 가리킨다.

(3) 외적 한계

실체적 진실발견은 소송법적 이익에 우선하는 이익에 의해 제한받기도 한다. 예컨대, 군사상·공무상 또는 업무상 비밀에 속하는 장소 또는 물건에 대한 압수·수색의 제한(제110조-제112조), 공무상 또는 업무상 비밀에 속하는 사항과 근친자의 형사책임에 불이익한 사항에 대한 증언거부권의 인정(제147조-제149조) 등이 이에 해당한다.

Ⅳ. 신속한 재판의 원칙

≪학습문제≫ 갑은 범죄를 범하여 재판을 받고 있던 중 형소법이 개정되었다. 이때 갑에 대한 형사절차는 어떠한 법에 따라야 하는가?

1. 신속한 재판원칙의 의의와 필요성

(1) 개 념

신속한 재판의 원칙이란 공판절차는 신속하게 진행되어야 하며, 재판이 지연되어서는 안 된다는 원칙을 말한다. '재판의 지연은 재판의 거부와 같다'(Justice delayed, justice denied)고 하는 법격언이나 '사법은 신선할수록 향기가 높다'(Bacon)는 표현은 이 원칙을 대변하는 것이다.

헌법 제27조 제3항에서 "모든 국민은 신속한 재판을 받을 권리를 가진다. 형사피고인은 상당한 이유가 없는 한 지체없이 공개재판을 받을 권리를 가진다"고 규정함으로써 신속한 재판을 받을 권리를 형사피고인의 기본적 인권으로 보장하고 있다.

(2) 연 혁

신속한 재판을 받을 권리는 영국의 마그나 카르타에서 처음 선언된 것이다. 미국 수정헌법 제6조에서는 "모든 형사사건에서 피고인은 신속한 재판을 받을 권리를 가진다"고 규정하고 있으며, Kloper v. North Caroline(386 U.S. 213(1967))에서 이 권리가 연방법원뿐만 아니라 주법원에도 적용되는 기본원리임을 확인한 후 모든 주 헌법에서 명문으로 규정하고 있다. 독일에서는 인권보호를 위한 조약(MRK) 제6조의 "누구나 적절한 기간 내에 공개재판을 받을 권리를 가진다"는 규정에 따라 형사소송의 지도이념으로 하고 있다.

(3) 필 요 성

신속한 재판은 피고인의 입장에서는 재판 전의 부당한 장기구금을 방지하고, 재판에 있어서 각종의 부담과 불이익에서 빨리 해방시켜 주며, 재판이 진행되는 동안 발생할 수 있는 일반인으로부터의 비난을 최소화하게 한다는 점에서 이익이 된다. 또한 피고인 또는 피의자의 방어권 행사에 있어서 증인의 기억상실, 관계인의 사망, 증거물의 상실 등의 장애요인을 제거함으로써 형사절차의 공정성을 담보하게 한다.

또한 신속한 재판은 형벌권의 조기실현을 통하여 형벌의 효과(사회복귀라는 특별예방과 일반예방의 목적달성)를 최대화하는 한편, 형사절차에 소요되는 비용과 노력을 절감하게 함으로써 소송경제의 면에서도 유익하며, 유죄증거의 일실(逸失)이나 왜곡을 방지하여 진실발견에도 유용하다.

(4) 신속한 재판을 받을 권리와 소송촉진의 관계

형사피고인의 신속한 재판을 받을 권리는 헌법상 기본권에 속하는 것이며, 피고인의 이익을 위한 원칙이므로 신속한 재판의 요청은 피고인의 방어권을 침해하지 않는 범위 내에서 고려되어야 한다.

이에 대하여 소송촉진의 요청은 형사절차가 검사나 법원 등 국가기관의 과형을 위한 절차라는 관점에서 요구되는 것이며, 피고인의 이익·불이익 여부를 묻지 않는다. 따라서 법원은 소송으로 인한 법원의 부담경감과 소송촉진이라는 목적을 강조한 나머지 소송의 신속성에만 관심을 가져서는 아니 되며, 소송촉진의 요청과 피고인의 방어권 보장이 충돌할 경우에는 후자를 우선하여야 한다.

2. 제도적 구현내용

신속한 재판의 원칙은 공판절차를 포함하여 모든 형사절차에서 적용되는 원칙이므로 형소법에서는 형사절차 전반에 걸쳐 제도적으로 구현하고 있다.

(1) 수사와 공소제기단계

일반형사사건의 경우에 사법경찰관에게 수사종결권을 인정하고(제197조 제1항), 검사의 수사범위를 일부 범죄군으로 제한하고 있다(검찰청법 제4조 제1항). 또한 수사기관의 구속기간을 제한하였으며(제202조, 제203조), 기소편의주의(제247조) 및 공소취소제도(제255조)와 공소시효제도(제249조)를 두고 있다.

(2) 공판절차단계

공소장부본의 송달(제266조), 공판준비절차(제266조의5 이하), 공판기일의 지정과 변경(제267조, 제270조), 공판기일의 증거조사와 증거제출(제273조, 제274조) 등 공판준비절차를 마련하였다. 또한 법원의 심판범위를 한정하고, 궐석재판제도를 인정하고 있으며(제277조의2, 제458조 제2항), 집중심리제도(제267조의2)를 도입하였다.

그리고 공판기일의 지정(제267조)과 변경(제270조), 증거신청에 대한 결정(제295조), 불필요한 변론의 제한(제299조), 변론의 분리와 병합(제300조) 등, 재판장의 소송지휘권(제279조)을 인정하였으며, 심급에 따라 구속기간을 제한하고(제92조), 판결선고를 원칙적으로 변론종결일에 하도록 하였다(제318조의4).[6]

이 외에도 대표변호인제도(제32조의2)를 도입하고, 소송지연목적을 이유로 한 법관기피신청은 기각사유로 하였으며(제20조 제1항), 변호인의 소송기록열람·복사권(제35조)을 인정하였다.

(3) 상소심단계

상소기간(제358조, 제374조), 상소기록의 송부기간(제361조, 제377조), 상소이유서 또는 답변서제출기간(제361조의3, 제379조) 등 상소에 관한 기간을 제한하고 있다. 또한 상소심구조와 관련하여 상고심은 사후심으로, 항고심은 속심적 성격을 유지하면서도 항소이유와 심판범위를 제한하는 등 사후심적 성격을 띤 규정을 마련하고 있다.

(4) 특별절차를 통한 신속한 재판실현

간이공판절차(제286조의2)와 약식절차(제448조 이하)를 마련하여 전자는

---

6) 「소송촉진 등에 관한 특례법」에서는 판결선고기간을 제한하여 제1심에서는 공소제기된 날로부터 6월 이내, 상소심에서는 기록의 송부를 받은 날로부터 4월 이내(제21조), 약식명령은 그 청구가 있은 날로부터 14일 이내(제22조)에 하도록 하고 있다.

증거조사방법의 간이화와 증거동의의 의제에 의해, 후자는 벌금, 과료, 몰수에 처할 사건에 대하여 서면심리에 의하도록 함으로써 신속한 재판을 실현하고 있다. 이외에 20만원 이하의 벌금, 구료, 과료에 처할 사건에 대한 즉결심판을 인정하고 있다(즉결심판에 관한 절차법 제6조).

3. 신속한 재판의 침해와 그 구제

재판의 지연에 의해 피고인의 신속한 재판을 받을 권리가 침해된 경우에 미국에서는 공소기각에 의해(United States v. Strunk, 467 F. 2d 969(1972)), 일본에서는 면소판결에 의해(日最判 昭和 47.12.20.) 소송을 종결시키고 있다.

우리나라에서는 소송지연을 소송조건으로 이해하는 것은 소송조건의 불명확성을 초래하여 법적 안정성을 해친다는 점, 형소법에서 공소제기된 범죄가 판결확정 없이 25년을 경과하면 공소시효가 완성된 것으로 보고 있는 점(제249조 제2항) 등을 고려하여 이 정도에 이르지 않은 재판지연을 이유로 형식재판에 의해 소송을 종결시킬 수는 없고, 독일의 경우(BGHSt. 24, 239, BGHSt 27, 274)와 같이 단지 양형상 고려하면 충분하다고 한다(다수설). 입법론적으로는 지나친 재판지연에 대하여는 소송조건위반으로서 공소기각사유로 할 필요가 있다.

이때 재판지연의 여부는 신속한 재판의 원리의 의의와 목적을 고려하여 심리의 방법과 사건의 성질 등을 참작하여 구체적으로 판단할 수밖에 없다. 그 판단자료로서는 지연기간, 지연이유, 지연에 대한 피고인의 요구 여부, 피고인의 이익침해의 여부 등이 고려될 수 있다.

4. 검 토

신속한 재판의 요청은 적법절차와 조화되는 소극적 진실주의의 관점에서 보장되어야 하므로 신속한 재판의 이름아래 피고인들의 방어권을 침해하는 것은 허용되지 않는다. 반면에 신속한 재판의 원칙은 범인

필벌주의를 의미하는 적극적 실체적 진실주의와는 모순되더라도 관철되어야 하므로 국가기관, 특히 법원이나 검찰에 원인이 있는 소송절차의 지연은 허용되지 아니한다.

제2절 형사소송의 구조

　형사절차, 특히 수사절차와 공판절차에서는 각각의 목적달성을 위해 소송주체들 사이의 기본적인 소송법률관계를 기초로 절차가 진행한다. 이러한 소송주체들간의 관계검토를 수사절차의 구조론, 공판절차의 구조론이라고 하며, 이것은 형사절차에 있어서 개개의 문제들을 올바르게 처리하기 위한 체계적 기반이 된다.

　형소법의 발전과정에 있어서 형사절차는 규문절차로부터 탄핵절차로서의 소송구조의 채택, 소송구조는 다시 직권주의로부터 당사자주의로 이행하였으며, 이것은 형사절차에 있어서 국민을 위한 인권보장의 정신을 구체화해 가는 과정이었다고 할 수 있다.

〈소송구조의 개관〉

Ⅰ. 규문주의와 탄핵주의

> ≪학습문제≫ 폭행피해자인 갑은 가해자인 을을 수사기관에 고소하였으나 검사가 을을 기소유예하자 직접 법원에다가 을의 처벌을 요구하였다. 이 때 법원은 갑의 신청을 이유로 을에 대한 재판을 진행할 수 있는가?

1. 규문주의

규문주의는 법원이 스스로 절차를 개시하여 심리·재판하는 주의를 말한다. 따라서 규문주의에서는 소추기관이 따로 없고, 법원이 소추기관이면서 심판기관이 되며, 피고인은 단지 조사·심리의 객체에 지나지 않는다. 이것은 프랑크왕국시대의 카알 대제(742년-814년)의 규문절차를 시초로 한 근대 초기의 절대주의국가의 형사절차구조이다.

규문주의에서는 법원에게 소추와 심판이 독점되어 있으므로 법관에게 지나친 부담이 될 뿐만 아니라 공평한 재판의 요청에도 반하게 될 우려가 크다. 또한 피고인을 단지 조사 또는 심리의 객체로 취급하고 절차의 주체성을 부인함으로써 피고인의 방어권이 충분히 보장되지 않게 된다. 따라서 규문주의는 프랑스혁명을 계기로 탄핵주의로 바뀌었다.

2. 탄핵주의

(1) 개   념

탄핵주의는 재판기관과 소추기관을 분리하여 소추기관의 공소제기에 의하여 법원이 절차를 개시하는 주의를 말한다. 소송주의(소추주의)라고도 한다. 탄핵주의에서는 소추기관에 의해 소가 제기된 사건에 대하여만 법원이 심판할 수 있으며(불고불리의 원칙), 피고인이 소송의 주체로서 절차에 관여하게 된다(변론주의). 탄핵주의는 프랑스혁명 후 나폴레옹의 개혁된 형소법(治罪法, Code d'instruction criminelle)을 시작으로 모든 대륙법계 국가에서 채택하고 있으며, 영·미에서는 일찍부터 이 제도를 취하고 있었다.

형소법이 채택하고 있는 소송구조이다.

(2) 유 형

탄핵주의는 소송의 주도권이 누구에게 있느냐에 따라서 당사자주의와 직권주의로 나뉜다. 또한 누가 소추기관이 되느냐에 따라서 국가기관인 검사가 담당하는 국가소추주의와 사인(私人)이 행하는 사인소추주의가 있으며, 후자에는 공중소추주의와 피해자소추주의가 있다. 형소법은 국가소추주의를 택하고 있다(제246조).

Ⅱ. 직권주의와 당사자주의

≪학습문제≫ 법원이 공판을 진행하면서 적극적으로 증인을 신문하고, 피고인에게 유리한 특정 증거를 제출할 것을 종용하는 등, 주도적으로 소송절차를 진행하고, 검사가 피고인에게 징역 1년을 구형하였음에도 불구하고 징역 2년을 선고하였다. 법원의 태도는 적법한가?

1. 직권주의

(1) 개념과 내용

직권주의는 형사절차가 국가형벌권의 실현을 목적으로 한다는 점에서 공권적 판단을 내리는 법원이 소송에 있어서 주도적 지위를 갖게 되는 구조를 말한다. 직권주의는 실체적 진실발견을 위해서는 당사자의 주장이나 청구에 구애받지 않고 직권으로 증거를 수집·조사하여야 한다는 점에서 직권탐지주의와 소송물이 법원의 지배하에 놓이게 되고, 따라서 법원이 직권으로 사건을 심리할 것을 요구한다는 점에서 직권심리주의를 그 내용으로 한다.

(2) 장·단점

직권주의는 법원이 주도적으로 활동함으로써 실체적 진실발견에 효과적일 수 있고, 심리의 능률과 신속을 도모할 수 있으며, 열등한 지위에 있는 피고인을 보호할 수 있을 뿐만 아니라 형사절차의 공공성을 담보할 수 있다는 장점이 있다.

반면에 직권주의는 사건의 심리가 자칫 법원의 독단에 흐를 위험이 있고, 피고인이 소송에서 적극적인 방어권을 행사하기보다는 심리의 객체로 전락할 위험이 있으며, 법원에 과중한 업무 부담을 줄 수 있는 단점이 있다.

2. 당사자주의

(1) 개념과 내용

당사자주의는 소송의 당사자인 검사와 피고인에게 소송의 주도적 지위를 인정하여 양당사자의 충분한 주장과 입증을 통한 공격·방어에 의하여 법원이 공평한 제3자로서 공권적 판단을 내리는 소송구조를 말한다. 당사자주의는 원고인 검사와 피고인이 대등한 관계에서 공격과 방어를 행한다는 점에서 당사자대등주의를 기초로 하며, 소송의 진행이 당사자에 의해서 진행된다는 점에서 당사자추행주의를 내용으로 한다.

이 외에 영·미의 당사자주의는 소송에서 소송물에 대하여 유효하게 처분할 수 있는 지위를 말하는 당사자처분주의를 포함하지만, 형소법은 소송이 법원에 일단 계속된 이상 당사자의 처분권을 인정하지 않는 불변경주의를 취하고 있다. 다만, 당사자에 의한 공소취소(제255조)나 상소취하(제349조)는 인정되고 있다.

(2) 장·단점

당사자주의는 직접적인 당사자의 공격과 방어가 충분히 행하여지게 되므로 보다 많은 증거가 법원에 현출됨으로써 실체적 진실발견에 유리하고, 법원은 제3자의 입장에서 편견 없이 판단을 내릴 수 있으므로 공평한 재판을 가능하게 하며, 피고인의 방어권과 인권보장에 유리하다는 장점이 있다.

반면에 당사자주의를 철저하게 관철할 경우 심리의 능률과 신속을 달성할 수 없을 우려가 있고, 당사자의 열의와 능력 여하에 따라서 소송결과가 좌우될 수 있으며(소송의 스포츠화의 우려), 특히 피고인에게 오히려 불리하게 작용할 가능성이 있음은 물론, 실체적 진실이 왜곡될 위험이 많다(검찰사법화의 우려). 또한 당사자에게 처분권을 인정하게 되면 국가형벌권의 행사가 당사자 간의 타협이나 거래대상으로 전락할 우려가 있다는 단점이 있다.

3. 현행 형사소송법의 구조

현행 형소법은 직권주의구조를 취하고 있다는 주장이 있다. 이 입장에서는 형소법은 형사소송의 본질과 실체적 진실발견이라는 이념에 충실하여야 하며, 인권보장은 당사자주의의 전유물이 아니라 헌법의 당연한 요청이며 법치국가원리의 적용에 불과한 것이므로 직권주의에서도 경시할 수 없다는 점을 강조한다.

그러나 당사자주의 구조는 피고인을 단지 소송의 주체로서 취급함에 그치지 않고 그에게 소송의 주도적 지위를 승인하는 것으로부터, 헌법에서 보장되고 있는 피고인의 권리를 충분히 보장하는 것으로 된다. 더구나 형소법의 목표인 실체적 진실주의, 올바른 재판이라고 하는 원칙으로부터 보더라도 당사자주의는 큰 장점을 가진다. 그러므로 형소법은 당사자주의구조를 취하고 있으며, 형소법상 직권주의요소는 단지 무기의 열세에 있는 피고인의 권리와 이익을 옹호하기 위한 제도로서 보충적이고 규제적인 것으로 이해하여야 한다. 대법원(84도796)과 헌법재판소(92헌마44)는 우리나라 소송구조를 당사자주의로 파악하고 있다.

[헌재결] 헌법재판소는 "우리나라 형소법은 그 해석상 소송절차의 전반에 걸쳐 기본적으로 당사자주의 소송구조를 취하고 있는 것으로 이해"(92헌마44)하였으

나, 근래에는 "현행 형소법은 직권주의 요소와 당사자주의 요소를 조화시킨 소송 구조를 취하고 있다"고 하였다(2010헌바128).

(1) 당사자주의 요소

1) 공소의 제기단계

검사가 공소를 제기한 사건에 대하여만 심판을 할 수 있으며, 심판의 범위도 특정할 것을 요구하고 있다(제254조 제4항). 또한 공소장일본주의를 채택하여 법원의 예단을 방지하고 있으며(규칙 제118조 제2항), 공소사실과 동일성이 인정되는 사실이더라도 공소장변경절차에 의해서만 심판대상이 될 수 있도록 하고 있다(제298조).

2) 공판준비절차단계

피고인의 방어권보장을 위하여 공판준비절차의 마련(제266조의2·제266조의16), 공소장부본의 송달(제266조), 제1회 공판기일의 유예기간(제269조), 피고인의 공판기일변경신청권의 인정(제270조) 등의 제도를 마련하고 있다.

3) 공판절차단계

공판정은 당사자의 출석을 원칙으로 하고(제275조, 제276조), 당사자의 모두진술에 의해 공판절차가 개시된다(제285조, 제286조). 또한 피고인에게 진술거부권을 인정하고(제289조), 검사와 변호인에게 증거조사에 앞서 증거관계 등에 대한 진술권을 인정하고 있다(제287조). 증거조사도 당사자의 신청에 의해서 행하여지게 하고(제294조), 당사자에게 증거보전청구권(제184조), 증거조사참여권(제145조, 제163조, 제176조) 또는 이의신청권(제296조)을 부여하고 있다.

그리고 증인신문에서도 교호신문제도를 인정하여 당사자에게 우선권을 주며(제161조의2), 당사자의 반대신문권을 보장하기 위하여 전문법칙 등을 도입하고(제310조의2), 증거에 대한 당사자 동의(제318조)를 인정하고 있다. 이 외에도 당사자에게 최종변론권(제302조, 제303조)을 인정하고 있다.

(2) 직권주의 요소

형소법은 재판장에게 소송지휘권을 인정하고(제279조),[7] 피고인에 대한 당사자의 신문이 끝난 후 재판장(또는 합의부원)도 피고인을 신문할 수 있다(제287조). 또한 법원은 직권으로 증거조사를 할 수 있으며(제295조), 재판장은 당사자의 신문이 끝난 후 증인을 신문할 수 있고, 필요한 때에는 어느 때나 신문할 수 있으며, 교호신문절차의 신문순서를 변경할 수도 있다(제161조의2 제2항·제3항). 이 외에 법원은 공소장변경을 요구할 수도 있다(제298조 제2항).

---

7) 재판장의 소송지휘권은 절차의 적정한 진행과 심리의 원활을 위하여 인정되는 법원 고유의 권한이므로 소송구조와는 직접적인 관련성이 없다는 반론이 있다.

제2편 소송주체와 소송행위

제1장 소송주체

—◆—

1. 법 원 ┬ 국법상 의미의 법원 ┬ 법원의 구성
       └ 소송법상 의미의 법원 ├ 제척·기피·회피
                              └ 법원의 관할

2. 검 사 ┬ 검사와 검찰제도
       ├ 검사의 구조
       └ 검사의 소송법상 지위

3. 피 고 인 ┬ 피고인의 의의와 특정
         ├ 피고인의 소송법상 지위
         ├ 무죄추정권과 진술거부권
         └ 당사자능력과 소송능력

4. 변 호 인 ┬ 사선변호인과 국선변호인
         ├ 변호인의 소송법상 지위
         └ 변호인의 권한

5. 보 조 인

〈주요 학습사항〉

1. 공평한 법원의 구성을 위한 제도와
   법원의 관할
2. 검사의 구조와 소송법상 지위
3. 피고인의 특정, 소송법상 지위 및 권한
4. 변호인의 종류, 소송법상 지위 및 권한
5. 보조인의 자격과 권한

소송의 주체는 소송을 성립시키고 발전하게 하는 데 필요한 주체를 말한다. 법원, 검사, 피고인이 이에 해당한다. 법원은 재판권(심판권)의 주체, 검사는 공소권의 주체, 피고인은 방어권의 주체이다. 검사와 피고인을 합쳐 당사자라고 한다.[1]

한편, 당사자의 보조자로서 검사에게는 사법경찰관리가 있고, 피고인에게는 변호인과 보조인(제29조) 외에 법정대리인(제26조), 법인의 대표자(제27조), 특별대리인(제28조) 등이 있다. 이들과 당사자를 합쳐 소송관계인이라고 한다. 이외에 소송에 관여하는 자로서 증인, 감정인, 고소인 또는 고발인 등이 있는데, 이들은 소송에 대한 적극적 형성력이 없다는 점에서 소송관여자라고 한다.[2]

제1절 법　　원

Ⅰ. 법원의 의의와 종류

≪학습문제≫ 판사인 갑은 자신의 정치적 신념에 따른 정치활동을 하고자 하였다. 갑은 특정정당에 가입할 수 있는가?

법원은 사법권을 행사하는 국가기관이다. 사법권이란 법률상의 쟁

---

1) 직권주의에서는 '당사자' 개념을 부정하고, '소송주체'라고 칭한다.

2) 증인이나 감정인의 참여가 사실인정의 방향을 가름하는 경우도 있고, 피해자에게도 1심판결 전까지 고소취소가 가능하고(제232조 제1항), 재판절차에서 진술권을 가진다(제294조의2)는 점에서 소송에 대해 적극적 형성력을 가지므로 소송관계인과 소송관여자의 구별은 무의미하다는 비판이 있다. 이 견해에서는 양자를 '소송참여자'라는 하나의 개념 속에 포괄한다.

송에 관하여 심리·재판하는 권한과 이에 부수하는 권한을 말한다. 헌법상 사법권은 법관으로 구성된 법원에 속한다(헌법 제101조 제1항). 법치주의의 핵심원리인 권력분립의 원칙에 의거하여 사법권은 입법권과 행정권으로부터 독립되어 있다. 이를 사법권의 독립이라고 한다.

또한 헌법에서는 재판의 공정성을 담보하기 위하여 법관은 헌법과 법률에 의하여 그 양심에 따라 독립하여 심판하여야 한다고 함으로써 직무활동의 독립성을 보장하고 있다(제103조). 이외에도 사법권의 독립을 실질적으로 보장하기 위하여 법관의 자격을 엄격히 규정하고 있을 뿐만 아니라 법관의 신분을 강력히 보장하고 있다(제5장).

법원은 국법상 의미의 법원과 소송법상 의미의 법원으로 나뉜다.

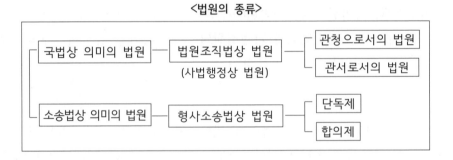

〈법원의 종류〉

II. 국법상 의미의 법원

1. 개 념

국법상 의미의 법원은 사법행정상 의미에서의 법원을 말한다. 「법원조직법」상 법원은 이를 말한다. 이에는 사법행정상 관청으로서의 법원과 관서로서의 법원이 있다. 전자는 사법행정에 관한 의사표시의 주체로서의 법원을 말하며, 대법원장과 각급 법원장에게는 사법행정상 지휘감독권을 인정한다. 후자는 그 자체로서는 아무런 권한이 없는 사법행정상 단위를 말하는 것으로 구체적 재판을 하기 위하여 필요한 인적(법관과 전

직원을 포함한다)·물적 설비의 총체를 말한다. 관서로서의 법원의 청사를 법원이라고도 한다.

2. 구 성

(1) 보통법원

법원에는 대법원과 하급법원인 고등법원, 특허법원, 지방법원, 가정법원, 행정법원, 회생법원이 있다(헌법 제101조 제2항, 법 제3조).

대법원은 최고법원으로서 서울특별시에 두며(법 제11조, 제12조), 대법원장과 대법관으로 구성된다(법 제4조, 제13조 제1항). 지방법원과 가정법원에는 그 사무의 일부를 처리하게 하기 위하여 그 관할구역 내에 지원과 가정지원, 시법원 또는 군법원(이하 '시·군법원'이라고 한다)3) 및 등기소를 둘 수 있다. 다만, 지방법원과 가정법원의 지원은 2개를 합하여 1개의 지원으로 할 수 있다(법 제3조 이하 참조).

(2) 특별법원

특별법원으로는 군사법원이 있다. 군사법원은 군사재판을 위하여 헌법에 의하여 인정된 법원이다(헌법 제110조). 다만, 군사법원의 상고심은 대법원이다.

3. 법관의 임명과 자격 등

(1) 법관의 임용자격

대법원장과 대법관은 20년 이상 (i) 판사·검사·변호사, (ii) 변호사의 자격이 있는 사람으로서 국가기관, 지방자치단체, 「공공기관의 운영에

---

3) 대법원장은 지방법원 또는 그 지원 소속 판사 중에서 그 관할구역에 있는 시·군법원의 판사를 지명하여 시·군법원의 관할사건을 심판하게 한다(법조법 제33조 제1항). 시·군법원의 사물관할은 소액사건, 화해·독촉·조정사건, 즉결사건, 협의의 이혼사건이다. 시·군판사는 본·지원 단독급으로 1년 근무를 원칙으로 하고 있다.

관한 법률」제4조에 따른 공공기관, 그 밖의 법인에서 법률에 관한 사무에 종사한 사람, (iii) 변호사의 자격이 있는 자로서 공인된 대학의 법률학 조교수 이상으로 재직한 사람으로서 45세 이상의 사람 중에서 임용한다(법 제42조 제1항).

사법연수원장, 고등법원장, 특허법원장, 법원행정처차장, 지방법원장, 가정법원장, 행정법원장, 회생법원장은 15년 이상 위의 각호의 직에 있던 사람 중에서 보한다(법 제44조 제2항).

판사는 10년 이상 위의 각호의 직에 있던 사람 중에서 임용한다(법 제42조 제2항). 다만, 위의 각호의 재직기간을 합산하여 5년 미만인 판사는 변론을 열어 판결하는 사건에 관하여는 단독으로 재판할 수 없으며, 합의부의 재판장이 될 수 없다(법 제42조의3).

(2) 법관의 임명

대법원장은 국회의 동의를 받아 대통령이 임명한다. 대법관은 대법원장의 제청으로 국회의 동의를 받아 대통령이 임명한다. 판사는 인사위원회의 심의를 거치고 대법관회의의 동의를 받아 대법원장이 임명한다(헌법 제104조, 법 제41조).[4] 판사의 보직은 대법원장이 행한다(법 제44조).

---

4) 다음 각 호의 어느 하나에 해당하는 사람은 법관으로 임용할 수 없다(동법 제43조 제1항).
   1. 다른 법령에 따라 공무원으로 임용하지 못하는 사람
   2. 금고 이상의 형을 선고받은 사람
   3. 탄핵으로 파면된 후 5년이 지나지 아니한 사람
   4. 대통령비서실 소속의 공무원으로서 퇴직 후 3년이 지나지 아니한 사람
   5. 「정당법」 제22조에 따른 정당의 당원 또는 당원의 신분을 상실한 날부터 3년이 경과되지 아니한 사람
   6. 「공직선거법」 제2조에 따른 선거에 후보자(예비후보자를 포함한다)로 등록한 날부터 5년이 경과되지 아니한 사람
   7. 「공직선거법」 제2조에 따른 대통령선거에서 후보자의 당선을 위하여 자문이나 고문의 역할을 한 날부터 3년이 경과되지 아니한 사람

(3) 법관의 임기

대법원장과 대법관의 임기는 6년이며, 기타 법관의 임기는 10년이다. 대법원장을 제외한 대법관과 판사는 연임할 수 있다. 대법원장과 대법관의 정년은 70세이며, 판사의 정년은 65세로 한다(법 제45조).

(4) 법관의 신분보장

법관은 탄핵 또는 금고이상의 형에 의하지 아니하고는 파면되지 아니하며, 징계처분에 의하지 아니하고는 정직·감봉 또는 불리한 처분을 받지 아니한다(헌법 제106조 제1항, 법 제46조). 다만, 법관이 중대한 신체상 또는 정신상의 장해로 인하여 직무를 수행할 수 없을 때에는 대법관인 경우에는 대법원장의 제청으로 대통령이, 판사인 경우에는 인사위원회의 심의를 거쳐 대법원장이 퇴직을 명할 수 있다(헌법 제106조 제2항, 법 제47조).

(5) 법관의 금지사항

법관은 재직 중 (i) 국회 또는 지방의회의 의원이 되는 일, (ii) 행정부서의 공무원이 되는 일, (iii) 정치운동에 관여하는 일[5], (iv) 대법원장의 허가없이 보수를 받는 직무에 종사하는 일, (v) 금전상의 이익을 목적으로 하는 업무에 종사하는 일, (vi) 대법원장의 허가를 받지 아니하고 보수의 유무에 상관없이 국가기관 외의 법인·단체 등의 고문·임원·직원 등의 직위에 취임하는 일, (vii) 그 밖에 대법원규칙으로 정하는 일 등의 행위를 할 수 없다(법 제49조).

---

5) 「법원조직법」 제50조의2(법관의 파견 금지 등) ① 법관은 대통령비서실에 파견되거나 대통령비서실의 직위를 겸임할 수 없다.

② 법관으로서 퇴직 후 2년이 지나지 아니한 사람은 대통령비서실의 직위에 임용될 수 없다.

Ⅲ. 소송법상 의미의 법원

> ≪학습문제≫ 서울에 주소를 둔 갑은 강릉에서 강도를 하고, 도망쳐 김천
> 에 숨어 있던 중 대전 계룡산 동학사에 놀러갔다가 경찰관의 불심검문에
> 의해 체포되었다. 갑은 어느 법원에서 재판을 받을 수 있는가?

소송법상 의미의 법원은 개개의 소송사건에 대하여 구체적으로 재
판권을 행사하는 법원을 말한다. 형소법상 법원을 말한다. 국법상 의미의
법원에는 하나 또는 수개의 소송법상 의미의 법원이 설치되어 있다. 소
송법상 의미의 법원이 구체적인 사건에 대하여 심리와 재판을 할 수 있
는 권한을 심판권이라고 한다.

1. 구 성

(1) 단독제와 합의제

단독제는 1인의 법관으로 구성되는 법원을 말한다. 단독제는 소송절
차의 신속한 진행이 가능하고, 법관의 책임감을 강하게 하는 반면에 사건
의 심리가 신중·공정하지 못할 우려가 있다. 합의제는 2인 이상의 법관으
로 구성되는 법원을 말한다. 합의제는 사건의 심리는 신중·공정하게 할 수
있지만, 소송절차가 지연되고 법관의 책임감이 약화될 우려가 있다.

형소법은 제1심은 단독제를 원칙으로 하고 예외적으로 합의제에 의
하며, 상소심은 합의제에 의한다. 따라서 고등법원(과 특허법원, 행정법
원)과 지방법원 및 그 지원 합의부는 3명으로 구성된 합의부에서 심판한
다(법 제7조 제3항·제5항). 그러나 대법원의 경우에는 대법관 전원의 2/3 이
상의 합의체에서 심판권을 행사하며, 대법원장이 재판장이 된다. 다만,
(i) 명령 또는 규칙이 헌법 또는 법률에 위반된다고 인정한 경우 (ii) 종전
에 대법원에서 판시한 헌법·법률·명령 또는 규칙의 해석 적용에 관한 의
견을 변경할 필요가 있다고 인정한 경우 및 (iii) 부(部)에서 재판하는 것이

적당하지 아니하다고 인정하는 경우를 제외하고, 대법관 3명 이상으로 구성된 부에서 먼저 사건을 심리하여 의견이 일치한 때에는 부에서 재판할 수 있다(법 제7조 제1항).

(2) 재판장·수명법관·수탁판사·수임판사

1) 재 판 장

합의체인 경우에 그 구성원 중의 1인이 재판장이 된다. 재판장 이외의 합의체 구성법관은 합의부원(배석판사)이라고 한다. 다만, 재판장은 소송절차의 진행권만 가지고, 피고사건의 심리·재판에 있어서는 배석판사와 동등한 권한을 가진다.

재판장은 합의체의 기관으로서 공판기일지정권(제267조), 소송지휘권(제279조), 법정경찰권(제281조 제2항, 법조법 제58조) 등의 권한이 있으며, 독립하여서는 급속을 요하는 경우 피고인을 소환·구속할 수 있는 권한(제80조)이 있다.

2) 수명법관

수명법관은 합의체의 법원이 그 구성원인 법관에게 특정한 소송행위(예, 필요한 조사나 압수·수색 등)를 명하였을 때에 그 명을 받은 법관을 말한다(제37조 제4항, 제136조 제1항 참조).

3) 수탁판사

수탁판사는 하나의 법원이 다른 법원의 법관에게 일정한 소송행위를 하도록 촉탁한 경우에 그 촉탁을 받은 법관을 말한다(제37조 제4항, 제136조 참조). 촉탁을 받은 법관은 일정한 경우에 다른 법원의 판사에게 전촉할 수 있는데(제77조 제2항, 제136조 제2항 참조), 이때 전촉을 받은 판사도 수탁판사이다.

4) 수임판사

수임판사는 수소법원과는 독립하여 소송법상의 권한을 행사할 수 있는 개개의 법관을 말한다. 수사기관의 청구에 의한 영장발부판사(제 201조), 증거보전절차를 하는 판사(제184조), 수사상 증인신문을 하는 판사 (제221조의2) 등이 이에 해당한다.

2. 제척·기피·회피

제척·기피·회피제도는 공평한 법원의 구성을 구체적으로 보장하기 위하여 마련된 제도로서 구체적 사건에서 불공평한 재판을 할 우려가 있 는 법관을 법원의 구성에서 배제하고자 하는 것이다. 이 제도는 재판의 객관성에 대한 국민의 신뢰를 보장하는 기능도 하게 된다.

(1) 제 척

1) 개 념

제척은 법관이 불공평한 재판을 할 우려가 현저한 것으로 법률 에 규정된 사유가 있는 경우에 그 법관을 직무집행에서 배제하는 제도이 다. 제척의 효과는 법률의 규정에 의해 당연히 발생되는 데 반해, 기피는 당사자의 신청에 의한다는 점에서, 회피는 법관 스스로 직무집행에서 탈 퇴한다는 점에서 각각 구분된다.

2) 제척사유

제척사유는 제17조에 유형적으로 규정되어 있으며, 이들 사유에 한하여 제척이 인정된다(제한적 열거).

(가) 법관이 피해자인 때(제1호)   법관이 직접 피해자일 것을 요한 다. 피해자에는 보호법익의 주체 외에 행위의 객체가 된 경우도 포함되 며, 피해범죄는 개인적·사회적·국가적 법익에 대한 죄를 모두 포함한다.

(나) 법관이 피고인 또는 피해자의 친족 또는 친족관계에 있었던 자인 때(제2 호) 또는 법관이 피고인 또는 피해자의 법정대리인 또는 후견감독인인 때(제3호)   친 족 등의 개념은 「민법」에 의하여 결정된다. 법관이 피고인인 때에도 제

척사유가 된다.

(다) 법관이 사건에 관하여 증인, 감정인, 피해자의 대리인으로 된 때(제4호)

'사건'은 당해 형사사건을 말한다. 당해 형사사건인 이상 피고사건뿐만 아니라 피의사건을 포함한다. 그러므로 증거보전절차(제184조) 또는 증인신문절차(제221조의2)에서의 증인·감정인이 된 때도 포함한다. '증인·감정인으로 된 때'란 증인 또는 감정인으로서 증언 또는 감정한 때를 말하므로, 단순히 증인으로 신청되거나 감정인으로 채택되어 소환된 것에 지나지 않거나 수사기관에서 참고인으로 조사받거나 감정인으로 위촉된 때에는 이에 포함되지 않는다(통설). '피해자의 대리인이 된 때'란 법관이 고소대리인 또는 재정신청의 대리인이 된 때를 말한다.

(라) 법관이 사건에 관하여 피고인의 대리인, 변호인, 보조인으로 된 때(제5호)

대리인에는 법인의 대표자를 포함하며(제27조), 변호인에는 사선변호인, 국선변호인, 특별변호인(제31조 단서)을 포함한다.

(마) 법관이 사건에 관하여 검사 또는 사법경찰관의 직무를 행한 때(제6호)

법관으로 임용되기 전에 검사 또는 사법경찰관으로 수사를 하거나 또는 공소를 제기·유지한 경우를 말한다.

(바) 법관이 사건에 관하여 전심재판 또는 그 기초되는 조사·심리에 관여한 때(제7호) 공소장일본주의 요청에 따라 당해 사건에 관해 법관이 선입견을 가질 위험이 있는 것을 고려한 것이다.

가) 전심재판에 관여한 때 '전심'이란 상소에 의해 불복이 신청된 재판으로서, 제2심에 대하여 제1심, 제3심에 대하여 제1심과 제2심을 말한다. '재판'이란 종국재판을 말하며, 판결·결정을 불문한다. 즉, 당해 사건과 전심재판 사이에 상소제기에 의한 소송계속의 이전이 발생하는 경우를 말한다.

[판례] 파기환송 전의 원심에 관여한 법관이 파기환송 후의 재판에 관여한 경우(78도3204), 재심청구의 대상인 확정판결에 관여한 법관이 재심청구사건에 관여한 경우(82모11), 상고심판결을 한 법관이 형소법 제400

조에 의한 판결정정신청사건을 처리한 경우(66초67), 구속영장을 발부한 법관이 피고사건을 심판하는 경우(89도612)는 이에 해당되지 않는다.

　'전심'은 당해사건의 전심에 제한되므로 같은 피고인의 다른 사건은 물론, 분리심리된 다른 공범자에 대한 사건에 관여한 것은 전심재판에 관여한 것이라고 볼 수 없다(다수설). 또한 약식재판은 정식재판과 심급을 같이 하며 정식재판은 약식절차와는 다른 새로운 소송계속을 발생시키는 것이므로 약식명령을 한 판사가 정식재판을 담당한 경우에도 제척사유에 해당되지 않는다(다수설, 2002도944). 즉결심판을 한 판사가 그 사건에 대한 정식재판에 관여한 경우에도 같다(대법원 즉결사건의 처리에 관한 예규 제2조). 그러나 약식명령이나 즉결심판을 한 판사가 그 정식재판의 항소심에 관여한 경우에는 심급을 달리하는 것이므로 제척사유에 해당한다(다수설, 2011도17).[6] 전심재판에 '관여한 때'란 전심재판의 실체형성과 재판의 내부적 성립에 실질적으로 관여한 때를 말한다.

> [판례]　전심재판에서 유죄의 증거로 사용된 증거를 조사한 법관(99도3534)은 이에 해당되지만 , 유죄의 증거로 재판의 선고에만 관여한 때나 공판기일을 연기하는 재판에만 관여한 때(4286형상141), 공판에 관여한 바는 있어도 판결선고 전에 경질된 때(대판 85도281)에는 여기에 해당되지 않는다.

　나) 전심재판의 기초되는 조사·심리에 관여한 때　　'법관이 사건에 관하여 그 기초되는 조사에 관여한 때'라 함은 전심재판의 내용 형성에 사용될 자료의 수집·조사에 관여하여 그 결과가 전심재판의 사실인정 자료로 쓰여진 경우를 말한다(99도155). 수탁판사로서 증거조사를 한 경우, 공소제기 후의 증거보전절차(제184조) 또는 증인신문절차(제221조의2)에 관여한 경우, 전심재판에서 피고인에 대한 유죄의 증거로 사용된 증거를 조사한 판사(99도3534), 재정신청절차에서 공소제기결정을 한 판사(제262

---

6) 약식명령이나 즉결심판은 정식재판에 의해 독자적인 의미를 상실하며, 정식재판은 별개의 독립된 새로운 소송계속을 발생시킨다는 점에서 이를 부정하는 견해가 있다.

조) 등이 이에 해당한다.[7]

　　　　그러나 제척원인은 피고인에 한정되므로 판례는 공소제기 전의 피의사건에 대하여 심판을 행하는 법관, 즉 증거보전절차(제184조) 또는 증인신문절차(제221조의2)를 행한 법관이 제1심 재판에 관여한 경우는 해당되지 않는다고 한다(71도974). 그러나 이들 절차에서 작성한 법관조서에 대하여는 절대적 증거능력이 인정되며, 이때 법관에게는 법원 또는 재판장과 동일한 권한이 있으므로 제척대상에 포함시켜야 한다(다수설). 입법에 의해 보완되어야 할 부분이다.

　　　　(사) 법관이 사건에 관하여 피고인의 변호인이거나 피고인·피해자의 대리인인 법무법인, 법무법인(유한), 법무조합, 법률사무소, 「외국법자문사법」 제2조 제9호에 따른 합작법무법인에서 퇴직한 날부터 2년이 지나지 아니한 때(제8호)　　법조일원화에 따라 법무법인 등의 변호사 경력자가 법관으로 임용되면서 법관으로 임용되기 전에 소속되어 있던 법무법인 등과의 관계에서 공정한 재판을 할 수 있는가에 관한 '후관 예우' 논란을 고려한 것이다.

　　　　(아) 법관이 피고인인 법인·기관·단체에서 임원 또는 직원으로 퇴직한 날부터 2년이 지나지 아니한 때(제9호)　　법인 등에 근무한 적이 있는 변호사 경력자가 법관으로 임용되면서 법관으로 임용되기 전에 소속되어 있던 기업 등과의 관계에서 공정한 재판을 할 수 있는가에 관한 '후관 예우' 논란을 고려한 것이다.

3) 적용대상

　　　　제척은 피고사건을 심판하는 수소법원의 법관(약식명령이나 즉결심판을 하는 판사 포함)뿐만 아니라 공소제기 후의 증거보전(제184조) 또는 증인신문(제221조의2)을 하는 법관에게도 적용된다. 그러나 공소제기 전의 피의사건의 심판에 있어서는 적용되지 않는다.

---

　　7) 구속영장을 발부한 법관(89도612), 구속적부심이나 보석허가결정에 관여한 법관은 이에 포함되지 않는다.

4) 제척효과

제척사유가 있는 경우에는 법률에 의하여 당연히 직무집행에서 배제된다. 법관이나 당사자가 그 사유를 알 필요도 없다. 배제되는 직무범위는 법관으로서의 모든 소송행위에 미친다. 기일지정도 할 수 없다.

제척사유 있는 법관은 스스로 회피하여야 하며(제24조 제1항), 기피신청의 대상이 된다(제18조 제1항). 제척사유 있는 법관이 재판에 관여한 때에는 절대적 항소이유(제361조의5 제7호) 또는 상대적 상고이유(제383조 제1호)가 된다. 만약 항소심 심리결과 원판결에 관여한 법관이 제척사유에 해당한다고 인정되면 원판결을 파기하고 피고사건 전체에 대해 심리를 재개할 것이 요구된다.

(2) 기 피

1) 개 념

법관이 제척사유가 있음에도 불구하고 재판에 관여하거나 기타 불공평한 재판을 할 염려가 있는 때에 당사자의 신청에 의하여 그 법관을 직무집행에서 탈퇴하게 하는 제도이다(제18조). 따라서 이미 그 사건의 직무집행에서 배제되어 있는 법관에 대한 기피신청은 허용되지 않는다(86모48).

기피는 피고인의 방어권을 보장하기 위한 것으로, 그 사유가 비유형적·비제한적이며, 당사자의 신청이 있는 경우에 법원의 결정에 의하여 그 효과가 발생한다는 점에서 제척과 구별된다. 따라서 기피는 제척을 보충하는 제도라고 할 수 있다. 또한 기피는 검사 또는 피고인의 신청을 기초로 하는 점에서 법관 본인의 의사에 의한 회피와 구별된다.

2) 기피원인

(가) 법관이 제척사유에 해당하는 때(제1호) 제척의 효과는 법률규정에 의하여 당연히 발생하므로 제척사유의 존부에 대하여는 법원이 직권으로 심리하여야 한다. 그럼에도 불구하고 이를 기피원인으로 규정한 것은 제척사유의 존부가 불분명하거나 제척사유가 있다고 하는 당사자의

신청이 있는 경우에 법원에게 이를 심리·판단할 것을 강제한다는 점에서 그 의의가 있다.

(나) 법관이 불공평한 재판을 할 염려가 있을 때(제2호) 통상인의 판단으로서 법관과 사건과의 관계상 불공평한 재판을 할 것이라는 의혹을 갖는 것이 합리적이라고 인정할 만한 객관적인 사정이 있는 때를 말한다(2001모2). 법관이 피고인 또는 피해자와 친구 또는 적대관계에 있을 때, 법관이 증명되지 않은 사실을 언론을 통하여 발표한 경우, 법관이 심리 중에 유죄를 예단한 말을 한 경우(74모68), 피고인에게 매우 모욕적인 말을 한 경우, 법관이 피고인의 진술을 강요한 경우 등이 이에 해당한다.

그러나 당사자가 불공평한 재판이 될지도 모른다고 추측할 만한 주관적인 사정이 있는 것만으로는 이에 해당하지 않는다. 따라서 법관의 종교, 세계관, 정치적 신념 및 성은 물론, 법관과 피고인의 긴장관계가 피고인의 행위로 인한 때이거나 법관과 변호인의 친소관계는 기피사유가 되지 않는다.

> **[판례]** 공판기일에 어김없이 출석할 것을 촉구한 것(68모57), 소송이전신청에 대한 가부판단없이 소송을 진행한 것(대결 1982.11.5., 82마637), 당사자의 증거신청을 채택하지 않았다거나 이미 한 증거결정을 취소한 것(95모10), 피고인의 소송기록열람신청에 대하여 국선변호인을 통하여 소송기록의 열람 및 등사신청을 하도록 한 것(95모93), 검사의 공소장변경허가신청에 대하여 불허가 결정을 한 것(2001모2)만으로는 기피사유가 되지 않는다

3) 기피신청의 절차

(가) 신청권자 기피신청을 할 수 있는 자는 검사와 피고인이다(제18조 제1항). 변호인도 피고인의 명시한 의사에 반하지 않는 한 기피신청을 할 수 있다(동조 제2항). 변호인의 기피신청권은 대리권이므로 피고인이 기피신청권을 포기하면 소멸한다.[8]

---

8) 공소제기 전 증거보전절차나 증인신문절차에 관여한 법관에게도 제척·기피제도가 적용되어야 한다는 다수설에서는 피의자에게도 기피신청권을 인정한다.

한편, 재정신청사건에서 피의자가 법관에 대해 기피신청을 할 수 있는가에 대하여는 형식적으로 보면 기피신청의 청구권자가 피고인이고, 재정사건은 당해사건에 대한 실체재판이 아니므로 피의자가 법관에 대하여 기피신청을 할 수 없다고 하는 것이 타당하다. 이에 대해 재정결정도 재판의 일종이므로 제18조를 유추적용하여야 한다는 견해가 있으나 입법에 의한 보완이 요구된다.

(나) 기피대상　기피대상은 법관이다. 합의부 자체에 대한 기피신청은 허용되지 않지만, 합의부 법관 전원에 대한 기피신청은 가능하다. 다만, 기피당한 판사를 제외하고는 합의부를 구성할 수 없는 수의 대법관을 동시에 기피신청하는 것은 허용되지 않는다.

(다) 신청방법　기피신청은 서면 또는 공판정에서 구두로 할 수 있다(규칙 제176조 제1항). 합의법원의 법관에 대한 기피는 그 법관의 소속법원에, 수명법관·수탁판사 또는 단독판사에 대한 기피는 당해 법관에게 신청하여야 한다(제19조 제1항).

기피신청 시에는 기피의 원인되는 사실을 구체적으로 명시하여야 하며, 기피사유는 3일 이내에 자료를 첨부하여 서면으로 소명하여야 한다(규칙 제9조 제1항). '소명'이란 기피신청인의 주장이 진실이라고 추정할 수 있는 자료를 말한다. 기피신청서에 기재된 기피사유만으로는 소명자료가 될 수 없다(87모10).

(라) 신청시기　기피의 신청시기에 대하여는 제한이 없으므로 판결(선고) 시까지 하면 된다는 견해가 있다. 그러나 기피신청권의 남용을 방지하기 위해 변론종결 시까지만 이를 허용하여야 한다(2002도4893).

4) 기피신청의 재판

(가) 신청이 부적법한 경우

가) 간이기각결정　기피신청이 소송지연을 목적으로 함이 명백하거나 제19조의 규정에 위배된 때에는 신청을 받은 법원 또는 법관은 결정으로 이를 기각한다(제20조 제1항. 간이기각결정). 이것은 기피권 남용으로

인한 법관의 독립성이 침해되고, 신속한 재판의 진행에 장애가 초래되는 것을 방지하기 위한 것이다.

'소송지연의 목적'을 판단함에 있어서는 기피신청인이 제출한 소명방법만에 의하여 판단할 것은 아니고, 당해 법원에 현저한 사실이거나 당해 사건기록에 나타나 있는 제반 사정들, 즉 사안의 성질, 심리의 경과 및 변호인의 소송준비 등 객관적 사정을 종합하여 판단하여야 한다(2001모2). '제19조의 규정에 위배된 때'란 기피의 원인되는 사실을 구체적으로 명시하지 않은 경우, 3일 이내에 기피사유를 서면으로 소명하지 않은 경우, 관할을 위반하여 기피신청을 한 경우 등을 말한다. 이외에 신청권자가 아닌 자가 신청한 경우, 이미 직무집행에서 배제되어 있는 법관에 대하여 기피신청을 한 경우, 기피신청사건에 대하여 이미 판결이 선고된 경우와 같이 형식적 소송요건을 결여한 경우도 간이기각결정사유에 해당한다.

나) 간이기각결정에 대한 불복   합의부판사, 수탁판사, 단독판사의 간이기각결정에 대하여는 즉시항고를 할 수 있다(제23조 제1항 참조). 이 즉시항고는 재판의 집행을 정지하는 효력이 없다(동조 제2항). 재판장 또는 수명법관의 간이기각결정에 대하여는 그 법관소속의 법원에 준항고를 할 수 있다(제416조 제1항 제1호).

이 즉시항고와 준항고를 기각하는 결정에 대하여는 재항고를 할 수 있다(제416조, 제419조).

(나) 신청이 적법한 경우

가) 의견서 제출 등   기피신청이 적법한 경우 기피당한 법관은 지체없이 기피신청에 대한 의견서를 제출하여야 한다(제20조 제2항). 기피당한 법관이 기피신청을 이유있다고 인정하는 때에는 그 결정이 있은 것으로 간주되어(동조 제3항) 사건은 종결된다.

나) 소송절차의 정지   신청이 적법한 경우는 간이기각결정의 경우를 제외하고는 소송진행을 정지하여야 한다. 정지되는 소송진행의 범위에 대하여는 급속을 요하는 경우 외에는 모든 소송절차가 정지된다

고 하는 견해가 있다. 그러나 실체재판에 도달할 것을 직접 목적으로 하는 본안에 대한 소송진행만 정지된다. 따라서 구속기간의 갱신(86모57)이나 판결의 선고(2002도4893)는 정지대상에서 제외된다. 다만, 급속을 요하는 경우는 소송진행이 정지되지 않는다(제22조). '급속을 요하는 경우'란 멸실의 우려가 있는 증거를 조사하여야 하는 경우 또는 구속기간의 만료가 임박한 경우(90도646) 등을 말한다.

기피신청에 의하여 소송절차를 정지한 경우 이 기간은 구속기간에 산입되지 않는다(제92조). 그러나 기피신청으로 인하여 공판절차가 정지된 상태의 구금기간은 판결선고 전의 구금일수에는 산입된다(2005도4758).

다) 기피신청에 대한 재판　　기피신청의 재판은 기피당한 법관의 소속법원 합의부에서 한다. 기피당한 법관은 이에 관여하지 못한다. 기피당한 판사의 소속법원이 합의부를 구성하지 못할 때에는 바로 위의 상급법원이 이를 결정한다(제21조).

기피신청에 대한 재판은 결정으로 한다. 기피신청이 이유없다고 인정하는 때에는 기피신청을 기각한다. 기각결정에 대하여는 즉시항고가 가능하다(제23조 제1항). 그러나 기피신청이 이유있다고 인정한 때에는 이유있다는 결정을 한다(제21조 제1항). 이에 대하여는 항고할 수 없다(제403조).

5) 기피효과

기피당한 법관이 기피신청을 이유 있다고 인정하거나 기피신청이 이유 있다는 결정이 있는 때에는 그 법관은 당해 사건의 직무집행에서 탈퇴한다. 그 법관이 심판에 관여한 때에는 법률상 그 재판에 관여하지 못할 판사가 그 사건의 판결에 관여한 때에 해당하여 절대적 항소이유(제361조의5 제7호)가 되며, 판결에 영향을 미친 법률위반으로 상대적 상고이유(제383조 제1호)가 된다.

탈퇴의 효력발생시기에 대하여는 원인시설, 신청시설, 결정시설 등이 있으나, 제척의 원인이 있는 때에는 원인발생 시에, 불공평한 재판을 할 우려가 있는 때에는 결정 시에 효력이 발생한다(다수설).

(3) 회 피

회피는 법관이 스스로 기피의 원인이 있다고 판단한 때에 자발적으로 직무집행에서 탈퇴하는 제도이다. 법관의 회피신청은 직무상의 의무이다(제24조 제1항). 기피사유가 있는 경우에는 사건의 재배당이나 합의부원의 재구성 등을 통해 내부적으로 해결할 수 있지만, 이것이 이루어지지 않았을 때에 인정되는 것으로 법원의 결정을 요한다는 점에서 이들과 구분된다.

회피의 신청은 소속법원에 서면으로 하여야 한다(동조 제2항). 신청시기에는 제한이 없다. 이에 대한 결정에는 기피에 관한 규정이 준용된다(동조 제3항). 회피신청에 대한 법원의 결정에 대하여는 항고가 허용되지 않으며, 법관이 회피신청을 하지 않더라도 상소이유가 되는 것은 아니다.

(4) 법원사무관 등에 대한 제척·기피·회피

법관의 제척·기피·회피에 관한 규정은 법원서기관·법원사무관·법원주사 또는 법원주사보와 통역인에게 준용된다(제25조 제1항). 재판에 밀접한 관련을 가진 직무를 수행하기 때문에 간접적으로 재판에 영향을 줄 가능성이 있기 때문이다. 다만, 이들의 직무성격상 전심관여로 인한 제척사유(제17조 제7호)는 적용되지 않는다.

법원사무관 등과 통역인에 대한 기피신청의 재판은 그 소속법원의 결정으로 한다. 다만, 기피신청이 소송지연을 목적으로 함이 명백하거나 제19조의 규정에 위배된 때의 기피신청기각의 결정(간이기각결정)은 기피당한 자의 소속법관이 한다(제25조 제2항).

(5) 전문심리위원에 대한 제척과 기피

법관의 제척 및 기피에 관한 규정은 전문심리위원에게 준용한다(제279조의5 제1항). 제척 또는 기피 신청이 있는 전문심리위원은 그 신청에 관한 결정이 확정될 때까지 그 신청이 있는 사건의 소송절차에 참여할 수 없다. 이 경우 전문심리위원은 해당 제척 또는 기피 신청에 대하여 의견을 진술할 수 있다(동조 제2항).

3. 법원의 관할

(1) 관할의 의의

관할은 각 법원에 대한 재판권의 분배, 즉 특정법원이 특정사건을 재판할 수 있는 권한을 말하며, '심판권'으로 표현되기도 한다(법조법 제7조). 관할은 재판권을 전제로 특정사건에 대해 특정법원이 재판권을 행사할 수 있는 구체적 한계를 정하는 소송법상 개념으로, 일반적·추상적 권한인 사법권을 의미하는 국법상의 개념인 재판권과 구분된다. 재판권이 없으면 공소기각의 판결을 하여야 하고(제327조 제1호), 관할권이 없으면 관할위반의 판결을 하여야 한다(제319조). 또한 관할은 법원 간의 재판권의 분배를 말한다는 점에서, 법원 내부의 사법행정사무로서 법원장이 법원 내의 특정재판부에 피고사건의 처리를 할당하는 것을 의미하는 사무분배(사건배당)와 구분된다.

(2) 관할의 결정기준

관할은 심리의 편의와 사건의 능률적 처리라고 하는 절차의 기술적 요구와 피고인의 출석과 방어의 편의라는 방어이익을 고려하여 결정하여야 한다. 다만, 법원이 자의적으로 사건을 처리하는 것을 방지하고, 피의자에게 예측가능성을 제공하기 위하여 관할은 법률에 규정된 일반적·추상적 기준에 의하여 획일적으로 규정하도록 하고 있다(관할획일주의). 다만, 관할획일주의에 의하게 되면 구체적 사건에 있어서는 관할을 정하는 기준에 반할 수도 있다는 점에서 예외적으로 관할의 변경을 인정하되, 법원의 재판에 의하도록 함으로써 헌법상 보장된 재판을 받을 권리가 침해되지 않도록 하고 있다.

(3) 관할의 종류

관할은 피고사건의 심판에 관한 사건관할과 특정절차의 심판에 관한 직무관할(예, 재심(제423조), 비상상고(제441조), 재정신청사건(제260조), 구속적부심청구사건(제214조의2) 등)로 구별된다. 관할은 일반적으로 사건관할을 말한다. 사건관할은 다시 법률의 규정에 의해 직접 정해지는 법정관할과 법원의 재판에 의해 결정되는 재정관할로 나뉜다.

<관할의 종류>

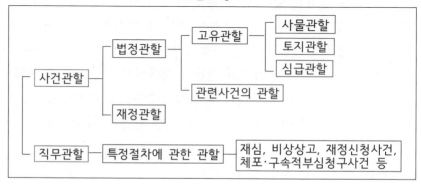

1) 법정관할

법률의 규정에 의해 직접 정해지는 관할을 말한다.

(가) 고유관할

가) 사물관할   사물관할은 사건의 경중 또는 성질에 의한 제1심관할의 분배를 말한다. 사물관할은 제1심법원의 관할분배라는 점에서 심급관할과 구분된다. 이에 대하여는 「법원조직법」에 규정되어 있다. 사물관할을 정하는 원칙에는 범죄를 기준으로 하는 범죄주의와 형벌을 기준으로 하는 형벌주의가 있으나, 현행법은 양자를 병용하고 있다.

제1심 사물관할은 원칙적으로 단독판사에 속한다(법조법 제7조 제4항). 다만, 20만원 이하의 벌금·구류 또는 과료에 처할 범죄사건(즉결심판사건)에 대하여는 시·군법원 단독판사가 담당한다(동법 제34조 제1항). 이에 대한 불복은 그 지역을 관할하는 지방법원 또는 그 지원이 관할한다 (동조 제2항). 그러나 다음의 사건은 지방법원과 그 지원의 합의부에서 관할한다. 즉, (i) 합의부에서 심판할 것으로 합의부가 결정한 사건, (ii) 사형·무기 또는 단기 1년 이상의 징역 또는 금고에 해당하는 사건[9] 및 이들 사건과 동시에 심판할 공범사건, (iii) 지방법원 판사에 대한 제척·기피사건, (iv) 다른 법률에 따라 지방법원 합의부의 권한에 속하는 사건 등이다 (동법 제32조 제1항).

        나) 토지관할   토지관할은 동등한 법원 상호간에 있어서 사건의 토지(지역적)관계에 의한 관할의 분배를 말한다. '재판적'(裁判籍)이라고도 한다.

        (a) 범 위   법원의 관할구역은 토지관할을 정하는 기준[10]이 된다. 지방법원과 지방법원지원 사이의 관할의 분배도 토지관할에 해당하므로 지방법원 본원에 제1심 토지관할이 인정된다고 볼 특별한 사정이 없는 한 지방법원 지원에 제1심 토지관할이 인정된다는 사정만으로 당연히 지방법원 본원에도 제1심 토지관할이 인정된다고 볼 수는 없다(2015도1803). 또한 관련사건의 병합심리와 같이 항소심법원 상호간에도 토지관할 유무를 논할 필요가 있다(규칙 제4조의2 제1항 제2문)는 점에서 토지관할은 제1심법원뿐만 아니라 상소심에서도 필요하다(다수설).

---

    9) 다만, 다음에 열거하는 사건은 제외한다. (i)「형법」제258조의2, 제331조, 제332조 (제331조의 상습범으로 한정한다)와 그 각 미수죄, 제350조의2와 그 미수죄에 해당하는 사건, (ii)「폭력행위 등 처벌에 관한 법률」제2조 제1항·제3항, 제3조 제1항, 제6조(제2조 제1항·제3항, 제3조 제1항의 미수죄로 한정한다) 및 제9조에 해당하는 사건, (iii)「병역법」위반사건, (iv)「특정범죄 가중처벌 등에 관한 법률」제5조의3 제1항, 제5조의4 제1항·제4항·제5항(제1항·제4항에 해당하는 죄로 한정한다) 및 제5조의11에 해당하는 사건, (v)「보건범죄 단속에 관한 특별조치법」제5조에 해당하는 사건, (vi)「부정수표 단속법」제5조에 해당하는 사건, (vii)「도로교통법」제148조의2 제1항과 제2항 제1호에 해당하는 사건.
    10) 토지관할과 「각급 법원의 설치와 관할구역에 관한 법률」에서 규정한 관할구역(법 제4조)의 관계에 대하여는 법원의 관할구역은 토지관할을 정하는 기준이 된다는 점에서 양자는 동일하다고 하는 견해와 관할구역은 피고사건뿐만 아니라 사법행정권의 지역적 행사범위로서 국법상의 개념이고, 토지관할은 피고사건에 관한 재판권의 지역적 행사범위, 즉 소송법상의 개념이라는 점에서 구분하여야 한다는 견해가 있다.

(b) 토지관할의 표준   토지관할의 표준은 범죄지, 피고인의 주소·거소 또는 현재지이다(제4조 제1항). 따라서 하나의 피고사건에 대하여 수개의 법원이 토지관할권을 가질 수 있다.[11]

'범죄지'는 범죄구성요건에 해당하는 사실의 전부 또는 일부가 발생한 장소를 말한다. 범죄지에는 실행행위지와 결과발생지 외에 중간지도 포함하며, 예비·음모를 처벌하는 경우에는 예비지와 음모지도 이에 포함된다. 부작위범의 경우에는 부작위지, 작위의무지 및 결과발생지가 범죄지에 포함된다. 공동정범의 경우에는 범죄사실의 전부 또는 일부가 발생한 장소가 모든 공동정범에 대한 범죄지가 되며, 공모공동정범의 경우에는 공모지도 이에 포함된다. 간접정범의 경우에는 이용자의 이용행위지뿐만 아니라 피이용자의 실행행위지 외에 결과발생지가 범죄지에 포함된다. 교사범과 방조범의 경우에는 교사지 또는 방조지와 정범의 실행행위지 및 결과발생지가 범죄지에 포함된다. '주소'는 생활의 근거가 되는 곳이고, '거소'는 사람이 계속적으로 거주하는 곳을 말한다. 이것은 「민법」에 의해 결정한다(민법 제18조, 제19조). '현재지'는 임의 또는 적법한 강제에 의하여 피고인이 현재하는 장소를 말한다(통설). 주소와 거소, 현재지는 공소제기 시를 기준으로 판단한다.

한편, 국외에 있는 대한민국 선박 내에서 범한 죄에 대하여는 선적지 또는 범죄 후의 선착지를 토지관할로 한다(제4조 제2항). 국외에 있는 항공기 내에서 범한 죄에 대하여도 같다(동조 제3항).

다) 심급관할   상소관계에 있어서의 관할을 의미한다.

(a) 항소사건   지방법원 또는 지방법원지원의 단독판사의 판결에 대한 항소사건은 지방법원본원 합의부에서 관할한다(법조법 제32조 제2항). 또한 지방법원 합의부의 제1심판결에 대한 항소사건은 고등

---

11) 「고위공직자범죄수사처 설치 및 운영에 관한 법률」(이하 '공수처법'이라 한다)에 따라 공수처검사가 공소를 제기하는 고위공직자범죄 등 사건의 제1심 재판은 서울중앙지방법원의 관할로 한다. 다만, 범죄지, 증거의 소재지, 피고인의 특별한 사정 등을 고려하여 공수처검사는 형소법에 따른 관할 법원에 공소를 제기할 수 있다(공수처법 제31조).

법원에서 관할한다(동법 제28조 제1호). 다만, 춘천지방법원 강릉지원 합의부는 지방법원단독판사의 판결에 대한 항소(항고사건의 경우도 마찬가지이다)를 제2심으로 심판한다(동법 제32조 제2항).

(b) 상고사건   제2심판결에 대한 상고사건(동법 제14조 제1호)과 제1심판결에 대한 비약적 상고사건은 대법원에서 관할한다(제372조).

(c) 항고사건   지방법원 또는 지방법원지원 단독판사의 결정·명령에 대한 항고사건은 지방법원본원 합의부에서 관할한다(법조법 제32조 제2항). 또한 지방법원 합의부의 제1심결정·명령에 대한 항고사건은 고등법원에서 관할한다(동법 제28조 제2호). 고등법원의 결정·명령과 지방법원본원 합의부의 제2심결정·명령에 대한 항고사건은 대법원에서 관할한다(동법 제14조 제2호).

(나) 관련사건의 관할   관련사건에 대하여는 병합관할이 인정되고 있다. 즉, 1개의 사건에 관할권이 있는 법원은 관련사건에 대하여도 관할권을 가진다. 관련사건의 관할은 사물관할과 토지관할에 대하여 인정된다.

가) 관련사건의 범위   관련사건이란 수개의 사건이 서로 인적·물적으로 관련되어 있는 경우를 말한다. 즉, (i) 1인이 범한 수죄(경합범. 다만, 소송법상의 의미이므로 상상적 경합은 제외된다), (ii) 수인이 공동으로 범한 죄(공동정범, 교사범, 방조범, 간접정범 등 형법총칙상 규정된 경우뿐만 아니라 합동범, 필요적 공범 등 형법각칙에 규정된 경우도 포함된다), (iii) 수인이 동시에 동일한 장소에서 범한 죄(동시범의 경우), (iv) 범인은닉죄·증거인멸죄·위증죄·허위감정통역죄 또는 장물에 관한 죄와 그 본범의 죄 등을 말한다(제11조).

나) 관련사건의 병합관할

(a) 사물관할의 병합   사물관할을 달리하는 수개의 사건이 관련된 때에는 법원 합의부가 병합관할 한다. 다만, 결정으로 관할권 있는 법원 단독판사에게 이송할 수 있다(제9조). 사물관할의 병합관할은 제1심관할에 관한 규정이지만 그 취지에 비추어 심급의 이익을 해치지 않는 한 항소심에서도 인정된다(다수설). 고유의 관할사건에 대하여 무죄·면소 또는 공소기각의 재판이 선고된 때에도 이미 발생한 관련사건의 관할은

소멸하지 않는다.

(b) 토지관할의 병합   토지관할을 달리하는 수개의 사건이 관련된 때에는 1개의 사건에 관하여 관할권이 있는 법원은 다른 사건까지 관할할 수 있다(제5조). 다만, 동일한 사물관할을 가진 법원 사이에 한정된다.

관련사건의 토지관할은 고유관할사건 및 그 관련사건이 반드시 병합기소되거나 병합되어 심리될 것을 전제요건으로 하는 것은 아니다. 따라서 고유관할사건 계속 중 고유관할 법원에 관련사건이 계속된 이상 그 후 양 사건이 병합되어 심리되지 아니한 채 고유사건에 대한 심리가 먼저 종결되었다 하더라도 관련사건에 대한 관할권은 여전히 유지된다(2006도8568). 토지관할의 병합은 항소심에서도 준용된다(다수설).

다) 관련사건의 심리   관련사건에 대하여는 심리의 병합과 분리가 인정된다.

(a) 심리의 병합   심리의 병합은 현실적으로 소송계속이 경합한 경우를 전제로 한다.

a) 사물관할   사물관할을 달리하는 수개의 관련사건이 각각 법원합의부와 단독판사에게 계속된 때에는 합의부는 결정으로 단독판사에 속한 사건을 병합하여 심리할 수 있다(제10조). 토지관할을 달리하는 경우에도 마찬가지이다(규칙 제4조 제1항). 이때 단독판사가 별도로 이송결정을 할 필요는 없다.

관련사건의 심리병합은 항소심에서도 인정되므로, 수개의 관련 항소사건이 고등법원과 지방법원본원 합의부에 계속된 때에 고등법원은 결정으로 후자에 계속한 사건을 병합심리할 수 있다. 수개의 사건이 토지관할을 달리하는 경우에도 마찬가지이다(규칙 제4조의2 제1항).

b) 토지관할   토지관할이 다른 여러 개의 관련사건이 각각 다른 법원에 계속된 때에는 공통되는 바로 위의 상급법원은 검사 또는 피고인의 신청에 의하여 결정으로 1개의 법원으로 하여금 병합심리하게 할 수 있다(제6조). 이것은 사물관할이 같을 것을 전제로 한다(90초

56). 공통되는 바로 위의 상급법원은 관할구역에 따른 상급법원으로서 「각급법원의 설치와 관할구역에 관한 법률」에 의하여 정하여진다(2006초 기335). 신청이 제기된 경우 급속을 요하는 경우를 제외하고는 결정이 있을 때까지 소송절차를 정지하여야 한다(규칙 제7조).

      (b) 심리의 분리   토지관할을 달리하는 수개의 관련사건이 동일법원에 계속된 경우에 병합심리의 필요가 없는 때에는 법원은 결정으로 이를 분리하여 관할권 있는 다른 법원에 이송할 수 있다(제7조).

2) 재정관할

재정관할은 법원의 재판에 의해 정하여지는 관할을 의미한다. 이것은 법정관할이 없는 경우나 법정관할은 있으나 구체적 사정에 따라 관할을 창설·변경하는 제도로서 관할의 지정과 이전이 있다. 이때 법원의 결정에 대하여는 불복이 인정되지 않는다.

      (가) 관할의 지정   관할의 지정은 관할법원이 명확하지 않거나 또는 관할법원이 없는 경우에 제1심법원에 공통되는 바로 위의 상급법원이 사건을 심판할 법원을 지정하는 것을 말한다(제14조).

      가) 관할지정의 사유   관할지정은 '관할법원이 명확하지 아니한 때'(제1호) 또는 '관할위반을 선고한 재판이 확정된 사건에 관하여 관할법원이 없는 때'(제2호)이다. 이때 관할위반 재판의 당부 여부는 불문한다. '법원의 관할이 명확하지 아니한 때'란 관할구역의 근거가 되는 행정구역 자체가 불명확한 경우를 말한다(다수설).[12] 이에는 2개 이상의 법원이 관할권을 가진 경우인 적극적 경합과 서로 관할권이 없다고 판단하는 소극적 경합이 있다.

      나) 관할지정의 절차   관할지정은 검사가 관계있는 제1심법원에 공통되는 바로 위의 상급법원에 신청하여야 한다(제14조). 신청시기는 공소제기 전후를 불문한다. 이때 검사는 사유를 기재한 신청서를 바로

---

12) 범죄사실이나 범죄지가 불명확하여 관할이 불명확한 경우는 범죄사실의 실체가 불명확한 경우이므로 관할위반이 아니라 공소사실의 불특정을 이유로 공소기각의 판결(제327조 제2호)을 하여야 한다(다수설).

위의 상급법원에 제출하여야 하며, 공소제기 후에 관할지정을 신청한 때에는 즉시 공소를 접수한 법원에 통지하여야 한다(제16조). 관할지정이 신청되면 급속을 요하는 경우를 제외하고는 결정이 있을 때까지 소송절차를 정지하여야 한다(규칙 제7조).

　　　　관할지정의 신청을 받은 바로 위의 상급법원은 신청이 이유 있다고 인정하면 관할법원을 지정하는 결정을 하고, 그렇지 않을 경우에는 신청기각결정을 한다. 공소가 제기된 사건에 대하여 관할지정이 있는 때에는 당연히 이송의 효과가 일어난다.

　　　(나) 관할의 이전　　관할의 이전은 관할법원이 재판권을 행사할 수 없거나 재판의 공평유지에 적당하지 않은 때에 검사 또는 피고인의 신청에 의해 관할권 없는 법원으로 이전하는 것을 말한다(제15조). 이것은 관할권이 있는 법원에 대한 사건이송과는 구별된다. 관할이전은 그 성질상 토지관할에 대하여만 인정되며. 제1심뿐만 아니라 항소심에서도 인정된다.

　　　　가) 관할이전의 사유

　　　　(a) 관할법원이 법률상의 이유 또는 특별한 사정으로 재판권을 행사할 수 없을 때(제1호)　　'법률상의 이유'란 법관의 제척·기피·회피로 인해 소송법상의 의미의 법원을 구성할 수 없을 때를 말한다. '특별한 사정'이란 천재지변 또는 법관의 질병·사망 등으로 인하여 장기간 재판을 할 수 없는 경우를 말한다.

　　　　(b) 범죄의 성질, 지방의 민심, 소송의 상황 기타 사정으로 재판의 공평을 유지하기 어려울 염려가 있는 때(제2호)　　불공정한 재판을 할 염려가 있는 객관적인 사정이 있는 경우를 말한다(예, 그 지방주민의 피고인에 대한 증오나 동정이 재판에 중대한 영향을 미칠 수 있는 사정이 있는 경우 등).

> **[판례]** 담당법관에 대하여 기피신청한 점과 위증을 한 증인이 타법원 관할 내의 검찰청에서 조사를 받고 있다거나(82초50), 검사의 공소장변경을 허용하였다는 사정만으로는 재판의 공평을 유지하기 어렵다고 할 수는 없다(84초45, 84노417).

　　　　나) 관할이전의 절차　　관할이전은 검사 또는 피고인이 바로 위의 상급법원에 신청하여야 한다(제15조). 검사는 공소제기 전후를 불문하지만, 피고인은 공소제기 후에만 신청할 수 있다. 신청은 검사는 의무이지만, 피고인에게는 권리로서 인정된다.

　　　　　관할이전을 신청함에는 그 사유를 기재한 신청서를 제출하여야 하며, 공소를 제기한 후에 신청하는 때에는 즉시 공소를 제기한 법원에 통지하여야 한다(제16조). 관할이전이 신청되면 급속을 요하는 경우를 제외하고는 결정이 있을 때까지 소송절차를 정지하여야 한다(규칙 제7조).

(4) 관할의 경합

　관할의 경합은 동일사건에 대하여 2개 이상의 법원이 관할권을 가지는 경우를 말한다. 이 경우에 검사는 어느 법원에나 소송을 제기할 수 있고, 검사가 어느 한 법원에 공소를 제기하였다고 하여 다른 법원의 관할권이 소멸하는 것은 아니다.

1) 사물관할의 경합

　　동일사건이 사물관할을 달리하는 수개의 법원에 계속된 때에는 법원합의부가 심판한다(제12조, 합의부우선원칙). 동일사건이 항소법원과 1심 법원에 계속된 경우에도 이를 준용하여 항소법원에서 심판하여야 한다 (다수설).

2) 토지관할의 경합

　　동일사건이 사물관할을 같이 하는 (하지만 토지관할은 다른) 여러 개의 법원에 계속된 때에는 먼저 공소를 받은 법원이 심판한다(선착수우선의 원칙). 다만, 각 법원에 공통되는 바로 위의 상급법원은 검사 또는 피고인의 신청에 의하여 결정으로 뒤에 공소를 받은 법원으로 하여금 심판하게 할 수 있다(제13조).

3) 경합의 효과

관할의 경합으로 심판하지 않게 된 법원은 결정으로 공소를 기각하여야 한다(제328조 제1항 제3호). 그러나 뒤에 공소제기된 사건이 먼저 확정된 때에는 먼저 공소제기된 사건은 면소판결을 하여야 한다(제326조 제1호). 만약 동일사건이 수개의 법원에서 확정판결을 받게 되면 뒤에 확정된 판결은 당연무효가 된다.

(5) 관할권부존재의 효과

1) 관할권의 직권조사

관할권은 소송조건이므로 법원이 직권으로 조사하여야 한다(제1조). 토지관할의 경우에는 공소제기 시에 관할권이 있으면 되지만, 사물관할의 경우에는 공소제기 시부터 재판이 종결할 때까지 전 심리과정에서 관할권이 존재하여야 한다(통설).

2) 관할위반의 판결

피고사건이 법원의 관할에 속하지 아니한 때에는 판결로써 관할위반의 선고를 하여야 한다(제319조 본문). 관할을 위반하여 선고한 판결은 항소이유(제361조의5 제3호) 또는 상고이유(제383조 제1호)가 된다. 그러나 관할위반의 판결을 하더라도 절차를 조성하는 소송행위는 그 효력에 영향이 없다(제2조). 따라서 관할권이 없는 법원에 대한 공소제기도 공소시효를 정지하는 효력이 있으며(제253조), 관할위반을 선고한 법원이 행한 증거조사결과 작성한 증인신문조서 등의 증거능력은 관할법원에 다시 공소제기된 경우에 그대로 인정된다.

그러나 토지관할을 위반한 경우에는 피고인의 신청이 없으면 관할위반의 선고를 하지 못하며, 그 신청은 피고사건에 대한 진술 전에 행하여야 한다(제32조). 따라서 피고인이 토지관할에 대한 이의제기 없이 피고사건에 대해 진술하게 되면 관할위반의 하자는 치유된다.

3) 관할인정 및 관할위반의 판결에 대한 상소

항소심에서 관할위반의 판결이 법률에 위반됨을 이유로 원심판결을 파기하는 경우에는 판결로써 사건을 원심법원에 환송하여야 하며 (제366조), 관할인정이 법률에 위반됨을 이유로 원심판결을 파기하는 경우에는 판결로써 사건을 관할법원에 이송하여야 한다. 후자의 경우 항소법원이 그 사건에 대하여 제1심 관할권이 있는 경우에는 제1심으로 심판하여야 한다(제367조). 상고심에서도 마찬가지이다.

(6) 관할구역 외에서의 집무

법원 또는 법관은 원칙적으로 관할구역 내에서만 소송행위를 할 수 있다. 그러나 법원 또는 법관은 사실발견을 위하여 필요하거나 긴급을 요하는 때에는 관할구역 외에서 직무를 행하거나 사실조사에 필요한 처분을 할 수 있다(제3조).

(7) 사건의 이송

사건의 이송은 수소법원이 계속 중인 사건을 다른 법원이 심판하도록 소송계속을 이전하는 것을 말한다. 사건의 이송은 관할이 경합하는 경우는 물론, 관할의 병합이나 분리의 경우에 주로 이루어진다.

사건의 이송은 결정형식으로 이루어지는 종국재판의 일종이다. 법원이 사건이송결정을 한 때에는 당해 사건에 관한 소송기록과 증거물을 이송하는 법원에 송부하여야 한다.

1) 사건의 직권이송

(가) 현재지 관할에 대한 이송　　피고인이 관할구역 내에 현재하지 아니하는 경우에 특별한 사정이 있으면 결정으로 사건을 피고인의 현재지를 관할하는 동급법원에 이송할 수 있다(제8조 제1항). 이 경우 사건이송은 관할법원 상호간에 소송계속을 이전하는 것이라는 점에서 관할이전과 구분된다.

이송 여부의 결정은 법원의 재량이다. 이송이 확정된 때에는 이송을 받은 법원에 소송계속이 이전된다. 이송을 받은 법원이 재이송할 수 있는가에 대하여는 이송한 법원에 역송하는 것은 허용되지 않지만 다른 법원에 이송하는 것은 허용된다는 견해가 있으나, 사정변경이 없으면 재이송은 허용되지 않는다(다수설).

(나) 합의부에 대한 이송　단독판사의 관할사건이 공소장변경에 의하여 합의부 관할사건으로 변경된 경우에 법원은 결정으로 관할권 있는 법원에 이송한다(제8조 제2항). 이것은 소송경제를 위한 것으로 법원의 의무이다. 항소심에서의 공소장변경에 따른 경우에 대하여는 피고인의 심급의 이익을 현저히 침해할 우려가 있으므로 관할위반의 재판을 하고 검사로 하여금 새로이 공소제기하게 하여야 한다는 견해가 있다. 그러나 판례는 관할권 있는 고등법원에 이송하도록 하고 있다(97도2463).

반면에 합의부 관할사건이 공소장변경에 의하여 단독판사 관할사건으로 변경된 경우에 대하여는 특별한 규정이 없으므로 합의부에서 심판할 것으로 합의부가 결정하지 않는 한 관할위반의 판결을 선고하여야 한다는 견해가 있다. 그러나 이 경우에는 사실상 피고인의 이익에 대한 침해가 없으므로 소송경제를 위하여 합의부에서 계속해서 사건의 실체에 대하여 심판하여야 한다(2013도1658).

2) 사건의 군사법원이송

법원은 공소가 제기된 사건에 대하여 군사법원이 재판권을 가지게 되었거나 재판권을 가졌음이 판명된 때에는 결정으로 사건을 재판권 있는 같은 심급의 군사법원에 이송한다(제16조의2 본문).

일반법원의 군사법원이송은 관할의 문제가 아니라 재판권에 관한 문제이다(70도117). 따라서 일반법원은 피고인이 군인이라는 사실이 인정되면 공소기각의 판결을 선고하여야 하지만 소송경제를 위하여 군사법원에 이송하도록 하고 있다(82도1072). '공소가 제기된 사건에 대하여 군사법원이 재판권을 가지게 된 때'란 공소제기 후 피고인이 군에 입대하는 등의 이유로 군사법원이 피고인에 대한 재판권을 가지게 된 경우를 말한다. '공소제기된 사건에 관하여 군사법원이 재판권을 가졌음이 판명된 때'란 공소제기 당시에 이미 군사법원이 재판권을 가지고 있던 경우를 말한다(82도1072). 군사법원에 이송한 경우에 이송 전에 행한 소송행위는 이송 후에도 그 효력에 영향이 없다(제16조의2 단서).

역으로 군사법원은 공소가 제기된 사건에 대하여 군사법원이 재판권을 가지지 아니하게 되었거나 재판권을 가지지 아니하였음이 밝혀진 경우에는 결정으로 사건을 재판권이 있는 같은 심급의 법원으로 이송하되, 고등군사법원에 계속된 사건 중 단독판사가 심판할 사건에 대한 항소사건은 지방법원 항소부로 이송한다.[13] 이 경우 이송 전에 한 소송행위는 이송 후에도 그 효력에 영향이 없다(군사법원법 제2조 제3항).

[판례] 특정 군사범죄를 범한 일반 국민에게 군사법원에서 재판을 받아야 할 '신분'이 생겼더라도, 이는 「군형법」이 원칙적으로 군인에게 적용되는 것임에도 특정 군사범죄에 한하여 예외적으로 일반 국민에게 군인에 준하는 신분을 인정하여 「군형법」을 적용한다는 의미일 뿐, 그 '신분' 취득 후에 범한 다른 모든 죄에 대해서까지 군사법원에서 재판을 받아야 한다고 새기는 것은 헌법 제27조 제2항의 정신에 배치된다(2016초기318).

3) 소년형사사건의 소년부송치

법원은 소년에 대한 피고사건을 심리한 결과 보호처분에 해당할 사유가 있다고 인정하면 결정으로써 사건을 관할 소년부(가정법원 소년부 또는 지방법원 소년부)에 송치하여야 한다(소년법 제50조). 소년부는 형사법원으로부터 송치받은 사건을 조사 또는 심리한 결과 사건의 본인이 19세 이상인 것으로 밝혀지면 결정으로써 송치한 법원에 사건을 다시 이송하여야 한다(동법 제51조).[14]

---

13) 이에 대하여 군사법원의 소송행위가 일반법원의 절차에서 그 효력이 인정되면 헌법상 일반국민의 재판을 받을 권리(헌법 제27조 제2항)를 침해하게 되므로 공소기각의 판결을 하고, 재판권 있는 일반법원에 새로 공소제기하게 하여야 한다는 주장이 있다.

14) 이 외에 「가정폭력 범죄의 처벌 등에 관한 특례법」에 따른 가정보호사건 송치(제9

제2절 검 사

I. 검사와 검찰제도

> ≪학습문제≫ 검사 갑은 음주운전으로 인해 벌금형을 받았다. 이를 이유로 갑을 해임할 수 있는가?

1. 검사의 의의

검찰권을 행사하는 국가기관을 말한다. 즉, 검사는 공익의 대표자로서 (i) 범죄수사, 공소제기 및 그 유지에 필요한 사항, (ii) 범죄수사에 관한 특별사법경찰관리 지휘·감독, (iii) 법원에 대한 법령의 정당한 적용 청구, (iv) 재판 집행 지휘·감독, (v) 국가를 당사자 또는 참가인으로 하는 소송과 행정소송 수행 또는 그 수행에 관한 지휘·감독, (vi) 다른 법령에 따라 그 권한에 속하는 사항 등을 직무와 권한으로 삼는 국가기관이다(검찰청법 제4조 제1항). 즉, 검사는 수사절차에서 공판절차와 형집행절차에 이르는 형사절차 전반에 걸쳐 검찰권을 행사한다.

2. 검찰제도의 연혁과 기능

(1) 연 혁

검찰제도는 대륙법계의 국가소추주의에 따른 역사적 산물로서, 14세기 프랑스의 왕의 대관(procureur du roi)이 1808년 「치죄법」(개혁된 형사소송법)에 의하여 공화국의 대관으로 부활하면서 형사절차의 소추관이 된 것에 그 기원을 두고 있다. 사상적으로는 계몽주의의 영향을 받은 제도

조, 제11조 제1항), 「아동학대범죄의 처벌 등에 관한 특례법」에 따른 아동보호사건 송치(제27조, 제28조), 「성매매알선 등 행위의 처벌에 관한 법률」에 따른 보호사건 송치(제12조) 등이 있다.

이다. 즉, 소송절차가 규문절차에서 탄핵절차로 바뀌면서 검사에게 수사와 공소제기의 권한을 부여하고, 법원은 단지 공평한 심판자로서 재판할 수 있도록 제도적으로 보장하기 위한 것이었다.

그러나 현재 영미법계의 국가에서도 검찰제도를 도입하고 있다. 미국에서는 영국의 형사절차를 기초로 하되 프랑스의 영향을 받아 검찰제도를 도입하였으며, 임명에 의한 연방검사와 선거에 의한 지방검사를 두고 있다. 따라서 연방법원의 관할사건에 대하여 중요사건의 기소는 대배심(기소배심)에 의하고, 경미한 사건의 기소와 공소유지는 검사의 권한으로 하고 있다. 다만, 주(州)의 관할에 속하는 사건의 기소에 대하여는 각각의 주법에 따라 대배심의 권한(indictment) 또는 검사의 권한(information)으로 하고 있다. 영국에서도 1985년 「범죄소추법」(Prosecution of Offences Act)에 의해 검찰제도를 도입하였으며, 검찰총장에 의해 임명된 검사가 공소유지를 하도록 하고 있다.

(2) 기 능

검사는 국가권력을 행사하기 위한 수단이 아니라 국가권력으로부터 국민의 자유를 보장하기 위한 제도로 등장한 것이다. 즉, 검찰제도는 규문절차를 폐지하기 위한 수단으로서 수사와 공소제기의 권한은 검사에게 맡기고, 법원은 공평한 심판자로서 재판하도록 만든 것이다.

오늘날 검사는 법령의 정당한 적용을 청구하고 그것이 실현되는 것을 감시함으로써 수사단계에서부터 피의자에게 이익 되는 사실도 조사·수집하고, 피의자의 소송법적 권리를 보호하도록 함으로써 형사절차의 첫 단계에서부터 법률의 감시자로서 시민을 위한 보호기능을 다할 것이 요구되고 있다. 이러한 의미에서 검사는 정의에 대한 국가의 의지를 상징하는 '법치국가원리의 대변인', 또는 '현대 법치국가의 기초'로 지칭되기도 한다.

3. 검사의 성격

(1) 준사법기관

검사가 행정기관인지 사법기관인지에 대하여는 견해의 대립이 있다.

1) 준사법기관설

검사는 사법기관은 아니지만 오로지 진실과 정의에 따라야 할 의무를 가지는 준사법기관 내지 법조기관으로서의 성격을 갖는다는 견해이다. 즉, 검사는 법무부에 소속된 행정기관으로서 국가목적을 위하여 활동하여야 하지만 범죄수사·공소제기와 유지·형집행 등 검찰권의 업무가 사법권과 밀접한 관계에 있고, 형사사건의 대부분이 검사의 불기소처분에 의해 종결된다는 점에서 검찰권의 행사가 형사사법의 운용에 중대한 영향을 미치게 되므로 사법권독립의 정신이 검사에게도 요구된다고 한다.

2) 사법기관설

검사를 사법기관으로 이해하는 견해이다. 즉, 검사는 검찰사무의 집행을 통하여 독자적으로 법 그 자체를 실현하고 구체화한다는 점에서 정의실현을 목적으로 삼는 사법기관이라고 한다. 이 견해는 검사가 공익적 지위에서 피의자·피고인의 이익을 보호하고(실질적 변호), 수사종결 시에 기소 여부에 관한 법적 판단을 내리며, 법원에 대하여도 법령의 정당한 적용을 청구할 권한을 갖고 있는 것을 근거로 한다. 다만, 이 견해는 사법(Rechtspflege)의 개념을 사법권(Jurisdiktion)과 구분하여, 사법은 '법적 정의와 안정성 및 인간존엄의 보장요구를 진실발견의 절차를 통해 실현하는 영역'을 의미하는 것으로 이해하고 있다.

3) 병 유 설

검사의 지위를 다음의 3가지 차원에서 파악하는 견해이다. 즉, 첫째, 검사는 조직상으로는 행정기관으로서 합목적성의 원리가 지배한다고 한다. 둘째, 검사는 행위측면에서는 수사와 공소제기, 공소유지 및 형집행 등 형사사법을 실현하는 사법기관의 하나로서 합법성의 원칙에 구속된다고 한다. 셋째, 검사는 같은 수사기관인 경찰, 법원, 변호인과 함께 사회체계의 하나로서 형사사법체계를 구성한다고 한다. 이 견해에서는 검사의 지위를 사법기관으로 보는 것은 검찰사무의 현실을 외면하고 지나치게 이상주의적이며, 사법기관과 행정기관은 그 성격과 행동의 기본원리에서 차이가 있으므로 준사법기관설은 수긍하기 어렵다고 한다.

4) 검 토

검사의 불기소처분에는 기판력이 인정되지 않고, 검사동일체의 원칙이 지배하는 검사에게는 법관과 같은 독립성이 보장될 수는 없으므로 법률상의 쟁송을 심판하는 기관이라는 의미에서의 사법기관이라고 할 수는 없다. 하지만 검사는 국가기관으로서 형사절차에 있어서 정당한 법령적용의 청구 등의 요청에 따라 사법기관에 준하는 기능과 역할이 주어져 있다. 이에 「검찰청법」에서는 검사에게 법관과 같은 자격을 요구함(법 제27조-제30조)과 동시에 신분을 보장하고(법 제37조) 있으며, 검사를 단독제관청으로 구성하고 있다. 또한 검사에 대한 법무부장관의 지휘·감독권을 제한하고, 검찰총장 임기제를 도입하여 검찰사무의 독립성을 유지하려고 하고 있으며(법 제12조 제3항), 검사의 수사종결처분이나 기타 결정에 대한 독자적인 불복절차를 마련하고 있다. 따라서 준사법기관설이 타당하다. 그러므로 검사는 그 직무를 수행할 때 국민 전체에 대한 봉사자로서 헌법과 법률에 따라 국민의 인권을 보호하고 적법절차를 준수하며, 정치적 중립을 지켜야 하고, 주어진 권한을 남용하여서는 아니 된다(법 제4조 제2항).

(2) 단독제의 관청

검사는 검찰사무를 처리하는 단독제의 관청이다. 따라서 검사는 각자가 독자적인 권한을 가지고 자신의 이름으로 의사를 결정하고 처리하며, 검찰권의 행사에 있어서는 1인제를 채택하고 있다. '검찰사무'란 검사의 직무로 정해져 있는 사무를 말한다(법 제4조 제1항 참조).

4. 구 성

(1) 검 사

검사의 직급은 검찰총장과 검사로 구분한다(법 제6조).

1) 검사의 자격

검찰총장은 15년 이상 (i) 판사, 검사 또는 변호사, (ii) 변호사 자격이 있는 사람으로서 국가기관, 지방자치단체, 국·공영기업체, 「공공기관의 운영에 관한 법률」 제4조에 따른 공공기관 또는 그 밖의 법인에서 법률에 관한 사무에 종사한 사람, (iii) 변호사 자격이 있는 사람으로서 대학의 법률학 조교수 이상으로 재직하였던 사람 중에서 임명한다(법 제27조).

고등검찰청 검사장, 대검찰청 차장검사 등 대통령령으로 정하는 대검찰청 검사급 이상 검사는 10년 이상 위의 각호의 직위에 재직하였던 사람 중에서 임용한다(법 제28조). 감찰담당 대검찰청 검사는 10년 이상 위의 각호의 직위에 재직하였던 사람 중에서 임용한다(법 제28조의2 제2항). 또한 이들을 제외한 고등검찰청 검사, 지방검찰청과 지청의 차장검사·부장검사 및 지청장은 7년 이상 위의 각호의 직위에 재직하였던 사람 중에서 임용한다(법 제30조).

검사는 사법시험에 합격하여 사법연수원 과정을 마친 사람 또는 변호사 자격이 있는 사람 중에서 임용한다(법 제29조). 그러나 (i) 「국가공무원법」 제33조 각호의 어느 하나에 해당하는 사람, (ii) 금고 이상의 형을 선고받은 사람, (iii) 탄핵결정에 의하여 파면된 후 5년이 지나지 아니한 사람, (iv) 대통령비서실 소속의 공무원으로서 퇴직 후 2년이 지나지 아니한 사람은 검사로 임용될 수 없다(법 제33조).

2) 검사의 임명

검사의 임명과 보직은 법무부장관의 제청으로 대통령이 한다.

이 경우 법무부장관은 검찰총장의 의견을 들어 검사의 보직을 제청한다(법 제34조 제1항). 대통령이 법무부장관의 제청으로 검찰총장을 임명할 때에는 국회의 인사청문을 거쳐야 한다(동조 제2항).

법무부장관이 제청할 검찰총장 후보자의 추천을 위하여 법무부에 검찰총장후보추천위원회를 둔다(법 제34조의2). 그리고 검찰인사의 공정성과 합리성을 실현하기 위한 심의기구로서 검사의 임용, 전보, 그 밖의 인사에 관한 중요 사항을 심의하기 위하여 법무부에 검찰인사위원회를 설치·운영하고 있다(법 제35조).

3) 검사의 신분보장

검찰권의 공정한 행사 없이는 올바른 형사사법을 실현하기 어렵다는 점에서 검사에 대하여도 법관에 준하는 신분보장을 하고 있다. 검사는 탄핵이나 금고 이상의 형을 선고받은 경우를 제외하고는 파면되지 아니하며, 징계처분이나 적격심사에 의하지 아니하고는 해임·면직·정직·감봉·견책 또는 퇴직의 처분을 받지 아니한다(법 제37조). 다만, 검사가 중대한 심신상의 장애로 인하여 직무를 수행할 수 없을 때 대통령은 법무부장관의 제청에 의하여 그 검사에게 퇴직을 명할 수 있다(법 제39조의2).

그러나 전보의 방법으로 임용된 감찰담당 대검찰청 검사는 「검사징계법」 제2조 각호의 징계 사유 중 어느 하나에 해당하는 경우 또는 직무수행 능력이 현저히 떨어지는 경우를 제외하고는 본인의 의사에 반하여 다른 직위로 전보되지 아니한다(법 제28조의3 제1항).

4) 검사의 임기

검찰총장의 임기는 2년으로 하며, 중임할 수 없다(법 제12조 제3항). 감찰담당 대검찰청 검사의 임기는 2년으로 하며, 연임할 수 있다(법 제28조의2 제5항). 검찰총장을 제외한 모든 검사는 임명된 해로부터 7년이 되는 해마다 법무부에 설치된 검사적격심사위원회에 의한 적격심사를 받아야 한다(법 제39조 제1항). 검찰총장의 정년은 65세, 검찰총장 외의 검사의 정년은 63세로 한다(법 제41조).

5) 검사의 금지행위

검사는 재직 중 (i) 국회 또는 지방의회의 의원이 되는 일, (ii) 정치운동에 관여하는 일, (iii) 금전상의 이익을 목적으로 하는 업무에 종사하는 일, (iv) 법무부장관의 허가 없이 보수를 받는 직무에 종사하는 일 등의 행위를 할 수 없다(법 제43조). 다만, 법무부와 그 소속 기관의 직원으로서 검사로 임명될 자격이 있는 사람은 검사를 겸임할 수 있다(법 제44조). 그러나 검사는 대통령실에 파견되거나 대통령실의 직위를 겸임할 수는 없으며, 검사로서 퇴직 후 1년이 지나지 아니한 사람은 대통령비서실의 직위에 임용될 수 없다(법 제44조의2).

<특별검사제> 특별검사제는 고위 공직자의 비리 또는 위법 혐의가 발견되었을 때 그 수사와 기소를 정권의 영향을 받을 수 있는 정규검사가 아닌 독립된 변호사로 하여금 담당하게 하는 제도를 말한다. 특별검사제는 본래 미국에서 유래한 것으로서, 우리나라에서는 2012년까지 8번의 특검법이 공포되었으며(국회 통과된 특검법은 9회), 9명의 특별검사가 임명되었다. 2014년에 제정·시행된 「특별검사의 임명 등에 관한 법률」에 따르면 특별검사의 수사대상은 (i) 국회가 정치적 중립성과 공정성 등을 이유로 특별검사의 수사가 필요하다고 본회의에서 의결한 사건과 (ii) 법무부장관이 이해관계 충돌이나 공정성 등을 이유로 특별검사의 수사가 필요하다고 판단한 사건(법 제2조 제1항)이다. 특별검사의 수사가 결정된 경우 대통령은 7인으로 구성된 특별검사후보추천위원회가 판사·검사·변호사 중에서 추천한 2명의 후보자 중 1인을 특별검사로 임명한다(법 제2조, 제3조).

(2) 검 찰 청

검찰청은 단독제의 관청인 검사의 사무를 통할하는 기관으로서(법 제2조 제1항) 그 자체로서는 아무런 권한을 가지지 않는 관서에 불과하다. 검찰청은 대검찰청, 고등검찰청, 지방검찰청으로 하며(법 제2조 제2항), 대검찰청은 대법원에, 고등검찰청은 고등법원에, 지방검찰청은 지방법원과 가정법원에 대응하여 각각 설치한다(법 제3조 제1항). 지방법원 지원 설치지역에는 이에 대응하여 지방검찰청 지청을 둘 수 있다(동조 제2항).

각급 검찰청과 지청의 관할구역은 각급 법원과 지방법원 지원의 관할구역에 따른다(동조 제4항). 검사는 법령에 특별한 규정이 있는 경우를 제외하고는 소속 검찰청의 관할구역에서 직무를 수행한다. 다만, 수사에 필요할 때에는 관할구역이 아닌 곳에서 직무를 수행할 수 있다(법 제5조).

5. 고위공직자범죄수사처

(1) 설치목적

고위공직자범죄수사처(이하 '공수처'라 한다)는 공수처법(법률 제16863호)에 근거한 것으로서, 고위공직자 및 그 가족이 범한 직권남용, 수뢰, 허위공문서 작성 및 정치자금 부정수수 등의 특정범죄를 척결하고, 공직사회의 특혜와 비리를 근절하여 국가의 투명성과 공직사회의 신뢰성을 높임으로써 국민 모두에게 균등한 기회가 보장되는 정의롭고 공정한 나라를 만들기 위한 목적으로 2021년 1월 21일 설치되었다.

(2) 구 성

공수처에는 처장 1명과 차장 1명을 두고, 각각 특정직공무원으로 보하며(법 제4조 제1항), 공수처에는 공수처검사와 공수처수사관 및 그 밖에 필요한 직원을 둔다(동조 제2항).

공수처장은 15년 이상 (i) 판사, 검사 또는 변호사, (ii) 변호사 자격이 있는 사람으로서 국가기관, 지방자치단체, 「공공기관의 운영에 관한 법률」 제4조에 따른 공공기관 또는 그 밖의 법인에서 법률에 관한 사무에 종사한 사람, (iii) 변호사 자격이 있는 사람으로서 대학의 법률학 조교수 이상으로 재직하였던 사람 중에서 고위공직자범죄수사처장후보추천위원회가 2명을 추천하고, 대통령이 그 중 1명을 지명한 후 인사청문회를 거쳐 임명하며(법 제5조 제1항), 임기는 3년으로 하고 중임할 수 없으며, 정년은 65세로 한다(동조 제1항). 공수처장은 공수처검사의 직을 겸한다(법

제17조 제5항).

공수처 차장은 10년 이상 의의 각 호의 직에 재직하였던 사람 중에서 공수처장의 제청으로 대통령이 임명하며(법 제7조 제1항), 임기는 3년으로 하고 중임할 수 없으며, 정년은 63세로 한다(동조 제3항).

공수처검사는 7년 이상 변호사의 자격이 있는 사람 중에서 인사위원회의 추천을 거쳐 대통령이 임명한다(법 제8조 제1항). 공수처검사는 특정직 공무원으로 보하고, 처장과 차장을 포함하여 25명 이내로 하며, 검사의 직에 있었던 사람은 공수처검사 정원의 2분의 1을 넘을 수 없다(동조 제1항 후단, 제2항). 공수처검사의 임기는 3년으로 하고, 3회에 한정하여 연임할 수 있으며, 정년은 63세로 한다(동조 제3항). 공수처검사는 직무를 수행함에 있어서 「검찰청법」 제4조에 따른 검사의 직무 및 「군사법원법」 제37조에 따른 군검사의 직무를 수행할 수 있다(동조 제4항).

그러나 (ⅰ) 대한민국 국민이 아닌 사람, (ⅱ) 「국가공무원법」 제33조 각 호의 어느 하나에 해당하는 사람, (ⅲ) 금고 이상의 형을 선고받은 사람, (ⅳ) 탄핵결정에 의하여 파면된 후 5년이 지나지 아니한 사람, (ⅴ) 대통령비서실 소속의 공무원으로서 퇴직 후 2년이 지나지 아니 한 사람은 처장, 차장, 공수처검사, 공수처수사관으로 임명될 수 없다(법 제13조 제1항). 또한 검사의 경우 퇴직 후 3년이 지나지 아니하면 처장이 될 수 없고, 퇴직 후 1년이 지나지 아니하면 차장이 될 수 없다(동조 제2항).

(3) 직무의 독립성과 신분의 보장

공수처는 그 권한에 속하는 직무를 독립하여 수행하며(법 제3조 제2항), 대통령, 대통령비서실의 공무원은 공수처의 사무에 관하여 업무보고나 자료제출 요구, 지시, 의견제시, 협의, 그 밖에 직무수행에 관여하는 일체의 행위를 하여서는 아니 된다(동조 제3항). 또한 공수처 소속 공무원은 정치적 중립을 지켜야 하며, 그 직무를 수행함에 있어 외부로부터 어떠한 지시나 간섭을 받지 아니한다(법 제22조).

한편, 처장, 차장, 공수처검사는 탄핵이나 금고 이상의 형을 선고받

은 경우를 제외하고는 파면되지 아니하며, 징계처분에 의하지 아니하고
는 해임·면직·정직··감봉·견책 또는 퇴직의 처분을 받지 아니한다(법 제
14조).15)

(4) 업무의 범위

공수처는 (ⅰ) 고위공직자범죄와 관련범죄에 관한 수사와 (ⅱ) 대
법원장 및 대법관, 검찰총장, 판사 및 검사, 경무관 이상 경찰공무원에
해당하는 고위공직자로 재직 중에 본인 또는 본인의 가족16)이 범한 고
위공직자범죄 및 관련범죄의 공소제기와 그 유지를 담당한다(법 제3조
제1항).

고위공직자범죄란 고위공직자17)로 재직 중에 본인 또는 본인의 가
족이 범한 다음의 어느 하나에 해당하는 죄를 말한다. 다만, 가족의 경우
에는 고위공직자의 직무와 관련하여 범한 죄에 한정한다. 즉, (ⅰ)「형법」

---

15) 공수처검사가 다음 각 호의 어느 하나에 해당하면 그 공수처검사를 징계한다(법 제32조).
 1. 재직 중 다음 각 목의 어느 하나에 해당하는 행위를 한 때
    가. 정치운동에 관여하는 일
    나. 금전상의 이익을 목적으로 하는 업무에 종사하는 일
    다. 처장의 허가 없이 보수를 받는 직무에 종사하는 일
 2. 직무상의 의무를 위반하거나 직무를 게을리하였을 때
 3. 직무 관련 여부에 상관없이 수사처검사로서의 체면이나 위신을 손상하는 행위를 하
    였을 때
16) 가족이란 배우자, 직계존비속을 말한다. 다만, 대통령의 경우에는 배우자와 4촌 이
내의 친족을 말한다(법 제2조 제2호).
17) 고위공직자란 다음 중 어느 하나의 직(職)에 재직 중인 사람 또는 그 직에서 퇴직한
사람을 말한다. 다만, 장성급 장교는 현역을 면한 이후도 포함된다. (ⅰ) 대통령, (ⅱ) 국회의
장 및 국회의원, (ⅲ) 대법원장 및 대법관, (ⅵ) 헌법재판소장 및 헌법재판관, (ⅴ) 국무총리와
국무총리비서실 소속의 정무직공무원, (ⅵ) 중앙선거관리위원회의 정무직공무원, (ⅶ)「공공
감사에 관한 법률」제2조 제2호에 따른 중앙행정기관의 정무직공무원, (ⅷ) 대통령비서실·
국가안보실·대통령경호처·국가정보원 소속의 3급 이상 공무원, (ⅸ) 국회사무처, 국회도서
관, 국회예산정책처, 국회입법조사처의 정무직공무원, (ⅹ) 대법원장비서실, 사법정책연구원,
법원공무원교육원, 헌법재판소사무처의 정무직공무원, (ⅺ) 검찰총장, (ⅻ) 특별시장·광역시
장·특별자치시장·도지사·특별자치도지사 및 교육감, (ⅹⅲ) 판사 및 검사, (ⅹⅳ) 경무관 이상
경찰공무원, (ⅹⅴ) 장성급 장교, (ⅹⅵ) 금융감독원 원장·부원장·감사, (ⅹⅶ) 감사원·국세청·
공정거래위원회·금융위원회 소속의 3급 이상 공무원(법 제2조 제1호).

제122조부터 제133조까지의 죄(다른 법률에 따라 가중처벌되는 경우를 포함한다), (ii) 직무와 관련되는 「형법」 제141조, 제225조, 제227조, 제227조의2, 제229조(제225조, 제227조 및 제227조의2의 행사죄에 한정한다), 제355조부터 제357조까지 및 제359조의 죄(다른 법률에 따라 가중처벌되는 경우를 포함한다), (iii) 「특정범죄 가중처벌 등에 관한 법률」 제3조의 죄, (iv) 「변호사법」 제111조의 죄, (v) 「정치자금법」 제45조의 죄, (vi) 「국가정보원법」 제21조 및 제22조의 죄, (vii) 「국회에서의 증언·감정 등에 관한 법률」 제14조 제1항의 죄, (viii) (i)부터 (v)까지의 죄에 해당하는 범죄행위로 인한 「범죄수익은닉의 규제 및 처벌 등에 관한 법률」 제2조 제4호의 범죄수익 등과 관련된 동법 법 제3조 및 제4조의 죄를 말한다(법 제2조 제3호).

　　‘관련범죄’란 다음의 어느 하나에 해당하는 죄를 말한다. 즉, (i) 고위공직자와 「형법」 제30조부터 제32조까지의 관계에 있는 자가 범한 제3호 각 목의 어느 하나에 해당하는 죄, (ii) 고위공직자를 상대로 한 자의 「형법」 제133조, 제357조 제2항의 죄, (iii) 고위공직자범죄와 관련된 「형법」 제151조 제1항, 제152조, 제154조부터 제156조까지의 죄 및 「국회에서의 증언·감정 등에 관한 법률」 제14조 제1항의 죄, (iv) 고위공직자범죄 수사 과정에서 인지한 그 고위공직자범죄와 직접 관련성이 있는 죄로서 해당 고위공직자가 범한 죄를 말한다(동조 제4호).

Ⅱ. 검사의 조직과 구조

> ≪학습문제≫ 재심공판을 담당한 검사 갑은 상관의 지시에 이의제기를 하였으나 받아들여지지 않고 다른 검사에게로 사건이 재배당되자 자신이 무단으로 공판에 참석하여 소신에 따라 무죄를 구형하고, 이에 따라 법원은 무죄를 선고하였다. 갑의 구형은 유효한가?

　　검사는 준사법기관으로서 행정기관이면서도 독립성이 요청되는 반면에 기소독점주의와 기소편의주의에 따른 자의와 독선을 방지할 것이 요청되므로 조직면에 있어서 검사동일체의 원칙과 법무부장관에게 지휘·감독권을 인정하고 있다.

1. 검사동일체의 원칙

(1) 개 념

검사동일체의 원칙은 모든 검사는 검찰총장을 정점으로 하여 피라미드형의 계층적 조직체를 형성하고 일체불가분의 유기적 통일체로서 활동한다는 것을 의미한다. 이것은 통일된 형사정책을 수립함은 물론, 검찰권행사가 전국에 걸쳐 균형적으로 작용하게 함으로써 검찰권행사의 공정을 도모하고(균등한 검찰권의 행사), 전국적으로 통일된 수사망을 통해 지능화·광역화·기동화하는 현대사회의 범죄양상에 효과적으로 대처하기 위한 것이다(전국적 수사망의 확보). 또한 이 원칙은 검사의 결정에 대해 현실적으로 통제수단이 없는 점을 보완하는 기능도 한다.

(2) 내 용

1) 검사의 상명하복관계

검사는 검찰사무에 관하여 소속 상급자의 지휘·감독에 따라야한다(법 제7조 제1항). 이러한 관계는 검찰사무뿐만 아니라 검찰행정사무에대하여도 적용된다. 다만, 검사는 준사법기관으로서 진실과 정의에 대한의무가 요청되므로 검사동일체의 원칙은 적법한 상사의 명령에만 복종하여야 한다는 것을 뜻한다. 따라서 검사가 구체적 사건과 관련된 상사의 지휘·감독의 적법성 또는 정당성 여부에 대하여 이견이 있을 때에는이의를 제기할 수 있다(동조 제2항).[18) 재량행위 영역(기소·불기소판단)도 상관의 명령이 부당한 경우에는 복종할 의무가 없다. 그러나 검사의 상명하복

---

18) 공수처검사는 공수처장의 지휘·감독에 따르며, 공수처수사관을 지휘·감독하며(공수처법 제20조 제2항), 공수처검사는 구체적 사건과 관련된 공수처장의 지휘·감독의 적법성 또는 정당성에 대하여 이견이 있을 때에는 이의를 제기할 수 있다(동조 제3항).

관계는 내부적 효력을 가지는 데 지나지 않으므로 상사의 명령에 위반하거나 결재를 받지 아니한 검사의 처분도 대외적인 효력에는 영향을 미치지 않는다.

한편, 검찰에서는 상급자의 지휘·감독이 대부분 일반적인 업무지침의 형태(예, 기소유예에 관한 처리지침)로 행하여진다. 이러한 일반적인 업무지침도 개별사안의 특수성이 문제되는 영역에서는 구속력이 없지만, 어느 정도 기계적 기준을 설정하는 것이 가능한 영역(예, 경미범죄의 판단기준)에서는 구속력이 있다.

2) 직무승계와 직무이전의 권한 등

검찰총장, 각급 검찰청의 검사장 및 지청장은 소속 검사로 하여금 그 권한에 속하는 직무의 일부를 처리하게 할 수 있다(법 제7조의2 제1항). 이를 직무의 위임이라고 한다.

또한 검찰총장, 각급 검찰청의 검사장 및 지청장은 소속 검사의 직무를 자신이 처리하거나 다른 검사로 하여금 처리하게 할 수 있다(동조 제2항). 전자를 직무승계의 권한이라고 하고, 후자를 직무이전의 권한이라고 한다.[19] 이러한 권한은 검사의 상명하복관계에서 비롯된 것이며, 검사의 지휘·감독권은 이것에 의하여 실질적으로 보장되는 것이다. 그러나 직무승계권과 직무이전권은 검찰총장과 각급검찰청의 검사장 및 지청장에게만 인정되고, 최종적으로는 검찰총장에게 귀속되며, 법무부장관에게는 인정되지 않는다.

3) 직무대리권

각급 검찰청의 차장검사는 소속장을 보좌하며, 소속장이 부득이한 사유로 직무를 수행할 수 없을 때에는 특별한 수권없이 그 직무를 대리한다(법 제13조 제2항, 제18조 제2항, 제23조 제2항).[20] 이를 차장검사의 직무대

---

19) 공수처장은 공수처검사로 하여금 그 권한에 속하는 직무의 일부를 처리하게 할 수 있으며(공수처법 제19조 제1항), 공수처검사의 직무를 자신이 처리하거나 다른 공수처검사로 하여금 처리하게 할 수 있다(동조 제2항).

리권이라고 한다. 직무대리가 허용되는 사무는 검찰사무뿐만 아니라 검
찰행정사무도 포함한다.

> <검사의 직무대리> 검찰총장은 필요하다고 인정하면 검찰수사서기관, 검찰사
> 무관, 수사사무관 또는 마약수사사무관으로 하여금 지방검찰청 또는 지청 검사
> 의 직무를 대리하게 할 수 있다. 다만, 이때 검사의 직무를 대리하는 사람은
> 「법원조직법」에 따른 합의부의 심판사건은 처리하지 못한다(검찰청법 제32조).

(3) 효 과

1) 검사교체의 효과

검사가 검찰사무의 취급 도중에 전보·퇴관 등의 사유로 교체되
더라도 검사동일체의 원칙에 의하여 소송법상의 효과에는 아무런 영향
을 미치지 아니한다. 따라서 수사절차나 공판절차 중 검사가 교체되더라
도 그 절차를 갱신할 필요가 없다.

2) 검사에 대한 제척·기피

검사는 법관의 경우와 달리 검사동일체의 원칙으로 인해 특정검
사를 직무집행에서 배제하는 것은 아무런 의미가 없고, 검사에게는 당사
자지위를 인정하고 있다는 점에서 제척·기피제도가 인정되지 않는다(다
수설). 따라서 범죄의 피해자인 검사가 그 사건의 수사에 관여하거나, 압
수·수색영장의 집행에 참여한 검사가 다시 수사에 관여하는 것도 위법이
아니다(2011도12918).

그러나 검사는 공익의 대표자로서 피고인의 정당한 이익도 옹호
하면서 법관에 준하는 독립적이고 객관적으로 업무를 수행할 의무(객관의
무)가 있고, 공정하고 신뢰받는 검찰권을 확립할 필요가 있으므로 검사에
게도 제척·기피제도를 인정하여야 한다는 견해가 유력하게 주장되고 있
다.[21] 그러나 검사의 제척·기피를 허용한다고 하더라도 검사동일체의 원

---

20) 공수처 차장은 공수처장을 보좌하며, 공수처장이 부득이한 사유로 그 직무를 수행할 수
없는 때에는 그 직무를 대행하며(공수처법 제18조 제1항), 공수처검사의 직을 겸한다(동조 제2항).
21) 이 견해에서는 현행법하에서도 피의자는 「검찰청법」 제7조의2 제2항에 따라 검사

칙에 의하여 큰 실효성을 기대하기는 어려울 것이다. 다만, 검사 및 검찰청 직원은 (ⅰ) 피의자나 피해자인 경우, (ⅱ) 피의자나 피해자의 친족 또는 이에 준하는 관계가 있거나 이와 같은 관계가 있었던 사람인 경우, (ⅲ) 피의자나 피해자의 법정대리인이나 후견감독인 또는 이에 준하는 관계가 있거나 이와 같은 관계가 있었던 사람인 경우, (ⅳ) 그 밖에 수사 또는 공소유지의 공정성을 의심받을 염려가 있는 객관적·구체적 사유가 있는 경우소속 검찰청의 장의 허가를 받아 그 수사 및 공소유지 업무를 회피하여야 한다(검사규칙 제30조).[22]

2. 법무부장관의 지휘·감독

검사는 법무부에 소속된 공무원이므로 법무부장관은 검사에 대하여 지휘·감독권을 가진다(외적 지휘감독권). 이때 검사는 '행정권의 벌린 팔'로서 정치적 합목적성의 대리인으로 기능하게 된다. 그러나 법무부장관은 검찰사무의 최고 감독자로서 일반적으로 검사를 지휘·감독하고, 구체적

장에게 편파적인 검사의 교체를 신청할 수 있고, 이 신청에 대한 기각결정에 대하여는 「검찰청법」 제10조(항고, 재항고) 및 헌법소원에 의하여 이를 다툴 수 있다고 한다. 또한 이 기각결정에 대한 헌법재판소의 취소결정이 있음에도 그대로 공소가 제기된 때에는 법원은 공소기각의 판결(제327조 제2항)을 내릴 수 있으며, 이에 대한 피의자의 불복신청이 없는 상태에서 공소가 제기되고 법원에 의해 유죄판결을 받은 경우에는 상소이유(제361조의5 제7호, 제383조 제1호)가 된다고 한다. 그리고 공판절차에서 검사가 피고인에게 불리한 증언을 한 경우에는 제17조를 유추적용할 수 있다고 한다. 다만, 이때 법원에게 검사교체의 권한이 없으므로 상소이유를 인정할 수밖에 없다고 한다.

22) 「검사와 사법경찰관의 상호협력과 일반적 수사준칙에 관한 규정」(이하 '수사준칙규정'이라 한다)에서는 "검사 또는 사법경찰관리는 피의자나 사건관계인과 친족관계 또는 이에 준하는 관계가 있거나 그 밖에 수사의 공정성을 의심 받을 염려가 있는 사건에 대해서는 소속 기관의 장의 허가를 받아 그 수사를 회피하여야 한다."(제11조)고 규정하고 있다. 또한 경찰청 「범죄수사규칙」에 따르면 경찰관은 수사직무(조사 등 직접적인 수사 및 수사지휘를 포함한다)의 집행에서 제척(제8조)·기피(제9조-제12조), 회피(제12조)를 인정하고 있다. 제척사유로는 "1. 경찰관 본인이 피해자인 때, 2. 경찰관 본인이 피의자 또는 피해자의 친족이거나 친족이었던 사람인 때, 3. 경찰관 본인이 피의자 또는 피해자의 법정대리인이거나 후견감독인인 때 "로 규정하고 있다. 또한 피의자, 피해자, 변호인은 "1. 경찰관이 제8조 각 호의 사유에 해당되는 때, 2. 경찰관이 불공정한 수사를 하였거나 그러한 염려가 있다고 볼만한 객관적·구체적 사정이 있는 때"에 기피신청을 할 수 있다.

사건에 대하여는 검찰총장만을 지휘·감독할 수 있다(동법 제8조). 이것은 정치적 영향과 간섭을 배제함으로써 검사의 독립성을 보장하기 위한 것이다.

Ⅲ. 검사의 소송법상 지위

> ≪학습문제≫ 검사 갑은 수사 중 피고인의 무죄를 입증하는 증거가 발견되었지만 이를 숨기고 공판에 임하여 유죄판결이 이루어지도록 하였다. 갑의 행위는 정당한가?

검사는 수사, 공소, 공판 및 재판집행으로 이루어지는 형사절차의 모든 단계에 관여하는 형사절차에서 가장 전면적이고 능동적으로 활동하는 국가기관이다.

1. 수사기관으로서의 지위

검사는 수사기관으로서 수사권, 수사지휘권 및 수사종결권을 가진다.

(1) 수 사 권

검사는 범죄혐의가 있다고 사료되는 때에는 범인, 범죄사실과 증거를 수사를 하여야 하고(제195조), 피의자신문(제200조), 참고인조사(제221조) 등 임의수사는 물론 체포(제200조의2), 긴급체포(제200조의3), 구속(제201조), 압수·수색·검증(제215-제218조) 등 강제수사를 할 수 있다. 다만, 검사의 직접 수사대상은 법에 정하여진 일부 중요범죄에 국한된다(검찰청법 제4조 제1항[23]) 참조). 검사는 사법경찰관과 동일한 범죄사실을 수사하게 된 때에

---

23) 검사가 수사를 개시할 수 있는 범죄의 범위는 다음 각 목과 같다.

　가. 부패범죄, 경제범죄, 공직자범죄, 선거범죄, 방위사업범죄, 대형참사 등 대통령령으로 정하는 중요 범죄

　나. 경찰공무원이 범한 범죄

　다. 가목·나목의 범죄 및 사법경찰관이 송치한 범죄와 관련하여 인지한 각 해당 범

는 사법경찰관에게 사건을 송치할 것을 요구할 수 있다(제197조의4).

<공수처법상 수사의 특칙>

1. 수사의 개시·진행: 공수처검사는 고위공직자범죄의 혐의가 있다고 사료하는 때에는 범인, 범죄사실과 증거를 수사하여야 한다(법 제23조). 공수처검사는 공수처법 제3조 제1항 제2호에서 정하는 사건을 제외한 고위공직자범죄 등에 관한 수사를 한 때에는 관계 서류와 증거물을 지체 없이 서울중앙지방검찰청 소속 검사에게 송부하여야 한다(법 제26조 제1항). 이때 관계 서류와 증거물을 송부받아 사건을 처리하는 검사는 공수처장에게 해당 사건의 공소제기 여부를 신속하게 통보하여야 한다(동조 제2항).

2. 다른 수사기관과의 관계: 공수처의 범죄수사와 중복되는 다른 수사기관의 범죄수사에 대하여 공수처장이 수사의 진행 정도 및 공정성 논란 등에 비추어 공수처에서 수사하는 것이 적절하다고 판단하여 이첩을 요청하는 경우 해당 수사기관은 이에 응하여야 한다(법 제24조 제1항). 다른 수사기관이 범죄를 수사하는 과정에서 고위공직자범죄 등을 인지한 경우 그 사실을 즉시 공수처에 통보하여야 한다(동조 제2항). 이때 고위공직자범죄 등 사실의 통보를 받은 공수처장은 통보를 한 다른 수사기관의 장에게 공수처규칙으로 정한 기간과 방법으로 수사개시 여부를 회신하여야 한다(동조 제4항). 그러나 공수처장은 피의자, 피해자, 사건의 내용과 규모 등에 비추어 다른 수사기관이 고위공직자범죄등을 수사하는 것이 적절하다고 판단될 때에는 해당 수사기관에 사건을 이첩할 수 있다(동조 제3항).

3. 공수처검사 및 검사 범죄에 대한 수사: 공수처장은 공수처검사의 범죄 혐의를 발견한 경우에 관련 자료와 함께 이를 대검찰청에 통보하여야 한다(법 제25조 제1항). 공수처 외의 다른 수사기관이 검사의 고위공직자범죄 혐의를 발견한 경우 그 수사기관의 장은 사건을 공수처에 이첩하여야 한다(동조 제2항).

4. 관련인지 사건의 이첩: 공수처장은 고위공직자범죄에 대하여 불기소 결정을 하는 때에는 해당 범죄의 수사과정에서 알게 된 관련범죄 사건을 대검찰청에 이첩하여야 한다(법 제27조).

---

(2) 수사지휘권

검사는 검찰청 직원 및 특별사법경찰관리의 수사를 지휘할 권한을 가진다(제245조의9 제2항, 제245조의10 제2항, 제4항).

한편, 검사는 수사권조정에 따라 일반 형사사건의 수사에 있어서 일반사법경찰관리에 대한 직접적인 수사지휘권은 없다.[24] 그러나 검사는

죄와 직접 관련성이 있는 범죄

24) 일반사건의 수사에 있어서 검사와 사법경찰관리는 서로 협력하여야 한다(제195조 제1항). 구체적인 사항은 수사준칙규정 참조.

사법경찰관에게 보완수사요구권(제197조의2)과 시정조치요구권(제197의3)이 있으며, 수사가 경합할 경우 사건송치요구권(제197의4)이 있다. 이외에 사법경찰관의 불법·부당한 수사와 피의자에 대한 인권침해를 방지하기 위하여 지방검찰청 검사장의 사법경찰관리에 대한 체임요구권(검찰청법 제54조)과 지방검찰청 검사장과 지청장의 체포·구속장소감찰권(제198조의2)이 있다.

(3) 수사종결권

검사의 수사대상인 피의사건의 수사와 특별사법경찰관의 수사에 대한 종결권은 검사에게 있다. 따라서 특별사법경찰관이 범죄를 수사한 때에는 지체 없이 검사에게 사건을 송치하고, 관계 서류와 증거물을 송부하여야 한다(제245조의10 제5항).

일반 형사사건에서는 수사종결권은 사법경찰관에게 있지만(제245조의5), 검사는 사법경찰관이 불송치 결정을 한 경우(제245조의5 제2호)에 재수사요청권이 있다(제245조의8).

2. 공소권의 주체로서의 지위

검사는 공소를 제기·수행하는 권한을 가진다.

(1) 공소제기의 독점자

현행법은 기소독점주의를 채택하여 검사에게만 공소제기권을 인정하고 있다(제246조).[25] 또한 기소편의주의를 채택하여 공소제기에 관한 검사의 재량을 인정하고(제247조), 제1심판결선고 전까지는 공소를 취소할 수 있는 기소변경주의를 채택하고 있다(제255조).

---

25) 예외적으로 즉결심판은 관할경찰서장 또는 관할해양경찰서장이 관할법원에 이를 청구한다(즉결심판에 관한 절차법 제3조).

(2) 공소수행의 담당자

1) 당사자로서의 지위

공판절차에 있어서 검사는 공소사실을 입증하고 공소를 유지하는 공소수행의 담당자, 즉 피고인과는 대립하는 당사자로서의 지위를 가진다. 따라서 검사는 소송의 일방당사자로서 피고인과 공격·방어를 통하여 소송을 형성해 가며, 논고에 의하여 정당한 법령의 적용을 청구하게 된다. 이를 위하여 검사에게는 공판정출석권(제267조 제3항, 제278조), 증거조사참여권 및 증인신문권(제161조의2, 제145조, 제176조), 증거조사에 대한 의견진술권(제302조) 및 이의신청권(제296조) 등이 인정되고 있다.

2) 참여권의 주체

공소권의 주체로서 검사는 형사절차의 형성과 실체형성에 대한 능동적 참여자로서의 지위를 가진다. 따라서 검사는 공소권 이외에 다양한 참여권을 가진다. 즉, 법원의 구성과 관할에 대한 권리로서 관할이전신청권(제15조), 관련사건병합심리신청권(제6조, 제13조), 기피신청권(제18조) 등이 있다. 또한 소송절차의 진행에 관여하는 권리로서 변론의 분리·병합·재개신청권(제300조, 제305조), 공판기일변경신청권(제270조)이 있고, 법령의 적정과 통일을 도모하기 위한 참여권으로서 비상상고권(제441조) 등이 있다.

3) 검사의 객관의무

검사는 단순한 당사자가 아니라 공익의 대표자이므로 피고인의 정당한 이익을 옹호하여야 할 의무를 지닌다. 이를 검사의 객관의무라고 한다. 이 용어는 독일 형소법에서 검사의 당사자지위를 부정하는 근거로 사용되었던 개념이지만, 검사와 피고인·피의자의 실질적 대등성을 담보함으로써 당사자주의를 실현하는 데 기여한다는 점에서 당사자주의하에서도 인정된다.[26]

---

26) 검사를 사법기관으로 보는 입장에서는 검사의 객관의무를 검사의 소극적 소송주체로서의 지위라고 하며, 검사는 대립당사자가 아니라고 한다. 또한 적극적 당사자주의를 주장

검사의 객관의무는 공판절차에 국한되지 않고 수사절차, 상소절차 등 형사절차 전반에 걸쳐 인정된다. 따라서 검사는 피고인에게 이익되는 사실도 조사·제출하고(제242조), 검사가 수사 및 공판과정에서 피고인에게 유리한 증거를 발견하게 되었다면 피고인의 이익을 위하여 이를 법원에 제출하여야 한다(2001도23447). 또한 검사는 피고인의 이익을 위하여 상소와 재심청구(제424조) 또는 비상상고(제441조)를 하여야 할 객관적 관청으로서 존재하여야 한다.[27]

<검사의 의무> 검사는 객관의무 외에 재판장의 소송지휘권이나 법정경찰권에 복종할 의무를 진다. 다만, 검사가 공판기일의 통지를 2회이상 받고 출석하지 아니한 때에는 출석없이 개정할 수 있기 때문(제278조)에 공판기일 출석과 재정은 국법상의 의무이지 소송법상의 의무는 아니다. 이외에도 검사는 준사법기관으로서 인권옹호에 관한 직무를 담당한다(인권옹호의무).

3. 재판의 집행기관으로서의 지위

재판의 집행은 검사가 지휘한다(제460조, 검사주의). '재판의 집행'이란 유죄판결의 집행뿐만 아니라 영장 등과 같은 강제처분의 집행을 포함한다. 따라서 검사는 사형 또는 자유형의 집행을 위하여 형집행장을 발부하여 구인할 수 있으며(제473조), 검사가 발부한 형집행장은 구속영장과 같은 효력이 있다. 다만, 구속영장의 집행이나 압수·수색영장의 집행은 예외적으로 재판장, 수명법관 또는 수탁판사가 재판집행을 지휘할 수 있다(제81조, 제115조).

하는 입장도 검사의 객관의무를 부정한다. 즉, 검사의 객관의무를 강조할 경우에 검사의 우월성이 강조되어 피고인의 활동을 위축시키게 된다는 점에서 공정하게 직무를 수행하여야 할 일반 공직자의 의무 이상으로 의미를 부여할 필요가 없다고 한다.

27) 이 외에도 검사에게는 피해자를 위한 권한으로서 친고죄에 있어서 고소권자 지정권(제228조)이 인정되고 있다.

제3절 피 고 인

Ⅰ. 피고인의 의의

≪학습문제≫ 법원은 공판절차에서 심리 도중 피고인 갑이 을의 이름을 모용한 것을 알았다. 법원은 어떻게 하여야 하는가?

1. 개 념

피고인은 검사에 의해 형사책임을 져야 할 자로서 공소가 제기된 자 또는 공소가 제기된 것으로 취급되어 있는 자를 말한다. 따라서 검사에 의해 공소제기된 자와 경찰서장에 의해 즉결심판이 청구된 자는 물론, 공소가 제기되지 않았음에도 불구하고 피고인으로 출석하여 재판을 받고 있는 자도 피고인이 된다. 피고인은 공소가 제기된 자이면 충분하고 진범인가의 여부나 당사자능력과 소송능력의 유무는 물론 공소제기의 유효 여부도 문제되지 않는다.

피고인은 공소제기된 자를 의미하므로 수사기관에 의해 수사대상으로 되어 있는 피의자 또는 유죄판결이 확정된 수형자와는 구별된다.

<형사절차의 진행에 따른 대상자의 명칭>

수인의 피고인이 동일한 소송절차에서 공동으로 심판받는 경우에는 이를 공동피고인이라고 하고, 공동피고인의 한사람에 대하여 다른 피고인을 상피고인(相被告人)이라고 한다. 공동피고인은 반드시 공범자임을 요하지 않는다. 공동피고인은 각 피고인의 사건이 동일법원에 계속된 것에

불과하기 때문에 이들에 대한 소송관계도 각 피고인마다 별도로 존재하며, 1인에 대하여 발생한 사유는 원칙적으로 다른 피고인에게 영향을 미치지 않는다. 다만, 상소심에서 원심판결을 파기하는 경우에 파기이유가 항소 또는 상고한 공동피고인에게도 공통되는 때에는 그 공동피고인에 대하여도 원심판결을 파기하여야 한다(제364조의2, 제392조).

2. 피고인의 특정

(1) 피고인특정의 기준

공소장에는 피고인의 성명 기타 피고인을 특정할 수 있는 사항을 기재하여야 한다(제254조 제3항 제1호). 그러므로 통상은 공소장에 기재되어 있는 자가 피고인이 된다. 다만, 성명모용의 경우와 위장출석의 경우에 누가 피고인이 되느냐에 대하여는 검사의 의사를 기준으로 하는 의사설, 공소장에 피고인으로 표시된 자를 기준으로 하는 표시설, 실제로 피고인으로 행위하거나 피고인으로 취급된 자를 기준으로 하는 행위설 등이 있으나, 이들 기준을 결합한 절충적 견해가 지배적이다. 이에는 표시설과 행위설을 결합하는 견해, 의사설을 원칙으로 하면서 행위설과 표시설을 보충적으로 고려하여야 한다는 견해, 표시설을 중심으로 하되 행위설과 의사설을 함께 고려하여야 한다는 견해(다수설) 등이 있다. 후 2자를 실질적 표시설이라고 한다.

공소제기는 검사가 법원에 대하여 일정한 피고인과 범죄사실에 대하여 심판을 구하는 소송행위이고, "공소는 검사가 피고인으로 지정한 이외의 다른 사람에게 그 효력이 미치지 아니한다"고 규정한 제284조 제1항에 근거할 때 절차의 형식적 확실성을 유지하기 위해서는 피고인은 원칙적으로 공소장에 기재된 사실을 기준으로 하여야 한다. 다만, 검사의 의사를 기준으로 진정피고인이 아니더라도 법원에 의해 피고인으로 취급되거나 또는 본인 스스로 피고인으로 행동하는 자에 대하여도 사실상 소송계속이 발생하므로 공소제기효과가 가상적으로 미친다고 할 수 있

다. 그렇게 하여야만 법원이 이들을 형식재판을 통해 공판절차로부터 배
제할 수 있기 때문이다. 따라서 다수설이 타당하다.

(2) 성명모용의 경우

성명모용이란 갑이 을의 성명을 모용하여 을의 이름으로 공소가 제
기된 경우를 말한다. 이때 공소제기의 효력이 누구에게 미치는가에 대하
여는 공소장송달의 시점에서는 을만 피고인이지만 공판기일에서 갑이
성명을 모용한 것이 밝혀지면 갑만 피고인이 된다는 견해가 있다. 그러
나 실질적 표시설에 따르면 갑만 피고인이 된다(97도2215). 각 단계에 따
른 처리절차는 다음과 같다.

1) 공소제기단계에서 밝혀진 경우

검사는 공소제기 후 모용사실이 밝혀지면 공소장정정절차에 의
해 피고인의 표시를 정정하면 되고, 공소장변경의 절차를 밟거나 법원의
허가를 요하지 아니한다. 이때 검사가 공소장의 피고인 표시를 정정하여
모용관계를 바로잡지 아니한 경우에는 외형상 피모용자 명의로 공소가
제기된 것이므로 공소제기의 방식이 제254조의 규정에 위반한 것으로서
무효가 되고, 따라서 법원은 공소기각의 판결을 선고하여야 한다(92도
2554). 약식명령을 청구한 경우도 마찬가지이다(81도182).

2) 실체재판에서 밝혀진 경우

을이 공판정에 출석하여 실체재판을 받거나, 약식명령에 대해
정식재판을 청구한 때에는 을도 형식적 피고인이 되고, 따라서 을에 대
한 공소로서는 공소제기절차가 법률의 규정에 위반한 것이어서 무효가
되므로 공소기각의 판결을 하여야 한다(92도490).

3) 확정판결 후에 밝혀진 경우

을이 공판정에 출석하여 유죄판결이 확정된 경우에도 판결의 효
력은 을에게 미치지 않는다. 따라서 확정된 판결에 의해 을의 이름이 수

형인명부에 기재된 경우에 대하여는 비상상고에 의하여 판결을 파기하고 피고사건에 대하여 다시 판결하여야 한다는 견해(비상상고설)가 있다. 그러나 피모용자에게 정정의 기회를 제공한다는 점에서 을로 하여금 전과말소신청을 하고, 이에 따라 검사가 수형인명부와 수형인명표의 전과기록을 말소하게 하면 될 것이다(전과말소설, 다수설).

> **[판례]** 피모용자에게 피모용자가 약식명령을 송달받고 이에 대하여 정식재판의 청구를 하여 피모용자를 상대로 심리를 하는 과정에서 성명모용 사실이 발각되고 검사가 공소장을 정정하는 등 사실상의 소송계속이 발생하고 형식상 또는 외관상 피고인의 지위를 갖게 된 경우에는 법원으로서는 피모용자에게 적법한 공소의 제기가 없었음을 밝혀주는 의미에서 형소법 제327조 제2호를 유추적용하여 공소기각의 판결을 함으로써 피모용자의 불안정한 지위를 명확히 해소해 주어야 할 것이지만, 진정한 피고인인 모용자에게는 아직 약식명령의 송달이 없었다고 할 것이므로 검사는 공소장에 기재된 피고인 표시를 정정하고 법원은 이에 따라 약식명령의 피고인 표시를 정정하여 본래의 약식명령과 함께 이 경정결정을 모용자인 피고인에게 송달하면 이때야 비로소 위 약식명령은 적법한 송달이 있다고 볼 것이고, 이에 대하여 소정의 기간 내에 정식재판의 청구가 없으면 이 약식명령은 확정된다 (97도2215).

(3) 위장출석의 경우

위장출석은 공소장에는 갑이 피고인으로 기재되었지만 을이 출석하여 재판을 받는 경우를 말한다. 이 경우 갑은 실질적 피고인(진정피고인), 을은 형식적 피고인(부진정피고인)이 된다. 이때 공소제기의 효력은 실질적 피고인에 대하여만 발생하고, 따라서 다음의 어느 경우에 해당하든 갑에 대한 새로운 공소제기는 요하지 않는다. 다만, 을을 배제시키는 방법은 그 단계에 따라 다르다.

1) 인정신문과 사실심리단계에서 밝혀진 경우

인정신문의 단계에서 밝혀지면 을을 퇴정시키고 갑을 소환하여 절차를 진행시키면 된다. 그러나 사실심리에 들어간 후에 밝혀지면 을에 대하여는 공소기각의 판결을 선고하고(제327조 제2호), 갑에 대하여는 공소제기 후의 절차를 진행하면 된다. 을에게 판결이 선고된 때에는 항소 또는 상고이유가 되며, 상소심에서 위장출석이 밝혀지면 공소제기 후의 제1심 절차를 다시 진행하여야 한다.

2) 확정판결 후에 밝혀진 경우

을에 대한 판결확정 후에 그 사실이 밝혀진 경우에 대하여는 형식적 소송조건의 흠결을 간과한 위법을 시정한다는 의미에서 비상상고절차에 의해 그 판결을 시정하여야 한다는 견해(비상상고설)가 있다. 그러나 이 경우는 피고인의 보호라는 관점에서 보면 제420조 제5호(유죄선고를 받은 자에 대하여 무죄를 인정할 명백한 증거가 새로 발견된 때)에 해당하므로 재심절차에 의해 시정하여야 한다(재심설, 다수설). 이때 갑에 대한 절차는 제1심부터 진행하여야 한다.

Ⅱ. 피고인의 소송법상 지위

≪학습문제≫ 불구속상태의 피고인 갑은 몸이 불편하다는 핑계로 공판기일에 출석하지 않자 법원은 갑의 출석없이 공판을 진행하였다. 갑과 법원의 행위는 각각 정당한가?

피고인은 소송법상 당사자로서의 지위, 증거방법으로서의 지위, 절차대상으로서의 지위를 가진다.[28)]

1. 당사자로서의 지위

피고인은 소송주체로서 검사에 대립하여 당사자로서의 지위를 가진다. 다만, 피고인은 검사의 공격에 대하여 자기를 방어하는 수동적 당사

---

28) 직권주의 입장에서는 피고인은 당사자가 아닌 '소송주체'로서 (i) 피고인 자신의 방어를 위한 권리향유의 주체인 적극적 지위와 (ii) 피고인이 자신의 의사와 관계없이 형사절차의 진행에 대해 부담하는 의무주체인 소극적 지위로 구분한다.

자이다. 따라서 피고인을 방어권의 주체라고 한다. 형소법에서는 당사자인 피고인에게는 검사와 대등한 지위에서 공격·방어를 할 수 있도록 하기 위하여 방어권과 소송절차참여권을 보장하고 있다.

(1) 방 어 권

피고인은 자기의 정당한 이익을 방어할 수 있는 권리를 가진다.

1) 방어준비를 위한 권리

피고인의 방어기회를 보장하기 위하여 공소사실의 특정이 요구되고(제254조), 공소장변경에는 일정한 절차를 거치도록 하여(제298조) 심판대상을 한정하고 있으며, 제1회 공판기일의 유예기간을 두도록 하고 있다(제269조). 또한 피고인에게는 서류·증거물의 열람·복사권(제35조),[29] 공판조서의 열람·등사 및 낭독청구권(제55조), 공판정심리의 전부 또는 일부에 대한 속기·녹음·영상녹화청구권(제56조의2), 공소장부본을 송달받을 권리(제266조), 증거개시청구권(제266조의3 이하), 공판기일변경신청권(제270조), 공소장변경사유를 고지받을 권리(제298조 제3항), 증거된 서류의 낭독청구권(제292조 제1항) 등이 인정되고 있다.

2) 진술권과 진술거부권

피고인에게는 자기에게 이익되는 사실을 진술할 권리(제286조)와 진술거부권(제283조의2)이 있으며, 최후진술권(제303조)이 보장되어 있다.

3) 증거조사에 있어서 방어권행사

증거조사에 있어서 방어권을 보장하기 위하여 피고인에게는 증인신문권(제161조의2), 의견진술권(제293조), 증거신청권(제294조) 및 이의신

---

29) 피고인의 법정대리인, 특별대리인, 보조인 또는 피고인의 배우자·직계친족·형제자매로서 피고인의 위임장 및 신분관계를 증명하는 문서를 제출한 자도 소송계속 중의 관계서류 또는 증거물을 열람하거나 복사할 수 있다(제35조 제2항). 다만, 재판장은 피해자, 증인 등 사건관계인의 생명 또는 신체의 안전을 현저히 해칠 우려가 있는 경우에는 위의 열람·복사에 앞서 사건관계인의 성명 등 개인정보가 공개되지 아니하도록 보호조치를 할 수 있다(동조 제3항).

청권(제296조) 등이 인정되며, 제1회 공판기일 전에는 증거보전청구권이 인정되고 있다(제184조).

4) 방어능력의 보충

피고인은 방어권보충을 위하여 헌법상 변호인의 조력을 받을 권리(헌법 제12조 제4항)를 가지며, 이를 구체적으로 보장하기 위하여 변호인선임권(제30조)과 변호인의뢰권(제90조) 및 접견교통권(제34조, 제89조)이 인정되고, 국선변호인제도(제33조)와 필요적 변호제도(제282조, 제283조)를 두고 있다

(2) 소송절차참여권

피고인은 소송절차 전반에 걸쳐 소송절차를 형성할 권리를 가진다. 이 권리는 피고인의 방어권행사를 위해 전제되는 권리이다.

1) 법원구성에 관여할 수 있는 권리

피고인에게는 기피신청권(제18조), 관련사건에 대한 병합심리청구권(제6조), 관할이전신청권(제15조), 관할위반신청권(제320조) 및 변론의 분리·병합·재개신청권(제300조, 제305조) 등이 있다.

2) 공판절차의 진행에 관여할 권리

피고인은 공판정 출석권(제276조)을 가지며, 경미사건(제277조)이나 구속된 피고인의 출석거부(제277조의2) 등의 경우를 제외하고는 피고인이 공판정에 출석하지 않으면 개정하지 못한다. 다만, 피고인의 공판정출석은 권리이자 의무이므로, 피고인이 정당한 이유 없이 출석하지 아니할 때에는 법원은 구속영장을 발부하여 피고인을 법원에 인치할 수 있다.

또한 피고인에게는 소송지휘에 관한 재판장의 처분에 대한 이의신청권(제304조), 변론재개신청권(제305조), 공소장변경 시 공판절차정지신청권(제298조 제4항) 등이 있다. 이 외에도 피고인에게는 상소의 제기와 포기·취하권(제338조, 제349조), 상소권회복청구권(제345조)이 있고, 약식명령에 대한 정식재판청구권(제453조)과 청구의 취하·포기권(제454조) 등이 있

다. 그리고 피고인의 상소권을 보장하기 위하여 불이익변경금지의 원칙
이 인정된다(제368조, 제399조).

3) 증거조사 및 강제처분절차에의 참여권

피고인에게는 증인신문과 검증·감정 등에의 참여권(제145조, 제
163조, 제176조, 제183조)이 있으며, 공판준비절차에서의 증거조사(제273조),
증거보전절차에서의 증거조사(제184조) 및 검사의 청구에 의한 증인신문
(제221조의2 제5항)에의 참여권이 있다. 또한 피고인에게는 압수·수색영장
의 집행에의 참여권(제121조)이 있다.[30]

2. 증거방법으로서의 지위

피고인은 범죄의 직접적 체험자라는 점에서 증거방법으로서의 지위
를 가진다. 다만, 피고인의 증거방법으로서의 지위는 당사자로서의 지위
에 영향을 주지 않는 범위 내에서 인정되는 보조적 지위이다. 따라서 양
자는 서로 모순되는 것은 아니며, 증거방법으로서의 지위를 인정한다고
하여 피고인을 조사객체로 취급하는 것도 아니다.

(1) 인적 증거방법

피고인은 공소사실의 직접적 체험자이므로 임의의 진술에 대하여는
증거능력을 인정할 수 있다(예, 피고인신문제도(제287조)). 다만, 영·미의 경우
와 달리 현행법상 피고인은 증인적격이 인정되지 않는다. 피고인의 증인
적격을 인정하여 진술의무를 강제하는 것은 그의 진술거부권을 무의미
하게 하여 당사자의 지위를 침해하는 것이기 때문이다. 또한 피고인이
신문의 객체가 되는 것을 막기 위하여 피고인에게는 헌법상 무죄추정의

---

30) 이 외에 피고인은 형사절차에서 국가로부터 자신의 인격을 보호받을 권리, 특히 사
적 영역을 침해당하지 않을 인격권을 갖는다는 견해가 있다. 인격권은 인간의 존엄과 가치
(헌법 제10조)와 법치국가요청인 비례성원칙에서부터 나온다고 한다. 그 내용으로 공판절차
의 매스컴 비공개를 요구할 권리나 인격의 본질적 내용을 침해하는 증거수집(예컨대, 일기장
의 증거사용)을 금지하는 정보지배권 등을 들고 있다.

원칙(헌법 제27조 제4항) 및 고문의 금지와 자기부죄거부특권(헌법 제12조 제2항)이 인정되며, 이를 실현하기 위해 형소법에서는 공판정에서 피고인의 신체를 구속하지 못하게 하는 한편(제280조), 피고인에게 진술거부권을 인정하고 있다(제283조의2).

(2) 물적 증거방법

피고인의 신체나 정신상태는 검증의 대상이 된다(제139조). 또한 증인신문에 있어서 대질의 대상(제162조 제3항)이 되거나 신체감정의 상대방이 될 수 있다(제172조 제3항). 이 경우에도 피고인의 인격이 침해되어서는 아니 된다.

3. 절차대상으로서의 지위

피고인은 소환·체포·구속·압수·수색 등의 강제처분의 객체가 된다. 따라서 피고인은 적법한 소환이나 구속에 응하여야 하며(제68조, 제69조), 신체 또는 물건에 대한 압수·수색을 거부할 수 없다. 다만, 이 경우에도 피고인은 인격권의 주체이므로 자신의 인격가치에 대한 침해를 방지하거나 배제할 것을 요구할 수 있는 권리를 가진다. 형소법도 이를 보장하기 위하여 피고인의 신체를 검사할 경우 건강과 명예를 해하지 않도록 주의할 것을 요구하고(제141조 제1항), 여자피고인의 신체를 검사하는 경우에는 의사나 성년의 여자를 참여하도록 하고 있다(동조 제3항).

Ⅲ. 당사자능력과 소송능력

≪학습문제≫ 피고인 갑은 재판을 받던 중 지병으로 사망하였다. 법원은 어떠한 조치를 하여야 하는가?

1. 당사자능력

(1) 당사자능력의 의의

1) 개 념

당사자능력은 소송법상 당사자가 될 수 있는 일반적·추상적 능력을 의미한다. 검사는 일정한 자격이 있는 자로 제한하고 있으므로, 당사자능력은 결국 피고인이 될 수 있는 능력을 말한다.

2) 구별개념

당사자능력은 일반적·추상적으로 당사자가 될 수 있는 능력을 의미한다는 점에서, 구체적 특정사건에서 당사자가 될 수 있는 자격을 의미하는 당사자적격[31]과 구분된다. 또한 당사자능력은 소송법상 능력으로 이것이 없을 때에는 공소기각의 사유가 된다는 점에서, 그 능력이 없으면 무죄판결을 하여야 하는 책임능력과 구분된다.

(2) 당사자능력이 있는 자

형사소추는 형벌을 부과하기 위한 것이므로 일반적으로 형벌을 받을 가능성이 있는 자에게는 당사자능력이 인정된다.

1) 자 연 인

자연인은 연령이나 책임능력을 불문하고 언제나 당사자능력이 인정된다. 책임무능력자도 특별법(담배사업법 제31조)에 의하여 처벌될 가능성이 있기 때문이다. 형사미성년자도 공소가 제기되면 당사자가 된다. 그러나 태아나 사자(死者)는 당사자능력이 인정되지 않는다. 다만, 재심절차

---

31) 당사자적격은 소송법상 문제 삼을 필요가 없다는 견해가 있다. 당사자적격의 개념은 개별적 사건을 전제로 하지만 우리나라 법에 있어서 구체적인 사건을 전제로 피고인의 범위를 제한하는 규정을 두는 예가 없을 뿐만 아니라 실체법상의 문제로서 당사자적격이 없는 경우에는 무죄판결을 선고할 경우에 해당한다는 것을 근거로 들고 있다. 이에 대하여 공소장에 명백히 당사자적격이 없는 것으로 기재되어 있는 경우에는 형식재판에 의해 소송을 종결시킬 수 있다는 점에서 당사자적격이 소송법상에 있어서도 의미가 있다는 견해가 있다.

에 있어서는 피고인의 사망이 영향을 미치지 않는다(제424조 제4호, 제438조 제2항 제1호).

2) 법 인

(가) 명문규정이 있는 경우　법인에 대한 처벌규정이 있는 경우에는 법인에게 당사자능력이 인정된다.

(나) 명문규정이 없는 경우　법인의 처벌규정이 없는 경우에 대하여는 명문의 규정이 없는 한 형사처벌의 대상이 되지 않으므로 당사자능력을 부정하는 견해, 법인의 당사자능력은 인정하되 법인의 처벌문제는 구체적 사건을 전제로 논하여지므로 당사자적격의 문제로 보는 견해, 명문의 규정이 없어도 형사처벌을 받을 가능성이 있고 당사자능력은 일반적·추상적 능력을 의미한다는 점에서 당사자능력을 긍정하는 견해(다수설) 등이 있다.

법인처벌규정이 없음에도 불구하고 공소가 제기된 경우 전 2설의 경우에는 공소기각의 판결(제327조 제2호)을 하여야 하고, 후설에서는 범죄능력이 없으므로 무죄판결을 하여야 한다. 하지만 형법상 법인의 범죄능력이 부인되고, 처벌규정이 없는 경우임에도 법인의 당사자능력을 인정하는 것은 논리적으로 모순이며, 무용한 소송절차를 방지한다는 점에서 보더라도 법인의 당사자능력은 부정하여야 한다.[32]

(3) 당사자능력의 소멸

1) 자 연 인

피고인이 사망하면 당사자능력도 소멸한다. 이 경우 법원은 공소기각의 결정을 하여야 한다(제328조 제1항 제2호).

2) 법 인

피고인인 법인이 존속하지 않게 된 때에는 당사자능력은 소멸한다(제328조 제1항 제2호). 법인이 합병에 의해 해산하는 경우에는 합병 시에

---

32) 법인격 없는 사단이나 재단도 마찬가지로 취급하여야 하지만 현행법상 이들을 처벌하는 형벌법규가 거의 없으므로 논의의 실익이 없다.

법인이 소멸한다. 이때 청산법인으로 존속하는 경우에 대하여는 피고사건의 계속과 청산은 관계가 없으므로 법인의 해산과 동시에 당사자능력이 소멸된다는 견해가 있다. 그러나 「민법」상 청산법인을 인정한 취지나 법률관계의 명확성을 도모하기 위해서는 청산의 실질적 종료를 요망하므로 소송이 계속되고 있는 한 청산사무는 종료하지 않았고, 따라서 당사자능력이 상실되지 않는다(통설, 84도693).

(4) 당사자능력 흠결의 효과

1) 공소제기 후 당사자능력을 상실한 때

당사자능력은 소송조건이므로 법원은 직권으로 이를 조사하여야 한다. 공소제기 후에 피고인이 당사자능력을 상실한 때에는 공소기각의 결정을 하여야 한다(제328조 제1항 제2호).

2) 공소제기 시부터 당사자능력이 없을 때

피고인에게 공소제기 시부터 당사자능력이 없을 때에 대하여는 공소제기절차가 법률의 규정에 위배한 경우에 해당하므로 제327조 제2호에 의하여 공소기각의 판결을 하여야 한다는 견해와 제328조 제1항 제2호를 준용하여 공소기각의 결정하여야 한다는 견해(다수설)가 있다. 후설은 제327조 제2호는 공소제기의 유효조건에 관한 일반조항으로서 법률이 특별히 소송조건을 명시하지 않은 경우를 대비한 규정이며, 당사자능력이 사후에 소멸된 경우는 공소기각의 결정을 하면서 처음부터 당사자능력이 없는 경우를 공소기각의 판결을 요한다는 것은 모순이기 때문이라고 한다. 그러나 법해석을 통해 입법적 불비를 해결하려는 것은 형식적 확실성이 요청되는 형사절차의 본질에 반하는 것이므로 입법에 의한 보완이 요구되는 것은 별도로 하고, 현행법상 전설에 따르는 것이 형사절차법정주의에 합치된다.

2. 소송능력

(1) 소송능력의 의의

1) 개 념

소송능력은 피고인이 소송당사자로서 유효하게 소송행위를 할 수 있는 능력, 즉 의사능력을 기초로 한 소송행위능력을 의미한다. 따라서 소송능력은 피고인이 자기의 소송상의 지위와 이해관계를 이해하고 이에 따라 방어행위를 할 수 있는 의사능력을 의미한다. 민법상 행위능력이 없는 자라도 소송능력이 있을 수 있다. 검사는 법률에 의하여 그 자격과 지위가 인정되므로 당사자의 소송능력은 피고인에게서 문제된다. 피해자 등, 제3자가 소송행위를 하는 경우에도 소송능력이 요구된다.

> **[판례]** 의사능력이 있으면 소송능력이 있다는 원칙은 피해자 등 제3자가 소송행위를 하는 경우에도 마찬가지라고 보아야 한다. 따라서 반의사불벌죄에 있어서 피해자의 피고인 또는 피의자에 대한 처벌을 희망하지 않는다는 의사표시 또는 처벌을 희망하는 의사표시의 철회는, 위와 같은 형사소송절차에 있어서의 소송능력에 관한 일반원칙에 따라, 의사능력이 있는 피해자가 단독으로 이를 할 수 있고, 거기에 법정대리인의 동의가 있어야 한다거나 법정대리인에 의해 대리되어야만 한다고 볼 것은 아니다(2009도6058).

2) 구별개념

소송능력은 소송행위 시에 요구된다는 점에서 사물을 변별하고 이에 따라 행위할 능력으로서 범죄행위 시에 그 존부가 문제되는 책임능력과 구분된다. 또한 소송능력은 소송행위를 유효하게 할 수 있는 구체적 능력이라는 점에서 일반적·추상적 자격을 의미하는 당사자능력과 구별된다. 당사자능력이 없을 때에는 공소기각의 재판을 하여야 하지만, 소송능력이 없을 때에는 공판절차를 정지하여야 한다(제306조 제1항). 그리고 소송능력은 모든 소송행위의 유효요건으로 심급을 불문하고 인정된다는 점에서 법원에 대하여 사실적·법률적으로 적절한 공격·방어를 행할 수 있는 능력인 변론능력과도 구분된다.

(2) 소송능력흠결의 효과

1) 소송행위의 무효

소송능력은 소송행위의 유효요건이므로 소송능력이 없는 자연인이 한 소송행위는 무효이다. 다만, 소송능력은 소송조건이 아니므로 소송능력 없는 자에 대한 공소제기가 무효로 되는 것은 아니다.

한편, 피고인에게 의사능력이 없는 경우에는 송달도 피고인의 법정대리인 또는 특별대리인에게 하여야 유효하다는 견해가 있다. 그러나 공소장부본의 송달은 공소사실과 적용법조를 통지하는 것에 지나지 않으므로 공소장부본의 송달 시에 피고인에게 소송능력이 없음이 판명된 경우가 아니라면 피고인에 대한 송달 자체가 무효로 되는 것은 아니다.

2) 공판절차의 정지

피고인이 사물을 변별하거나 의사를 결정할 능력이 없는 상태에 있는 때에는 법원은 검사와 변호인의 의견을 들어서 결정으로 그 상태가 계속하는 기간 공판절차를 정지하여야 한다(제306조 제1항).[33] 다만, 피고사건에 대하여 무죄·면소·형의 면제·공소기각의 재판을 할 것이 명백한 때에는 피고인에게 소송능력이 없는 경우에도 피고인의 출정 없이 재판할 수 있다(제306조 제4항).

3) 소송행위의 대리

(가) 대 리 인 「형법」 제9조부터 제11조까지의 적용을 받지 않는 범죄사건에 관하여 피고인 또는 피의자가 의사능력이 없을 때에는 그 법정대리인이 소송행위를 대리한다(제26조). 피고인 또는 피의자가 법인인 때에는 그 대표자가 소송행위를 대표한다(제27조 제1항). 수인이 공동하여 법인을 대표하는 경우에도 소송행위에 관하여는 각자가 대표한다(동조 제2항).

---

33) 회복가능성이 없는 피고인의 소송무능력의 경우에는 소송장애사유가 발생한 것으로 보고 제327조 제2호를 준용하여 공소기각의 판결을 선고하여야 한다는 견해가 있다.

의사무능력자나 법인의 경우에 피고인을 대리 또는 대표할 자가 없는 때에는 직권 또는 검사의 청구에 의하여, 피의자를 대리 또는 대표할 자가 없는 경우에는 검사 또는 이해관계인의 청구에 의하여 법원은 특별대리인을 선임하여야 한다(제28조 제1항). 특별대리인은 피고인 또는 피의자를 대리 또는 대표하여 소송행위를 할 자가 있을 때까지만 그 임무를 행한다(동조 제2항).

(나) 대리의 범위   대리의 범위에 대하여는 대리를 대표와 같은 뜻으로 해석하여 피고인을 대신하여 피고인에게 불이익한 진술도 할 수 있다는 견해가 있다. 그러나 법정대리인 또는 특별대리인은 피고인의 소송행위만을 대리하는데 그친다(통설).

Ⅳ. 무죄추정의 원칙

≪학습문제≫ 법원은 수뢰죄로 기소된 갑의 범죄사실에 대하여 검사가 제출한 증거가 불확실하다고 판단하였다. 이때 법원은 갑에 대해 어떠한 판결을 하여야 하며, 그 이유는 무엇인가?

1. 무죄추정원칙의 의의

무죄추정의 원칙이란 유죄판결이 확정될 때까지는 형사소송절차의 전(全) 과정에서 피고인을 죄 없는 사람으로 취급하여야 한다는 원칙을 말한다. 이것은 계몽주의의 산물로서 인권보장사상에 기초한 것이며, 1789년 프랑스혁명 이후의 「인간과 시민의 권리선언」 제9조에서 "누구든지 범죄인으로 선고되기 까지는 무죄로 추정된다"고 규정한 데서 유래한다. 헌법 제27조 제4항에서는 "형사피고인은 유죄의 판결이 확정될 때까지는 무죄로 추정한다"고 규정하고 있으며, 형소법 제275조의2에서 이를 확인하고 있다.

2. 무죄추정원칙의 적용범위

현행법은 피고인에 대하여 무죄추정의 원칙을 규정하고 있지만 피의자에게도 무죄추정의 원칙이 적용된다(91헌마111).

또한 무죄추정의 원칙은 증거법에 국한되는 원리가 아니라 수사절차에서 공판절차에 이르기까지의 형사절차의 전 과정을 지배하는 지도원리이며, 따라서 유죄확정판결 시까지 적용되는 원리이다(2009헌바8). '유죄판결'이란 형선고의 판결뿐만 아니라 형면제의 판결, 선고유예의 판결 및 집행유예의 판결을 포함한다. 약식명령(제457조)이나 즉결심판(즉결심판에 관한 절차법 제16조)도 확정되면 유죄판결에 포함된다. 유죄판결의 '확정'은 상고기각 등, 대법원의 판결선고(제380조-제382조, 제396조), 상소기간의 경과(제358조, 제374조), 상소포기와 취하(제349조) 등에 의하여 발생한다.

한편, 재심절차에 있어서는 이미 유죄판결이 확정된 경우이므로 재심청구가 있더라도 무죄가 추정되지는 않는다는 견해(다수설)가 있다. 그러나 재심청구가 받아들여진 이상 종전의 확정판결 자체에 대하여 의심이 있는 경우로서 재심개시로 인해 피고인의 지위를 갖게 되므로 이 경우에도 무죄추정의 원칙이 적용된다.

3. 제도적 구현내용

무죄추정의 원칙에 따라 피고인이 기소되더라도 유죄의 판결이 확정될 때까지는 범인으로 예단하거나 불이익한 처분을 해서는 아니 된다. 피의자인 경우에도 마찬가지이다. 형소법에서는 다음과 같이 무죄추정의 원칙을 구체적으로 구현하고 있다.

(1) 수사단계

수사에 있어서는 무죄추정의 원칙에 따라 임의수사를 원칙으로 한다. 따라서 불구속수사를 원칙으로 하며(제198조 제1항), 강제처분도 수사비례의 원칙에 의해 필요성과 상당성이 있는 경우에 한해 최후수단으로서 행하여질 것을 요구한다. 또한 변호인의 접견교통권의 충분한 보장 등을 통해 구속된 피고인이나 피의자에게 불필요한 고통을 가하지 않아야 한다.

(2) 입증단계

범죄사실뿐만 아니라 형의 가중사유나 감면사유의 부존재에 대한 입증책임은 검사에게 있다. 또한 증명에 있어서는 '의심스러운 때에는 피고인의 이익으로'라고 하는 원칙에 의해 합리적 의심 없을 정도의 증명이 이루어지지 않는 한 피고인을 유죄로 할 수 없다(제307조 제2항).

> [판례] 형사재판에서 범죄사실의 인정은 법관으로 하여금 합리적인 의심을 할 여지가 없을 정도의 확신을 가지게 하는 증명력을 가진 엄격한 증거에 의하여야 하므로, 검사의 확신을 가지게 하는 정도에 충분히 이르지 못한 경우에는 비록 피고인의 주장이나 변명이 모순되거나 석연치 않은 면이 있는 등 유죄의 의심이 간다고 하더라도 피고인의 이익으로 판단하여야 한다(2010도14487).

(3) 공소제기 및 공판단계

공소제기 시에는 공소장일본주의를 택하여 예단을 배제하도록 요구하고 있다(규칙 제118조 제2항).

공판단계에서는 피고인에게 공판정출석권(제276조), 진술거부권(제283조의2), 신속한 재판을 받을 권리(헌법 제27조 제3항) 및 반대신문권을 보장하고, 공판정에서의 신체구속을 금지한다(제280조). 또한 변론주의와 직접구두주의(제275조의3), 공개주의(헌법 제27조 제3항, 제109조, 법조법 제57조), 불고불리의 원칙(제254조, 제298조)은 물론, 자백법칙(제309조), 자백의 보강법칙(제310조), 전문법칙(제310조의2 이하) 등 각종 증거법칙을 채택하고 있다. 또한 신문함에 있어서 진술을 강요하거나 답변을 유도하거나 위압적·모욕적인 신문을 사용하지 못하도록 하고 있다(규칙 제140조의2).

V. 진술거부권

> ≪학습문제≫ 피의자로 구속된 갑은 자신에게 불리하다고 판단하여 경찰관의 신문에 대하여 답변을 거부하였다. 갑의 태도는 정당한가?

1. 진술거부권의 의의

(1) 개 념

진술거부권이란 피고인 또는 피의자가 공판절차 또는 수사절차에서 법원 또는 수사기관의 신문에 대하여 진술을 거부할 수 있는 권리를 말한다. 이것은 17세기말의 영국의 사법절차에 기원을 둔 것으로서 미국 연방헌법 수정 제5조에서 "누구든지 형사사건에 있어서 자기의 증인이 되는 것을 강요받지 아니한다"고 규정한 데서 유래한 것이다. 헌법 제12조 제2항에서는 "모든 국민은 고문을 받지 아니하며, 형사상 자기에게 불리한 진술을 강요당하지 아니한다"고 하여 기본권으로서 규정하고 있으며, 형소법(제283조의2)에서 이를 구체화하고 있다.

진술거부권은 피고인 또는 피의자의 인권보장과 당사자주의하에서 무기대등의 원칙을 실현하기 위하여 인정된 것이다. 또한 진술거부는 범행을 숨기는 것이 되어 실체적 진실발견에 장애가 될 수도 있지만 수사기관의 부당한 공격에 대해 항변하거나 변호인의 변호를 받을 권리를 보장받기 위한 것일 수도 있다는 점에서 실체적 진실발견을 위한 필수적인 제도로서 평가되기도 한다.

(2) 진술거부권과 자백배제법칙의 관계

미국법상 진술거부권은 연방헌법상의 기본권으로서 보장되고 있는 반면에, 자백배제법칙은 미국 판례법상 증거법칙으로서 인정되고 있다. 이에 양자의 구별 여부에 대하여는 견해의 대립이 있다.

1) 구별필요설

진술거부권과 자백배제법칙은 성질상 구분된다는 견해이다.

먼저 연혁적으로 진술거부권이 17세기에 확립된 반면에 자백의 임의성법칙은 18세기 보통법에서 유래한다고 한다. 둘째, 전자는 피고인 또는 피의자가 신문의 객체로 전락하지 않고, 독자적인 기본권향유의 주체로서 자유롭게 자신의 의사내용을 결정하며, 이를 표시할 수 있는 권리를 나타내는 것으로서 진술의 내용을 문제 삼지 않는 데 반해, 후자는 허위자백의 방지나 위법수사의 객관적 통제를 목적으로 하는 증거법칙이라고 한다. 셋째, 전자가 피고인에게 진술의무를 가하여 진술을 강요하는 것을 금하는 것임에 대해, 후자는 폭행·협박·기망 등의 사실상의 불법행위에 의한 자백강요를 금하는 것이므로 실제상의 효과가 다르다고 한다. 넷째, 전자는 공판정출석피고인을 대상으로 발전되어 온 것임에 반해 후자는 이에 제한되지 않는다고 한다. 이 견해에서는 기본권침해를 이유로 하는 헌법소원의 제기에 있어서는 침해된 기본권을 적시하여야 하므로 양자의 구별실익이 있다고 한다.

<진술거부권과 자백배제법칙의 비교>

진술거부권	자백배제법칙
미 연방헌법상의 기본권으로서의 보장	미국 판례법상 증거법칙으로서 인정됨
17세기에 확립된 원칙	18세기 보통법에서 유래
진술내용은 묻지 않음	허위배제를 목적으로 하는 증거법칙
진술강요금지	폭행, 협박 등의 사실상의 불법행위에 의한 자백강요금지
공판정출석피고인을 대상으로 함	제한 없음

2) 구별불요설

진술거부권과 자백배제법칙은 역사적 기원은 달리하지만, 보통법상 자백배제법칙이 허위배제의 목적에서 자백획득과정의 적정절차를 실현하는 원칙으로 발전함으로써 위법수집증거를 배제하는 원칙이 되었고, 따라서 적정절차의 보장의 실현으로서의 자기부죄거부특권과 성질을 같이하게 되었다고 한다. 또한 1966년 Miranda사건 이후 진술거부권을 침해하여 얻은 증거는 위법수집증거로서 공판정에서 증거로 사용할 수 없게 되었다는 점에서 진술거부권의 보장이 증거법칙의 내용으로 되었다고 한다. 더구나 현행법상 자백배제법칙과 진술거부권이 피고인뿐만 아니라 피의자의 권리로 인정되고 있으며, 진술거부권의 침해가 자백배제법칙에 관한 제309조의 '기타의 방법'에 해당하고, 진술거부권이 금하는 강요도 사실상의 강요를 포함한다고 한다. 따라서 양자를 구분할 필요가 없다고 한다(다수설).

3) 검 토

진술거부권과 자백배제법칙은 오늘날 양자 모두 피고인 또는 피의자의 인권보장과 적정절차의 보장을 위한 원칙이면서, 증거법칙으로 발전되었다는 점에서 성질상 유사점을 가지고 있다. 하지만 진술거부권은 헌법상 보장된 기본권이라는 점에서 증거법칙의 일종인 자백배제법칙과 구분하는 것이 피고인 또는 피의자의 보호에 더 적절하며, 헌법 및 형소법에서 자백배제법칙 외에 진술거부권에 관한 규정을 따로 두고 있는 입법태도와도 조화된다고 할 것이다.

2. 진술거부권의 내용

(1) 진술거부권의 주체

헌법 제12조 제2항에서는 '모든 국민'에게 진술거부권을 보장하고 있으므로 그 주체에는 제한이 없다. 따라서 피고인, 피의자뿐만 아니라 아직 피의자로 되지 않았거나 단지 참고인의 지위에 있는 자에게도 진술거부권이 보장된다. 또한 의사무능력자인 피고인 또는 피의자의 대리인(제26조, 제28조, 제276조 단서)이나 법인의 대표(제27조, 제28조)나 특별대리인(제28조)도 진술거부권의 주체가 될 수 있다. 외국인의 경우도 마찬가지이다.

(2) 진술거부권의 적용범위

진술거부권은 형벌 기타 제재에 의한 진술강요의 금지를 그 내용으로 한다. 따라서 피고인 또는 피의자는 수사기관은 물론 법원에 대하여도 진술할 의무가 없다. 법률로서 진술을 강요할 수도 없다.

1) 진술거부의 대상

(가) 진 술 거부의 대상은 진술에 한한다. 따라서 지문과 족형의 채취, 신체의 측정, 사진촬영이나 신체검사에 대하여는 이 원칙이 적용되지 않는다. 「도로교통법」상 음주측정도 호흡측정기에 입을 대고 호흡을 불어 넣음으로써 신체의 물리적, 사실적 상태를 그대로 드러내는 행위에 불과하므로 진술에 해당되지 않는다고 한다(96헌가11). 그러나 진술인 이상 구두에 의하든 서면에 의하든 불문한다. 따라서 피의자는 수사기관의 진술서제출요구에 대하여도 거부할 수 있다.

> [헌재결] 헌법 제12조 제2항은 진술거부권을 보장하고 있으나, 여기서 "진술"이라 함은 생각이나 지식, 경험사실을 정신작용의 일환인 언어를 통하여 표출하는 것을 의미하는 데 반해, 「도로교통법」 제41조 제2항에 규정된 음주측정은 호흡측정기에 입을 대고 호흡을 불어 넣음으로써 신체의 물리적, 사실적 상태를 그대로 드러내는 행위에 불과하므로 이를 두고 "진술"이라 할 수 없고, 따라서 주취운전의 혐의자에게 호흡측정기에 의한 주취여부의 측정에 응할 것을 요구하고 이에 불응할 경우 처벌한다고 하여도 이는 형사상 불리한 "진술"을 강요하는 것에 해당한다고 할 수 없으므로 헌법 제12조 제2항의 진술거부권조항에 위배되지 아니한다(96헌가11).

(나) 문제영역

가) 성문조사 동일성 판단을 위한 성문(聲紋) 조사에 대하여는 일종의 검증에 해당하는 것으로서 진술내용 자체가 문제가 되지 않는다는 점에서 진술거부권이 인정되지 않는다는 견해가 있다. 그러나 성문조사에서는 일정한 의사내용을 구술로써 표현하는 행위가 필수적으로

요구되므로 그 결과가 피고인의 유죄입증 자료가 되는 경우에는 진술거
부권의 적용대상이 된다.

나) 거짓말탐지기에 의한 검사 거짓말탐지기에 의한 검사에 대
하여는 신체의 생리적 변화를 검증하는 것이지 진술증거는 아니므로 진
술거부권이 인정되지 않는다는 견해가 있다. 그러나 거짓말탐지기에 의한
검사의 경우는 생리적 변화가 독립하여 증거가 되는 것은 아니지만 질문
과의 대응관계에서는 의미가 부여되므로 진술거부권의 적용대상이 된다.

다) 마취분석 마취분석은 마취상태를 통해 직접 진술을 얻
어내는 것이므로 진술거부권에 대한 침해일 뿐만 아니라 인격해체를 초
래하는 것이어서 부당한 수사방법이므로 일체 금지된다.

2) 진술거부의 상대방과 방법

수사기관은 물론 법원에 대하여도 진술할 의무가 없다. 또한 개
개의 신문에 대하여 진술을 거부할 수도 있고, 신문 전체에 대하여 시종
일관 침묵할 수도 있다(제283조의2 제1항).[34]

3) 진술의 범위

(가) 진술내용 거부대상이 되는 진술은 형사책임에 관한 한 범죄
사실 또는 간접사실뿐만 아니라 범죄사실의 단서가 되는 사실도 포함한
다. 헌법은 형사상 자기에게 불리한 진술에 한정하고 있지만, 형소법은
진술의 내용을 묻지 않고 있으므로 유리한 진술도 거부할 수 있다. 이것
은 피고인의 당사자지위에 근거한 것으로서, 자기에게 불리한 증언에 대
하여만 인정되는 증인의 증언거부권과 구별된다.

(나) 인정신문 인정신문이 진술거부권의 대상이 되는가에 대하
여는 인정신문은 불이익한 진술이 아니라는 이유로 부정하는 견해(소극
설), 현행법상 진술거부권의 범위에는 제한이 없다는 점에서 인정하는 견
해(적극설), 성명이나 직업 등의 진술에 의하여 범인임이 확인되거나 증거

---

34) 진술거부권은 형사절차에만 보장되는 것은 아니고 행정절차 등에서도 그 진술이
자기에게 형사상 불리한 경우에는 모두 보장된다(98헌가118 참조).

수집의 계기를 만들어 주는 경우에 한하여 인정된다는 견해(절충설), 공판
기일에 재판장이 하는 인정신문에는 진술거부권이 인정되지만, 변호인선
임계의 제출이나 국선변호인의 선임신청 등과 같은 소송행위에서의 인
정신문에는 절차의 명확성과 집행의 원활성 요청에 의해 진술거부권이
부정된다[35]는 견해(이분설) 등이 있다.

　　　　그러나 진술거부권과 진술거부권의 고지는 다르고, 인정신문에
의하여 범인임이 확인되거나 증거수집의 계기를 만들어 주는 경우의 판
단에 대한 객관적 기준이 없으며, 인정신문을 위한 진술강요를 허용하
는 것은 진술거부권을 인정하는 취지에 반한다는 점 등을 고려해 볼 때
적극설이 타당하다(다수설). 특히 현행 형소법이 진술거부권의 고지(제283
조의2) 후에 인정신문(제284조)을 하도록 하고 있는 것도 이를 뒷받침하고
있다.

(3) 진술거부권의 고지

　　법원은 공판절차에 있어서 인정신문을 하기 전에 피고인에게 진술
거부권을 고지하여야 한다(제283조의2 제2항, 규칙 제127조). 공판준비절차에
있어서도 재판장이 출석한 피고인에게 진술을 거부할 수 있는 권리가 있
음을 알려주어야 한다(제266조의8 제6항). 검사 또는 사법경찰관도 피의자를
신문하기 전에 일체의 진술을 하지 아니하거나 개개의 질문에 대하여 진
술을 하지 아니할 수 있다는 것을 알려주어야 한다(제244조의3 제1항 제1호).

1) 고지방법

　　진술거부권의 고지는 명시적으로 하여야 한다. 피고인의 경우
법원은 사실심리 전에 1회의 고지로 족하지만, 공판절차를 갱신하는 경
우에는 다시 고지하여야 한다(규칙 제144조 제1항 제1호). 피의자의 경우 동
일한 수사기관이 행하는 일련의 수사과정에서는 1회의 고지로 족하지

---

35) 후자의 경우에도 그 기재로 인해 범인임이 확인되거나 증거수집의 계기를 만들어
주는 경우에는 진술거부권이 인정된다고 한다.

만, 신문이 상당한 기간 동안 중단되었다가 다시 개시되거나 조사자가 경질된 때에는 다시 고지하여야 한다. 피의자가 자수한 경우에도 마찬가지이다.

2) 불고지의 효과

진술거부권의 불고지는 진술거부권에 대한 침해가 된다. 진술거부권을 고지하지 않고 얻은 증거에 대하여는 진술거부권의 불고지로 인해 진술의 자유를 보장하기 위한 전제를 충족하지 못하였고, 자백배제법칙의 이론적 근거가 위법배제에 있다는 점을 근거로 자백의 임의성에 의심이 있는 경우(제309조의 '기타의 방법'에 해당한다고 함)에 해당하여 증거능력이 부정된다는 견해가 있다. 그러나 헌법상 기본권인 진술거부권의 철저한 보장이라는 측면에서 보면 위법하게 수집한 증거로서 그 증거능력을 부정하여야 한다(2010도8294).

(4) 진술거부권의 포기

1) 포기의 허용 여부

진술거부권을 포기할 수 있는가에 대하여 이를 긍정하는 견해가 있다. 그러나 진술거부권은 헌법상 기본권으로서 진술거부권을 행사하지 않고 진술한 경우에도 각각의 신문에 대하여 언제든지 진술을 거부할 수 있으므로 진술거부권의 포기는 인정되지 않는다. 따라서 진술거부권을 행사하지 않고 진술하더라도 이것은 진술거부권의 포기가 아니라 단지 그 권리의 불행사를 의미함에 그친다.

2) 문제영역

(가) 피고인의 증인적격 여부   현행법상 피고인은 당사자이고, 피고인의 증인적격을 인정하게 될 경우 피고인의 진술거부권은 무의미하게 된다는 점에서 피고인의 증인적격은 부정된다(통설). 현행법상 피고인신문을 인정하고 있다는 점에서 피고인에 대한 증인신문의 필요성도 크지 않다.

(나) 형사면책과 진술거부권   피고인에게 형사면책을 보장하고 진술

을 강제할 수 있는가가 문제된다. 이것은 주로 공범자인 공동피고인에 대하여 형사면책을 조건으로 다른 공동피고인인 공범자에 대한 증언을 강요할 수 있는가라고 하는 공동피고인의 증인적격의 문제로 논의되고 있다. 그러나 공범자가 자신이 면책되기 위하여 다른 무고한 사람을 공범자로 만들 위험이 있고, 현행법은 기소사실인부절차(arraignment)를 인정하지 않고 있는 점을 고려할 때 공범자인 공동피고인의 증인적격은 부정하여야 한다(다수설).

(다) 법률상 기록·보고의무 　행정상의 단속목적을 위하여 각종 행정법규가 일정한 기록·보고·신고·등록의 의무를 규정하고 있다. 그러나 이들 기록·보고·신고·등록사실은 행정상 단속목적을 달성하기 위한 것이므로 진술거부권과는 관계없다.[36]

> [헌재결] 「도로교통법」 제50조에 의한 운전자의 사고신고의무에 대하여 헌법재판소는 "교통사고를 일으킨 운전자에게 신고의무를 부담시키고 있는 「도로교통법」 제50조 제2항, 제111조 제3호는, 피해자의 구호 및 교통질서의 회복을 위한 조치가 필요한 범위 내에서 교통사고의 객관적 내용만을 신고하도록 한 것으로 해석하고, 형사책임과 관련되는 사항에는 적용되지 아니하는 것으로 해석하는 한 헌법에 위반되지 아니한다"고 하였다(89헌가118). 그러나 위 신고의무의 위반에 대하여 동법에서 벌칙규정(법 제111조 제3호, 300만원 이하의 벌금 또는 구류)을 두고 있음을 고려할 때 진술거부권의 침해에 해당하는 것으로 이해하여야 한다.

3. 진술거부권의 효과

(1) 증거능력의 배제

진술거부권을 행사하였다는 이유로 형벌 기타 제재를 가할 수 없다. 또한 진술거부권을 침해하고 얻은 자백(2010도1755)은 물론, 진술거부권을 고지하지 않고 얻어진 진술을 기초로 하여 얻은 증거(2010도2094)는 위법수집증거로서 증거능력이 배제된다.

---

36) 미국에서는 장부·기록의무가 법률에 규정된 때에는 업무종사의 사실에 의하여 진술거부권을 포기하였고, 형사소추의 위험이 없으므로 진술거부권의 침해가 될 수 없다고 한다.

진술거부권을 고지하지 않은 경우에 대하여 수사기관의 자백에 대하여만 증거능력을 배제하고, 공판정에서의 자백에 대하여는 증거능력이 부정되지 않는다는 견해가 있다. 그러나 공판정에서의 자백에 있어서도 진술거부권의 불고지는 진술거부권의 침해에 해당하므로 증거능력이 인정되지 않는다.

(2) 불이익추정의 금지

진술거부권의 행사를 피고인에게 불이익한 간접증거로 하거나 또는 이를 근거로 유죄를 추정하는 것은 허용되지 않는다(자유심증주의의 예외). 다만, 진술거부권의 행사를 구속 또는 보석의 사유인 증거인멸의 염려를 판단하는 기준으로 하는 것에 대하여는 진술거부권의 효과와는 별개의 문제라는 견해가 있다. 그러나 이 경우에 구속가능성을 제시하면서 진술을 강요할 수 있으므로 진술거부권행사 자체를 구속사유의 판단기준으로 삼아서는 아니 된다.

한편, 진술거부권의 행사를 양형에서 불리하게 고려할 수 있는가에 대하여 범인의 개전이나 해오는 양형에서 고려할 사항(형법 제51조 제4호)이라는 점에서 이를 긍정하는 견해(다수설)가 있다. 그러나 피고인에게는 진술자유가 보장되고 법원에 대한 진술의무가 없으므로 진술거부 자체를 양형사유로 해서는 아니 된다. 판례도 진술거부가 진실의 발견을 적극적으로 숨기거나 법원을 오도하려는 시도에 기인한 경우에 한하여 가중적 양형의 조건으로 하였다(2001도192).

[판례] 「형법」제51조 제4호에서 양형의 조건의 하나로 정하고 있는 범행 후의 정황 가운데에는 형사소송절차에서의 피고인의 태도나 행위를 들 수 있는데, 모든 국민은 형사상 자기에게 불리한 진술을 강요당하지 아니할 권리가 보장되어 있으므로(헌법 제12조 제2항), 형사소송절차에서 피고인은 방어권에 기하여 범죄사실에 대하여 진술을 거부하거나 거짓 진술을 할 수 있고, 이 경우 범죄사실을 단순히 부인하고 있는 것이 죄를 반성하거나 후회하고 있지 않다는 인격적 비난요소로 보아 가중적 양형의 조건으로 삼는 것은 결과적으로 피고인에게 자백을 강요하는 것이 되어 허용될 수 없다고 할 것이나, 그러한 태도나 행위가 피고인에게 보장된

방어권 행사의 범위를 넘어 객관적이고 명백한 증거가 있음에도 진실의 발견을 적극적으로 숨기거나 법원을 오도하려는 시도에 기인한 경우에는 가중적 양형의 조건으로 참작될 수 있다(2001도192).

제4절 변 호 인

Ⅰ. 변호인제도의 의의

> 《학습문제》 피고인 갑은 변호인을 선임하였으나 변호인의 무성의로 인하여 유죄판결을 받게 되었다. 이때 갑은 헌법상 변호인의 조력을 받을 권리를 보장받았다고 할 수 있는가?

1. 변호인제도의 취지

변호인제도는 피고인·피의자의 방어권을 보충하여 무기평등의 원칙을 실현함으로써 공정한 재판을 실현하고자 마련된 제도이다. 변호인은 피고인·피의자의 방어권을 보충하는 보조자로서 피고인·피의자의 인권보호를 위해 필수적인 제도로서 발달되어 왔다. 이 점에서 형소법의 역사는 변호권확대의 역사라고도 한다.

변호인제도는 당사자주의에서 특히 그 의의가 크지만, 직권주의에서도 피고인에게 소송주체성을 인정하면서 실체진실을 발견하여야 한다는 공정한 재판의 이념을 실현하는 기능을 가진 것으로 평가되고 있다.

2. 변호권의 지위

일반적으로 변호활동에는 검사나 법원이 피고인·피의자에게 유리한 사항을 조사하여 이들의 방어활동에 조력하는 것을 의미하는 실질적 변호와 변호인에 의한 형식적 변호가 있다. 변호권의 보장에 있어서의 변호는 후자를 의미한다. 헌법 제12조 제4항에서는 "누구든지 체포 또는 구속을 당한 때에는 즉시 변호인의 조력을 받을 권리를 가진다"고 규정함으로써 구속된 피고인·피의자의 변호인의 도움을 받을 권리를 국민의 기본권으로서 보장하고 있으며, 형소법은 이를 구현하여 변호권의 범위를 현저히 강화·확대하고 있다. 뿐만 아니라 변호인의 '조력을 받을' 피구속자의 권리는 피구속자를 '조력할' 변호인의 권리가 보장되지 않으면 유명무실하게 된다는 점에서 변호인의 조력할 권리 역시 헌법상 기본권으로서 인정되고 있다(2000헌마474). 한편, '변호인의 조력을 받을 권리'는 '변호인의 충분한 조력을 받을 권리'를 의미한다(91헌마111). 마찬가지로 피고인에게 국선변호인의 조력을 받을 권리를 보장하여야 할 국가의 의무에는 피고인이 국선변호인의 실질적 조력을 받을 수 있도록 할 의무가 포함된다(2015도9951).

<영·미에 있어서의 변호권 발달과정> 영국에서는 17세기중엽 가난한 피고인에게 변호권을 보장하는 것이 관례였으며, 1695년 「반역법」(The Treason Act)에서는 반역사건에 대해 변호권을 보장하였다. 그리고 1836년에는 「중죄재판법」(Trials for Felony Act)에서 모든 중죄인에게 변호권을 보장하였다. 한편, 미국에서는 1932년 Powell v. Alabama(287 U.S. 45)에서 연방사건에 한해 사형사건에 대하여 변호권을 인정하였으며, 1942년 Betts v. Brady (316 U.S. 455)에서 피고인의 공평한 심판절차에서 오는 이익이 국가이익보다 우선하는 경우에 한해 변호권을 인정하였다. 그리고 1963년 Gideon v. Wainwright (372 U.S. 335)에서 수정헌법 제6조에 의한 가난한 피고인에 대한 변호권보장이 헌법 수정 제14조의 내용이라고 판시함으로써 주의 중죄사건에 대한 변호권보장이 일반화되었다. 이후 U.S. v. Wade(388 U.S. 218(1967)사건에서 기소 전의 절차라도 '중대한 국면'으로 인정되면 변호권보장은 필수적이라고 하였다. 나아가 1970년 McMann사건에서는 연방사건에 한해서이지만 변호인의 유력한 조력권의 보장이 요구됨으로써 한층 변호권보장이 철저화 되었다. 또한 1973년 Decosteri사건에서는 근면하고 양심적인 변호인으로서 행동하는 변호인의 합리적인 적격한 조력기준이 마련되었고, 1984년 Strickland사건에서는 부적격성항변을 '실체적 부적격성'의 문제로 취급하였다.

Ⅱ. 변호인의 선임

변호인은 선임에 의해 소송절차에 관여하게 되는데, 그 선임방법에 따라 사선변호인과 국선변호인으로 나뉜다.

≪학습문제≫ 절도죄로 기소된 피고인 갑은 경제적 무능력으로 인해 변호인을 선임하지 못하였다. 이때 갑이 변호인의 도움을 받을 수 있는 방법은 없는가?

1. 사선변호인

사선변호인은 피고인·피의자 또는 그와 일정한 관계가 있는 사인이 선임한 변호인을 말한다.

(1) 변호인 선임권자

1) 선임권자

피고인 또는 피의자는 언제든지 변호인을 선임할 수 있다(제30조 제1항, 고유의 선임권자).

또한 피고인 또는 피의자의 법정대리인, 배우자, 직계친족, 형제자매는 독립하여 변호인을 선임할 수 있다(동조 제2항. 선임대리권자). '배우자'는 내연관계에 있는 자도 포함된다는 견해가 있으나, 법률상의 배우자를 의미한다(다수설). 선임대리권자의 변호인선임권은 독립대리권으로서 본인의 명시 또는 묵시의 의사에 반하여 선임할 수 있다. 이때 본인은 선임대리권자가 선임한 변호인을 해임할 수 있으나, 선임대리권자는 본인의 의사에 반하여 변호인을 해임할 수 없다.

2) 변호인선임에 대한 고지와 변호인의뢰권의 보장

피고인 또는 피의자를 구속한 때에 변호인이 없는 경우에는 피고인 또는 피의자에게 또는 변호인선임권자 중 피고인 또는 피의자가 지정한 자에게 변호인을 선임할 수 있음을 고지하여야 한다(제87조, 제88조, 제209조). 선임대리권자에 대한 통지는 지체없이 서면으로 하여야 한다(제87조 제2항).

또한 구속된 피고인 또는 피의자는 법원, 교도소장 또는 구치소장 또는 그 대리자에게 변호사를 지정하여 변호인의 선임을 의뢰할 수 있다.

이때 의뢰를 받은 법원, 교도소장 또는 구치소장 또는 그 대리자는 급속히 피고인이 지명한 변호사에게 그 취지를 통지하여야 한다(제90조, 제209조).

(2) 피선임자

1) 변호인의 자격

변호인은 변호사 중에서 선임하여야 한다. 다만, 대법원 이외의 법원은 특별한 사정이 있으면 변호사 아닌 자를 변호인으로 선임함을 허가할 수 있다(제31조). 이를 특별변호인이라고 한다. 그러나 상고심인 대법원은 법률심이므로 변호사 아닌 자를 변호인으로 선임하지 못한다(제386조). 변호사는 사법시험에 합격하여 사법연수원의 과정을 마친 자, 판사나 검사의 자격이 있는 자 또는 변호사시험에 합격한 자를 말한다(변호사법 제4조).

2) 변호인의 수

선임할 수 있는 변호인의 수에는 제한이 없다. 다만, 수인의 변호인이 있는 경우에는 재판장은 피고인·피의자 또는 변호인의 신청 또는 직권에 의하여 대표변호인을 지정할 수 있고, 그 지정을 철회 또는 변경할 수 있다(제32조의2 제1항·제2항). 이때 대표변호인의 수는 3인을 초과할 수 없다(동조 제3항). 대표변호인에 대한 통지 또는 서류에의 송달은 변호인 전원에 대하여 효력이 있다(동조 제4항).

이것은 피의자에게 수인의 변호인이 있는 때에 검사가 대표변호인을 지정하는 경우에 준용된다(동조 제5항). 검사에 의한 대표변호인의 지정은 기소 후에도 그 효력이 있다(규칙 제13조의4).

> <공동변호인제도> 한 변호인이 수인의 피고인을 동시에 변호하게 되면, 때에 따라서는 한 피고인에게 유리한 변호가 다른 피고인에게 불리한 이익충돌상황이 발생할 수 있다는 점에서 독일 형소법 제146조에서는 "한 변호인은 동일한 범죄의 다수피고인들을 동시에 변호할 수 없다. 한 변호인이 하나의 형사절차에서 각기 다른 범죄의 피고인 다수를 동시에 변호할 수 없다"고 규정하고 있다. 우리나라에서는 이에 대한 직접적인 규정은 없지만 국선변호의 경우에는 예외적으로 공동변호인제도를 인정하고 있다(제15조 제2항). 그러나 변호권의 충분한 보장을 위해서는 공동변호인제도를 인정하지 않아야 한다. 대법원도 "이해

> 가 상반된 피고인들 중 어느 피고인이 법무법인을 변호인으로 선임하고, 법무법인이 담당변호사를 지정하였을 때, 법원이 담당변호사 중 1인 또는 수인을 다른 피고인을 위한 국선변호인으로 선정한다면, 국선변호인으로 선정된 변호사는 이해가 상반된 피고인들 모두에게 유리한 변론을 하기 어렵다. 결국 이로 인하여 다른 피고인은 국선변호인의 실질적 조력을 받을 수 없게 되고, 따라서 국선변호인 선정은 국선변호인의 조력을 받을 피고인의 권리를 침해하는 것이다." 라고 하였다(2015도9951).

3) 변호인의 선임방식

변호인의 선임은 심급마다 변호인과 선임자가 연명·날인한 서면으로 제출하여야 한다(제32조 제1항). 변호인선임서는 공소제기 전에는 검사 또는 사법경찰관에게, 공소제기 후에는 그 법원에 제출하여야 한다. 선임대리권자가 변호인을 선임하는 때에는 그 자와 피고인 또는 피의자와의 신분관계를 소명하는 서면을 첨부하여 제출하여야 한다(규칙 제12조).

변호인선임은 소송행위이므로 조건부선임이 인정되지 않으며, 선임계약이 무효 또는 취소되었다고 하더라도 변호인선임의 효력에는 영향이 없다.

4) 변호인선임의 효과

변호인은 선임에 의하여 변호인으로서의 권리·의무가 발생한다. 따라서 변호인선임서가 제출되지 않은 상태에서 변호인이 항소이유서 또는 상고이유서를 제출하거나(69모68), 약식명령에 대한 정식재판을 청구하는 것(2003모429)은 적법·유효하지 않다.

(가) 심급과의 관계　변호인선임은 당해 심급에 한하여 효력을 미친다. 따라서 선임은 심급마다 하여야 한다(제32조 제1항). '심급'이란 상소에 의하여 이심의 효력이 발생할 때까지를 말한다. 이것은 형소법이 원심의 변호인에게 상소권을 인정하고 있고(제341조), 이론상 종국판결이 확정되거나 상소의 제기에 의하여 이심(移審)의 효과가 발생하기 전까지는 소송계속은 원심에 있다고 하여야 하며, 종국판결 시부터 이심의 효력이 발생할 때까지 변호인이 없는 공백기간이 있어서는 아니 된다는 것

등을 이유로 한다.

공소제기 전의 선임은 제1심에도 효력이 있으며(제32조 제2항), 파기환송 전 또는 이송 전의 원심에서의 변호인선임은 파기환송 또는 이송 후에도 선임의 효력이 인정된다(규칙 제158조).

(나) 사건과의 관계　　변호인선임은 사건을 단위로 하므로, 그 효력은 공소사실의 단일성·동일성이 인정되는 사건의 전부에 효력이 미친다. 공소장변경에 의하여 공소사실이 변경된 경우에도 선임의 효력에는 영향이 없다.

사건의 일부에 대한 변호인선임도 사건이 가분(可分)이고, 그 부분에 대한 선임이 합리적이라고 인정되는 경우에는 가능하다(다수설). 또한 하나의 사건에 관한 변호인선임의 효력은 피고인 또는 변호인의 다른 의사표시가 없으면 동일법원의 동일피고인에 대하여 병합된 다른 사건에 관하여도 미친다. 다만, 피고인 또는 변호인이 이와 다른 의사표시를 한 때에는 그러하지 아니하다(규칙 제13조).

2. 국선변호인

(1) 개　념

국선변호인은 법원에 의해 선정된 변호인을 말한다. 국선변호인제도는 피고인의 변호권을 실질적으로 보장하고 헌법상 평등원칙 및 사회국가의 이념실현을 위해 마련된 제도이다. 헌법 제12조 단서에서는 "형사피고인이 스스로 변호인을 구할 수 없을 때에는 국가가 변호인을 붙인다"고 규정하여 국선변호인의 조력을 받을 권리를 기본권으로서 보장하고 있으며, 형소법에서는 이를 구체화하고 있다. 다만, 국선변호인제도는 사선변호인제도를 보충하는 것이므로, 사선변호인과 별도의 국선변호인의 선정은 원칙적으로 인정되지 않는다. 따라서 법원이 국선변호인을 선정한 후에 피고인 또는 피의자가 사선변호인을 선임한 때에는 국선변호인 선정을 취소하여야 한다(규칙 제18조 제1항 제1호). 국선변호인은 법원의 직권에 의해 선정되는 변호인과 피고인 등의 청구에 의하여 선정되는 변호인이 있다. 후자를 '청구국선'이라고 한다.

[판례] 국선변호인 제도는 구속영장실질심사, 체포·구속 적부심사의 경우를 제외하고는 공판절차에서 피고인의 지위에 있는 자에게만 인정되고 이 사건과 같이 집행유예의 취소청구 사건의 심리절차에서는 인정되지 않는다(2018모3621).

(2) 국선변호인의 선정

1) 국선변호인의 자격과 수

(가) 국선변호인의 자격   법원의 관할구역 안에 사무소를 둔 변호사 또는 그 관할구역 안에서 근무하는 「공익법무관에 관한 법률」에 의한 공익법무관(법무부와 그 소속기관 및 각급검찰청에서 근무하는 공익법무관을 제외한다) 또는 그 관할구역 안에서 수습 중인 사법연수생 중에서 이를 선정한다(규칙 제14조 제1항).

만약 이들이 없거나 부득이한 때에는 인접한 법원의 관할구역에 사무소를 둔 변호사 또는 그 관할구역 안에서 근무하는 공익법무관 또는 그 관할구역 안에서 수습 중인 사법연수생 중에서 선정할 수 있다(동조 제2항). 이들조차도 없거나 부득이한 때에는 법원의 관할구역 안에서 거주하는 변호사 아닌 자 중에서 이를 선정할 수 있다(동조 제3항).[37]

(나) 국선변호인의 수   국선변호인의 수는 피고인 또는 피의자마다 1인을 선정한다. 다만, 사건의 특수성에 비추어 필요하다고 인정할 때에는 수인의 국선변호인을 선정할 수 있다(규칙 제15조 제1항). 수인의 피고인 또는 피의자간에 이해가 상반되지 아니할 때에는 이들을 위하여 동일한 국선변호인을 선정할 수 있다(동조 제2항).

---

37) 법원은 기간을 정하여 법원의 관할구역 안에 사무소를 둔 변호사(그 관할구역 안에 사무소를 둘 예정인 변호사를 포함한다) 중에서 국선변호를 전담하는 변호사를 지정할 수 있다(규칙 제15조의2).

[판례] 공범관계에 있지 않은 공동피고인들 사이에서도 공소사실의 기재 자체로 보아 어느 피고인에 대한 유리한 변론이 다른 피고인에 대하여는 불리한 결과를 초래하는 사건에서는 공동피고인들 사이에 이해가 상반된다고 할 것이어서, 그 공동피고인들에 대하여 선정된 동일한 국선변호인이 공동피고인들을 함께 변론한 경우에는 형소규칙 제15조 제2항에 위반된다. 그리고 그러한 공동피고인들 사이의 이해상반 여부의 판단은 모든 사정을 종합적으로 판단하여야 하는 것은 아니지만, 적어도 공동피고인들에 대하여 형을 정할 경우에 영향을 미친다고 보이는 구체적 사정을 종합하여 실질적으로 판단하여야 한다(2014도13797).

2) 선정사유

(가) 형소법 제33조에 의한 경우　　법원은 (i) 피고인이 구속된 때, (ii) 피고인이 미성년자인 때, (iii) 피고인이 70세 이상인 때, (iv) 피고인이 듣거나 말하는 데 모두 장애가 있는 사람인 때, (v) 피고인이 심신장애가 있는 것으로 의심되는 때, (vi) 피고인이 사형, 무기 또는 단기 3년 이상의 징역이나 금고에 해당하는 사건으로 기소된 때로서 변호인이 없는 때에는 직권으로 변호인을 선정하여야 한다(제1항). '단기 3년 이상'의 의미에 대하여 실무에서는 법정최저형이 3년 이상의 자유형인 경우와 법정최저형은 3년 이하이지만 사형, 무기징역·금고가 함께 규정된 경우에 제한하고 있다. 그러나 국선변호인제도의 취지를 고려할 때 법정최고형이 3년 이상인 경우에는 실제로 3년 이상의 형의 선고가 가능하다는 점에서 피고인의 방어권 보장의 확대를 위해 이 경우도 포함하여야 한다.

또한 법원은 피고인이 빈곤이나 그 밖의 사유로 변호인을 선임할 수 없는 경우에 피고인이 청구하면 변호인을 선정하여야 한다(제2항). 이외에도 법원은 피고인의 나이·지능 및 교육 정도 등을 참작하여 권리보호를 위하여 필요하다고 인정하면 피고인의 명시적 의사에 반하지 아니하는 범위에서 변호인을 선정하여야 한다(제3항).

[판례] 법원은 형소법 제33조 제1항 각 호에 해당하는 경우가 아닌 한 권리보호를 위하여 필요하다고 인정하지 않으면 국선변호인을 선정하지 않아도 되

고, 국선변호인을 선정하지 않고 공판심리를 하더라도 피고인의 방어권이 침해되어 판결에 영향을 미쳤다고 인정되지 않는 경우에는 형소법 제33조 제3항을 위반한 위법이 있다고 볼 수 없다(2016도7672).

(나) **필요적 변호사건**   제33조 제1항 각호의 어느 하나에 해당하는 사건 및 동조 제2항·제3항의 규정에 따라 변호인이 선정된 사건에 관하여는 변호인 없이 개정하지 못하며(제282조), 따라서 이 경우 변호인이 출석하지 아니한 때에는 법원은 직권으로 변호인을 선정하여야 한다(제283조).

또한 치료감호대상자에 대한 치료감호청구사건에 관하여는 변호인 없이 개정하지 못하므로 변호인이 출석하지 아니한 때에는 법원은 직권으로 변호인을 선정하여야 한다(치료감호법 제15조 제2항). 전자장치 부착명령 청구사건(특정 범죄자에 대한 보호관찰 및 전자장치 부착 등에 관한 법률 제11조)과 성충동 약물치료명령 청구사건(성폭력범죄자의 성충동 약물치료에 관한 법률 제12조) 등의 경우에도 마찬가지이다. 군사재판에 있어서 피고인에게 변호인이 없을 때에도 군사법원은 직권으로 변호인을 선정하여야 한다(군사법원법 제62조 제1항).[38] 이 외에도 「특정범죄신고자 등 보호법」에 해당하는 범죄의 증인신문에 있어서 검사, 범죄신고자 등 또는 그 법정대리인의 신청에 따라 피고인이나 방청인을 퇴정시키거나 공개법정 외의 장소에서 증인신문 등을 하는 경우 변호인이 없을 때에는 국선변호인을 선임하여야 한다(동법 제11조 제6항).

필요적 변호사건에 해당하는 사건에서 제1심의 공판절차가 변호인 없이 증거조사와 피고인신문 등 심리가 이루어졌다면 이것은 위법한 공판절차로서 일체의 소송행위가 무효로 된다(2011도6325).

(다) **구속 전 피의자심문**   체포된 피의자에 대하여 구속영장을 청구받은 판사에 의한 구속 전 피의자심문에 있어서 심문할 피의자에게 변

---

38) 이때 선정하는 변호인은 변호사나 변호사 자격이 있는 장교 또는 군법무관시보로서 해당 사건에 관여하지 아니한 사람 중에서 선정하여야 한다. 다만, 보통군사법원은 변호사 또는 변호사 자격이 있는 장교를 변호인으로 선정하기 어려울 때에는 법에 관한 소양이 있는 장교를 변호인으로 선정할 수 있다(군사법원법 제62조 제2항).

호인이 없는 때에는 지방법원 판사는 직권으로 변호인을 선정하여야 한
다. 이 경우 변호인의 선정은 피의자에 대한 구속영장 청구가 기각되어 효
력이 소멸한 경우를 제외하고는 제1심까지 효력이 있다(제201조의2 제8항).
다만, 법원은 변호인의 사정이나 그 밖의 사유로 변호인 선정결정이 취
소되어 변호인이 없게 된 때에는 직권으로 변호인을 다시 선정할 수 있
다(동조 제9항).

(라) 체포·구속적부심사   구속된 피의자가 체포·구속적부심사에
있어서 체포 또는 구속된 피의자에게 변호인이 없는 때에는 제33조의 규
정을 준용한다(제214조의2 제10항). 구속된 피의자에게는 구속 전 피의자심
문 시에 국선변호인이 선정되어 있으므로 동조는 체포된 피의자가 체포
적부심을 청구한 경우에 그 의미가 있다.

(마) 공판준비기일의 절차   법원은 검사, 피고인 또는 변호인의 의
견을 들어 공판준비기일을 지정할 수 있으므로(제266조의7 제1항), 법원은
공판준비기일이 지정된 사건에 관하여 변호인이 없는 때에는 직권으로
변호인을 선정하여야 한다(제266조의8 제4항).

(바) 국민참여재판   「국민의 형사재판 참여에 관한 법률」에 따른
국민참여재판에 관하여 변호인이 없는 때에는 법원은 직권으로 변호인
을 선정하여야 한다(동법 제7조).

(사) 재심사건   재심개시의 결정이 확정된 사건에 관하여 사망자
또는 회복할 수 없는 심신장애자를 위하여 재심의 청구가 있거나 유죄의
선고를 받은 자가 재심의 판결 전에 사망하거나 회복할 수 없는 심신장
애자로 된 때에는 피고인이 출정하지 아니하여도 심판을 할 수 있으나
변호인이 출정하지 아니하면 개정하지 못한다(제438조 제3항). 따라서 이때
재심을 청구한 자가 변호인을 선임하지 아니한 때에는 재판장은 직권으
로 변호인을 선임하여야 한다(동조 제4항).

<피해자에 대한 국선변호제도>   「성폭력범죄의 처벌 등에 관한 특례법」에서
는 성폭력범죄의 피해자 및 그 법정대리인이 형사절차상 입을 수 있는 피해를
방어하고 법률적 조력을 보장하기 위하여 변호사를 선임할 수 있도록 하고(제

27조 제1항), 검사는 피해자에게 변호사가 없는 경우 국선변호사를 선정하여 형사절차에서 피해자의 권익을 보호할 수 있도록 하였다(동조 제6항). 그리고 「아동·청소년의 성보호에 관한 법률」 제30조 및 「아동학대범죄의 처벌 등에 관한 특례법」 제16조에서 이를 준용하도록 하고 있다.

3) 선정절차

(가) 국선변호인선정을 위한 고지

가) 공소제기 전의 경우   구속 전 피의자심문에 있어서 심문할 피의자에게 변호인이 없거나 체포 또는 구속의 적부심사가 청구된 피의자에게 변호인이 없는 때에는 법원 또는 지방법원 판사는 지체 없이 국선변호인을 선정하고, 피의자와 변호인에게 그 뜻을 고지하여야 한다(규칙 제16조 제1항). 이때 국선변호인에게 피의사실의 요지 및 피의자의 연락처 등을 함께 고지할 수 있다(동조 제2항). 이 고지는 서면 이외에 구술·전화·모사전송·전자우편·휴대전화 문자전송 그 밖에 적당한 방법으로 할 수 있다(동조 제3항). 구속영장이 청구된 후 또는 체포·구속의 적부심사를 청구한 후에 변호인이 없게 된 때에도 마찬가지이다(동조 제4항).

나) 공소제기의 경우   재판장은 공소제기가 있는 때에는 변호인 없는 피고인에게 다음 각호의 취지를 고지한다. 즉, (i) 제33조 제1항 제1호부터 제6호까지의 어느 하나에 해당하는 때에는 변호인 없이 개정할 수 없는 취지와 피고인 스스로 변호인을 선임하지 아니할 경우에는 법원이 국선변호인을 선정하게 된다는 취지, (ii) 제33조 제2항에 해당하는 때에는 법원에 대하여 국선변호인의 선정을 청구할 수 있다는 취지, (iii) 제33조 제3항에 해당하는 때에는 법원에 대하여 국선변호인의 선정을 희망하지 아니한다는 의사를 표시할 수 있다는 취지 등이다(규칙 제17조 제1항). 이 고지는 서면으로 하여야 한다(동조 제2항).

법원은 이 고지를 받은 피고인이 변호인을 선임하지 아니한 때 및 제33조 제2항의 규정에 의하여 국선변호인 선정청구가 있거나 동조 제3항에 의하여 국선변호인을 선정하여야 할 때에는 지체없이 국선변호인을 선정하고, 피고인 및 변호인에게 그 뜻을 고지하여야 한다(동조 제3항). 공소제기가 있은 후 변호인이 없게 된 때에도 마찬가지이다(동조 제4항).

　　(나) 국선변호인의 선정

　　　　가) 선정절차　　국선변호인의 선정은 법원의 선정결정에 의한다. 변호인 선임을 고지 받지 않은 피고인·피의자가 상당한 기간 내에 변호인을 선임하지 않으면 제33조 제2항의 경우를 제외하고는 법원은 지체없이 국선변호인을 선정하여야 한다.

　　　　그러나 제33조 제2항의 경우에는 피고인의 청구가 있어야 한다. 이때 변호인선임의 대리권자도 국선변호인의 선임을 청구할 수 있다. 국선변호인 선정을 청구하는 경우 피고인은 소명자료를 제출하여야 한다. 다만, 기록에 의하여 그 사유가 소명되었다고 인정될 때에는 그러하지 아니하다(규칙 제17조의2, 2017도18706). 피고인의 국선변호인 선정청구가 있는 경우에 법원이 아무런 결정을 하지 않은 채 변호인 없이 공판절차를 계속 진행하여 심리를 마친 것은 위법이다(2006도3213).

> [판례] 법원은 피고인으로부터 형소법 제33조 제2항에 의한 국선변호인 선정청구가 있는 경우 또는 직권으로 소송기록과 소명자료를 검토하여 피고인이 형소법 제33조 제2항 또는 제3항에 해당한다고 인정되는 경우 즉시 국선변호인을 선정하고, 소송기록에 나타난 자료만으로 그 해당 여부가 불분명한 경우에는 제1회 공판기일의 심리에 의하여 국선변호인의 선정 여부를 결정할 것이며, 제1심에서 피고인의 청구 또는 직권으로 국선변호인이 선정되어 공판이 진행된 경우에는 항소법원은 특별한 사정변경이 없는 한 국선변호인을 선정함이 바람직하다(대법원 국선변호에 관한 예규 제6조-제8조 참조)(2013도351).

　　국선변호인을 선정할 사건에서 이미 선임된 변호인 또는 선정된 국선변호인이 출석하지 아니하거나 퇴정한 경우에 부득이 한 때에는 피고인 또는 피의자의 의견을 들어 재정 중인 변호사 등, 국선변호인의 자격을 가진 자를 국선변호인으로 선정할 수 있다(규칙 제19조 제1항). 구속피고인의 국선변호인 선정청구에 대한 국선변호인 선정결정 후에 국선변호인의 사임허가신청을 받아들여 사임허가와 선정취소결정을 한 경우, 피고인이 국선변호인 선정청구나 그 조력을 받을 권리를 남용하는 등의 특별한 사정이 없는 한 지체 없이 새로운 국선변호인을 선정하여야 한다(2006도3213).

> **[판례]** 피고인에 대하여 제1심법원이 집행유예를 선고하였으나 검사만이 양형부당을 이유로 항소한 사안에서, 항소심이 변호인이 선임되지 않은 피고인에 대하여 검사의 양형부당 항소를 받아들여 형을 선고하는 경우에는 판결 선고 후 피고인을 법정구속한 뒤에 비로소 국선변호인을 선정하는 것보다는, 피고인의 권리보호를 위해 판결 선고 전 공판심리 단계에서부터 형소법 제33조 제3항에 따라 피고인의 명시적 의사에 반하지 아니하는 범위 안에서 국선변호인을 선정해 주는 것이 바람직하다(2016도7622).

　　　　나) 선정의 성질　　국선변호인 선정의 성질에 대하여는 견해의 대립이 있다.

　　　　　　(a) 재 판 설　　법원의 국선변호인의 선정은 재판장 또는 법원이 소송법에 의하여 행하는 단독의 공권적인 의사표시인 명령이라고 하는 견해이다. 국선변호인제도의 효율성 제고와 절차의 명확성을 그 근거로 한다. 이에 의하면 선정 시에 변호인의 동의를 요하지 않고, 선정된 변호인은 재판장의 해임명령(선정의 취소) 없이는 사임할 수 없다.

　　　　　　(b) 공법상 일방행위설　　피선임변호인의 승낙을 요건으로 재판장이 행하는 일방적 의사표시에 의하여 선임의 효과가 발생한다고 하는 견해이다. 이 견해에서도 재판장의 해임명령이 있어야만 사임할 수 있다.

　　　　　　(c) 공법상 계약설　　재판장과 국선변호인 사이의 피고인 또는 피의자를 위한 공법상 계약이라고 하는 견해이다. 따라서 선정의 효과가 발생하기 위해서는 변호인의 승낙이 있어야 하며, 변호인의 일방적 의사표시에 의하여 국선변호인을 사임할 수 있다고 한다. 국선변호인에게도 보수가 지급된다는 것을 근거로 사선변호인의 지위와 동일한 것으로 파악한다.

(d) 검 토　피선임변호인이 사임하기 위해서는 법원의 허가를 얻도록 하고 있는 현행법의 태도(규칙 제20조)와 국선변호인제도의 효율적 운영과 절차의 명확성의 요청을 고려할 때 재판설이 타당하다(통설). 다만, 변호인의 충분한 조력을 받을 권리의 보장이라는 측면에서 보면 선정 시에 변호인의 의사를 고려하여 반영할 필요가 있다.

<국선변호인 선정의 성질에 대한 견해의 비교>

사 유 ＼ 학 설	재판설	공법상 일방행위설	공법상 계약설
선정 시 변호인의 동의유무	무	유	유
사임 시 법원의 허가유무	유	유	무

(3) 국선변호인 선정의 취소와 사임

1) 취 소

법원 또는 지방법원 판사는 (i) 피고인 또는 피해자에게 변호인이 선임된 때, (ii) 국선변호인이 국선변호인의 자격을 상실한 때, (iii) 법원 또는 지방법원 판사가 국선변호인의 사임을 허가한 때에는 국선변호인의 선정을 취소하여야 한다(규칙 제18조 제1항).

법원 또는 지방법원 판사는 (i) 국선변호인이 그 직무를 성실하게 수행하지 아니하는 때, (ii) 피고인 또는 피의자의 국선변호인 변경 신청이 상당하다고 인정하는 때, (iii) 그 밖에 국선변호인의 선정결정을 취소할 상당한 이유가 있는 때에는 국선변호인의 선정을 취소할 수 있다(동조 제2항).

법원이 국선변호인의 선정을 취소한 때에는 지체없이 그 뜻을 해당되는 국선변호인과 피고인 또는 피의자에게 통지하여야 한다(동조 제3항).

2) 사 임

국선변호인은 (i) 질병 또는 장기여행으로 인하여 국선변호인의 직무를 수행하기 곤란할 때, (ii) 피고인 또는 피의자로부터 폭행, 협박 또는 모욕을 당하여 신뢰관계를 지속할 수 없을 때, (iii) 피고인 또는 피의자로부터 부정한 행위를 할 것을 종용받았을 때, (iv) 그 밖에 국선변호인으로서의 직무를 수행하는 것이 어렵다고 인정할 만한 상당한 사유가 있을 때에는 사임할 수 있다(규칙 제20조).

(4) 보 수

국선변호인은 일당·여비·숙박료 및 보수를 청구할 수 있다(형사소송비용 등에 관한 법률 제2조 제3호). 국선변호인에게 지급할 일당, 여비 및 숙박료와 보수의 기준 및 금액은 대법원규칙으로 정하는 범위에서 법원이 정한다(동법 제8조).

Ⅲ. 변호인의 소송법상 지위

> ≪학습문제≫ 변호인 갑은 피고인 을의 변호활동을 하면서 을이 유죄임을 알게 되었다. 이때 갑은 법원에 이 사실을 고지하여야 하는가?

1. 변호인의 성격

변호인은 공공성을 지닌 법률전문가로서 피고인 또는 피의자로부터 독립하여 국가형사사법기관에의 협조의무로부터 자유롭게 그 직무를 행한다(변호사법 제2조). 따라서 변호인은 피고인·피의자의 방어권행사를 도와주기 위한 보호자적 지위와 실체적 진실발견을 지향하는 형사절차의 적정한 진행에 협력하여야 할 공익적 지위를 가진다(통설).[39]

---

39) 변호인은 법원, 검사와 함께 형사절차에서 실체적 진실발견의 임무를 수행하는 사법기관이라고 하는 견해가 있다. 다만, 이 견해에서는 변호인의 사법기관성은 변호인에게 피고인·피의자의 적극적 대화참여기회를 형식적·실질적으로 도울 수 있는 법적 지위가 보장됨을 의미한다고 한다. 따라서 통설이 말하는 보호자적 지위와 공익적 지위를 포함하는 개념으로 이해된다는 점에서 사실상 차이가 없다.

<변호인지위에 따른 차이>

	보호자로서의 지위	공익적 지위
변호의 개념	무죄석방 또는 가벼운 처벌이라는 피고인·피의자 개인의 이익을 실현함	범죄사실을 올바르게 인정하도록 함(형사사법의 적정실현)
행동원칙	변호인은 피고인·피의자에 의해 언제든지 해임될 수 있고, 그의 지시에 구속된다(계약원칙)	형사사법이 형성한 규범들의 총체에 구속된다(정의원칙)
기본의무	보호의무, 침묵의무(비밀유지의무)	진실의무(진실왜곡과 조작금지)

2. 보호자로서의 지위

(1) 보호기능

변호인은 피고인 또는 피의자에게 부족한 법률지식을 제고할 뿐만 아니라 피고인과의 접견을 통하여 심리적 불안과 열등감을 해소하여 주는 보호기능을 행사한다. 따라서 변호인은 피고인에게 유리한 증거를 수집·제출하고 유리한 사실을 주장하여야 하며, 피고인에게 불리하게 활동하여서는 아니 될 뿐만 아니라 소송의 적법성이 보장되도록 감시하는 역할을 다하여야 한다. 이러한 의미에서 변호인은 피고인에 대한 법률의 봉사자임과 동시에 사회적 봉사자라고도 한다.

(2) 정당한 이익의 보호

변호인은 피고인의 단순한 이익의 대변자가 아니라 독립된 보조자로서 피고인의 의사에 종속되지 않고 독립하여 자기의 판단에 따라 정당한 이익만을 보호하여야 한다(제36조). 따라서 변호인은 피고인의 소송행위에 대해 포괄대리권을 가지는 것 외에 독립대리권과 고유권을 가진다. 그러므로 변호인은 피고인의 정당한 이익을 보호하기 위하여 필요하다고 판단하는 때에는 피고인의 의사에 반하여 입증이나 주장을 할 수 있다. 이 점에서 민사소송의 경우와 구별된다.

(3) 신뢰관계의 유지

변호인이 피고인의 보호자로서 보호기능을 다하기 위해서는 피고인과 변호인 사이의 신뢰관계가 전제되어야 한다. 따라서 변호인에게는 비밀유지의무(침묵의무)가 있다(변호사법 제26조). 이것은 피고인이 변호인에게 자백한 경우도 증거불충분 등의 이유로 무죄석방될 수 있는 법적 이익이 있다는 점에서 보호의무의 연장선상에서 인정되는 것이다.[40]

만약 변호사 또는 변호사의 직에 있었던 자가 업무처리 중에 지득한 타인의 비밀을 누설한 때에는 「변호사법」에 의한 징계대상이 됨(제91조 제2항 제1호)은 물론, 「형법」상 업무상 비밀누설죄(제317조)가 성립한다. 또한 이들 변호사의 증언은 절차법에는 위반되지 않더라도 실체형법위반의 위법수집증거로서 그 증거능력이 배제된다.

3. 공익적 지위

(1) 변호인의 진실의무

형사소송의 일익을 담당하는 법조기관인 변호인은 형사소송의 이념을 존중하여야 한다. 따라서 변호인은 진실과 정의의 요청에 구속되며, 이 점에서 보호자로서의 지위도 제한을 받는다. 「변호사법」 제1조 제1항에서는 "변호사는 기본적 인권을 옹호하고 사회정의를 실현함을 사명으로 한다"고 규정하고 있으며, 제24조 제2항에서는 "변호사는 그 직무를 수행할 때에 진실을 은폐하거나 허위의 진술을 하여서는 아니 된다"고 규정하고 있다.

진실의무는 단지 피고인에 대한 보호기능을 행사함에 있어서 진실

---

40) 변호인의 비밀유지의무를 변호인의 사법기관지위에서 나오는 것으로 이해하는 견해도 있다. 즉, 형사절차에 휘말려드는 개인의 비밀을 지켜주는 것이 형사사법이 범죄투쟁을 전개하는 경우에 지켜야 할 행동한계(비례의 원칙)의 하나이기 때문이라고 한다.

에 구속되어야 한다는 소극적 의미를 갖는 것으로서, 변호인은 그 직무를 수행함에 있어서 법률상 허용되지 않는 수단이나 국가의 법질서에 반하는 변호활동을 할 수 없다는 의미로 이해하여야 한다. 따라서 변호인의 진실의무는 피고인·피의자의 정당한 법적 이익을 보호하는 한도에서만 인정되므로 변호인이 피고인에게 불리한 증거를 제출하거나 불리한 주장을 하는 것은 허용되지 않는다.

(2) 변호활동과 그 한계

1) 법적 조언

변호인이 피고인에게 소송법상의 권리를 알려주고 실체법적·소송법적 지식에 대하여 조언하는 것은 변호인의 권리이자 의무이므로 피고인이 설사 이를 악용하더라도 무제한 허용된다. 증언내용이나 증거와 같은 사실 또는 이에 대한 판단을 가르쳐 주는 것도 언제나 허용된다. 그러나 피고인 또는 피의자가 진실에 반하는 주장을 하는 것을 알면서 이에 적극 동참하여 동일한 법적 주장을 하거나 피고인이 주장하고 있음을 기초로 무죄변론하는 것은 금지된다.

2) 피고인의 행위에 대한 지시

피고인에게 소송법상 권리를 행사하도록 권하는 것은 당연히 허용된다. 진술거부권은 헌법과 형소법에 의해 피고인 또는 피의자에게 부여된 소송상의 권리이므로 진술거부권의 행사를 권고하더라도 진실의무에 반하지 않는다(다수설, 2006모656). 그러나 허위진술이나 부인, 임의의 자백의 철회 또는 진실에 반하는 사실의 주장 등을 지시하거나 도망을 권유하는 것은 금지된다.

3) 증거수집

변호인이 피고인·피의자에게 유리한 증거를 수집하는 것은 당연한 의무이다. 따라서 변호인이 증인을 법정 이외의 장소에서 사전에 신문하는 것도 허용된다. 그러나 증인에게 위증을 교사하거나 증거인멸을 지시하는 것은 금지된다. 다만, 증인에게 증언거부권의 행사를 권고하는 것은 허용된다.

또한 진실의무는 피고인·피의자보호를 위해서만 일면적으로 인정되는 것이므로 피고인에게 불리한 증거를 법원에 제출할 의무는 없다. 또한 변호인이 피고인의 진술내용을 다른 공동피고인의 변호인에게 전달하는 것이나 고소인이나 피해자를 만나 합의나 고소취소를 시도하는 것도 허용된다.

4) 무죄변론

피고인 또는 피의자가 유죄임을 알게 된 때에도 변호인에게는 비밀유지의무가 있으므로 검사나 법원에게 고지할 의무가 없다. 이러한 경우에도 입증의 미비 등을 이유로 무죄변론을 할 수 있다. 또한 피고인이 무죄라고 확신하는 경우에는 무죄의 주장과 입증에 노력하여야 하며, 피고인의 자백이 사실이 아니라고 믿은 때에는 무죄변론을 하여야 한다.

5) 상 소

피고인이 유죄라고 인정되는 경우에도 소송기록이 사실과 달리 잘못 기재되어 있는 경우에는 변호인이 이를 이유로 상소할 수 있다.

Ⅳ. 변호인의 권한

≪학습문제≫ 변호인 갑은 구속된 피고인의 반대에도 불구하고 구속적부심을 청구하였다. 갑의 행위는 유효한가?

변호인은 피고인 또는 피의자의 소송행위를 대리하는 대리권과 변호인에게 인정되는 고유권이 있다. 이 권한은 사선변호인과 국선변호인, 변호사인 변호인과 특별변호인 사이에 차이가 없다.

1. 대 리 권

변호인은 성질상 대리가 허용되는 피고인 또는 피의자의 모든 소송 행위에 대하여 포괄적 대리권을 가진다. 다만, 피고인·피의자가 증거방 법으로서 하는 행위는 대리가 허용되지 않는다.

(1) 종속대리권

종속대리권은 본인의 의사에 종속하는 대리권을 말한다. 법률문언 으로부터 변호인의 소송행위가 피고인의 의사에 종속되어 이루어져야 하고, 변호인의 전문적 판단보다는 피고인의 의사가 중요한 소송행위가 이에 해당한다. 종속대리권에 속하는 것으로는 관할이전의 신청(제15조), 관할위반의 신청(제320조), 증거동의(제318조), 상소취하(제351조), 정식재판 의 청구 또는 취하(제458조) 등이 있다.

(2) 독립대리권

1) 독립대리권의 인정 여부

제36조에서 "변호인은 독립하여 소송행위를 할 수 있다"고 규정 하고 있는 것의 의미에 대하여는 견해의 대립이 있다.

(가) 고유권설   형소법상 변호인의 법적 권리로 인정된 것은 모두 고유권이라고 하는 견해이다. 그 근거로는 제36조가 '독립하여'라고 규 정하고 있고, 이를 독립대리권으로 보면 피고인 또는 피의자의 소송행위 상 권리가 소멸하면 변호인의 권리도 소멸하는 결과로 되어 변호인의 지 위를 약하게 만든다는 것 등을 들고 있다.

(나) 독립대리권설   독립대리권은 본인의 권리가 상실되면 대리인 의 권리도 소멸되지만 고유권은 영향을 받지 않는다는 점에서 서로 차이 가 있고, 변호인의 모든 법적 권리를 고유권이라고 할 경우 피고인·피의 자가 권리를 상실하더라도 변호인의 권리가 남아 있는 것으로 해석하여 야 하는 불합리가 있다는 점에서 독립대리권을 인정하는 것이 법률관계를

명확히 하고 절차의 확실성을 유지하는데 도움이 된다는 견해이다. 그 근거로는 변호인이 피고인의 보호자라고 하여 대리권을 인정할 수 없는 것은 아니므로 독립대리권은 고유권과 구별되며, 제36조 단서가 법률에 다른 규정이 있는 경우를 예정하고 있다는 점에서 독립대리권과 고유권을 함께 규정하고 있다는 점 등을 들고 있다(다수설).

　　(다) 검 토　　고유권설은 변호권강화를 근거로 한다. 하지만 변호인의 권한은 피고인·피의자의 보호를 위한 것이어야 하며, 소송행위영역에 따라서는 변호인의 전문적 판단이 요구되면서도 본인의 의사내용 또한 중요한 영역이 있으므로 이들에 대한 조화를 도모할 필요가 있다는 점에서 독립대리권을 인정할 필요가 있다. 다만, 그 영역의 판단에 있어서는 본인의사의 중요성과 변호인의 전문적 판단의 중요성을 비교형량하여 정책적으로 결정하여야 할 것이다.

2) 구체적 내용

　　본인의 명시한 의사에 반하여 행사할 수 있는 권리로는 체포·구속적부심사청구권(제214조의2), 구속취소의 청구(제93조), 보석의 청구(제94조), 증거보전의 청구(제184조), 공판기일변경신청(제270조 제1항), 증거조사에 대한 이의신청(제296조 제1항), 공소장변경 시 공판절차정지청구권(제298조 제4항), 변론의 분리·병합·재개신청권(제300조, 제305조), 재판장의 처분에 대한 이의신청권(제304조) 등이 있다.

　　본인의 명시의 의사에 반할 수는 없으나 묵시의 의사에 반하여 행사할 수 있는 권리는 기피신청(제18조 제2항), 상소제기(제341조) 등이 있다.[41]

2. 고 유 권

　　고유권은 변호인의 권리로 특별히 규정된 것 중에서 성질상 대리권이라고 볼 수 없는 것을 말한다. 변호인의 전문적 판단이 피의자·피고인

---

41) 이 외에 수사기관작성의 피의자신문조서의 내용인정권(제312조 제3항)을 독립대리권으로 인정하기도 하며, 기피신청과 상소제기를 종속대리권으로 보는 견해도 있다.

의 권리행사에 유리하거나 또는 그들의 의사와 별개의 독자성을 인정하는 것이 피의자·피고인에게 유리한 경우에 인정된다.

(1) 종 류

피고인 또는 피의자와 중복하여 가지고 있는 권리로는 소송관계서류 및 증거물의 열람·복사권(제35조 제1항), 공판정심리의 전부 또는 일부에 대한 속기·녹음·영상녹화청구권(제56조의2), 압수·수색 및 검증영장의 집행에의 참여(제121조, 제145조), 감정에의 참여(제176조), 증인신문에의 참여(제163조, 제221조의2 제5항), 증인신문(제161조의2), 증거보전에 관한 서류와 증거물의 열람·등사권(제185조), 피의자신문 시 변호인참여신청권(제243조의2 제1항), 공소제기 후 검사가 보관하고 있는 서류 등의 열람·등사 또는 서면신청권(제266조의3 제1항), 공판기일출석(제275조), 증거서류에 대한 낭독청구권(제292조 제1항), 증거제출 및 증인신문신청(제294조 제1항, 제274조),[42] 최종의견진술(제303조) 등이 있다.

또한 변호인만 갖고 있는 권리(협의의 고유권)로는 신체구속된 피고인 또는 피의자와의 접견교통권(제34조), 피의자신문참여권(제243조의2), 피고인에 대한 신문권(제296조의2), 상소심에서의 변론권(제387조) 등이 있다.

(2) 주요 내용

1) 변호인의 접견교통권

변호인 또는 변호인이 되려고 하는 자는 신체가 구속된 피고인 또는 피의자와 접견하고 서류 또는 물건을 수수할 수 있으며 의사로 하여금 진료하게 할 수 있다(제34조). 따라서 변호인이 되려는 의사를 표시한 자가 객관적으로 변호인이 될 가능성이 있는 경우에는 신체구속을 당한 피고인 또는 피의자와 접견하지 못하도록 제한해서는 아니된다(2013도16162). 이를 변호인의 접견교통권이라고 한다. 변호인이 피고인 등의 이익을 보호하고 방어활동을 협의하기 위하여 접견교통권이 필수적이라는

---

42) 변호인의 증거제출, 증인신문신청을 독립대리권으로 보는 견해가 있다.

점에서 피의자·피고인을 조력할 변호인의 권리 중 가장 본질적이고 중요한 권리로서 평가되고 있다. 변호인의 접견교통권은 감시받지 않는 자유로운 접견교통을 내용으로 한다.

2) 변호인의 피의자신문참여권

검사 또는 사법경찰관은 피의자 또는 그 변호인·법정대리인·배우자·직계친족·형제자매의 신청에 따라 변호인을 피의자와 접견하게 하거나 정당한 사유가 없는 한 피의자에 대한 신문에 참여하게 하여야 한다(제243조의2 제1항).

3) 변호인의 서류 등의 열람·복사 및 등사권

(가) 개 념   변호인이 피고인을 위하여 효과적인 변호를 하기 위해서는 사건에 대하여 정확하게 인지하고 있는 것이 필요하다. 따라서 변호인의 서류 등의 열람·복사 및 등사권은 변호인의 조력을 받을 권리의 중요한 내용이자 구성요소이며, 이를 실현하는 구체적인 수단으로서 평가되고 있다. 이것은 피고인 또는 피의자를 위한 방어 전략의 수집 외에 공판절차의 신속하고 원활한 진행도모 및 피고인에 대한 검사로부터의 기습적인 공격방지 등의 기능을 수행하는 것으로서 공정한 재판의 이념을 실현하는 것이기도 하다.

(나) 법원이 보관하고 있는 서류 등의 열람·복사권   변호인은 소송계속 중의 관계서류 또는 증거물을 열람하거나 복사할 수 있다(제35조 제1항). 법원이 보관하고 있는 서류 등에 대한 열람·복사권은 제한받지 않는다.

(다) 공소제기 후 검사가 보관하고 있는 서류 등의 열람·등사   변호인은 검사에게 공소제기된 사건에 관한 서류 또는 물건의 목록과 공소사실의 인정 또는 양형에 영향을 미칠 수 있는 서류 등,[43] 즉 (i) 검사가 증거로 신청할 서류 등, (ii) 검사가 증인으로 신청할 사람의 성명·사건과의 관계

---

43) 위의 서류 등은 도면·사진·녹음테이프·비디오테이프·컴퓨터용 디스크, 그 밖에 정보를 담기 위하여 만들어진 물건으로서 문서가 아닌 특수매체를 포함한다. 이 경우 특수매체에 대한 등사는 필요 최소한의 범위에 한한다(제266조의3 제6항).

등을 기재한 서면 또는 그 사람이 공판기일 전에 행한 진술을 기재한 서류 등, (iii) 위의 제1호 또는 제2호의 서면 또는 서류 등의 증명력과 관련된 서류 등, (iv) 피고인 또는 변호인이 행한 법률상·사실상 주장과 관련된 서류 등(관련 형사재판확정기록, 불기소처분기록 등을 포함한다)의 열람·등사 또는 서면의 교부를 신청할 수 있다(제266조의3 제1항).

변호인은 검사가 서류 등의 열람·등사 또는 서면의 교부를 거부하거나 그 범위를 제한한 때에는 법원에 그 서류 등의 열람·등사 또는 서면의 교부를 허용하도록 할 것을 신청할 수 있다(제266조의4 제1항). 만일 검사가 서류 등의 열람·등사 또는 서면의 교부에 관한 법원의 결정을 지체 없이 이행하지 아니하는 때에는 해당 증인 및 서류 등에 대한 증거신청을 할 수 없도록 하고 있다(동조 제5항).

> **[헌재결]** 법원의 열람·등사 허용 결정에도 불구하고 검사가 이를 신속하게 이행하지 아니하는 경우에는 해당 증인 및 서류 등을 증거로 신청할 수 없는 불이익을 받는 것에 그치는 것이 아니라, 그러한 검사의 거부행위는 피고인의 열람·등사권을 침해하고, 나아가 피고인의 신속·공정한 재판을 받을 권리 및 변호인의 조력을 받을 권리까지 침해하게 되는 것이다(2009헌마257).

(라) 공소제기 전 수사기관이 보관하는 서류 등의 열람·등사   공소제기 전 수사기관이 보관하고 있는 서류나 증거물 등에 대한 변호인의 열람·등사권은 인정되지 않는다. 다만, 구속적부심에서는 피의자의 변호인에게 수사기록 중 고소장과 피의자신문조서의 내용을 알 권리 및 그 서류들을 열람·등사할 권리가 인정된다(2000헌마474). 따라서 구속적부심에서 피의자심문에 참여할 변호인은 지방법원 판사에게 제출된 구속영장청구서 및 그에 첨부된 고소·고발장, 피의자의 진술을 기재한 서류와 피의자가 제출한 서류를 열람할 수 있다(규칙 제96조의21 제1항). 이때 지방법원 판사는 열람에 관하여 그 일시, 장소를 지정할 수 있다(동조 제3항).

그러나 검사는 증거인멸 또는 피의자나 공범 관계에 있는 자가 도망할 염려가 있는 등 수사에 방해가 될 염려가 있는 때에는 지방법원 판사에게 위의 서류(구속영장청구서는 제외한다)의 열람제한에 관한 의견을 제출할 수 있고, 지방법원 판사는 검사의 의견이 상당하다고 인정하는 때에는 그 전부 또는 일부의 열람을 제한할 수 있다(동조 제2항). 장래에는 피의자의 방어권보장을 위하여 공소제기 전의 수사기관의 수사서류도 수사에 방해되지 않는 범위 내에서 열람·등사를 허용할 필요가 있다.

제5절 보 조 인

≪학습문제≫ 갑은 절도혐의로 경찰서에 구속되어 있는 아들을 위해 변호인을 선임하기는 어렵지만 자신이라도 경찰조사에 직접 참여하여 도움이 되고자 하였다. 갑은 어떻게 하여야 하는가?

보조인은 일정한 신분관계에 기한 정의(情誼)에 의하여 피고인 또는 피의자의 이익을 보호하는 보조자를 말한다. 보조인제도는 피고인·피의자와 개인적 정의와 신뢰관계에 있는 사람으로 하여금 조력하게 함으로써 이들의 심리적 불안을 해소하고, 방어권행사를 용이하게 해 줄 수 있는 것으로서 변호인제도를 보충하는 제도이다.

보조인이 될 수 있는 자는 피고인 또는 피의자의 법정대리인, 배우자, 직계친족, 형제자매이다(제29조 제1항). 보조인이 될 수 있는 자가 없거나 장애 등의 사유로 보조인으로서 역할을 할 수 없는 경우에는 피고인 또는 피의자와 신뢰관계 있는 자가 보조인이 될 수 있다(동조 제2항).

보조인은 독립하여 피고인 또는 피의자의 명시한 의사에 반하지 아니하는 소송행위를 할 수 있다. 다만, 법률에 다른 규정이 있는 때에는 예외로 한다(동조 제4항). 보조인은 제한적으로 독립대리권을 가지는 데 지나지 않는다.

보조인이 되고자 하는 자는 심급별로 그 취지를 신고하여야 한다(동조 제3항). 이 점에서 법원의 허가를 얻어 변호인의 지위를 얻는 특별변호인과는 구별된다(제31조 단서). 보조인의 신고는 서면 또는 구술로 할 수 있다. 보조인의 신고는 보조인이 되고자 하는 자와 피고인 또는 피의자 사이의 신분관계를 소명하는 서면을 첨부하여 이를 하여야 한다(규칙 제11조 제1항). 공소제기 전의 보조인 신고는 제1심에도 그 효력이 있다(동조 제2항).

제2장　소송행위와 소송절차

—◆—

1. 소송행위의 의의와 종류 ─┬─ 의의
　　　　　　　　　　　　　├─ 특성
　　　　　　　　　　　　　└─ 종류

2. 소송행위의 일반적 요소 ─┬─ 주체
　　　　　　　　　　　　　├─ 내용
　　　　　　　　　　　　　├─ 방식
　　　　　　　　　　　　　└─ 일시와 장소

3. 소송행위의 가치판단 ─┬─ 성립·불성립
　　　　　　　　　　　├─ 유효·무효
　　　　　　　　　　　├─ 적법·부적법
　　　　　　　　　　　└─ 이유유·이유무

4. 소송조건 ─┬─ 소송조건의 의의와 종류
　　　　　　├─ 소송조건의 조사
　　　　　　├─ 소송조건의 흠결
　　　　　　└─ 소송조건의 추완

5. 소송절차 ─┬─ 소송절차의 본질
　　　　　　└─ 소송절차이분론

〈주요 학습사항〉
1. 소송행위의 특성과 종류
2. 소송행위의 내용과 방식
3. 소송행위의 가치판단의 내용
4. 소송조건의 의의와 종류, 조사와 흠결
5. 소송의 절차면과 실체면의 본질 및 상호관계
6. 소송절차이분제도의 도입에 관한 논의

제1절 소송행위의 의의와 종류

I. 소송행위의 의의

≪학습문제≫ 피고인 갑은 피해배상에 대한 피해자 을의 약속을 믿고 고소를 취소하였다. 하지만 을이 약속을 지키지 않자 갑은 속은 것을 알고 다시 고소하고자 하였다. 갑의 재고소는 유효한가?

1. 개 념

소송행위는 소송절차를 조성하는 행위로서 직접 소송법상의 효과가 인정되는 것을 말한다. 소송에 관계있는 행위라도 소송절차 자체를 조성하는 행위가 아닌 행위(예, 법관의 임면, 사법사무의 분배 등)나 사실상 소송진행에 기여하더라도 소송법적 효과가 인정되지 않는 행위(예, 정리(廷吏)의 법정정리나 개정준비행위 등)는 이에 포함되지 않는다. 다만, 소송법상 효과가 인정됨과 동시에 실체법상의 효과가 인정되는 이중기능적 소송행위(예, 자수, 자백 등)는 이에 포함된다.

소송행위는 협의로는 공소제기에서 확정판결에 이르기까지의 공판절차를 조성하는 행위를 의미하며, 광의로는 공판절차를 조성하는 행위 외에 수사절차와 형집행절차를 조성하는 행위를 포함한다. 여기서는 광의의 의미로 파악한다.[44]

2. 소송행위의 특성

소송행위는 판결과 집행이라는 소송목적을 달성하기 위하여 이루어지는 일련의 연쇄적인 소송절차를 구성하는 개개의 행위이다. 이것은 이

---

44) 사실에 대한 피고인, 증인 또는 감정인의 진술도 법관의 확신에 기여하는 이상 소송행위에 포함된다고 하는 견해가 있다.

전의 절차단계의 행위를 기초로 하여 이것과 상호관련 아래에서 다음 행위가 행하여지고, 또한 이것은 그 다음 행위의 기초를 이루는 것이므로 앞의 소송행위가 무효로 되면 그 후에 이루어지는 소송행위도 무효로 된다. 따라서 소송행위에 대하여는 법적 안정성을 위하여 형식적 확실성이 요구되므로 법률행위적 소송행위에 있어서는 의사표시와 진의가 다르더라도 원칙적으로 무효가 되는 것은 아니다(절차유지의 원칙). 소송행위에는 사법(私法)상의 법률행위이론, 특히 의사의 하자에 관한 이론도 그대로 적용되지 않으며, 하자의 치유가 논의되고 있다.

Ⅱ. 소송행위의 종류

> ≪학습문제≫ 재판장 갑은 검사가 신청한 증인의 유죄증언에도 불구하고 피고인에게 무죄를 선고하였다. 갑의 판결선고는 유효한가?

1. 주체에 의한 분류[45]

소송행위의 주체에 의한 분류로서 법원에 의한 소송행위, 당사자의 소송행위, 제3자의 소송행위로 나뉜다.

(1) 법원에 의한 소송행위

법원에 의한 소송행위란 법원이 하는 소송행위를 말한다. 피고사건에 대한 심리와 재판, 법원에 의한 강제처분과 증거조사 및 재판장, 수명법관, 수탁판사의 소송행위는 물론, 법원사무관 등[46]의 소송행위가 이에

---

45) 광의의 소송행위 개념에 따라 법원의 소송행위, 수사기관의 소송행위 및 집행기관의 소송행위로 세분하는 견해와 형사절차의 단계에 따라 수사절차상의 소송행위, 공판절차상의 소송행위, 비상구제절차상의 소송행위, 재판의 집행절차상의 소송행위, 기타 절차상의 소송행위로 구분하는 견해도 있다.

46) '법원사무관 등'이라고 함은 법원서기관, 법원사무관, 법원주사, 법원주사보를 말한다(규칙 제28조 참조).

해당한다.

(2) 당사자의 소송행위

당사자의 소송행위란 검사와 피고인의 소송행위를 말한다. 피고인의 변호인, 대리인, 보조인의 소송행위도 당사자의 소송행위에 준한다. 이에는 신청 또는 청구, 입증, 진술 등이 있다.

1) 신청 또는 청구

신청 또는 청구란 법원에 대하여 일정한 재판을 구하는 소송행위를 말한다. 관할이전의 신청, 기피신청, 공소제기, 보석의 청구, 상소제기 등이 이에 해당한다. 당사자의 신청 또는 청구가 법에 의해 당사자의 권리로 인정된 때에는 법원은 반드시 이에 대하여 재판을 하여야 한다.

2) 입 증

입증이란 증명에 관한 소송행위를 말한다. 증거제출, 증거조사의 신청, 증인신문 등이 이에 해당한다.

3) 진 술

진술이란 법원에 대해 사실을 보고하거나 사실상·법률상의 견해를 제시하는 소송행위를 말한다. 이것은 사실과 법률에 대한 의견을 말하는 주장과 법원의 심증형성에 영향을 미치는 사실을 말하는 협의의 진술을 포함한다. 검사의 논고와 구형, 변호인의 변론 등은 전자에 해당하고, 피고인진술 등은 후자에 해당한다.

(3) 제3자의 소송행위

제3자의 소송행위란 법원과 당사자 이외의 자가 행하는 소송행위를 말한다. 고소, 고발, 증언, 감정, 피고인 아닌 자의 압수물에 대한 환부·가환부의 청구 등이 이에 해당한다.

2. 기능에 의한 분류

소송행위의 기능에 의한 분류로서 효과요구 소송행위(취효적 소송행위)와 효과부여 소송행위(여효적 소송행위)로 나뉜다. 주로 법원 이외의 자의 소송행위를 대상으로 한다.

효과요구 소송행위란 행위자의 행위만으로는 소송법적 효과가 나타나지 않고 다른 주체, 즉 법원의 소송행위를 요구하는 데 그치는 소송행위를 말하며, 이것은 법원의 재판을 통하여 비로소 법적 효과가 나타나게 된다. 공소제기, 증거조사의 신청, 관할위반의 신청, 기피신청, 증거조사에 대한 이의신청 등이 이에 해당한다. 효과요구 소송행위는 행위자의 의사내용을 중심으로 법효과의 발생 여부를 판단한다. 효과부여 소송행위란 법원의 개입을 요하지 않고 소송행위에 내재되어 있는 행위자의 의사표시를 중심으로 곧바로 소송법적 효과가 나타나는 소송행위를 말한다. 고소취소, 상소의 포기나 취하, 정식재판청구의 취하 등이 이에 해당한다. 효과부여 소송행위는 행위의 형식요건을 심사하여 요건이 갖추어져 있지 않으면 '부적법각하'의 판단을 내리고, 형식요건이 충족되면 다시 실질요건을 심사하여 요건이 갖추어져 있지 않으면 '이유없으므로 기각한다'는 판단을 내린다.

3. 성질에 의한 분류

소송행위의 성질(법률적 효과)에 의한 분류로서 법률행위적 소송행위와 사실행위적 소송행위로 나뉜다.

법률행위적 소송행위란 일정한 소송법적 효과를 목적으로 하는 의사표시를 요소로 하고, 그에 상응하는 법률효과가 인정되는 소송행위를 말한다. 공소제기, 재판선고, 상소제기, 고소, 기피신청, 보석의 청구, 상소권회복의 청구 등이 이에 해당한다. 다만, 이때에는 의사표시의 내용에 따른 효과가 아니라 소송법이 정한 일정한 법률효과가 발생한다는 점에서 민법상 법률행위와 다르다. 사실행위적 소송행위란 행위주체의 의사와 관계없이 주체가 행한 행위 자체에 일정한 소송법적 효과가 발생되는 소송행위를 말한다. 이에는 의사를 내용으로 하는 소송행위이지만 그에 상응하는 소송법적 효과가 인정되지 않는 표시행위와 순수한 사실행위가 있다.[47] 검사의 논고와 구형, 변호인의 변론, 증인의 증언, 감정인의 감정, 피고인의 최후진술 등은 전자에 해당하고, 구속영장이나 압수·수색영장의 집행 등은 후자에 해당한다.

4. 목적에 의한 분류

소송행위의 목적(역할)에 의한 분류로서 실체형성행위와 절차형성행위가 있다. 전자는 사정변경에 따른 소송행위의 추완이나 취소가 인정되지만, 후자는 취소가 불가능하다.

실체형성행위란 실체면의 형성에 직접적인 역할을 하는 소송행위, 즉 피고사건에 대한 법관의 심증형성에 직접적인 역할을 담당하는 소송행위를 말한다. 증거조사, 당사자의 변론, 증언 등이 이에 해당한다. 절차형성행위란 절차의 형식적 발전과 그 발전을 추구하는 절차면의 형성에 역할을 담당하는 행위를 말한다. 공소제기, 공판기일의 지정, 소송관계인의 소환, 증거조사의 신청, 상소제기 등이 이에 해당한다.[48]

제2절 소송행위의 일반적 요소

형사절차가 동적·발전적 과정이므로 형사절차를 형성하는 소송행위도 동적·발전적 성격을 가지게 되며, 이로 인해 소송행위에는 형식적 확실성이 요구되므로 정형에 합치할 것이 요구된다. 소송행위의 정형은 개

---

47) 영장집행은 사실행위이지만 영장발부는 법률행위적 소송행위이므로 구속은 사실행위와 법률행위가 복합된 소송행위이다.

48) 재판은 실체에 대한 법원의 판단이지 실체형성행위는 아니다. 다만, 유·무죄의 실체판결을 절차형성행위라고 하는 견해도 있다.

개의 소송행위에 따라 다르다. 소송행위의 일반적인 요소로는 주체, 내용, 방식, 일시 및 장소 등이 있다.

Ⅰ. 소송행위의 주체

≪학습문제≫ 폭행 피해자인 갑은 친구인 을에게 자신을 대신하여 가해자 병을 경찰서에 고소하게 하였다. 이때의 고소는 유효한가?

1. 소송행위적격

소송행위적격이란 소송행위주체가 그의 이름으로 소송행위를 할 수 있는 자격을 말한다. 이것은 일반소송행위적격과 특별소송행위적격으로 나뉜다.

일반소송행위적격이란 소송행위 일반에 요구되는 행위적격을 말한다. 소송행위주체가 되기 위해서는 소송능력뿐만 아니라 소송행위능력이 있어야 한다. 소송행위능력이란 소송을 수행하면서 자신의 이익과 권리를 방어할 수 있는 사실상의 능력을 의미한다. 소송행위를 대리할 경우에는 대리권이 있어야 한다. 특별소송행위적격이란 개개의 소송행위에 대하여 요구되는 행위적격을 말한다. 행위적격이 소송행위의 개념요소로 되어 있는 때에는 행위적격 없는 자의 소송행위(예, 법관이 아닌 자가 한 소송행위나 검사가 아닌 자의 공소제기 등)는 소송행위로서 성립하지 않는다. 다만, 소송행위가 일정한 자의 권한으로 규정되어 있는 경우에는 권한 없는 자의 소송행위도 일단 소송행위로 성립하지만 무효가 된다(예, 고소권자가 아닌 자의 고소, 상소권자 아닌 자의 상소 등).

2. 소송행위의 대리

소송행위는 사실행위인가 법률행위인가를 불문하고 행위적격자의 대리가 허용된다. 형소법에서는 법률행위적 소송행위라고 하더라도 의사표시에 따른 효과가 인정되는 것이 아니므로 법률행위와 사실행위의 구별이 상대적인 것에 지나지 않기 때문이다. 이 점에서 법률행위에 대하여만 인정되는 민법상의 대리와는 구분된다.

(1) 명문의 규정이 있는 경우

형소법상 명문으로 포괄적 대리를 인정하는 경우로는 의사무능력자의 대리(제26조), 법인의 대표(제27조), 변호인·보조인에 의한 소송행위의 대리(제36조, 제29조), 경미사건 등에 대한 출석대리(제277조) 등이 있다

또한 개개의 소송행위에 대한 대리를 인정하는 경우로는 변호인선임의 대리(제30조), 구속적부심사청구의 대리(제214조의2), 고소 또는 그 취소의 대리(제236조), 재정신청의 대리(제264조), 상소의 대리(제341조) 등이 있다.

(2) 명문의 규정이 없는 경우

소송행위의 대리에 관한 명문규정이 없는 경우라도 대리가 허용될 수 있다는 견해가 있다. 즉, 대리인의 권한이 확실하면 형식적 확실성을 해할 여지가 없고, 소송행위가 반드시 일신전속적 성질을 가지는 것도 아니며, 절차형성행위의 경우에는 실체적 진실발견을 해하지 않으므로 소송행위의 의미와 목적에 따라 결정하여야 한다는 것이다. 이 견해에 따르면 증인의 증언, 피고인의 진술 등 비대체적 소송행위나 증거방법이 되는 소송행위는 대리가 허용되지 않지만, 절차형성행위, 특히 소송주체로서의 행위는 대리가 허용된다.

그러나 형소법이 소송대리에 관한 명문규정을 두지 않은 것은 대리를 허용하지 않는다는 취지이다. 또한 명문규정이 없음에도 불구하고 대리를 인정하게 되면 소송의 형식적 확실성과 이해관계인의 지위를 불확실하게 한다. 나아가 소송행위는 일반적으로 일신전속적 성질을 가지므로 대리에 친하지 않을 뿐만 아니라 대리를 허용할 경우 실체적 진실발견에 지장을 초래할 위험도 있다. 따라서 명문의 규정이 없는 경우에는 대리가 부정된다(다수설, 4286형항3).

(3) 대리권의 행사

소송행위에 있어서 대리권의 행사는 본인의 의사에 따라야 한다(대리의 종속성). 다만, 본인의 명시 또는 묵시의 의사에 반하여 대리권을 행사할 수 있는 경우도 있다(예, 변호인선임, 상소권의 행사 등). 변호인에게는 독립대리권이 인정된다(제36조).

대리권이 없는 자가 행한 소송행위는 무효이다. 대리권이 있는 경우라도 본인의 의사에 따를 것을 요하는 경우에 본인의 의사에 반하여 행하여지면 무효가 된다. 다만, 본인의 추인이 있으면 절차의 확실성을 해하지 않는 한 무효의 치유가 가능하다.

Ⅱ. 소송행위의 내용

> ≪학습문제≫ 검사 갑은 피고인의 동의를 조건으로 서증의 증거조사를 신청하였다. 갑의 행위는 유효한가?

1. 형식적 확실성

소송행위에는 형식적 확실성이 요청되므로 소송행위에 있어서는 표시내용이 소송행위 자체에 의하여 명확히 나타나야 한다.

이와 관련하여 다른 서면의 기재내용을 인용하는 것에 대하여는 그 문서만으로는 작성된 문서의 내용을 알아볼 수 없으며, 형사절차의 명확성을 해할 우려가 있다는 이유로 부정하는 견해가 있다. 그러나 형식적 확실성을 해하지 않는 범위 내에서는 이를 허용하여야 한다. 전자의 입장에서도 상소심의 재판서에서 원심판결에 기재된 사실과 증거를 이용하는 것(제369조, 제399조)과 조서에 서면, 사진 기타 법원이 적당하다고 인정한 것을 소송기록에 첨부하여 인용하는 것(규칙 제29조)은 가능하다고 하므로 결론에 있어서 큰 차이는 없다. 동시에 제출된 다른 서면을 인용하는 것도 허용된다.

2. 소송행위의 부관

소송행위에 대하여 부관이 허용되는가에 대하여는 효과부여 소송행위에는 조건이 허용되지 않지만, 효과요구 소송행위에는 법원의 심리와 재판의 불안정을 해하지 않는 범위 내에서 허용된다는 견해가 있다(이원설). 그러나 소송행위는 형식적 확실성, 법적 안정성, 신속성의 요청으로 인해 부관에 친하지 않는 행위이므로 조건부·기한부 소송행위는 원칙적으로 인정되지 않는다(제한적 긍정설, 다수설).

그러나 공소사실 또는 적용법조의 예비적·택일적 기재(제254조 제5항)와 같이 법령에 의해 허용되어 있는 경우나 조건부 또는 택일적 증거신청과 같이 형식적 확실성을 해치지 않고 피고인의 이익에 중대한 영향을 미치지 않는 경우에는 부관이 허용된다(다수설).

Ⅲ. 소송행위의 방식

≪학습문제≫ 법원은 피고인의 주거가 파악되지 않자 피고인의 직장주소로 송달을 하거나 피고인의 부모에게 연락하여 피고인이 송달받을 장소를 찾아보는 등의 시도도 하지 않고 바로 공시송달을 하였다. 법원의 공시송달은 유효한가?(2012도986 참조)

1. 소송행위방식

소송의 법적 안정성과 형식적 확실성을 확보하고 관헌의 자의적인 권력발동을 방지하기 위하여 개별적으로 소송행위의 방식을 규정하고 있다. 다만, 언제나 국어를 사용하여야 하며, 소송관계인이 국어에 통하지 못한 때에는 통역을 사용하여야 한다(법조법 제62조).

(1) 구두주의

구두주의는 표시내용이 신속·선명하고 표시자와 표시가 일치한다는 장점이 있다. 공판정에서의 소송행위, 특히 실체형성행위, 법원의 소송지휘행위, 판결선고 등은 원칙적으로 구두에 의하여야 한다. 공판정에서 내려지는 결정·명령도 마찬가지이다. 따라서 법정에서 진술되지 아니한 변호인의 변론요지서에 대하여는 법원의 판단을 요하지 않는다(70도1513). 다만, 공판정에서의 실체형성행위도 조서에 기재하여 법관의 기억을 돕는 자료로 활용하는 것은 허용된다. 또한 공판정 외에서 증거조사나 증인신문 등을 행한 후, 서면에 기재하여 심리자료로 활용하는 등, 소송경제의 목적에 의해 서면주의로 보충하고 있다.

(2) 서면주의

서면주의는 소송행위를 내용적·절차적으로 명확히 한다는 장점이 있다. 절차형성행위는 원칙적으로 서면에 의하여야 하며, 표의자와 표시내용이 서면에 확실하게 표현되면 충분하다.[49] 공소제기, 약식명령의 청구, 정식재판의 청구, 상소제기, 준항고, 비상상고, 영장청구, 영장발부, 변호인선임신고, 증거보전신청, 불기소처분통지 및 이유통지, 재정신청, 토지관할의 병합심리신청, 관할의 지정 및 관할의 이전신청, 공소장변경신청, 판결정정신청 등은 서면에 의하여야 한다.

(3) 병행주의

고소·고발, 공소취소, 상소포기 또는 취하, 약식명령 또는 즉결심판에 대한 정식재판청구의 취하 또는 포기 등은 구두 또는 서면 어느 방식에 의하더라도 무방하다. 이외에 기피신청, 국선변호인선정청구, 증거조사신청 등, 법원 또는 판사에 대한 신청 기타 진술은 형소법 및 형소규칙

---

49) 전보는 물론 전화에 의하여 통보한 경우도 그것이 사무국의 기록에 기입된 것은 유효하다는 견해가 있다.

에 다른 규정이 없으면 서면 또는 구술로 할 수 있다(규칙 제176조 제1항). 이때 구술로 행한 법원 또는 판사에 대한 신청 기타 진술은 법원사무관 등의 면전에서 하여야 하고, 이 경우 법원사무관 등은 조서를 작성하고 기명날인하여야 한다(동조 제2항·제3항).

(4) 방식위반의 효과

소송행위의 방식에 관한 규정이 효력규정인 경우에는 이에 위반한 소송행위는 무효가 된다. 따라서 구두에 의한 공소제기나 서면에 의한 판결선고는 무효가 된다.

2. 서류와 송달

(1) 소송서류

1) 소송서류의 의의

소송서류란 특정한 소송에 관하여 작성된 일체의 서류를 말한다. 법원에서 작성된 서류뿐만 아니라 법원에 제출된 서류를 포함한다. 압수된 서류는 단순한 증거물이므로 이에 해당되지 않는다. 법원이 소송서류를 소송절차의 진행순서에 따라 편철한 것을 소송기록이라고 한다.

소송에 관한 서류는 공판의 개정 전에는 공익상 필요 기타 상당한 이유가 없으면 공개하지 못한다(제47조, 소송서류비공개의 원칙). 이것은 피고인 또는 이해관계인의 명예를 보호하고 재판에 대한 외부의 부당한 영향을 방지하기 위한 것이다. '공판의 개정 전'이란 제1회 공판기일 전에 한하지 않는다. 따라서 제2회 공판기일의 공판개정 전에도 전(前)공판기일에 공개하지 않았던 서류 또는 그 후 작성된 서류는 공개하지 못한다.

2) 소송서류의 종류

(가) 의사표시적 문서와 보고적 문서　　의사표시적 문서란 의사표시를 내용으로 하는 문서를 말한다. 공소장, 고소장, 고발장, 상소장, 변호사선임계 등이 이에 해당한다. 의사표시적 문서는 당해사건에 있어서는 증거

능력이 인정되지 않는다. 보고적 문서란 일정한 사실의 보고를 내용으로 하는 서류를 말한다. 공판조서, 검증조서, 신문조서 등이 이에 해당한다.

(나) 공무원의 서류와 비공무원의 서류　공무원의 서류란 공무원이 작성한 서류를 말한다. 공무원의 서류는 법률에 다른 규정이 없으면 작성연월일과 소속공무소를 기재하고 기명날인 또는 서명50)하여야 한다(제57조 제1항). 서류에는 간인하거나 이에 준하는 조치를 하여야 한다(동조 제2항). 공무원이 서류를 작성함에는 문자를 변개하지 못하며, 삽입. 삭제 또는 난외기재를 할 때에는 이 기재한 곳에 날인하고 그 자수를 기재하여야 한다. 다만, 삭제한 부분은 해득할 수 있도록 자체를 존치하여야 한다(제58조). 비공무원의 서류란 공무원이 아닌 자가 작성한 서류를 말한다. 이 서류에는 연월일을 기재하고 기명날인 또는 서명하여야 한다. 인장이 없으면 지장으로 한다(제59조). 만약 서명불능일 경우에는 타인이 대서한다. 이 경우에는 대서한 자가 그 사유를 기재하고 기명날인 또는 서명하여야 한다(규칙 제41조).

3) 조　서

조서란 보고적 문서 중 소송절차의 진행경과와 내용을 인증하기 위하여 소송법상 기관이 작성한 공권적 문서를 말한다. 공판조서, 진술조서, 압수·수색·검증조서 등이 이에 해당한다.

(가) 조서의 작성방법과 기재요건

가) 조서의 작성방법　피고인, 피의자, 증인, 감정인, 통역인 또는 번역인을 신문하는 때에는 신문에 참여한 법원사무관 등이 조서를 작성하여야 한다(제48조 제1항). 이 조서에는 이들의 진술(제1호)과 증인, 감정인, 통역인 또는 번역인이 선서를 하지 아니한 때에는 그 사유(제2호)를 기재하여야 한다(동조 제2항). 조서작성 후에는 조서를 진술자에게 읽어 주거나 열람하게 하여 기재내용이 정확한지를 물어야 한다(동조 제3항). 이때

---

50) 서명은 자필로 성명을 기재하는 것을 말하며, 기명은 인쇄·타자 등 방식에 제한 없이 성명을 기재하는 것을 말한다.

진술자가 조서에 대하여 추가, 삭제 또는 변경의 청구를 한 그 진술내용을 조서에 기재하여야 한다(동조 제4항). 또한 신문에 참여한 검사, 피고인, 피의자 또는 변호인이 조서기재 내용의 정확성에 대하여 이의를 진술한 때에는 그 진술의 요지를 조서에 기재하여야 한다(동조 제5항). 이때 재판장이나 신문한 법관은 그 진술에 대한 의견을 기재하게 할 수 있다(동조 제6항). 이들 조서에는 진술자로 하여금 간인한 후 서명날인하게 하여야 한다. 다만, 진술자가 서명날인을 거부한 때에는 그 사유를 기재하여야 한다(동조 제7항). 조서에는 서면, 사진, 속기록, 녹음물, 영상녹화물, 녹취서 등 법원이 적당하다고 인정한 것을 인용하고 소송기록에 첨부하거나 전자적 형태로 보관하여 조서의 일부로 할 수 있다(규칙 제29조).

또한 검증, 압수 또는 수색에 관하여도 조서를 작성하여야 한다(제49조 제1항). 검증조서에는 검증목적물의 현상을 명확하게 하기 위하여 도화나 사진을 첨부할 수 있다(동조 제2항). 압수조서에는 품종, 외형상의 특징과 수량을 기재하여야 한다(동조 제3항).

나) 조서의 기재요건   조서에는 조사 또는 처분의 연월일시와 장소를 기재하고 그 조사 또는 처분을 행한 자와 참여한 법원사무관 등이 기명날인 또는 서명하여야 한다. 다만, 공판기일 외에 법원이 조사 또는 처분을 행한 때에는 재판장 또는 법관과 참여한 법원사무관 등이 기명날인 또는 서명하여야 한다(제50조).

조서에 대하여는 소송경제라는 현실적 요청과 실체적 진실발견의 이념을 조화하기 위하여 원칙적으로 법관의 조서에 대하여만 증거능력을 인정하고(제311조), 법관 이외의 기관이 작성한 조서는 엄격한 요건을 정하고 이를 충족한 경우에만 예외적으로 증거능력을 인정한다(제312조 이하).

(나) 공판조서   공판기일의 소송절차에 관하여는 참여한 법원사무관등이 공판조서를 작성하여야 한다(제51조 제1항). 공판조서를 작성하게 하는 것은 공판기일의 소송절차가 법정의 방식에 따라 적법하게 행하여졌는가를 확인하기 위한 것이다.

　　　　　　가) 기재사항　　공판조서에는 다음 사항 기타 모든 소송절차를 기재하여야 한다. (i) 공판을 행한 일시와 법원, (ii) 법관, 검사, 법원사무관 등의 관직, 성명, (iii) 피고인, 대리인, 대표자, 변호인, 보조인과 통역인의 성명, (iv) 피고인의 출석 여부, (v) 공개의 여부와 공개를 금한 때에는 그 이유, (vi) 공소사실의 진술 또는 그를 변경하는 서면의 낭독, (vii) 피고인에게 그 권리를 보호함에 필요한 진술의 기회를 준 사실과 그 진술한 사실, (viii) 제48조 제2항에 기재한 사항,[51] (ix) 증거조사를 한 때에는 증거될 서류, 증거물과 증거조사의 방법, (x) 공판정에서 행한 검증 또는 압수, (xi) 변론의 요지, (xii) 재판장이 기재를 명한 사항 또는 소송관계인의 청구에 의하여 기재를 허가한 사항, (xiii) 피고인 또는 변호인에게 최종 진술할 기회를 준 사실과 그 진술한 사실, (xiv) 판결 기타의 재판을 선고 또는 고지한 사실 등이다(제51조 제2항).

　　　　　　나) 특　칙　　공판조서는 진술자의 청구가 있는 때에만 그 진술에 관한 부분을 읽어주고, 증감변경의 청구가 있는 때에는 그 진술을 기재하여야 한다. 따라서 공판조서에는 진술자의 간인·서명날인 등 조서작성의 정확성을 담보하기 위한 절차(제48조 제3항-제7항)가 적용되지 않는다. 이 특례는 공판기일 이외의 증인신문조서에도 적용된다(제52조).

　　　　　　다) 작성방식　　공판조서에는 재판장과 참여한 법원사무관 등이 기명날인 또는 서명하여야 한다(제53조 제1항). 재판장이 기명날인 또는 서명할 수 없는 때에는 다른 법관이 그 사유를 부기하고 기명날인 또는 서명하여야 하며 법관전원이 기명날인 또는 서명할 수 없는 때에는 참여한 법원사무관 등이 그 사유를 부기하고 기명날인 또는 서명하여야 한다(동조 제2항). 법원사무관 등이 기명날인 또는 서명할 수 없는 때에는 재판장 또는 다른 법관이 그 사유를 부기하고 기명날인 또는 서명하여야 한다(동조 제3항).

　　　　　　라) 공판조서의 정리 등　　공판조서는 각 공판기일 후 신속히

---

　51) (i) 피고인, 피의자, 증인, 감정인, 통역인 또는 번역인의 진술과 (ii) 증인, 감정인, 통역인 또는 번역인이 선서를 하지 아니한 때에는 그 사유.

정리하여야 한다(제54조 제1항). 다음 회의 공판기일에 있어서는 전회의 공판심리에 관한 주요사항의 요지를 조서에 의하여 고지하여야 한다. 다만, 다음 회의 공판기일까지 전회의 공판조서가 정리되지 아니한 때에는 조서에 의하지 아니하고 고지할 수 있다(동조 제2항). 검사, 피고인 또는 변호인은 공판조서의 기재에 대하여 변경을 청구하거나 이의를 제기할 수 있으며(동조 제3항), 이 청구나 이의가 있는 때에는 그 취지와 이에 대한 재판장의 의견을 기재한 조서를 당해 공판조서에 첨부하여야 한다(동조 제4항).

　　　　마) 피고인 등의 공판조서 열람·등사권　　피고인은 공판조서의 열람 또는 등사를 청구할 수 있다(제55조 제1항). 피고인이 공판조서를 읽지 못하는 때에는 공판조서의 낭독을 청구할 수 있으며, 이러한 낭독의 청구에 응하지 아니한 때에는 그 공판조서는 유죄의 증거로 할 수 없다(동조 제2항·제3항). 나아가 공판조서에 기재된 피고인이나 증인의 진술도 증거능력이 부정된다(2003도3282). 낭독은 재판장의 명에 의하여 법원사무관 등이 낭독하거나 녹음물 또는 영상녹화물을 재생한다(규칙 제30조).

　　　　바) 공판조서의 증명력　　공판기일의 소송절차로서 공판조서에 기재된 것은 그 조서만으로써 증명한다(제56조).[52] 다만, 법에 규정한 작성방법에 위반한 조서는 무효이다. 따라서 관여법관의 성명이 전혀 기재되어 있지 않거나(70도1312), 공판기일에 열석하지 아니한 판사가 재판장으로 서명날인한 공판조서(82도2940)는 무효이다. 그러나 소송경제의 요청에 의해 서류작성의 진정이 명백한 때에는 효력이 인정되는 경우도 있다(이설 있음). 따라서 공판조서에 간인이 없다는 것만으로 무효가 되는 것은 아니다.

　　(다) 공판정에서의 속기·녹음 및 영상녹화

　　　　가) 신　청　　법원은 검사, 피고인 또는 변호인의 신청이 있는 때에는 특별한 사정이 없는 한 공판정에서의 심리의 전부 또는 일부를 속기사로 하여금 속기하게 하거나 녹음장치 또는 영상녹화장치를 사용

---

52) 공판기일에 피고인이나 피고인 아닌 자의 진술을 기재한 공판조서는 법원면전조서로서 제311조에 의하여 당연히 증거능력이 인정된다.

하여 녹음 또는 영상녹화(녹음이 포함된 것을 말한다. 이하 같다)하여야 하며, 필요하다고 인정하는 때에는 직권으로 이를 명할 수 있다(제56조의2 제1항).[53]

속기, 녹음 또는 영상녹화(녹음이 포함된 것을 말한다. 다음부터 같다)의 신청은 공판기일·공판준비기일을 열기 전까지 하여야 한다(규칙 제30조의2 제1항). 재판장은 피고인, 변호인 또는 검사의 신청이 있음에도 불구하고 특별한 사정이 있는 때에는 속기, 녹음 또는 영상녹화를 하지 아니하거나 신청하는 것과 다른 방법으로 속기, 녹음 또는 영상녹화를 할 수 있다. 다만, 이 경우 재판장은 공판기일에 그 취지를 고지하여야 한다(동조 제2항).

나) 속기록 등의 조서에의 인용 등   속기를 하게 한 경우에 재판장은 법원사무관 등으로 하여금 속기록의 전부 또는 일부를 조서에 인용하고 소송기록에 첨부하여 조서의 일부로 하게 할 수 있으며(규칙 제33조), 제48조 제3항 또는 제52조 단서에 따른 절차의 이행은 법원사무관 등 또는 법원에 소속되어 있거나 법원이 선정한 속기능력소지자로 하여금 속기록의 내용을 읽어주게 하거나 진술자에게 속기록을 열람하도록 하는 방법에 의한다(규칙 제34조). 또한 재판장이 법원사무관 등 또는 속기사 등에게 녹음 또는 영상녹화된 내용의 전부 또는 일부를 녹취하게 한 경우에는 그 녹취서의 전부 또는 일부를 조서에 인용하고 소송기록에 첨부하여 조서의 일부로 하게 할 수 있다(규칙 제38조).

법원은 속기록·녹음물 또는 영상녹화물을 공판조서와 별도로 보관하여야 한다(제56조의2 제2항). 속기록, 녹음물, 영상녹화물 또는 녹취서는 전자적 형태로 이를 보관할 수 있으며, 재판이 확정되면 폐기한다. 다만, 속기록, 녹음물, 영상녹화물 또는 녹취서가 조서의 일부가 된 경우에는 그러하지 아니하다(규칙 제39조).

다) 사본의 청구 등   검사, 피고인 또는 변호인은 비용을 부담하고 속기록·녹음물 또는 영상녹화물의 사본을 청구할 수 있다(제56조의2

---

53) 「국민의 형사재판참여에 관한 법률」에 의한 국민참여재판의 경우에는 법원은 특별한 사정이 없는 한 공판정에서의 심리를 속기사로 하여금 속기하게 하거나 녹음장치 또는 영상녹화장치를 사용하여 녹음 또는 영상녹화하여야 한다(법 제40조 제1항).

제3항). 다만, 재판장은 피해자 또는 그 밖의 소송관계인의 사생활에 관한 비밀 보호 또는 신변에 대한 위해 방지 등을 위하여 특히 필요하다고 인정하는 경우에는 속기록, 녹음물 또는 영상녹화물의 사본의 교부를 불허하거나 그 범위를 제한할 수 있다(규칙 제38조의2 제1항). 또한 위의 속기록, 녹음물 또는 영상녹화물의 사본을 교부받은 사람은 그 사본을 당해 사건 또는 관련 소송의 수행과 관계없는 용도로 사용하여서는 아니 된다(동조 제2항).

4) 확정사건의 소송기록에 대한 열람·등사

(가) 재판확정기록의 열람·등사

가) 열람·등사의 신청권자와 범위　누구든지 권리구제·학술연구 또는 공익적 목적으로 재판이 확정된 사건의 소송기록을 보관하고 있는 검찰청에 그 소송기록의 열람 또는 등사를 신청할 수 있다(제59조의2 제1항).

그러나 검사는 다음 중 어느 하나에 해당하는 경우에는 소송기록의 전부 또는 일부의 열람 또는 등사를 제한할 수 있다. 다만, 소송관계인이나 이해관계 있는 제3자가 열람 또는 등사에 관하여 정당한 사유가 있다고 인정되는 경우에는 그러하지 아니하다. 즉, (i) 심리가 비공개로 진행된 경우, (ii) 소송기록의 공개로 인하여 국가의 안전보장, 선량한 풍속, 공공의 질서유지 또는 공공복리를 현저히 해할 우려가 있는 경우, (iii) 소송기록의 공개로 인하여 사건관계인의 명예나 사생활의 비밀 또는 생명·신체의 안전이나 생활의 평온을 현저히 해할 우려가 있는 경우, (iv) 소송기록의 공개로 인하여 공범관계에 있는 자 등의 증거인멸 또는 도주를 용이하게 하거나 관련 사건의 재판에 중대한 영향을 초래할 우려가 있는 경우, (v) 소송기록의 공개로 인하여 피고인의 개선이나 갱생에 현저한 지장을 초래할 우려가 있는 경우, (vi) 소송기록의 공개로 인하여 사건관계인의 영업비밀(부정경쟁방지 및 영업비밀보호에 관한 법률 제2조 제2호의 영업비밀을 말한다)이 현저하게 침해될 우려가 있는 경우, (vii) 소송기록의 공개에 대하여 당해 소송관계인이 동의하지 아니하는 경우 등이다(동조 제2항).

검사가 소송기록의 열람 또는 등사를 제한하는 경우에는 신청인에게 그 사유를 명시하여 통지하여야 한다(동조 제3항). 그러나 검사는 소송기록의 보존을 위하여 필요하다고 인정하는 경우에는 그 소송기록의 등본을 열람 또는 등사하게 할 수 있다. 다만, 원본의 열람 또는 등사가 필요한 경우에는 그러하지 아니하다(동조 제4항).

나) 열람·등사한 자의 주의사항　소송기록을 열람 또는 등사한 자는 열람 또는 등사에 의하여 알게 된 사항을 이용하여 공공의 질서 또는 선량한 풍속을 해하거나 피고인의 개선 및 갱생을 방해하거나 사건 관계인의 명예 또는 생활의 평온을 해하는 행위를 하여서는 아니 된다(제59조의2 제5항).

다) 열람·등사의 제한에 대한 불복　소송기록의 열람 또는 등사를 신청한 자는 열람 또는 등사에 관한 검사의 처분에 불복하는 경우에는 당해 기록을 보관하고 있는 검찰청에 대응한 법원에 그 처분의 취소 또는 변경을 신청할 수 있다(제59조의2 제6항). 불복신청은 서면으로 관할법원에 하여야 하며, 항고 등에 관한 규정이 준용된다(동조 제7항).

(나) 확정 판결서 등의 열람·복사

가) 열람·복사의 신청권자와 범위　누구든지 판결이 확정된 사건의 판결서 또는 그 등본, 증거목록 또는 그 등본, 그 밖에 검사나 피고인 또는 변호인이 법원에 제출한 서류·물건의 명칭·목록 또는 이에 해당하는 정보(이하 '판결서 등'이라 한다)를 보관하는 법원에서 해당 판결서 등을 열람 및 복사(인터넷, 그 밖의 전산정보처리시스템을 통한 전자적 방법을 포함한다. 이하 이 조에서 같다)할 수 있다. 다만, 다음 중 어느 하나에 해당하는 경우에는 판결서 등의 열람 및 복사를 제한할 수 있다. 즉, (i) 심리가 비공개로 진행된 경우, (ii) 「소년법」 제2조에 따른 소년에 관한 사건인 경우, (iii) 공범관계에 있는 자 등의 증거인멸 또는 도주를 용이하게 하거나 관련사건의 재판에 중대한 영향을 초래할 우려가 있는 경우, (iv) 국가의 안전보장을 현저히 해할 우려가 명백하게 있는 경우, (v) 소송기록의 공개로 인하여 사건관계인의 명예나 사생활의 비밀 또는 생명·신체의 안전이나 생활의 평온을 현저히 해할 우려가 있는 경우이거나 소송기록의 공개로 인하여

사건관계인의 영업비밀(부정경쟁방지 및 영업비밀보호에 관한 법률 제2조 제2호의 영업비밀을 말한다)이 현저하게 침해될 우려가 있는 경우(다만, 소송관계인의 신청이 있는 경우에 한정한다) 등이다(제59조의3 제1항).

그러나 열람 및 복사에 관하여 정당한 사유가 있는 소송관계인이나 이해관계 있는 제3자는 판결서 등의 열람 및 복사의 제한사유에 해당하는 경우에도 법원의 법원사무관 등이나 그 밖의 법원공무원에게 판결서 등의 열람 및 복사를 신청할 수 있다. 이 경우 법원사무관 등이나 그 밖의 법원공무원의 열람 및 복사에 관한 처분에 불복하는 경우에는 당해 법원에 처분의 취소 또는 변경을 신청할 수 있다(동조 제4항). 불복신청은 서면으로 관할법원에 하여야 하며, 항고 등에 관한 규정이 준용된다(동조 제5항).

나) 보호조치 등   법원사무관 등이나 그 밖의 법원공무원은 열람 및 복사에 앞서 판결서 등에 기재된 성명 등 개인정보가 공개되지 아니하도록 대법원규칙으로 정하는 보호조치를 하여야 한다(제59조의3 제2항). 이때 개인정보 보호조치를 한 법원사무관 등이나 그 밖의 법원공무원은 고의 또는 중대한 과실로 인한 것이 아니면 열람 및 복사와 관련하여 민사상·형사상 책임을 지지 아니한다(동조 제3항). 판결서 등의 열람 및 복사의 방법과 절차, 개인정보 보호조치의 방법과 절차, 그 밖에 필요한 사항은 대법원규칙으로 정한다(동조 제6항).

(2) 소송서류의 송달

1) 송달의 의의

송달은 당사자 기타 소송관계인에 대하여 법률에 정한 방식에 의하여 소송서류의 내용을 알리게 하는 법원 또는 법관의 직권행위를 말한다. 송달에는 일정한 법률상의 효과가 발생한다. 송달은 법률이 정한 방식에 따른 요식행위인 점에서 특정한 방식이 정해져 있지 않은 통지와 구별되고, 특정인을 대상으로 한다는 점에서 불특정인을 대상으로 하는 공시 또는 공고와 구별된다.

2) 송달의 방법

서류의 송달에 관하여 법률에 다른 규정이 없는 한 「민사소송법」(이하 '민소법'이라 한다)을 준용한다(제65조). 따라서 송달은 이를 받을 자의 주소, 거소, 영업소 또는 사무소에서 하는 것이 원칙이다(민소법 제183조 제1항).

(가) 송달수령인의 신고   피고인, 대리인, 대표자, 변호인 또는 보조인이 법원소재지에 서류의 송달을 받을 수 있는 주거 또는 사무소를 두지 아니한 때에는 법원소재지에 주거 또는 사무소가 있는 자를 송달수령인으로 선임하여 연명한 서면으로 신고하여야 한다(제60조 제1항). 송달수령인은 송달에 관하여 본인으로 간주하고 그 주거 또는 사무소는 본인의 주거 또는 사무소로 간주한다(동조 제2항).

송달수령인의 선임은 같은 지역에 있는 각 심급법원에 대하여 효력이 있다(동조 제3항). '법원소재지'는 당해 법원이 위치한 특별시, 광역시, 시 또는 군(다만, 광역시내의 군은 제외)으로 한다(규칙 제42조). 다만, 이들 규정은 신체구속을 당한 자에게는 적용되지 않는다(동조 제4항). '신체구속을 당한 자'는 당해 사건에서 신체를 구속당한 자를 말한다(76모69).

(나) 송달방법   송달은 특별한 규정이 없으면 송달을 받을 자에게 서류를 교부하는 교부송달의 방식에 의한다(민소법 제178조 제1항). 근무장소[54] 외의 송달할 장소에서 송달받을 사람을 만나지 못한 때에는 그 사무원, 피용자(被用者) 또는 동거인으로서 사리를 분별할 지능이 있는 사람에게 서류를 교부할 수 있다(민소법 제186조 제1항).

근무장소에서 송달받을 사람을 만나지 못한 때에는 고용·위임 그 밖에 법률상 행위로 취업하고 있는 다른 사람 또는 그 법정대리인이나 피용자 그 밖의 종업원으로서 사리를 분별할 지능이 있는 사람이 서류의 수령을 거부하지 아니하면 그에게 서류를 교부할 수 있다(동조 제2항). 이를 보충송달 또는 대리인송달이라고 한다.

---

54) '근무장소'란 고용·위임 그 밖에 법률상 행위로 취업하고 있는 다른 사람의 주소 등을 말한다(민소법 제183조 제2항).

서류를 송달받을 사람 또는 그 사무원, 피용자(被用者) 또는 동거인이 정당한 사유 없이 송달받기를 거부하는 때에는 송달할 장소에 서류를 놓아둘 수 있다(동조 제3항). 이를 유치송달이라고 한다.

> **[판례]** 8세 4월 정도의 여자 어린이가 송달로 인하여 생기는 형사소송절차에 있어서의 효력까지 이해하였다고 볼 수는 없으나 그 송달 자체의 취지를 이해하고 영수한 서류를 수송달자인 아버지에게 교부하는 것을 기대할 수 있는 능력 정도는 있다(95모20).

주거, 사무소 또는 송달영수인의 선임을 신고하여야 할 자가 그 신고를 하지 아니하는 때에는 법원사무관 등은 서류를 우체에 부치거나 기타 적당한 방법에 의하여 송달할 수 있다(우편송달). 서류를 우체에 부친 경우에는 도달된 때에 송달된 것으로 간주한다(제61조).

검사에 대한 송달은 서류를 소속검찰청에 송부하여야 한다(제62조). 교도소·구치소 또는 국가경찰관서의 유치장에 체포·구속 또는 유치된 사람에게 할 송달은 교도소·구치소 또는 국가경찰관서의 장에게 한다(민소법 제182조). 이때 서류가 구속된 자에게 전달되었는가는 불문한다(94도2687).

> **[판례]** 형소규칙 제142조 제3항은 공소장변경허가신청서가 제출된 경우 법원은 그 부본을 피고인 또는 변호인에게 즉시 송달하여야 한다고 규정하고 있는데, 피고인과 변호인 모두에게 부본을 송달하여야 하는 취지가 아님은 문언상 명백하므로, 공소장변경신청서 부본을 피고인과 변호인 중 어느 한 쪽에 대해서만 송달하였다고 하여 절차상 잘못이 있다고 할 수 없다(2013도5165).

(다) 공시송달　　공시송달은 법원서기관 또는 서기가 송달할 서류를 보관하고 그 사유를 법원게시판에 공시하는 방법으로 하는 송달을 말한다. 공시송달은 피고인의 주거, 사무소와 현재지를 알 수 없는 때 또는 피고인이 재판권이 미치지 아니하는 장소에 있는 경우에 다른 방법으로 송달할 수 없는 때에 할 수 있다(제63조). 따라서 구치소나 교도소 등에 수감 중인 피고인에게 공시송달의 방법으로 소송서류를 송달하는 것은 위

법이다(2013도2714).

공시송달은 법원이 명하는 때에 한하여 할 수 있다(제64조 제1
항).[55] 법원은 공시송달사유가 있다고 인정하는 때에는 직권으로 결정에
의하여 공시송달을 명한다(규칙 제43조). 이때 법원서기관 또는 서기는 송
달할 서류를 보관하고 그 사유를 법원게시장에 공시하여야 한다(제64조 제
2항). 경우에 따라서 법원은 그 사유를 관보나 신문지상에 공고할 것을 명
할 수 있다(동조 제3항). 최초의 공시송달은 공시를 한 날로부터 2주일이 경
과하면 그 효력이 생긴다. 다만, 2회 이후의 공시송달은 5일을 경과하면
그 효력이 생긴다(동조 제4항).

> **[판례]** 피고인에 대한 공시송달은 피고인의 주거, 사무소, 현재지를 알 수 없
> 는 때에 한하여 이를 할 수 있으므로, 기록상 피고인의 집 전화번호 또는 휴대
> 전화번호 등이 나타나 있는 경우에는 위 전화번호로 연락하여 송달받을 장소
> 를 확인하여 보는 등의 시도를 해 보아야 하고, 그러한 조치를 취하지 아니한
> 채 곧바로 공시송달의 방법에 의한 송달을 하고 피고인의 진술 없이 판결을
> 하는 것은 위법이다(2011도11210).

> **[판례]** 형사소송절차에서 법원에 제출하는 서류는 법원에 도달하여야 제출의
> 효과가 발생하며, 각종 서류의 제출에 관하여 법정기간의 준수 여부를 판단할
> 때에도 당연히 해당 서류가 법원에 도달한 시점을 기준으로 하여야 한다. 다
> 만, 재소자인 피고인에 대하여 형소법에서 특칙을 두고 있는 경우(상소장의
> 제출(제344조 제1항), 상소권회복의 청구 또는 상소의 포기나 취하(제355조),
> 항소이유서 및 상고이유서 제출(제361조의3 제1항, 제379조 제1항), 재심의 청
> 구와 취하(제430조), 소송비용의 집행면제 신청, 재판의 해석에 대한 의의(疑
> 義)신청과 재판의 집행에 대한 이의신청 및 취하(제490조 제2항) 등)의 경우에
> 한하여 교도소장이나 구치소장 또는 그 직무를 대리하는 사람에게 상소장 등을
> 제출하거나 관련 신청을 한 때에 도달한 것으로 간주한다(2013모2347).

---

55) 피고인에 대한 송달불능보고서가 접수된 때로부터 6월이 경과하도록 그 소재를 확
인하기 위하여 소재조사촉탁, 구인장의 발부 기타 필요한 조치를 취하였음에도 불구하고 피
고인의 소재가 확인되지 아니한 때에는 그 후 피고인에 대한 송달은 공시송달의 방법에 의한
다. 이때 피고인이 공판기일의 소환을 2회이상 받고도 출석하지 아니한 때에는 피고인의 진
술없이 재판할 수 있다. 다만, 사형, 무기 또는 장기 10년이 넘는 징역이나 금고에 해당하는
사건의 경우에는 그러하지 아니하다(소촉법 제23조, 소촉규칙 제19조).

Ⅳ. 소송행위의 일시와 장소

> ≪학습문제≫ 법원이 약식명령의 경우 그 청구를 받은 날로부터 14일 이내에 하도록 되어있지만(소촉법 제22조) 20일째 되는 날에 피고인에게 약식명령을 고지하였다. 이 약식명령은 유효한가?

1. 소송행위의 일시

(1) 기 일

기일이란 법관, 당사자 기타 소송관계인이 일정한 장소에서 모여서 소송행위를 하도록 정해진 때를 말한다(예, 공판기일, 증인신문기일 등). 기일은 일 및 시로써 지정된다. 기일은 지정된 시각에 개시되나 종기에는 제한이 없다.

(2) 기 간

기간이란 시기와 종기에 의하여 구획된 시간의 길이를 말한다.

1) 기간의 종류

(가) 행위기간과 불행위기간 행위기간은 일정한 기간 내에만 적법하게 소송행위를 할 수 있는 기간을 말하며, 불행위기간은 일정한 기간 내에는 소송행위를 할 수 없는 기간을 말한다. 고소기간(제230조), 상소기간(제358조, 제374조) 등이 전자에 해당하고, 제1회 공판기일의 유예기간(제269조) 등이 후자에 해당한다.

(나) 법정기간과 재정기간 법정기간은 기간이 법률에 의해 정해져 있는 기간을 말하며, 재정기간은 재판에 의해 정하여지는 기간을 말한다. 구속기간(제92조), 상소제기기간(제358조, 제374조) 등이 전자에 해당하고, 영장기간(제75조 등), 감정유치기간(제172조, 제221조의3), 구속기간의 연장(제205조) 등이 후자에 해당한다.

(다) 불변기간(효력기간)과 훈시기간　　불변기간이란 기간경과 후에 행하는 행위는 무효가 되는 경우로서 연장이 허용되지 않는 기간을 말한다. 주로 법원 이외의 소송관계인이 행하는 소송행위로서 고소기간(제230조), 재정신청기간(제260조), 상소제기기간(제358조, 제374조), 상소이유서 및 답변서 제출기간(제361조의3, 제379조), 즉시항고제기기간(제405조) 등이 이에 해당한다. 훈시기간이란 기간경과 후에 소송행위를 하더라도 그 효력에 영향이 없는 기간을 말한다. 주로 국가기관의 소송행위로서 고소·고발사건의 처리기간(제257조), 재정결정기간(제262조), 재판기간(소촉법 제21조, 제22조, 규칙 제146조), 상소사건에 있어서 소송기록과 증거물의 송부기간(제361조, 제377조), 사형집행명령의 시기(제465조) 등이 이에 해당한다.

2) 기간의 계산

시(時)로 계산하는 것은 즉시부터 기산하고, 일·월 또는 연(年)으로써 계산하는 것은 초일을 산입하지 않는다(초일불산입의 원칙). 다만, 시효와 구속기간의 초일은 시간을 계산하지 아니하고 1일로 산정한다(제66조 제1항). 연 또는 월로 정한 기간은 연 또는 월 단위로 계산한다(동조 제2항). 기간의 말일이 공휴일 또는 토요일이면 그날은 기간에 산입하지 아니한다. 다만, 시효와 구속의 기간에 관하여는 예외로 한다(동조 제3항).

3) 법정기간의 연장

법정기간은 소송행위를 할 자의 주거 또는 사무소의 소재지와 법원 또는 경찰청소재지와의 거리 및 교통통신의 불편정도에 따라 대법원규칙으로 이를 연장할 수 있다(제67조). 이러한 법정기간의 연장은 행위기간(예, 즉시항고제출기간(82모52), 상고기간(76모58), 항소이유서제출기간(85모47) 등)을 대상으로 한다.

소송행위를 할 자가 국내에 있는 경우는 주거 또는 사무소의 소재지와 법원 또는 검찰청 소재지와의 거리에 따라 해로는 100킬로미터, 육로는 200킬로미터마다 각 1일을 부가한다. 그 거리의 전부 또는 잔여가 기준에 미달할지라도 50킬로미터 이상이면 1일을 부가한다. 다만, 법원은 홍수, 천재지변 등 불가피한 사정이 있거나 교통통신의 불편정도를 고려하여 법정기간을 연장함이 상당하다고 인정하는 때에는 이를 연장할 수 있다(규칙 제44조 제1항). 소송행위를 할 자가 외국에 있는 경우에는 그 거주국의 위치에 따라 아시아 주 및 오세아니아 주는 15일, 북아메리카 주 및 유럽 주는 20일, 중남아메리카 주 및 아프리카 주는 30일의 기간을 부가한다(동조 제2항).

2. 소송행위의 장소

공판은 법정에서 행한다(제275조 제1항, 법조법 제56조 제1항). 다만, 법원장은 필요에 따라 법원 이외의 장소에서 개정하게 할 수 있다(법조법 제56조 제2항). 기타의 소송행위는 별도로 적당한 장소에서 할 수 있다(예, 피고인의 지정장소에의 동행(제79조), 검증(제139조), 법정 외에서의 증인신문과 감정(제165조, 제172조 제1항) 등).

제3절 소송행위의 가치판단

소송행위의 해석이란 소송행위의 의미와 내용을 합리적으로 판단하여 그 객관적 의의를 명백히 하는 것을 말한다. 소송행위의 해석에 있어서는 전후행위와의 절차적 관련성, 행위자의 주관적 의도, 객관적 표시내용 등을 합리적이고 규범적으로 판단하여야 한다. 이러한 소송행위의 해석을 통하여 그 내용이 명백하게 됨으로써 소송행위 가치판단이 결정되고, 이에 의하여 소송법적 효과가 발생하게 된다.

소송행위의 가치판단에 있어서는 목적과 관련된 소송절차의 형식이 문제되며, 소송행위의 정형성과 안정성, 형식적 확실성, 신속성 및 소송당사자의 구체적 이익의 상태 등을 고려하여야 한다. 소송행위의 가치판단의 기준으로는 (i) 성립·불성립, (ii) 유효·무효, (iii) 적법·부적법, (iv)

이유유·이유무의 4가지가 있다.

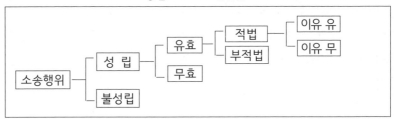

<소송절차의 가치판단단계>

Ⅰ. 소송행위의 성립·불성립

≪학습문제≫ 검사 갑이 공소제기를 하였으나 공소장 기재사실이 죄가 될
만한 사실이 아니었다. 갑의 공소제기에 대하여 법원은 어떠한 판단을 하
여야 하는가?

1. 개 념

소송행위의 성립 여부는 소송행위로서 외관을 갖추었는가, 즉 소송
행위에 요구되는 소송법상의 정형을 충족하기 위한 본질적 구성요소(요
건)를 구비하였는가에 대한 가치판단을 말한다. 따라서 검찰청직원이 공
소를 제기하거나 법원서기관이 판결을 선고하는 경우 또는 정리가 공판
기일을 지정하는 경우에는 소송행위가 성립하지 않는다.

그러나 소송행위의 성립 여부는 가치판단이라고 하기보다는 법적
가치에 관계된 사실판단이므로 명문의 규정이 없다는 이유만으로 소송
행위의 성립을 부정하여서는 아니 된다(예, 판결의 명백한 형식적 오류에 대한 경
정결정 등). 한편, 어떤 소송행위는 수개의 단계를 거쳐 성립되기도 한다.
즉, 판결은 합의제의 경우에는 합의에 의하여, 단독제의 경우에는 판
결서작성에 의하여 우선 내부적으로 성립하고, 이어서 판결의 고지에

의하여 외부적으로 성립한다. 이 경우 각 단계마다 각각의 효력이 발생한다.

2. 성립·불성립의 효력

소송행위의 성립·불성립은 형식 및 절차의 흠결을 전제로 하여 행하는 행위 자체에 대한 일반적·추상적 판단이다. 따라서 소송행위가 불성립하면 객관적으로 소송행위가 존재하지 않는 것이므로 이를 무시하거나 방치할 수 있다. 하지만 일단 성립하면 무효라도 방치할 수 없고, 절차형성행위, 특히 신청에 대하여는 판단을 요하며, 일정한 법률효과가 발생한다. 따라서 공소제기가 무효라도 공소시효정지의 효력이 발생하고, 판결이 무효라도 형식적 확정력이 인정된다. 무효의 치유는 소송행위가 성립한 경우에 가능하다.

Ⅱ. 소송행위의 유효·무효

《학습문제》 피고인 갑은 1심법원의 판결에 불복하여 항소를 제기하였으나 착오로 인하여 상소를 취하하였다. 이때 갑은 상소취하가 착오로 인한 것임을 이유로 하여 무효라고 주장할 수 있는가?

1. 개 념

소송행위의 유효·무효는 일단 성립한 소송행위에 대하여 소송법상 정해진 효력을 인정할 것인가에 대한 가치판단을 의미한다. 소송행위의 유효·무효는 내용의 흠결을 전제로 하여 행하는 구체적·개별적 판단이라는 점에서 소송행위의 성립·불성립과 구별된다.

소송행위의 유효성은 그것이 행하여진 이후의 법질서와 관련성을 갖고, 그 뒤에 연쇄될 소송행위의 적법성·부적법성의 조건으로 작용한다. 다만, 무효인 소송행위는 본래적 효력은 인정되지 않더라도 일정한 법적 효과가 발생한다. 즉, 무효인 공소제기에 대하여도 공소시효정지의 효력은 발생하고(제253조), 법원은 공소기각의 판결을 하여야 한다(제327조).

2. 무효의 종류

무효의 종류에는 소송관계인의 이익도 해치지 않고, 절차의 형식적 확실성도 해칠 염려가 없는 경우에 인정되는 당연무효(예, 기재사항을 전혀 기재하지 않은 공소제기, 동일사건에 대한 이중판결, 상소취하 후의 상소심판결 등), 일정한 소송행위에 대하여는 그것에 본래적 효력이 발생하지 아니하였다는 취지의 판단(기각, 각하의 재판)을 법원이 표시할 때 최종적으로 무효가 확정되는 경우 및 당사자의 신청을 기다려 비로소 무효가 되는 경우(예, 판결)[56] 등이 있다. 당연무효는 소송행위 외관의 존재를 전제로 하여 효력발생 여부를 판단한다는 점에서 불성립과 구분된다.

3. 무효의 원인

(1) 행위주체에 관한 무효원인

1) 행위적격이 없는 자의 소송행위

소송행위의 주체에게 소송행위적격이 없는 경우에는 소송행위는 무효로 된다(예, 고소권자 아닌 자의 고소, 상소권이 없는 자의 상소, 대리권이 없는 자가 한 소송행위 등). 다만, 행위적격이 개념요소로 되어 있는 경우는 불성립한다.

소송능력이 없는 자의 소송행위(예, 소송능력이 없는 피고인의 진술, 증인 선서무능력자의 증언 등)에 대하여는 절차형성행위는 무효지만 실체형성행위는 무효라고 할 수 없다는 견해가 있다. 그러나 소송능력이 없는 자의 행위는 소송주체의 이익보호와 실체적 진실발견에 반하게 될 우려가 있으므로 모두 무효이다.

---

56) 판결은 유효성을 전제로 하므로 무효개념에 포함될 수 없다는 견해가 있다.

2) 하자있는 의사표시

행위주체가 사기, 강박, 착오 등 의사표시의 하자에 의하여 소송행위를 한 경우에 무효로 되는가가 문제된다. 실체형성행위인 경우에는 의사에 합치하는가가 문제되는 것이 아니라 실체에 합치하는가가 문제되므로 착오 등이 무효원인이 될 수 없다. 하지만 절차형성행위의 경우에 대하여는 소송절차의 형식적 확실성에 의하여 외부적으로 표시된 바에 따라 판단하여야 한다는 이유로 무효원인이 될 수 없다는 견해(효력긍정설), 착오가 행위자의 책임 있는 사유로 인한 것이 아닌 때에는 무효라고 하는 견해(효력부정설), 기망이나 협박이 검사나 법원에 의해 행하여져서 형사절차상의 기본원칙에 반하거나 제3자의 생명박탈을 위협하는 등 인권침해로서 법치국가적 요청에 반하는 때에만 무효가 된다는 견해(법치국가설) 등이 있다. 그러나 형식적 확실성을 요구하는 소송행위에 관하여 사법상 의사의 하자에 관한 규정이 적용될 수는 없으므로 원칙적으로 무효라고 할 수는 없지만 적정절차의 원칙에 반하는 경우에는 무효가 된다(적정절차설, 다수설).

> **[판례]** 절차형성적 소송행위가 착오로 인하여 행하여진 경우, 절차의 형식적 확실성를 강조하면서도 피고인의 이익과 정의의 희생이 커서는 안 된다는 측면에서 그 소송행위의 효력을 고려할 필요가 있으므로 착오에 의한 소송행위가 무효로 되기 위하여서는 첫째, 통상인의 판단을 기준으로 하여 만일 착오가 없었다면 그러한 소송행위를 하지 않았으리라고 인정되는 중요한 점(동기를 포함)에 관하여 착오가 있고, 둘째, 착오가 행위자 또는 대리인이 책임질 수 없는 사유로 인하여 발생하였으며, 셋째, 그 행위를 유효로 하는 것이 현저히 정의에 반한다고 인정될 것 등 세 가지 요건을 필요로 한다(92모1).

(2) 내용에 관한 무효원인

소송행위 내용이 법률상 또는 사실상 불능일 때(예, 법정형을 넘는 형을 선고한 유죄판결, 허무인에 대한 공소제기, 존재하지 않는 재판에 대한 상소 등)에는 무효가 된다. 또한 이익이 없는 소송행위나 내용이 불분명한 소송행위 등(예,

이중기소, 석방된 피의자에 대한 재차의 구속영장의 신청 등)도 무효가 된다.

또한 조건이 허용되지 않음에도 조건부 소송행위를 한 경우에는 그 조건이 당해 소송행위의 본질적 부분을 이루면 무효가 된다. 조건이 허용되는 경우에는 일반적으로 그 조건이나 기한 없이는 소송행위를 하지 않았을 것임이 명백한 경우에만 전체가 무효가 되고, 이외의 경우에는 그 조건이나 기한만 무효가 된다.

(3) 방식에 대한 하자

소송행위 자체의 방식위반 또는 소송행위와 관련된 사전절차 위반의 경우에는 방식을 요구하는 목적과 필요성을 고려하여 판단하여야 한다. 따라서 효력규정이 요구하는 방식이나 사전절차를 위반한 소송행위는 무효가 된다.

4. 무효의 치유

무효의 치유는 행위 당시에 무효인 소송행위가 후에 사정변경을 이유로 유효하게 될 수 있는가의 문제이다. 무효의 치유에는 소송행위의 추완과 소송행위 후에 상당한 시간이 지난 경우 하자의 정도를 고려할 때 소급하여 무효로 하는 것이 소송경제에 심각하게 반하는 경우가 포함된다.

(1) 소송행위의 추완

소송행위의 추완이란 법정기간이 경과한 후에 이루어진 소송행위에 대하여 그 기간 내에 행하여진 소송행위와 같은 효력을 인정하는 제도를 말한다. 이에는 단순추완과 보정적 추완이 있다.

1) 단순추완

단순추완이란 법정기간이 경과한 후의 추완행위에 의해 법정기간 내에 제대로 성립하지 못한 하자가 있는 소송행위 자체가 유효하게 되는 경우를 말한다. 상소기간 만료 후의 상소권회복(제345조), 약식명령에 대한 정식재판청구권의 회복(제458조)은 형소법상 명문의 규정에 의하여 단순추완이 인정되는 경우이다. 또한 피고인의 이익을 존중하는 영역에서는 본인의 명시 또는 묵시의 추인이 있으면 절차의 확실성을 해치지 않는 한도 내에서 무효의 치유가 인정된다(예, 변호인의 상소신청·재정신청·약식재판에 대한 정식재판의 청구 등).

이와 관련하여 형소법상 명문의 규정이 없는 경우에 대하여는 법정기간을 경과한 소송행위는 원칙적으로 무효이므로 형사절차의 동적·발전적 성격과 다른 소송관계인의 이익보호를 고려하게 되면 추완이 허용되지 않는다는 견해가 있다. 그러나 이 경우에도 절차의 형식적 확실성과 법적 안정성을 해하지 않는 범위 내에서 추완을 허용하여야 한다. 따라서 상소권회복에 관한 규정을 소송비용집행면제의 신청(제487조)에 준용하더라도 무방하다.

2) 보정적 추완

새로운 소송행위에 의하여 무효인 다른 소송행위의 효력이 보정되는 경우이다. 학설은 형사절차의 동적·발전적 성격과 소송경제를 고려하여 보정적 추완을 인정하는 것에는 일치하지만 그 구체적 범위에 대하여는 견해의 대립이 있다.

(가) **변호인선임의 추완**　변호인선임신고 이전에 변호인으로서 한 소송행위가 변호인선임신고에 의하여 유효하게 되느냐에 대하여는 소송의 동적·발전적 성격을 고려하여 추완을 부정하는 견해(69모68, 2003모429), 상소이유서 제출기간 내에 변호인선임서가 제출된 경우에만 추완을 인정하여야 한다는 견해 등이 있다. 그러나 피고인(또는 피의자)의 변호인조력을 받을 권리가 헌법상 기본권임을 고려할 때 재판개시 전에 변호인선임서를 제출하면 보정적 추완을 인정하여야 한다(다수설).

(나) **공소사실의 추완**　공소장을 제출함에 있어서 처음부터 공소사실을 특정하지 않은 경우에 대하여는 공소장변경에 의하여 추완하면 피

고인의 방어권보장에 지장이 없다는 점에서 보정을 인정하는 견해가 있다. 그러나 공소제기 시에 공소사실이 어느 정도 특정되어 있고 피고인의 방어권보장에 특별한 영향이 없는 경우에만 공소장변경에 의한 추완을 인정하여야 한다(다수설). 성명모용이나 범행의 일시·장소 등에 사소한 오기가 있는 경우와 같이 명백한 오기가 있는 경우 등이 이에 해당한다.

> [판례] 검사의 기명날인 또는 서명이 없는 상태로 관할법원에 제출된 공소장은 형소법 제57조 제1항에 위반된 서류이므로, 이와 같이 법률이 정한 형식을 갖추지 못한 공소장 제출에 의한 공소의 제기는 특별한 사정이 없는 한 그 절차가 법률의 규정에 위반하여 무효인 때에 해당하지만 공소를 제기한 검사가 공소장에 기명날인 또는 서명을 추완하는 등의 방법에 의하여 공소의 제기가 유효하게 될 수 있다(2010도17052). 또 공소사실의 기재가 특정되지 아니한 경우에는 검사에게 석명을 구하여 이를 특정할 기회를 준 다음 공소기각의 판결을 할 수 있다(83도293). 그러나 그 정도가 심하여 구체적인 범죄사실의 기재가 없다고 인정되는 경우에는 석명없이 공소기각을 할 수 있다(95도2121).

(다) 고소의 추완   친고죄에 있어서 공소제기 후에 비로소 고소가 있는 경우에 고소의 추완에 의해 공소가 적법하게 될 수 있는가에 대하여는 견해의 대립이 있다.

가) 적 극 설   고소의 추완을 인정하는 견해로서 고소를 소송행위의 관점에서 보는 법률상태설적 입장에 따른 것이다. 그 근거는 다음과 같다. 첫째, 친고죄임이 심리의 진행에 따라 비로소 판명되는 경우도 있으므로 형사절차의 동적·발전적 성격을 고려할 때 공소제기 시에 고소의 존재를 절대적으로 필요하다는 것은 불합리하다. 둘째, 추완을 인정하지 않게 되면 일단 공소를 기각하고 다시 공소제기를 기다려 심리를 새로 진행하여야 하는데 이것은 소송경제와 절차유지의 원칙에 반한다. 셋째, 검사의 귀책사유 없이 나중에 친고죄로 파악된 경우까지 공소기각의 판결을 하는 것은 타당하지 않다.

나) 소 극 설   고소의 추완을 부정하는 견해이다(다수설, 2005도8976). 그 근거는 다음과 같다. 첫째, 친고죄에 있어서 고소는 공소제기의

유효·적법요건일 뿐만 아니라 유지·존속을 위한 조건이므로 소송의 전 과정에 걸쳐 한순간도 빠짐없이 구비되어야 한다(고소의 존재를 소송조건으로 파악하는 법률관계설적 입장). 둘째, 공소제기는 특히 절차의 형식적 확실성이 강하게 요청되는 소송행위이다. 셋째, 공소제기의 적법조건을 구비하지 못한 경우에 피고인을 조기에 그 소송에서 해방시키는 것은 소송경제보다 중요한 이익일 뿐만 아니라 검사의 공소제기에 보다 엄격한 법적 규제를 가할 필요가 있다(고소를 소송행위의 관점에서 파악하는 법률상태설적 입장).

다) 절 충 설 공소제기 시에 공소사실이 친고죄임에도 불구하고 고소가 없는 경우에는 고소의 추완을 인정할 수 없으나, 비친고죄로 공소제기된 사건이 심리결과 친고죄로 판명되거나 친고죄가 추가된 때에는 고소의 추완을 인정하여야 한다는 견해이다. 그 근거는 다음과 같다. 첫째, 공소장변경은 실질적 공소제기와 다름이 없으므로 공소장변경 시에 유효한 공소제기가 있는 것으로 보아야 한다. 둘째, 소송조건인 고소가 없는 경우의 공소기각의 재판은 검사의 공소제기에 대한 적극적 판단을 포함하므로 검사의 공소제기에 비난할 점이 없는 경우에는 추완을 인정해도 좋다.

라) 검 토 친고죄의 고소는 소송조건일 뿐만 아니라 검사의 공소제기는 엄격하게 규제되어야 한다는 점에서 공소제기 시에 형식적 요건을 반드시 충족할 것이 요구되므로 고소의 추완을 부정하는 소극설이 타당하다. 따라서 공소사실이 친고죄임에도 고소가 없어서 무효인 경우에는 공소제기 후에 고소가 있더라도 공소기각의 판결을 하여야 하며, 공소제기 후에 비친고죄로 공소사실을 변경하는 것도 허용되지 않는다.

[판례] 세무공무원의 고발 없이 조세범칙사건의 공소가 제기된 후에 세무공무원이 고발한 경우(70도942), 비친고죄로 공소제기 되었다가 친고죄로 공소장이 변경된 경우(82도1504) 등에 있어서 고소의 추완을 인정하지 않았다.

(2) 소송발전에 따른 하자의 치유

이미 발생된 하자를 제거하지 않더라도 그것을 무의미하게 할 정도로 발전한 단계에 있으면 무효의 치유가 인정되는 경우가 있다. 즉, 토지관할에 대한 관할위반의 신청은 피고사건 진술 후에는 할 수 없다(제320조제2항). 또한 심리절차의 하자라도 판결이 확정되면 비상구제절차(재심이나 비상상고)에 의하지 않고는 다툴 수 없다.

또한 당사자가 상당한 시기에 이의를 제기하지 아니한 때에는 책문권의 포기로 인하여 무효가 치유되는 경우가 있다. 공소장부본송달의 하자(62도155), 공판기일지정의 하자(66도1751), 제1회 공판기일 유예기간의 하자(69도1218), 항소이유서부본의 불송달(81도2040), 잘못된 항소이유서의 제출(97모101), 증인신문의 피고인에의 불통지(73도2967), 반대신문권을 보장하지 않은 증인신문(2009도9344, 2011도15608) 등이 이에 해당한다. 다만, 이것은 적법절차에 비추어 피고인의 본질적 방어권을 침해하지 않는 범위 내에서 인정하되, 피고인의 책임으로 돌릴 수 있는 과실에 의한 경우나 알고서 이의신청권을 행사하지 않은 경우에만 인정된다.

5. 소송행위의 취소와 철회

(1) 취 소

취소는 소송행위의 효력을 소급하여 소멸시키는 것을 말한다. 이와 관련하여 일단 행한 증거동의를 나중에 착오 등의 이유로 취소할 수 있는가에 대하여는 실체형성행위는 실체적 진실발견의 요청에 의해 소급적인 취소가 인정되지만 절차형성행위는 절차유지의 원칙에 의해 부정된다고 하는 견해[57]가 있다. 그러나 소송행위에 대하여는 절차유지의 원칙으로 인해 취소가 허용되지 않으므로 명문으로 취소가 인정되는 경우

---

57) 이 견해에서는 절차형성과 실체형성 두 측면 모두에 기여하는 증거동의(제318조)의 취소나 증거신청(제294조)의 취소는 원칙적으로 허용된다고 한다.

에도 이것은 철회에 해당한다.

(2) 철 회

철회는 소송행위의 효력을 장래에 향하여 소멸시키는 것이므로 기존의 소송행위에 미치는 소급효가 없기 때문에 일반적으로 허용된다. 형소법상 명문으로 인정한 경우로는 고소의 취소(제232조), 공소의 취소(제255조), 재정신청의 취소(제264조 제2항), 상소취하(제349조), 재심청구의 취하(제429조), 정식재판청구의 취하(제454조), 재판의 집행에 관한 불복신청의 취하(제490조) 등이 있다. 이때 '취소'라고 표현하는 경우도 '철회'로 이해하여야 한다.

형소법상 명문의 규정이 없는 경우에도 절차형성행위에 관하여는 철회가 널리 인정되지만 실체형성행위에 관하여는 인정되지 않는다. 따라서 절차의 안정을 해하지 않는 경우인 기피신청(제18조), 보석청구(제94조), 증거보전신청(제184조), 체포·구속적부심사신청(제214조의2), 병합심리청구(제300조), 변론재개신청(제305조) 등은 그 신청이나 청구에 대한 재판이 있을 때까지 철회가 허용된다.

Ⅲ. 소송행위의 적법·부적법

> ≪학습문제≫ 갑법원은 검사가 공소제기한 사건에 대하여 재판을 하였으나 관할권이 없었던 것으로 밝혀졌다. 갑법원의 재판은 유효한가?

1. 개 념

소송행위의 적법 여부는 소송행위가 법률의 규정이 합치하는가에 대한 가치판단을 말한다. 법률의 규정에 합치하면 적법이고, 불합치하면 부적법(각하)한 것이 된다. 적법·부적법 판단과 유효·무효 판단은 소송행위의 성립을 전제로 하지만, 전자는 소송행위의 전제조건과 방식에 관한 사전판단임에 대하여, 후자는 소송행위가 추구하는 본래적 효과를 인정할 것인가에 대한 사후판단을 의미한다.

2. 적법성의 요건

소송행위가 적법하려면 효력규정과 훈시규정 양자가 요구하는 조건을 모두 갖추어야 한다. 다만, 효력규정에 위반한 경우는 부적법하면서 동시에 무효이지만, 훈시규정에 위반한 경우에는 부적법하지만 무효가 되는 것은 아니다. 한편, 하자가 경미한 경우로서 법이 부적법행위를 유효한 것으로 규정한 경우도 있다. 관할권 없는 법원이 행한 소송행위(제2조), 재판권 없는 법원의 소송행위(제16조의2) 등이 이에 해당한다.

Ⅳ. 소송행위의 이유유·이유무

≪학습문제≫ 피고인 갑은 판사 을이 불공정하게 재판을 진행하자 기피신청을 하였다. 이에 대하여 법원은 어떠한 판단을 하여야 하는가?

1. 개 념

소송행위의 이유유무란 법률행위적 소송행위에 관하여 그 성립과 적법성을 전제로 그 소송행위의 실질적 내용이 사실적·법률적·논리적으로 이유를 갖추었느냐에 대한 가치판단을 말한다.

소송행위의 이유유무의 판단에 있어서 소송행위의 실질적 내용이 타당성이 있는 경우에는 '이유있음'을 인정하여 소송행위의 주체가 원하는 소송법적 효과를 발생시키는 재판을 하게 되며, 타당성이 없는 경우에는 '이유없으므로 기각'이라는 재판을 하게 된다.

2. 판단대상

소송행위의 이유유무는 법률행위적 소송행위 가운데 주로 당사자의 신청 또는 청구와 같이 법원의 재판을 구하는 효과요구 소송행위에 대하여 행해진다(예, 검사의 공소제기, 피고인의 법관에 대한 기피신청, 피고인의 상소제기 등).

재판에 대하여도 이유유무의 판단대상이 된다고 해석하는 견해가 있다. 그러나 효과부여 소송행위에는 이유유무가 문제되지 않을 뿐만 아니라 상소심절차에서 원심판결의 이유유무를 논하는 경우에도 이것은 원심 자체에 대한 가치판단이라기보다는 법원 이외의 소송주체가 제기한 상소의 이유유무를 판단하는 것이므로 재판에 대하여는 이유유무가 문제되지 않는다(다수설).

제4절 소송조건

Ⅰ. 소송조건의 의의와 종류

《학습문제》 검사가 친고죄에 대하여 고소가 없음에도 불구하고 공소를 제기하였다. 이때 법원은 이 사건에 대하여 재판을 할 수 있는가?

1. 소송조건의 의의

(1) 개 념

소송조건은 사건의 실체에 대하여 심판할 수 있는 실체심판의 조건, 즉 형벌권의 존부를 심판하는 데 구비되어야 할 전체로서의 소송에 공통된 조건을 말한다. 따라서 소송조건은 공소제기의 유효조건일 뿐만 아니라 소송의 존속과 발전을 위한 조건이다. 이러한 의미에서 소송조건을 전체로서의 소송의 허용조건이라고 한다.

(2) 구별개념

소송조건은 실체심판의 전제조건으로서 이를 결하면 형식재판에 의해 소송을 종결시켜야 한다는 점에서 실체법상 형벌권발생조건으로서 이를 결한 경우에는 무죄판결 또는 형면제 등의 실체판결을 하여야 하는 처벌조건과 구별된다. 또한 소송조건은 수소법원의 입장에서 파악되는 조건으로 소송의 전 과정에서 그 구비가 요구된다는 점에서 검사의 공소제기가 유효하기 위하여 갖추어야 할 기본조건으로서 공소제기의 시점에서 판단하는 공소제기의 유효요건과 구별된다.

그리고 소송조건은 소송의 존속을 배제시키는 조건으로 그것이 흠결된 경우에는 절차가 종결된다는 점에서 소송계속 중 공판절차를 일시적으로 정지함에 지나지 않는 공판절차정지조건(제298조 제4항, 제306조)과도 구별된다. 또한 소송조건은 전체로서의 소송에 관한 조건이라는 점에서 변호인선임 또는 구속과 같은 당해 소송행위를 무효로 하는 데 그치는 개개 소송행위의 유효요건과도 구별된다.

2. 소송조건의 종류

(1) 일반적 소송조건과 특별소송조건

일반적 소송조건은 일반사건에 공통으로 필요로 하는 소송조건을 말한다. 법원의 재판권 또는 관할권 등이 이에 해당한다. 특별소송조건은 특수한 사건에 대하여만 필요한 소송조건을 말한다. 친고죄에 있어서의 고소 등이 이에 해당한다.

(2) 절대적 소송조건과 상대적 소송조건

절대적 소송조건은 법원이 공익을 위하여 필요하다고 인정하여 직권으로 조사하여야 하는 소송조건을 말한다. 소송조건은 원칙적으로 절대적 소송조건이다. 상대적 소송조건은 당사자의 이익을 위하여 정해진

조건으로서 당사자의 신청을 기다려서 법원이 조사하는 소송조건을 말한다. 토지관할(제320조) 등이 이에 해당한다.

(3) 적극적 소송조건과 소극적 소송조건

적극적 소송조건은 일정한 사실의 존재가 소송조건이 되는 것을 말한다. 재판권·관할권의 존재 등이 이에 해당한다. 소극적 소송조건은 일정한 사실의 부존재가 소송조건이 되는 것을 말한다. 동일사건에 대하여 확정판결이 없을 것, 동일법원에 이중의 공소제기가 없을 것 등이 이에 해당한다.

(4) 형식적 소송조건과 실체적 소송조건

형식적 소송조건은 절차면에 관한 사유를 소송조건으로 하는 것을 말한다. 공소기각의 재판(제327조, 제328조) 또는 관할위반의 판결(제319조)의 사유 등이 이에 해당한다. 실체적 소송조건이란 실체면에 관한 사유를 소송조건으로 하는 것을 말한다. 면소판결(제326조)의 사유 등이 이에 해당한다.[58]

Ⅱ. 소송조건의 조사

> ≪학습문제≫ 친고죄를 범한 피고인 갑은 피해자의 고소에 의하여 수사 후 공소제기 되었으나 피해자와 합의하여 고소를 취소하게 하였다. 이 때 법원은 어떻게 하여야 하는가?

---

58) 이 외에 실천적 요청에서 수사절차단계에서 검토하여야 하는 소송조건(예, 절대적인 형사미성년자, 회기 중 국회의원의 면책특권, 국제법상의 외교관계면제권, 변론무능력자, 공소시효, 친고죄의 고소, 반의사불벌죄의 처벌희망의사표시 등)과 공판절차단계에 와서 검토해도 무방한 소송조건(예, 공소제기의 유효요건, 소송계속, 기판력발생 여부 등)으로 구분하는 견해도 있다.

1. 직권조사의 원칙

소송조건은 상대적 소송조건의 경우를 제외하고는 원칙적으로 법원이 직권으로 조사하여야 한다. 소송조건은 제1심분만 아니라 상소심에서도 존재하여야 하므로 상소인이 상소이유서에서 소송조건의 흠결을 다투지 않아도 상소법원은 직권으로 조사하여야 한다.

[판례] 고발이 있어야 공소를 제기할 수 있는 범죄에서 그 고발은 적극적 소송조건으로서 직권조사사항에 해당하므로 당사자가 항소이유로 주장하지 않았다고 하더라도 법원은 이를 직권으로 조사·판단하여야 한다(2014도224).

[판례] 법원은 검사가 공소를 제기한 범죄사실을 심판하는 것이지 고소권자가 고소한 내용을 심판하는 것이 아니므로, 고소권자가 비친고죄로 고소한 사건이더라도 검사가 사건을 친고죄로 구성하여 공소를 제기하였다면 공소장변경절차를 거쳐 공소사실이 비친고죄로 변경되지 아니하는 한, 법원으로서는 친고죄에서 소송조건이 되는 고소가 유효하게 존재하는지를 직권으로 조사·심리하여야 한다(2013도7987).

2. 소송조건의 심사시점

소송조건은 공소제기의 유효요건이므로 공소제기 시의 공소사실을 기준으로 판단한다. 그러나 소송조건은 소송절차의 존속과 발전을 위한 요건도 되므로 절차의 모든 단계에서 소송조건의 유무를 판단하여야 하는데, 이때에는 각 심사시점에서 밝혀진 피고사건을 기준으로 한다. 따라서 공소장변경 시에는 변경된 공소사실을 기준으로 판단하여야 한다. 다만, 토지관할은 공소제기 시에 존재하면 충분하다. 또한 공소시효는 공소제기에 의하여 그 진행이 정지되므로(제253조 제1항) 공소시효완성의 판단은 공소제기 시점의 범죄사실을 기준으로 한다(91도3150).

3. 소송조건의 증명

소송조건은 소송법적 사실에 해당하므로 자유로운 증명으로 충분하다(통설). 다만, 적어도 공판 중에 심사되어야 할 것을 요구한다. 만일 소송조건의 충족 여부가 입증되지 아니하면 '의심스러운 때에는 피고인의 이익으로'의 원칙이 적용되므로 이에 따라 소송절차를 종료하여야 한다('의심스러운 때에는 절차종료'(in dubio contra procedere)). 소송조건에 대한 입증책임은 검사에게 있다.

소송조건의 존부판단은 대부분 판결에 의하므로 소송조건의 심사를 위한 공판은 구두변론에 의하여야 한다(제37조 제1항). 따라서 구두주의, 공개주의, 직접주의 등, 공판절차상 원칙이 모두 유지되어야 한다. 그러나 결정이나 명령의 경우에는 그러하지 아니한다(동조 제2항).

Ⅲ. 소송조건의 흠결

≪학습문제≫ 법원이 피고사건의 재판 중에 친고죄임에도 불구하고 고소가 없음을 발견하였고, 동시에 이미 공소시효가 지난 것으로 밝혀졌다. 이때 법원은 어떻게 하여야 하는가?

1. 형식재판에 의한 소송의 종결

소송조건이 구비되지 않은 때에는 형식재판에 의하여 소송을 종결시켜야 한다. 형식적 소송조건을 흠결한 때에는 공소기각의 결정(제328조), 공소기각의 판결(제327조), 관할위반의 판결(제319조)을 하여야 하며, 실질적 소송조건을 흠결한 때에는 면소의 판결(제326조)을 선고하여야 한다. 소송조건은 실체재판의 조건이므로 소송조건을 결여한 사건에 대하여 무죄판결을 선고할 수는 없다(2001도6777).

2. 소송조건흠결의 경합

소송조건의 흠결사유가 2개 이상 경합한 경우에는 판결은 결정에 비해 신중한 재판형식이라는 점, 면소판결에는 일사부재리의 효과가 인정된다는 점, 관할위반의 판결은 공소기각의 판결에 비하여 특수화되어 있다는 점 등을 고려하여 판단하여야 한다. 따라서 형식적 소송조건과 실체적 소송조건의 흠결이 경합한 경우에는 전자를 이유로 재판하여야 한다. 형식적 소송조건 중에서 관할위반과 공소기각의 사유의 흠결이 경합하면 공소기각의 재판을 하여야 하며, 공소기각의 판결과 공소기각의 결정사유의 흠결이 경합하면 공소기각의 결정을 하여야 한다. 같은 종류의 소송조건이 결여된 때에는 하자의 정도와 난이도에 따라서 결정하여야 한다.

Ⅳ. 소송조건의 추완

> ≪학습문제≫ 검사가 친고죄에 대하여 공소제기 후에 피해자의 고소장을 첨부하였다. 이때 검사의 공소제기는 유효한가?

공소제기 시에는 소송조건이 구비되지 않았지만 소송계속 중에 보완된 경우에 공소제기의 하자가 치유되느냐의 문제가 있다. 주로 친고죄에 있어서 고소의 추완의 문제이다. 이에 대하여는 전술('고소의 추완' 참조)한 것처럼 형사절차의 동적·발전적 성격과 소송경제의 원칙에 의거하여 추완을 인정하는 견해, 피고인의 보호와 절차의 명확성을 함께 도모하려는 취지에서 소송조건은 사실심리를 금지하는 것이므로 그 개시 전, 즉 모두절차까지 추완하거나 피고인이 동의한 경우에만 추완을 인정하는 견해 등이 있다. 그러나 소송조건은 소송이 성립·유지·존속되기 위한 기본조건이므로 추완을 부정하여야 한다.

제5절 소송절차

Ⅰ. 소송절차의 본질

≪학습문제≫ 소송의 실체면과 절차면은 어떠한 관계에 있는가?

소송절차본질론은 확정판결을 위하여 소송주체인 법원·검사·피고인의 연속된 소송행위에 의해 발전하는 형사절차의 전과정을 통일적으로 설명하는 이론을 말한다. 이를 소송절차의 기본이론이라고도 한다. 소송절차의 본질에 관하여는 견해의 대립이 있다.

1. 법률관계설

소송을 소송주체들간의 법률관계로 보는 견해이다. 즉, 법원은 심판할 권리·의무가 있고, 당사자는 심판을 구하거나 심판을 받을 권리·의무가 있다고 한다(Bülow). 다만, 실체법과 달리 계속해서 국면이 전개되고 일보일보 전진한다는 점에서 실체법과 구분된다고 한다. 이 견해에 대하여는 형사절차가 수사절차로 종결되는 경우를 설명할 수 없으며, 소송의 동적·발전적 성격을 무시하고 있다는 비판이 있다.

2. 법률상태설

소송은 기판력을 정점으로 하는 부동적인 법률상태라고 하는 견해이다. 즉, 소송의 동적·발전적 성격을 고려하여, 소송의 종결인 기판력에 도달하기 까지는 당사자의 지위가 부동적이므로 소송상에는 엄밀한 의미에서 권리·의무는 없고 기대와 부담의 관계로서 법률상태에 지나지 않는다고 한다(Goldschmidt). 이 견해에 대하여는 절차면이 가지는 법률관계적 성질을 부정함으로써 다수의 이해관계인이 관여하는 소송절차에 있어서 절차의 명확성을 소홀히 하는 흠이 있고, 소송의 기본적 생성과 존속의 요건에 대한 분석이 행해지지 않기 때문에 법원과 검사 등 국가기관의 권한행사에 대한 한계를 설정하지 못하는 어려움이 있다는 비판이 있다.

3. 삼 면 설

형사소송을 실체법의 실현과정으로 이해하면서 그 동적·발전적 과정을 3분하여, 실체형성과정은 실체법률관계의 형성과정으로, 소송추행과정은 소송당사자가 권리를 추구하는 과정으로, 절차과정은 그 이익추행을 현실로 행하는 법적 형식으로 파악하는 견해이다. 이들은 서로 목적과 수단의 관계에 있으므로 그 분석에 의하여 소송을 체계적으로 설명할 수 있다고 한다(Sauer). 이 견해는 법률관계설과 법률상태설의 난점을 극복하고자 하는 것으로 이면설의 이론적 기초를 제시하였다.

4. 이 면 설

전체로서의 소송을 실체면과 절차면으로 구분하여 설명하는 견해이다. 즉, 실체면은 실체법이 소송을 통하여 실현되는 과정으로서 부동적인 성격을 갖고 있다는 점에서 법률상태라고 한다. 반면에 절차면은 직·간접으로 실체면의 발전을 목적으로 하는 소송행위의 연속이며 소송행위의 효력에 의하여 진전하고, 이러한 소송행위의 효력은 소송주체에 대하여 일정한 권리·의무관계를 발생시키므로 고정적인 법률관계로 이해한다(團藤, 통설). 이 견해에 대하여는 형사절차를 형식적·기계적으로 실체면과 절차면으로 구별하고 있을 뿐 그 구별의 실질적 기준은 제시하고 있지 못한다는 비판이 있다.

5. 검 토

이면설은 소송이 가진 동적·발전적 성격과 법률관계적 성질에 대한 설명을 가능하게 할 뿐만 아니라 소송행위, 소송조건, 재판의 효력 등 소송의 기본개념에 대한 통일적 이해를 가능하게 한다는 점에서 가장 타당하다. 그러나 이면설에 따르더라도 절차면과 실체면은 실제로 분리되어 있는 것은 아니고 서로 밀접한 관련을 가지고 영향을 주고 있다. 다만, 절차의 명확성과 소송경제의 요청에 의해 절차면에 속하는 소송행위가 행위 당시의 실체형성에 근거하여 행하여졌다면 그 후 실체형성이 변경되었다고 하더라도 그 절차를 번복해서는 아니 된다는 원칙이 요구되고 있다(절차유지의 원칙). 따라서 실체면이 절차면에 미치는 영향은 제한적이다.

　실체면이 절차면에 영향을 주는 경우로는 사물관할의 표준(법조법 제32조), 친고죄나 반의사불벌죄에 있어서 고소나 고소의 취소 요부(제223조 이하), 긴급체포의 요건(제200조의3), 공소시효의 완성 여부(제249조), 필요적 변호의 요부(제282조), 피고인출석의 요부(제277조), 간이공판절차의 요건(제286조의2) 등을 들 수 있다. 반면에 절차면이 실체면에 영향을 주는 경우로는 위법수집증거배제법칙(제308조의2), 전문법칙(제310조의2), 자백법칙(제309조) 또는 자백의 보강법칙(제310조), 검사 또는 피고인의 증거동의(제318조) 등을 들 수 있다.

Ⅱ. 소송절차이분론

> 《학습문제》 변호인 갑은 피고인에 대해 무죄변론을 할 것인지, 아니면 유죄판결을 전제로 양형사유에 대한 변론을 할 것인지를 고민하였다. 갑의 고민을 해결해 줄 수 있는 형사절차제도로는 어떠한 것이 있는가?

　소송절차이분론은 소송절차를 범죄사실의 인정절차와 양형절차로 분리하자고 하는 이론이다. 공판절차이분론이라고도 한다. 소송절차이분제도는 배심제를 택하고 있는 영·미의 형사소송에서 배심원에 의한 유죄평결과 법원에 의한 형의 선고절차가 분리되어 있는 것에서 유래한 제도이지만, 독일, 일본을 비롯하여 우리나라에서도 그 도입이 주장되고 있다.

1. 적극설

절차이분제도의 도입을 주장하는 견해이다. 그 근거는 다음과 같다. 첫째, 현행 절차에서는 범죄사실의 인정에 앞서 피고인의 인격을 심리하게 되고, 따라서 법관이 편견과 예단을 가지게 될 우려가 있다(사실인정절차의 순수화). 둘째, 양형절차를 분리하게 될 경우 판결 전 조사제도 등에 의해 형벌의 개별화와 특별예방적 기능에 충실할 수 있다(양형의 합리화). 셋째, 절차를 분리할 경우 변호인은 사실인정절차에서는 피고인의 무죄만을 변론하고, 양형단계에서는 유리한 형을 선고받을 수 있도록 변론함으로써 변호권을 충분히 보장받을 수 있다(변호권의 충분한 보장). 넷째, 사실인정절차에서 유죄로 판단된 피고인만을 대상으로 하여 양형절차를 비공개로 진행한다면 피고인에 대한 불필요한 사생활침해를 방지할 수 있다(피고인의 인격권보호). 다섯째, 무죄를 선고할 경우에는 피고인에 대한 인격조사를 필요하지 않는다는 점에서 소송경제에도 도움이 된다.

2. 소극설

절차이분제도의 도입을 반대하는 견해이다. 그 근거는 다음과 같다. 첫째, 소송절차를 분리할 경우 심리기간이 길어지게 되어 소송지연을 초래하게 된다(소송의 지연). 둘째, 책임은 행위자의 인격을 떠나서 판단할 수 없고, 일반적인 범죄요소도 양면을 가지고 있으므로 양형사실과 범죄사실의 구분이 사실상 불가능하다. 특히, 상습범의 경우에 피고인의 인격조사는 유·무죄의 판단단계에서 논할 수밖에 없으므로 상습범규정이 많은 우리나라 현실에서는 적합하지 않다(범죄사실과 양형사실의 구별의 어려움). 셋째, 형사재판에 있어서 국민참여재판의 경우를 제외하고는 사실심리절차에 있어서 사인(私人)의 참여가 제도화되어 있지 않은 우리나라의 현실에서 이 제도를 채택하는 것은 타당하지 않다(현행 재판제도와의 부조화).

3. 검 토

절차이분제도는 사실인정절차와 양형절차를 분리함으로써 피고인의 인권보호에 유리하고, 방어권의 보장에 충실한 측면이 있음은 부정할 수 없다. 절차이분제도에 따르더라도 무죄판결의 경우에는 오히려 공판절차가 단축되고, 유죄판결의 경우도 양형절차의 기간을 제한하거나 사실인정과정에서 조사관에게 조사를 개시하게 하는 방법 등에 의하여 재판의 지연을 방지하는 것도 가능하다. 더구나 1995년 형소법 개정에 의하여 간이공판절차가 모든 형사사건에 적용되며, 2005년부터 중죄사건을 대상으로 하여 국민의 형사재판참여가 인정되고 있으므로 장래에는 절차이분제도의 도입도 고려해 볼 여지가 있다. 하지만 전문 직업법관제를 채택하고 있는 우리나라의 현실에서 실무상의 어려움이나 소송경제적인 관점에서 보면 그 도입이 시급한 것은 아니므로 충분한 검토가 요구된다.

제3편 수사와 공소제기

제1장 수사의 의의와 수사기관

1. 수사의 의의와 구조 ┬ 수사의 의의
                    └ 수사의 구조

2. 수사기관 ┬ 검사
          ├ 사법경찰관리
          └ 전문수사자문위원

<주요 학습사항>

1. 수사의 의의
2. 수사의 구조
3. 수사기관의 종류

제1절 수사의 의의와 구조

≪학습문제≫ 사법경찰관 갑은 환경물폐기업자 을에 대해 환경법위반의 혐의가 있다고 판단하여 수사를 개시하면서도 입건절차를 거치지 않았다. 갑의 수사는 적법한가?

Ⅰ. 수사의 의의

1. 수사의 개념

수사란 수사기관이 범인을 발견·검거하고, 증거를 수집하여 범죄혐의를 구체화해가는 일련의 활동을 말한다.[1] 수사는 수사기관이 범죄혐의가 있다고 인식하는 때에 비로소 개시된다(제196조, 제197조 참조). 따라서 범죄혐의가 있다는 인식이 없는 상태에서 이루어지는 수사기관의 활동은 형소법상 수사의 개념으로 보기 어렵다.

한편, 수사는 그 속성상 인권침해의 가능성이 높은 체포, 구속, 압수, 수색 등의 강제처분을 수반할 개연성이 높다. 특히, 수사는 스스로 범죄를 찾아 절차를 개시할 수 있고, 나아가 증거를 수집하여 사건을 형성해나간다는 점에서 공동체 구성원들의 일상적인 생활의 단면들을 보이지 않게 규격화하고 통제하는 권력으로 기능하고 있다. 따라서 수사절차에서는 적법절차의 요청이 강하게 요구된다.

---

1) 수사의 개념에 대하여는 견해의 대립이 있다. 즉, 수사의 개념을 공소의 제기·유지를 위한 준비활동으로 보는 견해와 이러한 견해는 각종 조사활동의 결과 불기소처분으로 종결되거나 공소취소 되는 경우 이러한 활동을 수사에 포함시킬 수 없으므로 수사의 개념을 보다 넓게 정의하는 견해가 있다. 후자는 수사를 범죄혐의 유무를 확인하고, 범인의 체포 및 증거수집을 위한 일련의 조사활동으로 본다.

2. 내사의 개념

수사의 개시는 범죄혐의에 대한 수사기관의 인식을 전제로 한다. 그런데 범죄혐의가 충분치 않은 때에도 수사기관의 활동은 이루어진다. 이러한 활동은 실무적으로 내사로 불리며, 수사의 개념에는 포함되지 않는다. 내사는 아직 범죄혐의가 있다는 판단에 이르기 전의 상태로서 수사기관이 수사에 필요한 범죄혐의가 있는지 여부를 확인하기 위한 조사활동이다. 형소법에서 수사의 단서로 규정하고 있는 고소·고발 또는 자수가 있다면 내사 없이 즉시 수사가 개시된다. 그렇지 않은 경우에는 수사기관이 수사단서를 기초로 스스로 범죄혐의를 인지하기 위한 사전 조사활동, 즉 내사활동을 전개한다. 예컨대, 범죄에 관한 신문·잡지 등의 기사 또는 라디오·TV 등의 방송, 익명의 신고 또는 풍설, 피해자나 제3자의 진정·탄원·투서 등이 있더라도 그 출처의 불명·신빙성의 미약 등의 사유로 인해 곧바로 수사를 개시하기 어려운 경우에는 통상 내사의 과정을 거쳐 범죄혐의의 유무를 확인한다.

그러나 대부분의 내사는 피해자-가해자 형태의 일반적 범죄유형과는 달리, 직접적 피해자가 없거나 또는 피해자가 있어도 자신을 드러내지 범죄유형, 예컨대 마약·조직범죄, 뇌물범죄 등에서 특히 요구된다. 수사기관은 내사를 통해 범죄혐의 유무에 대한 판단, 즉 수사를 개시할 것인가 또는 조사활동을 종결할 것인가의 판단을 하게 된다. 이러한 판단은 수사기관이 제반 상황에 대응하여 자신에게 부여된 권한을 적절하게 행사할 수 있는 재량행위로 파악되고 있다(2004다14932). 다만, 내사단계에서 피조사자는 헌법 및 형소법이 피의자에게 보장하고 있는 권리를 행사할 수 없다는 문제점이 있다.

3. 수사와 내사의 구별

수사와 내사를 구분하는 기준으로는 형식설과 실질설이 있다.

(1) 학설 및 판례

1) 형 식 설

형사사건으로 접수, 수리하여 사건번호가 부여되는 입건절차를 거치느냐 여부를 기준으로 수사와 내사를 구분하는 견해이다. 이 견해에서는 사실상 강제처분을 수반하는 수사활동이 있다고 하더라도 형식적 절차인 입건이 되지 않았다면 내사로 간주한다.

2) 실 질 설

형식적 절차인 입건 여부와는 관계없이 실질적인 수사활동이 외부적으로 표시되었느냐의 여부에 따라 수사와 내사를 구분하는 견해이다. 이 견해에서는 내사단계에서도 실질적으로 수사에 해당하는 행위가 있다면 수사활동으로 간주되므로 내사의 범위가 줄어들어 내사로 인한 피조사자의 기본권 침해의 가능성도 낮아진다.

3) 판례의 태도

판례는 "피내사자와 피의자의 구분은 형식적으로 입건서류를 작성함으로써 구분되는 것이 아니라, 수사기관이 구체적 단서에 의거하여 범죄혐의를 주관적으로 인지하는 시점부터 시작된다. 검찰사건사무규칙이 규정한 범죄인지서 작성절차는 검찰행정의 편의를 위한 사무처리절차 규정이므로, 검사가 인지절차를 거치기 전에 범죄의 혐의가 있다고 보아 수사를 개시하는 행위를 한 때에는 범죄를 인지한 것으로 보아야 한다"(2000도2968)고 하여 실질설을 취하고 있다. 즉, 입건이라는 형식에 관계없이 실질적으로 수사가 이루어졌느냐에 따라 내사와 수사를 구별한다.

4) 검 토

내사와 수사의 구별은 어떻게 하면 피의자 인권의 사각지대인 내사의 범위를 줄여 사건관계인의 권리를 보호할 것인가의 문제로 귀결된다. 수사기관의 입장에서는 실질설보다는 형식설에 따라 수사와 내사를 구분하려고 한다. 그러나 피의자의 인권 내지 방어권을 충실히 보장하기 위해서는 수사기관의 내사에 대한 실효적 통제장치를 마련하는 한편, 실질설의 입장에서 수사기관이 내사를 빙자하여 수사의 대상이 된 피의자의 권리를 보호하기 위한 제도적 장치를 피해가려는 관행을 차단할 필요가 있다.

(2) 내사의 통제

2021년 형소법 개정에 따라 제정된 수사준칙규정에서는 사법경찰관뿐만 아니라 검사의 내사활동도 통제의 대상으로 하는 것을 비롯하여 내사에 대한 통재를 강화함으로써 내사를 빙자한 수사로 야기되는 인권침해를 방지하고자 하였다. 즉, 수사준칙규정에 따르면 입건 이전, 즉 수사가 개시되기 전에도 수사기관이 일정한 행위에 착수한 때에는 수사개시로 보아 즉시 입건할 것을 강제하고 있다. 수사개시로 보는 수사기관의 행위에는 (i) 피혐의자의 수사기관 출석조사, (ii) 피의자신문조서의 작성, (iii) 긴급체포, (iv) 체포 · 구속영장의 청구 또는 신청, (v) 사람의 신체, 주거, 관리하는 건조물, 자동차, 선박, 항공기 또는 점유하는 방실에 대한 압수 · 수색 또는 검증영장(부검을 위한 검증영장은 제외한다)의 청구 또는 신청 등 등이 있다(수사준칙규정 제16조 제1항).

한편, 검사 또는 사법경찰관은 수사 중인 사건의 범죄 혐의를 밝히기 위한 목적으로 관련 없는 사건의 수사를 개시하거나 수사기간을 부당하게 연장해서는 안 된다(동조 제2항). 또한 입건 전에 범죄를 의심할 만한 정황이 있어 수사개시 여부를 결정하기 위한 사실관계의 확인 등 필요한 조사를 할 때에는 적법절차를 준수하고 사건관계인의 인권을 존중하며, 조사가 부당하게 장기화되지 않도록 신속하게 진행하여야 한다(동조 제3항). 만약 이러한 조사 결과 입건하지 않는 결정을 한 때에는 피해자에 대한 보복범죄나 2차 피해가 우려되는 경우 등을 제외하고는 피혐의자 및 사건관계인에게 통지하여야 한다(동조 제4항). 이때 통지를 받은 피혐의자 및 사건관계인 또는 그 변호인은 조사와 관련한 서류 등에 대해 열람·복사를 신청할 수 있다(동조 제6항).

Ⅱ. 수사의 구조

1. 수사구조론의 의의

수사구조론이란 수사과정을 전체로서의 형사절차에 어떻게 위치시키고, 수사절차에 관여하는 활동주체들 간의 관계를 어떻게 정립할 것인가에 대하여 규명하는 이론을 말한다.

2. 규문적 수사관

규문적 수사관은 수사절차를 수사기관이 피의자를 조사하는 절차과정으로 이해하는 견해이다. 이 견해에서는 수사기관에 수사의 주도권을 인정함과 동시에 수사기관의 고유한 권능으로서 강제처분권을 인정하므로 법원의 영장을 수사기관의 권한남용을 억제하는 허가장으로 이해한다. 이때 피의자는 수사의 객체에 불과하므로 조사를 위한 수사기관의 요구에 대해 출석·체류의무를 가지며, 수사기관의 취조에 대한 수인의무를 지게 된다.

3. 탄핵적 수사관

탄핵적 수사관은 수사를 수사기관의 단독으로 행하는 공판준비활동으로 인정하는 견해이다. 따라서 수사에 있어서 피의자도 수사기관과 대등한 당사자로 공판준비와 방어활동을 하는 것이 인정되며, 피의자에게는 수사기관에의 출석·체류의무와 수사기관의 신문에 대한 수인의무가 인정되지 않는다. 이 견해에서는 강제처분은 장래의 재판을 위해 법원이 행하는 것으로 보므로, 법원의 영장은 명령장으로 이해한다.

4. 소송적 수사관

소송적 수사관은 기소·불기소의 결정이라고 하는 독자적인 목적을 가진 공판과는 별개의 절차로 이해하는 견해이다. 이 견해는 수사절차의 독자성을 강조하는 것으로서, 판단자인 검사를 정점으로 하여 사법경찰관과 피의자가 서로 대립하는 당사자로 이해한다.

<수사구조론과 수사관여자의 관계>

규문적 수사관	탄핵적 수사관	소송적 수사관
수사기관 ↓ 피의자	법원 ↓ 수사기관 ↔ 피의자	검사 ↓ 사법경찰관 ↔ 피의자

5. 검 토

규문적 수사관은 피의자를 수사의 객체로 취급하고 있어서 피의자의 인권보장에 소홀하고, 수사기관에 강제처분권을 인정하게 됨에 따라 무죄추정의 원칙에 반할 뿐만 아니라 검사의 객관의무의 요청에 반하게 된다. 소송적 수사관은 피의자를 수사의 주체로 인정하지 않고 있는 점에서는 규문적 수사관과 마찬가지이고, 검사가 직접 수사하는 경우에는 검사를 판단자로 하는 3면관계로 수사구조를 이해하기 어렵다는 문제가 있다. 따라서 수사를 공판준비활동으로 봄으로써 공판중심주의에 충실하고, 헌법상 적법절차와 당사자주의의 요청에 따라 수사기관의 강제처분을 엄격하게 규제하여 피의자의 인권과 방어권을 충분히 보장할 필요가 있다는 점에서 보면 탄핵적 수사관이 타당하다.

제2절 수사기관

Ⅰ. 수사기관의 의의와 종류

1. 수사기관의 의의

수사기관은 법률상 범죄수사를 할 수 있는 권한을 부여받은 국가기관을 말한다. 형소법에서는 범죄의 혐의가 있다고 사료하는 때에는 범인, 범죄사실과 증거를 수사할 수 있는 수사권을 검사(제196조) 및 사법경찰관(제197조)에게 부여하고 있다.

2. 수사기관의 종류

현행법상 수사기관에는 검사(공수처검사 포함)와 사법경찰관리(공수처수사관 포함)가 있다.[2] 사법경찰관리에는 일반사법경찰관리와 특별사법경찰관리가 있다. 검사에 대하여는 앞에서 설명하였으므로 이하에서는 사법경찰관리를 중심으로 설명한다.

Ⅱ. 사법경찰관리

《학습문제》 경찰관 갑은 회사원 을이 공금을 횡령하였다는 범죄혐의를 발견하자 검사의 지휘를 받지 않고 수사를 개시하였다. 갑의 수사개시는 적법한가?

---

2) 공수처법에 규정한 것 이외에 공수처검사와 공수처수사관의 공수처법에 따른 직무와 권한 등에 관하여는 공수처법의 규정에 반하지 아니하는 한 「검찰청법」(다만, 제4조 제1항 제2호, 제4호, 제5호는 제외한다), 형소법을 준용한다(법 제47조).

1. 일반사법경찰관리

2020년 수사권조정에 따라 사법경찰관은 독자적으로 수사권을 행사할 수 있다. 즉, 사법경찰관은 범죄의 혐의가 있다고 사료하는 때에는 범인, 범죄사실과 증거를 수사한다(제197조 제1항). 사법경찰관에는 경무관, 총경, 경정, 경감, 경위가 있다. 사법경찰관의 수사를 보조하는 사법경찰리에는 경사, 경장, 순경 등이 있다.

한편, 경찰청에는 경찰의 수사사무를 총괄하는 '국가수사본부'를 두고, 국가수사본부장3)에게 형소법에 따른 경찰의 수사에 관하여 각 시·도경찰청장과 경찰서장 및 수사부서 소속 공무원에 대한 지휘·감독권을 부여하고 있다(국가경찰과 자치경찰의 조직 및 운영에 관한 법률 제16조). 다만, 자치경찰제의 도입에 따라 국가경찰과 자치경찰의 수사사무의 범위는 구분되어 있다.4)

2. 특별사법경찰관리

특별사법경찰관리에는 삼림·해사·전매·세무·군수사기관과 기타 특별한 사항에 관하여 사법경찰관리의 직무를 행하는 자가 있다(제245조의10 제1항). 특별사법경찰관리는 특수한 분야의 수사를 담당한다는 점에서 모든 분야의 범죄수사를 담당하고 있는 일반사법경찰관리와 구별된다. 특별사법경찰관리의 직무의 범위는 「사법경찰관리의 직무를 수행할 자와 그 직무의 범위에 관한 법률」에서 정하고 있다. 다만, 특별사법경찰관

---

3) 국가수사본부장은 치안정감으로 보하고, 임기는 2년으로 하며 중임할 수 없다. 다만, 국가수사본부장이 직무를 집행하면서 헌법이나 법률을 위배하였을 때에는 국회는 탄핵 소추를 의결할 수 있다(국가경찰과 자치경찰의 조직 및 운영에 관한 법률 제16조).

4) 자치경찰의 수사사무는 (ⅰ) 학교폭력 등 소년범죄, (ⅱ) 가정폭력, 아동학대 범죄, (ⅲ) 교통사고 및 교통 관련 범죄, (ⅳ) 「형법」 제245조에 따른 공연음란 및 「성폭력범죄의 처벌 등에 관한 특례법」 제12조에 따른 성적 목적을 위한 다중이용장소 침입행위에 관한 범죄, (ⅴ) 경범죄 및 기초질서 관련 범죄, (ⅵ) 가출인 및 「실종아동등의 보호 및 지원에 관한 법률」 제2조 제2호에 따른 실종아동 등 관련 수색 및 범죄이다(국가경찰과 자치경찰의 조직 및 운영에 관한 법률 제4조 제1항 제2호 라목).

리의 직무범위에 속하는 범죄에 대하여 일반사법경찰관리도 수사할 수 있다.

한편, 특별사법경찰관은 수사개시·진행권은 있지만(동조 제3항) 수사 종결권은 인정되지 않는다. 즉, 특별사법경찰관은 범죄의 혐의가 있다고 인식하는 때에는 범인, 범죄사실과 증거에 관하여 수사를 개시·진행하여야 하지만(제245조의10 제3항), 모든 수사에 관하여 검사의 지휘를 받으며(동조 제3항), 검사의 지휘가 있는 때에는 이에 따라야 한다(동조 제4항).[5] 따라서 범죄를 수사한 때에는 지체 없이 검사에게 사건을 송치하고, 관계 서류와 증거물을 송부하여야 한다(동조 제5항).

> **[판례]** 구 「출입국관리법」(2010. 5. 14. 법률 제10282호로 개정되기 전의 것) 제101조는 제1항에서 출입국관리사무소장 등의 전속적 고발권을 규정함과 아울러, 제2항에서 일반사법경찰관리가 출입국사범을 입건한 때에는 지체없이 사무소장 등에게 인계하도록 규정하고 있고, 이는 그 규정의 취지에 비추어 제1항에서 정한 사무소장 등의 전속적 고발권 행사의 편의 등을 위한 것이라고 봄이 상당하므로 일반사법경찰관리와의 관계에서 존중되어야 할 것이지만, 이를 출입국관리공무원의 수사 전담권에 관한 규정이라고까지 볼 수는 없는 이상 이를 위반한 일반사법경찰관리의 수사가 소급하여 위법하게 되는 것은 아니다(2008도7724).

그러나 특별사법경찰관리에 대하여는 일반사법경찰관에 대한 검사의 보완수사요구(제197조의2), 검사의 시정조치요구 등(제197조의3), 수사의 경합(제197조의4), 사법경찰관이 신청한 영장의 청구 여부에 대한 심의(제221조의5), 사법경찰관 등의 사건송치 등(제245조의5), 고소인 등에 대한 송부통지(제246조의6), 고소인 등의 이의신청(제245조의7), 검사의 재수사요청 등(제248조의8)에 관한 규정은 적용되지 아니한다(제245조의9 제4항).

3. 검찰청 직원

검찰청 직원도 사법경찰관리의 직무를 수행할 수 있다(제245조의9).

---

5) 검사의 지휘에 관하여 규체적인 사항은 「특별사법경찰관리에 대한 검사의 수사지휘 및 특별사법경찰관리의 수사준칙에 관한 규칙」 참조.

즉, 검찰청 직원 중 검찰주사, 마약수사주사, 검찰주사보, 마약수사주사보(이상은 '사법경찰관'임), 검찰서기, 마약수사서기, 검찰서기보 또는 마약수사서기보(이상은 '사법경찰리'임)로서 검찰총장 또는 각급 검찰청 검사장의 지명을 받은 사람은 소속 검찰청 또는 지청에서 접수한 사건에 관하여 사법경찰관리의 직무를 수행한다(검찰청법 제47조 제1항). 별정직공무원으로서 검찰총장 또는 각급 검찰청 검사장의 지명을 받은 공무원도 마찬가지이다(동조 제2항).

사법경찰관의 직무를 행하는 검찰청 직원은 검사의 지휘를 받아 수사하여야 한다(제245조의9 제2항). 사법경찰리의 직무를 행하는 검찰청 직원은 검사 또는 사법경찰관의 직무를 행하는 검찰청 직원의 수사를 보조하여야 한다(동조 제3항). 공수처수사관6)은 고위공직자범죄 등에 대한 수사에 관하여 공수처검사의 지휘·감독을 받아 사법경찰관의 직무를 수행하여야 한다(공수처법 제21조).

그러나 사법경찰관의 직무를 행하는 검찰청 직원에 대하여는 일반 사법경찰관에 대한 검사의 보완수사요구(제197조의2), 검사의 시정조치요구 등(제197조의3), 수사의 경합(제197조의4), 사법경찰관이 신청한 영장의 청구 여부에 대한 심의(제221조의5), 사법경찰관 등의 사건송치 등(제245조의5), 고소인 등에 대한 송부통지(제246조의6), 고소인 등의 이의신청(제245조의7), 검사의 재수사요청 등(제248조의8)에 관한 규정은 적용되지 아니한다(제245조의9 제4항).

---

6) 공수처수사관은 (ⅰ) 변호사 자격을 보유한 사람, (ⅱ) 7급 이상 공무원으로서 조사, 수사업무에 종사하였던 사람, (ⅲ) 공수처규칙으로 정하는 조사업무의 실무를 5년 이상 수행한 경력이 있는 사람 중에서 공수처장이 임명한다(공수처법 제10조 제1항). 공수처수사관은 일반직공무원으로 보하고, 40명 이내로 한다. 다만, 검찰청으로부터 검찰수사관을 파견받은 경우에는 이를 공수처수사관의 정원에 포함한다(동조 제2항). 공수처수사관의 임기는 6년으로 하고, 연임할 수 있으며, 정년은 60세로 한다(동조 제3항).

4. 수사상 검사와 사법경찰관리의 관계

(1) 수사권조정의 배경

수사권조정에 관한 논쟁은 경찰에게 독립된 수사권을 부여할 것인가의 문제와 관련하여 이루어졌다. 1954년 제정 형소법은 검사에게 기소권과 수사의 주도권을 주고, 검사로 하여금 경찰수사를 지휘·통제하게 하는 수사구조를 채택하였었다. 하지만 경찰을 검찰수사의 보조자로 규정하고 있던 법과는 달리, 실제에서는 수사의 상당부분이 경찰에 의해 행하여짐에 따라 법과 현실의 괴리가 초래되었다. 또한 수사지휘를 빙자하여 경찰수사에 부당하게 개입하는 등 검사의 수사지휘의 오·남용도 적지 않았다. 그러다가 2011년 형소법 제196조의 개정에서 경찰의 수사개시·진행권이 인정되었다.

그러나 2011년 형소법 개정 이후에도 경찰수사에 대한 검사의 지휘권이 인정되고 있어서 수사에 대한 경찰의 독립성 문제가 해결되지 못하였을 뿐만 아니라 직접수사권, 수사종결권, 영장청구권, 나아가 기소권을 독점하고 있는 검찰의 권한의 비대화에 따른 우려가 커지면서 검찰권의 분산을 위한 검찰개혁이 요청되었고, 이것이 반영되어 검찰과 경찰의 수사권조정 문제가 정리되었다.

(2) 이론적 대립

수사권조정을 둘러싼 논의는 경찰의 수사권조정을 긍정하는 입장에서부터 시기상조론, 그리고 부정론에까지 다양한 견해가 제기되었다. 그러나 검찰이 수사권과 기소권을 독점한 형사사법시스템하에서 검찰개혁을 통해 검사의 권한에 대한 견제와 감시를 하여야 한다는 점에 대하여는 상당한 지지를 받았다. 다만, 검찰권 개혁의 구체적인 방안에 대하여는 견해가 나뉘었다. 즉, 경찰에게 수사를 맡기고 검찰은 기소만을 담당하게 하여야 한다는 주장, 검찰의 직접 수사기능을 없애되 경찰에 대한 검사의 수사지휘권은 유지 또는 강화되어야 한다는 주장, 그리고 현재와 같은 수사체제를 유지하고 검찰권을 견제할 수 있는 별도의 제도, 예컨대 상설특별검사제도 또는 고위공직자범죄수사처 등을 설치하여야 한다는 주장 등이 있었다.

한편, 경찰에 독자적인 수사권을 부여하기 위해서는 검찰개혁에 병행하여 경찰의 개혁도 요구되었다. 이러한 요구는 경찰수사가 검사의 수사지휘로부터 자유롭게 될 경우 현재의 검찰권 남용보다 훨씬 심각한 경찰권 남용에 직면할 것이라는 우려에서 비롯되었다. 이에 자치경찰제의 전면적 도입, 사법경찰에 대한 행정경찰의 부당한 개입을 통제할 수 있는 국가수사본부의 설치 등 경찰권 남용을 위한 제도적 장치가 마련되었다. 2018년 6월 21일 발표된 '검찰·경찰 수사권조정 합의문'에서도 수사권 조정과 동시에 경찰이 실천하여야 할 점으로 인권옹호를 위한 제도와 방안의 강구와 시행 등이 제시되었다.

(3) 수사권조정의 주요 내용

1) 검찰과 경찰의 상호협력 관계

형소법은 경찰에 대한 검사의 수사지휘권을 폐지하는 한편, 검사와 사법경찰관의 관계를 상호협력관계로 설정하고 있다(제195조). 따라서 검사와 사법경찰관은 수사, 공소제기 및 공소유지에 관하여 서로 협력하여야 한다.[7] 만약 수사와 사건의 송치, 송부 등에 관하여 이견 조정이나 협력 등이 필요한 경우 '수사기관협의회'를 통하여 상호 협의하도록 하고 있다.

2) 경찰의 1차적 수사권 및 수사종결권 인정

경찰은 1차적 수사권 및 수사종결권을 행사할 수 있게 되었다. 경찰은 수사에 있어서 검사의 지휘를 받지 아니하고 범죄혐의가 있다고 사료되면 수사를 개시·진행하고(제197조), 범죄혐의가 인정되면 검사에게 송치하고, 그렇지 않으면 불송치하면 된다(제245조의5).

---

7) 자세한 것은 수사준칙규정 및 「경찰수사규칙」 제3조 이하 참조.

3) 검찰의 직접 수사권 제한

수사권조정에 따라 검사의 직접 수사할 수 있는 범위가 제한되었으며(검찰청법 제4조 제1항), 고위공직자에 대한 수사권과 기소권 일부는 공수처로 이관되었다.

4) 경찰수사에 대한 검사의 지휘와 관리

(가) 검사의 영장청구권 및 수사지휘   헌법에서는 수사기관이 사람을 체포·구속하거나 압수·수색을 할 때에는 적법한 절차에 따라 '검사의 신청'에 의하여 법관이 발부한 영장을 제시하여야 한다고 규정하고 있다(제12조 제3항). 이에 형소법에서도 사법경찰관의 체포영장(제200조의2 제1항), 구속영장(제201조 제1항). 압수·수색영장이나 검증영장의 청구(제209조)에 있어서는 사법경찰관의 신청에 의하여 검사가 판사에게 영장을 청구하도록 하고 있다. 다만, 형소법에서는 검사가 사법경찰관이 신청한 영장을 정당한 이유 없이 판사에게 청구하지 아니한 경우 사법경찰관은 그 검사 소속의 지방검찰청 소재지를 관할하는 고등검찰청에 영장 청구 여부에 대한 심의를 신청할 수 있도록 하고 있다(제221조의5).

이 외에도 사법경찰관리의 구속영장 집행(제81조, 제209조), 사법경찰관에 의한 압수물의 환부·가환부(제218조의2) 및 압수물의 보관과 폐기(제130조), 압수물의 대가보관(제132조), 압수장물의 피해자환부(제134조)에 따른 처분 등을 함에는 검사의 지휘를 받아야 한다(제219조 단서).

(나) 경찰수사에 대한 검사의 보완수사 요구   검사는 (ⅰ) 송치사건의 공소제기 여부 결정 또는 공소의 유지에 관하여 필요한 경우 또는 (ⅱ) 사법경찰관이 신청한 영장의 청구 여부 결정에 관하여 필요한 경우에는 사법경찰관에게 보완수사를 요구할 수 있다(제197조의2 제1항), 사법경찰관은 이 요구가 있는 때에는 정당한 이유가 없는 한 지체 없이 이를

이행하고, 그 결과를 검사에게 통보하여야 한다(동조 제2항). 검사는 보완수사를 요구할 때에는 그 이유와 내용 등을 구체적으로 적은 서면과 관계 서류 및 증거물을 사법경찰관에게 함께 송부하여야 한다. 다만, 보완수사 대상의 성질, 사안의 긴급성 등을 고려하여 관계 서류와 증거물을 송부할 필요가 없거나 송부하는 것이 적절하지 않다고 판단하는 경우에는 해당 관계 서류와 증거물을 송부하지 않을 수 있다(수사준칙규정 제60조 제1항). 이때 보완수사를 요구받은 사법경찰관은 송부받지 못한 관계 서류와 증거물이 보완수사를 위해 필요하다고 판단하면 해당 서류와 증거물을 대출하거나 그 전부 또는 일부를 등사할 수 있다(동조 제2항).

사법경찰관은 보완수사를 이행한 경우에는 그 이행 결과를 검사에게 서면으로 통보하여야 하며, 관계 서류와 증거물을 송부받은 경우에는 그 서류와 증거물을 함께 반환하여야 한다. 다만, 관계 서류와 증거물을 반환할 필요가 없는 경우에는 보완수사의 이행 결과만을 검사에게 통보할 수 있다(동조 제3항). 사법경찰관은 보완수사를 이행한 결과 사건송치(제245조의5 제1호)에 해당하지 않는다고 판단한 경우에는 사건을 불송치하거나 수사중지할 수 있다(수사준칙규정 제60조 제4항).

사법경찰관이 정당한 이유 없이 보완수사요구에 따르지 아니하는 때에는 검찰총장 또는 각급 검찰청 검사장은 권한 있는 사람에게 해당 사법경찰관의 직무배제 또는 징계를 요구할 수 있고, 그 징계 절차는 「공무원 징계령」 또는 「경찰공무원 징계령」에 따른다(동조 제3항). 검찰총장 또는 각급 검찰청 검사장은 사법경찰관의 직무배제 또는 징계를 요구할 때에는 그 이유를 구체적으로 적은 서면에 이를 증명할 수 있는 관계 자료를 첨부하여 해당 사법경찰관이 소속된 경찰관서장에게 통보하여야 한다(수사준칙규정 제61조 제1항). 이때 직무배제 요구를 통보받은 경찰관서장은 정당한 이유가 있는 경우를 제외하고는 그 요구를 받은 날부터 20일 이내에 해당 사법경찰관을 직무에서 배제하여야 하며(동조 제2항), 요구의 처리 결과와 그 이유를 직무배제 또는 징계를 요구한 검찰총장 또는 각급 검찰청 검사장에게 통보하여야 한다(동조 제3항).

(다) 경찰수사에 대한 검사의 시정조치 요구   검사는 사법경찰관리의 수사과정에서 법령위반, 인권침해 또는 현저한 수사권 남용이 의심되는 사실의 신고가 있거나 그러한 사실을 인식하게 된 경우에는 사법경찰관에게 사건기록 등본의 송부를 요구할 수 있다(제197조의3 제1항). 검사는 사법경찰관에게 사건기록 등본의 송부를 요구할 때에는 그 내용과 이유를 구체적으로 적은 서면으로 하여야 한다(수사준칙규정 제45조 제1항).

이 송부 요구를 받은 사법경찰관은 지체 없이 검사에게 사건기록 등본을 송부하여야 하며(제197조의3 제2항), 이때 송부를 받은 검사는 필요하다고 인정되는 경우에는 사법경찰관에게 시정조치를 요구할 수 있다(동조 제3항). 즉, 사법경찰관은 시정조치요구를 받은 날부터 7일 이내에 사건기록 등본을 검사에게 송부하여야 하며(수사준칙규정 제45조 제2항), 검사는 사건기록 등본을 송부받은 날부터 30일(사안의 경중 등을 고려하여 10일의 범위에서 한 차례 연장할 수 있다) 이내에 시정조치 요구 여부를 결정하여 사법경찰관에게 통보하여야 한다. 이 경우 시정조치 요구의 통보는 그 내용과 이유를 구체적으로 적은 서면으로 하여야 한다(동조 제3항).

사법경찰관은 시정조치 요구가 있는 때에는 정당한 이유가 없으면 지체 없이 이를 이행하고, 그 결과를 검사에게 통보하여야 한다(제197조의3 제4항). 이때 사법경찰관은 그 이행 결과를 서면에 구체적으로 적어 검사에게 통보하여야 한다(수사준칙규정 제45조 제4항). 이 통보를 받은 검사는 시정조치 요구가 정당한 이유 없이 이행되지 않았다고 인정되는 경우에는 사법경찰관에게 사건을 송치할 것을 요구할 수 있으며(제197조의3 제5항), 사법경찰관에게 사건송치를 요구하는 경우에는 그 내용과 이유를 구체적으로 적은 서면으로 하여야 한다(수사준칙규정 제45조 제5항). 이때 송치 요구를 받은 사법경찰관은 검사에게 사건을 송치하여야 한다(제197조의3 제6항). 즉, 사법경찰관은 서면으로 사건송치를 요구받은 날부터 7일 이내에 사건을 검사에게 송치하여야 한다. 이 경우 관계 서류와 증거물 을 함께 송부하여야 한다(수사준칙규정 제45조 제6항). 다만, 검사는 공소시효 만료일의 임박 등 특별한 사유가 있을 때에는 서면에 그 사유를 명시하 고 별도의 송치기한을 정하여 사법경찰관에게 통지할 수 있다. 이 경우 사법경찰관은 정당한 이유가 있는 경우를 제외하고는 통지받은 송치기 한까지 사건을 검사에게 송치하여야 한다(동조 제7항).

사법경찰관은 피의자를 신문하기 전에 수사과정에서 법령위반, 인권침해 또는 현저한 수사권 남용이 있는 경우 검사에게 구제를 신청할 수 있음을 피의자에게 알려주어야 한다(제197조의3 제8항). 사법경찰관은 검 사에게 구제를 신청할 수 있음을 피의자에게 알려준 경우에는 피의자로 부터 고지 확인서를 받아 사건기록에 편철한다. 다만, 피의자가 고지 확 인서에 기명날인 또는 서명하는 것을 거부하는 경우에는 사법경찰관이 고지 확인서 끝부분에 그 사유를 적고 기명날인 또는 서명하여야 한다(수 사준칙규정 제47조).

한편, 사법경찰관리의 수사과정에서 법령위반, 인권침해 또는 현 저한 수사권 남용이 있었던 때에는 검찰총장 또는 각급 검찰청 검사장은 권한 있는 사람에게 해당 사법경찰관리의 징계를 요구할 수 있고, 그 징 계 절차는 「공무원 징계령」 또는 「경찰공무원 징계령」에 따른다(제197조의 3 제7항). 이때 검찰총장 또는 각급 검찰청 검사장은 사법경찰관리의 징계 를 요구할 때에는 서면에 그 사유를 구체적으로 적고 이를 증명할 수 있 는 관계 자료를 첨부하여 해당 사법경찰관리가 소속된 경찰관서의 장에 게 통보하여야 하며(수사준칙규정 제46조 제1항), 경찰관서장은 이 징계요구에 대한 처리 결과와 그 이유를 징계를 요구한 검찰총장 또는 각급 검찰청 검사장에게 통보하여야 한다(동조 제2항).

(라) 수사의 경합 시 검사의 사건송치 요구   검사는 사법경찰관과 동일 한 범죄사실을 수사하게 된 때에는 사법경찰관에게 사건을 송치할 것

을 요구할 수 있다(제197조의2 제1항). 검사는 사법경찰관에게 사건송치를 요구할 때에는 그 내용과 이유를 구체적으로 적은 서면으로 하여야 한다(수사준칙규정 제49조 제1항). 이 요구를 받은 사법경찰관은 지체 없이 검사에게 사건을 송치하여야 한다(제197조의2 제2항). 이때 사법경찰관은 이 요구를 받은 날부터 7일 이내에 사건을 검사에게 송치하여야 한다. 이 경우 관계 서류와 증거물을 함께 송부하여야 한다(수사준칙규정 제49조 제2항).

그러나 검사가 영장을 청구하기 전에 동일한 범죄사실에 관하여 사법경찰관이 영장을 신청한 경우에는 해당 영장에 기재된 범죄사실을 계속 수사할 수 있다(제197조의2 제2항). 검사와 사법경찰관은 수사의 경합과 관련하여 동일한 범죄사실 여부나 영장(통신비밀보호법 제6조 및 제8조에 따른 통신제한조치허가서 및 같은 법 제13조에 따른 통신사실 확인자료제공 요청 허가서를 포함한다) 청구·신청의 시간적 선후관계 등을 판단하기 위해 필요한 경우에는 그 필요한 범위에서 사건기록의 상호 열람을 요청할 수 있다(수사준칙규정 제48조 제1항). 영장 청구·신청의 시간적 선후관계는 검사의 영장청구서와 사법경찰관의 영장신청서가 각각 법원과 검찰청에 접수된 시점을 기준으로 판단한다(동조 제2항). 이때 검사는 사법경찰관의 영장신청서의 접수를 거부하거나 지연해서는 안 된다(동조 제5항). 검사는 제197조의4 제2항 단서에 따라 사법경찰관이 범죄사실을 계속 수사할 수 있게 된 경우에는 정당한 사유가 있는 경우를 제외하고는 그와 동일한 범죄사실에 대한 사건을 이송하는 등 중복수사를 피하기 위해 노력하여야 한다(수사준칙규정 제50조).

(마) 경찰의 불송치 결정에 대한 검사의 재수사 요청   검사는 사법경찰관이 수사 후 사건을 불송치하는 경우(제245조의5 제2호)에 사법경찰관이 사건을 송치하지 아니한 것이 위법 또는 부당한 때에는 그 이유를 문서로 명시하여 사법경찰관에게 재수사를 요청할 수 있다(제245조의8 제1항). 검사는 사법경찰관에게 재수사를 요청하려는 경우에는 불송치결정에 따라 관계

서류와 증거물을 송부받은 날부터 90일 이내에 하여야 한다. 다만, (i)
불송치 결정에 영향을 줄 수 있는 명백히 새로운 증거 또는 사실이 발견
된 경우 또는 (ii) 증거 등의 허위, 위조 또는 변조를 인정할 만한 상당한
정황이 있는 경우에는 관계 서류와 증거물을 송부받은 날부터 90일이 지
난 후에도 재수사를 요청할 수 있다(수사준칙규정 제63조 제1항). 검사는 재수
사를 요청할 때에는 그 내용과 이유를 구체적으로 적은 서면으로 하여야
한다. 이 경우 송부받은 관계 서류와 증거물을 사법경찰관에게 반환하여
야 하며(동조 제2항), 검사는 재수사 요청 사실을 고소인등에게 통지하여야
한다(동조 제3항).

        한편, 사법경찰관은 검사의 재수사 요청이 있는 때에는 사건을
재수사하여야 한다(제245조의8 제2항). 이때 사법경찰관이 재수사를 한 경우
(i) 범죄의 혐의가 있다고 인정되는 경우에는 제245조의5 제1호에 따라
검사에게 사건을 송치하고 관계 서류와 증거물을 송부하고, (ii) 기존의
불송치 결정을 유지하는 경우에는 재수사 결과서에 그 내용과 이유를 구
체적으로 적어 검사에게 통보하여야 한다(수사준칙규정 제64조 제1항). 검사는
사법경찰관이 재수사 결과 기존의 불송치결정을 유지하는 결과를 통보
한 사건에 대해서 다시 재수사를 요청을 하거나 송치 요구를 할 수 없다.
다만, 사법경찰관의 재수사에도 불구하고 관련 법리에 위반되거나 송부
받은 관계 서류 및 증거물과 재수사결과만으로도 공소제기를 할 수 있을
정도로 명백히 채증법칙에 위반되거나 공소시효 또는 형사소추의 요건
을 판단하는 데 오류가 있어 사건을 송치하지 않은 위법 또는 부당이 시
정되지 않은 경우에는 재수사 결과를 통보받은 날부터 30일 이내에 제
197조의3에 따라 사건송치를 요구할 수 있다(동조 제2항). 또한 사법경찰관
은 법 제245조의8 제2항에 따라 재수사 중인 사건에 대해 고소인 등의
이의신청(제245조의7 제1항)이 있는 경우에는 재수사를 중단하여야 하며, 해
당 사건을 지체 없이 검사에게 송치하고 관계 서류와 증거물을 송부하여
야 한다(수사준칙규정 제65조).

(바) 검사장의 사법경찰관리의 체임 요구 및 검사의 체포·구속장소의 감찰　경찰서장이 아닌 경정 이하의 사법경찰관리가 직무 집행과 관련하여 부당한 행위를 하는 경우 지방검찰청 검사장은 해당 사건의 수사 중지를 명하고, 임용권자에게 그 사법경찰관리의 교체임용을 요구할 수 있다(검찰청법 제54조 제1항). 이때 요구를 받은 임용권자는 정당한 사유가 없으면 교체임용을 하여야 한다(동조 제2항).[8]

또한 지방검찰청 검사장 또는 지청장은 불법체포·구속의 유무를 조사하기 위하여 검사로 하여금 매월 1회 이상 관하수사관서의 피의자의 체포·구속장소를 감찰하게 하여야 한다. 감찰하는 검사는 체포 또는 구속된 자를 심문하고 관련서류를 조사하여야 한다(제198조의2 제1항). 이때 검사는 적법한 절차에 의하지 아니하고 체포 또는 구속된 것이라고 의심할 만한 상당한 이유가 있는 경우에는 즉시 체포 또는 구속된 자를 석방하거나 사건을 검찰에 송치할 것을 명하여야 한다(동조 제2항).[9]

Ⅲ. 전문수사자문위원

> ≪학습문제≫ 사법경찰관 갑은 세월호 침몰사건을 수사하면서 세월호의 침몰원인에 관하여 전문가의 자문을 얻고자 하였다. 갑은 어떠한 방법을 취하여야 하는가?

---

8)「폭력행위 등 처벌에 관한 법률」제10조(사법경찰관리의 행정적 책임) ① 관할 지방검찰청 검사장은 제2조부터 제6조까지의 범죄가 발생하였는데도 그 사실을 자신에게 보고하지 아니하거나 수사를 게을리하거나 수사능력 부족 또는 그 밖의 이유로 사법경찰관리로서 부적당하다고 인정하는 사람에 대해서는 그 임명권자에게 징계, 해임 또는 교체임용을 요구할 수 있다.

② 제1항의 요구를 받은 임명권자는 2주일 이내에 해당 사법경찰관리에 대하여 행정처분을 한 후 그 사실을 관할 지방검찰청 검사장에게 통보하여야 한다.

9) 경찰이 인권옹호에 관한 검사의 직무수행을 방해하거나 그 명령을 준수하지 아니한 때에는 인권옹호직무방해죄(형법 제139조)로 처벌된다.

1. 전문수사자문위원제도의 도입취지

검사는 공소제기 여부와 관련된 사실관계를 분명하게 하기 위하여 필요한 경우에는 직권이나 피의자 또는 변호인의 신청에 의하여 전문수사자문위원을 지정하여 수사절차에 참여하게 하고 자문을 들을 수 있다 (제245조의2). 이것은 검사가 첨단산업분야, 지적재산권, 국제금융 기타 전문적인 지식이 필요한 사건에서 전문가의 자문이나 조언 등의 도움을 받아 수사절차를 보다 충실하게 할 수 있게 하려는데 있다.

2. 전문수사자문위원의 수사참여

(1) 전문수사자문위원의 지정과 취소

전문수사자문위원을 수사절차에 참여시키는 경우 검사는 각 사건마다 1인 이상의 전문수사자문위원을 지정한다(제245조의3 제1항). 검사의 전문수사자문위원 지정에 대하여 피의자 또는 변호인은 관할 고등검찰청 검사장에게 이의를 제기할 수 있다(동조 제3항). 이를 위해 에서는 검사에게 자문위원 지정 사실을 피의자 또는 변호인에게 구두 또는 서면으로 통지하도록 하고 있다(전문수사자문위원 운영규칙 제3조 제3항).

한편, 검사는 상당하다고 인정하는 때에는 전문수사자문위원의 지정을 취소할 수 있다(제245조의3 제2항). 즉, 전문수사자문위원의 결격사유 (운영규칙 제4조)가 있거나 직무상 알게 된 비밀을 누설한 경우[10]에는 그 지정을 취소하여야 한다(운영규칙 제5조 제1항). 또한 전문수사자문위원이 (i) 심신상의 장애로 직무집행을 할 수 없다고 인정될 때, (ii) 정당한 이유 없이 검사의 수사절차 참여 요청에 2회 이상 응하지 아니할 때, (iii) 직무상 의무 위반 행위나 그 밖에 전문수사자문위원으로서 부적절한 행위를

---

10) 전문수사자문위원 또는 전문수사자문위원이었던 자가 그 직무수행 중에 알게 된 다른 사람의 비밀을 누설한 때에는 2년 이하의 징역이나 금고 또는 1천만원 이하의 벌금에 처한다(제245조의4, 제279조의7).

하였을 때, (iv) 불공정한 의견을 진술할 염려가 있거나 그 밖에 공정한 직무집행이 어렵다고 인정되는 상당한 이유가 있을 때에는 지정을 취소할 수 있다(동조 제2항). 전문수사자문위원의 지정 취소는 구두 또는 지정취소결정서로 하며, 검사는 전문수사자문위원 지정 취소 사실을 피의자 또는 변호인에게 구두 또는 통지서로 알려야 한다(동조 제3항).

(2) 전문수사자문위원의 의견진술

전문수사자문위원은 전문적인 지식에 의한 설명 또는 의견을 기재한 서면을 제출하거나 전문적인 지식에 의하여 설명이나 의견을 진술할 수 있다(제245조의2 제2항). 이 경우 검사는 전문수사자문위원이 제출한 서면이나 전문수사자문위원의 설명 또는 의견의 진술에 관하여 피의자 또는 변호인에게 구술 또는 서면에 의한 의견진술의 기회를 주어야 한다(동조 제3항).

제2장   수사의 개시 및 수사의 조건

1. 수사의 단서
 ┌ 변사자의 검시
 │ 불심검문
 ┤ 고 소
 │ 고 발
 └ 자 수

2 수사의 조건
 ┌ 수사조건의 의의
 └ 수사조건과 함정수사

〈주요 학습사항〉
 1. 수사의 단서로서 변사자의 검시, 불심검문, 고소, 고발, 자수
 2. 수사의 조건으로서 수사의 필요성과 수사의 상당성

제1절 수사의 단서

　　수사기관이 수사에 착수하기 위해서는 수사기관 스스로 범죄에 대한 혐의가 있다고 판단하여야 한다. 이러한 수사개신의 원인을 수사의 단서라고 한다. 수사의 단서에는 수사기관의 체험에 의한 것과 수사기관 이외의 타인의 체험에 의한 경우가 있다. 전자에 해당하는 것으로는 수사기관에 의한 현행범인의 체포, 변사자검시, 「경찰관 직무집행법」상 불심검문, 여죄수사 및 신문이나 인터넷 등의 기사, 소문 등을 들 수 있다. 후자에 해당하는 것으로는 고소, 고발, 자수, 진정 및 범죄신고 등이 있다.

<수사단서의 유형>

```
                                         ┌─ 현행범인의 체포
                                         ├─ 변사자검시
                    ┌─ 수사기관의 체험 ──┼─ 불심검문
                    │                    ├─ 여죄수사
수사의 단서 ───────┤                    └─ 신문/인터넷 등의 기사
                    │                    ┌─ 고소
                    │                    ├─ 고발
                    └─ 수사기관 이외의 체험 ─┼─ 자수
                                         ├─ 진정
                                         └─ 범죄신고
```

Ⅰ. 변사자의 검시

《학습문제》 경찰관 갑은 신고를 받고 저수지에서 변사자를 발견하였다. 이에 갑은 검사의 지휘 없이 변사자에 대한 검시를 실시하였다. 갑의 조치는 적법한가?

변사자의 검시란 사람의 사망이 범죄로 인한 것인지를 판단하기 위하여 수사기관이 변사자의 상황을 조사하는 것을 말한다. 변사자란 자연사 또는 통상의 병사가 아닌 사체로서, 범죄로 인한 사망이 아닌가 하는 의심이 있는 사체를 말한다. 검사는 변사자 또는 변사의 의심이 있는 사체가 있는 때에는 검시를 하여야 한다(제222조 제1항). 사법경찰관은 검사의 명을 받아 변사자 검시를 한다(동조 제3항). 수사기관이 검시한 결과 범죄혐의가 있다고 판단된 경우에는 수사가 개시된다.

변사자검시는 수사의 단서로서 수사전 처분이라는 점에서 수사 개시 이후에 행하는 수사상의 처분인 영장에 의한 검증과 구별된다. 다만, 검시결과 범죄의 혐의를 인정하고, 긴급을 요할 때에는 영장 없이 검증할 수 있다(제222조 제2항). 이 경우 사후에 지체 없이 영장을 받아야만 그 검증조서를 유죄의 증거로 할 수 있다(88도1399). 따라서 검사와 사법경찰관이 각각 검시를 했을 경우 검시조서를, 검증영장이나 긴급을 요하여 영장 없이 검증을 했을 경우에는 검증조서를 작성하여 상대방에게 송부하여야 하며, 검사와 사법경찰관은 변사자의 검시를 한 사건에 대해 사건 종결 전에 수사할 사항 등에 관하여 상호 의견을 제시·교환하여야 한다(수사준칙규정 제17조).

Ⅱ. 불심검문

> ≪학습문제≫ 제복을 입은 경찰관 갑은 거동이 수상한 행인 을을 정지시켜 질문하면서 질문의 목적과 이유를 설명하였다. 이때 경찰관 갑은 제복을 입었기 때문에 자신의 신분을 표시하는 증표를 제시하지 않았다. 갑의 행위는 적법한가?

1. 불심검문의 의의

불심검문이란 경찰관이 거동이 수상한 자를 발견한 때에 이를 정지시켜 질문하는 행위를 말한다. 이를 직무질문이라고도 한다. 「경찰관 직무집행법」 제3조 제1항에서는 "경찰관은 수상한 거동 기타 주위의 사정을 합리적으로 판단하여 어떠한 죄를 범하였거나 범하려 하고 있다고 의심할 만한 상당한 이유가 있는 자 또는 이미 행하여진 범죄나 행하여지려고 하는 범죄행위에 관하여 그 사실을 안다고 인정되는 자를 정지시켜 질문할 수 있다"고 규정하고 있다.

불심검문의 성격에 대하여는 행정경찰작용으로 보는 견해, 사법경찰작용으로 보는 견해, 행정경찰작용과 사법경찰작용의 성격을 모두 가지고 있다는 견해(병유설), 범죄를 범하려고 하고 있다고 의심되는 거동 불심자에 대한 불심검문은 행정경찰작용이지만, 이미 범죄를 범했다고 인정되는 자나 이에 대하여 알고 있는 자에 대한 불심검문은 사법경찰작용이라고 하는 견해(이원설), 그 법적 성격은 행정경찰작용이지만 수사와 밀접한 관련성이 있다는 점에서 사법적 보장이 필요하다는 견해(준사법경찰작용설) 등이 있다. 그러나 불심검문은 수사와 엄격하게 구별되어야 하며, 불심검문에 의하여 범죄의 혐의를 확인하게 되면 그때서야 비로소 수사가 개시되는 수사의 단서에 지나지 않으므로 행정경찰작용에 지나지 않는다(2005도6810 참조). 그러나 불심검문에 의하여 수사가 개시될 수 있으므로 피검문자의 부당한 인권침해를 방지하기 위해서는 사법적 보장이 요구된다는 점을 고려하면 불심검문은 사법작용에 준하여 취급하여야 한다(준사법경찰작용설).

2. 불심검문의 방법

불심검문은 임의수사의 일종으로 정지와 질문 그리고 질문을 위한 동행요구 등의 방법으로 행해진다. 따라서 불심검문 시에는 어떠한 형태의 강제도 허용되지 않는다.

(1) 정지와 질문

불심검문의 방법에는 먼저 정지와 질문을 들 수 있는데, 정지는 질문을 행하기 위한 수단이다.

경찰관의 정지요구에 상대방이 응하지 않을 경우 실력을 행사할 수 있는가에 대하여는 의견이 나뉜다. 즉, 행정상 즉시강제로서 실력행사가 가능하다고 하는 견해, 사법경찰작용에 해당하므로 임의수단에 의하여야 하고, 실력행사는 허용되지 않는다는 견해(임의처분설) 및 강제로 되지 않는 범위 내에서의 설득 등의 번의를 구하는 최소한의 실력행사는 가능하다는 견해(규범적 임의처분설) 등이 있다. 생각건대, 현장의 다양한 상황과 불심검문의 실효성을 고려한다면 정지 시에 어느 정도의 경찰관의 실력행사는 허용되어야 한다. 판례는 검문 중이던 경찰관들이 무전 지령된 자전거 날치기 범인의 인상착의와 흡사한 사람이 자전거를 타고 오는 것을 발견하고 정지를 요구하며 앞을 막고 검문에 응하라고 요구하는 것은 적법한 불심검문에 해당한다고 하였다(2010도620). 그러나 경찰관이 피검문자의 앞을 가로막고 진행을 방해한 것은 실력행사의 범위를 벗어난 것으로 보아야 한다.

질문은 거동수상자에게 행선지나 용건, 성명, 주소, 나이 등을 물어 정지를 요구한 목적을 달성하는 조사방법이다. 질문의 내용은 애초에 가진 혐의점에 대한 사항에 국한되어야 한다. 질문 시에 경찰관은 자신의 신분을 표시하는 증표를 제시하면서 소속과 성명을 밝히고, 질문의 목적 및 이유를 설명하여야 한다(법 제3조 제4항). 질문을 받은 상대방은 형사소송에 관한 법률에 의하지 아니하고는 신체를 구속당하지 아니하며, 자신의 의사에 반하여 답변을 강요당하지 않는다(동조 제7항). 질문시간은 가능한 한 20분을 넘지 않아야 한다.

> [판례] 「경찰관 직무집행법」 제3조 제4항은 경찰관이 불심검문을 하고자 할 때에는 자신의 신분을 표시하는 증표를 제시하여야 한다고 규정하고, 경직법 시행령 제5조는 위 법에서 규정한 신분을 표시하는 증표는 경찰관의 공무원증이라고 규정하고 있는데, 불심검문을 하게 된 경위, 불심검문 당시의 현장상황과 검문을 하는 경찰관들의 복장, 피고인이 공무원증 제시나 신분 확인을 요구하였는지 여부 등을 종합적으로 고려하여, 검문하는 사람이 경찰관이고 검문하는 이유가 범죄행위에 관한 것임을 피고인이 충분히 알고 있었다고 보이는 경우에는 신분증을 제시하지 않았다고 하여 그 불심검문이 위법한 공무집행이라고 할 수 없다(2014도7976).

(2) 소지품검사

경찰관은 거동불심자에 대하여 질문을 할 때에 흉기의 소지 여부를 조사할 수 있다(동조 제3항). 흉기소지 여부에 대한 검사는 소지품을 외부에서 관찰하거나. 피검문자에게 소지품의 내용을 질문하는 것 또는 피검문자의 의복이나 휴대품의 외부를 손으로 만져서 확인하는 이른바 'Stop and Frisk'에 한정되어야 한다. 따라서 강도의 의심이 있는 자를 검문하면서 의복의 외부를 가볍게 만져 권총을 발견하는 것은 허용된다(Terry v. Ohio, 392 U.S. 1(1968)). 그러나 외관상 흉기 등 위험한 물건을 소지한 것이 명백한 경우가 아닌 한 피검문자의 의사에 반하여 주머니에 손을 넣거나 소지한 가방 등을 열어 보는 것은 허용되지 않는다.

한편, 불심검문 시에 흉기 이외의 소지품에 대한 조사가 가능한가에 대하여는 긍정설과 부정설이 대립하고 있다. 「경찰관 직무집행법」상 소지품검사의 대상은 '흉기'에 한정되어 있고, 흉기 이외의 소지품에 대한 검사를 허용할 경우에 소지품검사는 영장주의를 잠탈하여 압수·수색을 위한 수단으로 악용될 우려가 있다는 점에서 부정설이 타당하다. 다만, 긍정설에서도 소지품검사가 불심검문에 수반한 부수적 처분이므로 소지품검사가 범죄수사의 수단이 되는 것은 허용되지 않는다고 한다.

(3) 동행요구(임의동행)

경찰관은 거동수상자를 발견한 현장에서 직무질문을 하는 것이 당해인에게 불리하거나 교통의 방해가 된다고 인정하는 때에는 질문하기 위하여 부근의 경찰서·지구대·파출소 또는 출장소 등지에 동행할 것을 요구할 수 있다(동조 제2항 전문). 이를 임의동행 또는 동행요구라고 한다. 당해인은 이 경우 경찰관의 요구를 거절할 수 있다(동항 후문).

동행을 요구할 경우 경찰관은 자신의 신분을 표시하는 증표를 제시하면서 소속과 성명을 밝히고 그 목적과 이유를 설명하여야 하며 동행장소를 밝혀야 한다(동조 제4항). 동행한 경우에 경찰관은 6시간을 초과하여 당해인을 경찰관서에 머무르게 할 수 없고(동조 제6항), 당해인은 형사소송에 관한 법률에 의하지 않고는 신체를 구속당하지 아니하며 그 의사에 반하여 답변을 강요당하지 아니한다(동조 제7항). 또한 당해인의 가족 또는 친지 등에게 동행한 경찰관의 신분, 동행장소, 동행목적과 이유를 고지하거나 본인으로 하여금 즉시 연락할 수 있는 기회를 부여하여야 하고, 변호인의 조력을 받을 권리가 있음을 고지하여야 한다(동조 제5항).

3. 자동차검문

(1) 개 념

자동차검문이란 범죄의 예방과 검거를 목적으로 통행 중인 차량을 정지시켜서 운전자 또는 동승자에게 질문하는 것을 말한다. 이때의 자동차검문은 일제검문을 말하며, 불심검문의 요건을 확인하기 위한 질문을 위해 행하여지는 활동으로서, 불심검문의 전단계적인 조치로서의 성질을 가지게 된다.

(2) 자동차검문의 유형과 법적 근거

자동차검문에는 교통검문, 경계검문 그리고 긴급수배검문으로 나뉜다.

1) 교통검문

교통검문은 도로교통의 안전 확보를 목적으로 무면허운전, 음주운전 등 「도로교통법」위반사범의 단속을 위하여 차량을 정지시켜 질문하는 것을 말한다. 교통검문의 법적 근거는 「도로교통법」 제47조(위험방지를 위한 조치)에서 찾기도 한다.

2) 경계검문

경계검문은 불특정한 일반범죄의 예방과 검거를 목적으로 하는 자동차검문이다. 경계검문의 법적 근거에 대해서는 「경찰관 직무집행법」 제2조의 경찰관의 권한에 관한 일반수권규정을 근거로 하는 견해, 경찰비례의 원칙을 근거로 하는 견해, 「경찰관 직무집행법」 제3조 제1항에 근거를 두는 견해(다수설) 등이 있다.

3) 긴급수배검문

특정범죄가 발생한 때에 범인검거와 수사정보의 수집을 목적으로 하는 검문을 긴급수배검문이라고 한다. 긴급수배검문은 그 법적 근거를 「경찰관 직무집행법」제3조 제1항 및 형소법의 임의수사규정(제199조 1항, 제200조, 제241조, 제242조 등)에서 찾고 있다. 그러나 긴급수배검문은 특정된 범죄혐의를 전제로 하는 전형적인 수사라는 점에서 법적 근거와 한계를 명확히 하기 위한 입법이 필요하다.

(3) 자동차검문의 한계

자동차검문은 「경찰관 직무집행법」상 불심검문을 위한 불심검문에 지나지 않으므로 자동차를 이용한 중대범죄에 국한되어야 하고, 범죄의 예방과 검거를 위하여 필요한 최소한도에 그쳐야 한다. 또한 어떤 경우에도 자동차이용자의 자유가 필요 이상으로 제한되어서는 아니 되며, 임의수단에 의하여야 한다. 특히, 자동차에 대한 수색은 법관의 영장에 의하여야 하고, 불심검문의 형태로 이루어져서는 안 된다. 자동차검문은 구체적인 혐의 없이 불특정 다수인을 대상으로 한다는 점에서 그로 인한 피해를 최소화하기 위하여 자동차검문에 대한 법적 근거를 마련하고, 그 요건과 한계를 명확하게 규정할 필요가 있다.

Ⅲ. 고 소

≪학습문제≫ 환자 갑은 의사인 을이 친구인 병의 부탁을 받고 자신의 병과 진료내용을 정에게 누설한 사실을 알고 을과 병을 「형법」상 업무상 비밀누설죄로 고소하였다. 이후 병은 제1심에서 업무상 비밀누설죄의 공범으로 징역 6월의 형을 선고받았다. 이 사실을 안 갑은 을에 대한 제1심 공판진행 중, 을에 대한 고소를 취소하고자 하였다. 이때 갑은 을에 대한 고소를 취소할 수 있는가?

1. 고소의 의의

고소란 범죄의 피해자 또는 그와 일정한 관계에 있는 고소권자가 수사기관에 범죄사실을 신고함으로써 범인의 처벌을 구하는 의사표시를 말한다. 일반범죄에 있어서 고소는 수사의 단서에 불과하지만 친고죄에 있어서 고소는 소송조건이 된다.

(1) 수사기관에 대한 신고

고소는 수사기관에 대한 신고의 의사표시이다. 따라서 수사기관이
아닌 법원 등에 대한 진정서의 제출은 고소가 아니다.

(2) 범죄사실의 신고

고소는 범죄사실을 신고하는 것이므로 범죄사실이 특정되어야 한
다. 그러나 특정의 정도는 고소인의 주관적인 의사를 기준으로 하므로
고소인의 의사가 구체적으로 어떤 범죄사실을 지정하여 범인의 처벌을
구하고 있는 것인지 확정할 수 있으면 되고(2002도446), 범인, 범행의 일
시·장소·방법이나 죄명을 상세하게 적시할 것은 요하지 않으며, 범인을
구체적으로 특정하여야 하는 것은 아니다. 다만, 상대적 친고죄의 경우에
는 범인과의 신분관계를 적시하여야 한다.

(3) 범인의 처벌을 구하는 의사표시

고소는 범인의 처벌을 구하는 의사표시이다. 따라서 도난신고 등 범
죄의 피해자가 수사기관에 단순히 피해사실을 신고하기 위하여 신고민
원을 접수한 것만으로는 적법한 고소라고 할 수 없다.

[판례] 출판사 대표인 피고인이 도서의 저작권자인 피해자와 전자도서(e-book)에 대하여 별
도의 출판계약 등을 체결하지 않고 전자도서를 제작하여 인터넷서점 등을 통해 판매하였다고
하여 구 「저작권법」 위반으로 기소된 사안에서, 피해자가 경찰청 인터넷 홈페이지에 '피고인을
철저히 조사해 달라'는 취지의 민원을 접수하는 형태로 피고인에 대한 조사를 촉구하는 의사
표시를 한 것은 형소법에 따른 적법한 고소로 보기 어렵다(2010도9524).

2. 고소권자

(1) 범죄피해자

범죄로 인한 피해자는 고소할 수 있다(제223조). 고소권이 인정되는

범죄피해자는 원칙적으로 법익의 직접적 귀속주체이어야 한다. 따라서 간접적으로 법익이 침해되는 경우에는 고소권이 발생하지 않는다. 그러나 고소권자인 범죄의 피해자에는 자연인뿐만 아니라 법인격 없는 사단 또는 재단도 포함된다. 고소권은 일신전속적 권리이므로 상속이나 양도가 허용되지 않지만, 저작권이나 특허권 등과 같이 침해가 계속되는 경우에는 그 권리의 이전에 따라 고소권도 같이 이전된다.

고소를 함에는 고소능력이 있어야 한다. 고소능력은 피해를 받은 사실을 이해하고 고소에 따른 사회생활상의 이해관계를 알아차릴 수 있는 사실상의 의사능력으로 충분하다. 따라서 「민법」상의 행위능력이 없는 자라도 위와 같은 의사능력을 갖추고 있으면 고소능력이 인정된다 (2011도4451).

(2) 피해자의 법정대리인

피해자의 법정대리인은 독립하여 고소할 수 있다(제225조 제1항). '법정대리인'이란 친권자나 후견인과 같이 일반적으로 무능력자의 행위를 대리할 수 있는 자를 말한다. 재산관리인, 파산관재인 또는 법인의 대표자는 여기에 포함되지 않는다. 법정대리인 등 피해자와 일정한 신분관계 있는 자가 고소권을 행사하는 경우에는 피해자와의 신분관계를 소명하는 서면을 제출하여야 한다(규칙 제116조 제1항).

'독립하여 고소할 수 있다'는 의미에 관하여는 견해의 대립이 있다. 독립대리권설에 의하면, 고소권은 원래 일신전속적인 것이고 친고죄 및 반의사불벌죄에 있어서 법률관계의 불안정을 피하기 위하여는 피해자의 고소권이 소멸하면 법정대리인의 고소권도 소멸된다고 한다. 또한 같은 이유에서 피해자 본인은 법정대리인이 한 고소를 취소할 수 있다. 반면에 고유권설에서는 법정대리인의 고소권을 무능력자의 보호를 위하여 법정대리인에게 특별히 부여된 고유권으로 본다. 이에 따르면 법정대리인은 피해자의 고소권 소멸 여부에 관계없이 고소권을 행사할 수 있고, 피해자 본인은 법정대리인이 한 고소를 취소할 수 없다. 또한 고소기간도 법정대리인 자신이 범인을 알게 된 날로부터 진행한다. 소송법적으로 중요한 효과를 발생시키는 고소권의 행사를 무능력자의 판단에만 맡기는 것은 무능력자인 피해자에 대해 법정대리인을 고소권자로 인정하는 제225조의 입법취지에 반한다는 점에서 고유권설이 타당하다(99도3784).

(3) 피해자의 친족 등

피해자가 사망한 때에는 그 배우자, 직계친족 또는 형제자매가 고소할 수 있다. 다만, 피해자의 명시한 의사에 반하여 고소하지 못한다(제225조 제2항). 친족 등의 고소권에 대하여 피해자의 사망을 이유로 고유권으로 보는 견해가 있다. 그러나 이 경우 피해자의 명시한 의사에 반하여 고소할 수 없으므로 독립대리권으로 이해하여야 한다(4288형상109).

피해자의 법정대리인이 피의자이거나 법정대리인의 친족이 피의자인 때에는 피해자의 친족은 독립하여 고소할 수 있다(제226조). 이 경우 고소권은 고유권으로 이해하여야 한다. 또한 사자의 명예를 훼손한 범죄에 대하여는 그 친족 또는 자손이 고소할 수 있다(제227조).

(4) 지정고소권자

친고죄에 대하여 고소할 자가 없는 경우에는 이해관계인의 신청이 있으면 검사는 10일 이내에 고소할 수 있는 자를 지정하여야 한다(제228조). 친고죄에 있어서 고소권자가 없어서 소추할 수 없는 경우를 막기 위한 규정이다. 검사의 지정을 받은 고소인이 고소를 하는 경우에는 지명받은 사실을 소명하는 서면을 제출하여야 한다(규칙 제116조 제2항). 그러나 피해자의 명시적인 의사에 반하여 고소할 수 없기 때문에(제225조 제2항 단서) 원래의 고소권자가 고소권을 상실하거나 고소하지 아니할 의사를 명시하고 사망한 경우에는 그러하지 아니한다.

3. 고소의 방법

(1) 고소방식

고소는 서면 또는 구술로 검사 또는 사법경찰관에게 하여야 한다. 검사 또는 사법경찰관이 구술에 의한 고소를 받은 때에는 조서를 작성하여야 한다. 고소인 조서는 반드시 독립된 조서일 필요는 없다. 따라서 고소권자가 수사기관으로부터 피해자 또는 참고인으로서 신문받으면서 범인의 처벌을 요구하는 의사표시가 포함되어 있는 진술을 하고, 그 의사표시가 조서에 기재되면 충분하다(2009도3860). 전화 또는 전보에 의한 고소는 별도의 조사가 작성되지 않는 한 고소의 효력이 없다.

고소에 조건을 붙일 수 있는가에 대하여는 소송의 진행에 영향을 주지 않는 범위 내에서 이를 긍정하는 견해도 있다. 그러나 조건부 고소를 긍정할 경우 형사절차에서 절차의 명확성을 기하기 어렵다는 측면과 국가형벌권의 행사가 지나치게 개인의 의사에 좌우될 수 있다는 점에서 조건부 고소눈 허용되지 않는다(다수설).

(2) 고소의 대리

고소는 대리인으로 하여금 하게 할 수 있다(제236조). 이 경우 그 방식에 특별한 제한은 없다.

> **[판례]** 형소법 제236조의 대리인에 의한 고소의 경우, 대리인이 정당한 고소권자에 의하여 수여되었음이 실질적으로 증명되면 충분하고, 그 방식에 특별한 제한은 없으므로, 고소를 할 때 반드시 위임장을 제출한다거나 '대리'라는 표시를 하여야 하는 것은 아니고, 또 고소기간은 대리고소인이 아니라 정당한 고소권자를 기준으로 고소권자가 범인을 알게 된 날부터 기산한다(2001도3081).

고소대리의 성질에 관하여는 고소의 대리는 표시대리에 한정되며 처벌희망의사표시의 결정 자체를 대리하는 의사대리는 포함되지 않는다는 견해(표시대리설), 형소법이 명문으로 고소대리를 허용하고 있으므로 처벌희망의사표시의 전달을 대리하는 표시대리뿐만 아니라 의사표시의 결정 그 자체를 대리하는 의사대리를 포함한다는 견해(의사대리설), 친고죄의 경우에는 표시대리만 허용되고 비친고죄의 경우에는 의사대리가 허용된다는 견해(이원설) 등이 있다. 현행법상 고소권자의 범위를 한정하고 있음을 고려할 때 피해자의 의사를 존중하여야 한다는 점에서 고소의 대리는 표시대리에 한정되어야 한다.

(3) 고소기간

일반범죄에 대해서는 고소기간에 제한이 없다. 따라서 해당범죄의 공소시효가 완성될 때까지 언제든지 고소할 수 있다. 그러나 친고죄에 대하여는 원칙적으로 범인을 안 날로부터 6월을 경과하면 고소하지 못한다(제230조 제1항).[11] '범인을 알게 된다'는 것은 통상인의 입장에서 보아 고소권자가 고소를 할 수 있을 정도로 범죄사실과 범인을 아는 것을 의미한다. '범죄사실을 안다'는 것은 고소권자가 친고죄에 해당하는 범죄의 피해가 있었다는 사실관계에 관하여 확정적인 인식이 있음을 말한다(2018도1818). 상대적 친고죄에 있어서는 신분관계 있는 범인을 알아야 한다. 그러나 범인의 주소, 성명, 기타 인적사항까지 알아야 할 것을 요하는 것은 아니다(99도576). 다만, 범행이 종료되지 아니한 때에는 고소기간이 진행되지 않는다(2004도5014).

> [판례] 형소법 제230조 제1항 본문은 "친고죄에 대하여는 범인을 알게 된 날로부터 6월을 경과하면 고소하지 못한다"고 규정하고 있는바, 여기서 범인을 알게 된다 함은 통상인의 입장에서 보아 고소권자가 고소를 할 수 있을 정도로 범죄사실과 범인을 아는 것을 의미하고, 범죄사실을 안다는 것은 고소권자가 친고죄에 해당하는 범죄의 피해가 있었다는 사실관계에 관하여 확정적인 인식이 있음을 말한다(2010도4680).

고소할 수 있는 자(고유의 고소권자를 말함)가 수인인 경우에 1인의 기간

---

11) 구법에서는 성폭력범죄는 원칙적으로 친고죄로 하되 고소기간은 '범인을 안 날로부터 1년'으로 하였으나, 2012.12.18. 「형법」의 개정(2013.6.19. 시행)으로 강간죄, 강제추행죄 등 모든 성폭력범죄의 친고죄규정이 폐지되었다.

의 해태는 타인의 고소에 영향을 미치지 않는다(제231조). 다만, 고소할 수
없는 불가항력적인 사유가 있는 때에는 그 사유가 없어진 날로부터 고소
기간이 진행된다(제230조 제1항 단서). 범행 당시에는 고소능력이 없다가 후
에 고소능력이 생긴 때에는 고소기간의 기산점은 고소능력이 생긴 때이
다(2007도4962).

(4) 고소의 제한

고소권이 있다 하더라도 여러 가지 정책적 고려에 의하여 고소권
의 행사가 제한된다. 즉, 자기 또는 배우자의 직계존속은 고소할 수 없
다(제224조). 이것은 전통적인 가정 내 위계질서를 존중·유지하기 위함이
다. 그러나 「성폭력범죄의 처벌 등에 관한 특례법」(제18조), 「가정폭력범
죄의 처벌 등에 관한 특례법」(제6조 제2항) 및 「아동학대범죄의 처벌 등에 관
한 특례법」(제10조의4 제2항)에서는 제224조의 적용을 배제하고 동법을 위반
한 범죄의 피해자에게 자기 또는 배우자의 직계존속에 대한 고소를 허용
하고 있다.

4. 고소불가분의 원칙

(1) 고소불가분원칙의 의의

고소불가분의 원칙은 고소 또는 고소취소의 효력이 미치는 범위에
관한 원칙이다. 이에는 객관적 불가분의 원칙과 주관적 불가분의 원칙이
있다. 이 원칙은 고소가 있어야 논하는 친고죄의 특수성을 고려하여도
국가형벌권의 행사가 피의자의 자의적인 의사에 좌우되어 자칫 형사사
법의 공평성과 객관성이 훼손되는 것을 방지하기 위한 제도이다.

(2) 객관적 불가분의 원칙

1) 개 념

객관적 불가분의 원칙이란 친고죄에서 범죄사실의 일부분에 대

한 고소나 고소의 취소는 그 범죄사실 전부에 대해 효력이 미친다는 원칙을 말한다.

2) 효력범위

(가) 단순일죄　단순일죄의 경우에는 일부사실에 대한 고소가 있더라도 그 효력은 전부에 대해 미친다. 예컨대, 하나의 기회에 행한 수개의 비밀침해행위의 일부에 대하여 고소하더라도 고소의 효력은 전체행위에 미친다.

(나) 과형상 일죄　과형상 일죄인 상상적 경합의 경우에 과형상 일죄의 구성부분들이 모두 친고죄이고, 피해자가 같은 경우에는 객관적 불가분의 원칙이 적용된다. 즉, 하나의 행위로 1인에 대해 모욕죄와 업무상 비밀누설죄를 범한 경우 피해자가 업무상 비밀누설죄에 대해 고소하면 그 고소의 효력은 모욕죄에도 미친다.

그러나 과형상 일죄의 각 부분이 모두 친고죄이지만 피해자가 서로 다른 경우에는 1인의 피해자가 한 고소는 다른 피해자의 고소에 영향을 미치지 않는다. 예컨대, 하나의 문서로 수인을 모욕한 경우가 이에 해당한다.

또한 과형상 일죄의 일부분만이 친고죄인 경우 비친고죄에 대한 고소의 효력은 친고죄에 대하여 미치지 않는다. 의사가 환자의 치료사실을 공연히 밝힘으로써 업무상 비밀누설죄와 명예훼손죄를 범한 경우에 명예훼손죄에 대한 고소는 업무상 비밀누설죄에 대하여는 미치지 않는다. 마찬가지로 친고죄에 대한 고소의 취소는 비친고죄에 대하여 효력이 없다.

(다) 과형상 수죄　객관적 불가분의 원칙은 한 개의 범죄사실을 전제로 한다. 따라서 과형상 수죄인 실체적 경합범에 대하여는 적용되지 않는다. 모욕죄의 경우 수개의 모욕행위는 실체적 경합관계에 있으므로 일부의 모욕행위에 대한 고소의 효력은 고소내용에 포함되지 않은 다른 모욕행위에 대하여는 미치지 않는다.

(3) 주관적 불가분의 원칙

1) 개 념

제233조에서는 "친고죄의 공범 중 그 1인 또는 수인에 대한 고소 또는 그 취소는 다른 공범자에 대하여도 효력이 있다"고 규정하고 있다. 이를 고소의 주관적 불가분의 원칙이라고 한다. 여기의 공범에는 총칙상의 임의적 공범뿐만 아니라 필요적 공범도 포함된다(86도1940).

2) 효력범위

고소의 주관적 불가분 원칙의 효력범위는 절대적 친고죄와 상대적 친고죄로 나누어 살펴볼 필요가 있다.

(가) 절대적 친고죄   절대적 친고죄의 경우 범인의 신분과 상관없이 범죄의 성질 그 자체로 인하여 친고죄가 성립하므로 언제나 주관적 불가분의 원칙이 적용된다. 따라서 사자명예훼손죄의 경우 피해자의 친족이 공범 1인에 대해서만 고소한 경우 그 효력은 다른 공범자에게도 미친다.

(나) 상대적 친고죄   친족상도례(형법 제328조 제2항, 제365조 제1항)의 경우와 같이 범인과 피해자 사이에 일정한 신분관계가 있는 경우에 한하여 친고죄가 성립하는 상대적 친고죄의 경우에는 신분관계 있는 자만을 기준으로 고소의 효력을 결정한다. 따라서 비신분자에 대한 고소는 신분관계 있는 자에게는 효력이 미치지 않는다. 마찬가지로 신분관계 있는 자에 대한 고소취소는 신분관계 없는 자에 대하여 효력이 발생하지 않는다.

한편, 반의사불벌죄에 대하여도 고소의 주관적 불가분 원칙이 적용되는가에 대하여는 견해의 대립이 있지만, 판례는 제233조의 규정은 반의사불벌죄에 준용되지 않는다고 한다(93도1689).

[판례] 고발의 주관적 불가분원칙의 적용 여부에 관하여는 명시적으로 규정하고 있지 아니하고, 형소법도 제233조에서 친고죄에 관한 고소의 주관적 불가분원칙을 규정하고 있을 뿐 고발에 대하여 그 주관적 불가분의 원칙에 관한

규정을 두고 있지 않고, 또한 형소법 제233조를 준용하고 있지도 아니하다 (2008도4762).

3) 공범자에 대한 제1심 판결선고 후의 고소취소

친고죄의 공범 중 그 일부에 대하여 제1심판결이 선고된 후에는 제1심판결선고 전의 다른 공범자에 대하여는 그 고소를 취소할 수 없고 고소의 취소가 있더라도 효력을 발생하지 아니한다. 이러한 법리는 필요적 공범과 임의적 공범의 구별없이 모두 적용된다(85도1940).

5. 고소의 취소

(1) 고소취소권자

고소를 취소할 수 있는 자는 원칙적으로 고소를 한 자이다. 고소권자는 대리인으로 하여금 고소를 취소하게 할 수 있다(제236조). 그러나 고소대리권자는 고유의 고소권자가 제기한 고소를 취소할 수 없다. 따라서 피해자가 한 고소를 피해자가 사망한 후에 그 아버지가 고소를 취소한다면 적법한 고소취소라고 할 수 없다. 다만, 대리로 고소한 자의 고소에 대하여는 고유의 고소권자가 이를 취소할 수 있다.

한편, 고소취소에 있어서 미성년자인 피해자와 법정대리인의 관계에 대하여는 소송능력이 있더라도 미성년자인 피해자는 법정대리인의 동의를 얻어야 고소취소할 수 있다는 견해, 소송능력 있는 미성년자인 피해자의 고소취소와 법정대리인의 고소취소가 모두 요구된다는 견해 등이 있다. 그러나 피해자인 미성년자도 의사능력이 있는 이상 단독으로 고소를 취소할 수 있다고 보아야 한다(2009도6058). 다만, 법정대리인은 미성년자인 피해자 본인이 행한 고소를 취소할 수 없다(2011도4451).

(2) 고소취소의 시기

고소는 제1심판결선고 전까지 취소할 수 있다(제232조 제1항). 고소의 취소시기를 제한한 것은 고소인과 피고소인 사이에 자율적인 화해가 이루어질 수 있도록 어느 정도의 시간을 보장함으로써 국가형벌권의 남용을 방지하고, 국가형벌권의 행사가 전적으로 고소인의 의사에 의해 좌우되는 것을 막기 위한 것일 뿐만 아니라 가급적 고소취소가 제1심판결 선고 전에 이루어지도록 유도함으로써 상소의 남용을 막기 위한 것이다. 이때의 고소는 친고죄의 고소에 한한다.

반의사불벌죄의 경우에도 친고죄의 고소취소에 관한 규정(동조 제1항, 제2항)이 준용된다(제232조 제3항). 따라서 제1심판결 선고 후에 한 처벌을 희망하는 의사표시를 철회하더라도 효력이 없다(85도2518).

> [판례] 형소법 제232조 제1항, 제3항에 의하면 친고죄에서 고소의 취소 및 반의사 불벌죄에서 처벌을 희망하는 의사표시의 철회는 제1심판결 선고 전까지만 할 수 있고, 따라서 제1심판결 선고 후에 고소가 취소되거나 처벌을 희망하는 의사표시가 철회된 경우에는 효력이 없으므로 형소법 제327조 제5호 내지 제6호의 공소기각 재판을 할 수 없다. 그리고 고소의 취소나 처벌을 희망하는 의사표시의 철회는 수사기관 또는 법원에 대한 법률행위적 소송행위이므로 공소제기 전에는 고소사건을 담당하는 수사기관에, 공소제기 후에는 고소사건의 수소법원에 대하여 이루어져야 한다(2011도17264).

제1심 판결이 선고된 후 항소심에서 공소장변경이나 축소사실의 인정에 의하여 통상의 범죄가 친고죄나 반의사불벌죄로 된 경우에 항소심에서 고소인이 고소취소를 하더라도 이것은 친고죄에 대한 고소취소로서의 효력이 인정되지 않는다(96도1922). 그러나 이러한 태도는 검사나 법원의 잘못된 판단의 불이익을 피고인에게 전가하는 것이므로 타당하지 않다는 반론이 있다.

(3) 고소취소의 방법

고소취소의 방법은 고소의 경우와 마찬가지로 서면 또는 구술로써 검사 또는 사법경찰관에게 하여야 한다(제239조, 제237조, 제238조). 구술에 의한 고소취소의 경우에는 조서를 작성하여야 한다(제239조, 제237조 제2항). 고소의 취소에도 대리가 허용된다(제236조).

고소취소는 처벌을 희망하지 않는 의사표시 또는 처벌을 희망하는 의사표시를 철회하는 것이다. 이러한 의사표시는 피해자의 진실한 의사가 명백하고 믿을 수 있는 방법으로 표현되어야 한다(2001도1809). 따라서 고소인과 피고소인 상호간에 원만히 합의하였다는 합의서를 제출한 후에 고소인이 법정에서 고소취소의 의사가 없다고 진술하였다면 이 합의서 제출만으로는 고소취소로 볼 수 없다(80도1448). 다만, 합의서 제출과 함께 피고인에게 중형을 내리기보다는 법의 온정을 베풀어 사회에 봉사할 수 있도록 관대한 처분을 바란다는 취지의 탄원서가 제출되었다면 고소취소로 볼 수 있다(81도1171).

> [판례] 형사고소를 취소하기로 하는 조항이 포함된 내용의 임의조정이 성립된 사정만으로 위 고소인이 고소취소의 의사표시를 한 것으로 보기 어렵다(2008도2493).

(4) 고소취소의 효과

고소를 취소한 자는 다시 고소할 수 없다(제232조 제2항). 친고죄 또는 반의사불벌죄에 해당하는 범죄에 대한 고소가 취소된 경우에는 소송조건이 결여되므로 불기소처분 또는 공소기각의 판결을 하여야 한다.

고소취소의 경우에도 불가분의 원칙이 적용된다. 따라서 친고죄의 공범 중 그 1인 또는 수인에 대한 고소취소는 다른 공범자에 대하여도 효력이 있다(제233조). 하나의 범죄사실의 일부에 대한 고소의 취소도 범죄사실의 전부에 대하여 효력이 미친다.

6. 고소의 포기

고소의 포기란 친고죄의 고소기간 내에 장차 고소권을 행사하지 않겠다는 의사표시를 하거나 또는 반의사불벌죄에서 처음부터 처벌을 구하지 않겠다는 의사표시를 하는 것을 말한다.

고소의 포기를 인정할 것인가에 대하여는 고소의 취소를 인정하고 있고, 고소권의 포기를 통해 수사를 신속하게 종결할 수 있다는 점에서 고소의 포기를 긍정하는 견해, 수사기관에 대한 명확한 의사표시가 있는 경우에 한해 허용하는 견해(다수설) 등이 있다. 그러나 고소권은 주관적 공권이므로 사인의 처분에 맡길 수 없고, 고소포기를 허용하게 되면 고소권을 소멸시키기 위한 폐단이 초래될 수 있으므로 부정하여야 한다(2007도4977).

Ⅳ. 고 발

> ≪학습문제≫ 경찰관 갑은 휴가 중에 관세법 위반행위를 하는 을을 발견하였지만 갑은 을을 고발하지 않았다. 갑의 행위는 적법한가?

1. 고발의 의의

고발이란 고소권자 및 범인 이외의 제3자가 수사기관에 대하여 범죄사실을 신고하여 범인의 처벌을 구하는 의사표시를 말한다. 고발은 고소와 마찬가지로 처벌을 희망하는 의사표시이다. 고발은 그 주체가 고소권자에 한하지 않는다는 점에서 고소와 구별되며, 범인 본인의 의사표시가 아니라는 점에서 자수와도 구별된다.

고발은 원칙적으로 수사의 단서에 불과하다. 그러나 「관세법」이나 「조세범 처벌법」을 위반한 경우 등과 같이 해당 공무원의 고발이 있어야 처벌할 수 있는 범죄의 경우 고발은 수사의 단서일 뿐만 아니라 소송조건이 된다.

[판례] 친고죄나 세무공무원 등의 고발이 있어야 논할 수 있는 죄에 있어서 고소 또는 고발은 이른바 소추조건에 불과하고 당해 범죄의 성립요건이나 수사의 조건은 아니다(94도252).

2. 고발의 방식

누구든지 범죄가 있다고 사료하는 때에는 고발할 수 있다(제234조 제1항). 공무원은 그 직무를 행함에 있어 범죄가 있다고 사료하는 때에는 고발하여야 한다(동조 제2항). '직무를 행함에 있어서'란 범죄의 발견이 직무 내용에 포함되는 경우를 말하고, 직무집행과 관계없이 우연히 범죄를 발견한 경우까지 포함하지 않는다. 그러나 자기 또는 배우자의 직계존속은 고발하지 못한다(제235조, 제224조).

고발의 방식이나 처리절차는 고소의 경우에 준한다(제239조, 제237조, 제238조, 제257조). 다만, 고소와 달리 고발에서는 대리고발이 허용되지 않으며, 고발기간에도 제한이 없다.

V. 자 수

> ≪학습문제≫ 살인범 갑은 자신의 친구인 을에게 자수하겠다는 의사를 전달한 이후 곧 검거되었다. 갑의 행위는 자수에 해당하는가?

자수란 범인이 스스로 수사기관에 자신의 범죄사실을 신고하는 것을 말한다. 범인이 피해자에게 자신의 범죄사실을 알려서 용서를 구하는 자복이나 수사기관의 조사과정에서 자백하는 것은 자수에 해당하지 않는다. 그러나 범죄사실이 전혀 알려져 있지 않은 경우뿐만 아니라 지명수배된 후의 자진출두 등, 체포 전에만 신고하면 자수에 해당된다(96도1167). 일단 자수가 성립한 이상 자수의 효력은 확정적으로 발생하고, 그 후에 범인이 번복하여 수사기관이나 법정에서 범행을 부인하더라도 일단 발생한 자수의 효력이 소멸하는 것은 아니다(99도1695).

> [판례] 세관 검색 시 금속탐지기에 의해 대마 휴대 사실이 발각될 상황에서 세관 검색원의 추궁에 의하여 대마 수입범행을 시인한 경우, 자발성이 결여되어 자수에 해당하지 않는다(98도4560).

자수의 방식과 이에 대한 사법경찰관의 조치는 고소의 경우에 준한다(제240조). 다만, 자수는 수사의 단서로서 형의 임의적 감면사유(형법 제52조 제1항)에 지나지 않으므로 자수에 대해 감경을 하지 않았다고 하여 위법은 아니다(2006도4883).

제2절 수사의 조건

Ⅰ. 수사의 조건

≪학습문제≫ 사법경찰관 갑은 친고죄에 대해 고소가 없음에도 불구하고 수사에 착수하였다. 갑의 수사개시는 적법한가?

<수사절차의 개관>

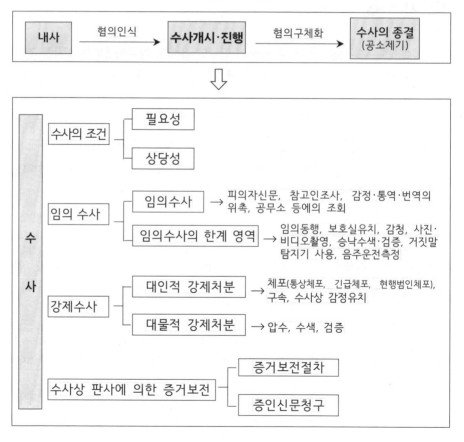

수사절차는 수사기관이 스스로 '범죄혐의가 있다'고 인식하여 수사에 착수함으로써 시작된다.

수사절차에서는 수사개시를 위한 범죄인식에 대한 판단에서부터 수사의 방법과 범위에 이르기까지 수사기관의 자체적인 판단이 광범위하게 인정되고 있다. 이로 인해 수사기관에 의한 수사권남용 및 인권침해의 가능성도 크다. 따라서 수사를 개시·진행하기 위해서는 일정한 전제조건이 충족되어야 한다. 이를 수사의 조건이라고 한다. 수사의 조건으로는 수사의 필요성과 수사의 상당성이 있다.

1. 수사의 필요성

수사기관의 수사는 임의수사이든 강제수사이든 '그 목적을 달성하기 위하여 필요한 조사'에 한정된다(제199조). 수사의 필요성의 요청은 피의자신문을 위한 출석요구(제200조)와 참고인진술을 듣기 위한 출석요구(제221조)의 경우에도 강조되고 있다. 특히, 검사와 사법경찰관은 수사를 할 때 수사 대상자의 자유로운 의사에 따른 임의수사를 원칙으로 하여야 하고, 강제수사는 법률에서 정한 바에 따라 필요한 경우에만 최소한의 범위에서 하되, 수사 대상자의 권익 침해의 정도가 더 적은 절차와 방법을 선택하여야 한다(제199조 제1항, 수사준칙규정 제10조 제1항).

(1) 범죄혐의의 존재

수사기관은 범죄의 혐의가 있다고 인식한 때에 수사를 개시한다. 수사의 개시 여부는 수사기관의 범죄혐의에 대한 주관적 판단에 따라 달라지게 되지만 그것이 수사기관의 자의를 허용하는 것은 아니다. 따라서 수사개시에 필요한 범죄혐의는 충분한 구체적 사실에 근거를 두어야 한다. 예컨대, 살인사건이 발생한 경우 관할구역 내에 살고 있는 살인전과자에게 막연히 혐의를 두는 정도의 추상적 혐의의 정도를 가지고 수사를 개시할 수는 없다.

한편, 형사절차의 진행단계와 범죄혐의의 정도는 비례관계에 있다.

즉, 내사단계에서는 추상적 혐의로 충분하지만, 수사단계에서는 구체적 혐의를 필요로 하며, 강제처분에 의한 강제수사를 위해서는 상당한 혐의가 있어야 하는 등, 형사절차가 진행되어 감에 따라 요구되는 범죄혐의의 정도는 높아진다.

(2) 소송조건의 존재

수사는 범죄혐의의 유무를 확인하여 공소제기 여부를 결정하는 것을 목적으로 한다. 따라서 소송조건이 결여되어 공소제기의 가능성이 없는 사건에 대하여는 수사가 허용되지 않는다.

이와 관련하여 친고죄의 경우에 고소가 없더라도 수사기관이 수사를 개시할 수 있는가가 문제된다. 이에 대하여는 고소가 없어도 수사가 전면적으로 허용된다는 견해(전면허용설), 고소가 없으면 처음부터 강제수사는 물론 임의수사도 할 수 없다는 견해(전면부정설), 고소가 없는 경우에도 원칙적으로 수사는 허용되지만, 고소기간이 경과하거나 피해자가 고소를 하지 않겠다는 의사표시를 하는 등, 고소의 가능성이 없는 때에는 허용되지 않는다거나 제한되어야 한다는 견해(제한적 허용설. 94도252) 등이 있다.

> [판례] 법률에 의하여 고소나 고발이 있어야 논할 수 있는 죄에 있어서 고소 또는 고발은 이른바 소추조건에 불과하고 당해 범죄의 성립요건이나 수사의 조건은 아니므로, 위와 같은 범죄에 관하여 고소나 고발이 있기 전에 수사를 하였더라도, 그 수사가 장차 고소나 고발의 가능성이 없는 상태하에서 행해졌다는 등의 특단의 사정이 없는 한, 고소나 고발이 있기 전에 수사를 하였다는 이유만으로 그 수사가 위법하게 되는 것은 아니다. 그렇다면 일반사법경찰관리가 출입국사범에 대한 출입국관리사무소장 등의 고발이 있기 전에 수사를 하였더라도, 달리 위에서 본 특단의 사정이 없는 한 그 사유만으로 수사가 소급하여 위법하게 되는 것은 아니다(2008도7724).

피해자의 의사존중이라는 친고죄의 입법취지를 고려할 때 공소제기의 가능성이 전혀 없는 수사까지 전면적으로 허용한다는 것은 부당하므로 판단하는 제한적 허용설이 타당하다. 따라서 고소의 가능성이 있는 경우에는 임의수사는 물론, 강제수사도 가능하다(통설. 94도3373). 반의사불벌죄의 경우에도 피해자가 처벌을 원하지 않는다는 의사표시를 명시적으로 한 경우에는 수사를 할 수 없다.

2. 수사의 상당성

수사는 그 필요성이 인정되는 경우에도 수사의 방법이 사회통념상 상당한 것이어야 한다. 여기에는 수사의 신의칙과 수사비례의 원칙이 있다.

(1) 수사비례의 원칙

수사는 그로 인해 침해되는 법익과 수사활동을 통하여 달성하려는 공익이 형평을 이루어야 한다. 수사로 인해 침해될 개인이나 공공의 이익이 수사로써 얻게 될 형사사법적 이익보다 더 중대하다고 판단될 경우 수사는 제한된다. 수사비례의 원칙은 특히 강제수사에 있어서 의미를 가진다.

(2) 수사의 신의칙

수사기관은 사실관계를 분명히 하기 위하여 강제처분을 포함하여 원칙적으로 수사상 필요한 한도 내에서 상당하다고 판단되는 어떠한 형태의 조사활동도 가능하지만, 신의에 따라 성실히 하여야 한다. 수사의 신의칙과 관련하여 함정수사의 허용성 여부가 문제된다.

Ⅱ. 수사조건과 함정수사

> 《학습문제》 사법경찰관 갑은 노래방의 도우미 알선영업 단속실적을 올리기 위하여 그에 대해 제보나 첩보가 없는데도 손님을 가장하고 들어가 도우미를 불러달라고 한 다음, 도우미가 나타나자 불법영업으로 단속하였다. 갑의 단속은 적법한가?

1. 함정수사의 의의

함정수사는 수사기관이 시민에게 범죄를 범하도록 함정을 파놓고 범죄의 실행을 기다렸다가 그 함정에 걸린 범인을 검거하는 수사방법을 말한다. 함정에는 시민에게 범죄기회를 제공하거나 실제 범죄를 유발케 할 목적으로 수사기관이 사용하는 사술이나 계략 등 다양한 방법이 있다. 함정수사는 통상적으로 범행이 조직적이고 은밀하게 행하여지기 때문에 범인의 검거가 어려운 마약류범죄, 밀수범죄, 조직범죄 및 뇌물범죄의 수사에 주로 이용되고 있지만 국가기관이 국민을 함정에 빠뜨려 범죄를 범하게 하고, 이를 처벌한다는 점에서 수사의 신의칙에 반하는 것은 아닌가가 문제된다.

2. 함정수사의 유형

함정수사에는 일반적으로 기회제공형 함정수사와 범의유발형 함정수사가 있다. 기회제공형 함정수사는 이미 범죄의사를 가지고 있는 사람에게 범죄의 기회만을 제공한 경우를 말한다. 반면에 범의유발형 함정수사는 원래 범죄의사가 전혀 없는 사람에게 수사기관이 함정을 파놓음으로써 새로운 범죄의사를 유발하여 범죄를 행하도록 하는 경우를 말한다.

3. 함정수사의 허용범위

기회제공형 함정수사는 수사의 필요성을 이유로 범죄피해자를 미끼로 이용하는 것이 범죄피해자에게 부적절한 행위이더라도 범인에 대하여는 적법성이 문제되지 않는다는 점에서 수사의 상당성을 충족한 것으로 수사의 상당성이 인정된다(2007도1903).

> **[판례]** 경찰관이 취객을 상대로 한 이른바 부축빼기 절도범을 단속하기 위하여, 공원 인도에 쓰러져 있는 취객 근처에서 감시하고 있다가, 마침 피고인이 나타나 취객을 부축하여 10m 정도를 끌고 가 지갑을 뒤지자 현장에서 체포하여 기소한 경우, 위법한 함정수사에 기한 공소제기가 아니다(2007도1903).

그러나 범의유발형 함정수사는 수사의 상당성을 결여한 것으로서 위법한 수사로 취급된다(통설, 2008도7362). 미국 연방대법원은 기회제공형의 경우와 달리 범의유발형인 경우에는 피유발자가 형사책임을 면하는 것으로 하고 있다(Sherman-Sorrels법칙). 독일 판례에서는 함정수사에 대해 법치국가적 원칙에 위배된다는 이유로 소송장애사유로 보는 것이 종전의 입장이었지만(BGH NStZ 83, 80), 1980년대 중반에 들어 형법에서 보호하여야 할 법익은 그 자체로 보호되어야지 함정수사관의 개인적 활동에 따라 좌우될 성질이 아니라는 점에서 함정수사는 형벌감경사유가 되는데 불과하다는 입장을 취하고 있다(BGHSt 33, 356).

[판례] 경찰관들이 단속 실적을 올리기 위하여 손님을 가장하고 들어가 도우미를 불러줄 것을 요구하였던 점, 피고인측은 평소 자신들이 손님들에게 도우미를 불러준 적도 없으며, 더군다나 이 사건 당일 도우미를 불러달라는 다른 손님들이 있었으나 응하지 않고 모두 돌려보낸 바 있다고 주장하는데, 위 노래방이 평소 손님들에게 도우미 알선 영업을 해 왔다는 아무런 자료도 없는 점, 위 경찰관들도 그와 같은 제보나 첩보를 가지고 이 사건 노래방에 대한 단속을 한 것이 아닌 점, 위 경찰관들이 피고인측으로부터 한 차례 거절당하였으면서도 다시 위 노래방에 찾아가 도우미를 불러줄 것을 요구하여 도우미가 오게 된 점 등 여러 사정들을 종합해 보면, 이 사건 단속은 수사기관이 사술이나 계략 등을 써서 피고인의 범의를 유발케 한 것으로서 위법하고, 이러한 함정수사에 기한 이 사건 공소제기 또한 그 절차가 법률의 규정에 위반하여 무효인 때에 해당한다(2008도7362).

일부 범죄에 있어서는 함정수사의 방법을 동원하지 않고서는 범죄의 배후를 밝혀내기란 쉽지 않다. 그렇다고 해서 범죄를 방지하여야 할 국가가 범죄를 유발하는 것을 아무런 제한 없이 허용하는 것도 용인하기 어렵다. 따라서 수사기관이 본래 범의를 가지지 아니한 자에 대하여 사술이나 계략 등을 써서 범의를 유발하게 하는 함정수사는 위법하지만, 구체적인 사건에 있어서 위법한 함정수사에 해당하는지 여부는 해당 범죄의 종류와 성질, 유인자의 지위와 역할, 유인의 경위와 방법, 유인에 따른 피유인자의 반응, 피유인자의 처벌 전력 및 유인행위 자체의 위법성 등을 종합하여 판단하여야 한다(2006도2339).[12)]

---

12) 2021년 2월 26일 국회에서 의결된 「아동·청소년의 성보호에 관한 법률」 개정안에 따르면 아동·청소년대상 디지털 성범죄에 대한 신분비공개수사와 신분위장수사를 허용하

[판례] 수사기관과 직접 관련이 있는 유인자가 피유인자와의 개인적인 친밀관계를 이용하여 피유인자의 동정심이나 감정에 호소하거나, 금전적·심리적 압박이나 위협 등을 가하거나, 거절하기 힘든 유혹을 하거나, 또는 범행방법을 구체적으로 제시하고 범행에 사용될 금전까지 제공하는 등으로 과도하게 개입함으로써 피유인자로 하여금 범의를 일으키게 하는 것은 위법한 함정수사에 해당하여 허용되지 않지만, 유인자가 수사기관과 직접적인 관련을 맺지 아니한 상태에서 피유인자를 상대로 단순히 수차례 반복적으로 범행을 부탁하였을 뿐 수사기관이 사술이나 계략 등을 사용하였다고 볼 수 없는 경우는, 설령 그로 인하여 피유인자의 범의가 유발되었다 하더라도 위법한 함정수사에 해당하지 아니한다(2019도15987)

[판례] 甲이 수사기관에 체포된 동거남의 석방을 위한 공적을 쌓기 위하여 乙에게 필로폰 밀수입에 관한 정보제공을 부탁하면서 대가의 지급을 약속하고, 이에 乙이 丙에게, 丙은 丁에게 순차 필로폰 밀수입을 권유하여, 이를 승낙하고 필로폰을 받으러 나온 丁을 체포한 사안에서, 乙, 丙 등이 각자의 사적인 동기에 기하여 수사기관과 직접적인 관련이 없이 독자적으로 丁을 유인한 것으로서 위법한 함정수사에 해당하지 않는다(2007도7680).

4. 위법한 함정수사의 소송법적 효과

범의유발형 함정수사가 위법한 경우에 그 소송법적 효과가 문제된다.

(1) 증거능력의 배제

위법한 함정수사에 의해 수집된 증거는 위법하게 수집된 증거이므로 증거능력이 인정되지 않는다..

(2) 공소제기의 법적 효과

함정수사에 의해 공소가 제기된 경우에 법원은 어떠한 재판을 하여야 할 것인가가 문제된다.

되(제25조의2), 수집한 증거와 자료 등의 사용은 (i) 디지털 성범죄와 이와 관련되는 범죄의 수사·소추 및 그 범죄를 예방하기 위하여 사용하는 경우, (ii) 이들 범죄로 인한 징계절차에 사용하는 경우, (iii) 증거 및 자료수집의 대상자가 제기하는 손해배상청구소송에서 사용하는 경우, (iv) 그 밖에 법률의 규정에 의하여 사용하는 경우로 제한하고 있다(제25조의5).

1) 공소기각설

함정수사에 의한 공소는 적법절차에 위배되는 중대한 위법을 수반하는 수사방법이므로 공소제기의 절차가 법률의 규정에 위배하여 무효인 때에 해당하므로 공소기각의 판결을 하여야 한다는 견해이다(다수설, 2008도7362). 이 견해에 대하여는 수사절차상 위법이 있다고 하여 공소제기의 효력을 인정하지 않는 것은 타당하지 않으며, 함정수사의 실체적 측면에 대한 고려가 없다는 비판이 있다.

2) 무죄판결설

함정수사를 한 수사기관에 대해 무죄판결을 선고하여야 한다는 견해이다. 함정의 항변을 인정한 미국 판례가 취하고 있는 입장이다. 국가기관이 사술 또는 계략을 사용하여 스스로 염결성을 해쳤다는 공적인 측면과 수사기관이 제공한 범죄동기와 기회를 일반인이 뿌리칠 수 없었다는 범죄인 개인의 특수한 상황을 함께 고려할 때 국가는 처벌할 자격이 없으므로 무죄판결을 선고하여야 한다는 것이다. 이 견해에 대하여는 함정에 의하여 범의가 유발된 경우에도 고의가 없다고 할 수 없고, 현재의 책임이론에 따를 경우 수사기관의 함정에 빠졌다는 것만으로 책임이 조각된다고 할 수 없으며, 나아가 교사자가 수사기관인가 또는 사인인가에 따라 범죄성립 여부를 달리 해석하여야 할 이유가 없다는 비판이 있다.

3) 유죄판결설

범의유발형 함정수사가 위법할지라도 범의를 유발당한 자가 자유로운 의사로 범죄를 실행한 이상 함정에 걸렸다는 것만으로 위법성이나 책임이 조각된다고 할 수 없으므로 처벌이 가능하다는 견해이다. 이 견해에 대하여는 범의유발형의 함정수사가 위법하다고 보면서도 그것에 넘어간 피고인의 처벌이 가능하다고 보는 것은 함정수사를 금지하려는 법정책적 목적이 실현될 수 없으므로 납득하기 어렵다는 비판이 있다.

4) 검 토

함정수사를 적법절차에 위배되는 위법한 수사로 이해하면서도 그에 속은 피고인만을 처벌한다는 것은 이론적으로 납득하기 어렵다는 점에서 유죄판결설은 타당하지 않다. 또한 개인이 자유로운 의사로 범죄행위를 실행했음에도 함정에 걸렸다는 것 때문에 범죄의 성립이 조각된다고 볼 수 없고, 또 그것이 누가 교사했는가에 따라 그 결론이 달라져야 할 이유도 없으므로 무죄판결설도 받아들이기 어렵다. 따라서 함정수사는 궁극적으로 수사가 목적하는 공소제기를 위하여 사용된 것이라는 점에서 공소기각설이 타당하다.

제3장　임의수사와 강제수사

1. **수사의 기본 원칙** ─┬─ 임의수사의 원칙
　　　　　　　　　　 ├─ 강제수사법정주의
　　　　　　　　　　 └─ 영장주의

2. **임의수사와 강제수사** ─┬─ 수사의 방법
　　　　　　　　　　　　 └─ 임의수사와 강제수사의 구별

3. **임의수사** ─┬─ 임의수사의 유형
　　　　　　 └─ 임의수사와 강제수사의 한계영역

〈주요 학습사항〉
1. 수사의 기본원칙
2. 임의수사와 강제수사의 구별
3. 임의수사의 유형과 한계영역

제1절 수사의 기본원칙

≪학습문제≫ 수사의 목적을 달성하기 위해서는 강제수사가 효과적이다. 그럼에도 임의수사를 원칙으로 하는 이유는 무엇인가?

Ⅰ. 임의수사의 원칙

형소법에서는 "수사기관은 수사에 관하여 그 목적을 달성하기 위하여 필요한 조사를 할 수 있다. 다만, 강제처분은 이 법률에 특별한 규정이 있는 경우에 한하며, 필요한 최소한도의 범위 안에서만 하여야 한다"(제199조)고 규정하고 있다. 따라서 수사는 원칙적으로 임의수사에 의하고, 강제수사는 예외적으로 법률에 규정된 경우에 한하여 허용된다. 이를 임의수사의 원칙이라고 한다. 이 원칙은 제198조 제1항에서 "피의자에 대한 수사는 불구속상태에서 함을 원칙으로 한다"고 규정한 것과도 일치한다.

수사에 있어서 임의수사가 허용된다고 하더라도 그 목적을 달성하기 위하여 필요한 경우에만 허용되며, 무제한적으로 허용된다는 의미는 아니다. 수사는 그 성질상 개인의 기본적 인권을 침해할 가능성이 있기 때문이다. 이에 형소법에서는 "검사·사법경찰관리와 그 밖에 직무상 수사에 관계있는 자는 피의자 또는 다른 사람의 인권을 존중하고 수사과정에서 취득한 비밀을 엄수하며 수사에 방해되는 일이 없도록 하여야 한다"(제198조 제2항)는 주의규정을 두고 있다.

Ⅱ. 강제수사법정주의

수사기관이 상대방의 동의 또는 승낙을 전제로 하는 임의수사에만 의존해서는 형사소송의 목적인 실체적 진실을 발견하는 것은 불가능에 가깝다. 특히, 범죄혐의를 받고 있는 상대방이 수사기관에 자발적으로 협조하여 진실발견에 기여하기만을 기대하여서는 수사목적을 제대로 달성하기 어렵다. 따라서 수사목적을 달성하기 위하여 임의수사가 가지는 한계를 극복 또는 보완하는 방법으로서 법률에 특별한 규정이 있는 경우에 한하여 강제수사가 허용되고 있다. 이를 강제수사법정주의 또는 강제처분법정주의라고 한다. 다만, 강제수사가 허용되는 경우에도 본질적으로 상대방의 기본권에 대한 침해 내지 강제를 수반하게 된다는 점에서 필요한 최소한의 범위 내에서 이루어질 것이 요청된다.

Ⅲ. 영장주의

영장주의란 수사기관이 강제처분을 함에 있어서는 원칙적으로 사전에 법원 또는 법관이 발부한 적법한 영장에 의하여야 한다는 주의를 말한다. 이것은 궁극적으로 수사기관의 강제처분을 사법통제의 대상으로 두어 수사기관의 권한남용 및 그로 인한 피의자의 기본권 침해를 방지하기 위한 것이다. 형소법상 체포영장, 구속영장, 압수·수색·검증영장, 감정유치장, 감정처분허가장 등이 이에 해당한다.

> **[헌재결]** 1. 형사절차에 있어서의 영장주의란 체포·구속·압수 등의 강제처분을 함에 있어서는 사법권 독립에 의하여 그 신분이 보장되는 법관이 발부한 영장에 의하지 않으면 아니된다는 원칙이고, 따라서 영장주의의 본질은 신체의 자유를 침해하는 강제처분을 함에 있어서는 중립적인 법관이 구체적 판단을 거쳐 발부한 영장에 의하여야만 한다는 데에 있다. 2. 헌법 제12조 제3항이 영장의 발부에 관하여 "검사의 신청"에 의할 것을 규정한 취지는 모든 영장의 발부에 검사의 신청이 필요하다는 데에 있는 것이 아니라 수사단계에서 영장의 발부를 신청할 수 있는 자를 검사로 한정함으로써 검사 아닌 다른 수사기관의 영장신청에서 오는 인권유린의 폐해를 방지하고자 함에 있으므로, 공판단계에서 법원이 직권에 의하여 구속영장을 발부할 수 있음을 규정한 형소법 제70조 제1항 및 제73조 중 "피고인을 …… 구인 또는 구금함에는 구속영장을 발부하여야 한다." 부분은 헌법 제12조 제3항에 위반되지 아니한다(97헌바28).

영장은 사전영장을 원칙으로 하지만, 긴급한 경우에는 예외를 인정하고 있다. 즉, 긴급체포(제200조의3, 제200조의4), 현행범인체포(제212조)의 경우는 물론, 체포·구속목적의 수색(제216조 제1항 제1호), 체포현장에서의 압수·수색·검증(동항 제2호), 범죄장소에서의 압수·수색·검증(동조 제3항), 긴급체포 시의 압수·수색·검증(제217조 제1항), 임의제출물 및 유류물의 압수(제218조)의 경우에는 영장주의의 예외를 인정하고 있다. 다만, 범죄장소에서의 압수·수색·검증과 긴급체포 시의 압수·수색·검증의 경우에는 사후영장을 요한다(제216조 제3항 후문, 제217조 제2항).

제2절 임의수사와 강제수사

≪학습문제≫ 사법경찰관 갑은 강제수사를 하기 위하여 법관에게 직접 체포영장을 청구하였다. 갑의 조치는 적절한가?

Ⅰ. 수사의 방법

수사의 방법에는 임의수사와 강제수사가 있다. 임의수사는 수사기관이 강제력을 행사하지 않고 상대방의 동의나 승낙을 받아서 행하는 수사방법을 말한다. 반면에 강제수사는 수사기관의 강제처분에 의한 수사방법을 말한다.

Ⅱ. 임의수사와 강제수사의 구별기준

1. 형 식 설

직접 또는 간접으로 물리적 강제력을 행사하는 경우뿐만 아니라 상

대방에게 의무를 부과하는 경우는 강제수사이고, 그 이외의 처분은 임의
수사로 보는 견해이다. 이 견해에 따르면 체포(제200조의2), 긴급체포(제200
조의3), 구속(제201조 이하), 압수·수색·검증(제215조 이하) 등이 강제수사에 해
당한다.

2. 실 질 설

물리적 강제력의 행사 유무뿐만 아니라 또는 상대방의 의사에 반하
여 실질적으로 법익을 침해하는 경우에는 강제수사에 해당하고, 그렇지
않은 경우에는 임의수사에 해당한다고 하는 견해이다. 이 견해에 따르면
전기통신의 감청이나 사진촬영 등은 강제수사에 해당한다.

3. 적법절차기준설

적법절차원칙을 근거로 하여 국민의 기본적 인권을 침해할 우려가 있
는가 여부를 기준으로 하는 견해이다. 즉, 국민의 기본적 인권을 침해할
위험이 있으면 강제수사이고, 그렇지 않은 경우에는 임의수사라고 한다.

4. 검 토

형식설은 과학의 발달에 따라 새롭게 등장한 수사방법(감청, 사진촬영,
DNA검사 등)의 대두에 따른 인권침해를 통제할 수 없다는 한계가 있다. 적
법절차기준설은 적법절차의 준수는 강제수사에서만 요구되는 것이 아니
라는 점에서 강제수사와 임의수사를 구별하는 명확한 기준을 제시하지
못하는 문제점이 있다. 따라서 상대방의 의사에 반한 법익침해의 유무라
는 관점에서 강제수사와 임의수사를 구별하는 실질설이 타당하다. 다만,
현실적으로 임의수사와 강제수사의 중간영역이 존재할 수 있다. 따라서
강제수사인지 여부는 일률적으로 판단할 것이 아니라 수사의 필요성과
긴급성, 범죄혐의의 중대성, 수사방법의 상당성 그리고 법익침해의 강도

등을 종합적으로 고려하여 개별적으로 판단하여야 한다.

제3절 임의수사

Ⅰ. 임의수사의 유형

≪학습문제≫ 경찰관 갑은 피의자 을을 신문하면서 을의 성명, 나이 등을 물어 본인임을 확인한 후 진술거부권을 고지하지 않고 범죄사실에 대해 신문하였다. 갑의 행위는 적법한가?

1. 피의자신문

(1) 피의자신문의 의의

피의자신문은 수사기관이 피의자를 신문하여 진술을 듣는 것을 말한다. 검사와 사법경찰관 등은 수사에 필요한 경우 피의자의 출석을 요구하여 진술을 들을 수 있다(제200조). 그러나 피의자는 수사기관의 출석요구에 응할 의무가 없으며, 출석한 경우에도 언제든지 퇴거할 수 있다는 점에서 피의자신문은 임의수사이다. 다만, 피의자의 출석불응은 체포영장(제200조의2)에 의한 체포의 이유가 될 수 있으므로 사실상 출석의무가 강제되어 있는 측면이 강하다. 하지만 진술거부권이 보장되어 있는 피의자에 대하여 진술을 강제할 수는 없고, 임의의 진술을 들을 수밖에 없다는 점에서 임의수사이다(2013모160).

피의자신문은 수사기관에게는 피의자의 자백과 같은 증거를 획득하여 진실을 밝힐 수 있는 기회가 되지만, 피의자에게는 수사기관의 혐의를 벗어날 수 있는 기회가 되기도 한다.

(2) 피의자신문의 절차

1) 피의자신문의 주체

피의자신문의 주체는 검사 또는 사법경찰관이다. 다만, 검사의 피의자신문에는 검찰청수사관 또는 서기관이나 서기가 참여하여야 한다. 사법경찰관의 피의자신문에는 사법경찰관 또는 사법경찰리가 참여하여야 한다(제243조). 이것은 조서기재의 정확성과 신문절차의 적법성을 보장하기 위한 것이지만, 수사기관 상호 간에 이루어지는 일종의 자기통제라는 점에서 실효성에 한계가 있다.

형소법에서는 사법경찰관만을 피의자신문의 주체로 규정하고 있으나, 실무에서는 사법경찰리도 사법경찰관사무취급이라는 이름으로 피의자신문조서의 주체로 하고 있다. 판례는 사법경찰관사무취급이 작성한 피의자신문조서도 제312조 제3항에 의하여 증거능력을 인정한다(82도1080).

2) 출석요구

수사기관은 피의자신문을 위해 피의자의 출석을 요구할 수 있다(제200조). 출석요구는 서면을 원칙으로 하되, 전화·팩스 등의 방법으로도 가능하다.

> **[판례]** 구속영장 발부에 의하여 적법하게 구금된 피의자가 피의자신문을 위한 출석요구에 응하지 아니하면서 수사기관 조사실에 출석을 거부한다면 수사기관은 그 구속영장의 효력에 의하여 피의자를 조사실로 구인할 수 있다고 보아야 한다(2013모160).

출석을 요구하는 장소는 수사관서에 국한되지 않고 제3의 장소도 가능하며, 필요한 경우 수사기관이 피의자를 직접 방문하여 신문할 수도 있다.

3) 진술거부권의 고지

헌법상 모든 국민은 진술거부권을 갖는다(제12조 제2항). 진술거부권은 형사상 자기에게 불리한 진술을 강요당하지 않을 권리를 말한다.

형소법에서는 이러한 헌법상 기본권을 보장하기 위하여 피의자를 신문하기 전에 진술거부권을 고지하도록 규정하고 있다(제244조의3). 따라서 진술거부권은 피의사실에 대한 질문에 앞서 이루어지는 피의자의 성명 등을 묻는 인정신문 전에 고지되어야 한다.

고지의 내용은 (i) 일체의 진술을 하지 아니하거나 개개의 질문에 대하여 진술을 하지 아니할 수 있다는 것, (ii) 진술을 하지 아니하더라도 불이익을 받지 아니한다는 것, (iii) 진술을 거부할 권리를 포기하고 행한 진술은 법정에서 유죄의 증거로 사용될 수 있다는 것, (iv) 신문을 받을 때에는 변호인을 참여하게 하는 등 변호인의 조력을 받을 수 있다는 것 등이다(제244조의2 제1항).

검사 또는 사법경찰관은 진술거부권을 고지한 후에는 피의자가 진술을 거부할 권리와 변호인의 조력을 받을 권리를 행사할 것인가의 여부를 질문하고, 이에 대한 피의자의 답변을 조서에 기재하여야 한다(동조 제2항). 이러한 진술거부권을 고지하지 않고 작성된 피의자신문조서는 증거능력이 인정되지 아니한다(92도682).

> **[판례]** 수사기관에 의한 진술거부권 고지의 대상이 되는 피의자의 지위는 수사기관이 범죄인지서를 작성하는 등의 형식적인 사건수리 절차를 거치기 전이라도 조사대상자에 대하여 범죄의 혐의가 있다고 보아 실질적으로 수사를 개시하는 행위를 한 때에 인정된다. 특히 조사대상자의 진술내용이 단순히 제3자의 범죄에 관한 경우가 아니라 자신과 제3자에게 공동으로 관련된 범죄에 관한 것이거나 제3자의 피의사실뿐만 아니라 자신의 피의사실에 관한 것이기도 하여 실질이 피의자신문조서의 성격을 가지는 경우에 수사기관은 진술을 듣기 전에 미리 진술거부권을 고지하여야 한다(2014도5939).

> **[판례]** "피의자는 진술거부권을 행사할 것인가요"라는 질문에 "아니요, 진술할 것입니다"라는 답변이 기재되어 있기는 하나, 피의자의 답변이 자필로 기재되어 있지 아니하거나 그 답변 부분에 피의자의 기명날인 또는 서명이 되어 있지 아니한 사법경찰관 작성의 피의자신문조서는 특별한 사정이 없는 한 형소법 제312조 제3항에서 정한 '적법한 절차와 방식'에 따라 작성된 조서라 할 수 없으므로 그 증거능력을 인정할 수 없다(2010도3359).

4) 신문사항

검사 또는 사법경찰관이 피의자를 신문함에는 먼저 그 성명, 연령, 등록기준지, 주거와 직업을 물어 피의자임에 틀림없음을 확인하여야 한다(제241조). 이를 인정신문(人定訊問)이라고 한다. 인정신문에 대하여도 진술을 거부할 수 있다.

피의자신문에 있어서 검사 또는 사법경찰관은 피의자에 대하여 범죄사실과 정상에 관한 필요사항을 신문하여야 하며, 그 이익되는 사실을 진술할 기회를 주어야 한다(제242조). 검사 또는 사법경찰관이 사실을 발견함에 필요한 때에는 피의자와 다른 피의자 또는 피의자 아닌 자와 대질하게 할 수 있다(제245조).

5) 피의자신문조서의 작성 등

피의자의 진술은 조서에 기재하여야 한다(제244조 제1항). 피의자신문의 주체는 검사 또는 사법경찰관이지만, 참여 검찰청수사관, 서기관, 서기 또는 사법경찰관리가 피의자신문조서를 작성한다(제48조 제1항). 또한 검사 또는 사법경찰관은 피의자가 조사장소에 도착한 시각, 조사를 시작하고 마친 시각, 그 밖에 조사과정의 진행경과를 확인하기 위하여 필요한 사항을 피의자신문조서에 기록하거나 별도의 서면에 기록한 후 수사기록에 편철하여야 한다(제244조의4 제1항).

피의자신문조서나 수사과정을 기록한 서면은 피의자에게 열람하게 하거나 읽어 들려주어야 하며, 진술한대로 기재되지 아니하였거나 사실과 다른 부분의 유무를 물어 피의자가 증감 또는 변경의 청구 등 이의를 제기하거나 의견을 진술한 때에는 이를 조서에 추가로 기재하여야 한다. 이 경우 피의자가 이의를 제기하였던 부분은 읽을 수 있도록 남겨두어야 한다(제244조 제2항, 제244조의4 제2항). 피의자가 조서나 기록한 서면에 대하여 이의나 의견이 없음을 진술한 때에는 피의자로 하여금 그 취지를 자필로 기재하게 하고 조서나 기록에 간인 한 후 기명날인 또는 서명하게 한다(제244조 제3항, 제244조의4 제2항).[13] 다만, 진술자가 서명날인을 거부하면 그 사유를 기재하여야 한다(제48조 제7항 단서).

<피의자신문조서>

■ 검사의 사법경찰관리에 대한 수사지휘 및 사법경찰관리의 수사준칙에 관한 규정 [별지 제7호서식]

피 의 자 신 문 조 서 (제 회)

피 의 자 : ○○○

위의 사람에 대한 ○○○○○○ 피의사건에 관하여 . . . 00:00 ○○○○
○○○○○에서 사법경찰관 ○○ ○○○는(은) 사법경찰리 ○○ ○○○를(을)
참여하게 한 후, 피의자에 대하여 다시 아래의 권리들이 있음을 알려주고 이를 행
사할 것인지 그 의사를 확인하다.

> 1. 귀하는 일체의 진술을 하지 아니하거나 개개의 질문에 대하여
>   진술을 하지 아니할 수 있습니다.
> 2. 귀하가 진술을 하지 아니하더라도 불이익을 받지 아니합니다.
> 3. 귀하가 진술을 거부할 권리를 포기하고 행한 진술은 법정에서
>   유죄의 증거로 사용될 수 있습니다.
> 4. 귀하가 신문을 받을 때에는 변호인을 참여하게 하는 등 변호인의
>   조력을 받을 수 있습니다.

문 : 피의자는 위와 같은 권리들이 있음을 고지받았는가요?
답 :
문 : 피의자는 진술거부권을 행사할 것인가요?
답 :
문 : 피의자는 변호인의 조력을 받을 권리를 행사할 것인가요?
답 :

이에 사법경찰관은 피의사실에 관하여 다음과 같이 피의자를 신문하다.

---

(3) 피의자신문과 변호인참여권

대법원은 구속피의자와 변호인의 접견교통권을 근거로 피의자신문
시에 변호인참여권을 인정하였으며(2003모402), 헌법재판소는 헌법상 변

---

13) 피의자신문에 있어서 수사과정의 기록에 관한 내용은 피의자가 아닌 자를 조사하는
경우에 준용한다(제244조의4 제3항).

호인의 조력을 받을 권리의 내용으로 불구속피의자에 대한 피의자신문 시 변호인참여권을 인정하였다(2000헌마138). 이를 계기로 하여 2007년 형소법 개정에서는 피의자의 변호인의 도움을 받을 권리를 실질적으로 보장하기 위하여 피의자신문 시의 변호인참여권을 명문화하였다.

1) 변호인참여권의 내용

검사 또는 사법경찰관은 피의자 또는 그 변호인·법정대리인·배우자·직계친족·형제자매의 신청에 따라 변호인을 피의자와 접견하게 하거나 정당한 사유가 없는 한 피의자에 대한 신문에 참여하게 하여야 한다(제243조의2 제1항). '정당한 사유'란 변호인이 피의자신문을 방해하거나 수사기밀을 누설할 염려가 있음이 객관적으로 명백한 경우 등을 말한다. 신문에 참여한 변호인이 신문을 부당하게 제지 또는 중단시키거나 피의자의 특정한 답변을 유도하거나 진술을 번복하게 하는 행위, 신문내용을 촬영·녹음하는 행위 등이 이에 해당한다.[14] 따라서 수사기관이 피의자신문을 하면서 정당한 사유가 없는데도 변호인에 대하여 피의자로부터 떨어진 곳으로 옮겨 앉으라고 지시를 한 다음, 이러한 지시에 따르지 않았음을 이유로 변호인의 피의자신문 참여권을 제한하는 것은 허용될 수 없다(2008모793). '참여하게 하여야 한다'는 참여를 허용하여야 한다는 의미이지 참여 없이 신문이 불가능하다는 것을 의미하지는 않는다. 따라서 변호인이 없는 경우 국선변호인을 선정하여야 하는 것은 아니며, 참여를 신청한 변호인이 신문장소에 출석하지 아니하거나 출석을 거부할 때에는 변호인의 참여 없이 신문할 수 있다.

신문에 참여하고자 하는 변호인이 2인 이상인 때에는 피의자가 신문에 참여할 변호인 1인을 지정한다. 지정이 없는 경우에는 검사 또는

---

14) 사법경찰관리는 변호인의 참여로 증거를 인멸·은닉·조작할 위험이 구체적으로 드러나거나, 신문 방해, 수사기밀 누설 등 수사에 현저한 지장을 초래하는 경우에는 피의자신문 중이라도 변호인의 참여를 제한할 수 있다. 이 경우 피의자와 변호인에게 변호인의 참여를 제한하는 처분에 대해 형소법 제417조에 따른 준항고를 제기할 수 있다는 사실을 고지하여야 한다(경찰수사규칙 제13조 제1항).

사법경찰관이 이를 지정할 수 있다(동조 제2항).

2) 변호인참여의 범위와 절차

신문에 참여한 변호인은 신문 후 의견을 진술할 수 있다. 다만, 신문 중이라도 부당한 신문방법에 대하여 이의를 제기할 수 있고, 검사 또는 사법경찰관의 승인을 얻어 의견을 진술할 수 있다(제243조의2 제3항). 이때 변호인의 의견이 기재된 피의자신문조서는 변호인에게 열람하게 한 후 변호인으로 하여금 그 조서에 기명날인 또는 서명하게 하여야 한다(동조 제4항). 그리고 검사 또는 사법경찰관은 변호인의 신문참여 및 그 제한에 관한 사항을 피의자신문조서에 기재하여야 한다(동조 제5항).

3) 변호인참여권 침해에 대한 불복

검사나 사법경찰관이 피의자신문 시 변호인의 참여를 제한 또는 거부하거나 참여한 변호인이 신문 도중 허용되지 않는 행위를 하였다는 이유로 퇴거처분을 한 경우에 피의자는 준항고를 통해 불복할 수 있다(제417조). 변호인의 피의자신문참여권을 침해한 피의자신문조서는 위법수집증거로서 증거능력이 부정된다.

(4) 피의자진술의 영상녹화

1) 영상녹화제도의 도입

형소법에서는 "피의자의 진술은 영상녹화할 수 있다"(제244조의2 제1항)고 규정하여 수사과정의 투명성을 확보하기 위한 제도적 장치를 마련하였다. 피의자진술의 영상녹화는 공판절차에서 피의자신문조서의 성립의 진정 여부에 대한 판단자료로 사용될 수 있다(제312조 제2항 참조). 그러나 수사과정에서 피의자진술에 대한 영상녹화제도는 수사기관의 재량에 맡겨져 실무에서의 적극적인 이행을 담보하지 못한 채 유명무실해지고 있다는 지적이 있다.[15]

---

15) 경찰에서는 영상녹화대상인 체포·구속된 피의자, 살인, 성폭력, 증수뢰, 선거범죄, 강도, 마약, 피해액 5억원 이상 사기·횡령·배임 등 중요범죄 피의자, 피의자가 영상녹화를

2) 영상녹화의 절차

영상녹화 시에는 피의자에게 영상녹화사실을 미리 알려주어야 하며, 조사의 개시부터 종료까지의 전과정 및 객관적 정황을 영상녹화하여야 한다(제244조의2 제1항). 이것은 영상녹화에 대한 수사기관에 의한 자의적 개입을 차단하여 영상녹화의 신용성을 보장하기 위한 것이다.

검사는 영상녹화를 실시한 경우 영상녹화용 컴퓨터에 저장된 영상녹화파일을 이용하여 영상녹화물(CD, DVD 등) 1개를 제작하고, 피조사자의 기명날인 또는 서명을 받아 피조사자 또는 변호인의 면전에서 봉인하여 수사기록에 편철한다(검사규칙 제46조 제1항). 다만, 검사는 영상녹화물을 제작한 후 영상녹화용 컴퓨터에 저장되어 있는 영상녹화파일을 데이터베이스 서버에 전송하여 보관할 수 있다(동조 제2항). 그리고 영상녹화가 완료된 때에는 피의자 또는 변호인 앞에서 지체없이 그 원본을 봉인하고 피의자로 하여금 기명날인 또는 서명하게 하여야 한다(제244조의2 제2항). 이 때 피의자 또는 변호인의 요구가 있는 때에는 영상녹화물을 재생하여 시청하게 하여야 한다. 이 경우 그 내용에 대하여 이의를 진술하는 때에는 그 취지를 기재한 서면을 첨부하여야 한다(동조 제3항).

(5) 신뢰관계 있는 자의 동석

장애인, 아동, 여성, 외국인 등 사회적 약자가 피의자 신문을 받게 되는 경우 의사전달이 불완전하거나 심리적 불안정 등으로 자신의 권리를 충분히 행사하지 못할 가능성이 있다. 이에 형소법에서는 검사 또는 사법경찰관이 피의자를 신문하는 경우 (i) 피의자가 신체적 또는 정신적 장애로 사물을 변별하거나 의사를 결정·전달할 능력이 미약한 때 또는 (ii) 피의자의 연령·성별·국적 등의 사정을 고려하여 그 심리적 안정의 도모와 원활한 의사소통을 위하여 필요한 경우에 해당하는 때에는 직권

요청한 경우 등 영상녹화 대상에 해당하여 실제로 영상녹화를 실시한 사건을 제외한 모든 사건의 조사대상자 중 동의한 자에 대한 진술녹음을 전국으로 확대하였다.

또는 피의자·법정대리인의 신청에 따라 피의자와 신뢰관계에 있는 자를 동석하게 할 수 있다(제244조의5). 그러나 동석한 사람이 피의자를 대신하여 진술한 부분이 조서에 기재되어 있더라도 그 부분은 피의자의 진술을 기재한 것이 아니라 동석한 사람의 진술을 기재한 조서에 해당한다(2009도1322).

2. 참고인조사

검사 또는 사법경찰관은 수사에 필요한 때에는 피의자 아닌 자의 출석을 요구하여 진술을 들을 수 있다. 이 경우 그의 동의를 얻어 영상녹화할 수 있다(제221조 제1항). 이것을 참고인조사라고 한다.

참고인과 증인은 피의자 아닌 제3자라는 점에서 동일하다. 그러나 참고인은 자신의 체험사실을 수사기관에 대해 진술함에 반해, 증인은 법원이나 법관에 대하여 진술한다는 점에서 차이가 있다. 참고인은 출석요구에 불응해도 증인과 달리 강제로 소환당하거나 신문당하지 않는다. 따라서 참고인조사는 임의수사에 해당한다. 그러나 범죄수사에 없어서는 안 될 사실을 알고 있는 자가 출석 또는 진술을 거부하면, 검사는 제1회 공판기일 전에 한하여 판사에게 그에 대한 증인신문을 청구할 수 있다(제221조의2 제1항). 또한 「국가보안법」위반사건에서는 참고인이 검사 또는 사법경찰관으로부터 출석요구를 받고 정당한 이유 없이 2회 이상 출석요구에 불응한 때에는 관할법원판사의 구속영장을 발부받아 구인할 수 있다(국가보안법 제18조).

참고인조사의 방법과 조서작성은 피의자신문에 관한 규정이 준용되며(제48조 참조), 참고인의 진술을 기재한 조서는 일정한 조건 하에 증거능력이 인정된다(제312조, 제313조). 다만, 참고인에 대하여는 진술거부권을 고지할 필요가 없지만, 고문의 금지(헌법 제12조 제2항 전단)와 진술거부권의 보장(동항 후단)은 참고인조사에서도 인정된다.

3. 감정·통역·번역의 위촉

검사 또는 사법경찰관은 수사에 필요한 때에는 감정, 통역 또는 번역을 위촉할 수 있다(제221조 제2항). 이때 위촉의 수락 여부, 출석 여부 및 퇴거는 위촉을 받은 자의 자유이며, 따라서 이 위촉은 임의수사에 해당한다.

그러나 감정인을 참고인으로 조사할 수 있으며, 감정을 위촉하는 경우에 유치처분이 필요하다고 인정할 때에는 검사는 판사에게 감정유치를 청구할 수 있고(제221조의3), 감정의 위촉을 받은 자는 판사이 허가를 얻어 감정에 필요한 처분을 할 수 있다(제221조의4). 감정서는 일정한 조건 하에 증거능력이 인정된다(제313조 제2항). 한편, 통역의 경우 통역인진술조서를 작성하여야 하며, 통역인은 피의자신문조서 또는 참고인진술조서에 진술자와 공동으로 서명하여야 한다.

4. 공무소 등에 대한 조회

수사에 관해 공무소 기타 공사단체에 조회하여 필요한 사항의 보고를 요구할 수 있다(제199조 제2항). 전과조회, 신원조회 등이 이에 해당한다. 이때 조회의 내용은 제한이 없으나, 수사기관으로부터 조회를 요구받은 상대방은 보고할 의무가 있다. 이에 조회를 강제수사로 보는 견해도 있지만, 상대방에게 보고의무를 강제할 방법이 없으며 조회를 위해 영장을 요하는 것도 아니기 때문에 임의수사이다(다수설).

5. 기 타

임의수사의 하나로 범인식별과 통제배달이 있다. 범인식별은 목격자가 용의자들을 보고 자신이 목격한 범인을 식별하는 것으로, 인상착의가 비슷한 여러 사람을 동시에 목격자와 대면시키는 라인 업(line-up), 용의자를 목격자와 대질시키는 쇼우업(show-up), 가두식별, 사진이나 동영상 제시 등의 방법이 있다. 통제기법은 수사기관이 적발한 마약류 등 금제품을 충분한 감시 하에 배송함으로써 거래자를 밝혀 검거하는 수사기법을 말한다(마약류 불법개래 방지에 관한 특례법, 제3조, 제4조 참조). 이에는 물품을 원상태로 그대로 두는 통상적인(live) 통제배달과 무해한 물품으로 바꿔치기하는 클린(clean) 통제배달이 있다.

> **[판례]** 범인식별 절차에 있어 목격자의 진술의 신빙성을 높게 평가할 수 있게 하려면, 범인의 인상착의 등에 관한 목격자의 진술 내지 묘사를 사전에 상세히 기록화한 다음, 용의자를 포함하여 그와 인상착의가 비슷한 여러 사람을 동시에 목격자와 대면시켜 범인을 지목하도록 하여야 하고, 용의자와 목격자 및 비교대상자들이 상호 사전에 접촉하지 못하도록 하여야 하며, 사후에 증거가치를 평가할 수 있도록 대질 과정과 결과를 문자와 사진 등으로 서면화하는 등의 조치를 취하여야 하고, 사진제시에 의한 범인식별 절차에 있어서도 기본적으로 이러한 원칙에 따라야 한다(2007도5201).

Ⅱ. 임의수사와 강제수사의 한계영역

> ≪학습문제≫ 경찰관 갑은 아침 6시에 집에서 자고 있는 을을 깨워 경찰서로 동행하여 혐의사실에 대해 추궁하던 중 을이 점심을 먹고 오겠다는 요구를 거절하고 그날 오후 5시까지 조사하였다. 을에 대한 임의동행은 적법한가?

임의수사와 강제수사를 구별하는 기준이 제시되고 있으나, 현실적으로 임의수사와 강제수사가 명확히 구분되는 것은 아니며, 수사의 성격상 그 경계선상에 존재하는 영역도 있다. 오늘날 과학기술의 발달 등으로 새로운 수사방법이 계속해서 등장하면서 이러한 한계영역은 늘어나고 있다.

1. 임의동행

(1) 개 념

임의동행은 수사기관이 피의자의 동의를 얻어 피의자를 수사기관까지 동행하는 것을 말한다. 임의동행에는 수사상 임의동행(제199조 제1항)과 「경찰관 직무집행법」상 임의동행(제3조 제2항)이 있다. 이때의 임의동행은 전자를 말하는 것으로, 임의동행의 형식을 취한 사실상의 인신구속과 구별하기 쉽지 않다는 점에서 그 적법성이 문제된다.

(2) 법적 성격

임의동행에 대해 법적 근거가 필요한 강제수사의 일종으로 보는 견해가 있다. 이 견해에 따르면 법적 근거가 없는 임의동행은 그 적법성이 부인된다. 그러나 상대방의 동의·승낙을 전제로 한 임의동행은 임의수사의 일종으로 법적 근거가 없이도 일반적으로 허용된다(다수설, 2005도6810). 하지만 현실적으로 수사기관이 당사자의 진정한 동의가 없는데도 임의동행을 가장하여 강제연행하는 경우가 적지 않다는 점에서 문제된다. 따라서 임의동행과 강제연행의 구별, 즉 임의동행에 있어서 임의성 여부는 동행의 시간과 장소, 임의동행의 형식과 방법, 동행 전 또는 동행과정에서 동행거부의사의 유무, 동행 이후의 조사방법 및 피동행자에 대한 신병처리, 퇴거의사의 유무 등을 종합하여 엄격하게 판단하여야 한다(93다35155). 즉, 수사관이 동행에 앞서 피의자에게 동행을 거부할 수 있음을 알려 주었거나 동행한 피의자가 언제든지 자유로이 동행과정에서 이탈 또는 동행장소로부터 퇴거할 수 있었음이 인정되는 등, 오로지 피의자의 자발적인 의사에 의하여 수사관서 등에의 동행이 이루어졌음이 객관적인 사정에 의하여 명백하게 입증된 경우에 한하여 임의동행은 임의수사로서 그 적법성이 인정된다(2005도6810).

> **[판례]** 「경찰관 직무집행법」 제4조 제1항 제1호의 보호조치 요건이 갖추어지지 않았음에도, 경찰관이 실제로는 범죄수사를 목적으로 피의자에 해당하는 사람을 위 조항의 피구호자로 삼아 그의 의사에 반하여 경찰관서에 데려간 행위는, 달리 현행범체포나 임의동행 등의 적법 요건을 갖추었다고 볼 사정이 없다면, 위법한 체포에 해당한다고 보아야 한다(2012도11162).

2. 보호실 유치

경찰서에 설치되어 있는 보호실은 영장대기자나 즉결대기자 등의 도주방지와 경찰업무의 편의 등을 위한 일종의 수용시설로 설치·운영되어 왔다. 그러나 종래 수사실무에서는 임의동행한 피의자를 조사한 후 영장이 발부될 때까지 보호실에 유치하는 것이 일반적인 관행이었다. 하지만 보호실은 철창으로 차단된 방으로 되어 있었기 때문에 그 안에 대기하고 있는 사람들은 물론, 그 가족들의 출입이 제한되었다. 이 때문에 일단 보호실에 유치되는 사람은 그 의사에 기하지 아니하고 일정 장소에 구금되는 결과가 초래되었다. 따라서 상대방의 동의 여부에 관계없이 보호실에 유치한 행위는 임의수사라고 할 수 없으며, 영장주의의 적용을 받아야 하는 강제수사에 해당한다. 따라서 수사기관이 영장 없이 피의자를 보호실에 강제유치하게 되면 「형법」상 불법체포·감금죄(제124조 제1항)에 해당될 수 있다. 판례도 "「경찰관 직무집행법」상 정신착란자, 주취자, 자살기도자 등 응급의 구호를 요하는 자를 24시간을 초과하지 아니하는 범위 내에서 경찰관서에 보호조치할 수 있는 시설로 제한적으로 운영되는 경우를 제외하고는 구속영장을 발부받음이 없이 조사대기실에 유치하는 것은 영장주의에 위배되는 위법한 구금"에 해당한다고 하였다(93도958).

[판례] 형소법이나 「경찰관 직무집행법」 등의 법률에 정하여진 구금 또는 보호유치 요건에 의하지 아니하고는 즉결심판 피의자라는 사유만으로 피의자를 구금, 유치할 수 있는 아무런 법률상 근거가 없고, 경찰 업무상 그러한 관행이나 지침이 있었다 하더라도 이로써 원칙적으로 금지되어 있는 인신구속을 행할 수 있는 근거로 할 수 없으므로, 즉결심판 피의자의 정당한 귀가요청을 거절한 채 다음날 즉결심판법정이 열릴 때까지 피의자를 경찰서 보호실에 강제유치시키려고 함으로써 피의자를 경찰서 내 즉결피의자 대기실에 10-20분 동안 있게 한 행위는 「형법」 제124조 제1항의 불법감금죄에 해당하고, 이로 인하여 피의자를 보호실에 밀어넣으려는 과정에서 상해를 입게 하였다면 「특정범죄 가중처벌 등에 관한 법률」 제4조의2 제1항 위반죄에 해당한다(97도877).

3. 감 청

(1) 감청의 의의

1) 개 념

감청은 수사기관이 전기통신에서 타인의 대화를 본인 몰래 엿듣는 것을 말한다. 「통신비밀보호법」은 감청을 전기통신에 대하여 당사자의 동의 없이 전자장치·기계장치 등을 사용하여 통신의 음향·문언·부호·영상을 청취·공독하여 그 내용을 지득 또는 채록하거나 전기통신의 송·수신을 방해하는 것으로 정의하고 있다(법 제2조 제7호). 즉, 감청은 전기통신이 이루어지고 있는 상황에서 실시간으로 그 전기통신의 내용을 지득·채록하는 경우와 통신의 송·수신을 직접적으로 방해하는 경우를 의미한다. 따라서 이미 수신이 완료된 전기통신에 관하여 남아 있는 기록이나 내용을 열어보는 등의 행위는 감청에 해당되지 않는다(2016도8137).

2) 법적 성격

감청의 성격에 대하여는 물리적 강제력의 행사가 없으므로 영장이 필요 없다는 임의수사설과 강제처분은 아니지만 강제처분에 유사한 처분이라는 준강제수사설이 있다. 그러나 감청은 물리적 강제력을 사용하지 않지만 사생활의 비밀이나 통신의 자유 등과 같은 헌법상 기본권을 침해한다는 점에서 강제수사이다(통설).

(2) 감청의 허용범위

감청을 강제수사로 보는 한, 수사기관이 법원의 허가 없이 감청을 해서는 아니 된다. 다만, 대화 일방당사자가 감청에 동의한 경우에 감청의 허용 여부가 문제가 되지만, 동의하지 않은 다른 당사자에게는 동의 상대방 이외의 다른 사람으로서 누가 자신의 말을 들을 것인지에 대해 결정할 권리가 남아 있기 때문에 대화당사자가 아닌 제3자의 불법도청

(법 제4조)에 해당한다(2013도15616).

(3) 감청의 허가절차

「통신비밀보호법」에서는 일정한 요건 아래 법원의 허가를 얻은 때에 한하여 전기통신의 감청을 허용하고 있다. 즉, 검사는 법 소정의 범죄(법 제5조 제1항)를 계획 또는 실행하고 있거나 실행하였다고 의심할만한 충분한 이유가 있고 다른 방법으로는 그 범죄의 실행을 저지하거나 범인의 체포 또는 증거의 수집이 어려운 경우에 법원에 대하여 감청을 허가하여 줄 것을 청구할 수 있다(법 제6조 제1항). 이 경우 사법경찰관은 검사에게 신청하고, 검사는 법원에 대하여 그 허가를 청구할 수 있다(동조 제2항). 청구방식은 반드시 서면이어야 하며, 청구이유에 관한 소명자료를 첨부하여야 한다(동조 제4항). 감청 등 통신제한조치의 기간은 2월을 초과하지 못하고, 그 기간 중 통신제한조치의 목적이 달성되었을 경우에는 즉시 종료하여야 한다. 다만, 통신제한조치의 허가요건이 존속하는 경우에는 소명자료를 첨부하여 2개월의 범위에서 통신제한조치기간의 연장을 청구할 수 있다(동조 제7항).[16]

또한 대통령령이 정하는 정보수사기관의 장은 국가안전보장에 상당한 위험이 예상되는 경우 또는 「국민보호와 공공안전을 위한 테러방지법」 제2조 제6호의 대테러활동에 필요한 경우에 한하여 그 위해를 방지하기 위하여 이에 관한 정보수집이 특히 필요한 때에는 통신제한조치를

---

16) 법 제6조 제8항 : 통신제한조치의 연장을 청구하는 경우에 통신제한조치의 총 연장기간은 1년을 초과할 수 없다. 다만, 다음 각 호의 어느 하나에 해당하는 범죄의 경우에는 통신제한조치의 총 연장기간이 3년을 초과할 수 없다.

　1. 「형법」 제2편 중 제1장 내란의 죄, 제2장 외환의 죄 중 제92조부터 제101조까지의 죄, 제4장 국교에 관한 죄 중 제107조, 제108조, 제111조부터 제113조까지의 죄, 제5장 공안을 해하는 죄 중 제114조, 제115조의 죄 및 제6장 폭발물에 관한 죄

　2. 「군형법」 제2편 중 제1장 반란의 죄, 제2장 이적의 죄, 제11장 군용물에 관한 죄 및 제12장 위령의 죄 중 제78조 · 제80조 · 제81조의 죄

　3. 「국가보안법」에 규정된 죄

　4. 「군사기밀보호법」에 규정된 죄

　5. 「군사기지 및 군사시설보호법」에 규정된 죄

할 수 있다(법 제7조 제1항). 이 경우 통신의 일방 또는 쌍방이 내국인인 때에는 고등검찰청 검사의 신청으로 고등법원 수석부장판사의 허가를 받아야 하며(동항 제1호), 통신의 일방 또는 쌍방이 내국인인 경우의 「군용전기통신법」 제2조의 규정에 의한 군용전기통신(작전수행을 위한 전기통신에 한한다) 및 대한민국에 적대하는 국가, 반국가활동의 혐의가 있는 외국의 기관·단체와 외국인, 대한민국의 통치권이 사실상 미치지 아니하는 한반도내의 집단이나 외국에 소재하는 그 산하단체의 구성원의 통신에 대하여는 국가정보원장을 거쳐 대통령의 승인을 얻어야 한다(동항 제2호). 이때 통신제한조치의 기간은 4월을 초과하지 못하고, 그 기간 중 통신제한조치의 목적이 달성되었을 경우에는 즉시 종료하여야 한다. 다만, 고등법원의 수석부장판사의 허가 또는 대통령의 승인을 얻어 4월의 범위 안에서 통신제한조치의 기간을 연장할 수 있다(동조 제2항).[17]

> **[판례]** 통신제한조치에 대한 기간연장결정은 원 허가의 내용에 대하여 단지 기간을 연장하는 것일 뿐 원 허가의 대상과 범위를 초과할 수 없다 할 것이므로 통신제한조치허가서에 의하여 허가된 통신제한조치가 '전기통신 감청 및 우편물 검열'뿐인 경우 그 후 연장결정서에 당초 허가 내용에 없던 '대화녹음'이 기재되어 있다 하더라도 이는 대화녹음의 적법한 근거가 되지 못한다(99도2317).

그러나 국가안보를 위협하는 음모행위, 직접적인 사망이나 심각한 상해의 위험을 야기할 수 있는 범죄 또는 조직범죄등 중대한 범죄의 계획이나 실행 등 긴박한 상황에 있고, 법 소정의 절차를 거칠 수 없는 긴급한 사유가 있는 경우에는 법원의 허가 또는 대통령의 승인 없이 통신제한조치를 할 수 있다. 이 경우에도 통신제한조치를 집행한 때로부터 36시간 이내에 법원의 허가 또는 대통령의 승인을 얻지 못하면 즉시 통신제한조치를 중지하여야 한다(법 제8조).

---

17) 통신의 일방 또는 쌍방이 내국인인 경우의 군용전기통신법 제2조의 규정에 의한 군용전기통신(작전수행을 위한 전기통신에 한한다)에 대한 제한조치는 전시·사변 또는 이에 준하는 국가비상사태에 있어서 적과 교전상태에 있는 때에는 작전이 종료될 때까지 대통령의 승인을 얻지 아니하고 기간을 연장할 수 있다(법 제7조 제2항 단서).

(4) 감청 등 통신제한조치의 집행

통신제한조치는 이를 청구 또는 신청한 검사, 사법경찰관 또는 정보기관의 장이 집행한다. 이 경우 체신관서 기타 관련기관 등에 그 집행을 위탁하거나 집행에 관한 협조를 요청할 수 있다(법 제9조 제1항). 이때 수사기관은 통신제한조치허가서에 기재된 허가의 내용과 범위 및 집행방법 등을 준수하여 통신제한조치를 집행하여야 한다.

> **[판례]** 수사기관으로부터 통신제한조치의 집행을 위탁받은 통신기관 등이 집행에 필요한 설비가 없을 때에는 수사기관에 설비의 제공을 요청하여야 하고, 그러한 요청 없이 통신제한조치허가서에 기재된 사항을 준수하지 아니한 채 통신제한조치를 집행하였다면, 그러한 집행으로 취득한 전기통신의 내용 등은 헌법과 「통신비밀보호법」이 국민의 기본권인 통신의 비밀을 보장하기 위해 마련한 적법한 절차를 따르지 아니하고 수집한 증거에 해당하므로(제308조의2), 이는 유죄 인정의 증거로 할 수 없다(2016도8137).

(5) 통신사실 확인자료 제공

검사 또는 사법경찰관은 수사를 위하여 필요한 경우 전기통신사업자에게 통신사실 확인자료의 열람이나 제출을 요청할 수 있다(법 제13조 제1항).[18] 다만, 수사를 위하여 통신사실확인자료 중 (ⅰ) 정보통신망에 접속된 정보통신기기의 위치를 확인할 수 있는 발신기지국의 위치추적자료(법 제2조 제11호 바목)나 컴퓨터통신 또는 인터넷의 사용자가 정보통신망에 접속하기 위하여 사용하는 정보통신기기의 위치를 확인할 수 있는 접속지의 추적자료(법 제2조 제11호 사목) 또는 (ⅱ) 특정한 기지국에 대한 통신사실확인자료가 필요한 경우에는 다른 방법으로는 범죄의 실행을 저지하기 어렵거나 범인의 발견·확보 또는 증거의 수

---

18) 「전기통신사업법」에 따르면, 전기통신사업자는 법원, 검사 또는 수사관서의 장, 정보수사기관의 장이 재판, 수사, 형의 집행 또는 국가안전보장에 대한 위해를 방지하기 위한 정보수집을 위하여 이용자의 성명·주민등록번호·주소·전화번호·이용자의 아이디 등과 같은 통신자료의 열람이나 제출을 요청하면 그 요청에 따를 수 있다(법 제83조 제3항).

집·보전이 어려운 경우에만 전기통신사업자에게 해당 자료의 열람이나 제출을 요청할 수 있다. 다만, 법 소정(제5조 제1항 각 호)의 어느 하나에 해당하는 범죄 또는 전기통신을 수단으로 하는 범죄에 대한 통신사실확인자료가 필요한 경우에는 열람이나 제출을 요청할 수 있다(법 제13조 제2항).

통신사실 확인자료제공을 요청하는 경우에는 법원의 허가를 받아야 하며, 법원의 허가를 받을 수 없는 긴급한 사유가 있는 때에는 통신사실 확인자료제공을 요청한 후 지체 없이 그 허가를 받아 전기통신사업자에게 송부하여야 한다(동조 제3항). 긴급한 사유로 통신사실확인자료를 제공받았으나 지방법원 또는 지원의 허가를 받지 못한 경우에는 지체 없이 제공받은 통신사실확인자료를 폐기하여야 한다(동조 제4항).

(6) 불법감청내용의 증거능력

「통신비밀보호법」에서는 "누구든지 이 법과 형소법 또는 군사법원법의 규정에 의하지 아니하고는 우편물의 검열·전기통신의 감청 또는 통신사실확인자료의 제공을 하거나 공개되지 아니한 타인 간의 대화를 녹음 또는 청취하지 못한다"(제3조 제1항)고 규정하고, 이에 위반하여 공개되지 아니한 타인 간의 대화를 녹음 또는 청취한 자와 이를 통해 지득한 대화의 내용을 공개하거나 누설한 자를 처벌하고 있다(법 제16조 제1항 제1호, 제2호). 이것은 대화에 참여하지 않는 제3자가 그 대화를 하는 타인들 간의 발언을 녹음 또는 청취해서는 아니 된다는 취지이다. 따라서 불법감청에 의한 전기통신내용은 위법수집증거로서 증거능력이 인정되지 않는다.

또한 「통신비밀보호법」과 형소법 또는 「군사법원법」의 규정에 의하지 아니하고 불법검열에 의하여 취득한 우편물이나 그 내용 및 불법감청에 의하여 지득 또는 체득된 전기통신의 내용은 재판 또는 징계절차에서 증거로 사용할 수 없다(법 제4조).

[판례] 수사기관이 ○○○으로부터 피고인의 「마약류 관리에 관한 법률」위반(향정) 범행에 대한 진술을 듣고 추가적인 증거를 확보할 목적으로, 구속수감되어 있던 뛰에게 그의 압수된 휴대전화를 제공하여 피고인과 통화하고 위 범행에 관한 통화 내용을 녹음하게 한 행위는 불법감청에 해당하므로, 그 녹음 자체는 물론 이를 근거로 작성된 녹취록 첨부 수사보고는 피고인의 증거동의에 상관없이 그 증거능력이 없다(2010도9016).

4. 사진·비디오촬영

사진과 비디오테이프는 형사절차에서 과거의 범죄사실을 정확히 재구성하거나 범인을 특정함에 있어 결정적인 증거가 될 수 있다. 이 때문에 수사기관은 유력한 증거를 획득하기 위한 수사방법으로서 사진·비디오촬영을 많이 활용하고 있다. 그런데 피촬영자의 의사에 반하는 촬영은 상대방의 프라이버시를 침해하는 정도가 다른 대물적 강제처분보다 적지 않다. 따라서 수사목적을 위해 비밀로 행해지는 사진·비디오촬영은 강제수사에 해당하므로 원칙적으로 압수·수색·검증에 관한 영장주의의 요건과 절차에 따라야 한다.

그러나 공개된 장소에서의 사진·비디오촬영도 강제수사에 해당하는가에 대하여는 논란이 있다. 이에 대하여는 공개된 장소에서는 누구나 자신의 용모가 타인에게 공개될 것을 예상하게 되는 것이므로 피촬영자에 대한 프라이버시권이 침해될 여지가 없으므로 임의수사라는 견해가 있다. 그러나 촬영의 대상이 된 장소가 공중에게 개방된 장소인가 아니면 피촬영자의 프라이버시에 대한 합리적 기대를 인정할 수 있는 장소인가 여부에 따라 촬영의 적법성 여부를 결정하여야 한다. 판례도 "누구든지 자기의 얼굴 기타 모습을 함부로 촬영당하지 않을 자유를 가지나 이러한 자유도 국가권력의 행사로부터 무제한으로 보호되는 것은 아니고 국가의 안전보장·질서유지·공공복리를 위하여 필요한 경우에는 상당한 제한이 따르는 것이고, 수사기관이 범죄를 수사함에 있어 현재 범행이 행하여지고 있거나 행하여진 직후이고, 증거보전의 필요성 및 긴급성이 있으며, 일반적으로 허용되는 상당한 방법에 의하여 촬영을 한 경우라면 위 촬영이 영장 없이 이루어졌다 하여 이를 위법하다고 단정할 수 없다"고 하였다(99도2317).

5. 승낙에 의한 수색·검증

수색·검증에서 상대방의 동의나 승낙이 있으면 임의수사로 볼 것인가가 문제된다. 이에 대하여 이때의 동의나 승낙은 완전한 법익포기라고 볼 수 없으므로 허용되지 않는다는 견해와 동의나 승낙의 임의성이 전제되는 경우에는 임의수사로 허용된다는 견해가 있다. 이때의 동의나 승낙에 임의성과 진정성이 있다면 이에 근거한 수색·검증에 의해 기본권침해가 발생하지 않으므로 임의수사로서 허용된다. 마찬가지로 승낙에 의한 신체검사도 신체에 대한 침해를 일으키지 않는 범위 내에서 허용된다.

6. 거짓말탐지기의 사용

거짓말탐지기는 피의자나 기타 피검사자에게 피의사실과 관계있는 일정한 질문을 하고, 그에 대한 대답을 할 때 피검사자의 호흡·혈압·맥박·피부전기반사 등의 생리적 변화를 검사지에 기록하는 장치로서 답변의 거짓 여부를 가리는 장치를 말한다.

거짓말탐지기는 사람의 심리를 기계의 검사대상으로 삼음으로써 인격권을 침해한다는 점에서 임의수사에 해당하는가가 문제된다. 그러나 수사기관의 요청에 의하여 피검사자가 검사에 동의한 경우에는 거짓말탐지기의 사용을 제한하여야 할 필요는 없다(통설, 83도3146). 피검사자는 거짓말탐지기를 이용하여 자신에게 유리한 자료로 사용하는 기회를 가질 수도 있기 때문이다. 따라서 임의성 있는 동의를 전제로 한 거짓말탐지기의 사용은 임의수사에 해당한다.

7. 음주운전측정

　운전자는 음주운전의 혐의가 인정되어 경찰관으로부터 음주운전측정을 요구받으면 그에 응하여야 한다(도로교통법 제44조 제2항). 이를 거부할 경우 음주측정불응죄로 처벌된다(법 제148조의2 제2항). 이 점에서 음주운전측정요구를 강제수사로 보는 견해도 있다. 그러나 경찰관의 음주운전측정은 그 요구를 받은 운전자가 자발적으로 협조하지 않더라도 경찰관이 이를 강제할 권한이 없다는 점에서 임의수사에 해당한다. 판례도 "호흡측정기에 의한 음주측정은 운전자가 호흡측정기에 숨을 세게 불어넣는 방식으로 행하여지는 것으로서 여기에는 운전자의 자발적인 협조가 필수적이라 할 것"(99도5210)이라고 하면서, 음주측정을 임의수사의 일종으로 보고 있다.

> [헌재결] 「도로교통법」 제41조 제2항에 규정된 음주측정은 성질상 강제될 수 있는 것이 아니며 궁극적으로 당사자의 자발적 협조가 필수적인 것이므로 이를 두고 법관의 영장을 필요로 하는 강제처분이라 할 수 없다. 따라서 이 사건 법률조항이 주취운전의 혐의자에게 영장 없는 음주측정에 응할 의무를 지우고 이에 불응한 사람을 처벌한다고 하더라도 헌법 제12조 제3항에 규정된 영장주의에 위배되지 아니한다(96헌가11).

　또한 「도로교통법」은 음주운전 혐의가 있는 운전자에게 수사를 위한 호흡측정에도 응할 것을 간접적으로 강제하고 있지만, 혈액채취 등의 방법에 의한 재측정을 통하여 호흡측정의 오류로 인한 불이익을 구제받을 수 있는 기회를 보장하고 있다. 따라서 음주운전에 대한 수사방법으로서의 혈액채취에 의한 측정 방법은 운전자가 호흡측정 결과에 불복하는 경우에만 한정하여 허용되는 것은 아니다.

> [판례] 음주운전에 대한 수사 과정에서 음주운전 혐의가 있는 운전자에 대하여 구 「도로교통법」(2014. 12. 30. 법률 제12917호로 개정되기 전의 것) 제44조 제2항에 따른 호흡측정이 이루어진 경우에는 그에 따라 과학적이고 중립적인 호흡측정 수치가 도출된 이상 다시 음주측정을 할 필요성은 사라졌으므로 운전자의 불복이 없는 한 다시 음주측정을 하는 것은 원칙적으로 허용되지 아니한다. 그러나 운

전자의 태도와 외관, 운전 행태 등에서 드러나는 주취 정도, 운전자가 마신 술의 종류와 양, 운전자가 사고를 야기하였다면 경위와 피해 정도, 목격자들의 진술 등 호흡측정 당시의 구체적 상황에 비추어 호흡측정기의 오작동 등으로 인하여 호흡 측정 결과에 오류가 있다고 인정할 만한 객관적이고 합리적인 사정이 있는 경우라면 그러한 호흡측정 수치를 얻은 것만으로는 수사의 목적을 달성하였다고 할 수 없어 추가로 음주측정을 할 필요성이 있으므로, 경찰관이 음주운전 혐의를 제대로 밝히기 위하여 운전자의 자발적인 동의를 얻어 혈액 채취에 의한 측정의 방법으로 다시 음주측정을 하는 것을 위법하다고 볼 수는 없다. 이 경우 운전자가 일단 호흡 측정에 응한 이상 재차 음주측정에 응할 의무까지 당연히 있다고 할 수는 없으므로, 운전자의 혈액 채취에 대한 동의의 임의성을 담보하기 위하여는 경찰관이 미리 운전자에게 혈액 채취를 거부할 수 있음을 알려주었거나 운전자가 언제든지 자유로이 혈액 채취에 응하지 아니할 수 있었음이 인정되는 등 운전자의 자발적인 의사에 의하여 혈액 채취가 이루어졌다는 것이 객관적인 사정에 의하여 명백한 경우에 한하여 혈액 채취에 의한 측정의 적법성이 인정된다(2014도16051).

제4장 강제처분

1. 대인적 강제처분 ─ 체포영장에 의한 체포
긴급체포
현행범인체포
구속
체포·구속된 자의 권리

2. 대물적 강제처분 ─ 압수와 수색
수사상 검증과 감정

3. 수사상 판사에 의한 증거보전 ─ 증거보전절차
증인신문의 청구

〈주요 학습사항〉
1. 대인적 강제처분의 유형과 특성
2. 대물적 강제처분의 유형과 특성
3. 증거보전절차와 증인신문의 청구

제1절 대인적 강제처분

I. 개 관

현행법상 개인의 신체자유를 제한하는 인신구속제도에는 체포와 구속이 있다. 이것은 형사절차의 원활한 진행 및 형벌집행의 확보를 목적으로 한다. 체포는 수사초기단계에서 피의자의 신체자유를 제한하는 강제처분이며, 구속은 수사와 재판을 위해 비교적 장기간에 걸친 신체구금처분이다. 체포에는 영장에 의한 체포(제200조의2)와 영장 없이 행하는 긴급체포(제200조의3) 및 현행범인체포(제212조) 등 세 가지 유형이 있다. 또한 구속은 수사기관에 의한 피의자구속과 법원에 의한 피고인구속이 있다.

인신구속제도는 개인의 신체자유에 대한 중대한 제한이므로 그 남용으로 개인의 기본권이 부당하게 침해되지 않도록 적절한 통제수단이 요구된다.

<인신구속제도의 개관>

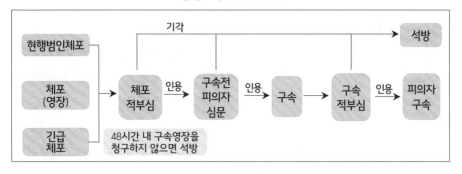

Ⅱ. 체포제도

≪학습문제≫ 뇌물수수 혐의를 받고 있는 갑은 조사를 위한 경찰관의 출석요구에 응하여 경찰서에 출석하였으나 혐의사실을 극구 부인하였다. 경찰관은 갑에 대해 체포영장을 발부받을 수 있는가?

1. 영장에 의한 체포

(1) 체포의 의의

영장에 의한 체포란 상당한 범죄혐의가 있고 출석에 불응하는 등, 일정한 체포사유가 존재할 경우 법관이 발부한 영장에 의하여 해당 피의자를 체포하는 것을 말한다. 체포영장제도는 수사초기에 피의자의 신병을 간이하게 확보할 수 있는 장치로서 기능함과 동시에 수사기관으로 하여금 구속을 보다 신중하게 할 목적으로 도입된 제도이다.

(2) 체포의 요건

1) 범죄혐의의 상당성

체포영장을 발부받기 위해서는 범죄혐의의 상당성이 있어야 한다. 즉, 피의자가 죄를 범하였다고 의심할 만한 상당한 이유가 있어야 한다(제200조의2 제1항). '상당한 이유'란 피의자가 범죄를 저질렀을 고도의 개연성을 말한다. 따라서 수사기관의 주관적인 혐의만으로는 부족하고 구체적 사실에 입각한 객관적이고 합리적인 혐의가 있어야 한다. 그렇지만 현실적으로 구속영장 발부의 경우보다 낮은 정도의 혐의로 충분하다.

2) 출석요구에 대한 불응 또는 불응의 우려

피의자를 체포하기 위해서는 범죄혐의의 상당성과 함께 정당한 이유 없이 수사기관의 출석요구에 응하지 아니하거나 응하지 아니할 우려가 있어야 한다(제200조의2 제1항 본문). '출석요구에 대한 불응의 우려'는 수사기관의 주관적 판단에 의하지만, 아무런 근거 없는 자의적인 판단이 아니라 구체적 사실에 근거를 두어야 한다. 그러나 다액 50만원 이하의 벌금, 구류 또는 과료에 해당하는 경미사건에 관하여는 피의자가 일정한 주거가 없는 경우 또는 정당한 이유 없이 출석요구에 응하지 아니한 경우에 한하여 체포할 수 있다(동조 제1항 단서).

3) 체포의 필요성

형소법은 체포의 남용을 방지하기 위하여 체포의 필요성이 인정되지 않는 경우에는 체포영장의 발부를 제한하고 있다(동조 제2항 단서). 즉, 체포영장의 청구를 받은 판사는 체포의 사유가 있다고 인정되는 경우에도 피의자의 연령과 경력, 가족관계나 교우관계, 범죄의 경중 및 태양 기타 제반 사정에 비추어 피의자가 도망할 염려가 없고 증거를 인멸할 염려가 없는 등 명백히 체포의 필요가 없다고 인식되는 때에는 체포영장을 기각하여야 한다(규칙 제96조의2). 체포의 필요성 요건은 구속요건에 준하는 것으로 체포영장에 의한 체포가 남용되는 것을 방지하고자 하는데 그 취지가 있다.

(3) 체포의 절차

1) 체포영장의 청구

(가) 청구권자   체포영장의 청구주체는 검사이다. 따라서 사법경찰관은 검사에게 신청하여 검사의 청구로 관할지방법원 판사의 체포영장을 발부받아 피의자를 체포할 수 있다(제200조의2 제1항).

검사는 사법경찰관이 신청한 영장(통신비밀보호법 제6조 및 제8조에 따른 통신제한조치허가서 및 같은 법 제13조에 따른 통신사실 확인자료 제공 요청 허가서를 포함한다)의 청구 여부를 결정하기 위해 필요한 경우 사법경찰관에게 보완수사를 요구할 수 있다(제197조의2 제1항 제2호 참조). 보완수사를 요구할 수 있는 범위는 (i) 범인에 관한 사항, (ii) 증거 또는 범죄사실 소명에 관한 사항, (iii) 소송조건 또는 처벌조건에 관한 사항, (iv) 해당 영장이 필요한 사유에 관한 사항, (v) 죄명 및 범죄사실의 구성에 관한 사항, (vi) 관련 사건(제11조. 다만, 1인이 범한 수죄(제1호)의 경우는 수사기록에 명백히 현출되어 있는 사건으로 한정한다)과 관련된 사항, (vii) 그 밖에 사법경찰관이 신청한 영장의 청구 여부를 결정하기 위해 필요한 사항 등이다(수사준칙규정 제59조 제3항).[19]

검사가 사법경찰관이 신청한 영장을 정당한 이유 없이 판사에게 청구하지 아니한 경우 사법경찰관은 그 검사 소속의 지방검찰청 소재지를 관할하는 고등검찰청에 영장 청구 여부에 대한 심의를 신청할 수 있다(제221조의5 제1항).

(나) 청구방식　체포영장의 청구는 서면으로 하여야 한다. 청구서에는 범죄사실의 요지를 따로 기재한 서면을 첨부하여야 한다(규칙 제93조). 체포영장을 청구하는 경우에는 체포의 사유 및 필요를 인정할 수 있는 자료를 제출하여야 한다(규칙 제96조 제1항). 검사가 체포영장을 청구함에 있어서 동일한 범죄사실에 관하여 그 피의자에 대하여 전에 체포영장을 청구하였거나 발부받은 사실이 있는 때에는 다시 체포영장을 청구하는 취지 및 이유를 기재하여야 한다(제200조의2 제4항). 이때 체포적부심청구권자는 체포영장의 청구를 받은 판사에게 유리한 자료를 제출할 수 있다(규칙 제96조 제3항).

---

19) 이 규정은 영장의 종류를 불문하고 사법경찰관이 검사에게 영장을 신청하는 모든 경우에 적용된다.

<체포영장 신청>

■ 검사의 사법경찰관리에 대한 수사지휘 및 사법경찰관리의 수사준칙에 관한 규정 [별지 제84호서식]

○ ○ ○ ○ 경 찰 서

제 0000-00000 호

수 신 : ○○지방검찰청 검사장(지청장)

제 목 : **체포영장 신청**

　　　다음 사람에 대한 ○○○○○○○ 피의사건에 관하여 동인을 ○○○○○○○에 인치하고 ○○○○○○○에 구금하려 하니 0000. 00. 00.까지 유효한 체포영장의 발부를 청구하여 주시기 바랍니다.

피의자	성　　　　　명	
	주 민 등 록 번 호	－ 　　（　세）
	직　　　　　업	
	주　　　　　거	
변　　호　　인		
범 죄 사 실 및 체 포 를 필 요 로 하 는 이 유		
7 일 을 넘 는 유 효 기 간 을 필 요 로 하 는 취 지 와 사 유		
둘 이 상 의 영 장 을 신 청 하 는 취 지 와 사 유		
재 신 청 의 취 지 및 이 유		
현 재 수 사 중 인 다 른 범 죄 사 실 에 관 하 여 발 부 된 유 효 한 체 포 영 장 존 재 및 그 취 지 재 시 범 죄 사 실		

○○○○경찰서

사법경찰관 ○○　　　　　　　　（인）

210mm×297mm일반용지 60g/㎡(재활용품)

2) 체포영장의 발부

체포영장의 청구를 받은 지방법원 판사는 상당하다고 인정하는 때에는 체포영장을 발부한다(제200조의2 제2항 본문). 체포영장에는 피의자의 성명, 주거, 죄명, 범죄사실의 요지, 인치·구금할 장소, 발부연월일, 그 유효기간과 그 기간을 경과하면 집행에 착수하지 못하며, 영장을 반환하여야 할 취지를 기재하고 법관이 서명날인하여야 한다(제200조의6, 제75조 제1항).

판사가 체포영장을 발부하지 아니할 때에는 체포영장청구서에 그 취지 및 이유를 기재하고 서명날인한 후 청구한 검사에게 교부한다(제200조의2 제3항).

3) 체포영장의 집행

체포영장의 집행은 검사의 지휘로 사법경찰관 또는 교도관이 행한다(제200조의6, 제81조 제1항 및 제3항). 체포영장 집행 시에는 체포영장을 피의자에게 제시하여야 한다(제85조 제1항). 피의자를 체포할 때에는 피의사실의 요지, 체포의 이유와 변호인을 선임할 수 있음을 말하고 변명할 기회를 주어야 한다(제200조의5). 다만, 영장을 소지하지 아니한 경우에 급속을 요하는 때에는 피의자에 대하여 피의사실의 요지와 영장이 발부되었음을 고지하고 집행을 완료한 후 신속히 체포영장을 제시하여야 한다(제85조 제3항, 제4항).

> [판례] 경찰관들이 체포영장을 소지하고 메트암페타민(일명 필로폰) 투약 등 혐의로 피고인을 체포하려고 하자, 피고인이 이에 거세게 저항하는 과정에서 경찰관들에게 상해를 가하였다고 하여 공무집행방해 및 상해의 공소사실로 기소된 사안에서, 피고인이 경찰관들과 마주하자마자 도망가려는 태도를 보이거나 먼저 폭력을 행사하며 대항한 바 없는 등 경찰관들이 체포를 위한 실력행사에 나아가기 전에 체포영장을 제시하고 미란다 원칙을 고지할 여유가 있었음에도 애초부터 미란다 원칙을 체포 후에 고지할 생각으로 먼저 체포행위에 나선 행위는 적법한 공무집행이라고 보기 어렵다(2017도10866).

피의자에 대한 체포영장을 집행하는 경우에는 수색영장 없이 타인의 주거 등에 들어가서 피의자 발견을 위하여 수색하거나, 체포현장에서 압수·수색·검증의 영장 없이 압수·수색·검증을 할 수 있다(제216조 제1항). 이때 피의자수색은 미리 수색영장을 발부받기 어려운 긴급한 사정이 있는 때에 한한다(제216조 제1항 제1호 단서).

피의자를 체포한 때에는 변호인이 있는 경우에는 변호인에게, 변호인이 없는 경우에는 변호인 선임권자 가운데 피의자가 지정한 자에게 피의사건명, 체포일시·장소, 범죄사실의 요지, 체포의 이유와 변호인을 선임할 수 있음을 알려야 한다(제87조, 제200조의6). 체포영장의 발부를 받은 후 피의자를 체포하지 아니하거나 체포한 피의자를 석방한 때에는 지체없이 검사는 영장을 발부한 법원에 그 사유를 서면으로 통지하여야 한다(제204조).

4) 체포영장 집행 후의 조치

체포한 피의자를 다시 구속하고자 할 때에는 체포한 때로부터 48시간 이내에 구속영장(제201조)을 청구하여야 한다. 이 기간 내에 구속영장을 청구하지 아니하는 때에는 피의자를 즉시 석방하여야 한다(제200조의2 제5항).

또한 피의자가 체포된 때에는 피의자 등은 체포적부심사를 청구할 수 있다(제214조의2 제1항). 이 경우에는 법원이 수사관계서류와 증거물을 접수한 때부터 결정 후 검찰청에 반환된 때까지의 기간은 48시간의 청구제한기간에 산입하지 않는다(동조 제13항).

2. 긴급체포

(1) 긴급체포의 의의

긴급체포는 중한 죄를 범한 자에 대하여 긴급한 경우 예외적으로 영장 없이 체포를 허용하는 제도이다. 수사기관은 사형·무기 또는 장기 3년 이상의 징역이나 금고에 해당하는 죄를 범하였다고 의심할 만한 상당한 이유가 있는 피의자를 일정한 요건하에 법관의 영장을 발부받지 않고 체포할 수 있다(제200조의3).

(2) 긴급체포의 요건

1) 범죄혐의의 상당성

피의자가 죄를 범하였다고 의심할 만한 상당한 이유가 있어야 한다. 이것은 체포영장에 의한 체포에서 살펴본 바와 같다.

2) 범죄의 중대성

긴급체포가 허용되는 범죄는 사형, 무기 또는 장기 3년 이상의 징역이나 금고에 해당하는 죄이어야 한다.

3) 체포의 필요성

긴급체포는 피의자가 증거를 인멸할 염려가 있거나 피의자가 도망 또는 도망할 우려가 있어야 한다. 이것은 구속사유와 동일하다.

4) 체포의 긴급성

피의자를 우연히 발견한 경우 등과 같이 긴급을 요하여 판사의 체포영장을 받을 시간적 여유가 없을 때를 말한다. 즉, 체포영장을 발부받아서는 시간의 경과로 인하여 체포·구속이 불가능하게 되거나 현저히 곤란해지는 긴급한 경우이어야 한다. 긴급체포의 남용을 방지하기 위한 장치이다.

> [판례] 긴급체포의 요건을 갖추었는지 여부는 사후에 밝혀진 사정을 기초로 판단하는 것이 아니라 체포 당시의 상황을 기초로 판단하여야 하고, 이에 관한 검사나 사법경찰관 등 수사주체의 판단에는 상당한 재량의 여지가 있다고 할 것이니, 긴급체포 당시의 상황으로 보아서도 그 요건의 충족 여부에 관한 검사나 사법경찰관의 판단이 경험칙에 비추어 현저히 합리성을 잃은 경우에는 그 체포는 위법한 체포이고 따라서 검사가 참고인 조사를 받는 줄 알고 검찰청에 자진출석한 변호사사무실 사무장을 합리적 근거 없이 긴급체포한 것은 적법한 공무집행이 아니다(2006도148).

(3) 긴급체포의 절차

1) 긴급체포의 주체 및 방법

긴급체포를 할 수 있는 자는 검사 또는 사법경찰관이다(제200조의
3 제1항). 사법경찰관이 긴급체포를 한 경우에는 즉시 검사의 승인을 얻어
야 하며(동조 제2항), 긴급체포서를 작성하여야 한다(동조 제3항).

<긴급체포서>

[별지 제48호서식] 〈개정 2011.8.8〉

긴급체포서

제 0000-0000 호

피 의 자	성명	（ ）
	주민등록번호	（ 세 ）
	직업	
	주거	
변 호 인		

위 피의자에 대한 *죄명* 피의사건에 관하여 「형사소송법」 제200조의3 제1항에
따라 동인을 아래와 같이 긴급체포함.

0000. 00. 00.

○○○검찰청

검 사 성   명

체포한 일시	
체포한 장소	
범죄사실 및 체포의 사유	별지와 같음
체포자의 관직 및 성명	
인치한 일시	
인치한 장소	
구금한 일시	
구금한 장소	
구금을 집행한 자의 관직 및 성명	

'즉시'란 긴급체포 후 12시간 내를 말한다(수사준칙규정 제27조 제1

항).[20] 긴급체포할 때에는 범죄사실의 요지와 변호인을 선임할 수 있음을 말하고 변명의 기회를 주어야 한다(제200조의5).

2) 긴급체포에 수반한 강제처분

피의자에 대한 긴급체포 시에는 영장 없이 타인의 주거에서 피의자를 수색하거나, 체포현장에서 압수·수색·검증을 할 수 있다(제216조 제1항). 이때 피의자수색은 미리 수색영장을 발부받기 어려운 긴급한 사정이 있는 때에 한정한다(제216조 제1항 제1호 단서). 또한 긴급체포된 피의자가 소유·소지 또는 보관하는 물건에 대해 긴급히 압수할 필요가 있는 경우에는 체포한 때부터 24시간 이내에 한하여 영장 없이 압수·수색·검증을 할 수 있다(제217조 제1항). 다만, 이 경우에도 계속 압수의 필요가 있는 때에는 체포한 때부터 48시간 이내에 압수·수색영장을 청구하여야 한다(동조 제2항).

(4) 긴급체포 후의 조치

1) 피의자를 구속하고자 하는 경우

긴급체포한 피의자를 구속하고자 할 때에는 지체 없이 검사는 관할지방법원 판사에게 구속영장을 청구하여야 하고, 사법경찰관은 검사에게 신청하여 검사의 청구로 관할지방법원 판사에게 구속영장을 청구하여야 한다. 이 경우 구속영장은 피의자를 체포한 때부터 48시간 이내에 청구하여야 한다(제200조의4 제1항).

이때 사법경찰관이 검사에게 긴급체포된 피의자에 대해 긴급체포승인건의와 함께 구속영장을 신청한 경우 검사가 피의자를 대면조사할 수 있는가가 문제된다. 판례에 따르면, 검사는 피의자의 인권에 대한 부당한 침해를 초래하지 않도록 긴급체포의 적법성 여부를 심사하면서 수사서류뿐만 아니라 피의자를 검찰청으로 출석시켜 직접 대면조사할

---

20) 기소중지된 피의자를 해당 수사관서가 위치하는 특별시·광역시·도 또는 특별자치도 외의 지역 또는 바다에서 긴급체포한 경우에는 긴급체포 후 24시간 이내에 긴급체포의 승인을 요청하여야 한다(동항 단서).

수 있는 권한을 가진다. 다만, 검사의 구속영장청구 전 피의자 대면조사
는 긴급체포의 적법성을 의심할 만한 사유가 인정되고, 피의자가 검사의
출석요구에 동의한 때에 한하여 허용된다(2008도11999).

2) 구속영장을 청구하지 아니하고 석방한 경우

긴급체포한 후 48시간 이내에 구속영장을 청구하지 아니하거나
영장을 발부받지 못한 때에는 피의자를 즉시 석방하여야 한다(동조 제2항).
검사가 구속영장을 청구하지 아니하고 피의자를 석방한 경우에는 석방
한 날부터 30일 이내에 서면으로 (i) 긴급체포 후 석방된 자의 인적사항,
(ii) 긴급체포의 일시·장소와 긴급체포하게 된 구체적 이유, (iii) 석방의
일시·장소 및 사유, (iv) 긴급체포 및 석방한 검사 또는 사법경찰관의 성
명 등의 사항을 법원에 통지하여야 한다. 이 경우 긴급체포서의 사본을
첨부하여야 한다(동조 제4항). 사법경찰관이 구속영장을 신청하지 아니하고
피의자를 석방한 경우에는 즉시 검사에게 보고하여야 한다(동조 제6항). 이
규정은 긴급체포의 남용을 방지하기 위한 제도적 장치이다.

긴급체포 후 석방된 자 또는 그 변호인, 법정대리인, 배우자, 직계친족,
형제자매는 통지서 및 관련서류를 열람하거나 등사할 수 있다(동조 제5항).

3) 재체포의 제한

긴급체포한 후 구속영장을 청구하지 아니하거나 구속영장을 발
부받지 못하여 석방된 자는 영장 없는 동일한 범죄사실에 관하여 다시
체포하지 못한다(동조 제3항). 이것은 긴급체포의 남용을 차단하기 위한 제
도적 장치이다. 따라서 검사 또는 사법경찰관이 긴급체포 후 석방된 자
를 동일한 범죄사실에 관하여 재체포하기 위해서는 체포영장 또는 구속
영장이 필요하다.

3. 현행범인체포

(1) 현행범인체포의 의의

현행범인은 누구든지 영장 없이 체포할 수 있다(헌법 제12조 제3항 단서, 형소법 제212조). 이것은 경찰관이 현장에 없거나 또는 영장이 없다고 하여 현행범인을 방치할 경우 구속을 비롯한 수사활동이 불필요하게 어려워지거나 효율성이 떨어진다는 점을 고려한 제도적 장치이다.

(2) 현행범인체포의 요건

1) 현행범인

현행범인은 범죄를 실행하고 있거나 실행하고 난 직후에 있는 사람을 말한다(제211조 제1항). '범죄를 실행하고 있거나'란 범죄의 실행에 착수하여 아직 종료하지 못한 상태를 말한다. 따라서 미수가 처벌되는 범죄에서는 실행의 착수가 있으면 족하며, 예비·음모를 벌하는 경우에는 예비·음모행위가 실행행위에 해당한다. 교사범·방조범의 경우에는 정범의 실행을 전제로 하므로 정범의 실행행위가 개시된 때이다. 간접정범의 경우 간접정범의 이용행위가 있으면 충분하다는 견해가 있으나, 이용행위 자체는 구성요건적 정형성이 없을 뿐만 아니라 이용행위를 기준으로 하면 현행범인의 범위가 넓어진다 할 것이므로 피이용자의 실행행위가 개시된 때를 기준으로 하여야 한다. '범죄를 실행하고 난 직후'란 범죄의 실행행위를 종료한 직후를 말한다. 결과발생 유무와는 상관없을 뿐만 아니라 실행행위를 전부 종료할 것도 요하지 않는다. 따라서 체포자에게 범죄의 명백성이 인정되는 극히 제한된 범위 내의 시간적 단계를 의미하는 시간적 접착성이 인정되어야 한다. 또한 시간이 지남에 따라 범인이 범죄장소로부터 멀어지는 것이 일반적이고, 그렇게 되면 다른 사람과 섞여 범죄의 명백성이 상실된다는 점에서 장소적 접착성도 필요하다.

[판례] 교사가 교장실에 들어가 불과 약 5분 동안 식칼을 휘두르며 교장을 협박

하는 등의 소란을 피운 후 40여 분 정도가 지나 경찰관들이 출동하여 교장실이 아닌 서무실에서 그를 연행하려 하자 그가 구속영장의 제시를 요구하면서 동행을 거부하였다면, 체포 당시 서무실에 앉아 있던 위 교사가 방금 범죄를 실행한 범인이라는 죄증이 경찰관들에게 명백히 인식될 만한 상황이었다고 단정할 수 없는데도 이와 달리 그를 "범죄의 실행의 즉후인 자"로서 현행범인이라고 단정한 원심판결에는 현행범인에 관한 법리오해의 위법이 있다(91도1314).

[판례] 신고를 받고 출동한 경찰서 지구대 소속 경장 공소외인이 피고인이 음주운전을 종료한 후 40분 이상이 경과한 시점에서 길가에 앉아 있던 피고인에게서 술냄새가 난다는 점만을 근거로 피고인을 음주운전의 현행범으로 체포한 것은 피고인이 '방금 음주운전을 실행한 범인이라는 점에 관한 죄증이 명백하다고 할 수 없는 상태'에서 이루어진 것으로서 적법한 공무집행이라고 볼 수 없다(2007도1249).

현행범에는 고유한 의미의 현행범인 외에 준현행범인도 포함된다. 준현행범인은 현행범인은 아니지만 형소법에 의해 현행범인으로 간주되는 자를 말한다. 형소법에서는 (i) 범인으로 불리며, 추적되고 있을 때, (ii) 장물이나 범죄에 사용되었다고 인정함에 충분한 흉기 그 밖의 물건을 소지하고 있을 때, (iii) 신체 또는 의복류에 증거가 될 만한 뚜렷한 흔적이 있을 때, (iv) 누구냐고 묻자 도망하려고 할 때에 해당하는 사람을 현행범인으로 간주하고 있다(동조 제2항). (iv)의 경우는 주로 경찰관의 불심검문의 경우에 해당될 것이지만, 묻는 주체가 반드시 수사기관일 것은 요하지 않고 사인인 경우도 포함한다.

[판례] 순찰 중이던 경찰관이 교통사고를 낸 차량이 도주하였다는 무전연락을 받고 주변을 수색하다가 범퍼 등의 파손상태로 보아 사고차량으로 인정되는 차량에서 내리는 사람을 발견한 경우, 형소법 제211조 제2항 제2호 소정의 '장물이나 범죄에 사용되었다고 인정함에 충분한 흉기 기타의 물건을 소지하고 있는 때'에 해당하므로 준현행범으로서 영장 없이 체포할 수 있다(99도4341).

2) 체포의 필요성

긴급체포와 달리 현행범인의 체포에는 도망이나 증거인멸의 우려와 같은 구속사유가 필요하다는 명문규정은 없다. 이에 현행범인의 체포에도 긴급체포와 같은 구속사유가 인정되어야 하는가에 대하여는 견해의 대립이 있다. 그러나 현행범인으로 체포하기 위하여는 행위의 가벌성, 범죄의 현행성, 시간적 접착성, 범인·범죄의 명백성 이외에 체포의 필요성 즉, 도망 또는 증거인멸의 염려가 있어야 한다(2011도3682). 현행범인 체포의 적법성은 체포 당시의 구체적 상황을 기초로 객관적으로 판단하여야 하고, 사후에 범인으로 인정되었는지에 의할 것은 아니다(2011도4763).

> [판례] 현행범인으로 체포하기 위하여는 행위의 가벌성, 범죄의 현행성·시간적 접착성, 범인·범죄의 명백성 외에 체포의 필요성, 즉 도망 또는 증거인멸의 염려가 있어야 하는데, 이러한 현행범인 체포의 요건을 갖추었는지는 체포 당시의 상황을 기초로 판단하여야 하고, 이에 관한 수사주체의 판단에는 상당한 재량의 여지가 있다고 할 것이다. 따라서 체포 당시의 상황에서 보아 그 요건에 관한 수사주체의 판단이 경험칙에 비추어 현저히 합리성이 없다고 인정되지 않는 한 수사주체의 현행범인 체포를 위법하다고 단정할 것은 아니다(2015도13726).

> [판례] 피고인이 甲과 주차문제로 언쟁을 벌이던 중, 112 신고를 받고 출동한 경찰관 乙이 甲을 때리려는 피고인을 제지하자 자신만 제지를 당한 데 화가 나서 손으로 乙의 가슴을 1회 밀치고, 계속하여 욕설을 하면서 피고인을 현행범으로 체포하며 순찰차 뒷좌석에 태우려고 하는 乙의 정강이 부분을 양발로 2회 걷어차는 등 폭행함으로써 경찰관의 112 신고처리에 관한 직무집행을 방해하였다는 내용으로 기소된 사안에서, 제반 사정을 종합하면 피고인이 손으로 乙의 가슴을 밀칠 당시 乙은 112 신고처리에 관한 직무 내지 순찰근무를 수행하고 있었고, 이와 같이 공무를 집행하고 있는 乙의 가슴을 밀치는 행위는 공무원에 대한 유형력의 행사로서 공무집행방해죄에서 정한 폭행에 해당하며, 피고인이 체포될 당시 도망 또는 증거인멸의 염려가 없었다고 할 수 없다(2017도21537).

3) 비례성의 원칙

현행범인체포에도 비례성의 원칙이 적용된다. 즉, 다액 50만원 이하의 벌금, 구류 또는 과료에 해당하는 죄의 현행범인에 대하여는 범인의 주거가 분명하지 않을 경우에만 체포가 허용된다(제214조).

(3) 현행범인체포의 절차

1) 현행범인체포의 주체

현행범인체포는 누구든지 할 수 있다. 수사기관은 물론 사인도 영장 없이 현행범인을 체포할 수 있다. 다만, 사인은 체포권한만 있고 체포의무는 없다.

(가) 일반인의 현행범인체포　일반인의 체포권한은 현행범을 검사나 사법경찰관리가 올 때까지 붙들고 있거나 가장 가까운 경찰서로 가서 경찰관에게 인도하는 것이다(제213조 제1항). 사인이 체포한 현행범인을 수사기관에 인도하지 않고 석방하는 것은 허용되지 않는다. 사법경찰관리가 현행범인의 인도를 받은 때에는 체포자의 성명, 주거, 체포사유를 묻고 필요한 경우 체포자에게 경찰관서에 동행할 것을 요구할 수 있다(동조 제2항).

(나) 사법경찰관리의 현행범인체포　사법경찰관리가 현행범인을 체포할 때에는 일반인이 체포한 경우와 달리 체포의 적법절차를 준수하여야 한다. 즉, 범죄사실의 요지, 체포의 이유와 변호인을 선임할 수 있음을 말하고 변명할 기회를 주어야 한다(제200조의5). 사법경찰관리는 미리 수색영장을 발부받기 어려운 긴급한 사정이 있는 때에 한하여 현행범인체포를 위해 영장 없이 타인의 주거에 들어갈 수 있고(제216조 제1항 제1호), 불가피한 경우 필요한 최소한의 범위에서 무기를 사용할 수 있으며(경찰관직무집행법 제10조의4), 체포현장에서 영장 없이 압수·수색·검증을 할 수 있다(제216조 제1항 제2호).

2) 체포 시 실력행사 여부

현행범인체포 시 사회통념상 체포를 위하여 필요하고 상당하다고 인정되는 범위 내에서 실력을 행사할 수 있다. 예컨대, 도망하려는 현행범인을 체포하는 과정에서 멱살을 잡고 흔드는 정도는 사회통념상 허용되는 행위 내의 실력행사이다(2011도3682). 다만, 강제력의 사용은 체포목적을 달성하기 위한 적절한 수단이어야 한다.

3) 체포 후의 조치

사법경찰관리가 현행범인을 체포하였을 때에는 체포의 경위를 상세히 기재한 현행범인체포서를 작성하여야 한다(수사준칙규정 제37조 제1항).

<현행범인체포서>

[별지 제51호서식]

	현행범인체포서			
피의자	① 성명		(	)
	② 주민등록번호		(	세)
	③ 직업			
	④ 주거			
⑤ 변호인				

위의 피의자에 대한 죄 명 피의사건에 관하여 형사소송법 제212조의 규정에 따라 동인을 아래와 같이 현행범인으로 체포함

년   월   일

○○○○검찰청
검사   ㊞

⑥ 체포한 일시	년 월 일 시 분
⑦ 체포한 장소	
⑧ 범죄사실 및 체포의 사유	
⑨ 체포자의 관직 및 성명	
⑩ 인치한 일시	년 월 일 시 분
⑪ 인치한 장소	
⑫ 구금한 일시	년 월 일 시 분
⑬ 구금한 장소	
⑭ 구금을 집행한 자의 관직 및 성명	

23231-69211일 96.12.27 승인

또한 검사 또는 사법경찰관리가 아닌 자가 현행범인을 체포한 경우에는 즉시 검사 또는 사법경찰관리에게 인도하여야 한다(제213조 제1항). 체포된 현행범인을 구속하고자 할 때에는 체포한 때로부터 48시간 이내에 구속영장을 청구하여야 한다. 그 기간 이내에 구속영장을 청구하지 아니하거나 구속영장청구가 기각된 경우에는 즉시 석방하여야 한다(제213조의2, 제200조의2 제5항, 규칙 제100조 제2항). 이것은 영장에 의하지 아니한 체포상태가 부당하게 장기화되어서는 안 된다는 인권보호의 요청과 함께 수사기관에서 구속영장 청구 여부를 결정하기 위한 합리적이고 충분한 시간을 보장해 주려는 데에 그 입법취지가 있다. 따라서 일반인이 현행범인을 체포한 경우 위 48시간의 기산점은 체포 시가 아니라 검사 등 수사기관이 현행범인을 인도받은 때이다(2011도12927).

Ⅲ. 구 속

> ≪학습문제≫ 피의자 을은 뇌물수수 혐의로 검사에 의해 구속영장이 청구되었다. 구속영장을 청구받은 판사 갑은 혐의가 명확히 드러났다고 판단하여 을에 대해 영장실질심사를 하지 않고 구속영장을 발부하였다. 갑의 행위는 적법한가?

1. 구속의 의의

(1) 개 념

구속이란 피의자 또는 피고인의 신체자유를 제한하는 대인적 강제처분을 말한다. 구속은 구인과 구금을 포함하는 개념이다(제69조). 구인은 피의자나 피고인을 일정한 장소, 즉 법원, 교도소, 구치소 또는 경찰서 유치장 등에 인치하는 강제처분이다. 구인한 피고인을 법원에 인치한 경우에 구금할 필요가 없다고 인정한 때에는 그 인치한 때로부터 24시간 내에 석방하여야 한다(제71조). 구금은 피고인 또는 피의자를 교도소 또는 구치소에 감금하는 강제처분이다.

> **[판례]** 수사기관이 관할 지방법원 판사가 발부한 구속영장에 의하여 피의자를 구속하는 경우, 그 구속영장은 기본적으로 장차 공판정에의 출석이나 형의 집행을 담보하기 위한 것이지만, 이와 함께 형소법 제202조, 제203조에서 정하는 구속기간의 범위 내에서 수사기관이 법 제200조, 제242조 내지 제244조의5에 규정된 피의자신문의 방식으로 구속된 피의자를 조사하는 등 적정한 방법으로 범죄를 수사하는 것도 예정하고 있다고 할 것이다. 따라서 구속영장 발부에 의하여 적법하게 구금된 피의자가 피의자신문을 위한 출석요구에 응하지 아니하면서 수사기관 조사실에의 출석을 거부한다면 수사기관은 그 구속영장의 효력에 의하여 피의자를 조사실로 구인할 수 있다(2013모160).

(2) 구속의 목적

구속의 목적은 형사절차의 진행과 형집행의 확보에 있다. 구속은 피의자 또는 피고인의 신체자유를 제한함으로써 형사소송에의 출석을 보장하고, 증거를 보존하며, 확정된 형벌의 집행을 확보하기 위한 제도이다. 그러나 구속은 개인의 기본권에 대한 중대한 제한을 가져오기 때문에 형소법은 구속요건을 엄격히 규정하고, 법관이 발부하는 영장에 의해서만 할 수 있도록 하고 있다.

2. 구속의 요건

피의자나 피고인을 구속하기 위해서는 죄를 범하였다고 의심할 만한 상당한 이유가 있고, 구속사유가 있어야 한다(제201조 제1항, 제70조 제1항).

(1) 범죄혐의의 상당성

구속은 죄를 범하였다고 의심할 만한 상당한 이유가 있어야 한다. '범죄혐의의 상당성'은 객관적 혐의가 유죄의 확신에 이를 정도로 고도의 개연성이 인정되는 경우를 말한다. 따라서 소송조건이 구비되지 아니하였거나 위법성조각사유 또는 책임조각사유가 있는 경우에는 구속에 필요한 범죄혐의가 인정되지 않는다. 다만, 심신장애로 인하여 책임능력이 없는 때에는 「치료감호 등에 관한 법률」에 의하여 보호구속은 가능하다(제6조).

(2) 구속사유

구속의 사유는 (i) 일정한 주거가 없는 때, (ii) 증거를 인멸할 염려가 있는 때, (iii) 도망하거나 도망할 염려가 있는 때 등이다. '주거부정'은 도망의 염려를 판단하는 보조자료의 의미를 가질 뿐 독자적인 구속사유로 보기는 어려우므로 도망과 증거인멸의 염려가 없는데도 주거부정이라는 이유만으로 구속하는 것은 허용되지 않는다. 그러나 주거부정이 다른 구속요건을 엄격하게 제한하기도 한다. 즉, 다액 50만원 이하의 벌금, 구류 또는 과료에 해당하는 범죄에 관하여는 피의자 또는 피고인을 일정한 주거가 없는 경우에 한하여 구속할 수 있다(제70조 제3항, 제201조 제1항 단서).

법원은 구속사유를 심사함에 있어서 범죄의 중대성, 재범의 위험성, 피해자·중요참고인 등에 대한 위해우려 등을 고려하여야 한다(제70조 제2항, 제209조).

(3) 비례성의 원칙

법원은 구속영장을 발부할 때 구속의 목적과 구속이라는 수단 사이에서 비례성의 원칙을 고려하여야 한다. 따라서 구속은 사건의 중대성과 그로 인해 예상되는 형벌의 정도에 비추어 상당하다고 인정되는 때에만 허용된다. 또한 구속은 다른 방법에 의해 형사소송의 확보라고 하는 목적을 달성하기 어려운 때에만 허용된다(보충성의 원칙).

3. 관련문제

(1) 별건구속

1) 별건구속의 의의

별건구속이란 수사기관이 본래 수사하고자 하는 본건에 대하여는 구속요건이 구비되지 못하였기 때문에 본건의 수사에 이용할 목적으로 구속요건이 구비된 별건으로 구속하는 경우를 말한다. 별건구속은 원래 혐의를 둔 본건으로는 당장 구속이 불가능함에도 본건의 수사를 계속할 목적으로 별건의 구속을 이용하는 것이라는 점에서 그 적법성 여부가 문제된다.

2) 별건구속의 적법성

(가) 별건기준설   구속 그 자체는 별건에 관한 것이고 구속요건도 갖추어져 있기 때문에 적법하다는 견해이다(적법설). 이 견해에서는 별건에 관하여 구속의 요건이 흠결되어 있는 경우에 한하여 위법한 구속이 된다고 한다.

(나) 본건기준설   수사기관의 진정한 의도가 본건에 관한 구속인 이상 본건의 구속요건이 구비되어 있지 아니하는 한 영장주의에 반하여 위법하다는 견해이다(위법설, 통설). 이 견해는 별건구속을 허용할 경우 본건의 구속에 적용되는 구속, 기간의 제한을 탈법적으로 우회할 염려가 있으며, 본건의 구속사유가 없는 경우에 자칫 자백강요 또는 수사목적을 달성하기 위하여 별건구속이 남용되는 경우를 배제할 수 없다는 점을 근거로 들고 있다. 따라서 본건의 수사를 목적으로 하면서도 명목상 별건구속을 하는 것은 위법으로 된다.

3) 판 례

본래 의미의 별건구속을 다룬 판례는 없지만, 구 「신용카드업법」위반 등 피의사건으로 구속된 기간에 연이어 사기 등 범죄로 구속된 사안에서 별건구속을 허용하는 듯한 태도를 보이고 있다. 대법원은 이 사안에서 전에 구속되었던 기간을 이 사건 본형에 산입하여야 한다는 피고인의 주장에 대해 "피고인이 기소중지 처분된 「신용카드업법」위반 등 피의사실로 27일간 구속되었고, 연이어 사기 등 범행으로 구속되어 사기 등 범행으로 구속기소되었지만 결과적으로 위 구속기간이 사기 등 범행사실의 수사에 실질상 이용되었다 하더라도 위 구금일수를 본형에 산입할 수는 없다"고 하였다(90도2337).

4) 검 토

별건구속은 수사의 합목적성을 위하여 별건구속을 빙자한 것으로 결과적으로 법원의 사법적 통제를 회피하고, 피의자의 방어권행사를 어렵게 한다는 점에서 위법수사이다. 따라서 별건구속에 의하여 얻은 진술이나 그로 인하여 얻은 증거물은 위법수집증거로서 증거능력이 인정되지 않는다. 다만, 구속 중인 피의자에 대한 여죄수사는 허용되므로 별건구속인가의 여부는 범죄의 경중, 양자의 관련성, 수사기관의 의도 등을 종합하여 판단할 필요가 있다.

(2) 이중구속

이중구속이란 하나의 범죄사실로 이미 구속영장이 발부되어 있는 피고인 또는 피의자를 별개의 범죄사실로 다시 구속하는 것을 말한다. 이중구속은 구속기간 만료에 대비하여 종전의 구속영장에 기재된 범죄사실과 다른 범죄사실로 구속하는 경우에 주로 문제된다. 그러나 구속영장의 효력범위가 사건단위를 기준으로 결정되며, 구속된 피고인의 석방에 대비하여 미리 구속해 둘 필요가 있다는 점에서 적법한 것으로 허용되고 있다(다수설과 판례). 이중구속의 경우에도 구속영장의 효력은 구속영장에 기재된 범죄사실에만 미치므로 구속기간은 사건에 따라 각각 따로 진행된다.

[판례] 형소법 제75조 제1항은 "구속영장에는 피고인의 성명, 주거, 죄명, 공소사실의 요지, 인치구금할 장소, 발부연월일, 그 유효기간과 그 기간을 경과하면 집행에 착수하지 못하며 영장을 반환하여야 할 취지를 기재하고 재판장 또는 수명법관이 서명날인하여야 한다"고 규정하고 있는바, 구속의 효력은 원칙적으로 위 방식에 따라 작성된 구속영장에 기재된 범죄사실에만 미치는 것이므로, 구속기간이 만료될 무렵에 종전 구속영장에 기재된 범죄사실과 다른 범죄사실로 피고인을 구속하였다는 사정만으로는 피고인에 대한 구속이 위법하다고 할 수 없다(2000모134).

4. 구속의 절차

구속은 법관이 발부한 영장에 의하여야 한다(제70조, 제201조). 이것은 영장주의의 표현으로서 구속을 사법적으로 통제하여 피의자 또는 피고인의 인권보장을 도모하기 위한 것이다.

(1) 구속영장의 법적 성격

피고인에 대한 구속영장이 명령장의 성격을 가지는 데 반해, 피의자에 대한 구속영장은 허가장의 성격을 가진다(다수설).

피고인에 대한 구속영장은 법원 스스로 구속하는 경우에 발부하는 것이므로 그 집행기관인 검사는 피고인에 대한 구속영장을 집행할 의무를 진다. 그러나 피의자에 대한 구속영장은 검사가 그 집행주체로서 법원으로부터 구속해도 괜찮다는 허가장을 받은 것이므로, 구속영장 발부 후 사정변경에 의하여 구속의 필요가 없게 되면 검사는 구속영장을 집행하지 않아도 된다.

(2) 구속영장의 청구

검사는 관할지방법원 판사에게 청구하여 구속영장을 받아 피의자를 구속할 수 있고, 사법경찰관은 검사에게 신청하여 검사의 청구로 관할지방법원 판사의 구속영장을 받아 피의자를 구속할 수 있다(제201조 제1항). 후자의 경우에 검사가 사법경찰관이 신청한 영장을 정당한 이유 없이 판사에게 청구하지 아니한 경우 사법경찰관은 그 검사 소속의 지방검찰청 소재지를 관할하는 고등검찰청에 영장 청구 여부에 대한 심의를 신청할 수 있다(제221조의5 제1항). 한편, 공판단계에서 행하여지는 피고인구속은 법원이 직권에 의하여 구속영장을 발부하므로(제70조 제1항, 제73조) 검사의 청구를 요하지 않는다(96모46, 96헌바28).

＜구속영장신청서＞

■ 검사의 사법경찰관리에 대한 수사지휘 및 사법경찰관리의 수사준칙에 관한 규정 [별지 제18호서식]

○○○○경찰서

제 0000-00000 호

수 신 : ○○지방검찰청 검사장(지청장)

제 목 : **구속영장 신청(체포영장)**

　　　　다음 사람에 대한 ○○○○○○○ 피의사건에 관하여 동인을 아래와 같이 체포영장에 의하여 체포하였는바, 동인을 ○○○○○○○에 구속하려 하니 .까지 유효한 구속영장의 발부를 청구하여 주시기 바랍니다.

피의자	성 명	
	주민등록번호	－ 　　(세)
	직 업	
	주 거	
변 호 인		
체포한 일시·장소		
인치한 일시·장소		
구금한 일시·장소		
범죄사실 및 구속을 필요로 하는 이유		
필요적 고려사항	[ ] 범죄의 중대성　　[ ] 재범의 위험성 [ ] 피해자·중요참고인 등에 대한 위해 우려 [ ] 그 밖의 사유 　※ 구체적 내용은 별지와 같음	
피의자의 지정에 따라 체포이유 등이 통지된 자의 성명 및 연락처		
재신청의 취지 및 이유		

○○○○경찰서

사법경찰관 ○○　　　　(인)

　　구속영장의 청구는 서면에 의하여야 하며(규칙 제93조 제1항), 구속영장 청구서는 피의자가 체포되어 있지 않은 미체포인 경우, 체포영장에 의해 체포된 경우, 긴급체포된 경우, 현행범인으로 체포된 경우로 구분되어 있다. 구속영장 청구 시에는 구속의 필요를 인정할 수 있는 자료를 제출하여야 한다(제201조 제2항). 또한 사법경찰관이 체포한 피의자에 대하여 구속영장을 신청할 때에는 체포영장, 긴급체포서, 현행범인 체포서 또는 현행범인 인수서를 제출하여야 한다(수사준칙규정 제29조 제1항). 물론 피의자도 구속영장을 청구받은 판사에게 유리한 자료를 제출할 수 있다(규칙 제96조 제3항). 검사가 구속영장을 청구할 때 동일한 범죄사실에 관하여 그 피의자에 대해 전에 구속영장을 청구하거나 발부받은 사실이 있는 경우에는 다시 구속영장을 청구하는 취지와 이유를 기재하여야 한다(제201조 제5항).

(3) 구속 전 피의자심문제도

1) 개 념

구속 전 피의자심문제도는 구속영장을 청구받은 판사가 구속영장이 청구된 피의자를 직접 심문하여 구속사유의 존부를 심리, 판단하는 제도를 말한다. 이를 구속영장실질심사제도라고도 한다. 형소법에서는 구속영장이 청구된 모든 피의자에 대해 필요적 실질심사를 하도록 하고 있다(제201조의2). 이 제도는 피고인구속의 경우에는 적용되지 않는다.

2) 심문주체

지방법원 또는 지원의 장은 구속영장청구에 대한 심사를 위한 전담법관을 지정할 수 있다(규칙 제96조의5). 실무에서는 영장전담법관의 근무시간 외 또는 공휴일에는 당직법관이 업무를 처리하도록 하고 있다.

3) 피의자의 인치

판사가 구속 전 피의자를 심문하려면 먼저 피의자를 법원에 인치하는 것이 필요하다. 체포된 피의자는 체포의 효력을 이용하여 법원에 인치한다(제201조의2 제1항). 체포되지 아니한 피의자는 구인을 위한 구속영장을 발부하여 피의자를 구인한 후 심문하여야 한다. 다만, 피의자가 도망하는 등의 사유로 심문이 불가능한 경우에는 그러하지 아니하다(동조 제2항).

구인된 피의자의 구인기간은 24시간이다(동조 제10항, 제71조의2). 따라서 피의자가 구인된 지 24시간이 지나도록 구속영장이 발부되지 않을 때에는 피의자를 석방하여야 한다.

4) 심문기일과 장소의 지정·통지

심문기일은 체포된 피의자의 경우 특별한 사정이 없는 한 구속영장이 청구된 날의 다음 날까지 심문하여야 한다(제201조의2 제1항). 다만, 체포되지 아니한 피의자의 경우에는 관계인에 대한 심문기일의 통지 및 그 출석에 소요되는 시간 등을 고려하여 피의자가 법원에 인치된 때로부터 가능한 한 빠른 일시로 지정하여야 한다(규칙 제96조의12 제2항).

피의자심문의 장소는 법원청사 내여야 한다. 다만, 판사는 피의자가 출석을 거부하거나 질병 기타 부득이한 사유로 법원에 출석할 수 없는 때에는 경찰서, 구치소 기타 적당한 장소에서 심문할 수 있다(규칙 제96조의15). 이러한 심문기일과 장소에 대해 구속영장을 청구받은 판사는 체포된 피의자에 대하여는 즉시, 체포되지 않은 피의자에 대하여는 피의자가 법원에 인치된 후 즉시 검사, 피의자 및 변호인에게 통지하여야 한다(제201조의2 제3항).

5) 심문기일의 절차와 방법

(가) 피의자의 출석   검사는 심문기일에 피의자를 출석시켜야 한다(동조 제3항). 피의자가 심문기일에의 출석을 거부하거나 질병 또는 기타 사유로 출석이 현저하게 곤란한 때에는 피의자의 출석 없이 심문절차를 진행할 수 있다(규칙 제96조의13 제1항). 검사는 피의자가 심문기일에의 출석을 거부하는 때에는 판사에게 그 취지 및 사유를 기재한 서면을 작성·제출하여야 한다(동조 제2항). 피의자의 출석 없이 심문절차를 진행할 경우에는 출석한 검사 및 변호인의 의견을 듣고, 수사기록 기타 적당하다고 인정하는 방법으로 구속사유의 유무를 조사할 수 있다(동조 제3항).

(나) 검사와 변호인의 출석   검사와 변호인은 심문기일에 출석하여 의견을 진술할 수 있다(제201조의2 제4항).

(다) 필요적 변호   지방법원 판사는 심문할 피의자에게 변호인이 없는 때에는 직권으로 변호인을 선정하여야 한다. 이 경우 변호인의 선정은 피의자에 대한 구속영장 청구가 기각되어 효력이 소멸한 경우를 제

외하고는 제1심까지 효력이 있다(동조 제8항). 만약 변호인의 사정이나 그 밖의 사유로 변호인 선정결정이 취소되어 변호인이 없게 된 때에는 법원이 직권으로 변호인을 다시 선정할 수 있다(동조 제9항).

피의자 심문에 참여할 변호인은 지방법원 판사에게 제출된 구속영장청구서 및 그에 첨부된 고소·고발장, 피의자의 진술을 기재한 서류와 피의자가 제출한 서류를 열람할 수 있다(규칙 제96조의21 제1항). 이에 대하여 검사는 증거인멸 또는 피의자나 공범 관계에 있는 자가 도망할 염려가 있는 등 수사에 방해가 될 염려가 있는 때에는 지방법원 판사에게 열람 제한에 관한 의견을 제출할 수 있고, 지방법원 판사는 검사의 의견이 상당하다고 인정하는 때에는 그 전부 또는 일부의 열람을 제한할 수 있다. 그러나 구속영장청구서에 대하여는 그 열람을 제한할 수 없다(동조 제2항). 이것은 피의자의 방어권과 변호인의 변호권을 충실히 보장하기 위한 조치이다.

(라) 심문절차

가) 비공개심문   심문절차는 공개하지 않는 것을 원칙으로 한다. 다만, 판사는 상당하다고 인정하는 경우 피의자의 친족, 피해자 등 이해관계인의 방청을 허가할 수 있다(규칙 제96조의14).

나) 범죄사실요지 및 진술거부권의 고지   판사는 심문 이전에 피의자에게 구속영장청구서에 기재된 범죄사실의 요지를 고지하고, 피의자에게 일체의 진술을 하지 아니하거나 개개의 질문에 대하여 진술을 거부할 수 있으며, 이익되는 사실을 진술할 수 있음을 알려주어야 한다(규칙 제96조의16 제1항).

다) 심문방법 및 심문사항   판사는 구속 여부를 판단하기 위하여 필요한 사항에 관하여 신속하고 간결하게 심문하여야 한다. 증거인멸 또는 도망의 염려를 판단하기 위하여 필요한 때에는 피의자의 경력, 가족관계나 교우관계 등 개인적인 사항에 대하여 심문할 수 있다(규칙 제96조의16 제2항). 또한 판사는 심문장소에 출석한 피해자 그 밖의 제3자를 심문

할 수 있다(동조 제5항).

　　　라) 변호인의 접견 등　　변호인은 구속영장이 청구된 피의자에 대한 심문 시작 전에 피의자와 접견할 수 있다(규칙 제96조의20 제1항). 한편, 피의자는 판사의 심문 도중에도 변호인에게 조력을 구할 수 있다(규칙 제 96조의16 제4항).

　　　마) 참여자의 의견진술　　검사와 변호인은 판사의 심문이 끝난 후에 의견을 진술할 수 있다. 다만, 필요한 경우에는 심문 도중에도 판사의 허가를 얻어 의견을 진술할 수 있다(규칙 제96조의16 제3항).

　　　바) 심문조서의 작성　　심문기일에 피의자를 심문하는 경우 법원사무관 등은 심문의 요지 등을 조서작성의 일반규정에 따라 조서로 작성하여야 한다(제201조의2 제6항 및 제10항). 이렇게 작성된 심문조서는 제 315조 제3호의 당연히 증거능력이 있는 서류에 해당하여 증거능력이 인정된다(2003도5693).

(4) 구속영장의 발부 또는 기각

1) 영장의 발부

　판사는 피의자를 심문한 후 구속요건이 충족되었다고 인정하는 때에는 구금을 위한 구속영장을 발부한다(제201조 제4항).

　구속영장의 유효기간은 7일로 한다. 다만, 법원 또는 법관이 상당하다고 인정하는 때에는 7일을 넘는 기간을 정할 수 있다(규칙 제 178조). 피의자심문을 한 경우에는 법원이 구속영장청구서, 수사관계서류 및 증거물을 접수한 날부터 구속영장을 발부하여 검찰청에 반환한 날까지의 기간은 검사와 사법경찰관의 구속기간에 산입하지 아니한다(제201조의2 제7항).

2) 영장의 기각

　판사가 구속영장을 발부하지 않을 때에는 구속영장청구서에 그 취지와 이유를 기재하고 서명날인하여 청구한 검사에게 교부한다(제201조

제4항). 영장이 기각된 경우에는 인치 시부터 24시간 이내에 석방하여야 한다. 영장청구를 기각하는 결정에 대하여는 항고나 준항고가 허용되지 않는다(97모66).

(5) 구속영장의 집행

1) 영장의 집행기관

구속영장은 검사의 지휘로 사법경찰관리가 집행한다. 교도소 또는 구치소에 있는 피의자 또는 피고인에 대하여는 검사의 지휘로 교도관이 집행한다(제209조, 제81조 제1항 및 제3항). 다만, 피고인구속에 있어서는 급속을 요하는 경우에는 재판장, 수명법관 또는 수탁판사가 그 집행을 지휘할 수 있으며, 이 경우에는 법원사무관 등에게 그 집행을 명할 수 있다(제81조 제1항 단서 및 제2항). 이때 피고인의 현재지의 지방법원판사에게 피고인의 구속을 촉탁할 수 있으며(제77조 제1항), 수탁판사는 피고인이 관할구역 내에 현재하지 아니한 때에는 그 현재지의 지방법원판사에게 전촉할 수 있다(동조 제2항).

한편, 검사는 관할구역 외에서 구속영장의 집행을 지휘할 수 있고, 당해 관할구역의 검사에게 집행지휘를 촉탁할 수 있다. 사법경찰관리는 필요한 경우 관할구역 밖에서 구속영장을 집행하거나 또는 당해 관할구역의 사법경찰관리에게 집행을 촉탁할 수 있다(제209조, 제83조). 만약 구속영장을 발부받은 후 피의자를 구속하지 아니하거나 구속한 피의자를 석방하였다면 검사는 지체 없이 영장을 발부한 법원에 그 사유를 서면으로 통지하여야 한다(제204조).

2) 영장의 집행절차

구속영장을 집행함에는 피의자 또는 피고인에게 반드시 구속영장을 제시하여야 하며, 구속영장을 소지하지 아니한 경우에 긴급을 요하는 때에는 공소사실의 요지와 영장이 발부되었음을 알리고 집행할 수 있다. 이때에도 집행을 완료한 후에는 신속히 구속영장을 제시하여야 한다(제209조, 제85조).

제시되는 영장은 정본이어야 하므로 사본의 제시는 위법이다(96다40547).

　　또한 검사와 사법경찰관이 피의자를 구속하는 경우에는 피의사실의 요지, 체포의 이유와 변호인을 선임할 수 있음을 말하고 변명할 기회를 주어야 한다(제209조, 제200조의5). 피고인을 구속하는 경우에는 범죄사실의 요지, 구속이유, 변호인을 선임할 수 있음을 말하고 변명할 기회를 준 후가 아니면 구속할 수 없다. 다만, 피고인이 도망한 경우에는 그러하지 아니 한다(제72조). 피고인을 구속하는 경우 법원은 합의부원으로 하여금 이 절차를 이행하게 할 수 있다(제72조의2).

> **[판례]** 형소법 제72조의 규정은 피고인을 구속함에 있어서 법관에 의한 사전 청문절차를 규정한 것으로서, 법원이 사전에 위 규정에 따른 절차를 거치지 아니한 채 피고인에 대하여 구속영장을 발부하였다면 발부결정은 위법하다. 한편 위 규정은 피고인의 절차적 권리를 보장하기 위한 규정이므로 이미 변호인을 선정하여 공판절차에서 변명과 증거의 제출을 다하고 그의 변호 아래 판결을 선고받은 경우 등과 같이 위 규정에서 정한 절차적 권리가 실질적으로 보장되었다고 볼 수 있는 경우에는 이에 해당하는 절차의 전부 또는 일부를 거치지 아니한 채 구속영장을 발부하였더라도 이러한 점만으로 발부결정을 위법하다고 볼 것은 아니지만, 사전 청문절차의 흠결에도 불구하고 구속영장 발부를 적법하다고 보는 이유는 공판절차에서 증거의 제출과 조사 및 변론 등을 거치면서 판결이 선고될 수 있을 정도로 범죄사실에 대한 충분한 소명과 공방이 이루어지고 그 과정에서 피고인에게 자신의 범죄사실 및 구속사유에 관하여 변명을 할 기회가 충분히 부여되기 때문이므로, 이와 동일시할 수 있을 정도의 사유가 아닌 이상 함부로 청문절차 흠결의 위법이 치유된다고 해석하여서는 아니 된다(2015모1032).

3) 영장의 집행 후의 절차

　　피의자나 피고인을 구속한 때에는 지체 없이 서면으로 변호인에게, 변호인이 없는 경우에는 변호인 선임권자(제30조 제2항) 가운데 피고인 또는 피의자가 지정한 자에게 피의사건명 또는 피고사건명, 구속일시, 장소, 범죄사실의 요지, 구속의 이유와 변호인을 선임할 수 있는 취지를 알려야 한다(제209조, 제87조). 구속의 통지는 늦어도 24시간 이내에 서면으로 하여야 하며, 통지를 할 자가 없어서 통지를 못한 경우에는 그 취지를 기재한 서면을 기록에 편철하여야 한다. 다만, 급속을 요하는 경우에는 전화 또는 모사전송기 기타 상당한 방법으로 통지할 수 있으나 다시 서면으로 하여야 한다(규칙 제51조). 피고인을 구속한 때에는 즉시 공소사실의 요지와 변호인을 선임할 수 있음을 알려야 한다(제88조).

또한 구속된 피의자 또는 피고인은 법원, 교도소장 또는 구치소장 또는 그 대리자에게 변호사를 지정하여 변호인의 선임을 의뢰할 수 있으며, 이때 의뢰를 받은 법원, 교도소장 또는 구치소장 또는 그 대리자는 급속히 피고인이 지명한 변호사에게 그 취지를 통지하여야 한다(제209조, 제90조).

4) 영장집행과 피고인수색 등

검사, 사법경찰관리 또는 법원사무관 등(제81조 제2항)이 구속영장을 집행할 경우에 필요한 때에는 미리 수색영장을 발부받기 어려운 긴급한 사정이 있는 경우에는 영장 없이 타인의 주거, 간수자 있는 가옥, 건조물, 항공기, 선박 또는 차량 안에 들어가 피고인을 수색할 수 있다(제137조).

구속영장의 집행을 받은 피고인을 호송할 경우에 필요하면 가장 가까운 교도소 또는 구치소에 임시로 유치할 수 있다(제86조).

5) DNA감식시료의 채취

검사 또는 사법경찰관은 「디엔에이신원확인정보의 이용 및 보호에 관한 법률」에 따라 살인, 강도, 강간, 유괴, 방화 등 동 법률에서 규정한 주요범죄(법 제5조 제1항)에 대해 구속피의자로부터 DNA감식시료를 채취할 수 있다(법 제6조). DNA감식시료를 채취함에 있어서는 수사기관이 동 법률에 규정된 별도의 영장을 법관으로부터 발부받아 채취하거나(법 제8조 제1항 및 제2항), 채취대상자의 동의를 받아 채취하는 방법이 있다(동조 제3항).

5. 구속기간

(1) 피 의 자

사법경찰관이 피의자를 구속한 때에는 10일 이내에 피의자를 검사에게 인치하지 않으면 석방하여야 한다(제202조). 피의자에 대한 구속기간은 체포한 날로부터 기산한다(제203조의2).

검사가 피의자를 구속하거나 또는 사법경찰관으로부터 피의자를 인 치받은 경우에는 10일 안에 공소를 제기하지 않으면 석방하여야 한다(제 203조). 다만, 검사는 지방법원 판사의 허가를 얻어 10일을 초과하지 않는 한도에서 1회에 한하여 구속기간을 연장할 수 있다(제205조 제1항). 「국가 보안법」위반사건의 경우에는 지방법원 판사의 허가로 사법경찰관에게 1 회, 검사에게 2회에 한하여 구속기간의 연장을 허용하고 있다(법 제19조). 따라서 피의자에 대한 구속기간은 일반적으로 최장 30일이며, 「국가보안 법」위반사건의 경우 최장 50일이 된다.

(2) 피 고 인

피고인에 대한 구속기간은 공소제기 시부터 2개월이다(제92조 제1항· 제3항). 그러나 구속을 계속할 필요가 있는 경우에는 심급마다 2개월 단위 로 2차에 한하여 결정으로 갱신할 수 있다. 상소심에서는 부득이한 경우 에 3차에 한하여 갱신할 수 있다(제92조 제2항). 따라서 각 심급마다 최대구속 기간은 6개월이며, 3심까지 최장 18개월까지 구속이 가능하게 된다.

<구속기간의 개관>

경찰	구속(경찰)	10일	30일
검찰	송 치	10일 + 10일	
1심	기소(공소제기)	2월 + 2차연장 (4월) = 6월	
	1심 재판선고		
2심		2차연장 (4월) + 부득이 3차연장 (2월) = 6월	18개월
	2심 재판선고		
3심		2심과 동일 (6월)	
	3심 재판선고		

6. 재구속의 제한

검사 또는 사법경찰관에 의해 구속되었다가 석방된 자는 다른 중요한 증거를 발견한 경우를 제외하고는 동일한 범죄사실에 대해 재차 구속할 수 없다(제208조 제1항). 구속영장에 기재된 범죄사실과 다른 사건이라도 그것이 하나의 목적을 위해 동시 또는 수단·결과의 관계에서 행해진 행위는 동일한 범죄사실로 간주한다(동조 제2항). 재구속의 제한규정은 법원이 피고인을 구속한 경우에는 적용되지 않는다(85모12).

7. 구속의 집행정지와 실효

(1) 구속의 집행정지

1) 구속집행정지의 의의

구속된 피고인에 대하여 법원은 상당한 이유가 있을 경우에 결정으로 친족·보호단체 기타 적당한 자에게 부탁하거나 피고인의 거주를 제한하여 구속의 집행을 정지할 수 있다(제101조 제1항). 구속된 피의자에 대하여는 검사 또는 사법경찰관이 구속의 집행을 정지할 수 있다(제209조, 제101조 제1항).

2) 구속집행정지의 절차

법원이 피고인에 대한 구속집행정지를 결정할 때에는 검사의 의견을 물어야 한다. 다만, 급속을 요하는 경우에는 예외로 한다(제101조 제2항). 검사는 법원의 구속집행정지 결정에 대하여 즉시항고를 할 수 없다(2011헌가36).

구속된 국회의원에 대해 국회의 석방요구가 있으면 당연히 구속영장의 집행이 정지된다(동조 제4항). 국회의 석방의결을 통보받은 검찰총장은 즉시 석방을 지휘하고 그 사유를 수소법원에 통지하여야 한다(제101조 제5항).

3) 구속집행정지의 취소

법원은 직권 또는 검사의 청구가 있을 때 결정으로 구속의 집행정지를 취소할 수 있다(제102조 제2항). 검사 또는 사법경찰관은 구속된 피의자에 대해 구속의 집행정지를 취소할 수 있다(제209조). 그러나 국회의원이 국회의 석방요구로 구속집행이 정지된 경우에는 그 회기 중 구속집행정지를 취소하지 못한다(제102 제2항 단서).

(2) 구속의 실효

구속이 실효되는 경우에는 구속취소와 구속의 당연실효가 있다.

1) 구속취소

구속의 사유가 없거나 소멸된 때에는 법원이 직권 또는 검사, 피고인 또는 피의자, 변호인과 변호인 선임권자의 청구에 의하여 결정으로 구속을 취소하여야 한다(제93조, 제209조). '구속사유가 없는 때'라 함은 구속사유가 처음부터 존재하지 않았던 경우를 말하고, '구속사유가 소멸된 때'라 함은 구속사유가 사후적으로 소멸한 때를 말한다.

법원은 구속취소결정을 함에 필요한 경우에는 사실을 조사할 수 있고(제37조 제3항), 증인신문 또는 감정을 명할 수 있다(규칙 제24조). 재판장은 피고인에 대한 구속취소결정을 함에는 급속을 요하는 경우 외에는 검사의 의견을 물어야 한다(제97조 제2항). 이러한 법원의 의견요청에 대하여 검사는 지체 없이 의견을 표명하여야 한다(동조 제3항). 검사는 구속취소결정에 대하여 즉시항고할 수 있다(동조 제4항).

2) 구속의 당연실효

(가) 구속기간의 만료   구속기간이 만료되면 구속영장의 효력은 당연히 상실된다.

(나) 구속영장의 실효   무죄, 면소, 형의 면제, 형의 선고유예, 집행유예, 공소기각 또는 벌금이나 과료를 과하는 판결이 선고되면 구속영장은 효력을 잃는다(제331조). 구속 중인 소년에 대한 법원의 소년부송치결정이 있는 경우에 소년부판사가 소년 감호에 관한 결정을 하면 구속영장은 효력을 상실한다(소년법 제52조).

(다) 사형·자유형의 확정   사형 또는 자유형의 판결이 확정되면 구속영장은 효력을 상실한다.

Ⅳ. 체포·구속된 자의 권리

≪학습문제≫ 갑은 뇌물수수 혐의로 구속되었다. 갑은 자신이 직접 증거자료를 수집하는 등 재판준비를 충실히 하고자 공소제기 전에 석방될 수 있는 방안으로 보석을 생각하였다. 갑은 보석을 청구할 수 있는가?

1. 피고인·피의자의 접견교통권

(1) 접견교통권의 의의

1) 개 념

접견교통권이란 체포·구속된 피의자 또는 피고인이 변호인이나 가족·친지 등의 타인과 접견하고 서류 또는 물건을 수수하며, 의사의 진료를 받을 권리를 말한다. 이것은 체포·구속된 피의자 또는 피고인의 인권을 보장함과 동시에 체포·구속으로 인한 심리적 불안상태를 완화시켜주는 것일 뿐만 아니라 이들의 방어권을 보장함으로써 적법절차와 실체적 진실발견에 기여한다. 헌법 제12조 제4항에서는 체포·구속된 피의자 또는 피고인의 변호인의 조력을 받을 권리를 헌법상 기본권으로 보장하고 있으며, 그 내용 중에서 가장 중요한 것 중의 하나가 변호인과의 접견교통권이다. 오늘날 변호인의 조력권 또한 헌법상 기본권으로 보장되고 있다(2000헌마474).

2) 변호인과의 접견교통권

변호인 또는 변호인이 되려는 자는 신체구속을 당한 피의자 또는 피고인과 접견하고 서류 또는 물건을 수수할 수 있으며 의사로 하여금 진료하게 할 수 있다(제34조). 변호인과의 접견교통권은 피의자 또는 피고인의 인권보장과 방어준비를 위하여 필수불가결한 권리이므로 법령에 의한 제한이 없는 한 수사기관의 처분은 물론 법원의 결정으로도 이를 제한할 수 없다(96모18).[21]

---

21) 「형의 집행 및 수용자의 처우에 관한 법률」에서도 "미결수용자와 변호인(변호인이 되려고 하는 사람을 포함한다. 이하 같다)과의 접견에는 교도관이 참여하지 못하며 그 내용을 청취 또는 녹취하지 못한다. 다만, 보이는 거리에서 미결수용자를 관찰할 수 있다"(제84조 제1항)고 규정하고, 미결수용자와 변호인 간의 접견은 시간과 횟수를 제한하지 아니하는 한편(동조 제2항), 미결수용자와 변호인 간의 편지는 교정시설에서 상대방이 변호인임을 확인할 수 없는 경우를 제외하고는 검열할 수 없도록 하고 있다(동조 제3항). 다만, 헌법재판소는 구치소장이 변호인접견실에 CCTV를 설치하여 미결수용자와 변호인 간의 접견을 관찰한 행위는 구치소 내의 수용질서 및 규율을 유지하고 교정사고를 방지하고자 하는 것은 교정시

3) 비변호인과의 접견교통권

체포·구속된 피의자 또는 피고인은 관련 법률이 정한 범위 내에서 타인과 접견하고 서류나 물건을 수수하며 의사의 진료를 받을 수 있다(제209조, 제200조의6, 제89조). '법률'은 「형의 집행 및 수용자의 처우에 관한 법률」을 말한다.

이외에도 법원은 도망하거나 범죄의 증거를 인멸할 염려가 있다고 인정할 만한 상당한 이유가 있는 때에는 직권 또는 검사의 청구에 의하여 결정으로 구속된 피고인과 변호인이나 변호인이 되려는 자가 아닌 타인과의 접견을 금지할 수 있고, 서류나 그 밖의 물건을 수수하지 못하게 하거나 검열 또는 압수할 수 있다. 다만, 의류·양식·의료품은 수수를 금지하거나 압수할 수 없다(제91조). 이 규정은 피의자의 체포·구속에도 준용되므로 피의자에 대한 접견교통권의 제한은 수사기관의 결정에 의하여 할 수 있다(제209조, 제200조의6). 이때 접근금지는 전면적인 접근금지 뿐만 아니라 특정인을 제외하는 개별적인 금지도 가능하고, 조건부 또는 기한부 금지도 가능하다.

4) 접견교통권의 침해에 대한 구제

법원의 접견교통제한결정에 대하여 불복이 있는 때에는 보통항고를 할 수 있고(제402조), 검사 또는 사법경찰관의 접견교통권제한에 대해서는 구금에 대한 처분이므로 준항고에 의하여 취소 또는 변경을 요구할 수 있다(제417조). 다만, 구치소장이나 교도소장에 의한 접견교통권의 침해에 대해서는 행정소송이나 국가배상을 통해 구제받을 수 있다.

변호인과의 접견교통권이 침해된 상태에서 얻은 자백은 위법수집증거이므로 그 증거능력이 배제된다(90도1586).

설의 운영에 꼭 필요하고 중요한 공익에 해당하므로 변호인의 조력을 받을 권리를 침해한다고 할 수 없다고 하였다(2015헌마243).

2. 체포·구속적부심사제도

(1) 체포·구속적부심사제도의 의의

1) 개 념

체포·구속적부심사제도란 수사기관에 의하여 체포되거나 구속된 피의자에 대하여 법원이 그 체포 또는 구속의 적법 여부를 심사하여 체포 또는 구속이 부적법하거나 부당한 경우에 피의자를 석방하는 제도를 말한다(제214조의2 제1항). 이 제도는 수사단계에서 체포·구속의 적법 여부를 심사하여 피의자를 석방시키는 제도라는 점에서 수소법원이 구속된 피고인의 석방 여부를 결정하는 보석제도와 구별된다. 또한 이 제도는 법원의 결정으로 피의자를 석방하는 제도라는 점에서 검사가 피의자를 석방하는 피의자 구속취소와 구별된다.

2) 연 혁

구속적부심사제도는 1954년 형소법 제정과 동시에 채택되었지만 1973년 형소법 개정으로 폐지되었다가 1980년 형소법 개정 시에 다시 명문화되었다. 체포적부심사제도는 1995년 형소법 개정 시에 신설되었다. 환편, 2007년 형소법 개정에서 체포·구속적부심사의 청구권자가 확대되었다.

(2) 심사의 청구

1) 청구권자

체포·구속적부심사의 청구권자는 체포 또는 구속된 피의자 또는 그 변호인·법정대리인·배우자·직계친족·형제자매나 가족, 동거인 또는 고용주이다(제214조의2 제1항). 이때의 체포·구속은 수사기관에 의한 경우이므로 사인(私人)에 의한 경우는 제외된다.

2) 적부심 청구의 고지

피의자를 체포하거나 구속한 검사 또는 사법경찰관은 체포되거나 구속된 피의자와 그 밖의 청구권자 중에서 피의자가 지정하는 자에게 구속적부심사를 청구할 수 있음을 알려야 한다(동조 제2항).

3) 청구사유

체포·구속적부심사의 청구사유는 체포 또는 구속의 불법뿐만 아니라 부당 즉, 구속계속의 필요성에 대한 판단을 포함한다. 체포영장이나 구속영장의 발부가 법률에 위반하거나 구속 후에 중대한 사정변경이 있을 것은 요하지 않는다.

4) 청구방법

체포·구속적부심사의 청구는 서면 또는 구술로 피의사건의 관할법원에 하여야 한다(동조 제1항, 규칙 제176조). 체포·구속적부심사청구서에는 (i) 체포 또는 구속된 피의자의 성명, 주민등록번호 등, 주거, (ii) 체포 또는 구속된 일자, (iii) 청구의 취지 및 청구의 이유, (iv) 청구인의 성명 및 체포·구속된 피의자와의 관계 등을 기재하여야 한다(규칙 제102조).

5) 서류의 열람

체포·구속적부심사를 청구한 피의자의 변호인은 법원에 제출된 구속영장청구서 및 그에 첨부된 고소·고발장, 피의자의 진술을 기재한 서류와 피의자가 제출한 서류를 열람할 수 있다(규칙 제104조의2, 제96조의21 제1항). 이 경우 검사는 증거인멸 또는 피의자나 공범관계에 있는 자가 도망할 염려가 있는 등 수사에 방해가 될 염려가 있는 때에는 지방법원 판사에게 서류의 열람 제한에 관한 의견을 제출할 수 있고, 지방법원 판사는 검사의 의견이 상당하다고 인정하는 때에는 서류의 전부 또는 일부의 열람을 제한할 수 있다(규칙 제96조의21 제2항).

(3) 법원의 심사

1) 심사법원

체포·구속적부심사 청구사건은 지방법원 합의부 또는 단독판사가 심사한다. 체포영장이나 구속영장을 발부한 법관은 심문·조사·결정에 관여할 수 없다. 다만, 체포영장이나 구속영장을 발부한 법관 외에는 심문·조사·결정을 할 판사가 없는 경우에는 그러하지 아니하다(제214조의2 제12항).

2) 피의자심문 및 수사관계서류 등의 조사

체포·구속적부심사의 청구를 받은 법원은 청구서가 접수된 때부터 48시간 이내에 체포되거나 구속된 피의자를 심문하고 수사 관계 서류와 증거물을 조사하여 그 청구가 이유 없다고 인정한 경우에는 결정으로 기각하고, 이유 있다고 인정한 경우에는 결정으로 체포되거나 구속된 피의자의 석방을 명하여야 한다. 심사 청구 후 피의자에 대하여 공소제기가 있는 경우에도 또한 같다(동조 제4항). 이를 위해 심문기일의 통지를 받은 검사 또는 사법경찰관은 지정된 심문기일까지 수사관계서류와 증거물을 법원에 제출하여야 하고, 피의자를 구금하고 있는 관서의 장은 심문기일에 피의자를 출석시켜야 한다(규칙 제104조 제2항). 체포 또는 구속된 피의자에게 변호인이 없는 경우에 제33조를 준용하므로 법원은 국선변호인을 선정하여야 한다(제214조의2 제10항). 피의자 출석 및 국선변호인의 출석은 절차개시의 요건이다.

법원은 피의자심문을 하는 경우 공범의 분리심문이나 그 밖에 수사상의 비밀보호를 위한 적절한 조치를 하여야 한다(동조 제11항). 검사·변호인과 청구인은 심문기일에 출석하여 의견을 진술할 수 있다(동조 제9항).

(4) 법원의 결정

법원은 체포 또는 구속된 피의자에 대한 심문이 종료된 때로부터 24시간 이내에 체포·구속적부심사청구에 대한 결정을 하여야 한다(규칙 제106조). 법원이 수사관계서류와 증거물을 접수한 때부터 결정 후 검찰청에 반환된 때까지의 기간은 수사기관의 체포제한기간 또는 구속기간에 산입하지 않는다(제214조의2 제13항).

체포·구속적부심에 대한 법원의 결정에는 기각결정과 석방결정이 있으며, 이에 대하여는 항고할 수 없다(동조 제8항).

1) 기각결정

법원은 심사결과 청구가 이유없다고 인정되면 결정으로 그 청구를 기각하여야 한다(동조 제4항). 다만, (i) 청구권자 아닌 사람이 청구하였거나 동일한 체포영장 또는 구속영장의 발부에 대하여 재청구할 때, (ii) 공범 또는 공동피의자의 순차청구가 수사방해의 목적임이 명백한 때에는 심문 없이 결정으로 청구를 기각할 수 있다(동조 제3항). 이것은 적부심사의 신속을 도모하고 청구권남용을 방지하기 위함이다.

2) 석방결정

법원은 심사결과 청구가 이유있다고 인정되면 결정으로 체포되거나 구속된 피의자의 석방을 명하여야 한다(동조 제4항). 석방결정은 그 결정서등본이 검찰청에 송달된 때에 효력을 발생한다(제42조, 제44조). 심사청구 후 피의자에 대하여 공소제기가 있는 경우에도 같다(제214조의2 제4항 후문). 따라서 소위 전격기소, 즉 피의자 등이 구속적부심사청구권을 행사한 다음 검사가 법원의 결정이 있기 전에 기소한 경우에도 법원의 석방결정이 있으면 검사는 피의자를 석방하여야 한다.

(5) 보증금 납입조건부 피의자석방제도

1) 개 념

법원은 구속된 피의자(심사청구 후 공소제기된 사람을 포함한다)에 대하여 피의자의 출석을 보증할 만한 보증금의 납입을 조건으로 하여 결정으로 피의자의 석방을 명할 수 있다(동조 제5항). 이를 피의자보석 또는 보증금 납입조건부 피의자석방제도라고 한다. 이것은 체포된 피의자에 대하여는 허용되지 아니 한다. 이 제도는 피의자에게 보석청구의 권한을 직접 인정한 것이 아니라 법원의 직권에 의하여 석방을 명할 수 있을 뿐이라는 점에서 직권보석이며, 보석 여부가 법원의 재량사항이라는 점에서 재량보석이다. 이 점에서 피고인보석제도와 구별된다.

2) 보석의 조건

피의자보석은 보증금의 납입을 조건으로 한다. 보증금액은 피의자의 출석을 보증할 만한 금액이어야 한다. 이를 정함에 있어서는 범죄의 성질, 죄상, 증거의 증명력, 피의자의 전과·성격·환경 및 자산, 피해자에 대한 배상 등 범행 후의 정황에 관련된 사항을 고려하여야 하며, 피고인의 자금능력 또는 자산 정도로는 이행할 수 없는 조건을 정할 수 없다 (동조 제7항, 제99조).

법원은 피의자석방결정을 하는 경우에 주거의 제한, 법원 또는 검사가 지정하는 일시·장소에 출석할 의무, 그 밖의 적당한 조건을 부가할 수 있다(제214조의2 제6항).

3) 보석불허사유

범죄의 증거를 인멸할 염려가 있다고 믿을 만한 충분한 이유가 있거나 피해자나 당해사건의 재판에 필요한 사실을 알고 있다고 인정되는 사람 또는 그 친족의 생명·신체나 재산에 해를 가하거나 가할 염려가 있다고 믿을 만한 충분한 이유가 있는 때에는 보석결정을 할 수 없다(동조 제5항 단서).

4) 보석집행절차

피의자보석의 집행에도 피고인보석의 집행절차(제100조)가 준용된다(동조 제7항). 따라서 법원의 보석허가결정은 보석금을 납입한 후가 아니면 집행하지 못하며, 법원은 유가증권 또는 피의자 이외의 자가 제출한 보증서로써 보증금에 갈음함을 허가할 수 있다.

5) 보석금의 몰수

(가) 임의적 몰수   법원의 보석결정으로 피의자가 석방된 후 (i) 재체포 및 재구속의 사유로 피의자를 재차 구속할 경우 또는 (ii) 공소가 제기된 후 법원이 피의자보석결정에 의해 석방된 자를 동일한 범죄사실에 관하여 재차 구속할 경우에 법원은 직권 또는 검사의 청구에 의하여 결정으

로 보증금의 전부 또는 일부를 몰수할 수 있다(제214조의4 제1항).

(나) 필요적 몰수   피의자보석으로 석방된 자가 동일한 범죄사실에 관하여 형의 선고를 받아 그 판결이 확정된 후 집행하기 위한 소환을 받고 정당한 이유 없이 출석하지 아니하거나 도망한 때에는 직권 또는 검사의 청구에 의하여 결정으로 보증금의 전부 또는 일부를 몰수하여야 한다(동조 제2항).

(6) 재체포 및 재구속의 제한

체포 또는 구속적부심사결정에 의하여 석방된 피의자가 도망하거나 범죄의 증거를 인멸하는 경우를 제외하고는 동일한 범죄사실에 관하여 재차 체포하거나 구속할 수 없다(제214조의3 제1항).

또한 피의자보석으로 석방된 피의자에 대하여는 동일한 범죄사실로 재차 체포하거나 구속할 수 없다. 다만, 피의자가 (i) 도망한 때, (ii) 도망하거나 범죄의 증거를 인멸할 염려가 있다고 믿을만한 충분한 이유가 있는 때, (iii) 출석요구를 받고 정당한 이유 없이 출석하지 아니한 때, (iv) 주거의 제한이나 그 밖에 법원이 정한 조건을 위반한 때에는 재체포 또는 재구속할 수 있다(동조 제2항).

3. 보석제도

(1) 보석의 의의

보석은 일정한 조건을 붙여 구속의 집행을 정지하여 구속된 피고인을 석방하는 제도를 말한다. 보석은 형사절차에서 불구속재판을 보장함으로써 방어권보장에 충실한 제도이다. 형사정책적으로는 구금에 의한 악영향을 배제하여 피고인을 보호할 수 있다는 장점이 있고, 부수적으로 구금에 소요되는 국가의 경비를 절감할 수 있는 효과도 있다.

보석은 구속영장의 효력을 그대로 유지하면서 집행만을 정지시키는 점에서 구속집행정지(제101조)와 같으며, 구속영장의 효력을 상실시키는 구속취소와는 다르다. 그러나 보증금 납부라는 일정한 조건이 있고, 피고인의 청구에 의한 보석도 가능하다는 점에서 구속집행정지와 구별된다.

(2) 보석의 종류

보석에는 필요적 보석과 임의적 보석이 있다. 형소법은 필요적 보석을 원칙으로 하고, 임의적 보석을 보충적으로 인정하고 있다.

1) 필요적 보석

필요적 보석은 피고인에 대해 보석의 청구가 있으면 법이 정하는 제외사유가 없는 한 보석을 허가하여야 하는 경우를 말한다(제95조). 법이 정하는 제외사유는 다음과 같다. 즉, (i) 피고인이 사형, 무기 또는 장기 10년이 넘는 징역이나 금고에 해당하는 죄를 범한 때, (ii) 피고인이 누범에 해당하거나 상습범인 죄를 범한 때, (iii) 피고인이 죄증을 인멸하거나 인멸할 염려가 있다고 믿을만한 충분한 이유가 있는 때(제3호), (iv) 피고인이 도망하거나 도망할 염려가 있다고 믿을 만한 충분한 이유가 있는 때, (v) 피고인의 주거가 분명하지 아니한 때, (vi) 피고인이 피해자, 당해 사건의 재판에 필요한 사실을 알고 있다고 인정되는 자 또는 그 친족의 생명·신체나 재산에 해를 가하거나 가할 염려가 있다고 믿을 만한 충분한 이유가 있는 때(제6호) 등이다.

2) 임의적 보석

필요적 보석의 제외사유에 해당하는 경우에도 법원은 상당한 이유가 있으면 직권 또는 보석청구권자의 청구에 의하여 결정으로 보석을 허가할 수 있다(제96조). 이를 임의적 보석이라고 한다. 이외에도 임의적 보석으로, 구속적부심을 청구한 피의자에 대해 법원이 직권적·재량적 보석을 결정하는 경우가 있다(제214조의2 제5항).

(3) 보석의 절차

1) 보석의 청구

보석청구권자는 피고인, 변호인, 법정대리인, 배우자, 직계친족, 형제자매, 가족, 동거인 또는 고용주이다(제94조). '피고인'은 구속집행 중인 자와 구속집행정지 중인 자를 포함한다.

보석의 청구는 보석청구서에 의하여야 하며(규칙 제53조 제1항), 보석청구인은 적합한 보석조건에 관한 의견을 밝히고 이에 관한 소명자료를 낼 수 있다(규칙 제53조의2 제1항). 보석청구인은 보석조건이 이행가능한 조건인지 여부를 판단하는데(제99조 제2항) 필요한 범위 내에서 피고인의 자력 또는 자산 정도에 관한 서면을 제출하여야 한다(규칙 제53조의2 제2항).

2) 검사의 의견제출

재판장은 보석에 관한 결정을 하기 전에 검사의 의견을 물어야 한다(제97조 제1항). 검사의 의견을 물을 때에는 보석청구서의 부본을 첨부하여야 한다(규칙 제53조 제2항). 검사는 재판장의 의견요청에 대해 지체 없이 의견을 표명하여야 하는데(제97조 제3항), 이때 보석에 관한 의견서와 소송서류 및 증거물을 지체 없이 법원에 제출하여야 한다(규칙 제54조 제1항). 그러나 검사의 의견은 법원을 구속하지 않는다. 검사의 의견청취절차는 보석에 관한 결정의 본질적 부분도 아니므로 법원이 검사의 의견을 듣지 않고 보석결정을 할 수 있다(97모88).

3) 법원의 심리

보석청구를 받은 법원은 지체 없이 심문기일을 정하여 구속된 피고인을 심문하여야 한다(규칙 제54조의2 제1항). 다만, (i) 보석청구권자 이외의 사람이 보석을 청구한 때, (ii) 동일한 피고인에 대해 중복하여 보석을 청구하거나 재청구한 때, (iii) 공판준비 또는 공판기일에 피고인에게 그 이익되는 사실을 진술할 기회를 준 때, (iv) 이미 제출한 자료만으로 보석을 허가하거나 불허할 것이 명백한 때에는 피고인을 심문하지 않는다(동조 제1항 단서). 검사, 변호인 그리고 보석청구인은 피고인에게 유리한 자료를 제출할 수 있으며, 심문기일에 출석하여 의견을 진술할 수 있다(동조 제4항, 제5항).

심문기일을 정한 법원은 즉시 검사, 변호인, 보석청구인 및 피고인을 구금하고 있는 관서의 장에게 심문기일과 장소를 통지하여야 하고, 피고인을 구금하고 있는 관서의 장은 위 심문기일에 피고인을 출석시켜야 한다(동조 제2항). 이 통지는 서면 외에 전화, 모사전송, 기타 상당한 방법으로 할 수 있다(동조 제3항).

4) 법원의 결정

법원은 특별한 사정이 없는 한 보석청구를 받은 날로부터 7일 이내에 보석 여부에 대해 결정하여야 한다(규칙 제55조).

보석청구가 부적법하거나 이유 없는 때에는 보석청구를 기각하여야 한다. 다만, 필요적 보석의 경우에는 보석 제외사유에 해당하지 않는 한 보석청구를 기각할 수 없다. 이때 보석을 허가하지 아니하는 결정을 하는 때에는 결정이유에 법에서 정한 제외사유 중 어느 사유에 해당하는지를 명시하여야 한다(규칙 제55조의2). 그리고 보석을 허가하는 경우에는 필요하고 상당한 범위 안에서 후술하는 보석조건(제98조) 중 하나 이상의 조건을 정하여야 한다(제98조).

보석허가결정에 대하여 검사는 즉시항고할 수 없다(제97조 제3항). 그러나 보통항고의 방법으로 불복하는 것은 가능하다(제403조 제2항 및 제409조 단서 참조).

5) 보석의 조건

(가) 보석조건의 종류   법원은 보석을 허가하는 경우에는 필요하고 상당한 범위 안에서 다음의 조건 중 하나 이상의 조건을 정하여야 한다(제98조). 즉, (i) 법원이 지정하는 일시·장소에 출석하고 증거를 인멸하지 아니하겠다는 서약서를 제출할 것(제1호), (ii) 법원이 정하는 보증금에 해당하는 금액을 납입할 것을 약속하는 약정서를 제출할 것(제2호), (iii) 법

원이 지정하는 장소로 주거를 제한하고 주거를 변경할 필요가 있는 경우에는 법원의 허가를 받는 등, 도주를 방지하기 위하여 행하는 조치를 받아들일 것(제3호), (iv) 피해자, 당해사건의 재판에 필요한 사실을 알고 있다고 인정되는 사람 또는 그 친족의 생명·신체·재산에 해를 가하는 행위를 하지 아니하고 주거·직장 등 그 주변에 접근하지 아니할 것(제4호), (v) 피고인 아닌 자가 작성한 출석보증서를 제출할 것(제5호), (vi) 법원의 허가없이 외국으로 출국하지 아니할 것을 서약할 것(제6호), (vii) 법원이 지정하는 방법으로 피해자의 권리회복에 필요한 금전을 공탁하거나 그에 상당하는 담보를 제공할 것(제7호), (viii) 피고인이나 법원이 지정하는 자가 보증금을 납입하거나 담보를 제공할 것(제8호), (ix) 그 밖에 피고인의 출석을 보증하기 위하여 법원이 정하는 적당한 조건을 이행할 것(제9호) 등이다.

(나) 보석조건 결정 시 고려할 사항   법원은 보석의 조건을 정할 때에는 (i) 범죄의 성질 및 죄상(罪狀), (ii) 증거의 증명력, (iii) 피고인의 전과, 성격, 환경 및 자산, (iv) 피해자에 대한 배상 등 범행 후의 정황에 관련된 사항을 고려하여야 한다. 이때 법원은 피고인의 자금능력 또는 자산 정도로는 이행할 수 없는 조건을 정할 수 없다(제99조).

(다) 보석조건의 변경과 유예   법원은 직권 또는 보석청구권자의 신청에 따라 결정으로 피고인의 보석조건을 변경하거나 일정기간 동안 당해 조건의 이행을 유예할 수 있다(제102조 제1항). 보석조건의 변경 또는 유예 시에는 그 취지를 검사에게 지체 없이 통지하여야 한다(규칙 제55조의4).

(라) 보석조건의 효력상실   구속영장의 효력이 소멸한 때에는 보석조건은 즉시 그 효력을 상실한다(제104조의2 제1항). 보석이 취소된 경우에도 그 효력을 상실하지만 보증금 납부 및 담보제공의 조건(제98조 제8호)은 그 효력을 상실하지 않는다(제104조의2 제2항). 보석을 취소할 경우 법원이 보증금을 몰취할 수 있기 때문이다(제103조 제1항).

6) 보석의 집행

보석의 조건 중 제1호·제2호·제5호·제7호·제8호는 선이행 후석방의 조건이다. 즉, 이 조건들을 먼저 이행한 후가 아니면 보석허가결정을 집행하지 못한다. 다만, 법원이 필요하다고 인정하는 때에는 다른 조건에 관하여도 그 이행 이후 보석허가결정을 집행하도록 정할 수 있다(제100조 제1항).

법원은 보석청구권자 이외의 자에게 보증금의 납입을 허가할 수 있다(동조 제2항). 보증금은 현금으로 보석의 집행기관인 검사에게 납입하여야 하지만, 유가증권 또는 피고인 외의 자가 제출한 보증서로써 갈음할 수 있다(동조 제3항).

(4) 보석의 취소·실효 및 보증금의 몰취·환수 등

1) 보석의 취소

법원은 (i) 피고인이 도망한 때, (ii) 피고인이 도망하거나 죄증을 인멸할 염려가 있다고 믿을만한 충분한 이유가 있는 때, (iii) 소환을 받고 정당한 이유 없이 출석하지 아니한 때, (iv) 피해자, 당해 사건의 재판에 필요한 사실을 알고 있다고 인정되는 자 또는 그 친족의 생명·신체나 재산에 해를 가하거나 가할 염려가 있다고 믿을만한 충분한 이유가 있는 때, (v) 법원이 정한 조건을 위반한 때에는 직권 또는 검사의 청구에 의하여 결정으로 보석을 취소할 수 있다(제102조 제2항).

보석이 취소되면 검사는 그 취소결정의 등본에 의하여 피고인을 재구금하여야 한다(규칙 제56조 제1항). 이 경우 새로운 구속영장은 요하지 않으며, 보석취소결정을 송달할 필요도 없다. 보석취소의 결정 또는 검사의 보석취소청구에 대한 기각결정에 대하여 피고인측과 검사는 항고할 수 있다(제403조 제2항).

2) 보석의 실효

보석의 실효는 보석이 취소된 경우와 구속영장이 실효된 경우에 발생한다. 따라서 구속영장이 실효되는 경우, 즉 무죄나 면소판결 등이 선고되는 경우(제331조) 또는 사형이나 자유형이 확정되는 경우에는 보석도 효력을 잃는다. 그러나 보석 중의 피고인에 대해 제1심이나 제2심에서 실형이 선고되더라도 판결이 확정되지 않았다면 보석이 취소될 때까지 그 효력은 지속된다.

3) 보증금의 몰취

(가) 임의적 몰취　　법원이 보석을 취소할 때에는 직권 또는 검사의 청구에 따라 결정으로 보증금의 전부 또는 일부를 몰취할 수 있다(제103조 제1항). 이 경우의 보증금 몰취를 임의적 몰취라고 한다. 보석보증금을 몰수하려면 반드시 보석취소와 같이 이루어질 필요는 없으며, 보석취소결정 후에 별도로 보증금의 몰수 결정을 할 수도 있다(2000모22).

(나) 필요적 몰취　　법원은 보증금의 납입 또는 담보제공을 조건으로 석방된 자가 동일한 범죄사실에 관하여 형의 선고를 받고 그 판결이 확정된 후 집행하기 위한 소환을 받고 정당한 사유 없이 출석하지 아니하거나 도망한 때에는 직권 또는 검사의 청구에 따라 결정으로 보증금 또는 담보의 전부 또는 일부를 몰취하여야 한다(동조 제2항).

4) 보증금의 환부

법원은 구속 또는 보석을 취소하거나 구속영장의 효력이 소멸된 때에는 몰수하지 아니한 보증금 또는 담보를 청구한 날로부터 7일 이내에 환부하여야 한다(제104조).

5) 과태료 및 감치

법원은 피고인이 정당한 보석조건을 위반한 경우에는 결정으로 피고인에 대하여 1천만원 이하의 과태료를 부과하거나 20일 이내의 감치에 처할 수 있다(제102조 제3항). 출석보증인의 보증서를 보석조건으로 석방된 피고인이 정당한 사유 없이 기일에 불출석하는 경우에는 결정으로 그 출석보증인에 대하여 500만원 이하의 과태료를 부과할 수 있다(제

100조의2 제1항). 위의 결정에 대하여는 즉시항고를 할 수 있다(제102조 제4
항, 제100조의2 제2항).

제2절 대물적 강제처분

Ⅰ. 개 관

형소법은 전술한 대인적 강제처분 이외에 대물적 강제처분으로 압
수·수색·검증을 규정하고 있다. 압수·수색·검증은 증거방법으로 의미있
는 물건이나 몰수할 것으로 예상되는 물건 등을 수집·보전하는 등, 물건
을 대상으로 한다는 점에서 대물적 강제처분이다. 이러한 대물적 강제처
분도 대인적 강제처분과 마찬가지로 강제력 행사에 의한 기본권 제한을
수반하므로 영장주의를 원칙으로 하고 있다.

형소법은 법원의 압수·수색·검증을 규정(제106조-제145조)하고, 이 규
정을 수사상 압수·수색·검증에 준용(제219조)하는 방식을 취하고 있다.

Ⅱ. 압수와 수색

≪학습문제≫ 경찰관 갑은 연예기획사 사장 을의 사무실에서 마약류인 메
스암페타민을 복용하고 있는 연예지망생 3명에 대해 압수·수색영장을 집
행하면서 사장인 을에게만 영장을 제시하고 마약류를 찾아내어 압수하였
다. 경찰관 갑의 행위는 적법한가?

1. 압수·수색의 의의

압수는 증거물 또는 몰수가 예상되는 물건의 점유를 취득하는 강제
처분이다. 압수에는 압류, 영치, 제출명령의 세 종류가 있다. 압류란 점유

를 취득하는 과정에서 수사기관이나 법원이 강제력을 행사하여 수사기관 또는 법원이 점유를 취득하는 것을 말한다. 영치는 소유자 등이 임의로 제출한 물건이나 유류한 물건에 대해 수사기관이나 법원이 점유를 취득하는 것을 말한다(제218조). 영치는 점유취득 과정에서 강제력이 행사되지는 않는다. 제출명령은 일정한 물건의 제출을 명하는 것을 말한다. 제출명령도 영치와 마찬가지로 점유취득 과정에서 강제력이 행사되지는 않지만 그 대상자에게 제출의무를 부과한다는 점에서 강제처분의 일종으로 규정되어 있다. 다만, 수사기관의 강제처분에는 제출명령이 포함되지 않는다.

수색은 압수할 물건이나 피의자 또는 피고인을 발견하기 위하여 사람의 신체나 물건 또는 일정한 장소에 대하여 행하는 강제처분을 말한다. 수색은 주로 압수와 함께 행해지고 실무에서도 압수·수색영장이라는 단일영장을 사용하고 있다.

2. 압수·수색의 요건

(1) 범죄혐의

압수·수색을 위해서는 범죄혐의가 있어야 한다. 압수·수색의 요건으로서 범죄혐의의 정도에 대하여는 체포·구속의 경우와 같이 상당한 정도의 혐의를 요한다는 견해와 수사를 개시할 정도의 단순한 범죄혐의로 충분하다는 견해가 있다. 형소법에서는 수사상 압수·수색을 위한 범죄혐의의 정도에 대해 '죄를 범하였다고 의심할 만한 정황이 있을 것'을 요구(제215조)하고 있다. 이것은 '죄를 범하였다고 의심할 만한 상당한 이유가 있을 정도'를 요하는 피의자의 체포·구속의 범죄혐의(제200조의2, 제201조)와 구별된다. 이를 고려하면 수사상 압수·수색·검증을 위한 범죄혐의의 정도는 피의자의 체포·구속의 경우보다 낮은 정도로 충분하다.

(2) 사건과의 관련성

압수·수색을 위해서는 압수·수색의 목적물과 범죄사실과의 관련성이 있어야 한다. 제106조와 제109조에서는 '피고사건과 관계가 있다고 인정할 수 있는 것에 한정하여', 제215조에서는 '해당사건과 관계가 있다고 인정할 수 있는 것에 한정하여' 압수·수색을 할 수 있다고 규정하고 있다.

압수·수색영장의 범죄 혐의사실과 관계있는 범죄라는 것은 압수·수색영장에 기재한 혐의사실과 객관적 관련성이 있고. 압수·수색영장 대상자와 피의자 사이에 인적 관련성이 있는 범죄를 의미한다. 혐의사실과의 객관적 관련성은 압수·수색영장에 기재된 혐의사실 자체 또는 그와 기본적 사실관계가 동일한 범행과 직접 관련되어 있는 경우는 물론 범행 동기와 경위, 범행 수단과 방법, 범행 시간과 장소 등을 증명하기 위한 간접증거나 정황증거 등으로 사용될 수 있는 경우에도 인정될 수 있다. 이러한 객관적 관련성은 압수·수색영장에 기재된 혐의사실의 내용과 수사의 대상, 수사 경위 등을 종합하여 구체적·개별적 연관관계가 있는 경우에만 인정된다고 보아야 하고, 혐의사실과 단순히 동종 또는 유사 범행이라는 사유만으로 객관적 관련성이 있다고 할 것은 아니다(2019도14341). 또한 피의자와 사이의 인적 관련성은 압수·수색영장에 기재된 대상자의 공동정범이나 교사범 등 공범이나 간접정범은 물론 필요적 공범 등에 대한 피고사건에 대해서도 인정될 수 있다(2017도13458).

[판례] 수사기관이 피의자 갑의 「공직선거법」위반 범행을 영장 범죄사실로 하여 발부받은 압수·수색영장의 집행 과정에서 을, 병 사이의 대화가 녹음된 녹음파일 (이하 '녹음파일'이라 한다)을 압수하여 을, 병의 「공직선거법」위반 혐의사실을 발견한 사안에서, 압수·수색영장에 기재된 '피의자'인 갑이 녹음파일에 의하여 의심되는 혐의사실과 무관한 이상, 수사기관이 별도의 압수·수색영장을 발부받지 아니한 채 압수한 녹음파일은 형소법 제219조에 의하여 수사기관의 압수에 준용되는 형소법 제106조 제1항이 규정하는 '피고사건' 내지 같은 법 제215조 제1항이 규정하는 '해당 사건'과 '관계가 있다고 인정할 수 있는 것'에 해당하지 않으며,

이와 같은 압수에는 헌법 제12조 제1항 후문, 제3항 본문이 규정하는 영장주의를 위반한 절차적 위법이 있으므로, 녹음파일은 형소법 제308조의2에서 정한 '적법한 절차에 따르지 아니하고 수집한 증거'로서 증거로 쓸 수 없고, 그 절차적 위법은 헌법상 영장주의 내지 적법절차의 실질적 내용을 침해하는 중대한 위법에 해당하여 예외적으로 증거능력을 인정할 수도 없다(2013도7101).

(3) 비례성의 원칙

압수·수색은 '범죄수사에 필요한 때'에 할 수 있다(제106조, 제109조 및 제215조). '범죄수사에 필요한 때'란 수사를 위해 필요할 뿐만 아니라 강제처분으로서 압수를 행하지 않으면 수사의 목적을 달성할 수 없는 경우를 말한다. 이때 필요성이 인정되는 경우에도 무제한적으로 허용되는 것은 아니며, 압수물이 증거물 내지 몰수하여야 할 물건으로 보이는 것이라 하더라도 범죄의 형태나 경중, 압수물의 증거가치 및 중요성, 증거인멸의 우려 유무, 압수로 인하여 피압수자가 받을 불이익의 정도 등 제반 사정을 종합적으로 고려하여 판단하여야 한다(2003모126). 따라서 압수·수색은 임의수사에 의하여 동일한 목적을 달성할 수 있는 경우에는 허용되지 않고, 증거물이나 몰수물의 수집·보전에 필요한 최소한도의 범위에 그쳐야 한다. 또한 압수·수색에 의한 기본권침해는 피대상자가 받게 될 불이익의 정도와 균형을 이루어야 한다.

3. 압수·수색의 목적물

(1) 압수의 목적물

1) 증거물과 몰수대상물

압수의 대상은 '증거물 또는 몰수할 것으로 사료되는 물건'이다. 다만, 법률에 다른 규정이 있는 때에는 예외로 한다(제106조 제1항, 제219조). 따라서 압수·수색은 영장 발부의 사유로 된 범죄 혐의사실과 관련된 증거에 한하여 할 수 있으므로, 영장 발부의 사유로 된 범죄 혐의사실과 무관한 별개의 증거를 압수하였을 경우 이것은 원칙적으로 유죄 인정의 증거로 사용할 수 없다(2013도11233).

2) 우체물의 압수

우체물 또는 「통신비밀보호법」 제2조 제3호에 따른 전기통신에 관한 것에 대하여는 법원은 필요한 때 피고·피의사건과 관계가 있다고 인정할 수 있는 것에 한정하여 체신관서, 그 밖의 관련기관 등이 소지 또는 보관하는 물건의 제출을 명하거나 압수를 할 수 있다(제107조 제1항, 제219조). 이러한 처분을 할 때에는 발신이나 수신인에게 그 취지를 통지하여야 한다. 다만, 심리에 방해될 염려가 있는 경우에는 예외로 한다(제107조 제3항, 제219조).

3) 정보저장매체 등의 압수

(가) 원 칙   법원은 압수의 목적물이 컴퓨터용 디스크, 그 밖에 이와 비슷한 정보저장매체인 경우에는 기억된 정보의 범위를 정하여 출력하거나 복제하여 제출받아야 한다(제106조 제3항). 그러나 범위를 정하여 출력 또는 복제하는 방법이 불가능하거나 압수목적을 달성하기에 현저히 곤란하다고 인정되는 때에는 정보저장매체 등을 압수할 수 있다(동조 제3항 단서).

따라서 수사기관의 전자정보에 대한 압수·수색은 원칙적으로 영장 발부의 사유로 된 범죄 혐의사실과 관련된 부분만을 문서 출력물로 수집하거나 수사기관이 휴대한 저장매체에 해당 파일을 복제하는 방식으로 이루어져야 한다. 다만, 저장매체 자체를 직접 반출하거나 저장매체에 들어 있는 전자파일 전부를 하드카피나 이미징 등 형태(이하 '복제본'이라 한다)로 수사기관 사무실 등 외부로 반출하는 방식으로 압수·수색하는 것은 현장의 사정이나 전자정보의 대량성으로 관련 정보 획득에 긴 시간이 소요되거나 전문 인력에 의한 기술적 조치가 필요한 경우 등 범위를 정하여 출력 또는 복제하는 방법이 불가능하거나 압수의 목적을 달성하기에 현저히 곤란하다고 인정되는 때에 한하여 예외적으로 허용될 수 있을 뿐이다. 이처럼 저장매체 자체 또는 적법하게 획득한 복제본을 탐색하여

혐의사실과 관련된 전자정보를 문서로 출력하거나 파일로 복제하는 일련의 과정 역시 전체적으로 하나의 영장에 기한 압수·수색의 일환에 해당하므로, 그러한 경우의 문서출력 또는 파일복제의 대상 역시 저장매체 소재지에서의 압수·수색과 마찬가지로 혐의사실과 관련된 부분으로 한정되어야 한다. 따라서 수사기관 사무실 등으로 반출된 저장매체 또는 복제본에서 혐의사실 관련성에 대한 구분 없이 임의로 저장된 전자정보를 문서로 출력하거나 파일로 복제하는 행위는 원칙적으로 영장주의 원칙에 반하는 위법한 압수가 된다(2011모1839).

한편, 피의자의 컴퓨터 등 정보처리장치 내에 저장되어 있는 이메일 등에 대한 압수·수색도 전자정보에 대한 압수·수색의 일환으로 허용된다.

[판례] 수사기관이 인터넷서비스이용자인 피의자를 상대로 피의자의 컴퓨터 등 정보처리장치 내에 저장되어 있는 이메일 등 전자정보를 압수·수색하는 것은 전자정보의 소유자 내지 소지자를 상대로 해당 전자정보를 압수·수색하는 대물적 강제처분으로 형소법의 해석상 허용된다. 나아가 압수·수색할 전자정보가 압수·수색영장에 기재된 수색장소에 있는 컴퓨터 등 정보처리장치 내에 있지 아니하고 그 정보처리장치와 정보통신망으로 연결되어 제3자가 관리하는 원격지의 서버 등 저장매체에 저장되어 있는 경우에도, 수사기관이 피의자의 이메일 계정에 대한 접근권한에 갈음하여 발부받은 영장에 따라 영장 기재 수색장소에 있는 컴퓨터 등 정보처리장치를 이용하여 적법하게 취득한 피의자의 이메일 계정 아이디와 비밀번호를 입력하는 등 피의자가 접근하는 통상적인 방법에 따라 그 원격지의 저장매체에 접속하고 그곳에 저장되어 있는 피의자의 이메일 관련 전자정보를 수색장소의 정보처리장치로 내려 받거나 그 화면에 현출시키는 것 역시 피의자의 소유에 속하거나 소지하는 전자정보를 대상으로 이루어지는 것이므로 그 전자정보에 대한 압수·수색을 위와 달리 볼 필요가 없다(2017도9747).

(나) 당사자의 참여　저장매체에 대한 압수·수색 과정에서 범위를 정하여 출력 또는 복제하는 방법이 불가능하거나 압수의 목적을 달성하기에 현저히 곤란한 예외적인 사정이 인정되어 전자정보가 담긴 저장매체 또는 복제본을 수사기관 사무실 등으로 옮겨 복제·탐색·출력하는 경

우에도, 그와 같은 일련의 과정에서 제219조, 제121조에서 규정하는 피압수·수색 당사자(이하 '피압수자'라 한다)나 변호인에게 참여의 기회를 보장하고, 혐의사실과 무관한 전자정보의 임의적인 복제 등을 막기 위한 적절한 조치를 취하는 등 영장주의 원칙과 적법절차를 준수하여야 한다.

만약 그러한 조치가 취해지지 않았다면 피압수자 측이 참여하지 아니한다는 의사를 명시적으로 표시하였거나 절차 위반행위가 이루어진 과정의 성질과 내용 등에 비추어 피압수자 측에 절차 참여를 보장한 취지가 실질적으로 침해되었다고 볼 수 없을 정도에 해당한다는 등의 특별한 사정이 없으면 압수·수색이 적법하다고 평가할 수 없다. 비록 수사기관이 저장매체 또는 복제본에서 혐의사실과 관련된 전자정보만을 복제·출력하였다 하더라도 마찬가지이다(2011모1839).

> **[판례]** 검사나 사법경찰관이 압수·수색영장을 집행할 때에는 자물쇠를 열거나 개봉 기타 필요한 처분을 할 수 있지만 그와 아울러 압수물의 상실 또는 파손 등의 방지를 위하여 상당한 조치를 하여야 하므로(형소법 제219조, 제120조, 제131조 등), 혐의사실과 관련된 정보는 물론 그와 무관한 다양하고 방대한 내용의 사생활 정보가 들어 있는 저장매체에 대한 압수·수색영장을 집행할 때 영장이 명시적으로 규정한 위 예외적인 사정이 인정되어 전자정보가 담긴 저장매체 자체를 수사기관 사무실 등으로 옮겨 이를 열람 혹은 복사하게 되는 경우에도, 전체 과정을 통하여 피압수·수색 당사자나 변호인의 계속적인 참여권 보장, 피압수·수색 당사자가 배제된 상태의 저장매체에 대한 열람·복사 금지, 복사대상 전자정보 목록의 작성·교부 등 압수·수색 대상인 저장매체 내 전자정보의 왜곡이나 훼손과 오·남용 및 임의적인 복제나 복사 등을 막기 위한 적절한 조치가 이루어져야만 집행절차가 적법하게 된다(2009모1190).

그러나 수사기관이 정보저장매체에 기억된 정보 중에서 키워드 또는 확장자 검색 등을 통해 범죄 혐의사실과 관련 있는 정보를 선별한 다음 정보저장매체와 동일하게 비트열 방식으로 복제하여 생성한 파일(이하 '이미지 파일'이라 한다)을 제출받아 압수하였다면 이로써 압수의 목적물에 대한 압수·수색 절차는 종료된 것이므로, 수사기관이 수사기관 사무실에서 위와 같이 압수된 이미지 파일을 탐색·복제·출력하는 과정

에서도 피의자 등에게 참여의 기회를 보장하여야 하는 것은 아니다(2017
도13263).

(다) 압수대상 이외의 정보 압수   전자정보에 대한 압수·수색에 있어
저장매체 자체를 외부로 반출하거나 하드카피·이미징 등의 형태로 복제
본을 만들어 외부에서 저장매체나 복제본에 대하여 압수·수색이 허용되
는 예외적인 경우에도 혐의사실과 관련된 전자정보 이외에 이와 무관한
전자정보를 탐색·복제·출력하는 것은 원칙적으로 위법한 압수·수색에
해당하므로 허용될 수 없다.

그러나 전자정보에 대한 압수·수색이 종료되기 전에 혐의사실과
관련된 전자정보를 적법하게 탐색하는 과정에서 별도의 범죄혐의와 관
련된 전자정보를 우연히 발견한 경우라면, 수사기관은 더 이상의 추가
탐색을 중단하고 법원에서 별도의 범죄혐의에 대한 압수·수색영장을 발
부받은 경우에 한하여 그러한 정보에 대하여도 적법하게 압수·수색을 할
수 있다. 이러한 경우 별도의 압수·수색 절차는 최초의 압수·수색 절차
와 구별되는 별개의 절차이고, 별도 범죄혐의와 관련된 전자정보는 최초
의 압수·수색영장에 의한 압수·수색의 대상이 아니어서 저장매체의 원
래 소재지에서 별도의 압수·수색영장에 기해 압수·수색을 진행하는 경
우와 마찬가지로 피압수자는 최초의 압수·수색 이전부터 해당 전자정보
를 관리하고 있던 자라 할 것이므로, 특별한 사정이 없는 한 피압수자에
게 제219조, 제121조, 제129조에 따라 참여권을 보장하고, 압수한 전자
정보 목록을 교부하는 등 피압수자의 이익을 보호하기 위한 적절한 조치
를 하여야 한다(2011모1839).

(라) 정보주체에의 통보   법원이 정보저장매체 등의 압수에 따라
정보를 제공받은 경우 「개인정보보호법」 제2조 제3호에 따른 정보주체
에게 해당사실을 지체 없이 알려야 한다(동조 제4항).

4) 압수·수색의 제한

형소법에서는 비례성의 원칙에 의하여 압수·수색을 제한하는 경

우가 있다.

(가) 군사상 비밀　군사상 비밀을 요하는 장소에 대하여는 그 책임자의 승낙 없이는 압수 또는 수색할 수 없다. 다만, 책임자는 국가의 중대한 이익을 해하는 경우를 제외하고는 승낙을 거부하지 못한다(제110조, 제219조).

(나) 공무상 비밀　공무원 또는 공무원이었던 자가 소지 또는 보관하는 물건에 관하여는 본인 또는 그 해당공무소가 직무상의 비밀에 관한 것임을 신고한 때에는 그 소속공무소 또는 당해 감독관공서의 승낙 없이는 압수하지 못한다. 이때 소속공무소 또는 당해 감독관공서는 국가의 중대한 이익을 해하는 경우를 제외하고는 승낙을 거부하지 못한다(제111조, 제219조).

(다) 업무상 비밀　변호사, 변리사, 공증인, 공인회계사, 세무사, 대서업자, 의사, 한의사, 치과의사, 약사, 약종상, 조산사, 간호사, 종교의 직에 있는 자 또는 이러한 직에 있던 자가 그 업무상 위탁을 받아 소지 또는 보관하는 물건으로 타인의 비밀에 관한 것은 압수를 거부할 수 있다. 다만, 그 타인의 승낙이 있거나 중대한 공익상 필요가 있는 때에는 예외로 한다(제112조, 제219조).

(2) 수색의 목적물

수색은 사람의 신체, 물건 또는 주거 기타 장소를 대상으로 한다. 따라서 법원은 필요한 때에는 피고·피의사건과 관계가 있다고 인정할 수 있는 것에 한정하여 피고인 또는 피의자의 신체, 물건 또는 주거 기타 장소를 수색할 수 있다(제109조 제1항, 제219조). 다만, 피고인 또는 피의자 아닌 자의 신체, 물건, 주거 기타 장소에 관하여는 압수할 물건이 있음을 인정할 수 있는 경우에 한하여 수색할 수 있다(제109조 제2항, 제219조).

4. 압수·수색의 절차

(1) 압수·수색영장의 청구 및 발부

법원이 공판정 외에서 압수·수색을 할 경우에는 영장을 발부하여야 한다(제113조). 검사는 범죄수사에 필요한 때에는 피의자가 죄를 범하였다고 의심할 만한 정황이 있고 해당 사건과 관계가 있다고 인정할 수 있는 것에 한정하여 지방법원 판사에게 청구하여 발부받은 영장에 의하여 압수, 수색을 할 수 있다(제215조 제1항). 사법경찰관이 범죄수사에 필요한 때에는 피의자가 죄를 범하였다고 의심할 만한 정황이 있고 해당 사건과 관계가 있다고 인정할 수 있는 것에 한정하여 검사에게 신청하여 검사의 청구로 지방법원 판사가 발부한 영장에 의하여 압수, 수색을 할 수 있다(동조 제2항). 검사가 사법경찰관이 신청한 영장을 정당한 이유 없이 판사에게 청구하지 아니한 경우 사법경찰관은 그 검사 소속의 지방검찰청 소재지를 관할하는 고등검찰청에 영장 청구 여부에 대한 심의를 신청할 수 있다(제221조의5).

그러나 공소제기 후의 압수·수색은 원칙적으로 수소법원의 판단에 의한다(2009도10412).

> [판례] 형소법은 제215조에서 검사가 압수·수색 영장을 청구할 수 있는 시기를 공소제기 전으로 명시적으로 한정하고 있지는 아니하나, 헌법상 보장된 적법절차의 원칙과 재판받을 권리, 공판중심주의·당사자주의·직접주의를 지향하는 현행 형소법의 소송구조, 관련 법규의 체계, 문언 형식, 내용 등을 종합하여 보면, 일단 공소가 제기된 후에는 피고사건에 관하여 검사로서는 형소법 제215조에 의하여 압수·수색을 할 수 없다고 보아야 하며, 그럼에도 검사가 공소제기 후 형소법 제215조에 따라 수소법원 이외의 지방법원 판사에게 청구하여 발부받은 영장에 의하여 압수·수색을 하였다면, 그와 같이 수집된 증거는 기본적 인권 보장을 위해 마련된 적법한 절차에 따르지 않은 것으로서 원칙적으로 유죄의 증거로 삼을 수 없다(2009도10412).

압수·수색영장에는 피의자 또는 피고인의 성명, 죄명, 압수할 물건, 수색할 장소·신체·물건, 영장발부연월일, 영장의 유효기간과 그 기간이

지나면 집행에 착수할 수 없으며 영장을 반환하여야 한다는 취지 및 압수·수색의 사유 등 형사소송규칙에서 정하는 사항(제107조)을 기재하고, 재판장 또는 수명법관이 서명날인하여야 한다.

<**압수·수색·검증영장신청서**>

■ 검사의 사법경찰관리에 대한 수사지휘 및 사법경찰관리의 수사준칙에 관한 규정 [별지 제94호서식]

○○○○경찰서

제 0000-00000 호
수 신 : ○○지방검찰청 검사장(지청장)
제 목 : 압수·수색·검증영장 신청(사전)

다음 사람에 대한 ○○○○○○ 피의사건에 관하여 아래와 같이 압수·수색·검증하려 하니 .   .   ,까지 유한한 압수·수색·검증영장의 발부를 청구하여 주시기 바랍니다.

피 의 자	성 명	
	주민등록번호	- (세)
	직 업	
	주 거	
변 호 인		
압 수 할 물 건		
수색·검증할 장소·신체 또는 물건		
범죄사실 및 압수·수색·검증을 필요로 하는 사유		
7일을 넘는 유효기간을 필요로 하는 취지와 사유		
둘 이상의 영장을 신청하는 취지와 사유		
일출 전 또는 일몰 후 집행을 필요로 하는 취지와 사유		
신체검사를 받을 자의 성별·건강상태		

○○○○경찰서

사법경찰관   ○○   (인)

압수·수색할 물건이 전기통신에 관한 것인 경우에는 작성기간을 기재하여야 한다(제114조 제1항, 제219조). 피의자 또는 피고인의 성명이 분명하지 아니한 때에는 인상, 체격, 기타 피고인을 특정할 수 있는 사항으로 피고인을 표시할 수 있다(제114조 제2항, 제219조).

압수 또는 수색할 물건은 명시적이고 개별적으로 기재되어야 한다(일반영장금지). 즉, 헌법과 형소법이 구현하고자 하는 적법절차와 영장주의의 정신에 비추어 볼 때, 법관이 압수·수색영장을 발부하면서 '압수할 물건'을 특정하기 위하여 기재한 문언은 엄격하게 해석하여야 하고, 함부로 피압수자 등에게 불리한 내용으로 확장 또는 유추 해석하여서는 안 된다. 따라서 압수·수색영장에서 압수할 물건을 '압수장소에 보관 중인 물건'이라고 기재하고 있는 것을 '압수장소에 현존하는 물건'으로 해석할 수는 없다(2008도763).

(2) 영장의 집행

1) 영장의 집행기관

압수·수색영장은 검사의 지휘에 의하여 사법경찰관리가 집행한다. 다만, 필요한 경우에는 재판장이 법원사무관 등에게 그 집행을 명할 수 있다(제115조 제1항, 제219조).

2) 영장의 집행방법

압수·수색영장은 처분을 받는 자에게 반드시 사전에 제시하여야 한다(제118조, 제219조). 현장에서 압수·수색을 당하는 사람이 여러 명일 경우에는 그 사람들 모두에게 개별적으로 영장을 제시하는 것이 원칙이다(2008도763). 따라서 수사기관이 압수·수색에 착수하면서 그 장소의 관리책임자에게 영장을 제시하였다고 하더라도 물건을 소지하고 있는 다른 사람으로부터 이를 압수하고자 하는 경우에는 그 사람에게 별도로 영장을 제시하여야 한다(2008도763). 그러나 영장의 사전제시가 현실적으로 불가능한 경우, 예컨대 피처분자가 현장에 없거나, 현장에서 그를 발견할 수 없는 등 영장제시가 현실적으로 불가능한 경우에는 영장을 제시하지 아니한 채 압수·수색을 하더라도 위법이 아니다(2014도10978).

> **[판례]** 수사기관이 재항고인의 휴대전화 등을 압수할 당시 재항고인에게 압수·수색영장을 제시하였는데 재항고인이 영장의 구체적인 확인을 요구하였으나 수사기관이 영장의 범죄사실 기재 부분을 보여주지 않았다면, 그 후 재항고인의 변호인이 재항고인에 대한 조사에 참여하면서 영장을 확인하였더라도 형소법 제219조, 제118조에 따른 적법한 압수·수색영장의 제시라고 인정하기 어렵다(2019모3526).

압수·수색영장에 기재되는 유효기간은 집행에 착수할 수 있는 종기를 의미한다. 따라서 수사기관이 압수·수색영장을 제시하고 집행에 착수하여 압수·수색을 실시하고 그 집행을 종료하였다면 이미 그 영장은 목적을 달성하여 효력이 상실된다. 만일 동일한 장소 또는 목적물에 대하여 다시 압수·수색할 필요가 있는 경우라면 그 필요성을 소명하여 법원으로부터 새로운 압수·수색영장을 발부받아야 하며, 앞서 발부받은 압수·수색영장의 유효기간이 남아 있다고 하여 이를 제시하고 다시 압수·수색을 할 수는 없다(99모161).

3) 영장 집행에 필요한 처분

압수·수색영장의 집행에 있어서는 건정(자물쇠)을 열거나 개봉 기타 필요한 처분을 할 수 있고, 압수물에 대하여도 같은 처분을 할 수 있다(제120조, 제219조). 예컨대, 압수영장의 집행으로 피의자의 신체로부터 혈액을 채취하는 행위는 그 혈액의 압수를 위한 것으로서 '압수영장의 집행에 있어 필요한 처분'에 해당한다(2011도15258).

압수·수색영장의 집행 중에는 타인의 출입을 금지할 수 있고, 이를 위배한 자에게는 퇴거하게 하거나 집행종료시까지 간수자를 붙일 수 있다(제119조, 제219조). 압수·수색영장의 집행을 중지한 경우에 필요한 때에는 집행이 종료될 때까지 그 장소를 폐쇄하거나 간수자를 둘 수 있다(제127조, 제219조).

압수·수색영장을 집행할 때에는 타인의 비밀을 보호하여야 하며, 처분받은 자의 명예를 해하지 아니하도록 주의하여야 한다(제116조, 제219조).

4) 당사자 등의 참여와 통지

검사, 피의자 또는 피고인 그리고 변호인은 압수·수색영장의 집행에 참여할 수 있다(제121조, 제219조). 이를 위해 압수·수색영장을 집행할 때에는 미리 집행일시와 장소를 참여권자에게 통지하여야 한다(제122조, 제219조). 압수·수색영장의 집행장소가 공무소, 군사용의 항공기 또는 선박·차량 안인 경우에는 그 책임자에게 참여할 것을 통지하여야 한다(제123조 제1항, 제219조).

이외에 타인의 주거, 간수자 있는 가옥, 건조물, 항공기 또는 선박·차량 안일 경우에는 주거주, 간수자 또는 이에 준하는 자를 참여하게 하여야 하고, 이들의 자를 참여하게 하지 못한 때에는 이웃사람 또는 지방공공단체의 직원을 참여하게 하여야 한다(제123조 제2항, 제3항, 제219조). 여자의 신체에 대하여 수색할 때에는 성년의 여자를 참여하게 하여야 한다(제124조, 제219조).

5) 야간집행의 제한

야간, 즉 일몰 후 일출 전에는 영장에 별도의 기재가 없는 한 압수·수색이 허용되지 않는다(제125조, 제219조). 그러나 (i) 도박 기타 풍속을 해하는 행위에 사용된다고 인정하는 장소나 (ii) 여관, 음식점 기타 야간에 공중이 출입할 수 있는 장소(단, 공개한 시간에 한함)에 대하여는 이러한 제한을 받지 않는다(제126조, 제219조).

6) 수색증명서 및 압수조서·압수목록의 작성과 교부

수색을 한 경우에 증거물 또는 몰취할 물건이 없는 때에는 그 취지를 기재한 증명서를 교부하여야 한다(제128조, 제219조). 압수한 경우에는 압수조서와 압수목록을 작성하여야 한다(제49조, 제129조, 제219조). 작성된 압수목록은 소유자, 소지자, 보관자, 기타 이에 준하는 자에게 교부하여야 한다(제129조, 제219조). 이러한 압수목록은 피압수자 등이 압수처분에 대한 준항고를 제기하는 등 권리행사절차를 밟는 가장 기초적인 자료라는 점에서 압수 직후 현장에서 작성하여 교부하여야 한다. 이러한 압수물 목록 교부 취지에 비추어 볼 때, 압수된 정보의 상세목록에는 정보의 파일 명세가 특정되어 있어야 하고, 수사기관은 이를 출력한 서면을 교부하거나 전자파일 형태로 복사해주거나 이메일을 전송하는 등의 방식으로 할 수 있다(2017도13263).

5. 압수물의 처리

(1) 압수물의 보관과 폐기

1) 자청보관의 원칙

압수물은 압수한 법원 또는 수사기관의 청사로 운반하여 직접 보관하는 것이 원칙이다. 이를 자청보관의 원칙이라고 한다. 법원 또는 수사기관은 압수물을 보관함에 있어 그 상실 또는 파손의 방지를 위하여 상당한 조치를 하여야 한다(제131조, 제219조).

2) 위탁보관

운반 또는 보관에 불편한 압수물에 관하여는 간수자를 두거나 소유자 또는 적당한 자의 승낙을 얻어 보관하게 할 수 있다(제130조 제1항, 제219조).

3) 폐기처분

위험발생의 염려가 있는 압수물은 폐기할 수 있다(제130조 제2항, 제219조). 법령상 생산·제조·소지·소유 또는 유통이 금지된 압수물로서 부패의 염려가 있거나 보관하기 어려운 압수물에 대하여도 소유자 등 권한 있는 자의 동의를 받아 폐기할 수 있다(제130조 제3항, 제219조).

4) 대가보관

대가보관이란 몰수하여야 할 압수물이 멸실, 파손, 또는 부패의 염려가 있거나 보관하기 불편한 경우에는 이를 매각한 대가를 보관할 수 있다(제132조 제1항, 제219조). 이를 대가보관 또는 환가처분이라고 한다. 이러한 대가보관은 환부하여야 할 압수물 중 환부를 받을 자가 누구인지 알 수 없거나 그 소재가 불명한 경우에도 가능하다(제132조 제2항, 제219조). 사법경찰관이 대가보관처분을 하려면 검사의 지휘를 받아야 한다(제219조 단서). 대가보관을 할 때는 검사, 피해자, 피의자·피고인 또는 변호인에게 미리 통지하여야 한다(제135조, 제219조).

(2) 압수물의 환부·가환부

1) 압수물의 환부

(가) 개 념   압수물의 환부란 압수물을 소유자 또는 제출인, 경우에 따라서는 피해자에게 종국적으로 반환하는 처분을 말한다.

(나) 대 상   압수물 환부의 대상은 압수를 계속할 필요가 없다고 인정되는 압수물이다(제133조 제1항, 제219조). 따라서 환부가 가능한 물건은 증거물로 이용되지도 않고, 동시에 몰수의 대상도 아닌 물건이어야 한다(66모58).

(다) 절 차   환부는 법원의 결정에 의한다(제133조 제1항, 제219조). 소유자 등이 청구할 수는 있으나, 소유자 등의 청구가 있어야 하는 것은 아니다. 법원이 환부결정을 하면 검사, 피해자, 피고인 또는 변호인에게 통지하여야 한다(제135조, 제219조).

(라) 효 력   환부에 의하여 압수는 그 효력을 상실한다. 환부처분은 압수를 해제할 뿐이라서 환부받을 자에게 목적물에 대한 실체법상의 권리를 부여하거나 확정시키는 효력은 없다. 따라서 이해관계인은 민사소송절차에 의해 실체법상의 권리를 주장할 수 있다(제333조 제4항). 압수한 서류 또는 물품에 대하여 몰수의 선고가 없는 때에는 압수를 해제

한 것으로 간주한다(제332조).

> [판례] 형소법 제133조 제1항, 제219조, 제486조 각 규정의 취지를 종합하여
> 보면, 압수물에 대하여 더 이상 압수를 계속할 필요가 없어진 때에는 수사기
> 관은 환부가 불가능하여 국고에 귀속시키는 경우를 제외하고는 반드시 그 압
> 수물을 환부하여야 하고, 환부를 받을 자로 하여금 그 환부청구권을 포기하게
> 하는 등의 방법으로 압수물의 환부의무를 면할 수는 없다. 법률이 압수물을
> 국고에 귀속시키는 절차와 방법에 관하여 엄격히 규정함과 아울러 압수된 범
> 칙물이 범인에게 복귀되지 아니하도록 필요에 따른 준비를 하여 두고 있는데
> 도, 법률이 정하고 있는 이러한 방법 이외에 피압수자 등으로 하여금 그 압수
> 물에 대한 환부청구권을 포기하게 하는 등의 방법으로 압수물의 환부의무를
> 면하게 함으로써 압수를 계속할 필요가 없어진 물건을 국고에 귀속시킬 수 있
> 는 길을 허용하는 것은 적법절차에 의한 인권보장 및 재산권 보장의 헌법정신
> 에도 어긋나고, 압수물의 환부를 필요적이고 의무적인 것으로 규정한 형소법
> 제133조를 사문화시키며, 나아가 몰수제도를 잠탈할 수 있는 길을 열어 놓게
> 되는 것이다. 따라서 피압수자 등 압수물을 환부받을 자가 수사기관에 대하여
> 형소법상의 환부청구권을 포기한다는 의사표시를 한 경우에 있어서도, 그 효
> 력이 없어 그에 의하여 수사기관의 필요적 환부의무가 면제된다고 볼 수는 없
> 으므로, 그 환부의무에 대응하는 압수물의 환부를 청구할 수 있는 절차법상의
> 권리가 소멸하는 것은 아니다(94모51).

2) 압수물의 가환부

(가) 개 념　　압수물의 가환부란 압수의 효력을 존속시키면서 압수물을 피압수자에게 잠정적으로 돌려주는 법원 또는 수사기관의 처분이다.

(나) 대 상　　가환부의 대상은 증거에 공할 목적으로 압수한 물건이다(제133조 제2항, 제219조). 몰수의 대상이 되는 압수물은 가환부할 수 없다(65모21).

(다) 절 차　　가환부에는 임의적 가환부와 필요적 가환부가 있다. 법원은 압수계속의 필요가 있는 압수물인 경우에도 증거로 사용할 압수물은 소유자, 소지자, 보관자 또는 제출인의 청구에 의하여 가환부할 수 있다(제133조 제1항, 제219조). 이를 임의적 가환부라고 한다. 반면에 증거에만 사용할 목적으로 압수한 물건으로서 그 소유자 또는 소지자가 계속 사용하여야 할 물건은 사진촬영 기타 원형보존의 조치를 취한 후 신속히

가환부하여야 한다(제133조 제2항, 제219조). 이를 필요적 가환부라고 한다.

가환부 결정을 하는 경우 법원은 검사, 피해자, 피고인 또는 변호인에게 미리 통지하여야 한다(제135조, 제219조). 따라서 가환부결정을 하면서 피고인에게 의견진술의 기회를 주지 않았다면 이것은 위법이다(80모3).

(라) 효 력   가환부를 하더라도 압수의 효력은 상실되지 아니한다. 따라서 가환부를 받은 자는 압수물에 대한 보관의무를 지고, 법원의 제출요구가 있으면 이를 제출하여야 한다.

가환부 장물에 대한 별단의 선고가 없다면 환부의 선고가 있는 것으로 간주한다(제333조 제3항).

3) 수사상 압수물의 환부·가환부

검사는 사본을 확보한 경우 등, 압수를 계속할 필요가 없다고 인정되는 압수물 및 증거에 사용할 압수물에 대하여 공소제기 전이라도 소유자, 소지자, 보관자 또는 제출인의 청구가 있는 때에는 환부 또는 가환부하여야 한다(제218조의2 제1항). 검사가 이러한 청구를 거부하는 경우에는 신청인이 해당 검사의 소속 검찰청에 대응한 법원에 압수물의 환부 또는 가환부 결정을 청구할 수 있다(동조 제2항). 이에 대하여 법원이 환부 또는 가환부 결정을 하면 검사는 그 결정을 이행하여야 한다(동조 제3항). 사법경찰관의 환부 또는 가환부처분은 검사의 지휘를 받아 이루어진다(동조 제4항).

수사기관이 환부나 가환부처분을 함에는 피해자, 피의자 또는 변호인에게 미리 통지하여야 한다(제135조, 제219조). 압수물의 환부를 받을 자의 소재가 불명하거나 기타 사유로 인하여 환부를 할 수 없는 경우에는 검사는 그 사유를 관보에 공고하여야 한다(제486조 제1항). 공고한 후 3월 이내에 환부의 청구가 없는 때에는 그 물건은 국고에 귀속한다(동조 제2항). 위 기간 내에도 가치없는 물건은 폐기할 수 있고, 보관하기 어려운 물건은 공매하여 그 대가를 보관할 수 있다(동조 제3항).

4) 압수장물의 피해자환부

압수한 장물이 피해자에게 환부할 이유가 명백한 때에는 피의·

피고사건의 종결 전이라도 결정으로 법원 또는 수사기관은 피해자에게 환부할 수 있다(제134조, 제219조). 다만, 사법경찰관이 압수장물을 피해자에게 환부할 때에는 검사의 지휘를 받아야 한다(제219조 단서). 이 규정은 자칫 압수장물의 재산권행사를 둘러싼 분쟁을 초래할 여지가 있으므로 환부할 이유가 명백한 경우에만 적용되어야 한다. '환부할 이유가 명백한 때'란 사법상 피해자가 압수된 물건의 인도를 청구할 수 있는 권리가 명백한 경우만을 말하는 것이므로, 그 인도청구권에 관해 사실상·법률상 다소간의 의문이 있는 경우는 이에 해당되지 않는다(84모38).

Ⅲ. 압수·수색에 있어서 영장주의의 예외

> ≪학습문제≫ 경찰관 갑은 절도현장에서 절도범 을을 체포하였다. 그리고 을의 호주머니에서 소매치기용 칼과 마약류인 메스암페타민을 발견하고 압수하였다. 갑의 압수·수색은 적법한가?

1. 체포·구속 목적의 피의자수색

검사 또는 사법경찰관은 체포영장에 의한 체포(제200조의2), 긴급체포(제200조의3) 또는 현행범인의 체포(제212조)에 의하여 체포하거나 구속영장에 의하여 피의자를 구속하는 경우(제201조)에 필요한 때에는 영장 없이 타인의 주거나 타인이 간수하는 가옥·건조물·항공기·선박 또는 차량 안에서 피의자수색을 할 수 있다. 다만, 체포영장에 의한 체포(제200조의2) 또는 구속영장에 의하여 피의자를 구속하는 경우(제201조)의 피의자수색은 미리 수색영장을 발부받기 어려운 긴급한 사정이 있는 때에 한정한다(제216조 제1항 제1호).

[헌재결] 체포영장에 의한 체포의 경우에도 수색영장 없이 피의자 수색을 하여야 할 긴급한 상황은 충분히 발생할 수 있는 점, 이러한 경우에도 별도의 수색영장을 발부받아야 한다면, 검사가 영장을 신청하고 법관이 영장을 발부하는 데에 통상적으로 소요되는 시간 등에 비추어 체포영장의 집행 자체가 사실상 불가능할 수도

338 제3편 수사와 공소제기

있는 점, 수색영장을 발부받을 수 있는 시간적 여유가 있는 경우에도 영장 없이 타인의 주거 등에 대한 수색을 허용한다면, 수색장소의 특정 및 이에 대한 법관의 심사절차가 생략되므로, 일반영장에 의한 포괄적 강제수사를 허용하는 셈이 되는 점 등을 종합하면, 체포영장에 의한 체포의 경우에는 체포영장이 발부된 피의자가 타인의 주거 등에 소재할 개연성이 소명되고, 그 장소를 수색하기에 앞서 별도로 수색영장을 발부받기 어려운 긴급한 사정이 있는 경우에 한하여 현행범인 체포, 긴급체포의 경우와 마찬가지로 영장주의의 예외를 인정할 수 있다고 보아야 한다 (2015헌바370).

이것은 체포 또는 구속하고자 하는 피의자가 타인의 주거 또는 건조물 등에 잠복하고 있다고 인정되는 경우에 영장 없이 피의자의 소재를 발견할 수 있도록 한 것이다. 피의자의 소재를 발견하기 위한 수색은 피의자의 체포·구속을 위하여 불가피하게 요구되는 사전적 조치로서 긴급성이 인정되기 때문에 영장주의의 예외를 인정한 것이다. 따라서 체포·구속목적의 피의자수색은 체포·구속 전에 행해져야 하며, 체포·구속 이후에는 인정되지 않는다.

2. 체포현장에서의 압수·수색·검증

(1) 개 념

검사 또는 사법경찰관은 피의자를 체포영장에 의한 체포, 긴급체포 또는 구속하거나 현행범인을 체포할 때 필요하면 영장 없이 체포현장에서 압수·수색·검증을 할 수 있다(제216조 제1항 제2호). 이렇게 압수한 물건을 계속 압수할 필요가 있는 경우에는 지체 없이 압수·수색영장을 청구하여야 하며, 압수·수색영장의 청구는 체포한 때로부터 48시간 이내에 하여야 한다(제217조 제2항). 이때 압수·수색영장을 발부받지 못한 때에는 압수한 물건을 즉시 반환하여야 한다(동조 제3항).

[판례] 음란물 유포의 범죄혐의를 이유로 압수·수색영장을 발부받은 사법경찰리가 피고인의 주거지를 수색하는 과정에서 대마를 발견하자, 피고인을 「마약류 관리에 관한 법률」위반죄의 현행범으로 체포하면서 대마를 압수하였으나 그 다음날 피고인을 석방하고도 사후 압수·수색영장을 발부받지 않은 경우, 위 압수물과 압수조서는 형소

법상 영장주의를 위반하여 수집한 증거로서 증거능력이 부정된다(2008도10914).

(2) 법적 성격

이 제도의 법적 성격에 대하여는 부수처분설과 긴급행위설이 있다. 부수처분설에서는 체포·구속영장은 가장 강력한 형태의 강제처분인 인신구속의 법적 통제장치이므로 이러한 영장을 가지고 체포·구속보다 적은 기본권(예. 소유권)침해를 가져오는 압수·수색·검증을 한다는 점에서 별도의 영장이 필요하지 않다고 한다. 반면에 긴급행위설(다수설)에서는 체포현장에서 발생할 우려가 있는 체포자에 대한 위험을 방지하고, 피의자가 증거를 인멸하는 것을 방지하기 위한 긴급행위로서 무영장 압수·수색·검증이 허용된다고 한다.

긴급행위설에 따르면 본조의 적용은 사실상 피체포자의 몸수색과 흉기압수에 국한되지만, 부수처분설에 따르면 그것을 넘어서 피체포자의 주변에 대한 압수·수색이 가능한 것은 물론, 흉기나 증거가 있다는 개연성이 없는 경우에도 본조를 적용할 수 있다. 그러나 부수처분설에 따르면 영장에 의하지 않은 압수·수색·검증이 부당하게 확대될 우려가 있으므로 긴급행위설이 타당하다.

(3) 체포와의 시간적·장소적 접착성

체포현장에서의 압수·수색·검증은 체포와이 사이에 시간적 접착이 있어야 한다. 다만, 체포현장의 의미와 관련하여, 압수·수색·검증과 체포가 시간적·장소적으로 어느 정도 접착되어야 하는가에 대하여는 체포행위에 시간적으로 접착되면 체포 전후를 불문한다는 시간적·장소적 접착설, 피체포자가 수색장소에 있고 현실적으로 체포가 착수되었을 것을 요하는 체포착수설, 현실적으로 체포되는 경우에 한한다는 체포실현설 등이 있다.

판례는 "현행범 체포행위에 선행하는 압수·수색은 허용되지 아니하고, '긴급체포할 수 있는 자'를 현실적으로 '긴급체포된 자'로 해석하여야 할 것"이라고 하여 체포실현설의 입장을 취하고 있다(2006노2113). 이에 따르면 현행범 체포행위에 앞서 행한 영장 없는 압수·수색·검증은 위법이며, 체포가 완료된 이후에 행해지는 영장 없는 압수·수색·검증도 허용될 수 없다.[22)]

[판례] 형소법 제216조 제1항은 "수사기관이 현행범인을 체포하는 경우에 필요한 때에는 영장 없이 체포현장에서 압수·수색을 할 수 있다."고 규정하고, 형소법 제217조 제1항은 "수사기관은 긴급체포할 수 있는 자의 소유, 소지 또는 보관하는 물건에 대하여는 체포한 때부터 48시간 이내에 영장 없이 압수·수색을 할 수 있다"고 규정하고 있으나, 이것은 영장주의 자체에 대한 예외규정이므로, 현행범 체포행위에 선행하는 압수·수색은 허용되지 아니하고, 현행범으로 체포된 자가 압수·수색의 현장에 있음을 요하며, 또한 '긴급체포할 수 있는 자'란 현실적으로 '긴급체포된 자'로 해석하여야 할 것이다(2006노2113).

[판례] 경찰이 피고인의 집에서 20m 떨어진 곳에서 피고인을 체포하여 수갑을 채운 후 피고인의 집으로 가서 집안을 수색하여 칼과 합의서를 압수하였을 뿐만 아니라 적법한 시간 내에 압수·수색영장을 청구하여 발부받지도 않았음을 알 수 있는바, 위 칼과 합의서는 임의제출물이 아니라 영장 없이 위법하게 압수된 것으로서 증거능력이 없다(2009도14376).

영장 없는 압수·수색·검증은 예외이므로 체포현장에서의 압수·수색·검증의 장소는 피체포자의 신체와 그의 사실상 지배하에 있는 장소로 국한하여야 한다. 문제는 체포현장에 있던 피의자가 도주하여 체포에 실패한 경우에도 여기에 해당되는가이다. 적법절차를 강조하게 되면 이론적으로 체포현장의 의미를 가장 엄격히 해석하는 체포실현설이 타당하다. 그러나 피의자가 도주하여 체포에 실패한 경우까지 체포현장에서 제외하면 도주한 피의자의 권리가 오히려 순순히 체포에 응한 피의자보다 더 보호되는 불합리한 결론에 도달하게 된다. 따라서 피체포자가 체포현

---

22) 다만, 이 경우 긴급체포에 해당하면 제217조 제1항에 따라 적법성은 인정될 수 있겠지만, 이때 압수한 압수물을 계속 압수하고자 하는 경우에는 사후영장의 청구를 요한다.

장에 존재하고 현실적으로 체포에 착수하였다면 체포의 성공 여부에 관계없이 영장 없는 압수·수색·검증을 인정하는 체포착수설이 타당하다.

3. 피고인 구속현장에서의 압수·수색·검증

검사 또는 사법경찰관이 피고인에 대한 구속영장을 집행할 때 필요한 경우 그 영장의 집행현장에서 영장 없이 압수·수색·검증을 할 수 있다(제216조 제2항). 다만, 구속영장을 집행할 경우에 필요한 때에는 미리 수색영장을 발부받기 어려운 긴급한 사정이 있는 경우에 한정하여 타인의 주거, 간수자있는 가옥, 건조물, 항공기, 선박·차량 안에 들어가 피고인을 수색할 수 있다(제137조).

피고인에 대한 구속영장의 집행은 재판의 집행기관으로서 행하는 것이고, 구속현장의 압수·수색·검증은 수사기관의 수사처분이다. 따라서 그 결과를 법관에게 보고하거나 압수물을 제출하여야 할 필요는 없다. 다만, 이 규정은 피고인에 대한 구속영장을 집행하는 경우에 한하므로 증인에 대한 구인장을 집행하는 경우에는 적용되지 않는다.

4. 긴급체포 시의 압수·수색·검증

검사 또는 사법경찰관은 긴급체포된 자가 소유, 소지 또는 보관하는 물건에 대하여 긴급히 압수할 필요가 있는 경우에는 체포한 때로부터 24시간 내에 한하여 영장 없이 압수·수색·검증을 할 수 있다(제217조 제1항). 어떤 물건이 긴급체포의 사유가 된 범죄사실 수사에 필요한 최소한의 범위 내의 것으로서 압수의 대상이 되는 것인지는 당해 범죄사실의 구체적인 내용과 성질, 압수하고자 하는 물건의 형상·성질, 당해 범죄사실과의 관련 정도와 증거가치, 인멸의 우려는 물론 압수로 인하여 발생하는 불이익의 정도 등 압수 당시의 여러 사정을 종합적으로 고려하여 객관적으로 판단하여야 한다(2008도2245).

만약 긴급압수 후 계속 압수의 필요가 있다고 판단하면 지체없이 압수·수색영장을 청구하여야 하며, 이 경우 압수·수색영장청구는 체포한 때부터 늦어도 48시간 이내에 행해져야 한다(동조 제2항).

5. 범행 중 또는 범행 직후의 범죄장소에서의 압수·수색·검증

범행 중 또는 범행 직후의 범죄장소에서 긴급을 요하여 판사의 영장을 받을 수 없는 때에는 영장 없이 압수·수색·검증을 할 수 있다. 이 경우에는 사후에 지체없이 영장을 발부받아야 한다(제216조 제3항). 이 규정은 증거인멸의 방지를 위한 범죄현장에서의 긴급성을 고려하여 사전영장주의의 예외를 인정한 것이다. 따라서 주거주 등의 참여(제123조 제2항)와 야간집행의 제한(제125조)이 적용되지 않는다(제220조). 그러나 제216조 제3항의 요건 중 어느 하나라도 갖추지 못한 경우 그러한 압수·수색·검증은 위법하고, 이에 대하여 사후에 법원으로부터 영장을 발부받았다고 하여 그 위법성이 치유되는 것은 아니다(2009도14884).

[판례] 음주 운전 중 교통사고를 야기한 후 피의자가 의식불명 상태에 빠져있는 등으로 도로교통법이 음주운전의 제1차적 수사방법으로 규정한 호흡조사에 의한 음주측정이 불가능하고 혈액 채취에 대한 동의를 받을 수도 없을 뿐만 아니라 법원으로부터 혈액 채취에 대한 감정처분허가장이나 사전 압수영장을 발부받을 시간적 여유도 없는 긴급한 상황이 생길 수 있다. 이러한 경우 피의자의 신체 내지 의복류에 주취로 인한 냄새가 강하게 나는 등 형소법 제211조 제2항 제3호가 정하는 범죄의 증적이 현저한 준현행범인의 요건이 갖추어져 있고 교통사고 발생 시각으로부터 사회통념상 범행 직후라고 볼 수 있는 시간 내라면, 피의자의 생명·신체를 구조하기 위하여 사고현장으로부터 곧바로 후송된 병원 응급실 등의 장소는 형소법 제216조 제3항의 범죄장소에 준한다 할 것이므로, 검사 또는 사법경찰관은 피의자의 혈중알코올농도 등 증거의 수집을 위하여 의료법상 자격이 있는 자로 하여금 의료용기구로 의학적인 방법에 따라 필요최소한의 한도 내에서 피의자의 혈액을 채취하게 한 후 그 혈액을 영장 없이 압수할 수 있다. 다만, 이 경우에도 형소법 제216조 제3항 단서, 형소규칙 제58조, 제107조 제1항 제3호에 따라 사후에 지체 없이 강제채혈에 의한 압수의 사유 등을 기재한 영장청구서에 의하여 법원으로부터 압수영장을 받아야 한다(2011도15258).

6. 유류물 또는 임의제출물의 영치

법원은 소유자, 소지자 또는 보관자가 임의로 제출한 물건 또는 죽은 자가 남겨둔 물건을 영장 없이 압수할 수 있다(제108조). 검사 또는 사법경찰관도 피의자, 기타인이 죽은 뒤에 남겨둔 물건이나 소유자, 소지자 또는 보관자가 임의로 제출한 물건을 영장 없이 압수할 수 있다(제218조). 따라서 현행범인 체포 현장이나 범죄 장소에서도 소지자 등이 임의로 제출하는 물건은 영장 없이 압수할 수 있고, 이 경우에는 검사나 사법경찰관이 사후에 영장을 받을 필요가 없다(2019도17142).

그러나 소유자, 소지자 또는 보관자가 아닌 자로부터 제출받은 물건을 영장 없이 압수한 경우 그 압수물 및 압수물을 찍은 사진은 이를 유죄 인정의 증거로 사용할 수 없고, 헌법과 형소법이 선언한 영장주의의 중요성에 비추어 볼 때 피고인이나 변호인이 이를 증거로 함에 동의하였다고 하더라도 마찬가지이다(2009도10092).

> [판례] 교도관이 그 직무상 위탁을 받아 소지 또는 보관하는 물건으로서 재소자가 작성한 비망록을 수사기관이 수사 목적으로 압수하는 절차에 관하여 특별한 절차적 제한을 두고 있지 않으므로, 교도관이 재소자가 맡긴 비망록을 수사기관에 임의로 제출하였다면 그 비망록의 증거사용에 대하여도 재소자의 사생활의 비밀 기타 인격적 법익이 침해되는 등의 특별한 사정이 없는 한 반드시 그 재소자의 동의를 받아야 하는 것은 아니다. 따라서 검사가 교도관으로부터 그가 보관하고 있던 피고인의 비망록을 뇌물수수 등의 증거자료로 임의로 제출받아 이를 압수한 경우, 그 압수절차가 피고인의 승낙 및 영장 없이 행하여졌다고 하더라도 이에 적법절차를 위반한 위법이 있다고 할 수 없다(2008도1097).

Ⅳ. 수사상 검증과 감정

> ≪학습문제≫ 갑이 술을 마시고 친구인 을과 함께 승용차를 몰고 가던 중 대형 교통사고를 내고 의식을 잃은 채 병원에 입원해 있다. 이때 경찰관은 혈중알코올 농도를 측정하기 위해 갑의 혈액을 채취할 수 있는가?

1. 수사상 검증

(1) 검증의 의의와 대상

검증은 사람, 물건 또는 장소의 성질과 형상을 시각·청각·후각·미각·촉각 등, 신체오관의 작용으로 인식하는 강제처분을 말한다. 법원의 검증은 증거조사나 증거보전의 방법으로 행해지고 영장을 요하지 않는다(제139조, 제184조). 그러나 수사상 검증은 원칙적으로 법관의 영장을 요한다(제215조).

검증의 대상에는 아무런 제한이 없다. 유체물 또는 무체물에 관계없이 신체오관의 작용으로 인식가능하면 충분하다.

(2) 검증의 절차

검증에는 사전영장에 의한 검증(제215조)와 영장 없이 행하는 검증(제216조, 제217조)이 있다. 그 절차는 압수·수색에 준한다. 또한 수사기관이 검증을 할 때는 신체검사, 사체해부, 분묘발굴, 물건의 파괴 기타 필요한 처분을 할 수 있다(제140조, 제219조). 다만, 시체의 해부 또는 분묘의 발굴을 하는 때에는 예에 어긋나지 아니 하도록 주의하고, 미리 유족에게 통지하여야 한다(제141조 제4항, 제219조).

검증에 관해서는 검증의 결과를 기재하는 검증조서를 작성하여야 한다(제49조 제1항). 검증목적물의 현상을 명확하게 하기 위하여 검증조서에 도화나 사진을 첨부할 수 있다(동조 제2항). 이러한 검증조서에는 조사 또는 처분의 연월일시와 장소를 기재하고, 그 조사 또는 처분을 행한 자와 참여한 법원사무관 등이 기명날인 또는 서명하여야 한다(제50조).

(3) 신체검사

1) 개 념

신체검사는 신체 자체를 검사의 대상으로 하는 검증처분의 일종이다. 신체검사는 신체 외부에서 증거물을 찾는 신체수색(제109조, 제219조)과 구별된다.

2) 절 차

신체검사는 강제처분이므로 법관이 발부한 영장이 필요하다. 그러나 검사 또는 사법경찰관이 피의자를 체포 또는 구속하는 경우 체포현장에서는 영장 없이 지문을 채취하고, 신장과 체중을 측정하는 등의 신체검사를 할 수 있다(제216조 제1항 제2호 참조).

신체검사를 할 경우에는 검사를 받는 사람의 성별, 나이, 건강상태, 그 밖의 사정을 고려하여 그 사람의 건강과 명예를 해하지 아니하도록 주의하여야 한다(제141조 제1항, 제219조). 피고인 또는 피의자 아닌 자의 신체검사는 증거가 될 만한 흔적을 확인할 수 있는 현저한 사유에만 할 수 있다(제141조 제2항, 제219조). 여자의 신체를 검사하는 경우에는 의사나 성년 여자를 참여하게 하여야 한다(제141조 제3항, 제219조).

3) 체내검사

체내검사는 신체의 내부를 검사의 대상으로 하는 강제처분이다. 이것은 특히 인권침해의 정도가 심하기 때문에 엄격하게 제한된다.

(가) 체내강제수색   신체내부, 즉 질 내, 구강 내, 항문 내 등 신체의 내부에 대한 수색이 이에 해당한다. 체내강제수색을 위해서는 압수·수색영장 또는 검증영장이 필요하다.

(나) 연하물의 강제배출   피의자 등이 삼킨 물건, 즉 연하물을 강제로 배출시키는 것이 그 예이다. 미국 연방대법원은 1952년 Rochin사건에서 구토제를 사용한 연하물(예컨대, 마약캡슐)의 강제배출은 '양심에 대한 충격'으로서 적정절차 위반이라고 하였다(Rochin v. California 342, U.S. 165(1952)). 그러나 우리나라에서는 강제수사의 필요성이 현저하고, 의사에 의해 정당한 방법으로 실행되며, 피검사자의 건강을 침해하지 않는 경우라면 연하물의 강제배출도 압수·수색 또는 감정의 절차에 의하여 할 수 있다고 한다(다수설).

(다) 강제채혈 및 강제채뇨   강제채혈은 전문의료인의 감정을 통해 이루어져야 하는 체내검사의 경우이다. 강제채뇨도 마찬가지이다. 수사상 강제채혈 및 강제채뇨의 법적 성질을 어떻게 이해할 것인가에 따라 검증설, 검증·감정설, 압수·수색설, 압수·수색 및 감정설 등이 주장되고 있다. 그런데 체내물의 강제채취는 강제 채취할 목적물 그 자체에 대한 인식이 아니라 그 목적물을 의학적으로 분석하여 그 결과를 증거에 사용하고자 하는 감정의 목적으로 행하여지므로 감정을 위한 처분과 압수·수색의 성질을 동시에 가지는 것으로 보인다. 판례는 수사상 채혈이나 채뇨의 법적 성질을 감정 또는 압수로 이해하고, 그에 따라 피의자의 신체로부터 혈액이나 소변을 채취하는 행위는 법원으로부터 감정처분허가장을 받아 감정에 필요한 처분(제221조의4 제1항, 제173조 제1항)으로 하거나 압수영장을 받아 압수영장의 집행에 필요한 처분(제120조 제1항, 제219조)으로도 할 수 있다고 한다(2018도6219).

따라서 음주운전으로 인한 교통사고 등의 경우에 호흡조사에 의한 음주측정이 불가능하고, 혈액채취에 대한 동의를 받을 수도 없을 뿐만 아니라 법원으로부터 혈액채취에 대한 감정처분허가장이나 사전 압수영장을 발부받을 시간적 여유도 없는 긴급한 경우라고 하더라도 수사기관이 운전자의 가족의 동의를 받아 채혈을 한 것은 영장주의에 위배되는 것으로서 유죄의 증거로 사용할 수 없다(2009도10871(피고인 처의 채혈동의), 2009도2109(피고인 동서의 채혈동의)).[23] 그러나 범죄의 증적이 현저한 준현행범인의 요건이 갖추어져 있고, 사회통념상 범행 직후라고 볼 수 있는 시간 내라면 '범행 중 또는 범행 직후의 압수'(제216조 제3항)로 보아 영장 없이 혈액을 채취·압수하는 하는 것은 허용된다. 다만, 이때에는 사후에 지체 없이 강제채혈에 의한 압수의 사유 등을 기재한 영장청구서에 의하여 법원으로부터 압수영장을 받아야 한다(2011도15258).

---

23) 다만, 간호사가 진료목적으로 채혈한 것을 수사기관이 감정용 증거로서 임의로 제출받아 압수한 경우에 대하여는 그 적법성을 인정하였다(98도968).

[판례] 수사기관이 범죄 증거를 수집할 목적으로 하는 강제 채뇨는 피의자의 신체에 직접적인 작용을 수반할 뿐만 아니라 피의자에게 신체적 고통이나 장애를 초래하거나 수치심이나 굴욕감을 줄 수 있다. 따라서 피의자에게 범죄혐의가 있고 그 범죄가 중대한지, 소변성분 분석을 통해서 범죄 혐의를 밝힐 수 있는지, 범죄 증거를 수집하기 위하여 피의자의 신체에서 소변을 확보하는 것이 필요한 것인지, 채뇨가 아닌 다른 수단으로는 증명이 곤란한지 등을 고려하여 범죄 수사를 위해서 강제 채뇨가 부득이하다고 인정되는 경우에 최후의 수단으로 적법한 절차에 따라 허용된다고 보아야 한다. 이때 의사, 간호사, 그 밖의 숙련된 의료인 등으로 하여금 소변 채취에 적합한 의료장비와 시설을 갖춘 곳에서 피의자의 신체와 건강을 해칠 위험이 적고 피의자의 굴욕감 등을 최소화하는 방법으로 소변을 채취하여야 한다. 이때 압수·수색의 방법으로 소변을 채취하는 경우 압수대상물인 피의자의 소변을 확보하기 위한 수사기관의 노력에도 불구하고, 피의자가 인근 병원 응급실 등 소변 채취에 적합한 장소로 이동하는 것에 동의하지 않거나 저항하는 등 임의동행을 기대할 수 없는 사정이 있는 때에는 수사기관으로서는 소변 채취에 적합한 장소로 피의자를 데려가기 위해서 필요 최소한의 유형력을 행사하는 것이 허용된다. 이것은 형소법 제219조, 제120조 제1항에서 정한 '압수·수색영장의 집행에 필요한 처분'에 해당한다(2018도6219).

2. 수사상 감정

(1) 개 념

감정은 법원 또는 수사기관이 재판 또는 수사에 필요한 전문지식이나 경험 등의 부족을 보충할 목적으로 특별한 전문지식이 있는 제3자로 하여금 전문지식을 적용하여 얻은 판단을 보고하게 하는 것을 말한다. 검사 또는 사법경찰관은 수사에 필요한 때에는 감정을 위촉할 수 있다(제221조).

(2) 수사상 감정유치

1) 감정유치의 의의

수사상 감정유치란 피의자의 정신 또는 신체의 감정을 위하여 일정기간 동안 병원 기타 적당한 장소에 피의자를 유치하는 강제처분을 말한다. 다만, 공소제기 후 수소법원이 행하는 감정유치(제172조 제3항)는 증거조사의 일종으로 수사상 감정유치와 법적 성격이 다르다.

2) 감정유치의 대상과 요건

(가) 대 상   수사상 감정유치는 피의자를 대상으로 하며, 구속·불구속을 불문한다(제221조의3 제1항). 따라서 피의자가 아닌 제3자에 대하여는 감정유치를 할 수 없다.

(나) 요 건   감정유치도 감정유치의 필요성, 즉 정신 또는 신체의 감정을 위하여 계속적인 유치와 관찰이 필요한 때에 인정된다. 따라서 유치하지 않고도 감정의 목적을 달성할 수 있는 경우에는 감정유치가 허용되지 않는다.

3) 감정유치의 절차

(가) 감정유치의 청구   감정유치는 검사가 청구하고(동조 제1항), 감정유치청구서에 의한다. 사법경찰관은 검사를 경유하여야 한다.

(나) 감정유치장의 발부   판사는 청구가 상당하다고 인정할 때에는 유치처분을 하여야 한다(동조 제2항 전단). 유치처분을 할 때에는 감정유치장을 발부하여야 한다(동조 제2항, 제172조 제4항). 감정유치장의 법적 성격에 대하여는 명령장설과 허가장설이 있다. 그러나 수사상 감정유치는 구속에 준하여 취급되므로(제221조의3 제2항) 감정유치장은 구속영장처럼 허가장으로 보아야 한다.

(다) 감정유치장의 집행   감정유치장의 집행에 관하여는 구속영장의 집행에 관한 규정이 준용된다(동조 제2항 후단). 따라서 판사는 기간을 정하여 병원 기타 적당한 장소에 피의자를 유치할 수 있고, 감정이 완료되면 즉시 유치를 해제하여야 한다(제172조 제3항).

(라) 유치기간   감정유치기간에는 제한이 없다. 감정유치를 할 때에는 유치기간을 정하여야 하며, 법원은 필요한 때에는 유치기간을 연장하거나 단축할 수 있다(제221조의3 제2항 후단, 제172조 제6항).

4) 감정유치와 구속과의 관계

감정유치에 관하여는 구속에 관한 규정이 준용된다(제221조의3 제2항 후단). 따라서 감정유치기간은 미결구금일수를 산입할 때 구속으로 간주된다(제172조 제8항). 그러나 감정유치는 감정을 목적으로 하는 처분이므로 유치된 피의자에 대하여는 보석에 관한 규정이 준용되지 않는다(동조 제7항).

구속 중인 피의자에 대하여 감정유치장이 집행되었을 때에는 유치되어 있는 기간 동안 구속은 그 집행이 정지된다(제172조의2 제1항). 따라서 감정유치기간은 구속기간에 포함되지 않는다. 이 때문에 감정유치가 자칫 구속기간의 만료를 회피하기 위한 수단으로 악용될 소지가 있다. 다만, 감정유치처분이 취소되거나 유치기간이 만료되면 구속의 집행정지가 취소된 것으로 간주된다(동조 제2항).

(3) 감정에 필요한 처분

검사 또는 사법경찰관의 감정위촉을 받은 자는 감정에 관하여 필요한 때에는 판사의 허가를 얻어 타인의 주거, 간수자 있는 가옥·건조물·항공기·선박 또는 차량 안에 들어갈 수 있고, 신체검사·사체해부·분묘발굴·물건파괴 등 필요한 처분을 할 수 있다(제221조의4 제1항, 제173조 제1항). 이 처분시에는 신체검사에 관한 주의사항(제141조), 야간집행의 제한(제143조)에 관한 규정이 적용된다(제221조의4 제4항, 제173조 제5항).

감정에 필요한 처분에 대한 허가는 검사가 청구하여야 하며(제221조의4 제2항), 판사는 검사의 청구가 상당한 이유가 있으면 허가장을 발부하여야 한다(동조 제3항). 이 허가장에는 피고인의 성명, 죄명, 들어갈 장소, 검사할 신체, 해부할 사체, 발굴할 분묘, 파괴할 물건, 감정인의 성명과 유효기간을 기재하여야 하며(제221조의4 제4항, 제173조 제2항), 감정인은 처분을 받는 자에게 이 허가장을 제시하여야 한다(제221조의4 제4항, 제173조 제3항).

제3절 수사상 판사에 의한 증거보전

형사절차에서 증거조사는 공판정에서 수소법원에 의하여 행해지는 것이 원칙이다. 그런데 공판정에서 증거조사가 있을 때까지 기다려서는 그 증거의 사용이 불가능하거나 현저히 곤란하게 될 염려가 있다. 이러한 경우를 대비하여 판사가 미리 증거를 조사하고 그 결과를 공판에 사용할 수 있도록 보전하는 제도가 있다. 증거보전(제184조, 제185조)과 증인 신문청구(제221조의2)가 이에 해당한다.

Ⅰ. 증거보전절차

≪학습문제≫ 피의자 갑은 강간죄로 구속되었지만 마침 사건 당시 현장 부근에서 커피를 마시던 목격자 을로부터 자신에게 유리한 진술을 확보하고자 하였다. 그런데 을은 10일 후에 캐나다로 유학 갈 예정이다. 피의자 갑이 을로부터 진술을 확보할 수 있는 방안이 있는가?

1. 증거보전의 의의

(1) 개 념

증거보전은 수소법원이 공판정에서 정상적인 증거조사를 할 때까지 기다릴 경우 그 증거의 사용이 불가능하거나 현저히 곤란하게 될 염려가 있는 경우에 검사, 피고인·피의자 또는 변호인의 청구에 의하여 판사가 미리 증거조사를 하고 그 결과를 보전하여 두는 제도를 말한다. 형소법에서는 검사, 피고인, 피의자 또는 변호인은 미리 증거를 보전하지 아니하면 그 증거를 사용하기 곤란한 사정이 있는 때에는 제1회 공판기일 전이라도 판사에게 압수, 수색, 검증, 증인신문 또는 감정을 청구할 수 있도록 하고 있다(제184조 제1항).

(2) 제도의 취지

증거보전은 제1회 공판기일 전에 한하여 행해진다는 점에서 주로 수사단계에서의 증거를 수집·보전하는 절차로서 검사뿐만 아니라 피의자·피고인에게도 인정된다. 수사기관은 형소법상 수사절차에 있어서 증거를 수집·보전하기 위한 여러 강제처분권을 가지고 있다. 그러나 피의자 또는 피고인에게는 증거를 수집·보존하기 위한 강제처분권이 인정되지 않고, 피의자가 기소되어 피고인의 지위를 가진 경우에도 제1회 공판기일 전까지는 입증활동이 어려우며, 사실상 검사에게 피의자 또는 피고인에게 이익되는 증거의 수집을 기대하기도 어렵다. 따라서 증거보전은 피의자 또는 피고인이 공판절차개시 전에 법원에 의한 증거보전을 통해 방어권 행사를 가능하게 한다는 점에서 특히 피의자·피고인을 위한 제도로서 의미를 갖는다.

2. 증거보전의 요건

(1) 증거보전의 필요성

증거보전을 청구하기 위해서는 검사, 피고인·피의자, 또는 변호인이 미리 증거를 보전하지 않으면 그 증거를 사용하기 곤란한 사정이 있어야 한다(동조 제1항). '증거를 사용하기 곤란한 사정'이란 그 증거에 대한 증거조사가 불가능하게 되거나 곤란하게 되는 경우뿐만 아니라 증거가치에 변화가 일어나 본래의 증명력에 변화가 예상되는 경우 등을 말한다.

(2) 제1회 공판기일 전

증거보전은 제1회 공판기일 전에 한하여 할 수 있다(동조 제1항). 제1회 공판기일 전이라면 공소제기 전후를 불문하지만 수사가 개시되기 전에는 증거보전을 청구할 수 없다(79도792). 증거보전은 제1회 공판기일 이후에는 허용되지 않는다.

[판례]   증거보전이란 장차 공판에 있어서 사용하여야 할 증거가 멸실되거나 또는 그 사용하기 곤란한 사정이 있을 경우에 당사자의 청구에 의하여 공판전에 미리 그 증거를 수집보전하여 두는 제도로서 제1심 제1회 공판기일전에 한하여 허용되는 것이므로 재심청구사건에서는 증거보전절차는 허용되지 아니한다(84모15).

3. 증거보전의 절차

(1) 증거보전의 청구

1) 청구권자

증거보전을 청구할 수 있는 자는 검사, 피고인, 피의자 또는 변호인이다(동조 제1항). 사법경찰관에게는 증거보전청구권이 인정되지 않는다.

2) 청구방식

증거보전의 청구는 서면으로 압수할 물건의 소재지, 수색 또는 검증할 장소·신체 또는 물건의 소재지, 증인의 주거지 또는 현재지, 감정대상의 소재지 또는 현재지를 관할하는 지방법원 판사에게 하여야 한다(규칙 제91조). 이 청구를 함에는 서면으로 그 사유를 소명하여야 한다(제184조 제3항).

3) 청구내용

증거보전을 청구할 수 있는 것은 압수·수색·검증, 증인신문 또는 감정이 있다(동조 제1항). 따라서 피의자신문 또는 피고인신문은 청구할 수 없다(72도2104). 다만, 공동피고인·공범을 증인으로 신문하는 것은 허용된다(86도1646).

(2) 증거보전의 처분

1) 지방법원 판사의 결정

증거보전의 청구를 받은 판사는 청구가 적법하고 필요성이 있다고 인정할 때에는 증거보전을 하여야 한다. 청구가 부적법하거나 필요없다고 인정할 때에는 청구를 기각하는 결정을 하여야 한다. 이에 대하여는 3일 이내에 항고할 수 있다(동조 제4항).

2) 판사의 권한

증거보전청구를 받은 판사는 그 처분에 관해 법원 또는 재판장과 동일한 권한이 있다(동조 제2항). 따라서 판사는 증인신문의 전제가 되는 소환, 구인을 할 수 있고, 법원 또는 재판장이 행하는 경우와 같이 압수·수색·검증, 증인신문 및 감정에 관한 규정이 그대로 준용된다. 그러므로 증인신문을 할 때에는 검사 또는 피의자나 피고인의 참여권을 보장하여야 한다.

4. 증거보전 후의 조치

(1) 증거물 등의 보관

증거보전으로 취득한 물건 등의 증거는 증거보전을 한 판사가 소속한 법원에서 보관한다.

(2) 서류·증거물에 대한 열람·등사권

보전된 증거물의 이용과 관련하여 검사, 피고인·피의자 또는 변호인은 판사의 허가를 얻어 서류와 증거물을 열람 또는 등사할 수 있다(제185조). 피고인에는 증거보전을 청구한 피고인뿐만 아니라 공동피고인도 포함된다.

(3) 증거보전절차에서 작성된 조서의 증거능력

증거보전절차에서 작성된 조서는 법원 또는 법관의 조서로서 절대적 증거능력이 인정된다(제311조). 다만, 검사, 피고인 또는 변호인이 이를 증거로 이용하기 위해서는 수소법원에 그 서류나 증거물에 대한 증거신청을 하여야 하며, 수소법원은 증거보전을 한 법원으로부터 증거를 송부받아 증거조사를 하여야 한다.

Ⅱ. 증인신문의 청구

≪학습문제≫ 피의자 갑에 대한 강간사건을 목격한 갑의 친구인 을은 경찰관 병의 출석요구를 거부하고 있다. 경찰관 병이 을의 진술을 확보할 수 있는 방안이 있는가?

1. 증인신문청구의 의의

(1) 개 념

증인신문청구는 참고인이 출석 또는 진술을 거부하는 경우에 제1회 공판기일 전까지 검사의 청구에 의하여 판사가 그를 증인으로 신문하는 제도로서 대인적 강제처분의 하나이다. 형소법에서는 범죄의 수사에 없어서는 아니될 사실을 안다고 명백히 인정되는 자가 수사기관에 의한 출석 또는 진술을 거부한 경우에는 검사는 제1회 공판기일 전에 한하여 판사에게 그에 대한 증인신문을 청구할 수 있도록 하고 있다(제221조의2 제1항).

(2) 제도의 취지

수사기관의 참고인조사는 임의수사이므로 출석 또는 진술을 거부하는 참고인을 강제할 방법이 없다. 그러나 국가형벌권의 적정·신속한 실현이나 실체적 진실발견의 요청을 위해 수사기관에의 참고인의 출석과 진술을 미리 확보할 필요가 있는 경우가 있다. 증인신문청구는 이러한 요청에 따라 도입된 것이다.

2. 증인신문청구의 요건

검사의 증인신문청구는 제1회 공판기일 전에 한하여 증인신문의 필요성이 있을 때 허용된다.

(1) 참고인의 출석 또는 진술의 거부

증인신문을 청구하기 위해서는 범죄수사에 없어서는 안 될 사실을 안다고 명백히 인정되는 자가 수사기관의 출석요구에 응하지 않거나 진술을 거부하는 경우이어야 한다(동조 제1항). '범죄수사에 없어서는 안 될 사실'이란 범죄성립 여부에 관한 사실과 정상에 관한 사실로서 기소·불기소의 결정과 양형에 영향을 미치는 사실을 포함한다. 그 대상에는 피의자의 소재를 알고 있는 자나 범죄의 증명에 없어서는 아니 될 지식을 가지고 있는 참고인 또는 그의 소재를 알고 있는 자도 포함된다. 다른 피의자에 대해 증인이 될 수 있는 공범자나 공동피의자도 이에 포함된다. '출석 또는 진술의 거부'는 참고인이 수사기관의 출석 또는 진술요구를 거부하는 것을 말한다. 거부에 정당한 이유가 있는 경우도 이에 해당한다. 따라서 증언거부권이 있는 자에 대해서도 증인신문을 청구할 수 있다. 참고인이 진술을 일체 거부한 경우는 물론, 일부에 대해서만 진술을 거부한 때에도 거부한 부분이 범죄수사에 없어서는 아니 될 부분인 때에도 이에 해당한다. 또한 참고인이 진술거부권을 행사한 경우는 물론, 출석하여 진술은 하였지만 진술조서에 서명을 거부한 경우도 진술거부에 해당한다.

(2) 제1회 공판기일 전

증인신문청구는 증거보전의 청구와 마찬가지로 제1회 공판기일 전에 한하여 허용된다(동조 제1항).

3. 증인신문의 절차

(1) 청구권자와 청구방식

증인신문의 청구권자는 검사이다(동조 제1항). 증인신문을 청구할 때에는 서면으로 그 사유를 소명하여야 한다(동조 제3항).

(2) 청구심사

판사는 증인신문의 청구가 적법하고 요건을 구비하였는가를 심사하여 요건을 구비한 경우에는 증인신문을 하여야 한다. 만약 요건을 구비하지 못하였다면 결정으로 기각하여야 한다. 이 결정에 대하여는 불복할 수 없다.

(3) 증인신문의 방법

증인신문의 청구를 받은 판사는 증인신문에 관하여 법원 또는 재판장과 동일한 권한이 있다(동조 제4항). 따라서 법원 또는 재판장이 하는 증인신문에 관한 규정이 준용된다. 판사는 증인신문기일을 정한 때에는 피고인·피의자 또는 변호인에게 이를 통지하여 증인신문에 참여하게 하여야 한다(동조 제5항).

4. 증인신문 후의 조치

증인신문 후 판사는 지체없이 증인신문조서 등 증인신문에 관한 서류를 검사에게 송부하여야 한다(동조 제6항). 증인신문조서는 법관 면전조서로서 당연히 증거능력이 인정된다(제311조).

한편, 증인신문의 경우에는 증거보전과 달리 피고인·피의자 또는 변호인에게 증인신문에 관한 서류의 열람·등사권이 인정되지 않는다.

<증거보전절차와 증인신문청구의 비교>

	증거보전절차	증인신문청구
청구권자	· 검사, 피의자·피고인, 변호인 · 사법경찰관 ×	· 검사 · 사법경찰관 ×
신청기간	제1회 공판기일 전	
요 건	· 증거멸실과 증거가치 변화의 위험	· 참고인의 출석 또는 진술의 거부
내 용	· 압수, 수색, 검증, 증인신문, 감정	· 증인신문
판사권한	수소법원 또는 재판장과 동일한 권한	
절 차	· 당사자 참여권 인정	· 피의자·피고인, 변호인의 참여
기각결정에 대한 불복	· 3일 이내에 항고 가능	· 불복 불가
보전증거의 이용	· 보전을 행한 판사의 소속 법원에 보관 · 당사자의 열람·등사권 인정 · 절대적 증거능력 인정	· 검사에게 증인신문조서 송부 · 당사자의 열람·등사권 없음 · 절대적 증거능력 인정

제5장 수사의 종결과 공소제기

———◆———

1. **수사의 종결**
   - 수사종결처분
   - 불기소처분에 대한 불복
   - 공소제기 후의 수사

2. **공소의 제기**
   - 공소권이론과 공소권남용이론
   - 공소제기의 기본원칙
   - 공소제기의 방식
   - 공소제기의 효과

3. **공소시효와 재정신청**

〈주요 학습사항〉
1. 수사종결처분 및 불기소처분에 대한 불복
2. 공소제기 후의 수사
3. 공소제기의 기본원칙·방식·효과
4. 공소시효
5. 재정신청

제1절 수사의 종결

Ⅰ. 수사종결

≪학습문제≫ 검사 갑은 피해자 을에 대한 수사를 하였으나 범죄혐의를 밝히지 못하였다. 갑은 을을 어떻게 처리하여야 하는가?

1. 수사종결의 의의

수사는 통상 공소제기 여부를 결정할 수 있을 정도로 범죄사실이 명백하게 밝혀졌을 때 종결된다. 그러나 수사가 종결되었다고 하여 그 이후에는 수사를 할 수 없다는 것은 아니다. 공소제기 이후에도 공소유지를 위해 수사를 할 수 있고, 불기소처분을 한 때에도 수사를 다시 할 수 있다.

수사종결권은 원칙적으로 검사에게 있다(수사준칙규정 제52조). 하지만 수사권조정에 따라 사법경찰관에게도 1차적인 수사종결권이 인정된다(수사준칙규정 제51조). 그러나 특별사법경찰관은 수사개시·진행권은 있지만 수사종결권은 없으므로 특별사법경찰관이 수사한 때에는 지체 없이 관계서류와 증거물을 검사에게 송부하여야 한다(제245조의10 제5항).

2. 사법경찰관의 수사종결처분

(1) 사법경찰관의 결정

사법경찰관은 사건을 수사한 경우에는 법원송치, 검찰송치, 불송치(혐의없음(범죄인정안됨, 증거불충분), 죄가안됨, 공소권없음, 각하), 수사중지(피의자중지, 참고인중지), 이송 등으로 구분하여 결정하여야 한다(수사준칙규정 제51조 제1항). 이때 사법경찰관은 하나의 사건 중 피의자가 여러 사람이거나 피의사실이 여러 개인 경우로서 분리하여 결정할 필요가 있는 경우 그중 일부에 대해

결정을 할 수 있다(동조 제2항). 그러나 사법경찰관은 '죄가안됨' 또는 '공소권없음'에 해당하는 사건이 (ⅰ)「형법」제10조 제1항에 따라 벌할 수 없는 경우 또는 (ⅱ) 기소되어 사실심 계속 중인 사건과 포괄일죄를 구성하는 관계에 있는 경우에는 해당 사건을 검사에게 이송하여야 한다(동조 제3항).

한편, 사법경찰관은 수사중지 결정을 한 경우에는 7일 이내에 사건기록을 검사에게 송부하여야 한다. 이 경우 검사는 사건기록을 송부받은 날부터 30일 이내에 반환하여야 하며, 그 기간 내에 제197조의3에 따라 시정조치요구를 할 수 있다(동조 제4항). 이때 사법경찰관은 검사에게 사건기록을 송부한 후 피의자 등의 소재를 발견한 경우에는 소재 발견 및 수사 재개 사실을 검사에게 통보하여야 한다. 이 경우 통보를 받은 검사는 지체 없이 사법경찰관에게 사건기록을 반환하여야 한다(동조 제5항). 다만, 사법경찰관은 수사중지된 사건의 피의자 또는 참고인을 발견하는 등 수사중지 결정의 사유가 해소된 경우에는 즉시 수사를 진행하여야 한다(수사준칙규정 제55조 제3항).

(2) 사법경찰관의 조치와 이의제도

1) 사법경찰관의 송치와 불송치

사법경찰관은 범죄의 혐의가 있다고 인정되는 경우에는 지체 없이 검사에게 사건을 송치하고, 관계 서류와 증거물을 검사에게 송부하여야 한다(제245조의5 제1호). 또한 범죄혐의가 있다고 인정하여 피의자를 구속한 경우 10일 이내에 검사에게 피의자를 인치하여야 한다(제202조). 그러나 사법경찰관은 범죄혐의가 없다거나 공소권이 없다거나 기소중지 등 불기소의 사유가 있다고 판단하는 때에는 사건을 송치하지 않는다(제245조의5 제2호). 이를 사법경찰관의 불송치권이라고 한다. 이때 사법경찰관은 그 이유를 명시한 서면과 함께 관계 서류와 증거물을 지체 없이 검사에게 송부하여야 하며, 검사는 송부받은 날부터 90일 이내에 사법경찰관에게 반환하여야 한다(동조 제2호). 사법경찰관의 불송치 결정에 대해 검사의 재수사요청이 없거나 고소인 등의 이의신청이 없으면 수사는 그대로 종결된다.

2) 고소인 등에 대한 통지

사법경찰관은 수사를 종결한 경우에는 그 내용을 고소인·고발인·피해자 또는 그 법정대리인(피해자가 사망한 경우에는 그 배우자·직계친족·형제자매를 포함한다)과 피의자에게 통지하여야 한다. 다만, 피의자중지 결정을 한 경우에는 고소인등에게만 통지한다(수사준칙규정 제53조 제1항).

사법경찰관은 사건에 대하여 불송치결정을 한 경우에는 검사에게 송부(제245조의5 제2호)한 날부터 7일 이내에 서면으로 고소인·고발인·피해자 또는 그 법정대리인(피해자가 사망한 경우에는 그 배우자·직계친족·형제자매를 포함한다)에게 사건을 검사에게 송치하지 아니하는 취지와 그 이유를 통지하여야 한다(제245조의6).[24] 고소인 등은 불송치결정에 따른 통지(제245조의6)를 받지 못한 경우 사법경찰관에게 불송치 통지서로 통지해 줄 것을 요구할 수 있다(수사준칙규정 제53조 제2항).

3) 고소인 등의 이의신청

사법경찰관의 불송치 결정에 관한 통지를 받은 고소인 등은 해당 사법경찰관의 소속 관서의 장에게 이의를 신청할 수 있다(제245조의7 제1항). 사법경찰관은 이의신청이 있는 때에는 지체 없이 검사에게 사건을 송치하고 관계 서류와 증거물을 송부하여야 하며, 처리결과와 그 이유를 이의신청을 한 사람에게 통지하여야 한다(동조 제2항).

또한 사법경찰관으로부터 수사중지 결정의 통지를 받은 사람은 해당 사법경찰관이 소속된 바로 위 상급경찰관서의 장에게 이의를 제기할 수 있다(수사준칙규정 제54조 제1항). 이 통지를 받은 사람은 해당 수사중지

---

24) 사법경찰관은 사건에 대하여 결정을 한 경우에는 그 내용을 고소인·고발인·피해자 또는 그 법정대리인(피해자가 사망한 경우에는 그 배우자·직계친족·형제자매를 포함한다)과 피의자에게 통지하여야 한다. 다만, 피의자중지 결정을 한 경우에는 고소인 등에게만 통지한다(수사준칙규정 제53조 제1항).

결정이 법령위반, 인권침해 또는 현저한 수사권 남용이라고 의심되는 경우 검사에게 신고(제197조의3 제1항 참조)를 할 수 있다(수사준칙규정 제54조 제3항). 사법경찰관이 고소인 등에게 수사중지 결정의 통지를 할 때에는 검사에게 신고할 수 있다는 사실을 함께 고지하여야 한다(동조 제4항).

4) 검사의 재수사 요청

검사는 사법경찰관이 사건을 송치하지 아니한 것이 위법 또는 부당한 때에는 그 이유를 문서로 명시하여 사법경찰관에게 재수사를 요청할 수 있다(제245조의8 제1항). 검사가 재수사 요청을 하면 사법경찰관은 재수사하여야 한다(동조 제2항).

3. 검사의 수사종결처분

(1) 검사의 결정

검사는 사법경찰관으로부터 사건을 송치받거나 직접 수사하여 사건을 종결할 때에는 다음의 구분에 따라 결정하여야 한다(검사규칙 제98조, 수사준칙규정 제52조 제1항). 다만, 검사는 하나의 사건 중 피의자가 여러 사람이거나 피의사실이 여러 개인 경우로서 분리하여 결정할 필요가 있는 경우 그중 일부에 대해 따로 결정을 할 수 있다(수사준칙규정 제52조 제2항).

<검사의 수사종결 결정을 위한 보완제도>
1. 형사조정 : 검사는 형사조정에 회부한 사건을 수사하고 처리함에 있어서 형사조정의 결과를 고려할 수 있다(범죄피해자 보호법 제45조 제4항). 자세한 것은 대검찰청 「형사조정 실무운영 지침」 참조.
2. 검찰시민위원회 : 검찰의 기소독점주의의 폐해를 견제하기 위해 미국의 대배심과 일본 검찰심사회를 참고하여 신설한 위원회로, 검사는 공소제기와 불기소 처분은 물론 구속취소, 구소영장청구 및 재청구 여부를 결정함에 있어서 국민의 의견을 직접 반영함으로써 수사의 공정성과 투명성을 제고하고, 국민의 인권을 보장하기 위하여 설치된 위원회이다. 위원회의 결정은 구속력은 없고 권고적 효력만 있다. 자세한 것은 대검찰청「검찰시민위원회 운영지침」 참조.
3. 검찰수사심의위원회 : 검찰의 기소권 남용을 견제하기 위한 것으로 국민적 의혹이 제기되거나 사회적 이목이 집중되는 사건에 대해 수사 계속 여부, 공소 제기 또는

불기소 처분 여부, 구속영장 청구 및 재청구 여부, 공소 제기 또는 불기소 처분된 사건의 수사 적정성·적법성 등을 심의한다. 위원회의 결정은 권고 효력만 있다. 자세한 것은 대검찰청 「검찰수사심의위원회 운영지침」 참조.

1) 공소제기

수사결과 범죄의 객관적 혐의가 충분하고 소송조건을 구비하여 유죄판결을 받을 수 있다고 인정한 때에는 공소를 제기한다(제246조). 다만, 검사는 벌금, 과료 또는 몰수에 해당되는 사건에 대하여는 약식명령을 청구할 수 있다(제448조 제1항).

2) 불기소처분

불기소처분은 수사결과 피의자에 대해 공소를 제기하지 않기로 결정하는 처분을 말한다. 여기에는 협의의 불기소처분과 기소유예가 있다.

(가) 협의의 불기소처분

가) 혐의 없음　　피의사실을 수사한 결과 피의사실이 범죄를 구성하지 않거나 피의사실이 인정되지 않는 경우(범죄인정안됨) 또는 피의사실을 인정할 만한 증거가 없는 경우(증거불충분)에는 '혐의없음' 처분을 한다(검사규칙 제115조 제3항 제2호).

나) 죄가 안 됨　　피의사실이 범죄구성요건에는 해당하지만 법률상 범죄의 성립을 조각하는 사유, 즉 위법성조각사유나 책임조각사유가 있어서 범죄를 구성하지 않는 경우에는 '죄가 안 됨' 처분을 한다(동항 제3호).

다) 공소권 없음　　피의사건에 관하여 소송조건이 결여되었거나 형이 필요적으로 면제되는 경우에는 '공소권 없음' 결정을 한다. 즉, (ⅰ) 확정판결이 있는 경우, (ⅱ) 통고처분이 이행된 경우, (ⅲ) 「소년법」·「가정폭력범죄의 처벌 등에 관한 특례법」·「성매매알선 등 행위의 처벌에 관한 법률」 또는 「아동학대범죄의 처벌 등에 관한 특례법」에 따른 보호처분이 확정된 경우(보호처분이 취소되어 검찰에 송치된 경우는 제외한다), (ⅳ) 사

면이 있는 경우, (ⅴ) 공소의 시효가 완성된 경우, (ⅵ) 범죄 후 법령의 개폐로 형이 폐지된 경우, (ⅶ) 법률에 따라 형이 면제된 경우, (ⅷ) 피의자에 관하여 재판권이 없는 경우, 같은 사건에 관하여 이미 공소가 제기된 경우(공소를 취소한 경우를 포함한다. 다만, 공소를 취소한 후에 다른 중요한 증거를 발견한 경우는 포함되지 않는다), (ⅸ) 친고죄 및 공무원의 고발이 있어야 논할 수 있는 죄의 경우에 고소 또는 고발이 없거나 그 고소 또는 고발이 무효 또는 취소된 경우, (ⅹ) 반의사불벌죄의 경우 처벌을 희망하지 않는 의사표시가 있거나 처벌을 희망하는 의사표시가 철회된 경우, (ⅺ) 피의자가 사망하거나 피의자인 법인이 존속하지 않게 된 경우 등이다(동항 제4호).

　　　　　　라) 각 하　　(ⅰ) 고소·고발사건에서 고소인 또는 고발인의 진술이나 고소장 또는 고발장에 의하여 혐의 없음, 죄가 안 됨, 공소권 없음의 사유에 해당함이 명백한 경우, (ⅱ) 고소·고발이 자기 또는 배우자의 직계존속에 대한 것이거나 고소취소 후 재고소한 경우, (ⅲ) 같은 사건에 관하여 검사의 불기소결정이 있는 경우(새로이 중요한 증거가 발견되어 고소인, 고발인 또는 피해자가 그 사유를 소명한 경우는 제외한다), (ⅳ) 고소권자가 아닌 자가 고소한 경우, (ⅴ) 고소인 또는 고발인이 고소·고발장을 제출한 후 출석요구나 자료제출 등 혐의 확인을 위한 수사기관의 요청에 불응하거나 소재불명이 되는 등 고소·고발사실에 대한 수사를 개시·진행할 자료가 없는 경우, (ⅵ) 고발이 진위 여부가 불분명한 언론 보도나 인터넷 등 정보통신망의 게시물, 익명의 제보, 고발 내용과 직접적인 관련이 없는 제3자로부터의 전문(傳聞)이나 풍문 또는 고발인의 추측만을 근거로 한 경우 등으로서 수사를 개시할만한 구체적인 사유나 정황이 충분하지 않은 경우, (ⅶ) 고소·고발 사건(진정 또는 신고를 단서로 수사개시된 사건을 포함한다)의 사안의 경중 및 경위, 피해회복 및 처벌의사 여부, 고소인·고발인·피해자와 피고소인·피고발인·피의자와의 관계, 분쟁의 종국적 해결 여부 등을 고려할 때 수사 또는 소추에 관한 공공의 이익이 없거나 극히 적은 경우로서 수사를 개시·진행할 필요성이 인정되지 않는 경우에는

'각하'처분을 한다(동항 제5호).

(나) 기소유예와 공소보류   기소유예는 수사결과 피의사실은 인정되지만「형법」제51조의 사항, 즉 범인의 연령, 성행, 지능과 환경, 범행동기·수단과 결과, 범행 후의 정황 등을 참작하여 공소를 제기하지 않는 경우를 말한다(제247조). 검사는 기소유예의 결정을 하려는 경우(경미한 사건의 경우는 제외한다)에는 피의자에게 엄중히 주의를 주고, 재범하지 않겠다는 피의자의 의사를 확인하여야 한다(검사규칙 제118조 제1항). 또한 검사는 기소유예의 결정을 하는 경우에 재범방지 등을 위하여 감호자·연고자 또는「보호관찰 등에 관한 법률」제18조의 범죄예방 자원봉사위원에게 신병인도조치를 하거나 동법 제71조의 한국법무보호복지공단 등 보호단체에 보호를 알선하는 등 필요한 조치를 할 수 있다(동조 제2항). 소년인 피의자에 관하여 선도조건부 기소유예결정을 하는 경우에는 선도보호에 필요한 조치를 하며(동조 제3항), 피의자가 이 조치를 정당한 이유 없이 불응하거나 이행하지 않는 경우에는 사건을 재기하여 공소를 제기하거나 소년보호사건송치결정을 할 수 있다(동조 제4항).

한편, 검사는「국가보안법」의 죄를 범한 자에 대하여「형법」제51조의 사항을 참작하여 공소제기를 보류할 수 있다(국가보안법 제20조 제1항). 이때 공소보류를 받은 자가 공소의 제기없이 2년을 경과한 때에는 소추할 수 없다(동조 제2항). 다만, 공소보류를 받은 자가 법무부장관이 정한 감시·보도에 관한 규칙에 위반한 때에는 공소보류를 취소할 수 있으며(동조 제3항), 공소보류가 취소된 경우에는 동일한 범죄사실로 재구속할 수 있다(동조 제4항).

(다) 기소중지와 참고인중지   검사는 피의자의 소재불명 또는 참고인중지의 사유가 아닌 사유로 수사를 종결할 수 없는 경우에는 그 사유가 해소될 때까지 불기소 사건기록 및 불기소 결정서, 불기소 사건기록 및 불기소 결정서(간이)에 따라 기소중지의 결정을 할 수 있다(검사규칙 제120조). 또한 검사는 참고인·고소인·고발인 또는 같은 사건 피의자의 소

재불명으로 수사를 종결할 수 없는 경우에는 그 사유가 해소될 때까지 불기소 사건기록 및 불기소 결정서, 불기소 사건기록 및 불기소 결정서 (간이)에 따라 참고인중지의 결정을 할 수 있다(검사규칙 제121조).

그러나 검사는 수사중지 또는 기소중지·참고인중지된 사건의 피의자 또는 참고인을 발견하는 등 기소중지·참고인중지 결정의 사유가 해소된 경우에는 즉시 수사를 진행하여야 한다(수사준칙규정 제55조 제3항).[25]

3) 보완수사의 요구

검사는 사법경찰관으로부터 범죄혐의가 있다고 인정하여 송치한 사건의 공소제기 여부 결정 또는 공소의 유지에 관하여 필요한 경우에는 사법경찰관에게 보완수사를 요구할 수 있다(제97조의2 제1항 제1호).[26] 사법경찰관은 이 요구가 있는 때에는 정당한 이유가 없는 한 지체 없이 이를 이행하고, 그 결과를 검사에게 통보하여야 한다(동조 제2항). 검찰총장 또는 각급 검찰청 검사장은 사법경찰관이 정당한 이유 없이 이 요구에 따르지 아니하는 때에는 권한 있는 사람에게 해당 사법경찰관의 직무배제 또는 징계를 요구할 수 있고, 그 징계 절차는 「공무원 징계령」 또는 「경찰공무원 징계령」에 따른다(동조 제3항).

검사의 보완수사요구대상은 (i) 범인에 관한 사항, (ii) 증거 또는 범죄사실 증명에 관한 사항, (iii) 소송조건 또는 처벌조건에 관한 사

---

25) 검사와 사법경찰관은 소재불명(所在不明)인 피의자나 참고인을 발견한 때에는 해당 사실을 통보하는 등 서로 협력하여야 하며(수사준칙규정 제55조 제1항), 검사는 사법경찰관의 송치(제245조의5 제1호) 또는 고소인 등의 이의신청(제245조의7 제2항)에 따라 송치된 사건의 피의자나 참고인의 소재 확인이 필요하다고 판단하는 경우 피의자나 참고인의 주소지 또는 거소지 등을 관할하는 경찰관서의 사법경찰관에게 소재수사를 요청할 수 있다. 이 경우 요청을 받은 사법경찰관은 이에 협력하여야 한다(동조 제2항).

26) 검사는 제245조의5 제1호에 따라 사법경찰관으로부터 송치받은 사건에 대해 보완수사가 필요하다고 인정하는 경우에는 특별히 직접 보완수사를 할 필요가 있다고 인정되는 경우를 제외하고는 사법경찰관에게 보완수사를 요구하는 것을 원칙으로 한다(수사준칙규정 제59조 제1항). 또한 검사는 사법경찰관에게 송치사건 외에 관련사건(형소법 제11조에 따른 관련사건 및 형소법 제208조 제2항에 따라 간주되는 동일한 범죄사실에 관한 사건을 말한다. 다만, 형소법 제11조 제1호(1인이 범한 수죄)의 경우에는 수사기록에 명백히 현출(現出)되어 있는 사건으로 한정한다)에 대해 보완수사를 요구할 수 있다(동조 제2항).

항, (ⅳ) 양형 자료에 관한 사항, (ⅴ) 죄명 및 범죄사실의 구성에 관한 사항, (ⅵ) 그 밖에 송치받은 사건의 공소제기 여부를 결정하는 데 필요하거나 공소유지와 관련해 필요한 사항이다(수사준칙규정 제59조 제2항).

4) 이 송

검사는 사건이 소속검찰청에 대응한 법원의 관할에 속하지 아니할 때에는 사건을 서류와 증거물과 함께 관할법원에 대응한 검찰청 검사에게 송치하여야 한다(제256조).[27] 이를 타관송치라고 한다.

또한 검사는 사건이 군사법원의 재판권에 속하는 때에는 사건을 서류와 증거물과 함께 재판권을 가진 관할 군검찰부 군검사에게 송치하여야 한다. 이 경우에 송치전에 행한 소송행위는 송치후에도 그 효력에 영향이 없다(제256조의2).

한편, 소년에 대한 피의사건을 수사한 결과 보호처분에 해당하는 사유가 있다고 인정한 때에는 사건을 관할소년부에 송치하여야 한다(소년법 제49조). 이 외에 「가정폭력범죄의 처벌 등에 관한 특례법」에 따른 가정보호사건 송치(제9조, 제11조 제1항), 「아동학대범죄의 처벌 등에 관한 특례법」에 따른 아동보호사건 송치(제27조, 제28조), 「성매매알선 등 행위의 처벌에 관한 법률」에 따른 보호사건 송치(제12조) 등이 있다.

(2) 검사의 조치

1) 고소인 등에 대한 처분의 통지

검사는 고소·고발사건에서 공소제기, 불기소처분 또는 타관송치를 한 때에는 그 처분을 한 날로부터 7일 이내에 서면으로 고소인 또는 고발인에게 그 취지를 통지하여야 한다(제258조 제1항). 다만, 기소중지 결정을 한 경우에는 고소인등에게만 통지한다(수사준칙규정 제53조 제1항 단서 후

---

27) 검사가 공수처법 제24조 제1항 및 제25조 제2항에 따라 공수처에 이첩하는 경우와 「국제형사사법공조법」 제21조 제1항에 따라 같은 법 제15조 제1항 제1호의 명령에 따른 조치로 수집한 공조 자료 등을 법무부장관에게 송부하는 경우를 포함한다(검사규칙 제98조 제7호).

단). 또한 검사는 고소·고발사건에 관하여 불기소처분을 한 경우에 고소인 또는 고발인의 청구가 있는 때에는 7일 이내에 고소인·고발인에게 불기소이유를 설명하여야 한다(제259조).

2) 피의자에 대한 처분의 통지

검사는 불기소처분 또는 타관송치를 한 때에는 피의자에게 즉시 그 취지를 통지하여야 한다(제258조 제2항).

3) 피해자 등에 대한 통지

검사는 범죄로 인한 피해자 또는 그 법정대리인(피해자가 사망한 경우에는 그 배우자·직계친족·형제자매를 포함한다)의 신청이 있는 때에는 당해 사건의 공소제기 여부, 공판의 일시·장소, 재판결과, 피의자·피고인의 구속·석방 등 구금에 관한 사실 등을 신속하게 통지하여야 한다(제259조의2).

(3) 검사의 불기소처분에 대한 불복

고소인 또는 고발인은 검사의 불기소처분에 대한 불복방법으로는 검찰항고, 재정신청, 헌법소원 등이 있다.

1) 검찰항고

검사의 불기소처분에 불복이 있는 고소인 또는 고발인은 그 검사가 속하는 지방검찰청 또는 지청을 거쳐 서면으로 관할 고등검찰청의 장에게 항고할 수 있다(검찰청법 제10조 제1항). 항고는 불기소처분의 통지를 받은 날로부터 30일내에 하여야 한다(동조 제4항).

항고를 기각하는 처분에 대하여는 검찰총장에게 재항고할 수 있다. 다만, 재정신청(제260조)을 할 수 있는 자는 재항고할 수 없다(동법 제10조 제3항). 재항고는 항고기각결정의 통지를 받은 날 또는 항고 후 항고에 대한 처분이 행하여지지 아니하고 3개월이 경과한 날부터 30일 이내에 하여야 한다(동조 제5항).

2) 재정신청

고소권자로서 고소를 한 자(형법 제123조부터 제126조까지의 죄에 대하여는 고발한 자를 포함한다)가 검사로부터 공소를 제기하지 아니한다는 통지를 받은 때에는 그 검사소속의 지방검찰청 소재지를 관할하는 고등법원에 그 당부에 관한 재정을 신청할 수 있다(제260조 제1항).

3) 헌법소원

고소인은 검사의 불기소처분에 대하여 헌법소원을 청구할 수 없다. 헌법소원은 보충성의 원칙에 따라 다른 법률에 구제절차가 있는 경우에는 그 절차를 우선 거치도록 되어 있으며,[28] 법원의 재판에 대해서는 헌법소원이 허용되지 않는다(헌법재판소법 제68조). 따라서 현행법상 모든 범죄에 있어서 고소인은 검사의 불기소처분에 대하여 재정신청이 가능하고, 고소인의 재정신청에 대한 법원의 결정은 재판에 해당하므로 이에 대해서는 헌법소원을 청구할 수 없다. 그러나 고소하지 않은 피해자는 검사의 불기소처분에 대하여 「검찰청법」상 항고·재항고 또는 형소법상 재정신청을 할 수 없으므로 헌법소원을 청구할 수 있다. 이때 피해자가 검사의 불기소처분에 대하여 새로운 고소와 그에 수반되는 권리구제절차를 거치지 않았더라도 보충성의 원칙에 반하지 않는다(2009헌마651).[29]

또한 고발인에게는 헌법상 기본권에 대한 직접적인 침해가 없다는 점에서 헌법소원청구를 인정하지 않고 있다(89헌마145). 그러나 고발인이 재정신청의 대상이 되지 않는 범죄에 대한 불기소처분에 대하여 검찰항고와 재항고를 하였으나 각하된 경우에 검찰의 재항고 각하결정에 대하여만 고유한 위법사유를 주장하면서 그 각하결정의 취소를 구하는 헌법소원은 가능하다(2009헌마47).

그러나 검사의 기소처분은 재판절차에서 충분한 사법적 심사를 받을 수 있으므로 독립하여 헌법소원의 청구대상이 되지 아니한다(93헌마36).

---

28) 따라서 고소인이 「검찰청법」상 항고를 거치지 않고 바로 헌법소원을 청구하는 것은 보충성요건을 흠결하여 부적법하다. 피해자의 재정신청을 법원이 기각한 경우도 마찬가지이다(2010헌마49).

29) 헌법재판소는 검사의 불기소처분에 대하여는 헌법상 피해자의 재판절차진술권(제27조 제5항)과 행복추구권(제10조) 및 평등권(제11조 제1항) 등의 침해를 인정하고 있다.

그러나 기소유예처분(2019헌마427)이나 기소중지처분(90헌마115)은 헌법소원의 청구대상이 될 수 있다.

Ⅱ. 공소제기 후의 수사

> ≪학습문제≫ 검사 A는 피의자 갑에 대해 탈세혐의로 공소제기 후 탈세에 대한 증거로서 이중장부의 존재 및 보관장소를 듣게 되었다. 이 경우 이중장부에 대한 검사 A의 압수·수색은 허용되는가?

공소를 제기하면 수사는 원칙적으로 종결된다. 그러나 공소제기 후에도 공소유지를 위해 또는 공소유지 여부를 결정하기 위해 수사를 계속할 필요가 있다. 공소제기 후 진범이 검거된 때가 그러한 예에 해당한다. 그렇지만 공소제기 후의 수사를 무제한으로 허용한다면 검사와 대등한 반대당사자의 지위에 있는 피고인이 자칫 수사의 객체로 전락될 위험이 있다는 점에서 공소제기 후의 수사의 허용 여부가 문제된다.

1. 공소제기 후의 강제수사

(1) 대인적 강제처분

공소제기 후의 피고인구속은 법원의 권한에 속한다(제70조). 따라서 수사기관에 의한 피고인 구속은 허용되지 않는다.

(2) 대물적 강제처분

공소제기 후 수사기관의 압수·수색·검증이 허용되는가에 대하여는 제215조에서 영장청구기간을 명시하지 않고 있다는 점을 근거로 1회 공판기일 전까지는 가능하다는 견해가 있으나 공소제기 후에는 허용되지 않는다(통설). 공소제기로 사건이 법원에 계속되므로 압수·수색·검증도 법원의 권한에 속하고, 제215조에서는 영장청구의 시기를 명시하지 않고 있지만 규칙 제107조에서는 압수·수색·검증영장의 청구서에 피의사실의 요지를 기재하도록 규정하고 있으며, 공소제기 후 제1회 공판기일 전에는 증거보전절차(제184조)에 의한 증거보전이 가능하기 때문이다.

> [판례] 형소법은 제215조에서 검사가 압수·수색 영장을 청구할 수 있는 시기를 공소제기 전으로 명시적으로 한정하고 있지는 아니하나, 헌법상 보장된 적법절차의 원칙과 재판받을 권리, 공판중심주의·당사자주의·직접주의를 지향하는 현행 형소법의 소송구조, 관련 법규의 체계, 문언 형식, 내용 등을 종합하여 보면, 일단 공소가 제기된 후에는 피고사건에 관하여 검사로서는 형소법 제215조에 의하여 압수·수색을 할 수 없다고 보아야 하며, 그럼에도 검사가 공소제기 후 형소법 제215조에 따라 수소법원 이외의 지방법원 판사에게 청구하여 발부받은 영장에 의하여 압수·수색을 하였다면, 그와 같이 수집된 증거는 기본적 인권 보장을 위해 마련된 적법한 절차에 따르지 않은 것으로서 원칙적으로 유죄의 증거로 삼을 수 없다(2009도10412).

그러나 부정설에 따르더라도 다음의 경우에는 공소제기 후 수사기관의 압수·수색·검증이 허용된다. 첫째, 피고인에 대한 구속영장을 집행하는 경우이다. 즉, 검사 또는 사법경찰관이 피고인에 대한 구속영장을 집행하는 때에는 구속영장의 집행에 부수된 처분으로서 압수·수색·검증을 할 수 있다(제216조 제2항). 다만, 이때의 압수·수색·검증도 수사기관의 강제처분이므로 압수물은 수사기관에서 보관한다. 둘째, 임의제출물의 압수이다. 즉, 임의제출물에 대한 압수는 강제수사의 일종이지만, 공소제기 후라고 해서 수사기관이 임의로 제출된 물건의 압수를 배제할 이유가 없다. 따라서 공소제기 후에도 임의제출물에 대한 압수는 허용된다(통설).

2. 공소제기 후의 임의수사

수사에 관하여는 그 목적을 달성하기 위하여 필요한 조사를 할 수 있다(제199조 제1항). 따라서 공소제기 후 공소유지 또는 그 여부를 결정하기 위한 임의수사는 허용되지만 무제한적으로 허용되는 것은 아니다.

(1) 피고인신문

공소제기 후에 수사기관이 당해 공소사실에 관하여 피고인을 신문할 수 있는가 여부가 문제된다. 판례는 제199조에 임의수사의 시기에 대한 제한이 없다는 점을 근거로 공소제기 후에도 수사기관에 의한 피고인신문은 허용된다고 한다(82도754). 이에 대해 공소제기 후에는 제1회 공판기일 전에 한하여 검사에 의한 피고인신문이 허용된다는 견해가 있다. 그러나 제200조에서 수사기관이 출석을 요구하여 진술을 들을 수 있는 대상은 '피의자'로 한정하고 있기 때문에 수사기관에 의한 피고인신문은 허용되지 않는다고 해야 한다(다수설).

(2) 참고인조사

수사기관의 참고인조사(제221조)는 공소제기 후에도 원칙적으로 허용된다. 그러나 이것도 무제한으로 허용되는 것은 아니다. 특히, 피고인에게 유리한 증언을 한 증인을 수사기관이 법정 외에서 다시 참고인으로 조사하여 법정에서 행한 진술을 번복하게 하는 것은 적법절차에 위배되는 수사로서 허용되지 않으며(92도2171), 이러한 진술은 유죄의 증거로 삼을 수 없다(99도1108). 공판준비기일 또는 공판기일에서 이미 증언을 마친 증인을 소환하여 피고인에게 유리한 증언 내용을 추궁한 다음 진술조서를 작성하는 대신 그로 하여금 본인의 증언 내용을 번복하는 내용의 진술서를 작성하도록 하여 법원에 제출한 경우(2012도534)나 수사기관에 출석할 것을 요구하여 그 증인을 상대로 위증의 혐의를 조사한 내용을 담은 피의자신문조서의 경우(2012도13665)도 마찬가지이다.

(3) 기타의 조사활동

수사기관은 법원의 심리를 방해하거나 당사자의 지위를 침해하지 않는 한 공소제기 후에도 제1회 공판기일 전후를 불문하고 감정[30]

---

30) 제1회 공판기일 후에는 수소법원에 의한 감정이 가능하다는 점에서 수사기관에 의

이나 통역·번역의 위촉, 공무소 등에의 조회 등의 임의수사는 허용
된다.

제2절 공소의 제기

Ⅰ. 공소와 공소권

> ≪학습문제≫ 검사 갑은 피의자 을이 상가매매계약서를 위조하여 상가를
> 이중매매한 것에 대해 수사한 후 사기죄에 대해 공소를 제기하고 사문서
> 위조 및 동행사죄 부분을 누락하였다. 하지만 법원에서 피의자 을에 대한
> 사기죄에 대해 징역 1년6월을 선고한 이후 검사 갑은 최초 공소제기 시
> 누락된 사문서위조 및 동행사죄 부분을 추가로 공소제기하였다. 법원은
> 검사 갑의 추가 공소제기에 대하여 유죄판결할 수 있는가?

1. 개 념

공소는 법원에 대하여 특정한 형사사건의 심판을 구하는 검사의 의
사표시를 말한다. 이러한 공소에 의해 수사는 종결되고, 사건은 공판절차
로 나아가 법원의 지배하에 넘어가게 된다. 그런데 공소의 제기가 없으
면 법원은 사건을 심판할 수 없다. 이를 불고불리의 원칙이라고 한다. 이
때문에 공소제기는 수사의 종결을 의미하는 동시에 심판의 개시를 의미
한다.

공소권은 공소를 제기하는 권리를 말한다. 현행법은 공소제기의 권
한을 검사에게 부여하고 있다(제246조).

한 감정위촉은 제1회 공판기일 전에 한하여 허용된다는 견해가 있다.

2. 공소권이론

(1) 개 념

공소권이론이란 공소권의 본질과 성격을 어떻게 파악할 것인가에 관한 이론이다.

(2) 학 설

1) 추상적 공소권설

공소권을 형사사건에 대하여 검사가 공소를 제기하는 일반적 권한으로 이해하는 견해이다. 이 견해는 단지 국가소추주의, 기소독점주의를 표현한 것에 지나지 않는 것으로 공소권의 구체적 내용을 밝히는데 도움이 되지 못한다는 비판이 있다. 우리나라에서 이 견해를 취하는 학자는 없다.

2) 구체적 공소권설

공소권을 검사가 구체적인 특정사건에 관하여 유죄판결을 청구할 수 있는 권한으로 이해하는 견해이다. 이 견해에서는 공소권을 형식적 공소권과 실체적 공소권으로 구별한다. 즉, 형식적 소송조건을 구비한 경우에 형식적 공소권이 존재하고, 여기에서 다시 심판대상이 되는 사건의 범죄혐의가 충분하고 유죄판결을 받을 만한 객관적 실체를 갖추고 있을 때 실체적 공소권이 존재한다고 한다. 따라서 구체적 공소권설을 유죄판결청구권설이라고도 한다. 이 견해에 따르면 형식적 소송조건, 즉 해당사건에 대한 재판권 또는 관할권의 존재, 친고죄에서 고소의 존재 등과 같은 형식요건이 갖추어지지 않으면 법원은 관할위반의 판결(제319조), 공소기각의 판결(제327조), 공소기각의 결정(제328조)을 하게 된다. 그리고 실체적 소송조건이 갖추어지지 않으면 면소판결(제326조)을 하게 된다. 이 견해는 무죄판결을 선고할 경우에는 공소권이 없는 경우로 볼 수밖에 없다는 비판이 있다.

3) 실체판결청구권설

공소권을 검사가 구체적 사건에 대해 유·무죄의 실체판결을 청구하는 권한으로 이해하는 견해이다. 이 견해는 구체적 공소권설이 가지는 무죄판결에 대한 공소권의 설명이 가능하다는 장점이 있으나, 공소권을 단순히 실체판결에만 연결시킴으로써 검사의 공소권남용을 방치하는 결과를 가져온다는 비판이 있다.

(3) 공소권이론 무용론

공소권이론 무용론은 공소권이론 자체가 무용하다는 견해이다. 이 견해에서는 공소권이란 수소법원의 관점에서 보면 소송이 성립하기 위한 소송조건의 하나에 지나지 않는 것을 검사의 입장에서 바라본 것에 지나지 않으므로 공소권이론은 소송조건이론의 일면에 지나지 않는다고 한다. 즉, 소송조건이 구비된 경우에 법원은 사건의 실체를 심판할 권리를 가지며, 당사자는 실체심판을 받을 권리가 발생하는데 불과하므로 공소권은 소송조건이 결여되면 소멸되는 것이므로 굳이 공소권에 독자적인 의미를 둘 필요가 없다는 것이다.

그러나 공소권이론은 검사의 공소권에 독자성을 인정함으로써 피고인의 방어권에 대립시켜 검사의 공소권남용을 억제하는 기능을 수행할 수 있다는 점에서 그 효용성을 인정할 수 있다.

3. 공소권남용이론

(1) 개 념

공소권남용은 형식적으로는 적법한 공소제기가 이루어졌으나 실질적으로는 그러한 공소권행사가 검찰의 재량범위를 남용 또는 일탈한 경우를 말한다. 이처럼 공소권의 남용이 있는 때에는 공소기각이나 면소판결과 같은 형식재판으로 소송을 종결시켜야 한다는 이론을 공소권남용이론이라고 한다.

그러나 현행법에서는 검사의 공소제기가 형식적으로 적법하고 소송조건을 구비하고 있으면 법원은 형식재판이 아니라 유·무죄의 실체재판을 할 수 있을 뿐이다. 따라서 현행법하에서는 해석론상 받아들이기 어렵다. 다만, 검사의 부당한 공소권행사를 통제하고, 피고인을 조기에 형사절차로부터 해방시킬 수 있다는 점을 고려할 때 공소권남용이론을 부정할 필요는 없다(통설).

(2) 공소권남용의 유형

1) 혐의 없는 사건의 공소제기

범죄의 객관적 혐의가 없음에도 불구하고 검사가 공소를 제기한 경우이다.

이에 대하여 공소기각결정설에서는 범죄혐의가 없는 사건에 대해 공소를 제기하는 것은 '공소장에 기재된 사실이 범죄가 될 만한 사실이 아닌 것'(제328조 제1항 제4호)에 해당하므로 공소기각의 결정을 하여야 한다고 한다. 공소기각판결설에 따르면 무혐의사건에 대한 공소제기는 '공소제기의 절차가 법률의 규정에 위반하여 무효인 때'(제327조 제2호)에 해당하므로 공소기각의 판결을 하여야 한다. 무죄판결설에서는 혐의없는 사건에 대한 공소제기는 공소권남용으로 볼 수 있으나 제327조 또는 제328조의 공소기각사유는 물론 면소사유(제326조)에는 해당하지 않고, 형소법상 피고사건이 범죄로 되지 아니하거나 범죄사실의 증명이 없는 때에는 판결로써 무죄를 선고하여야 하므로(제325조) 실체심리를 하여 무죄판결을 선고하여야 한다고 한다. 공소제기는 범죄혐의에 대한 검사의 주관적 판단이 기준이 되는 것이고, 범죄혐의의 유무는 본래 실체심판에서 판단될 사항이지만 모두절차에서 범죄혐의에 관하여 심사할 필요가 없음이 밝혀진 때에는 피고인에게 유리한 무죄판결을 하여야 한다.

2) 소추재량을 일탈한 공소제기

사건이 경미하여 기소유예처분을 하여야 할 만한 사건을 기소한 경우이다.

이에 대하여 공소기각판결설에서는 '공소제기의 절차가 법률의 규정에 위반하여 무효인 때'(제327조 제2호)에 해당하므로 공소기각의 판결로 절차를 종결하여야 한다고 한다. 면소판결설에서는 검사가 소추재량의 기준을 일탈한 것은 공소권남용에 해당하므로 면소판결에 의하여 절차를 종결하여야 한다고 한다. 유죄판결설에서는 기소유예는 혐의가 인정됨에도 검사의 재량에 의한 불기소처분이므로 공소제기는 유효하고 범죄증거가 충분하면 유죄판결을 하여야 한다고 한다. 기소유예의 정상은 사건의 실체에 관한 것이기 때문에 이를 소송조건으로 다루는 것은 적절치 않고, 법원의 역할은 소추재량의 당부를 판단하는 것은 아니므로 유죄판결설이 타당하다.

> [판례] 검사는 범죄의 구성요건에 해당하여 형사적 제재를 함이 상당하다고 판단되는 경우에는 공소를 제기할 수 있고, 또 「형법」제51조의 사항을 참작하여 공소를 제기하지 아니할 수 있다(형소법 제246조, 제247조). 검사가 자의적으로 공소권을 행사하여 피고인에게 실질적인 불이익을 줌으로써 소추재량권을 현저히 일탈하였다고 보이는 경우에는 이를 공소권의 남용으로 보아 공소제기의 효력을 부인할 수 있고, 여기서 자의적인 공소권의 행사란 단순히 직무상의 과실에 의한 것만으로는 부족하고 적어도 미필적이나마 어떤 의도가 있어야 한다(2018도114295).

3) 선별적 공소제기

범죄의 성질과 내용이 유사한 여러 피의자들 가운데 일부만 기소하고 나머지는 기소유예 또는 무혐의 처리하는 경우이다.

이에 대하여 공소기각판결설에서는 이러한 선별기소를 헌법상 평등권을 침해한 '공소제기절차가 법률의 규정에 위반하여 무효인 때'(제327조 제2호)에 해당하므로 공소기각의 판결을 선고하여야 한다고 한다. 실체판결설에서는 검사의 선별기소가 명백히 불합리하더라도 공소제기

자체는 적법·유효하기 때문에 수소법원은 유·무죄의 실체판결을 하여야 한다고 한다. 현행법이 기소편의주의를 채택하고 있는 점을 고려하면 실체판결설이 타당하다(90도646).

> **[판례]** 검사에게는 범죄의 구성요건에 해당하는 경우에 피의자의 연령, 성행, 지능과 환경, 피해자에 대한 관계, 범행의 동기, 수단과 결과, 범행 후의 정황 등의 사항을 참작하여 공소를 제기할 것인지의 여부를 결정할 수 있는 재량권이 부여되어 있는바, 위와 같은 재량권의 행사에 따른 공소의 제기는 소추재량권을 현저히 일탈하였다고 인정되지 않는 이상 공소권을 남용한 경우에 해당한다고 할 수 없다. 따라서 어떤 사람에 대하여 공소가 제기된 경우 그 공소가 제기된 사람과 동일하거나 다소 중한 범죄구성요건에 해당하는 행위를 하였음에도 불구하고 불기소된 사람이 있다는 사유만으로는 그 공소의 제기가 평등권 내지 조리에 반하는 것으로서 공소권 남용에 해당한다고 할 수 없다(2010도9349).

4) 누락기소

여러 개의 범죄사실 가운데 검사가 일부 범죄사실을 제외한 채 기소한 후 기소된 범죄사실에 대한 항소심 판결선고 후에 제외하였던 범죄사실을 다시 기소하는 경우이다.

이에 대하여 공소기각판결설에서는 양형상의 불이익 및 피고인에 대한 이중부담 등을 이유로 '공소제기절차가 법률의 규정에 위반하여 무효인 때'(제327조 제2호)에 해당하므로 공소기각판결을 하여야 한다고 한다. 실체재판설에서는 검사에게는 동시소추의 의무가 없다는 이유로 실체재판을 하여야 한다고 한다. 현행법에서 기소편의주의를 택하고 있는 점을 고려하면 실체판결설이 타당하다. 판례는 검사가 자의적으로 공소권을 행사하여 누락기소한 경우가 아니라면 공소권남용을 인정하지 않는다(2004도2189).

Ⅱ. 공소제기의 기본원칙

> ≪학습문제≫ 검사 갑은 피의자 병의 절도죄에 대해 기소유예 처분을 하였다. 하지만 이후 검사 갑은 피의자 병의 절도죄에 대해 재조사 후 공소를 제기하였고, 이에 대하여 법원은 유죄판결을 선고하였다. 검사 갑과 법원의 조치는 적법한가?

1. 국가소추주의

공소제기의 주체가 국가인가 사인인가에 따라 국가소추주의와 사인소추주의로 구분할 수 있다. 사인소추주의에는 피해자소추주의와 공중소추주의가 있다. 제246조에서는 "공소는 검사가 제기하여 수행한다"고 규정하여 국가소추주의를 선언하고 있다. 독일과 프랑스 등의 국가에서는 일부 경미범죄에 대하여 사인소추주의를 인정하고 있다.

2. 기소독점주의

(1) 기소독점주의의 의의

기소독점주의란 국가소추주의를 전제로 하여, 국가기관 중에서 검사만이 공소를 제기하고 수행할 권한을 갖는 것을 말한다. 제246조에서는 국가소추주의와 함께 기소독점주의를 규정하고 있다.

기소독점주의는 검사동일체의 원칙과 결합하여 전국적으로 통일된 공소권행사를 가능하게 함으로써 피의자의 권익이 보호되는 결과를 가져오고, 국가적 입장에서 공평하고 획일적인 소추를 가능하게 하는 점 등에서 장점이 있다. 반면에 기소독점주의는 기소편의주의와 결합하여 자칫 자의적인 공소권행사가 이루어질 위험성이 있고, 정치권력의 의사에 따라 공소권을 행사할 가능성을 차단하기 어렵다는 단점이 있다.

(2) 기소독점주의에 대한 수정·보완

기소독점주의가 가진 여러 가지 폐단 때문에 기소독점주의를 법적으로 규제할 필요성이 있다. 독일의 경우 명문의 예외규정이 없는 한 범죄에 대한 기소의무를 부과하는 기소법정주의를 채택하여 기소독점주의에 제한을 가하고 있다. 그러나 형소법에서는 기소편의주의(제247조)를 채택하면서, 수정·보완장치를 두고 있다.[31]

---

31) 기소독점주의에 대한 수정 장치로서 법정경찰권에 의한 감치나 과태료의 부과(법조

1) 재정신청

고소·고발사건에 대한 검사의 불기소처분에 대해 고소인 또는 고발인은 법원에 재정신청을 할 수 있다(제260조 이하). 재정신청이 법원에 의해 받아들여진 경우에는 검사는 공소를 제기하여야 한다(제262조 제2항·제6항).

2) 불기소처분에 대한 통지 및 항고제도

형소법은 검사로 하여금 고소인 또는 고발인에게 불기소처분의 취지를 통지하게 하고(제258조), 또한 고소인·고발인의 청구가 있는 때에는 불기소이유를 설명할 것을 요구하고 있다(제259조). 이것은 재정신청이나 검찰항고의 기초를 제공하고, 검사의 불기소처분의 투명성을 확보해준다는 점에서 기소독점주의와 기소편의주의에 따른 공소권행사의 남용가능성을 견제하는 장치이다.

또한 고소인 또는 고발인은 검사의 불기소처분에 대한 불복의 방법으로 항고·재항고할 수 있다(검찰청법 제10조).

3) 경찰서장의 즉결심판청구

즉결심판의 청구는 검사가 아니라 경찰서장이다. 따라서 기소독점주의의 예외가 된다. 경찰서장은 20만원 이하의 벌금, 구류 또는 과료에 처할 사건에 대하여 법원에 즉결심판을 청구할 수 있다(즉결심판에 관한 절차법 제3조).

3. 기소편의주의

(1) 기소편의주의의 의의

1) 개 념

기소편의주의란 수사결과 공소를 제기해도 될 정도로 충분한 범

법 제61조 제1항)를 들기도 한다. 그러나 이것은 형벌이 아니라 질서벌의 성질을 가지므로 형벌을 전제로 하는 기소독점주의에 대한 예외로 보기 어렵다.

죄혐의가 존재하고 소송조건을 갖추고 있음에도 불구하고 검사의 재량에 의한 불기소처분을 인정하는 제도를 말한다. 이에 반해 범죄혐의가 충분하고 소송조건을 구비한 경우에는 반드시 공소를 제기하여야 한다는 원칙을 기소법정주의라고 한다. 제247조에서는 "검사는 「형법」 제51조의 사항을 참작하여 공소를 제기하지 아니할 수 있다"고 규정함으로써 기소편의주의를 채택하고 있다.

2) 장·단점

기소편의주의는 형사사법의 탄력적 운용으로 구체적 정의실현에 기여하고, 공소제기에 대한 형사정책적 고려를 통해 형사사법의 업무를 감경시킬 수 있고, 동시에 범죄투쟁의 효율성을 확보할 수 있다는 장점이 있다. 반면에 기소편의주의는 공소제기 과정에서 정치적 영향과 검사의 자의를 배제할 수 없으므로 형사사법의 투명성은 물론, 국가의 형벌권 행사에 대한 국민의 신뢰를 떨어뜨릴 수 있는 단점이 있다.

기소편의주의의 장점과 단점은 역으로 기소법정주의의 단점과 장점이 된다. 따라서 어떤 제도를 취할 것인가는 선택의 문제에 지나지 않으며, 결국 형사사법제도에서 '견제와 균형'의 원리가 작동하도록 하기 위해 어떤 제도를 어떻게 운영할 것인가의 문제로 귀착된다.

(2) 기소유예제도

1) 개 념

기소유예는 범죄혐의가 충분하고 소송조건이 갖추어졌음에도 불구하고 「형법」 제51조의 사항을 참작하여 공소를 제기하지 않는 검사의 처분을 말한다(제247조). 기소유예제도는 기소편의주의에 따른 것이다.

2) 기소유예의 기준

「형법」 제51조에서는 기소유예를 위한 판단요소을 제시하고 있다. 즉, 기소유예처분 시에는 범인의 연령, 성행, 지능, 환경 그리고 피해자에 대한 관계, 범행의 동기·수단·결과, 범행 후의 정황 등을 참작하여야 한다(제247조). 다만, 이 사유들은 예시적 열거에 지나지 않으므로 범행에 대한 사회적 평가, 범행 후의 시간의 경과, 법령의 개폐 등의 사정을 고려하더라도 무방하다.

3) 기소유예의 효과

기소유예는 불기소처분의 한 유형이다. 그러나 검사의 불기소처분에는 확정판결의 경우와 같이 확정력이 발생하는 것은 아니다. 따라서 검사가 기소유예처분을 한 이후에도 필요한 경우 얼마든지 수사를 재개할 수 있고, 공소를 제기할 수도 있으며(94도2598), 이 공소제기에 대해 법원이 유죄판결하는 것도 가능하다(87도2020).

4) 관련문제

기소유예에 있어서 조건부 기소유예가 허용되는가가 문제된다. 이에 대하여 학설은 나뉘지만 현행법상 조건부 기소유예를 인정하고 있다. 그 예로는 「소년법」 제49조의3, 「가정폭력범죄의 처벌 등에 관한 특례법」 제9조의2, 「아동학대범죄의 처벌 등에 관한 특례법」 제26조 등에서 규정하고 있는 상담 등 조건부 기소유예를 들 수 있다.

또한 범죄혐의가 인정되고 소송조건이 구비된 범죄사실의 일부에 대하여 기소유예하는 것이 허용되는가에 대하여는 검사의 자의적인 공소권행사를 허용하는 결과가 된다는 점에서 부정하는 견해와 일죄의 일부에 대한 공소제기가 허용되는 것처럼 일부에 대한 기소유예가 허용된다는 견해가 있다. 검사의 일부 기소유예가 소추재량을 일탈한 것으로서 공소권남용에 해당하는 것이 아니라면 부정할 이유가 없다.

한편, 기소편의주의에 따르면 공소취소도 인정하여야 한다는 점에서 일단 공소를 제기한 후에 공소취소를 인정하는 기소변경주의도 기소편의주의의 논리적 귀결로서 이해되고 있다(다수설).

5) 기소편의주의에 대한 규제

기소독점주의에 대한 법적 규제는 기소편의주의에 대한 규제로 작용한다.

4. 공소의 취소

(1) 공소취소의 의의

공소의 취소란 검사가 일단 제기한 공소를 철회하는 법률행위적 소송행위를 말한다. 제255조 제1항에서는 "공소는 제1심판결 선고 전까지 취소할 수 있다"고 규정함으로써 공소취소를 인정하는 기소변경주의를 채택하고 있다. 이것은 기소편의주의와 마찬가지로 검사에게 소송물에 대한 처분권을 부여하고 있는 처분권주의의 표현이라고 할 수 있다.

공소취소는 공소사실의 철회와 구별된다. 공소취소는 소송법상 동일성이 인정되지 않는 수개의 공소사실의 전부 또는 일부에 대한 철회를 의미하는 것임에 반해, 공소사실의 철회(제298조 제1항)는 공소사실의 동일성이 인정되는 범위 내에서 공소사실의 일부에 대한 철회를 말한다. 따라서 공소사실의 철회가 있더라도 법원의 소송계속은 유지된다. 또한 공소취소는 구술로도 가능하지만(제255조 제2항 단서), 공소사실의 철회는 원칙적으로 서면으로 하여야 한다(규칙 제142조 제1항).

(2) 공소취소의 절차

1) 공소취소의 주체와 사유

공소취소는 검사만이 할 수 있다. 다만, 공소취소사유에 대한 법률상 제한은 없다.

2) 공소취소의 방식

공소취소는 이유를 기재한 서면으로 하여야 한다. 다만, 공판정에서는 구술로 할 수 있다(제255조 제2항). 검사는 공소를 취소한 때에는 7일 이내에 서면으로 고소인 또는 고발인에게 통지하여야 한다(제258조 제1항).

3) 공소취소의 시기

공소취소는 제1심판결선고 전까지 가능하다(제255조 제1항). 이것은 검사의 처분에 의하여 재판의 효력이 좌우되는 것을 방지하기 위함이다. '제1심 판결선고'란 제1심 판결의 고지를 의미하는 것으로 실체판결인가 형식판결인가는 묻지 않는다. 따라서 제1심 판결에 대한 상소심의 파기환송이나 이송의 판결이 있는 경우에는 공소취소를 할 수 없다. 제1심 판결에 대한 재심소송절차에 있어서도 마찬가지이다(76도32030). 또한 약식명령도 종국재판이므로 약식명령이 발부된 후에는 공소취소를 할 수 없지만, 정식재판의 청구에 의하여 제1심 재판이 개시된 때에는 공소취소가 가능하다.

(3) 공소취소의 효과

1) 공소기각결정

공소가 취소되었을 때에는 공소기각의 결정을 하여야 한다(제328조 제1항 제1호). 이 결정에 대하여는 즉시항고할 수 있다(동조 제2항). 이것은 항소심의 경우에도 마찬가지이다(제363조). 공소취소의 효력이 미치는 범위는 공소제기의 경우와 같다.

2) 재기소의 제한

공소취소에 의한 공소기각의 결정이 확정된 때에는 공소취소 후 그 범죄사실에 대한 다른 중요한 증거를 발견한 경우에 한하여 다시 공소를 제기할 수 있다(제329조). '다른 중요한 증거를 발견한 경우'란 공소취소 전의 증거만으로서는 증거 불충분으로 무죄가 선고될 가능성이 있으나 새로 발견된 증거를 추가하면 충분히 유죄의 확신을 가지게 될 정도의 증거가 있는 경우를 말한다(77도1308).

Ⅲ. 공소제기의 방식

≪학습문제≫ 검사 갑은 피의자 을에 대해 사기죄로 공소제기하면서 을에게 사기죄와 명예훼손죄 등 2개의 전과가 있다는 사실을 발견하고 공소장에 2개의 전과를 기재하였다. 갑이 공소장에 을의 전과를 기재하는 것은 적법한가?

1. 공소장의 제출

공소장을 제기함에는 공소장을 관할법원에 제출하여야 한다(제254조 제1항). 공소제기는 서면인 공소장으로 하여야 하므로 구두나 전보 또는 팩시밀리에 의한 공소제기는 허용되지 않는다. 공소제기의 서면주의는 법원의 심판범위를 명확하게 할 뿐만 아니라 피고인의 방어준비를 용이하게 해 주는 기능을 한다. 이를 위해 형소법은 검사가 공소장을 제출할 때 피고인의 수에 상응하는 부본을 첨부하도록 하고 있으며(동조 제2항), 법원은 이 공소장부본을 늦어도 제1회 공판기일 5일 전까지 피고인 또는 변호인에게 송달하도록 하고 있다(제266조).

[판례] 형소법이 공소제기에 관하여 서면주의와 엄격한 요식행위를 채용한 것은 앞으로 진행될 심판의 대상을 서면에 명확하게 기재하여 둠으로써 법원의 심판 대상을 명백하게 하고 피고인의 방어권을 충분히 보장하기 위한 것이므로, 서면인 공소장의 제출은 공소제기라는 소송행위가 성립하기 위한 본질적 요소라고 보아야 한다. 또한 이와 같은 절차법이 정한 절차에 따라 재판을 받을 권리는 헌법 제27조 제1항이 규정하는 '법률에 의한 재판을 받을 권리'에 해당한다. 따라서 서면인 공소장의 제출 없이 공소를 제기한 경우에는 이를 허용하는 특별한 규정이 없는 한 공소제기에 요구되는 소송법상의 정형을 갖추었다고 할 수 없어 소송행위로서의 공소제기가 성립되었다고 볼 수 없다(2015도3682).

검사가 전자문서나 저장매체를 이용하여 공소를 제기한 경우, 법원은 저장매체에 저장된 전자문서 부분을 제외하고 서면인 공소장에 기재된 부분만으로 공소사실을 판단하여야 한다.

[판례] 검사가 공소사실의 일부인 범죄일람표를 컴퓨터 프로그램을 통하여 열어보거나 출력할 수 있는 전자적 형태의 문서(이하 '전자문서'라 한다)로 작성한 다음 종이문서로 출력하지 않은 채 저장매체 자체를 서면인 공소장에 첨부하여 제출한 경우에는, 서면에 기재된 부분에 한하여 적법하게 공소가 제기된 것으로 보아야 한다. 전자문서나 저장매체를 이용한 공소제기를 허용하는 법규정이 없는 상태에서 저장매체나 전자문서를 형소법상 공소장의 일부인 '서면'으로 볼 수 없기 때문이다. 이것은 공소사실에 포함시켜야 할 범행 내용이나 피해 목록이 방대하여 전자문서나 CD 등 저장매체를 이용한 공소제기를 허용하여야 할 현실적인 필요가 있다거나 피고인과 변호인이 이의를 제기하지 않고 변론에 응하였다고 하여 달리 볼 수 없다. 또한 일반적인 거래관계에서 전자문서나 전자매체를 이용하는 것이 일상화되고 있더라도 그것만으로 전자문서나 전자매체를 이용한 공소제기가 허용된다고 보는 것은 형소법 규정의 문언이나 입법 취지에 맞지 않는다. 따라서 검사가 전자문서나 저장매체를 이용하여 공소를 제기한 경우, 법원은 저장매체에 저장된 전자문서 부분을 제외하고 서면인 공소장에 기재된 부분만으로 공소사실을 판단하여야 한다(2016도19027).

2. 공소장의 기재사항

(1) 필요적 기재사항

공소장에는 (i) 피고인의 성명, 기타 피고인을 특정할 수 있는 사항, (ii) 죄명, (iii) 공소사실, (iv) 적용법조를 기재하여야 한다(제254조 제3항). 이외에 피고인이 구속되어 있는가 여부도 기재하여야 한다(규칙 제117조 제1항 제2호).

1) 피고인의 성명 기타 피고인을 특정할 수 있는 사항

피고인을 특정하기 위한 사항에는 피고인의 성명 이외에 주민등록번호 또는 생년월일, 직업, 주거 및 등록기준지를 기재하여야 한다(규칙 제117조 제1항 제1호). 피고인이 법인인 경우에는 사무소 및 대표자의 성명과 주소를 기재하여야 한다(동호 단서). 만일 이러한 사항이 명백하지 않을 때에는 그 취지를 기재하고(동조 제2항), 그 밖에 피고인을 특정할 수 있는 인상·체격을 기재하거나 사진을 첨부할 수 있다.

피고인 특정의 정도는 타인과 구별할 수 있는 정도이면 충분하다.

피고인의 성명이 정확할 것도 요하지 않는다. 피고인이 특정되지 아니하면 무효인 공소제기로서 공소기각판결의 사유에 해당한다(제327조 제2호).

2) 죄 명

죄명은 「형법」 각칙과 특별형법에 규정되어 있는 범죄의 명칭을 말한다. 이것은 적용법조의 기재와 함께 공소제기의 범위를 정하는 보조적 기능을 한다. 죄명은 구체적으로 표시하여야 한다, 다만, 죄명의 기재가 틀린 경우에도 피고인의 방어권행사에 실질적인 불이익을 초래하지 않는 한 공소제기의 효력에는 영향이 없다. 공소사실이 복수인 때에는 기재된 공소사실의 죄명을 모두 표시하여야 한다.

> [판례] 공소장에 수개의 공소사실에 대하여 그 죄명을 일괄표시하였다 하여도 공 소사실을 보면 그 죄명과 적용법조를 알아차릴 수 있는 경우에는 그 죄명과 적 용법조가 특정되어 있지 않다 할 수 없고 그 방어권행사에 지장이 된다고도 할 수 없다(69도1219).

3) 공소사실

(가) 개 념   공소사실은 검사가 법원에 심판을 청구한 구체적 범죄사실을 말하며, 법원의 심판대상이 된다.

(나) 공소사실의 특정정도   공소사실의 기재는 범죄의 일시·장소·방법 등을 명시하여 사실을 특정할 수 있도록 하여야 한다(제254조 제4항). 이것은 심판의 대상을 한정함으로써 심판의 능률과 신속을 꾀함과 동시에 방어의 범위를 특정하여 피고인의 방어권 행사를 쉽게 해주기 위한 것이다(2019도10086). 따라서 공소사실은 다른 사실과의 식별이 가능하도록 범죄구성요건에 해당하는 구체적 사실을 기재하여야 한다. 일부 사실이 불명확하더라도 구성요건사실이 다른 사실과 구별되어 피고인의 방어권행사에 지장이 없다면 공소사실이 특정되었다고 할 수 있다. 예컨대, 경합범의 공소사실은 각 범죄사실이 모두 특정될 수 있도록 개별적으로 기재하여야 하며(95도2121), 교사범이나 방조범의 공소사실에는 교

사행위·방조행위뿐만 아니라 그 전제가 되는 정범의 범죄구성요건사실을 기재하여야 한다(81도2422).

> **[판례]** 제3자뇌물수수죄의 공소사실은 범죄의 일시, 장소를 비롯하여 구성요건사실이 다른 사실과 구별되어 공소사실의 동일성의 범위를 구분할 수 있고, 피고인의 방어권 행사에 지장이 없는 정도로 기재되면 특정이 되었다고 보아야 하고, 그중 부정한 청탁의 내용은 구체적으로 기재되어 있지 않더라도 공무원 또는 중재인의 직무와 제3자에게 제공되는 이익 사이의 대가관계를 인정할 수 있을 정도로 특정되면 충분하다(2016도19659).

> **[판례]** 공모공동정범의 경우 공모의 시간·장소·내용 등을 구체적으로 명시하지 아니하였다거나 일부가 다소 불명확하더라도 그와 함께 적시된 다른 사항들에 의하여 공소사실을 특정할 수 있고 피고인의 방어권 행사에 지장이 없다면, 공소사실이 특정되지 아니하였다고 할 수 없다. 그러나 공모가 공모공동정범에서의 '범죄 될 사실'인 이상, 범죄에 공동가공하여 범죄를 실현하려는 의사결합이 있었다는 것은, 실행행위에 직접 관여하지 아니한 자에게 다른 공범자의 행위에 대하여 공동정범으로서의 형사책임을 지울 수 있을 정도로 특정되어야 한다(2016도2696).

(다) **개괄적 기재의 허용**　공소사실의 특정을 지나치게 엄격하게 요구하게 되면 공소의 제기·유지는 그만큼 어렵게 된다. 따라서 공소범죄의 성격에 비추어 개괄적 표시가 부득이하거나 그에 대한 피고인의 방어권행사에 지장이 없다고 보여지는 경우(91도2085)에는 개괄적 기재가 허용된다. 즉, 범행일시는 이중기소나 시효에 저촉되지 않을 정도로, 범죄장소는 토지관할을 가름할 수 있을 정도, 범행의 방법은 범죄구성요건을 밝힐 수 있는 정도로 기재하면 충분하다(2002도807, 2007도11000). 예컨대, 범죄일시와 장소가 명확하지 않을 경우 '몇 시경' 또는 '어디 부근'이라는 식으로의 개괄적인 기재는 가능하다(2009도9717). 따라서 포괄일죄의 경우 일죄의 일부를 구성하는 개개의 행위에 대하여 구체적으로 특정하지 않더라도 그 전체범행의 시기와 종기·범행방법·범행횟수 또는 피해액의 합계 및 피해자나 상대방을 기재하면 충분하다(94도3297).

[판례] 피고인에 대한 이 부분 공소사실은 "피고인은 마약류 취급자가 아님에도 불구하고, 2007. 4.경 내지 6.경 사이에 알 수 없는 곳에서, 향정신성의약품인 엠디엠에이(MDMA, 일명 '엑스타시')를 알 수 없는 방법으로 투약하였다"는 것인바, 엠디엠에이의 투약시기, 투약장소, 투약방법에 관한 위와 같은 기재만으로는 피고인의 방어권의 행사에 지장을 초래할 위험성이 크고, 위 투약시기로 기재된 위 기간 내에 복수의 투약가능성도 충분히 있으므로 투약횟수의 기재조차 없는 위 공소사실에 대하여는 그 심판대상이 한정되었다고도 보기도 어렵다. 따라서 위와 같은 공소사실의 기재는 특정한 구체적 사실의 기재에 해당한다고 볼 수 없어 형소법 제254조 제4항에 정해진 요건을 갖추지 못하였으므로, 이 부분 공소는 공소제기의 절차가 법률의 규정에 위반하여 무효이다(2008도10914).

(라) 공소사실 불특정의 효과　　공소사실이 특정되지 아니한 공소제기는 무효이므로 공소기각의 판결을 하여야 한다(제327조 제2호). 공소사실이 특정되지 아니한 경우에 그 하자를 치유할 수 있는가가 문제된다. 그러나 공소사실이 전혀 특정되지 아니한 때에는 공소제기의 하자가 치유될 수 없다. 다만, 구체적 범죄구성요건사실이 표시되어 있지만 그 특정된 내용이 부분적으로 불명확한 경우에는 검사 또는 법원의 석명에 의하여(규칙 제141조) 사후적으로 보정할 수 있다.

[판례] 공소사실이 특정되지 아니한 부분이 있다면, 법원은 검사에게 석명을 구하여 특정을 요구하여야 하고, 그럼에도 검사가 이를 특정하지 않는다면 그 부분에 대해서는 공소를 기각할 수밖에 없다(2019도10086).

4) 적용법조

적용법조의 기재는 공소사실에 대한 법률적 평가를 명확히 하여 피고인의 방어권을 보장하기 위함이다. 따라서 적용법조에는 공소사실에 적용할 「형법」 각칙 또는 특별형법의 법조뿐만 아니라 총칙상의 미수·공범·부작위에 관한 법조도 기재하여야 한다. 그러나 적용법조의 기재에 오기가 있거나 그것이 누락된 경우라 할지라도 이로 인해 피고인의 방어에 실질적 불이익이 없는 한 공소제기의 효력에는 영향이 없다(2000도6113).

(2) 예비적·택일적 기재

1) 개 념

공소장에는 수개의 범죄사실과 적용법조를 예비적 또는 택일적으로 기재할 수 있다(제254조 제5항). 예비적 기재란 수개의 범죄사실 또는 적용법조에 대하여 심판순서를 정하는 기재방법을 말한다. 택일적 기재는 심판순서를 정하지 않고 어느 것을 인정해도 좋다는 취지를 기재하는 공소장 기재방식이다. 이것은 공소단계의 범죄사실은 범죄의 객관적 혐의에 불과하고 검사의 심증형성이 충분하지 않을 수도 있다는 점을 고려하여 공소장의 기재방법에 융통성을 둠으로써 검사의 공소제기와 공소유지를 용이하게 하기 위함이다. 검사는 공소제기 후에도 공소장변경에 의하여 공소사실과 적용법조를 예비적 도는 택일적으로 변경할 수 있다(제298조).

2) 허용범위

(가) 소 극 설　　공소사실의 예비적·택일적 기재는 범죄사실의 동일성이 인정되는 범위 안에서만 허용된다는 견해이다(다수설). 이 견해에 따르면 실체적 경합관계에 있는 수개의 범죄사실에 대하여는 예비적·택일적 기재가 허용되지 않는다. 그 근거로는 제254조 제5항의 '수개의 범죄사실'은 입법의 착오이고, 동일성이 인정되지 않는 수개의 공소사실을 예비적·택일적으로 공소장에 기재하는 것은 조건부 공소제기를 허용하는 것이 되며, 전혀 별개의 범죄사실을 예비적·택일적으로 기소함으로써 기판력, 즉 일사부재리의 효력이 미치는 범위를 불명확하게 한다는 점 등을 들고 있다.

(나) 적 극 설　　범죄사실의 동일성이 인정되지 않는 실체적 경합관계에 있는 수개의 범죄사실 사이에서도 공소사실의 예비적·택일적 기재가 허용된다는 견해이다. 그 근거로는 이 제도의 존재이유가 공소장변경에 의하여 치유할 수 없는 불합리를 제거하여 소송경제를 도모하는 데

있고, 제254조 제5항에서는 '수개의 범죄사실'을 예비적·택일적으로 기재할 수 있다고 규정하고 있을 뿐 공소사실의 동일성을 요구하는 규정이 없다는 점 등을 들고 있다.

　　(다) 검 토　　판례는 적극설에 따르고 있다(63도114). 그러나 적극설에 따르면 동일성이 인정되지 않는 별개의 범죄사실에 대하여도 예비적·택일적 기재를 허용함으로써 피고인에게 과중한 방어부담을 지우게 된다는 점에서 소극설이 타당하다. 따라서 범죄사실을 예비적·택일적으로 기재한 경우에 법원은 검사에게 공소장을 경합범으로 보정하게 하여야 한다. 따라서 소극설을 따르더라도 현실적으로 적극설과 실질적인 차이는 없게 된다.

<공소장>

[별지 제117호서식] 〈개정 2009.6.9〉

○○○검 찰 청

· · ·

사건번호　　　　년 형제　　호
수 신 자　　　　　　법원
제 　목　　공 소 장
　　　　검사 ○○○은(는) 아래와 같이 공소를 제기합니다.

Ⅰ. 피고인 관련사항
피 고 인　　○○○(주민등록번호), ○○세
　　　　　　직업　　, 일반전화번호, 휴대전화번호
　　　　　　주거　　　　　　　　(동 반), 전화번호
　　　　　　등록기준지
　죄　 명
적용법조
구속여부　　　. . . 구속 (　　. . . 체포)
변 호 인　　변호사 ○○○

Ⅱ. 공소사실

Ⅲ. 첨부서류

　　　　　　　　검사 ○　○　○　(인)

---

3) 법원의 심리·판단

(가) 심판의 대상   예비적·택일적으로 기재된 모든 범죄사실은 법원의 심판대상이 된다. 예비적 기재의 경우 본위적 공소사실뿐만 아니라 예비적 공소사실도 심판의 대상이 된다(2006도1146). 택일적 기재의 경우에도 택일적으로 기재된 공소사실 전부가 심판의 대상이 된다. 항소심에서도 예비적 기재의 경우에는 제1심에서 본위적 공소사실을 유죄로 인정한 경우에도 제1심판결을 파기하고 공소장변경 없이 예비적 공소사실을 유죄로 인정할 수 있고, 택일적 기재의 경우에도 하나의 사실을 유죄로 인정한 원심판결을 파기하고 다른 사실을 유죄로 인정할 수 있다(70도2660).

(나) 심판의 순서   예비적 기재의 경우에는 본위적 공소사실에 대하여 먼저 심리·판단하여야 하고, 본위적 공소사실이 유죄로 인정되지 않은 경우에 예비적 공소사실을 심리·판단하여야 한다. 그러나 택일적 기재의 경우에는 심판의 순서에 제한이 없다.

(다) 판단의 방법   예비적으로 또는 택일적으로 기재된 공소사실 중에서 어느 하나를 유죄로 인정하는 경우에는 판결주문에서 유죄만을 선고하는 것으로 충분하고 다른 공소사실에 대해 판단을 할 필요가 없다. 그러나 예비적 기재의 경우 예비적 공소사실을 유죄로 인정하는 경우에는 본위적 공소사실에 대한 판단을 밝혀야 하는가에 대하여는 필요하지 않다는 견해(다수설)가 있으나, 피고인의 상소권을 보장하기 위해서는 이를 명시하여야 한다(76도1126).

예비적·택일적으로 기재된 모든 공소사실에 대하여 무죄를 선고하는 경우에는 모든 범죄사실과 적용법조에 대하여 판단을 하여야 한다(2004도7232).

3. 공소장일본주의

(1) 공소장일본주의의 의의

1) 개 념

공소장일본주의는 검사가 공소를 제기할 때에는 원칙적으로 공소장 하나만을 제출하여야 하고, 그 밖에 사건에 관하여 법원에 예단을 생기게 할 수 있는 서류 기타 물건을 첨부하거나 그 내용을 인용하여서는 아니 된다는 원칙을 말한다(2012도2957).

2) 이론적 근거

(가) 당사자주의 소송구조　당사자주의 소송구조에서는 공판정에서의 당사자의 적극적인 공격과 방어에 의해서 소송을 추행하는 것을 내용으로 하고 있다. 공소장일본주의는 법원이 공평한 제3자의 위치에서 공소사실에 대한 예단이나 편견 없이 공판정에서의 양 당사자의 소송추행 활동을 통해 비로소 공소사실에 대한 심증형성을 가능하게 한다. 이 점에서 당사자주의 소송구조에 더 적합한 제도로 이해되고 있다.

(나) 예단배제의 원칙　사건을 심판함에 있어 법관의 예단과 편견을 줄 위험이 있는 유형적 사유를 제거하여 공정한 재판을 보장하려는 원칙을 예단배제의 원칙이라고 한다. 공소장일본주의는 법원이 사건에 대하여 백지의 상태에서 제1회 공판기일에 임할 것을 요구하므로 예단배제 원칙을 표현하고 있다.

(다) 공판중심주의　공판중심주의는 법관의 유·무죄에 대한 심증형성은 공개된 법정에서 공판기일의 심리에 의하여야 한다는 원칙을 말한다. 공소장일본주의는 법관이 공판기일의 심리가 아닌 공소장을 통해 심증을 형성하지 못하도록 한다는 점에서 공판중심주의를 실현하는 제도이다.

(라) 위법증거의 배제　공소장일본주의는 공판 전에 법원이 수사기록을 접하는 기회를 차단해 준다. 특히, 수사기록에 대하여는 제한적으로 증거능력을 인정하고 있는 현행법의 구조를 감안하면, 공소장일본주의는

증거능력 없는 증거가 여과 없이 법관에게 전달되는 것을 방지해 준다.

(2) 공소장일본주의의 내용

1) 첨부와 인용의 금지

공소장에는 사건에 관하여 법원에 예단이 생기게 할 수 있는 서류 기타 물건을 첨부하거나 그 내용을 인용하여서는 아니 된다(규칙 제118조 제2항). 따라서 수사서류나 기타 증거물의 첨부는 허용되지 아니한다. 그러나 예단을 줄 염려가 없는 물건에 대하여는 공소장에 첨부하는 것은 상관없다. 공소장에는 변호인 선임서 또는 변호인신고서, 특별대리인 결정등본, 체포영장, 긴급체포서, 구속영장, 기타 구속에 관한 서류 등을 첨부하도록 하고 있다(동조 제1항). 문서를 수단으로 한 협박·공갈·명예훼손 등의 사건에서처럼 문서의 기재내용 그 자체가 범죄구성요건에 해당하는 중요한 요소인 경우에 공소사실을 특정하는 데 필요한 문서의 전부 또는 일부를 인용하는 것은 허용된다. 또한 범죄의 성격상 그 범의나 공모관계, 범행의 동기나 경위 등을 명확히 하기 위하여 구체적인 사정을 적시하기 위하여 증거서류의 내용을 인용하는 것도 허용된다(2009도7436).

2) 여사기재의 금지

공소장에 제254조 제3항에 규정된 필요적 기재사항 이외의 사항을 기재하는 경우를 여사기재라고 한다. 법관에게 사건에 대하여 예단을 줄 수 있는 여사기재는 허용되지 않는다(통설). 따라서 피고인의 전과, 피고인의 악성격·경력, 범행동기, 여죄사실 등은 예단을 생기게 할 수 있는 사항으로서 원칙적으로 기재가 허용되지 않는다. 그러나 공소사실과 밀접한 관련이 있고 공소사실을 명확하게 하기 위해 필요한 사항에 대하여는 그 기재가 허용된다.

여사기재의 허용 여부는 공소장에 첨부 또는 인용된 서류 기타 물건의 내용, 그리고 법령이 요구하는 사항 외에 공소장에 기재된 사실이 법관 또는 배심원에게 예단을 생기게 하여 법관 또는 배심원이 범죄사실의 실체를 파악하는 데 장애가 될 수 있는지 여부를 기준으로 당해 사건에서 구체적으로 판단하여야 한다(2012도2957).

(가) 전과의 기재   전과 여부의 기재에 대하여 판례는 이를 '피고인을 특정할 수 있는 사항'에 속하는 것이라고 하여 허용된다고 한다(90도1813). 하지만 동종의 전과를 기재하는 것은 법관으로 하여금 예단을 갖게 한다는 점에서 공소장일본주의에 반한다.

한편, 이종전과의 기재에 대하여는 전과의 기재로 예단을 주는 이상 공소장일본주의의 반한다고 해석하는 견해와 공소장일본주의에 반하지 않으므로 삭제하면 충분하다는 견해가 있다. 그러나 전과의 기재는 법관에게 예단을 주지 않는다고 단정하기 어렵다. 왜냐하면 범죄학적인 측면에서 일반인들이 어떤 사람에 대해 전과가 있다는 사실을 모르고 있다 추후 알게 되었을 경우 그 사람을 대하는 방식이나 정도에 있어서 차이는 있지만 달라지기 때문이다. 따라서 이종전과의 기재라고 하더라도 이는 공소장일본주의에 반한다.

또한 누범전과에 대하여 그 기재를 허용해서는 안 된다는 견해가 있지만 누범전과는 범죄사실 자체이거나 범죄사실에 준하는 사실이므로 그 기재는 공소장일본주의에 위반되지 않는다(다수설). 따라서 누범전과는 범죄사실은 아니지만 법률상 형을 가중하는 근거가 있는 사실이므로 공소사실에 준하여 공소장에 기재하여야 한다.

(나) 전과 이외의 성격 등의 기재   전과 이외의 피고인의 악성격이나 과거의 경력 등을 기재하는 것은 그것이 범죄구성요건요소가 되거나 범죄구성요건과 밀접한 관계가 있는 경우가 아닌 한 그 기재는 허용되지 않는다.

(다) 범죄동기나 여죄의 기재   범죄동기나 원인은 범죄사실이 아니므로 원칙적으로 기재가 허용되지 않는다. 그러나 판례는 살인, 방화 등의 경우 범죄의 직접적인 동기 또는 공소범죄사실과 밀접불가분의 관계에 있는 동기를 공소사실에 기재하는 것은 공소장일본주의 위반이 아니

고, 설사 범죄의 직접적인 동기가 아닌 경우에도 동기의 기재는 공소장의 효력에 영향을 미치지 아니한다고 한다(207도748).

또한 여죄의 기재는 법관에게 예단을 가지게 할 수 있는 사항이므로 그 기재가 허용되지 않는다.

(3) 공소장일본주의의 적용범위와 그 예외

1) 적용범위

공소장일본주의는 공소제기시에 인정되는 원칙이다. 따라서 공판절차갱신 후의 절차, 파기환송 또는 이송 후의 절차에는 공소장일본주의가 적용되지 않는다.

2) 예 외

(가) 약식절차   공소장일본주의는 정식재판절차에만 적용되므로 약식절차에서는 공소장일본주의의 제한을 받지 않는다. 즉, 검사가 약식명령을 청구할 때에는 공소제기와 동시에 수사기록과 증거물을 법원에 제출하여야 한다(제449조). 다만, 약식명령의 청구가 있는 경우에도 법원이 약식명령을 할 수 없거나 부당하다고 인정하여 공판절차에 의하여 심판하거나(제450조), 정식재판의 청구(제453조)가 있는 때에는 공소장일본주의가 적용된다.

(나) 즉결심판절차   경찰서장은 즉결심판의 청구와 동시에 즉결심판을 함에 필요한 서류 또는 증거물을 판사에게 제출하여야 한다(즉결심판에 관한 절차법 제4조). 즉결심판에 대하여 정식재판의 청구가 있는 경우 경찰서장은 판사로부터 송부 받은 사건기록과 증거물을 지체 없이 관할 지방검찰청 또는 지청의 장에게 송부하여야 하고, 그 검찰청 또는 지청의 장은 지체 없이 관할법원에 이를 송부하여야 한다(즉결심판에 관한 절차법 제14조 제3항). 따라서 즉결심판절차에서는 공소장일본주의가 적용되지 않는다.

(4) 공소장일본주의 위반의 효과

공소장일본주의의 위반은 공소제기의 방식에 관한 중대한 위반이므로 이러한 공소제기는 무효이며, 그 하자의 치유도 인정되지 않는다. 따라서 법원은 공소기각판결을 선고하여야 한다(제327조 제2호). 다만, 공소장 기재의 방식에 관하여 피고인 측으로부터 아무런 이의가 제기되지 아니하였고 법원 역시 범죄사실의 실체를 파악하는 데 지장이 없다고 판단하여 그대로 공판절차를 진행한 결과 증거조사절차가 마무리되어 법관의 심증형성이 이루어진 단계에 이른 경우에는 소송절차의 동적 안정성 및 소송경제의 이념 등에 비추어 볼 때 더 이상 공소장일본주의 위배를 주장하여 이미 진행된 소송절차의 효력을 다툴 수는 없다(2012도2957).

Ⅳ. 공소제기의 효과

> ≪학습문제≫ 검사가 강도강간죄를 범한 피의자 갑을 수사하여 강도강간
> 죄의 혐의를 밝혀내었으나, 강도죄에 대하여만 공소를 제기하였다. 이처럼
> 일죄의 일부에 대한 공소제기가 허용되는가? 법원은 이 경우에 갑을 강도
> 강간죄로 처벌할 수 있는가?

공소제기에 의하여 사건은 수사절차에서 법원의 공판절차로 넘어가게 된다. 공소가 제기되면 공소시효의 진행은 정지되며, 공소기각 또는 관할위반의 재판이 확정된 때부터 다시 진행한다(제253조 제1항). 이때 법원의 심판대상은 공소장에 기재된 공소사실에 한한다.

1. 소송계속

(1) 개 념

소송계속이란 공소제기에 의해 사건이 법원의 심판대상이 되는 상

태를 말한다. 소송계속이 되면 피의자는 피고인으로 그 법적 지위가 변동하게 되며, 수소법원은 피고사건에 대해 검사의 의견에 구속되지 않고 독자적인 판단으로 심리와 재판을 진행한다.

(2) 종 류

공소제기가 적법·유효한 경우의 소송계속을 실체적 소송계속이라고 한다. 이러한 실체적 소송계속의 경우에는 법원은 유·무죄의 실체판결을 할 수 있다. 이에 대하여 형식적 소송계속은 공소제기가 부적법·무효인 경우의 소송계속을 말한다. 이 경우에 법원은 면소판결, 공소기각의 재판, 관할위반의 판결과 같은 형식재판을 하여야 한다.

(3) 소송계속의 효과

1) 소송계속의 적극적 효과

공소제기에 의하여 법원은 사건을 심리하고 재판할 권리와 의무를 가지며, 검사와 피고인은 당사자로서 심리에 관여하여 법원의 심판을 받아야 할 권리와 의무를 갖게 된다. 이러한 권리와 의무의 법률관계를 소송계속의 적극적 효과라고 한다.

2) 소송계속의 소극적 효과

공소제기가 있는 때에는 동일한 사건에 대하여 다시 공소를 제기할 수 없다. 이를 소송계속의 소극적 효과라고 한다. 따라서 동일한 사건이 동일법원에 이중으로 기소되면 나중에 제기한 공소를 판결로 기각하여야 한다(제327조 제3호). 동일사건이 수개의 법원에 이중기소된 경우에는 관할경합의 문제로 처리한다. 즉, 사물관할을 달리하는 법원 간에 이중기소된 경우에는 법원합의부가 심판하고(제12조), 사물관할을 같이하는 법원 간에 이중기소된 경우에는 먼저 공소제기된 법원이 심판한다(제13조). 이러한 경우 심판할 수 없게 된 다른 법원은 공소기각의 결정을 하여야 한다(제328조 제3호).

2. 심판범위의 확정

공소제기의 효력은 공소장에 기재된 피고인, 그리고 공소사실의 단일성 및 동일성이 인정되는 사실에 미친다. 이를 공소불가분의 원칙이라고 한다.

(1) 공소제기의 인적 효력범위

공소의 효력은 검사가 피고인으로 지정한 자에게만 미친다(제248조 제1항). 따라서 공범 중 1인에 대한 공소제기의 효력은 다른 공범자에게 미치지 않는다. 또한 공소제기 후에 진범이 발견되었다고 하더라도 공소제기의 효력은 진범에게 미치지 않는다. 다만, 공소제기로 인한 공소시효 정지의 효력은 다른 공범자에게도 미친다(제253조).

(2) 공소제기의 물적 효력범위

1) 공소사실의 단일성과 동일성

범죄사실의 일부에 대한 공소의 효력은 범죄사실 전부에 미친다 (제248조 제2항). 즉, 공소제기의 효력은 단일사건의 전부에 미치고 동일성이 인정되는 한 그 효력이 유지된다. '공소사실의 단일성'은 소송법상 1개의 사건으로 불가분적으로 취급되는 것을 의미한다. 사건이 단일하려면 피고인이 소송법상 1인이고, 범죄사실이 단일하여야 한다. 동일성은 이러한 단일성을 전제로 사건이 소송절차의 전·후관계에서 동일사건으로 취급되는 것을 말한다.

> [판례] 형사소송절차에서 두 죄 사이에 공소사실이나 범죄사실의 동일성이 있는지는 기본적 사실관계가 동일한지에 따라 판단하여야 한다. 이것은 순수한 사실관계의 동일성이라는 관점에서만 파악할 수 없고, 피고인의 행위와 자연적·사회적 사실관계 이외에 규범적 요소를 고려하여 기본적 사실관계가 실질적으로 동일한지에 따라 결정하여야 한다(2016도15526).

따라서 공소제기의 효력은 공소사실의 단일성 및 동일성이 인정되는 사실의 전체에 미친다. 다만, 공소제기의 효력이 미치는 범위에 있는 경우라도 공소장에 기재된 부분만이 법원의 현실적 심판대상이 된다.

> **[판례]** 법원의 심판의 대상은 공소사실과 공소장에 예비적 또는 택일적으로 기재되거나 소송의 발전에 따라 그 추가 또는 변경된 사실에 한하므로 공소사실과 동일성이 인정되는 사실일지라도 소송진행에 의하여 현실로 심판의 대상이 되지 아니하는 사실은, 법원이 그 사실을 인정하더라도 피고인이 방어에 실질적 불이익을 초래할 염려가 없는 경우가 아닌 이상 이를 심판할 수 없다 (88도1691).

공소사실과 다른 범죄사실을 심판하려면 피고인의 방어권행사에 불이익을 초래하는 한 공소장변경을 거쳐야 한다. 따라서 공소사실의 단일성과 동일성이 인정되는 사실전체는 법원의 현실적 심판대상이라기보다는 잠재적 심판대상이며, 이러한 잠재적 심판대상은 공소장변경을 통해 비로소 현실적 심판대상이 될 수 있다.

2) 일죄의 일부에 대한 공소제기

일죄의 일부에 대한 공소제기는 소송법상 일죄로 취급되는 단순일죄 또는 과형상 일죄(상상적 경합의 경우)의 전부에 대해 범죄혐의가 인정되고 소송조건이 갖추어졌음에도 불구하고 그 일죄의 일부에 대하여 공소를 제기하는 것이 허용되는가가 문제된다. 예컨대, 강도상해죄에 대해 그 일부인 강도에 대하여만 공소를 제기하는 것이 허용되는가가 문제된다.

(가) 소 극 설   일죄의 일부에 대한 기소는 허용되지 않는다는 견해이다. 그 근거로는 일죄의 일부에 대한 기소를 허용하는 것은 실체적 진실발견의 이념에 어긋날 뿐만 아니라 검사의 자의적인 공소권행사를 인정하는 결과를 초래하게 된다는 점을 들고 있다. 이 견해에 따르면 일죄의 일부에 대한 기소는 공소불가분의 원칙에 의해 그 사건의 전부에 대해 효력이 미친다.

(나) 적 극 설   일죄의 일부에 대한 기소를 허용한다는 견해이다. 그 근거로는 기소독점주의와 기소편의주의를 규정하고 있는 형소법상 검사에게 소송물의 처분권이 있다는 점을 들고 있다. 그러나 이 견해에

서도 일부기소가 제327조 제2항에 해당하지 않을 뿐이지 법원의 현실적인 심판대상은 공소장에 명시적으로 기재된 범죄사실에 제한되므로 일죄의 전부에 대해 심판하려면 공소장변경을 요한다고 한다.

　　(다) 절 충 설　　일죄의 일부에 대한 기소는 원칙적으로 허용되지 않지만, 검사가 범죄사실의 일부를 예비적·택일적으로 기재한 경우에만 예외적으로 일부기소가 허용된다는 견해이다. 그 근거로는 소극설이 타당하지만 소극설에 의할 경우에 예비적·택일적 기재를 설명하지 못한다는 점을 들고 있다.

　　(라) 검 토　　기소독점주의 및 기소편의주의를 채택하고 있는 형소법에서는 검사에게 소송물에 대한 처분권을 부여하고 있다. 또 제248조 제2항은 일죄의 일부에 대한 공소제기를 허용한다는 전제에서 규정된 것으로 해석할 수 있다. 더구나 일죄의 일부기소의 경우에도 기소되지 않은 일죄의 나머지 부분에도 공소제기의 효력이 미치고, 판결이 확정되었을 경우 일사부재리의 효력이 발생하므로 일죄의 일부에 대한 기소를 허용하더라도 피고인에게 불리한 것은 아니라는 점에서 적극설이 타당하다.

> [판례] 하나의 행위가 여러 범죄의 구성요건을 동시에 충족하는 경우 공소제기권자는 자의적으로 공소권을 행사하여 소추 재량을 현저히 벗어났다는 등의 특별한 사정이 없는 한 증명의 난이 등 여러 사정을 고려하여 그중 일부 범죄에 관해서만 공소를 제기할 수도 있다(2017도13458).

　　따라서 친고죄의 고소가 있는 경우에 그 수단이나 부수적으로 범하여진 범죄행위로 공소제기하는 것은 적법하다. 하지만 고소가 없는 경우에 친고죄의 수단이 되는 범행의 일부만으로 공소를 제기하는 것은 당해 범죄를 친고죄로 한 취지에 반할 뿐만 아니라 고소불가분의 원칙에도 반하므로 허용되지 않는다. 따라서 이 경우에 법원은 공소제기의 절차가 법률에 위반되어 무효인 경우로서 제327조 제2호에 따라 공소기각의 판결을 하여야 한다(2002도51).

제3절 공소시효

≪학습문제≫ 갑은 2011. 3. 5. 강간행위를 한 혐의를 받아 2012. 4. 5. 강간죄로 공소가 제기되었는데, 제1심에서 심리 중 갑의 행위가 강간이 아니라 폭행치상으로 판명되었다. 검사 A는 2012. 7. 5. 공소장을 변경하여 폭행치상으로 다시 공소제기하였다. 갑의 공소시효가 완성되는 시점은?

Ⅰ. 공소시효의 의의

공소시효는 일정한 기간 동안 공소가 제기되지 않고 방치된 경우에 국가의 소추권이 소멸되는 제도를 말한다. 공소시효는 확정판결 후에 형벌권의 효력이 소멸되는 형의 시효(형법 제77조-제80조)와는 구별된다. 공소시효의 완성은 면소판결사유(제326조 제3호)가 되지만, 형의 시효가 완성되면 형집행이 면제된다(형법 제77조).

공소시효제도는 범행 후 오랜 시간의 경과로 인한 증거의 산일 및 그로 인해 공정한 재판을 기대하기 어렵고, 범죄의 사회적 영향력이 그만큼 감소하게 되며, 범인에 대한 형벌의 효과를 기대하기 어렵다는 점 등에서 그 존재이유를 찾고 있다.

Ⅱ. 공소시효제도의 본질

1. 실체법설

공소시효를 형벌권 소멸사유로 파악하는 견해이다. 이 견해에 의하면 공소시효제도는 시간의 경과에 따라 사회의 응보감정이나 범인의 악성이 소멸되기 때문에 형벌권이 소멸되므로 공소시효완성은 무죄판결의 사유가 된다.

2. 소송법설

공소시효를 국가의 소추권만을 상실시키는 소송조건으로 보는 견해이다. 즉, 형벌권에 관계없이 시간의 경과로 인하여 증거가 멸실되어 실체적 진실을 발견하기 곤란하므로 국가의 형사소추권을 제한하여야 한다는 것이다. 이 견해에 따르면 공소시효가 완성되면 소추권소멸을 이유로 면소판결을 하여야 한다.

3. 병 합 설

공소시효를 형벌의 필요성이 사라지는 사유인 동시에 증거멸실로 인한 소추권의 소멸을 가져오는 소송조건으로 보는 견해이다. 헌법재판소는 공소시효제도는 국가형벌권의 소멸과 공소권의 소멸로 범죄인으로 하여금 소추와 처벌을 면하게 함으로써 형사피의자의 법적 지위의 안정을 법률로써 보장하는 형사소송조건에 관한 제도로 해석하고 있다(94헌마246).

4. 검 토

공소시효제도의 존재근거가 시간의 경과로 인한 증거의 멸실 및 그로 인한 공정한 재판을 담보하기 어렵다는 점, 그리고 범인에 대한 형벌의 감화력을 기대하기 어렵다는 점에 있다고 한다면 범죄의 경중에 따른 소추의 가능성과 필요성을 동시에 고려한 입법조치로 볼 수 있다. 따라서 소송법설이 타당하다. 형소법에서도 공소시효의 완성을 면소판결 사유(제326조)로 하며 소추권의 소멸사유로 인정하고 있다.

Ⅲ. 공소시효의 기간

1. 공소시효의 완성기간

공소시효는 법정형의 경중에 따라서 일정한 기간이 경과하면 완성된다(제249조 제1항). 구체적인 공소시효의 기간은 다음과 같다. 즉, (i) 사형에 해당하는 범죄에는 25년 (ii) 무기징역 또는 무기금고에 해당하는 범죄에는 15년 (iii) 장기 10년 이상의 징역 또는 금고에 해당하는 범죄에는 10년 (iv) 장기 10년 미만의 징역 또는 금고에 해당하는 범죄에는 7년 (v) 장기 5년 미만의 징역 또는 금고, 장기 10년 이상의 자격정지 또는 벌금에 해당하는 범죄에는 5년 (vi) 장기 5년 이상의 자격정지에 해당하는 범죄에는 3년 (vii) 장기 5년 미만의 자격정지, 구류, 과료 또는 몰수에 해당하는 범죄에는 1년이다.

그러나 성폭력범죄에 대해서는 디엔에이(DNA) 증거 등 그 죄를 증명할 수 있는 과학적인 증거가 있는 때에는 공소시효가 위의 시효기간에서 10년 연장된다(성폭력범죄의 처벌 등에 관한 특례법 제21조 제1항, 아동·청소년의 성보호에 관한 법률 제20조 제1항).[32]

---

32) 「공직선거법」에 규정한 죄의 공소시효는 당해 선거일후 6개월(선거일후에 행하여진 범죄는 그 행위가 있는 날부터 6개월)을 경과함으로써 완성한다. 다만, 범인이 도피한 때나 범인이 공범 또는 범죄의 증명에 필요한 참고인을 도피시킨 때에는 그 기간은 3년으로 한다(법 제268조 제1항). 다만, 선상투표와 관련하여 선박에서 범한 이 법에 규정된 죄의 공소시효는 범인이 국내에 들어온 날부터 6개월을 경과함으로써 완성된다(동조 제2항), 하지만 공무원(제60조 제1항 제4호 단서에 따라 선거운동을 할 수 있는 사람은 제외한다)이 직무와 관련하여 또는 지위를 이용하여 범한 이 법에 규정된 죄의 공소시효는 해당 선거일후 10년(선거일 후에 행하여진 범죄는 그 행위가 있는 날부터 10년)을 경과함으로써 완성된다(동조 제3항).

2. 공소시효기간의 결정기준

(1) 공소시효기간의 기준

공소시효기간은 법정형을 기준으로 한다. 2개 이상의 형을 병과하거나 2개 이상의 형에서 1개를 과할 범죄에 대해서는 무거운 형이 기준이 된다(제250조).「형법」에 의하여 형을 가중 또는 감경할 경우에는 가중 또는 감경하지 아니한 형이 시효기간의 기준이 된다(제251조). 제251조는「형법」에 의하여 형을 가중·감경할 때에 관한 규정이므로「형법」이외의 형사법에서 형을 가중하는 경우에는 적용되지 않는다(78도694). 따라서 특별법에 의하여 형이 가중·감경된 경우는 그 법에 정한 법정형을 기준으로 시효기간을 결정한다. 교사범 또는 종범의 경우에는 정범의 법정형을 기준으로 한다. 그러나 필요적 공범은 행위자마다 개별적으로 판단한다. 법률의 변경에 의하여 법정형이 가벼워진 경우에는 신법의 법정형을 기준으로 하여야 한다.

양벌규정의 경우에 법인 또는 사업주에 대한 시효기간에 대하여는 행위자 본인에 대한 법정형을 기준으로 하여야 한다는 견해와 사업주에 대한 법정형을 기준으로 하여야 한다는 견해(다수설)가 있다. 양벌규정의 주체는 사업주이므로 사업주의 법정형을 기준으로 하여야 한다.

(2) 법정형판단의 기초인 범죄사실

공소장에 수개의 범죄사실이 예비적·택일적으로 기재된 경우 형소법상 공소사실의 예비적·택일적 기재는 과형상 수개의 죄에도 가능하기 때문에 개별적으로 공소시효를 판단하여야 한다(통설). 과형상 일죄는 실질적으로 수죄이므로 각 죄에 대하여 개별적으로 판단하여야 한다(통설).

공소제기 후 공소장이 변경되었을 경우에 변경된 공소사실에 대한 공소시효의 판단은 공소장변경이 있는 경우에도 공소사실의 동일성에는 아무런 차이가 없으므로 공소제기가 있었던 시점을 기준으로 판단하여야 한다(2002도2939). 다만, 공소장변경절차에 의하여 공소사실이 변경됨에 따라 그 법정형에 차이가 있는 경우에는 변경된 공소사실에 대한 법정형이 공소시효기간의 기준이 된다(2001도2902). 따라서 변경된 공소사실에 대한 법정형을 기준으로 하면 공소제기 당시 이미 공소시효가 완성된 경우에는 공소시효의 완성을 이유로 면소판결을 선고하여야 한다. 이러한 법리는 법원이 공소장을 변경하지 않고도 인정할 수 있는 사실에 대한 법정형을 기준으로 하면 공소제기 당시 이미 공소시효가 완성된 경우에도 그대로 적용된다(2013도6182).

3. 공소시효의 기산점

공소시효는 범죄행위를 종료한 때로부터 진행한다(제252조 제1항). '범죄행위를 종료한 때'란 구성요건에 해당하는 결과가 발생한 때를 말한다(2002도3924). 따라서 결과범의 경우에는 결과가 발생한 때가, 계속범의 경우에는 법익침해의 종료시점이, 포괄일죄의 경우에는 최종 범행행위의 종료시점(2014도5939)이 각각 공소시효의 기산점이 된다. 거동범은 실행행위 시가 공소시효의 기산점이 된다. 미수범의 범죄행위는 행위를 종료하지 못하였거나 결과가 발생하지 아니하여 더 이상 범죄가 진행될 수 없는 때에 종료하고, 그때부터 미수범의 공소시효가 진행한다(2016도14820). 결과적 가중범의 경우에는 중한 결과가 발생한 때로부터 시효가 진행되며, 신고기간이 정해져 있는 범죄는 의무의 소멸시부터 시효가 진행된다(78도2318). 다만, 공범의 경우에는 최종행위가 종료한 때로부터 전 공범에 대한 시효기간을 기산한다(제252조 제2항). 이때의 공범에는 공동정범과 교사범·종범 등 임의적 공범뿐만 아니라 필요적 공범도 포함된다.

[판례] 「공직선거법」 제268조 제1항 본문은 "이 법에 규정한 죄의 공소시효는 당해 선거일 후 6개월(선거일 후에 행하여진 범죄는 그 행위가 있는 날부터 6개월)을 경과함으로써 완성한다."라고 규정하고 있다. 여기서 말하는 '당해 선거일'이란 그 선거범죄와 직접 관련된 공직선거의 투표일을 의미한다. 이것은 선거범죄가 당내경선운동에 관한 「공직선거법」 위반죄인 경우에도 마찬가지이므로, 그 선거범죄에 대한 공소시효의 기산일은 당내경선의 투표일이 아니라 그 선거범죄와 직접

관련된 공직선거의 투표일이다(2019도8815).

[판례] 포괄일죄의 공소시효는 최종의 범죄행위가 종료한 때부터 진행하고, 공정거래법 제19조 제1항 제1호에서 정한 가격 결정 등의 합의 및 그에 기한 실행행위가 있었던 경우에 부당한 공동행위가 종료한 날은 그 합의가 있었던 날이 아니라 그 합의에 기한 실행행위가 종료한 날을 의미하므로,「공정거래법」제19조 제1항 제1호에서 정한 가격 결정 등의 합의 및 그에 기한 실행행위로 인한「공정거래법」제66조 제1항 제9호 위반죄의 공소시효는 그 실행행위가 종료한 날부터 진행한다(2015도3926).

[판례] 공무원이 그 직무에 관하여 금전을 무이자로 차용한 경우에는 그 차용 당시에 금융이익 상당의 뇌물을 수수한 것으로 보아야 하므로 그 공소시효는 금전을 무이자로 차용한 때로부터 기산한다(2011도7282).

그러나「성폭력범죄의 처벌 등에 관한 특례법」(제21조 제1항)과「아동·청소년의 성보호에 관한 법률」(제20조 제1항)상 미성년자 (또는 아동·청소년)에 대한 성폭력범죄의 공소시효는 해당 성범죄로 피해를 당한 미성년자가 (또는 아동·청소년이) 성년에 달한 날부터 진행한다.

4. 시효기간의 계산방법

공소시효의 초일은 시간을 계산함이 없이 1일로 산정한다(제66조 제1항 단서). 기간의 말일이 공휴일이라도 시효기간에 산입한다(동조 제3항 단서).

Ⅳ. 공소시효의 정지

공소시효는 일정한 사유가 있으면 그 진행이 정지되며, 그 사유가 없어지면 나머지 기간이 진행된다. 따라서 중단사유가 없어지면 처음부터 새로 시효가 진행되는 시효의 중단과 구별된다. 형소법은 공소시효의 정지제도만을 인정하고 있다.

1. 공소시효정지의 사유

(1) 공소제기

공소시효는 공소의 제기로 진행이 정지되고 공소기각 또는 관할위반의 재판이 확정된 때로부터 다시 진행한다(제253조 제1항). 이 경우 공소제기가 적법·유효하여야 하는 것은 아니다.

(2) 국외도피

범인이 형사처분을 면할 목적으로 국외에 있는 경우 그 기간 동안 공소시효는 정지된다(제253조 제3항). '범인이 형사처분을 면할 목적으로 국외에 있는 경우'는 오로지 형사처분을 면할 목적만으로 국외체류하는 것에 한정되는 것은 아니고 범인이 가지는 여러 국외체류 목적 중 형사처분을 면할 목적이 포함되어 있으면 충분하다(2008도4101). 따라서 범인이 국외에 있는 것이 형사처분을 면하기 위한 방편이었다면 '형사처분을 면할 목적'이 있었다고 볼 수 있고, '형사처분을 면할 목적'과 양립할 수 없는 범인의 주관적 의사가 명백히 드러나는 객관적 사정이 존재하지 않는 한 국외 체류기간 동안 '형사처분을 면할 목적'은 계속 유지된다(2013도2510). 다만, 이 목적은 당해 사건에 관하여 형사처벌을 면할 목적이어야 한다(2013도9162).

[판례] 국외에 체류 중인 범인에게 형소법 제253조 제3항의 '형사처분을 면할 목적'이 계속 존재하였는지가 의심스러운 사정이 발생한 경우, 그 기간 동안 '형사처분을 면할 목적'이 있었는지 여부는 당해 범죄의 공소시효의 기간, 범인이 귀국할 수 없는 사정이 초래된 경위, 그러한 사정이 존속한 기간이 당해 범죄의 공소시효의 기간과 비교하여 도피 의사가 인정되지 않는다고 보기에 충분할 만큼 연속적인 장기의 기간인지, 귀국 의사가 수사기관이나 영사관에 통보되었는지, 피고인의 생활근거지가 어느 곳인지 등의 제반 사정을 참작하여 판단하여야 한다. 통상 범인이 외국에서 다른 범죄로 외국의 수감시설에 수감된 경우, 그 범행에 대한 법정형이 당해 범죄의 법정형보다 월등하게 높고, 실제 그 범죄로 인한 수감기간이 당해 범죄의 공소시효 기간보다도 현저하게 길어서 범인이 수감기간 중에 생활근거지가 있는 우리나라로 돌아오려고 했을 것으로 넉넉잡아 인정할 수 있는 사정이

있다면, 그 수감기간에는 '형사처분을 면할 목적'이 유지되지 않았다고 볼 여지가 있다. 그럼에도 그러한 목적이 유지되고 있었다는 점은 검사가 입증하여야 한다 (2008도4101).

또한 범인이 국내에서 범죄를 저지르고 형사처분을 면할 목적으로 국외로 도피한 경우에 한정되지 아니하고, 범인이 국외에서 범죄를 저지르고 형사처분을 면할 목적으로 국외에서 체류를 계속하는 경우도 포함된다(2015도5916).

(3) 재정신청

재정신청이 있는 때에는 고등법원의 재정결정이 확정될 때까지 공소시효의 진행은 정지된다(제262조의4).

(4) 소년보호사건의 심리개시결정 등

소년부 판사가 소년보호사건의 심리개시결정을 하면 그 심리결정이 있은 때로부터 보호처분결정이 확정될 때까지 공소시효의 진행이 정지된다(소년법 제54조). 마찬가지로 가정폭력범죄(가정폭력범죄의 처벌 등에 관한 특례법 제17조 제1항), 아동학대범죄(아동학대범죄의 처벌 등에 관한 특례법 제34조 제2항), 성매매(성매매알선 등 행위이 처벌에 관한 법률 제17조 제1항) 등의 공소시효는 해당 보호사건이 법원에 송치된 때로부터 정지된다.

(5) 대통령 재직 중 내란·외환죄 이외의 범죄를 범한 경우

대통령은 내란 또는 외환의 죄를 범한 경우를 제외하고는 재직중 형사상의 소추를 받지 아니한다(헌법 제84조). 따라서 대통령이 재직 중 내란·외환죄 이외의 범죄를 범한 경우에는 재직기간 동안 공소시효의 진행이 정지된다(94헌마246).

2. 공소시효정지의 효력범위

공소시효정지의 효력은 공소제기된 피고인에 대하여만 미친다. 따라서 진범이 아닌 자에 대한 공소제기는 진범에 대한 공소시효의 진행을 정지시키지 못한다. 그러나 공범 1인에 대한 공소시효정지는 다른 공범자에게도 효력이 미치고, 당해 사건의 재판이 확정된 때로부터 진행한다(제253조 제2항). 다만, 공범 중 1인으로 기소된 자가 구성요건에 해당하는 위법행위를 공동으로 하였다고 인정되기는 하지만 범죄의 증명이 없다는 이유로 무죄의 확정판결을 선고받은 경우에는 그를 공범이라고 할 수 없으므로 그에 대한 공소제기로는 진범에 대한 공소시효정지의 효력이 없다(98도4621). 그러나 공범 중의 1인이 책임조각으로 무죄가 확정된 경우에는 그에 대한 공소제기로 다른 공범에 대한 공소시효정지의 효력이 인정된다(98도4621). 다만, 대향범의 관계에 있는 자는 이때의 공범에 포함되지 않는다.

[판례] 뇌물공여죄와 뇌물수수죄 사이와 같은 이른바 대향범 관계에 있는 자는 강학상으로는 필요적 공범이라고 불리고 있으나, 서로 대향된 행위의 존재를 필요로 할 뿐 각자 자신의 구성요건을 실현하고 별도의 형벌규정에 따라 처벌되는 것이어서, 2인 이상이 가공하여 공동의 구성요건을 실현하는 공범관계에 있는 자와는 본질적으로 다르며, 대향범 관계에 있는 자 사이에서는 각자 상대방의 범행에 대하여 「형법」 총칙의 공범규정이 적용되지 아니한다. 이러한 점들에 비추어 보면, 형소법 제253조 제2항에서 말하는 '공범'에는 뇌물공여죄와 뇌물수수죄 사이와 같은 대향범 관계에 있는 자는 포함되지 않는다(2012도4842).

공범 중 1인에 대한 공소의 제기로 다른 공범자에 대한 공소시효의 진행이 정지되더라도 공소가 제기된 공범 중 1인에 대한 재판이 확정되면, 그 재판의 결과가 공소기각 또는 관할위반인 경우뿐 아니라 유죄, 무죄, 면소인 경우에도 그 재판이 확정된 때로부터 다시 공소시효가 진행되며, 약식명령이 확정된 때에도 마찬가지이다(2011도15137).

Ⅴ. 공소시효의 완성

1. 공소시효완성의 사유

공소제기 없이 공소시효기간이 경과하면 공소시효는 완성된다. 한편, 공소제기 후 확정판결 없이 25년을 경과하면 공소시효가 완성된 것으로 간주한다(제249조 제2항). 이를 의제공소시효라고 한다.

2. 공소시효완성의 효과

공소시효가 완성되면 수사단계에서는 검사가 공소권없음의 불기소처분을 하여야 하고, 공판단계에서는 판사가 면소의 판결을 하여야 한다(제326조 제3호). 이 경우 만약 판사가 면소의 판결을 하지 않고 유·무죄의 실체판결을 하였다면 항소 또는 상고이유가 된다(제361조의5 제1호, 제383조 제1호).

Ⅵ. 공소시효의 적용배제

반인륜적 살인범죄에 대해서는 공소시효를 폐지하자는 국민의 법감정이 확산됨에 따라 2015년 7월 31일 형소법 개정에서 살인죄의 공소시효가 폐지되었다. 즉, 사람을 살해한 범죄(종범은 제외한다)로 사형에 해당하는 범죄에 대하여는 제249조부터 제253조까지에 규정된 공소시효를 적용하지 아니한다(제253조의2).[33]

> [판례] 공소시효를 정지·연장·배제하는 내용의 특례조항을 신설하면서 소급적용에 관한 명시적인 경과규정을 두지 아니한 경우에 그 조항을 소급하여 적용할 수 있다고 볼 것인지에 관하여는 이를 해결할 보편타당한 일반원칙이 존재할 수 없는 터이므로 적법절차원칙과 소급금지원칙을 천명한 헌법 제12조 제1항과 제13조 제1항의 정신을 바탕으로 하여 법적 안정성과 신뢰보호원칙을 포함한 법치주의 이념을 훼손하지 아니하도록 신중히 판단하여야 한다(2015도1362).

---

33) 다만, 이 조항은 이 법 시행(2015.7.31.) 전에 범한 범죄로 아직 공소시효가 완성되지 아니한 범죄에 대하여도 적용한다(부칙 제2조).

또한 「성폭력범죄의 처벌 등에 관한 특례법」 제21조와 「아동·청소년의 성보호에 관한 법률」 제20조에서는 성폭력범죄에 대해 공소시효의 특례제도를 마련하여 형소법(제249조부터 제253조까지) 및 「군사법원법」(제291조부터 제295조까지)상 규정된 공소시효를 적용하지 아니한다. 즉, 13세 미만의 사람 및 신체적인 장애가 있는 사람에 대하여 소정의 성폭력범죄[34]를 행하거나(동조 각 제3항) 사람에 대하여 소정의 강간 등 살인·치사죄를 범한 경우[35](동조 제4항)에 대하여는 공소시효의 적용을 배제하고 있다.

이외에도 헌정질서 파괴범죄, 즉 「형법」 제2편 제1장 내란의 죄, 제2장 외환의 죄와 「군형법」 제2편 제1장 반란의 죄, 제2장 이적(利敵)의 죄를 범한 경우와 「형법」 제250조의 죄로서 「집단살해죄의 방지와 처벌에 관한 협약」에 규정된 집단살해에 해당하는 범죄에 대해서도 제249조부터 제253조까지 및 「군사법원법」 제291조부터 제295조까지에 규정된 공소시효를 적용하지 아니한다(헌정질서 파괴범죄의 공소시효 등에 관한 특례법 제3조).

제4절 재정신청

≪학습문제≫ 고소인 갑이 을을 사기죄로 고소하였으나, 검사 병은 이 사건을 '혐의없음'으로 불기소처분을 하였다. 이때 갑이 을에 대해 기소해 줄 것을 법원에 청구할 수 있는가?

---

34) 1. 「형법」 제297조(강간), 제298조(강제추행), 제299조(준강간, 준강제추행), 제301조(강간등 상해·치상), 제301조의2(강간등 살인·치사)의 죄, 제305조(미성년자에 대한 간음, 추행)의 죄, 2. 「성폭력범죄의 처벌 등에 관한 특례법」 제6조 제2항(장애인에 대한 유사강간), 제7조 제2항(13세 미만의 미성년자에 대한 유사강간), 제8조(강간등 상해·치상), 제9조의 죄, 3. 「아동·청소년의 성보호에 관한 법률」 제9조(강간 등 상해 · 치상) 또는 제10조(강간 등 살인 · 치사)의 죄.

35) 1. 「형법」 제301조의2(강간 등 살인)의 죄, 2. 「성폭력범죄의 처벌 등에 관한 특례법」 제9조 제1항(강간 등 살인)의 죄, 3. 「아동·청소년의 성보호에 관한 법률」 제10조 제1항(강간 등 살인) 및 제11조 제1항(아동·청소년성착취물 제작·수입 또는 수출)의 죄, 4. 「군형법」 제92조의8의 죄(강간 등 살인에 한정한다).

I. 재정신청의 의의

　　재정신청은 검사의 불기소처분에 불복하는 고소인 또는 고발인(형법 제123조부터 제126조까지의 죄에 대하여 고발한 자)이 법원에 공소제기의 여부를 재판으로 결정해 줄 것을 신청하는 제도를 말한다(제260조). 재정신청된 사건에 대해 법원에서 공소제기결정을 하게 되면 검사는 공소제기를 하여야 한다는 점에서 기소강제절차의 성격을 지니고 있다. 따라서 이 제도는 결과적으로 기소독점주의와 기소편의주의를 견제하기 위한 법적 장치로서 기능하고 있다. 현행법에서는 검사의 기소권행사에 대한 견제장치로서 검찰항고·재항고제도를 두고 있지만(검찰청법 제10조), 이것은 검사동일체의 원칙이 작용하고 있는 검찰조직 내부의 자기통제장치라는 점에서 검사의 공소권행사의 적정성을 담보하기에는 미흡하다. 여기에 재정신청제도의 존재이유가 있다.

II. 재정신청절차

1. 재정신청

(1) 신청권자와 대상

　　재정신청을 할 수 있는 자는 검사로부터 불기소처분의 통지를 받은 고소인 또는 고발인이다(제260조 제1항). 고소인은 모든 범죄에 대해 재정신청을 할 수 있지만, 고발인은 「형법」 제123조부터 제126조까지의 범죄와 특별법에서 재정신청 대상으로 규정한 죄에 대하여만 재정신청할 수 있다. 그러나 고소인이나 고발인이 고소 또는 고발을 취소한 때에는 재정신청을 할 수 없다.[36]

---

36) 헌정질서 파괴범죄, 즉 「형법」 제2편 제1장 내란의 죄, 제2장 외환의 죄와 「군형법」 제2편 제1장 반란의 죄, 제2장 이적(利敵)의 죄에 대하여 고소 또는 고발을 한 자가 검사

(2) 재정신청의 방법

1) 검찰항고전치주의

고소인 또는 고발인이 재정신청을 하려면 검찰항고를 거쳐야 한다(제260조 제2항). 이를 검찰항고전치주의라고 한다. 다만, (i) 항고 이후 재기수사가 이루어진 다음에 다시 공소를 제기하지 아니한다는 통지를 받은 경우, (ii) 항고신청 후 항고에 대한 처분이 행하여지지 아니하고 3개월이 경과한 경우, (iii) 검사가 공소시효 만료일 30일 전까지 공소를 제기하지 아니하는 경우에는 검찰항고를 거치지 않고 재정신청을 할 수 있다(동조 제2항 단서). 검찰항고 후에 재정신청을 할 수 있는 자는 재항고를 할 수 없다(검찰청법 제10조 제3항).

2) 재정신청의 기간과 방식

재정신청을 하려는 자는 검찰의 항고기각 결정을 받은 날 또는 검찰항고를 거치지 않고 재정신청을 할 수 있는 사유(제260조 제2항)가 발생한 날부터 10일 이내에 지방검찰청검사장 또는 지청장에게 재정신청서를 제출하여야 한다. 다만, 검사가 공소시효 만료일 30일 전까지 공소를 제기하지 아니하여 재정신청을 하는 경우에는 공소시효 만료일 전날까지 재정신청서를 제출할 수 있다(제260조 제3항).

재정신청서에는 신청의 대상이 되는 사건의 범죄사실 및 증거 등 재정신청을 이유있게 하는 사유를 기재하여야 한다(동조 제4항).

신청은 대리인에 의해서도 가능하며 공동신청권자 중 1인의 신청은 그 전원을 위하여 효력을 발생한다(제264조). 그러나 재정신청의 경우에는 재소자에 대한 특례규정(제344조)이 없다. 따라서 구금 중인 고소

나 군검사로부터 공소를 제기하지 아니한다는 통지를 받은 경우에는 그 검사 소속의 고등검찰청이나 그 군검사 소속의 고등검찰부에 대응하는 고등법원이나 고등군사법원에 그 당부(當否)에 관한 재정(裁定)을 신청할 수 있다(헌정질서 파괴범죄의 공소시효 등에 관한 특례법 제4조 제1항). 이 재정신청에 관하여는 형소법 또는 「군사법원법」의 해당 규정을 적용한다(동조 제2항).

인이 재정신청서를 재정신청기간 내에 교도소장 또는 그 직무를 대리하는 사람에게 제출하였더라도 이를 재정신청의 기간 내에 재정신청을 한 것으로 볼 수 없다(2013모2347).

3) 재정신청의 효력

재정신청이 있으면 재정결정이 확정될 때까지 공소시효의 진행이 정지된다(제262조의4 제1항). 공소제기의 결정이 있는 때에는 공소시효에 관하여 그 결정이 있는 날에 공소가 제기된 것으로 본다(동조 제2항).

4) 재정신청의 취소

재정신청은 재정결정이 있을 때까지 취소할 수 있으며, 취소한 자는 다시 재정신청을 할 수 없다(제264조 제2항). 이 취소는 다른 공동신청권자에게는 효력을 미치지 아니한다(동조 제3항).

재정신청의 취소는 관할 고등법원에 서면으로 하여야 한다. 다만, 기록이 관할 고등법원에 송부되기 전에는 그 기록이 있는 지방검찰청 검사장 또는 지청장에게 하여야 한다(규칙 제121조 제1항). 취소서를 받은 고등법원의 법원사무관 등은 즉시 고등검찰청 검사장 및 피의자에게 그 사유를 통지하여야 한다(동조 제2항).

2. 검사장 등의 처리

재정신청서를 제출받은 지방검찰청검사장 또는 지청장은 재정신청서를 제출받은 날부터 7일 이내에 재정신청서, 의견서, 수사관계서류 및 증거물을 관할 고등검찰청을 거쳐 관할 고등법원에 송부하여야 한다. 다만, 지방검찰청 검사장 또는 지청장은 검찰항고를 거치지 않은 재정신청에 대하여는 신청이 이유 있다고 인정되면 즉시 공소를 제기하고 그 취지를 관할 고등법원과 재정신청인에게 통지하여야 하고, 신청이 이유 없는 것으로 인정되면 30일 이내에 관할고등법원에 송부하여야 한다(제261조).

Ⅲ. 고등법원의 재정결정

1. 재정신청사건의 관할과 통지

재정신청사건은 불기소처분을 한 검사 소속의 지방검찰청 소재지를 관할하는 고등법원이 관할한다(제260조 제1항). 관할 고등법원은 재정신청서를 송부받은 때에는 송부받은 날부터 10일 이내에 피의자에게 그 사실을 통지하여야 하며(제262조 제1항), 이 기간 내에 피의자 이외에 재정신청인에게도 그 사유를 통지하여야 한다(규칙 제120조). 법원이 재정신청서를 송부받았음에도 송부받은 날부터 위 기간 안에 피의자에게 그 사실을 통지하지 아니한 채 공소제기결정을 하였더라도, 그에 따른 공소가 제기되어 본안사건의 절차가 개시된 후에는 다른 특별한 사정이 없는 한 본안사건에서 위와 같은 잘못을 다툴 수 없다(2013도16162).

2. 사실조사와 강제처분

법원은 재정신청사건의 심리에 있어서 필요한 때에는 증거를 조사할 수 있다(제262조 제2항). 따라서 피의자신문이나 참고인조사, 검증 등을 행할 수 있다. 이 경우 피의자에 대한 구인이나 구속·압수·수색·검증과 같은 강제처분은 허용되지 않는다는 견해가 있으나, 필요한 때에는 증거조사를 할 수 있다고 한 형소법의 취지로 볼 때 수소법원에 준하여 이러한 강제처분도 허용된다(다수설).

한편, 재정신청사건의 심리와 결정은 일종의 재판이므로 재정신청사건의 피의자가 피고인은 아니지만 법관에 대한 기피신청을 할 수 있는 것으로 보아야 한다(다수설).

<재정신청심리절차의 법적 성격> 재정신청심리절차의 성격에 대하여는 수사절차이므로 신청인의 절차관여는 배제되어야 한다는 견해(수사설), 검사의 불기소처분의 당부를 심판하는 것으로 행정사건에 있어서 항고소송에 준하는 소송절차로 이해하는 견해(항고소송설), 수사와 항고소송의 성격을 동시에 가지고 있다는 견해(병유설) 등이

있다. 그러나 재정신청심리절차는 수사절차가 아닌 재판절차로서 형사소송에 유사한 것으로 보아야 한다(형사소송유사설). 다만, 이것은 공소제기 전의 절차라는 점에서 밀행성이 요구된다.

3. 심리의 비공개

재정신청사건은 특별한 사정이 없는 한 심리를 공개하지 아니한다(제262조 제3항).

4. 재정신청사건기록의 열람·등사의 제한

재정신청사건의 심리 중에는 관련서류 및 증거물을 열람 또는 등사할 수 없다. 다만, 법원은 재정신청 사건의 증거조사 과정에서 작성된 서류의 전부 또는 일부의 열람 또는 등사를 허가할 수 있다(제262조의2). 이러한 제한은 아직 정식 기소가 되지 않은 수사기록에 대하여 피의자나 고소인 등 이해관계인이 무분별하게 기록을 열람·등사하는 경우 수사비밀을 해칠 우려가 있을 뿐만 아니라 수사기록의 열람·등사 그 자체를 위해 재정신청을 남발할 우려가 있다는 점 등을 고려한 조치이다.

5. 재정결정

법원은 재정신청서를 송부받은 날부터 3개월 이내에 항고의 절차에 준하여 재정결정을 한다(제262조 제2항).

(1) 기각결정

재정신청이 법률상의 방식에 위배되거나 이유 없는 때에는 신청을 기각한다(동항 제1호). 재정신처의 이유 유무는 결정 시를 표준으로 하여야 한다.

'법률상의 방식에 위배'된 때란 신청권자 아닌 자가 재정신청을 하거나 신청기간이 경과한 후의 재정신청 등을 말한다. 재정신청 제기기간

후에 재정신청 대상을 추가하는 것도 허용되지 않는다(97모30). '신청이 이유 없는 때'란 검사의 불기소처분이 정당하였음을 말한다. 검사의 무혐의 불기소처분이 위법하다 하더라도 기록에 나타난 여러 가지 사정을 고려하여 기소유예의 불기소처분을 할 만한 사건이라고 인정되는 경우에는 재정신청을 기각할 수 있다(97모30).

> **[판례]** 검사의 불기소처분 당시에 공소시효가 완성되어 공소권이 없는 경우에는 위 불기소처분에 대한 재정신청은 허용되지 않는다(90모34).

재정신청 기각결정에 대하여는 즉시항고를 할 수 있다(동조 제4항 전문). 그러나 재정신청 기각결정이 확정된 사건에 대하여는 다른 중요한 증거를 발견한 경우를 제외하고는 소추할 수 없다(동항 후문). '재정신청 기각결정이 확정된 사건'이란 재정신청사건을 담당하는 법원에서 공소제기의 가능성과 필요성 등에 관한 심리와 판단이 현실적으로 이루어져 재정신청 기각결정의 대상이 된 사건만을 의미한다(2012도14755). '다른 중요한 증거를 발견한 경우'란 재정신청 기각결정 당시에 제출된 증거에 새로 발견된 증거를 추가하면 충분히 유죄의 확신을 가지게 될 정도의 증거가 있는 경우를 말하고, 단순히 재정신청 기각결정의 정당성에 의문이 제기되거나 범죄피해자의 권리를 보호하기 위하여 형사재판절차를 진행할 필요가 있는 정도의 증거가 있는 경우는 여기에 해당하지 않는다. 따라서 관련 민사판결에서의 사실인정 및 판단은 그러한 사실인정 및 판단의 근거가 된 증거자료가 새로 발견된 증거에 해당할 수 있음은 별론으로 하고, 그 자체가 새로 발견된 증거에 해당하지 않는다(2014도17182).

(2) 공소제기결정

재정신청이 이유 있는 때에는 사건에 대한 공소제기를 결정한다(동조 제2항 제2호). 공소제기를 결정하는 때에는 죄명과 공소사실이 특정될 수 있도록 이유를 명시하여야 한다(규칙 제122조). 공소제기결정에 대하여는 불복할 수 없다(제262조 제4항 전문 후단).

6. 재정결정서의 송부

법원이 신청기각 내지 공소제기결정을 한 때에는 즉시 그 정본을 재정신청인·피의자와 관할 지방검찰청검사장 또는 지청장에게 송부하여야 한다. 이 경우 공소제기결정을 한 때에는 관할 지방검찰청검사장 또는 지청장에게 사건기록을 함께 송부하여야 한다(제262조 제5항).

공소제기결정에 따른 재정결정서를 송부받은 지방검찰청검사장 또는 지청장은 지체 없이 담당검사를 지정하고 지정받은 검사는 공소를 제기하여야 한다(동조 제6항). 법원이 공소제기결정을 한 경우에 검사로 하여금 공소를 제기하고 유지하도록 한 것은 재정신청의 대상범죄가 전면 확대되면서 재정신청사건의 증가에 따라 많은 비용과 절차가 소요될 것이라는 점 등을 고려한 것이다.

Ⅳ. 재정신청에 있어서의 특칙

1. 비용부담

법원은 재정신청의 기각결정이나 재정신청의 취소가 있는 경우에는 결정으로 재정신청인에게 신청절차에 의하여 생긴 비용의 전부 또는 일부를 부담하게 할 수 있다(제262조의3 제1항). 또한 법원은 직권 또는 피의자의 신청에 따라 재정신청인에게 피의자가 재정신청절차에서 부담하였거나 부담할 변호인선임료 등 비용의 전부 또는 일부의 지급을 명할 수 있다(동조 제2항). 이것은 재정신청 대상범죄의 전면 확대에 따라 이 제도의 남용을 억제하기 위한 장치이다. 이러한 결정에 대하여는 즉시항고할 수 있다(동조 제3항).

2. 공소취소의 제한

검사는 법원의 공소제기결정에 따라 공소를 제기한 때에는 이를 취소할 수 없다(제264조의2).

3. 공수처법상 재정신청의 특례

고소·고발인은 공수처검사로부터 공소를 제기하지 아니한다는 통지를 받은 때에는 서울고등법원에 그 당부에 관한 재정을 신청할 수 있다(공수처법 제29조 제1항). 이때 재정신청을 하려는 사람은 공소를 제기하지 아니한다는 통지를 받은 날부터 30일 이내에 공수처장에게 재정신청서를 제출하여야 한다(동조 제2항). 재정신청서에는 재정신청의 대상이 되는 사건의 범죄사실 및 증거 등 재정신청을 이유 있게 하는 사유를 기재하여야 한다(동조 제3항).

한편, 재정신청서를 제출받은 공수처장은 재정신청서를 제출받은 날부터 7일 이내에 재정신청서, 의견서, 수사 관계 서류 및 증거물을 서울고등법원에 송부하여야 한다. 다만, 신청이 이유 있는 것으로 인정하는 때에는 즉시 공소를 제기하고 그 취지를 서울고등법원과 재정신청인에게 통지한다(동조 제4항). 이외에 재정신청에 관하여는 형소 제262조 및 제262조의2부터 제262조의4까지의 규정을 준용한다(동조 제5항).

제4편 공판절차

제1장 공 판 절 차

---•---

1. **기본원칙** ┬ 공개주의
        ├ 구두변론주의
        ├ 직접주의
        └ 집중심리주의

2. **공소장변경** ┬ 공소장변경의 허용범위와 필요성
         └ 공소장변경절차

3. **공판절차의 진행** ┬ 공판준비절차
           ├ 공판정의 심리
           ├ 공판기일의 절차
           └ 증거조사

4. **공판절차의 특칙** ┬ 간이공판절차
           ├ 공판절차의 정지 및 갱신
           └ 변론절차의 병합 및 분리

5. **국민참여재판**

〈주요 학습사항〉

1. 공판절차의 기본원칙
2. 공소장변경
3. 공판준비절차
4. 공판정 심리와 공판기일의 절차
5. 증거조사
6. 공판절차의 특칙
7. 국민참여재판

제1절 공판절차

≪학습문제≫ 국민의 관심이 매우 높은 사건의 재판에 대하여 언론사들이 중계방송을 하고자 한다. 어떤 조건하에서 가능한가?

I. 공판절차와 공판중심주의

공판절차는 검사의 공소제기 후 사건이 법원에 계속되어 소송절차가 종료될 때까지 이루어지는 모든 절차를 말한다. 따라서 검사가 아닌 관할경찰서장 등이 청구하여 진행되는 즉결심판절차 및 검사의 청구에 의하더라도 서면절차로 진행하는 약식절차는 공판절차가 아니다. 공판중심주의는 형사사건의 심증형성이 공판심리 과정에서 이루어질 것을 요구하는 원칙으로서 공소장일본주의, 공판절차의 공개, 구두변론주의, 직접주의, 집중심리주의 등으로 구현된다.

II. 공판절차의 기본원칙

1. 공개주의

공개주의란 심리와 판결이 대중에게 공개되고 일반인에게 재판의 방청이 허용되어야 한다는 원칙을 말한다(헌법 제27조 제3항, 제109조, 법조법 제57조). 그러나 국가의 안전보장과 질서유지, 선량한 풍속을 보호하기 위하여 법원의 결정으로 판결의 선고를 제외한 심리의 공개를 제한할 수 있다(헌법 제109조 단서, 법조법 제57조 제1항 단서). 다만, 비공개 대상은 심리에 한정되고 판결선고의 비공개는 허용되지 않는다. 판례는 공개금지사유가 없음에도 불구하고 법원이 재판의 심리에 관한 공개를 비공개로 결정한 경우, 비록 변호인의 반대신문이 보장되었더라도 이것은 피고인의 공개재판을 받을 권리를 침해한 것으로서 그 절차에 의하여 이루어진 증인의 증언은 증거능력이 없다고 하고. 이것은 공개금지결정의 선고가 없는 등으로 공개금지결정의 사유를 알 수 없는 경우에도 마찬가지라고 한다(2013도2511). 재판이 공판의 공개에 관한 규정에 위반하여 진행된 경우 항소이유가 된다(제361조의5 제9호).

한편, 재판장은 법정의 질서유지를 위해 일정한 규모의 방청인 수를 제한할 수 있고(법정 방청 및 촬영 등에 관한 규칙 제2조), 특정인의 입정금지 또는 퇴정을 명할 수 있다(법조법 제58조 제1항). 따라서 법원이 질서의 유지, 심리의 원활한 진행 등을 고려하여 방청권을 소지한 사람에 한하여 방청을 허용하는 것은 공개재판주의 위반이 아니다(90도646). 피고인의 인격권보호와 여론재판으로부터 재판의 공정성을 확보하기 위해 재판장의 허가 없이는 녹화, 촬영, 중계방송 등의 행위를 할 수 없다(법조법 제59조). 다만, 피고인의 동의가 있거나 피고인이 동의하지 않더라도 공공의 이익을 위하여 상당하다고 인정되는 경우에 재판장의 허가가 있으면 예외적으로 허용된다. 이때의 중계방송 등의 행위는 공판 또는 변론의 개시 전이나 판결 선고 시에 한정된다(법정 방청 및 촬영 등에 관한 규칙 제5조 제1항). 하지만 대법원의 경우에는 재판장의 허가를 받아 변론 또는 선고를 인터넷이나 텔레비전 등의 방송통신매체를 통하여 방송할 수 있다(대법원에서의 변론에 관한 규칙 제7조의2).

또한 소송관계인의 수가 법정의 수용인원보다 많아 법정질서 유지를 위하여 필요한 경우 또는 재난 또는 이에 준하는 사유로 인하여 다수의 인명피해가 발생한 사건에서 당사자, 피해자 또는 그 법정대리인(피해자가 사망한 경우에는 배우자·직계친족·형제자매를 포함한다) 중 상당수가 재판이 진행되는 법원으로부터 원격지에 거주하여 법정에 직접 출석하기 어려운 경우에 중계장치가 갖추어진 원격지의 법원에서 재판진행을 시청할 수 있도록 하는 것이 참여 보장을 위하여 상당하다고 인정되는 경우 재판장은 공판이나 변론의 전부 또는 일부에 대하여 해당 법원 내 또는 원격지의 법원 내의 시설에서 녹음, 녹화 또는 촬영과 중계를 허가할 수 있다. 다만, 이때에는 사안에 따라 사전에 소속 지방법원장 등의 승인을 받아야 한다(법정 방청 및 촬영 등에 관한 규칙 제6조 제3항).

2. 구두변론주의

재판정에서의 변론은 구두로 하여야 한다(제275조의3). 구두변론주의는 당사자의 주장과 입증을 통해 사실을 인정하는 당사자 변론주의와 그 변론이 공판정에서 구술로 이루어져야 한다는 구술주의가 결합된 것이다. 그러나 구두변론주의는 서면주의에 의해 보완된다. 형소법은 공판조서의 작성을 통해 재판에서의 구두주의 결함을 보충하고 있다. 다만, 절차형성행위는 원칙적으로 서면주의에 따른다.

3. 직접주의

직접주의는 공판중심주의의 한 요소로서 법원이 공판정에서 직접 조사한 증거를 통해 사실을 인정한다는 원칙으로, 원본과 가장 가까운 증거를 요구하는 최우량증거의 원칙(Best Evidence Rule)으로 구현된다. 형소법상 전문증거에 대한 여러 규정도 최우량증거 원칙의 표현이라고 볼 수 있다. 직접주의는 일반적으로 법원의 정확한 심증형성을 위해 소송의 주도권을 법원에게 부여하는 직권주의에서 강조되지만, 소송의 주도권을 당사자에게 부여하고 재판장은 심판(umpire) 역할을 담당하는 당사자주의에서도 당사자의 방어권을 위해 요구된다. 제1심 법원이 적법한 증거조사를 거친 증거에 따라 증인의 진술에 대한 신빙성을 판단하였다면 현저히 부당하다고 인정되는 등 예외적인 경우가 아닌 한, 항소심이 그 판단을 존중하도록 하는 것도 직접주의의 요청이라고 할 수 있다(2017도21249).

4. 집중심리주의

집중심리주의는 재판의 신속한 종결을 위해 2회 이상의 심리가 필요한 경우 가능한 계속적으로 심리할 것을 요구하는 계속심리주의를 말하며(제267조의2), 부득이한 경우에 재판장은 전회 공판기일로부터 14일 이내에 다음 공판기일을 지정하여야 한다(동조 제4항). 판결의 선고는 원칙적으로 변론을 종결한 기일에 하여야 하지만, 14일 이내에 따로 선고기일을 지정할 수 있다(제318조의4).

제2절 공소장의 변경

> ≪학습문제≫ 검사는 갑을 수뢰죄로 공소제기 하였다. 1) 검사는 공갈죄로 공소장을 변경할 수 있는가? 2) 검사가 공소장변경을 하지 않는 경우 법원이 검사에게 공소장변경을 요구하여야 하는가? 3) 검사의 공소장변경신청이 없더라도 법원은 갑에 대하여 공갈죄에 대한 유죄를 선고하여야 하는가?

I. 공소장변경제도

1. 공소장변경제도의 의의

공소장변경제도는 국가 형벌권이 적절히 행사되도록 하는 한편, 피고인의 방어권보장을 위하여 공소사실과 동일성이 인정되는 사실에 한하여 검사가 공소장을 변경한 후에 법원이 심판을 하도록 하는 제도이다. 다만, 공소장변경은 공소사실의 동일성을 해하지 않는 범위에서만 허용된다(제298조 제1항). 따라서 공소장변경에 있어서는 먼저 변경하려는 사실이 그 공소사실과 동일한 사건인가 여부를 살펴본 후, 동일성이 인정된다면 피고인의 방어권에 불이익이 있는가를 검토하여 검사가 공소장을 변경할 필요성이 있는가 여부를 검토하는 2단계 심사가 요구된다.

2. 심판대상

범죄사실이란 과거에 발생한 역사적 사실을 말하는 반면에 공소사실은 검사가 수사를 통해 주장하는 사실로서 검사가 공소장에 기재하여 소추를 구하는 사실을 말한다.

이때 법원이 현실적으로 심판할 수 있는 대상이 범죄사실인지, 아니면 공소사실인지 여부에 대하여는 공소장에 기재된 공소사실과 동일성이 인정되는 사실이 전부 심판의 대상이 된다는 견해(공소사실대상설), 구성요건에 해당하는 사실의 기재를 의미하는 소인(訴因)이 심판의 대상이고, 공소사실은 실체개념이 아니라 소인변경을 한계지우는 기능개념에 불과하다고 하는 견해(소인대상설), 현실적 심판의 대상이 소인이고, 공소사실은 잠재적 심판의 대상이라고 하는 견해(절충설) 등이 있다.

그러나 피고인의 방어권보장이라고 하는 관점에서 보면 검사가 공소장에 기재한 공소사실이 법원의 현실적 심판의 대상이고, 그 공소사실과 동일성이 인정되는 사실은 잠재적 심판의 대상이 될 뿐이라고 하는 견해(이원설, 85도1435)가 타당하다. 따라서 잠재적 심판의 대상은 검사의 공소장변경에 의하여 비로소 현실적인 심판의 대상이 된다. 이 견해에 따르면 공소제기의 효력, 공소장변경의 한계, 확정판결의 효력은 모두 공소사실의 동일성이 미치는 범위까지 미치게 된다.

3. 공소사실의 동일성과 단일성

제298조 제1항의 공소사실의 동일성은 '협의의 동일성'과 '사건의 단일성'을 의미한다. 전자가 '시간적 전후의 자기동일성' 개념이라면, 후자는 '공간적 자기동일성'의 개념으로서 일정 시점에서 소송법상 범죄사실이 1개인가를 파악하는 개념이다. 예컨대, 검사가 '피고인은 2012. 3. 1. 피해자의 주거지에서 피해자를 폭행하였다'는 최초의 공소장을 '피고인은 2011. 5. 1. 피해자의 주거지에서 피해자를 폭행하였다'는 내용으로 공소사실을 변경하려는 경우 이는 시간적 전개에 따른 '협의의 동일성'

문제가 된다.

반면에 다수인이 보는 자리에서 자신의 상관에게 침을 뱉은 경우 성립할 수 있는 폭행죄와 모욕죄는 죄수의 문제로서 사건의 단일성이 문제된다. 이 경우 두 죄가 상상적 경합범관계에 있으므로 소송법상 일죄가되어 사건의 단일성이 인정된다. 그러나 실체적 경합범관계에 있는 사건은 피고인이 같더라도 사건의 단일성이 인정되지 않으므로 수개의 다른사건이 되며, 따라서 공소장변경의 대상이 되지 않는다.

Ⅱ. 공소장변경의 허용범위

1. 공소장변경의 의의

(1) 개 념

공소장변경은 공소장에 기재되는 공소사실 또는 적용법조를 추가,철회, 변경하는 것을 말한다. 추가는 상습범과 같이 공소사실의 동일성이인정되는 죄 중 ― 포괄일죄 또는 과형상 일죄의 일부 사실과 같이 ― 일부를 추가하는 경우를 말하며, 철회는 그 중 일부를 제외시키는 것을 말한다. 변경은 공소사실 또는 죄명을 다른 것으로 바꾸는 것을 말한다.

(2) 구별개념

공소장변경은 공소사실의 동일성이 인정되는 범위 내에서만 가능하다는 점에서 동일성이 인정되지 않는 새로운 범죄사실을 소추하는 추가기소나 공소사실의 동일성이 인정되지 않는 수개의 경합범의 범죄사실에서 일부의 사실을 제외시키는 공소취소와 구별된다. 예컨대, 포괄일죄인 영업범에서 공소제기의 효력은 공소가 제기된 범죄사실과 동일성이인정되는 범죄사실의 전체에 미치므로, 공판심리 중에 그 범죄사실과 동일성이 인정되는 범죄사실이 추가로 발견된 경우에 검사는 공소장변경절차에 의하여 그 범죄사실을 공소사실로 추가할 수 있다. 반면에, 공소가 제기된 범죄사실과 추가로 발견된 범죄사실 사이에 동일성이 인정되는 또 다른 범죄사실에 대한 유죄의 확정판결이 있었던 경우에는, 추가로 발견된 확정판결 후의 범죄사실은 공소제기된 범죄사실과 동일성이 없는 별개의 범죄가 된다. 따라서 이때에 검사가 공소장변경절차에 의하여 확정판결 후의 범죄사실을 공소사실로 추가하더라도 이를 허가할 수는 없고, 검사는 별개의 독립된 범죄로 공소를 제기하여야 한다(2016도21342).

또한 공소장변경은 법원의 허가가 필요하다는 점에서 법원의 허가 없이 공소장의 명백한 오기나 누락을 보충하는 공소장 정정과도 구별된다.

2. 공소사실의 동일성 판단기준

(1) 기본적 사실동일설

동일성 판단에 있어서 법률적 관점이 아닌 순수한 자연적 관점에서 범행의 일시와 장소, 수단과 방법 그리고 범행의 객체, 피해자 등 범죄사실의 중요한 기본적인 사실이 같으면 동일성을 인정하는 견해이다. 예컨대, 검사가 "피고인은 2009년 2월 1일에 피해자의 집을 찾아와 평소 감정이 있다는 이유로 피해자의 귀를 물어뜯어 상해를 가했다"는 애초의 공소사실을 범죄의 일시만을 2010년 2월 2일로 바꾸려고 한다고 가정해 보자. 이때 위 두 사실 중 범죄일시가 약 1년 정도 차이가 난다고 하더라도 범행 장소, 방법, 이유, 피해자 등을 놓고 볼 때 기본적인 사실이 같아서 두 개의 사실이 독립하여 존재할 수 없고, 역사적으로는 하나의 사실이라고 판단한다면 공소사실의 동일성을 인정할 수 있다(82도2156).

그러나 횡령 사건에서 피고인이 2012년 12월 27일과 2013년 5월 3일에 각각 피해자로부터 1,200만원과 1,500만원을 위탁받아 보관한 사실이 있는 경우 검사가 "피고인이 2012년 12월 27일 금 1,200만원을 피해자로부터 교부받아 횡령하였다"는 공소사실을 "피고인이 2013년 5월 3일에 피해자로부터 금 1,500만원을 교부받아 횡령하였다"는 범죄사실로 공소장을 변경하고자 한다면 위 두 개의 사실은 병존하는 사실일 수 있으므로 공소사실의 동일성을 인정하기 어렵다(88도1677). 이와 같이 두 개의 사실이 성질상 양립할 수 없어 하나의 범죄가 성립되면 다른 범죄가 성립할 수 없는 관계에 있거나 또는 시간적, 장소적으로 매우 밀접하여 자연적, 사회적으로 하나의 범죄로 볼 수 있는 경우에 기본적 사실이 동일하다고 보게 된다(다수설, 2007도1048).

> [판례] 폭행한 사실이 있는 경우 상해죄의 공소사실을 상해치사죄의 공소사실로 변경하거나(82도2156), 돈을 수령한 사실이 같은 이상 횡령죄의 공소사실을 사기죄로 변경하는 경우(83도2500), 재물을 취득한 사실이 있는 이상 절도죄를 장물보관죄로 변경하는 경우(98도1483), 목을 조르고 폭행한 사실이 있는 이상 살인죄의 미수를 강간치상죄로 변경하는 경우(84도666) 등에서 기본적 공소사실의 동일성을 인정하였다. 이외에도 피고인이 공공의 안녕질서에 직접적인 위협을 끼칠 것이 명백하다는 등의 이유로 금지통고된 집회를 주최하였다는「집회 및 시위에 관한 법률」위반의 공소사실로 기소되었는데, 선행 사건에서 위 집회와 그 이후 계속된 폭력적인 시위에 참가하였다는 이른바 질서위협 집회 및 시위 참가로 인한 같은 법 위반 공소사실은 기본적 사실관계가 동일한 것으로 평가하였다(2015도11679).

(2) 기본적 사실동일설의 수정

기본적 사실동일설에 따르면 기본적 사실만 같으면 공소사실의 동일성을 인정하므로 공소장변경의 범위가 지나치게 넓어져 피고인의 방어권 행사에 불이익을 초래할 수 있고, 확정판결 후에는 중한 죄가 발견되어도 기판력이 인정되어 공소제기를 할 수 없기 때문에 형벌권의 적정한 행사에 방해가 될 수 있다. 따라서 판례는 공소사실의 동일성 판단에 있어서 기본적 사실관계의 요소를 중시하면서도, 피해법익 등 죄질의 차이가 현저한 경우에는 규범적 요소를 고려하여 공소사실의 동일성을 부정한다.

> [판례] 공소사실이나 범죄사실의 동일성은 형소법상의 개념이므로 이것이 형사소송절차에서 가지는 의의나 소송법적 기능을 고려하여야 할 것이고, 따라서 두 죄의 기본적 사실관계가 동일한가의 여부는 그 규범적 요소를 전적으로 배제한 채

순수하게 사회적, 전법률적인 관점에서만 파악할 수는 없고, 그 자연적, 사회적 사실관계나 피고인의 행위가 동일한 것인가 외에 그 규범적 요소도 기본적 사실관계 동일성의 실질적 내용의 일부를 이루는 것이라고 보는 것이 상당하다(93도2080).

따라서 판례는 공범과 함께 피해자로부터 금품을 강취하고 상해를 입힌 후 해당 장물을 분배한 사건에서 장물죄로 먼저 유죄의 확정판결을 받은 피고인이 이후 강도상해죄로 다시 공소제기된 것에 대하여 공소사실의 동일성을 부정하였다(93도2080).[37] 또한 「경범죄 처벌법」상 음주소란행위로 범칙금 통고처분을 받은 사실과 같은 일시 및 장소에서 흉기로 협박하거나 상해를 입힌 행위에 대하여도 기본적 사실관계를 부정하면서 범칙금 납부의 효력이 이후의 공소사실에 미치지 않는다고 하였다(2009도12249, 2012도6612).

이러한 판례의 태도는 법적 안정성보다는 사건에서의 구체적 타당성을 중시하는 것으로 평가할 수 있지만 '규범적 요소'의 모호성과 피고인에 대한 형사소추가 반복될 수 있다는 점에서 예외적, 제한적으로 적용될 필요가 있다.

> **[판례]** 피고인은 '1997. 4. 3. 21:50경 서울 용산구 OO동에 있는 햄버거 가게 화장실에서 피해자 갑을 칼로 찔러 을과 공모하여 갑을 살해하였다'는 내용으로 기소되었는데, 선행사건에서 '1997. 2. 초순부터 1997. 4. 3. 22:00경까지 정당한 이유 없이 범죄에 공용될 우려가 있는 위험한 물건인 휴대용 칼을 소지하였고, 1997. 4. 3. 23:00경 을이 범행 후 햄버거 가게 화장실에 버린 칼을 집어 들고 나와 용산 OO군영 내 하수구에 버려 타인의 형사사건에 관한 증거를 인멸하였다'는 내용의 범죄사실로 유죄판결을 받아 확정된 사안에서, 살인죄의 공소사실과 선행사건에서

---

37) 피고인은 1992. 9. 24. 02:00경 서울 서초구 방배동에 있는 공중전화박스 옆에서 공소 외 이OO 등이 전날인 같은 달 23. 23:40경 서울 구로구 구로동 노상에서 피해자로부터 강취한 피해자 소유의 국민카드 1매를 장물인 정을 알면서도 교부받아 취득하였다는 공소사실로 유죄판결을 받아 1993. 3.18 확정되었다. 이후 피고인은 공동피고인 이OO등과 함께 1992. 9. 23. 23:40경 서울 구로구 구로동 번지불상 앞길에서 술에 취하여 졸고 있던 피해자에게 다가가 주먹과 발로 피해자의 얼굴 및 몸통부위를 수회 때리고 차 피해자의 반항을 억압한 후 피해자의 상, 하의 호주머니에서 피해자 소유의 국민카드 2매 등을 강취하고, 그로 인하여 피해자에게 치료일수 미상의 안면부 타박상 등을 입혔다는 내용으로 공소제기되었다.

유죄로 확정된 「폭력행위 등 처벌에 관한 법률」위반죄와 증거인멸죄는 범행의 일시, 장소와 행위 태양이 서로 다르고, 살인죄는 「폭력행위 등 처벌에 관한 법률」위반죄나 증거인멸죄와는 보호법익이 서로 다르며 죄질에서도 현저한 차이가 있으므로, 살인죄의 공소사실과 증거인멸죄 등의 범죄사실 사이에 기본적 사실관계의 동일성이 없다(2016도15526).

Ⅲ. 공소장변경의 필요성

공소사실의 동일성이 인정되어 공소장변경이 가능하더라도 항상 공소장변경절차를 거쳐야 하는 것은 아니다. 피고인의 방어권 행사에 불이익이 없다면 공소장의 변경이 없더라도 법원이 공소사실과 다른 사실을 인정할 필요가 있기 때문이다. 다만, 어떤 경우에 피고인의 방어권 행사에 불이익을 주는 경우에 해당하는가의 판단기준이 문제된다.

> [판례] 피고인의 방어권 행사에 실질적인 불이익을 초래할 염려가 없는 경우에는 법원이 공소장변경절차 없이 일부 다른 사실을 인정하거나 적용법조를 수정하더라도 불고불리의 원칙에 위배되지 않는다. 그러나 피고인의 방어권 행사에 실질적인 불이익을 초래하는지는 공소사실의 기본적 동일성이라는 요소와 함께 법정형의 경중과 그러한 경중의 차이에 따라 피고인이 자신의 방어에 들일 노력·시간·비용에 관한 판단을 달리할 가능성이 뚜렷한지 여부 등 여러 요소를 종합하여 판단하여야 한다(2019도4608).

1. 일반적 판단기준

공소장에 기재된 사실과 실질적으로 다른 사실을 법원이 인정하는 경우에는 피고인의 방어권 행사에 불이익을 초래하므로 공소장변경이 필요하다(다수설, 2007도4749). 이것은 구성요건이 동일한 경우와 다른 경우로 나누어 판단하여야 한다.

2. 구체적 판단기준

(1) 구성요건은 동일하지만 사실관계에 변화가 있는 경우

구성요건은 동일하지만 범죄의 일시, 장소, 객체, 방법 등과 같이 심판대상을 특정하는 데에 불가결한 요소가 변경될 경우에는 피고인의 방어권 행사에 불이익을 초래하므로 원칙적으로 공소장변경을 요한다. 다만, 판례는 범죄의 일시, 장소 등의 단순한 변경은 피고인의 방어권 행사에 불이익을 초래하지 않으므로 공소장변경을 요하지 않는다고 한다.

1) 범죄의 일시 및 장소

범죄일시의 간격이 긴 경우와 같이 그 일시의 착오가 단순한 기재가 아니어서 피고인에게 예기치 않은 타격을 주어 방어권에 실질적인 불이익을 주는 경우에는 공소장을 변경하여야 한다(2018도17656). 예컨대, 범죄일자를 8월 22일에서 8월 하순경으로 변경하거나(67도946), 범죄시간을 03:30경에서 02:20경으로 변경하는 경우(2007도11400)에는 공소장변경을 요하지 않는다. 그러나 범죄단체의 가입 시기를 1985년 5월 중순에서 1986년 5월경으로 변경하여 인정하는 경우에는 피고인의 방어권 행사에 실질적인 불이익을 줄 수 있으므로 공소장변경절차를 거쳐야 한다(92도2596).

2) 범죄의 수단과 방법

단순히 범행의 방법이 변경되는 경우에는 원칙적으로 공소장변경을 요하지 않는다. 그러나 범행행위 내용 및 태양이 달라져서 피고인의 방어권 행사에 불이익을 초래하는 경우에는 공소장변경을 요한다. 예컨대, "피고인들이 정당의 공직후보자추천과 관련하여 6억원을 수수하였다"는 공소사실과 관련하여 법원이 공소장변경 없이 "피고인들이 6억원을 대여함으로써 재산상 이익을 수수하였다"는 범죄사실을 유죄로 인정한 사안에서, 판례는 방어권 행사에 실질적인 불이익이 초래된다는 이유로 공소장변경이 필요하다고 보았다(2008도11042). 그러나 "피고인이

1억 8,000만 원의 뇌물을 수수하였다"는 공소사실에 대하여 법원이 공소 장변경 없이 "피고인이 차용금 1억 8,000만 원에 대한 금융이익 상당의 뇌물을 수수하였다"는 범죄사실로 유죄를 인정한 것은 정당하다고 하였 다(2014도1547). 피고인이 해당 금원을 차용한 사실과 그로 인해 금융이익 을 얻은 것에 대하여는 시인을 하였기 때문에 방어권 행사에 실질적 불 이익이 없다고 판단한 것이다.

한편, 정신장애로 인해 항거불능 상태에 있는 피해자를 간음 또 는 추행한 범죄사실에서 그 행위 태양으로 '위력'을 추가하는 것은 피고 인의 방어권 행사에 실질적인 불이익을 초래하므로 공소장변경을 요한 다(2013도13567). 그러나 피고인이 「성폭력범죄의 처벌 등에 관한 특례법」 상 장애인 강간 및 강제추행죄로 공소제기된 사안에서, 피고인이 재판과 정에서 폭행, 협박을 하지 않았고 설령 유형력을 행사하였더라도 '위력' 에 불과하다는 취지로 다투어 왔다면 피고인의 방어권 행사에 실질적인 불이익을 초래할 염려가 없기 때문에 법원이 공소장변경절차 없이 위력 에 의한 간음 및 추행죄를 인정할 수 있다(2014도9315).

또한 단순한 상해 정도나 재산범죄의 피해사실의 차이 등은 공 소장변경을 요하지 않는다. 예컨대, 대법원은 "피고인이 피해자로부터 2 회에 걸쳐서 피해자의 집에서 금480,000원을 빌려 편취하였다"는 공소사 실과 관련, 항소법원이 "피고인이 피해자의 소개와 보증 하에 제3자로부 터 도합 480,000원을 차용함으로써 피해자로 하여금 보증채무를 부담하 게 하였다"는 범죄사실을 인정하자 피고인이 상고한 사안에서, 편취 금 액이 동일하고 피해자가 보증채무를 진 이상 기본적 사실관계가 동일하 여 공소사실의 동일성이 인정되며, 피고인이 피해자의 보증하에 제3자로 부터 금원을 차용한 사실을 인정하고 있어 공소장변경이 필요없다고 하 였다(84도312). 마찬가지로 「정당법」상 당원이 될 수 없는 피고인들이 당 원으로 가입하여 당비 명목으로 정치자금을 기부하였다고 하여 「정치자 금법」위반으로 기소된 사안에서, 법원이 금원의 이체 일시, 액수, 수단 등은 모두 동일하되, 다만, 그 명목을 '당비'에서 '후원금'으로 공소장변경절차 없이 유죄의 사실로 인정하였더라도 방어권 행사에 실질적인 불이익이 초래된 것은 아니라고 하였다(2012도12867).

3) 범죄의 객체

범죄피해자 또는 범행객체가 변경되는 경우에도 피고인의 방어권에 실질적인 불이익을 초래하지 않는 경우에는 공소장변경을 요하지 않는다. 예컨대, 사기죄의 피해자가 제3자로 바뀐 경우(2013도564), 상해의 정도가 중하게 변경되는 경우(84도1803), 배임죄에서 객체가 추가되는 경우에는 공소장변경을 요하지 않는다(90도153).

(2) 구성요건과 사실관계가 다르지만 축소사실을 인정하는 경우

구성요건이 달라지는 경우에는 원칙적으로 공소장변경을 하여야 한다. 따라서 특수강도죄를 특수공갈죄로, 살인죄를 폭행치사죄로, 명예훼손죄를 모욕죄로 인정하는 경우 원칙적으로 공소장변경을 요한다. 그러나 법원이 인정할 공소사실이 공소장에 기재된 공소사실에 포함되어 있는 경우에는 피고인의 방어권에 불이익을 초래할 염려가 없으므로 공소장변경을 요하지 않는다. 예컨대, 강간치사죄를 강간죄로(80도1227), 상습절도와 특수절도를 단순절도죄로(73도1256), 수뢰후부정처사죄를 단순뇌물수수죄로(99도2530), 허위사실적시 명예훼손죄를 사실적시 명예훼손죄로(2006도7915) 변경하는 경우 등이다.

또한 기수의 사실을 미수로 인정하거나 공동정범을 방조범으로 인정하는 경우(2012도2628, 2018도7658)는 물론 단독정범을 공동정범으로 인정하는 경우(2018도5909)에도 피고인의 방어권 행사에 실질적으로 불이익을 줄 우려가 없다면 공소장변경을 요하지 않는다. 그러나 피고인 갑이 단독으로 향응을 제공하였다는 공소사실을 다른 피고인 을과 병이 주도적으로 마련한 자리에서 갑이 단순히 함께 참석함으로써 공동하여 향응을 제공하였다는 사실로 인정하는 경우에는 갑과 을, 병간의 공모가 전제가 되어야 하므로 공소장을 변경하지 않으면 갑의 방어권 행사에 불이익을 초래하게 되므로 공소장변경이 요구된다(96도1185). 간접정범의 경우에도 정범과 동일한 형 또는 그보다 감경된 형으로 처벌하는 것이므로 법원은 공소장변경 없이 직권으로 간접정범 규정을 적용할 수 있다(2014도13148). 그러나 축소사실이라고 하더라도 심리경과에 비추어 피고인의 방어권 행사에 실질적인 불이익이 있는 경우에는 공소장변경을 요한다. 예컨대, 예비·음모는 미수 이전의 범죄행위이지만 행위태양이 달라 구체적인 사안에 따라 피고인의 방어방법이 달라질 수 있으므로 미수의 범죄사실을 예비·음모로 변경하는 경우에는 공소장변경을 요한다(99도2461).

(3) 법적 평가만을 달리하는 경우

사실관계에는 변화가 없고 법적 평가만을 달리하여 구성요건이 변경되는 경우 변경되는 구성요건이 중하게 변경될 경우에는 공소장변경을 요하지만, 변경되는 구성요건이 같거나 경하게 되는 경우에는 공소장변경을 요하지 않는다. 따라서 특수협박죄로 공소가 제기된 범죄사실을 공소장변경 없이 상습특수협박죄로 처벌할 수 없다(2016도11880). 그러나 절취한 신용카드로 물건을 구입하여 주기로 하고 대가를 받은 사안에서, 검사가 장물취득죄의 공소사실을 장물보관죄로 변경하는 경우 사실관계의 변경이 아닌 법률적 평가만 달라지므로 공소장변경을 요하지 않는다(2003도1366). 또한 경합범으로 기소된 피고인을 포괄일죄(2007도2595)나 상상적 경합범으로 처벌하는 경우(80도2236), 포괄일죄를 실체적 경합범으로 처벌하는 경우(2005도5996)와 같이 죄수에 대한 평가만을 달리하는 경우나 업무상횡령죄에서 업무상배임죄로 인정하는 것과 같이 법률적 평가만을 달리하는 경우(2013도9481)에도 공소장변경을 요하지 않는다.

한편, 공소장에 기재하는 적용법조는 공소사실의 법률적 평가를 명확히 하여 공소의 범위를 확정하기 위한 것이므로 적용법조의 오기·누락이 있거나 적용법조에 해당하는 구성요건이 충족되지 않을 때에는 공소사실의 동일성이 인정되고, 피고인의 방어에 불이익을 주지 않는 한도

내에서 법원은 공소장변경의 절차를 거침이 없이 직권으로 공소장 기재와 다른 법조를 적용할 수 있다. 그러나 공소장에 기재된 적용법조가 단순한 오기나 누락이 아니며, 해당 법조에 의해 구성요건이 충족됨에도 법원이 공소장변경의 절차를 거치지 않고 임의로 다른 법조를 적용하는 것은 허용되지 않는다(2015도12373).

(4) 공소장변경이 필요 없는 경우 법원의 사실인정의무

축소사실을 인정하거나 법적 평가만을 달리하여 공소장변경절차 없이도 법원이 유죄의 사실을 인정할 수 있는 경우에 법원이 공소장변경이 없다는 이유로 유죄판결을 하지 않고 무죄판결을 할 수 있는가가 문제된다.

판례는 허위사실적시의 명예훼손의 공소사실을 사실적시 명예훼손으로 인정하거나(2007도1220), 강간상해의 공소사실을 상해의 공소사실로 축소 인정할 수 있는 경우(97도1452), 상해치사의 공소사실을 폭행의 공소사실로 인정할 수 있는 경우(90도1299) 등의 사안에서, 판명된 범죄사실에 대한 유죄판결을 하지 않고 공소사실에 대한 무죄를 선고할 수 있다고 하였다. 따라서 축소사실 등에 대한 인정은 법원의 의무가 아닌 재량이라고 보는 것이 판례의 원칙적인 태도라고 할 수 있다.

그러나 다수설은 축소사실의 범죄가 중대하여 공소장변경이 없이 무죄로 판결하는 경우 현저히 정의와 형평에 반하는 경우에는 법원이 직권으로 그 범죄사실을 인정하여야 한다고 한다. 판례도 예외적인 사안에서는 다수설과 같은 입장에 있다. 예컨대, 필로폰 투약죄의 기수범으로 공소제기 되었으나 미수범으로 인정되는 경우에 공소장이 변경되지 않았다는 이유로 이를 처벌하지 않으면 현저히 정의와 형평에 반한다고 판결한 것을 비롯하여(99도3674), 살인죄의 공소사실은 인정되지 않더라도 상해 또는 체포, 감금죄 등의 공소사실이 인정되는 경우(2007도616), 장물취득죄로 기소되었는데 장물보관의 범죄사실로 판명된 경우(2003도1366), 강간치상의 공소사실에서 강간의 점은 증명이 있으나 치상의 점은 증명이 없는 경우(87도2673) 등에서 법원의 직권심판의무를 인정하고 있다.

[판례] 공소사실 중 '피고인이 피해자를 베란다로 끌고 간 후 베란다 창문을 열고 피해자를 난간 밖으로 밀어 12층에서 떨어지게 하였다는 점'을 제외한 나머지 공소사실은 모두 인정된다고 판단하였고, 피고인도 피해자를 때리고 양쪽 손과 발목을 테이프로 묶었다는 등 살인의 점을 제외한 나머지 공소사실을 전부 시인하는 경우 이 부분 범죄사실을 유죄로 인정하여도 피고인의 방어권 행사에 실질적인 불이익을 초래할 염려가 없다. 그리고 피고인이 사실상 혼인관계에 있어 서로 신뢰하고 보호할 의무가 있는 피해자에 대하여 위와 같은 범행을 한 점, 그 구체적 행위의 태양이나 전·후의 경위, 피해자가 발이 묶인 채로 추락하기까지 한 사정을 종합하여 보면, 원심이 인정한 위와 같은 범죄사실만으로도 살인죄에 비하여 결코 사안이 가볍다고 할 수 없으므로, 이와 같은 경우 검사의 공소장변경이 없다는 이유만으로 위 공소사실에 포함된 나머지 범죄사실로 처벌하지 아니하는 것은 적정절차에 의한 실체적 진실의 발견이라는 형사소송의 목적에 비추어 현저히 정의와 형평에 반한다고 할 것이다(2007도616).

Ⅳ. 공소장변경의 절차

1. 검사의 신청에 의한 공소장변경

(1) 공소장변경절차

공소장변경은 검사의 신청(제298조 제1항)→ 법원이 피고인 또는 변호인에게 고지(동조 제3항)→ 공소장변경허가신청서 부본송달(규칙 제142조 제3항)→ 법원결정의 절차로 이루어진다.

1) 검사의 신청

공소장변경은 검사의 서면 신청에 의함이 원칙이다. 따라서 검사가 항소이유서에서 예비적 공소사실로 배임죄를 추가하겠다고 기재한 것만으로는 적법한 공소장변경신청이 있었다고 볼 수 없다(2010도3359). 다만, 법원은 피고인이 재정하는 공판정에서 피고인에게 이익이 되거나 피고인이 동의를 하는 경우에 구술에 의한 공소장변경을 허가할 수 있다(규칙 제142조 제5항). 그러나 공소장변경허가신청서에 기재된 것이 아닌 그에 첨부된 CD, 엑셀파일 등과 같이 저장매체에 저장된 전자적 형태의 문서에 포함된 내용은 공소장변경내용에 해당하지 않는다(2015도3682). 따라서 검사가 구술로 공소장변경허가신청을 하면서 변경하려는 공소사실의 일부만 진술하고, 나머지는 전자적 형태의 문서로 저장한 저장매체를 제출하였다면, 공소사실의 내용을 구체적으로 진술한 부분에 한하여 공소장변경허가신청이 된 것으로 보아야 하며, 전자적 형태의 문서는 공소장변경허가신청이 된 것이라고 할 수 없기 때문에 법원이 해당 부분에 대하여 공소장변경허가를 하였더라도 적법하게 공소장변경이 된 것으로 볼 수 없다(2016도11138).

2) 당사자에게 고지

법원은 공소사실 또는 적용법조의 추가, 철회 또는 변경이 있을 때에는 그 사유를 신속히 피고인 또는 변호인에게 고지하여야 한다(제298조 제3항). 이를 위해 검사가 공소장변경허가신청서를 법원에 제출할 때 해당 신청서에는 피고인의 수에 상응하는 부본을 첨부하여야 하며, 법원은 그 부본을 피고인 또는 변호인에게 즉시 송달하여야 한다(규칙 제142조 제2항, 제3항). 따라서 법원이 부본을 피고인과 변호인 중 어느 한쪽에 대해서만 송달하였다고 하더라도 절차상 잘못은 아니다(2013도5165). 공소장변경허가신청서가 공판정에서 제출된 경우 그 부본을 공판정에서 교부할 수 있다(85도1041).

3) 법원의 결정

검사가 공소장변경을 신청하는 경우 법원은 공소사실의 동일성을 해하지 않는 한도에서 이를 허가하여야 한다(제298조 제1항). 따라서 검사의 공소장변경 신청이 적법한 경우 법원의 허가는 의무사항이다(98도1438). 다만, 공판심리를 종결하고 선고기일까지 고지한 후에 검사가 변론재개신청과 함께 공소장변경 신청을 하는 경우와 같이 변론이 종결된 이후에는 법원이 변론을 재개하여 공소장변경을 허가할 의무는 없다(2018도11229). 이때 법원의 허가결정은 판결 전의 소송절차에 해당하여 이에 대하여 독립하여 항고할 수 없고, 판결에 영향을 미친 경우에 한하여 상소할 수 있을 뿐이다(87모17). 그러나 법원이 공소장변경 허가결정에 위법이 있다고 판단한 경우에는 스스로 그 결정을 취소할 수는 있다(2001도116).

> **[판례]** 일죄의 관계에 있는 여러 범죄사실 중 일부에 대한 기판력은 현실적으로 심판대상이 되지 아니한 다른 부분에도 미치므로, 그 일부의 범죄사실에 대하여 공소가 제기된 뒤에 항소심에서 나머지 부분을 추가하였다고 하여 공소사실의 동일성을 해하는 것이라고 볼 수 없으므로 법원은 이를 허가하여야 한다(2013도8118).

(2) 공소장변경과 공판절차의 정지

법원은 공소장변경이 피고인의 방어권행사에 불이익하다고 인정하는 때에는 직권 또는 피고인, 변호인의 청구에 의해 결정으로 필요한 기간 공판절차를 정지할 수 있다(제298조 제4항). 즉, 공소장변경 시의 공판절차의 정지 여부 결정은 법원의 재량사항이다. 따라서 공소장변경이 피고인의 방어권 행사에 실질적 불이익을 주지 않은 때에는 법원이 공판절차를 정지하지 않았더라도 반드시 위법한 것은 아니다(2005도6402). 다만, 공소장변경으로 공판절차를 정지하는 경우 해당 기간은 구속기간에 산입하지 않는다(제92조 제3항).

(3) 공소장변경과 관할

단독판사의 관할사건이 공소장변경에 의하여 합의부 관할사건으로 변경된 경우 법원은 합의부로 이송하여야 하지만(제8조 제2항), 그 반대의 경우에 대하여는 명문의 규정이 없다. 판례는 합의부 관할 사건에 대하여 단독판사 관할 사건으로 죄명, 적용법조를 변경하는 공소장변경허가신청서가 제출된 경우 합의부가 이를 단독판사에게 이송할 수 없고, 합의부가 심판하여야 한다고 한다(2013도1658).

한편 항소심은 사후심적 속심의 성격을 가지므로 공소장변경이 허용된다. 그러나 상고심은 사후심이자 법률심으로서 증거조사를 하지 않으므로 공소장변경이 허용되지 않는다.

2. 법원의 공소장변경요구

(1) 공소장변경요구제도의 의의

법원은 심리의 경과에 비추어 상당하다고 인정하는 경우 검사에게 공소사실 또는 적용법조의 추가 또는 변경을 요구하여야 한다(제298조 제2항). 공소장변경요구는 심리의 경과에 따라 요구하여야 하므로 심리가 진행되지 않은 제1회 공판기일 전에는 원칙적으로 허용되지 않는다. 공소장변경요구제도는 검사가 공소장변경을 신청하지 않는 경우에도 국가형벌권의 적정한 실현을 위해 법원에게 인정되는 제도이다.

(2) 법적 성격

공소장변경요구제도의 법적 성격에 대하여는 제298조 제2항의 문언 및 국가형벌권의 적정한 행사라는 목적을 고려할 때 법원의 의무라는 견해(의무설), 법원의 공소장변경요구는 법원의 권리이지 의무가 아니라는 견해(재량설, 85도1092 등), 원칙적으로는 재량이지만 공소장변경요구가 없어 무죄판결하는 것이 현저히 정의에 반하는 경우에는 예외적으로 법원의 의무라는 견해(예외적 의무설, 다수설) 등이 있다. 의무설은 문언의 해석에 충실한 장점이 있으나 탄핵주의를 형해화할 우려가 있다. 판례는 원칙적으로 재량설을 취하고 있지만, 이것은 제298조 제2항의 문언과 배치되며, 국가형벌권의 적정한 행사라는 법원의 의무를 포기한다는 문제점이 있다. 탄핵주의와 국가형벌권의 적절한 조화라는 측면에서 예외적 의무설이 타당하다(2013도9162 등 참조).

(3) 법원의 공소장변경요구에 관한 법적 효력

법원이 검사에게 공소장변경요구를 하였으나 검사가 이에 응하지 않는 경우에 어떤 효과가 발생하는가에 대하여는 권고의 효과만 있다는 견해(권고적 효력설), 검사의 복종의무를 인정하는 견해(명령적 효력설), 법원의 공소장변경요구를 예외적 의무설로 보는 입장에서 정의와 형평의 원칙에 반하는 경우에 법원이 변경요구를 하게 되면 검사의 공소장변경신청이 없어도 법원이 유죄를 선고하여야 한다는 견해(수정된 명령적 효력설) 등이 있다.

　권고적 효력설은 법원의 공소장변경요구를 무의미하게 하고, 명령적 효력설도 검사가 복종하지 않는 경우 강제할 방법이 없다는 점에서 실효성이 없다. 법원의 공소장변경요구제도의 취지가 정의와 형평의 원칙에 따라 적정한 국가형벌권을 행사하기 위한 것이므로 이러한 예외적인 상황에서는 검사의 공소장변경권도 무제한 보장될 수 없으므로 수정된 명령적 효력설이 타당하다.

제3절 공판준비절차

≪학습문제≫ 피고인 갑은 강도죄로 구속·기소되었다. 법원은 갑에게 국선변호인을 선임하였는데 갑은 직접 검사에게 증거목록과 증거서류의 열람 및 등사를 신청할 수 있는가? 만약 검사가 갑의 신청을 거부하였을 경우 갑이 취할 수 있는 조치는 무엇인가?

Ⅰ. 공판준비절차의 의의

　공판절차는 크게 공판준비절차와 공판심리절차로 나눈다. 공판준비절차는 수소법원이 공판기일의 심리를 효율적으로 하기 위하여 진행하는 절차이다. 공판준비절차는 공소장부본송달, 의견서 제출과 같이 공판기일을 열기 위하여 사전에 거쳐야 하는 것을 의미하는 광의의 공판준비절차와 사건의 효율적이고 집중적인 심리를 위하여 재판장이 특별히 진행하는 협의의 공판준비절차로 나눈다.

공판준비절차가 종료되고, 공판정 심리가 개시되면 재판장이 피고인에게 진술거부권을 고지하고, 피고인에 대한 인정신문, 검사의 모두진술, 피고인의 모두진술, 법원의 쟁점정리, 증거조사, 피고인신문, 의견진술의 순서로 심리가 종결된다.

Ⅱ. 광의의 공판준비절차

<공판절차 흐름도>

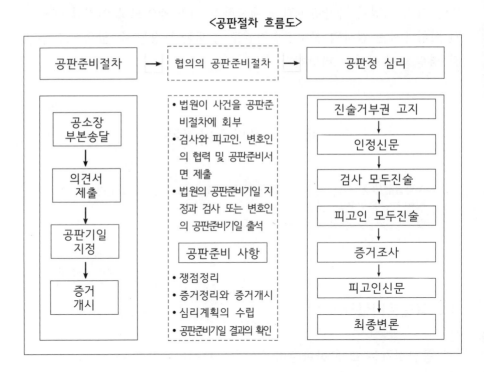

1. 공소장부본의 송달

법원은 공소가 제기되면 지체 없이 공소장의 부본을 피고인 또는 변호인에게 송달하여야 하는데 제1회 공판기일 5일 전까지 송달하여야 한다(제266조). 이것은 피고인이 방어에 필요한 준비를 하도록 하기 위한 것이므로 공소장부본의 송달이 없었거나 5일의 유예기간을 두지 않은 경우 피고인은 모두진술 단계에서 이의신청을 할 수 있으며, 이의제기를 하지 않으면 하자는 치유된 것으로 본다. 다만, 1심 법원이 공소장부본을 송달하지 않은 채 공시송달의 방법으로 피고인을 소환하여 피고인이 공판기일에 출석하지 않은 상태에서 재판이 진행되었다면 이 소송행위는 위법하여 효력이 없다. 따라서 이 경우 항소심 법원은 공소장부본을 송달하는 등 소송행위를 새로 한 후 항소심에서의 증거조사 등 심리를 하여야 한다(2013도9498).

2. 피고인 또는 변호인의 의견서 제출

피고인 또는 변호인은 공소장부본을 송달받은 날로부터 7일 이내에 공소사실에 대한 인정 여부 등에 대한 의견을 기재한 의견서를 법원에 제출하고 이를 받은 법원은 검사에게 송부하여야 한다. 그러나 피고인이 진술을 거부할 경우에는 그 취지를 기재한 의견서를 제출할 수 있으며(제266조의2 제1항), 법원은 의견서가 제출된 때에는 이를 검사에게 송부하여야 한다(동조 제2항). 의견서 제출을 통해 피고인의 입장을 조기에 확인함으로써 법원의 심리계획 수립을 용이하게 한다는 취지에서 도입된 제도이지만 피고인이 의견서를 제출하지 않았다고 해서 제재할 수 있는 것은 아니며, 피고인이 공판기일에서 의견서의 내용에 구속되는 것도 아니다. 이 의견서가 제출되면 재판장은 효율적인 심리를 위해 공판준비절차에 부칠 수 있다(제266조의5). 이를 협의의 공판준비절차라고 한다.

3. 공판기일의 지정·변경 및 통지

공판기일의 지정·변경은 재판장의 권한이므로 공판기일은 재판장이 정한다. 재판장은 검사, 변호인, 보조인에게는 공판기일을 통지를 하여야 하며, 피고인, 대표자 또는 대리인은 공판기일에 소환하여야 한다(제267

조). 다만, 재판장은 직권 또는 검사, 피고인이나 변호인의 신청에 의하여 그 기일을 변경할 수 있다(제270조 제1항). 이때 기일변경 신청을 기각한 명령은 송달하지 않는다(동조 제2항).

4. 피고인 등의 소환

소환은 피고인, 감정인, 증인 등에 대하여 법원이 출석을 명하는 강제처분이라는 점에서(제68조) 수사기관이 피의자(제200조) 또는 참고인(제221조)에 대하여 행하는 출석요구와는 다르다. 법원이 피고인을 소환함에 있어서는 법률이 정한 방식에 따라 작성된 소환장을 송달하여야 한다(제73조, 제76조 제1항). 피고인에 대한 공판기일 소환은 형소법이 정한 소환장의 송달 또는 이와 동일한 효력이 있는 방법에 의하여야 하고, 그 밖의 방법에 의한 사실상의 기일의 고지 또는 통지 등은 적법한 피고인 소환이라고 할 수 없다(2018도13377).

제1회 공판기일의 소환장 송달은 5일 이상의 유예기간을 두어야 하며(제269조), 그 외의 소환은 피고인이 이의를 제기하지 않는 경우를 제외하고는 늦어도 출석일시 12시간 이전에 송달하여야 한다(규칙 제45조). 소환장에는 피고인의 성명, 주거, 죄명, 출석일시, 장소와 정당한 이유 없이 출석하지 아니하는 때에는 도망할 염려가 있다고 인정하여 구속영장을 발부할 수 있음을 기재하고, 재판장 또는 수명법관이 기명날인 또는 서명하여야 한다(제74조).

그러나 피고인이 기일에 출석한다는 서면을 제출하거나 출석한 피고인에 대하여 다음 기일을 정하여 출석을 명한 때에는 소환장 송달과 같은 효력이 있고(제76조 제2항), 법원의 구내에 있는 피고인에 대하여 공판기일을 통지한 때에는 소환장 송달의 효력이 있다(제268조). 또한 구금된 피고인에 대하여는 교도관에게 통지하여 소환하고, 피고인이 교도관으로부터 소환통지를 받으면 소환장 송달과 같은 효력이 있다(제76조 제4항·제5항).

[판례] 피고인에 대한 공판기일의 소환은 형소법이 정한 방식에 따라 하여야

하므로 피고인이 소환장을 변호인의 사무소로 송달하기를 원하였더라도 이후 변호인이 사임한 후 해당 사무소로 소환장을 송달하였다면 피고인의 주소, 거소, 등의 송달장소에 해당하지 않으므로 적법한 소환이라고 할 수 없다(2018 도13777).

5. 공판기일 전 증거조사

법원은 직권 또는 검사, 피고인, 변호인의 신청에 의하여 공무소 또는 공사단체에 조회하여 필요한 사항의 보고 또는 그 보관서류의 송부를 요구할 수 있다(제272조). 검사, 피고인 또는 변호인은 공판기일 전이라도 법원에 피고인 또는 증인에 대한 신문, 검증, 감정 등 증거조사를 신청할 수 있고(제273조), 서류나 물건을 법원에 제출할 수 있다(제274조).

제1회 공판기일 이전에도 증거개시가 가능한가에 대하여는 공판기일 이전의 증거조사는 공판기일의 심리준비를 위한 것이므로 허용하여야 한다는 견해와 공판기일 이전에 증거조사를 하는 것은 공소장일본주의에 반하므로 금지되어야 한다는 견해가 있다. 제1회 공판기일이 열리기도 전에 수소법원이 증거조사를 할 수 있다고 하게 되면 법원이 공판을 진행하기도 전에 예단을 갖게 되어 공소장일본주의와 공판중심주의가 무색해질 수 있으므로 허용되지 않는다고 하여야 한다.

Ⅲ. 증거개시제도

1. 증거개시제도의 의의

(1) 피고인 또는 변호인의 증거개시 청구

신속한 심리와 검사의 공소유지 및 피고인의 방어권보장을 위해서는 공판기일 시작 전에 증거를 수집·분석할 필요가 있다. 제35조에서는 피고인과 변호인이 소송계속 중의 관계 서류 또는 증거물을 열람·복사할 수 있다고 규정하고 있으나 검사가 공소제기 후 법원에 증거로 제출하지 않고 보관하고 있는 증거를 열람할 수 있는가에 대하여는 명확한 규정이 없었다. 그러나 2007년 형소법의 개정을 통해 이를 입법화함으로써 피고인과 변호인이 공소제기 후 검사가 보관하고 있는 서류 등 증거물을 열람·복사할 수 있는 권리를 명확히 규정하였다.

피고인과 변호인의 서류 등의 열람·복사권은 피고인의 신속·공정한 재판을 받을 권리와 변호인의 조력을 받을 권리라는 헌법적 기본권을 보장하기 위한 구체적 수단이 된다. 따라서 형소법은 증거개시의 대상을 검사가 신청할 예정인 증거에 한정하지 않고, 피고인에게 유리한 증거를 포함한 전면적인 증거개시를 원칙으로 한다(2009헌마257).

(2) 검사의 증거개시 청구

피고인과 변호인뿐만 아니라 검사도 일정한 경우에 피고인 또는 변호인이 가지고 있는 증거에 대하여 증거개시를 요구할 수 있다. 다만, 검사에 의한 증거개시요구는 피고인 또는 변호인이 현장부재 또는 심신상실이나 심신미약 등 법률상·사실상의 주장을 하는 경우에 제한된다(제266조의11).

2. 피고인 또는 변호인의 증거개시 신청

(1) 증거개시의 대상

피고인 또는 변호인이 검사에게 공개를 신청할 수 있는 증거개시의 대상은 공소사건에 관한 서류 또는 물건의 목록과 공소사실의 인정 또는 양형에 영향을 미칠 수 있는 것으로서 (i) 검사가 증거로 신청할 서류 등, (ii) 증인으로 신청할 사람의 성명, 사건과의 관계 등을 기재한 서면 또는 진술서류 등, (iii) 이상의 서면 또는 서류의 증명력과 관련된 서류 등, (iv) 피고인 또는 변호인이 행한 법률상·사실상 주장과 관련된 서류 등이다(제266조의3 제1항). 여기에는 관련 형사재판확정기록 및 불기소처분기록이 포함된다. 피고인에 대한 불기소결정서의 경우 검사가 수사기관의 내부문서라는 이유로 공개를 거절한 사안에서, 법원은 불기소결정서는 수사기관의 내부문서로 볼 수 없으므로 피고인 또는 변호인의 법률상·사실상주장에 관련된 때에는 그 공개를 거절할 수 없다고 하였다(2012도1284). 위의 서류 등에는 도면, 사진, 녹음테이프, 비디오테이프, 컴퓨터용 디스크 등의 특수매체도 포함된다. 다만, 특수매체에 대한 등사는 필요 최소한의 범위에 한한다(동조 제6항).

(2) 피고인 또는 변호인의 증거개시 신청

피고인 또는 변호인은 공소제기 후 검사가 보관하고 있는 증거서류 등에 대하여 열람·등사 또는 서면의 교부를 신청할 수 있다. 그러나 피고인에게 변호인이 있는 경우에는 피고인은 열람만을 신청할 수 있다(제266조의3 제1항).

(3) 증거개시의 제한

검사는 국가안보, 증인보호의 필요성, 증거인멸의 염려, 관련 사건의 수사에 장애를 가져올 것으로 예상되는 구체적인 사유로 상당한 이유가 있다고 인정하는 때에는 열람·등사 또는 서면의 교부를 거부하거나 그 범위를 제한할 수 있다(제266조의3 제2항). 이때 검사는 지체 없이 그 이유를 서면으로 통지하여야 한다(동조 제3항). 그러나 검사에게 상당한 이유가 있는지 여부는 피고인 및 변호인의 실질적인 방어권 보장 및 당사자 대등의 원칙 등을 고려하여 엄격하게 해석되어야 한다(2012도1284).

이 경우에도 검사는 서류 등의 목록 자체에 대한 열람 또는 등사는 거부할 수 없다(동조 제5항). 증거목록이 공개되지 않으면 피고인 또는 변호인이 어떤 증거를 열람·등사를 신청할 것인지를 알 수 없으므로 증거개시제도의 실효성을 확보하기 위한 조치이다. 이때의 증거목록은 검사가 법원에 신청할 증거의 목록만을 의미하지 않고, 당해 사건의 수사과정에서 작성된 기록의 목록 일체를 포함한다. 형소법은 검사, 사법경찰관리로 하여금 수사과정에서 작성한 서류 또는 물건에 대한 목록을 빠짐없이 작성하도록 하고 있기 때문이다(제198조 제3항).

(4) 검사의 증거개시거부와 법원의 결정

피고인 또는 변호인은 검사의 증거개시거부가 있는 경우에는 법원에 그 서류 등의 열람·등사 또는 서면의 교부를 허용할 것을 신청할 수 있고(제266조의4 제1항), 법원은 증거개시를 허용하는 경우에 생길 폐해의 유형·정도 및 피고인의 방어권 또는 재판의 필요성 및 해당 서류의 중요성 등을 고려하여 검사에게 증거개시를 명할 수 있다(동조 제2항). 이때 법원은 검사에게 의견을 제시할 기회를 부여하여야 하며(동조 제3항), 필요한 경우 법원은 검사에게 해당 서류 등을 제시하도록 요구할 수 있고, 피고인이나 그 밖의 이해관계인을 심문할 수 있다(동조 제4항). 법원의 증거개시 결정이 있는 경우 이것은 판결 전의 소송절차에 해당하며, 불복절차로서 특별히 즉시항고의 규정을 두고 있지 않으므로 제402조의 항고의 방법으로 불복할 수 없다(2012모1393).

(5) 법원결정의 효력

검사는 법원의 증거개시 결정이 있은 때에는 지체 없이 이를 이행하여야 하며, 이행하지 않은 경우에는 해당 증인 및 서류 등을 증거신청 할 수 없다(제266조의4 제5항). 헌법재판소는 검사가 법원의 증거개시 결정을 거부하거나(2009헌마257), 법원이 수사서류의 열람 및 등사를 허용하도록 결정하였음에도 검사가 수사서류의 열람만을 허용하고 등사를 허용하지 않는 것(2015헌마632)은 피고인의 신속하고 공정한 재판을 받을 권리 및 변호인의 조력을 받을 권리를 침해한 것이라고 하였다.

이러한 형소법 규정과 헌법재판소의 결정은 개시를 거부하는 증거가 피고인에게 불리한 경우에는 효과가 있을 것이다. 그러나 법원의 명령에도 불구하고 검사가 피고인에게 유리한 증거를 개시하지 않는 경우에는 피고인에게 큰 도움이 되지 않는다. 이 경우 법원은 공판기일에 직권으로 증거조사를 할 수 있으므로(제295조) 피고인보호를 위하여 압수 등, 필요한 수단을 동원하여 해당 증거를 확보할 수 있다는 견해도 있다. 그러나 실무상 법원이 직접 검찰청에 대하여 증거조사를 하기 어렵다는 점을 감안할 때 검사가 피고인에게 유리한 증거의 개시를 거부하는 경우에는 검사의 공소유지가 적법절차를 위반하는 것으로 하여 공소기각의 재판을 통해 사건을 종결할 수 있도록 형소법을 개정할 필요가 있다.

[헌재결] 형소법 제266조의4 제5항은 검사가 그와 같은 불이익을 감수하기만 하면 법원의 열람·등사 결정을 따르지 않을 수도 있다는 의미가 아니라, 피고인의 열람·등사권을 보장하기 위하여 검사로 하여금 법원의 열람·등사에 관한 결정을 신속히 이행하도록 강제하는 한편, 이를 이행하지 아니하는 경우에는 증거신청상의 불이익도 감수하여야 한다는 의미로 해석하여야 할 것이므로... 법원의 열람·등사 허용 결정에도 불구하고 검사가 이를 신속하게 이행하지 아니하는 경우에는 해당 증인 및 서류 등을 증거로 신청할 수 없는 불이익을 받는 것에 그치는 것이 아니라, 그러한 검사의 거부행위는 피고인의 열람·등사권을 침해하고, 나아가 피고인의 신속·공정한 재판을 받을 권리 및 변호인의 조력을 받을 권리까지 침해하게 되는 것이다(2009헌마257).

3. 검사의 증거개시요구

(1) 증거개시의 사유와 대상

검사는 피고인 또는 변호인이 공판준비 또는 공판기일에서 현장부재, 심신상실 또는 심신미약 등 법률상, 사실상 주장을 하는 경우에는 관련 서류 등과 그 증명력에 관한 서류 등의 열람·등사 또는 교부를 요구할 수 있다(제266조의11 제1항). 이것은 피고인 또는 변호인에 의한 부당한 공판절차의 지연을 방지하고 검사로 하여금 피고인 등의 갑작스러운 주장에 대비할 수 있도록 하는 장점도 있으나 검사에 비해 인적, 물적 제약이 많은 피고인의 방어권을 상대적으로 약화시키는 측면도 있다. 따라서 그 대상은 법에 규정된 사유에 한하여 인정되어야 한다. 한편, '심신미약 등'으로 규정하고 있는 것과 관련하여 증거개시 사유가 이 세 가지에 한정

되는지 여부에 대하여는 견해의 대립이 있지만 검사가 피고인에 비해 갖
는 수사상 월등한 지위를 감안할 때, 피고인의 방어권 보장을 위한 한정
적 열거조항으로 해석하는 것이 타당하다.

　　한편, 피고인 또는 변호인은 검사가 증거개시를 거부한 경우 검사
의 증거개시요구를 거부할 수 있다. 다만, 법원이 피고인 또는 변호인
의 증거개시신청을 기각하는 결정을 한 경우에는 개시하여야 한다(동조
제2항).

(2) 피고인 또는 변호인의 증거개시거부

　　검사는 피고인 또는 변호인이 증거개시를 거부하는 경우 법원에
증거개시를 허용하도록 할 것을 신청할 수 있다(제266조의11 제3항). 법원
이 증거개시를 결정한 경우 피고인 또는 변호인은 이를 지체 없이 이
행하여야 하며, 이행하지 않은 경우 피고인 또는 변호인은 해당 증인
및 서류 등에 대한 증거신청을 할 수 없다(동조 제4항). 이때 법원이 직권
으로 증거조사를 할 수 있는가가 문제되지만 검사가 법원의 결정을 이
행하지 않는 경우와 같이 법원이 직권으로 증거조사를 할 수 있다고 하
여야 한다.

Ⅳ. 협의의 공판준비절차

1. 공판준비절차의 의의

(1) 개　념

　　재판장은 효율적이고 집중적인 심리를 위하여 사건을 공판준비절차
에 부칠 수 있다(제266조의5 제1항). 이를 협의의 공판준비절차라고 한다. 이
때 검사, 피고인 또는 변호인은 증거를 미리 수집·정리하는 등 공판준비
절차가 원활하게 진행될 수 있도록 협력하여야 한다(동조 제3항). 이러한
협의의 공판준비절차는 법원이 공소제기된 사건의 난이도나 복잡성에

따라 심리의 효율성을 위해 재판장이 필요하다고 인정하는 경우에 진행하는 임의적 절차이나 국민참여재판에서는 증거능력 결정, 쟁점정리 등을 통해 재판을 효율적으로 진행하기 위해 필수적인 절차로 규정하고 있다.

(2) 종　류

협의의 공판준비절차는 당사자의 주장 및 입증계획을 서면으로 준비하게 하는 경우와 공판준비기일을 직접 열어 검사, 피고인 또는 변호인이 참여한 가운데에 진행하는 경우로 나뉜다(제266조의5 제2항). 이때의 공판준비절차는 보통 제1회 공판기일 전에 행하는 것이 보통이나 재판의 진행경과에 따라 제1회 공판기일 이후에도 열 수 있다. 전자를 기일전 공판절차, 후자를 기일간 공판준비절차라고 한다.

2. 서면제출에 의한 공판준비

검사, 피고인 또는 변호인은 법률상·사실상 주장의 요지 및 입증취지 등이 기재된 서면을 법원에 제출할 수 있다(제266조의6 제1항). 이를 공판준비서면이라고 한다. 재판장은 검사, 피고인 또는 변호인에 대하여 공판준비서면의 제출을 명할 수 있다(동조 제2항).

법원은 공판준비서면이 제출된 때에는 그 부본을 상대방에게 송달하여야 한다(동조 제3항). 또한 재판장은 검사, 피고인 또는 변호인에게 공소장 등 법원에 제출된 서면에 대한 설명을 요구하거나 그밖에 공판준비에 필요한 명령을 할 수 있다(동조 제4항).

3. 공판준비기일의 공판준비

(1) 공판준비기일의 지정

법원은 검사, 피고인 또는 변호인의 의견을 들어 공판준비기일을 지정할 수 있다(제266조의7 제1항). 또한 검사, 피고인 또는 변호인은 법원에 대하여 공판준비기일의 지정을 신청할 수 있다. 이 경우 당해 신청에 관한 법원의 결정에 대하여는 불복할 수 없다(동조 제2항). 즉, 법원은 직권으로 또는 당사자 등의 신청에 의해 공판준비기일을 지정할 수 있는데, 법원이 직권으로 지정하는 경우에는 피고인 등의 의견을 들어야 하는 것이다.

공판준비기일이 지정되면 검사, 피고인 및 변호인에게 그 기일을 통지하여야 한다(제266조의8 제3항). 공판준비기일에는 검사와 변호인이 출석하여야 하며(동조 제1항), 법원사무관 등이 참여한다(동조 제2항). 따라서 법원이 공판준비기일을 지정하는 경우에 피고인에게 변호인이 없으면 국선변호인을 선정하여야 한다(동조 제4항). 그러나 피고인의 출석은 필수요건이 아니다. 따라서 공판준비기일이 지정되면 법원은 피고인에게 통지하여야 하지만 반드시 피고인이 출석하여야 하는 것은 아니다. 다만, 법원은 필요하다고 인정하는 때에는 피고인을 소환할 수 있으며, 피고인은 법원의 소환이 없는 때에도 공판준비기일에 출석할 수 있다(동조 제5항). 피고인이 출석한 경우에 재판장은 피고인에게 진술을 거부할 수 있음을 알려주어야 한다(동조 제6항).

(2) 공판준비기일의 진행

법원은 합의부원으로 하여금 공판준비기일을 진행하게 할 수 있다. 이 경우 수명법관은 공판준비기일에 관하여 법원 또는 재판장과 동일한 권한이 있다(제266조의7 제3항). 공판준비기일은 공개하는 것이 원칙이다. 다만, 공개하면 절차의 진행이 방해될 우려가 있는 때에는 공개하지 아니할 수 있다(동조 제4항).

(3) 공판준비행위

법원은 공판준비절차에서 다음 행위를 할 수 있다(제266조의9). 즉, (i) 공소사실 또는 적용법조를 명확하게 하는 행위, (ii) 공소사실 또는 적용법조의 추가·철회 또는 변경을 허가하는 행위, (iii) 공소사실과 관련하여 주장할 내용을 명확히 하여 사건의 쟁점을 정리하는 행위, (iv) 계산이 어렵거나 그 밖에 복잡한 내용에 관하여 설명하도록 하는 행위, (v) 증거신청을 하도록 하는 행위, (vi) 신청된 증거와 관련하여 입증 취지 및 내용 등을 명확하게 하는 행위, (vii) 증거신청에 관한 의견을 확인하는 행위, (viii) 증거 채부(採否)의 결정을 하는 행위, (ix) 증거조사의 순서 및 방법을 정하는 행위, (x) 서류 등의 열람 또는 등사와 관련된 신청의 당부를 결정하는 행위, (xi) 공판기일을 지정 또는 변경하는 행위, (xii) 그 밖에 공판절차의 진행에 필요한 사항을 정하는 행위 등이다. 따라서 공판준비기일에는 증거신청 또는 증거조사의 순서 및 방법 결정 등이 공판절차의 원활한 진행을 위해 허용된다.

(4) 공판준비절차의 종결

법원은 (i) 쟁점 및 증거의 정리가 완료된 때, (ii) 사건을 공판준비절차에 부친 뒤 3개월이 지난 때, (iii) 검사·변호인 또는 소환 받은 피고인이 출석하지 아니한 때의 하나에 해당하는 사유가 있는 경우 공판준비를 종결하여야 한다. 다만, (ii)와 (iii)에 해당하는 경우로서 공판의 준비를 위하여 상당한 이유가 있는 때에는 종결하지 않을 수 있다(제266조의12). 법원은 필요하다고 인정한 때에는 직권 또는 검사·피고인이나 변호인의 신청에 의하여 결정으로 종결한 공판준비절차를 재개할 수 있다(제266조의14, 제305조).

법원은 공판준비기일을 종료하는 때에는 검사, 피고인 또는 변호인에게 쟁점 및 증거에 관한 정리결과를 고지하고, 이에 대한 이의의 유무를 확인하여야 한다(제266조의10 제1항). 법원은 쟁점 및 증거에 관한 정리결과를 공판준비기일조서에 기재하여야 한다(동조 제2항). 즉, 공판준비기일조서는 공판기일에 작성하는 공판조서와는 달리 쟁점 및 증거의 결과만을 기재한다.

(5) 종결의 효과

공판준비절차의 실효성 담보를 위하여 공판준비기일에 신청하지 못한 증거는 그 신청으로 인하여 소송을 현저히 지연시키지 아니하는 때 또는 중대한 과실 없이 공판준비기일에 제출하지 못하는 등 부득이한 사유를 소명한 때가 아니면 공판기일에 증거신청을 할 수 없다(제266조의13 제1항). 그러나 이 경우에도 법원은 직권으로 증거조사를 할 수 있다(동조 제2항).

제4절 공판정의 심리

≪학습문제≫ 피고인 갑은 「국가보안법」위반사건으로 기소되어 1차, 2차 공판을 모두 연기한 후에 3차 공판기일에 출석하여 인정신문이 종료된 후, 재판을 거부하며 퇴정하였고, 갑의 변호인도 재판거부의 의사를 표명하고 함께 퇴정하였다. 법원은 피고인과 변호인 없이 증거조사와 판결의 선고를 할 수 있는가?

Ⅰ. 공판정의 구성

공판준비가 끝나면 법원은 공판기일을 열어 심리를 하게 된다. 공판기일의 심리는 공판정에서 이루어진다. 공판정이란 공개된 법정을 말하며, 판사, 검사, 법원사무관 등이 출석하여 개정한다(제275조 제1항·제2항). 공판정에서 당사자인 검사와 피고인 및 변호인의 좌석은 대등하며, 법대의 좌우측에 마주 보고 각각 위치하고, 증인의 좌석은 법대를 보고 정면에 위치한다. 그러나 피고인신문 시에는 피고인은 증인석에 좌석한다(동조 제3항).

공판정의 심리는 당사자인 검사와 피고인의 출석이 원칙이지만 법에 특별한 규정이 있는 경우에는 피고인이 출석하지 않아도 개정할 수 있다. 변호인은 당사자는 아니지만 필요적 변호사건과 국선변호인 사건에 있어서는 변호인 없이 개정할 수 없다(제282조, 제283조). 따라서 필요적 변호사건에서 법원이 국선변호인의 선정 없이 공판을 진행한 경우 그 판결은 위법이 된다(2011도6325).

Ⅱ. 소송관계인의 출석

1. 피고인의 출석과 예외사유

피고인이 공판기일에 출석하지 않는 경우 특별한 규정이 없으면 개정하지 못한다(제276조). 피고인의 공판정 출석은 권리이자 의무이므로 출석한 피고인은 재판장의 허가 없이 퇴정하지 못한다(제281조 제1항). 다만, 피고인의 출석과 관련하여 다음과 같은 예외가 인정된다.

(1) 피고인이 의사무능력자이거나 법인인 경우

「형법」 제9조에서는 형사미성년자를 처벌하지 않는다고 규정하고 있으나 「담배사업법」(제31조)과 같은 특별법에서는 이러한 「형법」의 조항을 적용하지 않는 경우가 있다. 형소법은 「형법」 제9조부터 제11조까지의 규정의 적용을 받지 않는 범죄 사건에 관하여 피고인이 의사능력이 없는 때에는 그 법정대리인이나 법원이 선임한 특별대리인이 소송행위를 하도록 규정하고 있으므로(제26조, 제28조) 이에 해당하는 때에는 피고인의 출석을 요하지 않는다. 이때에는 법정대리인 또는 특별대리인의 출석이 공판개정의 요건이 된다.

피고인이 법인인 때에는 법인이 직접 소송행위를 할 수 없으므로 그 대표자가 출석하여 소송행위를 한다. 그러나 이때에도 대표자가 직접 출석할 필요는 없으며, 대리인을 출석하게 할 수도 있다(제276조 단서).

(2) 경미사건과 법원의 허가를 받은 경우

다액 500만원 이하의 벌금 또는 과료에 해당하는 경미사건의 경우 피고인의 출석을 요하지 않는다(제277조 제1호). 다만, 이때에도 피고인이 출석할 권리는 인정되며, 피고인은 대리인을 출석하게 할 수 있다. 약식명령에 대하여 피고인만이 정식재판을 청구하여 판결을 선고하는 경우(동조 제4호), 즉결심판에 의하여 피고인에게 벌금 또는 과료를 선고하는 경우에도 피고인의 출석을 요하지 않는다(즉결심판에 관한 절차법 제8조의2). 또한 약식명령에 불복하여 정식재판을 청구한 피고인이 그 정식재판절차의 공판기일에 2회 출정하지 않는 경우에는 피고인의 진술 없이도 판결을 할 수 있다(제458조 제2항).

한편, 장기 3년 이하의 징역 또는 금고, 다액 500만원을 초과하는 벌금 또는 구류에 해당하는 사건에서는 피고인의 신청과 법원의 허가가 있으면 피고인은 출석을 하지 않을 수 있다(제277조 제3호). 다만, 이 경우에도 피고인은 인정신문이나 판결을 선고하는 기일에는 출석을 하여야 한다(동조 제3호 단서).

(3) 피고인에게 유리한 재판을 하는 경우

피고인에게 공소기각 또는 면소의 재판을 할 것이 명백한 사건의 경우에도 피고인의 출석을 요하지 않는다(제277조 제2호). 따라서 선고유예, 집행유예와 같은 경우에는 비록 그 사유가 명백하더라도 불출석 사유가 되지 않는다.

한편, 피고인에게 사물의 변별능력 또는 의사결정 능력이 없는 상태에 있거나 질병으로 인하여 출정할 수 없는 때에는 공판절차를 정지하여야 하지만 피고인에게 무죄, 면소, 형의 면제 또는 공소기각의 재판을 할 것이 명백한 때에는 피고인의 출정 없이 재판할 수 있다(제306조 제4항).

(4) 구속된 피고인의 출석거부와 피고인의 소재불명

피고인의 출석이 개정요건인 경우라도 구속된 피고인이 정당한 사유 없이 출석을 거부하고 교도관에 의한 인치가 불가능하거나 현저히 곤란한 경우에는 피고인의 출석 없이 공판절차를 진행할 수 있다(제277조의2). 다만, 이때에는 출석한 검사와 변호인의 의견을 들어야 한다(동조 제2항). 또한 구속피고인에게 그와 같은 사유가 발생하는 경우 교도소장은 즉시 그 취지를 법원에 통지하여야 하며(규칙 제126조의4), 법원이 피고인의 출석 없이 공판절차를 진행하고자 하는 경우에는 그 사유의 존재 여부를 미리 조사하여야 한다(규칙 제126조의5 제1항).

「소송촉진 등에 관한 특례법」은 피고인이 소재불명인 경우에 사형·무기 또는 장기 10년을 넘는 징역이나 금고에 해당하는 사건을 제외하고, 제1심 공판절차에서 피고인에 대한 송달불능보고서가 접수된 때부터 6개월이 지나도록 피고인의 소재를 알 수 없는 경우에는 피고인의 진술 없이 재판을 진행할 수 있도록 규정하고 있다(제23조). 이에 따라 피고인이 불출석 상태에서 재판을 진행하기 위해서는 공시송달의 방법으로 피고인이 2회 이상 불출석할 것이 요구된다(소송촉진 등에 관한 특례 규칙 제19조 제2항, 2011도1094). 공시송달은 법원이 피고인의 소재를 확인하기 위하여 필요한 조치를 취한 경우에 가능하므로 피고인의 연락처가 피의자신문조서에 기재되어 있음에도 검사가 공소장에 잘못 기재한 피고인의 연락처로만 연락을 시도한 후 소재파악이 되지 않는다는 이유로 곧바로 공시송달의 방법에 의한 송달을 하고, 피고인의 진술 없이 판결을 하는 것은 허용되지 않는다(2011도6762). 공소장부본도 공시송달의 대상이므로 피고인 소환만 공시송달하고, 공소장부본을 공시송달하지 않고 피고인의 출석 없이 재판이 이루어진 경우 그 재판의 소송행위는 효력이 없다(2013도9498).

[판례] 「소송촉진 등에 관한 특례규칙」 제19조 제2항의 규정에 의하면, 제1심 공판절차에서 피고인에 대한 소환이 공시송달로 행하여지는 경우에도 법원이 피고

인의 진술 없이 재판을 하기 위하여는 공시송달의 방법으로 소환받은 피고인이 2회 이상 불출석할 것이 요구된다. 그러므로 공시송달의 방법으로 소환한 피고인이 불출석하는 경우 다시 공판기일을 지정하고 공시송달의 방법으로 피고인을 재소환한 후 그 기일에도 피고인이 불출석하여야 비로소 피고인의 불출석 상태에서 재판절차를 진행할 수 있다(2011도1094).

(5) 피고인이 퇴정하거나 퇴정명령을 받은 경우

제330조에서는 "피고인이 진술을 하지 않거나 재판장의 허가 없이 퇴정하거나 재판장의 질서유지를 위한 퇴정명령을 받은 때에는 피고인의 진술 없이 판결할 수 있다"고 규정하고 있다.

이때 판결뿐만 아니라 심리도 할 수 있는가에 대하여는 견해의 대립이 있다. 그러나 제330조에서는 피고인이 임의로 퇴정한 경우뿐만 아니라 재판장으로부터 퇴정명령을 받거나 피고인이 진술을 하지 않는 경우까지 포함하고 있기 때문에 피고인의 방어권을 약화시킬 우려가 크고, 재판의 공정성에도 영향을 미칠 수 있으므로 문언의 의미에 따라 사실상 심리가 종결되고 판결선고만 남은 경우에만 적용되는 것으로 해석하여야 한다. 그러나 판례는 필요적 변호사건에서 피고인과 변호인이 무단 퇴정한 경우에 피고인의 방어권남용, 변호인의 변호권 포기로 보아 법원이 심리 및 판결을 할 수 있다고 한다.

> [판례] 필요적 변호사건이라 하여도 피고인이 재판거부의 의사를 표시하고 재판장의 허가 없이 퇴정하고 변호인마저 이에 동조하여 퇴정해 버린 것은 모두 피고인 측의 방어권의 남용 내지 변호권의 포기로 볼 수밖에 없는 것이므로 수소법원으로서는 형소법 제330조에 의하여 피고인이나 변호인의 재정 없이도 심리판결 할 수 있다(91도865).

(6) 피고인의 일시 퇴정

재판장은 증인 또는 감정인이 피고인 또는 특정 재정인의 면전에서 충분한 진술을 할 수 없다고 인정하는 때에는 증인의 진술의 자유를 보장하기 위하여 피고인을 일시 퇴정하게 하고 진술할 수 있다(제297조 제1항). 이때에는 피고인의 반대신문권을 보장하기 위하여 퇴정한 피고인을 입정하게 한 후 그 진술의 요지를 반드시 고지하게 하여야 한다(동조 제2항). 이 경우 피고인에게 실질적인 반대신문권을 부여하여야 한다.

> **[판례]** 형소법 제297조의 규정에 따라 피고인을 퇴정하게 하고 증인신문을 진행할 수 있지만 이러한 경우에도 피고인의 반대신문권을 배제하는 것은 허용되지 않는다. 다만, 그 다음 공판기일에서 재판장이 증인신문 결과를 고지하고 피고인이 이의를 제기하지 않으면 실질적인 반대신문의 기회를 부여하지 않은 하자가 치유된다(2009도9344).

(7) 항소심과 상고심에서의 피고인의 불출석

항소심에서도 피고인의 출석없이 개정하지 못하는 것이 원칙이다(제370조, 제276조). 다만, 항소심에서 피고인이 공판기일에 출정하지 않는 경우 다시 기일을 정하여야 하며, 다시 정한 기일에도 피고인이 출정하지 않는 경우에는 피고인의 진술 없이 판결할 수 있다(제365조). 항소심의 경우도 피고인의 출석 없이 개정하려면 불출석이 2회 이상 계속된 바가 있어야 한다(2016도2210). 이때에는 판결뿐만 아니라 심리도 가능하다. 1심에서 사실심리가 있었고, 피고인이 출정을 거부하고 있기 때문이다.

그러나 상고심의 공판기일에는 피고인의 소환을 요하지 않는다(제389조의2). 상고심은 법률심으로 변호인만이 변론할 수 있기 때문이다(제387조).

2. 검사와 변호인의 출석

(1) 검사의 출석

검사의 출석은 공판개정의 요건이므로 검사의 출석이 없는 때에는 공판기일을 열지 못한다(제275조 제2항). 그러나 검사가 공판기일에 2회에 걸쳐 출석하지 않으면 그 2회의 기일에 검사 없이 개정할 수 있다(66도1710). 판결만을 선고하는 경우에도 검사의 출석 없이 개정할 수 있다(제278조). 따라서 검사에게 선고기일 통지를 하지 않았다고 하여 판결에 영향을 미친 절차위반이 있다고 볼 수는 없다(2008도3435).

(2) 변호인의 출석

변호인은 당사자가 아니므로 변호인의 출석은 원칙적으로 공판개정의 요건은 아니다. 그러나 필요적 변호사건과 국선변호사건에 관하여는 변호인 없이 개정하지 못한다(제282조, 제283조). 따라서 이와 같은 경우 변호인이 출석하지 않은 상태에서 이루어진 소송행위는 무효이다. 다만, 판결만을 선고하는 경우에는 예외로 한다(제282조 단서). 판례는 필요적 변호사건이라고 하더라도 변호인이 임의로 퇴정하거나 피고인과 함께 법정질서를 문란하게 하여 재판장으로부터 퇴정명령을 받는 경우에는 제330조를 유추적용하여 변호인 없이 개정할 수 있다고 한다(91도865).

3. 전문심리위원의 참여

(1) 전문심리위원제도의 의의

법원은 소송관계를 분명하게 하거나 소송절차를 원활하게 진행하기 위하여 필요한 경우에는 직권으로 또는 검사, 피고인 또는 변호인의 신청에 의하여 결정으로 전문심리위원을 지정하여 공판준비 및 공판기일 등 소송절차에 참여하게 할 수 있다(제279조의2 제1항). 전문심리위원제도는 건축, 의료, 지적재산권 등의 특수한 분야와 관련된 사건의 심리에 있어서 관련 전문가의 전문적인 지식과 경험의 도움을 받을 수 있도록 하기 위하여 이들을 소송절차에 참여하게 하는 제도이다.

(2) 전문심리위원의 지정

전문심리위원을 소송절차에 참여시키는 경우 법원은 검사, 피고인 또는 변호인의 의견을 들어 각 사건마다 1인 이상의 전문심리위원을 지정한다(제279조의4 제1항). 전문심리위원에게는 대법원규칙으로 정하는 바에 따라 수당을 지급하고, 필요한 경우에는 그 밖의 여비, 일당 및 숙박료를 지급할 수 있다(동조 제2항).

(3) 전문심리위원의 소송절차 참여

전문심리위원은 공판준비 또는 공판기일 등, 소송절차에 참여하여 전문적인 지식에 의한 설명 또는 의견을 기재한 서면을 제출하거나 기일에 전문적인 지식에 의하여 설명이나 의견을 진술할 수 있다. 다만, 재판의 합의에는 참여할 수 없다(제279조의2 제2항).

또한 전문심리위원은 기일에 재판장의 허가를 받아 피고인 또는 변호인, 증인 또는 감정인 등 소송관계인에게 소송관계를 분명하게 하기 위하여 필요한 사항에 관하여 직접 질문할 수 있다(동조 제3항). 이때 법원은 전문심리위원이 제출한 서면이나 전문심리위원의 설명 또는 의견의 진술에 관하여 검사, 피고인 또는 변호인에게 구술 또는 서면에 의한 의견진술의 기회를 주어야 한다(동조 제4항).

그러나 법원은 상당하다고 인정하는 때에는 검사, 피고인 또는 변호인의 신청이나 직권으로 전문심리위원의 참여결정을 취소할 수 있다(제279조의3 제1항). 법원은 검사와 피고인 또는 변호인이 합의하여 전문심리위원의 참여결정을 취소할 것을 신청한 때에는 그 결정을 취소하여야 한다(동조 제2항).

(4) 전문심리위원의 제한과 의무 등

전문심리위원에 대하여도 법관의 제척·기피·회피에 관한 규정이 준용된다(제279조의5 제1항). 제척 또는 기피 신청이 있는 전문심리위원은 그 신청에 관한 결정이 확정될 때까지 그 신청이 있는 사건의 소송절차에 참여할 수 없다. 이 경우 전문심리위원은 해당 제척 또는 기피 신청에 대하여 의견을 진술할 수 있다(동조 제2항).

또한 전문심리위원 또는 전문심리위원이었던 자가 그 직무수행 중에 알게 된 다른 사람의 비밀을 누설한 때에는 2년 이하의 징역이나 금고 또는 1천만원 이하의 벌금에 처한다(제279조의7). 전문심리위원은 「형법」 제129조부터 제132조까지의 규정에 따른 벌칙의 적용에서는 공무원으로 본다(제279조의8).

> [판례] 형사재판의 담당 법원은 전문심리위원에 관한 형소법의 규정들을 지켜야 하고 이를 준수함에 있어서도 적법절차원칙을 특별히 강조하고 있는 헌법 제12조 제1항을 고려하여 전문심리위원과 관련된 절차 진행 등에 관한 사항을 당사자에게 적절한 방법으로 적시에 통지하여 당사자의 참여 기회가 실질적으로 보장될 수 있도록 세심한 배려를 하여야 한다. 그렇지 않을 경우, 헌법 제12조 제1항의 적법절차원칙을 구현하기 위하여 형소법 등에서 입법한 위 각각의 적법절차조항을 위반한 것임과 동시에 헌법 제27조가 보장하고 있는 공정한 재판을 받을 권리로서 '법관의 면전에서 모든 증거자료가 조사·진술되고 이에 대하여 피고인이 방어할 수 있는 기회가 실질적으로 부여되는 재판을 받을 권리'의 침해로 귀결될 수 있다 (2018도19051).

Ⅲ. 소송지휘권과 법정경찰권

1. 소송지휘권

소송지휘권이란 원래 소송의 원활한 진행을 위하여 명문의 규정과 관계없이 수소법원에 인정되는 것이지만 신속하고 효율적이며 적절한 소송지휘를 위하여 형소법은 포괄적으로 이를 재판장에게 맡기고 있다 (제279조). 다만, 재판절차의 중요한 사항에 대하여는 그 권한이 법원에게 맡겨져 있다.

(1) 재판장의 소송지휘권

재판장의 주요 소송지휘권으로는 공판기일의 지정과 변경(제267조, 제270조), 사건과 관계 없는 사항 또는 신문의 중복 등을 제한하는 변론의 제한(제299조), 피고사건의 소송관계를 명확히 하기 위해 검사, 피고인, 변호인에게 사실상, 법률상의 사항에 대하여 질문을 하거나 입증을 촉구하는 석명권(규칙 제141조 제1항)의 행사 등을 들 수 있다. 다만, 석명권은 합의부원에게도 인정되며, 검사, 피고인 또는 변호인은 재판장에 대하여 석명을 위한 발문을 요구할 수 있다(동조 제2항, 제3항).

(2) 법원의 소송지휘권

소송절차에 있어서 중요한 사항은 법률로써 법원에 맡기고 있다. 예 컨대, 국선변호인의 선임(제33조, 제283조), 증거신청에 대한 결정(제295조), 증거조사에 대한 이의신청의 결정(제296조 제2항), 재판장의 처분에 대한 이의신청의 결정(제304조 제2항), 공소장변경의 허가 및 요구(제298조), 공판 절차의 정지(제306조), 변론의 분리, 병합, 재개(제300조, 제305조) 등이 이에 해당한다.

(3) 소송지휘권의 행사와 불복

법원의 소송지휘는 결정의 형식을 취하며, 재판장의 소송지휘는 명 령의 형식을 취한다. 재판장의 소송지휘권에 대하여는 이의신청을 할 수 있는데(제304조), 법령의 위반이 있는 경우에만 허용된다(규칙 제136조). 그러 나 법원의 소송지휘에 대하여는 판결 전 소송절차에 관한 결정이기 때문에 즉시항고를 할 수 있는 경우 외에는 항고가 허용되지 않는다(제403조 제1항). 다만, 법원의 증거조사 및 증거결정에 대한 이의신청은 가능하다.

2. 법정경찰권

법정경찰권이란 법원이 원활한 재판의 진행과 법정의 질서를 유지 하기 위하여 행하는 권력작용으로서 재판장의 권한에 속한다(법조법 제58 조 제1항). 따라서 재판장은 법정경찰권에 근거하여 질서유지를 위한 예방 (입정금지, 소지품검사 등), 방해배제 및 제재조치 등을 취할 수 있다.

법정경찰권은 원칙적으로 심리가 진행되고 있는 법정 내에 미치지 만 질서유지에 영향을 주는 경우 법정 외에도 미치며, 법관이 법정 이외 의 장소에서 직무를 행하는 경우에는 그 장소에도 미친다(법조법 제63조). 또한 법정경찰권은 심리에 관계있는 모든 사람에게 미치므로 당사자, 변 호인, 방청인, 법원직원, 합의부원에게도 미친다.

(1) 질서유지 작용

재판장은 질서유지를 위하여 특정인의 입정금지, 퇴정명령, 허가받지 않은 녹화, 촬영, 중계방송 등의 금지행위를 할 수 있으며, 법정에서의 질서유지를 위하여 관할경찰서장에게 경찰공무원의 파견을 요구할 수 있다. 이때 파견되는 경찰공무원은 질서유지에 관하여 재판장의 지휘를 받는다(법조법 제60조).

(2) 감치 및 과태료 부과

법원은 법정 내외에서 법정의 질서유지를 위한 재판장의 명령에 위배되는 행위를 하거나 법원의 심리를 방해한 사람 등에 대하여 결정으로 20일 이내의 감치에 처하거나 100만원 이하의 과태료를 부과 또는 병과할 수 있다(법조법 제61조 제1항). 감치는 검사의 공소제기를 요하지 아니하고, 형사처벌이 아니라는 점에서 법정모욕죄(형법 제138조)와는 구별된다.

법원이 감치를 하는 경우 법원직원, 교도관 또는 경찰공무원으로 하여금 즉시 행위자를 구속하게 할 수 있으며, 구속한 때로부터 24시간 이내에 감치에 처하는 재판을 하여야 하고, 이를 하지 아니하면 즉시 석방을 명하여야 한다(동조 제2항). 감치는 경찰서유치장, 교도소 또는 구치소에 유치함으로써 집행한다(동조 제3항). 감치에 처한 재판에 대해서는 항고 및 특별항고를 할 수 있다(동조 제5항).

제5절 공판기일의 절차

《학습문제》 피고인 갑은 절도죄로 공소 제기되었다. 갑은 범행현장에서 채취한 지문의 감정결과가 잘못되었다고 주장하며 그 지문을 감정한 경찰청 소속 경찰관을 증인으로 신청하였다. 그러나 법원은 감정결과서로 충분하다고 판단하고 이를 기각하였다. 이와 같은 법원의 결정은 적법한가? 또 그 법적 성격은 무엇인가?

　　제1심의 공판기일절차는 크게 모두절차, 사실심리절차 및 판결절차로 나눌 수 있다.

<공판절차 순서도>

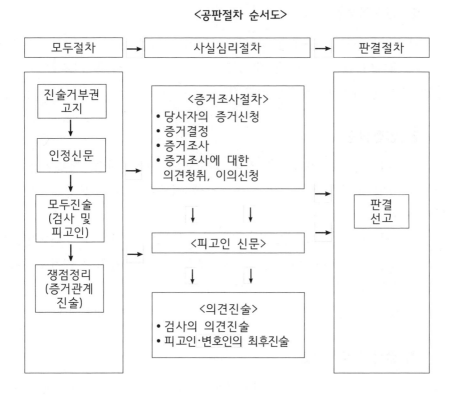

　　모두절차는 피고인에 대한 진술거부권 고지→ 피고인 본인임을 확인하는 인정신문→ 검사가 공소사실과 적용법조 등을 낭독하는 검사의 모두진술(冒頭陳述)과 피고인 및 변호인의 모두진술→ 쟁점정리와 당사자들의 입증계획 등의 순서로 이루어진다.

　　사실심리절차는 증거조사→ 피고인에 대한 신문→ 검사와 피고인·변호인의 의견진술의 순서로 이루어진다. 사실심리절차가 끝나면 법원의 선고가 있게 된다.

I. 모두절차

1. 진술거부권의 고지

재판장은 인정신문에 앞서 피고인에게 진술을 하지 않거나 개개의 질문에 대하여 진술을 거부할 수 있고, 이익이 되는 사실을 진술할 수 있음을 알려 주어야 한다(제283조의2 제2항, 규칙 제127조).

2. 인정신문

인정신문(人定訊問)이란 재판장이 피고인의 성명, 연령, 등록기준지, 주거와 직업을 물어서 피고인이 공소장에 기재된 피고인과 동일인인지 여부를 확인하는 절차를 말한다(제284조).

인정신문에 대하여 피고인이 진술을 거부할 수 있는가에 대하여는 견해의 대립이 있으나 2007년 형소법 개정에서 피고인의 진술거부권에 관한 규정을 신설하고 인정신문 전에 이를 고지하도록 하고 있으므로 (제284조) 인정신문에 대하여도 진술거부권을 인정하여야 한다(다수설).

3. 검사의 모두진술

피고인의 인정신문 후 검사는 원칙적으로 공소장에 의하여 공소사실·죄명 및 적용법조를 낭독하여야 하며, 재판장이 필요하다고 인정하는 때에는 공소의 요지를 진술하게 할 수 있다(제285조). 검사의 모두진술은 사건의 개요와 쟁점을 명백히 하여 피고인에게 방어 준비의 기회를 부여하고, 법원의 소송지휘가 효율적으로 이루어지도록 하기 위한 제도이다. 따라서 1심 재판에서는 검사의 모두진술이 필수적인 절차로 규정되어 있다. 항소심과 상고심에서는 검사의 모두진술을 요하지 않는다.

4. 피고인의 모두진술

피고인은 검사의 모두진술이 끝난 뒤에 공소사실의 인정 여부를 진술하여야 한다(제286조 제1항). 이때 재판장은 피고인에게 공소사실을 인정하는지 여부를 물어보아야 한다(규칙 제127조의2 제1항). 다만, 피고인이 진술거부권을 행사하는 경우에는 그 인정 여부를 진술할 필요가 없다(제286조 제1항). 피고인이 공소사실에 대하여 자백하는 때에는 해당 공소사실에 대하여 간이공판절차에 의하여 심판할 것을 결정할 수 있다(제286조의2).

피고인의 공소사실의 인정 여부 진술 후에 피고인 및 변호인은 공소에 관한 의견과 그 밖의 이익이 되는 사실을 진술할 수 있다. 이중 특히 관할위반의 신청(제320조), 공소장부본송달에 관한 이의신청(제269조 제2항), 제1회 공판기일의 유예기간에 대한 이의신청(제269조)은 늦어도 이때까지 하여야 하며, 그렇지 않은 경우 피고인은 그 절차의 하자를 다툴 수 없게 된다.

5. 쟁점정리 및 증거관계 등에 대한 진술

재판장은 피고인이 모두진술을 한 후에 피고인 또는 변호인에게 쟁점의 정리를 위하여 필요한 질문을 할 수 있고(제287조 제1항), 증거조사를 하기에 앞서 검사 및 변호인으로 하여금 공소사실 등의 증명과 관련된 주장 및 입증계획 등을 진술하게 할 수 있다(동조 제2항). 이것은 증거조사 등 본격적인 공판절차를 진행하기 전에 재판장이 사건의 쟁점을 명확히 하여 이후의 증거조사를 효율적으로 진행하도록 하기 위한 것이다.

Ⅱ. 사실심리절차

재판장의 쟁점정리 등의 절차가 끝나면 재판은 사실심리절차로 넘어간다. 사실심리절차는 증거조사, 피고인신문, 검사, 피고인 및 변호인의 의견진술의 순으로 이루어진다.

1. 증거조사

(1) 증거조사의 의의

증거조사는 법원이 주체가 되어 인증, 서증, 물증 등, 각종 증거방법을 조사함으로써 사건의 실체를 파악해 나가는 소송행위를 말한다. 종래 형소법은 피고인신문을 먼저 한 후 증거조사를 하도록 규정하고 있었으나 피고인신문 위주의 심리절차가 진행되는 것을 막고, 증거조사 위주의 공판절차로 전환하기 위해 증거조사 후에 부족한 부분을 피고인신문에서 확인하도록 그 순서를 변경하였다.

증거조사는 원칙적으로 공판기일에 공판정에서 직접 행하는 것이 원칙이나 증인에 대한 법정 외의 신문(제165조)과 같이 법원이 공판정 외에서 증거조사를 하는 경우도 있고, 법원이 현장검증을 하고 검증조서를 작성한 뒤 공판기일에 그 서면을 조사하는 방식으로 행할 수도 있다. 증거조사는 당사자 및 범죄피해자 등의 신청에 의하는 것과 법원의 직권에 의하는 방법으로 나눌 수 있는데, 그 증거조사의 순서는 당사자가 신청한 증거를 먼저 조사한 뒤 직권으로 결정한 증거를 조사하도록 규정하고 있다.

(2) 당사자의 신청에 의한 증거조사

법원은 검사가 신청한 증거를 조사한 후 피고인 또는 변호인이 신청한 증거를 조사하고(제291조의2 제1항), 그 후 직권으로 결정한 증거를 조사한다(동조 제2항). 검사는 공소제기자이며 거증책임이 있으므로 검사에게 증거조사의 신청을 먼저 하게 한 것이다. 다만, 법원은 직권 또는 검사, 피고인, 변호인의 신청에 따라 그 순서를 변경할 수 있으며(동조 제3항), 증거조사 대상이 피고인의 자백 진술을 내용으로 하는 조서 또는 서류인 경우에는 범죄사실에 관한 다른 증거를 조사한 후에 증거조사를 하여야 한다(규칙 제135조). 증거신청 시에는 검사, 피고인 또는 변호인은 특별한 사정이 없는 한 필요한 증거를 일괄하여 신청하여야 한다(규칙 제132조).

1) 증거조사의 신청

검사, 피고인 또는 변호인은 서류나 물건을 증거로 제출할 수 있고, 증인·감정인·통역인 또는 번역인의 신문을 신청할 수 있다(제294조). 당사자는 아니지만 범죄로 인한 피해자 또는 그 법정대리인도 일정한 조건하에 자신에 대한 증인신문을 신청할 수 있다(제294조의2). 증거조사를 신청하는 시기에는 별도의 제한이 없으나 원칙적으로 재판장의 쟁점정리가 끝난 후 신청하는 것이 보통이며, 공판기일 전의 증거신청도 허용된다(제273조). 다만, 법원은 검사, 피고인 등이 증거신청을 뒤늦게 함으로써 공판의 완결을 지연하는 것으로 인정하는 때에는 직권 또는 상대방의 신청에 따라 결정으로 이를 각하할 수 있다(제294조 제2항).

검사, 피고인 또는 변호인이 증거를 신청할 때에는 신청의 대상인 증거물을 특정하여야 하며, 각각의 증거와 해당 증명사실과의 관계, 즉 입증취지(立證趣旨)를 명시하여야 한다(규칙 제132조의2 제1항). 이 입증취지는 법원이 증거결정을 하는 데 있어서 뿐만 아니라 상대방의 방어권행사에 도움이 된다. 다만, 피고인의 자백을 보강하는 증거나 정상에 관한 증거는 보강증거 또는 정상에 관한 증거라는 취지를 특히 명시하여 그 조사를 신청하여야 한다(동조 제2항). 증거신청은 원칙적으로 서면 또는 구두에 의하여 할 수 있다. 다만, 법원은 필요하다고 인정할 때에는 서면의 제출을 명할 수 있다(동조 제4항).

2) 법원의 증거결정

검사, 피고인 또는 변호인, 범죄피해자 등이 증거신청을 하게 되면 법원은 해당 증거를 채택하여 증거조사를 할지 여부를 결정한다. 이를 증거결정이라고 한다. 따라서 증거결정은 증거조사의 전제조건이 된다. 보통의 소송지휘권은 재판장에게 있지만 증거의 채택은 사실인정에 있어서 중요한 사항이므로 증거결정은 법원이 하도록 규정하고 있다.

법원이 증거결정을 함에 있어서는 증거신청이 법령에 위반한 경우, 신청한 증거가 입증사실과 관련성이 없는 경우, 이미 유사한 증거가 제출되어 중복조사로서 불필요한 경우 등, 구체적인 증거에 따라 법원의 합리적 재량이 인정된다(94도252). 따라서 법원이 적법하게 공판의 심리를 종결한 후에 피고인의 증인신청이 있었다고 하여 반드시 공판을 재개하여 증인신문을 하여야 하는 것은 아니다(2013도12155). 또한 증거신청이 소송지연을 목적으로 하는 경우(제294조 제2항), 범죄피해자 등의 증인신청에 있어서 이들의 진술이 공판절차를 현저하게 지연시킬 우려가 있는 경우(제294조의2 제1항 제3호)에는 증거신청을 기각할 수 있다. 법원이 증거신청을 기각하거나 그 결정을 보류한 경우에는 신청인으로부터 당해 증거서류나 증거물을 제출받아서는 안 된다(규칙 제134조 제4항).

(3) 직권에 의한 증거조사

당사자의 증거신청이 없더라도 법원은 직권으로 증거조사를 할 수 있다(제295조 후단). 그러나 법원의 직권에 의한 증거조사는 당사자의 입증활동이 불충분하거나 불분명할 때 보충적으로 이루어지는 것이기 때문에 일반적으로 당사자들이 신청한 증거를 먼저 조사한 후에 실시한다(제291조의2 제2항). 법원의 직권에 의한 증거조사는 실체진실의 발견과 공정한 재판의 이념에서 비롯되는 법원의 권리이면서도 책무이다(90도2205). 따라서 법원은 피고인에게 불리한 증거뿐만 아니라 유리한 증거도 직권으로 조사하여야 한다.

(4) 증거조사의 방법

형소법은 증거조사의 구체적인 방법으로 서류와 물건에 대하여는 공판절차에서 규정하고 있고(제291조 이하), 증인신문, 감정, 검증, 통역, 번역 등에 대하여는 형소법 제1편 제11장부터 제14장에 규정하고 있다.

소송관계인이 증거로 제출한 서류나 물건, 관공서 등에 조회 또는 서류송부촉탁을 통하여 법원이 회보 받은 문서(제272조) 등은 검사, 변호인 또는 피고인이 공판정에서 개별적으로 지시, 설명하여 조사하여야 한다(제291조 제1항). 증거에 대한 일반적인 조사방법으로서 증거서류의 조사방법은 내용의 낭독 또는 고지, 증거물의 조사방법은 제시에 의한다.

1) 증거서류에 대한 조사방법

증거서류(證據書類)는 서류 자체의 존재나 형상이 아닌 서류에 기재된 내용이 증거로 되는 문서를 말하므로 원칙적인 조사방법은 낭독에 의한다(제292조 제1항). 검사, 피고인 또는 변호인의 신청에 따라 증거서류를 조사하는 경우에는 신청인이 이를 낭독하며(동조 제1항), 법원이 직권으로 증거서류를 조사하는 경우에는 소지인 또는 재판장이 이를 낭독한다(동조 제2항). 그러나 재판장이 필요하다고 인정하는 경우에는 낭독이 아닌 내용만을 고지하거나 (동조 제3항) 증거서류를 직접 제시하여 열람하게 할 수도 있다(동조 제5항).

2) 증거물의 증거조사방법

증거물은 범행에 사용된 흉기, 도구, 범행결과 취득된 장물 등 물건의 존재 또는 형상, 상태가 증거자료가 되는 것이므로 그 조사방법은 증거물의 제시이다(제292조의2 제1항). 검사, 피고인 등이 신청한 증거물인 경우에는 신청인이, 법원이 직권으로 조사하는 경우에는 증거물의 소지인 또는 재판장이 제시하여야 한다(동조 제2항). 후자의 경우 재판장은 법원사무관 등으로 하여금 증거물을 제시하게 할 수 있다(동조 제3항).

3) 증거물인 서면의 증거조사방법

증거물인 서면(書面)은 위조문서, 협박편지 등과 같이 증거물의 성질과 그 내용이 동시에 문제가 되는 증거서류의 성질을 함께 가지는 증거이다. 따라서 증거물인 서면의 증거조사는 증거물을 제시함과 동시에 이를 낭독하거나 내용을 고지 또는 열람하게 하여야 한다(2013도2511).

4) 영상녹화물 등 그 밖의 증거에 대한 조사방법

형소법은 도면, 사진, 녹음테이프, 비디오테이프, 컴퓨터용 디스크, 그 밖에 정보를 담기 위하여 만들어진 물건으로서 문서가 아닌 증거의 조사에 관하여 필요한 사항은 대법원규칙으로 정하도록 위임하고 있다(제292조의3). 이에 따라 형소규칙은 영상녹화물 등 특수기록매체에 대한 조사방식을 별도로 규정하고 있다.

(가) 영상녹화물   법원은 검사가 영상녹화물의 조사를 신청한 경우 원진술자와 함께 피고인 또는 변호인으로 하여금 그 영상녹화물이 적법한 절차와 방식에 의해 작성되어 봉인된 것인지 여부에 관한 의견을 진술하게 한 후 결정하여야 한다(규칙 제134조의4 제1항). 영상녹화물에 대한 증거결정을 한 법원은 봉인을 해체하고 영상물의 일부 또는 전부를 재생하는 방법으로 조사하여야 한다. 이때 영상녹화물은 그 재생과 조사에 필요한 전자적 설비를 갖춘 법정 외의 장소에서 이를 재생할 수 있다(동조 제3항).

(나) 특수기록매체   컴퓨터용디스크 그 밖에 이와 비슷한 정보저장매체(이하 '컴퓨터디스크 등'이라고 한다)에 기억된 문자정보를 증거자료로 하는 경우에는 이를 컴퓨터 화면에 불러내어 직접 조사하거나 읽을 수 있도록 출력하여 인증한 등본을 낼 수 있다(규칙 제134조의7 제1항).   이때 증거조사를 신청한 당사자는 법원이 명하거나 상대방이 요구한 때에는 컴퓨터디스크 등에 입력한 사람과 입력한 일시, 출력한 사람과 출력한 일시를 밝혀야 한다(동조 제2항). 컴퓨터디스크 등에 기억된 정보가 도면·사진 등에 관한 것인 때에도 마찬가지이다(동조 제3항). 다만, 증거자료인 문자정보 등에 대하여는 증거물원본의 압수 시부터 출력 시까지 그 동일성이 유지되는 증거물보관의 연속성(chain of custody)이 입증되어야 한다(2007도7257).

(다) 녹음·녹화매체 등   녹음, 녹화테이프, 컴퓨터용 디스크 등에 음성이나 영상을 녹음, 녹화한 증거는 이를 재생하여 청취 또는 시청하는 방법으로 증거조사를 실시한다(규칙 제134조의8 제3항). 증거조사 신청 시에는 음성이나 영상이 녹음·녹화 등이 된 사람, 녹음·녹화 등을 한 사람 및 녹음·녹화 등을 한 일시·장소를 밝혀야 하며(동조 제1항), 해당 증거를 신청한 당사자는 법원이 명하거나 상대방이 요구하는 경우 해당 증거물의 녹취서 또는 그 내용에 관한 설명서를 제출하여야 한다(동조 제2항). 이때 제출된 녹음매체 등이 사본인 경우 원본의 내용 그대로 복사된 사본임이 입증되어야 하는데,

이것은 녹음파일의 생성과 전달 및 보관 등에 관여한 사람의 증언이나 진술, 원본이나 사본 파일 생성 직후의 해쉬(Hash)값과의 비교, 또는 녹음파일에 대한 검증·감정 결과 등을 종합하여 법원이 판단하게 된다(2014도10978).

　　　　(라) 도면·사진 등　　도면, 사진 그 밖의 정보를 담기 위하여 만들어진 물건으로서 문서가 아닌 증거의 조사에 관하여는 특별한 규정이 없으면 제292조, 제292조의2를 준용하여 해당 증거의 성격이 증거서류, 증거물, 증거물인 서면인지에 따라 증거조사방법을 달리한다(규칙 제134조의9).

(5) 증거조사에 대한 이의신청과 피고인의 의견진술

증거조사 후 검사, 피고인 또는 변호인은 법원의 증거조사에 대하여 이의신청을 할 수 있다(제296조 제1항). 이 이의신청은 증거신청, 증거결정, 증거조사의 순서, 방법 등 모든 절차와 처분을 그 대상으로 하며, 증거조사에 있어서 법령의 위반이 있거나 상당하지 아니함을 이유로 한다. 이것은 법원의 증거신청에 대한 결정에 대한 이의신청이 법령의 위반이 있음을 이유에 한하여 허용되는 것과 구별된다(규칙 제135조의2).

이의신청은 개개의 행위·처분 또는 결정 시마다 그 이유를 간결하게 명시하여 즉시 하여야 한다(규칙 제137조). 법원은 증거조사에 대하여 이의신청이 있는 경우 결정을 하여야 한다(제296조 제2항). 그 결정은 판결 전의 소송절차이므로 항고를 할 수 없으며(제403조), 판결에 영향을 미친 경우 등 사안에 따라서 상소의 이유가 될 뿐이다.

한편, 재판장은 피고인에게 각 증거조사의 결과에 대한 의견을 묻고 권리를 보호함에 필요한 증거조사를 신청할 수 있음을 고지하여야 한다(제293조). 이것은 피고인에게 증거조사에 대한 이의신청의 기회를 보장하고 자신에게 이익이 되는 증거를 신청하게 함으로써 피고인에게 실질적인 방어권을 보장해주려는 데 그 취지가 있다. 그러나 피고인이 공소사실에 대하여 자백함으로써 진행되는 간이공판절차에서는 증거조사의 순서, 증거물에 대한 조사방식 및 증거조사결과에 대한 피고인의 의견 청취와 같은 규정이 적용되지 않는다.

2. 피고인신문

공판절차에서 사실심리절차가 종료하고 난 뒤 검사, 변호인 및 재판장은 피고인을 신문할 수 있다(제296조의2). 영미법의 경우 피고인은 당사자이므로 피고인신문이 허용되지 않으며, 피고인에게 증인적격을 인정하여 피고인이 증언을 원하는 경우에만 검사 및 변호인이 피고인을 증인으로서 신문할 수 있다. 그러나 우리나라 형사소송절차에서 피고인은 당사자의 지위와 증거방법으로서의 지위를 동시에 가진다. 다만, 형소법은 피고인의 진술거부권을 인정하고(제283조의2 제1항), 피고인신문 시에 증인신문의 방법에 의하도록 규정하여 당사자로서의 지위가 과도하게 침해되지 않도록 하고 있다.

(1) 피고인신문의 순서

검사 또는 변호인은 증거조사 종료 후에 순차로 피고인에게 공소사실 및 정상에 관하여 필요한 사항을 신문할 수 있다. 다만, 재판장은 필요하다고 인정하는 때에는 증거조사가 완료되기 전이라도 이를 허가할 수 있다(제296조의2 제1항). 따라서 증거조사 도중에 피고인 신문을 전혀 할 수 없는 것은 아니다. 또한 재판장은 필요하다고 인정하는 때에는 피고인을 직접 신문할 수 있다(동조 제2항).

피고인신문은 증인신문에 관한 사항이 준용된다(동조 제3항). 따라서 피고인신문은 이를 신청한 검사 또는 변호인이 먼저 신문하고 다음에 상대방이 신문한다(제161조의2 제1항). 재판장은 검사, 변호인의 신문이 끝난 후에 신문하는 것이 원칙이지만(동조 제2항), 필요하다고 인정하는 때에는 어느 때나 신문할 수 있으며, 그 순서를 변경할 수 있다(동조 제3항). 합의부원도 재판장에게 고하고 피고인을 신문할 수 있다(동조 제5항).

(2) 피고인신문의 방법

피고인을 신문하는 경우 피고인은 증인석에 앉는다(제275조 제3항 단서). 피고인을 신문할 때에는 진술을 강요하거나 답변을 유도하여서는 아니 된다(규칙 제140조의2). 또한 재판장은 피고인이 법정에 재정한 특정인의 면전에서 충분히 진술을 할 수 없다고 인정할 때에는 그 사람을 퇴정하게 하고 진술하게 할 수 있다(규칙 제140조의3).

한편, 재판장 또는 법관은 피고인을 신문하는 경우 피고인이 신체적 또는 정신적 장애로 사물을 변별하거나 의사를 결정, 전달할 능력이 미약하거나 피고인의 연령, 성별, 국적 등의 사정을 고려하여 그 심리적 안정의 도모와 원활한 의사소통을 위하여 필요한 경우 직권 또는 피고인, 법정대리인, 검사의 신청에 따라 피고인과 신뢰관계에 있는 자를 동석하게 할 수 있다(제276조의2).

3. 의견진술

피고인신문 후 검사의 의견진술과 피고인 및 변호인의 최후진술이 있다. 이때 재판장은 필요하다고 인정하는 경우 이들의 본질적인 권리를 해하지 않는 범위 내에서 의견진술의 시간을 제한할 수 있다(규칙 제145조).

(1) 검사의 의견진술

증거조사와 피고인신문이 종료된 후 검사는 사실과 법률적용에 관하여 의견을 진술하여야 한다(제302조 본문). 이를 검사의 논고(論告)라고 하며, 특히 양형에 관한 검사의 의견을 구형(求刑)이라고 한다. 검사가 출석하지 않고 개정한 경우에는 공소장의 기재에 의하여 검사의 의견진술이 있는 것으로 간주된다(동조 단서).

(2) 피고인과 변호인의 최후진술

재판장은 검사의 의견을 들은 후 피고인과 변호인에게 최종 의견을 진술할 기회를 주어야 한다(제303조). 이때 의견진술의 기회는 피고인과 변호인 모두에게 주어져야하므로 어느 한 사람에게 최종의견 진술의 기회를 주지 아니한 채 변론을 종결하고 판결을 선고하는 것은 소송절차의 법령위반에 해당한다(2018도327). 그러나 필요적 변호사건이 아닌 경우 변호인이 공판기일통지서를 전달받고서도 출석하지 않았다면 변호인 없이 변론을 종결하여도 위법한 것은 아니다(77도835). 필요적 변호사건의 경우에도 피고인이 재판거부의사를 표하고 변호인도 이에 동조하여 퇴정한 경우 변호인의 최후진술 없이 심리, 판결할 수 있다(91도865).

한편, 피고인과 변호인의 최종진술이 있더라도 법원이 필요하다고 인정하는 경우에는 직권 또는 검사, 피고인 등의 신청에 의하여 변론을 재개할 수 있다(제305조).

Ⅲ. 판결의 선고

1. 판결 선고

판결의 선고는 반드시 공개하여야 한다. 선고는 변론을 종결한 기일에 하는 것이 원칙이나 특별한 사정이 있는 경우에는 따로 선고기일을 지정할 수 있다(제318조의4 제1항). 이 경우 선고기일은 14일 이내로 지정하여야 한다(동조 제3항). 변론을 종결한 기일에 판결을 선고하는 경우에는 판결의 선고 후에 판결서를 작성할 수 있다(동조 제2항).

2. 피고인의 출석

판결을 선고하는 공판기일에는 원칙적으로 피고인이 출석하여야 한다. 그러나 피고인이 재판장의 허가 없이 퇴정하거나 퇴정명령을 받은 때에는 피고인의 출석 없이 판결할 수 있다(제330조). 선고기일에는 검사 또는 변호인의 출석도 요하지 않는다(제278조, 282조 단서).

제6절 중인신문과 검증, 감정, 통역, 번역

《학습문제》 갑과 을은 특수절도죄로 공소 제기되어 함께 재판을 받고 있다. 갑이 공판정에서 을과 함께 절도죄를 범한 사실을 인정하는 진술을 하려는 경우 검사는 갑을 증인으로 신청하여 증언하게 할 수 있는가?

Ⅰ. 증인신문

1. 증인의 의의

(1) 개 념

증인이란 자신이 직접 보고 듣고 체험한 바를 법정에서 사실인정자인 법관의 앞에서 진술하는 사람을 말한다. 따라서 증인은 증거조사에 있어서 증거방법의 하나인 인적 증거(人的 證據)에 해당한다.

(2) 구별개념

증인은 법원 또는 법관에 대하여 진술하는 자이므로 수사기관에 대하여 진술하는 참고인과 구별된다. 또한 증인은 과거에 체험한 사실을 진술한다는 점에서 전문적인 지식 또는 특별한 경험법칙에 대한 판단을 보고하는 감정인과 구별된다. 따라서 증인은 비대체적이므로 구인이 허용되지만 감정인은 대체가 가능하므로 구인이 허용되지 않는다. 증인과 감정인의 성격을 동시에 갖는 감정증인은 대체성이 없으므로 증인이다. 예컨대, 성폭력피해자를 치료한 의사가 당시 환자를 치료한 내용과 관련한 증언을 하는 경우가 이에 해당할 수 있다.

2. 증인적격

증인적격이란 증인이 될 수 있는 자격을 말한다. 제146조에서는 "법원은 법률에 다른 규정이 없으면 누구든지 증인으로 신문할 수 있다"고 규정하고 있다. 따라서 원칙적으로는 누구든지 증인이 될 수 있다. 형사 미성년자도 마찬가지이다. 다만, 법률의 규정에 의하여 증인거부권이 인정되는 경우와 명문의 규정이 없지만 이론상 증인적격이 부인되는 경우가 있다. 전자의 경우로서 공무원의 증인적격이 문제되고, 후자의 경우에는 법관, 검사, 변호인 등 소송관계인의 증인적격이 문제된다.

(1) 공무상 비밀과 증인거부권

공무원 또는 공무원이었던 자가 그 직무에 관하여 알게 된 직무상 비밀에 관하여는 그 소속공무소 또는 감독관서의 승낙 없이는 증인으로 신문하지 못한다(제147조 제1항). 다만, 그 소속 공무소 또는 당해 감독관공서는 국가에 중대한 이익을 해하는 경우를 제외하고는 승낙을 거부하지 못한다(동조 제2항).

공무상 비밀을 사유로 증인적격을 부정하는 경우에는 법원의 소환에도 응할 필요가 없다. 이점에서 법원의 소환에는 응할 의무가 있으나 일정한 사유로 증언을 거부할 수 있는 증언거부권과 구별된다.

(2) 법관·검사·변호인의 증인적격

1) 법 관

법관은 자신이 담당하고 있는 사건의 증인이 될 수 없다. 그러나 법관이 직무에서 벗어나게 되면 증인이 될 수 있다. 다만, 법관이 증인이 된 후에는 제17조의 제척사유(제4호)에 해당하므로 당해 사건의 직무집행에서 배제된다. 법원사무관 등도 마찬가지이다(제25조).

2) 검 사

공판검사에게 증인적격이 인정되는가에 대하여는 이를 금지하는 명문의 규정이 없고, 검사가 증언하여도 공소유지에 전혀 지장이 없다는 점을 이유로 긍정하는 견해가 있으나 검사는 소송절차에서 제3자가 아니므로 그 개념상 증인이 될 수 없다(통설).

　　　그러나 일단 증인으로 증언한 검사가 공소유지검사로 사건에 관
여할 수 있는가에 대하여는 검사에게는 제척규정이 없으므로 허용된다
는 견해(적극설)와 검사에게는 객관의무가 있으므로 법관의 제척에 관한
규정을 유추적용하여 공소유지의 직무에서 제척되어야 한다는 견해(소극
설)가 있다. 당해 사건에 대하여 증언을 한 검사가 공소유지를 하는 경우
공소유지의 객관성을 해할 수 있으므로 이를 부정하는 소극설이 타당하
다. 그러나 공소유지를 담당하지 않는 수사검사의 경우에는 증인적격을
부정할 이유가 없다. 제316조 제1항의 조사자 증언규정에 따라 피고인을
수사한 수사검사도 증언을 할 수 있기 때문이다. 경찰공무원에게도 증인
적격은 당연히 인정된다(2001헌바41).

3) 변 호 인

실체진실의 발견과 피고인의 이익보호를 위해 변호인에 대한 증
인신문이 필요한 경우도 있다는 점을 들어 변호인의 증인적격을 긍정하
는 견해가 있다. 그러나 변호인은 소송당사자는 아니지만 피고인을 보호
하는 지위에 있어 증인과 같은 제3자적 지위를 인정하기 어렵고, 긍정설
과 같이 변호인이 피고인에게 이익이 되는 사실만 증언할 수는 없는 것
이므로 변호인의 증인적격을 부정하여야 한다(통설).

(3) 피고인의 증인적격

피고인은 당사자로서의 지위를 가지고 있으므로 제3자임을 요하는
증인이 될 수 없고, 묵비권의 포괄적 포기를 인정할 수 없으므로 피고인
의 증인적격은 부정된다(통설). 영미의 형사절차에서는 당사자주의의 원
칙상 피고인신문을 허용하지 않으므로 피고인의 증인적격을 인정하여야
할 현실적 이유가 있지만, 우리나라의 경우에는 피고인신문이 허용되므
로 피고인의 증인적격을 허용할 필요가 없다.

(4) 공동피고인의 증인적격

공동피고인이란 공범 여부와 관계없이 2인 이상이 함께 형사재판을 받는 피고인을 말한다. 따라서 공동피고인의 진술은 자신의 사건에 대한 관계에서는 피고인의 진술이지만, 다른 공동피고인에 대해서는 제3자로서의 진술이 되기 때문에 피고인의 증인적격을 부정하는 입장에서 이를 허용할 수 있는가가 문제된다.

1) 부 정 설

공동피고인은 서로 공범관계에 있는가의 여부를 떠나 당해 절차에서는 피고인에 해당하므로 증인적격을 인정할 수 없다고 하는 견해이다. 이 견해에 따르면 변론을 분리하여 공동피고인이었던 자를 다른 피고인에 대한 증인으로 신문하는 경우에 한하여 공동피고인을 증인으로 신문할 수 있다.

2) 긍 정 설

병합심리되고 있는 공동피고인이라도 다른 피고인에 대한 관계에서는 피고인이 아닌 제3자이므로 증인적격을 인정할 수 있다고 하는 견해이다. 이 견해에 따르면 공동피고인은 증인으로서 선서하고 다른 공동피고인에 대한 사실을 증언할 수 있다.

3) 절 충 설

공동피고인 간에 공범관계에 있는 경우와 같이 실질적 관련성이 있는 경우와 공동피고인들이 별도의 사건으로 심리만 병합하여 재판을 받는 경우 등 실질적 관련성이 없는 경우를 구분하는 견해이다. 즉, 전자의 경우에는 변론을 분리하지 않으면 증인적격을 부정하고, 후자의 경우에는 변론을 분리하지 않고서도 증인적격을 인정한다(다수설).

4) 검 토

공동피고인이 공범관계에 있거나 실질적 관련성이 있어서 이해관계가 있는 경우에는 증인의 순수한 제3자적 지위를 인정할 수 없으므로 증인적격을 인정할 수 없지만, 실질적 관련성이 없는 공동피고인인 경우에는 제3자적 관련성을 인정할 수 있으므로 증인적격을 인정하는 절충설이 타당하다. 판례도 공범관계에 있는 공동피고인이 변론을 분리하지 않은 상태에서 증인으로서 허위증언을 하였더라도 증인적격이 없으므로 위증죄가 성립하지 않는다고 한다(2008도3300). 그러나 변론을 분리하여 피고인의 지위에서 벗어나게 되면 다른 공동피고인에 대한 공소사실에 관하여 증인이 될 수 있다고 한다(2009도11249). 한편, 변론이 분리되지 않은 상태에서 공범인 공동피고인이 증인이 아닌 피고인으로서 진술한 경우 그 진술의 증거능력이 문제가 되는데, 이에 대하여는 자백의 증거능력 부분(자백의 보강법칙)에서 설명한다.

> [판례] 피고인과 별개의 범죄사실로 기소되어 병합심리 중인 공동피고인은 증인의 지위를 인정하였다(82도1000). 다만, 공동피고인인 절도범과 장물범은 서로 다른 공동피고인의 범죄사실에 관하여 증인의 지위에 있다고 보아 실질적 관련성을 부정하였다(2005도7601).

3. 증인의 의무와 권리

(1) 증인의 소송법상 의무

증인은 법원이 지정한 장소에 출석하여 선서하고 증언할 의무를 진다.

1) 출석의무

(가) 증인의 소환　법원은 소환장의 송달, 전화, 전자우편, 그 밖의 상당한 방법으로 증인을 소환한다(제150조의2 제1항). 증인을 소환하는 때에는 소환장을 발부하되(제153조, 제73조) 재정 중인 증인은 소환하지 않고 신문할 수 있다(제154조). 소환장에 의한 증인소환에 관하여는 피고인소환에 관한 규정이 준용된다(제153조). 다만, 이때 소환장은 급속을 요하는 경우를 제외하고는 늦어도 출석할 일시 24시간 이전에 송달하여야 한다(규칙

제70조). 이것은 피고인에 대한 소환장이 늦어도 출석할 일시 12시간 이전에 송달되어야 하는 것과 구별된다(규칙 제45조).

증인의 소환과 구별되는 개념으로 동행명령이 있다(제166조 제1항). 동행명령은 원래 법정으로 소환한 증인을 법정 외에서 신문할 이유가 있을 때 동행할 것을 명령하는 제도이므로 처음부터 증인을 법정 외로 소환하는 경우와는 구별된다. 따라서 동행명령을 거부한 때에는 구인할 수는 있지만 증인소환과 같이 과태료나 비용배상은 부과할 수 없다(동조 제2항).

(나) 증인의 출석의무　증인으로 소환된 사람은 출석의무가 있다. 다만, 증인거부권자(제147조)에게는 출석의무가 없다. 증인의 출석의무는 공판기일에 소환 받은 증인뿐만 아니라 공판기일 전의 증거보전절차(제184조), 증인신문절차(제221조의2)에서도 적용된다.

(다) 출석의무 위반에 대한 제재　소환장을 받은 증인이 정당한 사유 없이 소환에 불응하는 경우 다음과 같은 제재를 취할 수 있다. 즉, 법원은 결정으로 불출석으로 인한 당해 소송비용을 증인이 부담하도록 명하거나 500만원 이하의 과태료를 부과할 수 있다(제151조 제1항). 또한 증인이 과태료처분을 받고도 정당한 사유 없이 출석하지 않는 때에는 법원은 결정으로 증인을 7일 이내의 감치에 처한다(동조 제2항).

법원은 감치재판기일에 해당 증인을 소환하여 정당한 사유가 있는지 여부를 심리하고(동조 제3항), 재판장의 명령에 따라 교도소, 구치소 또는 경찰서유치장에 유치하여 집행한다(동조 제4항). 감치의 재판을 받은 증인이 감치의 집행 중에 증언을 한 때에는 법원은 즉시 감치결정을 취소하고 그 증인을 석방하도록 명하여야 한다(동조 제7항). 법원의 감치결정에 대하여는 즉시항고를 할 수 있으나 집행정지의 효력은 인정되지 않는다(동조 제8항). 비용 및 과태료 부과, 감치 이외에도 법원은 정당한 사유 없이 소환에 불응하는 증인을 구인할 수 있다(제152조).

2) 선서의무

출석한 증인은 선서무능력자가 아니면 신문 전에 선서하게 하여야 한다(제156조). 선서는 위증의 벌에 의한 심리적 강제를 통해 증인이 자신의 기억에 반하지 않는 증언을 하도록 하기 위함이다. 따라서 선서능력이 있음에도 선서를 하지 않고 증언한 경우 그 증언은 증거능력이 없다. 또한 별개의 사실로 공소제기가 되고, 단지 병합심리된 것일 뿐인 공동피고인은 피고인에 대한 관계에서는 증인의 지위에 있음에 불과하므로 선서 없이 공동피고인의 피고인으로서 한 공판정에서의 진술은 피고인에 대한 관계에서 증거능력이 없다(78도1031).

(가) 선서무능력자   제159조에서는 선서의무가 없는 선서무능력자를 '16세 미만의 자' 또는 '선서의 취지를 이해하지 못하는 자'로 규정하고 있다. '선서의 취지를 이해하지 못하는 자'란 정신능력의 결함으로 인해 선서의 의미를 이해하지 못하는 사람을 의미한다. 따라서 선서무능력자가 비록 선서를 하고 증언을 하였더라도 그 선서는 효력이 없으므로 위증죄는 성립하지 않는다. 그러나 이 경우에도 증인의 증언능력이 인정되면 증언 자체의 효력은 있다(84도619).

(나) 선서의 방법   선서는 법률에 다른 규정이 없는 한 신문 전에 하여야 하며(제156조), 선서서에 따라 하여야 한다(제157조 제1항). 즉, 재판장은 증인에게 선서서를 낭독하고 기명날인하거나 서명하게 하여야 한다. 다만, 증인이 선서서를 낭독하지 못하거나 서명을 하지 못하는 경우에는 참여한 법원사무관 등이 대행한다(동조 제3항). 선서는 일어서서 엄숙하게 하여야 한다(동조 제4항). 선서서에는 "양심에 따라 숨김과 보탬이 없이 사실 그대로 말하고 만일 거짓말이 있으면 위증의 벌을 받기로 맹세합니다"라고 기재하여야 한다(동조 제2항). 재판장은 선서할 증인에 대하여 선서 전에 위증의 벌을 경고하여야 한다(제158조).

(다) 선서의무위반에 대한 제재   증인이 정당한 이유 없이 선서나 증언을 거부한 때에는 법원의 결정으로 50만원 이하의 과태료에 처할 수

있다. 이에 대하여는 즉시항고를 할 수 있다(제161조).

3) 증언의무

(가) 증언의 의무　선서한 증인은 신문받은 사항에 대하여 증언할 의무가 있다. 증인은 법원이나 법관, 검사, 변호인 또는 피고인의 신문에 대하여 증언하여야 하며, 주신문뿐만 아니라 반대신문에도 증언하여야 한다. 정당한 이유 없이 증언을 거부한 증인에 대한 제재는 선서의무위반과 동일하다(제161조).

(나) 증언능력　선서능력과 증언능력은 구별하여야 한다. 16세미만자는 선서능력이 없으나 증언능력은 인정될 수 있다. 증언능력은 자신이 과거에 체험한 사실을 기억에 따라 진술하고 표현할 수 있는 능력을 말하는 것이므로 선서능력이 없더라도 증언능력은 인정되어 선서 없이 증언할 수 있기 때문이다. 증언자의 지적 수준, 증언내용, 진술태도, 판단력, 이해력 등을 종합적으로 검토하여 증언능력을 판단하여야 한다. 만 4세 또는 5세의 유아에 대하여도 증언내용이 단순한 경우 증언능력을 긍정한 판례가 있다(2005도9561).

> [판례] 피해자들이 경찰에서 진술 당시(2005. 4. 20.)에는 만 5세 9개월 남짓 된 여아이나, 위 피해자가 경험한 사실이 비교적 단순한 것으로서 피해자 연령 정도의 유아라고 하더라도 별다른 사정이 없는 한 이를 알고 그 내용을 표현할 수 있는 범위 내의 것일 뿐만 아니라, 그 진술이 그 연령의 유아 수준의 표현이라고 보여지며, 위 각 대화 내지 진술 당시 증언능력에 준하는 능력을 갖추었던 것으로 인정되고, 나아가 그 각 진술의 신빙성도 인정된다고 할 것이다(2005도9561). 이 외에도 성폭행피해 당시 만 3년 3월 남짓, 증언 당시는 만 3년 6월의 어린아이도 개괄적인 검사의 질문을 이해하고 고개를 끄덕이는 형식으로 답변함에 대하여 증언능력이 있다고 하였다(91도579).

(2) 증인의 소송법상 권리

1) 증언거부권

증인거부권과 증언거부권은 구별된다. 증인거부권(제147조)은 증인신문 자체를 거부할 수 있는 권리임에 반해, 증언거부권은 증언의무를 전제로 증언을 거부할 수 있는 권리이다. 다만, 증언을 거부하는 자는 거부사유를 소명하여야 한다(제150조).

　　　(가) 근친자의 형사책임과 증언거부　　누구든지 자기 또는 자기와 친족이거나 친족이었던 사람, 법정대리인, 후견감독인에 해당하는 자가 형사소추 또는 공소제기를 당하거나 유죄판결을 받을 사실이 드러날 염려가 있는 경우 증언을 거부할 수 있다(제148조). 자기에 대한 증언거부권은 헌법 제12조 제2항에서 정한 불이익 진술의 강요금지 원칙을 구체화한 자기부죄거부특권으로서 인정된다. 또 친족 등과 관련하여 증언거부권을 인정하는 것은 근친자 또는 후견인에 대하여 진실한 증언을 기대하기 힘들다는 형사정책적 고려에 의한 것이다. 그러나 자기가 이미 해당 사실에 대하여 유죄판결을 받아 확정되었다면 일사부재리에 의하여 다시 처벌받지는 않으므로 설령 그 유죄판결에 대하여 재심을 청구할 예정이라고 하더라도 이후 별건으로 기소된 공범과 관련하여 증언을 하는 경우에는 증언거부권이 인정되지는 않는다. 따라서 이 경우는 비록 증언거부권을 고지 받지 못하였더라도 위증죄의 성립에는 영향이 없다(2009도6788).

　　　'형사소추 또는 공소제기를 당할 염려가 있는 때'란 자신의 증언으로 인하여 실제로 형사소추를 당할 가능성이 발생하는 것뿐만 아니라 합리적, 객관적으로 판단했을 때 그 가능성을 높이는 경우까지 포함되는 개념이다. '유죄판결을 받을 염려가 있는 때'란 공소제기가 되었으나 판결의 선고 전에 자신의 증언으로 인하여 유죄의 단서 또는 자료를 제공하게 되는 경우를 말한다. 유죄의 자료는 구성요건적 사실뿐만 아니라 누범, 상습범과 같은 형의 가중사유까지 포함된다.

　　　(나) 업무상 비밀과 증언거부　　변호사, 변리사, 공증인, 공인회계사, 세무사, 대서업자, 의사, 한의사, 치과의사, 약사, 약종상, 조산사, 간호사, 종교의 직에 있는 자 또는 이러한 직에 있던 자가 그 업무상

위탁을 받은 관계로 알게 된 사실로서 타인의 비밀에 관한 것은 증언을 거부할 수 있다. 다만, 본인의 승낙이 있거나 중대한 공익상 필요한 때에는 예외로 한다(제149조). 이것은 일정한 업무에 종사하는 자의 비밀을 보장함으로써 위탁자와 수탁자간의 신뢰와 거래관계를 보호하기 위함이다. 이와 관련하여 이들 증언거부권자를 직무상 보조하는 자도 해당 비밀과 직접적인 관련이 있고, 위탁자와 실질적 신뢰관계를 인정할 수 있는 경우에는 증언부권을 허용하여야 한다는 견해가 있다. 그러나 증언거부권은 특정 업무자와의 신뢰관계에 기초하여 제한적으로 허용하는 것이므로 본조에 열거된 자에 한정하여 인정하여야 한다 (제한적 열거).

증언거부권의 범위는 법정에서 직접 증언하는 것뿐만 아니라 증언거부권이 인정되는 자가 업무상 작성한 서류의 진정성립에 대하여 진술을 거부하는 것도 포함된다(2009도6788).

(다) 증언거부권의 고지   증인이 증언거부권자에 해당하는 경우에는 재판장은 신문 전에 증언을 거부할 수 있음을 설명하여야 한다(제160조). 따라서 증언거부권을 고지 받지 않은 상태에서 한 증언은 적법절차에 위반하여 유효하지 않으므로 원칙적으로 증거능력을 부정해야 하고, 따라서 위증죄의 성립도 부정하여야 한다.[38]

> **[판례]** 사촌관계에 있는 피고인의 도박 사실 여부에 관하여 증언거부사유가 발생하게 되었는데도 재판장으로부터 증언거부권을 고지 받지 못한 상태에서 허위 진술을 하였다는 사유로 위증죄로 기소된 피고인에 대하여 증언거부권의 행사에 장애가 있었다고 보아 위증죄의 성립을 부정하였다(2009도13257).

(라) 증언거부권의 포기   증언거부권은 증인의 권리이므로 증언거

---

[38] 형소법상 증언거부권을 고지 받을 권리는 형사상 자기에게 불리한 진술을 강요당하지 않을 권리를 규정한 헌법 제12조 제2항에 의하여 바로 국민의 기본권으로 보장받는 것이 아니므로 「국회에서의 증언·감정 등에 관한 법률」이 증언거부권의 고지에 관한 규정을 별도로 두고 있지 않은 경우에는 제160조의 증언거부권의 고지 규정을 유추적용할 수 없다고 한다(2009도13197).

부권을 포기하고 증언을 할 수 있다. 증언거부권의 포기는 증언 전체 또는 일부에 대하여 가능하다. 다만, 증인이 주신문에 대하여는 증언을 하고 반대신문에 대하여는 증언을 거부하는 경우에는 당사자의 실질적인 반대신문권을 침해하는 것이므로 취득한 증언의 증거능력을 부정하여야 한다.

2) 비용청구권

증인은 증언거부권과 더불어 법률에 규정한 바에 의하여 여비, 일당과 숙박료를 청구할 권리를 갖는다. 그러나 정당한 사유 없이 선서 또는 증언을 거부한 자는 예외로 한다(제168조). 여비 등의 액수에 관한 규정은 「형사소송비용 등에 관한 법률」에 따른다.

4. 증인신문의 방법과 절차

(1) 증인신문참여권

검사, 피고인 또는 변호인은 증인신문에 참여할 권리를 가진다. 따라서 증인신문의 일시와 장소는 증인신문에 참여할 수 있는 자에게 미리 통지하여야 한다. 다만, 참여하지 않겠다는 의사를 명시한 때에는 예외로 한다(제163조). 따라서 피고인에게 증인신문을 고지하였음에도 피고인이 정당한 사유 없이 출석하지 않은 경우 출석한 증인에 대하여 증인신문을 하고 다음 공판기일에 그 증인신문조서에 대한 서증조사를 할 수 있다.

[판례] 법원이 공판기일에 증인을 채택하여 다음 공판기일에 증인신문을 하기로 피고인에게 고지하였는데 그 다음 공판기일에 증인은 출석하였으나 피고인이 정당한 사유 없이 출석하지 아니한 경우, 그 사건이 형소법 제277조 본문에 규정된 다액 100만원 이하의 벌금 또는 과료에 해당하거나 공소기각 또는 면소의 재판을 할 것이 명백한 사건이 아니어서 같은 법 제276조의 규정에 의하여 공판기일을 연기할 수밖에 없더라도, 이미 출석하여 있는 증인에 대하여 공판기일 외의 신문으로서 증인신문을 하고 다음 공판기일에 그 증인신문조서에 대한 서증조사를 하는 것은 증거조사절차로서 적법하다(2000도3265).

증인신문참여권은 특히, 피고인의 방어권행사에 매우 중요한 의미를 가지므로 피고인과 변호인에게 증인신문의 일시, 장소를 통지하지 않고 행한 증인신문은 위법한 절차로서 증거로 사용할 수 없다. 다만, 검사, 피고인 또는 변호인은 증인신문에 참여하지 아니할 경우 법원에 대하여 필요한 사항을 신문해 줄 것을 요청하는 신문청구가 허용된다(제164조 제1항).

피고인 또는 변호인의 참여 없이 증인을 신문한 경우에 피고인에게 예기하지 아니한 불이익을 줄 수 있는 증언이 진술된 때에는 반드시 그 진술내용을 피고인 또는 변호인에게 알려주어야 하는 불리한 증언의 고지제도도 인정된다(동조 제2항). 증인신문절차에서 피고인의 방어권을 보호하기 위한 조치이다.

(2) 증인신문방식

증인신문은 각 증인에 대하여 개별적으로 하여야 하며, 신문하지 않는 증인이 있는 때에는 퇴정을 명하여야 한다(제162조 제2항). 그러나 필요한 때에는 증인과 다른 증인 또는 피고인과 대질하게 할 수 있다(동조 제3항). 이를 대질신문이라고 한다. 대질신문 여부는 법원의 재량사항이므로 법원은 필요한 경우 신문하지 않는 증인을 퇴정시키지 않아도 위법한 것은 아니다.

(3) 교호신문제도

증인신문은 증인을 신청한 검사, 변호인 또는 피고인이 먼저 신문하고, 다음에 다른 검사, 변호인 또는 피고인이 신문한다(제161조의2 제1항). 즉, 증인신문은 증인을 신청한 사람이 먼저 신문하는 주신문과 상대방이 신문하는 반대신문으로 이루어지는데 이렇게 주신문→ 반대신문→ 재 주신문→ 재 반대신문의 순서로 이루어지는 증인신문방식을 교호신문이라고 한다. 이러한 교호신문제도는 소송의 주도적 지위를 가지는 당사자가 공격과 방어를 교환하는 당사자주의식 증인신문방식이라고 할 수 있다.

재판장은 원칙적으로 당사자의 신문 후에 신문할 수 있다(동조 제2항). 그러나 재판장은 필요한 경우에는 어느 때나 신문할 수 있고, 신문의 순서를 변경할 수도 있다(동조 제3항). 또한 법원이 직권으로 신문할 증인이나 범죄로 인한 피해자의 신청에 의하여 신문할 증인의 신문방식은 재판장이 정하는 바에 의한다(동조 제4항). 다만, 이때 증인에 대하여 재판장이 신문한 후 검사, 피고인 또는 변호인이 신문하는 때에는 반대신문의 예에 의한다(규칙 제81조). 이것은 당사자주의 요소에 법원의 적극적 개입을 인정하는 직권주의적 요소가 가미된 규정이라고 할 수 있다.

1) 주 신 문

주신문은 증인을 신청한 당사자가 자신이 증명할 사항과 이와 관련된 사안에 관하여 먼저 질문하는 직접신문을 말한다. 따라서 주신문은 입증할 사항과 그 증언내용을 보강하는 데 필요한 사안에 제한된다(규칙 제75조 제1항). 주신문에서는 유도신문이 금지된다(동조 제2항). 주신문에서 유도신문을 하게 되면 증인을 신청한 자와 증인간의 우호적인 관계 때문에 객관적인 증언이 이루어지지 않을 위험성이 있기 때문이다. 따라서 유도신문을 하여도 이러한 위험성이 없는 경우, 즉 (i) 증인과 피고인과의 관계, 증인의 경력, 교우관계등 실질적인 신문에 앞서 미리 밝혀둘 필요가 있는 준비적인 사항에 관한 신문의 경우, (ii) 검사, 피고인 및 변호인 사이에 다툼이 없는 명백한 사항에 관한 신문의 경우, (iii) 증인이 주신문을 하는 자에 대하여 적의 또는 반감을 보일 경우, (iv) 증인이 종전의 진술과 상반되는 진술을 하는 때에 그 종전진술에 관한 신문의 경우, (v) 기타 유도신문을 필요로 하는 특별한 사정이 있는 경우에 있어서는 유도신문이 허용된다(동조 제2항 단서). 허용되지 않는 유도신문에 의한 증언은 위법한 증거로서 증거능력이 부정될 수 있다. 그러나 증인신문결과 기재된 공판조서에 피고인과 변호인이 '이의 없음'을 표시한 경우에는 하자가 치유되어 증거능력이 인정된다.

[판례] 검사가 제1심 증인신문 과정에서 증인에게 주신문을 하면서 형소규칙
상 허용되지 않는 유도신문을 하였다고 볼 여지가 있었는데, 그 다음 공판기
일에 재판장이 증인신문 결과 등을 각 공판조서(증인신문조서)에 의하여 고
지하였음에도 피고인과 변호인이 '변경할 점과 이의할 점이 없다'고 진술한
사안에서, 피고인이 책문권 포기 의사를 명시함으로써 유도신문에 의하여 이
루어진 주신문의 하자가 치유되었다고 하였다(2012도2937).

2) 반대신문, 재 주신문 및 재 반대신문

반대신문은 주신문 후에 반대당사자가 하는 신문을 말한다. 반
대신문은 주신문에서 나타난 사항과 이와 관련된 사항에 대하여 신문할
수 있다(규칙 제76조 제1항). 따라서 주신문에서 나타난 사항과 다른 새로운
사항을 반대신문과정에서 신문하기 위해서는 재판장의 허가를 받아야
한다(동조 제4항). 반대신문에서는 원칙적으로 유도신문이 허용된다(동조 제2
항). 반대신문의 경우 증인과 신문자 사이에 우호관계로 인한 사실 왜곡
의 위험성이 적고 주신문에 나타난 증언내용을 효과적으로 확인할 수 있
기 때문이다.

반대신문 후에 주신문을 한 사람은 반대신문에서 나타난 사항과
이에 관련된 사항에 대하여 재 주신문을 할 수 있다(규칙 제78조 제1항). 재
주신문은 주신문의 예에 의하며, 주신문에서 빠트린 사항에 대한 신문은
재판장의 허가가 있을 것을 요한다(동조 제2항). 재 주신문 후에 반대당사자
가 재 반대신문을 할 수는 있으나 이 경우에는 재판장의 허가를 받아야
한다(규칙 제79조).

(4) 법정 외 증인신문

법원은 증인의 연령, 직업, 건강상태 기타의 사정을 고려하여 검사,
피고인 또는 변호인의 의견을 묻고 법정 외에 소환하거나 현재지에서 신
문할 수 있다(제165조). 이를 위해 법원은 증인에게 지정한 장소로 동행할
것을 명할 수 있고, 증인이 정당한 사유 없이 동행을 거부하는 때에는 구
인할 수 있다(제166조).

또한 법원은 합의부원에게 법정 외의 증인신문을 명할 수 있고(수명 법관에 의한 증인신문), 증인 현재지의 지방법원 판사(수탁판사)에게 그 신문을 촉탁할 수 있으며(제167조 제1항), 수탁판사는 증인이 관할 구역 내에 현재 하지 아니한 때에는 그 현재지의 지방법원 판사에게 전촉할 수 있다(동조 제2항). 수명법관 또는 수탁판사는 증인의 신문에 관하여 법원 또는 재판 장에 속한 처분을 할 수 있다(동조 제3항).

(5) 비디오 등 중계장치 등에 의한 증인신문

완전한 증인신문은 직접대면에 의한 구두의 신문방식이다. 그러나 이렇게 증인을 직접 대면하여 신문할 경우 특정 범죄피해자나 증인은 심 리적 압박감과 고통을 받을 수 있다. 따라서 때에 따라서는 증인신문의 방식을 제한할 필요가 있다. 형소법은 「아동복지법」상 금지행위(제17조)위 반죄(제9호 제외)의 피해자, 「아동·청소년의 성보호에 관한 법률」 제7조, 제8조, 제11조부터 제15조까지 및 제17조 제1항의 규정에 해당하는 죄 의 대상이 되는 아동·청소년 또는 피해자 또는 범죄의 성질, 증인의 나 이, 심신의 상태, 피고인과의 관계, 그 밖의 사정으로 인하여 피고인 등과 대면하여 진술할 경우 심리적인 부담으로 정신의 평온을 현저하게 잃을 우려가 있다고 인정되는 사람에 해당하는 사람을 증인으로 신문하는 경 우로서 상당하다고 인정할 때에는 검사와 피고인 또는 변호인의 의견을 들어 비디오 등 중계장치에 의한 중계시설을 통하여 신문하거나 가림 시 설 등을 설치하고 신문할 수 있다(제165조의2). 또한 「성폭력범죄의 처벌 등 에 관한 특례법」에서는 일정한 성폭력범죄의 피해자를 증인으로 신문하 는 경우 검사와 피고인 또는 변호인의 의견을 들어 비디오 등 중계장치에 의한 중계를 통하여 신문할 수 있도록 규정하고 있다(법 제40조 제1항).

그런데 제165조의2 제3호에서는 '피고인 등'으로 규정하여 그 대면 진술 대상을 피고인으로 한정하지 않고 있으므로 검사, 변호인, 방청인 등과 증인 사이에도 차폐시설을 설치하는 방식으로 증인신문을 할 수 있 다(2014도18006). 다만, 변호인에 대한 차폐시설의 설치는 피고인의 방어

권에 중대한 영향을 미칠 수 있으므로 「특정범죄신고자 등 보호법」 제7
조에서 규정한 바와 같이 범죄 신고자 또는 친족 등이 보복을 당할 우려
가 있다고 인정되어 인적 사항에 대한 비밀조치를 취한 경우 등 특별한
사정이 있는 경우에 예외적으로 허용된다(2014도18006).

5. 범죄피해자의 진술권

(1) 피해자의 증인신청권

법원은 범죄로 인한 피해자 또는 그 법정대리인(피해자가 사망한 경우에는
배우자·직계존속·형제자매를 포함한다)의 신청이 있는 때에는 그 피해자 등을 증
인으로 신문하여야 한다. 다만, 피해자 등이 이미 당해사건의 공판절차
에서 충분히 진술한 경우 또는 피해자 등의 진술로 인하여 공판절차가 현
저하게 지연될 우려가 있는 경우는 예외로 한다(제294조의2 제1항). 이 규정은
헌법 제27조 제5항에 규정한 형사피해자의 진술권을 구체화한 것이다.

(2) 피해자의 증인신문방식

범죄피해자를 증인으로 신문하는 경우에는 일반적인 교호신문절차
를 따를 필요가 없이 재판장이 정하는 바에 의한다(제161조의2 제4항). 법원
이 피해자 등을 증인으로 신문하는 경우 피해의 정도 및 결과, 피고인의
처벌에 관한 의견, 그 밖에 당해 사건에 관한 의견을 진술할 기회를 주어
야 한다(제294조의2 제2항). 다만, 신청인이 출석통지를 받고도 정당한 이유
없이 출석하지 않은 때에는 그 신청을 철회한 것으로 본다(동조 제4항). 이
때 법원은 당해 피해자, 법정대리인 또는 검사의 신청에 따라 피해자의
사생활의 비밀이나 신변보호를 위하여 필요하다고 인정하는 때에는 결
정으로 심리를 공개하지 아니할 수 있다(제294조의3). 범죄피해자의 사생활
과 안전을 보장함으로써 범죄피해자가 평온한 상태에서 진술할 수 있도
록 배려한 규정이다.

(3) 범죄피해자의 증언 시 심리의 비공개와 신뢰관계에 있는 자의 동석

법원은 범죄로 인한 피해자를 증인으로 신문하는 경우 당해 피해자·법정대리인 또는 검사의 신청에 따라 피해자의 사생활의 비밀이나 신변보호를 위하여 필요하다고 인정하는 때에는 결정으로 심리를 공개하지 아니할 수 있다(제294조의3 제1항). 이 결정은 이유를 붙여 고지하여야 한다(동조 제2항). 다만, 법원은 심리비공개의 결정을 한 경우에도 적당하다고 인정되는 자의 재정(在廷)을 허가할 수 있다(동조 제3항).

또한 법원은 범죄로 인한 피해자를 증인으로 신문하는 경우 증인의 연령, 심신의 상태, 그 밖의 사정을 고려하여 증인이 현저하게 불안 또는 긴장을 느낄 우려가 있다고 인정하는 때에는 직권 또는 피해자, 법정대리인, 검사의 신청에 따라 피해자와 신뢰관계에 있는 일정한 자를 동석하게 할 수 있다(제163조의2 제1항). 그러나 범죄로 인한 피해자가 13세 미만이거나 신체적 또는 정신적 장애로 사물을 변별하거나 의사를 결정할 능력이 미약한 경우에는 부득이한 사유가 아닌 한 법원은 신뢰관계에 있는 사람을 동석하게 하여야 한다(동조 제2항). '신뢰관계에 있는 사람'은 피해자의 배우자, 직계친족, 형제자매, 가족, 동거인, 고용주, 그 밖에 피해자의 심리적 안정과 원활한 의사소통에 도움을 줄 수 있는 사람을 말한다(규칙 제84조의3 제1항).

Ⅱ. 검 증

1. 검증의 의의

검증이란 법관이 오관의 작용에 의하여 사물의 존재, 형상, 상태를 직접 인식하는 증거조사방법이다. 예컨대, 범죄현장 등에서 행하는 현장검증을 들 수 있다. 이러한 검증은 강제력을 수반하기 때문에 수사기관에 의한 검증은 영장을 요하지만, 법원의 검증은 증거조사의 일환이므로 수사기관에 의한 검증과 달리 영장주의가 적용되지 않는다. 검증의 대상은 유체물, 무체물, 동산, 부동산 등 제한이 없다.

2. 검증의 주체와 참여자

(1) 검증주체

법원은 사실을 발견함에 필요한 때에는 검증을 할 수 있다(제139조). 검증은 증거조사의 일환이므로 원칙적으로 수소법원이 행한다. 그러나 법원은 합의부원에게 검증을 명할 수 있고(수명법관에 의한 검증), 지방법원 판사(수탁판사에 의한 검증)에게 촉탁할 수도 있다(제145조, 제136조).

(2) 당사자 및 이해관계인의 참여

검사, 피고인 또는 변호인은 검증에 참여할 수 있다(제145조, 제121조). 따라서 재판장은 미리 이들에게 검증의 일시와 장소를 통지하여야 한다. 다만, 참여권자가 참여하지 않는다는 의사를 명시한 때 또는 급속을 요하는 때에는 예외로 한다(제145조, 제122조).

공무소, 군사용의 항공기 또는 선박·차량 안에서 검증을 할 때에는 그 책임자에게 참여할 것을 통지하여야 하며(제145조, 제123조 제1항), 타인의 주거, 간수자가 있는 가옥, 건조물, 항공기 또는 선박·차량 안에서 검증을 하는 경우에는 주거주, 간수자 또는 이에 준하는 자를 참여하게 하여야 한다(제145조, 제123조 제2항). 이때 이들을 참여하게 하지 못할 때에는 이웃 사람 또는 지방공공단체의 직원을 참여하게 하여야 한다(제145조, 제123조 제3항).

3. 검증의 방법

(1) 검증에 필요한 처분

검증을 할 때에는 신체의 검사, 사체의 해부, 분묘의 발굴, 물건의 파괴 기타 필요한 처분을 할 수 있다(제140조). 사체의 해부 또는 분묘의 발굴을 하는 때에는 예(禮)에 어긋나지 않도록 주의하고 미리 유족에게 통지하여야 한다(제141조 제4항).

검증 중에는 그 장소에 출입을 금할 수 있으며, 이를 위배하는 자에게는 퇴거하게 하거나 집행종료 시까지 간수자를 붙일 수 있다(제145조, 제119조). 또한 검증을 중지한 때에는 집행이 종료될 때까지 그 장소를 폐쇄하거나 간수자를 둘 수 있다(제145조, 제127조).

(2) 신체검사에 있어서의 주의사항

법원은 피고인의 신체를 검사하기 위하여 소환할 수 있으며(제68조), 피고인이 아닌 자도 법원 기타 지정한 장소에 소환하여 신체검사를 할 수 있다(제142조). 다만, 신체검사에 있어서는 피검사자의 성별, 나이, 건강상태 그 밖의 사정을 고려하여 건강과 명예를 해치지 않도록 주의하여야 하며, 피고인 아닌 사람의 신체검사는 증거가 될 만한 흔적을 확인할 수 있는 현저한 사유가 있는 경우에만 할 수 있다(제141조 제1항·제2항). 여자의 신체를 검사하는 경우에는 의사나 성년 여자를 참여하게 하여야 한다(동조 제3항).

(3) 검증의 시간적·장소적 제한

일출 전, 일몰 후에는 가주, 간수자 또는 이에 준하는 자의 승낙이 없으면 검증을 하기 위하여 타인의 주거, 간수자 있는 가옥 등에 들어갈 수 없다. 다만, 일출 후에 실시할 경우 검증의 목적을 달성할 수 없을 염려가 있는 경우에는 예외로 한다(제143조 제1항). 그러나 일몰 전에 검증에 착수한 때에는 일몰 후라도 검증을 할 수 있다(동조 제2항). 또한 도박장, 여관, 음식점 등 야간의 압수·수색이 허용되는 장소는 이러한 시간에 의한 제한을 받지 않는다(동조 제3항).

한편, 군사상 비밀을 요하는 장소는 그 책임자의 승낙이 있어야 한다. 그러나 책임자는 국가의 중대한 이익을 해하는 경우를 제외하고는 승낙을 거부하지 못한다(제145조, 제110조).

4. 검증조서의 작성

검증을 하고 난 뒤 검증의 결과는 검증조서에 기재하여야 한다. 이 검증조서에는 검증목적물의 현상을 명확하게 하기 위하여 도화나 사진을 첨부할 수 있다(제49조 제1항·제2항). 이렇게 작성된 검증조서는 법원 또는 법관에 의한 조서로서 당연히 증거능력이 인정된다(제311조). 그러나 공판정 내에서 실시한 검증은 공판조서에 기재되어 별도의 검증조서를 작성할 필요 없이 바로 증거자료가 된다.

Ⅲ. 감정·통역·번역

1. 감 정

(1) 감정의 의의

감정이란 전문적인 지식이나 경험을 가진 제3자가 그의 지식이나 경험법칙을 법원에 보고하거나 그 지식과 경험을 특정 사안에 적용하여 그 결과를 보고하는 것을 말한다. 법원이 감정을 명하는 것은 재량에 속하지만 피고인의 소송능력이 없는 상태에 있어 공판절차를 정지하려는 경우 의사의 의견을 들어야 하며(제306조 제2항), 피고인이 책임능력과 관련하여 심신장애 상태의 의심이 드는데도 법원이 정신감정을 하지 않았다면 위법한 소송행위가 된다(2009도879).

감정은 법원으로부터 명을 받은 감정인이 행하는데(제169조), 수사기관으로부터 위촉을 받은 감정수탁자와는 구별된다. 감정인은 선서를 하고 감정결과를 서면으로 보고하는 데 비하여, 감정수탁자는 원칙적으로 선서 및 법원에의 보고의무가 없다. 한편, 감정인은 감정결과에 대한 진술이 증거방법이 되므로 증인과 유사하여 증인에 관한 규정이 준용한다. 따라서 감정인은 대체가 가능하기 때문에 구인에 관한 규정이 적용되지 않지만 법원은 감정인을 소환하거나 동행명령은 할 수 있고, 이에 불응하는 경우 과태료 및 비용배상을 명할 수 있다(제177조). 다만, 감정증인은 증인에 해당하므로 증인신문의 규정이 적용된다(제179조).

(2) 감정의 절차

1) 감정인의 지정

법원은 학식과 경험이 있는 자에게 감정을 명할 수 있다(제169조). 법원이 임명한 감정인은 감정을 하기 전에 선서를 하여야 한다(제170조). 모든 감정인은 감정 전에 반드시 선서하여야 하며, 선서를 하지 않고 한 감정은 증거능력이 없다.

법원은 필요하다고 인정하는 때에는 공무소, 학교, 병원 기타 상당한 설비가 있는 단체 또는 기관에 대하여 감정을 촉탁할 수 있다. 감정 촉탁의 경우 선서에 관한 규정이 적용되지 않는다(제179조의2). 이것은 선서가 불가능한 단체나 기관의 감정결과를 증거로 활용하기 위한 것이다.

2) 감정에 필요한 처분

감정인은 감정에 관하여 필요한 때에는 법원의 허가를 얻어 타인의 주거, 간수자 있는 가옥, 건조물, 선박 또는 차량 안에 들어갈 수 있고, 신체의 검사, 사체의 해부, 분묘의 발굴, 물건의 파괴를 할 수 있다. 감정인이 이러한 처분을 하기 위해서는 법원의 허가장을 발부받아 처분을 받는 자에게 제시하여야 한다(제173조 제1항·제2항·제3항).

3) 감정인의 증인신문 참여와 당사자의 감정참여권

감정인은 감정에 관하여 필요한 경우에는 재판장의 허가를 얻어 서류와 증거물을 열람 또는 등사하고, 피고인 또는 증인의 신문에 참여할 수 있으며(제174조 제1항), 피고인 또는 증인의 신문을 구하거나 재판장의 허가를 얻어 직접 발문(發問)할 수 있다(동조 제2항). 또한 검사, 피고인 또는 변호인은 감정에 참여할 수 있다(제176조 제1항).

4) 감정의 보고

감정의 경과와 결과는 감정인이 서면으로 제출하여야 한다(제171조 제1항). 따라서 서면을 대신하여 구두로 감정결과를 보고하는 것은 허용되지 않는다. 감정인이 수인인 때에는 각각 또는 공동으로 제출하게 할 수 있다(동조 제2항). 감정의 결과에는 그 판단의 이유를 명시하여야 한다(동조 제3항).

법원은 필요하다고 인정한 때에는 감정인에게 감정의 결과를 설명하게 할 수 있다(동조 제4항). 이때에는 구인에 관한 규정을 제외하고는 증인신문에 관한 규정이 적용된다(제177조). 다만, 감정인을 임명하기 위한 최초의 감정인신문과 달리 감정결과를 보고받을 때에는 감정인신문이 임의적 절차로 규정되어 있다. 한편, 감정촉탁의 경우에는 당해 공무소·학교·병원·단체 또는 기관이 지정한 자로 하여금 감정서의 설명을 하게 할 수 있다(제179조의2 제2항).

(3) 감정유치

피고인의 정신 또는 신체에 관한 감정이 필요한 때에는 법원은 그 기간을 정하여 병원 기타 적당한 장소에 피고인을 유치할 수 있고, 감정이 완료되면 즉시 유치를 해제하여야 한다(제172조 제3항). 이를 감정유치라고 한다. 감정유치를 하는 경우에는 법원이 감정유치장을 발부하여야 하고 특별한 규정이 없는 경우에는 보석에 관한 규정을 제외하고 구속에 관한 규정을 적용한다(동조 제4항·제7항). 감정유치는 미결구금일수의 산입에 있어서는 구속으로 간주한다(동조 제8항). 그러나 구속 중인 피고인에 대하여는 유치된 기간 동안은 구속의 집행이 정지된 것으로 간주하므로(제172조의2 제1항) 구속기간에는 산입되지 않아 구속기간이 연장되는 효과가 생긴다.

2. 통역과 번역

법정에서는 국어를 사용한다(법조법 제62조). 따라서 외국어에 의한 진술이나 서류의 제출은 통역 또는 번역을 통해 이루어진다. 통역과 번역은 전문지식인에 의한 보고이므로 감정과 유사하여 감정에 관한 규정을 준용한다(제183조).

(1) 통 역

국어에 통하지 아니한 자의 진술에는 통역인으로 하여금 통역하게 하여야 한다(제180조). 외국인뿐만 아니라 듣거나 말하는데 장애가 있는 사람의 진술에 대해서는 통역인으로 하여금 통역하게 할 수 있다(제181조). 통역인에게도 법관의 제척, 기피, 회피의 규정이 준용된다(제25조).

[판례] 형소법 제17조 제2호는 '법관이 피고인 또는 피해자의 친족 또는 친족관계가 있었던 자인 때에는 직무집행에서 제척된다'고 규정하고 있고, 위 규정은 형소법 제25조 제1항에 의하여 통역인에게 준용되나, 사실혼관계에 있는 사람은 민법에서 정한 친족이라고 할 수 없어 형소법 제17조 제2호에서 말하는 친족에 해당하지 않으므로, 통역인이 피해자의 사실혼 배우자라고 하여도 통역인에게 형소법 제25조 제1항, 제17조 제2호에서 정한 제척사유가 있다고 할 수 없다(2010도13583).

(2) 번 역

국어 아닌 문자 또는 부호는 번역하게 하여야 한다(제182조). 이때의 '국어 아닌 문자 부호'는 우리나라에서 일반적으로 통용되고 있지 않는 문자나 부호를 말한다.

제7절 공판절차의 특칙

≪학습문제≫ 피고인 갑은 살인죄로 구속되어 재판을 받고 있다. 갑이 자백을 한 경우 이 사건은 간이공판절차의 대상이 되는가? 또한 갑이 피해자를 살해한 사실은 인정하면서도 정당방위를 주장하는 경우 재판을 간이공판절차로 진행할 수 있는가?

Ⅰ. 간이공판절차

1. 간이공판절차의 의의

간이공판절차는 피고인이 자백하는 때 증거능력의 요건을 완화하여 증거조사절차를 간편하게 함으로써 소송을 효율적으로 종료하기 위한 제도이다(제286조의2). 간이공판절차는 영·미의 기소사실인부절차(Arraignment)와 제도의 취지상 유사한 면이 있다. 하지만 기소사실인부절차는 피고인이 유죄답변(plea of guilty)을 하면 배심원에 의한 심리와 평결절차를 거치지 않고 곧바로 양형절차로 넘어간다는 점에서 심리와 선고절차를 생략하지 않는 간이공판절차와 다르다.

2. 간이공판절차의 요건

(1) 대상사건

간이공판절차의 대상은 모든 범죄이다. 1995년 제8차 형소법개정 전에는 지방법원 단독판사의 사건에 국한되었지만 1995년 형소법 개정 시에 이 제한이 없어지면서 합의부의 관할사건까지 확대되었다. 한편, 1995년 개정 시에 종전의 '제1심으로 심판할 사건'이라고 하는 표현이 삭제됨으로써 현행법상 간이공판절차가 제1심뿐만 아니라 상소심에서도 가능하다는 견해가 있다. 그러나 간이공판절차제도는 그 취지를 고려할 때 상소심에서는 허용되지 않는다고 하여야 한다.

(2) 피고인의 공판정에서의 자백

간이공판절차로 진행하기 위해서는 피고인 본인이 공판정에서 공소사실에 대하여 자백하여야 한다. 따라서 변호인에 의한 자백은 이에 해당하지 않는다. 자백의 주체는 피고인이므로 피고인이 법인인 경우에는 법인의 대표자의 자백, 「형법」상의 책임능력규정을 적용받지 않는 범죄사건(제26조)에서 피고인이 의사무능력자인 경우에는 피고인의 법정대리인 또는 특별대리인의 자백은 이에 해당한다. 자백은 공판정에서 하여야 하며, 수사절차나 공판준비절차에서의 자백은 이에 해당하지 않는다.

또한 공소사실을 인정하면서 위법성조각사유나 책임조각사유를 주장하지 않으면 명시적으로 유죄를 자인하지 않더라도 자백이라고 할 수 있으나(87도1269), 위법성조각사유나 책임조각사유를 주장하는 경우에는 자백이라고 할 수 없으므로 간이공판절차로 진행할 수 없다(2004도2116). 검사의 신문에 자백하였다가 변호인의 반대신문에서 부인하는 경우에도 마찬가지이다(97도3421). 그러나 피고인이 공소사실을 인정하였다면 죄명이나 적용법조, 형면제, 양형의 사유만을 다투는 것은 자백에 해당한다고 볼 수 있다. 경합범의 일부에 대한 자백이 있는 경우 그 자백 부분에 대하여 필요한 경우 간이공판절차에 의한 심리가 가능하다. 그러나 포괄일죄, 과형상 일죄의 경우에는 자백부분만을 분리하여 심판할 수는 없다. 다만, 피고인의 자백은 신뢰할 수 있어야 하며, 신뢰할 수 없는 자백에 의하여 간이공판절차를 개시한 경우에는 취소사유가 된다(제286조의3).

한편, 공판절차에서의 자백이 어느 시점에 있어야 하는가에 대하여는 피고인의 모두진술 시라는 견해와 변론종결 시까지라는 견해가 있다. 제286조에서는 "피고인은 검사의 모두진술이 끝난 뒤에 공소사실의 인정 여부를 진술하여야 한다"고 규정하고 있지만, 제286조의2에서는 피고인의 자백시기에 대하여 특별히 제한하고 있지 않다. 통상 피고인은 모두진술에서 자백을 하지만 재판 진행과정에서 자백을 할 수

도 있다. 따라서 재판 도중에 피고인의 자백이 있는 경우에 소송경제를
위해 필요에 따라 간이공판절차로 전환하여야 할 경우도 있으므로 자백
은 변론종결 시까지 가능하다고 하여야 한다. 판례는 제1심 5회 공판기
일에 피고인이 자백한 경우에 간이공판절차로 심판할 수 있다고 하였다
(87도1269).

3. 간이공판절차의 개시결정

간이공판절차의 결정 여부는 법원의 재량이다. 따라서 간이공판절
차의 요건이 구비되었어도 법원이 간이공판절차에 의하여 재판을 하는
것이 적절하지 않다고 판단하는 때에는 간이공판절차에 의하여 심판하
지 않을 수 있다. 법원이 간이공판절차의 개시결정에 있어서는 검사의
의견을 들을 필요는 없다. 다만, 법원이 이 결정을 하고자 할 때에는 재
판장은 미리 피고인에게 간이공판절차의 취지를 설명하여야 한다(규칙 제
131조).

간이공판절차의 개시결정은 판결 전 소송절차에 관한 결정이므로
항고할 수 없다(제403조 제1항). 한편, 피고인의 자백에도 불구하고 법원의
판단에 따라 공소기각의 재판이나 무죄판결도 가능하다.

4. 간이공판절차의 특칙

간이공판절차는 증거능력과 증거조사에 관한 특칙이 인정되며, 이
외에는 공판절차에 관한 규정이 그대로 적용된다.

(1) 증거능력에 관한 특칙

간이공판절차의 결정이 있는 사건에서는 전문법칙(제310조의2, 제312조
-제314조, 제316조)이 적용되지 않는다. 즉, 전문법칙에 의해 증거능력이 부
정되는 증거라고 해도 검사와 피고인의 동의가 있는 것으로 간주된다(제
318조의3). 그러나 검사, 피고인 또는 변호인이 증거로 함에 이의가 있는

때에는 이를 적용하지 않는다. 다만, 간이공판절차에서 증거능력이 완화되는 것은 전문법칙에 한정되므로 위법수집증거배제법칙, 자백의 보강법칙, 자백배제법칙 등 다른 증거능력에 관한 규정은 그대로 적용된다.

(2) 증거조사에 관한 특칙

간이공판절차라고 하더라도 증거조사를 완전히 생략할 수는 없다. 다만, 증인신문방식(제161조의2), 증거조사의 시기와 방식(제290조·제292조), 증거조사결과에 대한 피고인의 의견(제293조), 증인신문 시의 피고인의 퇴정(제297조)에 관한 규정이 적용되지 않으므로 법원이 상당하다고 인정하는 방법으로 증거조사를 할 수 있다(제297조의2). 판례는 기록증거목록에 각 증거방법을 열거한 뒤 각기 조사내용에 '증거조사함'이라고 기재한 증거조사 방식도 허용된다고 하였다(80도333).

5. 간이공판절차의 취소

(1) 취소사유

법원이 피고인의 자백이 신빙할 수 없다고 인정하거나 간이공판절차로 심판하는 것이 현저히 부당하다고 인정할 때에는 검사의 의견을 들어 그 결정을 취소하여야 한다(제286조의3). '간이공판절차로 심판하는 것이 현저히 부당한 경우'란 처음부터 간이공판절차의 요건이 구비되지 않았거나 공판 중에 공소장변경이 있어 변경된 공소사실에 대하여 피고인이 부인하거나 자백을 철회하는 경우를 말한다. 또한 공범 중 일부가 자백하거나 경합범 중 일부의 죄에 대하여 자백을 하였더라도 함께 심판하는 것이 효율적인 경우 등, 간이공판절차제도의 취지상 부당한 경우도 간이공판절차를 취소할 수 있다.

(2) 취소절차 및 효과

간이공판절차의 결정을 취소함에 있어서는 법원의 직권에 의하되

검사의 의견을 들어야 한다(제286조의3). 법원은 검사의 의견을 들으면 족
하고, 그 의견에 구속되는 것은 아니다.

　간이공판절차의 결정이 취소된 때에는 공판절차를 갱신하여야 한다
(제301조의2). 공판절차를 갱신하는 경우 원칙적으로 증거조사를 다시 하여
야 하지만 검사, 피고인 또는 변호인이 이의가 없는 때에는 갱신을 요하
지 않는다(동조 단서). 공판절차를 갱신하지 않으면 이미 행한 증거조사의
효력과 전문증거의 증거능력도 유지된다.

Ⅱ. 공판절차의 정지와 갱신

1. 공판절차의 정지

(1) 개 념

　공판절차의 정지는 법원이 심리를 계속 진행할 수 없다고 판단할 만
한 중대한 사유가 존재할 때 결정으로 그 사유가 소멸될 때까지 공판절
차를 진행하지 않는 것을 말한다. 이 제도는 피고인이 소송을 수행할 만
한 의사능력이 없거나 공소장변경 등과 같이 피고인의 방어권에 불리한
사유가 발생한 때에 그 방어권을 보호해주는 데 기본적인 취지가 있다.

(2) 공판절차정지의 사유

1) 피고인의 심신상실 또는 질병

　피고인이 사물의 변별 또는 의사의 결정을 할 능력이 없는 상태
에 있는 때 법원은 검사와 변호인의 의견을 들어서 결정으로 그 상태가
계속되는 기간 동안 공판절차를 정지하여야 한다(제306조 제1항·제2항). 피
고인이 질병으로 출정할 수 없는 때에는 검사와 변호인 이외에 의사의
의견도 들어야 한다(동조 제3항). 그러나 피고사건에 대하여 무죄, 면소, 형
의 면제 또는 공소기각의 재판을 할 것이 명백한 경우 또는 경미사건에
있어서 대리인이 출석할 수 있는 경우에는 공판절차를 정지하지 아니한

다(동조 제4항·제5항).

2) 공소장변경

법원은 공소장변경이 피고인의 불이익을 증가할 염려가 있다고 인정하는 때에는 직권 또는 피고인이나 변호인의 청구에 의하여 결정으로 공판절차를 정지할 수 있다(제298조 제4항).

3) 소송절차의 정지에 따른 공판절차정지

기피신청 이후에 간이기각결정이 없는 경우(제22조), 토지관할의 병합심리의 신청, 관할지정의 신청, 관할이전의 신청이 제기된 경우(규칙 제7조), 법원이 위헌법률심판을 헌법재판소에 제청한 경우(헌법재판소법 제42조 제1항, 다만, 법원이 긴급하다고 인정한 경우는 제외) 등에 있어서도 공판절차가 정지된다. 그러나 이러한 경우는 특정 사유가 발생하면 당연히 소송절차가 정지되는 것으로서 법원의 결정에 의한 공판절차의 정지와는 구별된다.

(3) 공판절차정지의 효과

공판절차의 정지는 법원의 결정사항이다. 그러나 그 기간에는 제한이 없으므로 법원이 기간을 정하지 않은 경우에는 그 결정을 취소할 때까지 공판절차가 정지된다. 이때 정지되는 공판절차는 공판기일의 절차에 한하므로 구속, 보석에 관한 재판, 공판준비절차 등은 정지기간 중에도 할 수 있다. 공판절차정지의 결정이 취소되거나 정지기간이 만료되면 공판절차는 다시 진행한다. 정지된 기간은 구속기간이나 구속갱신기간에 산입되지 않는다(제92조 제3항).

2. 공판절차의 갱신

(1) 개　념

공판절차의 갱신(更新)이란 공판절차를 진행한 법원이 이미 진행된 공판절차를 무시하고 다시 절차를 진행하는 것을 말한다. 이것은 공판절차가 정지되었다가 진행하는 공판절차의 정지와 구별된다. 따라서 상급법원의 파기환송에 의해 하급법원이 다시 재판을 하거나 이송 받은 법원이 공판절차를 다시 진행하는 것은 공판절차의 갱신에 해당하지 않는다.

(2) 공판절차갱신의 사유

1) 판사의 경질

공판개정 후에 판사의 경질이 있는 때에는 공판절차를 갱신하여야 한다. 이것은 단독판사, 합의부판사를 불문하고 적용된다. 사실인정자인 재판부가 구두변론주의와 직접주의에 따라 심증을 형성하고 사실을 발견하도록 하기 위함이다. 따라서 재판이 이미 내부적으로 성립되어 판결만을 선고하는 경우에는 갱신을 필요로 하지 않는다(제301조).

판사의 경질에도 공판절차를 갱신하지 않으면 절대적 항소(제361조의5 제8호) 및 상대적 상고의 이유가 된다(제383조 제1호).

2) 간이공판절차의 취소

간이공판절차의 결정이 취소된 때에는 원칙적으로 공판절차를 갱신하여야 하지만 검사, 피고인 또는 변호인의 이의가 없는 때에는 갱신을 요하지 않는다.

3) 심신상실로 인한 공판절차의 정지

심신상실로 인하여 공판절차가 정지되었다가 공판절차를 다시 진행하는 경우에도 공판절차를 갱신하여야 한다(규칙 제143조). 심신상실 중에 이루어진 공판절차 정지 전의 소송행위가 무효의 가능성이 크기 때문이다. 따라서 단순한 질병으로 공판이 정지된 경우에는 갱신할 필요가 없다.

(3) 공판절차갱신의 효과

공판절차의 갱신은 공판절차를 다시 시작하는 것이므로 원칙적으로는 공판절차를 모두절차부터 다시 진행하여야 한다. 따라서 재판장은 피고인에게 진술거부권을 고지한 후 인정신문을 하여야 한다(규칙 제144조 제

1항 제1호).

그러나 갱신 전의 소송행위라도 개별적으로 검토하여 그 효력을 유지할 수 있다. 일반적으로 판사의 경질의 경우에는 그 취지상 실체형성행위는 그 효력을 잃지만 증거신청 등과 같은 절차형성행위는 별도의 갱신을 요하지 않는다고 본다. 그리고 실체형성행위라도 피고인신문, 증인신문, 법원의 검증 등의 경우에는 그 결과를 기재한 조서가 당연히 증거능력이 있으므로 그 조서에 대한 증거조사를 하면 되며, 이전의 절차를 모두 반복할 필요는 없다(규칙 제144조 제1항 제4호). 그러나 간이공판절차의 취소나 피고인의 심신상실로 인하여 공판절차가 갱신되는 경우에는 그 성격상 실체형성행위 및 절차형성행위가 모두 효력을 잃는다(다수설).

Ⅲ. 변론의 분리·병합·재개

1. 변론의 분리·병합

법원은 필요하다고 인정한 때에는 직권 또는 검사, 피고인이나 변호인의 신청에 의하여 결정으로 변론을 분리하거나 병합할 수 있다(제300조). 변론의 병합이란 사물관할을 같이 하는 수개의 관련사건이 동일한 법원 내의 동일 또는 별개의 재판부에 계속(係屬)되어 있는 경우에 하나의 재판부가 그 사건을 병합하여 동시에 심리하는 것을 말한다. 변론의 분리란 병합된 수개의 사건을 분리하여 동일 또는 별개의 재판부가 심리하는 것을 말한다. 따라서 토지관할을 달리하여 다른 법원에 계속되어 있거나 사물관할이 달라 합의부와 단독판사에게 각각 계속되어 있는 경우에는 관련사건의 병합심리에 해당한다(제6조 및 제10조).

변론의 병합·분리는 법원의 직권뿐만 아니라 당사자 등의 신청에 의해서 행하여지며, 결정은 소송경제와 심리의 편의를 고려한 법원의 재량에 속한다(87도706).

2. 변론의 재개

변론의 재개는 변론종결 후 새로운 사실이 발견되는 등, 변론을 다시 하여야 할 사유가 있는 경우 일단 종결한 변론을 검사의 의견진술 이전상태로 되돌려서 증거조사 등, 심리를 다시 하는 것을 말한다. 법원은 필요하다고 인정한 때에는 직권 또는 검사, 피고인이나 변호인의 신청에 의하여 결정으로 종결한 변론을 재개할 수 있다(제305조). 변론의 재개 여부는 법원의 재량이므로 법원이 변론종결 후 당사자의 변론재개신청을 받아들이지 않았다고 하여 심리미진의 위법이 있는 것은 아니다(86도769).

변론이 재개되면 사건은 다시 변론종결 전의 상태로 되돌아가므로 변론을 재개한 후 증거조사를 마치고 다시 변론을 종결하는 때에는 검사 및 피고인 등의 의견진술을 다시 하여야 한다.

제8절 국민참여재판

≪학습문제≫ 피고인 갑은 강도죄로 공소가 제기되었다. 그러나 법원은 국민참여재판 대상사건임을 간과하여 갑에게 국민참여재판의 실시 의사 여부를 확인하지 않은 채 통상의 재판으로 진행하였고 1심에서 유죄의 선고를 하였다. 피고인이 항소심에서 국민참여재판을 원하지 않는다는 의사를 표시할 때 그 위법의 하자가 치유될 수 있는가? 또한 그 조건은 무엇인가?

Ⅰ. 도입취지 및 제도적 특징

1. 도입취지

2008년 1월 1일부터 시행된 「국민의 형사재판 참여에 관한 법률」은 일정한 중대범죄의 형사재판에 있어서 국민 중 선정된 배심원들이 재판에 참여한 뒤, 평의 및 평결을 거쳐 공소사실에 대한 유·무죄에 관한 판결을 재판부에 권고하는 국민참여재판을 도입하였다. 이 제도는 그 동안 직업법관이 독점해 온 형사사법절차에 국민이 함께 참여하여 국민의 법감정에 맞는 재판결과를 도출함으로써 사법의 민주성과 정당성을 확보하기 위한 목적으로 도입되었다.[39)]

2. 제도적 특징

(1) 배 심 제

미국과 영국의 배심제도는 해당 지역에 거주하는 일반 시민들 중 무작위로 선출된 배심원이 형사재판에 참여한 뒤 유·무죄의 평결을 내리는 것이다. 이러한 배심제도에서는 배심원이 사실인정자로서 기능하며, 법관은 배심원의 평결에 구속된다. 따라서 배심제에서 법관은 증거능력을 판단하고 재판을 관리하는 소극적 역할만을 담당하며, 소송의 주도권은 검사와 피고인이 주도하게 된다. 이렇게 당사자주의와 결합된 배심제도 하에서는 소송의 당사자가 일반인인 배심원들에게 편견가능성이 높은 증거가 제출되지 못하도록 증거능력을 엄격히 규제할 필요가 있기 때문에 오래 전부터 증거법이 발달하게 되었다.

(2) 참 심 제

참심제는 일반시민인 참심원이 일정기간 선출되어 직업법관과 함께 재판에 관여하는 제도이다. 참심제에서는 참심원이 직업법관과 함께 재판부를 구성하므로 법관의 법률적인 조언을 받을 수가 있고, 시간과 비용이 절약된다. 그러나 참심원은 법률전문가인 법관에 영향을 받을 가능성이 크므로 배심제에 비해 사법적 민주성과 정당성이 약화될 수 있다.

---

39) 법원은 헌법상 헌법과 법률이 정한 법관에 의해 재판받을 권리에는 국민참여재판을 받을 권리까지 포함한다고 볼 수는 없으므로 국민참여재판이 시행되기 전에 공소제기 및 유죄판결을 받고 국민참여재판이 시행된 이후 해당 사건에 대한 재심개시결정이 확정되었더라도 「국민의 형사재판 참여에 관한 법률」 부칙 조항에 따라 국민참여재판 대상 사건이 되지 않으며 평등권 침해 등 헌법위반이 되지 않는다고 본다(2018모3457).

(3) 국민참여재판의 특징

국민참여재판에서 배심원의 선출, 구성, 평의 및 평결절차는 영·미의 배심제의 성격을 갖고 있으나 배심원의 평결이 법관을 구속하지 못하고 권고적 효력만 갖는 것은 우리나라의 독특한 제도적 특성이다. 반면에 배심원이 평의결과 만장일치의 평결에 이르지 못할 경우 심리에 관여한 판사의 의견을 듣도록 한 규정(법 제46조 제2항) 및 양형에 관하여 판사와 토의하도록 한 규정(동조 제4항)은 참심제의 성격을 갖는다.

Ⅱ. 국민참여재판의 개시절차

1. 대상사건과 회부절차

(1) 대상사건

국민참여재판의 대상사건은 지방법원과 그 지원의 합의부가 제1심으로 심판하는 모든 형사사건과 그 사건의 미수죄·교사죄·방조죄·예비죄·음모죄에 해당하는 사건 및 이들 사건과 형소법(제11조)상 관련 사건으로서 병합하여 심리하는 사건이다(법 제5조 제1항). 따라서 상소심에서는 그 적용이 없다.

국민참여재판으로 진행되던 사건이 검사의 공소사실의 철회 또는 변경으로 인해 국민참여재판의 대상사건에 해당되지 않게 된 때에도 법원은 국민참여재판을 계속 진행할 수 있다. 다만, 심리의 상황이나 그 밖의 사정을 고려하여 국민참여재판으로 진행하는 것이 적절하지 않다고 인정하는 때에는 결정으로 당해 사건을 지방법원 본원 합의부가 국민참여재판에 의하지 아니하고 심판하게 할 수 있다(법 제6조 제1항).

(2) 국민참여재판에의 회부절차

국민참여재판으로 진행하기 위해서는 피고인의 신청과 법원의 회부

결정이 있어야 한다.

1) 피고인의 신청

국민참여재판으로 재판받고자 하는 피고인은 공소장 부본을 송달받은 날로부터 7일 이내에 국민참여재판을 원하는지 여부에 관한 의사가 기재된 서면을 법원에 발송하거나 구속된 피고인은 교도소장, 구치소장 또는 그 직무를 대리하는 자에게 제출하여야 한다(법 제8조 제2항). 다만, 7일 이내에 의사확인서를 제출하지 아니한 피고인도 제1회 공판기일이 열리기 전까지는 국민참여재판을 신청할 수 있다(2009모1032).

2) 법원의 배제결정

법원은 피고인의 국민참여재판의 신청이 있더라도 공소제기 후부터 공판준비기일이 종결된 다음날까지 다음의 하나에 해당하는 경우에는 국민참여재판을 하지 아니하기로 하는 결정을 할 수 있다. 즉, (i) 배심원·예비배심원·배심원후보자 또는 그 친족의 생명·신체·재산에 대한 침해 또는 침해의 우려가 있어서 출석의 어려움이 있거나 이 법에 따른 직무를 공정하게 수행하지 못할 염려가 있다고 인정되는 경우, (ii) 공범 관계에 있는 피고인들 중 일부가 국민참여재판을 원하지 아니하여 국민참여재판의 진행에 어려움이 있다고 인정되는 경우, (iii) 「성폭력범죄의 처벌 등에 관한 특례법」 제2조의 범죄로 인한 피해자 또는 법정대리인이 국민참여재판을 원하지 아니하는 경우, (iv) 그 밖에 국민참여재판으로 진행하는 것이 적절하지 아니하다고 인정되는 경우 등이다(법 제9조). 다만, (iii)의 경우에는 해당 성폭력범죄의 피해자나 법정대리인이 국민참여재판을 원하지 않는 이유 및 피고인과 피해자의 관계, 피해자의 나이 및 정신상태 등 제반 사정을 신중하게 고려하여 판단하도록 하고 있다(2015모2898).

법원이 배제결정을 하는 경우에는 검사·피고인 또는 변호인의 의견을 들어야 하며, 법원의 배제결정에 대하여는 즉시항고를 할 수 있다(법 제9조 제2항·제3항). 따라서 피고인이 법원에 국민참여재판신청을 하였음에도 법원이 이에 대한 결정을 하지 않은 채 통상의 공판절차로 진행하는 것은 배제결정에 대한 즉시항고권을 보장한 취지 등으로 보아 위법하므로 그 소송행위는 무효에 해당한다(2011도7106). 다만, 피고인이 국민참여재판에 대한 충분한 안내와 그 희망 여부에 대하여 충분한 숙고의 시간이 주어진 경우에는 피고인이 그 절차적 위법을 문제 삼지 않는다는 의사표시를 명백히 한 경우 그 하자가 치유된다(2012도1225). 따라서 항소심에서 법원이 피고인에게 국민참여재판 희망 여부를 묻고 선고기일을 연기하였는데 피고인이 참여재판을 원하지 않는다는 의사를 밝힌 경우 하자가 치유된다(2011도15484).

3) 법원의 회부결정 및 통상절차 회부

피고인이 국민참여재판을 원하는 의사를 표시하고 지방법원 지원 합의부가 배제결정을 하지 아니하는 경우에는 국민참여재판절차 회부결정을 하여 사건을 지방법원 본원 합의부로 이송하여야 한다. 그 이유는 지방법원 지원 합의부가 심판권을 가지는 사건 중 지방법원 지원 합의부가 국민참여재판의 회부결정을 한 사건에 대하여는 지방법원 본원 합의부가 관할권을 가지기 때문이다(법 제10조). 법원의 회부결정에 대하여는 배제결정과 달리 즉시항고 등 불복방법이 없다(2009모1032).

국민참여재판 진행 중 피고인의 질병 등으로 공판절차가 장기간 정지되거나 구속기간 만료 등으로 국민참여재판을 계속 진행하는 것이 부적절하다고 인정할 때에는 직권, 검사·피고인·변호인이나 성폭력범죄 피해자 또는 법정대리인의 신청에 따라 결정으로 사건을 지방법원 본원 합의부가 통상재판에 의해 심판하게 할 수 있다(법 제11조 제1항). 이 경우 결정 전 검사·피고인·변호인의 의견을 들어야 하며, 배제결정과는 달리 불복방법은 없다(동조 제2항, 제3항).

2. 배심원의 선정절차

국민참여재판에서 형사재판에 참여하도록 선정된 사람을 배심원이라고 한다(법 제2조 제1호). 배심원을 선정하기 위해서는 다음과 같은 절차를 거친다.

(1) 배심원의 자격 및 배심원단의 구성

배심원은 만20세 이상의 국민 중에서 무작위로 선정된다(법 제16조). 다만, 결격사유가 있거나(법 제17조[40]) 특정 직업에 종사하는 사람(법 제18조[41]) 또는 제척사유가 있는 사람(법 제19조[42])은 배심원으로 선정될 수 없다. 또한 법원은 소정의 사유[43]가 있는 경우 직권 또는 신청에 따라 배심원 직무의 수행을 면제할 수 있다(법 제20조).

배심원의 수는 법정형이 사형·무기징역 또는 무기금고에 해당하는 대상사건인 경우에는 9인이고, 그 외의 대상사건에 대한 경우에는 7인이다. 다만, 법원은 피고인 또는 변호인이 공판준비절차에서 공소사실의 주요내용을 인정한 때에는 5인의 배심원이 참여하게 할 수 있다(법 제13조 제1항). 또한 법원은 사건의 내용에 비추어 특별한 사정이 있다고 인정되고 검사·피고인 또는 변호인의 동의가 있는 경우에 한하여 결정으로 배

---

40) 1. 피성년후견인 또는 피한정후견인, 2. 파산선고를 받고 복권되지 아니한 사람, 3. 금고 이상의 실형을 선고받고 그 집행이 종료(종료된 것으로 보는 경우를 포함한다)되거나 집행이 면제된 후 5년을 경과하지 아니한 사람, 4. 금고 이상의 형의 집행유예를 선고받고 그 기간이 완료된 날부터 2년을 경과하지 아니한 사람, 5. 금고 이상의 형의 선고유예를 받고 그 선고유예기간 중에 있는 사람, 6. 법원의 판결에 의하여 자격이 상실 또는 정지된 사람.

41) 1. 대통령, 2. 국회의원·지방자치단체의 장 및 지방의회의원, 3. 입법부·사법부·행정부·헌법재판소·중앙선거관리위원회·감사원의 정무직 공무원, 4. 법관·검사, 5. 변호사·법무사, 6. 법원·검찰 공무원, 7. 경찰·교정·보호관찰 공무원, 8. 군인·군무원·소방공무원 또는 「예비군법」에 따라 동원되거나 교육훈련의무를 이행 중인 예비군.

42) 1. 피해자, 2. 피고인 또는 피해자의 친족이나 이러한 관계에 있었던 사람, 3. 피고인 또는 피해자의 법정대리인, 4. 사건에 관한 증인·감정인·피해자의 대리인, 5. 사건에 관한 피고인의 대리인·변호인·보조인, 6. 사건에 관한 검사 또는 사법경찰관의 직무를 행한 사람, 7. 사건에 관하여 전심 재판 또는 그 기초가 되는 조사·심리에 관여한 사람.

43) 1. 만 70세 이상인 사람, 2. 과거 5년 이내에 배심원후보자로서 선정기일에 출석한 사람, 3. 금고 이상의 형에 해당하는 죄로 기소되어 사건이 종결되지 아니한 사람, 4. 법령에 따라 체포 또는 구금되어 있는 사람, 5. 배심원 직무의 수행이 자신이나 제3자에게 위해를 초래하거나 직업상 회복할 수 없는 손해를 입게 될 우려가 있는 사람, 6. 중병·상해 또는 장애로 인하여 법원에 출석하기 곤란한 사람, 7. 그 밖의 부득이한 사유로 배심원 직무를 수행하기 어려운 사람.

심원의 수를 7인과 9인 중에서 달리 정할 수 있다(동조 제2항).

(2) 배심원의 선정

1) 예비배심원의 선정

지방법원장은 행정안전부장관에게 매년 그 관할 구역 내에 거주하는 만 20세 이상 국민의 주민등록정보에서 일정한 수의 배심원후보예정자의 성명·생년월일·주소 및 성별에 관한 주민등록정보를 송부받아 그 주민등록자료를 활용하여 배심원후보예정자명부를 작성한다(법 제22조). 법원은 배심원후보예정자명부 중에서 필요한 수의 배심원후보자를 무작위 추출방식으로 정하여 배심원과 예비배심원의 선정기일을 통지하여야 한다(법 제23조 제1항). 이 통지를 받은 배심원후보자는 선정기일에 출석하여야 하고(동조 제2항), 법원은 선정기일의 2일 전까지 검사와 변호인에게 배심원후보자의 인적사항이 기재된 명부를 송부하여야 한다(법 제26조 제1항).

2) 배심원의 선정기일

배심원 선정을 위해서 법원은 검사·피고인 또는 변호인에게 선정기일을 통지하여야 하며, 피고인은 법원의 허가를 받아 출석할 수 있다(법 제27조 제1항·제2항). 배심원 선정기일에 검사 및 변호인은 출석의무가 있지만 피고인은 출석의무가 없다. 변호인이 선정기일에 출석하지 아니한 경우 법원은 국선변호인을 선정하여야 한다(동조 제3항). 법원은 합의부원으로 하여금 선정기일의 절차를 진행하게 할 수 있다. 이때 수명법관은 선정기일에 관하여 법원 또는 재판장과 같은 권한이 있다(법 제24조 제1항).

배심원 선정기일은 공개하지 아니한다(동조 제2항). 영·미의 경우 배심원 선정기일을 공개하는 것과 다르다.

3) 배심원의 기피

영·미에서는 배심원의 선정절차를 브와르 디어(Voir Dire)라고 한다. 브와르 디어는 프랑스에서 유래하는 용어로서 '진실을 말하다'(speak the truth) 또는 '그들이 말하는 것을 보다'(to see them say)와 같은 뜻을 가지는 것으로, 배심원선정절차에서 예비배심원들이 가지고 있을 수 있는 편견에 대해 질문하는 절차를 말한다. 국민참여재판의 경우 법원은 배심원후보자의 결격사유 등을 확인하기 위하여 질문하고, 검사, 피고인, 변호인은 법원으로 하여금 필요한 질문을 하도록 요청할 수 있으며, 법원은 검사 또는 변호인으로 하여금 직접 질문하게 할 수 있다(법 제28조 제1항).

(가) 이유부기피　　법원은 배심원후보자에게 결격사유 등이 있거나 불공평한 판단을 할 우려가 있다고 인정되는 때에는 직권, 검사, 피고인 또는 변호인의 기피신청에 의하여 불선정결정을 하여야 한다. 이때 검사, 피고인 또는 변호인은 그 이유를 고지하여야 한다(법 제28조 제3항). 이를 이유부기피(challenge for cause)라고 한다.

(나) 무이유부기피　　검사와 변호인은 아무런 이유를 제시하지 않고 배심원을 기피할 수 있다. 이를 무이유부기피(peremptory challenge)라고 한다. 무이유부기피는 예비배심원들에게 이유를 고지하고 배제하여야 하는 이유부기피절차의 부작용을 방지하고, 검사와 피고인이 선택한 사람들로부터 재판을 받는다는 점을 피고인과 지역공동체에 알려주는 순기능이 있다는 점에서 영미에서는 필수적인 절차로 인식되고 있다. 우리나라에서는 검사와 변호인은 각자 배심원이 9인인 경우는 5인, 7인인 경우는 4인, 5인인 경우는 3인의 범위 내에서 무이유부기피신청을 할 수 있다. 이때 기피를 받은 배심원은 이유 없이 배제된다(법 제30조 제1항·제2항).

(다) 배심원의 선정　　법원은 출석한 배심원후보자 중에서 당해 재판에서 필요한 배심원과 예비배심원의 수에 해당하는 배심원후보자를 무작위로 뽑고 이들을 대상으로 직권, 기피신청 또는 무이유부기피 신청에 따른 불선정결정을 한다. 불선정결정이 있는 경우에는 그 수만큼 같은 절차를 반복한다(법 제31조 제1항·제2항).

필요한 수의 배심원과 예비배심원 후보자가 확정되면 법원은 무작위의 방법으로 배심원과 예비배심원을 선정하며, 예비배심원이 2인 이상인 경우에는 그 순번을 정한다(동조 제3항). 이때 법원은 배심원과 예비배심원에게 누가 배심원으로 선정되었는지 여부를 알리지 아니할 수 있다(동조 제4항).

Ⅲ. 국민참여재판의 공판절차

1. 공판준비절차

재판장은 피고인이 국민참여재판을 원하는 의사를 표시한 경우에 사건을 공판준비절차에 부쳐야 한다(법 제36조 제1항). 이때 법원은 주장과 증거를 정리하고 심리계획을 수립하기 위하여 공판준비기일을 지정하여야 한다. 공판준비기일은 공개한다. 그러나 공판준비기일에는 배심원이 참여하지 아니한다(법 제37조). 공판준비절차를 필수절차로 규정한 것은 사전에 쟁점을 정리하고 증거능력 없는 증거를 미리 배제함으로써 공판단계에서 신속하고 집중적인 심리를 가능하게 하며, 배심원의 편견을 방지하고자 하는 데에 있다.

2. 공판기일에서의 심리

(1) 공판정의 구성과 재판장의 설명

법원은 배심원과 예비배심원에게 출석을 위한 통지를 하면 해당 기일에 출석하여야 한다(법 제38조). 출석한 배심원, 예비배심원은 선서를 하고(법 제42조 제1항), 재판장은 배심원 등의 권한, 의무, 재판절차 등 필요한 사항을 설명하여야 한다(동조 제2항). 이 재판장의 최초 설명은 재판절차에 익숙하지 않은 배심원과 예비배심원을 배려하기 위한 것으로서 피고인에게 진술거부권을 고지하기 이전에 이루어지는 것이므로(법 규칙 제35조 제1항) 검사가 아직 공소장에 의하여 낭독하지 않은 사실 등이 포함되어서는 아니 된다(2014도8377).

(2) 배심원의 신문요청과 필기 등

배심원은 심리 도중 피고인·증인에 대하여 필요한 사항을 신문하여 줄 것을 재판장에게 요청할 수 있고, 필요하다고 인정되는 경우 재판장의 허가를 받아 필기를 하여 이를 평의에 사용할 수 있다(법 제41조 제1항). 그러나 배심원의 부적절한 신문요청은 심리의 진행을 방해하고 다른 배심원에게 영향을 미칠 수 있으므로 신문요청은 피고인 또는 증인의 신문이 종료된 직후 서면으로 하고, 재판장은 필요한 경우 신문사항을 수정하거나 신문을 하지 아니할 수도 있다(법 규칙 제33조). 다만, 재판장은 노트필기로 인해 배심원의 주의가 분산되는 등 필요한 경우 노트필기를 금지시킬 수 있다(법 규칙 제34조).

(3) 배심원의 절차상 의무

배심원과 예비배심원은 (i) 심리 도중에 법정을 떠나거나 평의·평결 또는 토의가 완결되기 전에 재판장의 허락 없이 평의·평결 또는 토의 장소를 떠나는 행위, (ii) 평의가 시작되기 전에 당해 사건에 관한 자신의 견해를 밝히거나 의논하는 행위, (iii) 재판절차 외에서 당해 사건에 관한 정보를 수집하거나 조사하는 행위, (iv) 평의·평결 또는 토의에 관한 비밀 누설행위 등이 금지된다(법 제41조 제2항).

(4) 변론종결과 재판장의 회종 설명의무

재판장은 변론이 종결된 후 법정에서 배심원에게 공소사실의 요지와 적용법조, 증거능력, 그 밖에 유의할 사항에 관하여 설명하여야 한다(법 제46조 제1항). 이러한 재판장의 최종 설명은 배심원이 올바른 평결에 이를 수 있도록 지도하고 조력하는 기능을 담당하는 것으로서 배심원의 평결에 미치는 영향이 크므로 재판장이 최종 설명의무가 있는 사항을 설명하지 않는 것은 원칙적으로 위법하지만 그 위법이 평결에 미친 영향, 피고인의 권리침해 가능성, 판결의 정당성에 관한 우려 등을 종합적으로 따져 그 위법성을 판단하도록 한다(2014도8377).

3. 공판절차의 특칙

국민참여재판에 변호인이 없는 때에는 법원은 직권으로 변호인을 선정하여야 한다(법 제7조). 또한 국민참여재판에서는 배심원의 증거조사를 보장하기 위한 목적으로 간이공판절차의 규정이 적용되지 않는다(법 제43조).

한편, 배심원은 법원의 증거능력에 관한 심리에 관여할 수 없다(법 제44조). 일반인인 배심원이 증거능력 없는 증거로 편견을 갖게 되는 것을 방지하기 위한 목적이다. 또한 일반재판과 마찬가지로 새로 재판에 참여하는 배심원이 있는 경우에는 공판절차를 갱신하여야 한다(법 제45조 제1항).

4. 배심원의 평의·평결·양형토의 및 선고

(1) 배심원의 평의 및 평결

심리에 관여한 배심원은 유·무죄에 관하여 평의하고, 전원의 의견이 일치하면 그에 따라 평결한다. 다만, 배심원 과반수의 요청이 있으면 심리에 관여한 판사의 의견을 들을 수 있다. 배심원은 유·무죄에 관하여 전원의 의견이 일치하지 아니하는 때에는 평결을 하기 전에 심리에 관여한 판사의 의견을 들어야 한다. 이 경우 유·무죄의 평결은 다수결의 방법으로 한다. 심리에 관여한 판사는 평의에 참석하여 의견을 진술한 경우에도 평결에는 참여할 수 없다(법 제46조 제2항·제3항). 다만, 배심원의 평결은 법원을 기속하지 않는다(동조 제5항).

(2) 양형의 토의

평결이 유죄인 경우 배심원은 심리에 관여한 판사와 함께 양형에 관하여 토의하고 그에 관한 의견을 개진한다. 재판장은 양형에 관한 토의 전에 처벌의 범위와 양형의 조건 등을 설명하여야 한다. 다만, 그 의견은 법원을 기속하지 아니한다(법 제46조 제4항·제5항).

(3) 선고 및 평결·양형의견의 효과

판결의 선고는 변론을 종결한 기일에 하는 것이 원칙이나 특별한 사정이 있는 때에는 따로 선고기일을 정할 수 있다(법 제48조 제1항). 재판장은 판결선고 시 피고인에게 배심원의 평결결과를 고지하여야 하며, 배심원의 평결결과와 다른 판결을 선고하는 때에는 피고인에게 그 이유를 설명하여야 한다(동조 제4항). 판결서에도 그 이유를 기재하여야 한다(법 제49조). 법원이 판결을 함에 있어서 배심원의 평결과 의견을 고려하도록 한 것이다.

Ⅳ. 상 소

「국민의 형사재판 참여에 관한 법률」은 상소에 관한 특별한 규정을 두고 있지 않으므로 제1심에서 국민참여재판으로 진행된 사건도 통상의 재판과 같이 항소와 상고절차를 거친다. 이것은 영·미의 배심제에서와 같이 배심원이 무죄로 평결하는 경우 검사의 항소가 금지되어 사건을 종결할 수 있도록 하는 것과 대비되어 국민참여재판제도의 활성화를 저해한다는 비판이 제기되기도 한다. 다만, 판례는 제1심에서 배심원이 만장일치로 무죄평결을 한 사안에 대하여 검사가 항소한 경우에도 유죄를 인정할 만한 명백한 증거가 새로 발견되는 등 특별한 사정변경이 없는 한 항소심에서는 배심원의 판단을 따르도록 하고 있다.

> **[판례]** 사법의 민주적 정당성과 신뢰를 높이기 위해 도입된 국민참여재판의 형식으로 진행된 형사공판절차에서, 배심원이 증인신문 등 사실심리의 전 과정에 함께 참여한 후 증인이 한 진술의 신빙성 등 증거의 취사와 사실의 인정에 관하여 만장일치의 의견으로 내린 무죄의 평결이 재판부의 심증에 부합하여 그대로 채택된 경우라면, 이러한 절차를 거쳐 이루어진 증거의 취사 및 사실의 인정에 관한 제1심의 판단은 실질적 직접심리주의 및 공판중심주의의 취지와 정신에 비추어 항소심에서의 새로운 증거조사를 통해 그에 명백히 반대되는 충분하고도 납득할 만한 현저한 사정이 나타나지 않는 한 한층 더 존중될 필요가 있다(2009도14065).

제2장 증 거

———◆———

1. 증명의 원칙 ─┬─ 엄격한 증명과 자유로운 증명
              └─ 거증책임

2. 위법수집증거배제법칙 ─┬─ 수사기관이 위법하게 수집한 증거
                      └─ 사인이 위법하게 수집한 증거

3. 자백과 증거법칙 ─┬─ 자백배제법칙
                  └─ 자백보강법칙

4. 전문법칙과 예외 ─┬─ 전문서류
                  ├─ 전문진술
                  └─ 그 밖의 특수한 증거의 증거능력

5. 과학적 증거와 증거능력

6. 당사자의 동의와 탄핵증거

<주요 학습사항>
1. 엄격한 증명과 자유로운 증명의 대상
2. 거증책임과 전환
3. 위법수집증거배제법칙의 적용
4. 자백배제법칙과 자백보강법칙
5. 전문법칙과 예외
6. 과학적 증거의 증거능력기준
7. 당사자의 증거동의와 탄핵증거

제1절 증거법의 기초

≪학습문제≫ 증거서류와 증거물인 서면은 어떻게 다른가? 또 증거능력과 증명력은 무엇이 다른가?

Ⅰ. 형사재판과 증거

1. 형사재판에서 증거법칙의 문제

범죄가 발생하면 수사기관은 증거를 분석하고, 논증과 추론의 과정을 통해 공소제기한다. 그러면 법원은 당사자가 제출하거나 법원이 직권으로 조사한 증거를 바탕으로 검사가 제기한 가설을 검증하는 귀납적 과정을 거치게 된다. 그러나 인간은 신이 아닌 만큼 완벽한 증거를 수집할 수가 없다. 따라서 형사재판에서의 증거는 개별 증거들의 집합체라고 할 수 있다.

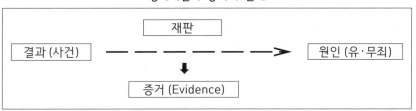

<형사재판과 증거의 관계>

```
                        재판
  결과 (사건) ━ ━ ━ ━ ━ ▶   원인 (유·무죄)
                         ↓
                   증거 (Evidence)
```

이렇게 완벽하지 않은 증거들 중에서도 입증사실과의 관련성이 없는 증거, 증명가치가 없는 증거, 타인으로부터 전해들은 전문증거 등 사실인정에 도움이 되지 않아 제외하여야 할 증거가 있고, 수사기관이 위법하게 수집한 증거와 같이 사실인정에는 도움이 되지만 형사정책상 배제하여야 할 증거도 있다. 그러므로 형사재판에서는 이러한 증거들을 제외하고 남는 증거만을 유·무죄를 판단하는 증거로 사용할 수 있게 된다. 따라서 형사재판에서의 증거법칙상 문제는 크게 (i) 개별증거의 증거능력을 어떻게 인정할 것인가, (ii) 불충분한 증거를 바탕으로 어떤 기준에 의해서 유·무죄를 판단할 것인가, (iii) 유무죄는 누가 입증하고 사실관계가 불분명한 경우 최종적인 책임은 누가 질 것인가로 나눌 수 있다.

(1) 물적 증거의 문제

물적 증거의 증거능력과 관련해서는 물적 증거가 범죄현장에서 발견된 것이며, 공판정에 현출될 때까지 그 모습과 형상이 변하지 않았음을 입증하는 증거물의 진정성 문제와 현대의 과학기술의 발달로 새롭게 등장하고 있는 과학적 증거 — 예컨대, DNA증거, 혈흔형태분석증거, 심리분석증거 — 의 증거능력을 인정하기 위하여 어떠한 기준을 적용할 것인가가 문제된다.

(2) 진술증거의 문제

진술증거의 증거능력과 관련해서는 법정 외에서 행한 진술증거를 공판정에서 증거로 인정하려는 경우의 전문법칙, 피고인의 자백에 임의성이 부정되는 경우의 자백배제법칙 및 피고인의 자백만이 유일한 증거인 경우의 자백보강법칙의 문제가 있다.

(3) 위법하게 수집된 증거의 증거능력 문제

수사기관 또는 일반 사인이 수집한 증거가 적법한 절차를 위반한 경우 그 증거능력을 배제하여야 하는가라고 하는 위법수집증거배제법칙의 문제가 있다.

(4) 입증기준의 문제

법원이 피고인을 유죄판결하기 위해서는 어떤 기준을 적용하여야 하는가의 문제에 대하여 형소법은 '합리적인 의심이 없는 정도의 증명'에 이를 것을 요구하고 있다. 이때 과연 그 기준이 무엇인가라고 하는 입증

기준의 문제가 있다.

(5) 거증책임의 문제

법원이 당사자가 제출한 증거와 직권으로 조사한 사실을 바탕으로 판단하여도 유죄의 확신을 가지지 못할 때 재판의 최종적인 책임은 누가 져야 하는가라고 하는 최종적인 입증책임의 문제가 있다.

2. 형사소송법상 증거법 체계

제307조 제1항에서는 "사실의 인정은 증거에 의하여야 한다"고 규정하여 증거재판주의를 천명하고 있고, 동조 제2항에서 "범죄사실의 인정은 합리적인 의심이 없는 정도의 증명에 이르러야 한다"고 규정하여 유죄판결의 기준을 제시하고 있다. 또 형소법은 증거능력에 관한 규정으로 제308조의2에서 위법수집증거배제법칙을, 제309조에서 자백배제법칙을, 제310조의2에서 전문법칙의 일반적인 규정을, 그리고 제311조부터 제316조까지 전문법칙의 예외로서 전문증거의 허용에 관한 구체적 규정을 두고 있다. 증명력에 관한 규정으로는 제308조에서 "증거의 증명력은 법관의 자유판단에 의한다"고 규정하여 자유심증주의를 선언하면서도, 제310조에 피고인의 자백이 피고인에게 불이익한 유일의 증거일 때에는 유죄판결을 하지 못하도록 자유심증주의를 제한하고 있다. 아울러 제318조의2에서는 탄핵증거의 규정을 두어 증거능력이 없는 증거라도 다른 증거의 증명력을 탄핵하기 위한 목적으로는 사용할 수 있도록 하고 있다.

그러나 물적 증거의 진정성의 입증문제와 과학적 증거의 기준에 관하여는 형소법상 아무런 규정이 없다. 그렇지만 현재 우리나라 판례에서는 이러한 문제가 계속적으로 논의되고 있고, 디엔에이(DNA) 증거와 같은 새로운 과학적 증거의 계속적 등장으로 인해 앞으로 이러한 논의는 더욱 활성화될 것이다.

<형소법상 증거법 체계>

증거재판주의
(제307조)

증거능력
(엄격한 증명)

위법수집증거배제법칙(제308조의2)

자백배제법칙(제309조)

전문법칙(제310조의2)
(제311조~제316조)

증명력

자유심증주의(308조)

자백보강법칙(제310조)

탄핵증거(제318조의2)

Ⅱ. 증거의 의미와 종류

1. 증거방법과 증거자료

증거는 증거물의 유형물 자체인 증거방법과 증거방법을 조사하여 얻은 결과물 또는 내용물인 증거자료로 구분한다. 증인, 감정인, 증거서류 또는 물적 증거 등이 증거방법에 해당하며, 증인이 진술한 증언, 증거서류의 내용, 물적 증거의 형상 및 상태 등이 증거자료에 해당한다.

2. 직접증거와 간접증거

직접증거란 증명을 요하는 요증사실(要證事實)의 증명에 직접 이용되는 증거를 말한다. 예컨대, 범행현장을 직접 목격한 증인은 범죄사실을 직접적으로 입증할 수 있는 증거가 된다. 반면에 간접증거는 그 증거로 인해 요증사실을 간접적으로 추론할 수 있는 증거를 말한다. 예컨대, 범죄현장에 남아 있던 지문, 디엔에이(DNA) 증거는 그 증거의 소유자가 범죄현장에 있었다는 사실은 증명할 수 있으나 범죄행위를 하였다는 요증사실은 직접 입증할 수는 없다. 이렇듯 직접증거와 간접증거는 요증사실과의 관련에 따라 구별한다. 그러나 자유심증주의하에서는 직접증거와 간접증거에 따른 차등을 두지 않고 모두 유죄의 증거로 삼을 수 있다. 오히려 범죄가 점점 지능화되고 교묘해지는 현실로 인해 형사재판에서는 직접증거보다는 간접증거의 비중이 더 커지고 있다.

3. 인적 증거·물적 증거·증거서류

(1) 인적 증거와 물적 증거

인적 증거는 증인의 증언, 감정인의 감정, 피고인의 진술 등 사람의 진술내용이 증거가 되는 것을 말한다. 물적 증거는 범죄에 사용된 흉기, 도구, 장물 등, 물건의 존재 또는 상태가 증거가 되는 것을 말한다.

(2) 증거물인 서면과 증거서류

증거물인 서면과 증거서류를 구별하는 기준은 학설에 따라 다르나 내용을 기준으로 구분하는 것이 일반적이다. 증거물인 서면은 물적 증거 중 위조문서, 협박문서, 음란문서 등과 같이 문서 그 자체의 존재와 더불어 그 내용도 증거가 되는 것을 말한다. 반면에 증거서류는 문서의 내용만이 증거로 되는 것을 말한다. 수사기관이 작성한 피의자신문조서, 참고인진술조서, 검증조서, 의사의 진단서 등은 보고적 문서로서 문서 자체는 증거가 되지 않고 그 서류내용이 증거가 된다. 따라서 증거서류의 증거조사방식은 낭독이 원칙이지만, 증거물인 서면은 낭독과 더불어 이를 제시하는 것이 원칙이다.

증거물인 서면과 증거서류를 함께 서증(書證)이라고 한다.

4. 본증과 반증

본증과 반증은 거증책임자가 제출한 것인지 여부에 따라 구분한다. 형소법상 거증책임은 검사에게 있으므로 검사가 제출하는 증거를 본증이라고 하고, 그 반대당사자인 피고인이 제출하는 증거를 반증이라고 한다. 그러나 거증책임이 전환되어 피고인이 거증책임을 지는 경우에는 피고인이 제출하는 증거가 본증이 된다.

5. 진술증거과 비진술증거

진술증거는 사람의 진술이 증거가 되는 것으로 진술과 진술을 기재한 서면이 포함된다. 반면에 비진술증거는 진술을 내용으로 하지 않는 서면을 포함한 물적 증거를 말한다. 진술증거에 대하여는 전문법칙이 적용되므로 진술증거인가 아닌가를 구별하는 실익이 있다.

6. 실질증거와 보조증거

실질증거란 주요사실의 존·부를 직접·간접적으로 증명하기 위한 증거를 말한다. 반면에 보조증거는 실질증거의 증명력을 보강해주는 증강증거(增强證據)와 그 증명력을 감소시키는 탄핵증거를 말한다.

Ⅲ. 증거능력과 증명력

1. 개 념

제307조 제1항에서는 "사실의 인정은 증거에 의하여야 한다"고 규정하여 증거재판주의를 선언하고 있고, 제308조에서는 "증거의 증명력은 법관의 자유판단에 의한다"고 규정하여 자유심증주의를 선언하고 있다. 제307조의 증거재판주의는 범죄사실을 인정할 때에는 증거능력이 있는 엄격한 증거에 의하여야 한다는 의미이며, 제308조의 자유심증주의는 이렇게 증거능력이 인정된 증거의 증명가치는 법관의 합리적인 자유판단에 맡긴다는 의미이다. 따라서 증거능력이란 사실의 입증을 위한 엄격한 증명의 자료로 사용될 수 있는 자격을 말하며, 증명력이란 증거능력이 인정된 증거의 실질적 가치를 의미한다.

2. 소송구조와의 함수관계

증거능력은 증거로 사용할 수 있는 자격을 의미하므로 법에 의해 형식적, 객관적으로 규정되어 있어야 함에 비해, 증명력은 법관의 주관적 판단에 의해 결정된다. 소송구조를 놓고 보면 당사자주의에서 증거규정은 당사자를 위한 일종의 경기의 룰(rule)과 같기 때문에 증거법을 매우 엄격하고 구체적이며, 세밀하게 규정하여 법관의 증명력을 제한하는 기능을 한다. 반면에 직권주의에서는 법관의 직권탐지가 강조되므로 증거법이 당사자주의에 비해 구체적이지 않으며, 법관의 자유심증주의가 보다 더 강조되는 경향이 있다. 따라서 당사자주의에서는 광범위한 증거능력 규정으로 인해 재판의 지연과 사실발견이 저해될 우려가 있다는 문제점이, 직권주의에서는 구체적인 증거규정의 부재와 자유심증주의의 강조로 인해 법관의 자의에 의한 재판이 될 우려가 있다는 문제점이 지적되고 있다.

<증거능력과 증명력의 비교>

	증거능력(Admissibility)	증명력(Weight of Evidence)
기본 개념	증거로 사용될 수 있는 자격	증거의 실질적 가치
특　　성	법이 형식적, 객관적으로 사전에 결정되는 경향	법관의 개별 판단에 따라 결정되는 경향
법적 근거	각종 증거규칙	자유심증주의
소송 절차	당사자주의에서 증거능력을 강조하는 경향이 강함	증거능력보다는 증명력을 강조하는 경향이 직권주의에서 보다 강하게 나타남
비　　판	재판의 지연, 사실발견 저해 ↔ 법관의 자의, 재량권 남용	

제2절 범죄사실의 증명

≪학습문제≫ 피고인 갑은 강도죄로 공소제기되었다. 공판검사 을은 수사 검사가 작성한 갑의 피의자신문조서를 증거로 신청하였으나 갑은 그 조서가 강압에 의해 작성된 것이라고 주장한다. 그 조서가 신빙할 수 있는 상태에서 작성되었음을 증명할 최종 책임은 누구에게 있고, 그 증명은 어떤 증거에 의하여야 하는가?

I. 증거재판주의

1. 형사소송법 제307조의 의의

(1) 엄격한 증명과 자유로운 증명의 구별

제307조 제1항에서는 "사실의 인정은 증거에 의하여야 한다"고 규정하고 있다. 제307조 제1항의 '증거재판주의'는 단순히 '범죄사실을 증거에 의해 인정하라'는 문언적 의미를 넘어서 범죄사실은 증거조사를 거쳐 증거능력이 인정된 엄격한 증거에 의해서만 증명될 수 있다는 엄격한 증명의 법리를 규정한 것이다. 그런데 범죄사실을 인정할 때에 법률상 규정된 증거능력이 인정되고 엄격한 증거조사를 거친 증거만이 사용될 수 있다고 본다면 재판의 효율성면에서 결코 바람직하지 않다. 따라서 범죄사실의 증명에 있어서 증거능력이 있고 적법하게 조사된 엄격한 증거에 의해 증명을 요하는 사실과 그렇지 않은 사실을 구분할 필요가 있다. 전자를 엄격한 증명이라고 하며, 후자를 자유로운 증명이라고 한다.

(2) 합리적인 의심이 없는 정도의 증명

제307조 제2항에서는 "범죄사실의 인정은 합리적인 의심이 없는 정도의 증명에 이르러야 한다"고 규정하여 범죄사실의 증명에 관한 원칙을 선언하고 있다. 즉, 법관의 유죄에 관한 심증의 형성은 합리적인 의심이

없이 증명되어야 한다. 그렇지 않은 경우에는 '의심스러운 때에는 피고인의 이익으로'(in dubio pro reo)의 원칙에 의해 무죄를 선고하여야 한다. 그렇다면 '합리적인 의심이 없는 정도의 증명' 기준은 무엇인가가 문제된다. 17세기부터 18세기 사이에 영국에서 발전해 온 '합리적 의심 없는 증명'은 법관들이 배심원들의 자의적인 결정을 막고 평결결과를 통제하기 위해 만들어 낸 기준[44]으로서, '절대적 확신'이 아닌 '도덕적 확신'(moral certainty)만 있으면 유죄판결을 할 수 있도록 한 것이다.

그러나 '합리적인 의심이 없는 정도의 증명'은 막연한 추측이나 주관적인 판단에 의한 의심이 아니라 논리와 증거에 기초한 합리적인 의심이어야 한다. 판례는 '합리적인 의심'은 모든 의심·불신을 포함하는 것이 아니라 논리와 경험칙에 의하여 요증사실과 양립할 수 없는 사실의 개연성에 대한 합리성 있는 의문을 의미하는 것으로서 단순히 관념적인 의심이나 추상적인 가능성에 기초한 의심은 합리적인 의심에 해당하지 않는다고 한다(2016도6757).

> **[판례]** 대학 부속병원 전공의인 피고인이 자신의 집에서 배우자 갑의 목을 졸라 살해하였다는 내용으로 기소된 사안에서, 사건의 쟁점인 갑의 사망원인이 손에 의한 목눌림 질식사(액사, 縊死)인지와 피고인이 사건 당일 오전 집을 나서기 전에 갑을 살해하였다고 볼 수 있는 정황이나 증거가 존재하는지에 관하여 치밀한 검증 없이 여러 의문점이 있는 부검소견이나 자료에만 의존하여 공소사실이 합리적 의심을 배제할 정도로 증명되었다고 보아 유죄를 인정한 원심판결에 형사재판에서 요구되는 증명의 정도에 관한 법리를 오해하여 필요한 심리를 다하지 아니하는 등 위법이 있다(2012도231).

따라서 피고인의 주장이나 변명에 모순이 있거나 석연치 않은 측면이 있고, 유죄의 의심이 가는 정황이 있더라도 검사의 증명이 합리적인 의심이 없을 정도로 확신을 주지 못한다면 피고인의 이익으로 판단하여야 한다(2017도1549).

---

44) 이것은 영국에서 당사자주의가 발전하는 과정에서 피고인의 공격적인 반대신문에 의해 배심원들이 영향을 받는 것을 방지하기 위해 법관들이 고안해낸 기준이라고도 알려져 있다.

2. 엄격한 증명의 대상

엄격한 증명이 되는 대상은 제307조의 범죄사실 즉, 형벌권의 존부와 그 범위에 관한 사실이다. 그 구체적인 범위는 범죄의 성립요건에 관한 사실과 형벌의 존부 및 범위에 관한 사실로 나뉜다.

(1) 공소범죄사실

공소장에 기재된 범죄사실은 당연히 주요사실로서 엄격한 증명의 대상이 된다.

1) 구성요건해당사실

객관적 구성요건, 주관적 구성요건요소 모두 엄격한 증명의 대상이 된다. 따라서 행위의 주체, 객체, 결과, 공모의 사실, 상습성, 인과관계, 고의, 과실, 목적 등이 모두 엄격한 증명의 대상이다. 예컨대, 불법영득의사를 실현하는 행위로서의 횡령행위가 있다는 사실은 검사가 증명하여야 하고, 그 증명은 법관으로 하여금 합리적인 의심을 할 여지가 없을 정도의 확신을 생기게 하는 증명력을 가진 엄격한 증거에 의하여야 한다(2013도14777). 교사범에 있어서 교사의 사실, 공모공동정범에 있어서 공모의 사실은 엄격한 증명의 대상이 된다. 또한 범죄구성요건사실의 전제되는 사실도 엄격한 증명의 대상이 된다. 예컨대, 혈중알코올을 계산하기 위해 위드마크 공식을 적용할 경우 그 전제사실이 되는 섭취알코올의 양, 음주시각, 체중 등도 엄격한 증명의 대상이 되며(2008도5531), 뇌물죄에서 수뢰액의 다과에 따라 범죄구성요건이 달라지는 경우 수뢰액도 엄격한 증명의 대상이 된다(2009도2453).

그러나 피고인이 범죄구성요건의 주관적 요소인 고의를 부인하는 경우에는 범의 자체를 객관적으로 증명할 수는 없으므로 사물의 성질상 범의와 관련성이 있는 간접사실 또는 정황사실을 증명하는 방법으로 이를 증명할 수밖에 없다. 이때 무엇이 관련성이 있는 간접사실 또는 정황사실에 해당하는지는 정상적인 경험칙에 바탕을 두고 치밀한 관찰력이나 분석력으로 사실의 연결상태를 합리적으로 판단하는 방법에 의하여 판단하여야 한다(2016도15470).

> [판례] 공소가 제기된 범죄사실의 주관적 요소인 고의의 존재에 대한 증명책임 역시 검찰관에게 있고, 유죄의 인정은 법관으로 하여금 합리적인 의심을 할 여지가 없을 정도로 공소사실이 진실한 것이라는 확신을 가지게 하는 증명력을 가진 증거에 의하여야 하므로, 그러한 증거가 없다면 피고인들에게 유죄의 의심이 간다고 하더라도 피고인들의 이익으로 판단하여야 한다. 나아가 형벌법규의 해석과 적용은 엄격하여야 하므로, 범행 결과가 매우 중대하고 범행 동기나 방법 및 범행 정황에 비난 가능성이 크다는 사정이 있더라도, 이를 양형에 불리한 요소로 고려하여 형을 무겁게 정하는 것은 별론, 그러한 사정을 이유로 살인의 고의를 쉽게 인정할 것은 아니고 이를 인정할 때에는 신중을 기하여야 한다. 따라서 공동정범이 성립한다고 판단하기 위해서는 범죄실현의 전 과정을 통하여 행위자들 각자의 지위와 역할, 다른 행위자에 대한 권유 내용 등을 구체적으로 검토하고 이를 종합하여 공동가공의 의사에 기한 상호 이용의 관계가 합리적인 의심을 할 여지가 없을 정도로 증명되어야 한다(2015도5355).

2) 위법성과 책임을 기초지우는 사실

위법성과 책임을 기초지우는 사실은 엄격한 증명의 대상이 된다. 또한 정당방위, 긴급피난, 자구행위 등, 위법성조각사유 또는 책임조각사유의 부존재도 범죄성립요소이므로 엄격한 증명의 대상이다.

(2) 형벌권에 관한 사실

1) 처벌조건

처벌조건은 형벌권의 존부에 관련된 사항이므로 엄격한 증명의 대상이다. 예컨대, 친족상도례가 적용되는 친족관계의 사실, 파산범죄에서 파산선고가 확정된 사실 등이 이에 해당한다.

2) 몰수와 추징

몰수와 추징은 형벌권의 존부 및 범위와 관련된 것이므로 엄격한 증명의 대상이다(다수설). 그러나 판례는 이를 범죄구성요건 사실에 관한 것이 아니므로 자유로운 증명의 대상이라고 한다(2005도9858).

3) 법률상 형의 가중, 감면이 되는 사실

법률상 형의 가중, 감면이 되는 사실은 형벌권의 정도에 관련된 사실로서 엄격한 증명의 대상이 된다. 예컨대, 상습성, 누범과 같은 가중사실, 중지미수, 자수, 심신미약 등 형의 감경 또는 면제사유 등이 이에 해당한다. 다만, 판례는 심신미약은 법률적 판단의 문제이지 범죄사실이 아니므로 엄격한 증명이 필요하지 않다고 한다(98도159).

> [판례] 「형법」 제10조 소정의 심신장애의 유무 및 정도를 판단함에 있어서 반드시 전문가의 감정에 의존하여야 하는 것이 아니고, 범행의 경위, 수단, 범행 전후의 피고인의 행동 등 기록에 나타난 관계 자료와 피고인의 법정 태도 등을 종합하여 법원이 독자적으로 판단할 수 있는 것이다(98도159).

(3) 간접사실·보조사실·법규

1) 간접사실

요증사실을 간접적으로 추론하게 하는 간접사실도 요증사실이 주요사실인 경우에는 엄격한 증명이 된다. 그러므로 간접사실을 증명하는 간접증거도 엄격한 증명의 대상이 된다. 또한 개별 간접증거만으로도 종합적으로 따져 증명력이 있는 경우에는 유죄의 증거가 될 수 있다.

> [판례] 형사재판에 있어서 유죄의 인정은 법관으로 하여금 합리적인 의심을 할 여지가 없을 정도로 공소사실이 진실한 것이라는 확신을 가지게 할 수 있는 증명력을 가진 증거에 의하여야 하고 이러한 정도의 심증을 형성하는 증거가 없다면 설령 피고인에게 유죄의 의심이 간다 하더라도 피고인의 이익으로 판단할 수밖에 없다. 다만, 그와 같은 심증이 반드시 직접증거에 의하여 형성되어야만 하는 것은 아니고 경험칙과 논리법칙에 위반되지 아니하는 한 간접증거에 의하여 형성되어도 되는 것이며, 간접증거가 개별적으로는 범죄사실에 대한 완전한 증명력을 가지지 못하더라도 전체 증거를 상호 관련하에 종합적으로 고찰할 경우 그 단독으로는 가지지 못하는 종합적 증명력이 있는 것으로 판단되면 그에 의하여도 범죄사실을 인정할 수가 있다(2013도4172).

현장부재[45]의 증명에 대하여는 견해의 대립이 있다. 현장부재의 주장은 검사의 본증에 대한 피고인의 반증으로서 반증도 엄격한 증명의 대상이 된다는 견해와 현장부재의 주장은 피고인이 검사의 주장을 탄핵하는 것이므로 자유로운 증명으로 족하고, 이에 기초하여 검사가 구성요건 해당사실의 존재를 엄격한 증명에 의해 입증하여야 한다는 견해가 있다.

그러나 현장부재는 피고인이 증명하는 것이며, 다만 검사의 범죄사실의 증명을 탄핵하는 성격이 있는 것이므로 이를 엄격한 증명에 의하도록 하는 것은 범죄사실에 관한 입증책임을 피고인에게 전가하는 결과가 되므로 타당하지 않다. 따라서 피고인의 현장부재의 주장은 자유로운 증명으로 충분하다. 아직 대법원 판례는 없지만 고등법원에서는 "피고인의 현장부재 증명이 신빙성이 없더라도 검사의 증명책임이 면제되는 것은 아니다"(2011노2892)고 함으로써 검사에게 거증책임이 있다는 취지로 판결한 바가 있다.

2) 과학적 기술과 지식

범죄사실을 증명하기 위하여 과학적 기술이나 연구결과를 적용한 경우 그 과학적 기술과 연구결과 및 그 적용의 전제가 된 구체적 사실은 엄격한 증명의 대상이 된다(2009도2338).

3) 법규의 존재와 내용

법규의 존재와 그 내용은 원칙적으로 법원의 직권조사사항이므로 엄격한 증명의 대상이 되지 않는다. 그러나 외국법, 관습법의 존재가 엄격한 증명을 요하는 사실의 전제가 되는 때에는 엄격한 증명의 대상이 된다. 따라서 「형법」 제6조 단서의 규정에 의해 행위지의 법률에 의하여 범죄를 구성하는지 여부가 문제되는 경우 검사는 그 법규의 존재에 관하여 엄격한 증명에 의하여 입증하여야 한다(2011도6507).

---

45) 2007년 개정 형소법 제266조의11 제1항에서 피고인 등이 '현장부재'를 주장할 때에는 검사가 증거개시를 요구할 수 있도록 규정하고 있으므로 '알리바이'보다는 '현장부재'라는 용어로 표현한다.

3. 자유로운 증명의 대상

자유로운 증명은 증거능력이 없거나 법률이 규정한 증거조사방식을 거치지 않고 사실을 증명하는 방식이다. 이에는 정상(情狀)에 관한 사실과 소송법적 사실이 있다.

(1) 정상에 관한 사실

양형의 기초가 되는 사실은 자유로운 증명으로 충분하다는 것이 통설의 태도이다. 따라서 피고인의 전과, 성장환경, 범죄 후의 행동과 같은 양형에 관련된 사실은 자유로운 증명으로 충분하다.

(2) 소송법적 사실

소송법적 사실은 범죄사실과 형벌권에 관련이 없는 순수하게 형사소송절차의 진행에 관련된 사실을 말한다. 예컨대, 친고죄의 고소 및 취소의 유무, 공소제기, 피고인신문의 적법성 등이 이에 해당한다. 이러한 순수한 소송법적 사실은 자유로운 증명으로 충분하다. 또한 증거의 증거능력을 인정하기 위한 기초사실도 소송법적 사실이므로 자유로운 증명으로 충분하다.

> [판례] 피고인의 자필로 작성된 진술서의 경우에는 서류의 작성자가 동시에 진술자이므로 진정하게 성립된 것으로 인정되어 형소법 제313조 단서에 의하여 그 진술이 특히 신빙할 수 있는 상태하에서 행하여진 때에는 증거능력이 있고, 이러한 특신상태는 증거능력의 요건에 해당하므로 검사가 그 존재에 대하여 구체적으로 주장·입증하여야 하는 것이지만, 이것은 소송상의 사실에 관한 것이므로, 엄격한 증명을 요하지 아니하고 자유로운 증명으로 충분하다(2000도1743).

자백의 임의성도 증거능력을 인정하기 위한 기초사실로서 소송법적 사실에 불과하므로 자백의 임의성의 기초가 되는 사실은 자유로운 증명으로 충분하다.

> [판례] 피고인이 피의자신문조서에 기재된 피고인의 진술 및 공판기일에서의 피

고인의 진술의 임의성을 다투면서 그것이 허위자백이라고 다투는 경우, 법원은 구체적인 사건에 따라 피고인의 학력, 경력, 직업, 사회적 지위, 지능정도, 진술의 내용, 피의자신문조서의 경우 그 조서의 형식 등 제반 사정을 참작하여 자유로운 심증으로 위 진술이 임의로 된 것인지의 여부를 판단하면 된다(2003도705).

4. 증명을 요하지 않는 대상

(1) 공지의 사실

역사적으로 명백한 사실, 자연의 법칙으로 공지된 사실은 증거에 의한 입증이 필요 없다. 예컨대, 과거의 국회의원 선거일자는 역사적 사실로서 공지의 사실이다(83도2501). 그러나 공지의 사실이 아닌 직무상 법원이나 법관에게만 알려진 사실은 증명을 요한다는 것이 일반적인 견해이다.

(2) 법률상·사실상 추정되는 사실

특별법인 「환경범죄 등의 단속 및 가중처벌에 관한 법률」제11조에서는 오염물질을 불법배출한 사업자는 그 지역에서 같은 오염물질로 생명, 신체 등의 위해가 발생하고 불법배출과 발생한 위해 사이에 상당한 개연성이 있는 때에는 그 사업자가 불법배출한 물질로 인하여 발생한 것으로 추정하는 규정이 있다.[46] 이와 같이 일정한 사실이 있으면 인과관계를 추정하는 법률상 추정규정이 있는 경우에는 별도의 증명을 요하지 않는다.

한편, 법률상 추정과는 달리 특정 전제사실로부터 일정한 사실을 추정하는 것이 논리적이고 합리적이어서 별도의 증명이 불필요한 경우가 있다. 이를 사실상 추정되는 사실이라고 한다. 예컨대, 범죄의 구성요건 해당사실로부터 위법성과 책임을 사실상 추정할 수 있다. 이 경우 반증에 의하여 그 추정이 깨지지 않는 한 별도의 증명을 필요로 하지 않는다.

---

46) 이와 같은 규정으로는 「마약류 불법거래방지에 관한 특례법」제17조(불법수익의 추정)가 있다.

Ⅱ. 거증책임

1. 거증책임의 의의

(1) 개 념

거증책임이란 법원이 당사자가 제출한 증거나 직권으로 조사한 증거로도 사실의 존부에 관하여 심증을 형성하지 못한 경우 그 증명불능 상태의 불이익한 책임을 최종적으로 어느 일방 당사자에게 부담시키는 것을 말한다.

그런데 소송구조와 관련하여 거증책임의 개념을 부정하는 견해가 있다. 이 견해에서는 직권주의 소송구조에서는 법원이 사실발견의 의무를 부담하므로 당사자가 그 최종책임을 져야 하는 문제가 아니라고 보고, 법원이 피고인의 범죄사실을 증명하지 못하면 '의심스러운 때에는 피고인의 이익으로'의 법리가 적용되어 무죄판결을 하여야 한다고 한다. 그러나 통설은 법원이 진실발견의 의무를 지는 직권주의에서도 법관이 심증을 형성하지 못하는 경우에는 국가를 대표하여 공소를 제기한 검사가 최종적으로 입증실패의 책임을 져야 한다는 점에서 거증책임의 개념을 인정할 수 있다고 한다. 반면에 당사자주의에서는 법원은 소송을 주관하는 제3자적 지위에 불과하므로 공소를 제기한 당사자인 검사가 당연히 거증책임을 져야 한다.

(2) 구별개념

거증책임과 구별되는 개념으로 입증의 부담이 있다. 일방 당사자가 특정 사실을 입증하면 반대 당사자가 불이익을 면하기 위하여 이를 번복할 부담을 갖게 된다. 이와 같이 소송의 발전과정에 따라 당사자 사이에 사실을 증명할 책임이 변화하는 것을 입증의 부담이라고 한다. 예컨대, 피고인이 현장부재를 주장하면 검사는 이를 번복할 부담을 지게 되는 것과 같은 경우이다. 이처럼 입증의 부담은 소송과정에 따라 변화하지만 거증책임은 증명이 실패한 경우 최종적인 위험을 누가 질 것인가의 종국적인 문제이므로 변화하지 않는 정적인 개념이다. 따라서 거증책임은 법관에게 합리적인 의심이 없는 정도의 확신을 주어야 하는 반면에 입증의 부담에서의 입증은 법관에게 의심을 갖게 하여 심증을 방해할 정도이면 충분하다.

2. 거증책임의 분배문제

형사재판에서 피고인은 무죄로 추정되며 의심스러운 때에는 피고인의 이익으로 판결하여야 하므로 범죄사실, 즉 형벌권의 존부 및 범위에 관한 사항은 기본적으로 검사가 거증책임을 지게 된다.

(1) 공소범죄사실

범죄사실에 대하여는 검사가 거증책임을 진다는 데에 이론이 없다. 따라서 구성요건해당사실, 위법성, 책임의 존재에 관하여도 검사가 거증책임을 진다.

> [판례] 형사재판에서 공소가 제기된 범죄사실에 대한 입증책임은 검사에게 있는 것이고, 유죄의 인정은 법관으로 하여금 합리적인 의심을 할 여지가 없을 정도로 공소사실이 진실한 것이라는 확신을 가지게 하는 증명력을 가진 증거에 의하여야 하므로, 그와 같은 증거가 없다면 설령 피고인에게 유죄의 의심이 간다 하더라도 피고인의 이익으로 판단할 수밖에 없다(2013도10316).

(2) 처벌조건 및 형의 가중, 감면의 사유가 되는 사실

처벌조건은 형벌권 발생의 요건이 되므로 검사가 거증책임을 진다. 누범, 상습범과 같이 형의 가중되는 사유, 심신장애, 자수 등 형의 감면사유도 형벌권의 범위와 관련된 사항이므로 검사에게 거증책임이 있다(통설).

(3) 소송법적 사실

소송법적 사실 중 소송조건은 공소제기의 적법·유효조건이므로 불분명한 경우 검사에게 거증책임이 있다는 것이 일반적인 견해이다. 따라서 친고죄에 있어서 고소, 고발, 공소시효의 완성, 사면 등의 소송조건은 검사에게 거증책임이 있다.

증거능력의 전제가 되는 사실의 거증책임이 누구에게 있는가에 대하여는 그 증거를 제출하는 사람에게 거증책임이 있다고 보는 것이 일반적 견해이다. 따라서 검사가 서면을 제출하는 경우 그 서면의 진정성립은 검사가 거증책임을 지고, 피고인이 이를 제출하는 경우에는 피고인이 거증책임을 진다.

3. 거증책임의 전환

거증책임의 전환은 검사가 부담하는 거증책임을 법률에 의해 피고인이 부담하게 되는 것을 말한다. 거증책임의 전환과 관련하여 「형법」상 문제가 되는 것은 상해죄의 동시범 특례에 관한 「형법」 제263조와 명예훼손죄의 위법성조각에 관한 「형법」 제310조의 규정이다.

(1) 형법 제263조 상해죄의 동시범 특례규정

「형법」 제263조에서는 "독립행위가 경합하여 상해의 결과를 발생하게 한 경우에 있어서 원인된 행위가 판명되지 아니한 때에는 공동정범의 예에 의한다"고 규정하고 있다. 이 규정은 상해죄의 동시범에 있어서 검사가 그 인과관계를 증명하지 못하여도 공동정범에 준해서 처벌한다는 것이므로 거증책임을 피고인에게 전환한 것으로 이해하여야 한다(다수설).

(2) 형법 제310조 명예훼손죄의 위법성조각규정

「형법」 제310조에서는 "(형법) 제307조 제1항의 행위가 진실한 사실로서 오로지 공공의 이익에 관한 때에는 처벌하지 아니한다"고 규정하고 있다. 이 규정의 법적 성격에 대하여 종래 거증책임전환규정으로 이해하였지만 동조는 명예훼손죄의 위법성조각사유를 규정한 것일 뿐 증명에 관하여는 아무런 표현이 없으므로 거증책임전환규정은 아니다(다수설). 이에 대하여 판례는 동조를 거증책임전환규정이라고 보면서도 피고인의 입증부담을 완화하기 위하여 엄격한 증명을 요하지 않는다고 한다. 그러나 위법성조각사유는 엄격한 증명의 대상이므로 거증책임이 피고인에게 전환되었다고 해서 자유로운 증명의 대상이 된다고 하는 것은 논리적이지 않다.

> **[판례]** 공연히 사실을 적시하여 사람의 명예를 훼손한 행위가 「형법」 제310조의 규정에 따라서 위법성이 조각되어 처벌대상이 되지 않기 위하여는 그것이 진실한 사실로서 오로지 공공의 이익에 관한 때에 해당된다는 점을 행위자가 증명하여야 하는 것이나, 그 증명은 유죄의 인정에 있어 요구되는 것과 같이 법관으로 하여금 의심할 여지가 없을 정도의 확신을 가지게 하는 증명력을 가진 엄격한 증거에 의하여야 하는 것은 아니므로, 이때에는 전문증거에 대한 증거능력의 제한을 규정한 형소법 제310조의2는 적용될 여지가 없다(95도1473).

Ⅲ. 자유심증주의

1. 자유심증주의의 의의

자유심증주의는 증거의 증명력 판단을 법으로 규정하지 않고 사실인정자인 법관의 자유롭고 합리적인 판단에 맡기는 것을 말한다. 이와 대비되는 개념으로 '법정증거주의'가 있다. 법정증거주의란 일정한 증거가 있으면 반드시 유죄로 하거나 일정한 증거가 없으면 무죄로 하여야 한다는 원칙이다. 이러한 법정증거주의는 법관의 자의를 배제하고 법적 안정성을 확보할 수 있다는 장점이 있으나 각기 다른 증거의 증명력을 법률로 규정하게 되면 개별 사안에서 구체적 타당성을 결하게 되어 결과적으로 실체적 진실의 발견에 저해될 수도 있다. 제308조에서는 "증거의 증명력은 법관의 자유판단에 의한다"고 규정하여 자유심증주의를 선언하고 있다.

2. 자유심증주의의 내용

자유심증주의는 증거의 증명력은 법관의 자유로운 판단에 맡긴다는 것을 그 내용으로 한다. 이는 법관이 증거능력 있는 증거 중 필요한 증거를 선별하고 그 실질적 가치를 평가하여 사실을 인정하는 것은 자유심증에 속한다는 것을 의미한다. 따라서 충분한 증명력이 있는 증거를 합리적인 근거 없이 배척하거나 반대로 객관적인 사실에 명백히 반하는 증거를 아무런 합리적인 근거 없이 채택·사용하는 등으로 논리와 경험의 법칙에 어긋나는 것이 아닌 이상, 법관은 자유심증으로 증거를 선택하여 사실을 인정할 수 있다(2016도3753). 따라서 증거의 취사선택은 법관의 자유로운 판단에 맡겨지며, 모순하는 증거가 대립하는 경우에 어느 증거를 믿는가는 법관의 자유에 속한다.

[판례] 국회의원인 피고인이 갑 주식회사 대표이사 을에게서 3차례에 걸쳐 약 9억 원의 불법정치자금을 수수하였다는 내용으로 기소되었는데, 을의 법정진술을 믿을 수 없는 사정 아래에서 을이 법정에서 검찰진술을 번복하였다는 이유만으로 조성 자금을 피고인에게 정치자금으로 공여하였다는 검찰진술의 신빙성이 부정될 수는 없고, 진술내용 자체의 합리성, 객관적 상당성, 전후의 일관성, 이해관계 유무 등과 함께 다른 객관적인 증거나 정황사실에 의하여 진술의 신빙성이 보강될 수 있는 지, 반대로 공소사실과 배치되는 사정이 존재하는지 두루 살펴 판단할 때 자금 사용처에 관한 을의 검찰진술의 신빙성이 인정되므로, 을의 검찰진술 등을 종합하여 공소사실을 모두 유죄로 인정한 원심판단에 자유심증주의의 한계를 벗어나는 등의 잘못이 없다(2013도11650).

그러나 자유심증주의는 증거의 증명력 판단을 법관의 양심과 합리성에 맡겨두므로 법관의 자의가 개입할 수 있어 이에 대한 통제가 요구된다. 따라서 법원은 증인신문 절차를 진행한 뒤 그 진술의 신빙성 유무를 판단할 때에는 진술내용 자체의 합리성·논리성·모순 또는 경험칙 부합 여부나 다른 증거들과의 부합 여부 등은 물론, 공개된 법정에서 진술에 임하고 있는 증인의 모습이나 태도, 진술의 뉘앙스 등 증인신문조서에는 기록하기 어려운 여러 사정을 직접 관찰함으로써 얻게 된 심증까지

모두 고려하여 신빙성 유무를 평가하여야 한다(2018도17748).

[판례] 자유심증주의를 규정한 형소법 제308조가 증거의 증명력을 법관의 자유판단에 의하도록 한 것은 그것이 실체적 진실발견에 적합하기 때문이므로, 증거판단에 관한 전권을 가지고 있는 사실심 법관은 사실인정을 하면서 공판절차에서 획득된 인식과 조사된 증거를 남김 없이 고려하여야 하며, 증거의 증명력에 대한 법관의 판단은 논리와 경험칙에 합치하여야 한다. 또한 형사재판에서 유죄의 인정은 법관으로 하여금 합리적인 의심을 할 여지가 없을 정도로 공소사실이 진실하다는 확신을 가지게 하는 증명력을 가진 증거에 의하여야 하며, 이와 같은 증명이 없다면 설령 피고인에게 유죄의 의심이 간다고 하더라도 유죄로 판단할 수는 없다(2012도2409).

[판례] 형사재판에 있어 심증형성은 반드시 직접증거에 의하여 형성되어야만 하는 것은 아니고 간접증거에 의할 수도 있는 것이며, 간접증거는 이를 개별적·고립적으로 평가하여서는 아니 되고 모든 관점에서 빠짐없이 상호 관련시켜 종합적으로 평가하고, 치밀하고 모순 없는 논증을 거쳐야 한다. 증거의 증명력은 법관의 자유판단에 맡겨져 있으나 그 판단은 논리와 경험칙에 합치하여야 하고, 형사재판에 있어서 유죄로 인정하기 위한 심증형성의 정도는 합리적인 의심을 할 여지가 없을 정도여야 하나, 이는 모든 가능한 의심을 배제할 정도에 이를 것까지 요구하는 것은 아니며, 증명력이 있는 것으로 인정되는 증거를 합리적인 근거가 없는 의심을 일으켜 이를 배척하는 것은 자유심증주의의 한계를 벗어나는 것으로 허용될 수 없다(2016도6757).

한편, 자유심증주의에 의하여 법관의 확신에 의한 심증형성은 원칙적으로 상소의 대상이 되지 아니한다. 그러나 법관의 논리와 경험칙에 반하여 현저히 부당한 경우에는 항소이유가 되며, 이것이 합리적인 증거평가에 위배하는 채증법칙위반이나 증거조사의무를 다하지 않은 심리미진의 위법이 있는 경우에는 상고이유가 될 수 있다.

[판례] 제1심판결 내용과 제1심에서 증거조사를 거친 증거들에 비추어 제1심 증인이 한 진술의 신빙성 유무에 대한 제1심의 판단이 명백하게 잘못되었다고 볼 특별한 사정이 있거나, 제1심의 증거조사 결과와 항소심 변론종결 시까지 추가로 이루어진 증거조사 결과를 종합하면 제1심 증인이 한 진술의 신빙성 유무에 대한 제1심의 판단을 그대로 유지하는 것이 현저히 부당하다고 인정되는 예외적인 경우가 아니라면, 항소심으로서는 제1심 증인이 한 진술의 신빙성 유무에 대한 제1심의

판단이 항소심의 판단과 다르다는 이유만으로 이에 대한 제1심의 판단을 함부로 뒤집어서는 안 된다(2018도17748).

3. 자유심증주의의 제한

(1) 자백의 증명력 제한

제310조에서는 "피고인의 자백이 그 피고인에게 불이익한 유일한 증거인 때에는 이를 유죄의 증거로 하지 못한다"고 규정하여 자백의 보강법칙을 규정하고 있다. 이것은 자백만으로 법관의 심증을 형성하더라도 다른 보강증거가 없는 경우 유죄판결을 할 수 없기 때문에 법관의 자유심증을 제한하게 된다.

(2) 공판조서의 배타적 증명력

제56조에서는 "공판기일의 소송절차로서 공판조서에 기재된 것은 그 조서만으로써 증명한다"고 규정하고 있다. 공판조서의 배타적 증명력을 인정하는 것은 소송절차의 진행과정을 공판조서에 기재된 대로만 인정함으로써 상소심에서 원심의 소송절차를 확인하기 위해 법관이나 법원사무관을 증인으로 신문하는 불필요한 절차를 밟지 않기 위한 것이다. 하지만 공판조서에 기재된 것은 법관의 심증 여부를 떠나 기재된 대로 인정하여야 하므로 자유심증주의의 제한으로 볼 수 있다.

(3) 피고인의 진술거부권

제283조의2에서는 피고인의 진술거부권을 규정하고 있다. 그런데 법관이 피고인의 진술거부를 피고인에게 불이익한 증거로 사용하게 되면 피고인은 현실적으로 진술거부권을 행사할 수 없게 된다. 그러나 진술거부권의 개념에는 법관이 피고인의 진술거부를 피고인에게 불이익한 증거로 사용할 수 없도록 하는 원칙이 내재되어 있으므로 피고인의 진술거부권은 법관의 자유심증주의를 제한한다고 볼 수 있다.

(4) 논리와 경험법칙에 의한 제한

자유심증주의는 증명력판단을 법관의 양심과 합리성에 맡기자는 것이므로 법관의 판단은 당연히 논리법칙과 경험법칙에 구속되는 내재적 한계가 있다. 논리법칙은 일정한 증거로부터 추론과정을 거쳐 일정한 판단에 도달하게 되면 그 판단을 전제로 다른 판단에 도달하는 일련의 과정에도 모순이 없어야 한다는 원칙이다. 경험법칙이란 인간이 사회생활에서 관찰과 체험으로 얻어진 일반화된 법칙이라고 할 수 있다. 따라서 개인적 차이는 있을 수 있으나 일반적으로 받아들여지는 경험법칙이라면 법관이 이를 마음대로 배척할 수 없다.

[판례] 자백의 신빙성 유무를 판단할 때에는 자백 진술의 내용 자체가 객관적으로 합리성이 있는지, 자백의 동기나 이유는 무엇이며, 자백에 이르게 된 경위는 어떠한지, 그리고 자백 외의 정황증거 중 자백과 저촉되거나 모순되는 것은 없는지 등 제반 사정을 고려하여 판단하여야 한다. 나아가 피고인이 수사기관에서부터 공판 기일에 이르기까지 일관되게 범행을 자백하다가 어느 공판기일부터 갑자기 자백을 번복한 경우에는, 자백 진술의 신빙성 유무를 살피는 외에도 자백을 번복하게 된 동기나 이유 및 경위 등과 함께 수사기관 이래의 진술 경과와 진술의 내용 등에 비추어 번복 진술이 납득할 만한 것이고 이를 뒷받침할 증거가 있는지 등을 살펴보아야 한다(2015도17869).

[판례] 형사재판에서 유죄로 인정하기 위한 심증 형성은 합리적인 의심을 할 여지가 없을 정도에 이르러야 하나, 모든 가능한 의심을 배제할 정도가 되어야 하는 것은 아니다. 증명력이 있는 것으로 인정되는 증거를 합리적인 근거 없이 배척하는 것은 자유심증주의의 한계를 벗어나는 것으로 허용될 수 없다. 증인의 진술이 그 주요 부분에 일관성이 있는 경우에는 그 밖의 사소한 사항에 관한 진술에 다소 일관성이 없다는 등의 사정만으로 진술의 신빙성을 함부로 부정할 것은 아니다(2018도3577).

그러므로 DNA증거, 혈액감정 등과 같이 그 전제사실이 과학적으로 증명되고 오류가 없거나 무시할 정도로 고도의 과학적 신뢰성을 부여할 수 있는 과학적 증거의 경우에는 법관은 이를 함부로 배척할 수 없다. 다만, 과학적 증거방법이 사실인정에 있어서 상당한 정도로 구속력을 갖기 위해서는 감정인이 전문적인 지식·기술·경험을 가지고 공인된 표준 검사 기법으로 분석한 후 법원에 제출하였다는 것만으로는 부족하고, 시료의 채취·보관·분석 등 모든 과정에서 시료의 동일성이 인정되고 인위적인 조작·훼손·첨가가 없었음이 담보되어야 하며 각 단계에서 시료에 대한 정확한 인수·인계 절차를 확인할 수 있는 기록이 유지되어야 한다(2017도14222).

[판례] 유전자검사나 혈액형검사 등 과학적 증거방법은 그 전제로 하는 사실이 모두 진실임이 입증되고 그 추론의 방법이 과학적으로 정당하여 오류의 가능성이 전무하거나 무시할 정도로 극소한 것으로 인정되는 경우에는 법관이 사실인정을 함에 있어 상당한 정도로 구속력을 가지므로, 비록 사실의 인정이 사실심의 전권이라 하더라도 아무런 합리적 근거 없이 함부로 이를 배척하는 것은 자유심증주의의 한계를 벗어나는 것으로서 허용될 수 없다(2007도1950).

제3절 위법수집증거배제법칙

≪학습문제≫ 사법경찰관 갑은 을을 강도혐의로 체포하고 범죄현장에서 피해품을 찾기 위해 을을 경찰차량으로 호송하여 가던 중 차 안에서 을에게 진술거부권을 고지하지 않고 "이번 범행 전에도 저지른 범죄가 있으면 말하라"고 말하였다. 이에 을은 2주 전에 저지른 강도행위를 자백하였고, 갑은 을을 그의 집으로 데려가 을이 2주 전에 강취한 피해자 병의 지갑을 압수하였다. 다음 날 갑은 병에게 전화를 걸어 경찰서로 나오게 한 뒤 병으로부터 강도피해에 관한 참고인진술조서를 작성하였다. 병은 1개월 후 공판정에서 피해사실을 증언하였다. 을의 차 안에서의 자백, 갑이 을의 주거지에서 압수한 지갑, 병의 참고인진술조서 및 공판정에서의 증언은 증거능력이 있는가?

Ⅰ. 위법수집증거배제법칙의 의의

1. 개 념

제308조의2에서는 "적법한 절차에 따르지 아니하고 수집한 증거는 증거로 할 수 없다"고 규정하여 위법수집증거배제법칙을 선언하고 있다. 위법수집증거배제법칙은 위법하게 수집된 증거의 증거능력을 배제함으로써 수사기관의 위법수사를 억제하고 형사재판에서 적정절차를 담보하려는 데 그 목적을 두고 있다. 미국의 경우 1914년 Weeks[47]사건에서 위법하게 압수된 증거물의 증거능력을 배제한 이후 1970년대까지 다양한 판례의 축적을 통해 위법수집증거배제법칙의 적용에 있어서 원칙과 예외가 균형성 있게 발전해왔다. 우리나라에서도 2007년 이후 위법수집증거에 대한 원칙과 예외가 판례를 통해 형성되고 있다.

2. 위법수집증거배제법칙에 대한 논의

판례는 위법수집증거배제법칙이 형소법상 명문화되기 이전에도 위법한 절차에 의해 취득된 일정 증거의 증거능력을 배제해 왔다. 예컨대, 진술거부권을 고지하지 않은 상태에서 작성한 피의자신문조서(92도682), 변호인의 접견교통권을 침해하여 작성된 피의자신문조서의 증거능력을 부정해 왔다(90도1586). 그러나 영장주의에 위반하여 압수한 증거물에 대하여는 압수절차가 위법하더라도 압수물건 자체의 성질, 형상에 변경을 가져오는 것은 아니어서 증거가치에 변화가 없다는 이유로 증거능력을 인정하였었다(형상불변설, 93도3318).

이에 대하여 학설은 위법수집증거배제법칙은 적정절차 및 인권보호, 수사기관의 위법수사를 억제하기 위한 것이므로 비진술증거에 대하여도 적용되어야 한다는 입장을 견지해 왔다. 이러한 비판을 반영하여

---

47) Weeks v. United States, 232 U.S., 383(1914).

대법원은 2007년 전원합의체판결을 통하여 비진술증거에 대하여도 위법수집증거배제법칙이 적용된다고 인정하기에 이르렀다. 이후 2007년 형소법 개정에서 위법수집증거배제법칙이 명문화되었다.

> **[판례]** 수사기관의 절차위반행위가 적법절차의 실질적인 내용을 침해하는 경우에 해당하지 아니하고, 오히려 그 증거의 증거능력을 배제하는 것이 헌법과 형소법이 형사소송에 관한 절차 조항을 마련하여 적법절차의 원칙과 실체적 진실 규명의 조화를 도모하고 이를 통하여 형사사법 정의를 실현하려 한 취지에 반하는 결과를 초래하는 것으로 평가되는 예외적인 경우라면, 법원은 그 증거를 유죄 인정의 증거로 사용할 수 있다고 보아야 한다. 적법한 절차에 따르지 아니하고 수집한 증거를 기초로 하여 획득한 2차적 증거의 경우에도 1차 증거수집과 2차적 증거 수집 사이 인과관계의 희석 또는 단절 여부를 중심으로 2차적 증거 수집과 관련된 모든 사정을 전체적·종합적으로 고려하여 예외적인 경우에는 유죄 인정의 증거로 사용할 수 있다(2007도3061).

Ⅱ. 위법수집증거배제법칙의 근거

1. 사법적 염결성

국가형벌권의 집행은 국가기관이 적정절차를 지켜 시민을 처벌할 때만이 그 정당성이 인정된다. 따라서 수사기관이 적정절차를 위반하여 국민의 인권을 침해함으로써 취득한 위법수집증거를 허용하게 되면 국가가 위법행위에 가담하게 되는 결과를 초래하므로 결과적으로 사법의 염결성을 해한다. 다시 말해 법원은 헌법을 수호하고 타인의 헌법적 권리를 보호하여야 할 의무가 있는데 법원이 검사로 하여금 불법으로 취득된 증거를 사용할 수 있도록 허용한다면 법원도 헌법을 위반하는데 방조하는 것이 된다. 따라서 이러한 사법적 염결성(Judicial Integrity)에 대한 도덕적 명령을 따르기 위해서는 위법하게 수집된 증거능력을 배제하여야 한다.

그러나 사법적 염결성을 도덕적 명령과 같다고 보면 절차에 위반한 모든 증거를 배제하게 되므로 위법수집증거배제법칙의 예외를 인정하기 어려운 면이 있어 위법수집증거배제법칙의 본고장인 미국에서도 주된 근거로는 인정받지 못하고 있다.

2. 위법수사의 억제효과

위법하게 수집된 증거를 배제하여야 하는 목적을 수사기관의 불법행위를 억제하기 위한 것이라고 한다. 다만, 수사기관이 과실 또는 선의에 의해 결과적으로 위법하게 수집한 증거는 증거를 배제한다고 해도 수사기관의 억제효과(Deterrence Effect)를 기대하기 힘들다는 이유에서 위법수집증거배제법칙의 예외를 인정하게 된다. 이것이 1970년대 이후 미국 연방대법원이 엄격한 위법수집증거배제법칙을 완화시키기 위한 노력의 일환으로 사법적 염결성보다는 억제효과를 위법수집증거배제법칙의 주된 근거로 삼게 된 이유이다.

Ⅲ. 미국에서의 위법수집증거배제법칙의 예외이론

1. 선의의 예외이론

선의의 예외이론(Good Faith Exception)은 수사기관이 선의 또는 과실로 인해 위법하게 취득한 증거의 증거능력을 인정하자는 것으로서 위법수집증거배제법칙의 예외에 해당한다. 이에 관한 미국 연방대법원의 최초 사례는 레온(Leon) 판결이다.

[사례] 1981년 8월 캘리포니아 경찰은 용의자 2명이 마약상이라는 첩보를 입수하였다. 경찰관들은 용의자들의 집을 감시하던 중 다른 용의자 레온(Leon)도 그 범죄에 가담하고 있다고 판단하였다. 경찰관은 자신들이 지켜본 사항과 다른 정보원으로부터 얻은 첩보를 근거로 치안판사에게 영장을 신청하였고, 판사는 영장을 발부하였다. 경찰관들은 그 압수영장으로 수색을 한 후 마약을 발견하였다. 그러나 나중에 그 영장은 영장발부의 요건인 '범죄혐의의 상당한 이유'를 결하여 영장발부요건이 되지 않는 것으로 밝혀졌다. 이렇게 경찰관이 영장이 유효한

것으로 믿고 수색하여 얻은 증거의 증거능력이 인정되는가? (United States v. Leon[48])

이 판결에서 미국 연방대법원은 선의 또는 단순한 과실로 한 경찰관의 행위는 증거를 배제한다고 해도 경찰관의 불법행위를 억제하는 효과를 기대하기 힘들고, 따라서 증거능력을 부정하여 유죄판결을 받아야 할 범죄자를 석방하는 사회적 손실과 비용이 그 이익에 비해 너무 커 형사사법시스템의 기본이념을 훼손한다는 이유로 증거능력을 인정하였다.

또 하나의 사례는 에반스(Evans)판결이다.

[사례] 경찰관이 일상적인 차량 검문을 위해 전산조회결과 차량운전자 에반스(Evans)에 대한 체포영장이 발부되어 있음을 확인하고 에반스를 체포하고 체포에 수반된 수색을 하던 도중 차량에서 마리화나를 발견하였다. 그러나 에반스에 대한 체포영장은 이미 법원에 의해 기각되었음에도 법원직원이 실수로 에반스의 이름을 삭제하지 않아 일어난 일이었다. 압수된 마리화나의 증거능력은 인정되는가? (Arizona v. Evans[49])

이 판결에서 미국 연방대법원은 위법수집증거배제법칙은 경찰관의 불법행위를 억제하기 위한 원칙인데 증거능력을 배제한다고 하여 법원직원으로 하여금 이러한 잘못을 억제하는 효과를 기대하기도 힘들며, 컴퓨터기록을 믿고 에반스를 체포한 경찰관은 객관적으로 불합리한 행위를 하였다고 인정할 수 없다는 이유로 증거능력을 인정하였다.

2. 독수독과의 원칙

《학습문제》 경찰관 갑은 살인사건을 수사하던 중 을을 유력한 용의자로 보고 수사를 하였으나 증거를 발견하지 못하였다. 경찰관 갑은 을에 대한 압수·수색영장을 발부받기 어렵게 되자 야간에 을의 집에 몰래 들어가 을의 책상을 뒤졌다. 갑은 을의 일기장을 발견하고 읽어보니 을이 자신의 살인범행을 인정하는 일기와 함께 자신의 범행사실을 병이 보았다는 내용을

---

48) 468 U.S. 897(1984).
49) 514 U.S. 1(1995).

기재하였다. 갑은 증거로 을의 일기장을 가지고 나왔다. 재판에서 갑은 을의 일기장을 증거로 제출하였고 병을 증인으로 불러 을의 범행사실을 증언하도록 하였다. 일기장과 병의 증언의 증거능력이 인정될까?

(1) 독수독과의 원칙의 의의

독수독과의 원칙(Fruit of the Poisonous Tree Doctrine)은 '독나무에 열린 열매에는 역시 독이 들어 있다'는 단어의 의미처럼 위법하게 수집된 증거(독수)에 의하여 발견된 제2차적 증거(독과) 또한 오염된 것이므로 증거능력을 부정하여야 한다는 원칙이다. 이것은 위법수집증거배제법칙이 유명무실해지는 것을 막기 위한 형사정책적 고려이다. 그러나 1차 증거가 위법하게 수집되었다고 해서 모든 2차적 증거를 배제할 수는 없다. 따라서 미국 연방대법원은 1차 증거가 위법하게 수집되었어도 2차적 증거의 증거능력을 인정할 수 있는 예외의 원칙을 판례를 통하여 확립해 왔다. 예외원칙으로는 독립된 원천의 예외이론(Independent Source Doctrine), 불가피하게 발견될 규칙(Inevitable Discovery Rule), 희석이론(Attenuated Connection Principle) 등이 있다. 이러한 예외원칙은 우리나라 판례에서도 적용되고 있다.

(2) 독립된 원천의 예외이론

독수독과의 원칙은 문제되는 증거가 수사기관의 불법행위의 결과물인 경우에 증거능력을 배제한다는 원칙이므로 불법행위와 인과적으로 연관되지 않은 증거는 그 증거능력을 인정할 수 있다고 한다. 예컨대, 경찰관이 살인용의자인 A의 집을 영장을 발부 받아 수색하던 중 A의 일기장에서 살인사건의 목격자인 W의 이름을 알게 되었다고 가정하자. 그 후 경찰관이 다시 A의 집을 수색하였는데 이때에는 불법으로 수색을 하였고, 다른 서류에서도 W의 이름을 발견하였다고 할 경우 W가 법정에서 A의 살인사건을 증언할 수 있다. 왜냐하면 두 번째 수색은 불법 수색이었으나 첫 번째 수색은 합법적으로 이루어졌으므로 독립된 원천의 예외이론에 의해 증거능력을 인정할 수 있기 때문이다.

> [판례] 경찰관들이 머레이(Murray)의 집을 영장 없이 불법으로 수색하여 마리화나가 들어 있는 가방을 보게 되었다. 그러나 경찰관들은 그 가방을 압수하지 않고 그대로 나온 뒤에 법원에 사전수색영장을 발부받았는데 범죄혐의의 상당한 이유를 적시한 진술서에는 위 가방에 대한 언급은 없고 사전에 합법적으로 수사한 내용만을 토대로 기재한 것이었다. 경찰관들은 영장을 발부받은 뒤 그 영장을 집행하여 합법적으로 마리화나 가방을 압수하였다. 마리화나의 증거능력에 대하여 미국 연방대법원은 경찰관들이 압수한 마리화나는 영장에 의해 압수되었으며, 그 영장에서 범죄혐의의 상당한 이유를 적시한 근거가 어떠한 불법적인 행위를 통해 취득된 내용이나 증거가 아니므로 이것은 독립된 원천에 의해 취득된 증거에 해당한다고 하였다(Murray v. United States[50]).

(3) 불가피하게 발견될 규칙

문제되는 증거가 수사기관이 불법행위로 취득하였지만 그 불법행위와 관계없이 수사기관의 합법적인 수사에 의해 그 증거가 결국 발견될 것이었다면 그 증거의 증거능력을 인정할 수 있다고 한다.

> [판례] 1968년 12월 24일 부모와 함께 운동경기를 보러 온 한 10세의 여자 어린이가 아이오와(Iowa)주 YMCA빌딩에서 실종되었다. 당시 14세의 소년이 목격한 바, 윌리엄스라는 남자가 YMCA건물을 나갔고 그 당시 담요로 무엇을 싼 채로 나갔는데 담요 밖으로 두 발이 보였다고 하였다. 다음 날 윌리엄스의 차량이 발견되었는데 차량과 주위에는 소녀의 옷가지가 있었고 소년이 증언한 담요도 있었다. 경찰은 대대적인 수색을 시작하였다. 한편, 경찰관들은 윌리엄스를 용의자로 체포, 사건 관할경찰서에서 기소인부절차를 거치기 위해 데려가면서 윌리엄스의 변호인에게 사건에 관하여 일체의 질문을 하지 않겠다고 약속하였다. 그러나 차량 안에서 형사 중 한 명이 윌리엄스에게 "오늘 밤 폭설이 내린다고 하는데 그 소녀가 묻힌 곳을 아는 것은 윌리엄스 당신뿐이야. 눈이 많이 내리면 당신조차도 그 시체를 찾지 못하겠지. 우리가 가는 길에 그 소녀가 묻혀 있으니까 그 소녀의 시체를 찾아서 부모들이 기독교식으로 장례를 해주게 하는 게 좋을 거 같다. 그러나 당신이 답변을 하기를 원하지는 않아. 다만, 생각해보기를 바란다"고 하였다. 윌리엄스는 아무런 말이 없다가 소녀의 시체가 묻혀 있는 곳으로 형사를 안내했다. 이때 수색대는 소녀의 시체가 있는 장소에서 불과 몇 킬로 떨어져 있었고, 잠시 수색이 중단된 상태였

---

50) 487 U.S. 533(1988).

다. 윌리엄스의 변호사는 경찰관이 수정헌법 제6조를 위반하여 윌리엄스의 진술을 불법으로 유도하여 취득한 자백을 통해 발견된 시체의 증거능력도 부정하여야 한다고 주장하였다. 미국 연방대법원은 경찰관의 수정헌법 제6조의 위반이 없었다고 하더라도 경찰관들의 수색을 통해 시체를 발견할 수 있었던 상황이었으므로 불가피하게 발견될 원칙에 의해 증거능력이 인정된다고 하였다(Nix v. Williams[51]).

(4) 희석이론

희석이론에 의하면 2차 증거가 어떤 요소에 의해 그 오염이 상당히 희석되었다면 2차 증거의 증거능력을 인정할 수 있다고 한다.

1) 1차 증거와 2차 증거의 시간의 경과에 따른 희석

1차 불법행위 후 시간이 경과할수록 2차 증거의 오염의 희석정도는 증가한다. 미국 연방대법원은 용의자를 그의 집에서 불법으로 체포한 후 바로 자백을 받아낸 경우 체포와 자백취득 사이의 시간이 매우 밀접하므로 오염의 희석이 있다고 인정하기 어렵다고 하였다(Wong Sun v. United States[52]).

2) 오염의 인과관계를 단절시키는 행위가 있는 경우

일반적으로 1차 증거에 의한 2차 증거의 오염을 단절시킬 수 있는 행위 또는 사건이 없는 경우에는 희석이론을 부정한다. 미국 연방대법원은 3명의 정복경찰관과 2명의 사복형사가 새벽에 17세 소년의 집에 무단으로 들어와 살인사건에 대해 조사할 것이 있다면서 소년을 수갑 채우고 경찰서로 데려간 뒤 수갑을 풀고 미란다원칙을 고지한 후 살인에 대한 자백을 받은 사안에서, 미란다원칙의 고지 이외에는 오염을 희석시키는 행위가 없었다고 지적하면서 증거능력을 부정하였다(Kaupp v. Texas[53]).

---

51) 467 U.S. 431(1984).
52) 371 U.S. 471(1963).
53) 538 U.S. 626(2003).

3) 위법하게 수집한 증인의 인적사항과 증언의 증거능력

경찰관이 타인의 주거를 불법으로 수색하여 증인의 인적사항을 알아내고 증인에게 연락하여 증인이 법정에서 증언을 한 사안에서, 피고인은 불법으로 수집된 증거에 의해 증인의 신상을 알아냈으므로 증인의 증언도 증거능력을 부정하여야 한다고 주장하였다. 이에 대하여 미국 연방대법원은 증인은 보통 자신의 의지로도 자발적으로 증언을 하는 경우가 많으며, 사건에 대해 중요한 증언의 증거능력을 부정하는 경우 그 증언은 영원히 사용할 수 없게 되는 것이라면서 불법수색과 증인의 증언을 하는 시간이 상당히 경과하였으므로 증거능력을 긍정할 만큼 희석되었다고 하였다(United States v. Ceccolini[54]).

3. 사인이 위법하게 수집한 증거의 증거능력

불합리한 수색과 압수를 규정하고 있는 미국 수정헌법 제4조는 국가기관에 의한 행위만 규정하고 있으므로 국가기관이 아닌 민간인에 의한 압수와 수색은 그것이 불합리하거나 불법적인 것이라고 해도 증거능력이 인정된다.[55] 예컨대, 민간경비원이 사무실을 무단으로 수색하여 증거물을 찾아낸 경우나 컴퓨터해커가 우연히 다른 사람의 컴퓨터에서 불법 아동포르노 사진을 발견하고 수사기관에 제공한 경우 등에서 해당 증거의 증거능력을 인정하였다.[56] 그러나 사인이 수사기관의 요청이나 지시에 의해 증거물을 불법으로 수집한 경우에는 증거능력을 부정하였다.[57] 수사기관의 대리인으로서 불법증거물을 수집한 것이기 때문이다.

---

54) 435 U.S. 268(1978)
55) Burdeau v. McDowell, 256 U.S.465(1921).
56) United States v. Jarrett, 338 F.3d 339(4th Cir. 2003).
57) United States v. Jacobsen, 466 U.S. 109(1984).

4. 피해자의 주장적격과 위법수집증거배제법칙

미국 수정헌법 제4조에서 유래하는 위법수집증거배제법칙은 형사절차에 임하는 당사자의 권리이므로 이를 다투는 자가 피고인이어야 한다. 이렇게 위법수사의 피해자가 위법수집증거의 배척을 주장할 수 있는 자격을 주장적격(standing)이라고 한다. 위법수집증거배제법칙을 주장하는 피고인이 자신의 권리가 불법으로 침해된 사람이 아닌 경우에는 비록 그 증거가 피고인이 아닌 타인의 프라이버시를 침해하여 취득한 위법수집증거라고 해도 그 증거의 증거능력배제를 주장할 수 없다. 예컨대, 국세청(IRS) 수사요원이 목표로 삼은 A의 탈세수사를 위해 사립탐정을 고용하여 은행 직원 B의 아파트에 잠입하게 한 뒤, 서류가방을 꺼내와 가방에 있던 A에 관한 서류사진을 찍고 제자리에 돌려놓은 다음 그 사진을 A에 대한 탈세혐의 증거물로 제출한 사안에서, 미국 연방대법원은 그 증거물이 정부의 지시에 의해 민간인이 불법으로 취득하였다고 하더라도 피고인인 A는 B의 서류에 대하여는 합리적 프라이버시를 갖지 못한다는 이유로 주장적격을 부정하고 사진의 증거능력을 인정하였다(United States v. Payner[58]).

Ⅳ. 우리나라에서의 위법수집증거배제법칙과 예외

1. 위법수집증거배제법칙의 예외인정 여부

위법수집증거배제법칙이 경미한 절차규정의 위반이 있었다고 해서 모든 증거의 증거능력을 배제하는 것은 아니다. 판례는 헌법과 형사절차에 따르지 않고 수집한 증거는 원칙적으로 증거능력을 배제하여야 하나 증거의 배제가 오히려 적법절차의 원칙과 실체적 진실규명의 조화를 통하여 형사사법정의를 실현하려는 취지에 반하는 경우에는 증거능력을 인정할 수 있다고 한다. 그러나 "절차에 따르지 아니한 증거 수집과 2차

---

58) 447 U.S. 727(1980).

적 증거수집 사이의 인과관계의 희석 또는 단절 여부를 중심으로 2차적 증거 수집과 관련된 모든 사정을 전체적·종합적으로 고려하여 예외적인 경우에는 유죄 인정의 증거로 사용할 수 있다"고 함으로써 미국에서의 예외이론들을 적용하고 있다(2007도3061). 다만, 이러한 예외적인 경우에 해당한다고 볼 만한 구체적이고 특별한 사정이 존재한다는 점은 검사가 입증하여야 한다(2008도763).

2. 위법수집증거배제의 개별적 기준

(1) 영장주의에 위반하여 수집된 증거

수사기관이 영장주의에 위반하여 수집한 증거물은 그 증거능력이 부정된다. 따라서 영장 없이 압수·수색한 증거물은 물론 영장에 기재되지 않은 물건, 영장 없이 체포, 압수·수색할 수 있도록 규정한 형소법상 요건을 충족하지 않은 상태에서 취득한 증거의 증거능력은 부정된다. 또한 긴급압수·수색요건에 해당하여 적법하게 압수·수색하였지만 사후영장을 발부받지 않은 증거물이나 「경찰관 직무집행법」상 직무질문과 관련하여 소지자의 동의 없는 소지품검사를 통해 수집한 증거의 증거능력도 부정된다. 뿐만 아니라 법원의 허가없이 이루어진 도청과 비밀녹음도 「통신비밀보호법」을 위반하여 취득한 증거이므로 증거능력이 부정된다. 또한 영장을 발부 받아 적법하게 압수하였더라도 그 기재된 방식을 따르지 않았거나 영장에 기재된 사건과 관련 없는 증거를 압수한 경우 증거능력이 부정된다. 예컨대, 수사기관이 감청을 위한 통신제한조치허가서를 발부받아 카카오에 집행을 위탁하였는데, 카카오가 감청의 방식이 아니라 이미 송수신이 완료되어 서버에 저장되어 있는 카카오 대화내용을 추출하여 수사기관에 제공하였다면 이것은 허가서에 기재된 감청의 방식이 아니므로 위법하게 수집한 증거에 해당한다(2016도8137). 그리고 압수·수색영장에 갑의 「공직선거법」위반사건과 관련하여 을이 소지하는 휴대폰을 압수하도록 기재된 경우 을의 휴대폰에서 녹음된 대화내용이 을과 병 사이의 「공직선거법」위반의 증거인 경우 이를 을과 병의 공소사실에 대한 증거로 사용하는 것은 영장주의의 실질적 내용을 침해하는 것이므로 증거능력이 부정된다(2013도7101). 또한 수사기관이 사전에 정보를 입수하고, 「마약류 불법거래 방지에 관한 특례법」상의 통제배달을 통해 범인을 검거하기 위해 세관공무원으로 하여금 해당 화물을 사무실로 가져오게 한 뒤 그로부터 임의제출 받은 경우에는 수사상 압수에 해당하여 사전 또는 사후에 영장을 발부받지 않은 경우 위법한 증거이며, 그 압수물에 대한 감정서도 증거능력이 부정된다(2014도8719).

> **[판례]** 검사가 피고인이 멕시코에서 미국을 경유하는 항공특송화물 편으로 필로폰을 수입하려고 한다는 정보를 입수하고, 미국 수사당국과 인천공항세관의 협조를 받아 해당 특송화물을 감시하에 국내로 반입하여 배달하고(이를 '통제배달(Controlled delivery)'이라 한다), 피고인이 이를 수령하면 범인으로 검거하려고 하였고, 인천공항세관 마약조사과 소속 세관공무원은 인천공항에 도달한 특송화물을 통상적인 통관절차를 거치지 않은 채 자신의 사무실로 가져왔으며, 검찰수사관은 그 특송화물 속에서 필로폰이 발견되자 세관공무원으로부터 필로폰이 든 특송화물을 임의로 제출받는 형식으로 영장 없이 압수한 다음 대체 화물로 통제배달을 한 사안에서, 「마약류 불법거래 방지에 관한 특례법」 제4조 제1항에 따른 조치의 일환으로 특정한 수출입물품을 개봉하여 검사하고 그 내용물의 점유를 취득한 행위는 수출입물품에 대한 적정한 통관 등을 목적으로 조사를 하는 경우와는 달리, 범죄수사인 압수 또는 수색에 해당하여 사전 또는 사후에 영장을 받아야 하였다(2014도8719).

그러나 영장주의가 적용되지 않거나 상당성을 일탈하지 않은 경우 증거능력이 인정될 수 있다. 판례는 수사기관이 피고인의 「국가보안법」 위반 증거확보를 위해 공개적인 장소에서 북한 공작원들과의 회합모습을 촬영한 경우 증거보전의 긴급성, 필요성, 방법의 상당성을 이유로 증거능력을 인정하였다(2013도2511). 또한 우편물 통관검사절차에서 압수·수색 영장 없이 이루어지는 우편물의 개봉, 시료채취, 성분분석 등의 검사는 수출입물품에 대한 적정한 통관을 목적으로 하는 행정조사의 성격을 가지는 것이므로 수사기관의 강제처분이라고 볼 수 없어 특별한 사정이 없는 한 위법하지 않다고 하였다(2013도7718).

또한 위법한 체포상태에서 압수된 증거물의 증거능력이 모두 배제되는 것은 아니다. 판례는 불법체포의 상황 및 수사기관이 증거물의 압수과정에서 위법한 상태를 직접적으로 이용하였는지 여부 등을 종합적으로 고려하여 판단하고 있다. 즉, 판례는 마약 투약혐의를 받고 있는 피고인이 임의동행을 거부하는 의사표시를 하였음에도 경찰관들이 피고인을 영장 없이 강제로 연행한 후, 마약 투약 여부의 확인을 위한 1차 채뇨를 하였고, 그 후 압수 영장에 의하여 2차 채뇨가 정상적으로 이루어졌다면 1차 채뇨의 결과를 바탕으로 작성된 '소변검사시인서'는 증거능력이 없으나 압수영장에 의하여 이루어진 채뇨결과를 바탕으로 분석한 감정결과에 대하여는 인과관계의 희석 등을 이유로 증거능력을 인정하였다 (2012도13611).

> **[판례]** 연행 당시 피고인이 마약을 투약한 것이거나 자살할지도 모른다는 취지의 구체적 제보가 있었던 데다가, 피고인이 경찰관 앞에서 바지와 팬티를 내리는 등 비상식적인 행동을 하였던 사정 등에 비추어 피고인에 대한 긴급한 구호의 필요성이 전혀 없었다고 볼 수 없는 점, 경찰관들은 임의동행시점으로부터 얼마 지나지 아니하여 체포의 이유와 변호인 선임권 등을 고지하면서 피고인에 대한 긴급체포의 절차를 밟는 등 절차의 잘못을 시정하려고 한 바 있어, 경찰관들의 위와 같은 임의동행조치는 단지 수사의 순서를 잘못 선택한 것이라고 할 수 있지만 관련 법규정으로부터의 실질적 일탈 정도가 헌법에 규정된 영장주의 원칙을 현저히 침해할 정도에 이르렀다고 보기 어려운 점 등에 비추어 볼 때, 위와 같은 2차적 증거 수집이 위법한 체포·구금절차에 의하여 형성된 상태를 직접 이용하여 행하여진 것으로는 쉽사리 평가할 수 없으므로, 이와 같은 사정은 체포 과정에서의 절차적 위법과 2차적 증거 수집 사이의 인과관계를 희석하게 할 만한 정황에 속하고, 메스암페타민 투약 범행의 중대성도 아울러 참작될 필요가 있는 점 등 제반 사정을 고려할 때 2차적 증거인 소변 감정서 등은 증거능력이 인정된다(2012도13611).

한편, 압수·수색·검증 영장(이하 영장)의 집행을 위한 처분 범위와 관련하여도 문제가 될 수 있다. 수사기관이 피고인에 대한 마약투약 첩보를 입수하고 피고인의 소변 및 모발 등을 채취하기 위하여 판사로부터 영장을 발부받았으나 피고인이 완강히 거부하자 피고인을 제압하고 수갑과 포승을 채운 뒤 병원 응급실로 데려가 소변 등을 채취한 경우, 법원은 이러한 행위도 형소법(제219조, 제120조 제1항)상 영장의 집행에 필요한 처분이라고 보아 적법하다고 판단하였다(2018도6219).

(2) 적정절차를 위반하여 수집한 증거

피의자에게 진술거부권을 고지하지 않은 상태에서 작성된 피의자신문조서는 증거능력을 인정할 수 없다(2010도1755). 사실상 피의자의 지위에 있었다면 '진술서, 자술서'라는 형식을 취하였더라도 피의자신문조서와 달리 볼 수 없으므로 진술거부권을 고지하지 않은 상태에서 사실상의 피의자를 상대로 작성된 진술서, 확인서, 반성문 등도 위법수집증거에 해당한다(2014도5939). 또한 변호인과의 접견교통권을 침해하여 취득한 진술(90도1586), 당사자의 참여권과 신문권을 침해하여 이루어진 증인신문, 당사자의 참여권을 보장하지 않은 검증과 감정, 의사나 성년의 여자를 참여시키지 않고 행한 여자의 신체검사를 통해 취득한 증거도 증거능력이 부정된다. 또한 공소가 제기된 후에는 그 사건에 관한 모든 형사절차의 권한은 수소법원에 속하며, 피고인은 검사와 대등한 당사자로서 방어권을 행사할 수 있어야 한다. 따라서 제1심에서 피고인에 대한 무죄판결이 선고되어 검사가 항소한 후, 항소심 공판기일에 증인으로 신청하여 신문할 수 있는 사람을 검사가 특별한 사정없이 미리 소환하여 작성한 진술서나 피의자신문조서는 피고인이 증거에 동의하지 않는 이상 참고인 등이 나중에 법정에 출석하여 그 진술조서 등의 진성성립을 인정하고 피고인 측에 반대신문의 기회가 보장되더라도 증거능력이 인정되지 않는다(2018도2236).

그러나 절차의 적정성이 본질적으로 침해되지 않았다고 인정되는 경우 증거능력이 인정될 수 있다. 따라서 사법경찰관이 압수·수색영장의 첫 페이지와 혐의사실만을 보여주고 압수·수색할 물건, 장소 등의 기재사항을 확인하지 못하게 한 경우 그 과정에서 압수한 휴대전화는 위법하게 수집된 증거로서 증거능력이 부정된다(2015도12400). 하지만 피처분자가 현장에 없거나 발견할 수 없는 경우 등 영장제시가 현실적으로 불가능한 상황에서 영장의 제시 없이 압수·수색을 하였거나, 수사기관이 피고인 등에게 압수·수색의 일시, 장소를 통지하지 않았더라도 현장 압수·수색과정에 피고인 등이 참여한 경우 또는 수사관들이 압수·수색 장소에서 30분가량 참여인 없이 수색을 하였으나 곧바로 임차인에게 연락하여 참여시킨 경우(2014도10978) 등과 같이 절차위반이 수사기관의 고의가 아니거나 불가피한 측면이 있는 경우에는 증거능력을 인정한다. 또한 헌법에서 보장하는 진술거부권을 고지 받을 권리는 헌법상 직접적으로 도출될 수 없어 입법적 뒷받침이 필요하다고 하면서, 선거관리위원이 선거범죄 조사와 관련하여 별도의 진술거부권 고지 규정이 없는 구「공직선거법」에 따라 진술거부권을 고지하지 않고 작성된 문답서도 당연히 위법한 것은 아니라고 한다(2013도5441).

(3) 형사소송법의 효력규정에 위반하여 수집한 증거

형소법의 훈시규정이 아닌 효력규정에 위반하여 증거를 취득한 경우에도 위법수집증거배제법칙이 적용된다. 예컨대, 선서 없이 행한 증인에 대한 신문, 증언거부권을 증인에게 고지하지 않은 경우 등이다. 그러나 증인의 소환절차에 문제가 있었던 경우나 단순히 압수조서나 압수목록의 작성·교부절차가 제대로 이행되지 않은 잘못이 있더라도 당연히 증거능력이 배제되는 것은 아니다(2011도1902).

(4) 형사재판 이외에의 적용

위법수집증거배제법칙은 행정소송과 같은 형사재판 이외의 재판에서도 된다. 판례는 경찰관이 사고로 의식이 없는 운전자의 어머니로부터 동의를 받아 채혈을 한 뒤 음주운전 사실을 확인하고, 이를 근거로 운전면허를 정지처분한 사안에서, 해당 채혈은 「도로교통법」을 위반하여 위법하게 수집한 증거이므로 그 운전면허 정지처분도 위법하다고 하였다(2014두46850).

3. 독수독과의 원칙과 예외의 적용

(1) 독수독과원칙의 예외인정 기준

판례는 독수독과원칙의 예외를 인정하는 기준으로 우선, 위반한 절차조항의 취지, 위반정도, 절차위반행위와 2차적 증거수집 사이의 인과관계, 수사기관의 의도 등을 종합적으로 고려하여 판단하고 있다.

[판례] 법원이 2차적 증거의 증거능력 인정 여부를 최종적으로 판단할 때에는 먼저 절차에 따르지 아니한 1차적 증거 수집과 관련된 모든 사정들, 즉 절차 조항의 취지와 그 위반의 내용 및 정도, 구체적인 위반 경위와 회피가능성, 절차 조항이 보호하고자 하는 권리 또는 법익의 성질과 침해 정도 및 피고인과의 관련성, 절차 위반행위와 증거수집 사이의 인과관계 등 관련성의 정도, 수사기관의 인식과 의도 등을 살펴야 한다. 나아가 1차적 증거를 기초로 하여 다시 2차적 증거를 수집하는 과정에서 추가로 발생한 모든 사정들까지 구체적인 사안에 따라 주로 인과관계 희석 또는 단절 여부를 중심으로 전체적·종합적으로 고려하여야 한다(2018도4075).

(2) 예외의 입증책임

위법수집증거배제법칙에 대한 예외를 인정하기 위해서는 검사가 예외적인 경우에 해당한다고 볼 만한 구체적이고 특별한 사정이 존재하고 있음을 입증하여야 한다(2009도10412).

(3) 독수독과원칙의 예외이론 적용사례

1) 독립된 원천의 예외이론

피해자의 신고를 받고 현장에 출동한 경찰서 과학수사팀이 범인과 함께 술을 마신 테이블 위에 놓여 있던 맥주컵에서 지문 6점을, 물컵에서 지문 8점을, 맥주병에서 지문 2점을 각각 현장에서 직접 채취하고, 수사기관이 그 이후에 다른 지문채취 대상물을 적법한 절차에 의하지 아니한 채 압수한 경우 1차 증거에 대하여는 증거능력이 인정된다(2008도7471).

[판례] 1차적으로 채취한 지문은 위법하게 압수한 지문채취 대상물로부터 획득한 2차적 증거에 해당하지 아니함이 분명하여, 이를 가리켜 위법수집증거라고 할 수 없다. 한편, 이 사건 지문채취 대상물인 맥주컵, 물컵, 맥주병 등은 피해자가 운영하는 주점 내에 있던 피해자의 소유로서 이를 수거한 행위가 피해자의 의사에 반한 것이라고 볼 수 없으므로, 이를 가리켜 위법한 압수라고 보기도 어렵다(2008도7471).

2) 희석이론

강도의 현행범으로 체포된 피고인에게 진술거부권을 고지하지 아니한 채 강도범행에 대한 자백을 받고, 이를 기초로 여죄에 대한 진술과 증거물을 확보한 후 진술거부권을 고지하여 피고인의 임의자백 및 피해자의 피해사실에 대한 진술을 수집한 사안에서, 제1심 법정에서의 피고인의 자백은 진술거부권을 고지 받지 않은 상태에서 이루어진 최초 자백 이후 40여 일이 지난 후에 변호인의 충분한 조력을 받으면서 공개된 법정에서 임의로 이루어진 것이고, 피해자의 진술은 법원의 적법한 소환에 따라 자발적으로 출석하여 위증의 벌을 경고 받고 선서한 후 공개된 법정에서 임의로 이루어진 것이어서, 예외적으로 유죄 인정의 증거로 사용할 수 있는 2차적 증거에 해당한다(2008도11437). 또한 수사기관이 금융회사 등이 발행하는 매출전표의 거래명의자에 대한 정보를 취득하기 위해 필요한 영장을 발부받지 않고 거래명의자에 대한 정보를 취득한 경우에 대하여 그 증거가 위법한 증거에 해당하지만 체포된 피의자가 석방된후 약 3개월이 지난 시점에 다시 동일한 내용의 자백을 한 경우 그 자백의 증거능력이 인정된다(2012도13607). 그리고 수사기관이 영장 집행 시에 범죄혐의 사실과 관련성이 없는 증거를 수집한 경우 원칙적으로 위법한 증거이지만 이후에 해당 압수물을 피압수자에게 환부하고 다시 임의로 제출을 받았다면 불법으로 인한 인과관계가 희석되어 증거능력을 인정할 수 있다. 다만, 그 임의성에 대하여는 검사가 합리적 의심을 배제할 정도로 증명을 하여야 한다(2013도11233). 이 외에 수사기관이 1차 압수영장에 기하여 서류와 장부를 압수·수색하면서 서류 등의 제목이나 개략적 내용만으로 혐의사실과 무관하다고 단정하기 어려웠고, 의도적으로 영장주의 원칙을 회피하려는 의도를 가지고 서류 등을 압수하지는 않았으며, 1차 압수 당시 해당 서류가 포함된 압수목록을 피압수자에게 교부하였고, 검사가 그 압수경위를 밝히면서 2차 압수영장을 청구하여 발부받은 후 피고인이 참여한 가운데 그 서류 등을 피고인에게 반환하였다가 다시 압수하였다면 1차 압수단계에서의 절차위반이 2차 압수에 미치는 인과관계는 희석되었다고 볼 수 있다(2017도3449).

　　그러나 검사가 1차 압수영장 집행 당시 '이미징'의 형태로 대상 컴퓨터에 있는 전자정보를 추출해 휴대용 저장매체에 복제한 다음 검찰 사무실로 옮겨와 이를 탐색하는 과정에서 1차 압수영장의 혐의사실과 무관한 전자정보임을 확인하였음에도 그 탐색을 중단하지 않았으며, 그 탐색과정에 피고인 등의 참여기회를 보장하지도 않았고, 해당 정보에 대하여 2차 압수영장을 발부받아 1차에 압수한 전자정보가 담긴 복제본을 탐색·복제·출력할 때에도 피고인 등에게 참여의 기회를 부여하지 않았다면 2차 영장에 의한 압수도 적법절차를 위반한 것이어서 증거능력이 없다(2017도3449).

3) 선의의 예외이론

　　판사가 발부한 압수·수색 영장에는 영장을 발부하는 법관의 서명날인이 있어야 함에도(제219조, 제114조 제1항) 법관의 서명만 있고 날인이 없는 경우 적법한 영장발부라고 할 수 없다. 그러나 외관상 판사에 의해 영장이 발부된 것이 분명하고, 수사기관으로서는 영장이 적법하게 발부되었다고 신뢰할 만한 합리적인 근거가 있었으며, 의도적으로 적법절차를 위반하거나 영장주의를 회피할 의도가 있다고 보기 어렵다면, 그 영장집행 결과 취득한 증거의 증거능력을 인정할 수 있다(2018도20504).

4) 음주측정 사례

　　교통사고 후 현장에 출동한 경찰관이 음주측정을 요구하였으나 피고인이 거부하자 경찰관이 진술거부권을 고지하지 않고 체포하여 지구대로 연행하였다. 연행된 피고인이 음주측정을 거부하면 처벌받는다는 사실을 고지 받고 음주측정에 응한 뒤, 그 결과에 불복하여 귀가하지 않고 경찰관에게 스스로 채혈요구를 하여 병원에서 혈액채취결과 음주운전에 해당하는 감정결과가 나온 경우 피고인이 스스로 요구한 혈액채취의 감정결과의 증거능력을 인정할 수 있는가가 문제된다.

이 사안에서 판례는 체포시에 진술거부권을 고지하지 않았으므로 이후의 체포행위는 위법하고, 그 위법상태가 존속하는 상황에서 측정한 호흡측정도 인과적으로 단절되지 않아 위법하며, 혈액채취도 불법체포와 인과관계가 단절되지 않았다는 사유로 증거능력을 부정하였다(2010도2094). 그러나 진술거부권을 고지하지 않아 위법한 체포가 이루어졌다고 하더라도 측정 후 귀가를 하지 않고 피고인이 스스로 원해서 채취한 혈액의 감정결과는 인과관계가 단절되었거나 독립된 원천의 예외이론에 해당하므로 증거능력을 인정하여야 한다.

> **[판례]** 위법한 강제연행 상태에서 호흡측정 방법에 의한 음주측정을 한 다음 강제연행상태로부터 시간적·장소적으로 단절되었다고 볼 수도 없고 피의자의 심적 상태 또한 강제연행 상태로부터 완전히 벗어났다고 볼 수 없는 상황에서 피의자가 호흡측정 결과에 대한 탄핵을 하기 위하여 스스로 혈액채취 방법에 의한 측정을 할 것을 요구하여 혈액채취가 이루어졌다고 하더라도 그 사이에 위법한 체포 상태에 의한 영향이 완전하게 배제되고 피의자의 의사결정의 자유가 확실하게 보장되었다고 볼 만한 다른 사정이 개입되지 않은 이상 불법체포와 증거수집 사이의 인과관계가 단절된 것으로 볼 수는 없다. 따라서 그러한 혈액채취에 의한 측정 결과 역시 유죄 인정의 증거로 쓸 수 없다고 보아야 한다. 그리고 이것은 수사기관이 위법한 체포 상태를 이용하여 증거를 수집하는 등의 행위를 효과적으로 억지하기 위한 것이므로, 피고인이나 변호인이 이를 증거로 함에 동의하였다고 하여도 달리 볼 것은 아니다(2010도2094).

(4) 주장적격(Standing) 사례

유흥주점 종업원이 손님과 인근 여관에서 성매매를 한 혐의로 경찰관에게 불법 연행되어 경찰서에서 불법영업사실을 시인하는 자술서와 참고인진술조서를 작성한 경우, 해당 조서를 유흥주점 업주인 피고인의

「식품위생법」위반 피의사실에 대한 증거로 사용할 수 있는가가 문제된다. 이 사안에서 절차적 기본권이 침해당한 사람은 피고인이 아닌 유흥주점종업원이라고 볼 수 있으므로 미국의 주장적격 개념을 인정하게 되면 피고인에 대하여는 증거능력을 인정할 수도 있다. 판례는 주장적격인정 여부에 대한 구체적 논의를 하지는 않았으나 피고인의 「식품위생법」위반 피고사건에 대하여 해당 조서의 증거능력을 부정함으로써 주장적격의 개념을 부정한 것으로 평가할 수 있다(2009도6717).

> [판례] 유흥주점 업주와 종업원인 피고인들이 영업장을 벗어나 시간적 소요의 대가로 금품을 받아서는 아니되는데도, 이른바 '티켓영업' 형태로 성매매를 하면서 금품을 수수하였다고 하여 구 「식품위생법」위반으로 기소된 사안에서, 경찰이 피고인이 아닌 성인 갑과 종업원 을이 인근 여관에 들어가는 것을 보고 따라 들어가 여관주인의 허락을 받고 문을 열어 갑, 을을 사실상 강제연행하여 불법체포한 상태에서 갑, 을간의 성매매행위나 피고인들의 유흥업소 영업행위를 처벌하기 위하여 갑, 을에게서 진술서를 받고 갑, 을에 대한 진술조서를 작성한 경우, 위 각 자술서와 진술조서는 헌법과 형소법이 규정한 체포·구속에 관한 영장주의 원칙에 위배하여 수집된 것으로서 수사기관이 피고인 아닌 자를 상대로 적법한 절차에 따르지 아니하고 수집한 증거에 해당하여 형소법 제308조의2에 따라 증거능력이 부정된다는 이유로, 이를 피고인들에 대한 유죄 인정의 증거로 삼을 수 없다(2009도6717).

4. 사인이 위법하게 수집한 증거의 증거능력

> ≪학습문제≫ 선거관리위원회 직원인 A는 선거관리법위반을 조사하면서 관계인인 갑에게 녹음사실을 미리 고지하지 않고 갑의 진술을 녹음하였다. 이 녹음테이프는 증거능력이 있는가?

(1) 학설과 판례의 태도

수사기관으로부터 통신제한조치의 집행을 위탁받은 통신기관이 통신제한조치를 집행하는 경우에는 그 집행은 수사기관의 행위로 보아 위법수집증거배제법칙을 적용할 수 있지만(2016도8137) 수사기관과 무관한 사인이 증거물을 위법하게 수집한 경우 그 증거능력이 문제가 된다.

미국의 경우 위법수집증거배제법칙의 근거가 되는 수정헌법 제4조는 국가기관의 행위에만 적용되고 사인에게는 적용되지 않으므로 사인이 불법으로 취득한 증거물의 증거능력은 인정되고 있다. 그러나 우리나라의 경우 제308조의2에서는 "적법한 절차에 따르지 아니하고 수집한 증거는 증거로 할 수 없다"로 규정되어 있어서 국가기관의 행위에만 제한되는 것은 아니다. 따라서 사인이 적법한 절차에 의하지 않고 수집한 증거도 증거능력을 부정하여야 한다. 다만, 그 기준을 어떻게 정할 것인가가 문제된다.

적정절차 또는 사법적 염결성을 중시하는 입장에서는 사인의 행위라도 그 위법의 정도가 중대한 경우에는 그 증거능력을 부정한다. 반면에 위법수사의 억제에 중점을 둔다면 사인에 대하여는 위법수사의 억제효과를 기대할 수 없으므로 증거능력을 부정할 이유가 없게 된다. 위법수집증거배제법칙의 주된 목적이 수사기관의 위법수사를 억제하는 데에 있다는 점은 부정할 수 없다. 그러나 사인이 타인의 기본권을 침해하고 위법하게 수집한 증거의 증거능력을 인정하게 되면 법원이 개인의 불법행위에 동조하는 셈이 되어 형사사법의 정의가 크게 훼손되는 것은 자명하다. 따라서 사인이 위법하게 수집한 증거에 있어서도 개인의 기본권을 중대하게 침해하여 취득한 증거의 증거능력은 부정하여야 한다. 다만, 수사기관의 위법수집증거와는 달리 사인이 위법하게 수집한 증거는 그 증거의 수집으로 인해 침해되는 개인의 기본권과 문제되는 증거의 중요성 등을 감안하여 종합적으로 판단할 필요가 있다.

판례는 사인이 불법으로 취득한 증거라도 범죄의 중대성과 증거의 중요성을 종합적으로 고려하여 증거능력을 판단하고 있다. 예컨대, 고소인이 사문서위조 및 행사, 소송사기 등으로 피고인을 형사처벌하기 위해 제3자가 절취한 위조문서를 대가를 지급하고 취득한 경우 이로 인해 침해되는 피고인의 사생활에 대한 권리보다는 그 증거를 통해 피고인을 처벌할 공익이 더 크다는 이유로 증거능력을 인정하였다(2008도1584). 그러나 이러한 종합적 이익형량기준은 아래에서 보는 바와 같이 구체적 사안에 따라 그 결과가 달라질 수밖에 없다.

(2) 구체적 사례

1) 사인이 몰래 녹음한 녹음테이프의 증거능력

「통신비밀보호법」 제3조 제1항에서는 공개되지 않은 타인의 대화를 녹음, 청취하지 못하도록 금지하고 있고, 제4조에서는 타인의 대화를 비밀녹음한 경우 그 녹음내용을 재판 등에서 증거로 사용할 수 없도록 규정하며, 이를 위반한 경우 10년 이하의 징역과 5년 이하의 자격정지에 처한다(제16조 제1항). 따라서 타인간의 대화를 몰래 녹음하거나 청취하면 「통신비밀보호법」위반죄가 성립하고, 그 녹음테이프는 위법수집증거로서 증거능력이 인정되지 않는다. 다만, 대화당사자 중 일방이 대화내용을 몰래 녹음하는 경우와 제3자가 대화당사자 중 일방의 동의를 받아 그 대화내용을 녹음하는 경우에 있어서는 논란의 여지가 있다. 판례는 대화당사자의 일방이 피고인과의 대화내용을 몰래 녹음한 경우에는 그 녹음테이프의 증거능력을 인정하고 있다(2007도10804). 3인간의 대화에서 그중 한 사람이 그 대화를 녹음 또는 청취하는 경우에도 마찬가지이다(2013도16404). 또한 강연이나 토론, 발표 등과 같이 당사자 중 1명이 일방적으로 말하고 상대방은 듣기만 하는 경우에도 그 강연, 토론, 발표는 「통신비밀보호법」상 대상자와 상대방 사이의 대화에 해당하므로 그 녹음의 증거능력은 인정된다(2014도10978).

그러나 제3자가 대화당사자 중 어느 일방의 동의만 받아 대화의 녹음을 한 경우(2010도9016)나 선거관리위원회 직원이 관계인에게 진술이 녹음되고 있다는 사실을 알려주지 않고 녹음한 경우(2011도3509)에는 당사자의 동의 없이 녹음한 경우로서 그 증거능력을 부정하였다(2011도

3509). 다만, 상대방과 통화를 마친 후 전화가 끊기지 않은 상태에서 휴대전화를 통하여 '악'하는 비명소리와 '우당탕'하는 음향을 들은 경우 이것은 타인 간의 대화에 해당한다고 볼 수 없고, 특별히 사생활에 관한 다른 정보를 제공하는 것도 아니어서 진실발견이라는 공익적 목적이 개인의 인격적 이익보다 우월하다고 하여 증거능력을 인정하였다(2016도19843).

> **[판례]** 전기통신에 해당하는 전화통화 당사자의 일방이 상대방 모르게 통화 내용을 녹음하는 것은 여기의 감청에 해당하지 아니하지만, 제3자의 경우는 설령 전화통화 당사자 일방의 동의를 받고 그 통화 내용을 녹음하였다 하더라도 그 상대방의 동의가 없었던 이상, 이것은 여기의 감청에 해당하여 법 제3조 제1항 위반이 되고 이와 같이 법 제3조 제1항에 위반한 불법감청에 의하여 녹음된 전화통화의 내용은 법 제4조에 의하여 증거능력이 없다 (2010도9016).

2) 사인이 비밀리에 촬영한 사진의 증거능력

상대방 몰래 사진이나 비디오를 촬영하는 경우 헌법이 보장하는 초상권 또는 프라이버시권을 침해하는 것이므로 위법한 것이 된다. 판례는 제3자가 공갈할 목적을 숨기고 피고인의 동의를 받아 나체사진을 촬영한 경우 그 사진이 피고인에 대한 다른 범죄의 증거물로 제출된 사안에서, 비록 그 사진촬영이 공갈의 목적으로 이루어진 것이라고 해도 피고인의 동의를 받은 이상 임의성을 부정할 수 없고, 형사소추의 공익상 목적이 인정된다는 이유로 증거능력을 인정하였다(97도1230).

> **[판례]** 피고인의 동의하에 촬영된 나체사진의 존재만으로 피고인의 인격권과 초상권을 침해하는 것으로 볼 수 없고, 가사 사진을 촬영한 제3자가 그 사진을 이용하여 피고인을 공갈할 의도였다고 하더라도 사진의 촬영이 임의성이 배제된 상태에서 이루어진 것이라고 할 수는 없으며, 그 사진은 범죄현장의 사진으로서 피고인에 대한 형사소추를 위하여 반드시 필요한 증거로 보이므로, 공익의 실현을 위하여는 그 사진을 범죄의 증거로 제출하는 것이 허용되어야 하고, 이로 말미암아 피고인의 사생활의 비밀을 침해하는 결과를 초래한다 하더라도 이것은 피고인이 수인하여야 할 기본권의 제한에 해당된다(97도1230).

3) 기타 사인이 불법행위로 취득한 증거의 증거능력

저작권 피해자의 의뢰를 받은 갑이 피고인이 운영하는 웹스토리지 서비스 제공 사이트에 적용된 검색제한 조치를 무력화하는 기술인 '패치프로그램'을 이용하여 저작권 침해자료 등을 수집한 사안에서, 그 '패치프로그램'이 네이버 등 포털사이트에서 일반인이 손쉽게 구할 수 있는 프로그램이며, 피고인의 형사소추를 위해 반드시 필요한 증거이므로 공익의 실현을 위해 증거능력을 인정하였다(2011도1435). 또한 동장 직무대리인이었던 피고인의 「공직선거법」위반 사안에서, 해당 시청 공무원 갑이 권한 없이 전자우편에 대한 비밀보호조치를 해제하여 수집된 피고인의 전자우편은 불법으로 취득한 증거이지만 형사소추상 중요한 증거임을 이유로 증거능력을 인정하였다(2010도12244)(이 사례에서는 피고인이 해당 증거에 대하여 증거동의를 한 점도 고려되었음).

제4절 자백의 증거능력과 증명력

≪학습문제≫ 검찰수사관 갑은 피의자 을에게 거짓말탐지기의 검사결과 을의 진술이 거짓으로 나왔다고 속여 을로부터 자백을 받았다. 이 자백은 증거능력이 인정되는가?

Ⅰ. 자백의 의의

1. 개 념

자백이란 피의자 또는 피고인이 자신의 범죄사실의 전부 또는 일부를 인정하는 진술이다. 자백은 범죄사실의 인정이면 족하므로 범죄사실을 시인하면서 정당방위를 주장하는 것과 같이 위법성조각사유 또는 책임조각사유의 존재를 주장하며 형사책임을 부인하는 경우에도 자백에 해당한다. 따라서 간이공판절차에서 요구되는 자백과는 구별된다. 영미법에서는 자백(confession)과 자인(admission)을 구분하여, 자인은 자신에게 불리한 사실을 진술하는 것을 말하며, 자백은 자신의 형사책임까지 인정하는 개념으로 보아 피고인이 자백을 하게 되면 사실심리절차 없이 양형절차로 진행하게 된다. 그러나 형소법은 자백과 자인을 구분하지 않고 있으며, 영미법에서와 같이 자백을 하더라도 바로 양형절차로 진행하는 것이 아니기 때문에 자백과 자인을 구별할 실익은 없다.

2. 자백의 주체와 형식

제309조 및 제310조에서는 '피고인의 자백'으로 규정하고 있으나 피고인 이외에 피의자, 참고인, 증인 등 그 지위를 가리지 않고 자신의 범죄사실을 인정하는 진술이면 모두 자백이라고 본다. 또한 그 진술의 형식이나 상대방도 묻지 않는다. 구두, 서면, 공판정 외에서의 자백뿐만 아니라 자신의 처에게 범죄사실을 시인하는 경우나 자신의 일기장에 범죄를 인정하는 내용을 기재한 것과 같이 그 상대방이 없는 경우도 해당된다. 따라서 간이공판절차에서의 자백은 공판정에서의 자백임을 요구하지만, 제309조 등의 자백은 재판상 자백과 그 이외의 자백을 모두 포함한다.

3. 자백과 관련된 현행 증거법제

헌법 제12조 제7항에서는 "피고인의 자백이 고문·폭행·협박·구속의 부당한 장기화 또는 기망 기타의 방법에 의하여 자의로 진술된 것이 아니라고 인정될 때 또는 정식재판에 있어서 피고인의 자백이 그에게 불리한 유일한 증거일 때에는 이를 유죄의 증거로 삼거나 이를 이유로 처벌할 수 없다"고 규정하여 자백배제법칙과 자백보강법칙을 규정하고 있다. 이러한 헌법규정을 구체화하여 제309조에서는 임의성 없는 자백의 증거능력을 부정하는 자백배제법칙을, 제310조에서는 자백의 증명력을 제한하는 자백의 보강법칙을 규정하고 있다. 이것은 자백의 높은 증명력에도 불구하고 수사기관의 강요에 의한 허위자백을 방지하고, 피고인이 자신이 저지른 더 큰 범죄를 숨기거나 공범에게 혐의를 전가하기 위한 목적으로 과장된 자백을 할 위험성이 크기 때문에 이를 제한하려는 것이다.

Ⅱ. 자백배제법칙

1. 자백배제법칙의 의의

자백배제법칙은 임의성이 없는 자백의 증거능력을 부정한다는 원칙이다. 그러나 어떠한 자백의 증거능력을 배제할 것인가는 자백배제법칙의 근거에 따라 달라질 수 있다. 우선, 수사기관의 강요에 의해 이루어진 자백은 허위일 위험성이 크고, 피고인의 인권을 침해가 명백하므로 오판의 방지와 인권보호를 위해서 그 증거능력을 배제할 필요가 있다. 그런데 강요에 의한 것은 아니지만 수사기관이 법에서 정한 절차를 위반하거나 진술인의 인권을 일부 침해하여 취득한 자백의 경우에도 그 자백의 증거능력을 부정할 것인가가 문제된다. 따라서 이것은 자백배제법칙의 이론적 근거에 따라 제309조의 적용범위가 달라진다.

2. 자백배제법칙의 이론적 근거

(1) 허위배제설

임의성이 없는 자백은 허위일 가능성이 크므로 오판의 방지를 위해서 증거능력을 부정하여야 한다는 견해이다. 이 견해에 따르면 임의성 없는 자백은 허위의 진술을 할 염려가 있는 상황에서 행하여진 자백을 의미한다. 따라서 수사기관이 사술, 기망에 의하여 자백을 취득하였더라도 허위의 자백이 아니라면 자백의 임의성을 긍정할 수 있다. 이때 자백을 배제하기 위해서는 자백의 임의성이 부정될 수 있는 사유의 존재만으로는 부족하고, 그 사정과 자백 사이에 인과관계가 인정되어야 한다. 이 견해에 대하여는 허위의 진술을 할 염려가 있는 상황이 어떤 것인가에 대한 실질적 기준을 제시하기가 힘들고, 자백내용이 진실한가를 먼저 따져 자백의 임의성을 판단하게 되므로 증명력을 먼저 판단하고 증거능력을 결정하는 모순이 발생하며, 자백의 내용이 진실하다면 수사기관의 강요에 의해 취득된 자백이라고 하더라도 자백의 증거능력을 부정할 수 없다는 비판이 있다.

(2) 인권옹호설

자백배제법칙을 진술거부권을 보장하기 위한 장치로서 이해하는 견해이다. 이 견해에 따르면 임의성 없는 자백이란 범죄사실을 인정하는 피고인의 내심의 의사결정과 진술의 자유를 침해하는 위법·부당한 상황에서 취득된 자백을 의미한다. 따라서 허위배제설과 마찬가지로 피고인의 입장에서 볼 때 진술의 자유에 영향을 미치는 사유와 자백의 임의성 사이에 인과관계를 요구한다. 이 견해에 대하여는 약속, 기망 등과 같이 진술의 자유를 침해하지 않는 사유에 대하여 그 증거능력을 인정하기 어렵고, 진술의 자유를 침해하였는가는 결국 진술인의 관점에서 주관적으로 판단할 수밖에 없어 현실적인 기준이 될 수 없다는 비판이 있다.

(3) 절 충 설

허위배제설과 인권옹호설을 결합하여 임의성이 없는 자백이란 허위의 진술을 할 염려가 있는 상태에서 행하여진 자백 또는 진술의 자유를 침해하는 위법·부당한 상황에서 취득된 자백을 의미한다는 견해이다. 이 견해에서는 고문, 폭행, 협박, 신체구속의 부당한 장기화에 의한 자백을 인권침해에 의한 자백이라고 보고, 기망 기타 방법에 의한 자백을 허위배제설에 입각한 것이라고 한다(종래의 다수설). 이 견해에 대하여는 임의성 유무를 자백의 허위성, 위법, 부당한 절차로 인한 인권옹호적 측면을 모두 고려하자는 것이므로 결국은 종합적인 상황을 고려하자는 일반적인 기준을 제시하는 데 그칠 뿐이며, 허위배제설과 인권옹호설의 결함을 결합한 것이라는 비판이 있다.

(4) 위법배제설

자백배제법칙을 자백취득 과정에서의 적정절차를 담보하기 위한 장치로 보고 자백의 임의성 여부의 개념에서 벗어나 수사기관의 행위에 중점을 둠으로써 수사기관이 적정절차를 위반하여 취득된 자백은 그것이 위법하게 수집된 증거이기 때문에 증거능력을 배제한다는 견해이다. 따라서 이 견해에서는 자백배제법칙을 자백에 관한 위법수집증거배제법칙의 특칙으로 본다(다수설). 이 견해에 대하여는 제309조에서 규정한 '자백의 임의성'이라는 문언을 도외시하고 있어 해석론으로 적합하지 않고, 자백의 임의성이 없는 경우와 자백의 임의성은 있으나 절차만 위반된 경우와 같이 자백의 질적 차이를 구분하지 않으므로 자백배제법칙을 불필요하게 확장시킬 염려가 있으며, 수사기관의 적정절차보장을 주요 근거로 하므로 사인에게 또는 상대방이 없는 상태에서 행해진 자백에 대하여는 제한근거가 되지 못한다는 비판이 있다.

(5) 판례의 태도

자백배제법칙의 이론적 근거에 대한 판례의 태도는 일관적이지 않다. 1970년대까지는 허위배제설의 입장을 취하다가 1980년대 인권옹호설의 입장에서 판결하는 경향을 보이기도 하고 위법배제설의 입장을 취하기도 하였다. 그러나 근래에는 주로 절충설의 입장에서 진술의 임의성을 판단하는 것으로 보인다(2004도7900).

[판례] 임의성 없는 진술의 증거능력을 부정하는 취지는, 허위진술을 유발 또는 강요할 위험성이 있는 상태하에서 행하여진 진술은 그 자체가 실체적 진실에 부합하지 아니하여 오판을 일으킬 소지가 있을 뿐만 아니라 그 진위를 떠나서 진술자의 기본적 인권을 침해하는 위법 부당한 압박이 가하여지는 것을 사전에 막기 위

한 것이므로, 그 임의성에 다툼이 있을 때에는 그 임의성을 의심할 만한 합리적이
고 구체적인 사실을 피고인이 증명할 것이 아니고 검사가 그 임의성의 의문점을
없애는 증명을 하여야 할 것이고, 검사가 그 임의성의 의문점을 없애는 증명을 하
지 못한 경우에는 그 진술증거는 증거능력이 부정된다(2012도9879).

(6) 검 토

자백배제법칙은 허위자백의 배제를 통한 오판의 방지는 물론 자백
을 하는 사람의 인권보호와 수사기관에 의한 고문, 강요, 협박, 기망 등
위법수사를 방지하기 위한 목적이 종합적으로 고려된 규정이다. 2007년
형소법 개정에서 위법수집증거배제법칙이 명문화되기 이전에는 자백배
제법칙의 적용범위와 관련하여 그 근거에 관한 논의의 필요성이 있었으
나 위법수집증거배제법칙이 명문화된 이상 위법수집증거배제법칙의 일
반적 기준과 원칙에 의해 자백의 증거능력을 판단하는 것이 합리적이다.
위법수집증거배제법칙과의 관계상 자백배제법칙은 허위의 자백뿐만 아
니라 진술인의 인권을 침해하여 취득된 자백과 적정절차를 위반하여 불
공정하게 취득된 자백을 모두 배제하는 규정으로 보는 것이 합리적이기
때문이다. 따라서 자백배제법칙을 위법수집증거배제법칙의 특별규정으
로 이해하는 위법배제설이 타당하다.

3. 자백배제법칙의 구체적 내용

제309조에서는 '고문, 폭행, 협박, 신체구속의 부당한 장기화'뿐만
아니라 '기망 기타 방법'에 의한 경우를 규정하고 있다.

(1) 고문, 폭행, 협박에 의한 자백

수사기관의 고문, 폭행, 협박에 의한 자백은 그 수단 자체가 위법하
므로 위법배제설에 의할 때 당연히 그 증거능력이 배제된다. 그런데 피
의자가 경찰수사단계에서 고문, 협박에 의해 자백을 하고, 검사 또는 법
정에서도 자백을 한 경우 그 증거능력을 인정할 것인가가 문제된다. 대

법원은 피의자가 경찰수사의 고문, 협박 등에 의한 임의성 없는 심리상태가 검사 또는 법정에서도 계속되어 동일한 내용의 자백을 한 경우에는 임의성 없는 자백으로 보아야 한다고 하였다(2012도9879).

(2) 신체구속의 부당한 장기화에 의한 자백

신체구속의 부당한 장기화로 인한 자백이란 부당하게 장기간에 걸친 구속 후의 자백을 말한다. 자백이 부당한 장기간의 구속으로 인한 것인가 여부는 구속의 위법성 여부를 기준으로 판단한다. 따라서 최초의 불법체포·구속뿐만 아니라 적법하게 체포·구속된 후 체포·구속의 사유가 없음에도 계속 체포·구속하는 경우도 이에 해당한다.

(3) 기망 기타 방법에 의한 임의성 없는 자백

1) 기망에 의한 자백

기망에 의한 자백은 적극적인 계략이나 사술을 사용하는 것을 말한다. 예컨대, 거짓말탐지기결과 거짓반응이 나오지 않았는데도 거짓반응이 나왔다고 기망하거나 공범이 자백하지 않았는데도 자백하였다고 기망하는 경우가 이에 해당한다. 또한 검찰주사가 피의사실을 자백하면 피의사실은 가볍게 처리하고 보호감호의 청구를 하지 않겠다는 각서를 작성하여 주면서 자백을 유도한 경우 이 자백은 기망에 의한 것으로 증거능력이 인정되지 않는다(85도2182).

2) 약속에 의한 자백

약속에 의한 자백은 위법배제설의 입장에서 볼 때 공평의 원칙에 반하여 적정절차를 위반한 정도라고 인정될 수 있어야 한다. 따라서 담배나 커피와 같은 통상의 편의제공은 공평의 원칙에 반한다고 할 수 없다. 그러나 검사가 자백하면 기소유예를 해주거나(83도712), 경한 죄로 기소하겠다고 약속한 경우에 그 자백은 임의성에 의심이 가므로 증거능력이 없다(83도2782). 또한 약속의 내용이 약속을 하는 사람의 권한을 넘는 경우에는 약속이 아닌 기망에 해당한다(85도2182).

> **[판례]** 피고인이 처음 검찰조사 시에 범행을 부인하다가 뒤에 자백을 하는 과정에서 금 200만원을 뇌물로 받은 것으로 하면 「특정범죄 가중처벌 등에 관한 법률」위반으로 중형을 받게 되니 금 200만원 중 금 30만원을 술값을 갚은 것으로 조서를 허위작성한 것이라면 이것은 단순 수뢰죄의 가벼운 형으로 처벌되도록 하겠다고 약속하고 자백을 유도한 것으로 위와 같은 상황하에서 한 자백은 그 임의성에 의심이 간다(83도2782).

3) 위법한 철야신문에 의한 자백

야간조사가 무조건 위법한 것은 아니지만 피의자를 30시간 동안 잠을 재우지 않은 상태에서 받은 자백과 같이 밤샘조사가 피의자가 정상적인 판단능력을 잃을 정도에 해당한다면 위법한 수사에 의해 취득한 자백에 해당한다(95도1964). 따라서 별건으로 수감 중인 자를 약 1년 3개월의 기간 동안 무려 270회나 검찰청으로 소환하여 다음날 새벽까지 조사를 하거나, 국외로 출국하여야 하는 상황에 놓여있는 자를 심리적으로 압박하여 조사를 한 경우 그 진술은 임의성을 인정하기 어렵다(2004도517). 수사준칙규정에서는 오후 9시부터 오전 6시까지 심야조사를 원칙적으로 금지(이미 작성된 조서의 열람은 자정 이전까지)하며, 불가피한 경우에만 예외적으로 허용한다(제21조).

> **[판례]** 별건으로 수감 중인 자를 약 1년 3개월의 기간 동안 무려 270회나 검찰청으로 소환하여 밤늦은 시각 또는 그 다음날 새벽까지 조사를 하였다면 그는 과도한 육체적 피로, 수면부족, 심리적 압박감 속에서 진술을 한 것으로 보이고, 미국 영주권을 신청해 놓았을 뿐 아니라 가족들도 미국에 체류 중이어서 반드시 미국으로 출국하여야 하는 상황에 놓여있는 자를 구속 또는 출국금지조치의 지속 등을 수단으로 삼아 회유하거나 압박하여 조사를 하였을 가능성이 충분하다면 그는 심리적 압박감이나 정신적 강압상태 하에서 진술을 한 것으로 의심되므로 이들에 대한 진술조서는 그 임의성을 의심할 만한 사정이 있는데, 검사가 그 임의성의 의문점을 해소하는 증명을 하지 못하였으므로 위 각 진술조서는 증거능력이 없다(2004도517).

4) 진술거부권을 불고지한 상태에서의 자백

진술거부권을 고지하지 않은 경우 위법배제설에 따르면 위법한 절차에 의하여 취득된 자백이므로 자백배제법칙이 적용될 수 있다. 그러나 판례는 이러한 사례에서 위법수집증거배제법칙을 적용하고 있다.

> **[판례]** 피의자의 진술거부권은 헌법이 보장하는 형사상 자기에 불리한 진술을 강요당하지 않는 자기부죄거부의 권리에 터 잡은 것이므로 수사기관이 피의자를 신문함에 있어서 피의자에게 미리 진술거부권을 고지하지 않은 때에는 그 피의자의 진술은 위법하게 수집된 증거로서 진술의 임의성이 인정되는 경우라도 증거능력이 부인되어야 한다(2010도1755).

5) 변호인선임권과 접견교통권을 침해한 상태에서의 자백

변호인선임권과 접견교통권은 헌법 제12조 제4항에서 규정하고 있는 변호인의 조력을 받을 권리의 핵심적 권리로서 이를 침해한 상태에서 취득한 자백도 위법배제설에 의할 때 자백배제법칙이 적용되어야 한다. 그러나 판례는 이러한 사례에서 위법수집증거배제법칙을 적용하고 있다.

> **[판례]** 피의자가 변호인의 참여를 원한다는 의사를 명백하게 표시하였음에도 수사기관이 정당한 사유 없이 변호인을 참여하게 하지 아니한 채 피의자를 신문하여 작성한 피의자신문조서는 형소법 제312조에 정한 '적법한 절차와 방식'에 위반된 증거일 뿐만 아니라, 형소법 제308조의2에서 정한 '적법한 절차에 따르지 아니하고 수집한 증거'에 해당하므로 이를 증거로 할 수 없다(2010도3359).

4. 자백의 임의성 증명

(1) 인과관계의 입증

자백배제법칙의 근거에 관한 학설로 허위배제설과 인권옹호설을 취하는 경우에는 각각 문제가 되는 상황, 허위의 자백과 진술의 자유를 침해한 자백과의 사이에 인과관계를 요구하고 있다. 반면에 위법배제설의 입장에서는 위법절차와 자백의 임의성 없음에 대한 인과관계는 별도로 요구하지 않으므로 위법절차로 인해 자백이 취득된 것이라면 그 자백의 임의성 여부를 묻지 않고 증거능력을 부정한다.

판례는 임의성이 의심되는 상황과 자백의 임의성과는 인과관계가 필요하다는 입장이지만 그 인과관계는 추정되어 임의성이 의심되는 사유와 인과관계가 존재하지 않은 것이 명백한 경우 이외에는 자백의 임의성이 인정되지 않는다고 한다(84도2252). 예컨대, 검찰에 연행된 이후 약 30시간 동안 잠을 재우지 않고 검사 2명이 교대로 신문을 하거나(95도1964), 별건으로 수감 중인 자를 약 1년 3개월 동안 270회나 검찰청으로 소환하여 밤늦게 또는 새벽까지 조사를 받은 사례에서 검사가 진술의 임의성을 입증하지 못한 경우 법원은 진술의 증거능력을 부정하였다(2004도517). 그러나 피해자인 검사가 그 수사에 관여하였다고 하여 그에 따른 참고인이나 피의자의 진술에 임의성이 없다고 볼 수 없다고 하였다(2011도12918).

(2) 거증책임

증거능력의 기초되는 사실의 거증책임은 증거의 제출자에게 있다. 자백은 피고인에 대하여 검사가 제출하는 증거이므로 자백의 임의성에 대한 거증책임은 당연히 검사에게 있다(99도4940).

(3) 증명의 방법

자백의 임의성은 소송법적 사실이므로 자유로운 증명으로 충분하다(2010도3029).

5. 자백배제법칙의 효과 및 2차 증거의 증거능력

임의성에 의심이 있는 자백은 그 증거능력이 절대적으로 배제된다. 따라서 피고인의 동의가 있더라도 유죄의 증거로 삼을 수가 없을 뿐만 아니라(2004도7900) 탄핵증거로도 사용할 수 없다.

　또한 위법하게 취득된 자백을 계기로 취득된 2차 증거는 위법하게 수집된 증거로서 증거능력을 배제하여야 한다(통설). 따라서 위법수집증거배제법칙에 따라 독수독과의 원칙을 적용하여 2차 증거의 증거능력을 배제하되 독수독과의 예외원칙이 적용되는 경우에 한해 2차 증거의 증거능력을 인정할 수 있다.

Ⅲ. 자백의 보강법칙

> ≪학습문제≫ 갑과 을은 특수절도의 혐의로 함께 기소되어 재판을 받고 있다. 검사 병이 갑을 피고인신문하는 과정에서 갑은 "을과 함께 절도를 하였다"는 자백을 하였다. 그러나 을은 절도사실을 전면 부인하였다. 갑의 자백 이외에 아무런 유죄의 증거가 없다고 할 때에 법원은 갑과 을을 유죄로 판결할 수 있는가?

1. 자백보강법칙의 의의

　헌법 제12조 제7항에서 "정식재판에 있어서 피고인의 자백이 그에게 불이익한 유일한 증거일 때에는 이를 유죄의 증거로 삼거나 이를 이유로 처벌할 수 없다"고 규정하고, 이를 반영하여 형소법에서도 "피고인의 자백이 그 피고인에게 불이익한 유일의 증거인 때에는 이를 유죄의 증거로 하지 못한다"(제310조)고 규정하고 있다. 이것을 자백보강법칙이라고 한다. 자백보강법칙은 피고인의 자백만이 유일한 증거일 경우 오판의 위험성을 줄이고(진실성담보), 자백을 취득하기 위한 수사기관의 인권침해를 사전에 방지(인권침해방지)하기 위한 것이다.

2. 자백보강법칙의 적용범위

　헌법 제12조 제7항에서는 자백보강법칙이 적용되는 대상을 정식재판으로 규정하고 있다. '정식재판'이라 함은 형소법에 의한 형사재판을 의미하며, 따라서 간이공판절차 및 약식재판에 의한 재판도 이에 해당된다. 그러나 즉결심판과 소년보호사건은 각각 「즉결심판에 관한 절차법」과 「소년법」에 따른 절차로서 형소법에 의한 절차가 아니므로 피고인의 자백만으로 유죄판결이 가능하다(82모36).

3. 보강을 필요로 하는 자백

(1) 피고인의 자백

자백보강법칙은 피고인의 자백에 대하여 적용된다. 그러나 피고인의 자백은 반드시 피고인의 지위에서 행한 자백을 의미하는 것이 아니라 피의자, 참고인, 증인 등 어떤 지위에 있었더라도 그 자백이 나중에 피고인 자신에 대한 유죄의 증거로 사용될 때에는 피고인의 자백에 해당한다. 자백의 상대방이 수사기관인 경우는 물론, 제3자인 경우에도 상관없으며, 상대방이 없이 자신의 일기장, 수첩 등에 기재한 경우에도 자백에 해당한다. 자백의 장소도 법정의 내, 외를 불문한다. 다만, 이때의 자백은 진술의 임의성이 인정되어야 하고, 전문법칙상 증거능력이 인정되어야 한다.

(2) 공판정에서의 자백

영미법에서는 기소인부절차를 통해 피고인의 법정자백이 있는 경우 평결과 같은 효력을 발휘하여 곧바로 양형절차로 진행하게 된다. 하지만 우리나라의 경우 법정자백이 있는 경우 간이공판절차를 거치더라도 사실심리를 생략할 수는 없으므로 공판정에서의 자백에 대하여도 보강법칙이 적용된다(2007도10937).

(3) 공범자의 자백과 증명력

갑이 공범인 을과의 절도사실을 자백하고 을은 이를 부인하고 있는 상황에서는 다음과 같은 문제가 발생한다. 첫째, 갑은 공동피고인인데 갑의 자백이 제310조의 을의 자백에 해당되어 별도의 보강증거가 필요한

가이다. 둘째, 갑의 피고인신문과정에서의 자백이 을에 대한 증거로 사용될 수 있는가이다.

1) 갑의 공판정에서의 자백이 을의 자백에 해당하는가 여부

갑의 공판정에서의 자백이 을에 대한 자백이 된다면 그 자백은 을의 자백이므로 을에 대한 별도의 보강증거가 있어야 한다. 이에 대하여는 견해의 대립이 있다.

(가) 보강증거필요설　공범자의 자백은 피고인의 자백에 포함된다고 보아 별도의 보강증거가 필요하다는 견해이다. 공범자는 다른 공범자에게 책임을 전가하는 경향이 있으므로 허위의 진술을 방지하기 위한 목적과 보강증거를 요하지 않게 되면 공범자의 자백이 피고인에게 증거가 되어 다른 증거가 없는 경우, 자백한 공범자는 무죄가 되고 자백하지 않은 피고인은 유죄가 되어 불합리한 결과가 발생한다는 것이다.

(나) 보강증거불요설　공범자의 자백을 피고인의 자백이라고 볼 수 없으므로 공범자의 자백에 대하여는 별도의 보강증거가 필요 없다는 견해이다. 이 견해는 공범자의 자백은 피고인과의 관계에서는 진술에 불과하여 본인의 자백이라고 할 수 없으며, 자백한 공범자가 무죄판결을 받는 것은 자백의 보강법칙상 당연한 결론이며, 부인한 피고인이 유죄로 되는 것은 법관의 자유심증주의에 의한 증거평가의 결과이므로 불합리하다고 할 수 없다는 것 등을 이유로 한다(다수설, 2006도1944).

(다) 검 토　공범자는 공동피고인이라고 하더라도 피고인은 아니므로 공동피고인의 자백을 피고인의 자백으로 볼 수는 없다. 따라서 보강증거불요설이 타당하다.

2) 갑의 공판정 자백이 을에 대한 증거로 사용될 수 있는가 여부

갑의 자백이 을의 자백이 될 수 없다면 갑의 자백이 을에 대한 증거로 될 수 있는가가 문제된다. 공범인 공동피고인으로서 갑에게 증인적격이 인정된다면 갑이 증인으로 선서하고 증언하면 된다. 그러나 갑의 증인적격을 부정하는 입장에서는 갑은 증인으로 증언할 수 없다. 공동피고인의 증인적격과 관련하여 실질적 관계가 있는 공범인 공동피고인의 경우에는 변론을 분리하지 않는 한 증인적격을 부정하고 공범관계가 아닌 공동피고인은 증인적격을 인정하는 다수설에 따르면 갑과 을은 공범이므로 변론을 분리하고 증인으로 선서하지 않는 이상 증인적격이 없다. 따라서 변론을 분리하지 않은 경우 갑의 피고인신문과정에서 행한 진술이 을에게 증거가 될 것인가의 문제로 귀결된다. 공동피고인의 증인적격을 부정하는 입장에서도 마찬가지이다. 이에 대하여는 다음과 같이 견해의 대립이 있다.

(가) 증거능력 부정설   공동피고인의 공판정에서의 진술은 선서에 의한 증언이 아니므로 그 진실성이 담보되지 않으며, 다른 공동피고인에 의한 반대신문권이 보장되어 있지 않을 뿐 아니라 반대신문을 하더라도 진술인이 진술을 거부하면 반대신문을 할 수 없으므로 변론을 분리하여 증인으로 선서하지 않는 이상 공동피고인의 진술을 다른 공동피고인에 대한 증거로 사용할 수 없다고 하는 견해이다. 이 견해에 대하여는 선서를 한다고 해서 반드시 진실성이 담보되는 것은 아니며, 공동피고인을 반대신문하기 위해서 변론을 반드시 분리하여야 하는가라는 비판이 있다.

(나) 증거능력 긍정설   공범인 공동피고인이 피고인신문과정에서 자백하는 경우에는 그 자백이 법관의 앞에서 이루어져 신빙성이 있고, 다른 공동피고인이 그 공동피고인을 사실상 반대신문할 수 있으므로 피고인의 반대신문권도 침해되지 않는다는 이유로 증거능력을 긍정하는 견해이다. 이 견해에 대하여는 피고인이 다른 공동피고인에 대하여 반대신문을 할 수 있는 권리가 법적으로 보장된 것이 아니며, 사실상 반대신문을 할 수 있다고 하더라도 공동피고인이 진술을 거부하는 경우에는 피고인에게는 반대신문의 기회가 사실상 박탈되는 것이므로 타당하지 않다는 비판이 있다.

> [판례] 형소법 제310조의 피고인의 자백에는 공범인 공동피고인의 진술은 포함되지 않으며, 이러한 공동피고인의 진술에 대하여는 피고인의 반대신문권이 보장되어 있어 독립한 증거능력이 있다(92도917).

(다) 절 충 설   공판정에서 피고인이 다른 공동피고인을 반대신문하였거나 실질적인 반대신문의 기회가 주어졌다면 공동피고인의 진술을 피고인에 대한 증거로 사용할 수 있다고 하는 견해이다(다수설). 이 견해에 대하여는 피고인에게 반대신문의 기회가 주어졌으나 공동피고인이 진술을 거부한 경우에는 실질적인 반대신문의 기회가 주어졌다고 할 수 없다는 비판이 있다.

(라) 검 토   긍정설은 피고인에게 반대신문이 사실상 보장된다고 하지만 법적으로 반대신문권이 보장되어 있지 않으므로 피고인의 반대신문권을 침해할 여지가 크다. 부정설은 공동피고인의 증인적격의 개념에 중점을 두어 변론의 분리를 요구하지만 공동피고인의 진술을 피고인에 대한 증거로 사용할 수 있는가의 문제는 증인적격의 문제라기보다는 피고인의 반대신문권보장의 문제이므로 부당하다. 따라서 피고인의 실질적 반대신문권의 보장을 전제로 하는 절충설이 타당하다.

4. 보강증거의 자격

자백보강증거도 증거능력이 있는 증거여야 하며, 자백과 독립한 증거여야 한다. 따라서 위법수집증거배제법칙, 전문법칙 등 형소법상 증거능력에 관한 규정이 모두 그대로 적용된다. 다만, 보강증거와 관련하여 특히 증거의 독립성 여부 및 보강의 범위가 문제된다.

(1) 독립증거의 형태

자백보강증거는 자백과는 독립된 증거여야 하므로 피고인의 자백은 그 취득 일시와 장소, 형태를 불문하고 보강증거가 될 수 없다. 따라서 피고인의 자백을 기재한 메모, 수첩, 일기장 등도 별도의 독립된 증거가 될 수 없다. 피고인이 범행장면을 재현하는 것도 자백에 불과하므로 별도의 증거가 될 수 없다. 또한 피고인이 범행을 자백하는 것을 들었다는 타인의 진술내용도 자백의 보강증거가 될 수 없다(2007도10937).

그러나 상업장부, 진료일지, 항해일지 등과 같이 피고인이 업무상 통상적으로 작성한 문서인 경우에 이를 피고인의 자백으로 볼 것인가, 아니면 독립된 증거로 볼 것인가는 또 다른 문제이다. 업무상 작성한 일지에 대하여도 피고인의 자백에 불과하다는 견해가 있으나 업무상 작성된 일지 등은 재판을 인식하고 행하여진 것이 아니라 업무의 일환으로 계속적, 반복적으로 기재하는 문서로서 피고인이 아닌 다른 사람도 작성할 수 있는 것이므로 피고인의 자백이라고 보기 어렵고, 허위의 가능성도 극히 적으므로 피고인의 자백이 아닌 독립된 증거로 인정하여야 한다.

[판례] 상법장부나 항해일지, 진료일지 또는 이와 유사한 금전출납부 등과 같이 범죄사실의 인정 여부와는 관계없이 자기에게 맡겨진 사무를 처리한 사무 내역을 그때그때 계속적, 기계적으로 기재한 문서 등의 경우는 사무처리 내역을 증명하기 위하여 존재하는 문서로서 그 존재 자체 및 기재가 그러한 내용의 사무가 처리되었음의 여부를 판단할 수 있는 별개의 독립된 증거자료이고, 설사 그 문서가 우연히 피고인이 작성하였고 그 문서의 내용 중 피고인의 범죄사실의 존재를 추론해 낼 수 있는, 즉 공소사실에 일부 부합되는 사실의 기재가 있다고 하더라도, 이를 일컬어 피고인이 범죄사실을 자백하는 문서라고 볼 수는 없다(94도2865).

(2) 정황증거의 문제

자백보강증거는 직접 범죄사실을 증명하는 직접증거뿐만 아니라 간접증거나 정황증거도 해당된다(2005도8704). 따라서 피고인이 위조신분증을 제시, 행사하였다고 범행사실을 자백하는 경우에는 그 위조신분증의 존재가 자백을 보강하는 간접증거가 된다(82도3107). 그러나 정황증거가 공소사실과는 관련이 없는 범행의 동기에 관한 것에 지나지 않은 때에는 자백의 보강증거가 될 수 없다(90도2010).

5. 보강증거의 범위

(1) 증거의 보강범위

보강증거가 자백의 어느 범위까지 보강하여야 하는가가 보강증거의 범위의 문제이다. 보강증거가 자백의 범죄사실 모두를 보강하는 것은 현실적으로 불가능하다. 따라서 보강증거의 범위가 문제된다. 죄체설은 객관적 범죄구성사실을 의미하는 죄체의 모든 부분 또는 중요부분에 대하여 보강증거가 필요하다고 한다. 반면에 진실담보설은 자백의 진실성을 담보할 수 있는 정도이면 충분하다고 한다. 자백의 보강법칙의 직접적인 근거가 오판의 위험을 방지하는 데 있다는 점에서 진실담보설이 타당하다(다수설, 판례).

[판례] 자백에 대한 보강증거는 범죄사실의 전부 또는 중요부분을 인정할 수 있는 정도가 되지 아니하더라도 피고인의 자백이 가공적인 것이 아닌 진실한 것임을 인정할 수 있는 정도만 되면 족한 것으로서, 자백과 서로 어울려서 전체로서 범죄사실을 인정할 수 있으면 유죄의 증거로 충분하고, 나아가 사람의 기억에는 한계가 있는 만큼 자백과 보강증거 사이에 어느 정도의 차이가 있어도 중요부분이 일치하고 그로써 진실성이 담보되면 보강증거로서의 자격이 있다2017도20247).

(2) 보강증거의 요부

모든 자백에 보강증거가 있어야 하는 것은 아니다. 범죄구성요건사실 이외의 자백과 관련하여서는 다음의 것들이 문제된다.

1) 범죄의 주관적 요소

고의나 목적과 같은 주관적 구성요건요소에 대하여는 보강증거를 요하지 않는다(통설). 주관적 요소는 현실적으로 증거를 통하여 입증하기 어려운 것이므로 피고인의 자백만으로도 인정할 수 있다(2006도2864).

2) 범죄구성요건사실 이외의 사실

범죄구성요건 이외의 사실인 객관적 처벌조건, 양형에 관한 사실, 전과 등 정상에 관한 자백은 범죄구성요건에 대한 자백이 아니므로 보강증거를 요하지 않는다(통설, 81도1353).

3) 죄수와 관련된 문제

경합범은 실체법상 수죄이므로 각각의 범죄에 대하여 보강증거가 있어야 한다. 상상적 경합범은 실체법상 수죄이지만 과형상 일죄이므로 중한 죄에 대한 보강증거만 있으면 된다는 견해가 있으나 실체법상 수죄이므로 각각의 범죄에 대하여 보강증거가 있어야 한다.

포괄일죄에 대하여는 여러 가지 견해가 있으나 범죄의 유형별로 고찰해 볼 필요가 있다. 영업범의 경우와 달리 상습범의 경우는 각각의 범죄가 특정되므로 상습범을 이루는 개별 행위에 대한 보강증거가 필요하다(95도1794). 연속범의 경우도 마찬가지이다.

제5절 전문법칙

≪학습문제≫ 갑은 을에게 "병이 을에 대하여 여러 사람 앞에서 험담하는 것을 들었다"고 말하였다. 이 말을 전해들은 을은 병을 명예훼손죄로 고소하였다. 을은 공판정에서 갑으로부터 들은 말을 병의 명예훼손죄를 입증하기 위한 목적으로 증언하고자 한다. 을의 증언은 증거능력이 있는가? 만일 갑이 그 들은 사실을 증언하고자 하는 경우 갑의 증언은 증거능력이 있는가?

I. 전문증거의 의의

1. 개 념

전문증거(hearsay evidence)란 요증사실을 직접 체험한 자의 진술을 내용으로 하는 타인의 진술이나 진술을 기재한 서면을 말한다. 전자를 전문진술 또는 전문증언이라고 하고, 후자를 전문서류라고 한다. 즉, 전문진술은 법정 밖에서 이루어진 진술을 법정에서 증언의 형태로 현출하는 것이며, 전문서류는 자신이 경험한 사실을 기재한 진술서와 타인이 원진술자의 진술을 기재한 진술기재서류 등을 포함한다. A가 자신의 상관 갑이 을과 대화하는 것을 자신의 업무수첩에 기록하였고, 그 수첩을 갑과 을의 대화 내용을 입증하기 위한 증거로 사용하려는 경우 이것은 전문진술에 해당한다.

> **[판례]** 어떤 진술이 기재된 서류가 그 내용의 진실성이 범죄사실에 대한 직접증거로 사용될 때는 전문증거가 되지만, 그와 같은 진술을 하였다는 것 자체 또는 진술의 진실성과 관계없는 간접사실에 대한 정황증거로 사용될 때는 반드시 전문증거가 되는 것이 아니다. 그러나 어떠한 내용의 진술을 하였다는 사실 자체에 대한 정황증거로 사용될 것이라는 이유로 서류의 증거능력을 인정한 다음 그 사실을 다시 진술 내용이나 그 진실성을 증명하는 간접사실로 사용하는 경우에 그 서류는 전문증거에 해당한다. 서류가 그곳에 기재된 원진술의 내용인 사실을 증명하는 데 사용되어 원진술의 내용인 사실이 요증사실이 되기 때문이다. 이러한 경우 형소법 제311조부터 제316조까지 정한 요건을 충족하지 못한다면 증거능력이 없다(2018도14303).

그런데 전문증거는 원진술자가 법정에서 행한 진술 이외의 진술 또는 그 진술을 기재한 서류로서 그 진술이 법정에서 문제되고 있는 사항을 입증하려고 하는 경우를 말한다. 따라서 비록 법정 밖에서 행하여진 진술이라고 하더라도 그 목적에 따라 전문증거가 되지 않을 수도 있다. 예컨대, A가 런던에 있는 B와 통화를 할 때 B가 "지금 여기 런던에는 비가 와"라고 한 말을 A가 법정에서 증언하는 경우 A와 B가 통화할 당시 실제 런던에 비가 왔다는 사실을 입증하기 위하여 A가 증언하는 경우에는 A가 직접 보고 들은 내용이 아니므로 전문증거가 되지만, 그 시각에 B가 살아 있었다는 것을 입증하기 위한 목적이라면 전문증거가 아니다. 왜냐하면 후자의 경우에는 그 당시 A가 B와 통화한 사실 그 자체가 입증 내용이므로 A가 직접 체험한 사실이기 때문이다. 따라서 피고인 갑이 아무런 능력도 없으면서 을에게 "88체육관 부지를 공시지가로 매입하게 해 주고 KBS와의 시설이주 협의도 2개월 내로 완료하겠다"고 말한 사실이 있는 경우 위 진술의 진위 여부를 떠나 진술의 존재 자체가 사기죄 또는 「변호사법」위반죄의 요증사실이므로 을이 들은 사실을 증언하는 것은 직접 경험한 사실을 대상으로 하는 것으로서 전문증거가 아니다(2012도2937). 또한 피고인이 수표를 발행하고 예금부족으로 지급되지 않게 하였다는 「부정수표 단속법」 위반의 공소사실을 증명하기 위해 제출되는 수표는 그 서류의 존재 또는 상태 자체가 증거가 되는 증거물인 서면에 해당하므로 특정 사실을 직접 경험한 사람의 진술을 대체하는 것이 아니어서 전문법칙이 적용될 여지가 없다(2015도2275). 마찬가지로 지령문, 대북 보고문이 존재하는 것 자체가 「국가보안법」 위반사건의 증거가 되거나, 회합과 금품수수로 인한 「국가보안법」 위반 범죄사실에 대하여 그 내용의 진실성과 무관하게 정황증거가 되는 경우에는 전문증거가 아니다(2017도9747).

2. 전문증거를 금지하는 이유

영미법에서 법정증언의 증거능력이 인정되기 위한 전통적인 3대 요소는 증인의 (i) 법정에의 출석, (ii) 선서, (iii) 당사자의 반대신문(cross-examination)이었다. 특히, 이 중에서도 반대신문은 미국의 증거법학자 위그모어(Wigmore)가 "사실발견을 위해 발명된 법적인 엔진 중 가장 위대한 것이다"고 말할 정도로 핵심적인 증거법칙으로 인식되어 왔다. 진술의 신용성을 보장하기 위해서는 진술을 하려는 증인이 직접 법정에 출석하여 배심원의 면전에서 선서를 하고, 당사자의 반대신문에 응하여야 배심원들이 증인의 증언자세, 얼굴태도, 반대신문내용 등을 종합적으로 판단할 수 있기 때문이다. 따라서 A가 보고 들은 바를 진술한 내용에 대하여는 A가 법정에 출석하여 선서하고 반대신문에 응하여야 하므로 B가 대신 출석하여 이를 증언해서는 안 된다는 것이다. 이러한 이유로 영미법에서는 17세기를 전후로 당사자주의와 더불어 전문증거의 증거능력을 부정하는 원칙이 발전하였는데, 이를 전문법칙(the rule against hearsay)이라고 한다.

3. 전문법칙의 예외 인정

영미법에서 전문증거는 원칙적으로 금지된다. 그러나 모든 재판에서 원진술자를 법정으로 소환하여 증언하게 할 경우 재판의 지연 등, 형사재판의 효율이 크게 저하될 수밖에 없다. 또한 원진술자가 소재불명 등으로 법정에서 증언할 수 없는 경우에는 비록 전문증거라도 구체적 사안에 따라 신빙성이 인정되는 것은 재판의 원활한 진행을 위하여 사용할 필요성이 인정되었다. 따라서 영미법에서는 판례를 통하여 여러 유형의 전문법칙의 예외를 인정하여 왔다. 이것이 전문법칙을 '전문법칙의 예외의 법칙'이라고 부르는 이유이다.

Ⅱ. 전문법칙의 근거와 예외

1. 전문법칙의 근거

(1) 형사소송법 제310조의2

제310조의2에서는 "제311조 내지 제316조에 규정한 것 이외에는 공판준비 또는 공판기일에서의 진술에 대신하여 진술을 기재한 서류나 공판준비 또는 공판기일 외에서의 타인의 진술을 내용으로 하는 진술은 이를 증거로 할 수 없다"고 규정하여 전문증거의 증거능력을 원칙적으로 부정하고 있다.

(2) 형사소송법 제310조의2의 법적 성격

제310조의2가 전문법칙의 근거인 반대신문권의 보장 이외에도 대륙법계 제도인 직접주의(Immediacy Principle)에 근거를 둔다는 견해가 있다. 직접주의는 법원이 스스로 조사한 증거에 의하여 재판을 하여야 한다는 직접심리주의와 원본증거 또는 원본증거에 가까운 가장 우량의 증거에 의하여 사실을 인정하여야 한다는 최우량증거의 원칙(Best Evidence Rule)을 포함한다.

2. 전문법칙의 예외 규정

형소법은 제311조부터 제316조까지 전문법칙의 예외에 대하여 규정하고 있다. 이 중에서 제311조부터 제315조까지는 전문서류에 대하여 규정하고 있고, 제316조에서는 전문진술에 대하여 규정하고 있다. 구체적으로 살펴보면 제311조(법원 또는 법관의 면전조서)와 제315조(당연히 증거능력이 있는 서류)는 별도의 요건 없이 당연히 증거능력이 인정되는 경우이며, 제312조(검사 또는 사법경찰관의 조서 등)와 제313조(진술서)는 일정한 요건을 충족하는 경우에 증거능력을 인정하고, 제314조는 제312조와 제313조의 요건을 갖추지 못한 전문서류라고 하더라도 필요성과 진술의 신용성을 요건으로 증거능력을 인정하는 일반적 규정이다. 마지막으로 제316조는 전문진술의 요건에 대하여 규정하고 있다.

<형소법상 전문증거에 관한 규정의 체계>

전문증거	전문증거의 종류	구체적 내용	해당규정
전문서류	법원 또는 법관의 조서	법원 또는 법관 앞에서 작성된 조서	§311
	수사과정에서 작성된 서류	검사작성의 피의자신문조서	§312①,②
		사법경찰관 작성의 피의자신문조서	§312③
		검사, 사법경찰관 작성 참고인진술조서	§312④
		수사과정에서 작성한 진술서	§312⑤
		검사, 사법경찰관의 검증조서	§312⑥
	수사과정 이외의 서류	수사과정 이외에서 작성된 진술서	§313
	전문서류의 일반적 예외규정	필요성과 신용성 있는 전문서류의 증거능력	§314
	당연히 증거능력 있는 서류	각종 증명서, 영업일지 등	§315
전문진술	피고인의 진술	피고인 아닌 자의 피고인 진술 증언	§316①
	피고인이 아닌 자의 진술	피고인 아닌 자의 피고인 아닌 자 진술증언	§316②

Ⅲ. 전문서류의 증거능력

1. 법원 또는 법관의 면전조서

≪학습문제≫ 갑과 을은 각각 다른 범죄로 공소제기 되어 공동피고인으로 병합심리를 받고 있다. 공판정에서 갑이 을의 강도사실에 관하여 선서 없이 진술한 경우 그 진술을 기재한 공판조서의 증거능력이 인정되는가?

(1) 형사소송법 제311조

제311조에서는 "공판준비 또는 공판기일에 피고인이나 피고인 아닌 자의 진술을 기재한 조서와 법원 또는 법관의 검증의 결과를 기재한 조서는 증거로 할 수 있다. 제184조(증거보전절차) 및 제221조의2(증인신문의 청구)의 규정에 의하여 작성한 조서도 또한 같다"고 규정하고 있다. 공판준비 또는 공판기일에서의 진술 및 증거보전절차, 증인신문절차에서는 당사자가 참여하여 반대신문을 할 기회가 보장되어 있고, 법원 또는 법관의 면전조서는 신용성의 정황적 보장이 크므로 전문법칙의 예외를 인정하는 것이다.

(2) 공판준비 또는 공판기일에 피고인의 진술을 기재한 조서

'공판준비기일에 피고인 아닌 자의 진술을 기재한 조서'란 공판준비절차에서 검사, 피고인 또는 변호인의 신청에 의해 법원이 피고인을 신문하거나(제273조 제1항), 공판준비기일의 결과에 대한 피고인의 이의유무 진술을 기재한 공판준비기일조서(제266조의10 제2항), 공판기일 전의 법원의 검증조서에 기재된 피고인의 진술 등을 말한다. '공판기일에 증인 등의 진술을 기재한 조서'란 공판조서를 말한다. 다만, 당해 사건의 공판기일에 피고인이 한 진술은 공판조서가 직접 증거가 되므로 제311조의 공판기일에서의 공판조서는 공판절차갱신 전의 공판조서 또는 파기환송, 이송 전에 작성된 공판조서를 의미한다.

공판조서의 당연증거능력규정은 당해 사건에만 해당하고, 다른 사건에 있어서는 제311조가 아닌 제315조의 제3호의 '기타 특히 신용할 만한 정황에 의하여 작성된 문서'에 해당하여 증거능력이 인정된다(통설, 2004도4428).

(3) 공판준비 또는 공판기일에 피고인 아닌 자의 진술을 기재한 조서

1) 증인, 감정인, 통역인, 번역인의 신문을 기재한 조서

'공판준비기일에서의 피고인 아닌 자의 진술을 기재한 조서'란 당해 사건의 공판준비절차에서 증인, 감정인, 통역인, 번역인 등을 신문한 조서를 말한다. '공판기일에서의 증인 등의 진술을 기재한 조서'란 당해 사건의 공판절차갱신 전의 공판조서 등을 의미한다.

2) 공동피고인의 진술을 기재한 조서

제311조의 피고인이 아닌 자의 진술범위에 공동피고인의 진술이 포함되는가가 문제된다. 공범이 아닌 별개의 범죄사실로 병합 심리된 공동피고인은 피고인에 대한 관계에서는 증인의 지위에 있으므로 증인적격이 인정되고, 따라서 변론을 분리함이 없이 공동피고인이 선서하고 증언을 할 수 있다(다수설, 80도2722). 그렇다면 공범이 아닌 공동피고인이 증인으로 선서하지 않고 공동피고인으로 신문하는 과정에서 행한 진술을 기재한 공판조서는 피고인에 대한 공소사실을 인정하는 증거로는 사용할 수 없으므로 제311조를 적용할 수 없다(82도1000).

한편, 공범인 공동피고인의 경우에는 변론이 분리되지 않는 한 원칙적으로 증인적격이 인정되지 않는다. 다만, 공범인 공동피고인의 진술 시 피고인의 반대신문의 기회가 실질적으로 보장된 경우에는 제311조를 적용하여 공동피고인의 진술을 기재한 공판조서의 증거능력을 인정하여야 한다(다수설). 판례는 공범자인 공동피고인의 공판정 진술에 있어서는 반대신문의 기회가 사실상 주어지기 때문에 피고인에게 실질적인 반대신문권이 주어졌는가를 별도로 따지지 않고 공판조서의 증거능력을 인정한다(92도917).

(4) 증거보전절차 및 증인신문청구절차에서 작성한 조서

증거보전절차(제184조)와 검사의 참고인에 대한 증인신문절차(제221조의2)에서 작성한 조서도 당사자의 반대신문권의 행사가 보장되고, 법관의 면전에서 행한 진술이므로 신용성의 정황적 보장이 인정되어 공판조서와 같이 증거능력이 인정된다. 증거보전절차 및 증인신문절차에서도 공범이 아닌 공동피고인은 증인적격이 인정되므로 증인으로 선서하고 증언한 증인신문조서는 당연히 증거능력이 인정된다(86도1646).

그러나 공범인 공동피고인에 대하여는 증거보전의 방법으로 증인신문을 청구할 수 있으므로 증인적격이 가능하다는 견해와 변론을 분리한 것이 아니므로 증인신문을 청구할 수 없다는 견해가 있다. 그러나 증거보전절차는 공판기일 전에 행하는 절차이므로 변론을 분리할 실익이 없고, 공범인 공동피고인이 증인으로 선서하고 피고인에게 반대신문의 기회가 부여되었다면 피고인의 반대신문권을 침해하는 것도 아니어서 그 조서는 증거능력을 인정하여야 한다.

(5) 법원 또는 법관의 검증의 결과를 기재한 조서

법원 또는 법관이 검증의 결과를 기재한 조서는 당연히 증거능력이 인정된다는 점에서 검사 또는 사법경찰관이 작성한 검증조서가 작성자에 의하여 성립의 진정이 인정되어야 하는 것과 다르다. 그러나 이때의 검증은 사람의 신체, 물건의 존재 또는 상태에 대하여 법관의 오관을 통해 지득한 것을 의미하는 것에 불과하므로 요증사실별로 검증의 대상이 된 증거의 증거능력 자체는 별도로 인정되어야 한다. 따라서 피고인과 상대방이 대화한 녹취서가 증거가 되는 경우에 법원이 해당 녹음테이프의 녹음내용이 녹취서와 동일한지 여부를 검증한 경우에도 증거자료는 여전히 녹음테이프의 대화내용이므로 해당 증거의 증거능력을 인정하기 위해서는 제313조에 의한 요건이 충족되어야 한다(2012도7461).

2. 피의자신문조서

(1) 피의자신문조서의 개념

피의자신문조서는 수사기관이 피의자를 신문하여 그 진술을 기재한 서류로서, 그 작성주체가 수사기관이다. 따라서 수사기관이 수사과정에서 피의자의 진술을 기재한 것이라면 그 형식이 진술서, 진술조서, 자술서인가를 불문하고 피의자신문조서로 취급된다(2013도12507). 피의자신문조서는 수사기관의 일방적인 신문에 따라 피의자가 답하는 것을 기재한 전문서류로서 공개된 법정에서 당사자의 자유로운 구두변론을 통해 사실을 인정하려는 공판중심주의에 배치된다. 특히, 피의자신문은 과거 수사기관이 자백을 받아내기 위해 고문, 진술강요 등 피의자의 인권을 침해하는 주요수단이었으므로 형소법은 피의자신문조서의 증거능력 인정요건을 엄격하게 제한하여 규정하고 있다.

(2) 형사소송법 제312조의 법적 성격

피의자신문조서의 증거능력을 규정한 제312조의 성격에 대하여 전문법칙예외설과 직접주의예외설이 있다.

직접주의예외설은 피의자신문조서의 증거능력을 인정하는 이유로서 원진술자인 피고인이나 작성주체인 검사 또는 사법경찰관은 반대신문을 보장할 필요가 없으므로 전문법칙의 예외가 아니라 직접주의 및 피의자의 인권보장을 위하여 제한하는 규정이라고 한다. 전문법칙예외설은 전문법칙의 근거가 반대신문의 보장과 더불어 진술의 신용성의 보장에 있는데 피의자신문조서는 신용성을 결하는 전문증거이므로 제312조가 신용성과 필요성을 조건으로 증거능력을 인정하는 전문법칙의 예외규정이라고 한다.

영·미의 전문법칙에서는 피고인이 법정 밖에서 행한 진술은 자인(admission)으로서 전문진술에 해당하지 않는다.[59] 이것은 원진술자인 피

---

59) Fed. R. Evid. 801(d)(2).

고인이 법정에 재정하고 있어 해당 진술에 대하여 설명하거나 반박할 수 있으므로 반대신문이 필요 없기 때문이다. 예컨대, 제316조 제1항이 피고인을 조사한 조사자가 피고인의 진술을 법정에서 증언하는 경우 그 증거능력을 인정하는 것과 같은 원리이다. 그러나 피의자신문조서는 다르다. 피고인을 피의자로 조사하고 그 조서를 작성한 검사나 사법경찰관이 직접 법정에 출석하여 조사과정에서 들은 내용을 증언하는 것이 아니라 간접적으로 그 진술을 기재한 서류를 법정에 제출하는 것이므로 영·미의 전문법칙하에서도 이것은 전문증거에 해당한다. 따라서 제312조가 피의자신문조서의 증거능력을 인정하는 것은 엄격한 요건하에서 신용성의 정황적 보장이 인정되는 경우로서 전문법칙의 예외를 규정하고 있는 것으로 보아야 한다. 이러한 점에서 형소법이 검사 작성 피의자신문조서에 대하여 사법경찰관이 작성한 피의자신문조사와 동일하게 내용 인정을 증거능력 인정요건으로 한 것[60]은 공판중심주의를 위해 바람직한 변화이다.

(3) 검사가 작성한 피의자신문조서

> ≪학습문제≫ 검사 갑은 연쇄살인범으로 체포되어 경찰서에서 자백한 을이 자백을 번복할 염려가 있다고 판단하여 을이 검찰로 송치되기 전에 경찰서 사무실로 가서 을에 대한 피의자신문조서를 작성하였다. 공판정에서 을이 검사 갑이 작성한 피의자신문조서의 실질적 진정성립은 인정하면서도 조서의 내용을 부인하는 경우 갑이 작성한 피의자신문조서는 증거능력이 인정되는가?

1) 형사소송법 제312조 제1항 및 제2항

검사가 피고인이 된 피의자의 진술을 기재한 조서는 적법한 절

---

60) 2022년 1월 1일부터 시행되는 개정 형소법 제312조 제1항에서는 검사 작성 피의자신문조서는 피고인 또는 변호인이 그 내용을 인정할 때에 한정하여 증거로 할 수 있다고 규정하고, 제1항을 전제로 한 동조 제2항은 폐지되었다. 이로써 검사와 사법경찰관 작성 피의자신문조서의 증거능력 인정요건은 동일하게 되었다.

차와 방식에 따라 작성된 것으로서 피고인이 진술한 내용과 동일하게 기재되어 있음이 공판준비 또는 공판기일에서의 피고인의 진술에 의하여 인정되고, 그 조서에 기재된 진술이 특히 신빙할 수 있는 상태하에서 행하여졌음이 증명되거나(제312조 제1항), 피고인이 그 조서의 성립의 진정을 부인하는 경우에는 그 조서에 기재된 진술이 피고인이 진술한 내용과 동일하게 기재되어 있음이 영상녹화물이나 그 밖의 객관적인 방법에 의하여 증명되고, 그 조서에 기재된 진술이 특히 신빙할 수 있는 상태 하에서 행하여졌음이 증명된 때에 한하여 증거로 할 수 있다(동조 제2항).

2) 검사작성조서

(가) 작성주체   제312조 제1항에서는 검사가 작성한 피고인이 된 피의자의 진술을 기재한 조서의 증거능력을 규정하고 있다. 검사가 작성하여야 하므로 검찰수사관이 검사가 참석하지 않은 상태에서 검사의 지시에 따라 작성하고 검사는 조사 직후 피의자에게 개괄적으로 질문을 한 것에 불과한 경우에는 검사가 작성한 것으로 서명날인이 되어 있더라도 당해 조서는 검사가 작성한 것으로 볼 수 없다(2002도4372). 그러나 사법연수생인 검사직무대리가 검찰총장으로부터 명받은 범위 내의 사건에 관하여 피의자신문조서를 작성한 경우에는 제312조 제1항에 따른 증거능력이 인정된다(2010도1107).

(나) 작성시기   제312조 제1항에서 검사가 작성한 피의자신문조서의 요건을 동조 제3항의 사법경찰관이 작성한 피의자신문조서의 증거능력요건에 비해 완화하여 규정한 이유는 검사는 객관의무를 지고 있어 사법경찰관 작성의 피의자신문조서에 비해 신용성의 정황적 보장이 크다고 인정하기 때문이다. 따라서 판례는 검사가 사건이 검찰에 송치되기도 전에 피의자가 자백을 번복할 것을 우려하여 검사가 사법경찰관의 요청에 따라 경찰서 또는 검찰청에서 피의자신문조서를 작성한 경우에는 특별한 사정이 보이지 않는 한 송치 후의 검사작성 피의자신문조서로 인

정하지 않는다.

> [판례] 검찰에 송치되기 전에 구속피의자로부터 받은 검사 작성의 피의자신 문조서는 극히 이례에 속하는 것으로, 그와 같은 상태에서 작성된 피의자신문 조서는 내용만 부인하면 증거능력을 상실하게 되는 사법경찰관 작성의 피의 자신문조서상의 자백 등을 부당하게 유지하려는 수단으로 악용될 가능성이 있어, 그렇게 했어야 할 특별한 사정이 보이지 않는 한 송치 후에 작성된 피의 자신문조서와 마찬가지로 취급하기는 어렵다(94도1228).

3) 피고인이 된 피의자의 진술

피고인이 된 피의자의 진술이란 당해 사건에서 재판을 받고 있 는 피고인이 수사과정에서 피의자로서 진술하였던 신문조서를 말한다. 공범자인 경우에도 그 사람에 대한 수사개시 이후라면 그 형식이 참고인 진술조서라고 하더라도 실질적으로 피의자신문조서에 해당하므로 검사 가 작성한 경우에는 제312조 제1항이 적용된다(2010도8294).

4) 적법한 절차와 방식에 따라 작성된 것

제244조에서는 피의자신문조서의 작성방식을 규정하고 있다. 피 의자신문조서에는 피의자가 조서의 페이지마다 간인을 하고 기명날인 또는 서명을 하여야 한다(동조 제3항). 이러한 형식적 진정성립뿐만 아니라 검사가 피의자를 신문할 때에도 검찰청수사관 등을 참여시켜야 하며(제 243조), 변호인의 참여(제243조의2), 진술거부권과 변호인의 조력을 받을 권 리의 고지(제244조의3), 수사과정의 기록(제244조의4) 등의 규정을 준수하여 야 한다.

따라서 검사가 진술거부권을 고지하지 않고 피의자를 조사하였 다면 그 형식이 참고인 진술조서, 진술서 등의 형식을 취하였는지 여부 를 떠나 그 증거능력을 인정할 수 없으며(2008도8213), 검사가 공판정에 서 이미 증언을 마친 증인을 수사기관에 출석하게 하여 그 증인을 상대 로 위증의 혐의를 조사한 내용을 담은 피의자신문조서도 적법한 절차 에 따라 작성된 것이라고 볼 수 없다(2012도13665). 그리고 검사가 피의자

를 조사하면서 그에 대한 조사과정을 기록하지 않은 경우에도 특별한 사
정이 없는 한 증거능력을 인정할 수 없다(2013도3790). 또한 검사의 서명
날인이 없는 경우 그 피의자신문조서는 공무원이 작성하는 서류로서의
요건을 갖추지 못한 것으로서 무효이므로 증거능력이 인정되지 않는다
(2001도4091).

5) 실질적 진정성립

(가) 개 념   제312조 제1항에 따라 피의자신문조서는 피고인이
수사기관에서 진술한 내용과 동일하게 기재되어 있음이 피고인의 진술
에 의하여 인정되어야 한다. 이를 실질적 진정성립이라고 한다. 서명날인
이 본인의 것이라고 하더라도 조서에 기재된 내용이 당시 피고인 자신이
진술한 내용이 아닌 것으로 기재된 경우가 있을 수 있다. 예컨대, 검사가
피의자신문조서를 완성하고, 이를 프린트하여 피의자에게 보여준 뒤 피
의자가 일부 수정을 요구하였다고 가정할 경우에, 검사가 피의자가 지적
한 곳을 수정하면서 수정을 요구하지 않은 다른 페이지에 있는 내용을
임의로 고쳐 피의자에게 보여준다고 할 때 피의자는 자신의 수정을 요구
한 곳만 보고 서명날인을 할 수도 있다. 이렇게 되면 피의자가 조서에 서
명날인을 하였더라도 실제 내용은 자신이 진술한 내용과 달라진다. 이렇
게 공판정에서 증거로 제출한 피의자신문조서의 내용에 대하여 피고인
이 실제 자신이 진술한 내용과 동일하다고 인정하는 것을 실질적 진정성
립이라고 한다.

피고인에 의한 진정성립의 인정은 공판준비 또는 공판기일에서
한 명시적인 진술에 의하여야 한다. 따라서 단지 피고인이 실질적 진정
성립에 이의하지 않았거나 조서 작성절차와 방식의 적법성을 인정하였다
는 사실만으로 또는 특별한 사정이 없는 한 '입증취지 부인'이라고 진술
한 것만으로는 실질적 진정성립을 인정하였다고 볼 수 없다(2011도8325).
피고인이 조서의 일부분에 대하여 실질적 진정성립을 부인하는 경우 그
부분은 증거능력이 부정된다(2005도1849).

한편, 법정에서 피고인 또는 그 변호인이 당해 피고인에 대한 피의자신문조서의 진정성립을 인정하였더라도 증거조사가 완료되기 이전에는 그 진술을 번복할 수 있다. 그러나 증거조사가 완료된 후에는 번복 의사표시에 의하여 인정된 조서의 증거능력이 당연히 부정되는 것은 아니다. 다만, 최초의 진술효력을 그대로 유지하기 어려운 중대한 하자가 있고, 피고인에게 귀책사유가 없는 경우라면 증거조사 후에도 예외적으로 그 진술을 취소할 수 있다(2007도7760).

(나) 영상녹화물이나 그 밖의 객관적인 방법에 의한 증명　피고인이 성립의 진정을 부인하는 경우에는 영상녹화물이나 그 밖의 객관적 방법으로 실질적 진정성립을 증명할 수 있다. 영상녹화물에 의해 실질적 진정성립을 인정하기 위해서는 피의자에게 미리 영상녹화사실을 알려주어야 하며, 조사의 개시부터 종료까지의 전 과정 및 객관적 정황을 영상녹화하여야 한다. 또한 영상녹화가 완료된 때에는 피의자 또는 변호인 앞에서 지체 없이 그 원본을 봉인하고 피의자로 하여금 기명날인 또는 서명하게 하여야 한다(제244조의2 제2항).

영상녹화물 이외에 그 밖의 객관적 방법에는 영상녹화물에 준하는 녹음테이프 등 과학적·기계적·객관적으로 재현해 낼 수 있는 방법만을 의미한다. 다만, 피의자신문에 참여한 변호인의 증언에 의하여 실질적 진정성립을 인정할 수도 있다(다수설). 그러나 피의자신문에 참여한 조사자나 제3자의 증언은 영상녹화물이나 변호인과 같은 정도의 객관성을 인정하기 어려우므로 이에 해당하지 않는다.

[판례] 실질적 진정성립을 증명할 수 있는 방법으로서 형소법 제312조 제2항에 예시되어 있는 영상녹화물의 경우 형소법 및 형소규칙에 의하여 영상녹화의 과정, 방식 및 절차 등이 엄격하게 규정되어 있는데다 피의자의 진술을 비롯하여 검사의 신문 방식 및 피의자의 답변 태도 등 조사의 전 과정이 모두 담겨 있어 피고인이 된 피의자의 진술내용 및 취지를 과학적·기계적으로 재현해 낼 수 있으므로 조서의 내용과 검사 앞에서의 진술내용을 대조할 수 있는 수단으로서의 객관성이 보장되어 있다고 볼 수 있으나, 피고인을 피의자로 조사하였거나 조사에 참여하였던 자들의 증언은 오로지 증언자의 주관적 기

억 능력에 의존할 수밖에 없어 객관성이 보장되어 있다고 보기 어렵다(2015
도16586).

6) 특신상태

피의자의 진술은 '특히 신빙할 수 있는 상태'에서 작성되었어야
한다. 이를 줄여서 '특신상태'라고 한다. 특신상태는 영미의 증거법에서
규정한 '신용성의 정황적 보장'(circumstantial guarantee of trustworthiness)을
의미한다. 판례는 "신용성 정황적 보장의 요건인 '특히 신빙할 수 있는
상태하에서 행하여진 때'라고 함은 그 진술내용이나 조서 또는 서류의
작성에 허위개입의 여지가 거의 없고, 그 진술내용의 신빙성이나 임의성
을 담보할 구체적이고 외부적인 정황이 있는 경우를 가리킨다"고 한다
(2005도1849). 이때 특신상태의 인정 여부는 검사에게 입증책임이 있다.

(4) 사법경찰관이 작성한 피의자신문조서

검사 이외의 수사기관이 작성한 피의자신문조서는 적법한 절차와
방식에 따라 작성된 것으로서 공판준비 또는 공판기일에 그 피의자였던
피고인 또는 변호인이 그 내용을 인정할 때에 한하여 증거로 할 수 있다
(제312조 제3항). '검사 이외의 수사기관'이라고 함은 사법경찰관과 사법경
찰리를 포함한다(97도2211). 또한 국내의 수사기관뿐만 아니라 외국의 권
한 있는 수사기관이 작성한 피의자신문조서도 이에 해당된다.

> [판례] 피고인의 자필로 작성된 진술서의 경우에는 서류의 작성자가 동시에 진술
> 자이므로 제312조 제3항의 검사 이외의 수사기관에는 달리 특별한 사정이 없는
> 한 외국의 권한 있는 수사기관도 포함된다고 봄이 상당하다. 따라서 미국 범죄수
> 사대(CID), 연방수사국(FBI)의 수사관들이 작성한 수사보고서 및 피고인이 위 수
> 사관들에 의한 조사를 받는 과정에서 작성하여 제출한 진술서는 피고인이 그 내용
> 을 부인하는 이상 증거로 쓸 수 없다(2003도6548).

동 조항은 검사 이외의 수사기관이 작성한 해당 피고인에 대한 피의
자신문조서를 유죄의 증거로 하는 경우뿐만 아니라 검사 이외의 수사기

관이 작성한 해당 피고인과 공범관계에 있는 다른 피고인이나 피의자에 대한 피의자신문조서를 해당 피고인에 대한 유죄의 증거로 채택할 경우에도 적용된다.

[판례] 해당 피고인과 공범관계가 있는 다른 피의자에 대하여 검사 이외의 수사기관이 작성한 피의자신문조서는 그 피의자의 법정진술에 의하여 성립의 진정이 인정되는 등 형소법 제312조 제4항의 요건을 갖춘 경우라도 해당 피고인이 공판기일에서 그 조서의 내용을 부인한 이상 이를 유죄 인정의 증거로 사용할 수 없고, 그 당연한 결과로 위 피의자신문조서에 대하여는 사망 등 사유로 인하여 법정에서 진술할 수 없는 때에 예외적으로 증거능력을 인정하는 규정인 형소법 제314조가 적용되지 아니한다. 그리고 이러한 법리는 공동정범이나 교사범, 방조범 등 공범관계에 있는 자들 사이에서뿐만 아니라, 법인의 대표자나 법인 또는 개인의 대리인, 사용인, 그 밖의 종업원 등 행위자의 위반행위에 대하여 행위자가 아닌 법인 또는 개인이 양벌규정에 따라 기소된 경우, 이러한 법인 또는 개인과 행위자 사이의 관계에서도 마찬가지로 적용된다고 보아야 한다(2016도9367).

1) 적법한 절차와 방식에 따라 작성된 것

검사 이외의 수사기관이 작성한 피의자신문조서도 적법한 절차와 방식에 따라 작성된 것이어야 한다. 따라서 사법경찰관이 작성한 피의자신문조서에 제244조의3 제2항의 규정대로 진술거부권 행사 여부에 대한 피의자의 답변이 자필로 기재되어 있지 아니하거나 그 답변 부분에 피의자의 기명날인 또는 서명이 되어 있지 아니한 경우 특별한 사정이 없는 한 적법한 절차와 방식에 따라 작성된 조서라 할 수 없어 증거능력이 인정되지 않는다(2014도1779). 또한 그 답변이 피의자의 자필로 기재되지 않았고 각 답변란에 무인이 되어 있더라도 조서 말미와 간인으로 되어 있는 피의자의 무인과 달리 흐릿하게 찍혀 있는 경우 적법한 절차와 방식에 따라 작성된 것이라고 볼 수 없다(2014도1779).

2) 내용의 인정

검사 이외의 수사기관이 작성한 피의자신문조서는 피고인 또는 변호인이 그 내용을 인정하여야 증거능력을 인정할 수 있다. 내용인정은 실질적 진정성립뿐만 아니라 그 진술내용이 사실과 부합함을 의미한다.

3. 진술조서

(1) 형사소송법 제312조 제4항

제312조 제4항에서는 "검사 또는 사법경찰관이 피고인이 아닌 자의 진술을 기재한 조서는 적법한 절차와 방식에 따라 작성된 것으로서 그 조서가 검사 또는 사법경찰관 앞에서 진술한 내용과 동일하게 기재되어 있음이 원진술자의 공판준비 또는 공판기일에서의 진술이나 영상녹화물 또는 그 밖의 객관적인 방법에 의하여 증명되고, 피고인 또는 변호인이 공판준비 또는 공판기일에 그 기재 내용에 관하여 원진술자를 신문할 수 있었던 때에는 증거로 할 수 있다. 다만, 그 조서에 기재된 진술이 특히 신빙할 수 있는 상태하에서 행하여졌음이 증명된 때에 한한다"고 규정하고 있다.

검사 또는 사법경찰관은 수사에 필요한 때에는 피의자가 아닌 자의 출석을 요구하여 진술을 들을 수 있다(제221조 제1항). 이와 같이 피의자 아닌 자가 적법하게 출석하여 검사 또는 사법경찰관의 질문에 답하고 그 내용을 기재한 것을 진술조서라고 한다.

(2) 피고인 아닌 자의 진술조서

1) 적법한 절차와 방식에 따라 작성된 것

진술조서가 적법하게 작성되기 위해서는 수사기관이 조서를 작성한 후 진술인에게 읽어주거나 열람하게 하여 기재내용의 정확 여부를 물어보고 진술자가 증감변경을 청구한 때에는 그 진술을 조서에 기재하여야 하며, 간인과 서명날인에 의한 형식적 진정성립이 이루어지고(제48조), 그 조사과정도 기록되어야 한다(제244조의4). 따라서 제244조의4가 규정하는 바에 따라 수사기관이 조사과정을 기록하지 않은 상태에서 작성된 참고인 진술조서는 증거능력이 없다(2015도12981). 다만, 피해자들이 피고인 등으로부터 위해를 입을 것을 두려워하여 검사작성 참고인진술조서 당시 가명을 사용하였더라도 진술자 보호 등 상당한 이유가 있는 경우에는 적법한 절차와 방식에 따라 작성되었다고 볼 수 있다(2011도7757).

2) 실질적 진정성립

조서가 검사 또는 사법경찰관 앞에서 진술한 내용과 동일하게 작성되어 있음이 인정되어야 한다. 즉, 실질적 진정성립이 인정되어야 한다. 따라서 진술자가 공판기일에 증인으로 출석하여 '수사기관에서 사실대로 진술하고 진술한 대로 기재되어 있는지 확인하고 서명무인하였다'는 취지의 증언만으로는 실질적 진정성립이 인정되지 않는다(2012도13665).

실질적 진정성립은 영상녹화물 기타 객관적인 방법으로도 증명할 수 있다. 수사기관은 피의자가 아닌 자의 진술과정을 녹화하는 경우에는 진술인의 동의를 받아 영상녹화할 수 있으므로(제221조 제1항) 영상녹화물이 있는 경우 검사가 작성한 피고인이 된 피의자의 진술을 기재한 조서와 같이 실질적 진정성립을 인정할 수 있다. 그러나 이때의 증명정도는 합리적 의심을 배제할 수 있을 정도여야 하므로 진술조서에 진술인에게 들려준 녹음파일의 재생시간과 기재된 참고인 조사시간에 상당히 차이가 있는 경우 합리적인 의심을 배제할 정도로 증명되었다고 볼 수 없다(2014도10978). 그리고 이때의 영상녹화물은 진정성립의 용도로만 사용이 가능하므로 특별한 사정이 없는 한, 공소사실을 증명하기 위한 독립된 증거로는 사용할 수 없다(2012도5041).

3) 반대신문의 기회보장

제312조 제4항에서는 피고인 또는 변호인이 공판준비 또는 공판기일에서 원진술자를 반대신문할 수 있었을 때에 증거능력을 인정하고 있다. 반대신문은 그 기회가 피고인 등에게 부여되면 족하고 반드시 반

대신문이 있었는가를 요하지 않는다. 피고인 등이 반대신문권을 행사하지 않을 수도 있기 때문이다. 그러나 반대신문절차에서 진술인이 진술을 거부한 경우에는 실질적인 반대신문의 기회가 부여되지 않은 것이므로 증거능력을 부정하여야 한다.

4) 특신상태

특신상태의 의미는 앞서 설명한 검사가 작성한 피고인이 된 피의자의 진술을 기재한 조서의 증거능력에서와 같다.

(3) 피고인 또는 증인에 대한 진술조서

1) 피고인에 대한 진술조서

공소가 제기된 피고인을 검사가 소환하여 작성한 피고인진술조서의 증거능력을 인정할 수 있는가가 문제된다.

원칙적으로 공소가 제기된 피고인은 형사재판에서 검사와 대등한 당사자이므로 검사가 일방적으로 소환하여 조사한 경우 그 조서의 형태를 불문하고 증거능력이 없다고 하여야 한다. 그러나 판례는 피고인에 대한 진술조서가 공소제기 후에 작성된 것이라는 이유만으로 곧 증거능력이 없는 것은 아니라고 하고(84도1646), 그 증거능력에 대하여는 진술조서의 형식을 취하였다고 하더라도 피의자신문조서의 요건을 적용하고 있다.

> [판례] 검사가 「국가보안법」위반죄로 구속영장을 발부받아 피의자신문을 한 다음, 구속기소한 후 다시 피의자를 소환하여 공범들과의 조직구성 및 활동 등에 관한 신문을 하면서 피의자신문조서가 아닌 일반적인 진술조서의 형식으로 조서를 작성한 경우, 진술조서의 내용이 피의자신문조서와 실질적으로 같고, 진술의 임의성이 인정되는 경우라도 미리 피의자에게 진술거부권을 고지하지 않았다면 위법수집증거에 해당하므로, 유죄인정의 증거로 사용할 수 없다(2008도8213).

2) 증인에 대한 진술조서

참고인은 재판의 당사자가 아니며 임의수사의 대상이므로 공소제기 이후에도 증인에 대한 조사가 허용된다. 그러나 피고인의 형사재판이 진행되는 중에 증인으로 신청하여 신문할 수 있는 사람을 특별한 사정없이 수사기관이 소환하여 작성한 진술조서는 그 참고인이 법정에 증인으로 출석하여 해당 진술조서의 성립의 진정을 인정하고 피고인 측에 반대신문의 기회가 주어졌다고 하더라도 피고인이 증거로 할 수 있음에 동의하지 않는 한 증거능력이 없다(2013도6825). 그리고 그 참고인이 법정에서 증인으로 출석하여 참고인 진술조서와 같은 취지로 피고인에게 불리한 진술을 한 경우 그 진술의 신빙성을 인정하여 유죄의 증거로 삼을지에 대하여는 진술조서가 작성된 경위와 그것이 법정진술에 영향을 미쳤을 가능성 등을 종합적으로 고려하여 신중하게 판단하여야 한다(2013도6825). 그러나 공소가 제기된 후에는 해당 사건의 참고인은 증인으로 소환하여 피고인에게 반대신문의 기회가 주어진 상태에서 법정 증언을 하게 하는 것이 공판중심주의에 부합한다.

4. 진 술 서

≪학습문제≫ 사법경찰관 갑은 피의자 을을 신문하는 과정에서 을이 자신의 강간사실을 자백하는 내용의 자필진술서를 받았다. 그러나 그 후 을은 공판정에서 자필진술서의 성립의 진정은 인정하면서도 그 진술서에 기재된 내용은 전면 부인하였다. 이 진술서의 증거능력을 인정하기 위해서는 어떠한 요건을 갖추어야 하는가?

(1) 진술서의 의의와 종류

진술서는 피고인, 피의자, 참고인 등 서류의 작성자가 자신의 생각과 의사, 사실 등을 기재한 서면을 말한다. 따라서 자술서, 일기, 메모 등 명칭과 형식을 불문하나 법원 또는 수사기관이 작성하는 진술조서와는 구별된다. 진술서는 피고인의 진술서와 피고인이 아닌 자의 진술서로 구분할 수 있다. 또 수사단계에서 작성된 것과 수사과정 이외에서 작성된 진술서로 구분할 필요가 있다. 수사과정에서 작성된 진술서는 그 형태에 따라 제312조 각 조항의 적용을 받기 때문이다(제312조 제5항).

진술서는 진술기재서류와 구분된다. 진술서는 진술인이 직접 작성하는 것을 말하며, 진술기재서류는 제3자가 진술자의 진술을 대신 기재한 서면을 말한다. 따라서 진술기재서류는 작성자와 진술자가 다르다.

제313조의 서류에는 피고인 또는 피고인 아닌 사람이 작성하였거나 진술한 내용이 포함된 문자·사진·영상 등의 정보로서 컴퓨터용 디스크, 그 밖에 이와 비슷한 정보저장매체에 저장된 것을 포함한다.

(2) 수사과정에서 작성된 진술서의 증거능력

수사과정에서 작성된 진술서는 그 형식에 따라 제312조 제1항부터 제4항을 적용한다(제312조 제5항). 즉, 검사의 수사과정에서 작성된 피고인이 된 피의자의 진술서는 제312조 제1항과 제2항을, 사법경찰관의 수사과정에서 작성된 피의자의 진술서는 제312조 제3항을, 검사 또는 사법경찰관의 수사과정에서 작성된 참고인의 진술서는 제312조 제4항에 따라 증거능력을 인정한다. 따라서 피고인이 미국연방수사국(FBI)의 수사관들에 의한 조사를 받는 과정에서 작성하여 제출한 진술서는 제312조 제3항에 따른 검사 이외의 수사기관이 작성한 피의자신문조서와 같이 피고인이 그 내용을 부인하는 이상 증거로 쓸 수 없다(2003도6548). 마찬가지로 수사과정에서 피고인 아닌 자가 진술서를 작성한 경우 제244조의4에 따라 조사과정이 기록되지 않았다면 적법한 절차와 방식에 따라 작성된 진술서라고 볼 수 없으므로 증거능력을 인정할 수 없다(2013도3790).

(3) 수사과정 이외에서 작성된 진술서의 증거능력

1) 형사소송법 제313조 제1항 본문

제313조 제1항 본문은 "수사과정 이외에서 작성된 피고인이 아닌 자가 작성한 진술서나 그 진술을 기재한 서류로서 그 작성자 또는 진술자의 자필이거나 그 서명 또는 날인이 있는 것은 공판준비나 공판기일에서의 그 작성자 또는 진술자의 진술에 의하여 그 성립의 진정함이 증명된 때에는 증거로 할 수 있다"고 규정하고 있다. 이때의 진정성립은 형식적 진정성립뿐만 아니라 그 내용이 자신이 진술한대로임을 인정하는 실질적 진정성립을 포함한다.

수사과정 이외에서 작성된 진술서는 누구의 진술인가에 따라 (i) 피고인이 아닌 자의 진술서와 (ii) 피고인의 진술서로 나눌 수 있다. (i)은 작성자가 누구인가에 따라 진술자가 작성한 진술서와 타인의 진술을 기재한 진술기재서류로 나눌 수 있다. (ii)의 경우도 마찬가지이다.

피고인이 아닌 자의 진술서는 작성자가, 피고인 아닌 자의 진술기재서류는 원진술자가 그 성립의 진정함을 각각 인정하여야 증거능력이 인정된다. 예컨대, 피고인이 아닌 A가 피고인이 아닌 B의 대화내용을 녹음한 경우 이것은 진술기재서류이므로 원진술자인 B가 녹음테이프상의 목소리가 자신의 목소리이며, 자신이 진술한대로 녹음되었다는 사실을 인정하여야 한다. 그런데 (ii)의 경우와 같이 진술자가 피고인인 경우에는 제313조 제1항의 단서를 어떻게 해석하느냐에 따라 달라진다.

[판례] 수사기관이 아닌 사인이 피고인 아닌 자와의 전화대화를 녹음한 녹음테이프에 대하여 법원이 실시한 검증의 내용이 녹음테이프에 녹음된 전화대화의 내용이 검증조서에 첨부된 녹취서에 기재된 내용과 같다는 것에 불과한 경우에는 증거자료가 되는 것은 여전히 녹음테이프에 녹음된 대화내용이므로, 그 중 피고인 아닌 자와의 대화의 내용은 실질적으로 형소법 제311조, 제312조 규정 이외의 피고인 아닌 자의 진술을 기재한 서류와 다를 바 없어서, 피고인이 그 녹음테이프를 증거로 할 수 있음에 동의하지 않

은 이상 그 녹음테이프 검증조서의 기재 중 피고인 아닌 자의 진술내용을 증거로 사용하기 위해서는 형소법 제313조 제1항에 따라 공판준비나 공판기일에서 원진술자의 진술에 의하여 그 녹음테이프에 녹음된 진술내용이 자신이 진술한 대로 녹음된 것이라는 점이 인정되어야 하는데…(2007도10755)

2) 형사소송법 제313조 제1항 단서

피고인의 진술을 기재한 서류는 공판준비 또는 공판기일에서의 그 작성자의 진술에 의하여 그 성립의 진정함이 증명되고 그 진술이 특히 신빙할 수 있는 상태에서 행하여 진 때에 한하여 피고인의 공판준비 또는 공판기일에서의 진술에 불구하고 증거로 할 수 있다(제313조 단서).

(가) '피고인의 진술을 기재한 서류'의 의미　이때 '피고인의 진술을 기재한 서류'는 진술기재서류를 의미한다고 보아 피고인이 스스로 작성한 진술서는 제외되는 것으로 볼 여지도 있다. 그러나 단서가 '특신상태'라는 가중요건을 둔 취지는 피고인의 진술을 기재한 진술서에 대한 신용성과 객관성도 담보하기 위한 규정으로 이해하는 것이 합리적이다. 따라서 단서규정은 피고인의 진술을 기재한 진술서와 진술기재서류를 모두 포함한다고 해석하여야 한다.

(나) 진정성립의 주체에 대한 해석　피고인이 직접 작성한 진술서는 작성자와 진술자가 동일하므로 제313조 본문에 의해 피고인에 의한 성립의 진정이 인정되고, 단서에 따라 특신상태가 인정되면 증거능력을 인정할 수 있다(2000도1743). 그러나 피고인의 진술기재서류와 관련하여서는 작성자가 누구인지에 대한 해석이 문제된다. 단서규정의 '작성자'는 문언의 의미상으로 보면 진술자가 아닌 제3자를 의미한다. 따라서 피고인의 진술을 기재한 서류는 제313조 단서에 의해 작성자가 성립의 진정함을 인정하고 특신상태가 인정되어야 한다.

그런데 이때 제313조 제1항 본문의 규정에 따라 원진술자인 피고인의 진정성립도 함께 요구되는가가 문제된다. 이에 대하여 다수설은 피고인의 진술을 기재한 서류는 작성자와 더불어 진술자인 피고인이 그 진정성립을 인정하고 특별히 신빙할 수 있는 상태에서 작성된 경우에만 증거능력을 인정하여야 한다고 한다. 그러나 원진술자인 피고인이 녹음테이프상의 목소리 또는 서류상의 서명 등을 부인하는 경우에는 진실발견을 위해 녹음자 또는 서류작성자 등, 작성자의 진정성립을 통해 증거능력을 인정할 현실적 필요가 있으므로 작성자의 진술에 의하여 진정성립만 인정되면 충분하다(2008도9414). 이렇게 해석할 경우 작성자의 일방적인 주장에 의해 증거능력을 인정하게 되어 피고인에게 불리하다는 비판이 있을 수 있지만, 이것은 단서조항의 '특신상태'의 해석을 통해 방지할 수 있으므로 진정성립의 요건을 너무 엄격하게 해석할 필요는 없다.

(다) '피고인의 진술에도 불구하고'의 의미   제313조 단서의 규정에서 '피고인의 진술에도 불구하고'의 의미를 '피고인의 내용부인에도 불구하고'로 해석하여 피고인과 작성자의 진정성립은 요구되지만 피고인의 내용인정은 요구되지 않는다는 의미로 엄격하게 해석하는 견해가 있다. 그러나 이것은 '피고인의 진정성립의 부인에도 불구하고'로 해석하여야 한다(2008도9414). 따라서 작성자의 진정성립의 인정만 필요하고, 별도로 피고인에 의한 진정성립의 인정은 불필요하다는 의미로 해석하여야 한다.

3) 작성자가 부인하는 경우에 있어서의 진정 성립

제313조 제2항에서는 제1항에도 불구하고 진술서의 작성자가 그 성립의 진정을 부인하는 경우에는 과학적 분석결과에 기초한 디지털 포렌식 자료, 감정 등 객관적 방법으로 성립의 진정함이 증명되는 때에는 증거로 할 수 있도록 하고 있다. 다만, 피고인 아닌 자가 작성한 진술서의 경우에는 피고인 또는 변호인이 공판준비 또는 공판기일에 작성자를 신문할 수 있었을 것을 요한다.

5. 형사소송법 제314조에 의한 예외

(1) 형사소송법 제314조

제314조에서는 "제312조 또는 제313조의 경우에 공판준비 또는 공판기일에 진술을 요하는 자가 사망·질병·외국거주·소재불명 그 밖에 이에 준하는 사유로 인하여 진술할 수 없는 때에는 그 조서 및 그 밖의 서류(피고인 또는 피고인 아닌 자가 작성하였거나 진술한 내용이 포함된 문자·사진·영상 등의 정보로서 컴퓨터용디스크, 그 밖에 이와 비슷한 정보저장매체에 저장된 것을 포함한다)를 증거로 할 수 있다. 다만, 그 진술 또는 작성이 특히 신빙할 수 있는 상태하에서 행하여졌음이 증명된 때에 한한다"고 규정하고 있다. 제314조는 제312조와 제313조의 증거능력요건을 갖추지 못한 경우에도 소송경제와 실체적 진실발견을 촉진하기 위하여 필요성과 신용성의 정황적 보장을 요건으로 진술조서의 증거능력을 인정하고 있다. 그러나 이것은 직접심리주의 등 공판중심주의의 기본원칙에 대한 중대한 예외를 인정하는 것이므로 그 증명정도는 개연성만으로는 부족하고 합리적인 의심의 여지를 배제할 정도에 이르러야 한다.

> [판례] 피고인의 진술은 인터넷 채팅으로 만난 공소외인이 합의하에 모텔방에 온 후에야 대가를 요구하길래 이를 신고하였다는 취지인 반면 공소외인의 진술은 인터넷 채팅으로 미리 행위의 내용과 대가를 정하였는데 피고인이 다른 행위를 요구하여 서로 다투었다는 취지로서, 대질을 포함한 각 진술 과정에서 공소사실과 같이 사전에 유사성교행위의 대가를 지급하기로 한 바가 있는지 등 공소사실의 핵심적인 사항에 관하여 두 사람의 진술이 시종일관 일치하지 않았던 사정을 알 수 있다. 이와 같은 여러 정황을 종합하여 보면 공소외인의 진술이 형소법 제314조가 의미하는 '특히 신빙할 수 있는 상태하에서' 이루어진 것이라는 점, 즉 진술내용에 허위개입의 여지가 거의 없고 진술내용의 신빙성을 담보할 구체적이고 외부적인 정황이 있다는 점이 합리적 의심을 배제할 수 있을 만큼 확실히 증명되어 법정에서 반대신문을 통한 확인과 검증을 거치지 않아도 될 정도에 이르렀다고 보기는 어렵다(2013도12652).

(2) 필 요 성

원진술자가 사망하였거나 질병, 외국거주, 소재불명으로 인해 출석할 수 없는 경우 또는 이에 준하는 사유가 있어야 한다. 이 중 주로 문제가 되는 것은 외국거주, 소재불명, 진술자의 증언거부, 기억상실 등이다.

외국거주는 원진술자가 단순히 외국에 거주한다는 사유만으로는 부족하고 수사기관이 원진술자를 출석시키기 위해 가능하고 상당한 수단을 다하더라도 출석하게 할 수 없는 사정이 있어야 한다(2007도10004). 따라서 진술을 요하는 자가 외국에 거주하고 있고 공판정 출석을 거부하더라도 사법공조절차 등의 방법으로 증인을 소환하거나 외국의 법원의 사법공조를 통한 증인신문과 같은 상당한 수단을 다하지 않았다면 이에 해당한다고 볼 수 없다(2015도17115). 그러나 참고인이 북한을 이탈한 대남공작원으로서 일본으로 이주한 이래 전자우편에 의해 연락이 가능하더라도 외국의 주거지나 거소 등이 파악되지 않은 상황이며, 수사기관의 거듭된 권유에도 불구하고 참고인이 전자우편을 통해 증언 거부의 뜻을 명확히 표시하였다면 비록 수사기관이 참고인의 외국 주소 등을 확인하여 증인소환장을 발송하는 조치를 취하지 않았더라도 '외국거주'의 요건은 충족되었다고 할 수 있다(2013도2511).

소재불명의 사유로는 소재탐지결과 그 소재가 확인되지 않고 구인장을 집행하여도 집행되지 않는 정도에 해당하여야 한다(2007도10004). 따라서 검사가 소재탐지를 하지 않았거나 주거지가 아닌 곳에 소재탐지를 한 경우에는 소재불명이라고 볼 수 없다(73도2124). 설령 소재불명으로 소재탐지가 된 경우라도 검사가 제출한 증인신청서, 수사기록 등에 증인의 전화번호 등이 기재되어 있고, 수사기관이 해당 전화번호로 통화를 하여 출석의사 등을 확인하는 등, 상당한 노력을 기울이지 않았다면 '소재불명 그 밖에 이에 준하는 사유'에 해당하지 않는다(2013도1435).

'이에 준하는 사유'로는 유아가 공판정에 출석하였으나 일시적인 기억상실로 인해 진술의 일부가 재현이 불가능한 경우(2005도9561), 노인성

치매로 인한 기억력 장애(91도2281), 중풍, 언어장애로 법정에 출석할 수 없는 경우(99도202) 등이 이에 해당한다. 그러나 법정에 출석한 증인이 정당하게 증언을 거부하는 경우에는 이에 준하는 사유에 해당되지 않는다(2009도6788). 법정에서의 증언거부가 정당하지 않은 경우에도 피고인이 증인의 증언거부 상황을 초래하였다는 등의 특별한 사정이 없는 한 이 사유에 해당하지 않는다(2018도13945). 피고인이 증거서류의 진정성립을 묻는 검사의 질문에 대하여 진술거부권을 행사하는 경우도 마찬가지이다(2012도16001).

> **[판례]** 사법경찰리가 작성한 피해자진술조서와 관련하여 원진술자인 피해자가 제1심법정에서 증인으로 출석하여 대부분의 증인신문사항에 관하여 기억이 나지 않는다는 취지로 진술하는 등 그 진정성립을 명백하게 인정한 바가 없음을 알 수 있는바, 앞서 본 법리에 비추어 보면 이와 같이 위 피해자가 공판정에서 진술을 하였더라도 증인신문 당시 일정한 사항에 관하여 기억이 나지 않는다는 취지로 진술하여 그 진술의 일부가 재현 불가능하게 된 경우는 '원진술자가 진술을 할 수 없는 때'에 해당한다(2005도9561).

(3) 특신상태

특신상태는 그 진술내용이나 조서 또는 서류의 작성에 허위개입의 여지가 거의 없고 그 진술내용의 신빙성이나 임의성을 담보할 구체적이고 외부적인 정황이 있는 경우를 말한다(2004도3619). 따라서 단지 그러할 개연성이 있는 정도로는 부족하고 합리적인 의심이 여지를 배제할 정도에 이르러야 한다(2015도12981). 사망한 사람이 작성한 유서도 특별한 사정이 없는 한 특신상태가 인정될 수 있다(2019도12194). 그러나 판례는 수사기관이 외국으로 현지출장하여 뇌물공여자를 만나 참고인진술조서를 작성한 경우에는 수사의 정형적 형태를 벗어난 것임을 이유로 특신상태를 부정하였다.

> **[판례]** 검찰관이 피고인을 뇌물수수 혐의로 기소한 후, 형사사법공조절차를 거치지 아니한 채 과테말라공화국에 현지출장하여 그곳 호텔에서 뇌물공여자 갑을 상대로 참고인진술조서를 작성한 사안에서, 이 자유스러운 분위기에서 임의수사 형태로 조

사에 응하였고 조서에 직접 서명·무인하였다는 사정만으로 특신상태를 인정하기에 부족할 뿐만 아니라, 검찰관이 군사법원의 증거조사절차 외에서, 그것도 형사사법공조절차나 과테말라공화국 주재 우리나라 영사를 통한 조사 등의 방법을 택하지 않고 직접 현지에 가서 조사를 실시한 것은 수사의 정형적 형태를 벗어난 것이라고 볼 수 있는 점 등 제반 사정에 비추어 볼 때, 진술이 특별히 신빙할 수 있는 상태에서 이루어졌다는 점에 관한 증명이 있다고 보기 어려워 갑의 진술조서는 증거능력이 인정되지 아니하므로, 이를 유죄의 증거로 삼을 수 없다(2011도3809).

(4) 피의자신문조서의 형사소송법 제314조 적용 여부

≪학습문제≫ 갑과 을은 합동하여 재물을 절취한 혐의로 공소제기되어 심리를 받고 있다. 법정에서 갑은 범행을 부인하고 있다. 검사는 공범 을을 법정에 소환하여 증언을 하게 하려하였으나 을이 소재불명이 된 상태여서 을이 소재불명되기 전 사법경찰관이 작성한 "갑과 함께 합동하여 절취하였다"는 내용의 진술이 기재된 을의 피의자신문조서를 갑에 대한 증거로 제출하였다. 이 피의자신문조서의 증거능력을 인정하기 위한 요건은 무엇인가? 만일 을의 피의자신문조서가 사법경찰관이 아닌 검사가 작성한 것이라면 그 요건이 달라지는가?

1) 피고인이 된 피의자신문조서의 적용 여부

검사 또는 사법경찰관이 작성한 피고인이 된 피의자의 진술을 기재한 피의자신문조서는 제314조가 적용될 여지가 없다. 피고인의 출석은 원칙적인 공판정 개정요건이기 때문이다.

2) 공범자에 대한 수사기관 작성 피의자신문조서의 적용 여부

(가) 검사가 작성한 피의자신문조서의 증거능력　검사작성 피의자신문조서를 규정하고 있는 제312조 제1항은 피고인이 된 피의자의 진술을 기재한 서류에만 적용된다. 따라서 공범자 또는 공동피고인으로서 피고인과 함께 재판을 받고 있다고 하더라도 그 공범자 또는 공동피고인이 수사과정에서 진술한 피의자신문조서는 피고인이 된 피의자의 진술조서가 아닌 참고인의 진술조서로 보아야 한다. 그러므로 이 경우에는 제312조 제4항이 적용된다(2017도13458).

(나) 사법경찰관이 작성한 피의자신문조서의 증거능력　사법경찰관이 작

성한 공범자 또는 공동피고인의 피의자신문조서에 대하여는 검사가 작
성한 공범자의 피의자신문조서와 동일하게 제312조 제4항을 적용하여야
한다는 견해와 제312조 제3항을 적용하자는 견해가 있다. 전설은 공범자
및 공동피고인은 피고인에게 있어서는 제3자에 불과하므로 피고인이 아
닌 이상 참고인진술조서의 규정을 적용하여야 한다는 입장이다. 반면에
후설은 검사 이외의 수사기관 작성의 피의자신문조서의 증거능력요건을
엄격하게 규정하고 있는 취지를 고려하여 사법경찰관 작성의 피의자신
문조서의 규정을 적용해야 한다고 한다(다수설, 판례).[61]

한편, 제312조 제3항설에 의하더라도 진술조서의 내용인정을 누
가할 것인가에 대하여는 원진술자인 공범자가 내용인정을 하여야 한다
는 견해가 있다. 판례는 공범자가 아닌 피고인이 그 내용을 인정하여야
하므로 공범자의 피의자신문조서라고 하더라도 피고인이 그 내용을 부
인하는 경우에는 증거능력을 부정하였다.

> **[판례]** 형소법 제312조 제3항은 검사 이외의 수사기관이 작성한 당해 피고인
> 에 대한 피의자신문조서를 유죄의 증거로 하는 경우뿐만 아니라 검사 이외의
> 수사기관이 작성한 당해 피고인과 공범관계에 있는 다른 피고인이나 피의자
> 에 대한 피의자신문조서를 당해 피고인에 대한 유죄의 증거로 채택할 경우에
> 도 적용된다. 따라서 당해 피고인과 공범관계가 있는 다른 피의자에 대하여
> 검사 이외의 수사기관이 작성한 피의자신문조서는, 그 피의자의 법정진술에
> 의하여 그 성립의 진정이 인정되는 등 형소법 제312조 제4항의 요건을 갖춘
> 경우라고 하더라도 당해 피고인이 공판기일에서 그 조서의 내용을 부인한 이
> 상 이를 유죄 인정의 증거로 사용할 수 없다(2009도2865).

(다) 형사소송법 제314조의 적용 여부 공범자에 대한 검사작성의 피
의자신문조서는 제312조 제4항을 적용하게 되므로 공범자가 소재불명인
경우에는 제314조를 적용한다. 그러나 사법경찰관이 작성한 공범자의 피
의자신문조서는 그 내용인정의 주체에 따라 제314조의 적용 여부가 달

---

61) 개정 형소법에 따르면 공범이나 공동피고인에 대한 수사기관의 피의자신문조서는
그 작성 주체를 불문하고 피고인이 내용을 인정하여야 한다. 따라서 공판중심주의 강화라는
법 개정 취지에 맞게 작성 주체에 따라 제312조 제1항 또는 제3항을 적용하여야 한다.

라질 수 있다. 내용인정의 주체가 원진술자인 공범자라고 보는 견해에 의하면 공범자가 소재불명인 경우에는 제314조를 적용할 수 있다. 판례는 피고인을 내용인정의 주체라고 보므로 공범자가 소재불명이라고 하더라도 제314조를 적용할 수 없다고 하였다(2009도6602). 그러나 공범자에 대한 사법경찰관의 피의자신문조서는 제312조 제4항을 적용하고, 진술자인 공범자가 소재불명 등인 경우에는 제314조를 적용하여야 할 것이다.[62]

6. 검증조서

(1) 개 념

검증조서란 수사기관, 법원 또는 법관이 오관의 작용에 의하여 물건의 존재와 상태를 인식한 것을 기재한 서면을 말한다.

검사 및 사법경찰관의 검증조서 양식을 보면 검증조서에는 검증일시 및 장소, 검증목적과 참여인, 검증내용 등을 기재하도록 되어 있다. 보통은 검증을 한 검사나 사법경찰관이 검증목적물에 대한 상태 등을 관찰하고 기록하지만 때에 따라서는 검증에 참여하는 사람의 진술이 기재되거나 현장사진 등이 첨부된다. 따라서 검증조서는 검증조서 자체의 증거능력 요건과 더불어, 검증조서에 기재된 피고인, 피해자 등의 진술 및 현장사진 등의 증거능력이 문제된다.

(2) 법원 또는 법관의 검증조서

법원 또는 법관의 검증조서는 법원 또는 법관의 객관성, 신용성 및 검증절차에 당사자가 참여할 수 있는 권리(제145조, 제121조)가 인정되기 때문에 무조건 증거능력을 인정하고 있다(제311조). 따라서 당해 사건이 아

---

62) 판례의 취지에 따르면 개정 형소법에서는 검사 작성의 공범자 피의자신문조서도 그 공범자가 소재불명인 경우에 제314조를 적용할 수 없고, 제312조 제1항을 적용하여야 한다.

닌 다른 사건의 검증조서는 당사자의 참여권이 보장되지 않으므로 제 311조가 아닌 제315조 제3호에 따라 증거능력이 인정된다.

1) 검증조서에 기재된 참여자 진술의 증거능력

검증조서에 참여하는 피해자, 피고인, 목격자 등의 진술은 현장 에서 검증대상을 지시하는 현장지시와 그 외의 현장진술이 있다. 현장지 시는 검증 시에 검증의 대상물을 지시하는 진술이므로 범죄사실을 인정 하는 독립된 진술증거가 아닌 검증조서와 일체를 이룬다. 따라서 현장지 시는 검증조서의 증거능력에 따른다.

현장진술의 증거능력에 대하여는 법원 또는 법관의 면전진술로 서 모두 제311조에 의해 증거능력이 인정된다는 견해(다수설)가 있다. 그 러나 현장진술은 피의자 또는 피고인이 아닌 목격자, 참고인 등은 비록 소송관계인의 참여가 보장된다고 하더라도 법관이 정식으로 증인신문을 하는 것이 아니므로 증거능력을 부정하여야 한다. 비록 검증절차에 피고 인 또는 변호인 등의 참여권이 보장된다고 하더라도 검증현장에서 피고 인 또는 변호인에게 법정에서와 같은 반대신문이 실질적으로 보장된다 고 볼 수 없기 때문이다.

2) 검증조서에 첨부된 사진·도화의 증거능력

검증목적물의 상태 등을 명확하게 하기 위하여 검증조서에는 사 진이나 도화를 첨부할 수 있고(제49조 제2항), 이것은 검증조서와 일체를 이 루게 되므로 별도의 증거능력을 따질 필요가 없다.

(3) 검사 또는 사법경찰관의 검증조서

수사기관의 사전영장에 의한 검증(제215조) 또는 영장에 의하지 않은 검증(제216조 제1항 제2호, 제217조) 등의 경우에 있어서 그 검증결과를 작성 한 조서는 적법한 절차와 방식에 따라 작성된 것으로서 공판준비 또는 공판기일에서의 작성자의 진술에 따라 그 성립의 진정함이 증명된 때에 는 증거로 할 수 있다(제312조 제6항).

1) 검증조서의 증거능력 요건

(가) 적법한 절차　검증조서의 증거능력의 전제조건으로 먼저 검증의 적법성이 인정되어야 한다. 따라서 긴급검증요건에 해당하지 않거나 해당하더라도 사후영장을 발부받아야 하는 경우(제216조 제3항)에 있어서 사후영장을 발부받지 않은 경우에는 검증 자체가 위법하므로 검증조서의 증거능력도 인정할 수 없다.

검증조서의 작성주체는 검사 또는 사법경찰관이다(제312조 제6항). 따라서 사법경찰리는 작성주체에 해당하지 않는다(76도500).

(나) 진정성립　검사 및 사법경찰관에 의한 진정성립은 실질적 진정성립을 말하므로 검증조서의 형식적 진정성립과 더불어 검증조서의 기재내용이 검증 당시의 검증자의 체험과 일치한다는 것을 의미한다. 그러나 검사 및 사법경찰관의 검증조서는 수사기관이 범죄현장 등에 대하여 보고 들은 바를 기재한 전문서류에 불과하므로 그 작성자가 진정성립을 인정한다고 해도 피고인에게 반대신문권이 보장되어야 하는데 이를 인정하지 않은 것은 문제이다.

2) 검증조서에 기재된 진술의 증거능력

수사기관이 작성한 검증조서에 기재된 진술이 현장지시가 아닌 현장진술에 해당하는 경우에는 조서의 작성주체와 진술자에 따라 제312조 제1항부터 제4항 또는 제313조가 적용된다(다수설). 판례는 검증현장에서 피의자의 범행재연을 촬영한 사진의 증거능력에 대하여도 범행재연은 피의자의 행동적 진술로서 자백에 해당하므로 사법경찰관이 작성한 검증조서에 기재된 경우에는 제312조 제3항이 적용된다고 한다.

[판례] 사법경찰관이 작성한 검증조서 중 피고인의 진술 부분을 제외한 기재 및 사진의 각 영상에는 이 사건 범행에 부합되는 피의자이었던 피고인이 범행을 재연하는 사진이 첨부되어 있으나, 기록에 의하면 행위자인 피고인이 위 검증조서에 대하여 증거로 함에 부동의하였고 공판정에서 검증조서 중 범행을 재연한 부분에 대하여 그 성립의 진정 및 내용을 인정한 흔적을 찾아 볼 수 없고

오히려 이를 부인하고 있으므로 그 증거능력을 인정할 수 없다(2007도1794).

3) 형사소송법 제314조의 적용

검증조서의 작성자가 사망, 질병, 외국거주, 소재불명, 그 밖에 이에 준하는 사유로 진술할 수 없게 된 때에는 그 작성의 신용적 정황이 증명되는 경우에 한하여 증거로 할 수 있다(제314조).

7. 감 정 서

감정의 경과와 결과를 기재한 서류는 감정인의 자필 또는 서명날인이 있고, 공판준비 또는 공판기일에서 작성자의 진술에 의하여 그 성립의 진정함이 증명된 때에는 증거능력이 인정된다(제313조 제3항). 감정인이 작성한 서류에 대하여 작성자가 진정성립을 부인하는 경우에도 제313조 제2항에 의한 과학적 방법에 의해 그 성립의 진정이 증명된 때에는 증거능력을 인정할 수 있으며, 다만, 이때에는 피고인 또는 변호인에게 반대신문의 기회가 주어져야 한다.

한편, 수사기관이 감정을 촉탁한 감정수탁자가 작성한 감정서에 대하여도 제313조 제3항을 적용할 것인가가 문제된다. 이에 대하여는 수사기관이 촉탁한 감정수탁자는 선서와 허위감정에 대한 제재가 없으므로 신용성의 결여로 제313조 제3항을 적용할 수 없다는 견해와 감정수탁자의 감정도 법원의 명에 의한 감정에 준하여 취급하고 있으므로(제221조의3, 제221조의4) 법원이 명한 감정서와 같은 증거능력을 인정할 수 있다는 견해가 있다. 전문법칙이 당사자의 반대신문을 통한 신용성의 확보에 그 목적이 있는 이상 법원이 명한 감정인과 같이 선서의무와 허위감정에 대한 형사제제의 부담이 없다는 이유로 수사기관이 촉탁한 감정서의 증거능력을 부정할 필요는 없다. 다만, 감정서의 증거능력에 대하여도 위법수집증거배제법칙은 적용되므로 수사기관이 위법하게 압수·수색하여 취득한 증거의 압수물에 대한 감정서는 증거능력이 인정되지 않는다(2014도8719).

8. 당연히 증거능력이 인정되는 서류

(1) 형사소송법 제315조

제315조에서 규정하고 있는 당연히 증거능력이 있는 서류는 원칙적으로 진술서에 해당하여 제313조의 적용을 받아야 하는 것이지만 공공기관 또는 통상의 업무절차과정에서 형사재판을 염두에 두고 작성되지 않은 전문서류는 신용성과 객관성이 높고, 공무원과 업무담당자를 그때마다 증인으로 신문하는 것은 소송경제에도 반하므로 당연히 증거능력을 인정한다.

(2) 직무상 증명할 수 있는 공무원의 작성문서

가족관계기록사항에 관한 증명서, 공정증서등본 기타 공무원 또는 외국공무원의 직무상 증명할 수 있는 사항에 관하여 작성한 문서는 높은 신용성이 보장되므로 증거능력이 인정된다. 이러한 공무원의 작성문서에는 등기부등본, 인감증명서, 세무공무원의 시가감정서(85도225) 등이 포함된다. 외국공무원이 직무상 증명할 수 있는 사항에 대하여 작성한 문서도 이에 해당한다. 따라서 일본세관서 담당 공무원이 직무상 작성한 마약 등에 대한 감정서 등본 등은 이에 해당한다(83도3145). 그러나 외국수사기관이 수사결과 얻은 정보를 기록하여 회답한 문서는 직무상 증명할 수 있는 문서에 해당하지 않는다(79도1852).

(3) 업무상 통상적으로 작성된 문서

상업장부, 항해일지, 금전출납부, 전표, 통계표, 컴퓨터 기록 등 업무상 필요에 의하여 일상적으로 작성한 통상문서는 증거능력이 인정된다. 이것은 사무처리 내역이 계속적, 기계적으로 기재된 것이어서 굳이 반대신문을 거칠 필요가 없을 정도로 고도의 신용성이 인정되는 문서를 의미하므로 범죄사실의 인정 여부와 관련하여 어떤 의견을 제시하는 내용을 담은 문서는 이에 해당하지 않는다. 따라서 보험사기 사건에서 건강보험

심사평가원이 수사기관의 의뢰에 따라 그 보내온 자료를 토대로 입원진료의 적정성에 대한 의견을 제시하는 회신문서는 이에 해당하지 않는다 (2017도12671). 또한 의사가 작성한 진단서는 업무상 필요에 의해 통상적으로 작성한 것이 아니라 특정 사안에 대하여 개별적으로 작성된 것이므로 제315조가 아닌 제313조 제1항과 제2항에 따라 증거능력을 인정하여야 한다. 그러나 진료부는 통상적으로 작성된 문서라고 볼 수 있다. 마찬가지로 성매매업소의 업주가 고객의 전화번호, 아이디(ID), 성매매방법 등을 기재한 영업용컴퓨터기록도 영업상 필요에 의해 작성된 것이므로 증거능력이 인정된다(2007도3219). 그러나 체포·구속인접견부는 피의자가 죄증을 인멸하거나 도주를 기도하는 등 유치장의 안전과 질서를 위태롭게 하는 행위를 방지하기 위한 목적으로 작성되는 서류로서 직무상 또는 업무상 당연히 증거능력이 인정되는 것은 아니다(2011도5459).

> [판례] 자신이 한 심리전단 활동으로 인해 수사를 받을 것이라는 점을 전혀 인식하지 못한 상황에서 장기간에 걸쳐 계속적으로 작성하여 업무수행의 기초로 삼은 것으로서, 그 작성 경위와 목적, 공소외인의 업무와 문서에 담긴 내용의 관련성 및 내용의 신빙성 등을 종합적으로 고려하면, 위 파일은 공소외 A가 2012. 4. 25.부터 2012. 12. 5.까지 통상적 업무인 트위터를 통한 심리전 활동을 전개하기 위하여 매일 시달된 이슈와 논지와 함께 그 활동에 필요한 각종 자료들을 계속 추가·보충한 문서로서 형소법 제315조 제2호의 '업무상 필요로 작성한 통상문서'에 해당한다(2015도2625).

(4) 기타 특히 신용할 만한 정황에서 작성된 문서

공공기록, 정기간행물, 공무소작성 통계, 스포츠기록 등 업무상 통상적으로 작성되는 문서는 아니지만 형사재판을 목적으로 만들어진 문서가 아니고 그 작성목적에 대하여 전문성과 객관성을 부여할 수 있어 당연히 증거능력이 인정되는 문서에 해당한다. 당해 사건이 아닌 다른 사건의 공판조서가 그 경우이다(2004도4428). 그러나 이때의 '신용할 만한 정황'은 제1호와 제2호에서 열거한 공권적 증명문서 등과 같이 굳이 반대신문을 거치지 않더라도 될 정도의 고도의 신용성의 정황적 보장이 있는 문서를 의미한다(2015도2625). 다른 피고인에 대한 형사사건의 공판조서도 이에 해당하며, 그 공판조서 중 일부인 증인신문조서 역시 마찬가지이다(2004도4428).

Ⅳ. 전문진술의 증거능력

> ≪학습문제≫ 사법경찰관 갑은 피의자 을을 신문하는 과정에서 을이 강간사실을 자백하는 내용의 피의자신문조서를 작성하였다. 그러나 을은 공판정에서 그 피의자신문조서의 진술내용을 부인하였다. 이에 검사는 갑을 증인으로 소환하여 조사과정에서 을이 한 자백에 대한 증언을 하게 하려고 한다. 갑의 증언은 어떤 요건을 갖추었을 때 증거능력이 인정되는가?

1. 전문진술에 대한 예외 인정

제311조부터 제315조까지 전문서류의 증거능력에 대하여 규정하고 있다면 제316조에서는 전문진술의 증거능력에 대하여 규정하고 있다. 영·미의 증거법에서는 전문진술과 전문서류를 별도로 구분하고 있지 않지만 우리나라의 경우 조서중심의 형사재판으로 인해 전문서류와 전문진술을 구분하여 전문서류의 증거능력 요건에 보다 중점을 두어 왔다. 그러나 2007년 형소법 개정에 따라 제316조 제1항이 피고인을 피의자로 조사하였던 조사자가 그 피의자의 진술내용에 대하여 증언할 수 있도록 허용함으로써 기존의 조서중심의 증거능력규정에 변화가 일어났다. 즉, 제316조 제1항은 피고인이 아닌 자의 진술(조사자 포함)이 피고인의 전문진술을 내용으로 하는 때, 제2항은 피고인 아닌 자의 진술(조사자 포함)이 피고인 아닌 자의 전문진술을 내용으로 하는 경우의 증거능력에 대하여 규정하고 있다.

2. 피고인 아닌 자의 진술이 피고인의 진술을 내용으로 하는 경우

(1) 형사소송법 제316조 제1항

제316조 제1항에서는 "피고인이 아닌 자(공소제기 전에 피고인을 피의자로 조사하였거나 그 조사에 참여하였던 자를 포함한다. 이하 이 조에서 같다)의 공판준비 또는 공판기일에서의 진술이 피고인의 진술을 그 내용으로 하는 것인 때에는 그 진술이 특히 신빙할 수 있는 상태하에서 행하여졌음이 증명된 때에 한하여 이를 증거로 할 수 있다"고 규정하고 있다. 원진술자인 피고인이 법정에 있으므로 특신상태가 인정되면 증거능력을 인정한다는 취지이다. 따라서 제316조 제1항에서는 어떤 경우에 특신상태가 인정될 것인가가 중요한 문제로 된다.

제316조 제1항의 법적 성격에 대하여는 원진술자가 피고인이므로 당사자의 반대신문권이 무의미하기 때문에 증거능력이 인정된다고 보아 동 규정을 전문법칙의 예외가 아닌 직접심리주의의 예외라는 견해가 있다. 그러나 전문법칙에서도 피의자의 자인(admission)은 전문진술의 개념에 포함되지 않기 때문에 증거능력이 인정되는 것이므로 동 규정을 굳이 직접심리주의의 예외라고 볼 이유가 없다. 다만, 이 경우에는 전문법칙이 적용되지 않지만 수사기관의 조사과정에서 행하여진 진술이기 때문에 특신상태의 요건을 요구하는 것으로 이해하여야 한다.

(2) 피고인의 진술

피고인의 진술은 당해 사건의 피고인만을 말하므로 공동피고인이나 공범자는 피고인에 해당하지 않는다. 그러나 피고인의 진술이면 피고인이 사건 직후 제3자에게 진술한 경우는 물론 조사과정에서 피의자, 참고인으로 진술한 경우를 모두 포함한다.

(3) 피고인 아닌 자(조사자증언)

1) 개 념

피고인이 아닌 자에는 피고인을 조사한 조사자 및 제3자를 포함한다. 종래는 사법경찰관이 작성한 피의자신문조서에 대하여 피고인이 법정에서 그 내용을 부인하는 경우에는 조사자의 진술을 통하여 그 진술내용을 증언할 수 없다는 것이 판례의 입장이었다. 조사자의 증언을 허용하게 되면 사법경찰관 작성의 피의자신문조서에 대하여 피고인의 내용인정을 요구하는 규정이 무의미해지기 때문이다(2002도2112).

그러나 2007년 형소법 개정 시에 실체적 진실발견과 피고인의 방어권 사이에서 조화를 도모하기 위한 장치의 하나로 조사자증언제도를 도입하게 된 것이다.

2) 특신상태

진술이 특별히 신빙할 수 있는 상태에서 이루어진 경우란 제314조와 같이 진술이 허위개입의 여지가 거의 없고, 진술내용의 신빙성이나 임의성을 담보할 구체적이고 외부적인 정황이 있는 경우를 말하며, 그 증명은 합리적인 의심의 여지를 배제할 정도에 이르러야 한다(2015도12981). 따라서 경찰서와 같이 공개되고 조사과정이 폐쇄회로카메라 등 감시되는 장소에서 조사가 이루어졌는지, 미성년자인 경우 신뢰관계자가 동석하였는지 등 피해자의 상태와 구체적인 조사의 진행 과정을 종합적으로 고려하여 판단하여야 한다. 판례는 검사가 피고인을 조사하였던 경찰관을 증인으로 신청하여 피고인이 자백한 진술을 증언하게 함에 있어서 피고인이 그 진술의 경위나 과정에 대하여 치열하게 다투고 있고, 진술이 체포된 상태에서 변호인의 동석 없이 이루어진 점 등을 들어 특신상태를 부정하였다(2011도5459).

3. 피고인 아닌 자의 진술이 피고인 아닌 타인의 진술을 내용으로 하는 경우

≪학습문제≫ 갑은 피고인 을에 관한 강도사건의 피해자로서 사법경찰관 병의 면전에서 피해사실을 진술하였고, 병은 그 진술이 기재된 참고인진술조서를 작성하였다. 그러나 공판기일에 갑이 그 참고인진술조서의 진정성립을 부인하자 검사는 사법경찰관 병을 증인으로 소환하여 갑이 수사과정에서 진술한 진술내용을 증언하게 하였다. 조사자 병의 증언은 증거능력이 있는가?

(1) 형사소송법 제316조 제2항

제316조 제2항에서는 "피고인 아닌 자의 공판준비 또는 공판기일에서의 진술이 피고인 아닌 타인의 진술을 그 내용으로 하는 것인 때에는 원진술자가 사망, 질병, 외국거주, 소재불명 그 밖에 이에 준하는 사유로 인하여 진술할 수 없고, 그 진술이 특히 신빙할 수 있는 상태에서 행하여졌음이 증명된 때에 한하여 이를 증거로 할 수 있다"고 규정함으로써 원진술자가 소재불명 등일 경우 필요성과 신용성의 정황적 보장을 조건으로 증거능력을 인정한다.

(2) 적용범위

피고인이 아닌 자가 피고인 아닌 타인의 진술을 그 내용으로 하는 경우이다. 공판정 등에서 진술하는 피고인이 아닌 자에는 조사자가 포함되므로(제316조 제1항) 피고인 아닌 자를 조사한 사람 또는 그 조사에 참여한 사람이 그 진술의 주체가 된다.

진술내용은 피고인 아닌 타인의 진술이므로 원진술자는 공범자, 공동피고인과 같이 피고인이 아닌 제3자를 의미한다(2011도7173). 예컨대, A가 재판정에서 "공동피고인 갑이 피고인 을로부터 돈을 받았다고 말하는 것을 들었다"고 증언하였더라도 갑이 법정에서 이와 같은 사실을 부인하였다면, 원진술자인 갑이 소재불명 등에 해당하는 사유가 아니므로 A의 법정 증언은 피고인에 대하여 증거능력이 없다(2019도11552).

(3) 필요성과 특신상태

원진술자가 소재불명 등 필요성을 요건으로 하므로 원진술자가 법정에 출석하여 수사기관에서 한 진술을 부인하는 경우에는 적용할 수 없다(2008도6985). 원진술자가 법정에 출석한 이상 다른 증인이 원진술자의 진술을 내용으로 증언을 할 수도 없다(2010도8735). 기타 소재불명 등 필요성과 특신상태의 요건은 제314조의 사유와 같다.

> **[판례]** 피고인이 2009. 7. 20. 05:00경 대전 동구 대동(지번 생략)에 있는 피고인과 피해자의 주거지 빌라 2층 계단에서 피해자를 계단 아래쪽으로 밀쳐 피해자로 하여금 2층에서 1층으로 내려가는 중간의 계단 바닥으로 떨어져 머리 부위가 계단 바닥에 부딪히게 함으로써 피해자로 하여금 2009. 7. 22. 01:37경 사망하게 하였다는 폭행치사의 점에 대하여, 피고인으로부터 "하도 때려서 내가 밀었어"라는 말을 들었다는 공소외 1의 법정 진술은... 공소외 1과 피고인의 신뢰관계에 비추어 볼 때 공소외 1이 피고인으로부터 듣지도 아니한 말을 허위로 진술하거나 왜곡하여 전달하였을 것이라고 볼 수도 없으며, 공소외 1이 피해자가 병원에 입원한 이유를 물어본 데에 대하여 피고인이 제1진술과 같은 답변을 하였다는 진술의 경위와 피해자가 사망한 이후에 공소외 1이 보인 태도에 비추어 보더라도 피고인이 공소외 1에게 자발적으로 진술한 속내를 이야기한 것으로 볼 수 있어... 피고인이 그와 같은 진술을 하였다는 것에 허위 개입의 여지가 거의 없고, 그 진술내용의 신빙성이나 임의성을 담보할 구체적이고 외부적인 정황에서 한 진술을 내용으로 하는 경우에 해당한다(2010도5948).

(4) 피고인의 피고인 아닌 타인의 진술

제316조에서는 피고인이 공판기일 등에서 피고인이 아닌 자의 진술을 하는 경우에 관하여 규정하고 있지 않다. 견해의 대립은 있으나 전문법칙이 반대신문을 통한 진술의 신용성보장에 그 취지가 있는 만큼 전문진술의 필요성과 신용적 정황이 인정되는 경우 그 증거능력을 인정하는 제316조 제2항을 유추적용하여야 한다.

Ⅴ. 특수한 증거의 문제

전문법칙과 관련하여 사진, 동영상, 녹음테이프와 같은 특수한 증거의 증거능력이 문제된다.

1. 사진 및 동영상의 증거능력

사진과 동영상은 대상물체나 상황을 정확하게 촬영하여 재생하지만 인위적인 조작이 가능하므로 그 증거능력이 문제되는데, 진술증거인가 비진술증거인가에 따라 달리 판단하여야 한다.

(1) 사본으로서의 사진과 동영상

사본으로서의 사진 및 동영상은 그 촬영한 대상이 진술증거인가 여부에 따라 증거능력이 결정된다. 범죄에 사용된 흉기 등 물적 증거를 촬영한 경우에는 해당 사진이 원본증거를 정확하게 촬영하였고, 촬영 당시의 사진 그대로임이 인정되며, 원본증거를 제출할 수 없는 곤란한 사정 등의 필요성이 인정되어야 한다. 판례는 피고인이 정보통신망을 이용하여 공포감을 조성하는 문자를 반복적으로 보낸 경우에 있어서 피해자의 휴대폰의 화면에 있는 문자정보는 범죄행위의 직접적 수단으로서 진술인의 경험 등을 대체하는 진술증거가 아니라는 이유로 사진의 정확성과 필요성이 인정되면 증거능력을 인정한다.

> [판례] 문자정보가 저장되어 있는 휴대전화기를 법정에 제출하는 경우 휴대전화기에 저장된 문자정보는 그 자체가 범행의 직접적인 수단으로서 이를 증거로 사용할 수 있다고 할 것이다. 또한 검사는 휴대전화기 이용자가 그 문자정보를 읽을 수 있도록 한 휴대전화기의 화면을 촬영한 사진을 증거로 제출할 수도 있을 것인바, 이를 증거로 사용하기 위해서는 문자정보가 저장된 휴대전화기를 법정에 제출할 수 없거나 그 제출이 곤란한 사정이 있고, 그 사진의 영상이 휴대전화기의 화면에 표시된 문자정보와 정확하게 같다는 사실이 증명되어야 할 것이다(2006도2556).

반면에 원본증거가 진술증거인 경우에는 원진술증거의 증거능력은 물론 이를 촬영한 사본의 정확성과 필요성까지 모두 인정되어야 한다. 예컨대, 피고인에 대한 검사작성의 피의자신문조서를 촬영한 경우에는 사본의 제출 필요성과 정확성 등이 인정됨을 전제로 하여 피의자신문조서원본과 동일하게 취급하여 증거능력을 판단한다.

> [판례] 피고인에 대한 검사 작성의 피의자신문조서가 그 내용 중 일부를 가린 채 복사를 한 다음 원본과 상위 없다는 인증을 하여 초본의 형식으로 제출된 경우에, 위와 같은 피의자신문조서초본은 피의자신문조서원본 중 가려진 부분의 내용이 가려지지 않은 부분과 분리 가능하고 당해 공소사실과 관련성이 없는 경우에만, 그 피의자신문조서의 원본이 존재하거나 존재하였을 것, 피의자신문조서의 원본 제출이 불능 또는 곤란한 사정이 있을 것, 원본을 정확하게 전사하였을 것 등 3가지 요건을 전제로 피고인에 대한 검사 작성의 피의자신문조서원본과 동일하게 취급할 수 있다(2000도5461).

동영상 및 사진이 원본이 아닌 사본인 경우에도 원본이 삭제되어 존재하지 않으며 복사 과정에서 위·변조되지 않았으며, 원본과 동일하고 무결성이 인정되면 그 증거능력을 인정할 수 있다(2017도9747).

(2) 진술의 일부인 사진

사진이 진술증거의 일부를 이루어 보조적인 수단으로 사용된 경우에는 진술증거의 성격에 따라 증거능력을 판단하여야 한다. 따라서 수사기관의 검증조서에 첨부된 사진이 피고인이 범행을 재연하는 장면을 촬영한 경우 이것은 행동적 진술이므로 피의자신문조서로서의 증거능력을 갖추어야 한다(수사기관의 검증조서 참조).

(3) 현장사진

현장사진이란 범행 전후의 행동을 촬영한 것으로서 예컨대, 폐쇄회로장치에 의한 녹화장면을 들 수 있다. 현장사진의 증거능력에 대하여는 사진은 전문진술과 같이 사람의 지각을 통해 표현되는 것이 아니라 기계적인 방법으로 현출되는 것이므로 진술증거가 아니라는 견해(비진술증거설)

와 사진은 사실의 보고라는 점에서 진술과 동일하며 작성 및 현출과정에서 인위적인 조작이 있을 수가 있으므로 진술증거로 취급하여야 한다는 견해(진술증거설)가 있다. 전자의 입장에서는 현장사진이 요증사실과의 관련성만 인정되면 증거능력을 인정하는 반면에, 후자의 입장에서는 법관이 촬영한 때에는 제311조, 수사기관이 촬영한 경우에는 제312조 제6항, 사인이 촬영한 경우에는 제313조 제1항이 각각 적용된다고 한다. 판례와 실무에서는 비진술증거설에 따르고 있다(97도1230).

전문진술이 금지되는 것은 반대신문을 통하여 원진술자가 보고 들은 바에 대한 기억의 부정확함, 원진술자의 부정직성, 표현상의 오류 등을 확인할 수 없기 때문이다. 그러나 사진은 기계적인 방법으로 현장상황을 그대로 재현해내는 것으로서 범인의 범행행위를 촬영한 사진은 기계적 방법에 의해 기록된 것으로서 비진술증거이므로 이와 같은 문제가 발생하지 않는다. 다만, 촬영자 또는 사진 제출자에 의한 조작의 가능성이 문제될 뿐이다. 사진조작의 문제에 대하여는 법정에서 촬영자를 증인으로 출석시켜 사진의 촬영상황, 원본사진과의 조작 여부에 대하여 증인신문을 하면 된다. 따라서 현장사진 증거는 비진술증거지만 촬영자에 의한 진정성립이 인정되어야 한다.

(4) CCTV를 시청한 사람의 진술

범죄피해자 또는 경찰관이 범죄발생 후 약 1시간이 경과한 시점에서 CCTV 녹화장면을 돌려보고 난 뒤, 법정에서 그 장면에 대하여 증언할 경우 전문진술의 여부가 문제된다. 이때 해당 CCTV녹화장면이 실시간 장면이 아니며, 녹화된 장면을 본 것이므로 녹화장면이 진술증거라면 전문진술에 해당하고, 비진술증거라면 전문진술이 아닌 것이 된다. 판례는 당해 진술을 전문진술로 보지 않으므로 비진술증거설을 취하는 것으로 해석할 수 있다(2010도2080).

2. 녹음테이프의 증거능력

녹음테이프도 사진과 마찬가지로 높은 증거가치를 가지나 녹취자 또는 편집자의 의도에 따라 위·변조가 가능하므로 이에 대한 증거능력이 문제된다. 녹음테이프는 사람의 진술을 녹음한 것과 범죄현장의 음향을 녹음한 현장녹음으로 나눌 수 있다.

(1) 진술녹음

사람의 진술을 녹음한 녹음테이프는 전문진술이므로 당연히 전문법칙의 예외가 적용되어야 한다. 진술녹음에 대하여는 녹음주체가 사인인 경우와 수사기관이 작성한 경우를 나누어, 후자의 경우에는 영상녹화물의 증거능력과 비교하여 종합적으로 검토할 필요가 있다.

1) 녹음주체가 사인인 경우

녹음의 주체가 사인인 경우에는 제313조가 적용된다. 따라서 피해자가 피고인의 진술을 녹음한 경우에는 단서조항에 따라 작성자인 피해자의 진술에 의하여 녹음테이프의 성립의 진정함이 증명되고 특신상태가 인정되면 피고인이 그 내용을 부인하더라도 증거능력을 인정할 수 있다(2008도9414). 사인 A가 피고인 아닌 B와의 대화내용을 녹음한 경우에는 원진술자(A와 B)에 의하여 실질적 진정성립이 인정된 때에 증거능력이 인정된다(2010도7497).

진정성립은 서명날인을 요하지 아니하고, 녹음테이프에 녹음된 음성이 본인의 것임과 진술한대로 녹음되었다는 사실이 원진술자 또는 녹음자에 의하여 인정되면 충분하다. 판례는 녹음파일이 원본이거나 원본 내용을 그대로 복사한 사본이라는 점은 녹음파일의 생성, 전달, 보관 등의 절차에 관여한 사람의 증언이나 진술, 원본이나 사본 파일 생성 후의 해쉬(Hash)값과의 비교, 녹음파일에 대한 검증·감정 결과 등 제반 사정을 종합하여 판단한다(2014도10978). 따라서 녹음테이프에 수록된 대화내용이 녹취록과 동일하다거나 녹음테이프의 대화내용이 중단되었다고 볼 사정이 없다는 점만으로는 이와 같은 증명이 있다고 보지 않는다(2011도 6035). 그러나 원진술자 또는 녹음자가 그 진정성립을 부인하는 경우에는 제313조 제2항에 따라 과학적 분석을 통하여 진정성립을 인정할 수 있다.

> **[판례]** 수사기관 아닌 사인(私人)이 피고인 아닌 사람과의 대화내용을 녹음한 녹음테이프는 형소법 제311조, 제312조 규정 이외의 피고인 아닌 자의 진술을 기재한 서류와 다를 바 없으므로, 피고인이 녹음테이프를 증거로 할 수 있음에 동의하지 아니하는 이상 그 증거능력을 부여하기 위해서는, 첫째 녹음테이프가 원본이거나 원본으로부터 복사한 사본일 경우 복사과정에서 편집되는 등의 인위적 개작 없이 원본 내용 그대로 복사된 사본일 것, 둘째 형소법 제313조 제1항에 따라 공판준비나 공판기일에서 원진술자의 진술에 의하여 녹음테이프에 녹음된 각자의 진술내용이 자신이 진술한 대로 녹음된 것이라는 점이 인정되어야 한다(2010도7497).

2) 녹음주체가 수사기관인 경우

수사기관이 수사과정에서 녹음한 경우에는 영상녹화물의 증거능력과 더불어 판단할 필요가 있다. 제312조 제2항과 제4항에서는 검사가 피고인이 된 피의자에 대하여 행한 피의자신문과 검사 및 사법경찰관이 참고인에 대하여 행한 참고인조사에 대하여는 영상녹화물로 조서의 진정성립을 인정할 수 있도록 규정하고 있다. 그러나 제318조의2 제2항에서는 영상녹화물은 기억을 환기하는 용도로만 사용하도록 제한하고 있고, 탄핵증거로도 사용할 수 없도록 하고 있다. 따라서 현행법상 영상녹화물은 본증으로 사용할 수 없다(2012도5041).

녹음테이프는 영상녹화물과 비교할 때 진술인의 진술만 청취할 수 있고 그 표정 및 녹음상황에 대한 이미지를 확인할 수 없으므로 영상녹화물 이상으로 편견의 가능성이 크다. 따라서 현행법상 영상녹화물은 본증으로서의 증거능력이 부정되므로 수사기관이 수사과정에서 녹음한 녹음테이프의 증거능력도 부정되어야 한다. 그러나 이때의 '수사과정'은 실질적으로 피의자신문조서 또는 진술조서 등을 작성한다고 볼 수 있는 정도의 공식적 과정이어야 한다.

(2) 현장녹음

1) 현장녹음의 법적 성격

은행에서 은행강도를 저지른 피고인이 "모두 바닥에 엎드려! 반항하면 다 죽여버리겠다"고 말하자 은행 직원들이 놀라서 "악" 하는 비명을 지르는 소리들이 은행의 녹화장치에 의해 녹음된 경우 이 녹음테이프는 진술증거인가 비진술증거인가가 문제된다.

범행현장에서 녹음된 사람이 아닌 자동차의 엔진소리, 개짖는 소리 등은 비진술증거로 보는 데에 문제가 없다. 그러나 사람의 목소리가 범죄현장에서 녹음된 현장녹음의 경우 그 법적 성격에 대하여는 견해의 대립이 있다. 이러한 현장녹음은 현장에서 우연히 또는 즉석으로 녹음되므로 사전에 조작 또는 변작의 위험이 매우 작다고 볼 수 있기 때문에 비진술증거라고 하는 견해가 있다. 반면에 현장녹음도 진술증거이므로 진술서류에 준하여 그 녹음주체에 따라 제311조부터 제313조를 각각 적용하여 증거능력을 인정하자는 견해와 수사기관의 검증조서와 유사한 것으로 보아 검증조서에 준하여 증거능력을 인정하자는 견해도 있다. 그러나 현장에서 녹음된 사람의 목소리는 엄연히 진술녹음이다. 따라서 이것은 해당 진술이 전문진술인가 여부와 전문진술이라면 증거능력을 어떻게 인정할 것인가의 문제로 귀결된다.

2) 현장녹음의 증거능력

녹음된 진술이 전문진술이라면 전문법칙의 문제로, 전문진술이 아니라면 진술의 관련성과 녹음의 진정성이 입증되면 증거능력을 인정하면 된다. 전문진술은 법정 밖에서 이루어진 진술로서 진술내용이 사실인가를 입증하기 위해 증거로 제출되는 경우를 말하므로 원진술자가 특정 내용을 보고하는 진술인 경우에는 전문진술로 보아야 하지만 그렇지 않으면 전문진술로 볼 수 없다. 위 사례에서 피고인이 "모두 바닥에 엎드려! 반항하면 다 죽여버리겠다"라고 한 말이 강도죄의 협박 또는 살인죄의 고의를 입증하기 위한 증거로 제출하거나 은행직원들이 "악"하고 비명을 지르는 소리가 피고인의 협박에 의해 외포심을 느꼈는가를 입증하기 위한 것이라면 전문진술에 해당한다. 그러나 피고인이 해당 일시에 범행장소에 있었다는 점을 증명하기 위한 경우에는 전문진술이 아니다. 그런데 전자의 경우라도 영·미의 증거법에 의하면 피고인의 진술은 자인 (admission)에 해당하여 전문진술이 아니며,[63] 은행직원들의 비명소리는 흥분된 상태에서의 진술(excited utterance)에 해당되어[64] 전문진술의 예외로서 증거능력이 인정되고, 후자의 경우에는 전문진술이 아니므로 녹음 상태의 진정성만 입증되면 증거로 할 수 있다.

　　　　형소법상 녹음테이프는 진술서류에 해당하므로 해당 진술이 전문진술에 해당하는 경우에는 위 녹음진술의 예에 의해 녹음의 주체에 따라 제311조부터 제313조를 각각 적용하는 것이 타당하다. 그러나 전문진술이 아닌 경우에는 진술과 요증사실이 관련성이 있고, 녹음자에 의한 진정성립이 인정되면 증거로 볼 수 있다. 따라서 사례의 녹음테이프는 사인에 의해 녹음된 것이므로 제313조에 따라 증거능력을 판단하여야 한다.

3. 범행 현장의 영상녹화물

(1) 수사기관의 영상녹화물

수사기관이 수사의 일환으로 대상자의 의사에 반하여 영상녹화물을 녹화하려면 검증영장을 발부받아야 한다. 그러나 현재 범행이 행하여지거나 행하여진 직후이고, 증거보전의 필요성과 긴급성이 있으며, 일반적으로 허용되는 상당한 방법에 의해 녹화가 이루어졌다면 사전 또는 사후의 영장이 없더라도 증거능력이 인정될 수 있다(2013도2511).

---

63) Federal Rules of Evidence 801(d)(2).
64) Federal Rules of Evidence 803(2).

(2) 사인의 영상녹화물

사인이 적법하게 촬영한 범행현장의 영상녹화물은 사진 및 녹음과 같이 그 내용이 진술증거가 아니라면 전문법칙이 적용되지 않으므로 증거능력을 인정하여야 한다. 판례는 영상녹화물이 적법하게 촬영된 것이 아니라면 관련된 공익과 사익을 비교형량하여 그 증거능력을 판단하였다(2008도1584).

Ⅵ. 진술의 임의성

1. 형소법 제317조

제317조 제1항에서는 피고인 또는 피고인 아닌 자의 진술은 임의로 된 것이 아니면 증거로 할 수 없다고 규정하고, 동조 제2항과 제3항에서는 그 진술을 기재한 서류 또는 검증조서의 일부가 된 피고인 또는 피고인의 진술에도 그대로 적용하고 있다.

2. 적용 범위

제317조에 의하여 진술의 임의성이 요구되는 진술의 범위에 대하여는 제309조의 특별규정이므로 자백 이외의 일체의 진술증거를 의미한다는 견해(광의설), 제310조의2부터 제316조에 규정하는 있는 진술에 제한된다는 견해(협의설), 피고인 이외의 자의 진술증거에 제한된다는 견해(제한설) 등이 있다. 그러나 진술의 임의성은 피고인뿐만 아니라 피고인이 아닌 사람의 진술에서도 문제가 되며, 검사가 제출한 진술증거뿐만 아니라 피고인이 제출하는 진술증거에서도 중요하므로 전문증거는 물론 모든 형태의 진술에 임의성의 보장이 절대적으로 필요하다. 이러한 측면에서 광의설이 타당하다(다수설).

3. 진술의 임의성과 증거능력

진술의 임의성 요건에 대하여는 허위배제에 그 근거가 있다는 견해, 전문증거의 증거능력을 부여하기 위한 요건이므로 의사결정과 의사표현의 자유를 의미한다고 해석하는 견해 등이 있으나 위법배제에서 그 근거를 구하여야 한다. 판례는 임의성 없는 진술의 증거능력을 부정하는 취지는 허위진술을 유발 또는 강요할 위험성이 있는 상태하에서 행하여진 진술은 그 자체가 실체적 진실에 부합하지 아니하여 오판을 일으킬 소지가 있을 뿐만 아니라 그 진위를 떠나서 진술자의 기본적 인권을 침해하는 위법·부당한 압박이 가하여지는 것을 사전에 막기 위한 것으로 이해한다(2012도9879).

진술을 기재한 서류에 관하여는 진술의 임의성 뿐만 아니라 서류작성의 임의성도 인정되어야 한다. 다만, 법원 또는 수사기관이 작성한 조서는 서류작성의 임의성은 문제될 여지가 없으므로 작성의 임의성이 요구되는 것은 피의자 또는 참고인이 작성하는 진술서에 제한된다.

4. 임의성의 조사와 증명

진술의 임의성은 증거능력에 관한 것이므로 법원은 원칙적으로 증거조사 전에 직권으로 조사하여야 한다. 그러나 당사자가 동의한 경우에는 조서의 작성상황을 고려하여 상당하다고 인정되면 임의성을 조사할 필요가 없으며, 임의성이 인정되어 증거조사를 한 후에도 임의성에 의문이 있으면 다시 임의성을 조사할 수 있다.

진술의 임의성에 대하여 검사가 입증하여야 한다는 견해도 있으나, 진술의 제출은 반드시 검사만 하는 것이 아니므로 진술증거의 제출자가 거증책임을 진다. 다만, 그 증명의 정도는 소송법적 사실에 해당하므로 자유로운 증명으로 충분하다(94도2316).

Ⅶ. 법과학증거

1. 법과학증거의 증거능력

≪학습문제≫ 세계적으로 유명한 과학자인 갑은 사람이 진실을 말하는지 여부를 인식할 수 있는 인공지능로봇을 개발하고 관련 과학계에서 그 연구에 대한 신뢰도와 타당도를 인정받았다. 갑은 이 로봇을 이용하여 현재 연쇄살인으로 재판을 받고 있는 을의 진술이 거짓이라는 결과를 법정에서 증언하였다. 갑의 증언은 증거능력이 있는가?

(1) 법과학증거의 개념

과학발전에 따른 과학적 원리와 기술의 다양화는 현대의 형사재판에서 법과학증거(forensic evidence)의 시대를 열었다. 그러나 과학이 100퍼센트 완전한 학문이 아닌 만큼 과학적 증거의 오류와 해석에 있어서의 편견 및 과학적 이론과 기술을 분석에 적용하는 전문가의 주관적 오류는 형사재판에서 중요한 문제가 되고 있다. 따라서 형사재판에서의 법관과 배심원 등 사실인정자는 이러한 과학적 증거의 원리와 기술 및 그 오류가능성을 충분히 인식하여야 과학적 증거의 해석에 있어서 편견을 방지할 수 있다.

법과학적 증거는 과학적 기술과 원리를 적용하여 도출한 사실인정자료로서 형사재판에서 증거로 사용되는 것을 말한다. 그런데 법과학증거는 그 도출과정에 사용되는 과학적 기술과 원리 때문에 일반적으로 전문가의 감정과 증언을 통해 법정에 현출된다. 따라서 과학적 증거의 증거능력을 판단하기 위해서는 그 증거에 사용된 과학적 기술과 원리의 타당도와 신뢰도, 오류율의 정도, 그리고 이를 사용하는 전문가의 전문성과 숙련도 등을 검증하여야 한다. 이것이 과학적 증거의 증거능력과 관련된 문제이다.

(2) 과학적 증거의 생성 및 도출과정

수사 및 재판과정에서 사용되는 증거는 다양한 유형으로 분류된다.

우선 범죄현장에서 수사요원이 수집하는 디엔에이(DNA)시료, 지문, 혈흔과 같은 물적 증거가 있다. 이러한 물적 증거는 법과학적 원리와 기술을 통해 해석하여야 할 기초증거이므로 '기본증거'라고 부른다. 둘째, 과학적 원리와 기술을 동원하여 법과학 분야에 사용되는 '일반화된 증거'가 있다. 예컨대, 디엔에이 감정이나 혈흔의 형태와 방향을 분석하여 범행상황을 추정할 수 있는 과학적 기술과 원리 등을 들 수 있다. 셋째, 수사기관과 법관은 일반화된 증거를 기본증거에 적용하여 일정한 사실을 추론할 수 있게 되는데 이러한 추론의 결과를 '추론증거'라고 부른다. 재판정에서 일정한 사실을 인정하기 위해서 사용되는 증거는 이 추론증거에 해당한다.

〈과학적 증거의 생성 및 도출과정〉

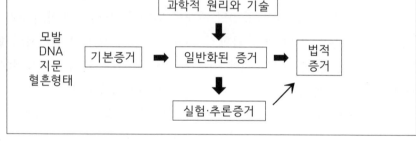

〈증거의 유형과 관련된 증거법분야〉

범죄 현장		증거법 분야
기본증거(범죄현장 보존)	→	증거물보관의 연속성원칙 (Chain of custody)
기본증거(증거수집절차)		
일반화된 증거(증거감정절차)	→	과학적 증거의 허용기준
법적 증거(재판)	→	각종 증거능력 배제규정의 적용 여부

이 추론증거를 법적 증거로 사용할 수 있기 위해서는 기초증거가 범행현장에서 수거, 수집, 감정되는 전 과정에서 오염되거나 훼손되지 않아야 한다. 또한 일반화된 증거는 그 원리와 기술에 대한 오류의 가능성 및 기술 및 원리를 적용하는 감정가의 숙련도 등이 공개되어 사실인정자가

어느 정도 증명가치를 부여할지 결정할 수 있어야 한다. 마지막으로 이러한 증거들이 적정절차와 피고인의 인권보호 및 사실발견이라는 형사정책적 목적에 조화되어야 한다. 예컨대, 위법수집증거배제법칙과 같은 각종 증거능력 배제규정을 들 수 있다. 따라서 기본증거는 범죄현장의 보존과 증거수집절차에서, 일반화된 증거는 증거감정절차에서, 법적 증거는 재판절차에서 주로 문제가 발생한다. 이러한 절차에서 관련되는 증거법분야는 각각 증거물보관의 연속성원칙(Chain of Custody), 과학적 증거로서의 허용기준, 그리고 증거능력과 증명력의 인정기준에 관한 문제이다.

그러나 형소법의 증거규정은 주로 전문법칙에 관한 것이어서 과학적 증거와 관련된 이와 같은 문제들은 증거법의 일반적 원리와 판례의 해석을 통해 확인할 수밖에 없다. 이하에서는 미국에서의 과학적 증거의 기준, 증거물보관의 연속성원칙을 설명하고, 관련된 우리나라 판례를 간략히 소개한다.

(3) 과학적 증거의 허용기준

과학적 증거의 허용성과 신빙성에 영향을 미치는 요인은 세 가지로 요약될 수 있다. 먼저, 그 이론(theory)이 과학적으로 타당(valid)하여야 하며, 둘째, 그 이론을 적용하는 기술이 유효하여야 할 것, 셋째, 그 이론과 기술이 특정 조건하에서 적절하게 사용되어야 한다. 미국 증거법에서는 과학적 증거의 증거능력 판단기준에 대하여 다음과 같이 크게 세 가지의 원칙이 제시되어 왔다. 프라이 테스트(Frye Test)와 더버트 기준(Daubert Standard), 그리고 관련성 접근방법(relevance approach)이다.

1) 프라이 테스트

프라이 테스트는 과학적 기술과 원칙이 해당 과학적 분야에서 일반적인 승인(general acceptance)을 얻었을 때에만 증거능력을 인정할 수 있다는 원칙이다. 이 원칙은 미국에서 1923년 거짓말탐지기의 전신인 심장수축혈압방식(systolic blood pressure)에 의한 거짓말 테스트를 실시한 검사자를 전문가 증언으로 요청한 사건과 관련하여 확립된 원칙이다. 미국 연방항소법원은 과학적인 원리가 증거능력이 부정되는 실험단계에 있는지, 증거능력이 인정되는 확정의 단계에 있는지를 결정하는 것은 어렵기 때문에 해당 원리와 기술이 해당 분야의 과학계에서 일반적으로 승인된 것이 아니면 그 검사결과에 대한 증거능력을 인정할 수 없다고 한 것이다.[65]

2) 더버트 기준

더버트기준은 과학적 증거는 요증사실에 대한 관련성(relevance) 뿐만 아니라 그 증거 자체가 과학적 지식에 근거하여 충분히 신뢰할 만한 것인가를 판단하는 것이므로 과학적 이론의 검증가능성, 동료들에 의한 심사(peer review) 여부, 오류 비율이 알려져 있는지 여부, 과학계의 일반적 승인 여부 등을 종합적으로 따져 결정한다. 더버트기준은 원고의 어머니가 입덧 완화제인 벤덱틴(Bendectin)을 복용하고 기형아인 원고를 낳게 되자 원고가 제조업체인 머렐 다우(Merrell Dow)사를 고소한 사건에서 확립되었다(Daubert v. Merrell Dow Pharm., Inc.).[66] 당시 원고는 동물실험과 화학 구조분석 등을 통해 벤덱틴이 태아에게 해를 입힐 가능성이 높다는 것을 증언할 전문가 8명의 증언을 요청하였으나 프라이테스트에 따라 과학계에서의 '일반적 승인'이 없다는 이유로 기각당한 후 연방대법원에 항소한 사건이다.

더버트기준은 기존의 프라이테스트와 달리 과학계에서의 일반적 승인을 증거능력의 유일한 조건으로 보지 않고, 다른 요소들을 종합적으로 판단함으로써 증거능력의 기준을 완화한 것이 특징이다. 현재 미국 연방대법원의 과학적 증거에 대한 전문가증언의 증거능력 판단기준이다.

3) 관련성 접근에 의한 판단

미국의 증거법학자 멕코믹(McCormick) 교수는 증거가 요증사실의 입증에 도움이 되고, 증거의 편견가능성이 그 증거의 증명가치를 상당한

---

65) Frye v. United States, 293 F. 1013 (D. C. Cir. 1923).
66) 509 U.S. 579(1993).

정도로 압도하지 않는 한 증거능력을 인정하자고 한다. 이것은 전문가의 증언이 사실인정에 도움이 되고, 특별히 사실을 왜곡할 만큼의 중대한 편견을 유발하지 않으면 증거능력을 인정하자는 것으로서 법관에게 매우 폭넓은 재량을 허용하게 된다.

4) 검 토

이상의 세 가지 기준을 비교하면 아래 〈표〉[67]와 같다. 프라이테스트가 가장 엄격하고, 더버트기준, 관련성 접근방법 순으로 그 기준이 완화된다.

<과학적 증거기준의 비교>

엄격성 정도	증거능력 기준	판단 요소
엄격	프라이테스트	일반적 승인
↕	더버트기준	관련성 + 과학적 신뢰성
느슨	관련성 접근방법	관련성 + 증명가치와 편견가능성 비교형량

5) 과학적 증거에 관한 판례의 태도

(가) 거짓말탐지기

가) 과학적 원리 거짓말탐지기는 사람이 거짓말을 하면 심리적 변화가 일어나고 그 심리적 변화가 생리적 반응을 일으키는 것을 측정하여 사람의 진술에 대한 허위 여부를 판단하는 것을 말한다. 따라서 거짓말탐지기는 허위의 진술로 인한 생리적 반응이 일어나는 원리와 그 반응을 정확히 측정할 수 있는 기계적 장치가 검사결과의 신뢰도와 타당도를 측정할 수 있는 전제가 된다.

나) 거짓말탐지기의 증거능력 거짓말탐지기에 대하여는 검사결과에 대한 기계적, 기술적 정확성이 보장되지 않으므로 요증사실과의

---

67) 이웅혁/이성기, 형사재판상 과학적 증거의 기준과 국내 발전방향, 형사정책연구 (2011), 제23권 제1호, 308면(〈표 1〉 인용).

자연적 관련성이 부정된다는 견해와 거짓말탐지기의 검사결과는 사람의
진술거부권 또는 인격권을 침해한 위법수집증거로서 증거능력이 부정된
다는 견해가 있다. 반면에 피검사자의 진지한 동의가 있는 이상 인격권,
진술거부권의 침해가 없고 거짓말탐지기의 기술적 발전으로 과학적 신
뢰도와 타당도가 인정되므로 감정서와 같이 증거능력을 인정해야 한다
는 견해가 있다.

거짓말 탐지기에 관한 우리나라 최초의 판결은 1979년 판결
(79도547판결)이며, 일반적인 기준을 제시한 것은 1983년 판결(83도712)이
다. 이후 판례는 미국의 프라이테스트와 같이 거짓말탐지기의 전제조건
들이 모두 충족되어 과학적으로 승인된 정도가 아니면 그 증거능력을 부
정하겠다는 취지로 사실상 거짓말탐지기의 증거능력을 부정하고 있다.

[판례] 거짓말탐지기의 검사 결과에 대하여 사실적 관련성을 가진 증거
로서 증거능력을 인정할 수 있으려면, 첫째로 거짓말을 하면 반드시 일정
한 심리상태의 변동이 일어나고, 둘째로 그 심리상태의 변동은 반드시 일
정한 생리적 반응을 일으키며, 셋째로 그 생리적 반응에 의하여 피검사자
의 말이 거짓인지 아닌지가 정확히 판정될 수 있다는 세 가지 전제요건
이 충족되어야 할 것이며, 특히 마지막 생리적 반응에 대한 거짓 여부
판정은 거짓말탐지기가 검사에 동의한 피검사자의 생리적 반응을 정확히
측정할 수 있는 장치이어야 하고, 질문사항의 작성과 검사의 기술 및 방
법이 합리적이어야 하며, 검사자가 탐지기의 측정내용을 객관성 있고 정
확하게 판독할 능력을 갖춘 경우라야만 그 정확성을 확보할 수 있는 것
이므로, 이상과 같은 여러 가지 요건이 충족되지 않는 한 거짓말탐지기
검사 결과에 대하여 형소법상 증거능력을 부여할 수는 없다(2005도130).

그러나 판례는 거짓말탐지기의 검사 결과를 그 검사를 받은
사람의 진술의 신빙성을 가늠하는 정황증거로는 인정하고 있다.

[판례] 거짓말탐지기 검사 결과, 피고인의 진술에 대하여는 거짓으로 진
단할 수 있는 특이한 반응이 나타나지 않은 반면에 공소외 1의 진술에
대하여는 거짓으로 진단할 수 있는 현저한 반응이 나타났다. 그러나 거
짓말탐지기 검사 결과가 항상 진실에 부합한다고 단정할 수 없을 뿐 아
니라, 검사를 받는 사람의 진술의 신빙성을 가늠하는 정황증거로서 기능

을 하는 데 그치므로(2016도15526)...

다) 거짓말탐지기 검사결과 얻은 자백의 증거능력　거짓말탐지기의 검사결과를 부정하더라도 거짓말탐지기에 동의하고 검사를 받은 피검사자에 대하여 그 검사결과를 가지고 추궁하여 자백을 받은 경우에는 자백의 임의성이 인정되므로 증거능력이 인정된다. 판례는 피검사자가 검사결과가 거짓으로 나오면 자백을 하겠다고 약속하고 자백을 한 경우에 있어서 그 자백의 임의성을 부정하지 않았다(83도712).

　　(나) 디엔에이(DNA) 신원확인정보의 증거능력

　　　가) 디엔에이 신원확인정보의 원리　범죄수사에서 개인식별을 위해 사용되는 디엔에이 신원확인은 인체시료(혈액, 타액, 모발 등)에서 인간의 DNA 중 유전정보를 포함하지 않고 있는 특정 염기서열 부분(Junk DNA 또는 intron이라고 한다)이 지니는 단순반복 부위의 반복서열 횟수를 확인하는 방법을 이용한다. 이러한 단순반복 부위의 DNA 염기서열은 인간 게놈 전반에 걸쳐 광범위하게 분포하고 사람마다 다양성을 지니고 있어 개인식별에 중요한 역할을 하고 있다. DNA가 지니는 단순반복 부위는 DNA 염기(A, T, C, G)서열이 짧은 구간에 반복되는 STR(short tandem repeats)을 이용하여 감정기관에서 PCR(polymerase chain reaction)을 이용한 STR 분석기법을 사용하고 그 중에서 인구 다양성이 특히 높은 4개의 염기가 반복된 마커를 주로 이용하고 있다. 현재 우리나라에서 사용되고 있는 STR 분석은 PCR기법을 사용하여 DNA를 증폭한 뒤 13개 STR 마커를 분석, 비교한다. 디엔에이 분석을 담당하는 국립과학수사연구원은 무작위로 지원한 500명의 DNA샘플을 분석하여 13개의 부위(座)에 있는 대립유전자들의 STR 빈도수를 데이터화하였으며, 이를 근거로 우리나라 인구의 STR 값의 분포도를 추정한다.

　　　나) 디엔에이 신원확인정보의 증거능력　판례는 디엔에이 신원확인정보의 일치결과에 대하여 전문적인 지식과 경험을 가진 감정인이 과학계에서 일반적으로 승인된 전문기술과 원리를 적용한 것이므로 고도

의 증명가치를 가져 법관이 합리적인 이유 없이 배척할 수 없다고 한다.

> **[판례]** DNA분석을 통한 유전자검사 결과는 충분한 전문적인 지식과 경험을 지닌 감정인이 적절하게 관리·보존된 감정자료에 대하여 일반적으로 확립된 표준적인 검사기법을 활용하여 감정을 실행하고, 그 결과의 분석이 적정한 절차를 통하여 수행되었음이 인정되는 이상 높은 신뢰성을 지닌다 할 것이고, 특히 유전자형이 다르면 동일인이 아니라고 확신할 수 있다는 유전자감정 분야에서 일반적으로 승인된 전문지식에 비추어 볼 때, 위와 같은 감정 결과는 피고인의 무죄를 입증할 수 있는 유력한 증거에 해당한다(2007도1950).

그러나 디엔에이 신원확인정보는 높은 증명가치에도 불구하고 디엔에이 신원확인정보의 전이, 증거물 수집과정에서의 오염, 바꿔치기, 수집과정과 수집주체의 불분명 등 기록의 불완전성 등의 요인이 존재한다. 따라서 디엔에이 신원확인정보의 증거능력이 인정되기 위해서는 증거물의 수집, 보관, 감정절차에서 그 증거물 보관의 연속성 원칙이 지켜져야 한다.

(4) 증거물보관의 연속성

1) 개 념

과학적 증거와 관련하여 모발, 혈흔, 디엔에이 등 기본증거는 그 증거가 수집, 보관, 분석되어 법정에 이르는 과정에서 그 증거의 존재와 상태의 동일성이 유지되었다는 것을 전제조건으로 일반화된 원리와 기술을 적용하여 추론증거를 현출해낸다. 증거물의 수집과 보관에서 그 증거물의 상태와 형상 등에 관한 염결성을 요구하는 이러한 원칙을 증거물 보관의 연속성(chain of custody)이라고 한다. 형사재판에서는 과학적 증거의 증가와 공판중심주의의 확대로 인해 증거물 보관의 연속성을 문제 삼는 판례가 증가하고 있다.

2) 법적 근거

미국의 경우에는 증거물보관의 연속성원칙을 연방규칙 제901(a)조에서 증거물의 진정성 증명(authentication)의 요건으로 규정하고 있다.

그 기준으로 법관이 판단하기에 배심원이 증거물의 보관과 상태를 보고 그 증거물이 진정성과 증명의 가치를 판단할 수 있는 정도이면 증거능력을 인정한다.[68] 따라서 제출된 증거가 반드시 제출자가 주장하는 그 증거이며 상태가 똑같은 것이라는 법관의 확신을 요구하지는 않고 증거물의 진정성과 상태의 동일성에 대해 배심이 합리적으로 판단할 만큼의 증거만 제출되면 충분하다. 하지만 형소법에는 증거물보관의 연속성에 관한 직접적인 규정이 없다. 다만, "사실의 인정은 증거에 의하여야 한다"는 제307조의 규정이 엄격한 증명의 법리를 규정한 것이므로 이때의 증거는 자연적, 논리적 관련성이 인정되고, 진정성이 증명된, 증거를 말한다. 따라서 제307조가 증거물보관의 연속성원칙의 근거규정이 될 수 있다.

3) 관련 판례

판례는 과학적 증거의 증거능력이 인정되기 위해서는 그 배경이 되는 이론과 증거분석가의 지식, 기술, 경험이 공인되는 것은 물론이고, 그 증거의 채취, 보관, 분석 등 모든 과정에서 증거의 동일성과 상태의 불변성이 담보되어야 할 뿐 아니라 각 단계에서 정확한 인수, 인계절차를 확인하도록 기록이 유지되어야 한다고 한다.

> **[판례]** 공소사실을 뒷받침하는 과학적 증거방법은 전제로 하는 사실이 모두 진실인 것이 입증되고 추론의 방법이 과학적으로 정당하여 오류 가능성이 전혀 없거나 무시할 정도로 극소한 것으로 인정되는 경우라야 법관이 사실인정을 하는 데 상당한 정도로 구속력을 가진다 할 것인데, 이를 위해서는 그 증거방법이 전문적인 지식·기술·경험을 가진 감정인에 의하여 공인된 표준 검사기법으로 분석을 거쳐 법원에 제출된 것이어야 할 뿐만 아니라, 채취·보관·분석 등 모든 과정에서 자료의 동일성이 인정되고 인위적인 조작·훼손·첨가가 없었다는 것이 담보되어야 한다(2011도1902).

또한 압수물인 컴퓨터용 디스크 등 정보저장매체에 입력하여 기억된 문자정보 또는 그 출력물을 증거로 하기 위해서는 정보저장매체 원본에 저장된 내용과 출력 문건의 동일성이 인정되어야 하고, 이를 위해

---

68) Fed. R. Evid. 901(a).

서는 정보저장매체 원본이 압수 시부터 문건 출력 시까지 변경되지 않았다는 무결성이 확보되어야 한다고 한다(2013도2511).

2. 목격자에 의한 범인식별진술

≪학습문제≫ 사법경찰관 갑은 20일 전 발생한 성폭력사건과 관련하여 성폭력피해자 을의 진술을 토대로 관내에 거주하는 동남아시아인 중 인상착의가 유사한 병의 사진 1매를 을에게 보여준 뒤, 을로부터 '병이 용의자가 맞다'는 내용의 진술서를 작성하였다. 을이 공판정에서 해당 진술서의 내용을 인정할 때 을의 목격자진술은 유죄의 증거로 사용할 수 있는가?

(1) 부적절한 목격자 범인식별진술의 문제점

목격자의 범인지목은 직접증거로서 매우 높은 증명력을 가진다. 그러나 영·미에서는 1930년대부터 목격자 기억의 부정확성 또는 기억의 환기과정에서 편견을 통한 기억의 오류로 인하여 잘못된 범인을 지목하는 가능성이 꾸준히 제기되어 왔다. 특히, 수사기관이 범죄수사에 있어서 유죄의 증거만 찾으려고 하는 터널비전(Tunnel Vision)과 수집된 증거를 유죄의 증거로만 해석하려는 편향확증(Confirmation Bias)의 효과로 인해 목격자에게 고의 또는 무의식적인 암시를 부여하여 목격자들이 잘못된 범인을 지목하는 사례가 많았다. 예컨대, 미국의 무죄프로젝트(Innocence Project)[69]에서는 디엔에이기술이 개발되기 전 유죄의 확정판결을 받은 기결수에 대하여 보관하고 있던 범죄현장의 증거를 디엔에이검사로 분석한 결과 잘못 유죄판결된 사례가 증가하고 있는데, 그 중 목격자의 잘못된 범인지목으로 인한 것이 75퍼센트나 되었다.

---

[69] 변호사인 Scheck과 Neufeld가 카르도조(Cardozo) 로스쿨의 지원을 받아 유죄판결을 받은 사람들의 DNA와 범죄현장의 DNA를 검사하여 유죄유무를 검증한 프로젝트로, 현재는 독립된 비영리기구로서 미국 전역에서 억울하게 유죄판결을 받은 사람을 무죄석방 하는데 도움을 주고 있다(Innocence Project홈페이지(http://www.innocenceproject.org/about/) 참조).

(2) 적정절차에 의한 목격자범인식별진술절차

1) 목격자범인식별진술절차의 종류

수사기관이 목격자에게 범인을 식별하게 하는 절차는 크게 용의자 1명을 직접 목격자에게 보여주거나 사진 1장을 보여주는 단독면접과, 용의자를 포함한 다수의 사람이나 사진을 목격자에게 보여주고 범인을 골라내게 하는 복수면접이 있다. 그러나 단독면접은 목격자에게 용의자가 범인이라는 강한 암시를 주어 편견과 착오를 일으키는 주요 원인이 된다. 복수면접의 방법으로는 라인업(line-up), 비디오 식별(Video Identification), 사진제시(photo spread) 등이 있다. 라인업은(line-up)은 '줄 세우기'라고도 불리는데 보통 용의자 1인과 용의자를 닮은 5∼8명 이상의 들러리를 동시 또는 순차적으로 목격자에게 제시하여 범인을 지목하게 한다. 이 라인업이 목격자범인식별진술의 오류를 줄일 수 있는 가장 적정한 절차로 알려져 있다.

2) 라인업(Line-up) 운영에 있어서의 오류

(가) 상대적 판단에 따른 오류 라인업을 운영함에 있어서도 식별의 오류가 발생할 수 있다. 그 주요 원인으로 지목되는 것이 목격자의 상대적 판단이다. 목격자는 라인업에 있는 사람 중 자신이 기억하는 범인과 가장 닮은 사람을 지목하려는 경향이 있으므로 진범이 없을 경우에도 자신의 기억 속에 있는 범인과 가장 비슷한 사람을 고르게 된다. 마치 객관식에서 가장 알맞은 정답을 고르는 것과 같다. 이를 상대적 판단이라고 한다. 따라서 목격자는 자신의 기억 속에 있는 범인과 인상착의가 동일한 사람이 있는지를 따져 일치하는 경우에만 지목하고 일치하지 않으면 지목하지 않는 절대적 판단을 하여야 한다. 이때 수사기관은 목격자가 절대적 판단을 할 수 있도록 라인업 중에 용의자가 있을 수도 있고 없을 수도 있다는 사실을 반드시 목격자에게 고지하여야 한다.

(나) 집단압력에 따른 오류 라인업을 운영하더라도 여러 명의 목

격자가 함께 범인식별을 할 경우 한 목격자가 범인을 지목하면 다른 목격자들도 무의식적인 압력에 의해 이미 지목된 용의자를 지목하게 될 위험성이 높아진다. 즉, 집단압력으로 인해 원래의 범인에 대한 이미지를 식별과정에서 지목된 용의자로 대체하는 경향을 보이게 되는 것이다. 이를 예방하기 위한 절차적 대안으로는 다수의 목격자들을 분리하여 목격자별로 라인업을 거치도록 하여야 한다.

(다) 이중맹검법　목격자식별절차를 진행하는 수사요원이 누가 용의자인지 알게 되는 경우에는 목격자에게 고의 또는 무의식적인 암시를 주어 잘못된 범인식별이 이루어질 수 있다. 따라서 목격자식별절차를 진행하는 수사요원은 용의자가 누구인지 몰라야 하므로 수사담당자가 아닌 제3자가 담당하여야 한다(Double-blind Test).

(3) 우리나라에서의 목격자범인식별절차

1) 목격자범인식별진술절차의 법적 성격

형소법에 목격자범인식별진술의 증거능력에 관한 규정은 없다. 그러나 판례는 2004년 부적절한 목격자범인식별진술절차를 통해 취득된 목격자의 범인식별진술의 증명력을 부정하고 라인업에 의한 절차를 권고한 바 있으며, 이후 구체적인 사안에 따라 그 신빙성 여부를 판단하고 있다. 다만, 바람직한 목격자범인식별진술절차의 요건으로 사전에 범인의 인상착의 등에 관한 목격자의 진술 내지 묘사를 상세히 기록하고, 범인식별 진술시 용의자 및 그와 인상착의가 유사한 비교대상자를 동시에 목격자와 대면시키게 하여야 하며, 용의자와 목격자 및 비교대상자들이 사전에 접촉하지 못하도록 하여야 하고, 사후 증거가치를 평가할 수 있도록 서면화할 것을 요구한다.

> [판례] 용의자의 인상착의 등에 의한 범인식별 절차에 있어 용의자 한 사람을 단독으로 목격자와 대질시키거나 용의자의 사진 한 장만을 목격자에게 제시하여 범인 여부를 확인하게 하는 것은 사람의 기억력의 한계 및 부정확성과 구체적인 상황하에서 용의자나 그 사진상의 인물이 범인으로 의심받고 있다

는 무의식적 암시를 목격자에게 줄 수 있는 가능성으로 인하여, 그러한 방식에 의한 범인식별 절차에서의 목격자의 진술은, 그 용의자가 종전에 피해자와 안면이 있는 사람이라든가 피해자의 진술 외에도 그 용의자를 범인으로 의심할 만한 다른 정황이 존재한다든가 하는 등의 부가적인 사정이 없는 한 그 신빙성이 낮다고 보아야 한다(2003도7033).

2) 유형별 판례의 태도

(가) 용의자와의 일대일 식별　　성폭력피해를 입은 피해자들이 사건 발생으로부터 3~5개월이 지난 후 피해자 한명이 범인식별을 하는 과정에서 먼저 피고인의 사진을 보여주고, 다른 비교대상자 없이 피고인을 직접 대면하게 하여 범인 여부를 확인하게 한 뒤, 다른 피해자에게는 "범인이 검거되었으니 경찰서에 출석하라"고 한 후 사진만을 보여준 뒤 또다시 일대일 대면하게 한 사안에서, 판례는 목격자진술의 증명력을 부정하였다(2007도1950).

(나) 목격자들을 분리하지 않고 함께 일대일 대면　　형사가 성폭력피해를 당한 피해자 2명을 사건 발생일로부터 약 8개월이 지난 시점에 피해자들로부터 범인에 대한 자세한 묘사를 받음이 없이 피해자 2명이 함께 있는 자리에서 5명의 사진을 보여준 사건에서, 그 중 목격자들의 진술에 부합하는 짧은 스포츠형의 머리를 가진 사람은 용의자뿐이었으며 피해자 1이 먼저 범인임을 지목하자 피해자 2도 함께 범인임을 지목하고 이후 일대일 대면에서도 목격자 2명이 함께 편면경 밖에서 범인을 식별하게 한 사안에서, 판례는 목격자의 범인식별진술의 신용성을 부정하였다(2004도7363).

(다) 부적절한 라인업 사례　　강간피해자가 수사기관이 제시한 47명의 사진 속에서 피고인을 범인으로 지목하자 이어진 범인식별 절차에서 수사기관이 피해자에게 피고인 한 사람만을 촬영한 동영상을 보여주거나 피고인 한 사람만을 직접 보여주어 피해자로부터 '범인이 맞다'는 진술을 받고, 다시 피고인을 포함한 3명을 동시에 피해자에게 대면시켜 피고인이 범인이라는 확인을 받은 사안에서, 판례는 피해자의 진술은 범인식별 절차에서 목격자 진술의 신빙성을 높이기 위하여 준수하여야 할 절

차를 지키지 않은 상태에서 얻어진 것으로서 범인의 인상착의에 관한 피해자의 최초 진술과 피고인의 그것이 불일치하는 점이 많아 신빙성이 낮다고 하였다(2007도5201).

(라) 긴급성을 이유로 한 예외   피해자가 경찰관과 함께 범행 현장에서 범인을 추적하다 골목길에서 범인을 놓친 직후 골목길에 면한 집을 탐문하여 용의자를 확정한 사안에서, 판례는 범죄 발생 직후 목격자의 기억이 생생하게 살아있는 상황에서 현장이나 그 부근에서 범인식별 절차를 실시하는 경우에는 목격자에 의한 생생하고 정확한 식별의 가능성이 열려 있고, 범죄의 신속한 해결을 위한 즉각적인 대면의 필요성도 인정할 수 있으므로 용의자와 목격자의 일대일 대면도 허용된다고 하였다(2008도12111).

(마) 다른 증거에 의해 신빙성이 인정되는 경우   판례는 목격자의 진술 이외에도 용의자를 범인으로 의심할 만한 다른 정황이나 부가적인 사정이 있는 경우에는 목격자의 범인식별 진술에 대한 신빙성을 달리 판단할 수 있다고 한다.

> **[판례]** ① 이 사건 당일 피고인의 주거지 CCTV와 편의점 CCTV에 나타난 피고인의 실제 각 인상착의와 피해자·목격자가 이 사건 절도 범행 당시 목격한 범인의 구체적 인상착의에 관한 수사기관, 법정에서의 각 진술내용, ② 이 사건 절도 범행의 시각·장소와 피고인이 주거지와 편의점을 출입한 시각 및 각 장소 사이의 거리, ③ 범행 시각 무렵의 피고인의 행적과 구체적 상황에 관한 피고인의 진술내용 등 피고인을 절도 범행의 범인으로 의심할 만한 그 밖의 정황들에 비추어 보면, 원심이 목격자의 범인지목 진술에 신빙성이 있다고 판단하고 '피고인이 피해자의 주거지에 침입하여 지갑과 신용카드 등을 절취하였다'는 공소사실 부분을 유죄로 인정한 것은 정당한 것으로 수긍할 수 있다(2015도5381).

제6절 당사자의 동의와 증거능력

≪학습문제≫ 사법경찰관 갑은 을을 강도혐의로 긴급체포한 뒤 24시간 이내에 을의 주거지에서 을이 강취한 금품을 발견하고 영장 없이 압수하였다. 그러나 갑은 그 이후 형소법 제217조 제2항, 제3항에 의한 압수·수색영장을 발부받지도 않았고, 즉시 그 압수물건을 반환하지도 않았다. 그러나 피고인과 변호인은 해당 압수물건에 대하여 증거로 함에 동의를 하였다. 이 압수물의 증거능력이 인정되는가?

Ⅰ. 증거동의의 의의

1. 개 념

제318조 제1항에서는 "검사와 피고인이 증거로 할 수 있음을 동의한 서류 또는 물건은 진정한 것으로 인정한 때에는 증거로 할 수 있다"고 규정하여 당사자의 처분에 의한 증거능력을 인정하면서도 법원이 해당 증거의 진정성을 인정할 것을 전제조건으로 하고 있다. 그런데 당사자의 증거동의에 의해 모든 증거의 증거능력이 인정되는 것은 아니다. 여기에서 증거동의의 범위와 관련한 문제가 발생한다. 이것은 증거동의의 법적 성질이 무엇인가에 따라 달라진다.

2. 법적 성격

(1) 처분권설

제318조 제1항이 동의의 대상을 '서류' 또는 '물건'이라고 규정하고 있으므로 당사자의 증거동의가 전문증거에만 한정되는 것이 아니라 모든 증거에 대한 증거능력과 증명력을 다툴 권리를 포기하는 것으로 이해하는 견해이다. 따라서 증거동의가 모든 증거에 대한 당사자처분주의를 규정한 것이라고 해석한다.

(2) 반대신문권 포기설

제318조 제1항을 전문증거에 국한된 것으로 보아 증거동의의 성질을 당사자의 반대신문권의 포기로 보는 견해이다(다수설). 따라서 전문증거가 아닌 물적 증거에 대하여는 당사자의 동의가 있어도 증거능력을 인정할 수 없다고 한다.

(3) 판 례

판례는 "형소법 제318조 제1항은 전문증거금지의 원칙에 대한 예외로서 반대신문권을 포기하겠다는 피고인의 의사표시에 의하여 서류 또는 물건의 증거능력을 부여하려는 규정이므로 피고인의 의사표시가 위와 같은 내용을 적극적으로 표시하는 것이라고 인정되는 경우이면 증거동의로서의 효력이 있다"고 함으로써 증거동의가 전문증거에 국한된다는 입장에 있으면서도 물건에도 적용되는 듯한 다소 모호한 입장을 취하고 있다(82도2873).

(4) 검 토

증거동의의 법적 성격을 당사자의 반대신문권의 포기로 보는 다수설의 견해에 기본적으로는 찬성하지만 그 대상을 전문증거에만 한정하자는 부분은 동의하기 어렵다. 당사자주의를 기본 소송구조로 하고 있는 우리나라 형사재판에서는 증거의 신청과 그에 대한 이의제기가 원칙적으로 당사자의 주도하에 이루어지므로 그 증거에 대한 동의에 있어서도 당사자의 의사가 존중되어야 한다. 그런데 이러한 당사자의 반대신문은 전문증거뿐만 아니라 물적 증거의 진정성립에 있어서도 중요한 의미를 가진다. 이미 살펴본 바와 같이 공판중심주의의 확대에 따라 물적 증거의 수집, 보관과 같은 증거물보관의 연속성(chain of custody)에 대한 입증과 과학적 증거의 기술, 원리의 타당도 등에 대한 입증은 점점 중요한 문제가 되고 있다. 따라서 이러한 물적 증거의 증거능력 인정과정에 있어서 당사자의 반대신문도 중요하다. 이런 점에서 반대신문권 포기설을 취하면서 물적 증거를 제외하는 다수설은 문제가 있다. 물적 증거에 대한 증거동의를 인정한다고 해서 이를 당사자처분주의라고 볼 필요는 없다. 물적 증거의 진정성립에 대한 반대신문 등을 포기한다고 해도 그 진정성립의 최종 인정 여부는 법원의 권한이기 때문이다. 또한 다수설은 '서류'와 '물건'을 규정하고 있는 제318조 제1항의 문언의 의미를 부당하게 제한하고 있다. 따라서 반대신문권 포기설에 의하더라도 물적 증거에 대하여 증거동의를 인정하여야 한다. 판례가 상해부위를 촬영한 사진을 비진술증거로 보면서도 증거동의의 대상이 된다고 한 것(2007도3906)은 비록 명시적인 이유는 제시하지 않았지만 이와 같은 입장에 있는 것으로 생각된다.

그러나 물적 증거에 대한 증거동의가 위법하게 수집한 증거에는 적용되지 않는다. 위법수집증거는 적정절차의 원칙을 위반한 것이므로 당사자의 동의가 있더라도 증거능력을 부정하는 것이 우리 사회에 확립된 형사정의라고 보아야 하기 때문이다(2009도11401).

Ⅱ. 증거동의의 방법

1. 동의의 주체와 상대방

(1) 동의주체

증거동의의 주체는 당사자인 검사와 피고인이다. 따라서 당사자 일방이 신청한 증거에 대하여는 반대당사자의 동의가, 법원이 직권으로 수집한 증거는 양 당사자의 증거동의가 필요하다. 변호인의 증거동의권은 피고인의 명시적, 묵시적 의사에 반할 수 없는 종속대리권이다(다수설). 그러나 판례는 피고인의 명시적 의사에 반하지 않는 한 피고인을 대리하여 동의할 수 있다고 함으로써 변호인의 동의권을 독립대리권으로 보고 있다(99도2029). 따라서 피고인이 출석한 공판기일에서 증거로 함에 부동의한다는 의견이 진술된 경우에는 그 후 피고인이 출석하지 아니한 공판기일에 변호인만이 출석하여 종전 의견을 번복하여 증거로 함에 동의하였다 하더라도 이것은 특별한 사정이 없는 한 효력이 없다(2013도3).

> [판례] 형소법 제318조에 규정된 증거 동의는 소송 주체인 검사와 피고인이 하는 것이고, 변호인은 피고인을 대리하여 증거 동의에 관한 의견을 낼 수 있을 뿐이므로, 피고인이 변호인과 함께 출석한 공판기일의 공판조서에 검사가 제출한 증거에 대하여 동의한다는 기재가 되어 있다면 이것은 피고인이 증거 동의를 한 것으로 보아야 하고, 그 기재는 절대적인 증명력을 가진다(2015도19139).

(2) 동의의 상대방

증거동의의 상대방은 법원이다. 당사자의 증거신청에 대한 증거동의라고 하더라도 그 의사표시는 법원에 하여야 하기 때문이다.

2. 동의의 대상

(1) 서 류

전문증거는 모두 증거동의의 대상이 된다. 따라서 전문서류뿐만 아니라 전문진술에 대하여도 증거동의가 허용된다.

(2) 물 건

제318조 제1항의 문언의 의미상 전문증거뿐만 아니라 증거물에 대하여도 증거동의가 허용된다. 당사자의 반대신문은 비단 전문증거뿐만 아니라 물적 증거의 진정성 입증에 있어서 당사자의 반대신문권이 중요한 기능을 하기 때문이다.

3. 동의의 시기와 방식

(1) 동의의 시기

증거동의는 원칙적으로 증거조사 전에 이루어져야 한다. 증거능력이 인정되어야 증거조사를 할 수 있기 때문이다. 다만, 증거조사 후에 당사자의 동의가 있어 그 하자가 치유된 경우에는 증거능력이 소급적으로 인정된다(통설). 사후동의는 변론종결 시까지 가능하다.

(2) 동의방식

증거동의는 증거능력을 부여하는 중요한 소송행위이므로 명시적으로 표시되어야 한다(통설). 반드시 증거동의임을 명시할 필요는 없지만 적어도 반대신문권을 포기하는 의사 또는 증거능력을 부여하는 의사가 있어야 한다. 다만, 판례는 당사자가 증거신청에 대한 이의제기를 포기한 것이라고 볼 수 있으면 증거동의를 인정한다. 따라서 피고인이 신청한 전문증거에 대하여 '이견이 없다'고 진술한 경우 증거동의로 볼 수 있다(72도922). 또한 개별 증거에 대한 증거조사방식을 거치지 않고 검사가 제시한 모든 증거에 대하여 피고인이 동의하는 포괄적 동의 방식도 인정된다(82도2873).

Ⅲ. 증거동의의 의제

1. 피고인이 불출석한 경우

피고인의 출정 없이 증거조사를 할 수 있는 경우에 피고인이 출정하지 아니한 때에는 대리인 또는 변호인이 출정한 경우를 제외하고는 증거동의가 있는 것으로 간주한다(제318조 제2항). 따라서 피고인이 법인인 사건에서 법인의 대표자 또는 대리인이 출석하지 않은 경우(제276조 단서), 경미사건에서 피고인이 불출석할 수 있거나 법원의 허가를 받아 불출석할 사건(제277조), 구속된 피고인이 출석을 거부하는 경우(제277조의2), 피고인이 항소심의 공판기일에 2회 출석하지 않은 경우(제365조), 약식명령에 대하여 정식재판을 청구한 피고인이 공판기일에 2회 출석하지 않은 경우(제458조 제2항, 제365조), 즉결심판에 대하여 피고인이 정식재판을 청구한 사건에서 공판기일에 2회 불출석한 경우(즉결심판에 관한 절차법 제19조)에는 증거동의가 의제된다.

한편, 피고인이 재판장의 허가 없이 퇴정하거나 재판장의 퇴정명령에 의하여 재정하지 않은 때에 증거동의가 의제되는가가 문제된다. 증거동의는 불출석에 대한 제재가 아닌 소송경제의 목적상 인정되는 것이므로 피고인이 재판을 거부하고 있다고 하여 증거에 동의한 것이라고 보기는 어렵다. 그러나 판례는 피고인과 변호인이 재판을 거부하고 퇴정한 경우에 증거동의를 의제하고 있다(91도865).

2. 간이공판절차에서의 특칙

법원이 간이공판절차로 진행할 것을 결정한 경우 당사자의 증거동의가 간주된다(제318조의3). 다만, 검사, 피고인 또는 변호인이 증거로 함에 이의가 있는 경우에는 그 효력이 인정되지 않는다(동조 단서).

Ⅳ. 증거동의의 효과

1. 증거능력의 인정

증거동의를 전문증거에만 제한할 경우(다수설)에 당사자의 증거동의는 제311조부터 제316조의 요건을 갖추지 않은 전문증거에 대하여 증거능력을 부여하게 된다. 그러나 반대신문권 포기설에 의하더라도 물적 증거에 대하여 증거동의를 인정하여야 한다.

증거동의의 효력은 원칙적으로 대상 증거물 전체에 미치며, 서류와 같이 가분적인 경우에는 일부에 대한 동의도 인정된다(84도1552). 동의의 인적 효력범위는 동의한 사람에게만 미치므로 공동피고인 중 1인이 동의한 경우 다른 공동피고인에게는 동의의 효력이 미치지 않는다. 그러나 위법수집증거이거나 진술의 임의성이 인정되지 않는 경우에는 증거동의가 있더라도 증거능력을 인정하지 않는다. 예컨대, 제3자가 대화자 중 어느 일방의 동의만을 얻고 전화통화 내용을 녹음한 경우는 「통신비밀보호법」상 위법이므로 피고인이 증거동의를 하더라도 증거능력이 없다(2015도1900).

2. 증거의 진정성 인정

증거동의가 있는 서류 또는 물건은 법원이 제반 사정을 참작하여 진정한 것으로 인정하면 증거로 할 수 있다(2015도3467). 그러나 증거동의가 있더라도 증거에 대한 법원의 진정성 인정이 이루어지지 않는 경우에는 증거동의가 허용되지 않는다. 증거의 진정성 입증은 증거물과 요증사실과의 자연적 관련성을 인정하기 위한 전제조건이 되므로 진정성이 인정되지 않는 경우 실체적 진실발견의 목적상 당사자의 동의를 인정할 수 없기 때문이다.

진정성 입증은 전문서류의 경우에는 서명날인 등을 통해, 물적 증거에 대하여는 법정에 제출된 증거물이 범죄현장에서 수집한 증거물인지 여부 및 증거물 보관의 연속성 여부를 제출자를 상대로 확인하여야 한다.

V. 증거동의의 철회와 취소

1. 동의의 철회

증거동의는 소송절차형성행위로서 절차의 안정성을 해치지 않는 범위 내에서 철회가 허용된다. 증거동의의 의사표시는 증거조사가 완료되기 전까지 철회할 수 있으나 일단 증거조사가 완료된 뒤에는 기재가 명백한 오기인 경우를 제외하고는 철회가 되지 않으므로 특별한 사정이 없는 한 철회를 하더라도 이미 취득한 증거능력은 상실되지 않는다(2008도6136).

2. 동의의 취소

소송절차의 형식적 확실성을 보장하기 위해서는 증거동의의 취소는 원칙적으로 인정될 수 없다. 다만, 증거의 동의가 중대한 착오로서 피고인이 책임질 수 없는 사유로 발생한 것이고 그 증거동의를 유효로 하는 것이 현저히 정의에 반한다고 인정되는 경우에는 증거동의를 예외적으로 취소할 수 있다(92모1). 수사기관의 강박에 의한 경우에도 적법절차의 원칙상 증거동의를 취소할 수 있다. 다만, 증거동의의 취소는 증거조사가 완료되기 전에 하여야 한다(2015도3467).

제7절 탄핵증거

Ⅰ. 탄핵증거의 의의

≪학습문제≫ 피고인 갑은 사법경찰관 을 앞에서 범행사실을 자백하고 피의자신문조서에 서명날인하였다. 그러나 갑은 공판정에서 그 조서의 내용을 부인하면서 범행사실을 전면 부인하고 있다. 검사는 을이 작성한 갑 명의의 피의자신문조서를 가지고 갑의 진술을 탄핵할 수 있는가?

1. 개 념

제318조의2는 "제312조부터 제316조까지의 규정에 따라 증거로 할 수 없는 서류나 진술이라도 공판준비 또는 공판기일에서의 피고인 또는 피고인이 아닌 자의 진술의 증명력을 다투기 위하여 증거로 할 수 있다"고 규정하고 있다. 이와 같이 진술의 증거능력이 인정된 후 그 증거의 증명력을 탄핵하기 위하여 사용되는 증거를 탄핵증거라고 한다. 탄핵증거는 범죄사실을 입증하는 증거가 아니므로 소송법상 엄격한 증거조사를 요하지 않는다(2005도2617). 그러나 공판정에서 탄핵증거로서의 증거조사는 생략할 수 없으므로 증명력을 다투고자 하는 증거의 어느 부분을 다투려고 한다는 것을 사전에 상대방에게 알려야 한다(2005도2617).

탄핵증거는 반대당사자가 증거능력이 인정된 증거의 증명력을 감쇄시켜 법관이 해당 증거물의 증명력을 과도하게 평가하지 못하도록 함으로써 실체적 진실발견에 도움이 된다. 그러나 증거능력이 인정되지 않는 탄핵증거를 무분별하게 인정하면 증거능력 없는 증거를 통해 사실인정자의 심증형성에 부당한 영향을 미칠 수 있다. 따라서 탄핵증거의 인정 범위가 문제된다.

2. 법적 성격

탄핵증거는 전문법칙의 적용이 없는 경우이다(통설). 영미법에서도 전문증거는 해당진술의 내용이 요증사실의 입증을 목적으로 할 때에 인정되는 개념이므로 증명력을 감쇄하기 위한 탄핵증거는 전문법칙이 적용되지 않는다.

Ⅱ. 탄핵증거의 허용범위

탄핵증거의 허용범위에 대하여는 법관에 대한 부당한 심증형성의 위험성으로 인해 자기모순 진술에 한정하는 한정설과 증명력을 다투기 위한 증거에 널리 인정하는 비한정설 등이 있다.

1. 한 정 설

탄핵증거를 자기모순의 진술에만 한정하자는 견해이다. 자기모순의 진술이란 증인의 법정에서의 진술과 상이한 법정 외의 진술을 말한다. 이 견해에서는 진술의 신용성을 확인할 수 없는 타인의 진술에 의해 증인의 진술을 탄핵하게 되면 법관의 심증형성에 부당한 영향을 미칠 수 있으므로 이를 방지하여야 한다고 주장한다.

2. 비한정설

탄핵증거를 자기모순의 진술에 한하지 않고 증거의 증명력을 다투기 위한 증거로서 전문진술도 허용한다고 하는 견해이다. 제318조의2가 자기모순의 진술이라고 규정하지 않고 있으며, 탄핵증거의 개념상 자기모순의 진술에 한정할 이유가 없다는 것을 그 근거로 한다.

3. 절 충 설

탄핵증거는 자기모순의 진술에 적용되는 것이 원칙이지만, 증인의 신빙성을 탄핵하기 위한 목적으로 제3자의 진술과 서류 등 전문증거를 사용할 수 있다고 하는 견해이다. 증인의 신빙성에 대한 탄핵증거로는 증인의 성격, 당사자와의 이해관계, 증인에 대한 평판 등이 그 예이다.

4. 이 원 설

피고인은 모든 전문증거를 탄핵증거로 사용할 수 있으나, 검사는 자기모순의 진술에만 탄핵증거를 사용할 수 있다고 하는 견해이다. 검사는 강력한 수사권한을 보유하고 있어 소송절차에서 피고인에 비해 우월적 지위에 있으므로 탄핵증거의 허용범위를 피고인에 비해 제한하려는 것이다.

5. 검 토

비한정설은 탄핵증거를 무제한적으로 인정하여 증거능력 없는 증거를 통해 법관의 심증에 부당한 영향을 미칠 수 있다는 점에서 문제가 있다. 이에 반해 한정설은 탄핵증거를 자기모순의 진술에만 한정함으로써 법관의 부당한 편견을 방지하는 장점은 있으나 증인에 대한 합리적인 탄핵을 하지 못하게 함으로써 탄핵증거의 기능을 과도하게 제한하는 측면이 있다. 이원설은 검사와 피고인의 대등한 지위를 인정하는 당사자주의에서는 받아들이기 힘든 견해라고 생각된다. 따라서 절충설이 타당하다.

절충설에 대하여는 증인의 신빙성과 같은 보조사실의 입증은 엄격한 증명에 의하여야 하므로 탄핵증거를 사용할 수 없다는 비판이 제기된다. 하지만 증인의 평판, 전과관계 등에 대한 탄핵증거는 증인이 법정에서 행한 증언의 신용성을 탄핵하기 위한 것이지 증인의 신빙성을 입증하기 위한 것이 아니므로 이러한 비판은 타당하지 않다.

Ⅲ. 탄핵의 범위와 대상

1. 탄핵범위

탄핵증거는 증명력을 다투는 것이므로 범죄사실 또는 간접사실 인정의 증거와 같이 증거의 증명력을 보강하는 용도로는 사용할 수 없다. 따라서 검사가 탄핵증거로 신청한 체포·구속접견인부 사본이 공소사실 자체를 입증하는 것에 불과한 경우에는 탄핵증거로 사용할 수가 없다 (2011도5459).

그러나 탄핵증거에 의해 이미 감쇄된 증명력을 다시 회복시키기 위한 목적으로는 탄핵증거를 사용할 수 있다고 보아야 한다. 이것은 처음부터 증거의 증명력을 보강하는 것과 다르고, 이를 허용하지 않을 경우에는 형평의 원칙에 반하기 때문이다(다수설).

2. 탄핵대상

제318조의2 제1항에서는 '피고인 또는 피고인 아닌 자'의 진술의 증명력을 탄핵의 대상으로 하고 있다. 피고인 아닌 자는 보통 증인에 해당하므로 그 증언에 대하여 탄핵하는 것은 문제가 없다. 그러나 피고인의 진술이 탄핵대상인지는 검토를 요한다.

(1) 피고인의 진술

형사재판에서 당해 사건의 피고인은 영미법에서와 같이 증인적격이 인정되지 않는다. 따라서 피고인은 공판정에서 증인으로 증언할 수는 없고 피고인의 신문과정에서 진술을 할 수 있을 뿐이다. 그런데 피고인의 진술을 탄핵대상으로 보게 되면 증거능력 없는 다양한 전문증거를 통해 피고인의 진술을 탄핵할 수 있게 되어 피고인의 방어권에 중대한 영향을 미친다. 영·미에서 피고인이 보통 증언을 선택하지 않는 이유도 이와 같은 탄핵을 당하지 않기 위해서이다.

그러나 현행법상 피고인의 진술을 탄핵대상으로 명문화하고 있고, 판례도 임의로 작성된 것이 아니라고 의심할만한 사정이 없다면 탄핵증거로서 허용한다는 긍정설의 입장(2005도2617)에 있다. 따라서 사법경찰관 작성의 피의자신문조서 또는 수사과정에서 작성된 피의자의 진술서에 대하여 피고인이 그 내용을 부인하면 증거능력이 인정되지 않지만 법정에서의 피고인의 진술을 탄핵하기 위한 탄핵증거로는 사용할 수 있다(97도1770).

> [판례] 피고인이 내용을 부인하여 증거능력이 없는 사법경찰리 작성의 피의자신문조서에 대하여 비록 당초 증거제출 당시 탄핵증거라는 입증취지를 명시하지 아니하였지만 피고인의 법정 진술에 대한 탄핵증거로서의 증거조사절차가 대부분 이루어졌다고 볼 수 있는 점 등의 사정에 비추어 위 피의자신문조서를 피고인의 법정 진술에 대한 탄핵증거로 사용할 수 있다(2005도2617).

(2) 자기측 증인에 대한 탄핵

당사자가 항상 자기에게 유리한 증인만을 소환하는 것은 아니므로 자기측 증인이라도 예상과는 달리 신청자에게 적대적이거나 불리한 증언을 하는 경우에는 탄핵을 할 수 있다고 하여야 한다.

Ⅳ. 탄핵증거의 범위

탄핵증거는 엄격한 증명이 필요 없고 자유로운 증명으로 충분하다. 그러나 증거능력이 없는 모든 증거를 탄핵증거로 사용할 수 있다고 볼 수는 없다. 탄핵증거의 범위와 관련하여 임의성이 없는 자백, 위법하게 수집된 증거, 진정성립이 없는 전문서류, 영상녹화물 등이 문제된다.

1. 임의성 없는 자백 및 위법수집증거

제309조를 위법수집증거배제법칙의 특별규정으로 이해할 경우(다수설) 임의성 없는 자백은 위법하게 수집된 증거이므로 적정절차의 보장과 사법적 염결성의 입장에서 탄핵증거로도 사용할 수 없다.

2. 진정성립이 없는 전문서류

서명날인이 없거나 진정성립이 인정되지 않는 전문서류는 탄핵증거로도 사용할 수 없다. 진정성립이 없는 증거는 증거로서의 진실성을 전혀 담보할 수 없어 사실인정자의 편견을 유발할 가능성이 더 높기 때문이다. 그러나 판례는 탄핵증거에 대하여는 진정성립을 요하지 않는다고 한다.

> **[판례]** 검사가 유죄의 자료로 제출한 증거들이 그 진정성립이 인정되지 아니하고 이를 증거로 함에 상대방의 동의가 없더라도, 이것은 유죄사실을 인정하는 증거로 사용하는 것이 아닌 이상 공소사실과 양립할 수 없는 사실을 인정하는 자료로 쓸 수 있다고 보아야 한다(94도1159).

3. 영상녹화물

제318조의2 제2항에서는 "피고인 또는 피고인 아닌 자의 진술을 내용으로 하는 영상녹화물은 기억이 명백하지 아니한 사항에 관하여 기억을 환기시켜야 할 필요가 있다고 인정되는 때에 한하여 피고인 또는 피

고인이 아닌 자에게 재생하여 시청하게 할 수 있다"고 규정하여 영상녹화물을 탄핵증거로 사용할 수 없도록 하고 있다. 영상녹화물로 인해 법관의 심증이 과도하게 영향을 받는 것을 방지하기 위한 규정이다. 그러나 탄핵증거의 허용은 전문법관이 사실인정자로서 증거능력이 있는 증거와 탄핵증거를 구분하여 탄핵증거에 의하여는 부당하게 심증을 형성하지 않는다는 사실이 전제된 것이므로 영상녹화물을 탄핵증거로도 사용하지 못하게 한 것은 입법론상 재검토를 요한다.

제8절 공판조서의 증명력

> ≪학습문제≫ 피고인 갑은 재판장이 공판정에서 진술거부권을 고지하지 않았으므로 공판정에서 행한 자신의 진술은 증거능력이 없다고 주장한다. 그러나 공판조서에 재판장이 진술거부권을 고지한 것으로 기재되어 있는 경우에 갑은 이를 다툴 수 있는가?

I. 공판조서의 배타적 증명력

1. 공판조서의 의의

공판기일의 소송절차로서 공판조서에 기재된 것은 그 조서만으로써 증명한다(제56조). 공판조서는 공판기일의 소송절차를 기재한 조서를 말하는데, 공판기일의 소송절차에 대하여는 공판조서 이외에 다른 자료를 통한 반증을 허용하지 않는다는 의미이다. 공판조서의 배타적 또는 절대적 증명력을 인정하는 것은 상소심에서 소송절차에 대한 법령위반 등을 심판하는 경우에 그때마다 원심의 법관이나 법원사무관을 증인으로 신문하는 것은 타당하지 않기 때문이다. 따라서 해당 기일의 공판조서의 내용은 명백히 오기가 아니면 반증이 허용되지 않는다(2015도3467). 따라서 피고인이 변호인과 함께 출석한 공판기일의 공판조서에 검사가 제출한 증거에 대하여 동의한다는 기재가 되어 있다면, 증거동의는 검사와 피고인이 하는 것이고 변호인은 피고인을 대리하여 증거동의에 관한 의견을 낼 수 있는 것뿐이므로, 그 증거동의는 피고인이 한 것으로 보아야 하고, 따라서 그 기재는 절대적인 증명력을 가진다(2015도19139).

> **[판례]** 공판조서의 기재가 명백한 오기인 경우를 제외하고는 공판기일의 소송절차로서 공판조서에 기재된 것은 조서만으로써 증명하여야 하고 그 증명력은 공판조서 이외의 자료에 의한 반증이 허용되지 아니하는 절대적인 것이므로, 검사가 제출한 증거에 관하여 동의 또는 진정성립 여부 등에 관한 피고인의 의견이 증거목록에 기재된 경우에는 그 증거목록의 기재는 공판조서의 일부로서 명백한 오기가 아닌 이상 절대적인 증명력을 가지게 된다(2015도3467).

> **[헌재결]** 공판조서의 절대적 증명력은 공판기일의 소송절차에 한하여 인정되는 점, 형소법은 공판조서 기재의 정확성을 담보하기 위해 작성주체, 방식, 기재요건 등에 관하여 엄격히 규정하고 있고, 피고인 등으로 하여금 공판조서에 대한 열람 또는 등사 등을 통하여 기재 내용에 대한 이의를 진술할 수 있도록 함으로써 기본권 침해를 최소화하고 있으며, 이 사건 법률조항으로 인한 기본권제한이 상소심에서의 심리지연 등으로 인한 피해보다 크다고 볼 수 없으므로, 피해의 최소성과 함께 법익균형성의 요건도 갖추었다 할 것이므로, 이 사건 법률조항이 청구인의 재판을 받을 권리를 침해한다고 볼 수 없다(2010헌바379).

2. 공판조서의 정확성

공판조서의 배타적 증명력을 인정하기 위해서는 그 전제조건으로 공판조서의 정확성이 담보되어야 한다. 공판조서의 정확성을 담보하기 위하여 재판장과 공판에 참여한 법원사무관 등이 기명날인이나 서명을 하고(제53조), 변호인과 피고인에게 공판조서를 열람·등사할 수 있도록 하고 있다(제35조, 제55조). 또한 다음 회의 공판기일에 전회의 공판심리에 관한 주요사항의 요지를 조서에 의하여 고지하고, 검사 및 피고인 등에게 공판조서에 대한 변경청구 및 이의제기를 할 수 있도록 하고 있다(제54조).

Ⅱ. 배타적 증명력의 범위

공판조서의 배타적 증명력은 공판조서에 기재된 공판기일의 소송절차에 한한다. 따라서 A사건에서 기재된 공판조서가 B사건에 대하여 배타적 증명력이 인정되는 것은 아니다.

1. 공판기일의 소송절차

공판기일의 소송절차이므로 공판기일 전의 증인신문청구, 증거보전절차, 검증 등은 이에 해당하지 않는다. 소송절차가 아닌 소송의 실체면에 관한 사항은 다툴 수가 있다. 따라서 증인신문이 있었는지 여부, 진술거부권이 고지되었는지 여부 등과 같이 소송절차의 존재 여부에 대한 다툼은 허용되지 않는다. 그러나 증인의 증언내용은 실체면에 관한 사항이므로 그 내용에 대하여 다투는 것은 허용된다.

2. 공판조서에 기재되지 않은 사항

공판조서의 배타적 증명은 공판조서에 기재된 소송절차에 한하므로 공판기일의 소송절차에 관한 것이라도 공판조서에 기재되지 않은 것은 다른 증거에 의하여 증명할 수 있다. 공판조서에 기재는 되었으나 기재가 불분명하거나 모순이 있는 경우에도 배타적 증명이 인정되지 않는다. 공판조서에 명백한 오기가 있는 경우에도 다른 자료에 의하여 판단할 수 있다.

Ⅲ. 무효인 공판조서

공판조서의 배타적 증명력은 공판조서가 유효하게 존재하는 것을 전제로 한다. 따라서 공판조서의 작성자인 법원사무관 등의 서명이 없거나 재판에 배석하지 않은 법관이 재판장으로 서명한 경우 등, 중대한 하자가 있는 경우에는 공판조서가 무효이므로 배타적 증명력이 인정되지 않는다(다수설).

또한 피고인이 공판조서의 열람 또는 등사를 청구하였음에도 법원이 불응하여 피고인의 열람 또는 등사청구권이 침해된 경우에는 해당 공판조서를 유죄의 증거로 할 수 없으며, 그 공판조서에 기재된 당해 피고인이나 증인의 진술도 원칙적으로 증거로 할 수 없다. 다만, 이 경우에도 그러한 증거 이외에 적법하게 채택한 다른 증거들에 의하더라도 범죄사실을 인정하기에 충분하고, 그로 인해 피고인의 방어권이나 변호인의 변호권을 본질적으로 침해하지 않은 이상 그 공판조서 등을 증거로 사용하였더라도 판결에 영향을 미친 위법은 아니다(2011도15869).

제3장 재　　판

———◆———

1. **재판의 기본개념** ─ 재판의 종류
　　　　　　　　　　└ 재판의 성립과 방식

2. **종국재판** ─ 유·무죄판결
　　　　　　　├ 공소기각의 재판
　　　　　　　├ 면소판결
　　　　　　　└ 관할위반의 판결

3. **재판의 효력** ─ 재판의 확정력
　　　　　　　　├ 내용적 구속력
　　　　　　　　└ 일사부재리의 효력

4. **소송비용**

〈주요 학습사항〉

1. 재판의 종류, 성립 및 방식
2. 유·무죄판결
3. 형식재판
4. 재판의 확정력과 내용적 구속력
5. 일사부재리와 기판력
6. 소송비용의 부담

제1절 재판의 기본개념

≪학습문제≫ 재판에서 판결, 결정, 명령은 어떻게 다른가?

Ⅰ. 재판의 의의와 종류

1. 재판의 의의

일반적인 의미의 재판은 피고사건의 실체에 관한 유·무죄의 종국재판을 의미하지만 소송법적으로는 법원 또는 법관의 의사표시에 의한 법률행위적 소송행위 일체를 말한다. 그러나 법원의 증거조사와 같은 사실행위적 소송행위는 법률행위적 소송행위가 아니므로 재판에 해당하지 않는다.

2. 재판의 종류

(1) 재판의 기능에 따른 분류

재판이 소송을 해당 심급에서 종결시키는 기능을 하는지 여부에 따라 종국재판과 종국 전의 재판으로 나눈다. 종국재판은 유·무죄의 판결, 관할위반의 판결, 공소기각의 재판, 면소판결이 있다. 상소심의 상소기각, 파기판결도 이에 해당한다. 종국재판은 재판을 한 법원이 취소, 변경할 수 없고, 원칙적으로 상소에 의하여 다툴 수 있다.

종국 전의 재판은 보석허가결정, 구속취소결정 등과 같이 종국재판에 이르기까지의 중간절차에 관한 재판을 의미한다. 그 형식은 결정이나 명령에 의한다. 종국 전의 재판은 중간재판이므로 법원 스스로 취소, 변경할 수 있고, 원칙적으로 상소도 허용되지 않는다.

(2) 재판의 형식에 따른 분류

1) 판 결

판결은 종국재판의 기본적 형식으로서 법률에 다른 규정이 없으면 구두변론을 거쳐서 하여야 하며(제37조 제1항), 이유를 명시하여야 한다(제39조). 판결에 대한 불복은 원칙적으로 상소에 의한다. 판결에는 실체재판인 유·무죄의 판결과 형식재판인 관할위반의 판결, 공소기각의 재판, 면소의 판결이 있다.

2) 결 정

결정은 종국 전 재판의 원칙적 형식으로서 절차에 관한 재판은 원칙적으로 결정에 의한다. 다만, 공소기각 및 상소기각의 결정은 종국재판에 해당한다. 결정은 구두변론을 요하지 않는다(제37조 제2항). 결정에 대한 불복은 항고에 의한다.

3) 명 령

명령은 법원이 아닌 법관에 의한 재판형식이다. 법관의 명령은 모두 종국 전의 재판에 해당한다. 명령에 대하여는 구두변론을 요하지 않는다. 명령에 대한 불복은 원칙적으로 없으나 재판에서 재판장의 처분에 대한 이의제기(제304조)와 같이 예외적으로 이의신청 또는 준항고(제416조)가 허용되는 경우가 있다.

(3) 실체재판과 형식재판

실체재판은 유·무죄의 실체적 법률관계를 판단하는 것이며, 형식재판은 절차적·형식적 법률관계에 대한 재판을 말한다. 실체재판은 모두 종국재판이며, 형식재판은 원칙적으로 종국 전의 재판이다. 그러나 관할위반의 판결, 공소기각의 재판, 면소판결은 형식재판이면서도 종국재판이다.

Ⅱ. 재판의 성립과 방식

1. 재판의 성립

재판은 법원 또는 법관의 의사표시에 의한 법률행위이므로 의사의 내부적 결정과 결정된 의사의 외부적 표시 두 단계를 거치게 된다. 재판이 내부적으로 성립하면 법관의 경질 등 변화가 있는 경우에도 공판절차를 갱신할 필요가 없다는 데에 논의의 실익이 있다.

(1) 내부적 성립

재판의 내부적 성립이란 재판에 관한 의사내용이 당해 사건의 심리를 담당한 법원의 내부 구성원 사이에서 결정되는 것을 말한다. 따라서 심리에 관여하지 않은 판사가 내부적 성립에 관여하게 되면 절대적 항소이유가 되지만(제361조의5 제8호) 내부적 성립 후에는 법관이 경질되어도 공판절차를 갱신할 필요가 없다. 내부적 성립의 시기는 합의부와 단독판사의 재판에 따라 다르다.

1) 합의부의 재판

합의부 재판은 구성원인 법관의 합의에 의하여 내부적으로 성립한다. 재판의 합의는 헌법 및 법률에 다른 규정이 없는 한 과반수로 결정된다(법조법 제66조 제1항).

2) 단독판사의 재판

단독판사는 합의의 절차가 없으므로 법관이 재판서에 서명하여 작성을 마친 때에 내부적 성립이 있다고 본다. 다만, 재판서를 작성하지 않고 재판을 먼저 고지, 선고하는 때에는 외부적 성립과 동시에 내부적 성립이 있게 된다.

(2) 외부적 성립

재판의 외부적 성립은 재판의 선고 또는 고지에 의해 이루어진다.

판결은 선고에 의해 공표하고, 결정·명령은 원칙적으로 고지에 의하여 하는데 예외적으로 공판심리 비공개결정의 선고에 의한다(법조법 제57조 제2항).

재판의 선고 또는 고지는 공판정에서는 재판서에 의하여야 하고, 기타의 경우에는 재판서등본의 송달 또는 다른 적당한 방법으로 하여야 한다. 다만, 법률에 다른 규정이 있는 때에는 예외로 한다(제42조). 재판의 선고 또는 고지는 재판장이 한다. 판결을 선고함에는 주문을 낭독하고 이유의 요지를 설명하여야 한다(제43조).

2. 재판의 내용과 방식

(1) 재판내용의 구성

재판은 주문과 이유로 구성된다. 주문에는 형의 선고를 하는 경우에는 구체적인 선고형이 주문의 내용을 이룬다. 재판에는 이유를 명시하는데 상소를 불허하는 결정 또는 명령은 예외로 한다(제39조).

판결에 이유를 명시하지 않거나 모순이 있는 경우에는 절대적 항소이유(제361조의5 제11호) 및 상대적 상고이유가 된다(제383조 제1호).

(2) 재판의 방식과 재판서의 기재

재판은 법관이 작성한 재판서에 의하여야 한다. 다만, 결정 또는 명령을 고지하는 경우에는 재판서를 작성하지 않고 조서에만 기재할 수 있다(제38조). 재판서에는 재판을 받는 자의 성명, 연령, 직업과 주거를 기재하고, 판결서에는 기소한 검사와 공판에 관여한 검사의 관직, 성명과 변호인의 성명 등을 기재한다. 특히, 2011년 형소법 개정을 통하여 기소한 검사의 관직과 성명을 기재하도록 하는 기소검사실명제는 검사의 공소권남용을 방지하기 위한 규정이다(제40조).

재판서에는 재판한 법관이 서명날인하여야 한다(제41조 제1항). 재판장이 서명날인할 수 없는 때에는 다른 법관이 그 사유를 부기하고 서명날

인하여야 하며, 다른 법관이 서명날인할 수 없는 때에는 재판장이 그 사
유를 부기하고 서명날인하여야 한다(동조 제2항).

제2절 종국재판

≪학습문제≫ 피고인 갑은 2013. 6. 13. 서울지방법원으로부터 2012. 5. 7.
부터 2012. 12. 7.까지 사이에 다섯 차례 저지른 절도행위에 대하여 상습사
기죄로 확정판결을 받았다. 이후 검사가 갑이 2012. 7. 8. 저지른 절도행위
를 새롭게 발견하여 공소제기를 한 경우 법원은 이에 대하여 유죄판결을
할 수 있는가?

Ⅰ. 유죄판결

1. 유죄판결의 의의

유죄판결은 검사가 공소장에 특정한 범죄사실에 대하여 범죄의 증
명이 있는 경우에 선고하는 실체재판이다. 유죄판결에는 형의 면제와 선
고유예판결이 포함된다.

2. 유죄판결에 명시할 이유

형의 선고를 하는 때에는 판결이유에 범죄가 될 사실, 증거의 요지
와 법령의 적용을 명시하여야 하며, 법률상 범죄의 성립을 조각하는 이
유 또는 형의 가중, 감면의 이유되는 사실의 진술이 있은 때에는 이에 대
한 판단을 명시하여야 한다(제323조). 따라서 유죄판결을 선고하면서 판결
이유 중 하나를 전부 누락하는 경우(예, 범죄의 사실과 법령의 적용만을 기재하고
증거의 요지를 누락한 경우 등)에는 판결 파기의 사유가 된다(2012도4701).

(1) 범죄가 될 사실

범죄가 될 사실은 원칙적으로 특정한 구성요건에 해당하는 위법하고 유책한 사실을 말하지만, 처벌조건, 형의 가중·감면사유 등도 포함된다.

1) 구성요건과 위법성 및 책임 해당사실

구성요건에 해당하는 구체적 사실은 범죄행위의 주체, 객체, 행위의 결과 및 인과관계 등 객관적 구성요건요소와 고의, 과실 등 주관적 구성요건 요소가 포함된다. 또한 미수, 예비, 공동정범, 교사범, 방조범 등도 명시하여야 한다. 그러나 위법성과 책임은 구성요건의 해당사실에 의해 추정되므로 피고인이 다투지 않는 이상 별도로 명시할 필요가 없다.

2) 처벌조건

처벌조건은 범죄가 될 사실은 아니지만 형벌권의 존부에 관한 사실이므로 판결이유에 명시하여야 한다.

3) 형의 가중·감면사유

제323조 제2항의 '형의 가중, 감면의 이유되는 사실'은 필요적 가중·감면의 사유를 의미하며, 법원의 재량에 맡겨진 임의적 감면사유 또는 양형사유는 이에 해당하지 않는다. 따라서 피해회복에 관한 주장이 있더라도 이것은 유죄판결에 명시할 사항은 아니다(2017도14769). 다만, 판례는 양형위원회의 양형기준을 벗어나는 경우와 같이 특별한 사유가 있는 경우에 한하여 그 명시를 요한다(2010도7410).

> [판례] 대법원 양형위원회 설치의 목적, 구성, 업무내용, 양형기준을 설정·변경하면서 준수하여야 하는 여러 원칙 및 고려사항, 양형기준의 효력 등에 관한 각 규정의 내용 및 그 입법 경위 등을 종합하면, 법관은 양형을 할 때에 위와 같은 양형기준을 존중하여야 하고, 법원은 약식절차 또는 즉결심판절차에 의하여 심판하는 경우가 아닌 한, 양형기준을 벗어난 판결을 함에 따라 판결서에 양형의 이유를 기재하여야 하는 경우에는 위와 같은 양형기준의 의의, 효력 등을 감안하여 당해 양형을 하게 된 사유를 합리적이고 설득력 있게 표현하는 방식으로 그 이유를 기재하여야 한다(2010도7410).

4) 명시방법

범죄 될 사실의 명시는 형벌법규를 적용하여 구성요건과의 관계를 알 수 있을 정도로 특정하여야 한다. 교사범과 방조범의 경우에는 그 전제조건이 되는 정범의 범죄구성요건사실도 명시하여야 한다(81도2422). 죄수의 경우에는 경합범과 상상적 경합은 사실상 수죄이므로 각각의 범죄사실을 기재하여야 하지만, 포괄일죄의 경우에는 일죄이므로 전체 범죄의 시기, 종기, 범행횟수, 범죄로 취득한 이익 등을 포괄적으로 기재하는 것으로 충분하다(2004도1164). 또한 공소사실의 내용 자체로 전후 연속되거나 견련되어 있는 여러 범죄사실에 대하여 그 중 일부는 무죄로 판단하면서도 나머지는 유죄로 인정하려면, 그와 같이 무죄로 본 근거가 되는 사정들이 나머지 부분의 유죄 인정에 방해가 되지 않는다는 점이 합리적으로 설명될 수 있어야 한다(2012도3722).

(2) 증거의 요지

판결요지에 증거의 요지를 기재하도록 한 것은 당사자들로 하여금 법관의 사실인정에 대한 합리성을 확인하고 상소법원의 심사가 효율적으로 이루어지도록 하기 위함이다.

1) 적시범위

증거요지의 적시범위는 범죄사실에 제한된다. 따라서 범죄사실을 증명하는 적극적 증거는 적시를 요하지만 현장부재와 같은 범죄사실의 인정에 배치되는 소극적 증거를 적시할 필요는 없다(82도1798).

2) 적시방법

증거의 요지는 법원이 인정한 범죄사실의 내용과 적시된 증거의 요지를 대조하여 어떤 증거에 의하여 어떤 범죄사실을 인정하였는지를 가늠할 정도이면 충분하다. 따라서 법원은 각각의 증거로 어떤 범죄사실을 인정하였는가를 일일이 나열할 필요는 없고(99도5312), 증거의 중요한 부분을 표시하면 족하므로 증거를 일괄하여 적시하는 것도 가능하다(69도1219).

(3) 법령의 적용

법령의 적용은 죄형법정주의의 원칙에 따라 어떤 범죄사실에 대하여 어떤 법령을 적용하였는지를 알 수 있도록 구체적으로 적시하여야 한다. 따라서 「형법」의 총칙과 각칙의 조항도 구체적으로 명시하여야 한다. 그러나 모든 조항을 기재하지 않았다고 해서 그것만으로 반드시 위법은 아니다(83도1942).

> **[판례]** 공소장에 적용법조를 기재하는 이유는 공소사실의 법률적 평가를 명확히 하여 공소의 범위를 확정하는 데 보조기능을 하도록 하고, 피고인의 방어권을 보장하고자 함에 있을 뿐이고, 법률의 해석 및 적용 문제는 법원의 전권이므로, 공소사실이 아닌 어느 처벌조항을 준용할지에 관한 해석 및 판단에 있어서는 법원은 검사의 공소장 기재 적용법조에 구속되지 않는다(2018도3443).

(4) 소송관계인의 주장에 대한 판단

1) 의 미

제323조 제2항에서는 "법률상 범죄의 성립을 조각하는 이유 또는 형의 가중, 감면의 이유되는 사실의 진술이 있은 때에는 이에 대한 판단을 명시하여야 한다"고 규정하고 있다. 이것은 법원이 당사자의 주장을 판단하였음을 명백히 적시하여 재판의 객관성과 공정성을 담보하기 위한 취지이다. 당사자에 의한 사실의 진술은 반드시 증거로써 주장할 필요는 없으며, 심리의 어느 단계에서도 가능하지만 단순한 법적 평가가 아닌 사실을 주장하여야 한다. 주장에 대한 판단은 주장의 채부에 관한 결론과 이유를 함께 적시하여야 한다(다수설).

2) 범죄성립의 조각사유

범죄성립의 조각사유는 위법성조각사유와 책임조각사유를 말한다. 구성요건해당성조각사유는 범죄의 부인에 해당하므로 이에 해당하지 않는다. 공소권소멸의 주장도 범죄성립의 조각사유는 아니므로 동조의 사실의 진술에 해당하지 않는다.

Ⅱ. 무죄판결

1. 무죄판결의 의의

피고사건이 범죄로 되지 아니하거나 범죄사실의 증명이 없는 때에는 판결로써 무죄를 선고하여야 한다(제325조). '피고사건이 범죄로 되지 않은 경우'란 실체심리를 거친 후에 공소제기사실 자체는 인정되지만 구성요건에 해당하지 않거나 위법성 또는 책임의 조각사유가 존재하는 것을 말한다. 그러나 공소사실이 처음부터 범죄가 되지 않음이 명백한 경우에는 결정으로 공소를 기각하여야 한다(제328조 제1항 제4호). '범죄사실의 증명이 없는 때'란 법원의 심리결과 공소사실이 사실이 아니거나 법관이 유죄의 확신을 갖지 못한 경우를 말한다. 그러나 공소기각의 판결 등의 사유에 해당하지만 사건의 실체에 관한 심리가 이미 완료되어 피고인의 이익을 위하여 무죄판결을 선고하더라도 이를 위법이라고 할 수는 없다(2013도10958).

> [판례] 형벌에 관한 법령이 헌법재판소의 위헌결정으로 인하여 소급하여 그 효력을 상실하였거나 법원에서 위헌·무효로 선언된 경우, 당해 법령을 적용하여 공소가 제기된 피고사건에 대하여는 형소법 제325조에 따라 무죄를 선고하여야 한다(2011도2631).

2. 무죄판결의 선고

무죄판결의 주문은 '피고인은 무죄'라고 기재한다. 다만, 무죄판결에 명시하여야 할 이유를 구체적으로 규정하고 있지 않다. 그러나 제39조 본문에서는 '재판에는 이유를 명시하여야 한다'고 규정하고 있으므로 피고인에 대하여 무죄판결을 선고하는 때에도 공소사실에 부합하는 증거를 배척하는 이유까지 일일이 설시할 필요는 없다고 하더라도, 그 증거들을 배척한 취지를 합리적인 범위 내에서 기재하여야 한다. 만일 주문에서 무죄를 선고하고도 그 판결이유에는 이에 관한 아무런 판단을 기재하지 아니하였다면 제361조의5 제11호 전단의 항소이유 또는 제383조 제1호의 상고이유로 할 수 있고, 주문으로부터는 판단의 유무가 명확히 판명되지 아니하는 경우 이유 중에 판단을 하지 않은 경우에는 재판의 누락이 있다고 보아야 한다(2014도6341).

Ⅲ. 공소기각의 재판

1. 공소기각재판의 의의

공소기각의 재판은 관할권 이외의 형식적 소송조건이 결여된 경우에 실체심리를 하지 않고 소송을 종결하는 형식재판이다. 공소기각의 결정(제328조)과 공소기각의 판결(제327조)이 있다.

2. 공소기각의 결정

공소기각의 결정사유는 (i) 공소가 취소된 경우, (ii) 피고인이 사망하거나 피고인인 법인이 존속하지 아니하게 되었을 때, (iii) 관할의 경합으로 재판을 할 수가 없는 때, (iv) 공소장에 기재된 사실이 진실이라고 하더라도 범죄가 될 만한 사실이 포함되지 아니한 때이다(제328조 제1항). '범죄가 될 만한 사실이 포함되지 아니한 때'란 사실심리를 하지 않더라도 공소장에 기재된 사실이 범죄가 되지 않음이 명백한 경우를 말한다(2012도12867). 따라서 사실심리를 한 후 범죄가 되지 않음이 밝혀진 경우에는 무죄의 실체판결을 하여야 한다(2012도11431).

공소기각의 결정에 대하여는 즉시항고를 할 수 있다(동조 제2항).

3. 공소기각의 판결

공소기각의 판결사유는 (i) 피고인에 대하여 재판권이 없을 때, (ii) 공소제기의 절차가 법률의 규정에 위반하여 무효일 때, (iii) 공소가 제기된 사건에 대하여 다시 공소가 제기되었을 때, (iv) 공소취소 후 다른 중요한 증거를 발견하지 않았음에도 불구하고 공소가 제기되었을 때, (v) 고소가 있어야 공소를 제기할 수 있는 사건에서 고소가 취소되었을 때, (vi) 피해자의 명시한 의사에 반하여 공소를 제기할 수 없는 사건에서 처벌을 원하지 아니하는 의사표시를 하거나 처벌을 원하는 의사표시를 철회하였을 때이다(제327조).

'피고인에 대하여 재판권이 없는 때'와 관련하여 「형법」 제6조 단서의 규정에 따라 행위지의 법률에 의하여 범죄를 구성하지 않는 경우 우리나라 형법을 적용할 수 없는데, 이때 검사가 행위지의 법률에 의하여 범죄를 구성하는지 여부에 대하여 엄격한 증거에 의하여 증명하지 못하면 공소기각의 판결을 하여야 한다(2016도17465). '공소제기의 절차가 법률의 규정에 위반하여 무효인 때'란 친고죄에 있어서 고소가 없거나 공소사실이 특정되지 않거나, 공소장일본주의에 위반된 공소제기 또는 「가정폭력범죄의 처벌 등에 관한 특례법」이나 「소년법」에 따라 보호처분의 결정이 확정된 경우 같은 범죄사실로 공소제기를 할 수 없도록 한 규정을 위반하여 다시 공소가 제기된 경우를 말한다(96도47, 2016도5423). 위법한 함정수사를 기초로 한 공소제기(2005도1247)와 같이 일반적인 소송조건을 결한 경우에도 공소기각판결의 사유가 된다. 또한 피고인이 즉결심판에 대하여 정식재판을 청구하였는데 검사가 법원에 사건기록과 증거물을 그대로 송부하지 않고 즉결심판이 청구된 위반 내용과 동일성 있는 범죄사실에 대하여 약식명령을 청구한 경우 이것은 공소가 제기된 사건에 대하여 다시 공소가 제기된 때에 해당하므로 법원은 공소기각의 판결을 선고하여야 한다(2017도10368).

[판례] 범의를 가진 자에 대하여 단순히 범행의 기회를 제공하거나 범행을 용이하게 하는 것에 불과한 수사방법이 경우에 따라 허용될 수 있음은 별론으로 하고, 본래 범의를 가지지 아니한 자에 대하여 수사기관이 사술이나 계략 등을 써서 범의를 유발케 하여 범죄인을 검거하는 함정수사는 위법함을 면할 수 없고, 이러한 함정수사에 기한 공소제기는 그 절차가 법률의 규정에 위반하여 무효인 때에 해당한다(2005도1247).

Ⅳ. 면소의 판결

1. 면소판결의 의의

피고사건에 대하여 (i) 확정판결이 있거나, (ii) 사면이 있은 때, (iii) 공소시효가 완성된 때, (iv) 범죄 후 법령의 개폐로 형이 폐지되었을 때 면소판결을 한다(제326조). 면소판결은 형식재판이면서도 일사부재리의 효력이 인정되기 때문에 면소판결의 성질에 대하여 견해의 대립이 있다.

2. 면소판결의 법적 성격

(1) 법적 성격에 관한 학설

면소판결의 성격에 대하여는 실체재판설, 형식재판설, 실체관계적 형식재판설, 이분설 등이 있다. 이하에서는 실체관계적 형식재판설과 형식재판설에 대하여만 설명하기로 한다.

1) 실체관계적 형식재판설

면소판결은 실체적 소송조건이 결여된 경우로서 실체관계의 심리를 중간에서 종결시키므로 형식재판에 해당하지만 실체면에 관한 사유를 소송조건으로 하기 때문에 어느 정도 실체 심리를 할 수 밖에 없으므로 일사부재리의 효력을 인정할 수 있다고 하는 견해이다. 이에 대하여는 면소판결의 사유를 심리하는 것이 실체재판을 한 것과 같다고 볼 수 없으므로 일사부재리의 효력을 인정하는 근거가 될 수 없다는 비판이 있다.

2) 형식재판설

면소판결은 실체적 소송조건이 결여되어 있음을 이유로 선고하는 형식재판이라는 견해이다(다수설, 2005도4738). 면소판결을 형식재판이라고 보는 경우에는 피고인이 면소판결에 대하여 무죄를 주장하여 상소

를 할 수 없는 근거를 설명할 수 있다. 이에 대하여는 면소판결에 일사부
재리의 효력을 인정하는 근거를 제시할 수 없다는 비판이 있다.

(2) 법적 성격에 관한 개별적 논의

면소판결의 성격에 대한 견해는 일사부재리의 효력 인정 여부, 실체
심리의 요부, 피고인의 상소가능성 등에 있어서 결론을 달리한다.

1) 일사부재리의 효력

실체관계적 형식재판설에 따르면 면소판결에도 일사부재리의 효
력이 인정된다. 그러나 형식재판설에 의할 경우에는 일사부재리의 효력
을 인정하기가 어렵다. 하지만 형식재판설에서도 소송추행이익결여설에
서는 면소판결의 사유가 되는 소송조건은 실체심리를 할 이익이 없는 중
대한 사유로서 다른 형식재판과는 달리 사후에 보완할 수 있는 사유가
아니므로 법적 안정성을 위해 일사부재리의 효력을 인정할 수 있다고 한
다. 또한 형식적 본안재판설에서도 면소판결은 형식재판이지만 형벌권
존부에 대한 판단을 포함하는 재판이므로 일사부재리의 효력이 인정된
다고 한다.

2) 실체심리로 인한 다른 형식재판과의 차별성

면소판결의 사유 중 하나인 공소시효의 완성과 관련하여 피고인
이 범행일자를 다투는 경우에 피고사건이 확정판결이 있었던 범죄사실
과 동일한 범죄사실인가 여부를 판단하기 위해서는 어느 정도 실체심리
가 필요하다. 실체관계적 형식재판설은 이같이 면소판결이 어느 정도 실
체심리를 필요로 한다는 점에서 형식재판과 본질적으로 다르다고 한다.
그러나 형식적 소송조건과 관련하여 친고죄인지 여부를 판단하기 위해
서는 사실심리가 어느 정도 필요한 경우도 있으므로 실체심리를 이유로
면소판결의 본질적 성격을 판단하는 것은 옳지 않다.

3) 피고인의 상소 가능성

면소판결에 대하여 피고인이 무죄를 이유로 상소할 수 있는가에 대하여는 실체관계적 형식재판설은 실체관계적 심리가 어느 정도 있었다고 보는 만큼 이를 긍정하지만, 형식재판설은 상소가능성을 부정하게 된다. 면소판결은 해당 사유가 있으면 실체심리에 들어가지 않고 재판이 종결되며, 일사부재리의 효력이 인정되는 만큼 무죄판결에 비해 법적으로 불이익한 판결이라고 보기는 어렵다. 따라서 면소판결에 대하여는 상소를 허용할 필요가 없다. 판례도 공소시효가 만료되었음을 이유로 한 면소판결에 대하여 피고인이 범죄사실을 부인하는 취지로 상소한 사안에서 상소의 이유가 없다고 하였다(2005도4738).

3. 면소판결의 사유

(1) 확정판결이 있은 때

확정판결은 유·무죄와 면소판결을 말한다. 공소기각재판 등 기타 형식재판은 일사부재리의 효력이 미치지 않으므로 확정판결을 이유로 면소판결을 할 수 없다. 확정판결은 정식재판뿐만 아니라 약식명령, 즉결심판이 선고된 것도 포함된다. 「경범죄 처벌법」 및 「도로교통법」에 의한 범칙금납부도 확정판결에 준하는 효력이 인정되므로 동일한 사안에 대하여는 일사부재리의 효력이 미친다(2009도12249, 2020도1355). 그러나 과태료부과처분, 외국에서의 확정판결, 공소기각의 재판, 관할위반의 판결은 물론, 「소년법」과 「가정폭력범죄의 처벌 등에 관한 특례법」상 보호처분은 확정판결이 아니므로 면소판결 사유에 해당하지 않는다. 이때에는 동일 사건에 관하여 다시 공소가 제기된 경우로서 공소제기의 절차가 법률의 규정에 위배하여 무효인 때에 해당하므로 공소기각의 판결을 하여야 한다(2016도5423).

한편, 확정판결을 받은 상습사기죄의 범죄사실과 그 판결 전에 범한 사기죄의 공소사실은 포괄일죄의 관계에 있으므로 단순사기죄의 공소사실에 대하여는 면소판결을 선고하여야 한다(2010도2182). 포괄일죄의 관계에 있는 범행 일부에 대하여 판결이 확정된 경우에는 사실심 판결선고시를 기준으로 그 이전에 이루어진 범행에 대하여는 확정판결의 기판력이 미쳐 면소의 판결을 선고하여야 한다(2020도1355). 그러나 확정판결의 기판력이 미치는 범위는 확정된 사건 자체의 범죄사실과 죄명을 기준으로 하는 것이 원칙이므로 단일 범의 아래 이루어진 「조세범 처벌법」위반 행위들이 그 합산가액으로 인해 포괄하여 「특정범죄 가중처벌 등에 관한 법률」위반의 죄가 되는 경우 그 「조세범 처벌법」위반 행위 중 일부행위에 대하여 이미 「조세범 처벌법」위반죄로 확정판결이 있었더라도 앞서의 확정판결의 기판력이 사실심판결 선고 전의 「특정범죄 가중처벌 등에 관한 법률」위반 범죄사실에 미친다고 볼 수 없다(2015도2207).

(2) 사면이 있은 때

「사면법」제5조 제1항 제1호에 의하면 일반사면이 있는 경우에는 형선고의 효력이 상실되며, 형을 선고받지 아니한 자에 대하여는 공소권이 상실된다. 그러나 동조 제2호에 의한 특별사면의 경우에는 형의 집행이 면제될 뿐이다(2011도1932). 따라서 제326조 제2호의 '사면이 있은 때'라 함은 형의 선고가 없는 사건에 대하여 일반사면이 있은 경우를 말한다. 따라서 재판이 확정된 후 형선고의 효력을 상실케 하는 특별사면이 있었고, 이후 해당 재판에 대한 재심개시결정으로 재심심판절차가 진행되는 경우 법원은 면소판결을 할 수 없고, 유·무죄 실체판결을 하여야 한다(2011도1932).

(3) 공소시효가 완성되었을 때

공소가 제기되었으나 공소제기 전 이미 공소시효가 완성된 경우에는 면소판결을 하여야 한다. 공소장이 변경된 경우 공소시효는 변경된 공소사실에 대한 법정형을 기준으로 공소제기 당시 이미 공소시효가 완성된 경우 법원은 면소판결을 하여야 한다(2013도6182). 공소가 제기된 경우에도 판결의 확정이 없이 25년이 지나면 공소시효가 완성된 것으로 간주되므로(제249조 제2항) 이때에도 면소판결을 하여야 한다.

(4) 범죄 후의 법령개폐로 형이 폐지되었을 때

법령의 개폐는 법령상 명문으로 형벌이 폐지된 경우뿐만 아니라 한시법에도 적용된다. 그러나 법령이 폐지되면서 새로운 법령에 종전의 벌칙을 적용하도록 경과규정이 있는 경우와 판례가 취하는 동기설에 따라 법률변경의 동기가 종래의 형벌에 대한 반성적 고려 등, 법적 견해의 변경이 아닌 사실관계의 변경인 경우에는 구법의 추급효가 인정되므로 이에 해당하지 않는다.

4. 면소판결의 효력

면소판결을 할 것이 확실한 경우에는 피고인이 출석하지 않아도 되며, 공판절차를 정지하여야 하는 사유가 있더라도 피고인의 출정 없이 재판할 수 있다. 한편, 면소판결이 선고된 때에는 구속영장은 효력을 잃게 되며, 일사부재리의 효력이 발생하고, 일정한 사유에 해당하는 경우에는 형사보상을 청구할 수 있다(형사보상 및 명예회복에 관한 법률 제26조 제1항).

V. 관할위반의 판결

1. 관할위반의 판결의 의의

피고사건이 법원의 관할에 속하지 아니한 때에는 판결로써 관할위반의 선고를 하여야 한다(제319조). 이 관할위반의 판결은 관할권이 없는 경우에 선고하는 것이며, 재판권이 없는 경우에는 공소기각의 판결을 하여야 한다(제327조 제1호).

2. 관할위반의 판결의 사유

법원의 사물관할과 토지관할에 속하지 않는 경우 법원은 관할위반 판결을 하게 된다. 관할권 유무의 판단은 공소장에 기재된 공소사실을 기준으로 하게 된다. 그러나 토지관할에 대하여는 피고인의 신청이 없으면 법원이 관할위반판결의 선고를 할 수 없다(제320조 제1항). 이때 피고인의 신청은 피고사건에 대한 진술 전에 이루어져야 한다(동조 제2항).

3. 관할위반의 판결의 효력

관할위반의 판결은 공소기각의 재판과는 달리 구속영장의 실효사유가 아니며(제331조), 공판절차정지와 같은 특례규정(제306조 제4항)이 적용되지 않는다. 다만, 관할위반의 판결이 확정된 때에 정지되었던 공소시효가 다시 진행되는 점은 공소기각재판의 경우와 같다(제253조 제1항).

제3절 재판의 확정과 효력

≪학습문제≫ 검사는 피고인이 영업신고를 하지 않고 2015. 1. 20.부터 2016. 1. 7.까지 'OO분식'이라는 상호로 휴게음식점 영업행위를 하였다는 범죄사실로 공소를 제기하였다. 그러나 제1심 공판절차 진행 중에 피고인이 2016. 1. 27. 법원으로부터 영업신고를 하지 않고 2015. 1. 20.부터 같은 해 9. 21.까지 위 OO분식에서 동일한 행위를 하였다는 범죄사실로 벌금 50만원의 약식명령을 받아 그 무렵 해당 약식명령이 확정된 사실이 밝혀졌다. 이때 제1심법원은 어떤 판결을 하여야 하는가?

Ⅰ. 재판의 확정

1. 재판확정의 의의

재판이 통상의 불복방법에 의하여 더 이상 다툴 수 없게 되어 그 내용을 변경할 수 없는 상태를 재판의 확정이라고 하며, 이러한 상태에 있는 재판을 확정재판이라고 한다. 재판이 확정되면 재판의 효력이 발생하는데, 이를 재판의 확정력이라고 한다.

2. 재판확정의 시기

(1) 불복신청이 허용되지 않는 재판

불복신청이 허용되지 않는 재판은 선고 또는 고지와 동시에 확정된다. 법원의 관할 또는 판결 전의 소송절차에 관한 결정에 대하여는 특히 즉시항고를 할 수 있는 경우 외에는 항고를 할 수 없으므로(제403조) 그 결정은 고지와 동시에 확정된다. 대법원의 결정에 대하여도 불복이 허용되지 않으므로 대법원의 공소기각의 결정은 고지와 동시에 확정된다. 즉시항고를 할 수 있는 결정 또는 명령의 경우도 마찬가지이다. 다만, 보통항고에는 항고제기기간의 제한이 없으므로 원심결정을 취소하더라도 실익이 없게 된 때에 확정된다(제404조).

(2) 불복신청이 허용되는 재판

재판에 대하여 불복신청이 있는 경우에는 상소기간 기타 불복신청기간이 도과하거나 불복신청을 포기 또는 취하하거나 불복신청의 기각결정으로 확정된다. 즉시항고를 할 수 있는 결정 또는 명령의 경우도 마찬가지이다. 다만, 보통항고에는 항고제기기간의 제한이 없으므로 원심결정을 취소하더라도 실익이 없게 된 때에 확정된다(제404조).

Ⅱ. 재판의 확정력

1. 형식적 확정력

재판의 형식적 확정력은 그 사안에 대하여 동일한 절차에서는 더 이상 다툴 수 없음을 의미하는 불가쟁적 효력을 말한다. 따라서 형식적 확정력은 종국재판과 종국 전의 재판, 실체적·형식적 재판 등 모든 재판에서 발생한다. 형식적 확정력이 발생하여야 재판의 내용적 확정력이 발생하며, 형식적 확정력에 의해 재판의 집행이 가능하게 된다(제459조).

2. 내용적 확정력

재판이 형식적으로 확정되면 재판의 내용도 확정된다. 이때 재판의 내용인 법률관계를 확정하는 효력을 내용적 확정력이라고 한다.

(1) 내부적 효력

재판의 집행력은 재판이 확정되어야 발생한다(제459조). 예컨대, 형을 선고하는 판결에 있어서 재판이 확정되면 형벌집행력이 발생한다. 이를 재판의 내부적 효력이라고 한다.

(2) 외부적 효력

재판이 확정되면 그 확정된 판단내용이 다른 법원을 구속하여 다른 법원이 동일한 사항, 동일한 사정하에서는 다른 판단을 할 수 없는 불가변적(不可變的) 효력이 발생한다. 이러한 효과를 재판의 내용적 구속력이라고 한다. 이러한 재판의 내용적 구속력은 실체재판뿐만 아니라 형식재판에서도 인정된다.

1) 형식재판의 내용적 구속력

형식재판의 내용적 구속력도 실체재판의 내용적 구속력과 마찬가지로 동일한 사안에 대하여 후소(後訴)법원으로 하여금 재차 심리할 수 없도록 한다. 그러나 이것은 확정된 재판의 판단의 기초가 되었던 사정에 변경이 없는 경우에만 적용되며, 사정변경이 있는 경우에는 동일한 사안이 아니므로 내용적 구속력이 인정되지 않는다. 예컨대, 친고죄에서 고소가 무효임을 이유로 공소기각의 판결이 확정된 이후에 동일사안에 대하여 고소가 유효하다는 주장을 근거로 재기소하는 경우에는 내용적 구속력이 발생하지만 새로운 유효한 고소가 있는 경우에는 내용적 구속력이 미치지 않으므로 재기소가 허용된다.

2) 실체재판의 내용적 구속력

실체재판에 있어서는 내용적 구속력이 일사부재리의 효력과 관련하여 문제된다. 내용적 구속력은 후소법원이 동일한 사안에 대하여 다른 사실을 인정할 수 없는 효력임에 비해, 일사부재리는 동일한 사안에 대하여 법원이 두 번 심리할 수 없는 효력을 말한다. 보통의 경우에는 내용적 구속력과 일사부재리의 효력이 동시에 미치므로 내용적 구속력이 독립적으로 문제되는 경우가 없다.

그러나 확정된 판결이 공소사실의 동일성이 인정되지 않는 다른 재판의 선결사안이 되는 경우와 같이 일사부재리의 효력은 미치지 않지만 내용적 구속력이 미치는 경우가 있을 수 있다. 예컨대, 피고인이 과실로 교통사고를 일으켰다는 재판이 확정된 이후, 피고인이 고의로 교통사고를 낸 후 보험금을 수령하였다는 별도의 사기죄의 피고사건이 제기된 후소와 관련해서는 확정판결 된 재판과 후소와는 공소사실의 동일성이 인정되기 어려우므로 일사부재리의 효력이 미치지 않는다. 그러나 확정판결된 재판의 내용적 구속력이 후소에도 미친다고 보게 되면 후소법원은 별도의 확정판결된 사실과 다른 사기사실(고의로 교통사고를 낸 사실)을 인정할 수 없게 된다. 판례는 이 사안에서 확정판결의 기판력이 후소에 미치지 않는다고 하면서 유죄판결을 확정하였다.

[판례] 과실로 교통사고를 발생시켰다는 각 「교통사고처리 특례법」위반죄'와 고의로 교통사고를 낸 뒤 보험금을 청구하여 수령하거나 미수에 그쳤다는 '사기 및 사기미수죄'는 서로 행위 태양이 전혀 다르고, 각 교통사고처리 특례법

위반죄의 피해자는 교통사고로 사망한 사람들이나, 사기 및 사기미수죄의 피
해자는 피고인과 운전자보험계약을 체결한 보험회사들로서 역시 서로 다르며,
따라서 위 각「교통사고처리 특례법」위반죄와 사기 및 사기미수죄는 그 기본
적 사실관계가 동일하다고 볼 수 없으므로, 위 전자에 관한 확정판결의 기판
력이 후자에 미친다고 할 수 없다(2009도14263).

Ⅲ. 일사부재리의 효력

1. 일사부재리의 효력의 의의

일사부재리의 효력은 유·무죄의 실체판결과 면소판결이 확정되는 경
우 법원이 동일한 사안에 대하여 다시 심리·판단할 수 없도록 하는 효력
을 말한다. 그러나 일사부재리의 효력의 법적 성격에 대하여는 견해의
대립이 있는데, 주로 기판력과의 관계와 관련하여 논의된다.

2. 일사부재리의 효력과 기판력의 관계

(1) 기판력과 일사부재리의 효력 일치설

기판력과 일사부재리의 효력을 같은 것으로 보는 견해이다(실체적 확정
력설). 즉, 형식재판과 실체재판 모두 내용적 구속력이 발생하지만 실체재판
의 내용적 확정력은 형식재판과는 달리 외부적 효력으로서 동일한 사안에
대하여 재차 심리·판결하는 것을 금지하는 일사부재리의 효과가 발생하며,
이를 기판력이라고 한다(내용적 구속력의 외부적 효력=일사부재리의 효력=기판력).

(2) 기판력의 일사부재리의 효력 포함설

기판력은 실체재판의 내용적 확정력과 그에 따른 대외적인 효력을
포함하는 개념으로 보기 때문에 실체적 확정력의 대외적 효력을 의미하
는 일사부재리의 효력을 포함한다고 하는 견해이다(기판력=일사부재리의 효력
+불가변적 효력).

(3) 기판력과 일사부재리의 효력 구별설

기판력은 종국재판의 후소에 대한 불가변경적 효력을 의미하고, 일사부재리의 효력은 헌법 제13조 제1항에서 규정하고 있는 피고인에 대한 이중위험금지에 기초하는 것이라고 하여 양자를 별개로 보는 견해이다(내용적 구속력의 외부적 효력=기판력≠일사부재리의 효력). 이 견해에서는 일사부재리를 기판력과 달리 보게 됨으로써 일사부재리효력을 공소사실의 동일성이 아닌 검사의 동시소추의 의무관점에서 보게 되어 일사부재리효력의 범위를 확장하게 된다.

(4) 판 례

판례는 기판력과 일사부재리의 개념을 명확히 구분하지 않고 혼용하여 사용하고 있으며(2016도15526), 대체로 기판력과 일사부재리의 효력을 동일한 것으로 보는 듯하다(2017도5977).

3. 일사부재리의 효력이 미치는 범위

(1) 일사부재리의 효력이 인정되는 재판

일사부재리의 효력은 원칙적으로 범죄에 대한 국가의 형벌권 실행으로서의 과벌에 대해서 적용(2016도5423)되므로 통상의 형사재판에 의한 처벌 외에 실체재판인 유·무죄의 효력이 발생하는 약식명령, 즉결심판, 「경범죄 처벌법」이나 「도로교통법」에 의한 통고처분의 경우에도 인정된다(2001도849). 그러나 범칙금 통고처분의 일사부재리의 효력은 해당 범칙행위와 동일성이 인정되는 것에 한정되므로 같은 시간과 장소에서 이루어진 행위라고 하더라도 범칙행위의 동일성을 벗어난 형사범죄행위에 대하여는 일사부재리의 효력이 미치지 않는다(2009도12249). 또한 통고처분 자체가 효력이 없는 경우에는 그 통고처분을 이행하였더라도 일사부재리의 효력이 발생하지 않는다. 예컨대, 「조세범 처벌절차법」에 따라 세무서장이 통고처분을 할 수 있음에도 통고처분을 하지 않고 수사기관에 고발하였다면 해당 조세범칙사건의 조사 및 처분절차는 원칙적으로 종료되므로 세무서장이 고발 후에 해당 사건에 대하여 다시 통고처분을 하였다면 이것은 특별한 사정이 없는 한 무효이므로 범칙행위자가 해당 통고처분을 이행하였더라도 일사부재리의 효력이 발생하지 않는다(2014도10748).

한편, 형식재판 중 공소기각의 재판과 관할위반의 형식재판에 대하여는 내용적 구속력이 인정되어 사정변경이 없는 동일한 사안에 대하여 불가변경적 효력은 발생하지만 일사부재리의 효력은 발생하지 않는다. 「소년법」 또는 「가정폭력범죄의 처벌 등에 관한 특례법」 등에 따른 법원의 보호처분의 결정 또는 불처분결정도 법원의 형사처벌에 관한 확정판결이 아니므로 일사부재리의 효력이 미치지 않는다(2016도5423). 다만, 면소판결은 형식재판이지만 일사부재리의 효력이 인정된다(통설). 그러나 외국 판결은 우리나라 법원을 기속할 수 없고 기판력도 인정되지 않으므로 일사부재리의 원칙이 적용되지 않는다(2017도5977).

> [판례] 피고인이 「경범죄 처벌법」상 '음주소란' 범칙행위로 범칙금 통고처분을 받아 이를 납부하였는데, 이와 근접한 일시·장소에서 위험한 물건인 과도를 들고 피해자를 쫓아가며 "죽여 버린다"고 소리쳐 협박하였다는 내용의 「폭력행위 등 처벌에 관한 법률」 위반으로 기소된 사안에서, 범칙행위인 '음주소란'과 공소사실인 '흉기휴대협박행위'는 기본적 사실관계가 동일하다고 볼 수 없으므로 범칙금 납부의 효력은 공소사실에 미치지 않는다(2012도6612).

> [판례] 경찰서장이 범칙행위에 대하여 통고처분을 한 이상, 범칙자의 위와 같은 절차적 지위를 보장하기 위하여 통고처분에서 정한 범칙금 납부기간까지는 원칙적으로 경찰서장은 즉결심판을 청구할 수 없고, 검사도 동일한 범칙행위에 대하여 공소를 제기할 수 없다(2017도13409).

(2) 객관적 범위

일사부재리의 효력은 법원의 현실적 심판대상뿐만 아니라 그 사실

과 단일성, 동일성이 인정되는 사실의 전부에 대하여 미친다(다수설). 판례
는 공소사실의 동일성은 기본적 사실관계의 동일성이 있는가를 기준으
로 하되, 규범적 요소를 함께 고려하여 판단한다. 따라서 상상적 경합관
계에 있는 두 죄 중 1죄에 대한 기판력은 다른 죄에도 미치며(2017도
11687), 포괄일죄의 관계에 있는 일부의 범죄에 대한 기판력은 그 확정판
결의 사실심판결 선고 전에 범한 죄에도 미친다(2010도2182).

> **[판례]** 피고인이 '2015. 4. 16. 13:10경부터 14:30경까지 갑의 업체 사무실에서
> 직원 6명 가량이 있는 가운데 직원들에게 행패를 하면서 피해자 을의 업무를 방해
> 하였다'는 공소사실로 기소되었는데, 피고인은 '2015. 4. 16. 13:30경부터 15:00경
> 사이에 갑의 업체 사무실에 찾아와 피해자 병, 정과 일반직원들이 근무를 하고 있
> 음에도 피해자들에게 욕설을 하는 등 큰소리를 지르고 돌아다니며 위력으로 업무
> 를 방해하였다'는 등의 범죄사실로 이미 유죄판결을 받아 확정된 사안에서, 업무
> 방해의 공소사실과 확정판결 중 업무방해죄의 범죄사실은 상상적 경합 관계에 있
> 고, 확정판결의 기판력이 업무방해의 공소사실에 미친다(2017도11687).

그러나 상습범으로서 포괄적 일죄의 관계에 있는 범죄라고 하더라
도 그 일부범죄에 대한 확정판결이 상습범이 아닌 기본구성요건의 범죄
로 확정판결을 받은 경우에는 그 확정판결의 사실심판결 선고 전에 저질
러진 나머지 범죄에 대하여 새로이 공소가 제기되었더라도 기판력이 미
치지 않으므로 기소사실에 대한 판결을 하여야 한다.

> **[판례]** 상습범으로서 포괄적 일죄의 관계에 있는 여러 개의 범죄사실 중 일부에
> 대하여 유죄판결이 확정된 경우에, 그 확정판결의 사실심판결 선고 전에 저질러
> 진 나머지 범죄에 대하여 새로이 공소가 제기되었다면 그 새로운 공소는 확정판
> 결이 있었던 사건과 동일한 사건에 대하여 다시 제기된 데 해당하므로 이에 대하
> 여는 판결로써 면소의 선고를 하여야 한다. 그런데 이러한 법리가 적용되기 위해
> 서는 전의 확정판결에서 당해 피고인이 상습범으로 기소되어 처단되었을 것을 필
> 요로 하는 것이고, 상습범이 아닌 기본 구성요건의 범죄로 처단되는 데 그친 경우
> 에는, 가사 뒤에 기소된 사건에서 비로소 드러났거나 새로 저질러진 범죄사실과
> 전의 판결에서 이미 유죄로 확정된 범죄사실 등을 종합하여 비로소 그 모두가 상
> 습범으로서의 포괄적 일죄에 해당하는 것으로 판단된다 하더라도 뒤늦게 앞서의
> 확정판결을 상습범의 일부에 대한 확정판결이라고 보아 그 기판력이 그 사실심판
> 결 선고 전의 나머지 범죄에 미친다고 보아서는 아니 된다(2010도2182).

[판례] 상습범으로 유죄의 확정판결을 받은 사람이 그 후 동일한 습벽에 의해 범행을 저질렀는데 유죄의 확정판결에 대하여 재심이 개시된 경우 동일한 습벽에 의한 후행범죄가 재심대상판결에 대한 재심판결 선고 전에 저지른 범죄라 하더라도 재심판결의 기판력이 후행범죄에 미치지 않는다. 그리고 선행범죄에 대한 재심판결을 선고하기 전에 후행범죄에 대한 판결이 먼저 선고되어 확정된 경우에도 후행범죄에 대한 판결의 기판력은 선행범죄에 미치지 않는다(2018도20698).

(3) 주관적 범위

일사부재리의 효력은 공소가 제기된 피고인에 대하여만 발생하므로 공동피고인 중 1인에 대한 판결의 효력은 다른 공동피고인에게는 미치지 않는다. 피고인이 타인의 성명을 모용한 경우에도 소송계속의 효력은 피고인에게만 있으므로 판결의 효력이 피모용자에게 미치지 않는다. 다만, 위장출석의 경우에는 소송계속의 효력이 위장출석자에게 있으므로 판결의 효력도 위장출석자에게 미친다.

(4) 시간적 범위

계속범, 상습범 등과 같은 포괄일죄에 있어서 범죄가 확정판결의 전후에 걸쳐 일어난 경우 일사부재리의 효력의 발생시점은 판결 선고 시이다(다수설, 93도836). 사실심판결 후에 범한 범죄는 포괄일죄라도 별도로 기소할 수 있게 된다. 그리고 약식명령의 경우에는 약식명령의 송달 시가 아닌 명령의 발령 시가 기준이 된다(94도1318).

제4절 소송비용

《학습문제》 갑은 이웃인 을을 폭행죄로 고소하였으나 을은 무죄로 판명되었다. 이때 갑에게 을에 대한 소송비용을 부담하게 할 수 있는가?

Ⅰ. 소송비용의 의의

소송비용은 소송절차를 진행하면서 발생한 비용으로서「형사소송비용 등에 관한 법률」제2조에 규정된 증인·감정인·통역인 또는 번역인의 일당, 여비 및 숙박료, 감정인·통역인 또는 번역인의 감정료·통역료·번역료, 그 밖의 비용, 국선변호인의 일당, 여비, 숙박료 및 보수를 말하며, 그 외의 것은 소송비용에 포함되지 않는다.

Ⅱ. 소송비용의 부담

소송비용은 국가가 부담하는 것을 원칙으로 하지만 피고인, 고소인, 고발인 등에게 부담하게 하는 경우가 있다.

1. 피 고 인

형의 선고를 하는 때에는 피고인에게 소송비용의 전부 또는 일부를 부담하게 하여야 한다. 다만, 피고인이 경제적 사정으로 소송비용을 납부할 수 없는 때에는 그러하지 아니하다(제186조 제1항). 이 경우 형의 선고가 있는 경우이므로 형의 집행유예는 해당하지만 형의 면제나 선고유예는 해당하지 않는다.

피고인에게 책임지울 사유로 발생된 비용은 형의 선고를 하지 아니하는 경우에도 피고인에게 부담하게 할 수 있다(동조 제2항). 예컨대, 피고인이 정당한 이유 없이 출석하지 않아 증인을 재소환하게 된 경우를 들 수 있다. 공범의 소송비용은 공범인에게 연대하여 부담하게 할 수 있다(제187조).

2. 고소인·고발인

고소 또는 고발에 의하여 공소를 제기한 사건에 관하여 피고인이 무죄 또는 면소의 판결을 받은 경우에 고소인 또는 고발인에게 고의 또는 중대한 과실이 있는 때에는 그 자에게 소송비용의 전부 또는 일부를 부담하게 할 수 있다(제188조).

3. 상소권자 또는 재심청구권자

검사 아닌 자가 상소 또는 재심청구를 한 경우에 상소 또는 재심의 청구가 기각되거나 취하된 때에는 그 자에게 그 소송비용을 부담하게 할 수 있다(제190조 제1항). 피고인 아닌 자가 피고인이 제기한 상소 또는 재심의 청구를 취하한 경우에도 같다(동조 제2항). 다만, 변호인은 피고인을 대리하여 취하하는 것이므로 이에 해당하지 않는다.

Ⅲ. 소송비용의 재판

1. 소송비용부담의 재판

재판으로 소송절차가 종료되는 경우에 피고인에게 소송비용을 부담하게 하는 때에는 법원은 직권으로 재판하여야 한다(제191조 제1항). 소송비용의 재판은 본안의 재판에 종속하므로 소송비용부담의 재판에 대하여는 본안의 재판에 관하여 상소하는 경우에 한하여 불복할 수 있고(동조 제2항), 소송비용부담의 재판에 대한 불복은 본안의 재판에 대한 상소의 전부 또는 일부가 이유 있는 경우에 한하여 받아들여질 수 있다(2016도 12437). 피고인 아닌 자에게 소송비용을 부담하게 하는 때에는 법원은 직권으로 결정을 하여야 한다(제192조 제1항). 이 결정에 대하여는 즉시항고를 할 수 있다(동조 제2항).

재판에 의하지 아니하고 소송절차가 종료되는 경우에 소송비용을 부담하게 하는 때에는 사건의 최종계속법원이 직권으로 결정을 하여야 한다(제193조 제1항). 이 결정에 대하여는 즉시항고를 할 수 있다(동조 제2항).

다만, 소송비용의 부담을 명하는 재판에 그 금액을 표시하지 아니한 때에는 집행을 지휘하는 검사가 산정한다(제194조).

소송비용부담은 형이 아니므로 불이익변경금지원칙이 적용되지 않는다(2008도488).

2. 무죄판결과 비용보상

(1) 비용보상의 대상

국가는 무죄판결이 확정된 경우에는 당해 사건의 피고인이었던 자에 대하여 그 재판에 소요된 비용을 보상하여야 한다(제194조의2 제1항). 이것은 국가의 형사사법작용에 내재한 위험성 때문에 불가피하게 비용을 지출한 비용보상청구권자의 방어권 및 재산권을 보장하려는 데 목적이 있다(2018모906). 따라서 구금 또는 형집행에 대한 보상인 형사보상과는 구별된다. 판결주문에서 무죄가 선고된 경우뿐만 아니라 판결이유에서 무죄로 판단된 경우에도 재판에 소용된 비용 가운데 무죄로 판단된 부분의 방어권행사에 필요하였다고 인정되는 부분에 대하여는 비용보상 청구가 가능하다(2018모906).

그러나 다음 각 호의 어느 하나에 해당하는 경우에는 그 비용의 전부 또는 일부를 보상하지 아니할 수 있다. (i) 피고인이었던 자가 수사 또는 재판을 그르칠 목적으로 거짓 자백을 하거나 다른 유죄의 증거를 만들어 기소된 것으로 인정된 경우, (ii) 1개의 재판으로써 경합범의 일부에 대하여 무죄판결이 확정되고 다른 부분에 대하여 유죄판결이 확정된 경우, (iii) 「형법」 제9조 및 제10조 제1항의 사유에 따른 무죄판결이 확정된 경우, (iv) 그 비용이 피고인이었던 자에게 책임지울 사유로 발생한 경우 등이다.

[판례] 판결 주문에서 무죄가 선고된 경우뿐만 아니라 판결 이유에서 무죄로 판단된 경우에도 재판에 소요된 비용 가운데 무죄로 판단된 부분의 방어권 행사에 필요하였다고 인정된 부분에 관하여는 보상을 청구할 수 있다고 보아야 한다. 다

만 법원은 이러한 경우 형소법 제194조의2 제2항 제2호를 유추적용하여 재량으로 보상청구의 전부 또는 일부를 기각할 수 있다(2018모906).

이 비용의 보상은 피고인이었던 자의 청구에 따라 무죄판결을 선고한 법원의 합의부에서 결정으로 한다(제194조의3). 이 결정에 대하여는 즉시항고를 할 수 있다(동조 제3항). 다만, 이 청구는 무죄판결이 확정된 사실을 안 날부터 3년, 무죄판결이 확정된 때부터 5년 이내에 하여야 한다(동조 제2항).

(2) 비용보상의 범위

무죄판결에 따른 비용보상의 범위는 피고인이었던 자 또는 그 변호인이었던 자가 공판준비 및 공판기일에 출석하는 데 소요된 여비·일당·숙박료와 변호인이었던 자에 대한 보수에 한한다. 이 경우 보상금액에 관하여는 「형사소송비용 등에 관한 법률」을 준용하되, 피고인이었던 자에 대하여는 증인에 관한 규정을, 변호인이었던 자에 대하여는 국선변호인에 관한 규정을 준용한다(제194조의4 제1항). 법원은 공판준비 또는 공판기일에 출석한 변호인이 2인 이상이었던 경우에는 사건의 성질, 심리 상황, 그 밖의 사정을 고려하여 변호인이었던 자의 여비·일당 및 숙박료를 대표변호인이나 그 밖의 일부 변호인의 비용만으로 한정할 수 있다(동조 제2항).

(3) 비용보상의 절차

비용보상청구, 비용보상절차, 비용보상과 다른 법률에 따른 손해배상과의 관계, 보상을 받을 권리의 양도·압류 또는 피고인이었던 자의 상속인에 대한 비용보상에 관하여 위에서 규정한 것을 제외하고는 「형사보상 및 명예회복에 관한 법률」에 따른 보상의 예에 따른다.

제5편
상소,
비상구제절차,
재판의 집행과 형사보상

제1장 상 소

1. **상소일반**
   - 상소의 의의와 종류
   - 상소권
   - 상소의 이익
   - 상소의 제기와 포기 및 취하
   - 일부상소
   - 불이익변경금지의 원칙
   - 파기판결의 구속력

2. **항 소**
   - 항소의 의의와 항소심의 구조
   - 항소의 이유
   - 항소심의 절차

3. **상 고**
   - 상고의 의의와 상고심의 구조
   - 상고의 이유
   - 상고심의 절차
   - 상고심판결의 정정
   - 비약적 상고

4. **항 고**
   - 항고의 의의와 종류
   - 항고심의 절차
   - 준항고

〈주요 학습사항〉

1. 상소의 이익과 일부상소의 효력
2. 불이익변경금지원칙의 범위와 내용
3. 항소심의 구조와 항소이유 및 항소심의 절차
4. 상고이유와 상고심의 절차
5. 항고의 종류와 절차 및 준항고

제1절 상소통칙

Ⅰ. 상소의 의의와 종류

≪학습문제≫   제1심법원에서 사기죄로 유죄를 선고받은 갑은 억울하다고
생각하여 구제를 받고자 한다. 어떻게 하여야 하는가?

1. 상소의 의의

상소란 미확정의 재판에 대하여 상급법원에 구제를 구하는 불복신
청제도를 말한다. 상소제도는 원판결의 잘못을 시정하여 불이익을 당한
당사자를 구제함과 동시에 법령해석의 통일을 기함으로써 법적 안정성
을 실현하기 위한 것이다. 따라서 검사의 처분에 대한 불복신청인 검찰
항고·재정신청, 확정판결에 대한 재심 또는 비상상고, 재판을 한 당해 법
원이나 동급법원에 대하여 구제를 구하는 이의신청이나 약식명령·즉결
심판에 대한 정식재판의 청구는 상소가 아니다.

2. 상소의 종류

상소에는 항소, 상고, 항고가 있다.

항소는 제1심 판결에 대한 상소이다. 단독판사의 제1심 판결사건은
지방법원본원 합의부에, 지방법원 합의부 판결사건은 고등법원에 항소할
수 있다(제357조). 상고는 제2심 판결에 대한 상소이며, 대법원이 관할법원
이다. 다만, 법령해석에 관한 중요한 사항에 대하여 잘못이 있는 경우에
는 제1심 판결에 대하여 항소제기 없이 바로 대법원에 상고할 수 있다.
이를 비약적 상고(제372조)라고 한다.

항고는 법원의 결정에 대한 상소이다. 항고에는 일반항고와 특별항
고(재항고)가 있으며, 일반항고는 보통항고와 즉시항고로 구분된다. 특별

항고는 즉시항고이다(제415조). 제1심 법원 단독판사가 한 결정에 대하여는 지방법원본원합의부에, 지방법원본원합의부가 한 결정에 대하여는 고등법원에 항고할 수 있으며, 이에 불복할 경우 대법원에 재항고 할 수 있다.

Ⅱ. 상 소 권

≪학습문제≫ 피고인 갑에 대한 제1심법원의 유죄판결에 대하여 갑의 아버지가 항소를 제기하였다. 이 항소는 유효한가?

1. 상소권의 의의 및 상소권자

상소권이란 상소할 수 있는 소송법상의 권리를 말한다. 검사와 피고인은 소송의 주체로서 상소권을 갖는다(고유의 상소권자, 제338조 제1항). 검사는 피고인의 이익을 위해서 상소할 수 있다. 또한 검사 또는 피고인이 아닌 자로서 법원의 결정을 받은 자는 항고할 수 있다(제339조). 과태료 결정을 받은 증인 또는 감정인(제151조, 제161조, 제177조), 소송비용부담의 재판(제190조) 또는 보석보증금의 몰수결정(제100조, 제102조)을 받은 피고인 이외의 자가 이에 해당한다.

피고인의 법정대리인은 피고인을 위하여 상소할 수 있다(상소대리권자, 제340조). 또 피고인의 배우자, 직계친족, 형제자매, 원심의 대리인이나 변호인도 피고인의 명시한 의사에 반하지 않는 한 상소할 수 있다(제341조). 상소대리권자의 상소권은 독립대리권이므로 피고인의 상소권이 소멸하면 이들의 상소권도 소멸한다(98도253).

2. 상소권의 발생과 소멸

(1) 상소권의 발생

상소권은 재판의 선고 또는 고지에 의하여 발생한다. 상소가 허용되지 않은 재판(결정)은 고지되더라도 상소권이 발생하지 않는다.

상소제기기간은 항소와 상고는 7일(제358조, 제374조), 즉시항고는 3일(제405조)이다. 보통항고는 항고기간에 제한이 없으므로 언제든지 할 수 있으며, 원심결정을 취소해도 실익이 없게 된 때에 소멸한다(제404조). 상소제기기간은 재판을 선고 또는 고지한 날로부터 진행한다(제343조 제2항). 피고인이 불출석한 상태에서 재판을 한 경우에도 마찬가지이다(2002모6).

(2) 상소권의 소멸

상소권은 상소기간 내 상소를 포기하거나 일단 제기한 상소를 취하한 경우에는 소멸된다. 따라서 상소를 취하한 자 또는 상소의 포기나 취하에 동의한 자는 그 사건에 대하여 다시 상소를 하지 못한다(제354조).

3. 상소권의 회복

(1) 의 의

상소권의 회복이란 상소권자 또는 그 대리인이 책임질 수 없는 사유로 상소제기기간 내에 상소를 하지 못한 경우에 법원의 결정에 의하여 소멸된 상소권을 회복시키는 제도를 말한다. 상소의 포기로 인하여 소멸한 상소권은 회복되지 않는다(2002모180).

[판례] 교도소장이 법원의 결정정본 송달을 받고 1주일이 지난 후에 그 사실을 피고인에게 알렸기 때문에 제출하지 못한 경우(91모32), 위법한 공시송달로 인해 피고인 불출석상태에서 유죄판결이 선고되어 피고인이 이를 알지 못한 채 상소기간이 경과한 경우(2005모507), 피고인이 소송이 계속 중인 사실을 알면서도 법원에 거주지 변경 신고를 하지 않았지만 잘못된 공시송달에 터 잡아 피고인의 진술 없이 공판이 진행되고 피고인이 출석하지 않은 기일에 판결이 선고된 경우(2014모1557)에는 상소권회복을 인정하였다. 그러나 기망에 의해 항소포기하고, 그 사실을 항소제기기간 도과 후에 알게 된 경우(84모40), 상소권자나 대리인이 질병으로 입원하였거나 기거불능으로 인한 경우(86모46), 피고인이 주소변경사실을 신

고하지 않아 법원에 출석하지 못하여 판결선고 사실을 알지 못한 경우(91모17) 등
에는 상소권회복을 인정하지 않았다.

(2) 상소권회복의 절차

1) 청구사유와 절차

상소권이 있는 자는 자기 또는 대리인이 책임질 수 없는 사유로
상소 제기기간 내에 상소를 하지 못한 경우에는 상소권회복청구를 할 수
있다(제345조). '대리인'에는 상소권자의 보조인으로서 본인의 부탁을 받
아 상소에 관한 서면을 작성하여 이를 제출하는 등, 본인의 상소에 필요
한 사실행위를 대행하는 사람이 포함된다(86모46). '책임질 수 없는 사유'
란 상소를 하지 못한 사유가 상소권자 본인 또는 대리인의 고의 또는 과
실에 기하지 아니함을 말한다.

상소권회복의 청구는 그 사유가 해소된 날로부터 상소 제기기간
에 해당하는 기간 내에 서면으로 원심법원에 제출하여야 하고(제346조 제1
항), 이때 그 책임질 수 없는 사유를 소명하여야 한다(동조 제2항). 한편, 상
소권회복을 청구한 자는 그 청구와 동시에 상소를 제기하여야 한다(동조
제3항). 상소권회복청구가 있는 때에는 법원은 지체없이 상대방에게 그 사
유를 통지하여야 한다(제356조).

2) 법원의 결정

상소권회복청구를 받은 법원은 청구의 허용 여부에 관한 결정을
하여야 한다(제347조 제1항). 이 결정에 대하여는 즉시항고를 할 수 있다(동
조 제2항). 법원은 그 결정을 할 때까지 재판의 집행을 정지하는 결정을 할 수
있다(제348조 제1항). 이 경우 피고인의 구금을 요하는 때에는 법원은 구속영장
을 발부하여야 한다. 다만, 구속의 요건이 구비된 때에 한한다(동조 제2항).

Ⅲ. 상소의 이익

≪학습문제≫ 피고인 갑은 제1심의 법원의 공소기각의 판결에 대하여 무죄를 이유로 한 항소를 제기하였다. 갑의 항소는 유효한가?

1. 상소이익의 의의

상소의 이익에 대한 논의는 상소권자에게 불복할 만한 이익이 존재하는지 여부의 문제이다. 상소는 원판결의 잘못을 시정하여 이에 의해 불이익을 당한 당사자를 구제하고, 법령해석의 통일을 구하기 위한 제도이므로 상소권자가 상소하기 위해서는 상소의 이익이 있을 것을 요한다. 따라서 상소의 이익은 상소의 적법요건이 된다. 다만, 상소는 재판에 대한 불복신청이므로 자기에게 이익이 될 때에만 허용된다(2007도6793).

상소의 이익은 원판결에 구체적으로 어떠한 잘못이 있는가를 판단하는 문제인 상소이유와는 구분된다. 다만, 상소의 이익이 있음을 전제로 상소이유를 판단하며, 상소이유가 상소이익을 판단하는 중요한 자료가 된다는 점에서 양자는 밀접한 관계를 가진다.

2. 검사의 상소이익

검사는 피고인과 대립하는 소송의 당사자이므로 피고인에게 불리한 상소를 할 수 있다. 따라서 무죄판결에 대한 상소는 물론, 유죄판결에 대하여도 무거운 죄나 무거운 형을 구하는 상소를 제기할 수 있다. 이 점에서 이중위험금지의 법리에 의해 피고인에게 불리한 상소가 금지된 영·미의 경우와 다르다. 그러나 불복은 재판의 주문에 관한 것이어야 하고, 재판의 이유만을 다투기 위하여 상소하는 것은 허용되지 않는다(2016도20488).

그러나 검사는 공익의 대표자로서 법령의 정당한 적용 및 사실관계의 정확한 규명을 청구할 직무와 권한을 가지므로 원심재판에 오류가 개입하였다고 판단되면 피고인에 유리한 경우에도 상소를 제기할 수 있다 (통설, 92모21).[1] 이때 불이익변경금지의 원칙이 적용되는가에 대하여는 제 368조의 피고인의 이익을 위한 상소라고 볼 수 없다는 점에서 부정하는 견해가 있다. 그러나 검사의 상소로 인해 피고인이 상소를 제기하지 않음에 따라 상소에 의해 피고인이 얻게 될 이익이 침해될 수 있으므로 이 때에도 불이익변경금지의 원칙이 적용된다(다수설).

3. 피고인의 상소이익

(1) 원 칙

피고인은 자기에게 불이익한 상소를 할 수는 없으며, 이익되는 상소 만을 할 수 있다(2013도5752). 상소이익의 판단기준에 대하여는 상소가 오 판을 받은 당사자의 구체적 구제를 목적으로 하므로 피고인의 주관적 측 면을 고려해서 판단하여야 한다는 견해(주관설), 사회윤리적 입장에서 사 회통념을 기준으로 판단하여야 한다는 견해(사회통념설) 등이 있다.

그러나 자의적인 상소이익의 판단을 방지하기 위하여 재판에 의한 법 익박탈의 대소라는 객관적 기준에 의해서 판단하여야 한다(객관설, 통설). 따 라서 형의 경중을 정한 「형법」 제50조와 불이익변경금지의 원칙에 있어서 의 이익과 불이익의 판단기준은 상소이익판단의 중요한 기준이 된다.

(2) 구체적 내용

1) 유죄판결에 대한 상소

유죄판결에 대하여 무죄를 주장하거나 경한 형의 선고를 주장하 여 상소하는 경우에는 상소의 이익이 인정된다. 형의 선고는 물론, 형의 면제판결이나 형의 선고유예 판결에 대하여도 무죄를 주장하여 상소할 수 있다. 또한 유죄판결을 받은 피고인이 소송조건의 결여를 주장하여 상소하는 것도 가능하다. 그러나 유죄판결에 대한 피고인의 상소가 피고

---

1) 검사의 상소가 검사에게 불이익한 경우가 없다는 점과 검사는 피고인의 이익, 불이 익을 불문하고 상소할 수 있다는 점 등을 이유로 검사의 상소이익을 부정하는 견해가 있다.

인에게 이익이 되지 않거나 불이익한 경우에는 상소가 허용되지 않는다. 벌금형에 대하여 징역형의 집행유예를 구하는 경우, 원판결이 인정한 죄보다 중한 죄에 해당한다고 주장하는 경우, 과형상 일죄를 경합범이라고 하는 경우 등이 이에 해당한다.

2) 무죄판결에 대한 상소

무죄판결은 피고인에게 가장 이익이 되는 재판이므로 상소가 허용되지 않는다(통설). 무죄판결의 이유만을 다투는 상소가 허용되는가에 대하여는 무죄판결의 사유여하에 따라 피고인에게 사실상 불이익이 발생할 수 있다는 이유로 긍정하는 견해(적극설)가 있다. 그러나 무죄판결에 의하여 피고인의 법익박탈은 발생하지 않으므로 상소의 이익이 없고, 상소는 판결주문에 대하여 허용되는 것이므로 무죄판결의 이유를 다투는 상소는 허용되지 않는다(소극설, 92모21).[2]

3) 형식재판에 대한 상소

공소기각의 재판, 관할위반의 판결 및 면소판결에 대하여 무죄를 주장하여 상소를 할 수 있는가에 대하여는 형식재판보다는 무죄판결을 받는 것이 기판력의 발생과 형사보상을 받을 수 있는 이익이 있다는 점에서 긍정하는 견해(적극설)와 부정하는 견해(소극설)가 있다. 후자는 다시 그 근거와 관련하여 피고사건에 소송조건이 결여되어 유·무죄의 실체판결을 할 수 없다는 견해(실체판결청구권결여설, 소송조건흠결설)와 형식재판은 무죄판결과 마찬가지로 피고인에게 유리한 재판이므로 상소의 이익이 없다는 견해(상소이익결여설, 다수설)가 있다.

형식재판은 무죄판결보다 피고인을 형사절차에서 빨리 해방시키는 것으로 무죄추정의 원칙에 의하여 형식재판과 무죄판결의 효과에 사실상 차이가 없으므로 상소의 이익을 인정할 수 없고, 형식재판으로 인한 불이익은 재판에 의한 법익박탈이 아니어서 상소에 의한 구제대상

---

2) 심신상실을 이유로 무죄판결과 함께 치료감호가 선고된 경우에도 피고인은 피치료감호인의 지위에서 치료감호에 대하여만 상소할 수 있고 무죄판결에 대하여는 상소할 수 없다.

이 될 수 없다. 따라서 다수설이 타당하다.

[판례] 공소기각의 판결에 대하여는 상소의 이익이 없다는 이유로(2007도 6793 등), 면소판결에 대하여는 무죄판결청구권이 없다는 이유로 상소를 허용 하지 않는다(84도2106).

---

4) 상소기각판결에 대한 상고

항소기각판결에 대하여는 피고인에게 상고의 이익이 인정된다. 그러나 제1심판결에 대하여 검사만이 양형부당을 이유로 항소한 경우에 는 피고인이 항소심판결에 대하여 사실오인, 채증법칙 위반, 심리미진 또는 법령위반 등의 사유를 들어 상고이유로 삼을 수 없다(2009도579).

또한 상고심에서 상고이유의 주장이 이유 없다고 판단되어 배척 된 부분은 그 판결선고와 동시에 확정력이 발생하고, 또한 환송받은 법 원으로서도 이와 배치되는 판단을 할 수 없으므로 이 부분에 대한 상고 는 허용되지 않는다(2004도3515).

(3) 상소의 이익이 없는 상소에 대한 재판

상소의 이익은 상소의 적법요건이므로 상소의 이익이 없는 상소가 있는 때에는 상소를 기각하여야 한다.

Ⅳ. 상소의 제기와 포기 및 취하

≪학습문제≫ 피고인 갑은 제1심법원의 유죄판결에 불복하여 항소를 하고 자 한다. 갑은 어떻게 하여야 하는가?

---

1. 상소의 제기

(1) 상소제기의 방식

상소는 상소제기기간 내에 상소장을 원심법원에 제출함으로써 한다(제359조, 제375조, 제406조). 상소제기의 효력은 상소장이 원심법원에 제출된 때에 발생한다. 피고인이 상소법원에 상소장을 제출한 경우에는 상소의 제기가 법률의 방식에 위반한 경우이지만 상소기각의 결정을 할 것이 아니라 상소인의 이익보호를 위하여 원심법원에 송부하여야 한다. 이 경우에도 상소장이 원심법원에 도달한 때에 상소제기의 효력이 발생한다. 교도소 또는 구치소에 있는 피고인이 상소의 제기기간 내에 상소장을 교도소장 또는 구치소장 또는 그 직무를 대리하는 자에게 제출한 때에는 상소의 제기기간 내에 상소한 것으로 간주한다(제344조 제1항). 이 때 피고인이 상소장을 작성할 수 없는 때에는 교도소장 또는 구치소장은 소속공무원으로 하여금 대서하게 하여야 한다(동조 제2항).

상소의 제기가 있는 때에는 법원은 지체없이 상대방에게 그 사유를 통지하여야 한다(제356조).

(2) 상소장의 기재사항

상소장의 기재사항에 대하여는 명문규정이 없다. 그러나 상소제기의 목적을 고려할 때 불복대상판결과 취지를 명시하여야 한다. 일부상소의 경우에는 일부상소의 취지와 불복대상을 명시하여야 한다. 불복대상인 판결은 이를 특정할 수 있을 정도로 명시하면 되고, 반드시 판결주문, 판결이유, 판결선고연월일, 사건번호 등을 명시하지 않더라도 유효하다. 다만, 판결을 선고한 원심법원의 표시는 원판결을 특정함에 중요하므로 명시할 것이 요구된다.

(3) 상소제기의 효력

1) 정지의 효력

상소의 제기에 의하여 재판의 확정과 집행이 정지된다. 다만, 항고는 즉시항고를 제외하고는 집행을 정지하는 효력이 없으며(제409조),[3]

---

3) 다만, 원심법원 또는 항고법원은 결정으로 항고에 대한 결정이 있을 때까지 집행을 정지할 수 있다(동조 단서).

벌금, 과료 또는 추징에 대한 가납재판의 집행도 상소에 의하여 정지되지 않는다(제334조 제3항). 또한 구속영장의 실효 등, 재판의 부수효과(제331조-제333조)에도 영향을 미치지 않는다.

2) 이심의 효력

상소의 제기에 의하여 소송계속은 원심법원에서 상소심으로 옮겨지게 된다. 상소는 상소법원에 의한 구제를 목적으로 한다는 점에서 이심의 효력은 상소제기의 본질적 효력이다.

이심의 효력발생시기에 대하여는 원심법원의 판결선고가 있을 때라고 하는 견해(원심판결기준설), 상소장이 원심법원에 제출된 때라고 하는 견해(상소제기기준설) 등이 있다. 그러나 상소제기에 대하여 원심법원이 기각결정(제360조, 제376조, 제407조 제1항) 또는 경정결정(제408조 제1항)을 할 수 있으므로 원심법원으로부터 상소법원에 상소장과 증거물 및 소송기록이 송부된 때에 이심의 효력이 발생한다(소송기록송부기준설(다수설), 2007모460. 규칙 제57조 제2항 참조).

2. 상소의 포기와 취하

(1) 의 의

상소의 포기는 상소권자가 상소의 제기기간 내에 법원에 대하여 상소권의 행사를 포기한다는 적극적인 의사표시를 말한다. 이것은 상소권을 행사하지 않는 상소권의 불행사와 구분된다. 상소포기를 하면 상소제기기간의 경과 전에 재판이 확정된다. 상소의 취하는 일단 제기한 상소를 철회하는 것을 말한다.

(2) 상소의 포기·취하권자

검사나 피고인 또는 상소대리권자는 상소의 포기 또는 취하를 할 수 있다. 다만, 피고인 또는 상소대리권자는 사형 또는 무기징역이나 무기금고가 선고된 판결에 대하여 상소를 포기할 수 없다(제349조). 법정대리인이 있는 피고인이 상소의 포기 또는 취하를 함에는 법정대리인의 동의를 얻어야 한다. 다만, 법정대리인의 사망 기타 사유로 인하여 그 동의를 얻을 수 없는 때에는 예외로 한다(제350조). 따라서 법정대리인의 동의 없이 행한 미성년자의 상소포기는 효력이 인정되지 않는다(83도1774).

피고인의 법정대리인 또는 상소대리권자는 피고인의 동의를 얻어 상소를 취하할 수 있다(제351조). 다만, 피고인이 상소를 포기 또는 취하하면 변호인은 상소하지 못한다(종속대리권).

(3) 절 차

상소포기는 상소제기기간 내에 언제든지 할 수 있으며, 상소취하는 상소심의 종국판결 전까지 할 수 있다. 상소의 포기 또는 취하는 서면으로 하여야 한다. 다만, 공판정에서는 구술로써 할 수 있다(제352조 제1항). 구술로써 상소의 포기 또는 취하를 한 경우에는 그 사유를 조서에 기재하여야 한다(동조 제2항).

상소포기는 원심법원에, 상소취하는 상소법원에 하여야 한다. 다만, 소송기록이 상소법원에 송부되지 아니한 때에는 상소취하를 원심법원에 할 수 있다(제353조). 이 경우에는 재소자에 관한 특칙(제344조)이 준용되므로 교도소장 등에게 제출한 때에는 상소를 취하한 것으로 간주한다(제355조).

상소의 포기나 취하의 청구가 있는 때에는 법원은 지체없이 상대방에게 그 사유를 통지하여야 한다(제356조).

(4) 효 력

상소의 포기 또는 취하가 있으면 상소권이 소멸하고, 재판이 확정된다. 다만, 검사와 피고인이 모두 상소한 경우에는 일방의 취하만으로 재판이 확정되지 않는다. 상소를 취하한 자 또는 상소의 포기나 취하에 동의한 자는 그 사건에 대하여 다시 상소를 하지 못한다(제354조).[4] 그러나

---

4) 상소의 포기 또는 취하가 부존재 또는 무효임을 주장하는 자는 그 포기 또는 취하

상소의 포기 또는 취하에 따른 상소권의 소멸은 당해 심급의 재판에 한 정되므로 항소를 포기 또는 취하한 자도 상대방의 항소에 기한 항소심판 결에 불복하여 상고할 수 있다. 피고인이 상소를 제기하였다가 그 상소 를 취하한 경우, 상소제기 후 상소취하한 때까지의 구금일수 전부를 본 형에 산입하여야 한다(2010모179).[5]

V. 일부상소

> ≪학습문제≫ 강도죄와 살인죄로 기소된 피고인 갑은 제1심법원이 강도죄 에 대하여는 유죄, 살인죄에 대하여는 무죄를 선고하면서 한 개의 주문으 로 형을 선고하였다. 이때 갑은 강도죄에 대하여만 항소할 수 있는가?

1. 일부상소의 의의

상소는 재판의 일부에 대하여 할 수 있다(제342조 제1항). 공소불가분 의 원칙에 의하여 단일사건은 한 개의 소송의 객체가 되므로 '재판의 일 부'란 하나의 사건의 일부를 말하는 것이 아니라 수개의 사건이 병합심 리되고, 그 결과 판결주문이 수개인 경우의 재판의 일부를 말한다. '재판 의 일부'는 재판의 객관적 범위의 일부를 말하므로 공동피고인의 일부가 상소하는 것은 이에 해당되지 않는다.

일부상소는 상소이유의 개별화와 구분된다. 따라서 사실오인·법령 적용·양형 등의 상소이유 중 일부만을 다투는 것은 일부상소가 아니며, 이 경우 상소의 효력은 상소이유에 기재되지 않은 부분에도 미치며, 이

당시 소송기록이 있었던 법원에 절차속행의 신청을 할 수 있다(규칙 제154조 제1항). 이때 신청을 받은 법원은 신청이 이유있다고 인정하는 때에는 신청을 인용하는 결정을 하고 절차 를 속행하여야 하며, 신청이 이유없다고 인정하는 때에는 결정으로 신청을 기각하여야 한다 (동조 제2항). 신청기각결정에 대하여는 즉시항고할 수 있다(동조 제3항).

5) 피고사건과 치료감호사건 모두에 대하여 항소하였다가 치료감호사건에 대한 항소만 취하한 경우 치료감호법 제14조 제2항에 의하여 그 항소취하의 효력이 인정되고, 따라서 항 소심에서는 피고사건에 대하여 판결을 선고하면 된다(2009도10558).

부분에 대한 재판이 먼저 확정되는 것도 아니다.

2. 일부상소의 범위

(1) 허용범위

일부상소가 허용되기 위해서는 재판의 내용이 가분이고, 독립된 판결이 가능하여야 한다. 따라서 원칙적으로 수죄, 즉 경합범의 각 부분에 대하여 수개의 재판이 선고된 때에 일부상소가 허용된다. 다만, 경합범이라고 하더라도 수개의 범죄사실에 대하여 하나의 형이 선고된 때에는 일부상소가 허용되지 않는다(2008도5596).

(2) 일부상소의 제한

단순일죄(2000도5000)와 포괄일죄(85도1998)는 물론, 과형상 일죄는 소송법상 일죄이므로 일부상소가 허용되지 않는다. 이들 경우에 일죄의 일부에 대하여 상소가 제기된 경우에도 상소의 효력은 그 전부에 미친다(제342조 제2항). 이를 상소불가분의 원칙이라고 한다.

> [판례] 포괄일죄의 일부만이 유죄로 인정된 경우 그 유죄 부분에 대하여 피고인만이 항소하였을 뿐 공소기각으로 판단된 부분에 대하여 검사가 항소를 하지 않았다면, 상소불가분의 원칙에 의하여 유죄 이외의 부분도 항소심에 이심되기는 하나 그 부분은 이미 당사자 간의 공격·방어의 대상으로부터 벗어나 사실상 심판대상에서부터도 이탈하게 되므로 항소심으로서도 그 부분에까지 나아가 판단할 수 없다(2009도12934).

또한 주형과 불가분의 관계에 있는 부가형·환형처분·집행유예 등은 주형과 분리하여 상소할 수 없다. 따라서 피고사건의 재판 가운데 몰수 또는 추징에 관한 부분만 상소가 제기되더라도 상소의 효력은 그 부분과 불가분의 관계에 있는 본안에 관한 판단 부분에까지 미쳐 그 전부가 상소심으로 이심된다(2008도5596). 소송비용부담의 재판은 본안의 재판에 관하여 상소하는 때에 한하여 불복할 수 있다(제191조 제2항). 특정 범죄자에 대한 위치추적 전자장치 부착명령도 보호관찰부 집행유예와 서로 불가분의 관계에 있는 것으로서 독립하여 상소의 대상이 될 수 없다(2011도14257).

그러나 배상명령의 경우는 유죄판결에 대한 상소제기 없이 독립하여 즉시항고할 수 있다. 다만, 즉시항고 제기 후에 상소권자의 적법한 상소가 있는 경우에는 즉시항고는 취하된 것으로 본다(소촉법 제33조 제5항).

3. 일부상소의 방식

일부상소의 경우에는 일부상소를 한다는 취지를 상소장에 명시하고 불복부분을 특정하여야 한다. 불복부분을 특정하지 아니한 상소는 전부상소로 보아야 한다.

일부상소인가 전부상소인가에 대한 판단기준에 대하여는 상소장을 기준으로 하는 견해가 있으나, 상소이유서의 내용을 기준으로 하여 판단하여야 한다(2004도3515). 일부유죄·일부무죄 판결에 대하여 피고인이 상소한 때에는 유죄판결에 대한 상소로, 검사가 일부상소한 때에는 무죄부분에 대한 상소로 각각 보아야 한다.

4. 상소심의 심판범위

(1) 일부상소의 심판범위

경합범에 대하여 일부상소를 한 경우에 상소를 제기하지 않은 부분은 상소제기기간의 경과로 확정되고, 상소제기된 부분에 대하여만 상소심은 심판할 수 있다. 상소심의 파기환송에 의하여 사건을 환송받은 법원도 일부상소된 사건에 대하여만 심판하여야 하고, 확정된 사건은 심판할 수 없다(90도1033).

경합범의 관계에 있는 수개의 공소사실에 대하여 원심에서 일부유죄, 일부무죄 판결이 선고된 경우 검사만 무죄부분에 대하여 상소한 경우로서 상소심이 원심판결을 파기할 경우 그 파기범위가 문제된다. 이에 대하여는 무죄부분만 파기하게 되면 피고인이 두 개의 유죄판결을 받게 되어 과형상 불이익을 당할 수 있다는 점에서 유죄부분까지 전부파기하여야 한다는 견해(전부파기설)가 있다. 그러나 피고인과 검사가 상고하지 않은 유죄부분은 상소기간의 경과에 의하여 확정되었으므로 무죄부분만 파기한 것으로 하여야 한다(일부파기설, 2010도10985).

> **[판례]** 경합범 관계에 있는 공소사실 중 일부에 대하여는 유죄, 일부에 대하여는 무죄를 선고한 제1심판결에 대하여 검사만이 무죄부분에 대하여 상소한 경우에는 피고인과 검사가 항소하지 않은 유죄 부분은 항소기간이 지남으로써 확정되어 항소심에 계속된 사건은 무죄 부분에 대한 공소뿐이고, 그에 따라 항소심에서 이를 파기할 때에는 그 부분만을 파기하여야 한다(2019도18935).

그러나 당사자가 모두 일부상소하였으나 검사의 상소만이 이유가 있는 경우에는 상소심판결 전부의 확정이 차단되어 상소심에 이심되는 것이고, 유죄부분에 대한 피고인의 상소가 이유 없더라도 피고인에게 하나의 형이 선고되어야 하는 관계로 무죄부분뿐만 아니라 유죄부분도 함께 파기된다(2005도7473).

> **[판례]** 포괄일죄 중 일부 범죄사실을 유죄로 인정할 수 없는 경우에는 양형의 조건이 되는 사실이 같지 않게 되어 포괄일죄는 전부 파기되어야 한다(2009도12934).

(2) 상소심에서 죄수판단이 달라진 경우

원심이 두 개의 공소사실을 경합범으로 판단하여 일부에 대하여 유죄판결, 일부에 대하여 무죄판결을 선고하였고, 이에 대하여 검사 또는 피고인만이 상소를 제기하였으나 상소심의 심리결과 양 사실이 단순일죄 또는 과형상 일죄로 판명된 경우에 상소심의 심판범위가 문제된다.

1) 피고인만이 유죄부분에 대하여 상소한 경우

피고인만이 유죄부분에 대해 상소한 경우에 대하여는 일부상소된 유죄사실에 대하여 면소판결을 하여야 된다는 견해(면소판결설), 무죄부분도 상소심에 계속된다는 견해(전부이심설) 등이 있다. 그러나 소송의 동적·발전적 성격과 피고인의 이익보호를 고려할 때 무죄부분은 확정되고, 유죄부분만이 상소심에 계속된다(일부이심설, 통설).

2) 검사만이 무죄부분에 대하여 상소한 경우

검사만이 무죄부분에 대해 상소한 경우에 대하여는 무죄부분만 상소심에 계속된다는 견해(일부이심설, 다수설)가 있다. 그러나 검사가 상소함으로써 유죄부분은 무죄부분의 유·무죄 여하에 따라 처단될 죄목과 양형이 달라지게 되므로 유죄부분도 상고심의 판단대상이 된다(전부이심설, 2005도7523).

3) 검사와 피고인이 모두 상소한 경우

피고인과 검사가 유죄부분과 무죄부분에 대하여 각각 일부 상소한 경우에는 전부 이심의 효력이 생기므로 상소심법원이 그 전부를 심판대상으로 하여야 한다.

Ⅵ. 불이익변경금지의 원칙

> 《학습문제》 항소심은 피고인만이 항소한 사건에 대하여 '징역 1년 6월'의 형을 선고한 제1심법원의 판결을 파기하고, '징역 2년에 집행유예 3년'을 선고하였다. 항소심의 판결은 유효한가?

1. 불이익변경금지원칙의 의의

불이익변경금지의 원칙이란 피고인이 상소한 사건과 피고인을 위하여 상소한 사건에 대하여는 원심판결의 형보다 무거운 형을 선고하지 못한다는 원칙을 말한다(제368조, 제396조, 군사법원법 제437조). 불이익변경금지의 원칙은 피고인의 상소권을 보호하기 위한 제도로서 선고되는 형에 있어서 불이익이 금지되는 이른바 중형(重刑)금지의 원칙을 의미한다(99도 3776). 이 원칙은 헌법상 적법절차의 원칙의 기초 또는 당사자주의 내지 변론주의의 당연한 귀결로서 이해되고 있다.

2. 불이익변경금지원칙의 적용범위

(1) 피고인이 상소한 사건

불이익변경금지의 원칙은 피고인만이 상소한 사건에 대하여 적용된다. 상소가 양형부당의 경우는 물론이고, 사실오인이나 법령위반을 이유로 하는 경우임을 묻지 않는다.[6] 피고인과 검사 쌍방이 상소하였으나 검사의 상소가 기각된 경우에는 실질적으로 피고인만이 상소한 경우와 같게 되므로 이 원칙이 적용된다(98도2111). 피고인만 항소한 항소심판결에 대하여 검사가 상고한 때에도 마찬가지이다(4290형비상1).

> [판례] 피고인과 검사 쌍방이 항소하였으나 검사가 부착명령 청구사건에 대한 항소이유서를 제출하지 아니하여 부착명령 청구사건에 대한 검사의 항소를 기각하여야 하는 경우에는 실질적으로 부착명령 청구사건에 대해서는 피고인만이 항소한 경우와 같게 되므로 항소심은 불이익변경금지의 원칙에 따라 부착명령 청구사건에 관하여 제1심판결의 형보다 무거운 형을 선고하지는 못한다(2013도9666).

(2) 피고인을 위하여 상소한 사건

피고인을 위하여 상소한 사건이란 제340조와 제341조의 상소대리 권자가 상소한 사건을 말한다.

검사가 피고인의 이익을 위하여 상소한 경우에 대하여는 이때의 검사의 상소는 피고인의 상소권보장과 관계가 없으며, 피고인뿐만 아니라

---

6) 한미행정협정사건에 있어서는 상소심의 경우에 무조건 이 원칙이 적용된다. 다만, 검사는 유죄가 아니거나 무죄석방의 경우에는 상소를 할 수 없고, 피고인이 상소한 경우에 한해 검사의 상소를 허용하고 있다(합의의사록 제22조).

공익을 위한 것이므로 불이익변경금지의 원칙이 적용되지 않는다는 견해가 있다. 그러나 검사가 공익적 지위나 피고인에 대한 후견적 지위에서 상소한 것이라면 이 원칙이 적용된다(다수설, 71도574).

(3) 상소한 사건

불이익변경금지의 원칙은 피고인의 상소권보장을 위한 것이므로 상소사건, 즉, 항소심과 상고심 재판에서 적용된다.

1) 항고사건

피고인만이 항고한 사건에 대하여는 집행유예의 취소나 선고유예의 실효와 같이 형의 선고에 준하는 항고의 경우나 보호처분결정에 대한 항고와 같이 형벌과 유사한 처분을 하는 경우에는 이 원칙을 준용하여야 한다는 견해가 있다. 그러나 항고심은 새로이 형을 정하는 것이 아니므로 이 원칙이 적용되지 않는다(다수설).

2) 파기환송 또는 파기이송된 사건

파기환송 또는 파기이송을 받은 법원은 다시 원판결을 계속하는 것이므로 상소심이라고 할 수 없다. 그러나 상소사건에 대하여 파기자판하는가 파기환송 또는 파기이송하는가에 따라 이 원칙의 적용 여부가 달라지는 것은 부당하므로 이때에도 이 원칙이 적용된다(통설, 2005도8607). 이러한 법리는 환송 후의 원심에서 적법한 공소장변경이 있어 이에 따라 그 항소심이 새로운 범죄사실을 유죄로 인정하는 경우에도 마찬가지이다(2014도6472).

3) 약식명령 등에 대한 정식재판 청구

약식명령의 경우에는 피고인이 정식재판을 청구한 사건에 대하여는 약식명령의 형보다 중한 종류의 형을 선고하지 못한다(제457조의2 제1항). 다만, 피고인이 정식재판을 청구한 사건에 대하여 약식명령의 형보다 무거운 형을 선고하는 경우에는 판결서에 양형의 이유를 적어야 한다

(동조 제2항).

4) 병합사건

불이익변경금지의 원칙은 상소사건에 대하여만 적용되므로 항소심에서 다른 사건이 병합되어 경합범으로 처단하는 경우에는 적용되지 않고, 따라서 항소심은 제1심의 각 형량보다 무거운 형을 선고할 수 있다(2001도3448). 피고인이 정식재판을 청구한 약식명령 사건에 다른 사건이 병합된 경우에도 마찬가지이다(2003도4732). 다만, 이 경우에도 제1심에서 선고된 각 형을 합산한 범위 내에서 형량이 정해질 것이므로 전체적으로는 이 원칙이 적용된다.

> [판례] 피고인이 상소 또는 정식재판을 청구한 사건과 다른 사건이 병합·심리된 후 경합범으로 처단되는 경우에는 당해 사건에 대하여 선고 또는 고지받은 형과 병합·심리되어 선고받은 형을 단순 비교할 것이 아니라, 병합된 다른 사건에 대한 법정형, 선고형 등 피고인의 법률상 지위를 결정하는 객관적 사정을 전체적·실질적으로 고찰하여 병합심판된 선고형이 불이익한 변경에 해당하는지를 판단하여야 한다(2005도5822).

3. 불이익변경금지의 내용

(1) 불이익변경금지의 대상

1) 형의 선고

불이익변경이 금지되는 것은 형의 선고이다. 따라서 선고한 형이 중하게 변경되지 않는 한 원심이 인정한 죄보다 중한 죄를 인정하거나(89도1123) 다른 사실을 인정하는 경우(99도3225), 범죄사실을 불리하게 인정한 경우(95도1738) 및 원심에서 1죄로 인정한 것을 경합범으로 변경하는(88도936) 등, 법령적용을 불이익하게 하는 것은 가능하다. 마찬가지로 일부무죄를 인정하거나(2002도5679) 원심의 경합범 인정을 파기하고 일죄로 처단하면서(66도567) 동일한 형을 선고한 경우와 같이 경한 범죄사실을 인정하거나 경한 법령을 적용하면서 동일한 형을 선고하더라도 이 원칙에 반하지 않는다.

2) 형의 의미

'형'은 「형법」 제41조에서 규정하고 있는 형에 한정되지 않는다. 피고인의 상소권보호를 위하여 피고인에게 실질적으로 형벌과 같은 불이익을 주는 모든 처분은 이 원칙의 적용대상이 된다. 따라서 추징(2006도 4888), 미결구금일수의 산입(66도1500) 또는 벌금형에 대한 노역장유치기간 등에도 이 원칙이 적용된다.

소송비용의 부담에 대하여는 형이 아니고 실질적인 의미에서 형에 준하여 평가되어야 할 것도 아니라는 점에서 이 원칙의 적용대상이 아니라고 하는 견해(다수설, 2018도1736)가 있다. 그러나 소송비용부담은 사실상 재산형과 같은 불이익이 초래되므로 이 원칙을 적용하여야 한다. 또한 형벌과 유사한 성질을 갖고 있는 보안처분에 대하여도 이 원칙이 적용되지만, 치료감호의 경우에는 피고인의 치료에 중점이 있으므로 이 원칙은 적용되지 않는다.

(2) 불이익변경의 판단기준

선고형의 경중의 판단에 있어서는 원칙적으로 법정형의 경중을 규정하고 있는 「형법」 제50조가 기준이 된다. 그러나 이 기준은 추상적인 법정형 상호간의 경중을 정하고 있음에 불과하므로 구체적으로 선고된 형이 피고인에게 불이익하게 변경되었는지 여부에 관한 판단은 이것을 기준으로 하되, 개별적·형식적으로 고찰할 것이 아니라 주문 전체를 고려하여 피고인에게 실질적으로 불이익한지 아닌지를 보아 판단하여야 한다(2016도15961).

(3) 형의 경중의 구체적 비교

1) 형의 추가와 종류의 변경

상소심에서 동종의 형을 과하면서 무거운 형을 선고하거나 원심판결이 선고한 형 이외의 다른 형을 추가하는 것은 불이익에 해당한다. 따라서 징역형을 금고형으로 변경하면서 형기를 높이거나 형기를 그대로 두고 금고형을 징역형으로 변경하는 것은 불이익변경에 해당한다. 하지만 금고형을 징역형으로 변경하면서 형기를 단축하는 것은 불이익변경에 해당하지 않는다.

또한 벌금형을 자유형으로 변경하거나 벌금액은 같고 노역장유치기간이 길어진 때에는 불이익변경에 해당한다. 자유형을 벌금형으로 변경하면서 노역장유치기간이 자유형을 초과하는 경우에 대하여는 노역장유치가 자유형과 동일한 불이익을 준다는 점에서 불이익변경으로 보는 견해가 있다. 그러나 이것은 벌금형의 특수한 방법에 지나지 않고, 법적 효과가 다르다는 점에서 불이익변경에 해당하지 않는다(다수설, 2000도3945).[7] 징역형을 단축하면서 벌금형이 액수가 같고 환형유치기간이 길어지거나(93도2894)나 벌금액이 감경되었으나 환형유치기간이 길어진 것(2000도3945)은 불이익변경에 해당되지 않는다.

부정기형을 정기형으로 변경하는 경우의 판단기준에 대하여는 부정기형의 장기로 하여야 한다는 견해, 중간형으로 하여야 한다는 견해 등이 있다. 그러나 단기가 지나면 석방가능성이 있다는 점에서 부정기형의 단기를 기준으로 하여야 한다(다수설, 2006도734).

2) 집행유예와 선고유예

집행유예는 형은 아니지만 집행유예기간이 경과하면 형의 선고가 실효된다는 점에서 형의 경중의 비교에 있어서 중요한 요소가 된다. 따라서 집행유예를 붙인 자유형판결에 대하여 집행유예만 없애거나 유예기간을 연장한 것(83도2034), 자유형의 형기를 줄이면서 집행유예를 박탈한 것(2016도1131)은 불이익변경에 해당한다.

---

7) 피고인에 대한 벌금형이 제1심보다 감경되었을 뿐만 아니라 그 벌금형에 대한 노역장유치기간도 줄어든 경우라면 노역장유치 환산의 기준금액이 제1심의 그것보다 낮아졌다 하여도 형이 불이익하게 변경되었다고 할 수는 없다.

자유형의 형기를 늘이면서 집행유예를 붙이는 것에 대하여는 피고인에게 실질적으로 이익이 된다는 점에서 불이익변경에 해당되지 않는다는 견해가 있다. 그러나 집행유예가 취소되거나 실효되는 경우도 있으므로 이 경우도 불이익변경에 해당한다(다수설). 따라서 징역형에 집행유예를 붙이면서 벌금형을 병과하거나(70도638) 벌금액을 늘린 것(80도2977), 금고형을 징역형으로 변경하면서 집행유예를 선고한 것(75도1534)은 불이익변경에 해당한다.[8] 다만, 집행유예를 붙인 자유형 판결에 대하여 유예기간을 길게 하되 형을 경하게 한 경우에는 선고형 자체가 가볍게 되었기 때문에 불이익변경에 해당되지 않는다(다수설).

또한 자유형에 대한 집행유예판결을 벌금형으로 변경하거나(90도1534) 징역형에 대하여 집행유예를 하고 선고를 유예한 벌금형을 병과한 것(74도1785), 형의 집행면제판결을 형의 집행유예의 판결로 변경한 것(84도2972)은 불이익변경에 해당되지 않는다. 그러나 선고유예판결을 벌금형으로 변경(99도3776)하거나 징역 1년 6월 및 추징을 징역 1년 6월에 집행유예 3년, 추징 및 벌금 50,000,000원으로 변경(2012도7198)한 것은 불이익변경에 해당한다.

3) 몰수와 추징

원심의 징역형을 그대로 두면서 몰수(92도2020)나 추징을 추가(92도2020)하거나 추징액수[9]를 늘렸다면 불이익변경에 해당한다. 그러나 추징을 몰수로 변경하더라도 그것만으로는 피고인의 이해관계에 실질적 변동이 생겼다고 볼 수는 없으므로 불이익변경에 해당되지 않는다(2005도5822).

---

8) 두 개의 벌금형을 선고한 환송 전 원심판결에 대하여 피고인만이 상고하여 파기환송되었는데, 환송 후 원심이 징역형의 집행유예와 사회봉사명령을 선고한 것은 불이익변경에 해당한다(2005도8607).

9) 「관세법」상 추징은 「관세법」위반에 대한 하나의 징벌로서 이득의 박탈만을 목적으로 하는 「형법」상의 추징과는 구별되므로 추징액을 증액한 것은 불이익변경에 해당한다(77도541).

그러나 주형을 중하게 변경하면서 부가형을 감경하는 것은 불이익변경에 해당한다. 다만, 주형을 경하게 변경하면서 새로운 몰수나 추징을 선고한 경우에는 실질적으로 피고인에게 불이익이 초래되었느냐를 기준으로 판단하여야 한다(97도1716). 따라서 징역형을 줄이면서 몰수·추징을 일부 추가한 것만으로는 불이익변경이 되지 않지만(96도2580), 자유형이 단축되더라도 추징액이 크게 증가한 때에는 불이익변경이 된다. 벌금액을 줄이면서 추징을 추가한 때에는 벌금액과 추징액의 합계를 원판결의 벌금액과 비교하여 결정하여야 한다.[10]

4) 보안처분

취업제한명령은 보안처분의 성격을 가지는 것이지만, 실질적으로 직업선택의 자유를 제한하는 것이므로 제1심판결에서 정한 형과 동일한 형을 선고하면서 제1심에서 정한 취업제한기간보다 더 긴 취업제한명령을 부가하는 것은 불이익한 변경에 해당한다(2019도11540). 한편, 치료감호를 선고한 제1심판결에 대하여 항소심에서 징역형을 선고하는 것에 대하여는 치료감호청구절차와 형사피고사건절차는 서로 달라서 원심과 상소심의 관계로 볼 수 없으므로 불이익변경에 해당되지 않는다는 견해가 있다. 그러나 징역형이 치료감호 보다 피고인에게 불이익한 처분이므로 이 경우도 불이익변경에 해당한다(다수설, 83도765). 원심의 형을 그대로 유지하면서 보호관찰이나 사회봉사명령 등을 부가하는 것도 불이익변경에 해당한다(2016도15961). 그러나 본형을 감경하거나 집행유예기간을 줄이면서 보호관찰이나 사회봉사명령 등을 부가하거나 그 내용을 변경하는 것은 피고인에의 불이익 여부를 실질적으로 고려하여 판단하여야 한다.

[판례] 성폭력범죄를 범한 피고인에게 '징역 장기 7년, 단기 5년 및 5년 동안의 위치추적 전자장치 부착명령'을 선고한 제1심판결을 파기한 후 '징역 장기

---

10) 항소심에서 피고인에 대한 주형에서 그 형기를 감축하고 제1심판결이 선고하지 아니한 압수장물을 피해자에게 환부하는 선고를 추가한 것은 불이익변경에 해당하지 않는다(90도16).

5년, 단기 3년 및 20년 동안의 위치추적 전자장치 부착명령'을 선고한 항소심 판결은 불이익변경금지 원칙에 위배되지 않는다(2010도7955). 또 피고인만이 항소한 사건에서 법원이 항소심에서 처음 청구된 검사의 전자장치 부착명령 청구에 터잡아 부착명령을 선고하는 것도 불이익변경금지의 원칙에 해당되지 않는다(2010도9013).

4. 불이익변경금지원칙의 위반 효과

항소심판결이 불이익변경금지의 원칙을 위반한 경우에는 판결에 영향을 미친 법령위반으로서 상고이유가 된다(제383조 제1항). 상고심판결이 불이익변경금지의 원칙을 위반한 경우에는 확정판결의 법령위반을 이유로 비상상고를 할 수 있다(제441조).

Ⅶ. 파기판결의 구속력

≪학습문제≫ 대법원이 항소심의 유죄판결 부분을 파기하고 원심법원에 환송한 사건에 대하여 항소심이 다시 유죄를 선고할 수 있는가?

1. 파기판결의 구속력의 의의와 성격

(1) 의 의

파기판결의 구속력 또는 기속력이란 상소심이 원심판결을 파기하여 사건을 하급심으로 환송 또는 이송하는 경우에 상급심의 판단이 환송 또는 이송을 받은 하급심을 구속하는 효력을 말한다. 「법원조직법」 제8조에서는 "상급법원 재판에서의 판단은 해당 사건에 관하여 하급심을 기속한다"고 하여 이를 명문으로 규정하고 있다. 이것은 심급제도의 합리적 유지와 효율적인 운영을 도모하기 위한 것이다.

파기판결의 구속력은 파기환송 또는 이송된 판결의 하급심에 대한 효력이라는 점에서, 주로 상고심법원의 판단이 하급법원을 구속하는 효력을 말한다. 항소심 법원은 파기자판을 원칙으로 하기 때문이다.

(2) 성 격

파기판결의 성격에 대하여는 환송을 받은 하급심의 심리는 환송판결을 한 상급심절차의 속행이라는 점에서 파기판결을 중간판결로 보고 그 구속력을 중간판결의 구속력으로 이해하는 견해(중간판결설), 확정판결의 기판력이라고 하는 견해(확정력설) 등이 있다. 그러나 파기판결은 새로운 심리를 명하는 종국판결이며, 그 구속력은 동일한 소송 내의 심급간의 효력에 지나지 않고, 항소심의 파기판결이 상고심에 대하여는 구속력이 인정되지 않는다는 점에서 심급제도의 합리적 유지를 위해 인정된 특수한 제도이다(특수효력설, 통설).

2. 구속력의 범위

(1) 구속력이 미치는 법원

파기판결은 하급심을 구속한다. 상고심에서 제1심판결에 대한 항소를 기각한 원심판결을 파기하고 사건을 제1심법원으로 환송한 후에 선고된 제1심 재판에 대하여 다시 항소한 경우에 항소법원도 상고심 판단에 구속된다.

상소심의 파기판결은 그 판결을 한 상급법원도 구속한다. 이것은 상급심의 판단에 따른 하급심 판단을 위법하다고 할 수 없고, 그 변경을 허용하게 되면 불필요한 절차가 반복되어 파기판결의 구속력을 인정한 취지가 무의미해지기 때문이다. 그러나 대법원이 전원합의체 판결로서 자신이 내린 파기환송판결의 법률상 판단을 변경하는 경우에는 종전의 파기판결에 구속되지 않는다(98두15597). 다만, 항소심의 파기판결의 구속력은 상급법원인 상고심에는 영향을 미치지 않는다.

(2) 구속력이 미치는 판단

파기판결의 구속력은 법률판단뿐만 아니라 사실판단에 대하여도 미친다. 현행법은 항소심이나 상고심 모두 사실오인을 상소이유로 하고 있기 때문이다(통설, 2008도10572).

파기판결의 구속력이 파기판결의 직접적인 이유인 소극적·부정적 판단 외에 그 이면에 있는 적극적·긍정적 판단에도 미치는가에 대하여는 긍정적 판단과 부정적 판단이 일체불가분의 관계에 있음을 이유로 이를 긍정하는 견해가 있다. 그러나 파기판결의 구속력은 주로 법률심인 상고법원에서 문제되고, 상고심의 경우에는 파기자판의 경우에도 소송기록과 원심법원 및 제1심법원이 조사한 증거만을 기초로 하므로 이를 부정하여야 한다(다수설, 2004도340). 다만, 파기판결의 구속력은 파기판결의 전제가 된 사실관계의 동일성을 전제로 한다(2003도4781). 따라서 파기판결 후에 새로운 사실과 증거에 의하여 사실관계가 변경된 경우에는 파기판결의 구속력은 배제된다(2008도10572). 하급심에서 환송 전후의 증거를 종합하여 환송 전의 판단을 유지한 경우에도 환송판단의 판결에 반하는 것이 아니다(2003도8153). 환송 후 하급심에서 공소장변경이 이루어진 경우도 마찬가지이다(2004도340).

파기판결의 구속력은 법령의 동일을 전제로 하므로 파기판결 이후에 법령이 변경된 경우는 물론, 판례가 변경된 경우에도 구속력은 배제된다.

제2절 항 소

Ⅰ. 항소의 의의와 항소심의 구조

《학습문제》 항소심에서 항소이유에 국한되지 않고, 사건 전부에 대하여 다시 증거조사와 피고인신문을 하였다. 항소심의 재판은 정당한가?

1. 항소의 의의

항소란 제1심 판결에 불복하여 행하는 제2심법원에의 상소를 말한다. 항소는 제1심판결의 오판으로 인해 불이익을 받은 당사자의 권리를 구제하는 것을 주된 목적으로 한다. 따라서 결정, 명령, 비약적 상고에 대하여는 항소를 할 수 없다.

2. 항소심의 구조

(1) 항소심의 구조에 관한 입법주의

항소심은 그 심판대상 및 방식과 관련하여 복심, 속심 및 사후심의 구조가 있다.

1) 복 심

복심은 항소심에서 피고사건에 대하여 전반적으로 다시 심리하는 제도를 말한다. 따라서 복심제에서는 항소심의 심판대상은 피고사건 자체로서 항소이유에 제한이 없고, 그 심리도 기소요지의 진술부터 다시 시작하며, 사실심리와 증거조사에 제한이 없다. 또 항소심의 판결주문은 피고사건에 대한 파기자판의 형식을 취하고, 기판력도 항소심판결선고 시에 발생한다. 이 제도는 항소심의 심리를 철저히 한다는 장점이 있으나 소송경제에 반하고 제1심에 대한 경시와 상소권남용으로 인한 폐해의 우려가 있다.

2) 속 심

속심은 제1심의 심리를 전제로 하여 항소심의 심리를 속행하는 제도를 말한다. 따라서 항소심은 제1심의 변론이 재개된 것처럼 원심의 심리절차를 인계하고, 새로운 증거를 보충하여 피고사건의 실체에 대해 판단을 진행하게 된다. 속심제에서는 항소심의 심판대상은 피고사건의 실체이고, 항소이유에 제한이 없으며, 제1심 판결 이후에 발생한 사실이나 증거도 판결자료가 된다. 또 항소심에서도 공소장변경이 인정되며, 판결은 원칙적으로 파기자판의 형식을 취하고, 기판력은 항소심판결선고 시에 발생한다. 이 제도는 원판결의 심리를 속행하는 것이라는 점에서 소송경제와 신속재판의 이념에는 부합하지만, 원심의 소송자료에 대한 심증을 이어받는다는 점에서 구두변론주의나 직접주의에 반하며, 소송지연과 상소권남용의 우려가 있다.

3) 사 후 심

사후심은 원심에 나타난 자료에 따라 원심판결 시를 기준으로 하여 원판결의 당부를 사후에 심사하는 제도를 말한다. 따라서 사후심제에서는 항소심의 심판대상은 원판결의 당부이므로 항소이유가 제한되고, 항소심의 심판범위도 항소이유서에 기재된 내용에 국한되며, 원판결 후에 발생한 자료를 증거로 할 수 없다. 또 항소심에서는 공소장변경이 허용되지 않고. 판결주문도 항소이유가 없을 때에는 항소기각, 항소이유가 있으면 파기환송하여야 하며, 기판력은 원심판결선고 시에 발생한다. 이 제도는 소송경제와 신속한 재판의 이념에는 부합되지만 제1심 공판절차가 충실하지 못할 경우 실체적 진실발견과 당사자의 구제에 어려움이 있을 수 있다.

(2) 항소심의 구조에 관한 현행법의 태도

1) 사후심설

사후심설은 현행법상 항소심의 구조를 사후심으로 보거나 사후심을 원칙으로 하고 있다[11]고 하는 견해이다. 이 견해에서는 형소법이 제1심절차에서 공판중심주의·구두변론주의 및 직접심리주의를 철저히 하고 있으므로 항소심에서의 반복심리는 소송경제나 신속한 재판의 이념에 비추어 불필요하다고 한다. 그 실정법적 근거로는 항소이유를 원판결의 법령위반·사실오인 및 양형부당에 제한하고 있으며(제361조의5), 항소

---

11) 항소심에서 사실조사가 시작되거나 파기자판하는 경우에는 속심이 된다는 견해와 파기자판하는 경우에만 속심이 된다는 견해 등이 있다.

법원은 원칙적으로 항소이유서에 기재된 사유에 관해서만 심판하여야 하고(제364조 제1항), 항소법원은 항소이유가 없음이 명백한 때에는 변론없이 항소를 기각할 수 있으며(동조 제5항), 항소이유가 없다고 인정하는 때에는 판결로 항소를 기각하고(동조 제4항) 항소이유가 있다고 인정하는 때에는 원심판결을 파기하도록 하고 있는 점(동조 제6항) 등을 들고 있다.

2) 속 심 설

속심설은 항소심의 구조를 원칙적으로 속심이라고 해석하는 견해이다(다수설). 그 실정법적 근거로는 항소이유 중에 판결 후 형의 폐지나 변경 또는 사면이 있는 때(제361조의5 제2호)와 재심청구의 사유가 있는 때(동조 제13호)는 속심적 성격의 항소이유이고, 사실오인(동조 제14호)과 양형부당(동조 제15호)은 순수한 사후심에서는 찾아보기 어려운 항소이유이며, 제1심 법원에서 증거로 할 수 있었던 증거는 항소법원에서도 증거로 할 수 있을 뿐만 아니라(제364조 제3항) 제1심판결 선고 후에 나타난 자료에 대하여도 자유롭게 사실심리와 증거조사를 할 수 있고, 판결에 영향을 미친 사유에 관해서는 항소이유에 포함되어 있지 않은 경우에도 항소법원이 직권으로 심판할 수 있으며(동조 제2항), 항소이유가 있다고 인정하는 때에는 파기자판을 원칙으로 하고 있다(동조 제6항)는 점 등을 들고 있다.

3) 검 토

현행법상 항소심은 속심적 요소와 사후심적 요소를 모두 구비하고 있다. 따라서 항소심의 구조에 관한 논의는 어느 것을 원칙적인 것으로 볼 것인가의 문제로서, 결국 소송의 목적과 관련하여 고찰할 필요가 있다. 따라서 항소심은 사실심으로서 실체진실발견에 기여하여야 하며, 이를 통해 오판의 방지와 당사자의 구제라고 하는 상소제도의 기능에 충실하여야 한다는 점에서 속심제를 원칙으로 하고, 사후심적 요소를 속심제에 따른 부작용을 보완하는 요소로 이해함이 타당하다(82도2829).

이에 따르면 항소심(2007도6553)이나 파기환송 후의 항소심(2003도8153)에서도 공소장변경이 허용되며, 기판력의 효력발생시기도 항소심판결선고 시가 된다. 항소심에서 파기자판하는 경우뿐만 아니라 항소기각의 재판을 하는 경우(93도836)도 마찬가지이다. 또한 포괄일죄의 일부에 대한 판결의 효력은 항소심판결선고 시까지 범하여진 다른 범죄사실에도 미치며, 제1심판결선고 시에 소년이었기 때문에 부정기형을 선고받은 자가 항소심 계속 중에 성인이 된 경우에는 원판결을 파기하고 정기형을 선고하여야 한다(90도539).

Ⅱ. 항소의 이유

> ≪학습문제≫ 제1심판결에서 유죄판결을 받은 갑은 범죄사실인정에 대하여는 이의가 없었지만 피해자와의 합의사실 등이 제대로 반영되지 않은 채 지나치게 형이 중하게 선고되었다고 판단하여 항소를 제기하였다. 갑의 항소는 유효한가?

1. 항소이유와 유형

항소이유란 항소권자가 적법하게 항소를 제기할 수 있는 법률상의 근거를 말한다. 항소이유는 제361조의5에서 제한적으로 열거하고 있다. 항소이유를 제한한 것은 상소권의 남용방지와 소송경제를 위해 사후심적 요소를 가미한 것으로 이해하고 있다.

항소이유는 법령위반에 의한 경우와 그 이외의 사유로 인한 경우로 나누어진다. 후자는 항소심의 속심적 성격을 나타내는 근거가 된다. 또 일정한 사유가 있으면 당연히 항소이유가 되는 절대적 항소이유와 그 사유의 존재가 판결에 영향을 미친 경우에 한하여 항소이유가 되는 상대적 항소이유가 있다.

2. 법령위반

법령위반은 원칙적으로 상대적 항소이유이지만, 판결에의 영향이 현저하거나 그 입증이 곤란한 경우에는 절대적 항소이유가 된다.

(1) 상대적 항소이유

판결에 영향을 미친 헌법·법률·명령 또는 규칙의 위반이 있는 때이다(제1호). '법령위반'은 실체법령위반(판결내용에 있어서의 착오)과 소송절차에 관한 법령위반(소송절차에 있어서의 착오)으로 나누어 볼 수 있다. 전자는 원심판결이 인정한 사실관계를 전제로 하여 「형법」 기타 실체법의 해석과 적용에 잘못이 있는 경우를 말한다. 헌법재판소의 위헌결정으로 소급적으로 효력을 상실한 법령을 적용한 경우(90도637) 등이 이에 해당한다. 후자는 원심의 심리나 판결절차가 소송법규에 위반한 경우를 말한다. 불고불리의 원칙에 반하는 경우(2001도5304), 필요적 변호사건에서 변호인 없이 개정·심리한 경우(2005도5925), 증인신문 시 피고인에게 반대신문권을 부여하지 않은 경우, 판결서방식이나 판결선고의 방식이 법령에 위반된 경우 등이 이에 해당한다. '판결에 영향을 미친 때'라 함은 판결내용에 영향을 미친 경우를 말하고, 그로 인하여 판결의 주문이나 이유에 변화가 생긴 것임을 요한다. 법령위반과 판결결과 사이의 인과성의 정도는 당해 법령위반이 판결결과에 영향을 미쳤을 가능성이 있다고 인정되는 것으로 충분하다.

> [판례] 판결내용 자체가 아니고, 피고인의 신병확보를 위한 구속 등 조치와 공판기일의 통지, 재판의 공개 등 소송절차가 법령에 위반되었음에 지나지 아니한 경우에는, 그로 인하여 피고인의 방어권, 변호인의 변호권이 본질적으로 침해되고 판결의 정당성마저 인정하기 어렵다고 보여지는 정도에 이르지 아니하는 한, 그것 자체만으로는 판결에 영향을 미친 위법이라고 할 수 없다(2004도1925, 2009도1830).

(2) 절대적 항소이유

1) 관할 또는 관할위반의 인정이 법률에 위반한 때(제3호)

관할권이 존재하지 않는 경우뿐만 아니라 관할권이 있음에도 불구하고 관할위반을 선고한 경우가 이에 해당한다. 관할은 토지관할과 사물관할을 말한다.

2) 법원의 구성이 위법한 경우

(가) 판결법원의 구성이 법률에 위반한 때(제4호)　　합의법원이 구성원을 충족하지 못한 경우나 결격사유 있는 법관이 구성원이 된 경우를 말한다. '판결법원'이란 판결과 그 기초가 되는 심리를 행한 법원을 말한다.

(나) 법률상 그 재판에 관여하지 못할 판사가 그 사건의 심판에 관여한 때(제7호) 제척사유에 해당하거나 기피신청이 이유있다고 인정된 판사가 재판의 내부적 성립에 관여한 경우를 말한다.

(다) 사건의 심리에 관여하지 아니한 판사가 그 사건의 판결에 관여한 때(제8호) 공판심리 도중 판사가 경질되었음에도 공판절차를 갱신하지 않고 판결의 내부적 성립에 관여한 경우를 말한다.

3) 공판의 공개에 관한 규정에 위반한 때(제9호)

재판의 공개에 관한 헌법(제109조)과 「법원조직법」(제57조)의 규정에 위반하여 판결의 선고를 공개하지 않은 경우, 심리비공개의 결정 없이 심리를 공개하지 않거나 심리비공개의 결정에 이유가 없는 경우 등을 말한다.

4) 판결에 이유를 붙이지 아니하거나 이유에 모순이 있는 때(제11호)

'이유를 붙이지 아니한 때'란 이유를 붙이지 않거나 이유가 불충분한 경우를 말하며, '이유에 모순이 있는 때'란 주문과 이유 또는 이유 상호간에 모순이 있는 때를 말한다. 이유모순도 이유불비의 일종이다. 이유불비는 법령위반과 구별되어야 한다. 법령의 적용이 없거나 적용된 법령이 주문과 모순되는 것과 같이 그 잘못이 명백한 경우는 이유불비에 해당하고, 법령해석의 잘못이나 다른 법령의 적용은 법령위반에 해당한다.

3. 법령위반 외의 항소이유

(1) 상대적 항소이유

사실의 오인이 있어 판결에 영향을 미칠 때이다(제14호). '사실오인'이란 인정된 사실과 객관적 사실 사이에 차이가 있는 것을 말한다. '사실'은 형벌권의 존부와 범위에 관한 사실, 즉 엄격한 증명을 요하는 사실을 의미한다. 따라서 소송법적 사실이나 정상에 관한 사실은 이에 포함되지 않는다.[12]

(2) 절대적 항소이유

1) 판결 후 형의 폐지나 변경 또는 사면이 있는 때(제2호)

형의 폐지나 사면이 있는 경우는 면소판결사유에 해당하고(제326조 제2호, 제4호), 형이 경하게 변경된 경우는 피고인에게 경한 형을 부과하여야 한다(형법 제1조 제2항)는 점을 고려한 것이다. '형의 변경'은 경한 형으로의 변경을 의미한다.

2) 재심청구의 사유가 있는 때(제13호)

재심청구사유가 있는 경우에는 판결확정 후 재심청구를 하는 것은 소송경제에 반한다는 것을 고려한 것이다. 이때 재심청구사유가 피고인에게 이익이 되는 경우뿐만 아니라 불리한 경우에도 허용되는가에 대하여는 항소심이 실체적 진실발견을 목적으로 한다는 점에서 재심사유를 이유로 한 검사의 항소를 허용하는 견해가 있다. 그러나 재심은 피고인의 이익을 위한 것이므로 피고인의 이익을 위한 경우로 한정된다(다수설).

> [판례] 「소송촉진 등에 관한 특례법」 제23조에 따라 피고인의 진술 없이 유죄를 선고하여 확정된 제1심판결에 대하여, 피고인이 재심을 청구하지 아니하고 항소권 회복을 청구하여 인용되었는데, 사유 중에 피고인이 책임을 질 수 없는 사유로 공판절차에 출석할 수 없었던 사정이 포함되어 있는 경우 형소법 제361조의5 제13호에서 정한 '재심청구의 사유가 있는 때'에 해당하는 항소이유를 주장한 것으로 봄이 타당하다. 따라서 위의 경우에 항소심으로서는 이 사건 재심 규정에 의한 재심청구의 사유가 있는지를 살펴야 하고 그 사유가 있다고 인정된다면 다시 공소장 부본 등을 송달하는 등 새로 소송절차를 진행한 다음 제1심판결을 파기하고 새로

---

12) 사실오인이라고 하더라도 증거에 의하지 않거나 증거능력 없는 증거에 의한 사실인정은 소송절차의 법령위반에 해당하고(동조 제1호), 판결이유에 설시된 증거로부터 판결이유에 적시된 사실을 인정하는 것이 불합리한 경우는 이유모순(동조 제11호)에 해당한다.

운 심리 결과에 따라 다시 판결하여야 할 것이다(2014도17252).

3) 형의 양정이 부당하다고 인정할 사유가 있는 때(제15호)

양형부당이란 원판결의 선고형이 구체적인 사안의 내용에 비추어 지나치게 중하거나 경하여 합리적인 양형의 범위를 넘어선 경우를 말한다. 양형부당 여부를 판단함에 있어서는 대법원 양형위원회의 양형기준이 참고될 것이다.[13] '형'은 주형뿐만 아니라 부가형·환형유치 또는 집행유예의 여부까지 포함된다. 다만, 법정형이나 처단형의 범위를 넘는 형을 선고하는 것은 양형부당이 아니라 법령위반에 해당한다.

Ⅲ. 항소심의 절차

≪학습문제≫ 검사가 제1심판결에 대하여 항소하면서 항소장의 항소의 범위란에 '전부', 항소의 이유란에 '사실오인 및 심리미진, 양형부당'이라고만 기재하고 구체적 항소이유를 기재하지 않았다. 검사의 항소는 적법한가?

1. 항소의 제기

(1) 항소제기의 방식

제1심법원의 판결에 대하여 불복이 있으면 지방법원 단독판사가 선고한 것은 지방법원 본원합의부에 항소할 수 있으며, 지방법원 합의부가 선고한 것은 고등법원에 항소할 수 있다(제357조).

항소를 함에는 항소장을 원심법원에 제출하여야 한다(제359조). 항소의 제기기간은 7일로 한다(제358조). 항소장에는 항소를 한다는 취지와 항소의 대상인 판결을 기재하면 족하고, 항소이유를 기재할 것은 요하지 않는다.

---

13) 법관은 형의 종류를 선택하고 형량을 정함에 있어서 양형기준을 존중하여야 한다. 다만, 양형기준은 법적 구속력을 갖지 아니한다(법조법 제81조의7 제1항). 법원이 양형기준을 벗어난 판결을 하는 경우에는 판결서에 양형의 이유를 기재하여야 한다. 다만, 약식절차 또는 즉결심판절차에 의하여 심판하는 경우에는 그러하지 아니하다(동조 제2항).

(2) 원심법원과 항소심법원의 조치

원심법원은 항소의 제기가 법률상의 방식에 위반하거나 항소권소멸후인 것이 명백한 때에는 결정으로 항소를 기각하여야 한다(제360조 제1항). 이 결정에 대하여는 즉시항고를 할 수 있다(동조 제2항). 원심법원은 항소기각결정을 하는 경우를 제외하고는 항소장을 받은 날부터 14일 이내에 소송기록과 증거물을 항소법원에 송부하여야 한다(제361조).

항소법원이 기록의 송부를 받은 때에는 즉시 항소인과 상대방에게 그 사유를 통지하여야 한다(제361조의2 제1항). 이 통지 전에 변호인의 선임이 있는 때에는 변호인에게도 통지를 하여야 한다(동조 제2항). 피고인이 교도소 또는 구치소에 있는 경우에는 원심법원에 대응한 검찰청검사는 위의 통지를 받은 날부터 14일 이내에 피고인을 항소법원소재지의 교도소 또는 구치소에 이송하여야 한다(동조 제3항). 또한 기록의 송부를 받은 항소법원은 필요적 변호사건에 있어서 변호인이 없는 경우에는 지체없이 국선변호인을 선정한 후 그 변호인에게 소송기록접수통지를 하여야 한다(규칙 제156조의2, 2008도4558).

(3) 항소이유서와 답변서의 제출

1) 항소이유서의 제출기간

항소인 또는 변호인은 항소법원의 소송기록의 접수통지를 받은 날로부터 20일 이내에 항소이유서를 항소법원에 제출하여야 한다(제361조의3 제1항). 이에 대하여도 재소자에 대한 특칙(제344조)이 준용되므로 항소이유서 제출기간 내에 교도소장 등에게 제출한 때에는 항소이유서를 제출한 것으로 간주한다(동조 제1항 단서). 항소이유서는 위의 기간 내에 항소법원에 도달하면 되는데, 그 도달은 항소법원의 지배권 안에 들어가 사회통념상 일반적으로 알 수 있는 상태에 있으면 충분하다(96도3325).

피고인에게 소송기록접수통지를 한 후에 사선변호인이 선임된 경우에는 피고인이 소송기록접수통지를 받은 날이, 피고인에게 소송기록

접수통지가 되기 전에 변호인이 선임된 경우에는 변호인이 소송기록접수통지를 받은 날이 항소이유서 제출기간의 기산일이 된다(2010모1741). 항소심에서 변호인이 선임된 후 변호인이 없는 다른 사건이 병합된 경우도 마찬가지이다(2019도11622). 또한 피고인이 항소이유서 제출기간이 도과한 후에 국선변호인 선정청구를 하여 국선변호인이 선정된 경우에는 피고인이 소송기록접수통지를 받은 날이 변호인의 항소이유서 제출기간의 기산일이 된다(2013도4114). 항소법원이 피고인에게 소송기록 접수통지를 함에 있어 2회에 걸쳐 그 통지서를 송달하였다고 하더라도 항소이유서 제출기간의 기산일은 최초 송달의 효력이 발생한 날의 다음날부터이다(2010도3377). 이때에도 법정기간의 연장에 관한 규정(제67조)이 적용된다(2006도3329).

2) 항소이유의 기재

항소이유서에는 항소이유 또는 답변내용을 구체적으로 간결하게 명시하여야 한다(규칙 제155조). 다만, 항소이유를 구체적으로 명시하지 않고, 단지 '위 사건에 대한 원심판결은 도저히 납득할 수 없는 억울한 판결이므로 항소를 한 것입니다'라고 기재하였다고 하더라도 항소심은 그 항소이유에 대하여 심리하여야 한다(2002모265). 그러나 검사가 항소하면서 항소장의 항소범위란에 '전부', 항소이유란에 '사실오인 및 심리미진, 양형부당'이라고만 기재하였을 뿐 구체적 항소이유를 기재하지 않은 것은 위법하다(2006도2536).

3) 항소이유서의 부본송달

항소이유서의 제출을 받은 항소법원은 지체없이 부본 또는 등본을 상대방에게 송달하여야 한다(제361조의3 제2항). 항소이유서에는 상대방의 수에 2를 더한 수의 부본을 첨부하여야 한다(규칙 제156조). 다만, 항소이유서 부본이 상대방에게 송달되지 아니하였더라도 상대방이 항소심 공판기일에 출석하여 이의제기를 하지 않았다면 하자는 치유된다(2001도5820).

4) 항소이유서의 미제출

항소인이나 변호인이 항소이유서제출기간 내에 항소이유서를 제출하지 아니한 때에는 결정으로 항소를 기각하여야 한다. 다만, 직권조사사유가 있거나 항소장에 항소이유의 기재가 있는 때에는 예외로 한다(제361조의4 제1항). 이 결정에 대하여는 즉시항고를 할 수 있다(동조 제2항). '직권조사사유'라 함은 법령적용이나 법령해석의 착오 여부 등, 당사자가 주장하지 아니하는 경우에도 법원이 직권으로 조사하여야 할 사유를 말한다(2005모564). 이 규정은 피고인의 보호를 위한 것이므로 검사만이 항소하였으나 항소이유서 제출기간 내에 항소이유서를 제출하지 않은 경우에는 직권조사 없이 항소를 기각하여야 한다(70도2752).

> [판례] 피고인의 항소대리권자인 배우자가 피고인을 위하여 항소한 경우에도 소송기록접수통지는 항소인인 피고인에게 하여야 하는데, 피고인이 적법하게 소송기록접수통지서를 받지 못하였다면 항소이유서 제출기간이 지났다는 이유로 항소기각결정을 하는 것은 위법하다(2018모642).

5) 국선변호인의 선정과 항소이유서 제출기간

필요적 변호사건에서 국선변호인의 교체가 피고인의 귀책사유에 의하지 아니한 사정으로 이루어진 경우에는 항소이유서 제출기간은 새로이 선정된 변호인이 소송기록접수통지를 받은 날로부터 20일 이내이다(2005모304). 필요적 변호사건에서 법원이 정당한 이유 없이 국선변호인을 선정하지 않고 있는 사이에 피고인 스스로 사선변호인을 선임하였으나 이미 피고인에 대한 항소이유서 제출기간이 도과해버린 경우에도 마찬가지이다(2008도11486).

또한 필요적 변호사건에서 피고인과 국선변호인이 모두 법정기간 내에 항소이유서를 제출하지 아니하였더라도, 국선변호인이 항소이유서를 제출하지 아니한 데 대하여 피고인에게 귀책사유가 있음이 특별히 밝혀지지 않는 한, 항소법원은 종전 국선변호인의 선정을 취소하고 새로운 국선변호인을 선정하여 다시 소송기록접수통지를 함으로써 새로운 국선변호인으로 하여금 그 통지를 받은 때로부터 항소이유서제출기간 내에 피고인을 위하여 항소이유서를 제출하도록 하여야 한다(2009모1044). 제33조 제3항에 의하여 국선변호인을 선정한 경우도 마찬가지이다(2014도4496).

6) 답변서의 제출

항소의 상대방은 전항의 송달을 받은 날로부터 10일이내에 답변서를 항소법원에 제출하여야 한다(제361조의3 제3항). 답변서의 내용은 구체적으로 간결하게 명시하여야 한다(규칙 제155조). 답변서에는 상대방의 수에 2를 더한 수의 부본을 첨부하여야 한다(규칙 제156조). 답변서의 제출을 받은 항소법원은 지체없이 그 부본 또는 등본을 항소인 또는 변호인에게 송달하여야 한다(제361조의3 제4항). 답변서제출은 의무적인 것은 아니다.

(4) 효 과

항소이유서와 답변서의 제출 및 부본송달이 끝나면 항소법원은 공판기일의 지정과 통지, 피고인의 소환 등 공판에 필요한 준비절차를 진행하여야 한다. 항소법원은 항소이유서 제출기간 및 답변서 제출이 경과한 날을 공판기일로 정하여야 한다.

2. 항소심의 심리

(1) 심리절차

항소심의 공판절차는 원칙적으로 제1심 공판절차에 관한 규정이 준용된다(제370조).

1) 모두절차

모두절차에서는 진술거부권고지와 인정신문을 하고, 항소인은 그 항소이유를 구체적으로 진술하여야 한다(규칙 제156조의3 제1항). 상대방은 항소인의 항소이유 진술이 끝난 뒤에 항소이유에 대한 답변을 구체적으로 진술하여야 한다(동조 제2항). 이때 피고인 및 변호인은 이익이 되는 사실 등을 진술할 수 있다(동조 제3항).[14] 따라서 항소이유서 제출기간이 경과하기 전에는 항소사건을 심판할 수 없다(2019도11622). 그러므로 항소이유서 제출기간 내에 변론이 종결되었는데 그 후 위 제출기간 내에 항소이유서가 제출되었다면 특별한 사정이 없는 한 항소심법원으로서는 변론을 재개하여 항소이유의 주장에 대해서도 심리를 해 보아야 한다(2018도12896).

한편, 항소이유서를 제출한 자는 항소심의 공판기일에 항소이유서에 기재된 항소이유의 일부를 철회할 수 있다. 다만, 항소이유를 철회하면 이를 다시 상고이유로 삼을 수 없게 되는 제한을 받을 수도 있으므로, 항소이유의 철회는 명백히 이루어져야만 그 효력이 있다(2013도1473).

2) 증거조사

재판장은 증거조사절차에 들어가기에 앞서 제1심의 증거관계와 증거조사결과의 요지를 고지하여야 한다(규칙 제156조의5 제1항). 항소심 법원은 (i) 제1심에서 조사되지 아니한 데에 대하여 고의나 중대한 과실이 없고, 그 신청으로 인하여 소송을 현저하게 지연시키지 아니하는 경우, (ii) 제1심에서 증인으로 신문하였으나 새로운 중요한 증거의 발견 등으로 항소심에서 다시 신문하는 것이 부득이하다고 인정되는 경우, (iii) 그 밖에 항소의 당부에 관한 판단을 위하여 반드시 필요하다고 인정되는 경우 중의 하나에 해당하는 경우에 한하여 증인을 신문할 수 있다(동조 제2항).

3) 피고인신문

검사 또는 변호인은 항소심의 증거조사가 종료한 후 항소이유의 당부를 판단함에 필요한 사항에 한하여 피고인을 신문할 수 있다(규칙 제

---

14) 법원은 사실심리절차에 들어가기 전에 항소이유와 답변에 터잡아 해당 사건의 사실상·법률상 쟁점을 정리하여 밝히고 그 증명되어야 하는 사실을 명확히 하여야 한다(규칙 제156조의4).

156조의6 제1항). 재판장은 피고인 신문을 실시하는 경우에도 제1심의 피고인 신문과 중복되거나 항소이유의 당부를 판단하는 데 필요 없다고 인정하는 때에는 그 신문의 전부 또는 일부를 제한할 수 있다(동조 제2항). 재판장은 필요하다고 인정하는 때에는 피고인을 신문할 수 있다(동조 제3항).

4) 최후진술

항소심의 증거조사와 피고인 신문절차가 종료한 때에는 최후진술의 기회를 주어야 한다. 즉, 검사는 원심 판결의 당부와 항소이유에 대한 의견을 구체적으로 진술하여야 한다(규칙 제156조의7 제1항). 재판장은 검사의 의견을 들은 후 피고인과 변호인에게도 의견을 진술할 기회를 주어야 한다(동조 제2항).

(2) 항소심의 심판범위

항소법원은 항소이유에 포함된 사유에 관하여 심판하여야 한다(제364조 제1항). 따라서 피고인이나 변호인이 항소이유서에 포함시키지 아니한 사항을 항소심 공판정에서 진술한다 하더라도 항소이유가 있다고 볼 수 없다(2014도5503). 또한 확정판결 전의 공소사실과 확정판결 후의 공소사실에 대하여 따로 유죄를 선고하여 두 개의 형을 정한 제1심판결에 대하여 피고인만이 확정판결 전의 유죄판결 부분에 대하여 항소한 경우 피고인과 검사가 항소하지 아니한 확정판결 후의 유죄판결 부분은 항소기간이 지남으로써 확정되어 항소심에 계속된 사건은 확정판결 전의 유죄판결 부분뿐이고, 그에 따라 항소심이 심리·판단하여야 할 범위는 확정판결 전의 유죄판결 부분에 한정된다(2016도18553). 하지만 경합범 관계에 있는 죄에 대하여 일부유죄, 일부무죄를 선고한 제1심판결에 대하여 검사만이 그 전부에 대하여 항소한 경우에는 제1심판결 전부가 항소심의 심판범위에 포함된다(2009도9576). 따라서 항소법원이 제1심판결 무죄 부분을 유죄로 인정하는 때에는 제1심판결 전부를 파기하고 경합범 관계에 있는 공소사실 전부에 대하여 하나의 형을 선고하여야 한다(2014도342).

그러나 검사가 일부 유죄, 일부 무죄가 선고된 제1심판결 전부에 대하여 항소하면서 유죄 부분에 대하여는 아무런 항소이유도 주장하지 않은 경우에는 설령 제1심의 양형이 가벼워 부당하다 하더라도 그와 같은 사유는 항소심의 심판대상이 아니다(2014도5503).

한편, 항소법원은 판결에 영향을 미친 사유에 관하여는 항소이유서에 포함되지 아니한 경우에도 직권으로 심판할 수 있다(동조 제2항). '판결에 영향을 미친 사유'란 널리 항소이유가 될 수 있는 사유 중에서 직권조사사유를 제외한 것으로서 판결에 영향을 미친 경우를 포함한다(76도437). 이에는 법령위반, 사실오인, 양형부당을 모두 포함한다. 따라서 피고인이 사실오인만을 이유로 항소한 경우에도 항소법원은 직권으로 양형부당을 이유로 제1심판결을 파기할 수 있고(90도1021), 제1심의 형량이 부당하다는 검사의 항소에 대한 판단에 앞서 항소법원이 직권으로 조사하여 제1심판결을 파기하고 제1심의 양형보다 가벼운 형을 정하여 선고할 수 있다(2008도1092).

> **[판례]** 공시송달 방법에 의한 피고인소환이 부적법하여 피고인이 공판기일에 출석하지 않은 가운데 진행된 제1심의 절차가 위법하고 그에 따른 제1심판결이 파기되어야 한다면, 항소심으로서는 다시 적법한 절차에 의하여 소송행위를 새로이 한 후 항소심에서의 진술과 증거조사 등 심리 결과에 기초하여 다시 판결하여야 한다(2012도986). 필요적 변호사건임에도 제1심 공판절차가 변호인 없이 행하여진 경우에도 마찬가지이다. 다만, 항소심은 변호인이 있는 상태에서 소송행위가 이루어져야 한다(2011도6325).

또한 항소법원은 항소이유서에 포함되지 않은 '형벌에 관한 법률조항에 대한 헌법재판소의 위헌결정'에 대하여도 직권으로 심판할 수 있다(2009도9576). 다만, 제1심이 실체적 경합범 관계에 있는 공소사실 중 일부에 대하여 재판을 누락한 경우에는 직권으로 제1심의 누락부분을 파기하고 그 부분에 대하여 재판하여야 한다(2008도7848).

(3) 공판절차상의 특칙

1) 피고인의 불출석재판

항소법원은 피고인이 공판기일에 출정하지 아니한 때에는 다시 기일을 정하여야 한다(제365조 제1항). 그러나 피고인이 정당한 사유없이 다시 정한 기일에 출정하지 아니한 때에는 피고인의 진술없이 판결을 할 수 있다(동조 제2항, 2010도11199). 피고인이 불출석한 상태에서 그 진술 없이 판결할 수 있기 위해서는 피고인이 적법한 공판기일 통지를 받고서도 2회 연속으로 정당한 이유 없이 출정하지 않은 경우에 해당하여야 한다 (2019도5426).

2) 증거조사

제1심법원에서 증거로 할 수 있었던 증거는 항소법원에서도 증거로 할 수 있다(제364조 제3항). 다만 항소법원의 재판장은 증거조사 절차에 들어가기에 앞서 제1심의 증거관계와 증거조사 결과의 요지를 고지하여야 한다(규칙 제156조의5 제1항).

항소심에서 증거조사를 생략할 수 있는가에 대하여는 제364조 제3항은 증거능력의 검토만을 생략하게 한 것이라고 하면서 공판중심주의 및 구두변론주의를 강화하기 위하여 증거물의 제시나 증거서류의 낭독은 항소심의 공판기일에도 이루어져야 한다는 견해가 있다. 그러나 항소심의 속심적 성격에 비추어 볼 때 제1심법원에서 증거로 할 수 있었던 증거는 새로운 증거가 아닌 한 다시 증거조사를 요하지 않고, 증거조사 절차에 들어가기 전에 제1심의 증거관계와 증거조사요지를 고지하면 된다(다수설, 2018도8651). 따라서 항소심이 항소이유가 있다고 인정하는 경우에는 제1심이 조사한 증인을 다시 심문하지 아니하고 그 조서의 기재만으로 그 증언의 신빙성 유무를 판단할 수 있다. 다만, 제1심의 피해자에 대한 증인신문조서 기재 자체에 의하여 피해자의 진술을 믿기 어려운 사정이 보이는 경우에는 그 증인을 다시 신문하여 그 증인의 신빙성 유무를 판단하여야 한다(2005도130). 그러나 제1심 증인이 한 진술의 신빙성 유무에 대한 제1심의 판단이 명백하게 잘못되었다고 볼 특별한 사정이 있거나, 제1심 증인이 한 진술의 신빙성 유무에 대한 제1심의 판단을 그대로 유지하는 것이 현저히 부당하다고 인정되는 예외적인 경우가 아니라면, 항소심으로서는 제1심 증인이 한 진술의 신빙성 유무에 대한 제1심의 판단이 항소심의 판단과 다르다는 이유만으로 제1심의 판단을 함부로 뒤집어서는 아니 된다(2018도17748).

또한 항소심은 속심적 성격을 가지고 있으므로 항소심에서도 새로운 증거조사를 할 수 있다. 그러나 항소법원은 검사, 피고인 또는 변호인이 고의로 증거를 뒤늦게 신청함으로써 공판의 완결을 지연하는 것으로 인정할 때에는 직권 또는 상대방의 신청에 따라 결정으로 이를 각하할 수 있다(제294조 제2항).

3. 항소심의 재판

(1) 공소기각의 결정

항소법원은 공소기각의 결정의 사유(제328조 제1항)가 있는 때에는 결정으로 공소를 기각하여야 한다(제363조 제1항). 이 결정에 대하여는 즉시항고를 할 수 있다(동조 제2항).

(2) 항소기각의 재판

1) 항소기각의 결정

항소법원은 항소의 제기가 법률상의 방식에 위반하거나 항소권 소멸 후인 것이 명백한 때에도 원심법원이 항소기각의 결정을 하지 아니한 때에는 결정으로 항소를 기각하여야 한다(제362조 제1항). 이 결정에 대하여는 즉시항고를 할 수 있다(동조 제2항).

또한 항소법원은 피고인이나 변호인이 항소이유서제출기간 내에 항소이유서를 제출하지 아니한 때에는 결정으로 항소를 기각하여야 한다. 다만, 직권조사사유가 있거나 항소장에 항소이유의 기재가 있는 때에는 예외로 한다(제361조의4 제1항). 이 결정에 대하여는 즉시항고를 할 수 있다(동조 제2항).

2) 항소기각의 판결

항소법원은 항소이유 없다고 인정한 때에는 판결로써 항소를 기각하여야 한다(제364조 제4항). 항소이유에 포함된 사항이 아닐 뿐만 아니라 직권조사 결과에 의하여도 판결에 영향을 미친 사유가 없는 경우이어야 한다.

항소법원은 항소이유 없음이 명백한 때에는 항소장, 항소이유서 기타의 소송기록에 의하여 변론없이 판결로써 항소를 기각할 수 있다(동조 제5항). 이를 무변론기각이라고 한다. 항소인이 범죄사실을 다투는 경우에도 마찬가지이다(82도1177).

(3) 원심판결의 파기판결

항소법원은 항소이유가 있다고 인정한 때에는 원심판결을 파기하고 다시 판결을 하여야 한다(제364조 제6항). 항소이유에 포함된 사유에 관하여는 항소이유가 인정되지 않더라도 직권조사 결과 판결에 영향을 미친 사유가 있다고 인정할 때에는 원심판결을 파기하여야 한다.

항소법원이 피고인을 위하여 원심판결을 파기하는 경우에 파기의 이유가 항소한 공동피고인에게 공통되는 때에는 그 공동피고인에게 대하여도 원심판결을 파기하여야 한다(제364조의2). '공동피고인'이란 원심에서 공동피고인으로 항소한 자를 말하고, 항소심에서의 병합심리 여부는 불문한다.

1) 파기자판

항소법원이 원심판결을 파기하면 사건은 원심판결 전의 상태로 항소심에 계속된다. 이때 항소심은 파기자판을 원칙으로 한다(제364조 제6항). 파기자판이란 항소법원이 원심법원이 판결을 파기하고 피고사건에 대하여 직접 다시 판결하는 것을 말한다. 파기자판을 하는 경우에는 구두변론에 의하여야 한다(통설, 94도2078). 자판하는 경우의 판결에는 유죄·무죄의 실체판결과 공소기각 및 면소판결이 포함된다.

항소심에서 형을 선고하는 경우에는 불이익변경금지의 원칙이 적용된다(제368조). 또한 검사가 일부 유죄, 일부 무죄가 선고된 제1심판결 전부에 대하여 항소하면서 아무런 항소이유를 주장하지 않은 경우뿐만 아니라 유죄 부분에 대하여 공판정에서 구두변론을 통해 항소이유를 주장하지 않았고, 피고인도 그에 대한 적절한 방어권을 행사하지 못하는 등 검사의 항소이유가 실질적으로 구두변론을 거쳐 심리되지 않았다고 평가될 경우, 항소심법원이 검사의 항소이유 주장을 받아들여 피고인에게 불리하게 제1심판결을 변경하는 것은 허용되지 않는다(2015도11696).

> **[판례]** 현행 형소법상 항소심은 속심을 기반으로 하되 사후심적 요소도 상당 부분 들어 있는 이른바 사후심적 속심의 성격을 가지므로 항소심에서 제1심판결의 당부를 판단할 때에는 그러한 심급구조의 특성을 고려하여야 한다. 그러므로 항소심이 심리과정에서 심증의 형성에 영향을 미칠 만한 객관적 사유가 새로 드러난 것이 없음에도 제1심의 판단을 재평가하여 사후심적으로 판단하여 뒤집고자 할 때에는, 제1심의 증거가치 판단이 명백히 잘못되었다거나 사실인정에 이르는 논증이 논리와 경험법칙에 어긋나는 등으로 그 판단을 그대로 유지하는 것이 현저히 부당하다고 볼 만한 합리적인 사정이 있어야 하고, 그러한 예외적 사정도 없이 제1심의 사실인정에 관한 판단을 함부로 뒤집어서는 안 된다(2016도18031).

> **[판례]** 항소심의 사후심적 성격 등에 비추어 보면, 제1심과 비교하여 양형의 조건에 변화가 없고 제1심의 양형이 재량의 합리적인 범위를 벗어나지 아니하는 경우에는 이를 존중함이 타당하다. 다만, 항소심은 제1심에 대한 사후심적 성격이 가미된 속심으로서 제1심과 구분되는 고유의 양형재량을 가지고 있으므로, 항소심이 자신의 양형판단과 일치하지 아니한다고 하여 양형부당을 이유로 제1심판결을 파기하는 것이 바람직하지 아니한 점이 있다고 하더라도 이를 두고 양형심리 및 양형판단 방법이 위법하다고까지 할 수는 없다. 그리고 원심의 판단에 근거가 된 양형자료와 그에 관한 판단 내용이 모순 없이 설시되어 있는 경우에는 양형의 조건이 되는 사유에 관하여 일일이 명시하지 아니하여도 위법하다고 할 수 없다(2015도3260).

2) 파기환송

항소법원이 공소기각 또는 관할위반의 재판이 법률에 위반됨을 이유로 원심판결을 파기하는 때에는 판결로써 사건을 원심법원에 환송하여야 한다(제366조). 이를 파기환송이라고 한다. 이때 사건을 환송받은 원심법원은 제1심 공판절차에 따라 처음부터 다시 재판하여야 한다. 따라서 항소심이 제1심의 공소기각 판결이 잘못이라고 하여 파기하면서도 사건을 제1심법원에 환송하지 아니하고 심리한 후 피고인에게 유죄를 선고한 것은 법률위반이다(2019도15987).

3) 파기이송의 판결

항소법원이 관할인정이 법률에 위반됨을 이유로 원심판결을 파기하는 때에는 판결로써 사건을 관할법원에 이송하여야 한다(제367조 본문). 이를 파기이송이라고 한다. 다만, 항소법원이 그 사건의 제1심관할권이 있는 때에는 제1심으로 심판하여야 한다(동조 단서).

4. 재판서의 작성방식

항소법원의 재판서에는 항소이유에 대한 판단을 기재하여야 하며, 원심판결에 기재한 사실과 증거를 인용할 수 있다(제369조). 항소를 인용하는 경우뿐만 아니라 항소를 기각하는 경우에도 판단하여야 한다. 검사와 피고인 쌍방이 항소한 경우로서 쌍방의 항소가 이유가 없는 경우에는 이를 모두 판단하여야 한다. 그러나 여러 개의 항소이유 중에서 1개의 이유로 원심판결을 파기하는 경우에는 나머지 항소이유를 판단하지 않아도 된다. 항소이유에 포함되지 않은 사유를 직권으로 심리하여 파기하는 경우에도 마찬가지이다. 항소이유서에 기재된 항소이유를 판단하지 않은 경우에는 상고이유가 된다(제383조 제1항).

항소법원이 항소를 기각하는 경우에는 항소이유에 대한 판단으로 족하고, 범죄될 사실과 증거요지 및 법령의 적용을 기재할 것을 요하지 않는다(2002도2134). 그러나 항소법원이 원심판결을 파기하고 유죄를 선고하는 경우에는 판결이유에 유죄판결에 명시될 이유를 모두 기재하여야 한다(제370조, 제323조). 이 경우에 원심판결에 기재한 사실과 증거는 인용할 수 있으나, 법령의 적용에 대하여는 규정이 없으므로 인용할 수 없다(2000도1660).

> **[판례]** 검사와 피고인 양쪽이 상소를 제기한 경우, 어느 일방의 상소는 이유 없으나 다른 일방의 상소가 이유 있어 원판결을 파기하고 다시 판결하는 때에는 이유 없는 상소에 대해서는 판결이유 중에서 그 이유가 없다는 점을 적으면 충분하고 주문에서 그 상소를 기각하여야 하는 것은 아니다(2019도17995).

제3절 상 고

Ⅰ. 상고의 의의와 상고심의 구조

> ≪학습문제≫ 항소심에서 유죄판결을 받은 갑은 이에 불복하여, 그 시정을 구하고자 하였다. 갑은 어떻게 하여야 하는가?

1. 상고의 의의

상고란 판결에 불복하여 행하는 대법원에의 상소를 말한다. 원칙적으로 제2심판결에 대하여 불복이 있으면 대법원에 상고할 수 있다(제371조). 다만, 예외적으로 제1심판결에 대하여 상고가 인정되는 경우가 있다. 이를 비약적 상고라고 한다(제372조). 상고심의 주된 기능은 법령해석의 통일에 있으며, 부수적으로는 항소심 등의 오판의 시정에 의해 원판결에 의해 침해된 당사자의 권리를 구제하는 기능을 수행한다.

2. 상고심의 구조

(1) 법 률 심

상고심은 원칙적으로 법률문제를 심리·판단하는 법률심이다. 따라서 상고법원은 원심판결의 실체법령적용이나 소송절차에 관한 법령위반 여부에 대하여 판단하며, 판결에 영향을 미친 헌법·법률·명령·규칙의 위반이 있는 때가 가장 중요한 상고이유가 된다(제383조). 다만, 형소법은 피고인구제를 위해 사실오인과 양형부당을 상고이유로 하고(제383조 제4항), 상고심에서 파기자판을 인정하는(제396조) 등, 사실심적 성격도 가지고 있다.

(2) 사 후 심

상고심은 원칙적으로 사후심이다(2013도10790). 그 실정법적 근거로서 상고이유를 원칙적으로 법령위반에 엄격하게 제한하고(제383조), 파기환송과 파기이송을 원칙으로 하며(제397조), 변론없이 서면심리에 의하여 판결할 수 있도록 하는 것(제390조) 등을 들 수 있다. 따라서 상고심에서는 증거조사나 공소장변경이 허용되지 않으며, 원판결의 당부도 원판결 시점을 기준으로 판단하여야 한다. 따라서 항소심판결 당시 미성년자에 대한 부정기형의 선고는 피고인이 그 후 상고심 계속 중에 성년이 되더라도 위법이 되지 않는다(86도2181). 다만, 판결 후 형의 폐지나 변경 또는 사면이 있는 때(제383조 제2호)나 원심판결 후에 재심청구의 사유가 판명된 때(동조 제3호)에는 예외적으로 원심판결 후에 발생한 사실이나 증거가 상고심의 판단대상이 된다는 점에서 예외적으로 속심적 성격을 내포하고 있다.

Ⅱ. 상고의 이유

> ≪학습문제≫ 항소심에서 징역 5년형을 선고받은 갑은 이에 불복하여, 양형부당을 이유로 상고를 하였다. 갑의 상고는 적법한가?

형소법은 상고이유를 제한하고 있다. 즉, (i) 판결에 영향을 미친 헌법·법률·명령 또는 규칙의 위반이 있을 때, (ii) 판결 후 형의 폐지나 변경 또는 사면이 있는 때, (iii) 재심청구의 사유가 있는 때, (iv) 사형, 무기 또는 10년 이상의 징역이나 금고가 선고된 사건에 있어서 중대한 사실의 오인이 있어 판결에 영향을 미친 때 또는 형의 양정이 심히 부당하다고 인정할 현저한 사유가 있는 때 등이다(제383조).

상고이유는 항소이유 중 일부를 그 내용으로 하고 있지만, 무거운 형이 선고된 사건에 한정하여 중대한 사실오인과 현저한 양형부당을 상고이유로 하고 있는 점에서 항소이유와 구분된다.

1. 판결에 영향을 미친 헌법·법률·명령 또는 규칙의 위반이 있을 때

위반 여부의 판단시기는 원심판결당시이다. 법령위반은 소송절차가 법령을 위반하거나 판결의 내용에 법령의 해석·적용에 잘못이 있는 경우를 말한다. 다만, 이때의 법령위반은 효력규정 또는 강행규정의 위반을 의미하며, 훈시규정위반은 이에 해당하지 않는다. 따라서 판결이유에는 범죄사실, 증거의 요지와 법령의 적용을 명시하여야 하므로, 유죄판결을 선고하면서 판결이유에 그 중 어느 하나를 전부 누락한 경우에는 '판결에 영향을 미친 법률위반'으로서 파기사유가 된다(2013도13673). 또한 항소심이 제1심의 양형이 과중하다고 인정하여 피고인의 항소이유를 받아들여 제1심판결을 파기하면서 제1심 그대로의 형을 선고한 경우도 이에 해당한다(2008도11718).

그러나 원심의 증거의 증명력에 관한 판단과 증거취사 판단에 그와 달리 볼 여지가 상당히 있는 경우라고 하더라도, 원심의 판단이 논리법칙이나 경험법칙에 따른 자유심증주의의 한계를 벗어나지 아니하는 한 그것만으로 바로 법령위반에 해당한다고 단정할 수 없다(2007도1755). 또한 판결내용 자체가 아니고 피고인의 신병확보를 위한 구속 등 소송절차가 법령에 위반된 경우에는, 그로 인하여 피고인의 방어권이나 변호인의 조력을 받을 권리가 본질적으로 침해되고 판결의 정당성마저 인정하기 어렵다고 보이는 정도에 이르지 않는 한, 그것 자체만으로는 판결에 영향을 미친 위법에 해당하지 않는다(2018도19034).

> **[판례]** 사실심 법원으로서는, 형소법이 사실의 오인을 항소이유로는 하면서도 상고이유로 삼을 수 있는 사유로는 규정하지 아니한 데에 담긴 의미가 올바르게 실현될 수 있도록 주장과 증거에 대하여 신중하고 충실한 심리를 하여야 하고, 그에 이르지 못하여 자유심증주의의 한계를 벗어나거나 필요한 심리를 다하지 아니하는 등으로 판결결과에 영향을 미친 때에는, 사실인정을 사실심 법원의 전권으로 인정한 전제가 충족되지 아니하므로 당연히 상고심의 심판대상에 해당한다(2015도17869).

2. 판결 후 형의 폐지나 변경 또는 사면이 있는 때

'판결 후 형의 폐지나 변경이 있는 때'란 원판판결 후에 법령의 개폐로 인하여 형의 폐지되거나 변경된 경우를 말한다. 따라서 법령의 개폐 없이 단지 형을 감경하거나 면제할 수 있는 사유가 되는 사실이 발생한 것에 불과한 경우는 이에 포함되지 않는다(2006도5696).

3. 재심청구의 사유가 있는 때

판결확정 전에 재심청구사유가 발생하였음에도 불구하고 판결확정 후에 재심을 청구하도록 하는 것은 소송경제는 물론, 정의의 관념에 반한다는 점을 고려한 것이다.

> **[판례]** 「소송촉진 등에 관한 특례법」 제23조에 따라 진행된 제1심의 불출석 재판에 대하여 검사만 항소하고 항소심도 불출석 재판으로 진행한 후 검사의 항소를 기각하여 제1심의 유죄판결이 확정된 경우에 피고인이 재심을 청구하지 않고 상고권회복에 의한 상고를 제기하여 위 사유를 상고이유로 주장한다면, 이것은 형소법 제383조 제3호에서 상고이유로 정한 원심판결에 '재심청구의 사유가 있는 때'에 해당한다고 볼 수 있으므로 원심판결에 대한 파기사유가 될 수 있다(2017도17083).

4. 중대한 사실오인 또는 현저한 양형부당

이것은 피고인의 이익을 위한 것으로, '사형, 무기 또는 10년 이상의 징역이나 금고가 선고된 사건에 있어서' 피고인이 상고하는 경우에만 적용된다.[15] 따라서 검사는 원심의 형의 양정이 가볍다거나 피고인의 이익에 반하여 양형의 전제사실의 인정에 있어서 원심에 채증법칙을 위반한 위법이 있다는 사유를 상고이유로 할 수는 없다(2005도1952).

(1) 중대한 사실의 오인이 있어 판결에 영향을 미친 때

'중대한 사실의 오인이 있어 판결에 영향을 미친 때'란 중대한 사실오인이 있어 판결에 영향을 미친 것을 상고법원이 확인한 경우뿐만 아니라 판결에 영향을 미칠 중대한 사실의 오인이 있음을 의심하기에 족한 현저한 사유가 있는 경우를 포함한다. 범행시기에 관한 단순한 착오는 이에 해당되지 않는다(90도337). 그러나 피고인이 양형부당만을 이유로 항소를 하였고, 항소심이 제1심과 같은 형을 선고한 사건에서 피고인은 항소심판결에 대하여 법리오해나 사실오인을 주장하여 상고하는 것은 허용되지 아니한다(2000도3483).

(2) 형의 양정이 심히 부당하다고 인정할 현저한 사유가 있는 때

'형의 양정이 심히 부당하다고 인정할 현저한 사유가 있는 때'란 원판결의 형이 합리적인 양형의 범위를 현저히 일탈하여 중하게 선고된 경우를 말한다. 따라서 징역형에 집행유예가 선고된 사건에서 형이 너무 무겁다는 취지의 주장은 적법한 상고이유가 될 수 없다(2009도202).

또한 사형, 무기 또는 10년 이상의 징역이나 금고에 해당하지 않는 사건에 대한 양형부당의 상고이유는 부적법할 뿐만 아니라, 이러한 경우 사실심인 원심이 피고인에 대한 양형조건이 되는 범행의 동기 및 수법이

---

15) 헌법재판소는 동호에 대하여 과잉금지원칙을 위반하여 당사자의 재판받을 권리를 침해하거나 평등원칙을 위반하는 것은 아니라고 하면서 합헌결정을 하였다(2010헌바90, 2011헌바389(병합)).

나 범행 전후의 정황 등의 제반 정상에 관하여 심리를 제대로 하지 아니하였음을 들어 상고이유로 삼을 수 없다(2009도12627). 그러나 피고인의 각 범행이 경합범에 해당되어 징역 4년, 징역 2년 6월 및 징역 4년의 각 형이 선고된 경우에는 이를 합하면 징역 10년 이상이 되므로 양형부당을 이유로 상고할 수 있다(2009도13411).

> **[판례]** 사실심법원이 피고인에게 공소가 제기된 범행을 기준으로 「형법」 제51조가 정한 양형조건으로 포섭되지 않는 별도의 범죄사실에 해당하는 사정에 관하여 합리적인 의심을 배제할 정도의 증명력을 갖춘 증거에 따라 증명되지 않았는데도 핵심적인 형벌가중적 양형조건으로 삼아 형의 양정을 함으로써 피고인에 대하여 사실상 공소가 제기되지 않은 범행을 추가로 처벌한 것과 같은 실질에 이른 경우, 그 부당성을 다투는 피고인의 주장은 적법한 상고이유에 해당한다(2020도8358).

Ⅲ. 상고심의 절차

> ≪학습문제≫ 항소심에서 유죄판결을 받은 갑이 대법원에 상고한 이후 당해사건에 대하여 원심법원이 적용한 법령이 폐지되었다. 대법원은 이 사실이 상고이유서에 포함되어 있지 않더라도 이에 대하여 재판할 수 있는가?

1. 상고의 제기

(1) 상고제기의 방식

상고를 함에는 상고장을 원심법원에 제출하여야 한다(제375조). 상고의 제기기간은 7일로 한다(제374조). 상소장의 제출에는 재소자에 대한 특칙(제344조)이 적용되므로 상고의 제기기간 내에 상고장을 교도소장 등에게 제출한 때에는 상소의 제기기간 내에 상소한 것으로 간주한다(제399조).

(2) 원심법원과 상고법원의 조치

1) 원심법원의 조치

상고의 제기가 법률상의 방식에 위반하거나 상고권소멸 후인 것이 명백한 때에는 원심법원은 결정으로 상고를 기각하여야 한다(제376조 제1항). 이 결정에 대하여는 즉시항고를 할 수 있다(동조 제2항). 상고를 기각하는 경우를 제외하고는 원심법원은 상고장을 받은 날부터 14일 이내에 소송기록과 증거물을 상고법원에 송부하여야 한다(제377조).

2) 상고법원의 조치

상고법원이 소송기록의 송부를 받은 때에는 즉시 상고인과 상대방에 대하여 그 사유를 통지하여야 한다(제378조 제1항). 이 통지 전에 변호인의 선임이 있는 때에는 변호인에 대하여도 이 통지를 하여야 한다(동조 제2항). 기록의 송부를 받은 상고법원은 필요적 변호사건에 있어서 변호인이 없는 경우에는 지체없이 국선변호인을 선정한 후 그 변호인에게 소송기록 접수통지를 하여야 한다(규칙 제164조, 제156조의2 제1항).

(3) 상고이유서와 답변의 제출

상고인 또는 변호인은 소송기록접수의 통지를 받은 날로부터 20일 이내에 상고이유서를 상고법원에 제출하여야 한다. 이 경우에는 재소자의 특칙에 관한 규정(제344조)이 준용되므로 위의 기간 내에 상고이유서를 교도소장 등에게 제출한 때에는 상고이유서를 제출한 것으로 간주한다(제379조 제1항).

상고이유서에는 소송기록과 원심법원의 증거조사에 표현된 사실을 인용하여 그 이유를 명시하여야 한다(동조 제2항). 상고이유서에는 상고이유를 특정하여 원심판결의 어떤 점이 법령에 어떻게 위반되었는지에 관하여 구체적이고도 명시적인 이유의 설시가 요구된다(2008도5634).

상고이유서의 제출을 받은 상고법원은 지체없이 그 부본 또는 등본을 상대방에 송달하여야 한다(동조 제3항). 상대방은 이 송달을 받은 날로부터 10일 이내에 답변서를 상고법원에 제출할 수 있다(동조 제4항). 답변서의 제출을 받은 상고법원은 지체없이 그 부본 또는 등본을 상고인 또는 변호인에게 송달하여야 한다(동조 제5항).

2. 상고심의 심리

항소심에 관한 규정은 특별한 규정이 없으면 상고의 심판에 준용한다(제399조). 다만, 상고심은 법률심이므로 특칙이 인정되고 있다.

(1) 상고심의 변론

상고심에는 변호사 아닌 자를 변호인으로 선임하지 못한다(제386조). 또한 상고심에는 변호인 아니면 피고인을 위하여 변론하지 못한다(제387조). 피고인의 변론도 허용되지 않는다. 따라서 상고심의 공판기일에는 피고인의 소환을 요하지 아니하며(제389조의2), 공판기일을 지정하는 경우에도 피고인의 이감을 요하지 아니한다(규칙 제161조 제2항). 다만, 법원사무관 등은 피고인에게 공판기일통지서를 송달하여야 한다(동조 제1항).

검사와 변호인은 상고이유서에 의하여 변론하여야 한다(제388조). 다만, 변호인의 선임이 없거나 변호인이 공판기일에 출정하지 아니한 때에는 직권으로 변호인을 선정하여야 하는 경우(제283조)를 제외하고는 검사의 진술을 듣고 판결을 할 수 있다(제389조 제1항). 이 경우에 적법한 이유서의 제출이 있는 때에는 그 진술이 있는 것으로 간주한다(동조 제2항).

(2) 상고심의 심판범위

상고법원은 상고이유서에 포함된 사유에 관하여 심판하여야 한다. 다만, 상고법원은 상고이유서에 포함되지 아니한 때에도 직권으로 심판할 수 있는 사유(제383조 제1호-제3호)에 해당하는 사유가 있는 때에는 상고법원은 판결로 그 사유에 관하여 심판할 수 있다(제384조).

상고심은 항소법원 판결에 대한 사후심이므로 원칙적으로 항소심에서 심판대상이 되지 않은 사항은 상고심의 심판범위에 해당하지 않으며, 따라서 피고인이 항소심에서 항소이유로 주장하지 아니하거나 항소심이 직권으로 심판대상으로 삼은 사항 이외의 사유에 대하여는 이를 상고이유로 삼을 수 없다(2017도12537). 따라서 피고인이 유죄가 인정된 제1심판결에 대하여 항소하지 않거나 양형부당만을 이유로 항소하고 검사는 양형부당만을 이유로 항소하였는데, 항소심이 검사의 항소를 받아들여 제1심판결을 파기하고 그보다 높은 형을 선고한 경우, 피고인이 항소심의 심판대상이 되지 않았던 법령위반 등 새로운 사항을 상고이유로 삼아 상고하는 것은 허용되지 않는다.

그러나 항소심이 직권심판권을 통하여 제1심판결에 대하여 피고인이 항소이유를 주장하여 적절히 다투지 아니하더라도 사실을 오인하거나 법령을 위반하는 등의 사유로 판결에 영향을 미친 잘못이 있다면 항소심에서 이를 바로잡을 수 있는 것처럼, 상고심은 항소심판결 자체에 여전히 위법이 있는 경우(예, 항소심이 제1심판결의 위법을 간과하고 항소기각 판결을 선고하거나 제1심판결을 파기한 후 자판하는 항소심판결에 고유한 법령적용의 위법이 있는 경우 등)에는 직권심판권을 폭넓게 활용함으로써 최종적으로 이를 바로잡을 수 있다(2017도16593-1).

(3) 서면심리에 의한 판결

상고법원은 상고장, 상고이유서 기타의 소송기록에 의하여 변론없이 판결할 수 있다(제390조 제1항). 서면심리는 상고심의 사후심적 성격에 기인한 것으로서 상고기각의 판결을 하는 경우뿐만 아니라 원심판결을 파기하는 경우에도 적용된다. 다만, 상고법원은 필요한 경우에는 특정한 사항에 관하여 변론을 열어 참고인의 진술을 들을 수 있다(동조 제2항). 참고인진술을 위한 변론절차에 대하여는 「대법원에서의 변론에 관한 규칙」에서 정하고 있다.

3. 상고심의 재판

(1) 공소기각의 결정

상고법원은 공소기각의 결정에 해당하는 사유(제328조 제1항)가 있는 때에는 결정으로 공소를 기각하여야 한다(제382조).

(2) 상고기각의 재판

1) 상고기각의 결정

상고법원은 상고인이나 변호인이 상소이유서제기기간 내에 상고이유서를 제출하지 아니한 때에는 결정으로 상고를 기각하여야 한다. 다만, 상고장에 이유의 기재가 있는 때에는 예외로 한다(제380조 제1항). 상고장 및 상고이유서에 기재된 상고이유의 주장이 상고이유(제383조)에 해당하지 아니함이 명백한 때에도 마찬가지이다(제380조 제2항).

또한 상고법원은 상고의 제기가 법률상의 방식에 위반하거나 상고권소멸 후인 것이 명백함에도 불구하고 원심법원이 상고기각의 결정을 하지 아니한 때에는 결정으로 상고를 기각하여야 한다(제381조).

2) 상고기각의 판결

상고법원은 심리결과 상고가 이유없다고 인정한 때에는 상고를 기각하여야 한다(제399조, 제364조 제4항). 제1심판결에 대하여 검사만이 양형부당을 이유로 항소한 경우에는 피고인으로서는 항소심판결에 대하여 사실오인, 채증법칙 위반, 심리미진 또는 법령위반 등의 사유를 들어 상고이유로 삼을 수 없으므로 이 경우에도 상고법원은 상고기각의 판결을 하여야 한다(2009도579).

(3) 원심판결의 파기판결

상고법원은 상고이유가 있는 때에는 판결로써 원심판결을 파기하여야 한다(제391조). 피고인의 이익을 위하여 원심판결을 파기하는 경우에 파기의 이유가 상고한 공동피고인에 공통되는 때에는 그 공동피고인에 대하여도 원심판결을 파기하여야 한다(제392조). 다만, 경합범 관계에 있는 수개의 범죄사실에 대하여 일부유죄, 일부무죄를 선고한 항소심판결에 대하여 쌍방이 상고를 제기하였으나 무죄부분에 대한 검사의 상고만 이유 있는 경우에는 항소심판결의 유죄부분도 함께 파기되어야 한다(2010도15989). 원심판결을 파기하는 경우에는 파기와 동시에 환송·이송의 판결을 하여야 한다.

1) 파기환송

상고법원은 적법한 공소를 기각하였다는 이유로 원심판결 또는 제1심판결을 파기하는 경우에는 판결로써 사건을 원심법원 또는 제1심 법원에 환송하여야 한다(제393조). 또한 상고법원은 관할위반의 인정이 법률에 위반됨을 이유로 원심판결 또는 제1심판결을 파기하는 경우에는 판결로써 사건을 원심법원 또는 제1심법원에 환송하여야 한다(제395조). '제1심법원에 환송하는 경우'란 제1심 공소기각이나 관할위반의 판결을 선고하였고, 원심판결이 이에 대한 검사의 항소를 기각하였으나 상고심에서 원심판결과 제1심판결을 모두 파기하는 경우를 말한다.

2) 파기이송

상고법원은 관할의 인정이 법률에 위반됨을 이유로 원심판결 또는 제1심판결을 파기하는 경우에는 판결로써 사건을 관할있는 법원에 이송하여야 한다(제394조). 관할 항소법원으로 이송할 것인가 제1심법원으로 이송할 것인가는 관할법원이 어느 심급에 있었는가에 따라 결정된다. 관할은 직권조사사항이므로 상고이유에 포함되어 있을 것을 요하지 않는다.

3) 파기자판

상고법원은 원심판결을 파기한 경우에 그 소송기록과 원심법원과 제1심법원이 조사한 증거에 의하여 판결하기 충분하다고 인정한 때에는 피고사건에 대하여 직접 판결을 할 수 있다(제396조 제1항). 이때 상고법원이 새로운 증거를 조사하여 그 결과를 자판의 자료로 사용하는 것은 허용되지 않는다.

자판의 내용으로는 유·무죄의 실체판결뿐만 아니라 공소기각의 판결, 면소판결이 포함된다. 이 경우에도 불이익변경금지의 원칙이 적용된다(동조 제2항).

4) 기 타

위에서 기술한 이외의 이유로 상고법원이 원심판결을 파기한 때에는 판결로써 사건을 원심법원에 환송하거나 그와 동등한 다른 법원에 이송하여야 한다(제397조).

(4) 재판서의 기재방식

상고심의 재판서에는 재판서의 일반적 기재사항(제38조 이하) 외에 상고이유에 관한 판단을 기재하여야 한다(제398조). 대법원의 재판서에는 합의에 관여한 모든 대법관의 의견을 표시하여야 한다(법조법 제15조).

Ⅳ. 상고심판결의 정정

《학습문제》 피고인 갑은 자신의 상고심 판결서의 기재내용에 오류가 있음을 발견하였다. 갑은 이에 대하여 어떻게 시정을 요구할 수 있는가?

1. 판결정정의 의의

판결정정이란 상고심판결에 명백한 오류가 있는 경우에 이를 정정하는 것을 말한다. 판결의 정정은 상고법원의 판결은 최종심의 재판으로서 상소에 의한 시정방법이 없다는 점을 고려하여 그 판결 자체의 내용에 오류가 있는가를 재검토하는 기회를 마련한 것이다(83초17).

2. 판결정정의 사유

상고법원은 그 판결의 내용에 오류가 있음을 발견한 때에는 직권 또는 검사, 상고인이나 변호인의 신청에 의하여 판결로써 정정할 수 있다 (제400조 제1항). '오류'라 함은 판결의 내용에 위산, 오기 기타 이에 유사한 것이 있는 경우를 의미한다. 따라서 유죄확정판결(상고기각판결)을 무죄판결로 정정하여 달라는 주장(81초60)이나 대법원 자판으로 무죄를 선고하거나 사건을 고등법원으로 이송심리하도록 판결을 정정하여 달라는 주장(83초11)은 신청이유가 될 수 없다. '오류'는 명백한 것에 한하므로 채증법칙에 위배하여 판단을 잘못한 경우는 이에 해당하지 않는다(82초33). 단순한 오자의 정정은 판결정정이 아니라 재판서경정(규칙 제25조[16])의 방법에 의한다.

3. 판결정정의 절차

판결정정의 신청은 판결의 선고가 있은 날로부터 10일 이내에(동조 제2항), 신청의 이유를 기재한 서면으로 하여야 한다(동조 제3항).

정정의 판결은 변론없이 할 수 있다(제401조 제1항). 정정할 필요가 없다고 인정한 때에는 지체없이 결정으로 신청을 기각하여야 한다(동조 제2항).

V. 비약적 상고

≪학습문제≫ 제1심 법원이 판결을 하면서 인정한 사실관계에 대한 법령적용을 잘못하였다. 검사가 어떤 방법으로 이를 시정할 수 있는가?

1. 비약적 상고의 의의

비약적 상고란 상소권자가 제1심판결에 불복하는 경우에 항소를 거

---

16) 재판서에 잘못된 계산이나 기재, 그 밖에 이와 비슷한 잘못이 있음이 분명한 때에는 법원은 직권으로 또는 당사자의 신청에 따라 경정결정(更正決定)을 할 수 있다(동조 제1항).

치지 않고 직접 상고법원인 대법원에 상고하는 것을 말한다(제372조). 법령해석의 통일을 위하여 제2심을 생략한 제도이다. 제1심 법원의 결정에 대하여는 비약적 상고를 할 수 없다(84모18).

2. 비약적 상고의 사유

비약적 상고는 원심판결이 인정한 사실에 대하여 법령을 적용하지 아니하였거나 법령의 적용에 착오가 있는 때 또는 원심판결이 있은 후 형의 폐지나 변경 또는 사면이 있는 때에 인정된다. '원심판결이 인정한 사실에 대하여 법령을 적용하지 아니하였거나 법령의 적용에 착오가 있는 때'란 원심판결이 인정한 사실에 대하여 「형법」을 비롯한 실체법규를 적용하지 않았거나 잘못 적용한 경우를 말한다(2016도20069). 형벌에 관한 규정을 잘못 적용한 경우를 포함한다. 그러나 채증법칙위배나 상습성 및 재범의 위험성에 관한 법리오해(83도2792), 중대한 사실오인(94도458), 양형과중(83도3236) 등은 이에 포함되지 않는다.

3. 비약적 상고의 제한

비약적 상고는 그 사건에 대한 항소가 제기된 때에는 그 효력을 잃는다. 다만, 항소의 취하 또는 항소기각의 결정이 있는 때에는 예외로 한다(제373조).

제4절 항 고

Ⅰ. 항고의 의의와 종류

≪학습문제≫ 검사가 피의자 갑에 대한 구속영장을 신청하였으나 법원이 이를 기각하였다. 이때 검사는 법원의 결정에 대하여 항고할 수 있는가?

1. 항고의 의의

항고란 법원의 결정에 대한 상소를 말한다. 종국재판인 판결과 달리 결정은 원칙적으로 판결에 이르는 과정에 있어서의 절차상 사항에 관한 종국 전의 재판이다. 따라서 모든 결정에 대하여 항고가 허용되는 것은 아니다.

2. 항고의 종류

항고에는 일반항고와 특별항고(재항고)가 있으며, 일반항고는 보통항고와 즉시항고로 나뉜다.

(1) 일반항고

1) 보통항고

보통항고란 법원의 결정에 대한 일반적인 불복방법을 말한다. 법원의 결정에 대하여 불복이 있으면 항고를 할 수 있다. 다만, 형소법에 특별한 규정이 있는 경우에는 예외로 한다(제402조). 따라서 법원의 결정이 아닌 지방법원 판사가 한 압수·수색영장의 발부(97모66)나 체포영장 또는 구속영장의 청구에 대한 재판(2006모646)은 항고대상이 아니다.

(가) 판결 전 소송절차 등에 관한 결정　법원의 관할 또는 판결 전의 소송절차에 관한 결정에 대하여는 특히 즉시항고를 할 수 있는 경우 외에는 항고하지 못한다(제403조 제1항). 이들의 경우에는 종국재판에 대한 상소를 허용하면 충분하고, 개개의 결정에 대하여 독립한 상소를 인정할 필요가 없기 때문이다. 따라서 위헌제청신청을 기각하는 하급심 결정(85프6), 국선변호인청구를 기각하는 결정(92모49), 공소장변경허가에 관한 결정(87모17)에 대하여는 항고가 허용되지 않는다.

그러나 구금, 보석, 압수나 압수물의 환부에 관한 결정 또는 감정하기 위한 피고인의 유치에 관한 결정에 대하여는 항고를 할 수 있다. 이들 강제처분에 의한 권리침해의 구제는 신속을 요하여 종국재판에 대한 상소에 의해서는 실효를 거두기 어렵다는 점을 고려한 것이다. 그러나 체포·구속적부심사청구에 대한 청구기각결정 또는 구속된 피의자의 석방을 명하는 결정에 대하여는 항고가 허용되지 않는다(제214조의2 제8항).

(나) 성질상 항고가 허용되지 않는 결정   대법원의 결정에 대하여는 항고가 허용되지 않는다(87모4). 항고법원 또는 고등법원의 결정에 대하여도 재항고만 가능하고, 항고는 허용되지 않는다(제415조).

2) 즉시항고

즉시항고란 항고의 제기가 있으면 재판의 집행을 정지하는 효력을 가진 항고를 말한다. 즉시항고는 제기기간은 7일로 한다(제405조). 즉시항고는 형소법에 명문의 규정이 있는 경우에 한하여 허용된다.

즉시항고는 종국재판으로서의 결정인 경우(예, 재정신청 기각결정(제262조 제4항), 공소기각의 결정(제328조 제2항, 제363조 제2항), 상소기각결정(제360조 제2항, 제362조 제2항, 제376조 제2항), 약식명령에 대한 정식재판청구의 기각결정(제455조 제2항))와 피고인에게 중대한 불이익을 주는 경우(예, 집행유예취소결정(제335조 제3항), 선고유예한 형의 선고결정(동조 제4항)) 및 신속한 구제를 요하는 경우(예, 기피신청기각결정(제23조), 구속의 취소(제97조 제4항))에 허용된다. 이 외에 재심청구를 기각하는 결정이나 재심개시결정에 대하여도 즉시항고가 허용된다(제437조).

(2) 재 항 고

재항고란 항고법원, 고등법원 또는 항소법원의 결정에 대한 항고를 말한다. 고등법원이나 항소법원이 항소심절차에서 내린 결정에 대한 항고는 사전의 항고를 전제로 하지 않지만 관할법원이 모두 대법원이고, 절차와 효과가 동일하다는 점에서 재항고라고 한다.

그러나 항고법원 또는 고등법원의 결정에 대하여는 보통항고가 허용되지 않고, 재판에 영향을 미친 헌법·법률·명령 또는 규칙의 위반이 있음을 이유로 하는 때에 한하여 대법원에 즉시항고를 할 수 있다(제415조). 재항고의 절차는 즉시항고의 경우와 같다.

Ⅱ. 항고심의 절차

《학습문제》 검사는 제1심법원이 공소기각의 결정을 하자, 그 결정이 있는 날로부터 5일 후에 항고를 제기하였다. 검사의 항고는 유효한가?

1. 항고의 제기

(1) 제기방법

항고를 함에는 항고장을 원심법원에 제출하여야 한다(제406조). 항고의 경우에도 명문의 규정은 없지만 항고이유를 기재한 항고이유서를 제출하거나 따로 항소이유서를 제출하여야 한다. 다만, 그 이유서 제출기한에 대하여는 제한이 없다. 항고이유에는 제한이 없다.

즉시항고의 제기기간은 3일이며(제405조), 보통항고는 기간제한이 없으므로 언제든지 할 수 있다. 다만, 원심결정을 취소하여도 실익이 없게된 때에는 예외로 한다(제404조).

(2) 원심법원의 조치

1) 항고기각결정

항고의 제기가 법률상의 방식에 위반하거나 항고권소멸 후인 것이 명백한 때에는 원심법원은 결정으로 항고를 기각하여야 한다(제407조제1항). 이 결정에 대하여는 즉시항고를 할 수 있다(동조 제2항).

2) 경정결정

원심법원은 항고가 이유있다고 인정한 때에는 결정을 경정하여야 한다(제408조 제1항). 결정의 경정은 원결정 자체를 취소하거나 변경하는 것을 말한다. 법원의 결정인 이상 공소기각, 항소기각, 상고기각과 같은 종국재판에 대하여도 원심법원은 경정결정을 할 수 있다.

그러나 항고의 전부 또는 일부가 이유없다고 인정한 때에는 항고장을 받은 날로부터 3일 이내에 의견서를 첨부하여 항고법원에 송부하여야 한다(동조 제2항). 이때 원심법원이 필요하다고 인정한 때에는 소송기록과 증거물을 항고법원에 송부하여야 한다(제411조 제1항). 이때 항고법원은 소송기록과 증거물의 송부를 요구할 수 있다(동조 제2항).

> **[판례]** 형소법 제411조는 당사자에게 항고에 관하여 그 이유서를 제출하거나 의견을 진술하고 유리한 증거를 제출할 기회를 부여하려는 데 취지가 있으므로, 항고심에서 항고인이 항고에 대한 의견진술을 한 경우에는 위와 같은 기회가 있었다고 봄이 상당하므로 형소법 제411조를 위반하였다고 볼 수 없다(2018모3621).

항고법원은 소송기록과 증거물의 송부를 받은 날로부터 5일 이내에 당사자에게 그 사유를 통지하여야 한다(동조 제3항). 이 통지는 당사자에게 항고에 관하여 그 이유서를 제출하거나 의견을 진술하고 유리한 증거를 제출할 기회를 부여하려는 데 그 취지가 있다. 따라서 항고인에게 소송기록과 증거물을 송부받았다는 통지를 하지 않은 채 송부받은 당일에 항고를 기각한 것은 위법이다(2018모1698).

(3) 항고제기의 효과

항고는 재판의 집행을 정지하는 효력이 없다. 다만, 원심법원 또는 항고법원은 결정으로 항고에 대한 결정이 있을 때까지 집행을 정지할 수 있다(제409조). 그러나 즉시항고의 제기기간 내와 그 제기가 있는 때에는 재판의 집행은 정지된다(제410조). 재항고도 즉시항고이므로 마찬가지이다.

2. 항고심의 심판

(1) 항고심의 심리

항고법원은 항고에 대한 결정을 한다. 항고심은 사실문제와 법률문제 모두 심사할 수 있으며, 항고이유에 제한되지 않는다. 항고심은 결정을 위한 심리절차가 아니므로 구두변론에 의할 필요가 없지만(제37조 제2항), 필요하면 사실조사는 가능하다(동조 제3항). 다만, 검사는 항고사건에 대하여 의견을 진술할 수 있다(제412조).

(2) 항고심의 재판

항고법원은 항고의 제기가 법률상의 방식에 위반하거나 항고권소멸 후인 것이 명백함에도 원심법원이 항고기각의 결정을 하지 아니한 때에는 결정으로 항고를 기각하여야 한다(제413조).

항고법원은 항고를 이유없다고 인정한 때에는 결정으로 항고를 기각하여야 한다(제414조 제1항). 항고법원이 항고이유있다고 인정한 때에는 결정으로 원심결정을 취소하고 필요한 경우에는 항고사건에 대하여 직접 재판을 하여야 한다(동조 제2항).

항고법원이 항고기각 또는 항고인용의 결정을 한 때에는 즉시 그 결정의 등본을 원심법원에 송부하여야 한다(규칙 제165조). 항고법원의 재판에 영향을 미친 헌법·법률·명령 또는 규칙의 위반이 있음을 이유로 하는 때에 한하여 대법원에 즉시항고를 할 수 있다(제415조).

Ⅲ. 준 항 고

≪학습문제≫ 피의자 갑의 변호인이 사법경찰관에게 갑에 대한 접견을 요청하였으나 수사 중이라는 이유로 이를 거절하였다. 변호인은 이 사법경찰관의 처분에 대하여 어떠한 방법으로 시정을 요구할 수 있는가?

1. 준항고의 의의

준항고는 재판장 또는 수명법관의 재판과 검사 또는 사법경찰관의 처분에 대하여 그 소속법원 또는 관할법원에 취소 또는 변경을 구하는 불복방법을 말한다. 준항고는 상급법원에 구제를 신청하는 것이 아니라는 점에서 상소는 아니지만, 재판 등의 취소와 변경을 청구하는 것이라는 점에서 항고에 준하는 성질을 가진다. 따라서 준항고에 대하여는 항고에 관한 규정이 준용된다.

2. 준항고의 대상

(1) 재판장 또는 수명법관의 재판

재판장 또는 수명법관이 (i) 기피신청을 기각한 재판, (ii) 구금, 보석, 압수 또는 압수물환부에 관한 재판, (iii) 감정하기 위하여 피고인의 유치를 명한 재판, (iv) 증인, 감정인, 통역인 또는 번역인에 대하여 과태료 또는 비용의 배상을 명한 재판 등을 고지한 경우에 불복이 있으면 그 법관소속의 법원에 재판의 취소 또는 변경을 청구할 수 있다(제416조 제1항).

(2) 수사기관의 처분

검사 또는 사법경찰관의 구금, 압수 또는 압수물의 환부에 관한 처분과 제243조의2에 따른 변호인의 참여 등에 관한 처분에 대하여 불복이 있으면 그 직무집행지의 관할법원 또는 검사의 소속검찰청에 대응한 법원에 그 처분의 취소 또는 변경을 청구할 수 있다(제417조).

그러나 교도소 또는 구치소의 직원에 의한 처분에 대하여는 준항고가 인정되지 않는다. 또한 준항고는 피고인 또는 피의자를 위한 제도이므로 구속영장을 신청한 사법경찰관이 검사의 구속영장신청기각처분에 대하여 준항고를 제기하는 것도 허용되지 않는다.

3. 준항고의 절차

준항고는 서면으로 관할법원에 제출하여야 한다(제418조). 재판장 또는 수명법관에 대한 준항고는 재판의 고지있는 날로부터 3일 이내에 청구하여야 한다(제416조 제3항). 지방법원이 이 청구를 받은 때에는 합의부에서 결정을 하여야 한다(동조 제2항). 수사기관에 관한 준항고에 대하여는 명문의 규정이 없지만 이에 준한다.

준항고에는 집행정지의 효력은 없으나 관할법원은 준항고에 대한 결정이 있을 때까지 집행을 정지할 수 있다(제419조, 제409조). 다만, 증인, 감정인, 통역인 또는 번역인에 대하여 과태료 또는 비용의 배상을 명한 재판은 준항고청구기간 내와 청구가 있는 때에는 그 재판의 집행은 정지된다(제416조 제4항). 이 외에도 항고기각의 결정(제413조), 항고기각과 항고이유 인정(제414조) 및 재항고(제415조)의 규정은 준항고의 청구에 준용한다(제419조).

제2장   비상구제절차

━━━◆━━━

1. 재 심 ─┬─ 재심의 의의와 구조
       ├─ 재심이유
       ├─ 재심개시절차
       └─ 재심심판절차

2. 비상상고 ─┬─ 비상상고의 의의와 기능
         ├─ 비상상고의 대상
         ├─ 비상상고의 이유
         └─ 비상상고의 절차

〈주요 학습사항〉

1. 재심이유와 재심개시절차
2. 비상상고의 이유와 그 절차

제1절 재　　심

Ⅰ. 재심의 의의와 구조

> ≪학습문제≫ 강도죄로 유죄의 확정판결을 받아 형집행을 마친 갑은 그 사건에 대한 진범이 잡히자 그 억울함을 밝히고, 유죄판결을 무효화하고자 하였다. 갑은 어떻게 하여야 하는가?

1. 재심의 의의

(1) 개념과 기능

재심은 유죄의 확정판결에 대하여 중대한 사실오인이나 그 오인에 의심이 있는 경우에 판결을 받은 자의 이익을 위하여 판결의 부당함을 시정하는 비상구제절차를 말한다. 따라서 무죄의 선고를 받은 자가 유죄의 선고를 받기 위한 재심은 허용되지 않는다(83모5). 재심은 판결이 확정된 이상 형집행 전후나 집행 중임을 묻지 않으며, 형집행 후 사망한 자에 대하여도 인정된다.

재심제도는 형사소송에 있어서의 법적 안정성과 정의의 이념이 충돌하는 경우에 법적 안정성을 위태롭게 하지 않는 범위 내에서 실질적 정의를 구현하는 제도이다. 뿐만 아니라 이것은 피고인의 공평한 재판을 받을 권리의 보장을 전제로 하여 무고한 자를 구제하기 위한 인권옹호의 최후의 보루이며, 적법절차를 구현한 것으로서 헌법적 요청에 따른 제도이다.

(2) 구별개념

재심은 확정판결에 대한 비상구제절차라는 점에서 미확정재판에 대한 불복절차인 상소와 구분되며, 사실오인을 시정하기 위한 제도라는 점에서 법령위반을 이유로 하는 비상상고와 구분된다.

2. 재심의 구조

재심은 유죄의 확정판결에 사실오인이 있다고 판단되는 경우에 이를 공판절차에서 심사하는 것을 내용으로 한다. 따라서 재심은 재심이유의 유무를 심사하여 다시 심판할 것인가의 여부를 결정하는 재심개시절차와 그 이후의 재심심판절차의 2단계의 구조를 취하고 있다.

재심심판절차는 그 심급의 공판절차와 동일하므로 재심개시절차가 재심절차의 핵심을 이루게 된다. 다만, 재심개시절차에서는 형소법에서 규정하고 있는 재심사유가 있는지 여부만을 판단하여야 하고, 재심사유가 재심대상판결에 영향을 미칠 가능성이 있는가의 실체적 사유를 고려하여서는 아니 된다(2008모77).

Ⅱ. 재심이유

≪학습문제≫ 피고인 갑은 유죄의 확정판결을 받았으나 공범인 을이 그 후의 재판에서 무죄를 선고받자 이를 이유로 재심을 청구하였다. 갑의 재심청구는 적법한가?

현행법상 재심은 이익재심만 인정되므로 재심대상은 원칙적으로 유죄의 확정판결 및 유죄판결에 대한 항소 또는 상고를 기각한 확정판결에 한정된다(제420조). 따라서 무죄판결은 물론이고, 면소·공소기각·관할위반의 확정판결은 판결에 중대한 하자가 있더라도 재심대상이 되지 않는다(2015모3243). 또한 재심은 판결에 대하여만 허용되므로 결정이나 명령은 재심청구의 대상이 되지 않는다.

'유죄의 확정판결'은 형의 선고 및 형의 면제의 선고가 확정된 판결이다. 따라서 확정된 약식명령[17]과 즉결심판 및 「경범죄 처벌법」 및 「도

---

17) 약식명령에 대한 정식재판절차에서 유죄판결이 선고되어 확정된 경우 재심청구의 대상은 약식명령이 아니라 유죄의 확정판결이다(2011도10626).

로교통법」에 의한 범칙금납부의 경우는 물론, 특별사면으로 형 선고의 효력이 상실된 유죄의 확정판결(2011도1932)도 이에 포함된다. 그러나 항소심에서 파기된 제1심판결(2003모464)이나 환송판결(2005재도18) 또는 상고심 재판 계속 중 피고인이 사망하여 공소기각결정이 확정된 경우(2011도7931)에 대하여는 재심을 청구할 수 없다. 다만, 항소 또는 상고의 기각판결에 대한 재심은 일정한 사유(제420조 제1호, 제2호, 제7호)가 있는 경우에 한하여 그 선고를 받은 자의 이익을 위한 경우에만 허용된다(제421조 제1항).

1. 유죄의 확정판결에 대한 재심이유

(1) 허위증거에 의한 재심이유

1) 원판결의 증거된 서류 또는 증거물이 확정판결에 의하여 위조되거나 변조된 것임이 증명된 때(제1호)

'원판결의 증거된 서류 또는 증거물'에 대하여는 원판결이 범죄사실을 인정하기 위하여 증거의 요지에 기재한 증거를 말한다는 견해가 있다. 그러나 원판결의 증거가 진술증거인 경우에는 그 증거능력을 인정하기 위한 증거도 이에 포함된다(다수설). '확정판결'은 형사확정판결(제4호와 제5호의 경우는 제외)을 말하며, 반드시 유죄의 확정판결임을 요하지 않고 구성요건 사실이 증명된 때에는 위법성 또는 책임이 조각된다는 이유로 무죄판결이 선고된 경우도 포함된다. 약식명령의 경우도 마찬가지이다(2008도11481, 이하 같다)

2) 원판결의 증거된 증언, 감정, 통역 또는 번역이 확정판결에 의하여 허위임이 증명된 때(제2호)

'원판결의 증거된 증언'이란 원판결의 이유 중에서 증거로 채택되어 범죄될 사실을 인정하는 데 인용된 증거를 말한다(2011도8529). 따라서 단순히 증거조사의 대상이 되었을 뿐 범죄사실을 인정하는 증거로 사용되지 않은 증언(2003도1080)이나 재심대상 피고사건과 별개의 사건에서 작성된 증인신문조서나 진술조서가 재심대상 피고사건에서 서증으로 제출되어 채용된 경우(99모93)는 이에 해당되지 않는다. '증언'은 법률에 의하여 선서한 증인의 증언을 말하며, 따라서 공동피고인의 공판정에서의 진술은 이에 해당되지 아니한다(85모10).

또한 '원판결의 증거된 증언이 확정판결에 의하여 허위인 것이 증명된 때'라 함은 당해사건의 증인이 위증죄로 처벌되어 그 판결이 확정된 경우를 말한다. 감정, 통역 또는 번역의 경우도 마찬가지이다. 그 증언이 나중에 확정판결에 의하여 허위인 것이 증명된 이상 허위증언 부분을 제외하고도 다른 증거에 의하여 '죄로 되는 사실'이 유죄로 인정될 것인지에 관계없이 이에 해당된다(2011도8529). 그러나 원판결의 증거된 증언을 한 자가 그 재판과정에서 자신의 증언과 반대되는 취지의 증언을 한 다른 증인을 위증죄로 고소하였다가 그 고소가 허위임이 밝혀져 무고죄로 유죄의 확정판결을 받은 경우는 이에 해당되지 않는다(2003도1080).

3) 무고로 인하여 유죄의 선고를 받은 경우에 그 무고의 죄가 확정판결에 의하여 증명된 때(제3호)

'무고로 인하여 유죄의 선고를 받은 경우'는 고소장 또는 고소조서의 기재가 원판결의 증거가 된 경우뿐만 아니라 무고의 진술이 증거로 된 때를 포함한다(통설). 단순히 무고로 수사가 개시되었다는 것만으로는 재심이유가 되지 않는다.

4) 원판결의 증거된 재판이 확정재판에 의하여 변경된 때(제4호)

'원판결의 증거된 재판'이란 원판결의 이유 중에서 증거로 채택되어 죄로 되는 사실을 인정하는 데 인용된 다른 재판을 뜻한다(2018도17909).

5) 저작권, 특허권, 실용신안권, 디자인권 또는 상표권을 침해한 죄로 유죄의 선고를 받은 사건에 관하여 그 권리에 대한 무효의 심결 또는 무효의 판결이 확정된 때(제6호)

이들 권리의 경우에는 권리의 심결 또는 판결이 확정되면 그 권리는 처음부터 존재하지 않은 것으로 되기 때문이다.

6) 원판결, 전심판결 또는 그 판결의 기초 된 조사에 관여한 법관, 공소의 제기 또는 그 공소의 기초된 수사에 관여한 검사나 사법경찰관이 그 직무에 관한 죄를 지은 것이 확정판결에 의하여 증명된 때. 다만, 원판결의 선고 전에 법관, 검사 또는 사법경찰관에 대하여 공소가 제기되었을 경우에는 원판결의 법원이 그 사유를 알지 못한 때로 한정한다(제7호)

'직무에 관한 죄'란 「형법」 제2편 제7장에 규정된 공무원의 직무에 관한 죄(제122조-제133조)와 특별형법의 직무상 범죄에 관한 죄에 의미한다는 견해(다수설)가 있으나, 이에 제한할 이유가 없다.[18] 그러나 이러한 사유가 있다고 하여 반드시 원판결에 사실오인이 있는 것으로 인정하여야 한다거나 직무범죄를 한 사법경찰관이 수집한 모든 증거가 위법하게 된다는 취지는 아니다(93도1512). 하지만 원판결이 위 공무원의 범죄행위로 얻어진 것이라는 점에 관하여는 별도의 확정판결이나 확정판결에 대신하는 소정의 증명이 있어야 한다(96모72).[19] 당해 사법경찰관 등이 범한 직무에 관한 죄가 사건의 실체관계에 관계된 것인지, 당해 사법경찰관이 직접 피의자에 대한 조사를 담당하였는지 여부는 묻지 않는다(2008모77).

[판례] 수사기관이 영장주의를 배제하는 위헌적 법령에 따라 영장 없는 체포·구금을 한 경우에도 불법체포·감금의 직무범죄가 인정되는 경우에 준하는 것으로 보아 형소법 제420조 제7호의 재심사유가 있다고 보아야 한다. 위와 같이 유추적용을 통하여 영장주의를 배제하는 위헌적 법령에 따라 영장 없는 체포·구금을 당한 국민에게 사법적 구제수단 중의 하나인 재심의 문을 열어 놓는 것이 헌법상 재판받을 권리를 보장하는 헌법합치적 해석이다(2015모3243472).

---

18) 법관이 증거서류를 위조·변조한 경우는 제1호에 해당한다.
19) 불법감금죄로 고소된 사법경찰관에 대한 무혐의결정에 관한 재정신청사건에서 법원이 불법감금사실은 인정하면서 재정신청기각결정을 하여 확정된 경우도 이에 해당한다(96모123).

(2) 새로운 증거에 의한 재심이유

1) 의 미

유죄의 선고를 받은 자에 대하여 무죄 또는 면소를, 형의 선고를 받은 자에 대하여 형의 면제 또는 원판결이 인정한 죄보다 경한 죄를 인정할 명백한 증거가 새로 발견된 때(제5호)에는 재심이유가 된다.

새로운 증거에 의한 재심은 그로 인해 사실인정에 오류가 생긴 경우에 한한다. 따라서 확정판결 후의 법령의 개폐나 대법원의 판례변경은 이에 해당되지 않는다. 또 무죄나 면소판결을 받은 경우로 제한하고 있으므로 공소기각의 경우에도 이에 포함되지 않는다(96모51). 이에 대하여는 피고인에게 매우 유리한 판결이라는 점에서 공소기각의 경우도 포함시키자는 견해(다수설)가 있으나 입법에 의해 보완할 문제이다.

(가) 형의 면제 등   '형의 면제'란 형의 필요적 면제의 경우만을 말하고, 임의적 면제는 이에 해당되지 않는다(84모32). '원판결이 인정한 죄보다 경한 죄'라 함은 원판결이 인정한 죄와는 별개의 죄로서 그 법정형이 가벼운 죄를 말하므로, 필요적이건 임의적이건 형의 감경사유를 주장하거나(2007도3496), 양형상의 자료에 변동을 가져올 사유에 불과한 것(92모31)[20]은 이에 해당되지 아니한다.

또한 '무죄로 인정할 명백한 증거가 발견된 때'란 확정판결의 소송절차에서 발견되지 못하였거나 발견되었어도 제출할 수 없었던 증거로서 증거가치에 있어 다른 증거에 비하여 객관적으로 우위성이 인정되는 증거를 말한다(93도1512). 따라서 확정판결의 소송절차에서 증거로 조사채택된 공동피고인이 확정판결 후 앞서의 진술내용을 번복하는 것은 이에 해당되지 않는다(93모33).

(나) 새로운 증거   '새로운 증거'의 의미에 대하여는 증거능력 있

---

20) 이에 대하여는 양형자료가 확정판결의 형벌내용에 뚜렷한 변화를 가져 올 수 있을 정도로 중요한 자료인 경우에는 재심을 인정하여야 한다는 견해가 있다.

는 증거만을 의미한다는 견해, 증거능력 있는 증거에 한정할 필요가 없
다는 견해 등이 있다. 그러나 엄격한 증명을 요하는 증거는 증거능력 있
는 증거이어야 하지만, 자유로운 증명으로 족한 사실은 증거능력 있는 증
거임을 요하지 않는다(다수설). 따라서 재심이유인 사실이 소송법적 사실인
경우에는 새로운 증거가 반드시 증거능력 있는 증거임을 요하지 않는다.

또한 '새로운 증거'는 범죄사실에 관한 증거뿐만 아니라 증거의
증거능력이나 증명력의 기초가 되는 사실에 관한 증거가 포함된다. 따라
서 자백의 임의성을 의심하게 하는 새로운 증거나 보강증거를 배제하는
새로운 증거가 발견된 경우에는 이전의 자백이나 보강증거를 배제하여
무죄판결을 할 수 있다.

2) 증거의 신규성

증거의 신규성이란 증거가 새로 발견된 것임을 요한다는 의미이
다. '증거가 새로 발견된 때'라 함은 재심대상이 되는 확정판결의 소송절
차에서 발견되지 못하였거나 또는 발견되었다 하더라도 제출할 수 없었
던 증거로서 이를 새로 발견하였거나 비로소 제출할 수 있게 된 때를 말
한다(2013도14716). 형벌에 관한 법령이 당초부터 헌법에 위배되어 법원에
서 위헌·무효라고 선언한 때에도 이에 해당한다(2000모363). 그러나 피고인
이 재심을 청구한 경우 재심대상이 된 확정판결의 소송절차 중에 그러한
증거를 제출하지 못한 데에 과실이 있는 경우에는 제외된다(2009도4894).

증거가 법원에 대하여 신규일 것을 요한다는 점에 대하여는 다
툼이 없다. 그러나 피고인에게도 신규성이 요구되느냐에 대하여는 동호
의 문리해석과 재심의 취지에 비추어 허위진술로 인해 유죄판결을 받은
피고인에게까지 재심을 인정하는 것은 형평과 금반언의 원칙에 반하므
로 피고인에게도 신규성이 요구된다는 견해, 피고인에 대하여는 신규성
이 요구되지 않지만 고의나 과실로 제출하지 않은 증거에 대하여는 신규
성을 인정할 수 없다는 견해(2005모472)[21] 등이 있다. 그러나 재심은 사실

---

21) 판례의 태도에 따르면 위장출석한 피고인에 대하여 유죄판결이 확정된 경우에는

오인으로 인하여 처벌받은 무고한 자를 구제하기 위한 절차라는 점에서 법원에 대하여만 신규성이 있으면 충분하다(다수설). 증거의 신규성은 법원에 제출되지 않은 증거뿐만 아니라 당사자의 증거신청에 대하여 법원이 기각한 경우에도 인정된다.

3) 증거의 명백성

증거의 명백성이란 새로운 증거가 확정판결을 파기할 고도의 가능성 내지 개연성이 인정되는 것을 말한다. 증거의 명백성 판단에 있어서는 새로운 증거만으로 평가하여야 한다는 견해(단독평가설), 새로 발견된 증거와 유기적으로 밀접하게 관련되고 모순되는 증거들만을 평가대상으로 하여야 한다는 견해(제한적 종합평가설, 2009도4894) 등이 있다. 그러나 피고인의 이익보호와 진실발견을 위해서는 새로 발견된 증거와 확정판결의 기초된 모든 구 증거를 함께 고려하여 종합적으로 명백성 유무를 판단하여야 한다(종합평가설, 다수설).[22]

> [판례] '무죄 등을 인정할 명백한 증거'에 해당하는지 여부를 판단할 때에는 법원으로서는 새로 발견된 증거만을 독립적·고립적으로 고찰하여 그 증거가 치만으로 재심의 개시 여부를 판단할 것이 아니라, 재심대상이 되는 확정판결을 선고한 법원이 사실인정의 기초로 삼은 증거들 가운데 새로 발견된 증거와 유기적으로 밀접하게 관련되고 모순되는 것들은 함께 고려하여 평가하여야 하고, 그 결과 단순히 재심대상이 되는 유죄의 확정판결에 대하여 그 정당성이 의심되는 수준을 넘어 그 판결을 그대로 유지할 수 없을 정도로 고도의 개연성이 인정되는 경우이어야 한다(2005모472).

한편, 공범자 사이에 모순된 판결이 있는 경우에 유죄의 확정판결을 받은 공범자가 후에 내려진 다른 공범자에 대한 무죄판결 자체를 무죄를 받을 명백한 증거로 할 수 있는가에 대하여는 형벌법규의 해석의

재심은 허용되지 않고 비상상고절차에 의하여야 구제받을 수밖에 없다.

22) 증거의 명백성 판단에 있어서 in dubio pro reo의 원칙을 적용하여야 한다는 견해가 있다. 이에 따르면 무죄판결을 받을 명백한 증거는 확정판결의 사실인정에 의심을 일으킬 정도의 증거로 충분하게 된다.

차이가 아니라 사실인정에 관한 결론을 달리한 때에는 긍정하여야 한다
는 견해가 있다. 그러나 무죄판결의 증거자료가 동일한 경우에는 증거의
증명력의 문제에 지나지 않으므로 이를 부정하여야 한다(84모14). 유죄판
결은 범죄의 적극적인 증명을 기초로 하는 것임에 반하여, 무죄판결은
무죄의 증명뿐만 아니라 유죄의 증명이 없다는 소극적 판단도 그 기초로
하고 있기 때문이다. 따라서 무죄판결 자체가 아니라 무죄확정 판결의
증거자료를 자기의 증거자료로 하지 못하였고, 새로 발견된 것인 경우에
한하여 재심이유가 된다.

2. 상소기각의 확정판결에 대한 재심이유

(1) 재심이유

항소 또는 상고의 기각판결에 대하여는 위의 제1호, 제2호, 제7호의
사유가 있는 경우에 한하여 그 선고를 받은 자의 이익을 위하여 재심을
청구할 수 있다(제421조 제1항). 상소기각판결 자체에 재심이유가 있는 경
우에 상소기각판결의 확정력을 배제하여 소송을 상소심에 계속된 상태로
되돌림으로써 사건의 실체를 다시 심판할 수 있게 하기 위한 것이다. '항소
또는 상고의 기각판결'이란 상소기각판결로 인하여 확정된 하급심 판결이
아니라 항소기각판결 또는 상고기각판결 그 자체를 의미한다(84모48). 따
라서 피고사건의 범죄사실에 관하여 증거에 의하여 사실인정을 하지 않
았던 상고심판결에 대하여 원판결 후 진범인이 검거되어 현재 공판진행
중이라는 사유를 내세워 재심을 청구할 수 없다(86소1). 재심청구 사유를
주장함이 없이 막연하게 공소제기가 허위이며 증거서류가 날조되었으니
재판을 잘못하였다고 말하는 것(85소5)이나 단지 상고기각판결이 부당하
다는 취지뿐인 경우(83소2)에도 마찬가지이다.

(2) 재심청구의 제한

제1심 확정판결에 대한 재심청구사건의 판결이 있은 후에는 항소기

각판결에 대하여 다시 재심을 청구하지 못한다(제421조 제2항). 제1심 또는 제2심의 확정판결에 대한 재심청구사건의 판결이 있은 후에는 상고기각판결에 대하여 다시 재심을 청구하지 못한다(동조 제3항). '재심청구사건의 판결'이란 재심개시결정에 의하여 진행된 재심심판절차에서 내려진 판결을 의미한다. 그러므로 하급심의 확정판결에 대하여 재심청구기각판결이 내려진 경우에는 상소기각의 확정판결에 대하여 재심을 청구할 수 있다.

3. 확정판결에 대신하는 증명

확정판결로써 범죄가 증명됨을 재심청구의 이유로 할 경우에 그 확정판결을 얻을 수 없는 때에는 그 사실을 증명하여 재심을 청구할 수 있다. 다만, 증거가 없다는 이유로 확정판결을 얻을 수 없는 때에는 예외로 한다(제422조). 이것은 제420조와 제421조의 보충규정이다. '확정판결을 얻을 수 없는 때'란 유죄판결을 선고할 수 없는 사실상 또는 법률상의 장애가 있는 경우를 말한다. 범인이 사망한 경우나 행방불명된 경우, 범인이 심신상실상태에 있는 경우, 공소시효가 완성된 경우(2017모560), 사면이 있었던 경우, 범인을 기소유예처분한 경우, 고소인의 재정신청을 기각한 경우(96모123) 등이 이에 해당한다. 다만, 이때 재심을 청구하려면 확정판결을 얻을 수 없다는 사실뿐만 아니라 재심이유로 된 범죄행위 등이 행하여졌다는 사실도 증명하여야 한다(93모66).

Ⅲ. 재심개시절차

≪학습문제≫ 경합범의 관계에 있는 수개의 범죄사실을 유죄로 인정하여 하나의 형을 선고한 확정판결에 대하여 그 중 일부의 범죄사실에 대하여 재심청구가 이유있다고 인정되었지만 법원은 전 범죄사실에 대한 재심개시결정을 하였다. 법원의 결정은 적법한가?

1. 재심의 관할

재심청구는 원판결의 법원이 관할한다(제423조). '원판결'이란 재심청구인이 재심사유가 있다고 하여 재심청구의 대상으로 하고 있는 그 판결을 말한다(86모17). 따라서 제1심판결을 재심청구의 대상으로 하는 경우에는 제1심법원이, 대법원이 파기자판한 경우에는 대법원이 관할법원이 되며, 상소기각판결을 재심청구대상으로 하는 경우에는 상소법원이 관할법원이 된다. 다만, 군법회의판결이 확정된 후 군에서 제적되어 군법회의에 재판권이 없는 경우에는 재심사건이라 할지라도 그 관할은 원판결을 한 군법회의가 아니라 같은 심급의 일반법원이다(84도2972).

재심청구가 재심관할법원인 항소심법원이 아닌 제1심법원에 잘못 제기된 경우 제1심법원은 재심관할법원인 항소심법원에 이송하여야 한다(2002모344).

2. 재심의 청구

(1) 청구권자

재심청구권자는 검사, 유죄의 선고를 받은 자, 유죄의 선고를 받은 자의 법정대리인 및 유죄의 선고를 받은 자가 사망하거나 심신장애가 있는 경우에는 그 배우자, 직계친족 또는 형제자매 등이다(제424조). 법관, 검사나 사법경찰관의 직무범죄로 인한 재심의 청구(제7호)는 유죄의 선고를 받은 자가 그 죄를 범하게 한 경우에는 검사가 아니면 하지 못한다(제425조). 이때 검사는 유죄를 받은 자의 의사에 반하여도 재심을 청구할 수 있다.

검사 이외의 자가 재심을 청구하는 경우에는 변호인을 선임할 수 있다(제426조 제1항). 이때의 변호인의 선임은 재심판결이 있을 때까지 그 효력이 있다(동조 제2항). 재심판결에 대하여 상소하는 경우에는 심급마다 변호인을 선임하여야 한다.

(2) 재심청구기간

재심청구기간에는 제한이 없다. 재심청구는 형의 집행을 종료하거나 형의 집행을 받지 아니하게 된 때에도 할 수 있다(제427조). 따라서 형의 시효가 완성되거나 형의 집행유예기간이 경과한 후는 물론, 본인이 사망한 경우에도 재심을 청구할 수 있다.

(3) 재심청구의 방식

재심청구를 함에는 재심청구의 취지 및 재심청구의 이유를 구체적으로 기재한 재심청구서에 원판결의 등본 및 증거자료를 첨부하여 관할법원에 제출하여야 한다(규칙 제166조). 이 경우에는 재소자에 대한 특칙(제344조)이 준용되므로 재심청구서를 교도소장 등에게 제출한 때에 재심청구를 한 것으로 간주한다(제430조). 따라서 재감자에 대한 재심기각결정의 송달을 교도소장 등에게 하지 아니하였다면 부적법하여 무효이다(2008모630).

(4) 재심청구의 효과

재심청구는 형의 집행을 정지하는 효력이 없다. 다만, 관할법원에 대응한 검찰청검사는 재심청구에 대한 재판이 있을 때까지 형의 집행을 정지할 수 있다(제428조). 사형이 확정된 자에 대하여 재심청구가 있는 경우에 집행의 정지 여부는 검사의 재량이지만 가능한 한 재심절차가 종료될 때까지 정지하여야 한다.

(5) 재심청구의 취하

재심청구는 취하할 수 있다(제429조 제1항). 재심청구의 취하는 서면으로 하여야 한다. 다만, 공판정에서는 구술로 할 수 있다(규칙 제167조 제1항). 구술로 재심청구의 취하를 한 경우에는 그 사유를 조서에 기재하여야 한다(동조 제2항). 이 경우에도 재소자에 관한 특칙(제344조)이 인정되므로 교도소장 등에게 취하서를 제출한 때에 재심청구를 취하한 것으로 간주한다(제430조).

재심청구는 재심개시결정 이후에도 취하할 실익이 있고, 현행법이 재심청구 취하를 공판정에서 할 수 있다고 규정하고 있음을 고려할 때 제1심판결선고 시까지 취하하면 된다(통설). 재심청구를 취하한 자는 동일한 이유로써 다시 재심을 청구하지 못한다(제429조 제2항).

3. 재심청구에 대한 심판

(1) 재심청구의 심리

1) 사실조사

재심청구의 심리절차는 판결절차가 아니고 결정절차이므로 구두변론에 의할 필요가 없고, 절차를 공개할 필요도 없다. 다만, 필요하다고 인정한 때에는 법원은 사실조사를 할 수 있다(제37조 제3항). 사실조사의 범위는 재심청구인이 재심청구이유로 주장한 사실의 유무에 제한된다. 이때 법원은 필요하다고 인정한 때에는 합의부원에게 재심청구의 이유에 대한 사실조사를 명하거나 다른 법원판사에게 이를 촉탁할 수 있으며, 이 경우에 수명법관 또는 수탁판사는 법원 또는 재판장과 동일한 권한이 있다(제431조).

2) 당사자의 의견청취

재심청구에 대하여 결정을 함에는 청구한 자와 상대방의 의견을 들어야 한다. 다만, 유죄의 선고를 받은 자의 법정대리인이 청구한 경우에는 유죄의 선고를 받은 자의 의견을 들어야 한다(제432조). 재심청구인에게 의견을 진술할 기회를 주지 아니한 채 재심청구에 대하여 결정을 하면 중대한 위법으로 즉시항고의 이유가 된다(2004모86). 재심청구인에게 의견 진술의 기회를 주면 족하고, 재심청구인의 진술이 있어야만 하는 것은 아니다(95모38). 이때 의견을 듣는 방법이나 시기는 원칙적으로는 법원의 재량으로 서면에 의하건 구두에 의하건 상관이 없으며, 의견의 요청은 재심청구인과 상대방에게 동시에 할 수도 있고 따로 할 수도 있다(93모6).

(2) 재심청구에 대한 재판

1) 청구기각의 결정

(가) 재심청구가 부적법한 경우　　재심청구가 법률상의 방식에 위반하거나 청구권의 소멸 후인 것이 명백한 때에는 결정으로 기각하여야 한다(제433조).

(나) 재심청구가 이유없는 경우　　재심청구가 이유없다고 인정한 때에는 결정으로 기각하여야 한다(제434조 제1항). 이 결정이 있는 때에는 누구든지 동일한 이유로써 다시 재심을 청구하지 못한다(동조 제2항).

(다) 청구가 경합된 경우　　항소기각의 확정판결과 그 판결에 의하여 확정된 제1심판결에 대하여 재심의 청구가 있는 경우에 제1심법원이 재심판결을 한 때에는 항소법원은 결정으로 재심청구를 기각하여야 한다(제436조 제1항). 또한 제1심 또는 제2심 판결에 대한 상고기각의 판결과 그 판결에 의하여 확정된 제1심 또는 제2심의 판결에 대하여 재심청구가 있는 경우에 제1심법원 또는 항소법원이 재심판결을 한 때에는 상고법원은 결정으로 재심청구를 기각하여야 한다(동조 제2항).

상소를 기각하는 확정판결과 이에 따라 확정된 하급심의 판결에 대하여 각각 재심청구가 있는 경우에 상소법원은 결정으로 하급심법원의 소송절차가 종료할 때까지 소송절차를 정지하여야 한다(규칙 제169조).

> **[판례]** 형소법이나 형소규칙에는 재심청구인이 재심의 청구를 한 후 청구에 대한 결정이 확정되기 전에 사망한 경우에 재심청구인의 배우자나 친족 등에 의한 재심청구인 지위의 승계를 인정하거나 형소법 제438조와 같이 재심청구인이 사망한 경우에도 절차를 속행할 수 있는 규정이 없으므로 재심청구절차는 재심청구인의 사망으로 당연히 종료하게 된다(2014모739).

2) 재심개시결정

재심청구가 이유있다고 인정한 때에는 재심개시의 결정을 하여야 한다(제435조 제1항). 법원이 재심청구이유를 판단함에 있어서는 재심청구인의 법률적 견해에 구속되지 않는다. 재심개시의 결정을 할 때에는 결정으로 형의 집행을 정지할 수 있다(동조 제2항).

경합범의 관계에 있는 수개의 범죄사실을 유죄로 인정하여 하나의 형을 선고한 확정판결에 대하여 그 중 일부의 범죄사실에 대하여만 재심청구가 이유있다고 인정되는 경우에 재심개시결정 범위에 대하여는 이론상 당해 범죄사실만 대상이 된다는 견해, 양형상 필요한 경우에만 재심청구의 이유없는 부분도 대상이 된다는 견해 등이 있다. 그러나 이 경우는 형식적으로는 1개의 형이 선고된 판결에 대한 것이어서 그 판결 전부에 대하여 재심개시의 결정을 하여야 한다(다수설, 2008재도11).

(3) 결정에 대한 불복

재심청구를 기각하는 결정과 재심개시결정에 대하여는 즉시항고를 할 수 있다(제437조). 대법원의 결정에 대하여는 성질상 즉시항고가 허용되지 않는다.

Ⅳ. 재심심판절차

> ≪학습문제≫ 검사가 청구한 재심사건에 대한 판결에서 법원은 원판결보다 무거운 형을 선고하였다. 법원의 판결은 적법한가?

1. 재심의 공판절차

재심개시의 결정이 확정된 사건에 대하여는 청구경합에 따른 청구기각의 경우(제436조)를 제외하고는 법원은 그 심급에 따라 다시 심판을 하여야 한다(제438조 제1항). 따라서 제1심 판결에 대한 재심은 제1심 공판절차에, 상소기각의 확정판결에 대한 재심의 경우는 당해 상소심 공판절차에 따라 각각 심판하여야 한다. '다시' 심판한다는 것은 재심대상판결의 당부를 심사하는 것이 아니라 피고 사건 자체를 처음부터 새로 심판하는 것을 의미하므로, 재심대상판결이 상소심을 거쳐 확정되었더라도 재심사건에서는 재심대상판결의 기초가 된 증거와 재심사건의 심리과정에서 제출된 증거를 모두 종합하여 공소사실이 인정되는지를 새로이 판단하여야 한다. 그리고 재심사건의 공소사실에 관한 증거취사와 이에 근거한 사실인정도 다른 사건과 마찬가지로 그것이 논리와 경험의 법칙을 위반하거나 자유심증주의의 한계를 벗어나지 아니하는 한 사실심으로서 재심사건을 심리하는 법원의 전권에 속한다(2014도2946).

재심개시결정이 확정된 이상 재심개시결정이 부당한 경우에도 법원은 심판하여야 하고(2004도2154), 재심은 다시 심판하는 것이므로 심리결과 원판결과 동일한 결론에 도달하더라도 사건에 대하여 판결하여야 한다. 만일 재심대상사건의 기록이 모두 폐기된 경우에는 원판결의 증거들과 재심공판절차에서 새롭게 제출된 증거들의 증거가치를 종합적으로 평가하여 원판결의 원심인 제1심판결의 당부를 새로이 판단하여야 한다(2004도2154).

[판례] '재심청구를 받은 군사법원이 재판권이 없음에도 재심개시결정을 한 후에 비로소 사건을 일반법원으로 이송한 경우, 사건을 이송받은 일반법원은 군사법원의 재심개시결정을 유효한 것으로 보아 후속 절차를 진행할 수 있다(2011도1932).

[판례] 재심대상판결 확정 후에 형 선고의 효력을 상실케 하는 특별사면이 있었다고 하더라도, 재심개시결정이 확정되어 재심심판절차를 진행하는 법원은 그 심급에 따라 다시 심판하여 실체에 관한 유·무죄 등의 판단을 하여야지, 특별사면이 있음을 들어 면소판결을 하여서는 아니 된다(2011도1932).

[판례] 경합범 관계에 있는 수개의 범죄사실을 유죄로 인정하여 1개의 형을 선고한 불가분의 확정판결에서 그 중 일부의 범죄사실에 대하여만 재심청구의 이유가 있는 것으로 인정되었으나 형식적으로는 1개의 형이 선고된 판결에 대한 것이어서 판결 전부에 대하여 재심개시의 결정을 한 경우, 재심사유가 없는 범죄사실에 대하여는 재심개시결정의 효력이 그 부분을 형식적으로 심판의 대상에 포함시키는 데 그치므로 재심법원은 그 부분에 대하여는 이를 다시 심리하여 유죄인정을 파기할 수 없고 다만 그 부분에 관하여 새로이 양형을 하여야 하므로 양형을 위하여 필요한 범위에 한하여만 심리를 할 수 있을 뿐이라고 할 것이다. 그리고 그 부분

범죄사실에 관한 법령이 재심대상판결 후 개정·폐지된 경우에는 그 범죄사실에 관하여도 재심판결 당시의 법률을 적용하여야 하고 양형조건에 관하여도 재심대상판결 후 재심판결 시까지의 새로운 정상도 참작하여야 하며, 재심사유 있는 사실에 관하여 심리 결과 만일 다시 유죄로 인정되는 경우에는 재심사유 없는 범죄사실과 경합범으로 처리하여 한 개의 형을 선고하여야 한다(2016도1131).

2. 재심심판절차의 특칙

(1) 심리의 특칙

사망자 또는 회복할 수 없는 심신장애자를 위하여 재심청구가 있는 때 또는 유죄의 선고를 받은 자가 재심판결 전에 사망하거나 회복할 수 없는 심신장애자로 된 때에는 공판절차정지(제306조 제1항)와 공소기각의 결정(제328조 제1항 2호)에 관한 규정은 적용되지 않는다(제438조 제2항). 따라서 재심재판에서는 사망자를 위하여 재심청구를 하였거나 재심피고인이 재심판결 전에 사망한 경우에도 공소기각의 결정을 할 수 없고, 실체판결을 하여야 한다. 이때에는 피고인의 출정없이 심판할 수 있다. 다만, 변호인이 출정하지 아니하면 개정하지 못한다(동조 제3항). 이때 재심을 청구한 자가 변호인을 선임하지 아니한 때에는 재판장은 직권으로 변호인을 선임하여야 한다(동조 제4항).

(2) 공소취소와 공소장변경

재심절차가 진행 중에는 공소취소를 할 수 없다(76도3203). 또한 현행법이 이익재심만을 인정하고 있으므로 원판결의 죄보다 중한 죄를 인정하기 위한 공소사실의 추가·변경은 허용되지 않는다(다수설).

3. 재심의 재판

(1) 적용법령

재심이 개시된 사건에서 범죄사실에 대하여 적용하여야 할 법령은 재심판결 당시의 법령이다(2010도5986). 법령을 해석함에 있어서도 재심판결 당시를 기준으로 하여야 한다(2011도14044). 재심사유가 없지만 재심의 심판대상에 포함되는 재판 계속 중에 있는 보호감호 청구사건에 관한 법령이 재심대상판결 후 개정·폐지된 경우에도 마찬가지이다(2010도13590).

(2) 불이익변경금지의 원칙

재심에는 원판결의 형보다 무거운 형을 선고하지 못한다(제439조). 이것은 이는 단순히 원판결보다 무거운 형을 선고할 수 없다는 원칙만을 의미하는 것이 아니라 실체적 정의를 실현하기 위하여 재심을 허용하지만 피고인의 법적 안정성을 해치지 않는 범위 내에서 재심이 이루어져야 한다는 취지이다. 현행법상 피고인에 대한 이익재심만 허용되므로 검사가 청구한 경우에도 마찬가지이다. 따라서 재심대상사건에서 징역형의 집행유예를 선고하였음에도 재심사건에서 원판결보다 주형을 경하게 하고 집행유예를 없앤 경우에는 불이익변경금지원칙에 위배된다(2016도1131).

> [판례] 원판결이 선고한 집행유예가 실효 또는 취소됨이 없이 유예기간이 지난 후에 새로운 형을 정한 재심판결이 선고되는 경우에도, 그 유예기간 경과로 인하여 원판결의 형 선고 효력이 상실되는 것은 원판결이 선고한 집행유예 자체의 법률적 효과로서 재심판결이 확정되면 당연히 실효될 원판결 본래의 효력일 뿐이므로, 이를 형의 집행과 같이 볼 수는 없고, 재심판결의 확정에 따라 원판결이 효력을 잃게 되는 결과 그 집행유예의 법률적 효과까지 없어진다 하더라도 재심판결의 형이 원판결의 형보다 중하지 않다면 불이익변경금지의 원칙이나 이익재심의 원칙에 반한다고 볼 수 없다(2015도15782).

> [판례] 특별사면으로 형 선고의 효력이 상실된 유죄의 확정판결에 대하여 재심개시결정이 이루어져 재심심판법원이 심급에 따라 다시 심판한 결과 무죄로 인정되는 경우라면 무죄를 선고하여야 하겠지만, 그와 달리 유죄로 인정되는 경우에는, 피고인에 대하여 다시 형을 선고하거나 피고인의 항소를 기각하여 제1심판결을 유지시키는 것은 이미 형 선고의 효력을 상실하게 하는 특별사면을 받은 피고인의 법적 지위를 해치는 결과가 되어 이익재심과 불이익변경금지의 원칙에 반하게 되므로, 재심심판법원으로서는 '피고인에 대하여 형을 선고하지 아니한다'는 주문을 선고할 수밖에 없다(2012도2938).

또한 경합범 관계에 있는 수 개의 범죄사실을 유죄로 인정하여 한 개의 형을 선고한 불가분의 확정판결에서 그중 일부의 범죄사실에 대하여만 재심청구의 이유가 있는 것으로 인정되었으나 형식적으로는 1개의 형이 선고된 판결에 대한 것이어서 그 판결 전부에 대하여 재심개시의 결정을 한 경우, 재심법원은 재심사유가 없는 범죄에 대하여는 새로이 양형을 하여야 하는 것이므로, 이것은 헌법상 이중처벌금지의 원칙을 위반한 것이라고 할 수 없고, 다만 불이익변경의 금지 원칙이 적용되어 원판결의 형보다 중한 형을 선고하지 못한다(2015도15782).

(3) 무죄판결의 공시

재심에서 무죄의 선고를 한 때에는 그 판결을 관보와 그 법원소재지의 신문지에 기재하여 공고하여야 한다. 다만, (i) 제424조 제1호부터 제3호까지의 어느 하나에 해당하는 사람이 재심을 청구한 때에는 재심에서 무죄의 선고를 받은 사람 또는 (ii) 제424조 제4호에 해당하는 사람이 재심을 청구한 때에는 재심을 청구한 그 사람이 이를 원하지 아니하는 의사를 표시한 경우에는 그러하지 아니하다(제440조). '재심에서 무죄를 선고한 때'의 의미에 대하여는 조속한 피고인의 명예회복을 위해서는 문언에 따라 선고된 때라고 하는 견해(다수설)가 있다. 그러나 하급심의 재심재판에 대하여도 불복이 허용되므로 판결이 확정된 때라고 하여야 한다.

(4) 원판결의 무효

재심판결이 확정되면 원판결은 당연히 효력을 잃는다(2018도17909). 그러나 재심판결이 확정된 경우에도 원판결에 의한 형의 집행이 무효로 되는 것은 아니므로 원판결에 의해 행하여진 자유형의 집행은 재심판결의 자유형에 통산된다.

[판례] 재심판결이 확정됨에 따라 원판결이나 그 부수처분의 법률적 효과가 상실되고 형 선고가 있었다는 기왕의 사실 자체의 효과가 소멸하는 것은 재심의 본질상 당연한 것으로서, 원판결의 효력 상실 그 자체로 인하여 피고인

이 어떠한 불이익을 입는다 하더라도 이를 두고 재심에서 보호되어야 할 피고인의 법적 지위를 해치는 것이라고 볼 것은 아니다(2018도113382).

V. 소송촉진에 관한 특례법상 재심절차

1. 재심의 청구사유와 청구기간

「소송촉진에 관한 특례법」 제23조 본문에 따라 유죄판결을 받고 그 판결이 확정된 자가 책임을 질 수 없는 사유로 공판절차에 출석할 수 없었던 경우 형소법상 재심청구권자(제424조)는 그 판결이 있었던 사실을 안 날부터 14일 이내(재심청구인이 책임을 질 수 없는 사유로 위 기간에 재심청구를 하지 못한 경우에는 그 사유가 없어진 날부터 14일 이내)에 제1심 법원에 재심을 청구할 수 있다(제23조의2 제1항).

2. 재심청구의 효력

재심의 청구가 있을 때에는 법원은 재판의 집행을 정지하는 결정을 하여야 한다(동조 제2항). 집행정지 결정을 한 경우에 피고인을 구금할 필요가 있을 때에는 구속영장을 발부하여야 한다. 다만, 형소법상 구속의 요건(제70조)을 갖춘 경우로 한정한다(동조 제3항).

3. 재심청구절차

재심청구인은 재심청구서에 송달 장소를 적고, 이를 변경하는 경우에는 지체 없이 그 취지를 법원에 신고하여야 한다(동조 제4항). 그러나 재심청구인이 이 기재 또는 신고를 하지 아니하여 송달을 할 수 없는 경우에는 형소법상 공시송달(제64조)을 할 수 있다.

재심개시결정이 확정된 후 공판기일에 재심청구인이 출석하지 아니한 경우에는 형소법상 피고인의 출정(제365조)에 관한 규정을 준용한다. 이외에 재심에 관하여는 형소법 제426조, 제427조, 제429조부터 제434조까지, 제435조 제1항, 제437조부터 제440조까지의 규정을 준용한다.

> [판례] 「소송촉진 등에 관한 특례법」 제23조 따라 진행된 제1심의 불출석 재판에 대하여 검사만 항소하고 항소심도 불출석 재판으로 진행한 후에 제1심판결을 파기하고 새로 또는 다시 유죄판결을 선고하여 유죄판결이 확정된 경우에도, 재심 규정을 유추 적용하여 귀책사유 없이 제1심과 항소심의 공판절차에 출석할 수 없었던 피고인은 재심 규정이 정한 기간 내에 항소심 법원에 유죄판결에 대한 재심을 청구할 수 있다(2014도17252).

제2절 비상상고

Ⅰ. 비상상고의 의의

≪학습문제≫ 검사 갑은 제1심법원에 의한 확정판결에서 법령위반을 발견하였다. 갑은 어떻게 이를 시정하여야 하는가?

1. 개념과 기능

비상상고는 확정판결에 대하여 그 심판의 법령위반을 이유로 시정하기 위하여 인정된 비상구제절차이다.

비상상고는 법령의 해석·적용의 통일을 목적으로 하는 제도로서 판결의 법령적용 오류를 시정하는 기능을 수행하는 것으로 평가되고 있다(다수설, 2004오2).[23] 하지만 비상상고절차에서 원판결의 법령위반이 인정되고, 법령위반의 원판결이 피고인에게 불이익한 경우에는 대법원으로 하여금 피고사건에 대하여 다시 판결하도록 하고 있으므로(제446조 제1호 단

---

23) 이 점에서 비상상고는 프랑스 형소법의 '법률의 이익을 위한 상고'와 '공익을 위한 상고'에서 유래한 제도라고 한다.

서) 피고인의 구제기능도 가지고 있다.

2. 구별개념

비상상고는 법령위반을 이유로 한다는 점에서 사실인정의 잘못을 이유로 하는 재심과 구분되며, 확정판결에 대한 구체절차라는 점에서 미확정판결에 대한 시정제도인 상소와 구별된다.

Ⅱ. 비상상고의 대상

《학습문제》 검찰총장은 공소기각의 결정에 대하여 법령위반의 내용을 발견하고, 이를 이유로 비상상고를 제기하였다. 검찰총장의 행위는 적법한가?

비상상고의 대상은 모든 확정판결이다. 유·무죄의 판결뿐만 아니라 공소기각의 판결, 관할위반의 판결, 면소판결과 같은 형식재판도 비상상고의 대상이 된다. 확정된 약식명령(2006오2)이나 즉결심판도 확정판결과 동일한 효력을 가진다는 점에서 당연히 대상이 된다. 종국재판이라는 점에서 공소기각의 결정이나 상소기각의 결정(62오4)도 마찬가지이다. 당연무효의 판결도 형식적으로 판결이 존재하므로 비상상고의 대상이 된다.

Ⅲ. 비상상고의 이유

《학습문제》 친고죄에 대하여 고소가 취소되었음에도 이를 간과한 채 법원이 피고인에 대하여 유죄판결을 하였다. 이 판결에 대하여 검찰총장이 비상상고를 할 수 있는가?

비상상고는 사건의 심판이 법령에 위반한 때이다(제441조). '법령에 위반한 때'란 판결의 법령위반과 소송절차의 법령위반을 포함한다. 전자의 경우에는 원판결을 파기하고 원판결이 피고인에게 불이익한 때에는 피고사건에 대하여 다시 판결을 하여야 하지만, 후자의 경우에는 위반된 절차를 파기하는 것으로 충분하다. 따라서 소송소건이 흠결되었음에도 불구하고 실체판결을 하였거나 공소장변경절차에 위법이 있음에도 이를 간과하여 피고인에게 불리한 형을 선고한 경우 등이 문제된다.

1. 판결의 법령위반과 소송절차의 법령위반

(1) 구별기준

1) 제1설

판결의 법령위반은 판결내용에 영향을 미치는 법령위반을 의미하고, 소송절차의 법령위반은 판결내용에 직접 영향을 미치지 않는 소송절차의 법령위반을 의미한다는 견해이다(다수설). 이 견해에서는 범죄의 성립 여부나 형벌에 관한 법령위반 등의 판결의 실체법위반, 소송조건에 관한 법령위반 및 자백의 보강법칙이나 자백배제법칙에 관한 법령위반 등 판결의 소송법위반, 소송절차의 법령위반 중에 판결내용에 직접 영향을 미치는 법령위반은 모두 판결의 법령위반에 해당하게 된다. 따라서 면소판결은 물론, 공소기각이나 관할위반의 판결을 하여야 함에도 실체판결을 한 때에는 파기자판을 하여야 한다.

2) 제2설

판결의 법령위반은 판결내용의 법령위반을 의미하고, 소송절차의 법령위반은 판결 전 소송절차와 판결절차의 법령위반을 의미한다는 견해이다. 이 견해에 따르면 소송조건의 흠결에도 불구하고 유·무죄의 실체판결을 한 경우는 판결의 법령위반에 해당하지만, 소송절차의 법령위반의 경우에는 이것이 판결내용에 직접 영향을 미친 경우에도 소송절차의 법령위반에 해당하게 된다.

3) 검 토

판결의 법령위반과 소송절차의 법령위반의 구별실익이 자판을 요하느냐 여부와 관련이 있으므로 실질적 관점에서 고찰할 필요가 있다. 제444조 제2항에서는 '법원의 관할, 공소의 수리'와 '소송절차'를 구별하고 있으므로 소송절차의 법령위반이라도 판결의 주문이나 이유에 직접 영향을 미치는 법령위반은 판결의 법령위반이고, 이외의 법령위반은 소송절차의 법령위반에 해당한다고 할 것이다.

(2) 법령위반의 내용

1) 판결의 법령위반

판결의 법령위반에는 먼저 판결이 실체법에 위반한 경우로서 이미 폐지된 법령을 적용하여 유죄판결을 선고한 경우, 법정형이나 처단형을 초과하여 형을 선고한 경우 등이 있다.

또한 판결이 절차법에 위반한 경우로서 소송조건의 존부에 대하여 오인을 한 경우와 사실인정에 관한 소송법위반으로서 판결내용에 영향을 미친 경우가 있다. 공소시효가 완성되었지만 공소가 제기되어 유죄판결을 한 경우, 친고죄에서 고소가 취소되었지만 유죄판결을 한 경우 등이 전자에 해당하고, 자백에 대한 보강증거가 없지만 유죄판결을 선고한 경우나 임의성 없는 자백을 기초로 유죄판결을 선고한 경우 등이 후자에 해당한다.

이 외에 법원이 직권조사사항인 판결에 영향을 미친 사유에 대하여 심리를 하지 않은 것도 이에 해당한다. 법원의 직권조사사항에 대한 조사는 국가형벌권의 적정한 실현과 피고인보호를 위하여 인정되는 것으로서 법원의 의무로 보아야 하기 때문이다.

2) 소송절차의 법령위반

소송절차의 법령위반은 절차에 관한 법령위반으로 판결내용에 영향을 주지 않은 경우이다. 상소권을 고지하지 않은 판결의 선고 등이 이에 해당한다. 법령위반인 판결 전절차에서 발생한 것인지 판결절차에서 발생한 것인지는 묻지 않는다.

2. 사실오인으로 인한 법령위반

　　비상상고는 심판의 법령위반을 이유로 한다. 하지만 사실오인의 결과 발생한 법령위반이 비상상고의 이유가 될 수 있는가에 대하여는 비상상고가 법령해석의 통일을 목적으로 한다는 점에서 실체법적 사실인가 소송법적 사실인가를 묻지 않고 법령위반이 사실오인으로 인한 때에는 비상상고를 할 수 없다는 견해(소극설, 2004오2), 비상상고가 법령해석·적용의 통일뿐만 아니라 피고인의 구제와 하급법원에 대한 경고기능을 한다는 전제에서 법령위반의 전제가 되는 사실오인이 소송법적 사실인 경우뿐만 아니라 실체법적 사실인 때에도 그것이 소송기록을 조사함으로써 용이하게 인정할 수 있는 사항인 경우에는 비상상고의 대상이 된다는 견해 등이 있다. 그러나 소송법적 사실인정은 판결이유에도 명시되지 않기 때문에 사실오인과 법령위반의 구별이 쉽지 않고, 제444조 제2항에서는 소송절차의 법령위반에 대하여 사실조사를 허용하고 있다. 따라서 법령위반이 소송법적 사실에 대한 오인으로 인한 때에는 비상상고의 이유가 되지만 실체법적 사실의 오인으로 인한 때에는 비상상고가 허용되지 않는다(다수설). 그러므로 친고죄의 고소나 고소취소에 관한 사실의 오인, 이중기소사실의 오인, 피고인 사망사실의 오인 등에 의한 법령적용의 오류 등은 비상상고의 대상이 되지 않는다.

[판례] 비상상고제도는 법령 적용의 오류를 시정함으로써 법령의 해석·적용의 통일을 도모하려는 데에 주된 목적이 있는 것이므로, '그 사건의 심판이 법령에 위반한 것'이라고 함은 확정판결에서 인정한 사실을 변경하지 아니하고 이를 전제로 한 실체법의 적용에 관한 위법 또는 그 사건에 있어서의 절차법상의 위배가 있음을 뜻하는 것이므로, 단순히 그 법령적용의 전제사실을 오인함에 따라 법령위반의 결과를 초래한 것과 같은 경우는 법령의 해석적용을 통일한다는 목적에 유용하지 않으므로 '그 사건의 심판이 법령에 위반한 것'에 해당하지 않는다(2004오2). 따라서 전과가 없음에도 불구하고 누범가중을 한 것이나 이미 사망한 자에 대하여 실체판결을 한 것에 대하여는 비상상고가 허용되지 않는다(62오1). 그러나 소년의 연령을 오인하여 정기형을 선고하거나(63오1) 성년에게 부정기형을 선고한 경우(63오2)의 비상상고는 적법하다.

Ⅳ. 비상상고의 절차

> 《학습문제》 비상상고절차에서 변호인인 갑이 피고인을 대리하여 진술하고자 대법원에 공판기일에의 출석을 요청하였다. 대법원은 갑의 공판기일에서의 진술을 허용하여야 하는가?

1. 비상상고의 신청

비상상고의 신청권자는 검찰총장이다. 검찰총장은 판결이 확정한 후 그 사건의 심판이 법령에 위반한 것을 발견한 때에는 대법원에 비상상고를 할 수 있다(제441조). 비상상고를 함에는 그 이유를 기재한 신청서를 대법원에 제출하여야 한다(제442조). 비상상고의 신청에는 기간의 제한이 없다. 따라서 형의 시효가 완성되었거나 형이 소멸한 경우 또는 원판결을 받은 자가 사망한 경우에도 비상상고를 할 수 있다.

비상상고의 취하에 관하여는 명문규정이 없으나 비상상고의 판결이 있기 전까지 취하할 수 있다.

2. 비상상고의 심리

(1) 공 판

비상상고를 심리하기 위해서는 공판기일을 열어야 한다. 공판기일에는 검사는 신청서에 의하여 진술하여야 한다(제443조). 비상상고의 공판기일에는 피고인의 출석을 요하지 않는다. 따라서 피고인을 소환할 필요가 없다. 보통의 상고사건에서도 피고인의 진술권은 보장되지 않는다.

비상상고절차에서 피고인이 변호인을 선임하여 공판기일에 의견을 진술할 수 있는가에 대하여는 비상상고의 판결결과가 피고인이었던 자의 이해에 직접 영향을 미치므로 법률적 의견을 들을 필요가 있다는 점에서 이를 긍정하는 견해(다수설), 피고인의 구제는 비상상고의 반사적 효과에 지나지 않으므로 변호인의 출석과 진술권을 인정할 필요가 없다는 견해 등이 있다. 그러나 원판결이 피고인에게 불이익한 때에 한해서라도 변호인의 진술권을 보장하는 입법의 보완이 요구된다.

(2) 사실조사

대법원은 신청서에 포함된 이유에 한하여 조사하여야 한다(제444조 제1항). 법원의 관할, 공소의 수리와 소송절차에 관하여는 사실조사를 할 수 있다(동조 제2항). 이때 법원은 필요하다고 인정한 때에는 합의부원에게 사실조사를 명하거나 다른 법원판사에게 이를 촉탁할 수 있으며, 이 경우에 수명법관 또는 수탁판사는 법원 또는 재판장과 동일한 권한이 있다(동조 제3항, 제431조).

3. 비상상고의 판결

(1) 기각판결

대법원은 비상상고가 이유없다고 인정한 때에는 판결로써 이를 기각하여야 한다(제445조). 비상상고의 신청이 부적법한 경우도 마찬가지이다.

(2) 파기판결

대법원은 비상상고가 이유있다고 인정한 때에는 다음의 구별에 따라 판결을 하여야 한다(제446조).

1) 판결의 법령위반

(가) 파 기   원판결이 법령에 위반한 때에는 그 위반된 부분을 파기하여야 한다(제1호). 이 경우 원판결은 위반된 부분만 파기된다(94오1).

(나) 파기자판

가) 사 유   원판결이 피고인에게 불이익한 때에는 원판결을 파기하고 피고사건에 대하여 다시 판결을 한다(제1호 단서). 따라서 파기자판한 때에는 원판결보다 피고인에게 유리할 것을 요한다. '원판결이 피고

인에게 불이익한 때'란 원판결의 잘못을 시정하여 다시 선고할 판결이 원판결보다 피고인에게 이익이 될 것이 명백한 경우를 말한다. 친고죄에서 고소가 취소되었음에도 불구하고 유죄판결을 한 경우(4280비상2), 원판결이 불이익변경금지원칙을 위반하여 형을 선고한 경우(4290비상1), 항소기각결정을 하면서 미결구금일수를 본형에 산입하지 않은 경우(98오2) 등이 이에 해당한다. 이때에는 원판결의 전부가 파기된다.

　　　　　　나) 대상과 기준　　대법원이 자판하는 판결은 유·무죄 판결뿐만 아니라 면소판결, 공소기각판결을 포함한다. 그러나 파기환송이나 파기이송은 허용되지 않는다.

　　　　　　파기자판하는 경우의 기준법령에 대하여는 원판결파기에 의하여 사건은 미확정상태로 돌아가므로 자판 시를 기준으로 하여야 한다는 견해(자판 시설)가 있다. 그러나 원판결파기에 의하여 판결이 미확정상태로 되는 것은 아니며 원판결 이후에 우연히 발생한 이익되는 사정을 피고인에게 적용할 이유가 없다는 점에서 파기자판 시는 원판결 시의 법령이 기준이 된다(원판결 시설, 통설).

2) 소송절차의 법령위반

　　원심소송절차가 법령에 위반한 때에는 그 위반된 절차를 파기한다(제2호). 이 경우 원판결은 파기하지 않는다. 이때 절차의 법령위반이 판결에 영향을 미쳤는지의 여부는 묻지 않는다.

(3) 판결의 효력

　　비상상고의 판결은 파기자판의 경우 외에는 그 효력이 피고인에게 미치지 않는다. 따라서 판결의 위법부분을 파기하고 자판하지 않는 경우나 소송절차만이 파기된 경우에는 판결주문은 그대로 효력을 가진다.

제3장 재판의 집행과 형사보상 및 명예회복

```
                  ┌ 재판집행의 일반원칙
1. 재판의 집행 ─┤ 형의 집행
                  └ 재판의 집행에 대한 구제방법


                      ┌ 형사보상
2. 형사보상과 명예회복 ─┤
                      └ 명예회복
```

〈주요 학습사항〉

1. 형의 집행 방법과 절차
2. 피고인 또는 피의자에 대한 형사보상의
   요건과 절차
3. 명예회복의 대상과 절차

제1절 재판의 집행

Ⅰ. 재판집행의 일반원칙

≪학습문제≫ 불구속상태에서 재판을 받은 피고인 갑에게 징역형이 확정되자 검사가 형의 집행을 위하여 갑을 소환하였으나 갑이 이에 응하지 않았다. 검사는 갑에 대한 형의 집행을 위하여 어떻게 하여야 하는가?

1. 재판집행의 의의

재판의 집행이란 재판의 의사표시내용을 국가권력에 의하여 강제적으로 실현하는 것을 말한다. 재판의 집행에는 형의 집행뿐만 아니라 추징·소송비용과 같은 부수처분, 과태료·보증금의 몰수, 비용배상 등의 형 이외의 제재의 집행, 강제처분을 위한 영장집행 등이 포함된다. 이 중에서 가장 중요한 것은 유죄판결의 집행인 형의 집행이다. 이것에 의해 형법의 구체적 실현이라고 하는 형사소송의 최종목표가 달성되기 때문이다. 이 중에서 자유형의 집행을 행형이라고 한다. 재판 중 무죄판결, 공소기각의 재판, 관할위반의 판결은 그 의사표시만으로 족하고 재판의 집행은 문제되지 않는다.

2. 재판집행의 기본원칙

(1) 재판집행의 시기

1) 즉시집행의 원칙

재판은 형소법에 특별한 규정이 없으면 확정한 후에 집행한다(제459조). 따라서 재판은 확정된 후에 집행하는 것이 원칙이다. 검사의 집행지휘를 요하는 재판은 재판서 또는 재판을 기재한 조서의 등본 또는 초본을 재판의 선고 또는 고지한 때로부터 10일 이내에 검사에게 송부하여야 한다. 다만, 법률에 다른 규정이 있는 때에는 예외로 한다(제44조). 형선고의 재판에도 불구하고 형집행에 착수하지 않으면 형의 시효가 진행된다.

2) 즉시집행에 대한 예외

(가) 확정 전의 재판집행   재판이 확정되기 전이라도 형의 집행이 가능한 경우가 있다. 결정과 명령의 재판은 즉시항고(제410조) 또는 일부의 준항고(제416조 제4항, 제419조) 등의 경우를 제외하고는 즉시 집행할 수 있다. 원칙적으로 항고의 경우에는 즉시항고를 제외하고 재판의 집행을 정지하는 효력이 없기 때문이다. 다만, 원심법원 또는 항고법원은 결정으로 항고에 대한 결정이 있을 때까지 집행을 정지할 수 있다(제409조).

벌금·과료 또는 추징의 선고를 하는 경우에 가납(假納)의 재판이 있는 때에는 재판의 확정을 기다리지 않고 즉시 집행할 수 있다(제334조).

(나) 확정 후 일정기간경과 후의 집행   재판이 확정된 후라도 즉시 형을 집행할 수 없는 경우가 있다. 소송비용부담의 재판은 소송비용면제신청기간 내 또는 그 신청에 대한 재판이 확정된 후에 집행할 수 있다(제472조).

노역장유치는 벌금 또는 과료의 재판이 확정된 후 30일 이내에는 집행할 수 없다(형법 제69조 제1항). 벌금 또는 과료는 확정일로부터 30일 이내에 납입하면 충분하기 때문이다. 다만, 사형은 법무부장관의 명령이 있어야만 집행할 수 있다(제463조).

보석허가결정은 제98조 제1호·제2호·제5호·제7호 및 제8호의 조건은 이를 이행한 후가 아니면 집행하지 못하며, 법원은 필요하다고 인정하는 때에는 다른 조건에 관하여도 그 이행 이후 보석허가결정을 집행하도록 정할 수 있다(제100조 제1항).

(2) 재판집행의 지휘

1) 검사주의의 원칙

재판집행의 지휘·감독은 공익의 대표자인 검사의 직무에 속한다

(검찰청법 제4조 제4호). 따라서 재판의 집행은 그 재판을 한 법원에 대응한 검찰청 검사가 지휘한다(제460조 제1항). 다만, 공수처법에 의하여 공수처검사가 공소를 제기하는 고위공직자범죄 등 사건에 관한 재판이 확정된 경우 제1심 관할지방법원에 대응하는 검찰청 소속 검사가 그 형을 집행한다(공수처법 제28조 제1항). 이 경우 공수처장은 원활한 형의 집행을 위하여 해당 사건 및 기록 일체를 관할 검찰청의 장에게 인계한다(동조 제2항).

상소재판 또는 상소취하로 인하여 하급법원의 재판을 집행할 경우에는 상소법원에 대응한 검찰청검사가 지휘한다(제460조 제2항 본문). 이 경우에는 소송기록이 대부분 상소법원에 이미 송부되어 있기 때문이다. 따라서 소송기록이 하급법원 또는 그 법원에 대응한 검찰청에 있는 때에는 그 검찰청검사가 지휘한다(동항 단서).

2) 예 외

형의 집행에 있어서 법률에서 예외를 인정하는 경우가 있다. 공판절차에서의 재판장, 수명법관 또는 수탁판사에 의한 구속영장의 집행(제81조 제1항 단서)이나 재판장에 의한 압수·수색영장의 집행(제115조 제1항 단서) 등이 이에 해당한다.

또한 재판의 성질상 법원 또는 법관이 지휘하여야 하는 경우가 있다(제460조 제1항 단서). 법원에서 보관하고 있는 압수장물의 환부·매각·보관 등의 조치(제333조), 법정경찰권에 의한 재판장의 퇴정명령(제281조 제2항, 법조법 제58조 제2항) 등이 이에 해당한다.

(3) 집행지휘의 방식

재판의 집행지휘는 재판서 또는 재판을 기재한 조서의 등본 또는 초본을 첨부한 서면으로 하여야 한다(제461조 본문). 이러한 서면을 재판집행지휘서라고 한다. 다만, 형의 집행을 지휘하는 경우 외에는 재판서의 원본, 등본이나 초본 또는 조서의 등본이나 초본에 인정하는 날인으로 할 수 있다(동조 단서). 그러나 천재지변 등에 의하여 재판서원본이 멸실된 경우에는 형의 종류와 범위를 명확하게 할 수 있는 다른 증명자료를 첨부하여 형의 집행을 지휘할 수 있다(4293형항20).

(4) 형집행을 위한 소환

사형, 징역, 금고 또는 구류의 선고를 받은 자가 구금되지 아니한 때에는 검사는 형을 집행하기 위하여 이를 소환하여야 한다(제473조 제1항). 소환에 응하지 아니한 때에는 검사는 형집행장을 발부하여 구인하여야 한다(동조 제2항). 형의 선고를 받은 자가 도망하거나 도망할 염려가 있는 때 또는 현재지를 알 수 없는 때에는 소환함이 없이 형집행장을 발부하여 구인할 수 있다(동조 제3항).

형집행장에는 형의 선고를 받은 자의 성명·주거·연령·형명(刑名)·형기 기타 필요한 사항을 기재하여야 하며, 형집행장은 구속영장과 동일한 효력이 있다(제474조). 따라서 형집행장의 집행에는 피고인의 구속에 관한 규정이 준용된다(제475조).

II. 형의 집행

≪학습문제≫ 살인죄로 징역형을 선고받고 교도소에 수감되어 있던 갑은 지병이 악화되자 전문병원에서 장기적인 치료를 받기를 원하였다. 갑이 병원치료를 받기 위해서는 어떻게 하여야 하는가?

1. 집행의 순서

(1) 중형우선의 원칙

2개 이상의 형을 집행하는 경우에 자격상실, 자격정지, 벌금, 과료와 몰수 외[24]에는 무거운 형을 먼저 집행한다(제462조 본문). 형의 경중은 「형

---

24) 자격상실과 자격정지는 병과형이고, 몰수는 부가형이며, 벌금과 과료는 재산형이므로 자유형과 동시에 집행이 가능하다.

법」제50조에 의한다. 따라서 사형, 징역, 금고, 구류의 순서로 집행된다. 또 자유형의 형기가 같은 경우에는 징역이 금고보다 무거운 형이며, 형기가 다른 때에는 형종을 묻지 않고 장기인 것이 무거운 형이 된다. 이러한 기준 외에는 죄질과 범정(犯情)에 의하여 경중을 정한다.

형집행순서에 관한 규정은 2개 이상의 주형(主刑)의 집행을 동시에 개시한 경우에만 적용된다. 따라서 경한 형의 집행을 개시한 후에 무거운 형을 집행하게 된 때에도 경한 형의 집행을 중단하여야 하는 것은 아니다.

(2) 집행순서의 변경

소속장관의 허가를 얻어 검사는 무거운 형의 집행을 정지하고, 다른 형의 집행을 할 수 있다(제462조 단서). 이 집행순서변경은 가석방의 요건을 빨리 구비할 수 있도록 하기 위한 것이다.

(3) 노역장유치와 집행

자유형과 벌금형은 동시에 집행할 수 있다. 그러나 자유형과 노역장유치가 병존하는 경우에 검사는 자유형의 집행을 정지하고, 후자를 먼저 집행할 수 있다.

2. 사형의 집행

(1) 집행절차

사형은 법무부장관의 명령에 의하여 집행한다(제463조). 이것은 사형의 집행을 신중히 하고, 재심·비상상고 또는 사면의 기회를 주기 위해 배려한 것이다. 「군형법」 및 「군사법원법」의 적용을 받는 사건의 경우 사형은 국방부장관의 명령에 의하여 집행한다(군사법원법 제506조).

사형집행명령은 판결이 확정된 날로부터 6월 이내에 하여야 한다(제465조 제1항). 이 6월의 기간을 둔 것에 대하여는 사형집행이 지연되는 경우에 사형수에게 장기간에 걸쳐 죽음의 공포를 체험하지 않게 하기 위한

것이라는 견해가 있다. 그러나 이것은 사형수의 이익을 위하여 상소권회
복청구, 재심청구, 비상상고신청 등을 시도할 수 있도록 배려한 것이다.
다만, 이 기간규정의 성격에 대하여는 훈시규정으로 보는 견해, 강행규정
으로 보는 견해 등이 있다. 그러나 법무부장관은 확정된 재판의 내용을
집행하는 기관에 불과하므로 특별한 사정이 없는 한 이 기간을 준수하여
야 한다. 그러나 상소권회복의 청구, 재심의 청구 또는 비상상고의 신청
이 있는 때에는 그 절차가 종료할 때까지의 기간은 이 기간에 산입하지
아니한다(동조 제2항).

사형선고를 받은 자는 구치소 또는 미결수용실에 수용한다(형의 집행
및 수용자의 처우에 관한 법률 제11조 제1항 제4호). 사형을 선고한 판결이 확정된
때에는 검사는 지체없이 소송기록을 법무부장관에게 제출하여야 한다(제
464조). 법무부장관이 사형집행을 명한 때에는 5일 이내에 집행하여야 한다.

(2) 집행방법

사형은 교도소 또는 구치소 내에서 교수하여 집행한다(형법 제66조).
사형의 집행에는 검사, 검찰청서기관과 교도소장 또는 구치소장이나 그
대리자가 참여하여야 한다(제467조 제1항). 검사 또는 교도소장 또는 구치
소장의 허가가 없으면 누구든지 형의 집행의 장소에 들어가지 못한다(동
조 제2항). 사형의 집행에 참여한 검찰청서기관은 집행조서를 작성하고 검
사와 교도소장 또는 구치소장이나 그 대리자와 함께 서명날인하여야 한
다(제468조).

「군형법」의 적용을 받는 사형수에 대한 집행은 소속 군참모총장 또
는 군사법원의 관할관이 지정한 장소에서 총살에 의한다(군형법 제3조).

(3) 사형의 집행정지

사형의 선고를 받은 자가 심신의 장애로 의사능력이 없는 상태이거
나 임신 중의 여자인 경우에는 법무부장관의 명령으로 집행을 정지한다
(제469조 제1항). 사형집행정지 중인 자는 교도소 또는 구치소에 수용하여

야 한다. 사형집행을 정지한 경우에는 심신장애의 회복 또는 출산 후에 법무부장관의 명령에 의하여 형을 집행한다(동조 제2항).

3. 자유형의 집행

(1) 집행방법

자유형은 교도소에 구치하여 집행한다(형법 제67조, 제68조). 자유형은 검사가 형집행지휘서에 의하여 지휘한다(제460조, 제461조). 검사는 자유형의 집행을 위하여 형집행장을 발부할 수 있다(제473조). 자유형의 집행에 관하여는 「형의 집행 및 수용자의 처우에 관한 법률」에서 상세히 규율하고 있다.

(2) 형기의 계산

자유형을 집행할 때에는 형기를 준수하여야 한다. 자유형의 형기는 판결이 확정되는 날로부터 기산한다(형법 제84조 제1항). 다만, 불구속 중인 자에 대하여는 형집행지휘서에 의하여 수감된 날을 기준으로 형기를 기산하여야 한다. 형집행의 초일은 기산을 계산함이 없이 1일로 산정한다(형법 제85조). 석방은 형기종료일에 하여야 한다(형법 제86조).

(3) 미결구금일수의 산입

'미결구금일수'란 구금당한 날로부터 판결확정 전일까지 실제로 구금된 일수를 말한다. 판결선고 전의 구금일수는 그 전부를 유기징역·유기금고, 벌금이나 과료에 관한 유치 또는 구류에 산입한다(형법 제57조 제1항, 2007헌바25). 확정된 형을 집행함에 있어서 무죄로 확정된 다른 사건에서의 미결구금일수는 형기에 산입되지 않는다(97모112).

현행법은 상소제기와 관련된 법정통산[25]에 관하여 규정하고 있다.

---

25) 법정통산이란 미결구금일수가 당연히 본형에 산입되는 것을 말한다. 따라서 법정통산은 판결선고에 있어서 미결구금일수에 대한 산입의 선고를 요하지 않는다.

즉, 판결선고 후 판결확정 전 구금일수(판결선고 당일의 구금일수를 포함한다)는 전부를 본형에 산입한다(제482조 제1항). 또 상소기각 결정 시에 송달기간이나 즉시항고기간 중의 미결구금일수도 전부를 본형에 산입한다(동조 제2항). 이때의 구금일수의 1일을 형기의 1일 또는 벌금이나 과료에 관한 유치기간의 1일로 계산한다(동조 제3항). 그러나 「형법」 제7조의 '외국에서 형의 전부 또는 일부가 집행된 사람'이란 '외국 법원의 유죄판결에 의하여 자유형이나 벌금형 등 형의 전부 또는 일부가 실제로 집행된 사람'을 말하므로, 외국에서 무죄판결을 받고 석방되기까지의 미결구금은 「형법」 제57조 제1항의 미결구금산입의 대상이 아니다(2017도5977).

(4) 자유형의 집행정지

1) 필요적 집행정지

징역, 금고 또는 구류의 선고를 받은 자가 심신의 장애로 의사능력이 없는 상태에 있는 때에는 형을 선고한 법원에 대응한 검찰청 검사 또는 형의 선고를 받은 자의 현재지를 관할하는 검찰청 검사의 지휘에 의하여 심신장애가 회복될 때까지 형의 집행을 정지한다(제470조 제1항).

형의 집행을 정지한 경우에는 검사는 형의 선고를 받은 자를 감호의무자 또는 지방공공단체에 인도하여 병원 기타 적당한 장소에 수용하게 할 수 있다(동조 제2항). 형의 집행이 정지된 자는 위의 처분이 있을 때까지 교도소 또는 구치소에 구치하고 그 기간을 형기에 산입한다(동조 제3항).

2) 임의적 집행정지

징역, 금고 또는 구류의 선고를 받은 자에 대하여 (i) 형의 집행으로 인하여 현저히 건강을 해하거나 생명을 보전할 수 없을 염려가 있는 때, (ii) 연령 70세 이상인 때, (iii) 잉태 후 6월 이상인 때, (iv) 출산 후 60일을 경과하지 아니한 때, (v) 직계존속이 연령 70세 이상 또는 중병이나 장애인으로 보호할 다른 친족이 없는 때, (vi) 직계비속이 유년으로 보호할 다른 친족이 없는 때, (vii) 기타 중대한 사유가 있는 때 중의 하나에 해당한 사유가 있는 때에는 형을 선고한 법원에 대응한 검찰청검사 또는 형의 선고를 받은 자의 현재지를 관할하는 검찰청검사의 지휘에 의하여 형의 집행을 정지할 수 있다(제471조 제1항).[26] 검사가 위의 형의 집행정지를 지휘함에는 소속 고등검찰청검사장 또는 지방검찰청검사장의 허가를 얻어야 한다(동조 제2항).

　　형집행정지자에 대한 집행정지사유가 없어진 경우에는 검사는 다시 자유형의 집행을 지휘하여야 한다. 형집행정지자에 대한 형의 집행에 관한 규정으로는 「형집행정지자관찰규정」(대통령령)이 있다.

4. 자격형의 집행

자격상실 또는 자격정지의 선고를 받은 자에 대하여는 이를 수형자원부에 기재하고 지체없이 그 등본을 형의 선고를 받은 자의 등록기준지와 주거지의 시(구가 설치되지 아니한 시를 말한다. 이하 같다)·구·읍·면장(도농복합형태의 시에 있어서는 동지역인 경우에는 시·구 의 장, 읍·면지역인 경우에는 읍·면의 장으로 한다)에게 송부하여야 한다(제476조). '수형자원부'란 「형의 실효 등에 관한 법률」이 규정한 수형인명부를 가리키는 것이며, '수형인명부'란 자격정지 이상의 형을 받은 수형인을 기재한 명부로서 검찰청 및 군검찰부에서 관리하는 것을 말한다(법 제2조 제2호).

5. 재산형의 집행

(1) 집행명령과 그 효력

벌금, 과료, 몰수, 추징, 과태료, 소송비용, 비용배상 또는 가납의 재

---

26) 형집행정지 및 그 연장에 관한 사항을 심의하기 위하여 각 지방검찰청에 형집행정지 심의위원회를 둔다(제471조의2). 심의위원회는 위원장 1명을 포함한 10명 이내의 위원으로 구성하고, 위원은 학계, 법조계, 의료계, 시민단체 인사 등 학식과 경험이 있는 사람 중에서 각 지방검찰청 검사장이 임명 또는 위촉한다(동조 제2항). 심의위원회의 구성 및 운영 등 그 밖에 필요한 사항은 법무부령으로 정한다(동조 제3항).

판은 검사의 명령에 의하여 집행한다(제477조 제1항). 이 명령은 집행력있는 채무명의와 동일한 효력이 있다(동조 제2항). 검사는 이 재판을 집행하기 위하여 필요한 조사를 할 수 있으며, 이때 공무소 기타 공사단체에 조회하여 필요한 사항의 보고를 요구할 수 있다(동조 제5항). 벌금, 과료, 추징, 과태료, 소송비용 또는 비용배상의 분할납부, 납부연기 및 납부대행기관을 통한 납부 등 납부방법에 필요한 사항은 법무부령으로 정한다(동조 제6항).

이 재판의 집행에는 「민사집행법」의 집행에 관한 규정을 준용한다. 다만, 집행 전에 재판의 송달을 요하지 아니한다(동조 제3항). 이때 집행비용은 집행을 받은 자의 부담으로 하고, 「민사집행법」의 규정에 준하여 집행과 동시에 징수하여야 한다(제493조). 예외적으로 재산형의 집행은 「국세징수법」에 따른 국세체납처분의 예에 따라 집행할 수 있다(제477조 제4항). 전자의 경우에는 「민사집행법」상 강제집행절차를 거쳐야 하지만, 후자의 경우에는 집행공무원이 벌금 등을 납부하지 않은 자의 재산에 대하여 직접 압류 또는 공매처분을 할 수 있다.[27]

(2) 집행방법

1) 집행대상

재산형 및 재산형에 준하는 각종 제재도 그 재산형을 선고받은 본인, 즉 수형자의 재산에 대하여만 집행할 수 있다. 다만, 다음의 특칙이 있다.[28]

(가) 상속재산에 대한 집행　몰수 또는 조세, 전매 기타 공과에 관한 법령에 의하여 재판한 벌금 또는 추징은 그 재판을 받은 자가 재판확정 후 사망한 경우에는 그 상속재산에 대하여 집행할 수 있다(제478조). 그러나 재판확정 전에 본인이 사망한 경우에는 상속재산에 대하여 집행할 수 없다.

---

27) 벌금, 과료, 추징, 과태료, 소송비용 또는 비용배상의 분할납부, 납부연기 및 납부대행기관을 통한 납부 등 납부방법에 필요한 사항은 법무부령으로 정한다(제447조 제6항, 2018.1.17. 시행).

28) 공무원범죄로 인한 불법재산의 몰수가 불가능하거나 몰수하지 아니한 경우에 행하는 추징은 범인 외의 자가 그 정황을 알면서 취득한 불법재산 및 그로부터 유래한 재산에 대하여 그 범인 외의 자를 상대로 집행할 수 있다(공무원범죄에 관한 몰수 특례법 제9조의2).

(나) 합병 후 법인에 대한 집행   법인에 대하여 벌금, 과료, 몰수, 추징, 소송비용 또는 비용배상을 명한 경우에 법인이 그 재판확정 후 합병에 의하여 소멸한 때에는 합병 후 존속한 법인 또는 합병에 의하여 설립된 법인에 대하여 집행할 수 있다(제479조).

2) 가납재판의 집행조정

제1심 가납의 재판을 집행한 후에 제2심 가납의 재판이 있는 때에는 제1심 재판의 집행은 제2심 가납금액의 한도에서 제2심 재판의 집행으로 간주한다(제480조). 가납의 재판을 집행한 후 벌금, 과료 또는 추징의 재판이 확정된 때에는 그 금액의 한도에서 형의 집행이 된 것으로 간주한다(제481조).

가납금액이 확정재판의 금액을 넘을 때에는 초과액을 환부하여야 한다. 또한 원심판결이 상소심에서 파기되어 무죄 또는 자유형이 선고된 경우에는 그 전에 가납재판에 의해 집행된 금액을 전액 환부하여야 한다.

> <참고>   「부정수표 단속법」에 의하여 벌금을 선고하는 경우에는 가납판결을 하여야 하며, 이때 구속된 피고인에 대하여는 벌금을 가납할 때까지 피고인을 구속한다(동법 제6조).

3) 노역장유치의 집행

벌금 또는 과료를 완납하지 못한 자에 대한 노역장유치의 집행에는 형의 집행에 관한 규정을 준용한다(제492조). 이때 준용되는 규정은 집행의 일반원칙(제459조, 제460조)과 자유형의 집행에 관한 규정이다. 따라서 구금되지 아니한 당사자에 대하여 형의 집행기관인 검사는 그 형의 집행을 위하여 당사자를 소환할 수 있고, 당사자가 소환에 응하지 아니한 때에는 형집행장을 발부하여 구인할 수 있다(제473조). 이 경우 형집행장의 집행에 관하여 피고인의 구속에 관한 규정을 준용하도록 되어 있다(제475조). 따라서 사법경찰관리가 벌금형을 받은 사람을 노역장유치 집행을 위하여 구인하는 경우, 검사로부터 발부받은 형집행장을 상대방에게 제시하여야 한다. 그러나 여기서 '피고인의 구속에 관한 규정'이라 함은 '피고인의 구속영장의 집행에 관한 규정'을 의미하므로 형집행장의 집행에 관하여는 구속의 사유(제70조)나 구속이유의 고지(제72조)에 관한 규정은 준용되지 아니한다(2012도2349).

6. 몰수와 압수물의 처분

(1) 몰수형의 집행

몰수의 재판이 확정되면 몰수물의 소유권은 국고에 귀속된다. 재판 확정 시에 몰수물이 이미 압수되어 있으면 재판의 집행은 요하지 않고 몰수물의 처분행위만 있으면 되지만, 아직 압수되어 있지 않은 경우에는 재산형의 집행방법에 의하여 몰수재판을 집행하여야 한다. 몰수형의 집행은 검사가 몰수물을 처분하는 방법에 의한다. 즉, 몰수물은 검사가 처분하여야 한다(제483조). 처분방법에는 공매에 의한 국고납입처분, 폐기처분, 인계처분, 특별처분 등이 있다(검찰압수물사무규칙 참조). 특히 문서, 도화 또는 유가증권의 일부가 몰수에 해당하는 때에는 그 부분을 폐기한다(형법 제48조 제3항).

몰수를 집행한 후 3월 이내에 그 몰수물에 대하여 정당한 권리있는 자가 몰수물의 교부를 청구한 때에는 검사는 파괴 또는 폐기할 것이 아니면 이를 교부하여야 한다(제484조 제1항). 몰수물을 처분한 후 교부의 청구가 있는 경우에는 검사는 공매에 의하여 취득한 대가를 교부하여야 한다(동조 제2항).

> <참고> 특정공무원범죄29)를 범한 사람이 그 범죄행위를 통하여 취득한 불법

---

29) '특정공무원범죄'란 다음 각 목의 어느 하나에 해당하는 죄[해당 죄와 다른 죄가 「형법」 제40조에 따른 상상적 경합(想像的 競合) 관계인 경우에는 그 다른 죄를 포함한다]를 말한다(법 제2조 제1호).
　가. 「형법」 제129조부터 제132조까지의 죄
　나. 「회계관계직원 등의 책임에 관한 법률」 제2조 제1호·제2호 또는 제4호(같은 조 제1호 또는 제2호에 규정된 사람의 보조자로서 그 회계사무의 일부를 처리하는 사람만 해당

수익 등을 철저히 추적·환수(還收)하기 위하여 몰수 등에 관한 특례를 규정한 것으로서 「공무원범죄에 관한 몰수 특례법」이 있다.30)

(2) 압수물의 처분

1) 압수물의 환부와 위조 등의 표시

압수한 서류나 물품에 대하여 몰수선고가 없으면 그 서류나 물품에 대한 압수가 해제된 것으로 간주한다(제332조). 이때 압수한 서류나 물품을 정당한 권리자에게 환부하여야 하는데, 위조 또는 변조한 물건을 환부하는 경우에는 그 물건의 전부 또는 일부에 위조나 변조인 것을 표시하여야 한다(제485조 제1항).

위조 또는 변조한 물건이 압수되지 아니한 경우에는 그 물건을 제출하게 하여 표시하여야 한다. 다만, 그 물건이 공무소에 속한 것인 때에는 위조나 변조의 사유를 공무소에 통지하여 적당한 처분을 하게 하여야 한다(동조 제2항). 이때 위조의 표시를 하여 환부한 경우에는 이를 적법하게 소지할 수 있을 뿐 아니라 민법상 권리행사의 자료로도 사용할 수 있다(84모43).

2) 환부불능과 공고

압수물의 환부를 받을 자의 소재가 불명하거나 기타 사유로 인하여 환부를 할 수 없는 경우에는 검사는 그 사유를 관보에 공고하여야 한다(제486조 제1항). 공고한 후 3월 이내에 환부의 청구가 없는 때에는 그 물건은 국고에 귀속한다(동조 제2항). 이 기간 내에도 가치없는 물건은 폐기할 수 있고, 보관하기 곤란한 물건은 공매하여 그 대가를 보관할 수 있다(동조 제3항).

한다)에 규정된 사람이 국고(國庫) 또는 지방자치단체에 손실을 입힐 것을 알면서도 그 직무에 관하여 범한 「형법」 제355조의 죄

　다. 「특정범죄 가중처벌 등에 관한 법률」 제2조 및 제5조의 죄

　30) 특정공무원범죄에 관한 몰수·추징의 시효는 10년이다(공무원범죄에 관한 몰수 특례법 제9조의4).

3) 압수장물의 환부

압수한 장물로서 피해자에게 환부할 이유가 명백한 것은 법원이 판결로써 피해자에게 환부하는 선고를 하여야 한다. 이때 장물을 처분한 경우에는 판결로써 그 대가로 취득한 것을 피해자에게 교부하는 선고를 하여야 한다(제333조).

압수물환부의 판결이 확정되면 법원에서 그 목적물을 보관하고 있는 경우에는 법원이 스스로 재판을 집행하고. 검찰청에서 보관하고 있는 경우에는 검사가 이를 집행한다.

Ⅲ. 재판집행에 대한 구제방법

≪학습문제≫ 검사가 판결에 의하여 벌금형이 확정된 피고인에 대한 형을 집행하면서 피고인의 부인인 갑의 재산에 대하여 강제집행을 하였다. 갑은 어떻게 구제받을 수 있는가?

1. 재판해석에 대한 의의 신청

(1) 의의신청의 의의

형의 선고를 받은 자는 집행에 관하여 재판의 해석에 관한 의의(疑義)가 있는 때에는 재판을 선고한 법원에 의의신청을 할 수 있다(제488조). 의의신청은 판결주문의 취지가 불명확하여 주문의 해석에 의문이 있는 경우에 한하며, 판결이유의 모순, 불명확 또는 부당을 주장하는 의의신청은 허용되지 않는다(87초42). '재판을 선고한 법원'이란 형을 선고한 법원을 말한다(67초23). 따라서 상소기각의 경우에는 원심법원이 관할법원이 된다.

(2) 의의신청의 절차와 결정

의의신청이 있는 때에는 법원은 결정을 하여야 하며, 이 결정에 대하여는 즉시항고를 할 수 있다(제491조). 신청은 법원의 결정이 있을 때까지 취하할 수 있다(제490조 제1항). 재판해석의 의의신청과 그 취하에 대하여는 재소자에 대한 특칙이 준용된다(제490조 제2항, 제344조).

2. 재판집행에 대한 이의신청

(1) 이의신청의 의의와 관할

재판의 집행을 받은 자 또는 그 법정대리인이나 배우자는 집행에 관한 검사의 처분이 부당함을 이유로 재판을 선고한 법원에 이의신청을 할 수 있다(제489조). 이의신청은 재판이 확정될 것을 요하지 않는다는 점에서 재판의 확정 후에 하는 의의신청과 구분된다. 다만, 재판이 확정되기 전에 검사가 형의 집행지휘를 하는 경우에도 이의신청이 가능하다(64모14). 그러나 집행이 종료한 후에는 그 실익이 없으므로 이의신청이 인정되지 않는다(2001모91).

이의신청의 관할법원은 재판을 선고한 법원이다. '재판을 선고한 법원'이라 함은 피고인에게 형을 선고한 법원을 말하므로 이 형을 선고한 판결에 대한 상소를 기각한 법원은 이에 포함되지 않는다(96초76).

(2) 이의신청의 대상과 절차

이의신청의 대상은 제460조에 규정한 검사의 형의 집행지휘, 제477조에 규정한 검사의 재산형 등의 집행명령 등, 검사가 형소법의 규정에 기하여 한 재판의 집행에 관한 일체의 처분이다. 「검찰징수사무규칙」제17조에 규정한 '검사의 벌금 등의 징수명령'은 검사의 재산형 등의 집행명령과 같은 것이므로 이의신청의 대상이 된다(2001모91). 이의신청의 절차와 결정은 의의신청의 경우와 같다.

이의신청은 검사의 집행처분이 부적법한 경우뿐만 아니라 부당한 경우도 할 수 있다. 그러나 검사의 공소제기 또는 이를 바탕으로 한 재판 그 자체의 부당함을 이유로 하거나 현행 형벌제도를 비난하기 위해 이의신청을 하는 것은 허용되지 않는다(87초42).

3. 소송비용면제의 신청

소송비용부담의 재판을 받은 자가 빈곤으로 인하여 이를 완납할 수 없는 경우에는 그 재판의 확정 후 10일 이내에 재판을 선고한 법원에 소송비용의 전부 또는 일부에 대한 재판의 집행면제를 신청할 수 있다(제487조). 소송비용부담의 재판집행은 집행면제신청기간 내와 그 신청이 있는 때에는 그 신청에 대한 재판이 확정될 때까지 정지된다(제472조). 그 절차와 결정은 의의신청의 경우와 같다.

> <형의 실효와 복권> 형의 실효와 복권에 대하여는 「형법」 제81조와 제82조 및 「형의 실효 등에 관한 법률」 참조 — 형의 실효 또는 복권에 대한 선고는 그 사건에 관한 기록이 보관되어 있는 검찰청에 대응하는 법원에 대하여 신청하여야 한다. 이러한 신청에 의한 선고는 결정으로 한다. 신청을 각하하는 결정에 대하여는 즉시항고를 할 수 있다(제337조).

제2절 형사보상과 명예회복

Ⅰ. 형사보상

> ≪학습문제≫ 수사기관에서 거짓자백으로 인하여 구금된 후 기소된 갑은 공판절차에서 진실이 밝혀져 무죄판결을 받았다. 갑은 형사보상을 청구할 수 있는가?

1. 형사보상의 의의

(1) 개 념

형사보상이란 국가의 잘못된 형사사법권의 행사로 인하여 부당하게 미결구금이나 형집행을 받은 사람에 대하여 국가가 그 손해를 보상하여 주는 제도를 말한다. 형사보상제도는 형사사법이 민주사법으로 전환되는 과정에서 프랑스, 독일 등 유럽대륙의 국가에서 형성된 것으로, 초기에는 국왕 또는 국가의 은혜로 간주되었던 것이 국민의 기본권으로 된 것이다. 헌법 제28조에서는 "형사피의자 또는 형사피고인으로서 구금되었던 자가 법률이 정하는 불기소처분을 받거나 무죄판결을 받은 때에는 법률이 정하는 바에 의하여 국가에 상당한 보상을 청구할 수 있다"고 규정하고 있다. 이러한 헌법상 형사보상청구권은 「형사보상 및 명예회복에 관한 법률」(이하 '형사보상법'이라 한다)에서 구체적으로 구현하고 있다.

형사보상에 관한 규정은 군사법원에서 무죄재판을 받거나 군검찰부 검찰관으로부터 공소를 제기하지 아니하는 처분을 받은 자에 대하여도 준용된다(법 제29조 제2항).

(2) 법적 성격

1) 형사보상의 본질

(가) 법률의무설 국가의 구속 또는 형집행처분이 객관적·사후적으로 위법한 경우 그러한 위법처분으로 인해 피해를 입은 자에 대해 국가가 손해를 배상하여야 하는 법률적 의무를 진다고 하는 견해이다(다수설). 이 견해에서는 국가의 형사보상을 객관적으로 위법한 공권력의 행사가 있는 경우에 공무원의 고의·과실을 묻지 않고 국가가 배상해 주는 공법상의 무과실손해배상이라고 이해한다. 따라서 공무원의 불법행위의 경우에 부담하는 국가의 배상책임(헌법 제29조)과 형사보상청구권(헌법 제28조)은 서로 구별된다고 한다.

(나) 공 평 설 형사보상은 국가가 공평의 견지에서 행하는 조절보상(調節補償)이라고 하는 견해이다. 국가의 형사사법권 행사는 다분히 진실이 왜곡될 우려가 있는데, 이것이 현실화하여 구체적 개인이 억울하게 미결구금이나 형집행을 당하는 것은 다수의 이익을 위해 구체적 개인이 특별한 희생을 입은 것이라고 한다. 따라서 구체적 개인에 대해 공평의 견지에서 그 손해를 전보하는 것이 형사보상이라고 한다. 이 견해에 따

르면 형사보상은 국가의 과실책임이 인정되지 않더라도 이루어진다는 점에서 공법상의 손실보상에 가깝다.

(다) 제3의 견해　형사보상을 손해배상이나 손실보상이 아닌 제3의 손해전보제도로 이해하는 견해이다. 즉, 형사보상은 형사사법절차에 내재하는 불가피한 위험으로 인한 피해에 대한 보상으로서 국가의 위법·부당한 행위를 전제로 하는 국가배상과는 그 취지 자체가 상이하다고 한다. 따라서 형사보상절차로서 인과관계 있는 모든 손해를 보상하지 않는다고 하여 반드시 부당하다고 할 수는 없다고 한다(2008헌마514).

(라) 검 토　형사보상법 제5조의 규정내용과 피고인에 대한 충분한 보상의 도모라고 하는 점을 고려하면 형사보상의 성격을 무과실배상책임으로 보는 법률의무설이 타당하다.

2) 형사보상과 손해배상과의 관계

형사보상법에 의하면 형사보상을 받은 자가 다른 법률의 규정에 의하여 손해배상을 청구하는 것을 금지하지 않는다(법 제6조 제1항). 따라서 형사보상을 청구하는 자가 형사보상법에 의한 청구 외에 「국가배상법」이나 「민법」에 의한 손해배상을 동시에 청구할 수 있다. 그러나 이 법에 따른 보상을 받을 자가 같은 원인에 대하여 다른 법률에 따라 손해배상을 받은 경우에 그 손해배상의 액수가 이 법에 따라 받을 보상금의 액수와 같거나 그보다 많을 때에는 보상하지 아니한다. 그 손해배상의 액수가 이 법에 따라 받을 보상금의 액수보다 적을 때에는 그 손해배상 금액을 빼고 보상금의 액수를 정하여야 한다(동조 제2항). 또한 다른 법률의 규정에 의하여 손해배상을 받을 자가 동일한 원인에 대하여 형사보상법에 따른 보상을 받았을 때에는 그 보상금의 액수를 공제하고 손해배상의 액수를 정하여야 한다(동조 제3항).

> <형사보상법 제6조의 법적 성격>　법률의무설에서는 형사보상이 공법상의 손해배상이라는 특성에서 규정된 것으로 이해하는 반면에 공평설에서는 동일한 손해배상을 인정하면서 다른 법률에 의한 손해배상을 청구할 수 있도록 한 것

은 형사보상의 손실보상적 특성을 나타낸 것으로 이해한다.

2. 형사보상의 요건

형사보상은 피고인으로서 무죄판결을 받은 자나 그에 준하는 자에게 미결구금 및 형집행으로 인한 피해를 보상하는 경우(피고인보상)와 피의자로서 불기소처분을 받은 자에게 미결구금으로 인한 피해를 보상하는 경우(피의자보상)로 나누어진다.

(1) 피고인보상의 요건

1) 무죄판결 등

형소법에 따른 일반 절차 또는 재심이나 비상상고절차에서 무죄재판을 받아 확정된 사건의 피고인이 미결구금을 당하였을 때에는 국가에 대하여 그 구금에 대한 보상을 청구할 수 있다(법 제2조 제1항). '무죄재판'은 확정된 재판을 의미한다. 판결 주문에서 무죄가 선고된 경우뿐만 아니라 판결 이유에서 무죄로 판단된 경우에도 미결구금 가운데 무죄로 판단된 부분의 수사와 심리에 필요하였다고 인정된 부분에 관하여는 보상을 청구할 수 있다,

> [판례] 형사보상법 조항은 입법 취지와 목적 및 내용 등에 비추어 재판에 의하여 무죄의 판단을 받은 자가 재판에 이르기까지 억울하게 미결구금을 당한 경우 보상을 청구할 수 있도록 하기 위한 것이므로, 판결 주문에서 무죄가 선고된 경우뿐만 아니라 판결 이유에서 무죄로 판단된 경우에도 미결구금 가운데 무죄로 판단된 부분의 수사와 심리에 필요하였다고 인정된 부분에 관하여는 보상을 청구할 수 있고, 다만, 형사보상법 제4조 제3호를 유추적용하여 법원의 재량으로 보상청구의 전부 또는 일부를 기각할 수 있을 뿐이다(2014모2521).

또한 상소권회복에 의한 상소, 재심 또는 비상상고의 절차에서 무죄재판을 받아 확정된 사건의 피고인이 원판결에 의하여 구금되거나 형 집행을 받았을 때에는 구금 또는 형의 집행에 대한 보상을 청구할 수

있다(동조 제2항).31)

2) 면소판결 등

형소법에 따라 면소 또는 공소기각의 재판을 받아 확정된 피고인이 면소 또는 공소기각의 재판을 할 만한 사유가 없었더라면 무죄재판을 받을 만한 현저한 사유가 있었을 경우에는 국가에 대하여 구금에 대한 보상을 청구할 수 있다(법 제26조 제1항 제1호).「치료감호 등에 관한 법률」제7조에 따라 치료감호의 독립 청구를 받은 피치료감호청구인의 치료감호사건이 범죄로 되지 아니하거나 범죄사실의 증명이 없는 때에 해당되어 청구기각의 판결을 받아 확정된 경우에도 마찬가지이다(동항 제2호). 이때의 보상에 대하여는 무죄재판을 받아 확정된 사건의 피고인에 대한 보상에 관한 규정을 준용한다. 보상결정의 공시에 대하여도 또한 같다(동조 제2항).

3) 보상의 제한

피고인이 (i)「형법」제9조 및 제10조 제1항의 사유로 무죄재판을 받은 경우, (ii) 본인이 수사 또는 심판을 그르칠 목적으로 거짓 자백을 하거나 다른 유죄의 증거를 만듦으로써 기소, 미결구금 또는 유죄재판을 받게 된 것으로 인정된 경우, (iii) 1개의 재판으로 경합범의 일부에 대하여 무죄재판을 받고 다른 부분에 대하여 유죄재판을 받았을 경우 중의 하나에 해당하는 경우에는 법원은 재량으로 보상청구의 전부 또는 일부를 기각할 수 있다(법 제4조).

(2) 피의자보상의 요건

피의자로서 구금되었던 자 중 검사로부터 공소를 제기하지 아니하는 처분을 받은 자는 국가에 대하여 그 구금에 대한 보상을 청구할 수 있다. 다만, 구금된 이후 공소를 제기하지 아니하는 처분을 할 사유가 있

---

31) 제470조 제3항에 따른 구치와 제473조부터 제475조까지의 규정에 따른 구속은 제2항을 적용할 때에는 구금 또는 형의 집행으로 본다(동조 제3항).

는 경우와 공소를 제기하지 아니하는 처분이 종국적인 처분이 아니거나 기소유예처분을 받은 경우에는 그러하지 아니하다(법 제27조 제1항).

그러나 피의자가 (i) 본인이 수사 또는 재판을 그르칠 목적으로 거짓 자백을 하거나 다른 유죄의 증거를 만듦으로써 구금된 것으로 인정되는 경우, (ii) 구금기간 중에 다른 사실에 대하여 수사가 이루어지고 그 사실에 관하여 범죄가 성립한 경우, (iii) 보상을 하는 것이 선량한 풍속이나 그 밖에 사회질서에 위배된다고 인정할 특별한 사정이 있는 경우 중의 하나에 해당하는 경우에는 피의자보상의 전부 또는 일부를 지급하지 아니할 수 있다(동조 제2항).

3. 형사보상의 내용

(1) 구금에 대한 보상

구금에 대한 보상을 할 때에는 그 구금일수에 따라 1일당 보상청구의 원인이 발생한 연도의 「최저임금법」에 따른 일급 최저임금액 이상 대통령령으로 정하는 금액 이하의 비율에 의한 보상금을 지급한다(법 제5조 제1항).32)

법원이 보상금액을 산정할 때 (i) 구금의 종류 및 기간의 장단, (ii) 구금기간 중에 입은 재산상의 손실과 얻을 수 있었던 이익의 상실 또는 정신적인 고통과 신체 손상, (iii) 경찰·검찰·법원의 각 기관의 고의 또는 과실 유무, (iv) 무죄재판의 실질적 이유가 된 사정, (v) 그 밖에 보상금액 산정과 관련되는 모든 사정 등을 고려하여야 한다(동조 제2항). '구금'에는 미결구금과 형의 집행에 의한 구금을 포함된다. 이것은 노역장유치에 대한 보상에 관하여 준용된다(동조 제5항).

---

32) 법 제5조 제1항에 따른 구금(拘禁)에 대한 보상금의 한도는 1일당 보상청구의 원인이 발생한 해의 「최저임금법」에 따른 일급(日給) 최저임금액의 5배로 한다(시행령 제3조).

(2) 형의 집행에 대한 보상

1) 사형집행

사형집행에 대한 보상을 할 때에는 집행 전 구금에 대한 보상금 외에 3천만원 이내에서 모든 사정을 고려하여 법원이 타당하다고 인정하는 금액을 더하여 보상한다. 이 경우 본인의 사망으로 인하여 발생한 재산상의 손실액이 증명되었을 때에는 그 손실액도 보상한다(동조 제3항).

2) 벌금 또는 과료의 집행

형벌금 또는 과료의 집행에 대한 보상을 할 때에는 이미 징수한 벌금 또는 과료의 금액에 징수일의 다음 날부터 보상 결정일까지의 일수에 대하여 「민법」 제379조의 법정이율을 적용하여 계산한 금액을 더한 금액을 보상한다(동조 제4항).

3) 몰수집행

몰수집행에 대한 보상을 할 때에는 그 몰수물을 반환하고, 그것이 이미 처분되었을 때에는 보상결정 시의 시가를 보상한다(동조 제6항). 추징금에 대한 보상을 할 때에는 그 액수에 징수일의 다음 날부터 보상 결정일까지의 일수에 대하여 「민법」 제379조의 법정이율을 적용하여 계산한 금액을 더한 금액을 보상한다(동조 제7항). 그러나 면소 또는 공소기각의 재판을 받은 자는 구금에 대한 보상만 청구할 수 있으므로 몰수나 추징에 대한 보상은 청구할 수 없다(65다532).

4. 형사보상의 절차

(1) 보상의 청구

1) 청구권자

형사보상의 청구권자는 무죄, 면소 또는 공소기각의 재판을 받은 본인(법 제2조, 제26조 제1항 제1호), 청구기각의 판결을 받아 확정된 독립된 치료감호사건의 피치료감호청구인(법 제26조 제1항 제2호) 또는 기소유예처분 이외의 불기소처분을 받은 피의자이다(법 제27조 제1항). 형사보상청구권은 양도 또는 압류할 수 없다. 보상금 지급청구권도 또한 같다(법 제23조).

보상청구권자가 그 청구를 하지 아니하고 사망하였을 때에는 그 상속인이 이를 청구할 수 있다(법 제3조 제1항). 사망한 자에 대하여 재심 또는 비상상고의 절차에서 무죄재판이 있었을 때에는 보상의 청구에 관하여는 사망한 때에 무죄재판이 있었던 것으로 본다(동조 제2항). 따라서 이 경우에는 사망 시에 본인의 보상청구권이 발생하여 상속인에게 상속되는 것이 된다.

2) 청구절차

(가) 청구시기　피고인보상의 청구는 무죄, 면소 또는 공소기각의 재판·치료감호청구의 기각판결이 확정된 사실을 안 날로부터 3년, 이들 재판이 확정된 때로부터 5년 이내에 하여야 한다(법 제8조, 제26조 제2항).

피의자보상의 청구는 검사로부터 공소를 제기하지 아니하는 처분의 고지 또는 통지를 받은 날로부터 3년 이내에 하여야 한다(법 제28조 제3항).

(나) 청구관할　피고인보상의 청구는 무죄재판을 한 법원에 하여야 한다(법 제7조). 다만, 관할권 없는 법원에서 보상결정을 하였다고 하여 당연무효가 되는 것은 아니다.

피의자보상의 청구는 공소를 제기하지 아니하는 처분을 한 검사가 소속된 지방검찰청의 심의회에 하여야 한다(법 제28조 제1항).

(다) 청구방식

가) 피고인보상　피고인이 보상청구를 할 때에는 보상청구서에 재판서의 등본과 그 재판의 확정증명서를 첨부하여 법원에 제출하여야 한다(법 제9조 제1항). 보상청구서에는 청구자의 등록기준지, 주소, 성명, 생년월일 및 청구의 원인이 된 사실과 청구액을 적어야 한다(동조 제2항). 상속인이 보상을 청구할 때에는 본인과의 관계와 같은 순위의 상속인 유

무를 소명할 수 있는 자료를 제출하여야 한다(법 제10조).

보상청구를 할 수 있는 같은 순위의 상속인이 여러 명인 경우에 그 중 1명이 보상청구를 하였을 때에는 보상을 청구할 수 있는 모두를 위하여 그 전부에 대하여 보상청구를 한 것으로 본다(법 제11조 제1항). 법원은 이 경우에 보상을 청구할 수 있는 같은 순위의 다른 상속인이 있다는 사실을 알았을 때에는 지체없이 그 상속인에게 보상청구가 있었음을 통지하여야 한다(동조 제3항). 보상청구를 한 상속인 외의 상속인은 공동청구인으로서 절차에 참가할 수 있다(동조 제2항).

보상청구는 대리인을 통하여서도 할 수 있다(법 제13조).

나) 피의자보상   피의자보상을 청구하는 자는 보상청구서에 공소를 제기하지 아니하는 처분을 받은 사실을 증명하는 서류를 첨부하여 제출하여야 한다(법 제28조 제2항).

3) 청구취소와 재청구의 금지

보상청구는 법원의 보상청구에 대한 재판이 있을 때까지 취소할 수 있다. 다만, 같은 순위의 상속인이 수인인 경우에는 보상을 청구한 자는 나머지 모두의 동의없이 청구를 취소할 수 없다(법 제12조 제1항). 보상청구를 취소한 자는 다시 보상을 청구할 수 없다(동조 제2항).

(2) 피고인보상청구에 대한 재판

1) 보상청구의 심리

무죄의 재판을 받은 자가 한 보상청구는 법원합의부에서 재판한다(법 제14조 제1항). 보상청구에 대하여는 법원은 검사와 청구인의 의견을 들은 후 결정하여야 한다(동조 제2항). 법원은 보상청구의 원인된 사실의 구금일수 또는 형집행의 내용에 관하여는 직권으로 조사를 하여야 한다(법 제15조). 이러한 직권조사는 청구자의 입증부담을 완화하기 위한 것이다.

그러나 보상청구권자가 청구절차 중 사망하거나 또는 상속인의 신분을 상실한 경우에 다른 청구인이 없을 때에는 청구절차는 중단된다(법

제19조 제1항). 이 경우에 청구한 자의 상속인 또는 보상을 청구한 상속인과 같은 순위의 상속인은 2개월 이내에 청구절차를 승계할 수 있다(동조 제2항). 법원은 절차를 승계할 수 있는 자로서 법원에 알려진 자에 대하여는 지체 없이 위 기간 내에 청구절차를 승계할 것을 통지하여야 한다(동조 제3항).

2) 법원의 결정

보상청구에 대하여 법원은 검사와 청구인의 의견을 들은 후결정을 하여야 한다(법 제14조 제2항). 이 결정은 6월 이내에 하여야 하며(동조 제3항), 결정의 정본(正本)은 검사와 청구인에게 송달하여야 한다(동조 제4항).

(가) 청구각하의 결정　　법원은 (i) 보상청구의 절차가 법령상의 방식에 위반하여 보정할 수 없을 경우, (ii) 청구인이 법원의 보정명령에 응하지 아니할 경우 또는 (iii) 보상청구의 기간이 지난 후에 보상을 청구하였을 때에는 보상청구를 각하하는 결정을 하여야 한다(법 제16조).

또한 보상청구권자가 사망하거나 상속인 자격을 상실하여 청구절차가 중단된 후 2개월 이내에 절차를 승계하는 상속인의 신청이 없는 때에는 법원은 각하의 결정을 하여야 한다(법 제19조 제2항·제4항).

(나) 청구기각결정　　보상청구가 이유없을 때에는 청구기각결정을 하여야 한다(법 제17조 제2항). 보상청구를 할 수 있는 같은 순위의 상속인이 여러 명인 경우에 그 중 1명에 대한 청구기각의 결정은 같은 순위자 모두에 대하여 한 것으로 본다(법 제18조). 보상청구자가 동일한 원인으로 다른 법률에 의하여 충분한 손해배상을 받았다는 이유로 보상청구를 기각하는 결정이 확정된 때에는 그 기각결정을 공시하여야 한다(법 제25조 제2항).

(다) 보상결정　　보상청구가 이유있을 때에는 보상의 결정을 하여야 한다(법 제17조 제1항). 보상청구를 할 수 있는 같은 순위의 상속인이 여러 명인 경우에 그 중 1명에 대한 청구기각의 결정은 같은 순위자 모두에 대하여 한 것으로 본다(법 제18조).

법원은 보상결정이 확정되었을 때에는 2주일 내에 보상결정의 요지를 관보에 게재하여 공시하여야 한다. 이 경우 보상결정을 받은 자의 신청이 있을 때에는 그 결정의 요지를 신청인이 선택하는 두 종류 이상의 일간신문에 각각 한 번씩 공시하여야 하며, 그 공시는 신청일부터 30일 이내에 하여야 한다(법 제25조 제1항).

(라) 불복신청 등   보상결정에 대하여는 1주일 이내에 즉시항고를 할 수 있다(법 제20조 제1항). 보상청구기각 결정에 대하여는 즉시항고를 할 수 있다(동조 제2항). 보상청구 각하결정에 대하여는 규정이 없으나 기각결정에 준한다. 이 법에 따른 결정과 즉시항고에 관하여는 이 법에 특별한 규정이 있는 것을 제외하고는 형소법의 규정을 준용한다. 기간에 관하여도 또한 같다(법 제24조).

(3) 피의자보상청구에 대한 결정

피의자보상에 관한 사항은 지방검찰청에 둔 피의자보상심의회에서 심사·결정하며(법 제27조 제3항), 심의회는 법무부장관의 지휘·감독을 받는다(동조 제4항).

피의자보상결정에는 피의자보상에 대하여 형사보상법에 특별한 규정이 있는 경우를 제외하고는 그 성질에 반하지 아니하는 범위에서 무죄재판을 받아 확정된 사건의 피고인에 대한 보상에 관한 규정이 준용된다(법 제29조 제1항). 피의자보상의 청구에 대한 심의회의 결정에 대하여는 「행정심판법」에 따른 행정심판을 청구하거나 「행정소송법」에 따른 행정소송을 제기할 수 있다(법 제28조 제4항).

5. 보상금지급의 청구

(1) 보상금 지급청구의 방식과 절차

보상결정의 확정에 의하여 보상금 지급청구권이 발생한다. 보상금 지급청구권은 양도 또는 압류할 수 없다(법 제23조).

보상금의 지급을 청구하고자 하는 자는 보상을 결정한 법원에 대응한 검찰청에 보상금 지급청구서를 제출하여야 한다(법 제21조 제1항). 이 청구서에는 법원의 보상결정서를 첨부하여야 한다(동조 제2항). 보상결정이 송달된 후 2년 이내에 보상금 지급의 청구를 하지 아니할 때에는 권리를 상실한다(동조 제3항). 이 기간은 제척기간이다. 보상금 지급을 받을 수 있는 자가 여러 명인 경우에는 그 중 1명이 한 보상금 지급청구는 보상결정을 받은 모두를 위하여 그 전부에 대하여 보상금 지급청구를 한 것으로 본다(동조 제4항).

(2) 보상금 지급과 그 효과

보상금 지급청구서를 제출받은 검찰청은 3개월 이내에 보상금을 지급하여야 한다(법 제21조의2 제1항). 이 기한까지 보상금을 지급하지 아니한 경우에는 그 다음 날부터 지급하는 날까지의 지연 일수에 대하여 「민법」 제379조의 법정이율에 따른 지연이자를 지급하여야 한다(동조 제2항). 보상금을 받을 수 있는 자가 여러 명인 경우에는 그 중 1명에 대한 보상금 지급은 그 모두에 대하여 효력이 발생한다(법 제22조).

Ⅱ. 명예회복

> 《학습문제》 무죄판결을 받은 갑은 수사와 공판을 거치면서 주위로부터 많은 의혹을 받았다. 이에 갑은 무죄판결 사실을 주위에 알려 손상된 명예를 회복받기를 원하였다. 갑은 어떻게 하여야 하는가?

1. 명예회복의 의의

형사보상법에서는 피고인 또는 피의자가 무죄판결이나 면소·공소기각 등의 판결을 받은 경우에는 수사 또는 재판과정동안 범죄자로 인식되어 침해받은 명예를 회복할 수 있는 제도를 마련하고 있다. 「형법」상 피고사건에 대하여 무죄 또는 면소의 판결을 선고할 때에는 판결을 공시할 수 있도록 하고 있으나(제58조 제2항) 이를 법원의 의무나 피고인의 권리로

서 인정하고 있는 것은 아니다. 따라서 판결공시의 청구가 있는 경우에
도 대법원 홈페이지에 이 사실을 게시하는 데 그치고 있어서 그다지 실
효성이 없는 것으로 지적됨에 따라 이 제도를 도입한 것이다.

명예회복에 관한 규정은 군사법원에서 무죄재판을 받아 확정되거나
군검찰부 검찰관으로부터 공소를 제기하지 아니하는 처분을 받은 자에
대하여도 준용된다(법 제35조).

2. 명예회복의 절차

(1) 청구권자

명예회복의 청구권자는 무죄재판을 받아 확정된 사건의 피고인(법 제
30조) 및 면소 또는 공소기각의 재판을 받아 확정된 피고인과 치료감호의
독립청구를 받은 피치료감호청구인(법 제34조 제1항, 제26조 제1항)이다. 후 2
자의 청구에 관해서는 이하의 무죄재판사건 피고인의 무죄재판서 게재
청구에 관한 규정이 준용된다(법 제34조 제2항). 본인이 명예회복 신청을 하
지 않고 사망하였을 때에는 상속인이 이를 청구할 수 있다(법 제31조 제2항,
제3조 제1항).

(2) 청구방법

무죄재판을 받아 확정된 사건의 피고인은 무죄재판이 확정된 때부
터 3년 이내에 확정된 무죄재판사건의 재판서를 법무부 인터넷 홈페이지
에 게재하도록 해당 사건을 기소한 검사가 소속된 지방검찰청(지방검찰청
지청을 포함한다)에 청구할 수 있다(법 제30조). 이 청구를 할 때에는 무죄재판
서 게재 청구서에 재판서의 등본과 그 재판의 확정증명서를 첨부하여 제
출하여야 한다(법 제31조 제1항). 상속인에 의한 청구 및 그 소명에 대하여는
형사보상에 관한 규정(법 제3조 및 제10조)를 준용한다. 이 경우 '보상'은 '게
재'로 보며, 같은 순위의 상속인이 여러 명일 때에는 상속인 모두가 무죄
재판서 게재청구에 동의하였음을 소명할 자료를 제출하여야 한다(법 제31

조 제2항).

대리인의 청구(법 제13조) 및 청구의 취소(법 제12조)에 관하여는 형사보상에 관한 규정을 준용한다(법 제31조 제3항·제4항).

(3) 청구에 대한 조치

명예회복 청구가 있을 때에는 그 청구를 받은 날부터 1개월 이내에 무죄재판서를 법무부 인터넷 홈페이지에 게재하여야 한다. 다만, 청구를 받은 때에 무죄재판사건의 확정재판기록이 해당 지방검찰청에 송부되지 아니한 경우에는 무죄재판사건의 확정재판기록이 해당 지방검찰청에 송부된 날부터 1개월 이내에 게재하여야 한다(법 제32조 제1항).

청구인이 무죄재판서 중 일부 내용의 삭제를 원하는 의사를 명시적으로 밝힌 경우 또는 무죄재판서의 공개로 인하여 사건관계인의 명예나 사생활의 비밀 또는 생명·신체의 안전이나 생활의 평온을 현저히 해칠 우려가 있는 경우에 해당할 때에는 무죄재판서의 일부를 삭제하여 게재할 수 있다(동조 제2항). 제1호의 경우에는 청구인의 의사를 서면으로 확인하여야 한다. 소재불명 등으로 청구인의 의사를 확인할 수 없을 때에는 「민법」 제779조에 따른 가족 중 1명의 의사를 서면으로 확인하는 것으로 대신할 수 있다(동조 제3항). 무죄재판서의 게재기간은 1년으로 한다(동조 제4항). 무죄재판서를 법무부 인터넷 홈페이지에 게재한 경우에는 지체 없이 그 사실을 청구인에게 서면으로 통지하여야 한다(법 제33조 제1항).

제6편 특별절차와 피해자보호제도

제1장 특별절차

1. **약식절차** ─┬─ 약식절차의 의의
            ├─ 약식명령의 절차
            └─ 정식재판의 청구

2. **즉결심판절차** ─┬─ 즉결심판의 의의
               ├─ 즉결심판의 절차
               └─ 정식재판의 청구

3. **소년범의 형사절차** ─┬─ 소년사법의 이념과 소년형사범의 의의
                    ├─ 소년보호사건과 그 처리절차
                    └─ 소년형사범에 대한 처리절차상 특칙

4. **군형사절차** ─┬─ 군형사절차와 군사법원법
            ├─ 군형사절차의 소송주체
            └─ 군형사절차의 진행과정

〈주요 학습사항〉

1. 약식절차의 특칙과 정식재판의 청구
2. 즉결심판절차의 특칙과 정식재판의 청구
3. 소년범 처리절차와 형사절차상의 특칙
4. 군사법원법의 특성과 군형사절차

제1절 약식절차

Ⅰ. 약식절차의 의의

> ≪학습문제≫ 검사 갑은 폭행혐의의 피의자를 벌금형으로 기소하면서 간단하게 형사절차를 종료하고자 하였다. 갑은 어떻게 하여야 하는가?

1. 개 념

약식절차란 지방법원의 관할사건에 대하여 검사의 청구가 있을 때 공판절차에 의하지 않고 검사가 제출한 자료만을 조사하여(서면심리) 약식명령으로 피고인에게 벌금·과료 또는 몰수의 형을 과하는 간이한 재판절차를 말한다. 이러한 약식절차에 의하여 형을 선고하는 재판을 약식명령이라고 한다. 약식절차는 독일의 과형명령절차(Strafbefehlsverfahren)에서 유래한 것으로 의용형사소송법을 거쳐 현행법에 이르고 있다.

약식절차는 서면심리를 원칙으로 하는 절차라는 점에서 간이공판절차(제286조의2)와 구별되며, 약식절차는 검사의 청구에 의해 진행된다는 점에서 경찰서장의 청구에 의하여 진행되는 즉결심판절차와 다르다.

2. 기 능

약식절차는 경미한 사건을 신속하게 처리함으로써 검찰의 공판유지업무와 법원의 심판업무를 현저히 감소시켜 형사사법의 역량을 보다 중한 범죄의 복잡한 사건에 투입하게 할 수 있다는 점에서 소송경제의 이념에 충실하다. 또 약식절차는 공개재판에 대한 피고인의 사회적·심리적 부담을 덜어 주고 공판정의 출석을 위한 불필요한 시간과 노력을 피할 수 있을 뿐만 아니라 자유형선고의 위험부담도 없애 준다는 점에서 피고인의 이익을 보호한다.

그러나 다른 한편에서는 약식절차는 법관이나 검사가 소송경제에 치중한 나머지 적정한 형벌권 실현의 요청이 외면당할 우려가 있고, 약식명령에 대한 불복을 피하기 위하여 법관이 형량을 지나치게 낮게 책정할 우려도 있다. 피고인도 법관의 면전에서 자신에게 이익되는 사실을 주장할 수 없으며, 자신의 무죄를 알면서도 무지나 불안으로 인하여 쉽게 약식명령에 대하여 불복하지 못하는 폐단이 있다.

Ⅱ. 약식명령의 절차

≪학습문제≫ 검사 갑은 피고인 갑에 대한 약식명령을 청구하면서 피고인의 동의를 구하지 아니하였다. 갑의 약식명령청구는 유효한가?

1. 약식명령의 청구

(1) 청구대상

약식명령을 청구할 수 있는 사건은 지방법원의 관할에 속하는 사건으로서 벌금, 과료 또는 몰수에 처할 수 있는 사건에 한한다(제448조 제1항). 따라서 약식명령으로 무죄, 면소, 공소기각 또는 관할위반의 재판을 할 수 없다. 다만, 벌금, 과료 또는 몰수는 법정형으로서 선택적으로 규정되어 있으면 충분하다. 그러나 이들 외의 다른 형을 선고하여야 할 경우나 다른 형과 병과하여야 하는 사건인 경우에는 해당되지 않는다.

벌금 또는 과료에 처할 사건인 이상 지방법원합의부의 관할에 속하는 사건도 약식명령의 청구대상이 된다. 피고인이 공소사실에 대하여 자백할 것은 요하지 않는다.

(2) 청구방법

약식명령은 검사의 청구가 있을 것을 요건으로 한다(제448조 제1항). 약식명령의 청구는 공소제기와 동시에 서면으로 하여야 한다(제449조). 이때 피고인의 동의는 요하지 않는다.

1) 공소제기와 약식명령청구의 관계

약식명령에 대하여 공소제기의 특수한 방식으로 이해하는 견해가 있다. 그러나 약식명령청구는 공소제기방식이 아니라 약식절차에 의할 것을 청구하는 것에 불과하므로 약식명령청구와 공소제기는 개념상 별개의 소송행위이다. 다만, 약식명령의 청구와 공소제기는 동시에 행하여지는 것이므로 약식명령의 청구가 있으면 당연히 공소제기가 있는 것으로 된다. 실무에서도 약식명령청구서와 공소장이 결합된 하나의 서면으로 약식명령이 이루어지고 있다. 역으로 공소취소를 하면 약식명령의 청구도 효력을 잃는다.

공소취소를 하지 않고 약식명령만을 취소할 수 있는가에 대하여는 약식명령청구와 공소제기는 별도의 소송행위로서 약식명령청구가 공소제기에 부기되는 소송행위에 불과하므로 약식명령청구를 취소하여도 공소제기의 효력에 영향을 미치지 않는다는 견해가 있다. 그러나 약식명령청구의 취소만을 인정하는 명문규정이 없으며 약식절차에서 공판절차로 이행하는 여부는 법관에게 맡기는 것이 바람직하므로 공소취소의 효력이 없는 약식명령만의 취소는 허용되지 않는다(다수설).

2) 약식명령청구의 방식

검사는 약식명령의 청구와 동시에 약식명령을 하는 데 필요한 증거서류 및 증거물을 법원에 제출하여야 한다(규칙 제170조). 검사는 약식명령의 청구 시에 미리 청구하는 벌금 또는 과료의 액수를 기재하여야 한다.

검사는 약식명령의 청구 시에 미리 청구하는 벌금 또는 과료의 액수를 기재하여야 한다. 약식절차에는 공소장일본주의가 인정되지 않는다. 이외에 약식명령의 청구에는 형소법상 공소에 대한 규정이 적용된다. 다만, 약식명령의 청구에 있어서는 피고인에 대한 약식명령청구서 부본의 송달을 요하지 않으며, 따라서 공소장부본을 첨부할 필요가 없다.

2. 법원의 사건심사

(1) 관할법원

약식명령은 청구된 사건의 경중에 따라 지방법원 합의부 또는 지방법원 단독판사의 관할에 해당한다. 약식명령의 청구는 경미한 사건의 신속한 처리를 목적으로 하므로 주로 단독판사의 사물관할에 속하게 될 것이지만 사물관할을 달리하는 수개의 사건이 관련사건을 이루어 법원합의부가 병합관할하는 경우와 같이 지방법원 합의부가 관할법원으로 되는 경우도 있다. 약식명령의 청구를 받은 법원이 그 사건에 대하여 관할권이 없는 경우에는 약식명령을 할 수 없으므로 이때에는 보통의 심판으로 이행한 후, 관할위반의 판결을 선고하여야 한다(제319조). 약식명령으로는 형식재판을 할 수 없기 때문이다.

(2) 서면심사의 원칙

법원은 약식명령의 청구가 있으면 검사가 제출한 서류 및 증거물에 대한 서면심사를 한다. 따라서 원칙적으로 공판기일의 심판절차에 관한 규정이 적용되지 않는다. 그러나 약식절차의 성질에 반하지 않는 한 관할, 제척·기피·회피, 서류의 송달, 재판 등, 형소법의 총칙에 관한 규정은 그대로 적용된다.

(3) 사실조사와 그 한계

약식명령의 성질에 대하여는 판결도 결정도 아닌 특별한 형식의 재판으로 해석한다(통설). 다만, 이것은 결정에 준하는 성질을 가진 것이므로 법원이 서면심사만으로는 약식명령의 당부를 결정하기 어려운 경우로서 필요한 때에는 사실조사를 할 수 있다(제37조 제3항 참조). 그러나 약식절차는 간이·신속·비공개재판이므로 사실조사가 허용된다고 하더라도 조사에 시일을 요하지 않고, 약식절차의 본질을 해하지 않는 범위에서만 허용된다. 따라서 약식절차에서 사실조사를 위하여 피고인이 증거를 제출하거나 검사가 보충증거를 제출하는 것은 허용되지 않는다. 증인신문, 검증, 감정 등, 통상의 증거조사나 강제처분 등이 필요한 경우에는 통상의 공판절차에서 심리하여야 한다.

(4) 약식절차와 증거법칙

약식절차는 서면심리를 원칙으로 하므로 공개주의가 배제되고, 공판기일의 심판절차에 관한 규정이나 이를 전제로 하는 규정(공소장변경 등)은 약식절차에서는 적용되지 않는다. 또한 위법수사의 방지를 목적으로 하는 위법수집증거배제법칙은 물론, 자백배제법칙이나 자백의 보강법칙은 약식절차에서도 적용되지만, 서면심리를 내용으로 한다는 점에서 구두변론주의나 직접심리주의의 요청, 전문법칙은 적용되지 않는다.

3. 공판절차에의 이행

(1) 이행사유

법원은 약식명령청구가 있는 경우에 그 사건이 약식명령으로 할 수 없거나 약식명령으로 하는 것이 적당하지 않다고 인정되는 경우에는 공판절차에 의하여 심판하여야 한다(제450조). '약식명령으로 할 수 없는 경우'란 법정형으로 벌금 또는 과료가 규정되어 있지 않거나 벌금·과료가 병과형으로 규정되어 있는 죄에 대하여 약식명령의 청구가 있거나, 사건에 대하여 무죄, 면소, 공소기각 또는 관할위반의 재판을 선고하여야 할 경우 등이 이에 해당한다. '약식명령으로 하는 것이 적당하지 않은 경우'란 벌금·과료 또는 몰수 이외의 형을 선고하는 것이 적당하다고 인정되는 경우, 사건이 복잡하기 때문에 공판절차에 의해 신중히 심판하는 것이 합리적이라고 인정되는 경우 등이 이에 해당한다. 이 외에 약식명령을 청구한 후 치료감호청구가 있는 때에는 약식명령청구는 그 치료감호청구가 있는 때로부터 공판절차에 의하여 심판하여야 한다(치료감호 등에 관한 법률 제10조 제3항). 치료감호청구는 신중하게 심리하여야 하기 때문이다.

(2) 이행의 결정

약식명령청구를 정식의 공판절차로 이행하는 데 법원의 결정을 요하느냐에 대하여는 특별한 형식상의 재판을 요하지 않는다는 견해가 있다. 그러나 약식명령에 의하지 아니한다는 법원의 태도를 분명히 하고, 통상재판으로 회부함으로써 법원의 업무분담에 변화가 생길 수 있으므로 절차의 명확성을 확보하기 위하여 통상재판회부의 결정을 하여야 한다. 실무에서도 공판절차회부서를 작성하여 기록에 철하고, 소송기록을 송부하는 방식을 취하고 있다(대법원 약식명령 및 정식재판 청구사건 등의 처리에 관한 예규 제16조, 제17조 참조).

약식명령이 공판절차에 회부된 후에 이를 취소하고, 다시 약식절차에 따라 심리하는 것은 허용되지 않는다.

(3) 이행 후의 절차

약식명령청구 시에는 공소장부본이 피고인에게 송달되지 않으므로 법원이 약식명령 청구사건을 공판절차에 의하여 심판하기로 결정한 경우에는 즉시 그 취지를 검사에게 통지하여야 한다(규칙 제172조 제1항). 이 통지를 받은 검사는 5일 이내에 피고인 수에 상응하는 공소장부본을 법원에 제출하여야 한다(동조 제2항). 이때 법원은 그 공소장부본을 지체없이 피고인 또는 변호인에게 송달하여야 한다(동조 제3항).

또한 약식명령청구사건을 공판절차로 이행하는 경우에는 검사가 제출한 증거서류와 증거물은 공소장일본주의의 취지에 비추어 다시 검사에게 반환하여야 한다. 약식명령의 청구를 심사한 법관이 정식의 공판절차에 관여한 때에는 제척사유가 되지 않고, 경우에 따라 기피사유가 될 수 있을 뿐이다(다수설, 2002도944).

4. 약식명령

(1) 약식명령의 방식

1) 약식명령의 발부와 고지

법원은 약식명령청구를 심리한 결과 약식명령으로 하는 것이 적당하다고 인정하는 경우에는 약식명령청구가 있은 날로부터 14일 이내에 약식명령을 하여야 한다(소촉법 제22조, 규칙 제171조). 이 기간은 훈시기간이다. 약식명령에 의하여 과할 수 있는 형은 벌금, 과료, 몰수에 한정된다(제448조 제1항). 약식명령의 고지는 검사와 피고인에 대한 재판서송달에 의하여야 한다(제452조). 변호인이 있는 경우라도 반드시 변호인에게 약식명령 등본을 송달하여야 하는 것은 아니다(2017모1557).

검사의 약식명령청구서에는 벌금과 과료의 액이 기재되어 있지만, 벌금 또는 과료액의 결정은 법관의 전권에 속하는 양형작용이므로 법관은 검사가 약식명령청구서에 기재한 액수에 기속되지 않고 형을 선고할 수 있다.

2) 약식명령의 기재사항

약식명령에는 범죄사실, 적용법령, 주형, 부수처분과 약식명령의 고지를 받은 날로부터 7일 이내에 정식재판을 청구할 수 있음을 명시하여야 한다(제451조). '범죄사실'이란 제323조의 유죄판결의 이유에 명시될 범죄사실을 의미한다(4288형사212). 통상의 유죄판결과 달리 증거의 요지를 기재할 필요는 없다. '부수처분'은 압수물의 환부, 추징 이외에 벌금, 과료 또는 추징에 대한 가납명령도 포함한다. 가납의 재판은 판결로 하여야 하는 것이지만(제334조 제2항) 약식명령은 판결과 같은 효력을 가질 뿐 아니라 가납명령을 하여야 할 필요성이 적지 않기 때문이다. 미결구금일수가 있으면 그 전부 또는 일부를 환형통산하여야 한다.

부수처분으로 벌금의 선고를 유예할 수 있느냐에 대하여는 피고인이 선고유예에 불복하는 경우에는 정식재판청구권이 보장되어 있고,

선고유예가 벌금의 선고보다는 피고인에게 유리하다는 점에서 부정하여야 할 이유는 없다는 견해가 있다. 그러나 형의 선고유예는 피고인의 구체적 정상을 고려하여야 하지만(형법 제59조) 서면심리만으로 이를 파악하기 곤란하고, 무죄는 피고인에게 유리한 판결이지만 약식명령이 아니라 통상재판에 회부하여야 할 것이므로 벌금의 선고유예는 허용되지 않는다.

(2) 약식명령의 효력

약식명령은 청구기간이 경과하거나 그 청구의 취하 또는 청구기각의 결정이 확정된 때에는 확정판결과 동일한 효력이 있다(제457조). 따라서 약식명령에 대하여도 기판력과 집행력이 발생하며, 재심 또는 비상상고의 대상이 될 수 있다. 약식명령에 대한 기판력의 시간적 범위는 약식명령의 발령 시를 기준으로 하여야 한다(84도1129). 따라서 포괄일죄의 일부에 대하여 약식명령이 확정된 때에는 그 명령의 발령 시까지 행하여진 행위에 대하여만 기판력이 미친다(94도1318).

성명모용의 경우에도 약식명령의 효력은 피모용자가 아닌 모용자에게 발생한다. 따라서 약식명령을 송달받은 피모용자가 정식재판을 청구한 경우에는 공소기각의 판결을 하여야 한다. 이때 모용자에 대하여는 다시 공소를 제기할 필요 없이 법원은 공소장보정의 형식, 즉 공소장의 피고인표시를 모용자의 성명으로 정정하고 약식명령정본과 피고인표시경정결정서를 모용자에게 송달하면 된다(다수설, 97도2215).

Ⅲ. 정식재판의 청구

≪학습문제≫ 약식명령을 받은 갑은 법원의 선고내용을 보고, 자신의 혐의에 비해 형이 지나치게 중하다고 판단하였다. 갑이 약식명령에 대한 시정을 요구하기 위해서는 어떻게 하여야 하는가?

1. 정식재판청구의 의의

정식재판의 청구란 약식절차에 의하여 법원이 약식명령을 하는 경우 그 재판에 불복이 있는 자가 정식의 재판절차에 의한 심판을 구하는 소송행위를 말한다. 정식재판의 청구는 동일심급의 법원에 대해 원재판의 시정을 구하는 제도라는 점에서 원심판결에 대해 상급법원에 재판의 시정을 구하는 제도인 상소와 구별된다.

정식재판의 청구는 원재판인 약식명령에 대한 불복방법이라는 점에서 형소법은 약식명령의 성질에 반하지 않는 범위 내에서 상소에 관한 규정의 일부를 정식재판의 청구에 준용하고 있다(제458조).

2. 정식재판청구의 절차

(1) 정식재판의 청구권자

정식재판의 청구권자는 검사와 피고인이다(제453조 제1항). 피고인의 법정대리인은 피고인의 의사와 관계없이, 피고인의 배우자·직계친족·형제자매와 약식명령의 대리인 또는 변호인은 피고인의 명시한 의사에 반하지 않는 한 독립하여 정식재판을 청구할 수 있다(제458조, 제340조, 제341조). 변호인의 정식재판청구권은 독립대리권이다.

피고인은 정식재판의 청구를 포기할 수 없지만(제453조 제1항 단서), 검사는 이를 포기할 수 있다(제458조 제1항, 제349조).

(2) 정식재판청구의 방법

정식재판의 청구는 검사 또는 피고인이 약식명령의 고지를 받은 날로부터 7일 이내에 약식명령을 한 법원에 서면으로 하여야 한다(제453조 제1항·제2항). 정식재판의 청구는 공소불가분의 원칙에 반하지 않는 한 약식명령의 일부에 대하여도 할 수 있다(제458조 제1항, 제342조).

정식재판의 청구에는 상소에 관한 규정이 준용된다(제458조 제1항, 제345조-제348조). 따라서 만약 7일 이내에 정식재판을 청구하지 못한 것이 자기 또는 대리인의 책임질 수 없는 사정으로 인한 때에는 상소권회복규정에 의해 정식재판청구권의 회복청구와 동시에 정식재판청구를 하면 된다. 그러나 변호인이 정식재판청구서를 제출할 것으로 믿고 피고인이 스스로 적법한 정식재판의 청구기간 내에 정식재판청구서를 제출하지 못한 것은 '피고인 또는 대리인이 책임질 수 없는 사유로 인하여 정식재판의 청구기간 내에 정식재판을 청구하지 못한 때'에 해당하지 않는다 (2017모1557). 정식재판청구기간이 경과한 때에는 정식재판청구의 회복청구 없이 정식재판만을 청구할 수는 없다(85모6).

(3) 당사자에의 통지와 공소장부본의 송달

정식재판의 청구가 있는 때에는 법원은 지체없이 검사 또는 피고인에게 그 사유를 통지하여야 한다(제453조 제3항). 정식재판청구의 경우에는 공판절차로의 이행의 경우와 달리 피고인에 대한 공소장부본의 송달을 요하지 않는다. 이미 피고인에게 공소장부본과 동일한 내용의 약식명령서가 송달되어 있기 때문이다.

(4) 정식재판청구의 취하

정식재판의 청구권자는 제1심 판결의 선고 전 까지는 정식재판청구를 취하할 수 있다(제454조). 검사·피고인·법정대리인은 단독으로 할 수 있으나, 그 이외의 자는 피고인 또는 법정대리인의 동의를 얻어야 한다 (제458조 제1항, 제350조). 취하의 방법에 대하여는 상소의 취하에 관한 규정이 준용된다(제458조, 제352조). 정식재판청구를 취하한 자는 다시 정식재판을 청구하지 못한다(제458조 제1항, 제354조).

3. 정식재판청구에 대한 재판

(1) 기각결정

정식재판의 청구가 법령상의 방식에 위반하거나 청구권의 소멸 후인 것이 명백한 때에는 결정으로 기각하여야 한다. 이 결정에 대하여는 즉시항고를 할 수 있다(제455조). 이 결정은 약식명령을 한 판사가 할 수도 있고, 공판재판부가 할 수도 있다. 다만, 이 결정은 청구인 또는 통지를 받은 상대방에게만 고지하면 된다.

(2) 공판절차에 의한 심판

정식재판의 청구가 적법한 때에는 공판절차에 의하여 심판하여야 한다(제455조 제3항). 이 경우 사실인정·법령적용과 양형 등 모든 부분에 대해 법원은 약식명령에 구속되지 않고 자유롭게 판단할 수 있다. 공판절차는 단순히 약식명령의 당부판단을 목적으로 하는 것이 아니라 공소사실을 판결대상으로 하기 때문이다. 공판절차에서 공소장변경과 공소의 취소도 허용된다.

약식절차와 정식재판절차는 동일 심급의 소송절차이므로 약식절차에서 선임된 변호인은 정식재판절차에서도 변호인의 지위를 가진다. 또한 정식재판을 청구한 피고인이 정식재판절차의 공판기일에 출석하지 않은 경우에는 다시 기일을 정하여야 하고, 피고인이 정당한 사유없이 다시 정한 기일에 출정하지 않으면 피고인의 진술없이 판결할 수 있다(제458조 제2항, 제365조). 다만, 이를 위해서는 피고인이 적법한 공판기일 소환장을 받고도 정당한 이유 없이 출정하지 아니할 것을 요한다(2011도11210).

> **[판례]** 약식명령에 불복하여 정식재판을 청구한 피고인이 정식재판절차의 제1심에서 2회 불출정하여 형소법 제318조 제2항에 따른 증거동의가 간주된 후 증거조사를 완료한 이상, 간주의 대상인 증거동의는 증거조사가 완료되기 전까지 철회 또는 취소할 수 있으나 일단 증거조사를 완료한 뒤에는 취소 또는 철회가 인정되지 아니하는 점, 증거동의 간주가 피고인의 진의와는 관계없이 이루어지는 점 등에 비추어, 비록 피고인이 항소심에 출석하여 공소사실을 부인하면서 간주된 증거동의를 철회 또는 취소한다는 의사표시를 하더라도 그로 인하여 적법하게 부여된 증거능력이 상실되는 것이 아니다(2007도5776).

피고인이 정식재판을 청구한 사건에 대하여는 약식명령의 형보다 중한 종류의 형을 선고하지 못한다(제457조의2 제1항). 만일 피고인이 정식재판을 청구한 사건에 대하여 약식명령의 형보다 중한 형을 선고하는 경우에는 판결서에 양형의 이유를 적어야 한다(동조 제2항). 검사만이 청구하거나 검사와 피고인이 모두 정식재판을 청구한 경우에는 그러하지 아니한다. 약식명령을 한 판사가 제1심의 정식재판에 관여하더라도 제척사유가 되는 것은 아니지만, 항소심에 관여한 경우에는 제척사유에 해당한다(2011도17). 위 형종 상향 금지의 원칙은 피고인이 정식재판을 청구한 사건과 다른 사건이 병합·심리된 후 경합범으로 처단되는 경우에도 정식재판을 청구한 사건에 대하여 그대로 적용된다(2020도355).

> [판례] 피고인이 절도죄 등으로 벌금형의 약식명령을 발령받은 후 정식재판을 청구하였는데, 제1심법원이 위 정식재판청구 사건을 통상절차에 의해 공소가 제기된 다른 점유이탈물횡령 등 사건들과 병합한 후 각 죄에 대해 모두 징역형을 선택한 다음 경합범으로 처단한 징역형을 선고한 것은 위법이다(2019도15700).

(3) 약식명령의 실효

약식명령은 정식재판의 청구에 의한 판결이 있는 때에는 효력을 잃는다(제456조). '판결'은 종국재판을 의미하며, 따라서 공소기각의 결정도 포함된다. '판결이 있는 때'란 판결이 선고된 때가 아니라 확정된 때를 말한다. 따라서 검사의 공소취소에 의하여 공소기각의 결정이 확정된 때에도 약식명령은 효력을 잃는다.

정식재판의 청구가 부적합한 경우라도 그 청구에 의하여 확정판결이 있는 때에는 약식명령은 실효된다. 그러나 정식재판청구기간이 경과한 후에 청구한 정식재판의 확정은 약식명령이 이미 확정되었으므로 약식명령의 효력에 영향을 미치지 않는다.

제2절 즉결심판절차

Ⅰ. 즉결심판의 의의

≪학습문제≫ 경찰관 갑은 「경범죄 처벌법」위반으로 체포한 피의자의 혐의를 간단하게 처리하고자 하였다. 갑은 이 사건을 어떻게 하여야 하는가?

1. 즉결심판의 개념

즉결심판이란 20만원 이하의 벌금, 구류 또는 과료에 처할 경미한 범죄에 대하여 지방법원, 지원 또는 시·군법원의 판사가 공판절차에 의하지 아니하고 「즉결심판에 관한 절차법」에 의해 신속하게 처리하는 심판절차를 말한다.

즉결심판절차는 경미사건을 신속하게 처리하기 위하여 확정판결과 동일한 효력이 부여되며, 간이절차에 의하는 것이 적당하지 않다고 판단되는 경우에는 법관이 사건을 정식재판에 회부할 수 있을 뿐만 아니라 피고인에게 정식재판청구권이 보장되어 있고, 공소장일본주의가 적용되지 않는다는 점에서 약식절차와 동일하다. 하지만 약식절차는 검사의 청구를 요건으로 함에 반해 즉결심판절차의 청구권자는 경찰서장이고, 약식절차는 서면심리의 형태를 취하지만 즉결심판절차는 판사가 공개된 법정에서 피고인을 직접 신문하며, 약식명령으로는 재산형의 부과만 가능하지만 즉결심판절차에 의해서는 구류형의 선고가 가능하다는 점에서 양자는 구분된다.

<약식명령과 즉결심판의 차이점>

	약식명령절차	즉결심판절차
청구권자	검 사	경찰서장
대 상	벌금, 과료, 몰수	20만원 이하의 벌금, 구류, 과료
청구방법	형종·형량 기재	형종·형량 불기재
심리방법	서면심리(피고인 출석불요)	공개재판(피고인 출석요)

2. 연혁과 기능

즉결심판제도는 프러시아의 「경찰범즉결령」에 기원을 두고 있으며, 이것이 일본에 1885년 「위경죄즉결례」(違警罪卽決例)의 형태로 계수되고, 다시 우리나라에 「범죄즉결례」의 형태로 도입되었다. 하지만 해방 후 미군정하에서는 일제하의 「범죄즉결례」를 폐지하고, 1946년 1월 10일 「군정법령 제41호」에 의해 당시 법률전문가의 부족을 고려하여 미국형 치안판사제도의 도입을 통해 경미사건의 해결을 담당하도록 하였다. 그러다가 1956년 「법원조직법」의 개정에 따라 이에 근거하여 경미사건의 신속한 처리의 요청에서 1957년 2월 15일 「즉결심판에관한절차법」(법률 제439호, 1957. 2.15. 시행)을 제정하였으며, 이것이 1989년 6월 16일 「즉결심판에관한 절차법」(법률 제4131호, 1989.6.16. 시행)으로 전면개정된 후 수 차례의 개정을 거쳐 현재에 이르고 있다.

즉결심판절차는 우리나라 특유의 제도로서 경미한 형사사건의 신속·적절한 처리를 통하여 소송경제를 도모하려는 데 주된 목적이 있으며, 다른 한편에서는 피의자·피고인의 시간적·정신적 부담을 덜어 준다는 의미에서 피고인의 이익보호도 고려한 것으로 평가되고 있다. 이 외에도 즉결심판의 경우에는 전과기록이 남지 않으므로 경미한 범죄로 전과자가 양산되는 것을 방지할 수 있다는 이점이 있다.

3. 법적 성격

즉결심판은 법관이 공개된 장소에서 피고인을 출석시켜 실시하는 재판절차이다. 그러나 즉심절차는 통상의 공판기일에 행하는 절차는 아닐 뿐만 아니라 피고인의 정식재판청구에 의하여 정식재판으로 이행되고, 판사의 기각결정이 있는 때에는 검사에게 송치하면 된다는 점에서 공판전의 절차로서 이해되고 있다(다수설). 다만, 제한된 범위에서이지만 공개된 법정에서 구두주의와 직접주의를 원칙으로 하여 심리가 진행되므로 약식절차 보다는 공판절차에 가까운 제도로서 평가되고 있다.

한편, 즉결심판절차는 「형법」상 형벌을 과하는 절차이며, 즉결심판이 확정된 때에는 확정판결과 동일한 효력을 가진다(법 제16조). 따라서 「즉결심판에 관한 절차법」은 형소법의 특별법이며, 형소법의 일부 내지 일체가 되어 있는 절차법이라고 할 수 있다.

Ⅱ. 즉결심판의 절차

> ≪학습문제≫ 경찰서장이 다른 보강증거 없이 피의자의 자백만을 근거로 즉결심판을 청구하였고, 법원은 이에 기초하여 유죄를 선고하였다. 법원의 판결은 적법한가?

1. 즉결심판의 청구

(1) 청구대상

즉결심판의 청구대상은 20만원 이하의 벌금 또는 구류나 과료에 처할 범죄사건이다(법 제2조). 이것은 선고형을 기준으로 한다. 즉결심판은 주로 「경범죄 처벌법」 및 「도로교통법」위반의 경우에 적용되지만, 벌금, 구류 또는 과료가 유일형 또는 선택형으로 규정되어 있는 경우이면 일반 형사범의 경우에도 적용된다.

(2) 청구권자

즉결심판의 청구권자는 관할경찰서장 또는 관할해양경찰서장(이하 '경찰서장'이라고 한다)이다(법 제3조 제1항). 경찰서장의 즉결심판청구는 보통의 공판절차에서 검사의 공소제기와 성질을 같이 하는 소송행위이다. 따라서 즉결심판의 청구에는 공소제기가 요구되지 않는다. 이러한 의미에서 경찰서장의 즉결심판청구는 검사의 기소독점주의에 대한 예외가 된다.

(3) 청구방식

1) 즉결심판청구서의 제출

즉결심판을 청구함에는 즉결심판청구서를 제출하여야 한다. 즉결심판청구서에는 피고인의 성명 기타 피고인을 특정할 수 있는 사항, 죄명, 범죄사실과 적용법조를 기재하여야 한다(법 제3조 제2항). 이것은 공소장의 필요적 기재사항과 같다. 약식절차와 달리 선고할 형량은 기재하지 않는다. 즉결심판을 청구할 때에는 사전에 피고인에게 즉결심판의 절차를 이해하는 데 필요한 사항을 서면 또는 구두로 알려주어야 한다(동조 제3항).

2) 서류와 증거물의 제출

경찰서장은 즉결심판청구와 동시에 즉결심판을 하는 데 필요한 서류와 증거물을 판사에게 제출하여야 한다(법 제4조). 경미사건의 신속한 처리를 위해 공소장일본주의의 예외를 인정한 것이다. 다만, 즉결심판을 함에는 피의자가 이의없다는 의사표시를 할 것을 요하지 않는다.

(4) 관할법원

즉결심판의 관할법원은 지방법원, 지원 또는 시·군법원이다(법 제2조, 법조법 제34조 제2항). 지방법원 또는 지원의 판사는 소속 지방법원장의 명령을 받아 소속법원의 관할사무와 관계없이 즉결심판청구사건을 심판할 수 있다(법 제3조의2).

2. 즉결심판청구사건의 심리

(1) 판사의 심사와 경찰서장의 송치

1) 판사의 심사와 기각결정

즉결심판의 청구가 있는 경우에 판사는 사건이 즉결심판을 함에 적당한지 여부를 먼저 심사하여야 한다.

심사결과 사건이 즉결심판을 할 수 없거나 즉결심판절차에 의하여 심판함이 적당하지 아니하다고 인정할 때에는 결정으로 즉결심판의 청구를 기각하여야 한다(법 제5조 제1항). '즉결심판을 할 수 없는 경우'란 즉결심판의 대상으로 청구된 사건이 즉결심판을 하기에 필요한 실체법상 또는 절차법상의 요건을 구비하지 않은 경우를 말한다. 청구된 사건에 대하여 벌금·구류 또는 과료의 형이 규정되어 있지 않거나 이들 형이 징역형 또는 벌금형과 병과형으로 규정되어 있는 경우, 청구된 사건에 대하여 관할위반을 선고하여야 할 경우 등이 이에 해당한다. '즉결심판절차에 의하여 심판함이 적당하지 않은 경우'란 즉결심판을 하는 것이 형식적으로는 가능할지라도 청구된 사건에 대하여 벌금·구류 또는 과료 이외의 형을 선고하는 것이 적당하다고 인정되는 경우나 사건의 성질이나 양형의 특수성을 고려하여 보통의 공판절차에서 신중하게 심판하는 것이 합리적이라고 인정되는 경우 등을 말한다.

2) 송치명령과 불기소처분

경찰서장은 즉결심판청구가 기각결정된 경우에는 지체 없이 사건을 관할 지방검찰청 또는 지청의 장에게 송치하여야 한다(법 제5조 제2항). 이것은 경찰서장의 청구가 보통의 공판절차에서 검사의 공소제기에 해당하는 소송행위이므로 공소제기된 사건을 판사가 다시 검사에게 송치하는 것은 불가능하기 때문이다.

판사의 기각결정에 의하여 경찰서장이 송치한 경우에 검사가 불기소처분을 할 수 있는가에 대하여 이를 부정하는 견해가 있으나, 검사가 경찰서장의 즉결심판청구에 구속될 이유가 없고, 즉결심판청구의 기각결정을 한 때에는 즉결심판청구 이전의 상태로 돌아간다고 할 것이므로 검사는 불기소처분을 할 수 있다(다수설).

(2) 심리상의 특칙

1) 기일의 심리에서의 특칙

(가) 즉시심판　　판사는 심사결과 즉결심판이 적법하고 상당하다고 인정할 때에는 즉시 심판을 하여야 한다(법 제6조). 따라서 통상의 공판준비절차는 생략된다. '즉시 심판을 하여야 한다'는 의미는 즉시 기일을 열어 심판을 하여야 한다는 의미에 지나지 않고 심리 후 선고까지 하여야 한다는 의미는 아니므로 필요한 경우 기일을 속행하거나 변경하는 것은 허용된다.

(나) 개 정　　즉결심판절차에 의한 심리와 선고는 공개된 법정에서 행하되, 그 법정은 경찰관서(해양경찰서를 포함한다) 이외의 장소에 설치되어야 한다(법 제7조 제1항). 법정은 판사와 법원서기관, 법원사무관, 법원주사 또는 법원주사보가 열석하여 개정한다(동조 제2항).

판사가 상당한 이유가 있는 경우에는 피고인의 진술서와 경찰서장이 송부한 서류 또는 증거물에 의하여 개정없이 심판할 수 있다. 다만, 구류에 처하는 경우에는 그러하지 아니한다(동조 제3항). 서면심리는 주로 무죄·면소 또는 공소기각을 함이 명백한 사건이나 벌금이나 과료에 처할 사건임이 명백하고 피고인이 소재불명인 경우 등에 한하여 행하여지고 있다.

(다) 피고인의 출석　　피고인이 기일에 출석하지 아니한 때에는 이 법 또는 다른 법률에 특별한 규정이 있는 경우를 제외하고는 개정할 수 없다(법 제8조). 다만, 벌금 또는 과료를 선고하는 경우에는 피고인의 진술을 듣지 않고 형을 선고할 수 있다(법 제8조의2 제1항). 그러나 피고인 또는 즉결심판 출석통지서를 받은 자는 법원에 불출석심판을 청구할 수 있고, 법원이 이를 허가한 경우에는 피고인의 출석없이 심판할 수 있다(동조 제2항). 경찰서장의 출석은 요하지 않는다.

(라) 심리방법　　즉결심판절차가 공개된 법정에서 구두주의와 직접주의에 의하여 심리가 진행된다는 점에서 공판절차와 유사하다. 따라

서 즉결심판절차는 그 성질에 반하지 않는 한 형소법의 규정이 준용된다(법 제19조). 따라서 판사는 심리에 있어서 피고인에게 피고사건의 내용과 피고인에게 진술거부권이 있음을 알리고, 변명할 기회를 주어야 한다(법 제9조 제1항). 또한 판사는 필요하다고 인정할 때에는 적당한 방법에 의하여 재정하는 증거에 한하여 조사할 수 있다(동조 제2항). 변호인은 기일에 출석하여 이 증거조사에 참여할 수 있으며, 의견을 진술할 수 있다(동조 제3항). 다만, 변호인의 출석은 임의적이며 개정요건은 아니다.

한편, 즉결심판절차는 신속한 재판진행을 위해 기일의 심리에 있어서 직권주의원칙이 지배한다. 따라서 공소장부본의 송달(제266조), 제1회 공판기일의 유예(제269조), 검사의 모두진술(제285조), 증거조사와 증거결정의 방법(제290조-제296조) 및 국선변호와 필요적 변호에 관한 규정은 즉결심판절차에 준용되지 않는다.

2) 증거에 대한 특칙

즉결심판절차의 증거조사에 있어서도 형소법의 규정이 준용되지만(제19조) 다음의 예외가 인정된다. 증거조사의 대상은 즉결심판청구시 경찰서장이 제출한 서류 또는 증거물과 심리기일에 재정하는 증거에 한한다(법 제9조 제2항).

또한 즉결심판절차에는 자백의 보강법칙(제310조)과 수사기관이 작성한 피의자신문조서의 증거능력 제한(제312조 제3항) 및 각종 진술서의 증거능력 제한(제313조)에 관한 규정이 적용되지 않는다(법 제10조). 그러나 즉결심판절차에서도 자백배제법칙과 위법수집증거배제법칙은 적용된다.

3. 즉결심판의 선고와 효력

(1) 즉결심판의 선고

1) 선고방식

즉결심판의 선고는 피고인이 출석한 경우에는 선고, 피고인 없이 심리한 경우에는 즉결심판서등본의 교부에 의한다.

(가) 고지와 송달　유죄를 선고할 경우에는 형, 범죄사실과 적용법조를 명시하여야 하고, 피고인에게 7일 이내에 정식재판을 청구할 수 있다는 것을 고지하여야 한다(법 제11조 제1항). 참여한 법원사무관 등은 선고의 내용을 기록하여야 한다(동조 제2항). 피고인이 판사에게 정식재판청구의 의사를 표시하였을 때에는 이를 기록에 명시하여야 한다(동조 제3항).

즉결심판의 심리에서 판사가 상당한 이유가 있다고 인정하여 개정없이 심판한 경우(법 제7조 제3항)와 피고인 출석없이 심판할 수 있는 경우(법 제8조의2)에는 법원사무관 등은 7일 이내에 정식재판을 청구할 수 있음을 부기한 즉결심판청구서등본을 피고인에게 송달하여 고지한다. 다만, 피고인에 대하여 불출석재판을 허가한 경우에 피고인 등이 미리 즉결심판서의 등본송달을 요하지 않는다는 뜻을 표시한 때에는 그러하지 아니한다(법 제11조 제4항).

(나) 즉결심판서의 기재사항　유죄의 즉결심판서에는 피고인의 성명 기타 피고인을 특정할 수 있는 사항, 주문, 범죄사실, 적용법조를 명시하고 판사가 서명날인하여야 한다(법 제12조 제1항). 그러나 피고인이 범죄사실을 자백하고 정식재판의 청구를 포기한 경우에는 기록작성을 생략하고 즉결심판서에 선고한 주문과 적용법조를 명시하고 판사가 기명날인한다(동조 제2항).

2) 선고할 수 있는 형

즉결심판절차에서 과할 수 있는 형은 20만원 이하의 벌금, 구류 또는 과료이다(법 제2조, 법조법 제34조 제1항 제3호). 즉결심판에서 사건이 무죄, 면소 또는 공소기각을 함이 명백하다고 인정할 때에는 이를 선고·고지할 수 있다(법 제11조 제5항).

3) 유치명령과 가납명령

(가) 유치명령　판사는 구류선고를 받은 피고인이 일정한 주소가 없거나 도망할 염려가 있을 때에는 5일을 초과하지 않는 범위에서 경찰

서유치장(지방해양경찰관서의 유치장을 포함한다)에 유치할 것을 명령할 수 있다. 다만, 유치기간은 선고기간을 초과할 수 없다(법 제17조 제1항). 유치기간이 집행된 경우에 그 기간은 본형의 집행에 산입한다(동조 제2항).

유치명령은 선고와 동시에 효력이 발생하므로 유치명령과 함께 선고된 구류에 대하여는 정식재판을 청구하더라도 그 효력이 유지되어 피고인은 석방되지 않는다. 유치명령은 구류형이 아닌 벌금이나 과료를 선고할 경우에는 할 수 없다. 유치명령은 '재판장이 고지한 구금에 관한 재판'(제416조 제1항 제2호)으로 볼 수 있기 때문에 준항고의 방법으로 불복할 수 있다.[1]

(나) 가납명령   판사가 벌금 또는 과료를 선고할 때에는 노역장유치기간을 선고하여야 하고(형법 제70조), 가납명령을 할 수 있다(법 제17조 제3항, 제334조). 따라서 가납의 재판은 벌금 또는 과료의 선고와 동시에 선고하여야 하며, 그 재판은 즉시 집행할 수 있다. 가납명령이 있는 벌금 또는 과료를 납부하지 않을 때에는 환형유치를 할 수 있다.

(2) 즉결심판의 효력

즉결심판이 확정된 때에는 확정판결과 동일한 효력이 생긴다(법 제16조). 따라서 집행력과 기판력이 생긴다. 즉결심판은 정식재판의 청구기간의 경과, 정식재판청구권의 포기 또는 그 청구의 취하에 의하여 확정된다. 정식재판청구를 기각하는 재판이 확정된 때에도 같다. 확정된 즉결심판의 기판력은 동일성이 인정되는 공소범죄사실에 대하여도 미친다(85도1142). 즉결심판이 확정되면 재심이나 비상상고 등의 비상구제절차의 방식에 의해서만 불복이 가능하다.

즉결심판의 판결이 확정된 경우에는 즉결심판서 및 관계서류와 증거는 관할경찰서 또는 지방해양경찰관서가 이를 보존한다(법 제13조).

---

1) 유치명령은 재판부의 단독판사의 구금에 관한 재판이므로 보통항고(제430조 제2항)의 대상이 된다고 하는 견해가 있다.

(3) 형의 집행

즉결심판에 의한 형의 집행은 경찰서장이 하고, 그 집행결과를 지체없이 검사에게 보고하여야 한다(법 제18조 제1항).

구류는 경찰서유치장, 구치소 또는 교도소에서 집행한다. 다만, 구치소 또는 교도소에서 집행할 경우에는 검사가 이를 지휘한다(동조 제2항). 벌금, 과료와 몰수는 그 집행을 종료하면 지체없이 관할검사에게 인계하여야 한다. 다만, 상당한 기간 내에 집행할 수 없을 때에는 경찰서장은 검사에게 통지하여야 하며, 통지를 받은 검사는 재산형의 집행방법에 의하여 집행할 수 있다(동조 제3항). 경찰서장이 형의 집행을 정지하고자 할 때에는 사전에 검사의 허가를 얻어야 한다(동조 제4항).

Ⅲ. 정식재판의 청구

≪학습문제≫ 즉결심판에 회부된 갑은 판사의 선고내용에 불복하여 즉결심판선고 직후 공판정에서 판사에게 정식재판을 구두로 청구하였다. 갑의 청구는 유효한가?

1. 정식재판청구의 절차

(1) 청구방법

1) 피고인 등의 정식재판청구

유죄선고를 받은 피고인은 정식재판을 청구할 수 있다. 피고인의 법정대리인, 피고인의 배우자, 직계친족, 형제자매, 즉결심판절차의 대리인 또는 변호인도 피고인을 위하여 정식재판을 청구할 수 있다(법 제14조 제4항, 형소법 제340조, 제341조).

정식재판을 청구하고자 하는 피고인은 즉결심판선고 또는 고지를 받은 날로부터 7일 이내에 정식재판청구서를 경찰서장에게 제출하여야 한다(법 제14조 제1항). 정식재판의 청구에는 형소법의 상소에 관한 규정이 준용된다(동조 제4항). 다만, 공판정에서 즉결심판선고 직후에 피고인이 판사에게 정식재판을 청구하는 경우에도 정식재판을 청구한 것으로 해석하여야 한다. 즉결심판제도의 존립근거가 피고인의 자유로운 정식재판청구권의 보장에 있으며, 경찰서장에게 정식재판청구서를 제출해도 경찰서장은 지체없이 그 청구서를 판사에게 송부하도록 되어 있기 때문이다.

정식재판청구기간은 공개된 법정에서 선고된 경우에는 선고일로부터, 즉결심판서등본을 피고인에게 송달한 경우에는 송달된 날로부터 기산된다.

> [판례] 피고인이 즉결심판에 대하여 제출한 정식재판청구서에 피고인의 자필로 보이는 이름이 기재되어 있고 그 옆에 서명이 되어 있어 위 서류가 작성자 본인인 피고인의 진정한 의사에 따라 작성되었다는 것을 명백하게 확인할 수 있으며 형사소송절차의 명확성과 안정성을 저해할 우려가 없으므로, 정식재판청구는 적법하다고 보아야 한다. 피고인의 인장이나 지장이 찍혀 있지 않다고 해서 이와 달리 볼 것이 아니다(2017모3458).

2) 경찰서장의 정식재판청구

즉결심판에서 무죄, 면소, 또는 공소기각의 선고가 있는 때에는 경찰서장은 선고 또는 고지한 날로부터 7일 이내에 정식재판을 청구할 수 있다. 이 경우 경찰서장은 관할지방검찰청 또는 지청의 검사의 승인을 얻어 정식재판서를 판사에게 제출하여야 한다(동조 제2항). 검사에게는 정식재판청구권이 없다.

(2) 정식재판청구 후의 절차

정식재판청구서를 받은 경찰서장은 지체없이 판사에게 이를 송부하여야 한다(법 제14조 제1항). 판사는 정식재판청구서를 받은 날로부터 7일 이내에 경찰서장에게 정식재판청구서를 첨부한 사건기록과 증거물을 송부하고, 경찰서장은 지체없이 관할지방검찰청 또는 지청의 장에게 이를 송부하여야 하며, 그 검찰청 또는 지청의 장은 지체없이 관할법원에 이를 송부하여야 한다(동조 제3항). 검사의 공소제기를 요하지 않는다. 이 경우 공소장일본주의에 비추어 검사는 정식재판청구서와 즉결심판청구서만을 법원에 송치하여야 하며, 사건기록과 증거물은 공판기일에 제출하여야 한다.

(3) 정식재판청구의 포기와 취하

정식재판청구의 포기와 취하, 그리고 기각결정에 대하여는 상소에 관한 규정과 약식절차에 관한 규정(제454조, 제455조)을 준용한다(법 제14조 제4항).

2. 정식재판청구에 대한 재판

(1) 청구기각결정

정식재판의 청구가 법령상의 방식에 위배하거나 청구권의 소멸 후인 것이 명백한 때에는 청구를 기각하는 결정을 하여야 한다. 이 결정에 대하여는 즉시항고할 수 있다(법 제14조 제4항, 형소법 제455조 제1항·제2항).

(2) 공판절차에 의한 심판

정식재판의 청구가 적법한 때에는 공판절차에 의하여 심판하여야 한다(법 제14조 제4항, 형소법 제455조 제3항). 즉결심판에 대한 정식재판절차에는 형소법의 규정이 준용된다(법 제19조). 다만, 즉결심판절차는 통상의 공판절차에 대해 전심재판의 관계에 있지 않으므로 즉결심판을 한 판사가 공판절차에 관여하더라도 제척사유가 되지 않으며, 기피사유가 될 수 있을 뿐이다.

한편, 공판절차에서의 심판은 제1심의 공판절차가 개시되는 것이므로 즉결심판의 결과에 구속되지 않지만, 「즉결심판에 관한 절차법」 제19조의 규정에 따라 제457조의2가 준용되므로(98도2550) 즉결심판의 경우에도 피고인이 정식재판을 청구한 사건에 대하여는 즉결심판의 형보다 중한 종류의 형을 선고하지 못하고, 만일 피고인이 정식재판을 청구한 사건에 대하여 즉결심판의 형보다 무거운 형을 선고하는 경우에는 판결서에 양형의 이유를 적어야 한다.

(3) 판결의 효력

즉결심판은 정식재판의 청구에 의한 판결이 있는 때에는 그 효력을 상실한다(법 제15조). '판결'은 적법한 정식재판청구에 의해 통상의 공판절차에서 행해진 판결로서 확정판결을 의미한다. 다만, 종국재판을 의미한다는 점에서 공소기각의 결정도 포함된다.

제3절 소년범의 형사절차

Ⅰ. 소년사법의 이념과 소년형사범의 의의

≪학습문제≫ 검사 갑은 5만원을 훔친 혐의로 잡혀온 16세의 소년을 형사처벌하기 위해 일반 형사법원에 기소하였다. 갑의 행위는 적절한가?

1. 소년사법의 이념

소년사법에 있어서 근대 형사사법에서는 '미성숙과 고도의 잠재적 성숙가능성'이라고 하는 소년의 특성을 고려하여 범죄소년에 대하여는 '처벌'이 아니라 '처우'를 통한 사회복귀가 강조되고, 따라서 소년사법에 있어서는 소년보호의 법리로서 형사법적인 기원에 따른 특별예방과 형평법적인 기원에 따른 국친(國親)2)의 두 가지 이념이 형성되었다. 이에 소

---

2) 국친사상은 13세기 영국의 형평법 사상에 근거하여 왕권을 정당화하는 개념으로 발전한 것으로써, 국가가 비행소년의 부모로서의 역할을 부모를 대신하여 수행하여야 한다는 사상이다. 이러한 국친사상에 근거하여 소년비행을 질병으로 파악하고, 그 원인을 치료하는 것이 소년사법의 임무이어야 한다는 '의료모델'이 소년사법의 수단으로 등장하였다고 한다.

년사법의 목적은 비행청소년에 대한 처벌이 아니라 청소년이 처한 환경의 개선과 교육을 통해 건강한 인간으로 성장하도록 도우는 것이어야 하며, 이러한 철학과 원칙은 소년사범에 대한 사법처리과정의 전과정에서 보장될 것이 요청되었다. 아울러 소년사범에 대한 제재에 있어서도 전통적인 형벌과 구별되는 새로운 제재수단이 개발되었다.

이에 「소년법」에서는 소년범죄자에 대하여는 형사처벌의 완화와 함께 보호처분제도를 도입하였으며, 그 적용대상을 촉법소년[3]과 우범소년[4]으로 확대하였다. 아울러 소년범죄자를 형사사건으로 처리하는 과정에 있어서도 원칙적으로 형소법을 적용하되(법 제48조 참조), 반사회성 있는 소년의 건전한 육성을 도모하기 위하여 형사절차상 소년사건의 처리에 있어서 여러가지 특칙을 마련하고 있다.

2. 소년형사범의 의의

「소년법」에 의하여 소년형사범으로 취급되는 소년은 14세 이상 19세 미만의 죄를 범한 소년이다(법 제2조, 제4조 제1항 제1호). 하지만 소년범죄자가 벌금 이하의 형에 해당하는 경우에는 소년보호사건으로 처리되고, 금고 이상의 형사처분을 할 필요가 있다고 판단되는 범죄사건만 소년형사범으로 형사처벌의 대상이 된다(법 제7조, 제49조).

---

3) 형벌 법령에 저촉되는 행위를 한 10세 이상 14세 미만인 소년(법 제4조 제1항 제2호)을 말한다.

4) (i) 집단적으로 몰려다니며 주위 사람들에게 불안감을 조성하는 성벽이 있는 것, (ii) 정당한 이유 없이 가출하는 것, (iii) 술을 마시고 소란을 피우거나 유해환경에 접하는 성벽이 있는 것에 해당하는 사유가 있고 그의 성격이나 환경에 비추어 앞으로 형벌 법령에 저촉되는 행위를 할 우려가 있는 10세 이상인 소년을 말한다(법 제4조 제1항 제3호).

Ⅱ. 소년보호사건과 그 처리절차

≪학습문제≫ 경찰관 갑은 10세 소년이 친구를 협박하여 5천원을 갈취하는 것을 발견하였다. 갑은 이 소년을 사법처리할 수 있는가?

1. 소년법원의 처리절차

19세 미만의 자가 비행을 한 경우에는 원칙적으로 「소년법」 제4조 제1항에 따른 소년보호사건으로 처리하도록 하고 있다.

소년보호사건은 가정법원소년부 또는 지방법원소년부의 관할에 속하며, 그 심리와 처분 결정은 소년부 단독판사가 하도록 되어 있다(법 제3조 제2항·제3항). 이때 범죄소년은 경찰서장이 검사에게 송치하여야 하지만, 촉법소년과 우범소년은 경찰서장이 직접 관할 소년부에 송치할 수 있도록 예외를 인정하고 있다. 이들 소년의 보호자, 학교장, 사회복리시설의 장이 비행소년을 발견하면 소년법원에 통고할 수 있다(법 제4조 제3항).

검사는 소년피의사건에 대한 보호처분에 해당하는 사유가 있다고 인정하는 때에는 소년법원에 송치한다(법 제49조 제1항). 형사법원도 소년피고사건에 대한 심리결과 보호처분에 해당할 사유가 있다고 인정하면 관할 소년부에 송치하여야 한다(법 제50조).

소년법원은 이들 통고나 송치를 받은 소년보호사건을 조사 또는 심리한 결과 대상자가 19세 이상이거나 그 동기와 죄질이 금고 이상의 형사처분을 할 필요가 있다고 인정한 때에는 해당검찰청 검사에게 송치하거나 송치한 형사법원으로 이송하여야 한다(법 제7조, 제49조 제2항, 제51조). 그렇지 않으면 소년부는 심리를 진행하여 그 결과에 따라 심리 불개시 결정(법 제19조), 불처분 결정(법 제29조) 또는 보호처분 결정(법 제32조) 등을 하여야 한다. 이때 결정된 소년의 보호처분은 그 소년의 장래 신상에 어떠한 영향도 미치지 아니한다(법 제32조 제6항).

2. 보호처분의 내용

소년범에 대한 보호처분에는 (i) 보호자 또는 보호자를 대신하여 소년을 보호할 수 있는 자에게 감호 위탁, (ii) 수강명령, (iii) 사회봉사명령, (iv) 보호관찰관의 단기 보호관찰, (v) 보호관찰관의 장기 보호관찰, (vi) 「아동복지법」에 따른 아동복지시설이나 그 밖의 소년보호시설에 감호 위탁, (vii) 병원, 요양소 또는 「보호소년 등의 처우에 관한 법률」에 따른 소년의료보호시설에 위탁, (viii) 1개월 이내의 소년원 송치, (ix) 단기 소년원 송치, (x) 장기 소년원 송치 등 10종류가 있다(법 제32조 제1항).

일부 처분 상호간에는 그 전부 또는 일부를 병합할 수 있도록 하고 있다(동조 제2항).[5] 다만, 위의 제3호의 처분은 14세 이상의 소년에게만 할 수 있으며(동조 제3항), 제2호 및 제10호의 처분은 12세 이상의 소년에게만 할 수 있다(동조 제4항).[6] 또한 보호관찰관에 의한 단기보호관찰(제4호), 장기보호관찰(제5호) 처분의 경우에는 3개월 이내의 기간을 정하여 「보호소년 등의 처우에 관한 법률」에 따른 대안교육 또는 소년의 상담·선도·교화와 관련된 단체나 시설에서의 상담·교육을 받을 것을 동시에 명하거나 1년 이내의 기간을 정하여 야간 등 특정 시간대의 외출을 제한하는 명령을 추가적으로 부과할 수 있도록 하고 있다. 나아가 가정상황 등을 고려하여 필요하다고 판단되면 보호자에게 소년원·소년분류심사원 또는 보호관찰소 등에서 실시하는 소년의 보호를 위한 특별교육을 받을 것[7]을 명할 수 있도록 하고 있다(법 제32조의2).

---

5) 법 제32조 ② 다음 각 호 안의 처분 상호 간에는 그 전부 또는 일부를 병합할 수 있다.
  1. 제1항제1호·제2호·제3호·제4호 처분
  2. 제1항제1호·제2호·제3호·제5호 처분
  3. 제1항제4호·제6호 처분
  4. 제1항제5호·제6호 처분
  5. 제1항제5호·제8호 처분
6) 위의 각호의 어느 하나에 해당하는 처분을 한 경우 소년부는 소년을 인도하면서 소년의 교정에 필요한 참고자료를 위탁받는 자나 처분을 집행하는 자에게 넘겨야 한다(동조 제5항).
7) 보호자가 특별교육명령에 정당한 이유 없이 응하지 아니한 때에는 300만원 이하의 과태료를 부과할 수 있다(법 제71조 제2호).

이들 보호처분과 부가처분은 위탁받은 자나 보호처분을 집행하는 자의 신청에 따라 결정으로 이를 변경할 수 있다(법 제37조). 또한 보호처분 받은 소년이 처분 당시 19세 이상이거나 행위 당시 10세 미만인 것으로 밝혀진 경우 및 보호처분 계속 중 유죄판결이 확정되거나 새로운 보호처분이 있는 경우에는 결정으로 이를 취소(법 제38조-제40조)할 수 있다. 보호처분과 부가처분 및 그 변경결정에 대하여는 항고(법 제43조)와 재항고(법 제47조)가 가능하다.

> **[판례]** 「소년법」상 보호처분의 변경은 보호처분결정에 따른 위탁 또는 집행 과정에서 발생한 준수사항 위반 등 사정변경을 이유로 종전 보호처분결정을 변경하는 것이다. 즉, 이것은 종전 보호처분 사건에 관한 재판이다. 따라서 종전 보호처분에서 심리가 결정된 사건이 아닌 사건에 대하여 공소를 제기하거나 소년부에 송치하는 것은 「소년법」 제53조에 위배되지 않는다(2018도3768).

Ⅲ. 소년형사범에 대한 처리절차상 특칙

소년에 대한 형사사건에 관하여는 「소년법」에 특별한 규정이 없으면 일반 형사사건의 예에 따른다(법 제48조). 다만, 「소년법」에서는 소년사법의 이념에 따라 여러 가지 특칙을 두고 있다.

1. 수사절차에 있어서의 특칙

(1) 수사진행

1) 검사선의주의

범죄사건이 아닌 기타의 소년비행사건은 경찰서장이 직접 관할 소년부에 송치할 수 있지만(법 제4조 제2항), 소년범죄사건은 일단 검사에게 송치되어 검사의 판단을 받게 되어 있다(검사선의주의).

2) 검사의 결정전 조사

송치를 받은 검사는 소년 피의사건에 대하여 소년부 송치, 공소 제기, 기소유예 등의 처분을 결정하기 위하여 필요하다고 인정하면 피의 자의 주거지 또는 검찰청 소재지를 관할하는 보호관찰소의 장, 소년분류 심사원장 또는 소년원장에게 피의자의 품행, 경력, 생활환경이나 그 밖에 필요한 사항에 관한 조사를 요구할 수 있다(법 제49조의2 제1항). 이 요구를 받은 보호관찰소장 등은 지체없이 이를 조사하여 서면으로 해당 검사에 게 통보하여야 하며, 조사를 위하여 필요한 경우에는 소속 보호관찰관·분류심사관 등에게 피의자 또는 관계인을 출석하게 하여 진술요구를 하는 등의 방법으로 필요한 사항을 조사하게 할 수 있다(동조 제2항). 검사가 조사를 할 때에는 미리 피의자 또는 관계인에게 조사의 취지를 설명하여야 하고, 피의자 또는 관계인의 인권을 존중하며, 직무상 비밀을 엄수하여야 한다(동조 제3항).

검사는 보호관찰소장 등으로부터 통보받은 조사결과를 참고하여 소년 피의자를 교화·개선하는 데에 가장 적합한 처분을 결정하여야 한다(동조 제4항).

3) 구속의 제한

검사의 소년에 대한 구속영장은 부득이한 경우가 아니면 발부하지 못한다(법 제55조 제1항). 소년을 구속하는 경우에는 특별한 사정이 없으면 다른 피의자나 피고인과 분리하여 수용하여야 한다(동조 제2항).

(2) 수사종결처분

1) 소년부송치

검사는 소년에 대한 피의사건을 수사한 결과 보호처분에 해당하는 사유가 있다고 인정한 경우에는 사건을 관할 소년부에 송치하여야 한다(법 제49조 제1항). 그러나 소년부는 송치된 사건을 조사 또는 심리한 결과 그 동기와 죄질이 금고 이상의 형사처분을 할 필요가 있다고 인정할 때에는 결정으로써 해당 검찰청 검사에게 송치할 수 있다(동조 제2항). 이때 법원이 송치한 사건은 다시 소년부에 송치할 수 없다(동조 제3항).

2) 검찰청송치

소년부는 조사 또는 심리한 결과 금고 이상의 형에 해당하는 범죄 사실이 발견된 경우 그 동기와 죄질이 형사처분을 할 필요가 있다고 인정하면 결정으로써 사건을 관할 지방법원에 대응한 검찰청 검사에게 송치하여야 한다(법 제7조 제1항).

또한 소년부는 조사 또는 심리한 결과 사건의 본인이 19세 이상인 것으로 밝혀진 경우에는 결정으로써 사건을 관할 지방법원에 대응하는 검찰청 검사에게 송치하여야 한다. 다만, 소년부가 법원으로부터 송치받은 사건을 조사 또는 심리한 결과 사건의 본인이 19세 이상인 것으로 밝혀지면 결정으로써 송치한 법원에 다시 이송하여야 한다(동조 제2항).

3) 기소유예

검사는 피의자에 대하여 (i) 범죄예방자원봉사위원의 선도 또는 (ii) 소년의 선도·교육과 관련된 단체·시설에서의 상담·교육·활동 등을 받게 하고, 피의사건에 대한 공소를 제기하지 아니할 수 있다. 이 경우 소년과 소년의 친권자·후견인 등 법정대리인의 동의를 받아야 한다(법 제49조의3).

소년부가 소년형사범이라고 판단하여 송치한 사건에 대하여 검사가 기소유예할 수 있는가에 대하여는 소년비행사건의 주도적인 심판기관인 법원 소년부의 판단을 존중하여야 한다는 의미에서 소년부의 조사결과 19세 이상의 성인범으로 밝혀져 이송된 경우가 아니라면 검사의 기소유예가 허용되지 않는다는 견해가 있다. 그러나 기소독점주의와 기소편의주의를 취하고 있는 형소법의 태도와 소년의 보호라는 요구에 따르면 송치사유에 관계없이 이 경우에도 검사의 기소유예를 허용하여야 한다.

4) 공소제기의 제한과 공소시효의 정지

보호처분을 받은 소년에 대하여는 그 심리가 결정된 사건은 다시 공소를 제기하거나 소년부에 송치할 수 없다. 다만, 보호처분이 계속 중일 때에 사건 본인이 처분 당시 19세 이상인 것으로 밝혀져서 소년부 판사가 결정으로써 그 보호처분을 취소하고 사건을 검찰청 검사에게 송치한 경우에는 그러하지 아니한다(법 제53조).

소년부 판사는 송치서와 조사관의 조사보고에 따라 사건을 심리할 필요가 있다고 인정하면 심리개시 결정을 하여야 하는데(법 제20조), 이러한 심리개시 결정이 있었던 때로부터 그 사건에 대한 보호처분의 결정이 확정될 때까지 공소시효는 그 진행이 정지된다(법 제54조).

2. 공판절차에 있어서의 특칙

(1) 법원의 소년부송치

법원은 소년에 대한 피고사건을 심리한 결과 보호처분에 해당할 사유가 있다고 인정하면 결정으로써 사건을 관할 소년부에 송치하여야 한다(법 제50조). 이때 소년부는 송치받은 사건을 조사 또는 심리한 결과 사건의 본인이 19세 이상인 것으로 밝혀지면 결정으로써 송치한 법원에 사건을 다시 이송하여야 한다(법 제51조).

소년부 송치결정이 있는 경우에는 소년을 구금하고 있는 시설의 장은 검사의 이송지휘를 받은 때로부터 법원 소년부가 있는 시·군에서는 24시간 이내에, 그 밖의 시·군에서는 48시간 이내에 소년을 소년부에 인도하여야 한다. 이 경우 구속영장의 효력은 소년부 판사가 소년의 감호에 관한 결정을 한 때에 상실한다(법 제52조 제1항). 이에 따른 인도와 결정은 구속영장의 효력기간 내에 이루어져야 한다(동조 제2항).

(2) 심리상 특칙

법원은 소년에 대한 형사사건에 관하여 필요한 사항을 조사하도록 조사관에게 위촉할 수 있다(법 제56조). 소년에 대한 형사사건의 심리는 다른 피의사건과 관련된 경우에도 심리에 지장이 없으면 그 절차를 분리하여야 한다(법 제57조). 소년은 미성년자이므로 변호인이 없는 경우에는 법원은 국선변호인을 선임하여야 한다(제33조 제1항 제2호, 제283조).

소년에 대한 형사사건의 심리는 친절하고 온화하게 하여야 한다(법 제58조 제1항). 이 심리에는 소년의 심신상태, 품행, 경력, 가정상황, 그 밖의 환경 등에 대하여 정확한 사실을 밝힐 수 있도록 특별히 유의하여야 한다(동조 제2항).

3. 양형에 있어서의 특칙

(1) 사형 또는 무기형의 완화

죄를 범할 당시 18세 미만인 소년에 대하여 사형 또는 무기형으로 처할 경우에는 15년의 유기징역으로 한다(법 제59조). 다만, 「특정강력범죄의 처벌에 관한 특례법」에서 규정한 특정강력범죄를 범한 당시 18세 미만의 소년을 사형 또는 무기형에 처하여야 할 때에는 20년의 유기징역으로 한다(특강법 제4조 제1항).

(2) 상대적 부정기형

소년이 법정형으로 장기 2년 이상의 유기형에 해당하는 죄를 범한 경우에는 그 형의 범위에서 장기와 단기를 정하여 선고한다. 다만, 장기는 10년, 단기는 5년을 초과하지 못한다(법 제60조 제1항). 특정강력범죄를 범한 소년에 대하여 부정기형을 선고할 때에는 장기는 15년, 단기는 7년을 초과하지 못한다(특강법 제4조 제2항).

소년의 특성에 비추어 상당하다고 인정되는 때에는 그 형을 감경할 수 있다(법 제60조 제2항). 형의 집행유예나 선고유예를 선고할 때에는 부정기형을 선고할 수 없다(동조 제3항). 소년에 대한 부정기형을 집행하는 기관의 장은 형의 단기가 지난 소년범의 행형성적이 양호하고 교정의 목적을 달성하였다고 인정되는 경우에는 관할 검찰청 검사의 지휘에 따라 그 형의 집행을 종료시킬 수 있다(동조 제4항).

부정기형을 선고함에 있어서 소년의 기준시점은 원칙적으로 사실심의 재판 시가 된다. 따라서 제1심판결의 선고 시나 항소심판결의 선고 시에 성년에 이를 경우에는 부정기형을 선고할 수 없다. 그러나 대법원은 항소심과는 달리 사후심이므로 항소심판결 이후에 발생한 사실은 원칙적으로 고려하지 않고 있다. 따라서 항소심 판결선고 당시 미성년자로서 부정기형을 선고받은 피고인이 상고심 계속 중에 성년이 되었다 하더라도 정기형으로 고칠 수는 없다(90도2225). 상소심 계속 중에 소년이 성인이 된 경우 불이익변경금지 규정을 적용함에 있어서는 단기가 경과하면 석방될 가능성이 있으므로 부정기형 중 최단기형과 정기형을 비교하여 판단하여야 한다(다수설, 2006도734).

(3) 환형처분의 금지와 미결구금일수의 산입

18세 미만인 소년에게 벌금 또는 과료를 선고하는 경우에는 벌금액 또는 과료액의 미납에 대비한 노역장유치의 선고를 하지 못한다.

판결선고 전 구속되었거나 보호사건의 조사·심리를 위하여 소년감별소에 위탁되었던 경우에는 그 구속 또는 위탁의 기간에 해당하는 기간은 노역장에 유치된 것으로 보아 미결구금일수의 통산(형법 제57조)에 산입된다(법 제62조). 또한 항고법원이 항고가 이유가 있다고 인정되어 보호처분의 결정을 다시 하는 경우에는 원결정에 따른 보호처분의 집행 기간은 그 전부를 항고에 따른 보호처분의 집행 기간에 산입(제32조 제1항 제8호·제9호·제10호 처분 상호 간에만 해당한다)한다(법 제45조 제3항).

4. 형의 집행에 있어서의 특칙

(1) 형의 집행

징역 또는 금고를 선고받은 소년에 대하여는 특별히 설치된 교도소 또는 일반 교도소 안에 특별히 분리된 장소에서 그 형을 집행한다. 다만, 소년이 형의 집행 중에 23세가 되면 일반 교도소에서 집행할 수 있다(법 제63조). 보호처분이 계속 중일 때에는 징역, 금고 또는 구류를 선고받은 소년에 대하여는 먼저 그 형을 집행한다(법 제64조).

(2) 가 석 방

징역 또는 금고를 선고받은 소년에 대하여는 (i) 무기형의 경우에는 5년, (ii) 15년 유기형의 경우에는 3년, (iii) 부정기형의 경우에는 단기의 3분의 1이 지나면 가석방을 허가할 수 있다(법 제65조).

징역 또는 금고를 선고받은 소년이 가석방된 후 그 처분이 취소되지 아니하고 가석방 전에 집행을 받은 기간과 같은 기간이 지난 경우에는 형의 집행을 종료한 것으로 한다. 다만, 사형 또는 무기형을 감형하여 15년의 유기징역으로 된 경우에는 그 형기, 부정기형의 경우에는 장기의 기간이 먼저 지난 경우 그 때에 형의 집행을 종료한 것으로 한다(법 제66조).

(3) 자격에 관한 법령의 적용

소년이었을 때 범한 죄에 의하여 형을 선고받은 자에 대하여 형을 선고받은 자가 그 집행을 종료하거나 면제받은 경우 또는 형의 선고유예나 집행유예를 선고받은 경우에 자격에 관한 법령을 적용할 때에는 장래에 향하여 형의 선고를 받지 아니한 것으로 본다(법 제67조 제1항). 소년의 사회복귀를 용이하게 하기 위한 것이다. 그러나 형의 선고유예가 실효되거나 집행유예가 실효·취소된 때에는 그 때에 형을 선고받은 것으로 본다(동조 제2항).

제4절 군형사절차

Ⅰ. 군형사절차의 기초

1. 군형사절차의 의의와 필요성

《학습문제》 육군일병 갑은 입대 전 친구 을과 함께 병의 오토바이를 절도하였고, 이 범죄는 갑이 입대 후 발각되었다. 그런데 아직 군에 입대하지 않은 을은 일반 법원에서 재판을 받고 있으나, 갑은 군인이라는 이유로 군사법원에서 재판을 받고 있다. 갑은 헌법과 법률이 정한 법관에 의한 재판을 받을 권리를 주장하면서 군사법원의 재판을 거부할 수 있는가?

(1) 군형사절차의 의의

헌법 제110조 제1항에서는 "군사재판을 관할하기 위하여 특별법원으로서 군사법원을 둘 수 있다"고 규정하고, 동조 제3항에서 "군사법원의 조직·권한 및 재판관의 자격은 법률로 정"하도록 하고 있다. 이에 근거하여 제정된 법률이 「군사법원법」이다. 동법에서는 군사재판을 관할할 군사법원의 조직, 권한, 재판관의 자격 및 심판절차와 군검찰의 조직, 권한 및 수사절차 등을 규정하고 있으며, 군의 특수성을 반영하여 범죄수사기관, 공소제기기관뿐만 아니라 법원의 성격과 법관의 자격도 일반 형사소송절차와 다르게 구성하여 운영하고 있다. 따라서 군형사사건은 일반 사건과 달리 형소법이 아니라 「군사법원법」에 따라 처리되고 있다. 이와 같이 「군사법원법」에 의한 형사절차를 군형사절차라고 한다. 다만, 헌법 제27조 제2항에서는 "군인 또는 군무원이 아닌 국민은 대한민국의 영토 안에서는 중대한 군사상의 기밀·초병·초소·유독음식물공급·포로·군용물에 관한 죄 중 법률이 정한 경우와 비상계엄이 선포된 경우를 제외하고는 군사법원의 재판을 받지 아니한다"고 규정하여 군사법원의 적용대상을 제한함으로써 헌법상 보장된 헌법과 법률이 정한 법관에 의한 재판을 받을 권리가 침해되지 않도록 하고 있다.

(2) 군형사절차의 필요성

국군은 국가의 안전보장과 국토방위의 신성한 의무를 수행함을 사명으로 한다(헌법 제5조 제2항). 따라서 국군은 국가를 수호하는 최후의 보루로서 유사시에 개인의 생명도 담보할 수 있는 특수한 조직과 고도의 질서 및 기율이 유지되어야 한다. 「군사법원법」은 이와 같이 군이라는 특수한 조직에서 고도의 질서와 기율을 유지하고 전투력을 보존·발휘하여 전투에서 승리할 수 있는 기틀을 마련하기 위한 최후의 강력한 수단인 것이다. 다만, 군형사절차에서도 개인의 자유침해를 억제하기 위한 형사절차법정주의가 엄격하게 적용된다(헌법 제12조 제1항 참조).

2. 군사법원법의 연혁

(1) 고유의 군형사절차의 마련

근대 이전의 군형사절차에 대하여는 기록과 연구의 미흡으로 세부적인 내용을 알기 어렵다. 일반사회에서도 행정부와 사법부가 엄격하게 구별된 것이 아니라 소위 원님재판이라는 형태로 행정기관의 장이 전적으로 사법권을 행사한 것과 비슷한 형태로 운용되었을 것으로 추측할 뿐이다. 즉, 지휘관이 지휘권행사의 일환으로 전횡적으로 군형벌권을 행사하였을 것이다. 1904년에 이르러 군무대신 직속의 육군법원을 설치한 것이 최초의 군사법원으로 볼 수 있으나, 이마저도 경술국치 이후 폐지되고 말았다.

(2) 미 육군 전시법 계수

1945년 해방과 더불어 우리나라가 미군정 하에 들어가게 되자 「조선경비법」, 「국방경비법」 등에 미 육군 「전시법」을 모방한 군형사절차에 관한 규정이 도입되었다. 미 육군 「전시법」은 군사범죄에 관하여 실체적 규정과 절차적 규정을 함께 포함하고 있었으며, 우리 군의 실정과도 많은 괴리가 있었다. 그럼에도 불구하고 창군 초기에는 군형사절차뿐만 아니라 우리나라 군사에 관한 대부분의 법률이 미국의 군사법제도를 계수하면서 시작되었다.

(3) 군법회의법의 제정

「국방경비법」은 헌법보다 일찍 존재했으나, 1948년 제정·공포된 헌법에는 군사법원의 설치 근거가 없었다. 1954년 11월 29일 제2차 개정헌법 제83조의2에 비로소 군사법원의 설치근거가 규정되었다.

그리고 「국방경비법」 제3편 군법회의에 관한 규정을 대폭 손질하여 1962년 1월 20일 「군법회의법」(법률 제1004호)이 제정·공포되었다. 「군법회의법」은 실체법과 절차법을 분리하여 그 절차를 규율함으로써 일반형사법 체계와 보조를 같이하는 계기를 마련하였다.

(4) 군사법원법의 제정

「군사법원법」은 1987년 형소법이 인권 보장적 제도와 적정절차를 위한 제도를 대폭 도입한 것을 계기로 같은 해 12월 4일 제정(법률 제3993호)되었다. 「군사법원법」은 회의체의 성격이었던 군법회의를 법원으로서의 위상을 제고함은 물론 군사법원의 독립과 군사법제도의 효율적인 운영 등을 위해 「군법회의법」의 내용을 대폭적으로 개정·보완한 것이다.

현행 「군사법원법」은 제1편 군사법원 및 군검찰, 제2편 소송절차, 제3편 특별소송절차, 제4편 재판의 집행, 제5편 전시·사변의 특례, 제6편 보칙에 관한 사항을 규정하고 있다. 동법은 대부분 형소법의 체제와 형식을 따르고 있으며, 군사법원과 군검찰의 조직 등에 관한 규정을 포함하고 있다.

3. 군사법원법의 특질

《학습문제》 군단장 갑은 보통군사법원에서 특수폭행죄(야외전술훈련 중 같은 중대 동료 일병이 소극적으로 훈련에 참여하는 것에 화가 나서 소지하고 있던 소총으로 가슴을 때려 2주 상해를 입힘)로 징역 2년을 선고받은 육군병장 을을 징역 1년 6월로 감경하였다. 군단장의 행위는 정당한가?

(1) 군사법원법의 일반적인 특징

「군사법원법」은 형소법의 특별법이므로 일반적인 특징은 형소법과 동일하다. 즉, 「군사법원법」은 형소법의 성격(공법, 형사법, 절차법, 사법법)과 같고, 형사소송의 지도이념(적법절차의 보장, 실체진실주의, 신속한 재판의 원칙)도 동일하게 적용될 뿐만 아니라 당사자주의와 직권주의를 조화·배합한 절충적·혼합적 구조를 취하고 있다.

(2) 군사법원법의 특질

「군사법원법」은 군이라는 특수한 조직이 고도의 질서와 기율을 유지하여 전투력을 보존·발휘하는 데 필요한 군 형벌권을 실현하기 위한 절차적 규정이다. 이에 따라 형소법과 다른 몇 가지 특성을 가지고 있다.

1) 관할관 및 지휘관의 관여

(가) 관 할 관　군사법원에는 관할관을 둔다(법 제7조 제1항). 관할관은 군사법제도의 필수적인 구성부분이다. 군사법원을 설치·운영하는 나라는 군사법에 대한 관여의 폭과 정도에는 차이가 있으나 예외 없이 관할관제도를 두고 있다. 군대의 존립목적인 전승을 확보하기 위해서는 지휘관의 명령이 조직 속에 철저하게 침투·이행되어야 한다. 이를 위해서는 지휘관이 징계권의 행사뿐만 아니라 형벌권도 일정한 부분 관여할 필요가 있다. 나아가 임무수행과 관련된 부분을 양형에 참작을 하거나, 유사시 임무수행을 위해 형벌의 집행을 면제하고 작전에 투입하게 할 필요성 등이 있는 것이다. 따라서 지휘관이 군사법원의 관할관이 되어 형벌

권 행사에 관여하는 것이다.

고등군사법원의 관할관은 국방부장관이다(동조 제2항). 보통군사법원의 관할관은 그 설치되는 부대와 지역의 사령관, 장 또는 책임지휘관이다. 다만, 국방부 보통군사법원의 관할관은 국방부장관이 겸임한다(동조 제3항).

(나) 관할관 및 지휘관(장관, 각 군 총장)의 권한

가) 재판부의 구성 및 군사법원의 행정사무 관장   관할관은 심판관을 임명하고(법 제24조), 재판관을 지정하며(법 제25조), 군판사를 임명한다(법 제23조). 군판사는 각 군 참모총장이 영관급 이상의 소속 군법무관 중에서 임명한다. 다만, 국방부 및 국방부직할통합부대의 군판사는 국방부장관이 영관급 이상의 소속 군법무관 중에서 임명한다.

또한 관할관은 그 군사법원의 행정사무를 관장한다. 즉, 고등군사법원의 관할관(국방부장관)은 국방부직할통합부대와 각 군 본부 보통군사법원의 행정사무를 지휘·감독하고, 각 군 본부 보통군사법원의 관할관(참모총장)은 예하부대 보통군사법원의 행정사무를 지휘·감독한다(법 제8조).

나) 군검사의 임명 및 검찰사무의 지휘·감독   군검사는 각 군 참모총장이 소속 군법무관 중에서 임명한다. 다만, 국방부 및 국방부직할통합부대의 군검사는 국방부장관이 소속 군법무관 중에서 임명한다(법 제41조 제1항).

국방부장관은 군검찰사무의 최고감독자로서 일반적으로 군검사를 지휘·감독한다. 다만, 구체적인 사건에 관하여는 각 군 참모총장만을 지휘·감독한다(법 제38조). 각 군 참모총장은 각 군 검찰사무의 지휘·감독자로서 예하부대 보통검찰부에 관할권이 있는 군검찰사무를 총괄하며, 소속 군검사를 지휘·감독한다(법 제39조). 군검찰부가 설치되어 있는 부대의 장은 소관 군검찰사무를 관장하고 소속 군검사를 지휘·감독한다(법 제40조).

다) 판결 확인조치   보통군사법원의 관할관은 무죄, 면소, 공소기각, 형의 면제, 형의 선고유예, 형의 집행유예, 사형, 무기징역 또는

무기금고의 판결을 제외한 판결을 확인하여야 하며, 「형법」제51조 각호의 사항을 참작하여 형이 과중하다고 인정할 만한 사유가 있을 때에는 피고인이 작전, 교육 및 훈련 등 업무를 성실하고 적극적으로 수행하는 과정에서 발생한 범죄에 한정하여 선고된 형의 3분의 1 미만의 범위에서 그 형을 감경할 수 있다(법 제379조 제1항). 비상계엄이 선포된 지역에서 단심제로 재판을 집행할 때에는 관할관은 해당 소송기록을 심사하여 그 형이 과중하다고 인정할 만한 사유가 있는 경우에는 그 형을 감경하거나 형의 집행을 면제할 수 있다(법 제535조 제2항).

(다) 검 토   관할관 및 지휘관이 군형사절차에 깊이 관여하는 것을 우려하는 목소리가 있다. 군형사절차도 일반 형사절차와 마찬가지로 그 재판권에 속하는 범죄에 대한 혐의의 진부를 명확히 하고, 이에 따른 적정한 형의 양정을 통하여 법의 구체적 정의를 실현하는 것이다. 따라서 관할관 및 지휘관이 형사절차에 자의적으로 개입하여 정의실현에 장애가 되어서는 아니 된다는 것이다.

그러나 군형사절차는 국가안보의 최후의 보루인 군이 특수한 상황에서 임무를 완수하도록 하기 위한 제도이다. 따라서 형사절차라고 하더라도 군의 특수성이 반영되어야 할 것이며, 군의 특수성이 반영되지 않는다면 군형사절차는 존재할 필요가 없는 것이다. 헌법이 선언하고 있는 헌법과 법률이 정한 법관에 의한 재판을 받을 권리를 제한하면서까지 군형사절차를 운영하는 이유는 국가의 초석인 국가안보를 공고히 하기 위함이다. 따라서 관할관제도는 군형사절차에서 중요한 의미를 가진다고 할 수 있다. 다만, 그 운영에 있어서는 지휘권 보장이라는 목적과 형사사법의 정의실현이라는 목적이 상호 보완되고 조절된 군사법의 정의실현이라는 또 다른 목적이 달성되도록 할 것이 요청된다.

2) 심판관 제도

(가) 구성 및 자격   군사법원의 재판관은 군판사와 심판관으로 구성된다. 보통군사법원에서는 원칙적으로 군판사 3명으로 재판관을 구성

하지만, 관할관이 지정한 사건은 군판사 2명과 심판관 1명을 재판관으로 하고, 약식절차에서는 군판사 1명을 재판관으로 한다(법 제26조). 고등군사법원도 원칙적으로 군판사 3명을 재판관으로 구성하지만, 관할관이 지정한 사건의 경우에는 군판사 3명과 심판관 2명을 재판관으로 한다(법 제27조). 군판사는 법률전문가로서 특수한 자격이 있는 군법무관 중에서 임명된다. 그러나 심판관은 법률전문가로서 특수한 자격이 없어도 법에 관한 소양이 있는 사람 또는 재판관으로서의 인격과 학식이 충분한 사람 중에서 영관급 이상의 장교 중에서 관할관이 임명한다(법 제24조 제1항). 다만, 관할관의 부하가 아닌 장교를 심판관으로 할 때에는 해당 군 참모총장이 임명한다(법 제24조 제2항). 그리고 국방부장관, 각 군 참모총장 이외의 관할관이 심판관인 재판관을 지정하는 경우에는 각 군 참모총장의 승인을 받아야 하고, 각 군 참모총장인 관할관이 심판관인 재판관을 지정하는 경우에는 국방부장관의 승인을 받아야 한다(법 제25조 제2항).

(나) 검 토   심판관제도에 대하여는 법률전문가로서 자격이 없는 일반장교가 재판에 참여함으로써 군사법원의 전문성과 독립성을 해할 수 있다는 우려도 적지 않다. 그러나 심판관제도는 법률이라는 전문적 지식에 치우치지 아니하고 일반장교의 정의관을 재판에 관여시킴으로써 군의 실정이나 군사작전체계에 부합하는 재판을 하는 데 기여하고 있다.

영미법계의 배심원제도나 프랑스 등의 참심원제도가 전문법관들만으로 구성된 재판부보다 전문성과 독립성을 해하는 제도라고 볼 수 없으며, 우리나라가 국민참여재판을 시행하는 취지 등을 고려할 때 심판관제도는 결코 사법정의를 해하는 제도라고 볼 수 없을 것이다. 나아가 합의제로 운영되는 군사법원의 재판부는 군판사가 다수로 구성되어 심판관이 재판을 자의적으로 운영할 수 없도록 하는 제도적 장치도 마련되어 있다.

3) 비상계엄하의 단심

헌법은 '비상계엄하의 군사재판은 군인·군무원의 범죄나 군사에 관한 간첩죄의 경우와 초병·초소·유독음식물공급·포로에 관한 죄 중 법률이 정한 경우에 한하여 단심으로 할 수 있다. 다만, 사형을 선고하는 경우에는 그러하지 아니하다'(헌법 제110조 제4항)고 규정하고 있다. 그리고 「군사법원법」은 전시·사변시의 특례규정을 두어 비상계엄이 선포된 지역에서 상소의 규정이 적용되지 아니하는 범죄를 구체적으로 열거하고 있다(법 제534조).

이러한 제도는 비록 헌법에 그 근거가 있지만 상소를 제한한다는 측면에서 국민의 기본권의 하나인 재판청구권을 제한하는 것이라고 할 수 있다. 그러나 비상계엄과 같이 긴급한 상황에서는 군형사소송절차도 군사작전체제와 동일하게 신속·기민하게 처리할 필요가 있을 것이다. 그리고 사형을 선고하는 경우에는 상소나 재심절차를 제한하지 않고 있는 것은 이러한 문제점을 보완하는 것이라고 본다.

4. 군사법원법의 적용범위

> ≪학습문제≫ 민간인 갑은 육군대위 을에게 돈을 빌려주고 두 번에 걸쳐 변제일을 연장해 주었으나 돌려받지도 못하고 있다. 갑은 군사법원에 을을 상대로 민사소송을 제기할 수 있는가?

(1) 물적 적용범위

「군사법원법」은 군사법원에 재판권이 있는 모든 형사사건에 적용된다. 민사적 분쟁이나 행정소송, 헌법재판권 등이 없음은 물론이고, 징계사건에 대하여도 재판권이 없다.

(2) 인적 적용범위

군사법원은 현역에 복무하는 장교, 준사관, 부사관 및 병(兵)이 범한 죄에 대하여 재판권을 가진다. 다만, 전환복무(轉換服務) 중인 병(전투경찰, 의무소방 등)은 제외한다. 그리고 (i) 군무원, (ii) 군적(軍籍)을 가진 군(軍)의 학교의 학생·생도와 사관후보생·부사관후보생 및 「병역법」 제57조에 따른 군적을 가지는 재영(在營) 중인 학생, (iii) 소집되어 실역(實役)에 복무하고 있는 예비역·보충역 및 제2국민역인 군인도 군인과 같이 취급되므로 마찬가지이다.

　또한 「군형법」상 다음 각 호의 어느 하나에 해당하는 죄를 범한 내국인·외국인에 대하여도 군인에 준하여 「군형법」이 적용되므로 군사법원이 재판권을 가진다. 즉, (i) 군사상기밀누설죄(제13조 제2항 및 제3항) 및 미수범, (ii) 유해음식물공급죄(제42조), (iii) 초병에 대한 폭행·협박 등의 죄(제54조-제56조), 초병에 대한 폭행치사상죄(제58조), 초병에 대한 상해 및 상해치사 등의 죄(제58조의2-제58조의6), 초병살해죄와 살해예비·음모죄(제59조) 및 초병상해죄, 초병집단상해죄, 초병특수상해죄, 초병살해죄의 미수범, (iv) 군용시설 등에 대한 방화와 손괴 등의 죄(제66조-제71조) 및 미수범(함선항공기의 복물 또는 손괴치사상죄 제외), (v) 군용물 등 범죄에 대한 형의 가중(제75조 제1항 제1호), (vi) 외국의 군용시설 또는 군용물에 대한 죄(제77조), (vii) 초소침범죄(제78조), (viii) 포로도주원조 등의 죄(제87-제90조)와 미수범 등이다. 군사법원은 이들이 그 신분취득 전에 범한 죄에 대하여 재판권을 가진다.

　그러나 이들 중 (i) 공장, 전투용으로 공하는 시설, 교량 또는 군용에 공하는 물건을 저장하는 창고에 대하여 군용시설 등에 대한 방화죄(군형법 제66조)를 범한 내국인·외국인, (ii) 군의 공장, 전투용으로 공하는 시설, 교량 또는 군용에 공하는 물건을 저장하는 창고에 대하여 폭발물파열죄(군형법 제68조)를 범한 내국인·외국인, (iii) 군의 공장, 전투용으로 공하는 시설, 교량, 군용에 공하는 물건을 저장하는 창고, 군용에 공하는 철도, 전선 또는 그 밖의 시설에 대하여 군용시설 등 손괴죄(군형법 제69조)를 범한 내국인·외국인, (iv) 위의 각각의 죄의 미수범인 내국인·외국인 및 (v)

국군과 공동작전에 종사하고 있는 외국군의 군용시설에 대하여 위의 (i), (ii), (iii)의 죄를 범한 내국인·외국인은 그 대상에서 제외된다(법 제2조 제1항 제1호). 이 외에도 군사법원은 국군부대가 관리하고 있는 포로(법 제2조 제1항 제2호), 계엄이 선포된 경우 「계엄법」에 따른 군사법원에 재판권이 있는 죄를 범한 사람 및 「군사기밀보호법」 제13조의 죄(미수범을 포함함)를 범한 사람에 대하여도 재판권을 가진다(법 제3조).

(3) 지역적 적용범위

「군사법원법」은 원칙적으로 대한민국의 영역 안에서 발생한 범죄에 대하여 적용된다. 해외에 파병된 우리 군의 주둔지 등 영사재판권이 미치는 지역에서도 「군사법원법」이 적용된다.

대한민국의 영역 내라 할지라도 국제법상 치외법권이 인정되는 외국의 대사관, 공사관, 영해 내의 외국군함 등에서는 「군사법원법」이 적용되지 않는다. 다만, 외국이나 치외법권 지역에 있는 범죄인이 국내로 들어오거나 외국으로부터 범죄인 인도를 받는 경우에는 재판권을 행사할 수 있다.

(4) 시간적 적용범위

「군사법원법」은 시행 시부터 폐지 시까지 효력을 미친다.

Ⅱ. 군형사절차의 소송주체

1. 군사법원

≪학습문제≫ 고등군사법원은 육군일병 갑을 상관폭행죄로 징역 10년을 선고하였다. 갑은 이에 불복하고 대법원에 상고할 수 있는가?

(1) 군사법원의 성격

군사법원은 사법부에 속하는 것이 아니라 행정부인 국방부에 속한다. 그리고 종래에는 군사법원을 군법회의라고 하였다. 법원으로서의 성격보다는 회의체로서의 성격이 더 강했기 때문이다. 지휘관은 다른 군사조직과 마찬가지로 군사법원에 대한 조직과 행정사무를 관장하고, 선고한 형벌에 대하여 확인하거나 변경(감경)시키는 권한을 가지고 있다. 이와 같이 군사법원은 일반 법원과는 다르게 기관의 독립성이나 재판관의 신분 및 지위에 대한 독립성이 충분히 보장되어 있지 않고, 군의 한 조직으로서 군 작전체계의 범위 내에 있다. 이에 따라 군사법원이 재판작용을 하는 재판기관인지, 지휘관의 자문기관인지 그 성격이 불분명한 점이 있다.

군사법원이 비록 행정부인 국방부에 속한다고는 하지만 재판관의 독립을 보장하고 있고, 군판사에게 엄격한 자격을 요구하고 있다. 군사법원의 재판관은 헌법과 법률에 의하여 그 양심에 따라 독립하여 심판하고, 재판관은 재판에 관한 직무상의 행위로 인하여 징계나 그 밖의 어떠한 불리한 처분도 받지 아니한다(법 제21조). 또한 헌법은 군사법원의 상고심을 대법원의 관할로 규정하여 군사법원을 대법원의 하급법원으로 인정하고 있다(헌법 제110조 제2항). 결국 군사법원은 행정부에 속하고 있으나, 사법부에 속한 법원의 성격을 가지고 있으므로 준재판기관(Quasi-Court)이라고 할 수 있다.

(2) 군사법원의 설치

군사법원에는 고등군사법원과 보통군사법원이 있다(법 제5조).

1) 고등군사법원

고등군사법원은 국방부에 설치한다(법 제6조 제1항). 고등군사법원은 보통군사법원의 재판에 대한 항소사건, 항고사건 및 그 밖에 법률에 따라 고등군사법원의 권한에 속하는 사건에 대하여 심판한다(법 제10조). 고등군사법원의 관할관은 국방부장관으로 한다(법 제7조 제2항).

2) 보통군사법원

보통군사법원은 군단급 이상의 부대[8]에 설치한다. 다만, 국방부 장관은 전시·사변 또는 이에 준하는 국가비상사태 시에는 평시 설치한 보통군사법원 외에 (i) 전시, 사변 또는 이에 준하는 국가비상사태 시에 편성된 편제상 장성급(將星級) 장교가 지휘하는 부대, (ii) 편제상 장성급 장교가 지휘하는 부대 또는 기관(수사기관 제외) 등에 보통군사법원을 설치할 수 있다(법 제6조 제2항·제3항).

보통군사법원은 (i) 군사법원이 설치되는 부대의 장의 직속부하와 직접 감독을 받는 사람이 피고인인 사건(그 예하부대에 군사법원이 설치된 경우에는 그러하지 아니), (ii) 군사법원이 설치되는 부대의 작전지역·관할지역 또는 경비지역에 있는 자군(自軍)부대에 속하는 사람과 그 부대의 장의 감독을 받는 사람이 피고인인 사건(그 부대에 군사법원이 설치된 경우에는 그러하지 아니함), (iii) 군사법원이 설치되는 부대의 작전지역·관할지역 또는 경비지역에 현존하는 사람과 그 지역에서 죄를 범한 「군형법」 피적용자에 해당하는 사람이 피고인인 사건(피고인의 소속 부대의 군사법원이 그 지역에 있거나 그 사건에 대한 관할권이 타군(他軍) 군사법원에 있는 경우에는 그러하지 아니함)에 대한 사건을 제1심으로 심판한다. 그리고 국방부 또는 각 군 본부의 보통군사법원은 장성급 장교가 피고인인 사건과 그 밖의 중요한 사건을 심판할 수 있다(법 제11조).

보통군사법원의 관할관은 그 설치되는 부대와 지역의 사령관, 장 또는 책임지휘관으로 한다. 다만, 국방부 보통군사법원의 관할관은 고등군사법원의 관할관이 겸임한다(법 제7조 제3항).

---

8) 국방부, 육군(육군본부, 지상작전사령부, 제2작전사령부, 육군교육사령부, 육군군수사령부, 육군특수전사령부, 수도방위사령부, 제1군단사령부, 제2군단사령부, 제3군단사령부, 제5군단사령부, 제6군단사령부, 제7군단사령부, 제8군단사령부, 수도군단사령부), 해군(해군본부, 해군작전사령부, 제1함대사령부, 제2함대사령부, 해병대사령부, 해병대제1사단, 해병대제2사단), 공군(공군본부, 공군작전사령부, 공군공중기동정찰사령부, 공군공중전투사령부, 공군교육사령부, 공군방공유도탄사령부, 공군방공관제사령부)

(3) 군사법원의 구성

1) 재판관의 구성 및 지정

군사법원의 재판관은 관할관이 지정한다(법 제25조). 재판관은 군판사와 심판관으로 하고, 재판장은 선임 군판사가 된다(법 제22조 제3항). 보통군사법원의 재판관은 군판사 3명으로 구성한다. 다만, 관할관이 지정한 사건의 경우 군판사 2명과 심판관 1명을, 약식절차에서는 군판사 1명을 재판관으로 한다(법 제26조 제1항·제2항).

고등군사법원의 재판관도 군판사 3명으로 구성한다. 다만, 관할관이 지정한 사건의 경우 군판사 3명과 심판관 2명을 재판관으로 한다(법 제27조 제1항).

군판사의 소속은 국방부 또는 각 군 본부이다(법 제23조 제3항). 심판관은 관할관의 부하인 장교이며, 관할관의 부하가 아닌 장교를 심판관으로 임명할 때에는 해당 군 참모총장이 임명한다(법 제24조 제2항).

2) 재판관의 계급

재판관은 피고인보다 동급 이상인 사람이어야 한다. 다만, 군판사인 재판관은 그러하지 아니하다. 피고인이 군무원이거나 포로인 때에는 그 등급에 따라 동급 이상의 사람이어야 한다. 계급과 등급을 달리하는 공동피고인에 대하여는 그 계급 또는 등급이 최상급인 사람을 기준으로 재판관의 계급을 정한다(법 제28조). 항소 또는 재심의 심판에서 재판장은 원심군사법원의 재판장보다 동급이상인 사람이어야 한다. 다만, 재판관이 군판사만으로 구성되는 경우에는 그러하지 아니하다(법 제30조). 재판관의 계급은 피고인의 신분이동으로 인하여 영향을 받지 아니한다(법 제29조).

군에서는 계급의 위계질서가 엄격하므로 형벌이나 징계를 결정함에 있어서도 상급자가 하급자의 벌목을 결정하는 것이 합당하기 때문에 이와 같은 규정을 둔 것이다. 다만, 군판사는 엄격한 자격요건을 갖추고 있고, 최고 계급에 한계가 있기 때문에 계급적 위계질서에서 제외하고 있다.

3) 기 타

군사법원에 서기와 정병을 두고, 필요시에는 통역인과 기사(技士)를 둘 수 있다(법 제31조).

2. 검찰기관

≪학습문제≫ 군검사 갑은 육군 김병장을 보통군사법원에 군무이탈죄로 기소하려고 준비 중에 있다. 그런데 군단장은 김병장이 진지보수공사 작업 중 피곤하여 잠시 나무그늘에서 쉬려다가 2시간 동안 잠을 잤으므로 군무이탈죄가 아닌 것으로 판단하였다. 군단장은 군검사 갑에게 김병장을 기소하지 않도록 명할 수 있는가?

(1) 군검찰부의 성격

군검사가 행사하는 군검찰권은 행정권에 속한다. 범죄수사와 공소제기·유지 및 재판의 집행을 내용으로 하는 군검찰권은 그 내용에 있어서 사법권과 밀접한 관계를 맺고 있다. 군형사사건의 대부분이 군검사의 불기소처분에 의하여 종결된다는 점에 비추어 볼 때 군검찰권의 행사는 군형사사법의 운용에 중대한 영향을 미친다. 군검사의 군검찰권은 직접 사법권에 영향을 미치며, 이러한 의미에서 군검사는 사법기관은 아니지만 오로지 진실과 정의에 따라야 할 의무를 가지고 있는 준사법기관이라고 할 수도 있다. 따라서 군검사도 군판사와 마찬가지로 엄격한 자격요건을 요구하고 그 신분을 보장하고 있다.

그런데 군검찰부는 법무부가 아닌 국방부 나아가 해당 검찰부가 설치되어 있는 부대의 장에 소속되어 있다(법 제37조). 조직적으로 검찰청과는 아무런 관련이 없다. 군검사는 각군 참모총장이 소속 군법무관 중에서 임명하며, 국방부와 국방부직할통합부대의 군검사는 국방부장관이 소속 군법무관 중에서 임명한다(법 제41조 제1항). 국방부장관, 각 군 참모총장, 군검찰부가 설치되어 있는 부대의 장은 소관 군검찰사무를 관장하고 소속 군검사를 지휘·감독한다(법 제38조, 제39조, 제40조). 이와 같이 군검사는 검사와 달리 완전한 의미의 준사법기관이나 독립된 단독제 관청이라고 보기 어려운 점도 있다.

(2) 군검찰부의 설치

군검찰부는 군검찰사무를 관장한다. 군검찰부에는 고등검찰부와 보통검찰부가 있다(법 제36조 제1항·제2항). 국방부 소속으로 국방부검찰단을 설치하고, 국방부에 설치된 고등검찰부와 보통검찰부에 관한 사무(관련 범죄정보업무 포함)를 관장한다(법 제36조 제3항·제4항).

1) 고등검찰부

고등검찰부는 국방부와 각 군 본부에 설치한다(법 제36조 제2항). 고등군사법원이 국방부에만 설치되는 것과 달리 각 군 본부에도 고등검찰부를 설치한 것은 군사법권도 군정권의 일부로 보고 각 군 참모총장이 군정권을 원활하게 수행할 수 있도록 하기 위함이다. 고등검찰부의 관할은 관하(管下) 각 부대 보통검찰부의 관할사건에 대한 항소사건·항고사건 및 그 밖에 법률에 따라 고등검찰부의 권한에 속하는 사건으로 한다. 다만, 각 군 본부 고등검찰부는 필요한 경우 그 권한의 일부를 국방부 고등검찰부에 위탁할 수 있다(법 제36조 제5항).

2) 보통검찰부

보통검찰부는 보통군사법원이 설치되어 있는 부대와 편제상 장관급 장교가 지휘하는 부대에 설치한다. 다만, 국방부장관은 필요한 때에는 군검찰부의 설치를 보류할 수 있다(법 제36조 제2항). 평시에 군검찰부를 효율적으로 운영하기 위한 조치라고 본다.

보통검찰부의 관할은 대응하는 보통군사법원의 관할에 따른다. 그런데 군사법원이 설치되어 있지 아니한 부대에 설치된 보통검찰부는 (i) 군검찰부가 설치되는 부대의 장의 직속부하와 직접 감독을 받는 사람이 피의자인 사건, (ii) 군검찰부가 설치되는 부대의 작전지역·관할지역 또는 경비지역에 있는 자군(自軍)부대에 속하는 사람과 그 부대의 장의 감독을 받는 사람이 피의자인 사건, (iii) 군검찰부가 설치되는 부대의 작전지역·관할지역 또는 경비지역에 현존하는 사람과 그 지역에서 죄를 범한 「군형법」 피적용자에 해당하는 사람이 피의자인 사건을 관할한다. 그런데 각 군 본부의 고등검찰부장은 범죄의 성질, 피의자의 지위, 부대의 실정, 수사의 상황 및 그 밖의 사정으로 인하여 수사의 공정을 유지하기 어렵다고 판단되는 경우에는 직권으로 또는 해당 부대 보통검찰부 군검사의 신청에 의하여 상급부대 보통검찰부로 그 사건의 관할을 이전할 수 있다. 국방부 또는 각 군 본부 보통검찰부는 장성급 장교가 피의자인 사건과 그 밖의 중요한 사건을 관할할 수 있다(법 제36조 제6항·제7항·제8항).

(3) 군 검 사

1) 군검사의 임명과 신분보장

군검사는 각 군 참모총장이 소속 군법무관 중에서 임명한다. 다만, 국방부와 국방부통합직할부대의 군검사는 국방부장관이 소속 군법무관 중에서 임명한다(법 제41조 제1항). 각 군 참모총장은 군법무관시보로 하여금 군검사의 직무를 대행하게 할 수 있다(법 제42조).

군검사는 검찰사무의 공정을 확보하기 위하여 재판관과 같은 신분보장을 하고 있다. 「군사법원법」은 재판관, 군검사 및 변호인은 재판에 관한 직무상의 행위로 인하여 징계나 그 밖의 어떠한 불리한 처분도 받지 아니한다(법 제21조 제2항)고 규정하고 있다.

2) 군검사의 지위와 직무

군검사는 해당 군검찰부가 설치되어 있는 부대의 장에게 소속되며, (i) 범죄수사와 공소제기 및 그 유지에 필요한 행위, (ii) 군사법원 재판집행의 지휘·감독, (iii) 다른 법령에 따라 그 권한에 속하는 사항 등을 직무로 한다(법 제37조).

(가) 수사기관　군검사는 수사권 및 수사종결권을 가지고 범죄를 수사하는 수사기관이다. 군검사는 범죄혐의가 있다고 생각될 때에는 범인·범죄사실 및 증거를 수사하여야 한다(법 제228조 제1항). 군검사는 피의자신문·참고인조사 등의 임의수사는 물론 체포·구속·압수·수색·검증 등의 강제수사를 할 수 있다. 영장청구권, 증거보전청구권, 증인신문청구권은 군검사에게만 인정되고 있다.

공소제기 여부를 결정하는 수사종결권은 군검사만 가지고 있다(법 제289조, 제289조의2). 군사법경찰관은 수사를 하였을 때에는 서류와 증거물을 첨부하여 군검사에게 사건을 송치하여야 한다(법 제283조). 군검사는 수사를 하였거나 군사법경찰관에게 사건을 송치받았을 때에는 의견을 붙여 해당 군검찰부가 설치되어 있는 부대의 장에게 사건의 내용을 보고하여야 한다. 이 경우 군사법원이 설치되어 있지 아니한 부대의 군검사는 관할 군사법원이 설치되어 있는 부대의 검찰부에도 보고하여야 한다(법 제284조).

(나) 공소권의 주체　군검사는 군사법원의 관할 사건에 대하여 공소를 제기·수행하는 공소권의 주체이다. 공소제기의 권한은 군검사에게 독점되어 있고(법 제289조) 사인소추는 인정되지 않는다. 「군사법원법」은 기소독점주의뿐만 아니라, 공소제기에 관하여 군검사의 재량을 인정하는 기소편의주의(법 제289조의2)와 군검사가 제1심판결 선고 전까지 공소를 취소할 수 있는 기소변경주의(법 제297조)를 채택하여 공소제기의 권한을 군검사에게 독점시키고 있다. 다만, 즉결심판에 해당하는 사건은 군사법경찰관인 군사경찰부대 지휘관에게 즉결심판청구권(법 제501조의15)을 부여하여 기소독점주의의 예외가 된다.

또한 군검사는 공판절차에서 공익의 대표자로서 공소사실을 입증하고 공소를 유지하는 공소수행의 담당자이다. 군검사는 피고인에 대립되는 당사자이면서도 공익의 대표자로서 피고인의 정당한 이익을 옹호하여야할 의무도 있다.

(다) 재판의 집행기관   재판의 집행은 그 재판을 한 군사법원이 설치된 부대의 군검사가 지휘한다. 다만, 재판의 성질상 군사법원이나 재판관이 지휘할 경우에는 그러하지 아니하다(법 제503조 제1항).

사형, 징역, 금고 또는 구류를 선고받은 사람이 구금되지 아니한 때에 군검사는 형집행을 위한 소환을 하여야 한다. 소환에 따르지 아니할 때에는 군검사는 형집행장을 발부하여 구인하여야 한다(법 제515조). 형집행장은 구속영장과 같은 효력이 있다(법 제517조).

3. 피고인과 그 보조인

> ≪학습문제≫ 육군일병 갑과 을은 상호 폭행을 한 죄로 보통군사법원에 기소되었다. 갑은 변호인을 선임하였으나, 을은 가정형편상 변호인을 선임하지 못하였다. 군사법원은 을을 변호인이 없는 상태로 재판을 진행할 수 있는가?

(1) 피 고 인

피고인의 지위와 권리, 당사자능력, 소송능력 등은 형소법상 피고인과 차이가 없다.

(2) 변 호 인

변호인의 선임, 지위, 권한 등은 형소법과 큰 차이가 없다. 다만, 국선변호인 제도는 피고인의 인권보장 측면에서 「군사법원법」이 형소법 보다 앞서 있다. 즉, 군형사절차에서는 피고인이 변호인이 없는 때에는 군사법원이 직권으로 변호인을 선정하도록 규정하고 있다(법 제62조 제1항).

국선변호인은 변호사나 변호사의 자격이 있는 장교 또는 군법무관 시보로서 당해 사건에 관여하지 아니한 자 중에서 선정하여야 한다. 다만, 보통군사법원은 변호사 또는 변호사의 자격이 있는 장교를 변호인으로 선정하기 어려운 때에는 법에 관한 소양이 있는 장교를 변호인으로 선정할 수 있다(법 제62조 제2항). 따라서 검찰관이라도 당해 사건에 관여하지 아니한 경우에는 국선변호인이 될 수 있다. 실제로 실무에서 다른 부대 검찰관을 국선변호인으로 선임하는 경우가 있다.

한편, 군사법원법은 피고인을 위한 변호인뿐만 아니라 피해군인 등에 대한 변호사 선임의 특례를 규정하여 피해자의 권익을 보호하고 있다. 군인·군무원(군형법 제1조 제1항부터 제3항까지 규정한 사람) 사이에 발생한 범죄의 피해자 및 그 법정대리인은 형사절차상 입을 수 있는 피해를 방어하고 법률적 조력을 보장하기 위하여 변호사를 선임할 수 있고(법 제260조의2 제1항), 군검사는 피해자에게 변호사가 없는 경우 국선변호인을 선정하여 형사절차에서 피해자의 권익을 보호할 수 있다(동조 제2항).

(3) 보 조 인

「군사법원법」도 형소법(제29조 제1항)과 마찬가지로 피고인 또는 피의자의 법정대리인, 배우자, 직계친족 및 형제자매는 보조인이 될 수 있다고 규정하고 있다(법 제66조 제1항). 그런데 피고인 또는 피의자가 의무복무를 하는 군인인 경우에는 그 특성으로 인해 소속부대 지휘관 및 상관을 보조인으로 포함시킬 필요가 있다. 물론 이 경우에는 피의자 또는 피고인이 동의하는 경우에 한하여야 할 것이다.

Ⅲ. 군형사절차의 진행과정

군에서의 형사절차도 일반사회에서의 형사절차와 크게 다르지 않다. 다만, 군형사절차에는 일반사회와 다른 군의 특수성이 반영되어 있다. 따라서 이하에서는 일반사회의 형사절차와 동일한 내용은 생략하고 군형사절차의 특수한 분야만 기술한다.

1. 수 사

> ≪학습문제≫ 군사법경찰관 갑은 소속부대 재정장교 을이 공금을 횡령한 것을 인지하고 수사를 개시하였다. 군단장은 군검사 병에게 을의 범죄사실을 보고하도록 지시하였다. 이 경우 군검사 병은 군사법경찰관 갑에게 을의 공금횡령 사건에 대한 수사진행 상황을 보고하도록 지시하고 필요한 수사지휘를 할 수 있는가?

(1) 수사기관

「군사법원법」상 수사기관에는 군검사와 군사법경찰관이 있다.

1) 군 검 사

군검사는 형소법상 검사에 대응하는 군수사기관으로서 군검찰부가 설치된 부대의 장에 소속되어 검찰사무에 대하여 부대의 장에게 지휘·감독을 받는다. 대검찰청과는 별개의 기관이며 대검찰청의 지휘·감독을 받지 않는다. 또한 「군사법원법」은 수사에 관하여 군검사의 주도적인 지위를 인정하지 않는다.

2) 군사법경찰관리

(가) 군사법경찰관　　군사법경찰관은 형소법상 사법경찰관에 대응한다. 군사법경찰관은 (i) 군사경찰과의 장교·준사관 및 부사관과 법령에 따라 범죄수사업무를 관장하는 부대에 소속하는 군무원으로서 범죄수사에 종사하는 사람, (ii)「국군조직법」제2조 제3항에 따라 설치된 부대 중 군사보안업무 등을 수행하는 부대로서 국군조직 관련 법령으로 정하는 부대(이하 "군사안보지원부대"라 한다)에 소속된 장교, 준사관 및 부사관과 군무원으로서 보안업무에 종사하는 사람, (iii) 검찰수사관을 말한다(법 제43조).

이 중에서 (ii)의 군사안보지원부대의 군사법경찰관은 「형법」상 내란 및 외환의 죄(제2편 제1장 및 제2장), 「군형법」상 반란 및 이적의 죄(제2편 제1장 및 제2장), 군사기밀누설죄(제80조)와 암호부정사용죄(제81조), 「국가보안법」및「군사기밀보호법」, 「남북교류협력에 관한 법률」, 「집회 및 시위에 관한 법률」(국가보안법에 규정된 죄를 범한 자가 집회 및 시위에 관한 법률에 규정된 죄를 범한 경우에 한한다)에 규정된 범죄를 수사한다.

그리고 (i)의 군사경찰과의 군사법경찰관은 (ii)의 군사안보지원부대의 군사법경찰관의 수사한계를 제외한 모든 범죄에 대하여 수사한다(법 제44조). (iii)의 검찰수사관인 군사법경찰관은 수사에 제한이 없다.

(나) 군사법경찰리   군사법경찰리는 형소법상 사법경찰리에 대응한다. 군사법경찰리는 (i) 군사경찰과에 속하는 군인(이하 "군사경찰"이라 한다)인 병, (ii) 군사안보지원부대에 소속되어 보안업무에 종사하는 병을 말한다. 군사법경찰리는 군검사 또는 군사법경찰관의 명을 받아 수사를 보조한다(법 제46조).

3) 군검사와 군사법경찰관의 관계

「군사법원법」은 군검사와 군사법경찰관을 수사의 주체로 규정하고 있다(법 제228조 제1항). 따라서 군검사는 군사법경찰관의 수사를 지휘할 수 없다. 다만, 영장청구 등 필요한 경우에만 제한적으로 검찰관이 군사법경찰관의 수사에 관여할 수 있다.

군사법경찰관은 범죄수사에 관하여 직무상 상관의 명령에 복종하여야 한다(법 제45조)는 「군사법원법」의 규정에 대하여 논란은 있을 수 있다. 일부에서는 직무상 상관이 군검사라고 해석하여야 한다는 주장도 있지만, 이렇게 해석하는 것은 무리가 있다. 위계질서가 엄격한 군에서 특별한 상황이나 특수한 임무를 수행하기 위함이 아닌 일상의 업무를 수행하면서 상위계급자인 군사법경찰관이 하위계급자인 군검사의 지휘를 받는다는 것은 있을 수 없다. 또한 군사법경찰관은 소속 지휘관의 명령에 복종하여야 하는데 군검사가 소속 지휘관과 다른 명령을 하달할 경우 군사법경찰관은 무조건 항명죄를 범하게 되는 모순도 있다. 그리고 군사법경찰관과 군검사는 하나의 지휘관 아래 별도의 참모부로 편성되어 있기 때문에 군검사가 군사법경찰관을 지휘한다면 참모가 참모를 지휘하는 이상한 군 조직이 된다. 따라서 군사법경찰관이 다른 소속부대 관할의 사건을 수사하기 위해 파견을 가는 경우, 또는 상급 수사기관이 관할 사건을 수사하는 때에 수사에 참여하는 경우 등에 있어서 수사를 지휘하는 상관의 명령에 복종하여야 한다는 의미로 해석하여야 한다.

(2) 수사절차

군검사 및 군사법경찰관은 범죄의 혐의가 있다고 생각될 때에는 범인, 범죄사실 및 증거를 수사하여야 한다(법 제228조 제1항). 군사법경찰관은 군검사와 마찬가지로 수사의 주체가 되어 군검사와 독립하여 수사를 한다. 다만, 군사법경찰관이 수사를 시작하여 입건하였거나 입건된 사건을 이첩 받은 경우에는 이를 관할 검찰부에 통보하여야 한다(동조 제2항).

「군사법원법」에 의한 수사절차는 형소법과 크게 다르지 않다. 다만, 군검사는 구속영장을 청구할 때 해당 군검찰부가 설치되어 있는 부대의 장에게 승인을 받아야 한다(법 제238조 제3항). 또한 군사법경찰관이 수사를 하였을 때는 서류와 증거물을 첨부하여 군검사에게 송치하여야 한다. 군검사는 수사를 하였거나 군사법경찰관으로부터 사건의 송치를 받은 때에는 의견을 붙여 해당 검찰부가 설치되어 있는 부대의 장에게 사건의 내용을 보고하여야 한다. 이 경우 군사법원이 설치되어 있지 아니한 부대의 군검사는 관할 군사법원이 설치되어 있는 부대의 검찰부에도 이를 보고하여야 한다(법 제284조). 또한 군검사는 군사법경찰관으로부터 송치 받은 사건의 처리결과를 해당 군사법경찰관에게 통지하여야 한다(법 제287조).

(3) 특별사법경찰관리로서의 군사법경찰관리

「사법경찰관리의 직무를 행할 자와 그 직무범위에 관한 법률」 제9조에서는 군사법경찰관리가 일부 범죄에 대하여 사법경찰관리의 직무를 행하도록 규정하고 있다. 즉, 「군사법원법」 제43조 제1호 및 제46조 제1호에 규정된 군사법경찰관리(군사경찰과의 군사법경찰관리)로서 지방검찰청검사장의 지명을 받은 자는 「군용물 등 범죄에 관한 특별조치법」에 규정된 범죄에 관하여 사법경찰관리의 직무를 행하고, 「군사법원법」 제43조 제

2호 및 제46조 제2호에 규정된 군사법경찰관리(군가안보지원부대의 군사법경찰관리)로서 지방검찰청검사장의 지명을 받은 자는 「군사비밀보호법」에 규정하는 범죄에 관하여 사법경찰관리의 직무를 행한다.

지방검찰청검사장의 지명을 받은 군사법경찰관리만 사법경찰관리로서의 직무를 행할 수 있다. 그리고 「군형법」의 적용대상자가 아닌 자에 대한 범죄수사를 할 때에는 사법경찰관리와 마찬가지로 미리 검사의 지휘를 받아야 하며 검사의 직무상 명령에 복종하여야 한다. 다만, 현행범인 경우와 긴급한 조치가 필요하여 미리 지휘를 받을 수 없는 경우에는 사후에 지체 없이 검사의 지휘를 받아야 한다. 이 경우 군사법경찰관은 수사를 하였을 때는 군검사가 아닌 검사에게 서류와 증거물을 첨부하여 사건을 송치하여야 한다. 「군형법」 적용대상자가 아닌 자는 군사법원에서 재판을 받지 않기 때문이다(헌법 제27조 제2항 참조).

2. 공 판

> ≪학습문제≫ 군검사 갑은 육군상사 을을 항명죄로 군단 보통군사법원에 기소하였다. 군단장은 소속 군단 파견 군판사, 인접 군단 파견 군판사, 소속부대 인사참모를 군단 보통군사법원 재판관으로 지정하였다. 사단장의 행위는 적법한가?

(1) 제1심공판

「군사법원법」에서의 공소와 공판은 형소법과 크게 다르지 않다.[9] 다만, 군사법원의 구성 및 판결에 대한 관할관의 확인조치에 차이가 있다.

1) 비상설 군사법원

보통군사법원에는 상설 재판부가 없다. 검찰관이 공소를 제기하면 관할관이 군판사 3명 또는 군판사 2명과 심판관 1명을 재판관으로 지

---

9) 사람을 살해한 범죄(종범은 제외한다)로 사형에 해당하는 범죄에 대하여는 「군사법원법」 제291조부터 제295조까지에 규정된 공소시효를 적용하지 아니한다(법 제295조의2).

정하여 합의부로 재판부를 구성하여 재판을 한다. 그리고 재판이 종료되면 재판관은 다시 본래의 업무로 복귀한다.

2) 관할관의 확인조치

보통군사법원의 관할관은 무죄, 면소, 공소기각, 형의 면제, 형의 선고유예, 형의 집행유예, 사형, 무기징역 또는 무기금고의 판결을 제외한 판결을 확인하여야 하며, 「형법」 제51조(양형의 조건)의 사항을 참작하여 그 형이 과중하다고 인정할 만한 사유가 있는 때에는 피고인이 작전, 교육 및 훈련 등 업무를 성실하고 적극적으로 수행하는 과정에서 발생한 범죄에 한정하여 선고된 형의 3분의 1 미만의 범위에서 그 형을 감경할 수 있다(법 제379조 제1항). 이와 같은 확인조치는 판결이 선고된 날로부터 10일 이내에 하여야 하며, 확인조치 후 5일 이내에 피고인과 군검사에게 송달하여야 한다. 확인조치기간을 넘기면 선고한 판결대로 확인한 것으로 본다(동조 제2항).

관할관의 확인조치와 그 송달에 걸린 기간은 형집행기간에 산입한다(동조 제3항).

(2) 항　소

항소심은 고등군사법원에서 한다. 항소이유, 항소제기의 절차, 항소심의 절차, 항소심의 재판 등은 형소법에서의 그것과 크게 다르지 않다. 다만, 재판부의 구성과 변호인의 선임 등이 보통군사법원과는 다른 점이 있다.

고등군사법원 재판부는 관할관이 지정한 사건이 아니면 군판사 3명으로 구성된다. 또한 판결에 대한 관할관의 확인조치가 없다(법 제441조). 즉, 관할관이 지정한 사건에 심판관이 참여하는 제도를 제외하면 군사법원으로서의 특질이 없다. 또한 항소심에서는 변호사 또는 변호사의 자격이 있는 장교가 아니면 변호인으로 될 수 없고, 변호인이 아니면 피고인을 위하여 변론할 수 없다(법 제423조).

(3) 상 고

상고심은 대법원에서 한다. 상고이유, 상고의 제기, 상고심의 심판 등은 형소법과 동일하다.

(4) 기 타

항고, 특별소송절차(재심, 비상상고, 약식절차, 즉결심판절차) 등은 형소법과 큰 차이가 없다.

3. 재판의 집행

재판의 집행도 형소법과 큰 차이가 없다. 다만, 사형은 국방부장관 의 명령에 의하여 집행하고(법 제506조), 징역·금고·구류 등 자유형의 집행 은 군교도소에서 한다.

4. 전시·사변시의 특례

비상계엄이 선포된 지역에 있어서는 (i)「군형법」제1조 제1항부터 제3항까지에 규정된 사람, (ii)「군형법」제13조 제3항의 죄를 범한 사람 과 그 미수범, (iii)「군형법」제42조의 죄를 범한 사람, (iv)「군형법」제 54조부터 제56조까지, 제58조, 제58조의2부터 제58조의6까지, 제59조 및 제78조의 죄를 범한 사람과 동법 제58조의2 및 제59조제1항의 미수범, (v)「군형법」제87조부터 제90조까지의 죄를 범한 사람과 그 미수범에 대 하여는「군사법원법」제2편 제3장(상소에 관한 규정)을 적용하지 아니하고(법 제534조), 제1심 보통군사법원의 소송절차에 따른 단심으로 할 수 있다(헌법 제110조 제4항 참조). 다만, 사형을 선고한 경우에는 그러하지 아니한다.

위의「군사법원법」제534조의 재판을 집행함에는 해당 군사법원 관 할관의 확인을 받아야 한다. 이 확인은 해당 소송기록을 심사하여 행하 되, 그 양형이 과중하다고 인정할 만한 사유가 있은 경우에는 그 형을 감경하거나 형의 집행을 면제할 수 있다(법 제535조). 그러나 단심으로 하는 군사재판을 받은 경우 재심청구는 가능하다고 본다. 「군사법원법」 제534조의 규정은 상소에 관한 규정만 적용되지 아니하기 때문이다. 이 경우 재심절차는 「군사법원법」에 의한다.

제2장   피해자보호제도

1. **배상명령제도** ─┬─ 배상명령절차의 의의
　　　　　　　　　├─ 배상명령의 요건
　　　　　　　　　└─ 배상명령의 절차

2. **형사절차상 화해제도** ─┬─ 형사절차상 화해제도의 의의
　　　　　　　　　　　　　├─ 형사절차상 화해의 요건과 절차
　　　　　　　　　　　　　├─ 형사절차상 화해제도의 효력
　　　　　　　　　　　　　└─ 화해기록 등의 신청

3. **범죄피해자구조제도** ─┬─ 범죄피해자구조의 의의
　　　　　　　　　　　　├─ 범죄피해자구조의 요건
　　　　　　　　　　　　├─ 범죄피해자구조금의 종류
　　　　　　　　　　　　└─ 범죄피해자구조금의 지급

4. **형사조정** ─┬─ 형사조정의 의의
　　　　　　　├─ 형사조정의 대상
　　　　　　　└─ 형사조정의 절차

〈주요 학습사항〉

1. 배상명령의 대상과 범위 및 절차
2. 형사절차상 화해제도의 절차와 효력
3. 범죄피해자구조의 대상, 구조금의
　 종류와 그 지급요건 및 절차
4. 형사조정제도의 대상과 절차

제1절 배상명령제도와 형사절차상 화해제도

I. 배상명령제도

≪학습문제≫ 피해자 갑은 을에 폭행을 당하여 병원에 입원한 후 을을 형사고소하고, 치료비를 요구하였으나 을이 이에 응하지 않았다. 갑이 형사절차에서 치료비를 받을 수 있는 방법이 있는가?

1. 배상명령절차의 의의

배상명령절차란 법원이 직권 또는 피해자의 신청에 의하여 피고인에게 피고사건의 범죄행위로 인하여 발생한 손해의 배상을 명하는 절차를 말한다. 이것은 1980년에 공포·시행된 「소송촉진 등에 관한 특례법」(이하 '소촉법'이라고 한다)에 의하여 도입된 제도로서 부대소송(附帶訴訟) 또는 부대사소(附帶私訴)라고도 한다.

배상명령절차는 형사절차에 의하여 민사소송에 의한 손해배상판결과 동일한 재판을 할 수 있다는 점에서 특색이 있으며, 민사소송의 번잡과 위험을 겪지 않고 범죄피해자를 신속히 구제하자는데 그 주된 취지가 있다. 또한 배상명령절차는 소송경제를 도모할 수 있고, 형사판결과 민사판결의 모순도 피할 수 있는 장점이 있으며, 형사판결과 피고인의 손해배상의무를 동시에 확정함으로써 피고인의 사회복귀와 개선에도 도움이 된다. 뿐만 아니라 피해자를 형사절차에 참여하게 함으로써 진실발견에도 유리하고, 범죄피해에 대한 신속한 구제를 가능하게 함으로써 국가사법조직에 대한 국민의 신뢰를 제고할 수 있는 것으로 평가되고 있다.

2. 배상명령의 요건

(1) 배상명령의 대상

배상명령은 제1심 또는 제2심이 형사공판 절차에서 소정의 죄에 관한 피고사건에 유죄판결을 선고할 경우에만 가능하다(법 제25조 제1항). 따라서 피고사건에 대하여 무죄, 면소 또는 공소기각의 재판을 할 때에는 배상명령을 할 수 없다.

배상명령을 할 수 있는 피고사건은 (i) 「형법」상 상해죄(제257조 제1항), 중상해죄(제258조 제1항 및 제2항), 특수상해죄(제258조의2 제1항(제257조 제1항의 죄로 한정한다)·제2항(제258조 제1항·제2항의 죄로 한정한다)), 상해치사죄(제259조 제1항), 폭행치사상죄(제262조(존속폭행치사상의 죄는 제외한다)), 과실치사상의 죄(제26장), 강간과 추행의 죄(제32장, 제304조 제외), 절도와 강도의 죄(제38장), 사기와 공갈의 죄(제39장), 횡령과 배임의 죄(제40장), 손괴의 죄(제42장와 이들 죄를 가중처벌하는 죄 및 그 죄의 미수범을 처벌하는 경우에 미수의 죄 및 (ii) 「성폭력범죄의 처벌 등에 관한 특례법」 제10조부터 제14조까지, 제15조(제3조부터 제9조까지의 미수범은 제외한다), 「아동·청소년의 성보호에 관한 법률」 제12조 및 제14조에 규정된 죄이다(법 제25조 제1항). 이들 범죄 외에도 피고인과 피해자 사이에 손해배상액에 합의가 이루어진 때에는 그 이외의 범죄에 대하여도 배상명령을 할 수 있다(동조 제2항).

한편, 소촉법에서 인정하고 있는 형사절차상 화해제도(법 제36조 이하)를 고려할 때 배상신청 후의 심리절차에서 배상명령을 청구한 피해자와 피고인 사이에 청구의 인낙(認諾)이나 화해가 있을 경우에는 합의가 있는 것으로 보고, 합의된 손해배상액에 대하여 배상명령을 하여야 한다.

(2) 배상명령의 범위

배상명령은 피고사건의 범죄행위로 인하여 발생한 직접적인 물적 피해와 치료비 손해 및 위자료의 배상에 제한된다(법 제25조 제1항). 즉, 배상명령을 할 수 있는 채권은 금전채권에 제한된다. 따라서 간접적 손해

나 생명과 신체를 침해하는 범죄에 의하여 발생한 기대이익상실은 배상
명령의 범위에 포함되지 않는다. 그러나 이것들에 대하여 피해자와 피고
인의 합의가 있는 경우 합의된 손해배상액에 관하여도 배상명령이 가능
하다(동조 제2항).

(3) 배상명령의 제외사유

법원은 (i) 피해자의 성명·주소가 분명하지 아니한 경우, (ii) 피해금
액이 특정되지 아니한 경우, (iii) 피고인의 배상책임의 유무 또는 그 범위
가 명백하지 아니한 경우, (iv) 배상명령으로 인하여 공판절차가 현저히
지연될 우려가 있거나 형사소송 절차에서 배상명령을 하는 것이 타당하
지 아니하다고 인정되는 경우에는 배상명령을 하여서는 아니 된다(법 제
25조 제3항).

3. 배상명령의 절차

(1) 직권에 의한 배상명령

법원은 직권으로 배상명령을 할 수 있다(법 제25조 제1항). 손해배상청
구권은 사법상의 권리임에도 불구하고 이를 인정한 것은 민사소송의 당
사자처분주의(민소법 제188조)에 대한 중대한 예외이다. 법원이 직권으로 배
상명령을 할 수 있는 경우로는 피해자가 배상신청을 하지 않은 경우, 심
리 중 피고인의 재산이 발견되어 배상명령을 함이 상당하다고 인정되는
경우, 피해자가 악의로 배상금의 수령을 거부하는 경우 등을 들 수 있다.
이때 법원은 피고인의 재산상태를 고려하여 배상액·배상방법 등을 결정
하여야 한다. 다만, 이 경우에도 신청에 의한 배상명령과 마찬가지로 피
고인에게 배상책임의 유무와 범위를 설명하고 의견을 진술할 기회를 주
어야 한다.

(2) 신청에 의한 배상명령

1) 신청권자

배상명령의 신청은 피해자 또는 그 상속인이 할 수 있다(법 제25조 1항). 피해자는 법원의 허가를 받아 그 배우자, 직계혈족 또는 형제자매에게 배상신청에 관하여 소송행위를 대리하게 할 수 있다(법 제27조 제1항). 피고인의 변호인은 배상신청에 관하여 피고인의 대리인으로서 소송행위를 할 수 있다(동조 제2항). 검사는 배상명령 대상의 죄로 공소를 제기한 경우에는 지체 없이 피해자 또는 그 법정대리인(피해자가 사망한 경우에는 그 배우자 · 직계친족 · 형제자매를 포함한다)에게 배상신청을 할 수 있음을 통지하여야 한다(법 제25조의2).

2) 신청기관과 관할법원

배상신청은 제1심 또는 제2심 공판의 변론이 종결될 때까지 사건이 계속된 법원에 신청할 수 있다. 이 경우 신청서에 인지를 붙이지 아니한다(법 제26조 제1항). 따라서 상고심에서는 허용되지 않는다. 배상명령은 형사사건이 계속된 법원의 전속관할에 속하므로 배상청구액이 합의부의 사물관할에 속하느냐 여부는 문제되지 않는다.

3) 신청방법

피해자는 배상신청을 할 때에는 신청서와 상대방 피고인 수만큼의 신청서 부본을 제출하여야 한다(법 제26조 제2항). 신청서에는 (i) 피고사건의 번호, 사건명 및 사건이 계속된 법원, (ii) 신청인의 성명과 주소, (iii) 대리인이 신청할 때에는 그 대리인의 성명과 주소, (iv) 상대방 피고인의 성명과 주소, (v) 배상의 대상과 그 내용, (vi) 배상 청구 금액을 적고 신청인 또는 대리인이 서명날인하여야 한다(동조 제3항). 신청서에는 필요한 증거서류를 첨부할 수 있다(동조 제4항). 이때 피해자는 법원의 허가를 받아 그의 배우자, 직계혈족(直系血族) 또는 형제자매에게 배상신청에 관하여 소송행위를 대리하게 할 수 있다(법 제27조 제1항). 피고인의 변호인은 배상신청에 관하여 피고인의 대리인으로서 소송행위를 할 수 있다(동조 제2항).

법원은 서면에 의한 배상신청이 있을 때에는 지체 없이 그 신청서 부본을 피고인에게 송달하여야 한다. 이 경우 법원은 직권 또는 신청인의 요청에 따라 신청서 부본 상의 신청인 성명과 주소 등 신청인의 신원을 알 수 있는 사항의 전부 또는 일부를 가리고 송달할 수 있다(법 제28조). 다만, 피해자가 증인으로 법정에 출석한 경우에는 말로써 배상을 신청할 수 있다. 이때에는 공판조서에 신청의 취지를 적어야 한다(법 제26조 제5항).

4) 신청의 효과

피해자의 배상신청은 민사소송에 있어서의 소의 제기와 동일한 효력이 있다(법 제26조 제8항). 따라서 피해자는 피고사건의 범죄행위로 인하여 발생한 피해에 관하여 다른 절차에 따른 손해배상청구가 법원에 계속 중일 때에는 배상신청을 할 수 없다(동조 제7항). 다만, 신청인은 배상명령이 확정되기 전까지는 언제든지 배상신청을 취하할 수 있다(동조 제6항).

(3) 배상명령절차의 심리

1) 기일통지와 불출석재판

배상신청이 있는 경우에 법원은 신청인에게 공판기일을 통지하여야 한다(법 제29조 제1항). 그러나 신청인이 공판기일을 통지받고도 출석하지 아니하였을 때에는 신청인의 진술 없이 재판할 수 있다(동조 제2항).

2) 기록열람과 증거조사

신청인 및 그 대리인은 공판절차를 현저히 지연시키지 아니하는 범위에서 재판장의 허가를 받아 소송기록을 열람할 수 있고, 공판기일에 피고인이나 증인을 신문할 수 있으며, 그 밖에 필요한 증거를 제출할 수 있다(법 제30조 제1항). 이때 재판장이 허가를 하지 아니한 재판에 대하여는 불복을 신청하지 못한다(동조 제2항).

3) 증거조사

법원은 필요한 때에는 언제든지 피고인의 배상책임 유무와 그 범위를 인정함에 필요한 증거를 조사할 수 있다(법 시행규칙 제24조 제1항). 법원은 피고사건의 범죄사실에 관한 증거를 조사할 경우 피고인의 배상책임 유무와 그 범위에 관련된 사실을 함께 조사할 수 있다(동조 제2항). 이때 피고사건의 범죄사실을 인정할 증거는 피고인의 배상책임 유무와 그 범위를 인정할 증거로 할 수 있다(동조 제3항). 이외의 증거를 조사할 경우 증거조사의 방식 및 증거능력에 관하여는 형소법의 관계규정에 의한다(동조 제4항).

(4) 배상명령의 재판

1) 배상신청의 각하

법원은 (i) 배상신청이 적법하지 아니한 경우, (ii) 배상신청이 이유 없다고 인정되는 경우, (iii) 배상명령을 하는 것이 타당하지 아니하다고 인정되는 경우에는 결정으로 배상신청을 각하하여야 한다(법 제32조 제1항). '배상명령을 하는 것이 타당하지 아니하다고 인정되는 경우'란 피해금액이 특정되지 않거나, 공판절차가 현저히 지연될 우려가 있는 경우를 들 수 있다.

유죄판결의 선고와 동시에 각하의 재판을 할 때에는 이를 유죄판결의 주문에 표시할 수 있다(동조 제2항). 이때 법원은 재판서에 신청인 성명과 주소 등 신청인의 신원을 알 수 있는 사항의 기재를 생략할 수 있다(동조 제3항). 배상신청을 각하하거나 그 일부를 인용한 재판에 대하여 신청인은 불복을 신청하지 못하며, 다시 동일한 배상신청을 할 수 없다(동조 제4항).

2) 배상명령의 선고

배상명령은 유죄판결의 선고와 동시에 하여야 한다(법 제31조 제1항). 배상명령은 일정액의 금전지급을 명함으로써 하고 배상의 대상과 금액을 유죄판결의 주문에 표시하여야 한다. 배상명령의 이유는 특히 필요하다고 인정되는 경우가 아니면 적지 아니한다(동조 제2항). 배상명령은 가집행할 수 있음을 선고할 수 있다(동조 제3항). 가집행선고에 관하여는 민소법(제213조 제3항, 제215조, 제500조 및 제501조)을 준용한다(동조 제4항). 배상명령을 하였을 때에는 유죄판결서의 정본을 피고인과 피해자에게 지체없이 송달하여야 한다(동조 제5항).

　배상명령의 절차비용은 특별히 그 비용을 부담할 자를 정한 경우를 제외하고는 국고의 부담으로 한다(법 제35조).

3) 배상명령에 대한 불복

　(가) 신청인의 불복　신청을 각하하거나 그 일부를 인용한 재판에 대하여 신청인에게는 불복의 방법이 없다. 그러나 신청인은 민사소송 등의 절차에 의하여 손해배상을 청구할 수 있다.

　(나) 피고인의 불복　피고인은 배상명령에 대하여 상소 또는 배상명령에 대한 즉시항고에 의하여 불복할 수 있다.

　또한 배상명령은 유죄판결을 전제로 하므로 유죄판결에 대한 상소가 제기된 경우에는 배상명령에 대해 불복하지 않더라도 배상명령은 확정되지 않고 피고사건과 함께 상소심으로 이심된다(법 제33조 제1항). 검사가 상소를 제기한 경우도 포함된다. 배상명령은 유죄판결을 전제로 하는 것이기 때문이다.

　한편, 상소심에서 원심의 유죄판결을 파기하고 피고사건에 대하여 무죄, 면소 또는 공소기각의 재판을 할 때에는 원심의 배상명령을 취소하여야 한다. 이 경우 상소심에서 원심의 배상명령을 취소하지 아니한 경우에는 그 배상명령을 취소한 것으로 본다(동조 제2항). 다만, 원심에서 피고인과 피해자 사이에 합의된 배상액에 대하여 배상명령을 하였을 때에는 그러하지 아니한다(동조 제3항). 상소심에서 원심판결을 유지하는 경우에도 원심의 배상명령을 취소하거나 변경할 수 있다(동조 제4항).

　또한 피고인은 유죄판결에 대하여 상소를 제기하지 아니하고 배상명령에 대하여만 상소 제기기간에 형소법에 따른 즉시항고를 할 수 있다. 다만, 즉시항고 제기 후 상소권자의 적법한 상소가 있는 경우에는 즉시항고는 취하된 것으로 본다(동조 제5항). 이 경우 즉시항고의 제기기간은 통상의 3일이 아니라 상소제기기간인 7일이다. '상소권자'에는 검사가 제외된다. 검사는 형사사건에 대하여만 상소할 수 있으며, 민사상 손해배상청구권의 존부와 범위에 관한 배상명령사건의 당사자는 아니기 때문이다.

4) 배상명령의 효력

확정된 배상명령 또는 가집행선고가 있는 배상명령이 기재된 유죄판결서의 정본은 「민사집행법」에 따른 강제집행에 관하여는 집행력 있는 민사판결 정본과 동일한 효력이 있다(법 제34조 제1항). 따라서 확정된 배상명령 또는 가집행선고 있는 배상명령에 대하여는 집행력이 인정된다. 그러나 배상명령에 대하여 기판력(일사부재리의 효력)이 인정되는 것은 아니다. 따라서 배상명령이 확정된 경우 피해자는 그 인용된 금액의 범위에서 다른 절차에 따른 손해배상을 청구할 수 없지만(동조 제2항), 인용금액을 넘는 손해에 대하여는 별소를 제기할 수 있다.

지방법원이 민사지방법원과 형사지방법원으로 분리 설치된 경우에 배상명령에 따른 청구에 관한 이의의 소는 형사지방법원의 소재지를 관할하는 민사지방법원을 제1심 판결법원으로 한다(동조 제3항). 청구에 대한 이의의 주장은 그 원인이 변론종결 전에 생긴 때에도 할 수 있다(동조 제4항).

Ⅱ. 형사절차상 화해제도

≪학습문제≫ 피해자 갑은 피고인 을과 손해배상에 합의 한 후 그 사실을 법원에 알리고 공판조서에 기재하도록 하였지만, 재판이 종결된 후 을이 약속을 위반하고 합의금을 지불하지 않았다. 이때 갑이 을로부터 합의금을 받기 위하여 할 수 있는 법적 구제방법은 무엇인가?

1. 형사절차상 화해제도의 의의

형사절차상 화해제도란 형사피고사건의 피고인과 피해자가 심리 중에 손해배상 등에 관하여 합의한 경우에 이들의 신청에 의하여 합의한 내용을 공판조서에 기재하면 그 공판조서에 대하여 민사재판상 화해와 같은 효력을 인정하는 제도를 말한다. 이 제도는 2005년 12월 14일 개정된 소촉법(법률 제7728호, 2006.6.15. 시행)에서 도입된 것으로서, 배상명령제도와 함께 별도의 민사소송절차에 의하지 않고도 피해자가 범죄행위로 인한 피해를 신속하게 회복할 수 있도록 하기 위한 것이다.

2. 형사절차상 화해의 요건과 절차

(1) 요건과 관할

형사절차상 화해는 형사피고사건의 피고인과 피해자 사이에 민사상 다툼(해당 피고사건과 관련된 피해에 관한 다툼을 포함하는 경우로 한정한다)에 관하여 합의한 경우에 한한다(법 제36조 제1항).

(2) 절 차

피고인과 피해자는 그 피고사건이 계속 중인 제1심 또는 제2심 법원에 합의 사실을 공판조서에 기재하여 줄 것을 공동으로 신청할 수 있다(법 제36조 제1항). 이 합의가 피고인의 피해자에 대한 금전 지불을 내용으로 하는 경우에 피고인 외의 자가 피해자에 대하여 그 지불을 보증하거나 연대하여 의무를 부담하기로 합의하였을 때에는 이 신청과 동시에 그 피고인 외의 자는 피고인 및 피해자와 공동으로 그 취지를 공판조서에 기재하여 줄 것을 신청할 수 있다(동조 제2항). 이들 신청은 변론이 종결되기 전까지 공판기일에 출석하여 서면으로 하여야 한다(동조 제3항). 이 서면에는 해당 신청과 관련된 합의 및 그 합의가 이루어진 민사상 다툼의 목적인 권리를 특정할 수 있는 충분한 사실을 적어야 한다(동조 제4항).

3. 형사절차상 화해의 효력

피고인과 피해자의 합의가 기재된 공판조서의 효력 및 화해비용에 관하여는 민소법(제220조 및 제389조)이 준용된다(법 제36조 제5항). 따라서 합의가 기재된 공판조서는 확정판결과 같은 효력을 가지므로(민소법 제220조) 합의내용이 이행되지 않을 경우 이 공판조서에 기하여 바로 강제집행을 할 수 있게 된다. 화해가 성립한 경우에 화해비용은 특별한 합의가 없으면 당사자들이 각자 부담한다(민소법 제389조).

형사절차상 화해에 관련된 집행문 부여의 소, 청구에 관한 이의의 소 또는 집행문 부여에 대한 이의의 소에 대하여는 해당 피고사건의 제1심 법원의 관할에 전속한다(법 제39조).

4. 화해기록 등의 신청

공판조서에 기재된 합의를 한 자나 이해관계를 소명한 제3자는 대법원규칙으로 정하는 바에 따라 법원사무관 등에게 (i) 화해기록, (ii) 조서의 정본·등본 또는 초본의 발급, (iii) 화해에 관한 사항의 증명서의 발급 등을 신청할 수 있다(법 제37조 제1항). '화해기록'이란 해당 공판조서(해당 합의 및 그 합의가 이루어진 민사상 다툼의 목적인 권리를 특정할 수 있는 충분한 사실이 기재된 부분으로 한정한다), 해당 신청과 관련된 화해신청서면, 그 밖에 해당 합의에 관한 기록을 말한다(동조 제1항 제1호). 화해기록은 형사피고사건이 종결된 후에는 그 피고사건의 제1심 법원에서 보관한다(동조 제4항). 이때 신청하는 자는 대법원규칙으로 정하는 바에 따라 수수료를 내야 한다(동조 제2항).

이 신청에 관한 법원사무관 등의 처분에 대한 이의신청은 그 법원사무관 등이 속한 법원이 결정으로 재판하며, 화해기록에 관한 비밀보호를 위한 열람 등의 제한 절차는 민소법 제163조의 예에 따른다(동조 제3항).[10]

---

10) 법 제36조와 제37조에 따른 민사상 다툼에 관한 형사절차에서의 화해절차의 당사자 및 대리인에 관하여는 그 성질에 반하지 아니하면 민소법 제1편 제2장 제1절(선정당사자

제2절 범죄피해자구조제도와 형사조정제도

Ⅰ. 범죄피해자구조제도

> ≪학습문제≫ 범행현장을 목격한 갑은 공판정에서 목격사실을 증언하였는데, 이에 앙심을 품은 피고인에 의하여 폭행을 당하여 전치 4주의 상해를 입었다. 그런데 갑은 피고인이 이 사건으로 구속되어 있으며 경제적으로 무자력이어서 치료비를 받아내기가 어려웠다. 이때 갑은 국가에 대하여 치료비지급을 청구할 수 있는가?

1. 범죄피해자구조의 의의

(1) 개 념

국가는 범죄로부터 국민을 보호하여야 할 의무가 있으며, 또한 범죄로 인하여 국민이 피해를 받은 경우 이를 구제할 의무도 있다. 특히 배상명령에 의한 피해자구제가 피고인이 무자력이거나 가해자가 불명인 때에는 아무런 의미도 없기 때문에 국가에 의한 범죄피해자구조제도가 필요하게 된다.

이에 헌법 제30조에서는 "타인의 범죄행위로 인하여 생명·신체에 대한 피해를 입은 국민은 법률이 정하는 바에 의하여 국가로부터 구조를 받을 수 있다"고 규정하고 있다. 그리고 이를 구체화하기 위하여 1987년 「범죄피해구조법」이 제정되었고, 동법이 2005년 12월 23일 「범죄피해자보호법」[11]으로 변경(법률 제7731호, 2006.3.24. 시행)된 후 2010년 5월 14일 전면개정(법률 제10283호, 2010.8.15. 시행) 되었으며, 이후 수차례의 개정을 거쳐 현재에 이르고 있다.[12]

및 특별대리인에 관한 규정은 제외한다) 및 제4절을 준용한다(법 제38조).

11) 동법에서는 피해자의 보호와 지원을 국가(제4조)와 지방자치단체(제5조)의 책무로 규정하고, 피해자보호와 이러한 보호와 지원에 대한 국민의 협조의무를 규정하고 있다(제6조).

12) 이 법의 제정과 함께 범죄피해자를 보호·지원하는 데 필요한 자금을 조성하기 위하

(2) 법적 성격

범죄피해자구조의 법적 성격에 대하여는 범죄로부터 국민을 보호하여야 할 국가의 책무에 주목하여 범죄로부터 피해를 받은 국민이 국가에 대해 가지는 일종의 청구권으로 이해하는 견해(청구권설), 국가의 은사적 조치로 이해하는 견해(은사설), 현행법상 그 대상을 제한하고 피해자가 범죄자로부터 제대로 배상을 받지 못하는 것을 요건으로 하고 있다는 이유로 사회부조적 성격을 가진 제도로 이해하는 견해(사회부조설), 헌법상의 기본권을 구체화한 것으로 이해하는 견해(기본권설) 등이 있다. 그러나 범죄에 대한 투쟁과 형사소추권을 독점하고 있는 국가가 범죄로 인하여 야기된 피해를 구조할 책임이 있을 뿐만 아니라 국가가 잠정적으로 피해자구조를 맡아 행위자의 사회복귀를 촉진하는 것이 합리적인 형사정책이 된다는 점에 근거한 것으로 이해하여야 한다(형사정책설, 다수설).[13]

2. 범죄피해자구조의 요건

(1) 구조대상

범죄피해자구조의 대상인 범죄피해는 대한민국의 영역 안에서 또는 대한민국의 영역 밖에 있는 대한민국의 선박이나 항공기 안에서 행하여진 사람의 생명 또는 신체를 해치는 죄에 해당하는 행위로 인하여 사망하거나 장해 또는 중상해를 입은 것을 말한다. 범죄피해자구조의 범위를 생명과 신체에 대한 범죄로 제한한 것은 재산범죄나 기타 범죄로 확대할 경우 남용과 사기 등의 위험성을 고려한 것이다. 이때 「형법」 제9조(형사

여 범죄피해자보호기금을 설치하고, 그 관리·운용에 관하여 필요한 사항을 규정한 「범죄피해자보호기금법」을 제정·시행(2010.5.14. 제정, 법률 제10284호, 2011.1.1. 시행)하고 있다.

13) 범죄피해자가 자신의 권리구제를 충분히 받을 수 있도록 국가로 하여금 수사 및 재판 과정에서 (i) 범죄피해자의 해당 재판절차 참여 진술권 등 형사절차상 범죄피해자의 권리에 관한 정보, (ii) 범죄피해 구조금 지급 및 범죄피해자 보호·지원 단체 현황 등 범죄피해자의 지원에 관한 정보, (iii) 그 밖에 범죄피해자의 권리보호 및 복지증진을 위하여 필요하다고 인정되는 정보를 범죄피해자에게 제공하도록 하고 있다(법 제8조의2).

미성년자), 제10조 제1항(심신상실자), 제12조(강요된 행위), 제22조 제1항(긴급피난)에 따라 처벌되지 아니하는 행위는 포함되지만,「형법」제20조(정당행위) 또는 제21조 제1항(정당방위)에 따라 처벌되지 아니하는 행위 및 과실에 의한 행위는 제외된다(법 제3조 제1항 제4호). '장해'란 범죄행위로 입은 부상이나 질병이 치료(그 증상이 고정된 때를 포함한다)된 후에 남은 신체의 장해로서 대통령령으로 정하는 경우를 말하며(동조 제1항 제5호), '중상해'란 범죄행위로 인하여 신체나 그 생리적 기능에 손상을 입은 것으로서 대통령령으로 정하는 경우를 말한다(동조 제1항 제6호).

(2) 구조요건

국가는 범죄피해를 받은 사람(구조피해자)이 (i) 피해의 전부 또는 일부를 배상받지 못하는 경우 또는 (ii) 자기 또는 타인의 형사사건의 수사 또는 재판에서 고소·고발 등 수사단서를 제공하거나 진술, 증언 또는 자료 제출을 하다가 구조피해자가 된 경우에 해당하면 구조피해자 또는 그 유족에게 범죄피해구조금을 지급한다(법 제16조).

(3) 구조의 배제사유

범죄행위 당시 구조피해자와 가해자 사이에 (i) 부부(사실상의 혼인관계를 포함한다), (ii) 직계혈족, (iii) 4촌 이내의 친족, (iv) 동거친족 중의 하나에 해당하는 친족관계가 있는 경우에는 구조금을 지급하지 아니한다(법 제19조 제1항). 범죄행위 당시 구조피해자와 가해자 사이에 위의 관계 중의 하나에 해당하지 아니하는 친족관계가 있는 경우에는 구조금의 일부를 지급하지 아니한다(동조 제2항).

또한 구조피해자가 (i) 해당 범죄행위를 교사 또는 방조하는 행위, (ii) 과도한 폭행·협박 또는 중대한 모욕 등 해당 범죄행위를 유발하는 행위, (iii) 해당 범죄행위와 관련하여 현저하게 부정한 행위, (iv) 해당 범죄행위를 용인하는 행위, (v) 집단적 또는 상습적으로 불법행위를 행할 우려가 있는 조직에 속하는 행위(다만, 그 조직에 속하고 있는 것이 해당 범죄피해를 당한 것과 관련이 없다고 인정되는 경우는 제외한다), (vi) 범죄행위에 대한 보복으로 가해자 또는 그 친족이나 그 밖에 가해자와 밀접한 관계가 있는 사람의 생명을 해치거나 신체를 중대하게 침해하는 행위 중의 하나에 해당하는 행위를 한 때에는 구조금을 지급하지 아니한다(동조 제3항). 또한 구조피해 자가 (i) 폭행·협박 또는 모욕 등 해당 범죄행위를 유발하는 행위 또는 (ii) 해당 범죄피해의 발생 또는 증대에 가공한 부주의한 행위 또는 부적 절한 행위를 한 때에는 구조금의 일부를 지급하지 아니한다(동조 제4항).[14]

이 외에도 구조피해자 또는 그 유족과 가해자 사이의 관계, 그 밖의 사정을 고려하여 구조금의 전부 또는 일부를 지급하는 것이 사회통념에 위배된다고 인정될 때에는 구조금의 전부 또는 일부를 지급하지 아니할 수 있다(동조 제6항). 다만, 위의 규정에도 불구하고 구조금의 실질적인 수 혜자가 가해자로 귀착될 우려가 없는 경우 등 구조금을 지급하지 아니하 는 것이 사회통념에 위배된다고 인정할 만한 특별한 사정이 있는 경우에 는 구조금의 전부 또는 일부를 지급할 수 있다(동조 제7항).

3. 범죄피해자구조금의 종류

구조금은 유족구조금·장해구조금 및 중상해구조금으로 구분하며, 일시금으로 지급한다(법 제17조 제1항).

(1) 유족구조금

유족구조금은 구조피해자가 사망하였을 때 지급하는 구조금으로 맨 앞의 순위(법 제18조 참조)인 유족에게 지급한다. 다만, 순위가 같은 유족이 2명 이상이면 똑같이 나누어 지급한다(법 제17조 제2항).

유족구조금을 지급받을 수 있는 유족은 (i) 배우자(사실상 혼인관계를 포 함한다) 및 구조피해자의 사망 당시 구조피해자의 수입으로 생계를 유지하

---

14) 유족구조금을 지급할 때에는 위의 규정을 적용할 때 '구조피해자'는 '구조피해자 또는 맨 앞의 순위인 유족'으로 본다(동조 제5항).

고 있는 구조피해자의 자녀,[15] (ii) 구조피해자의 사망 당시 구조피해자의 수입으로 생계를 유지하고 있는 구조피해자의 부모, 손자·손녀, 조부모 및 형제자매, (iii) 이 외의 구조피해자의 자녀, 부모, 손자·손녀, 조부모 및 형제자매 중의 하나에 해당하는 사람으로 한다(법 제18조 제1항). 이때 유족구조금을 받을 유족의 순위는 위에서 열거한 순서로 하고, 제2호 및 제3호에 열거한 사람 사이에서는 해당 각 호에 열거한 순서로 하며, 부모의 경우에는 양부모를 선순위로 하고 친부모를 후순위로 한다(동조 제3항).

그러나 유족이 (i) 구조피해자를 고의로 사망하게 한 경우, (ii) 구조피해자가 사망하기 전에 그가 사망하면 유족구조금을 받을 수 있는 선순위 또는 같은 순위의 유족이 될 사람을 고의로 사망하게 한 경우, (iii) 구조피해자가 사망한 후 유족구조금을 받을 수 있는 선순위 또는 같은 순위의 유족을 고의로 사망하게 한 경우 중의 하나에 해당하면 유족구조금을 받을 수 있는 유족으로 보지 아니한다(동조 제4항).

(2) 장해구조금 및 중상해구조금

장해구조금 및 중상해구조금은 해당 구조피해자에게 지급한다(법 제17조 제3항).

4. 범죄피해자구조금의 지급

(1) 관할기관

구조금 지급에 관한 사항을 심의·결정하기 위하여 각 지방검찰청에 범죄피해구조심의회(이하 '지구심의회'라고 한다)를 두고, 법무부에 범죄피해구조본부심의회(이하 '본부심의회'라고 한다)를 둔다(법 제24조 제1항).

지구심의회는 설치된 지방검찰청 관할 구역(지청이 있는 경우에는 지청의 관할 구역을 포함한다)의 구조금 지급에 관한 사항을 심의·결정한다(동조 제2

---

15) 이때 유족의 범위에서 태아는 구조피해자가 사망할 때 이미 출생한 것으로 본다(동조 제2항).

항). 지구심의회 및 본부심의회는 법무부장관의 지휘·감독을 받으며(동조 제4항), 지구심의회 및 본부심의회 위원 중 공무원이 아닌 위원은 「형법」 제127조 및 제129조부터 제132조까지의 규정을 적용할 때에는 공무원으로 본다(동조 제5항).

(2) 구조금지급신청

구조금을 받으려는 사람은 법무부령으로 정하는 바에 따라 그 주소지, 거주지 또는 범죄 발생지를 관할하는 지구심의회에 신청하여야 한다(법 제25조 제1항). 이 신청은 해당 구조대상 범죄피해의 발생을 안 날부터 3년이 지나거나 해당 구조대상 범죄피해가 발생한 날부터 10년이 지나면 할 수 없다(동조 제2항).

(3) 심의와 지급

지구심의회는 구조금지급 신청을 받으면 신속하게 구조금을 지급하거나 지급하지 아니한다는 결정(지급한다는 결정을 하는 경우에는 그 금액을 정하는 것을 포함한다)을 하여야 한다(법 제26조). 지구심의회는 구조금 지급에 관한 사항을 심의하기 위하여 필요하면 신청인이나 그 밖의 관계인을 조사하거나 의사의 진단을 받게 할 수 있고 행정기관, 공공기관이나 그 밖의 단체에 조회하여 필요한 사항을 보고하게 할 수 있다(법 제29조 제1항).

지구심의회는 신청인이 정당한 이유 없이 이 조사에 따르지 아니하거나 의사의 진단을 거부하면 그 신청을 기각할 수 있다(동조 제2항). 지구심의회에서 구조금 지급신청을 기각(일부기각된 경우를 포함한다) 또는 각하하면 신청인은 결정의 정본이 송달된 날부터 2주일 이내에 그 지구심의회를 거쳐 본부심의회에 재심을 신청할 수 있다(법 제27조 제1항). 재심신청이 있으면 지구심의회는 1주일 이내에 구조금 지급신청 기록 일체를 본부심의회에 송부하여야 한다(동조 제2항). 본부심의회는 재심신청에 대하여 심의를 거쳐 4주일 이내에 다시 구조결정을 하여야 한다(동조 제3항). 본부심의회는 구조금 지급신청을 각하한 지구심의회의 결정이 법령에 위반되

면 사건을 그 지구심의회에 환송할 수 있다(동조 제4항). 본부심의회는 구조
금 지급신청이 각하된 신청인이 잘못된 부분을 보정하여 재심신청을 하
면 사건을 해당 지구심의회에 환송할 수 있다(동조 제5항).

지구심의회는 구조금신청을 받았을 때 구조피해자의 장해 또는 중상
해 정도가 명확하지 아니하거나 그 밖의 사유로 인하여 신속하게 결정을
할 수 없는 사정이 있으면 신청 또는 직권으로 대통령령으로 정하는 금액
의 범위16)에서 긴급구조금을 지급하는 결정을 할 수 있다(법 제28조 제1항).
긴급구조금 지급신청은 법무부령으로 정하는 바에 따라 그 주소지, 거주
지 또는 범죄 발생지를 관할하는 지구심의회에 할 수 있다(동조 제2항).

국가는 지구심의회가 긴급구조금 지급결정을 하면 긴급구조금을 지
급한다(동조 제3항). 긴급구조금을 받은 사람에 대하여 구조금을 지급하는
결정이 있으면 국가는 긴급구조금으로 지급된 금액 내에서 구조금을 지
급할 책임을 면한다(동조 제4항). 긴급구조금을 받은 사람은 지구심의회에
서 결정된 구조금의 금액이 긴급구조금으로 받은 금액보다 적을 때에는
그 차액을 국가에 반환하여야 하며, 지구심의회에서 구조금을 지급하지
아니한다는 결정을 하면 긴급구조금으로 받은 금액을 모두 반환하여야
한다(동조 제5항).

(4) 수급권의 행사와 환수

구조금을 받을 권리는 그 구조결정이 해당 신청인에게 송달된 날부
터 2년간 행사하지 아니하면 시효로 인하여 소멸된다(법 제31조). 구조금을
받을 권리는 양도하거나 담보로 제공하거나 압류할 수 없다(법 제32조).

국가는 이 법에 따라 구조금을 받은 사람이 (i) 거짓이나 그 밖의 부
정한 방법으로 구조금을 받은 경우, (ii) 구조금을 받은 후 구조배제사유
(법 제19조)가 발견된 경우, (iii) 구조금이 잘못 지급된 경우에 해당하면 지
구심의회 또는 본부심의회의 결정을 거쳐 그가 받은 구조금의 전부 또는

---

16) 법 시행령 제22조(유족구조금의 금액), 제23조(장해구조금의 금액), 제24조(중상해
구조금의 금액) 등 참조.

일부를 환수할 수 있다(법 제30조 제1항). 국가가 구조금을 환수를 할 때에는 국세징수의 예에 따르고, 그 환수의 우선순위는 국세 및 지방세 다음으로 한다(동조 제2항).

Ⅱ. 형사조정제도

≪학습문제≫ 검사 갑은 피고인 을을 형사조정절차에 회부하였으나 을의 무성의로 조정이 결렬되자 괘씸하게 생각하고 중죄로 기소하였다. 갑의 행위는 정당한가?

1. 형사조정의 의의

형사조정절차는 형사사건을 조정에 의뢰하고 그 결과를 사건처리 또는 판결에 반영하는 일체의 절차를 말한다. '조정'이란 중립적 위치에 있는 제3자가 사건 당사자를 중개하고 쌍방의 주장을 절충하여 화해에 이르도록 도와주는 것이며, 화해는 분쟁의 당사자가 양보하여 분쟁을 종료시키는 것이다. 따라서 조정은 당사자가 직접 분쟁해결에 나서지 않고 제3자에게 맡기는 중재와 구별된다. 형사조정제도는 재산범죄의 고소사건의 유용한 처리와 검찰업무경감에 큰 효과 있는 것으로 평가되고 있다.

검찰에서는 2005년부터 전국지방검찰청 또는 지청별로 일부 범위의 형사사건을 범죄피해자지원센터에 의뢰하여 화해중재를 시행하였다. 그러다가 2006년 검찰청 내부지침으로 '형사조정 실무운용'에 관한 표준모델을 만들어 일부 일선검찰청에서 7개월간(2006.4-2006.10) 형사조정을 시범운영하였으며, 그 결과를 분석·검토한 후 2007년 1월 8일 「고소사건 형사조정 실무운용지침」을 전면개정하고, 이에 근거하여 고소된 재산범죄사건이나 사적 분쟁에 대한 고소사건을 중심으로 전국 지방검찰청 또는 지청에서 조정제도를 확대 시행하였다. 그러다가 2010년 5월 14일 전면개정된 「범죄피해자 보호법」에서 형사조정제도를 법제화하였다.

2. 형사조정의 대상

형사조정에 회부할 수 있는 형사사건은 (i) 차용금, 공사대금, 투자금 등 개인 간 금전거래로 인하여 발생한 분쟁으로서 사기, 횡령, 배임 등으로 고소된 재산범죄 사건, (ii) 개인 간의 명예훼손·모욕, 경계 침범, 지식재산권 침해, 임금체불 등 사적 분쟁에 대한 고소사건, (iii) 이 외에 형사조정에 회부하는 것이 분쟁해결에 적합하다고 판단되는 고소사건, (iv) 고소사건 외에 일반 형사사건 중 위의 각 호에 준하는 사건 등이다(법 시행령 제46조).

3. 형사조정의 절차

(1) 조정절차에의 회부

검사는 피의자와 범죄피해자 사이에 형사분쟁을 공정하고 원만하게 해결하여 범죄피해자가 입은 피해를 실질적으로 회복하는 데 필요하다고 인정하면 당사자의 신청 또는 직권으로 수사 중인 형사사건을 형사조정에 회부할 수 있다(법 제41조 제1항). 다만, (i) 피의자가 도주하거나 증거를 인멸할 염려가 있는 경우, (ii) 공소시효의 완성이 임박한 경우, (iii) 불기소처분의 사유에 해당함이 명백한 경우(다만, 기소유예처분의 사유에 해당하는 경우는 제외한다) 중의 하나에 해당하는 경우에는 형사조정에 회부하여서는 아니 된다(동조 제2항).

(2) 조정절차

1) 조정의 개시와 진행

형사조정을 담당하기 위하여 각급 지방검찰청 및 지청에 형사조정위원회를 둔다(법 제42조 제1항).[17] 형사조정위원회는 조정에 있어서 당사자 사이의 공정하고 원만한 화해와 범죄피해자가 입은 피해의 실질적인

---

17) 형사조정위원은 일정한 사유가 있는 경우에 제척·기피·회피의 대상이 된다(법 시행령 제50조 참조).

회복을 위하여 노력하여야 한다(법 제43조 제1항).

　　형사조정위원회는 형사조정이 회부되면 지체 없이 형사조정 절차를 진행하여야 한다(동조 제2항). 형사조정절차를 개시하기 위해서는 당사자의 동의가 있어야 한다(법 시행령 제52조 제1항). 동의권자가 제1회 형사조정절차 개시 이전까지 출석하여 또는 전화, 우편, 모사전송, 그 밖의 방법으로 형사조정절차에 동의하지 않을 뜻을 명확히 한 경우에는 형사조정위원회는 담당 검사에게 사건을 회송하여야 한다(동조 제2항).

　　형사조정위원회는 필요하다고 인정하면 형사조정의 결과에 이해관계가 있는 사람의 신청 또는 직권으로 이해관계인을 형사조정에 참여하게 할 수 있다(법 제43조 제3항). 형사조정기일은 매회 당사자에게 통지하여야 한다(법 시행령 제51조 제1항). 형사조정기일의 통지는 우편, 전화, 모사전송 또는 그 밖의 상당한 방법으로 할 수 있다(동조 제2항).

2) 관련자료의 요청과 제출

　　형사조정위원회는 형사사건을 형사조정에 회부한 검사에게 해당 형사사건에 관하여 당사자가 제출한 서류, 수사서류 및 증거물 등 관련 자료의 사본을 보내 줄 것을 요청할 수 있다(법 제44조 제1항). 이 요청은 서면에 의하여야 한다(법 시행령 제53조 제1항). 이 요청을 받은 검사는 그 관련자료가 형사조정에 필요하다고 판단하면 형사조정위원회에 보낼 수 있다.[18] 다만, 당사자 또는 제3자의 사생활의 비밀이나 명예를 침해할 우려가 있거나 수사상 비밀을 유지할 필요가 있다고 인정하는 부분은 제외할 수 있다(법 제44조 제2항).

　　당사자는 해당 형사사건에 관한 사실의 주장과 관련된 자료를 형사조정위원회에 제출할 수 있다(동조 제3항). 당사자는 조정기일 전날까지 이 자료를 형사조정위원회에 직접 배달하거나 우편, 모사전송 또는 그 밖의 방법으로 제출할 수 있다(법 시행령 제53조 제3항). 형사조정위원회는

---

　　18) 이 요청을 받은 검사는 요청받은 날부터 7일 이내에 직접 배달하거나 우편, 모사전송 또는 그 밖의 방법으로 자료를 제출하여야 한다(법 시행령 제53조 제2항).

위의 자료의 제출자 또는 진술자의 동의를 받아 그 자료를 상대방 당사자에게 열람하게 하거나 사본을 교부 또는 송부할 수 있다(법 제44조 제4항). 이 동의는 서면에 의하여야 한다(법 시행령 제53조 제4항).

(3) 형사조정절차의 종료

형사조정위원회는 조정기일마다 형사조정의 과정을 서면으로 작성하고, 형사조정이 성립되면 그 결과를 서면으로 작성하여야 한다(법 제45조 제1항). 형사조정위원회는 조정과정에서 증거위조나 거짓 진술 등의 사유로 명백히 혐의가 없는 것으로 인정하는 경우에는 조정을 중단하고 담당 검사에게 회송하여야 한다(동조 제2항). 또한 형사조정위원회는 당사자 사이에 합의가 성립되지 아니하는 경우 또는 성립된 합의 내용이 위법하거나 선량한 풍속, 그 밖의 사회질서에 위반된다고 인정되는 경우에는 조정 불성립 결정을 하고 담당 검사에게 사건을 회송하여야 한다(법 시행령 제54조).

또한 형사조정위원회는 형사조정 절차가 끝나면 이 서면을 붙여 해당 형사사건을 형사조정에 회부한 검사에게 보내야 한다(법 제45조 제3항). 검사는 형사사건을 수사하고 처리할 때 형사조정 결과를 고려할 수 있다. 다만, 형사조정이 성립되지 아니하였다는 사정을 피의자에게 불리하게 고려하여서는 아니 된다(동조 제4항).

찾아보기

저자약력

강동욱

한양대학교 법과대학 졸업, 동 대학원 졸업(법학박사)
일본 明治大學 수학, 미국 UC, Irvine 방문교수
(전) 관동대학교 교수, (사)한국법정책학회 회장, 사법시험, 행정고시 및 경찰공무원 등 각종 공무원시험 출제위원, 경찰대학 강사, 중앙경찰학교 외래강사
(현) 동국대학교 법과대학 교수, 한국법학교수회 부회장, 한국탐정학회 회장, 한국아동학대예방협회 부회장, 대검찰청 검찰수사심의위원회 위원, 서울중앙지방검찰청 형사상고심의위원회 위원, 서울고등검찰청 영장심의위원회 위원
〈저서〉 형사절차와 헌법소송, 불심검문, 아동학대(공저), 소년법(공저), 법정책학이란 무엇인가(공저), 아동학대범죄의 처벌 등에 관한 법률 매뉴얼, 강의 형법총론, 탐정학개론(공저), 탐정과 부동산거래(공저), 탐정과 산업보안(공저) 등
〈주요논문〉 국민참여 형사재판의 대상사건에 관한 비판적 고찰과 대안, 피해자국선변호사제도의 발전적 확대방안, 여성· 아동 폭력보도와 관련한 언론의 2차 피해 방지를 위한 제도적 연구, 노인학대에 관한 법률의 입법방향에 대한 비판적 고찰, 범죄피의자의 신상공개에 대한 비판적 검토, 디엔에이신원확인정보의 채취와 관리 및 이용 등에 관한 비판적 고찰 등 다수

황문규

경찰대학교 졸업, 독일 튀빙겐대학교 대학원 졸업(법학박사)
(전) 법무부 법무검찰개혁위원, 대통령 소속 자치분권위원회 자치경찰제 특별위원, 대통령직속 정책기획위원회 자문위원, 경찰청 경감, 경찰공무원 등 각종 공무원시험 출제위원
(현) 중부대학교 교수, 민주사회를 위한 변호사 모임 사법센터 운영위원
〈주요논문〉 형사소송법상 고소제도에 관한 비판적 고찰, 현행범체포의 요건으로서 체포의 필요성에 관한 비판적 고찰, 검경 수사권 조정에 관한 법안의 비교·검토, 경찰수사의 독립성·중립성 확보를 위한 수사체제 재설계 등 다수

이성기

경찰대학교 졸업, 미국 코넬대학교 로스쿨 졸업(법학석사(LLM), 법학박사(J.S.D))
(전) 경찰대학 교수요원, 각종 공무원시험 출제위원, 경찰청 수사정책위원, 경찰청 과학수사자문위원
(현) 성신여자대학교 법과대학 교수, 미국 뉴욕주 변호사, 국가인권위원회 자유권전문위원
〈주요논문〉 디엔에이(DNA) 증거의 해석의 오류가능성과 증거법적 대안, 강력범죄수사의 문제점과 개선방안 등 다수

최병호

육군사관학교 졸업, 고려대학교 대학원 졸업(법학박사)
(전) 육군사관학교 법학과 전임강사, 헌병대장, 수사과장, 국방부 범죄정보분석실장, 제51대 육군헌병병과장, 육군종합행정학교 교수부장
(현) 고려대학교 공공정책대학 정부행정학부 초빙교수
〈주요논문〉 군형사법상 비범죄화 방안에 관한 고찰, 피해자 보호와 피해회복에 관한 연구, 군사법원과 장병 인권보장 등 다수

제5판 **형사소송법강의**

초판발행 2013. 8. 30
개정판발행 2014. 2. 28
제3판발행 2016. 2. 28
제4판발행 2018. 2. 28
제5판발행 2021. 3. 30

저 자 강동욱·황문규·이성기·최병호
발행인 황 인 욱

발행처 도서출판 **오 래**
서울특별시마포구 토정로 222 406호
전화: 02-797-8786,8787; 070-4109-9966
Fax: 02-797-9911
신고: 제2016-000355호

ISBN 979-11-5829-202-7 93360

http://www.orebook.com
email orebook@naver.com

정가 48,000원